读书

7
2022
July

蒋　寅　久被忘忽的钱锺书诗集

罗　新　亮亮柴与狐狸火

李　石　"平衡"与"敌友"

黄　博　古格的黄昏

蔡天新　弗雷格、逻辑和真理

渠敬东　燃烧的学问和火一样的人

道即一，一即道

文墨与家常

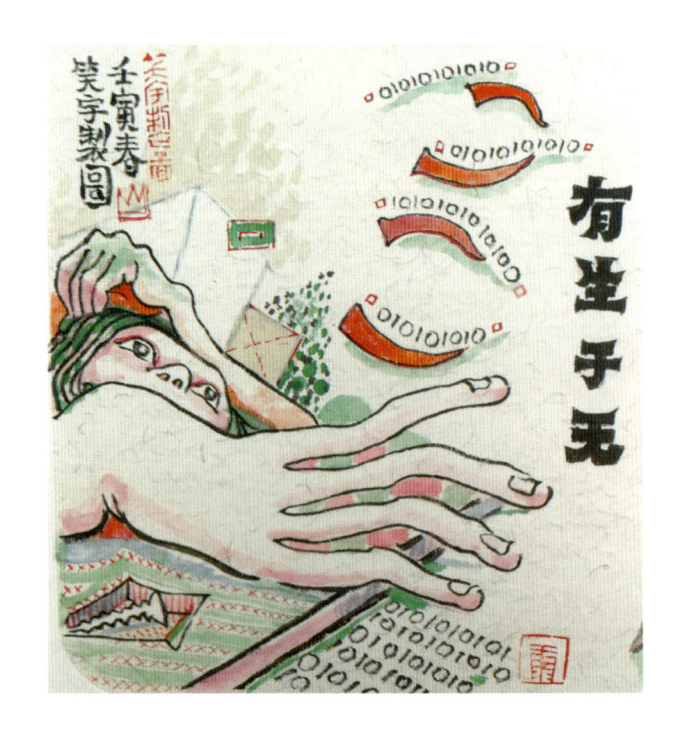

王蒙 文　康笑宇 图

崇尚服众、得众、悦众之最佳唯一，是民心的特色之一。

一个是无极而生太极。这里讲的是万物生于有，有生于无，万物的起源都是零，而零会成为一。零是无极，一是太极。

一生二，这个好理解，有了阳就会有阴，有了牡（雄性）就会有牝（雌性），有了日就会有月，有了白天就会有黑夜，有了热烈就会有寒冷，有了一就会有二，就会有对立的统一。

二生三，也很通俗，可以是生育化育孕育，有了父与母二人，就生出了孩子——第三个人；有了阴阳天地，就有了万物；有了酸与碱就有了盐；有了氢与氧就有了水。

出现三的模式不限于新生一种，鹬蚌相争、渔翁得利也是一种。出现了对立的双方，乃出现第三方中间路线也是一种。世上有长短、大小、善恶、智愚、强弱、刚柔、通塞的差别，也显露了介于二者之间中等中庸乃至中立角色。

生出三来以后，亦即二有了衍生增益的功能以后，这个世界就多起来了，热闹起来了，膨胀起来了。还有一个说法就是尚三、推崇三。说是家里有三个孩子就比较好办，因为当其中两个孩子冲突对立时，他们各自都会注意争取第三孩的理解与认同，这样就不能太极端，太绝对。一些西方国家也认为中产阶级是社会和谐稳定的因素，富人既得利益，容易保守，贫民愤愤不平，容易激进，有足够的中产人士，不容易出现混乱。还有人以承不承认、尊重不尊重三的存在与倾向，是一个避免极端化偏执化的大事。

一二三的关系比较好讲。一与零的关系就要更费些心思了。一有了生，二有了死，三就有了神的"人设"——应该说是"神设"了吧。

读书

D U S H U

7

2022

范　雪　书店主体性：知识、干部与制度 三店史话 3

蒋　寅　久被忘忽的钱锺书诗集 10
章　文　"神奶路""官老爷扇"与语言中的"世界大同"
　　　　　.......... 20

施爱东　螺纹歌 29
罗　新　亮亮柴与狐狸火 38

江　山　美国反托拉斯运动的死与生 48

短长书
千年前的玻璃油灯　孟晖 58
"我"·对话·学术接续　尤小立 63
缺失历史感的日本宪法学史　王勇 69
费德里奥的吠声　张磊 75

李　石　"平衡"与"敌友" 81
谢惠媛　我们的恐惧关乎什么？ 91

黄　博	古格的黄昏	……… 101
包慧怡	从印度大西岛到鱼眼女神	……… 110
徐　妍	在时间的巨流河中，泳且歌	……… 118

品书录 ……… 126

这个世界会好吗？（江湄）·园柳青花"变形记"（杨靖）·返乡的姿态与故乡无关（方维保）·十载劳人不自由（姚磊）

蔡天新	弗雷格、逻辑和真理	……… 147
渠敬东	燃烧的学问和火一样的人	……… 157
汪家明	设计有道	……… 168

读书短札

王献之婚姻　北窗读记（刘涛，47）·降爵或因减赋　读左零札（傅刚，57）·观稼楼与冰邀阁（陈腾，90）·"太史公牛马走"（杨学东，146）

刘以林	漫画	……… 28
王蒙　康笑宇	文墨与家常	……… 封二

> 二〇二二年七月，是生活·读书·新知三联书店店庆九十周年，其前身生活书店、读书（生活）出版社、新知书店皆有光荣的历史。三家书店在出版历程中，各自有哪些渊源、特点，发挥过哪些思想文化作用，值得关注。我们特别约请对三店素有研究的青年学者，分别撰写史话，分三期发表，以贺九秩华庆。

三店史话

书店主体性：知识、干部与制度

范 雪

一九三二年，生活书店在《生活》周刊的基础上成立，书店对内以"生活合作社"的形式，形成集体拥有、集体经营、利润归于集体的结构，书店也由此开始了它不平凡的历程。二十世纪三四十年代生活书店的历史，特别是全面抗战期间发展至鼎盛规模的过程，从其自身的角度来说，是一个主体性不断加强的过程。这有诸多方面的表现．文化事业的定位更清晰、运营规模更壮大、增容提升编审决策团队、关于报刊书籍的"知识"的立场更加稳定、加强组织的制度和纪律建设、加强书店同人的共同体意识与道德修养，都是生活书店为自身在时代的狂风暴雨中站得更稳所做的努力。如此看待生活书店这一时期的发展和成长，会发现在关于它的研究中经常被提到的"统战""政治化""左倾"，不太能解释抗战期间书店主体性增强的全部，我更愿意把生活书店这段时期的发展，理解为一个生命史的历程，由此可从它的身心和向往出发，整理史料，重构图景。在这个生命逐渐壮大的情境里，有三个关键词：知识、干部和制度。

书店是销售知识的机构，出版什么"知识"对它来说，意味着市场表现和收益。但是，邹韬奋在书店内部同人刊物《店务通讯》里经常强调，书店不是五芳斋、冠生园，"知识"是讲对错的，这是比盈利更重要的、关系着书店发展的大事。这意味着，与市场表现相比，能否出版发行正确的"知识"，更是一家书店的生命线。同时，什么"知识"正确，也直接关系着书店会选择哪些知识分子来为它的编审工作掌舵。全面抗战爆发前后，胡愈之、柳湜、艾思奇、沈志远等人与书店的合作，都在这个大的逻辑里发生。此逻辑在战争中被进一步强化，这些哲学、社会科学理论家从与书店合作的作者，发展为书店"知识"的策划者和保障者，作为书店的大脑，而成为书店体制内的重要领导。当然，在书店当时使用的语言里，他们比较少被称为领导，指称他们的词相当有意思：干部。

在二十世纪中国的大部分时间里，就整个社会的组织架构来说，核心的人才群体是"干部"。"干部"这个词借自日语，同盟会时期就已被使用，随后它在现代中国的历史进程里，被深深嵌入到政党政治的发展发达之中。王汎森认为，二十年代"主义"的兴起意味着组织、纪律成为进步青年的理想寄托，即个人只有在集体中才能实现自我完善和社会理想。这种看法在抗战中变得非常普遍，无论是"抗战"还是"建国"，都要求一个新人集团的崛起，这就是干部。干部集团也进一步发展强化了进步青年与党政训练机构的关联，经过组织培训而产生的干部不再是独善其身的个体，单干者也不是干部，干部在组织中才有意义。

这样的"干部"，实质上是一套关于个人与组织关系的观念与实践。此观念与实践，在以邹韬奋的言论为代表的生活书店的语汇系统中，能被清晰地观察到从无到有的过程。全面抗战前，"干部"一词政党言论中已普遍使用，但大众媒体上比较少见。一九三六年邹韬奋在《生活日报》上发表数篇谈青年问题的文章，核心意思是让青年将已有的知识联系实际，真正付诸实践地"干"起来，但此时他还没有给"干"起来的青年找到一个特定称呼。全面抗战爆发后邹韬奋再谈青年训练时，已非常熟练地使用"干部"一词。一九三八年他谈青年训练原则时说：我们建立新的军队干部，做乡村工作，组织民众训练民众，都与青年训练息息相关，因为"青年训练和干部的养成是有密切的连带关系"。同期，在他和柳湜主编的《全民抗战》上，邹韬奋说："在民众动员工作中，无处不需要青年来做干部，做骨干，做中间分子。"也正是这个时期，邹韬奋在第一届参政会上以"培植救国干部"来"改善青年训练以解除青年苦闷"的提案，更清晰地表明"干部"不仅是将青年个人与国家组织联结起来的机制，更是解决两者困境的方向和方法。

对生活书店自身来说，"干部"及其背后一套关于个人与组织之关系的观念和实践在抗战中兴起，成为风行的现象和意识形态，意味着书店如果吸收"干部"及其代表的机制，那么也必将对自身进行一番改造。现在能够从史料中看到这番改造的若干重要方面。首先是形成了包括沈志远、邹韬奋、张仲实、金仲华、史枚、柳湜、胡绳、艾寒松在内的编审委员会。这是一个新老结合的阵容——有三十年代中期就在生活书店任编辑者，也有战争爆发后加入书店并担任重要编审职务者，他们中的大多数有过翻译或创作上文所说正确"知识"的经历。由这些人主持书店的"知识"生产，这对"事业"远重于"生意"的生活书店来说，再正当不过。不过，另一个值得注意的面向是，"编审委员会"并不由谁指派，据《店务通讯》记录，全店的选举和规章制度确认了委员会的决策和领导权力。

一九三九年的"选举"是抗战期间生活书店的一件大事。这里不具体展开选举的细节，而想指出这次选举，是"制度"建设的大事。书店制度，在出版史、印刷文化史里不是一个常被提出的问题。但在抗战期间生活书店的生命史里，"制度"既是它创办初心的延续，也是重要的机构与精神再建。一九三九年的这次选举大会，是战争爆发后书店的首次全员大会，在经历了总店辗转、分店扩张、人员递增、发行网络快速发展后，组织整顿、制度健全的工作，迫在眉睫。而纵观此次制度建设，苏联模式是最令人瞩目的特征。首先，正是以这次选举为契机，邹韬奋开始对店内同人系统论述其干部理论。一九三九年四月《店务通讯》第四十四号上，邹韬奋发表《爱护干部与维持纪律》一文，该文开篇即援引斯大林的话为"干部"定位："'干部决定一切'，这是一句颠扑不破的至理名言，凡是真知爱护事业的人，没有不诚心诚意地爱护干部的。"文章接下来讨论爱护"干部"的若干原则：注意其困难、教育干部、保护干部、提拔奖励等。在邹韬奋看来，"生活"是集体事业，它的兴与衰、进步与落后都仰仗"干部"，"干部"是组织的基础与框架。随后，《店务通讯》五十八、九十四、九十五、一〇一、一〇三、一〇四号上，邹韬奋持续撰文重申"干部决定一切"，将之奉为格言，强调"干部"之于书店的关键位置，并从"干部"延宕开深谈书店用人管理和组织纪律的问题。与"干部决定一切"同时，据《生活书店会议记录1939—1940》影印本，邹韬奋在这次会议主席团报告中明确指出，生活书店的根本组织原则是"民主集中制"，根据这个原则，"选举出来的代表管理我们的全部工作"。邹韬奋对"民主集中制"或"干部决定一切"的青睐，在他的阅读史中有清晰的线索。邹韬奋看过《联共党史》，也有深入的研究兴趣，甚至还读了《联共党史》的英文版。他也看过英国左翼作家帕特·斯隆（Pat Sloan）的《苏联的民主》（*Soviet's Democracy*），将之翻成出版。邹韬奋对斯隆描述的苏联的"民主集中"深为认同，把它作为讲"民主"的典范介绍给书店同人看，并列为"生活推荐书"推荐给书店读者。

这些来自苏联的知识，或更准确地说，来自苏联的政党组织知识，作为书店制度与精神建设的资源，在选举前后被一再介绍普及，其实质是有强烈主体性的生活书店要把自身建设成为优质共同体而为之努力的选择和实验。这个过程一方面是上述思想资源的问题，另一方面是一整套组织生活技术的引入和学习。在书店店员应该具备什么技能的问题上，答案显然应该是业务能力，但这个时期的《店务通讯》虽有不少专门讨论业务的文章，邹韬奋、柳湜、艾寒松等书店高层对个人道德和组织意识强调却大大超过专业技术。为了普及"民主集中制"，邹韬奋不断撰文教导店内各职位干部如何发表意见、如何行使权力、如何开会、如何听会、如何看待组织纪律等。这段时间也正是邹韬奋参加国民参政会的时期，他在参与国事时对"民主政治"开会、提意见的程序和技术细节有极大兴趣。各种心得转化到店务管理上，训练书店干部体制化生活的思维、行为，普通店员必须养成强烈的集体意识和组织生活的习惯，学会看文件、提意见、互相监督、批评与自我批评、选举、服从决议等一系列工作和生活的技术这些现象不能简单地解释为"左倾"或"政治化"。阿兰·巴丢在一次访谈中说：人民没有权力、金钱、媒体，"唯有他们的纪律，这是人民得以强大的可能。马克思列宁主义界定了人民纪律的最初形式，那就是工会和政党"。由此，对上述书店在组织制度上的一系列实践更有理解力的解释可能是：书店对组织的想象是政党式的，苏式政党让书店看到了向着理想行动的可能性；抗战中书店的制度选择与主体性加强同时发生，他们始终保持对知识和文化事业的忠诚，共产党式的组织理念和技术被选择为保卫忠诚的方式。

建设制度，也是建设制度中的人，而且不同于作为书店大脑的高级干部，这些分布在事务性工作中的干部，是真正让书店运动起来的骨架。在对他们的教育中，延安的"干部教育"被视为榜样。

生活书店创办人之一、抗战期间书店的重要领导人艾寒松在《店务通讯》上写道："成千上万的坚强青年是从这一个熔炉（'抗大'）训练出来了，他们的教育方法无疑问的是绝对正确的。我们生活书店也可以说是一个造就文化工作者、青年干部的实践学校，我们这一群的青年文化工作者是需要不断的学习，同时更需要'铁的团结'和'铁的纪律'。"在这种氛围下，店员被派往延安培训，中共领导人周恩来、叶剑英等受邀为店员做讲座。同时，各种茶话会、讨论会、学习小组之类的活动频繁展开，在谈论读书心得的同时，店员也被要求随时向集体报告个人的"生活问题"，包括工作、恋爱、家庭、疾病和生活中的点滴感受。一直到抗战结束，这种覆盖个人生活的组织实践不断加强，四十年代生活、读书、新知三家书店联合发起的"模范工作者运动"中，针对普通店员工作和生活的指导更加细致了，包括恋爱问题、对外态度、每日读报数量、每周读书时长等。

  正是这样被建设着的人，成为书店事业的理想分子。这可以被理解为机器和螺丝钉的关系，但又不意味着个人绝不重要。前文谈到全面抗战期间生活书店发展至鼎盛规模，在这个过程里，扩张怎么实现、钱从哪儿来，是两个很切实的问题。若从生意的角度看，这是两个商业史的问题，但其发生展开的过程，实与把书店撑起来的一个个干部的品质、精神、能力和贡献有关。书店积累资金主要靠买卖，但这不是说卖书容易。从当时上百份生活书店各分店的销售总结来看，经营惨淡、资金受限的情况不少，但书店还是要走卖书这条路，想各种办法增加销售：下乡推广、进学校推广、争取出版的图书被教育部列为教科书或被地方政府认可为学校必用书、鼓励订金预售等。这种依靠买卖维持书店运作的方式，非常依赖各地店员的勤勉，他们不只要努力搞好门市买卖，还要想方设法在地方上积极开源。除买卖外，书店还采用以下手段来加快资金积累与流转：全店发起节约运动、吸收职员的资金入股、适当减薪等。比起卖书，这几项对店员的觉悟有更高的要求。总体而言，一九三八到一九四一年，生活书店面对着物价上涨、读者购买力下降、轰炸损失、运输困难等种种难题，仍能盈利且有志于继续发展。也正是这一在战争环境下自力更生且颇为成功的局面，不仅在事实上确保了书店的独立性，也给了它非常鲜明的自尊、自强的心理特征。可以说，这个时期的生活书店，人格和店格高度统一，店的发展与干部的品质高度统一。这几乎也预示了生活书店重庆总店遭到封禁后，邹韬奋激烈反弹的态度和大量店员投奔"红色中国"的选择。

一九四四年邹韬奋生命的结束，不意味着生活书店生命史的终结，书店在抗战期间的根据地和抗战之后的历史里，有着新的生命历程。聚焦上文谈到的生活书店在抗战中的这段历史，让人领会到的并非只是这家书店的理想、意志和努力，在三四十年代中国的历史语境里，更多或更大的共同体志向，以及由此而生的严格的纪律与道德要求，或可通过书店这个具体例子而被更深刻地理解。另一个在生活书店的历史中引人遐想的是，从《生活》周刊到生活书店，机构对外是实体的"店""刊"，对内则是"生活合作社"。"社"的地位在"店""刊"之上，这是毫无疑问的。因为它是"人"的组织。"生活"的所有，原则上都是"合作社"共有的。据一九三九年生活书店第五届理事会会议记录所载的"生活合作社组织系统图"，"社员大会"统领一切，它赋予总经理管理书店事务的权力。同时，除了继续做"书店"，抗战期间"生活合作社"的发展蓝图里，还有集体共有的图书馆、学校、报馆等。这样一个集体"合作社"的存在，应该是生活书店对其事业具有高尚向往和严肃要求的、更加理念性的原因。"合作社"这个词为大众所熟悉，大约主要来自一九四九年之后的历史，但"合作社"实践显然在那之前就已存在。生活书店的生命史历程，或许可以促使我们更饱满地理解这个词所代表的理想愿景和真诚实验。

蒋 寅

久被忘忽的钱锺书诗集

二〇〇三年元月，我从韩国客座归国，偶与李庆教授闲谈，他问我是否看到《博览群书》去年第八期刘梦芙先生和我商榷的文章，我茫然不知。找来刘文《难以令人信服的批评——论蒋寅先生评钱锺书诗及其他》一看，原来是对拙文《对〈如何评价钱锺书〉的几点"声辩"》提到钱锺书诗"有南宋江湖派的浮滑，出手太容易"提出批评，说钱锺书对自家文字要求甚严，所有著作都多次补订、增订，反复修改，晚年整理《槐聚诗存》，与夫人杨绛一同删削推敲，然后定稿。从青年时代，陈衍就说钱锺书诗"惜下笔太矜持"，钱氏本人也说"炼意炼格，尤所经意"，"或者病吾诗一'紧'字，是亦知言"，因此刘先生认为我的批评标签贴错了对象，钱锺书诗受"同光体"的影响，诗风近于宋人，兼融唐音，但绝非走南宋江湖派的路子。

追溯我对钱锺书诗的印象，来自读硕士时在广西师大中文系资料室看到冯振先生藏书中的《中书君诗初刊》（下文简称《初刊》）。这是钱锺书的亲笔题赠本，封面工整地题有"振心先生诗家吟政 后学钱锺书奉"的字样，薄薄的铅印本，仅二十六页，收诗二十题四十三首。封底没有版权页，应该是自印本。读完刘先生的文章，我很觉汗颜，在当天的日记里写下："看来我早年读《中书君诗》的印象不对头，'一言不智，难辞厥咎已'。"

刘先生文中还说："如果说众人评价和钱锺书自己的话都不能算

数，那么即取《槐聚诗存》观之，蒋先生能举出哪些诗是'江湖派的浮滑，出手太容易'？"这更让我惭愧，因为我不太看当代诗词，还不知道钱先生已出版《槐聚诗存》。我随即到图书馆借来一看，大体如刘先生所论。后来网上遂多有引为口实，说我不懂诗，或说我不懂钱锺书诗，我都虚心接受——毕竟以一个硕士生的肤浅印象，管窥蠡测不着边际也是难免的。但深心也不免疑惑，自己的印象为何如此不着边际？

事情过去多年，不意一个偶然的机缘，解释了我的困惑。

最近搬家整理书籍，无意中竟翻出当年复印的《初刊》。更令我惊讶的是，随手一翻就感觉有些作品不见于《槐聚诗存》。暇日重新借来《槐聚诗存》一览，乃知此集收诗始于一九三四年的《还乡杂诗》，《初刊》里的少作悉数不存！之前看到卞孝萱老师说，钱锺书和冒效鲁的诗集均非全稿，钱集把好多诗都删去了，现在看来果真如此。卞师分析："诗删去不存，不外两个原因：一个是其诗不足存，就是说自己认为做得不好的不足留存；一个是其人不足存，也就是说这个人不值得留在自己的诗中。比如冒广生、夏敬观，在钱锺书的诗集中都没有提到。"（《冬青老人口述》，127页）这一推断不是没有根据的，《槐聚诗存序》自述学诗经历的话也可印证：

> 余童时从先伯父与先君读书，经、史、"古文"而外，有《唐诗三百首》，心焉好之。独索冥行，渐解声律对偶，又发家藏清代名家诗集泛览焉。及毕业中学，居然自信成章，实则如鹦鹉猩猩之学人语，所谓"不离鸟兽"者也。本寡交游，而牵率酬应，仍所不免。且多俳谐嘲戏之篇，几于谑虐。代人捉刀，亦复时有。此类先后篇什，概从削弃。

钱先生很清楚地声明，自己编录诗作时，已将牵率酬应、俳谐嘲戏及代人捉刀之作悉数芟削。我们知道，一九三二年春陈衍就曾点定钱锺书诗，宠之以序，称其"喜治诗，有性情，有兴会，有作多以示余。余以为性情兴会固与生俱来，根柢阅历必与年俱进。然性情兴趣亦往往先入为主而不自觉。而及其弥永而弥广，有不能自为限量者。未臻其境，遽发为牢愁，遁为旷达，流为绮靡，入于僻涩，皆非深造逢源之道也。默存勉之"。这里"遽发为……"几句明显含有告诫之意，对其诗中流露的不良倾向有所指摘。但那部分诗作既删而不存，仅石遗序见于《石语》，钱锺书诗早年的面目遂隐没不见。晚境《石语》问世，载石遗老人语："世兄诗才清妙，又佐以博闻强志，惜下笔太矜持。"并加按语曰："丈言颇中余病痛。"这么一来，陈石遗的批评就由各种"非深造逢源之道"变成了"下笔太矜持"，非但早年一段率而操觚的痕迹尽为隐没，甚至连缺点也转向了反面，变为老成持重，思深笔迟，近于刘永翔先生《读〈槐聚诗存〉》的评价："刻意非凡，字字皆苦吟而出。"今人每据此持论，其实已不是钱锺书早年诗作的面貌。

进入媒体日益发达的二十一世纪，文献已不像前代那样容易消失。在众多钱学家和现代文学研究者孜孜不倦的发掘下，有关钱锺书的文献正巨细无遗地披露出来。据新见《得孝鲁书却寄》一诗自注：

  余二十四岁印诗集一小册，多绮靡之作，壮而悔之。君见石遗翁《诗话》采及，笑引诚斋语谓曰："被渠谱入《旁观录》，五马如何挽得回？"又曰："无伤也，如'干卿底事一池水，送我深情千尺潭''身无羽翼惭飞鸟，门有官防怯吠獭'等语，尚可见悦妇人女子。"遂相戏弄。（《国师季刊》第六期，一九四〇年二月版）

这里提到的二十四岁印的诗集就是《初刊》，"干卿"两联分别见于集中《北游纪事诗》其十七和《无题义山有感云楚天云雨尽堪疑解人当以此意求之》。这两联袭用冯延巳、李白、李商隐、陶渊明、黄景仁诗词，虽能融化前人语句，却也说不上有什么佳趣新意，所以冒效鲁调侃说可以用来取悦女生。这通书札及所载轶话，再清楚不过地说明钱锺书本人对《初刊》的态度和评价。

四十年后重览《初刊》，恍如初见，我兴趣盎然地沿着卷首自序走近一九三三年秋的钱锺书：

> 二十二年秋七月始乞食海上，三匝无依，一枝聊借。牛马之走，贱同子长；凤凰之饥，感比少陵。楼寓荒芜，殆非人境。试望平原，蔓草惨碧，秋风日劲，离离者生意亦将尽矣。境似白傅原草之诗，情类开府枯树之赋。每及宵深人静，鸟睡虫醒，触绪抽丝，彷徨反侧，亦不自知含愁尔许也。偶有所作，另为一集。吴市箫声，其殆庶乎尔？二十二年中秋前一日。

序后有小字补记："自二十二年秋至二十三年春得诗六十余首，凄戾之音，均未付印。此集所载，断自二十三年春至二十三年秋，择刊若干首。"卷尾还有一篇后记，交代编集缘起：

> 陈君式圭、张君挺生怂恿刊拙诗，忍俊不禁，因撰次春来诸作为一编，仍以旧序冠其首而付手民。来海上前，亦有诗数十首，写定乞石遗诗老为序，则留以有待。譬之生天先者成佛反后耳。旧作《答颂陀丈》有云："不删为有真情在，偶读如将旧梦温。"《秋抄杂诗》有云："漫说前贤畏后生，人伦诗品擅讥评。拚（拼）将壮悔题全集，倖许文章老更成。"逝者如斯，忽焉二载，少年盛气，未有以减于畴昔也。二十三年重阳后十日锺书记尾。

参照前序、后记所言，可知集中所收诗作都是一九三四年春至秋间所作，随即付印。这　年作者正好二十四岁，然则《初刊》即《得孝鲁书却寄》自注所言"余二十四岁印诗集一小册"可以无疑。其中所收诗作与请陈石遗作序的作品略不重复，应该是钱锺书编的第二个诗集。他在一九三四年一月十七日日记里提到"振心以《自然室诗稿》相赠"，冯振先生旧藏这册《初刊》，可能就是印行不久钱锤书所回赠。

再读《初刊》，让我对钱锺书早年醉心于李商隐、黄景仁的风格印记有了更深的认识。陈石遗所谓"发为牢愁，遁为旷达"实在与钱诗的艺术渊源直接相关。牢愁如"新凉一种秋滋味，不是愁人不解尝"（《立秋夜坐》），"感逝直须招远魄，伤离一并作秋悲"（《秋望高吟黄河水绕汉宫墙者见之当齿冷也》），"节物渐残宁有迹，愁思突起总无端"（《晓起雨止默念秋将尽矣》）；旷达如"陋居不少回旋地，默契渊鱼意最高"（《寓楼小斋》），"何日江湖偿债了，还乡下泽许同车"（《大铁汪先生风雅宜人大隐在市与余望门对宇而居》），"倘得芥舟堪共载，不须问价向山灵"（《季示西园新辟小池……》），整体情调都更接近于黄仲则的忧生之嗟和旷达之怀。像《春尽日雨未依》其二，简直就很像是黄仲则手笔：

鸡黄驹白过如驰，欲绊余晖计已迟。藏海一身沉亦得，恋桑三宿去安之？茫茫难料愁来日，了了虚传忆小时。却待明朝荐樱笋，送春还与订归期。

研究者都注意到钱先生善于熔化前人诗句，每每取前人两句三句之语之意糅为一句，此处"鸡黄驹白过如驰""茫茫难料愁来日"两句正是很好的例子。其句法则是宋人以文为诗的老调，行以议论，出以文句，以直抒胸臆的方式表达身世之感。此外《得风璟太原书……》一首，也是很典型的例子，诗云："惯迟作答忽书来，怀抱奇愁郁莫开。赴死不甘心尚热，偷生无所念还灰。升沉未定休尤命，忧乐遍经足养才。埋骨难求干净土，且容蛰伏待风雷。"这是闻友人有死志，以意气激励其养才待变之作，末句取意于龚自珍《己亥杂诗》的名句"九州生气恃风雷"，是钱锺书早年诗中少见的意思沉郁之作，风格则是很典型的宋调。

重读《初刊》这四十多首诗作，尽管让我对钱锺书议论、造语的功力有了新的体认，但浮滑的感觉仍不能祛除。主要问题在于作者掉弄翻新古人语句多，而用心锤炼新意少，不脱皎然所谓偷语、偷意的伎俩。比如开卷《北游纪事诗》其十二，据自注是"道大千于雨僧师"，诗云："矫矫出群爱此才，鹤凫长短世疑猜。过江名士多如鲫，争及济南名士来。"又其十九云："最厌伤多酒入唇，看人斟酌亦酩酊。自惭蕉叶东坡量，众醉休嗤学独醒。"虽然句句有来历，却都是熟烂语，整体上没什么新意。这岂不是有点浮滑，有点出手太容易么？组诗《北游纪事诗》二十二首中，多半是这类作品，有的甚至"入于僻涩"，但因为出于率意，也不免给人轻浮的感觉。如其九云："褚先生莫误司迁，大作家原在那边。文苑儒林公分有，淋漓难得笔如椽。"自注："源宁师为两(雨)僧师作英文传，或疑出予手，故引《卢氏杂记》王维语自解。"次句虽有出典，终究太口语化；而"司迁"又太僻——司马之姓古人省称只用马迁，这里用司迁，就好像称司马相如为司相如、司卿一样，未免有点突兀，给人轻率欠稳重的感觉。

由于存在这些问题，《初刊》给我的感觉就与《槐聚诗存》相去甚远，难怪读者见我说钱诗近于江湖派，觉得不可思议。其实钱锺书早年诗的风貌大概如此，说白了就是人太聪明，记性太好，出手便太容易，用他自己的话说就是"为才子诗，全恃才华为之"。非但恃才华，还要炫学，于是就免不了李义山式的"獭祭鱼"，而难到覃思深功、精纯浑厚的境地。我说他"有南宋江湖派的浮滑，出手太容易"，大概是就此而言。至于其风格是否近于江湖派，当然容有斟酌，不过他作诗出于恃才逞学而非刻苦锻炼，可大体无疑。这从近年发现的钱锺书早年诗作中也能得到印证，比如冒效鲁披露的《周生珏良学诗甚勤赋示三首》：

　　古人今往矣，后辈继谁堪。诗岂三唐尽，书须百国探。语宜生里熟，味得苦中甘。于尔吾无隐，弥陀得共龛。

　　武库森罗列，而犹白战堪。泽龙凭手揽，穴虎以身探。

15

盐着水还净，蜜成花忽甘。瓣香诚有愧，无佛且专龛。

不朽未能三，差非七不堪。精微容翻悟，奇险试同探。以乱吟更苦，但工穷亦甘。周南张北屋，合看借诗龛。

这是开示学生之作，纯行以议论，倒也不算不合。但语言终嫌太生硬，"而犹白战堪"似有凑韵之嫌；"盐着水还净，蜜成花忽甘"一联，"净"字用水中着盐的典故提示用典之法，已略觉勉强，但还说得过去，下句就有点不知所云了。第三首"不朽未能三，差非七不堪"将古书成语如此掉弄，在前人看来一定会说是弄巧成拙。"以乱"一联也属于同样毛病，仗着强记偷语偷意。或许有人赏其思深意僻，但读过一些古书的人都会觉得满纸陈言。即便是江西派的"以故为新""点铁成金"乃至"无一字无来处"，也绝不是这等品格。还有一首《春怀》写道：

愁喉欲割终难叧，春脚未除看又临。自有生来摧老至，竟无地往避忧侵。且任积毁销吾骨，殊觉多情累此心。微抱芳时拼不尽，姑将眠食送光阴。

首句"愁喉""春脚"看似取意奇特，但比较一下黄仲则诗的设喻取譬，就会觉得尖巧有余，而韵味不足。通篇以文为诗，后六句悉以虚字领起，读起来单调少变化，尤为诗家所忌讳。我在《金陵生小言》中曾论及此病。这在钱锺书诗中绝非仅见，上引《得凤琭太原书……》第三至七句三四字连用"不甘……无所……未定……遍经……难求……"，一九三六年作《新岁感怀适闻故都寇氛》也连用"直须……自有……无恙……其亡……"。这种习气起于中唐而流行于宋代，比如杨万里《野菊》云："未与骚人当糗粮，况随流俗作重阳。正缘在野有幽色，肯为无人减妙香。已晚相逢半山碧，便忙也折一枝黄。花应冷笑东篱族，犹向陶公觅宠光。"除了第七句外，都是以副词加动词或形容词起句。此外如《明发石山》中四句"悬知……正坐……便恐……宁论"，《腊后二首》其二中四句"如何……便尔……奈此……怀哉",《仲良见和再和谢焉》其三中四句后三字"胡未报……可能宽……今宁晚……尚会看",《送王吉州宣子舍人知明州二首》其二中四句"不应……未著……剩欲……其如",《永和遇风》前四句"未嫌……只爱……剩欲……可堪",不一而足。后世学诗凡由宋人入手的作者往往喜用这种叠用虚字掉转的句格,由此也可见钱锺书的瓣香所在。

问题又回到钱锺书诗的艺术渊源上来。关于钱锺书诗的评价,两位刘先生的看法可为代表。刘永翔称"刻意非凡,字字皆苦吟而出",刘梦芙称"气格、章句方面刻意锻炼,有似宋人,而声调、色泽则取之于唐"(《〈槐聚诗存〉初探》),都很中肯。不过这都是就《槐聚诗存》而言,与钱锺书欧游归来后"于少陵、东野、柳州、东坡、荆公、山谷、简斋、遗山、仲则诸集,用力较勤"(吴忠匡:《记钱锺书先生》)的路径转变有关,与宋代的主流诗风即我称之为硬宋诗的风格取向相近。而《初刊》的艺术渊源,则主要出于李商隐、黄景仁,此外还可以补上陆游、杨万里这两位深得唐人神髓的南宋名家。尤其是杨万里,他的风趣、诙谐和机智、灵动,都与钱锺书的品性、才智、趣味太接近,所以钱锺书对杨万里诗本能地怀有强烈的亲近感。《谈艺录》第三十三则论及乾嘉以来对杨万里诗歌的接受,不由得为世少知音而深自叹惜:

至作诗学诚斋,几乎出蓝乱真者,七百年来,唯有江弢叔;张南湖虽见佛,不如弢叔至如是我闻也。世人谓《伏敔堂集》出于昌黎、东坡、山谷、后山,盖过信彭文敬、李小湖辈序识耳。(309页)

江湜诗是否学杨万里而能出蓝乱真,这里无法展开讨论,但钱锺书对《诚斋集》心追手摹,下过很深的功夫,则是可以肯定的。《初刊》所收的作品,如开卷《北游纪事诗》其一"某山某水愿能酬,敝舌焦唇讫小休",其二"泰山如砺河如带,凭轼临观又一回",其三"有地卓锥谢故人,行尘乍浣染京尘",其十"各有姻缘天注定,牵牛西北雀东南"等等,这种排叠和重复的句式就是诚斋惯用的套路。而其十一"毁出求全辨不宜,原心略迹赖相知。生平一瓣香犹在,肯转多师谢本师",其二十"朝朝暮暮日旋过,世世生生事不磨。临别爱深翻益恨,恨时怎比爱时多",通篇造句更是典型的杨万里风格。谓予不信,不妨翻翻《诚斋集》,触目皆是这类句式,老境愈为习见,流为俗套。

杨万里诗被元人目为浅俚,范德机批评当时俗学"见有浅俚如诚斋之作者,则指之曰此俗学诗也"(《诗法源流》),则当世对杨万里的评价可以概见。今天看来,杨万里诗不乏性灵生动之趣,但语言实在太粗率。近体不避重字,也不在乎句法重复,早年作品通篇反复以虚字领起,晚年则滥用双音节词排叠和重复的句法,到了令人生厌的程度。在这一点上,《初刊》除了《北游纪事诗》这组七绝外,其他诗体都要矜慎得多。最重要的差别在于,钱锺书根本缺乏杨万里那种体物兴趣,只是一味地以文字为诗,以议论为诗,时而杂以谐谑嘲戏,不像袁枚学杨万里能得其性灵的真髓,天趣盎然。当然,杨万里造句随意、出语粗率的毛病,钱锺书没有沾染,我说他出手太容易只是指不用心炼意,并不包含字句草率的意思。

话也说回来,尽管钱锺书本人对《初刊》不无"悔其少作"之意,但诗集出版后还是颇得时流赏誉的。据刘永翔《文学史家张振镛其人其事》一文,钱锺书的光华大学同事张振镛获赠《初刊》,有《简中书君即题其诗集》四绝相酬,其二、三曰:

腕有风雷眼有神,绝无一语不清新。照人肝胆惊人笔,绳武堂前四座春。

于今诗老数陈郑,年少如君已绝尘。并世高歌有几手,镂冰为骨玉为神。

通篇都是极尽褒奖之辞,评价之高简直并世罕俦。不过这种应酬文字当不得真。或许张振镛对钱诗的感觉真是如此，但在我看来，"绝无一语不清新"简直就像是讽刺！《初刊》有书袋，有雕琢，有谐谑机巧，又何尝有什么清新之语来？凡读过一点古书的人大概都会觉得满纸陈言，要说以故为新，如禅家所谓把死蛇盘得活，恐怕还是隔了一层。回过头再来看《槐聚诗存》的删存之作，不能不说是老眼明锐。诗毕竟要自出机杼、自作一家之语方好。开卷《还乡杂诗》"匹似才人增阅历，少年客气半除删"一联，虽是一九三四年所作，却已逗露晚年删诗的宗旨。

常言道"良工不示人以璞"，从来有成就的作家都不愿示人少年幼稚之稿。钱锺书删弃《初刊》和陈石遗作序的那部分诗作，以及《初刊》补记提到的一九三三年秋至翌年春的六十余首"凄戾之音"，也是正常的。《初刊》后记还说乞石遗作序的诗"则留以有待"，并有"不删为有真情在""拼将壮悔题全集，偓许文章老更成"之句。可迨及晚境却终究不敢正视、保留那份真情，就像对朋辈追忆他早年的轶事一概否认一样。非但如此，《槐聚诗存》自序还预言："他年必有搜拾弃余，矜诩创获，且凿空索引，发为弘文，则拙集于若辈冷淡生活，亦不无小补云尔。"致黄裳书又云："弟于旧作，自观犹厌，敝屣视之，而国内外不乏无聊好事或噉名牟利之辈，欲借弟为敲门之砖、易米之帖……"此言固然刻薄，但比起郑板桥诫人勿辑其芟削稿的恶誓来，还不至于狠毒。我本无搜拾弃余、矜诩创获的兴趣，只不过涉及早年率尔所发的议论，学人因未见《初刊》遂生出诸多非议。如今既睹旧藏影本，就略述管见以为谈助，顺便也为早年的议论做个背书。

章 文

"神奶路""官老爷扇"与语言中的"世界大同"
——《翻译与文字》及文化多元时代的译介伦理

说到晚清民国译界的著名公案，有两则一定可以上榜。第一则便是"牛奶路"事件。赵景深向为"意译派"摇旗呐喊，"宁错而务顺，毋拗而仅信"的高论言犹在耳，却在自英文转译契诃夫《樊凯》（现通译《万卡》）时跌了个大跟头，将"milkyway"误作"牛奶路"，正落入了他所警觉的"直译"圈套。一时舆论大哗，鲁迅先是在《风马牛》中讲了一通银河的典故，解释了按希腊神话，银河是因宙斯私生子赫拉克勒斯在天后赫拉梦中吸吮了她的乳汁，赫拉惊醒，乳汁飞溅而成"milkyway"，不无讽刺地建议赵景深改作"神奶路"。又援引了赵景深译的"赛意斯（即德国作家Thiess，今通译提斯）完成四部曲"中 *Der Zentaur*（字面意思为"半人半马怪"）一部的译名，言及赵景深居然将之翻成"半人半牛怪"，当真是"遇马发昏，爱牛成性"！自此，一顶"乱译万岁"的帽子就扣在了赵景深的头上。赵先生恐怕也对此事耿耿于怀，直到二十世纪八十年代，还自认："我实在是不懂，我当时的外语水平不过是那样。"

第二则没有上一件有名，但经钱锺书记述传扬，仍常引人哂笑。说来有趣，第一首译成汉语的西洋诗歌，既不是荷马，也不是但丁，而是美国诗人朗费罗（Longfellow）的《人生颂》。朗费罗一八六五年十一月三日日记中有载："邀蒲安臣夫妇饭；得中国扇，志喜也。扇为中华一达官所赠，上以华文书《人生颂》。"据说具礼者乃"容大人"（Jung Tagen）。钱锺书怀疑"容大人"实为"董大人"，即清末曾任总理各国事务衙门全权大臣的董恂。董恂曾参照威妥玛《人生颂》中译本，将之改写为七言体的《长友诗》（"长友"即对诗人姓Longfellow的意译）。他的下属方浚师在个人文集《蕉轩随录》中恭录过上司的译作，称董恂的翻译动机是要"同文远被"，即吸引外国人来学中国语文。如此说来，这把"官老爷扇"倒真有可能是董恂送的，仿佛一枚引诱朗费罗向往中华文化的香饵。可惜朗费罗不通中文，恐怕只会以为这把扇子是对他英文诗艺的褒扬，故钱先生戏称："扇子是白赔了。"

与同时代其他的翻译论争相比，"神奶路"和"官老爷扇"只算得轶事。但二者得以广为人知，却折射了两个针对翻译的惯常偏见。第一，译文的读者常以"自我"一方的表述为绝对真理。即便希腊文称"奶环"（Κύκλος Γαλαξίας）、拉丁文称"奶路"（Via lactea），但毕竟"银河"才是"无数恒星组成的闪亮光带"在中文里的对等词，所以理当顺应目的语的固定表达，不得直译。如此，直译的诸般好处也就被一起忽略了，少有人去想"神奶路"虽为戏谑，却恰恰折射了"milkyway"背后的文化意象。第二，译者便是"舌人"，担任的角色就是便利"自我"与"他者"沟通的那根舌头，助"自我"认识"他者"足矣，无需怀着"天下大同"的大志向。毕竟连钱锺书先生此等对翻译颇有真知灼见的人家都认为"翻译外国文学，目的是让本国人有所观摩借鉴，唤起他们的兴趣去欣赏和研究"，而不是好高骛远地借着翻译搞一门普世的"世界文学"。此二说背后，又隐现着一种"自我中心主义"：翻译只是为了顺应并服务"自我"，所以宜舍直译而就意译。

事实上，"译文应以传达意义为重"之类的观点，并非我国独有，更不是现代翻译理论诞生前的时代产物。作为学科的翻译学诞生于上世纪五六十年代，初衷是为译介这一"次等文本活动"构建话语空间，主流却仍是将"自我"的接受程度摆在首位的美国学者奈达等人，尊重"他者"文字表述的直译恰如"神奶路"一般，几无生存空间。改变这一局面的是法国学者安托瓦纳·贝尔曼（Antoine Berman, 1942-1991）。他于一九八四年出版《异域的考验：德国浪漫主义时期的文化与翻译》一书，以本雅明《译者的任务》为哲学视野，对十八世纪末至十九世纪初德国古典—浪漫主义时期的翻译观进行梳理，展现了蒂克、福斯等人忠于原作的翻译对现代日耳曼语言、文学的发展形成所起的奠基性作用，凭一己之力捍卫了"文字翻译"的正当性。同年，他又应德里达之邀，在巴黎国际哲学学院开设讲座，将翻译提升到映射"自我"与"他者"间关系的哲理层面。一九九九年，即贝尔曼离世八年后，他的遗孀与数位友人整理了他的讲座文稿，以《翻译与文字，或远方的客栈》（*La Traduction et la lettre ou l'auberge du lointain*，以下简称《翻译与文字》）为题出版。这是一本为"文字翻译"鼓与呼的哲思之作，展示了"意译派"的哲学源流和潜在危害，开启了翻译的伦理学转向。其主旨可用一句话概括：当代的翻译不是唯"自我"马首是瞻的仆从，而应更忠实于"他者"，更能体现出世界大同，是语言、文化多元性的保障和媒介。

一、"形意分离论"之不可取

"意译论"所以兴盛，本质是因为"文字"和"意义"难以两全，汉末起佛经译业中的"文质"之辩、傅雷"形似"与"神似"之说，均是建立在舍得之间。若是着落在西方传统上，其根源可追溯至巴别塔的倒掉。《约翰福音》开篇即云："太初有道，道与神同在，道就是神。"在多种西方文字里，"道"一词便是大写的"词语"（英文为Word，法文为Verbe），是"语言"，是神与人、人与人之间交流的唯一媒介。可惜为了阻止通天塔的建成，在上帝一声"巴别"（希伯来文Bavel，即Babel，"混乱"之意）的法言之下，人类丢失了神所赋予的统一语言。

文字既已不同，翻译也只能退而求其次，传递原文的"意义"了，这一主张也自有其哲学和神学渊源。承认意义独立于文本，不会随着文字的变换而消失，纵是"躯壳"换成了另一门语言，原作的"神魂"仍得故我，这种"灵肉分割"的论调显然源自柏拉图。其实若细究起来，除分离"神魂"和"躯壳"外，"灵肉分离论"对翻译还有另一重影响，即重"灵魂"而轻"肉体"，重"意义"而轻"文字"。柏拉图认为肉体禁锢灵魂，但终会随着死亡而腐朽；灵魂则永恒不灭，挣脱了肉体束缚的灵魂可以走向真理世界。故而柏拉图及其师苏格拉底都无惧死亡，因为死亡有助于摆脱冗余的"肉体"，就像"意义翻译"也终会将"意义"从"文字"中拯救出来。

在贝尔曼看来，柏拉图便是"意译论"的始作俑者，他也因此嫌恶地将"柏拉图式翻译"等同于仅注重神似的翻译，认为它注定是"种族中心主义的"。"诚然，他［柏拉图］自是没有（至少据我所知）谈过翻译，但他设定了著名的'可感'与'可知'、'身体'与'灵魂'间的分割。在圣保罗那里，又复现成了'让人死'的'字句'和'让人活'的'精意'之间的对立。"圣保罗的典故出自《哥林多后书》。希腊城市哥林多（今译科林斯）在当时以信仰混乱知名。公元一世纪中叶，保罗两度致信宗派林立的当地教会，劝诫他们盲目读解经书中的"字句"只会引发误解，唯有心存虔敬耶稣的"精意"才能拯救世人。作为"灵魂"的意义之受重视，作为"躯壳"的文字之受轻蔑，可于此神学传统中窥得一斑。

不过，传递意义本就是翻译存在的缘由之一，究竟有何不好？结合贝尔曼的论述，浅层原因可归结为两点：

其一,"意义翻译"看轻了原作。"灵肉分离论"本是无奈之选,因为只有分割会腐朽的肉体和不灭的灵魂,人类才有接近真理的可能性,而在翻译领域中,只有区分各有不同的文字和超脱于文字上的"意义",文本才有"可译性"。但越是伟大的文本,通常其"身魂"就越是合一,也就越不可译。如瓦莱里所说,诗歌就是在"声响和意义间久久犹疑"的文体,"诗不可译"也算是共识了。还有普鲁斯特、乔伊斯和福克纳们,也难以把一个纯粹的"意义"从他们的行文中抽离出来,让译者单纯地使用理性逻辑来进行一场意义的摆渡。

其二,"意义翻译"贬低了译者,将其矮化为兜售意义的小商贩。法国文化向以欧陆中心自居,轻看向"他者"借鉴的译介行为,贝尔曼身处其间,对译者的窘境深有体会。在他眼中,译者为了向高高在上的"自我"传递意义,常需放软身段,迎合本国的语言品位,却不管怎么做,都会冒着背叛"他者"和"自我"的双重风险,意大利谚语"翻译,就是背叛"(Traduttore, traditore)就是明证。诚然,较之鄙薄翻译的法国传统,我国文化界更为尊重译者。但事实上,译者即便已尽力忠于"意义",仍难免"背叛原作"或"行文呆滞"的指责。郭沫若不也曾将原作和译者分别喻为"处女"及"说谎的媒婆",指出"处女应当尊重,媒婆应当稍加遏抑"吗?贝尔曼亦言,在这种动辄得咎的情况下,有"多少译者将这种心态内化了,提前便要向读者为其行为的不完美和莽撞告罪"。傅雷一九五一年重译《高老头》时,也不免说上几句场面话。他先是谦称前译(一九四六年骆驼书店版)"对话生硬死板,文气淤塞不畅",又云此次再译"几经删削,仍未满意"。盛名如傅雷,仍逃不过这般谦抑做派,可见译者地位之尴尬、行事之战兢。如此说来,为了还翻译以应得地位,为了让译者既敢于将"milkyway"译为"银河",也勇于翻成"神奶路"以开辟另一种文化传递的可能,为直译说上几句话,也不算大谬不然。

二、"美人之美"与"天下大同"

当然,贝尔曼提倡"文字翻译",也不完全是为直译辩护或替译者正名,而是要在哲学层面上实现翻译的伦理目标,即在"自我"的空间内"把他者作为他者来进行承认和接受"。这句话乍听难于理解,其实是在指责"意义翻译"抹杀了"文字"这一唯一可印证"他者"事实存在的媒介,是危险的种族中心主义。换言之,"意义翻译"是以"自我"的品位为借口,消灭了"他者"的独特性,借用费孝通先生的话来说,只能算是"各美其美",尚不能"美人之美",更遑论"美美与共,天下大同"。

此处称贝尔曼译论的伦理目标为"天下大同"固然是一句戏言,但若是了解其与本雅明思想间的渊源,就能明白以此定义贝尔曼视阈下的"译者的任务"其实颇为贴切。贝尔曼极其推崇本雅明,后者的身影在《翻译与文字》中可说是时时闪现。作为虔诚的犹太信徒,本雅明坚信一切历史的终点都是救世主弥赛亚或"上帝之国"的复临。《译者的任务》中,他把一切语言所经历的历史均视为"特殊而崇高的生命的延展",朝向的是"一个特殊而崇高的终极性",即"上帝语言"或"纯语言"的再现。虽然巴别塔后,神之语言已然灭失,但所幸它的片段仍深埋在各不相同的凡间诸语中。历史赋予译者的任务,便是忠实翻译原作文字,以拼合出神之语言的原初形态,故此有了著名的"陶瓮"之喻。在本雅明的设想里,神的语言最初应是一尊巨大的陶瓮,打破之后碎片遍及各地,译者只要忠实地复刻这些碎片的外观,就能离重归神的怀抱更近一步。"正如一个陶瓮的碎片,为了重新拼接在一起,必须在细节上严丝合缝,却不必彼此相像;翻译也一样,与其模拟原文的意义,不如满怀爱意,把原文的意向纤毫不爽地并入自己的语言,就这样让原文和译文像同一个陶瓮的两块碎片那样,成为一种更大的语言的残片。"这不就是既欣赏自己的美("各美其美"),也尊重别人的美("美人之美"),再把

25

不同的美拼合在一起("美美与共"),最终实现了语言上的"天下大同"吗?

诚然,"天下大同"的目标终究有些虚妄。即便是本雅明,也只是将神之语言的重现当成了历史必然的终点,但"纯语言"究竟何时降临,他也没有给出确切答案。因此,终极的"世界大同"可能只是幻想,但局部的语言共通、文化共享却不是奢望,因为借由临摹"他者"的碎片,可以激活"自我"身上沉睡的潜能。晚清民国时期的翻译潮对现代汉语语言文学的催生就足为佐证。不仅"经济""社会"等名词是向日语借来,"被"字句式、长定语的使用也是受了西文影响,更有章回体小说的革新、白话诗的演进,都与林纾的小说翻译、戴望舒等人的法国象征派译介有着紧密联系。二十世纪三十年代,瞿秋白专门就翻译问题向鲁迅致信,其中也肯定过"自我"向"他者"忠实借鉴文字后焕发出的活力。"宗法封建的中世纪的余孽,还紧紧的束缚着中国人的活的言语",而"翻译,的确可以帮助我们造出许多新的字眼、新的句法,丰富的词汇和细腻的精密的正确的表现",更能"帮助我们创造出新的中国的现代言语"。可见,接受"他者"递出的"官老爷扇",衷心以此为美,也是鼓励"自我"加入"天下大同"或"人类语言共同体"的驱动力。

三、那么,要怎么做呢?

文至此处,"文字翻译"似乎展现了一个灿烂的前景,却令人不禁思考其可行性,毕竟本雅明的波德莱尔译本非"蹩脚"不足以形容,贝尔曼本人的译作也乏人问津。可见"意译派"之所以能占据优势地位,实是因为"文字对文字"的直译往往讨不了好,难以再现原作风貌。贝尔曼虽鼓吹"文字翻译",但只是在哲学层面上进行思考,并未给出操作指南,可谓破除了意义翻译的正当性却没有树立起文字翻译的可行性。幸然我们在他的字里行间捕捉到了两个前代"模范"，或可为追寻"天下大同"的译者提供参照。

第一位是连姓名都未得贝尔曼一提的法国中世纪行吟诗人若弗雷·吕戴尔（Jaufré Rudel），本书标题的后半段即"远方的客栈"之说就由他首创，此处意为"自我"应悦纳"他者"，为远道而来的"异"提供居所。吕戴尔以诗作中频现对远方的热爱而知名。自他从去往东方的朝圣者那里听闻的黎波里伯爵夫人惊人的美貌后，就对她产生了无可抑制的恋慕，为亲睹其容貌参加了第二次十字军东征。可惜他于行军途中染病，抵达的黎波里时已奄奄一息。伯爵夫人感动于他的深情，允许他死在自己的怀里。吕戴尔离开"自我"的动机是对"他者"形体之美的爱恋，而翻译的起点同样是对异国文字之丰饶的向往。翻译不意味着背叛"自我"，也不意味着附庸"他者"，却一定意味着"美人之美"，即对"自我"之外亦有美好的承认。

第二个是阿喀琉斯。《伊利亚特》中，阿喀琉斯是希腊联军第一勇士。他的挚友帕特罗克洛斯为扭转战局，穿上他的铠甲冒充他出战，却被特洛伊国王普里阿摩斯的长子、特洛伊第一勇士赫克托耳所杀，阿喀琉斯的铠甲也被其夺走。后来阿喀琉斯陈兵特洛伊城下，杀死赫克托耳，用马车拖曳他的尸体以泄杀友之愤。宙斯不忍其死后受辱，就降下神谕，让普里阿摩斯前往敌方营地，哀求阿喀琉斯归还尸身。阿喀琉斯出于对普里阿摩斯的尊重和共情，将尸体还给特洛伊人，还暂停战事让他们为自己的英雄隆重归葬。贝尔曼对此只说了一句话："没有人强迫我们追寻［翻译的伦理目标］。阿喀琉斯，在《伊利亚特》中，可以拒绝哀恳的普里阿摩斯，而且所有的事都在劝他拒绝。"但阿喀琉斯还是接受了。即便"自我"与"他者"之间必然存在不同、龃龉乃至仇恨，但翻译的本质是与"他者"的共情，是给予作为"身体"的文字以基本尊重。阿喀琉斯的形象也因此超越了对峙的层面，进入到"美美与共"的文化多元性空间。

吕戴尔对"他者"好奇，阿喀琉斯将"他者"原样奉还，这不

> 君子上交不谄，下交不渎。——《易传》

就是因愿意了解"他者"，而在"自我"的语言中尽可能地尊重"他者"之异的文字翻译及其伦理目标吗？与"神奶路""官老爷扇"两则掌故对应来看，"文字翻译"不恰是一剂良药，提醒我们直译亦有其道理，翻译也不应只停留在简单的意义传递层面吗？贝尔曼之说似乎也没有那么虚无缥缈。诚然，要复现本雅明式的"纯语言"，建立所谓的"天下大同"，还是颇有"翻译乌托邦"的色彩。但更忠于文字的翻译却也可让我们反思意译中过度自由的倾向，警惕可能因归化翻译滋生的民族中心主义，故《翻译与文字》一书值得推荐给生活在文化多元时代的诸君。

〔Antoine Berman, *La Traduction et la lettre ou l'auberge du lointain*, Paris: Seuil, 1999. 文中对《译者的任务》的引用均出自《论翻译（附〈译者的任务〉）》，[法]保罗·利科著，章文、孙凯译，生活·读书·新知三联书店即出〕

螺纹歌

施爱东

据指纹学家介绍，每个人的指纹都是独一无二的，世界上绝不会有指纹完全相同的两个人，我们现在常用的二维码，就是模仿指纹原理制作的。可是，在儿童时期的我们看来，指纹只有两种，一种叫螺，一种叫箕。

螺是指螺旋状的涡纹，箕是指簸箕状的开口纹。张爱玲在《谈看书》中提到：十只手指上，螺越多越好，聚得住钱；男人簸箕也好，会赚钱，能够把钱铲回家；女人则是螺好，会积钱，手上没螺，拿东西不牢。

张爱玲的螺纹说过于简单。我小时候知道的比这复杂，也更有趣一些，我们客家人有一首螺纹歌："一螺穷，二螺富，三螺牵猪牯，四螺蒸酒卖豆腐，五螺骑马应圩，六螺打死人，七螺做中人，八螺驮锁链，九螺解卜院，十螺十足，层箕列谷，瓮子盛足。冇螺穿梿㭎（没有螺什么都留不住）。"

现在如果还有螺纹歌的话，估计得换换名堂。比如"牵猪牯"这个行当，即便在偏远的农村也已绝迹多年。我在江西石城长大，在那个边远的小县城，小时候常常碰见那些被称作"猪牯佬"的光棍汉，穿着一条脏兮兮的大裤衩，赶着一头步履蹒跚的老公猪，走

29

村串户去给别人的母猪配种，收取极少的几毛猪牯钱。现在网络上有时会看到一些搞笑视频，一个年轻男子坐在一头大公猪身上，大公猪走得屁股一扭一扭的。这种视频纯属娱乐，真正的"猪牯佬"是极其爱惜大公猪的，因为那是他的身家性命。大公猪一天交配十数次，身子疲惫不堪，总是一边走，一边不停哼哼，别说驮人，驮只鸡都费劲。

螺纹歌之所以在现代社会不再流行，是因为螺纹歌所反映的社会内容，已经跟现代社会基本脱节。螺纹歌的时代，就是猪牯佬的时代，一个渐行渐远的，留在传说中的时代。

螺纹歌的流布地图

北京大学歌谣研究会从一九一八年开始面向全国征集歌谣，然后分批刊印，我印象中没有发表过这首螺纹歌。而在一些书商出版的童谣集中却载录了大量的螺纹歌，如商务印书馆《各省童谣集》第一集（一九二三年）就收录了三首，分别采自安徽休宁，浙江杭县、新昌；上海世界书局《绘图童谣大观》（一九二四）也收录了三首，分别采自江苏的吴县、无锡和江都；一九三二年的《民间月刊》发表的螺纹歌中，仅浙江富阳一地就有六首。可在一九四九至一九七九年这三十年间，螺纹歌就再没有被大陆的正式出版物收录过。我相信在这一时期，大规模的民间文学采风运动肯定采录到了这首风行全国的著名童谣，但是基本上都没有公开发表。

一九二三年《各省童谣集》的编者说："看螺纹定一生贫富贵贱，各省都有这种事，但所说各不相同，可见这事不足深信。"这话听起来，好像如果各地所说一致，就可以深信似的。这首曾经被打入"封建迷信"另册的趣味童谣，正因为异文众多，不足为信，才会给我们的童年生活带来许多相互打趣的快乐。

我陆续搜集了一百一十九首大同小异的螺纹歌，却发现它们只出现在十三个省市，并非"各省都有"。以其流行区域统计，螺纹歌似乎主要流行在东南沿海地区，从海南沿海路向东北方一路向上，广东、福建、台湾、浙江、上海、江苏，一个不落，而内陆却只有安徽、湖北、湖南、江西等几个紧靠以上地区的省份。广西、云南虽各有一首，但变异较大，跟其他地区的螺纹歌有明显区别。在西北和东北地区，我居然没能找到一首螺纹歌。不过，后来的事实证明，至少东北的辽宁和吉林还是有部分流传的，只是他们不说"螺"而说"斗"。但是，这并不影响上面"沿海路传播"的假设。

北京的儿歌是最丰富的，从清末开始，就有许多外国人在北京搜集儿歌出版，顾颉刚说，一九一八年北京大学发动歌谣运动，"征集到的歌谣以北平为最多，单是常维钧先生一个人就有了一千多首"，可是，北大《歌谣》周刊并未见到有螺纹歌发表。我所仅见的北京这首，被雪如女士收录在一九三〇年出版的《北平歌谣续集》，内容还被精减、合并为"一螺穷，二螺富，三螺四螺开当铺，五螺六螺磨豆腐，七螺八螺自来有，九螺一簸，稳吃稳坐"。标题《一螺穷》也是仿《诗经》取首句为题。

老虎不在家，放屁就是他

北京的《一螺穷》虽然简单，却大致反映了螺纹歌的主要理路，也即张爱玲说的，螺越多越好。另一首不明地域的螺纹歌，这一思路更加明显："一螺穷，二螺富，三螺四螺卖豆腐，五螺六螺开当铺，七螺八螺有官做，九螺十螺享清福。"生活质量的好坏基本上与手上螺纹的多少成正比。

像我这种一个螺没有的人，理论上是最穷的，所以我们客家螺纹歌的最末一句是"冇螺穿楼棯"。当然，这只是大致的正相关关系，也不是每首螺纹歌都遵循这种关系。螺纹歌的价值更多体现在它的游戏性，而不是命理的准确度。同在浙江，新昌人说："十个簸，落得嬉,嬉到杭州上海没得剩。"基本上也是穿棱磙。杭州人却说:"十个箕,满天飞,前堂吃饭后堂嬉。"表面看都是"落得嬉",可结果却有质的差别。

各地螺纹歌中最一致的,大约是起首句"一螺穷,二螺富",全部一百一十九首中,占了七十三首。大凡"一螺穷,二螺富"的地区,基本都是为了在前几句中押一个"富"字韵。北平的《一螺穷》虽是删减版,却最有代表性。明白了这一点,也就明白了为什么有那么多人"开当铺""磨豆腐""卖酒醋""披麻布""无着裤""住大屋""倒大路"。

浙江富阳对于一螺和二螺的认识却是颠倒的,这里流传着许多《一螺富》的螺纹歌:"一螺富,二螺穷,三螺叠稻蓬,四螺挑粪桶,五螺磨刀枪,六螺杀爹娘,七螺八螺银子撞脚箩,九螺十螺讨饭没有路,十只箕,前厅吃饭后厅嬉。"由于穷和富的次序颠倒,导致后面螺数的命运也发生了巨大变化,三螺四螺之所以要"叠稻蓬""挑粪桶",就是因为要押第二句末尾"穷"的方言韵。富阳还有一首《一螺富》的第二句用了个"破"字收尾,再次导致三螺四螺的命运发生重大转折:"一螺富,二螺破,三螺掬猪屎,四螺开烟火,五螺磨刀枪,六螺杀爹娘,七螺八螺讨饭没路,九螺踏官船,十螺中状元。"

多数螺纹歌都会在五螺之后换韵。韵一换,运也转,比如湖北的"一螺穷,二螺富,三螺四螺住大屋,五螺卖柴,六螺穿鞋,七螺八螺,挑屎过街,九螺单,当天官,十螺全,点状元,十个簸箕,金银挑起"。昆明的螺纹歌跟其他地区不大一样,起首不说穷和富,而是巧与笨:"一螺巧,二螺笨,三螺四螺捡狗粪,五螺六螺甩团棍,七螺逗人哏,八螺不下田,九螺发大财,十螺中状元。"但是,即便如此,这首螺纹歌依然在说到五螺的时候转了韵。

这就有点像客家儿童唱"一二三四五,上山打老虎,老虎不在家,放屁就是他",为什么放屁的是"他"而不是"你"或者"我",只是因为"他"与"家"押韵。因此,如果上一句唱成"老虎在家里",那么对不起,"放屁就是你"。

起首句与《一螺穷》不一致的地区,主要是广东、福建南部和台湾。台湾金门的"一螺一嗲嗲,二螺跄脚蹉"与闽南的"一螺一底底,二螺跑飞飞",以及潮州的"一螺一帝帝,二螺走脚皮"估计是同源异文,所谓"一嗲嗲""一底底""一帝帝"之类,大概也只是各地搜集者记录时选用文字的差异,都是为了表达一种舒适的状态,说明有钱有闲,以便与二螺"跄脚蹉""跑飞飞""走脚皮"的劳碌状态相区别。

《一螺穷》放在闽南话中,读起来很不爽口,因此只能重编一套《一螺一嗲嗲》的新螺纹歌,所以说,一螺到底是"穷"还是"嗲嗲",不是因为东海岸人与南海岸人长得有什么不一样、命运有什么不一样,而是因为他们的语言系统不一样。

六螺磨刀枪,十螺中状元

在浙江,尤其是从杭州到台州的连接带上,杭州、诸暨、新昌、天台、临海,都流行一种恐怖版的螺纹歌,杭州是"五螺磨刀枪,六螺杀爹娘",诸暨是"七螺磨刀枪,八螺杀爷娘",新昌是"七螺磨尖刀,八螺杀爹娘",天台是"六螺磨刀枪,七螺杀姨娘",临海是"五螺掼刀枪,六螺杀爷娘"。少一螺的,总是执行前一工序,或者叫帮凶;多一螺的,总是执行后一工序,因此成了凶手。听起来,好像五螺和六螺(或者六螺和七螺,七螺和八螺)天生就会是一对杀人凶手,这两种人要是聚在一起,父母基本上就没活路了。

六螺在所有螺数中是最狠最倒霉的,在杭州和临海一定是凶手,到了天台,可以弱化为帮凶,再到诸暨或新昌,穷虽穷,却可以不必干那杀人的勾当,如果能走远一点,北上江苏如皋,好歹可以"去种田",到了扬州、仪征一带就能"骑花马",如果脚力勤,远

33

上北京，还能攒钱"开当铺"。但是不能往西或往南，往湖北只能"穿草鞋""做强盗"，往湖南则是"打草鞋""放鸭婆"，到江西也还有可能"打死人"，到了广东和福建，大多数情况下还是只能"讨饭匹""掰心肠""做小偷""跌落水""给狗拆"。当然，少数南下分子，也可能"做相公"，如果能渡海到台湾，则有可能"米头全"或者"有米煮"。

十螺在所有螺数中是最好的，俗称十全十美，这一说法几乎通行全域，只是说法稍有差异，诸如"十螺全富贵""十螺去当官""十螺做相公""十螺驾盐船""十螺足足，买田起屋""十螺全，生个儿子中状元"等，福建平和县甚至说"十螺做皇帝"。只有少数异文会有诸如"九螺十螺讨饭没有路""十螺守空房"的说法，这两种说法都出自浙江富阳（叶镜铭：《富阳关于手的俗信》），其他几则如"十螺做长工""十螺无瓦片"，也只出现在上海和浙江一带。或许是因为富裕地区的人民对于"满招损，谦受益"有更加深刻的理解。

多数螺纹歌为了方便儿童理解和记忆，在前一螺和后一螺之间，都会设置明显的对应或承接关系。比如，"一螺穷，二螺富"是财富的两极关系；"七螺八螺讨牢饭，九螺十螺做大官"是身份的两极关系；"六螺会种田，七螺贩私盐"是居家务农与外出冒险两种生存方式；"八螺去偷鸡，九螺去偷鹅"是异曲同工；"三螺无米煮，四螺无饭炊"是同义反复；"七螺八螺挨枪打，九螺十螺过刀剐"是相同结局，不同刑具。

据说人种不同，手指的平均螺数也不同。白种人与非洲人箕纹多，大洋洲土人螺纹多，黄种人介于两者之间。假设这种说法是正确的，那么，黄种人应该是以五螺六螺居多了，按杭州和临海的说法，他们都在"磨刀霍霍向爹娘"，这当然只能拿来当个噱头，供儿童们互相唱着取笑。

螺纹歌中的人生百态

福建北部的顺昌县，流传着一首似乎由女性专享的《手螺歌》："一螺穷，二螺富，三螺忙碌碌，四螺开金铺，五螺没儿生，六螺做奶奶，七螺插金钗，八螺要挨打，九螺全，十螺中状元。"所谓"做奶奶""插金钗"，性别特征都很明显，可是，最后一个"中状元"，却又不是旧社会的女性能够享受得到的荣耀。

有些地方的螺纹歌则会将男女的螺纹运势明确分开，比如唱到"九螺做老爹"的时候，如果针对女性，就得唱成"九螺做奶奶"。

纵观各地螺纹歌，涉及的职业行当五花八门，计有重工业（砸石条），轻工业（磨豆腐、弹棉花），军事工程（掼刀枪、磨刀枪、背刀枪、甩团棍），农牧业（会种田、牵猪牯），建筑业（起大厝），服务业（挑粪桶、抬花轿），商业（开当铺、卖绸缎、卖老婆），交通运输业（驾盐船、挑粪桶），旅游业（走天下），能源开发（担柴卖），文教卫生（中状元、学做贼、捡狗屎），信息产业（做媒婆），文化艺术（吹喇叭），宗教（拜菩萨），行政管理（会做官、坐官船、管天下、做相公、做太公、封太守）等等，三教九流，包罗万象。

在传统螺纹歌中，穷人的比例非常高，常常会穷到无饭炊、睡大街、做乞丐、倒大路、讨饭没有路。命运不济的表现是忙碌碌、没儿生、捌狗屎、掰心肠、要挨打、讨牢饭、狗土虫。富足人家的表现常常是骑白马、穿绫罗、住大屋、谷满仓、银子撞脚箩、买田起屋、前厅吃饭后厅嬉、金子银子压秤砣、有钱无人知。平常的生活则是平平过、坐颓颓、走脚皮、盖草铺、住瓦屋、操心肠、得高寿之类。另外，打死人、杀爷娘、做强盗、做贼、偷挖壁、过刀剐的现象也非常严重。

要说螺纹歌真实地反映了现代社会的人生百态，那显然是拔高了，但若说反映了传统农业社会对于社会结构与人生百态的粗浅理解，则不会太过。

当然，螺纹歌也缺失了许多很重要的社会内容。比如对于读书的理解，只指出了"中状元"一条出路，似乎中不了状元就只能捡狗屎。至于现代社会的现代行业，就更加得不到体现。

螺纹歌一般只是用极端化的语言来戏说命运，不涉及人品问题，人们就算数到自己"倒大路"，也不会多生气。但是，南宁歌谣罕见地涉及了人品问题："一螺富，二螺贫，三螺为君子，四螺为小人，五螺佮（音 gě，结伴合作）大贼，六螺救花军（乞丐），七螺担尿桶，八螺骑马上坟，九螺起屋平天下，十螺坐金墩。"尤其是"四螺为小人""五螺佮大贼"等，很容易演化成为人身攻击的恶意标签，变成破坏歌谣游戏性的"老鼠屎"。这类歌谣比较罕见，我搜集的螺纹歌中仅见一首。

在歌谣中，有些螺纹的命运必须与其他螺纹配合在一起才能生成完整的意义，比如浙江的"五螺磨刀枪，六螺杀爹娘"，松阳的"六螺跌落水，七螺拉不起"，江苏如皋的"八螺搬砖头，九螺砌高楼"，好像这两种螺纹的人不互相搭个手，就什么也干不成。

螺纹歌本是游戏性的，但在清末，还真有人拿它当回事。据胡祖德《沪谚外编》说："旧例，招募兵勇，及解配重犯，皆验十指箕斗。至狱讼供招，则仅以大拇指捺之。今俗以指上螺纹作圆形者为螺，如山脉装者为畚箕。旧有此歌，谓关于贫富，未必验也。"这里说"未必"，用词谨慎，表达的是一种半信半疑的态度。

东北地区的"斗"和"撮"

得知我在搜集《螺纹歌》，东北地区的朋友很不同意我对于流传地区的假说。民俗学同人杨秀认为，我之所以没能注意到东北地区的螺纹歌，是因为东北人不称"螺"而称"斗"，南方地区的"一螺穷，二螺富"，到了东北地区，只是变成了"一斗穷，二斗富"而已。

同事程玉梅也给我发来一条短信："爱东兄，今晨拜读大作《螺纹歌》，有趣！提供我记得的东北（长春地区）童谣一首：'一斗穷，二斗富，三斗四斗开当铺，五斗六斗背花篓，七斗八斗摇街（读该）走，九斗一簸，到老稳坐。'还有一个说法：'九斗一簸，到老稳坐，九斗一撮，到老背锅。'但我不知道簸和撮的区别。东北话里收运垃圾的工具叫撮子，多铁制，大概类似于你文章中提到的簸箕。"

辽宁大学的洪展姑娘提供了一首类似的东北童谣，很有趣，但是卖豆腐和说媒、做贼的比例有点高："一斗穷，二斗富，三斗四斗卖豆腐，五斗六斗爱说媒，七斗八斗爱做贼，九斗坐着吃，十斗全是福。"

另外一位辽宁朋友也说："我们小时候常常念：'一斗穷，二斗富，三斗四斗卖豆腐，五斗六斗开当铺，七斗八斗封官侯，九斗十斗享清福。'老人们还说，十个斗和十个簸箕的人，都是十全十美大富大贵的组合。"

非常奇怪的是，所有为我提供资料的朋友，全都是女性！这让我产生一个好奇的问题，螺纹歌的传播群体，是不是以女性为主？带着这个疑问，我将手头所有的资料重翻了一遍，只有三十一份资料标注了讲唱者，其中有二十三位讲唱者可以根据姓名判断为女性，比如张阿奶、廖应芳、朱芹勤、詹素珍、黄雪兰，等等。另外，多数回忆性的记录者在提及螺纹歌具体源头的时候，都是说到"我奶奶"，一次也没有出现过"我爷爷"或"我爸爸"这样的男性传承人。这虽然不是一个充分的统计数据，但也大致可以认为，螺纹歌的主要传承人是女性群体。

罗新

亮亮柴与狐狸火

记不确切了，不是一九七六就是一九七七年，板栗和橡子都纷纷跌落的仲秋时节。那时我在我家所在林场附近的农村读初中，学校组织勤工俭学，上山捡橡碗。晚上住山里荒弃多年的尖峰庙，全班二十多个男女学生，挤在一间看上去快要坍塌的老房子里。朝门的正墙，原来可能是供菩萨的地方，早已连塑像带桌案都给扔出去了，现在只剩被漏雨刻出多条黑沟的灰墙，多处露出半是青砖半是土坯的墙体。两侧的墙上满是壁画，当然同样叫漏雨给搅拌成了一片乱色。我记得这个场景，是因为我那天比较早就在指定位置躺下了，山里天黑后降温快，穿单衣冷得发抖，于是钻进被子，昏暗中呆呆地看墙壁和屋顶。

这时听到了院子里的喧哗。"亮亮柴！亮亮柴！"听清了这句话，我赶紧爬起来，趿拉着球鞋跑出房间。我在林场这么多年，当然早就听说过亮亮柴，可是一直没有见过。事实上就我所知，真正见过亮亮柴的人可能非常非常少，尽管大多数人都听说过。所谓亮亮柴，是山里的一种枯死的木头，可以发出光亮，有的亮度高到可以照明。传说中有人夜里在林子里迷了路，靠一根亮亮柴走回家。和常见的鬼火（磷火）不同，亮亮柴不是飘移不定的气体，而是固体的，是一根木头,和手电筒差不多。据说这种可发光的木头只见于深涧潮湿之地,唯有夜间看得见。我每次在山里进到幽暗湿冷的沟谷,都东张西望,盼着遇到亮亮柴。山里有好多让人神往的传说,亮亮柴是最能点亮小男孩梦想的传说之一。

昏暗的院子里同学们围成一<u>丛</u>,中间一个男生手里抓着块什么,起起伏伏都是惊叹声。我挤到人<u>丛</u>中央,见到了那块引发骚乱的老树根。这截树根长不足一尺半,普通饭碗的碗口那么粗,看上去已枯朽多年,湿乎乎的,滑不溜手。树根中部大节瘤的下边凹陷处,巴掌那么大的一块,发着蓝绿色的微光。原来几个男生到附近山沟捡板栗,遇到了这个宝贝。大家簇拥着这块老树根进到室内,关上门,吹熄了马灯,真正的黑暗中,亮亮柴的微光像是被加强、被放大了,变得格外明亮,色彩也从蓝绿转为黄绿。有人拿着课本凑近去,似乎也可以照见纸上的字画。然而不大一会儿,那片光慢慢黯淡下去。"泼水,泼水!"显得颇有经验的同学大声提示。有人取来一杯水泼上去,可是不仅没能救回那片光,还直接浇灭了它。大家对着老树根叹息。夜里我多次醒过来,向搁亮亮柴的门边探头,然而看不到一点光亮。

那是我唯一一次见到传说中的亮亮柴。这么多年,我几乎没有再想起亮亮柴,正如没有再想起许多在山里听说或见到的奇怪物事。一个原因或许是,我慢慢意识到我生长其中的那片山地并不算什么大山,我曾深深迷惑的东西在别处却相当平常。比如,我最喜欢的山野水果之一是八月炸,我本以为只有我们那里有,后来听说很常见,我自己在日本乡下闲逛,撞见过一大棚架,原来并不稀罕。亮亮柴想必也是如此。很多年过去,我都不知道自己还记得它。直到二〇二〇年夏天,读查慎行《陪猎笔记》,忽然见到他在康熙四十二年六月七日(一七〇三年七月二十日)日记的末尾,记了这么一件事:"内侍传示夜光木,乃山中老树根,为沙水所淘,岁久有光如水精,置暗室中，能烛细字，真物理之不可解者。"

夜光木显然就是亮亮柴！原来查慎行此前从未见过，康熙也是当作稀奇物事让太监拿给扈从诸臣传看，叫他们开开眼。康熙皇帝这次出巡口外，六月初四（七月十七日）从古北口内的柳林出发，当天到口外的两间房行宫，在这里驻跸五天。大概就是在抵达两间房三天后，当地官员（不知费了多少人力）献上这种夜光木。皇帝让翰林编修看这等新奇物事，自然不能白看，还会要求他们写作诗文以为纪念。收入《敬业堂诗集》卷三十《随辇集》的《赋夜光木》，应该就是查慎行当时应命之作："积水生神木，俄登几案旁。四时无改火，五夜必腾光。近映藜辉淡，遥分桂魄凉。顿教虚室白，临卷胜萤囊。"

那时燕山南北遍布巨松深林，环境景观与今日可见者迥然不同。查慎行的日记里，说古北口"弥望皆深松茂柏"，两间房一带"林木蓊郁，峦翠湿衣"。那时燕山密林里还有东北虎出没，康熙本人就猎杀过许多头老虎，见于《清实录》等书。燕山至努鲁儿虎山一线的林木历来都是华北最重要的木材资源。也许这样的植被条件使这一地区能够出产夜光木。查慎行游踪广被，阅历极为丰富。连查慎行都没有见过的，大概真是不容易见到了。这次在口外两间房开了眼，给他印象很深，后来他在旅京见闻笔记《人海记》里专列一条"夜光木"："古北口外有老树，根为沙水浸润，岁久发光。以刀削去薄皮，肌理莹彻，大者含抱，小如臂指，皆透明如琉璃水精。夜置暗室中，照见细字，因呼为夜光木。出水半月后，湿气渐干，光亦渐灭，成枯橛矣。真物理之莫解者。此树亦不知名。"

看来，查慎行后来对夜光木做了进一步研究（大概是向别人打听），所以笔记此条的内容远比日记丰富。但他对老树根发光的原理还是一无所知，只得仍旧感慨"真物理之莫解者"。有意思的是，他怀疑这种情况只发生于特定的树种，是树木品种的独特性造成了这种奇异现象，只是他已无从了解那个老树根属于什么树种。

正是读了查慎行，我恍然惊觉，古人（至少是清人）已经记录过亮亮柴，但显然并非等闲可见之物。这激起了我的兴趣。一年来我依靠各种数据库检索工具（如中华书局的"中华经典古籍库"），在自己非常不熟悉的清代文献中还真是找到了不少材料。下面根据阅读和检索所得，加上东查西问，把文献中有关夜光木（亮亮柴）的记录稍作概括。非敢求全，管窥蠡测而已。

跟查慎行一起扈驾至两间房行宫的，还有六个翰林（查昇、陈壮履、励廷仪、汪灏、蒋廷锡、钱名世），他们当然都遵旨传看了夜光木，也一定都曾应制赋诗。比如蒋廷锡的《咏夜光木》应即为此而写："乍见星茫映室中，喜看藜火照窗栊。夜明帘薄来西域，径寸珠圆出海宫。清似晶融还贯月，碎如银散远随风。此身恍入琉璃界，宁羡金莲蜡炬红。"

值得注意的是汪灏，他后来参与主持编写的《广群芳谱》木谱十四（卷八十一），新增了"夜亮木"条："夜光木，一名亮木，塞外木经久而枯，其根不朽，蟠回连理于土中，水渍木根，光辉透彻，中外一色，有类珠树夜明，焰可以烛物。取者昼日从朽株中，验其渗湿，昏黑往取，去其皮而光发，则是矣。泥沙净尽，竟体晶荧，经月水干，光乃渐减。"

《广群芳谱》此条的重要性，尤其体现在对夜光木的解剖学描述，以及对获得夜光木的过程的说明，这两点基本不见于他处。这种知识不会是仅仅传看一次就可以获得的，我怀疑出自康熙皇帝本人。而此条的"集藻"部分所收，正是康熙皇帝所写的《夜光木赋》，前有序云："塞上古木，夜视有光，遇雨益明。移置室中，即之可以烛物。嘉其有异，故赋。"赋的正文说夜光木"外禀巽德，内蕴离精"（八卦巽为木，离为火），"既腾辉于山谷，亦扬彩于檐楹，若乃灵根濯雨，荣枝浥露，芳泽加鲜，澄晖远布……庶含章之可贞，虽在野而靡失"。

查慎行、汪灏这些翰林是第一次见识夜光木，康熙皇帝自己则早就见过了。整整二十年前的康熙二十二年（一六八三）六月，高士奇扈驾北巡。虽然高士奇刚出古北口就因病折返，但据他记录日程的《塞北小钞》，康熙北巡回京后把他叫到养心殿，给他看自己带回来的两件塞北珍物，一是盘羊，一是夜光木。高士奇这样描述夜光木："夜光木生绝塞山间，积岁而朽，月黑有光，遇雨益甚。移置殿上，通体皆明，白如萤火，迫之可以烛物。以素瓷贮水投之，水光澄澈。雨露日远，则光渐减矣。考之群书，《真诰》良常山有萤火芝，大如豆形，紫华，夜视有光。《述异记》东方朔谓帝曰，臣游东流，至钟火之山，有明茎草，夜如金灯，亦名洞冥草。《拾遗记》祖梁国献蔓金苔，色如黄金，置漆盘中，照耀满室，名曰夜明苔。若夜光木，未有载者。惟《黄山志》载有放光木，殆其类欤？"

清末沈兆禔《吉林纪事诗》有"朽木中宵自放光"之句，自注称所据即高士奇《塞北小钞》所记之夜光木。只是康熙的夜光木并非得自吉林，而得自热河。康熙如此珍视夜光木，应该与他对自然科学的巨大兴趣有关。他北巡见到的夜光木，不大可能是偶遇，必是事先嘱咐当地官员去寻觅的。当然他收集夜光木非为猎奇，而是想探寻朽木发光的原理。陈厚耀以数学奇才为康熙所重，两人切磋研究，关系亲密。阮元《广陵诗事》卷一称陈厚耀得皇上"所赐书籍、仪器、瓜果甚多；又赐热河夜光木，供之几上，光皎如月。厚耀奉敕赋夜亮木诗"。康熙把自己如此看重的夜光木送给陈厚耀，让他"供之几上"，当然是为了让他做些研究。

不过，正如查慎行一再感叹"真物理之莫解者"，夜光木的发光原理在那时是得不到科学解释的。但因为皇帝感兴趣，影响所及，康熙年间有关夜光木的记载(诗作)就特别多。郑鉽的长诗《夜光木歌》开篇就是："我闻拘弥之国有变昼之草，岂知兴州直北滦河东，更见夜光之木生蓁葆。"可见他所说的夜光木同样出自燕山北麓及热河一带，与查慎行等人的知识来源一致。他解释夜光木的成因，"乃是万古积雪千年老冰凝结成",反映了他对塞北的想象,也说明他自己未履其地,更没亲眼见过夜光木。张谦宜在康熙五十一年(一七一二)写《咏物十四首》(见《絸斋诗集》壬辰年),第十四首即《夜光木》。题注云:"朽株也,湿则能照,光如冰雪。"这一年他刚中进士,"时分隶教习班",故诗称"太史公门最末行",但这个经历使他接触到有关夜光木的知识。

也许可以说,是康熙创立了珍重夜光木的传统,这个传统的一个重要特征,就是强调夜光木出自塞北。后来诗文,多在这一传统之下。纪晓岚《阅微草堂笔记》卷十一讲发光的鸡蛋时,提到夜亮木:"塞北之夜亮木,以冰谷雪岩,阳气聚而附于木萤,不久即死。夜亮木移植盆盎,越一两岁,亦不生明。出潜离隐,气得舒则渐散耳。"

虽然纪晓岚说夜光木出自塞北,证明他属于康熙以来的夜光木知识传统,但他对朽木发光原理的解释,肯定大大不同于已具备一定近代科学思维的康熙皇帝。而乾、嘉时代的陈文述同样属于这一传统,其《颐道堂诗外集》卷二有《夜亮木》,题注云:"山中枯木根,入土千岁,夜视有光,置暗室中,毫发皆见。以素瓷贮水投之,澄澈通明,略无障碍。雨中益明。"文字依稀与前人雷同,而前后各诗都是有关塞外风物的,可见此诗所咏夜亮木亦出自塞外。不过诗中有"雨中光夺月,暗处耀分星"之句,夸张太甚,似乎他关于夜亮木的知识,都是从前人诗文中得来,非由自身验证。同时代的凌廷堪有《热河八观诗》(《校礼堂诗集》卷八),第六首即《夜光木》。凌廷堪在热河亲眼见过夜光木,也思考过它的发光原理,所以诗中对那些援引旧经的解释嗤之以鼻:"腐草为萤海水明,人间万物难臆度。穷理纷纷竞说经,可怜小智徒穿凿。"稍晚的吴振棫《养吉斋丛录》也有一条:"夜亮木,古木根茎所化。夜视有光,遇雨益明。盛京山中有之。圣祖有夜亮木赋,高宗有夜亮木诗。"

乾隆为夜光木既写了赋又写了诗,其手书《夜亮木赋》,假托苏轼在黄州时偶遇夜光木的故事以发憬悟之论,似乎是他自己的得意之作。不过我们必须把乾隆算在康熙以来的夜光木知识传统中,因为他对夜光木的兴趣显然只是(在表面上)追随康熙。乾隆时编定的《热河志》卷九十三物产二有"夜亮木"条,亦称"生塞外山中"云云。《四库全书总目提要》在《钦定皇朝通志》下称:"至于中国所无而产于遐方,前代所无而出于今日,如金莲花、夜亮木之属。"这个断语最鲜明地反映了康熙以来有关夜光木的知识传统,即相信夜光木为前代所不知,因为它出自塞外。

然而这个传统存在一个问题,那就是夜光木并非仅仅出自塞外。光绪《山西通志》卷一百风土记下,先照录乾隆《热河志》有关夜亮木的条目,然后注云:"内地山潦涨发,湿薪中每有之。乡宁人呼为明火株。"这就否定了夜光木只出于塞外的前提。前引高士奇提到《黄山志》中的"放光木",见于康熙《黄山志》卷一物产门:"放光木,出诸岩壑中,其木枯久,复经雨润者,肩归置房中,光焰如昼,稍干则不复见。非老于山者,不能辨而取也。"

有意思的是,乾隆时复修《黄山志》,就删去了"放光木"这一条(当然,删去的不止这一条)。清代文献显示,内地不只山西、安徽有夜光木,湖南也有。修定于嘉庆时期的《龙山县志》卷九物产门:"夜光木,伐木浸水中,久而将朽,取之置暗室间,炯然有光。久不经雨露,光亦渐减。他处少有。"

清末黄本骥《湖南方物志》卷六亦有"夜光木"条:"夜光木,生山岩阴湿处。其材拳曲不中绳墨,置黑暗之所,阴火荧然,毫发悉照,宛如晶帘玉树,削之则星星满地。余于永绥见之。"

乾隆时期的戴延年《吴语》记苏州虎丘传说一条,虽然只是传说,其知识背景却是当地人对夜光木有一定的了解:"虎丘剑池,其深莫测。数年前忽浮圜木一枝,有人取之以归,中夜忽然光明满室,异而斧之。后询诸山中老僧,是名夜光木,吴王殉葬时有夜光木二枝,今浮出者，其一也。其人为之慨然而去。然重泉之下，不知何以浮出于外，而殉葬之物，传记不载，老僧不知其何所据也。"

以上数例足以说明，清代夜光木并非仅见于塞外。既然内地也有，那么当然就不会仅限于清代，其他时代都会有，问题只在史料是否提到。的确，前代相关资料是很少的，不过偶尔也可以查到一两条。明代白胤昌《容安斋苏谈》卷九有如下一条，其中所说的夜明柴，应该就是夜光木："天下名山，皆称圣灯，或疑山灵变幻。后见人云，乃木叶湿烂生光，如萤火虫、夜明柴之类，似觉有理。今好事者，诧以得见为奇，不知析城王屋之间，积雨后，山人恒见之。"

元顺帝至正二十三年（一三六三），歙县人唐桂芳为同乡洪质夫新建的房舍写了一篇《白石山房记》（《白云集》卷六），有一句显然是在说夜光木："山多夜光木，性钟离火，冷焰，夜能烛物。"（凤凰出版社一九九八年出版的李修生主编《全元文》卷一五八六收此文，上引文标点为"山多夜光，木性钟离火冷焰，夜能烛物"，显然是不知夜光木为何物。）

唐代杜光庭《仙传拾遗》卷四有一条"贯月查"，应该是采自东晋王嘉《拾遗记》："尧登位三十年，有巨查浮于西海。查上有光，夜明昼灭。海人望其光，乍大乍小，若星月之出入矣。"查即槎。《广韵》："槎，水中浮木。"《拾遗记》讲的故事当然是神话传说，但说浮于海上的巨木可以发光，"夜明昼灭"，多多少少来自真实世界中的夜光木。

我在中文典籍里没有找到中古和古代有关亮亮柴的可靠材料。当然不意味着不存在这样的资料，更不意味着那时的人没有注意到这种现象，只是我自己学力局限，诚望博雅君子有以教我。

夜光木作为一种自然现象，当然也不会仅仅存在于东亚大陆，而必定普见于各大陆与各地区。不同人群、不同语言会赋予夜光木以不同名称，围绕它也会形成各自不同的民俗文化。以现代英语为例，夜光木最常见的英语名称是 foxfire（狐狸火）。英语维基百科的 Foxfire 条目说，foxfire 还有其他名称，比如 fairy fire（精灵火）和 chimpanzee fire（猩猩火）。有研究者指出，狐狸火（foxfire）这个名称中的狐狸，来自古法语的 faux 一词，而 faux 的意思是"假的"。可见欧陆古人早就用"假火"来称呼这种全无热度的发光现象。

从科技史角度总结和概述古人对各种生物发光现象进行记录与研究的文章中，迄今最重要的一篇，是二〇〇八年发表在俄罗斯西伯利亚联邦大学《生物》杂志（总第三期）上的一篇综述性文章，题目是《三千年来对生物发光的研究》（Bioluminescence: the First 3000 Years），作者是美国佐治亚大学生物化学与分子生物学系的教授约翰·李（John Lee）。文章说，欧洲文献最早描述这类生物发光现象的，是古希腊的亚里士多德，他称之为 cold fire（冷焰）。不过他注意到的主要是海上死鱼的发光现象，似乎并非林木发光。古典时代对活体生物发光现象记录最全面最细致的是老普林尼（Pliny the Elder，即 Gaius Plinius Secundus），他的《自然史》（Naturalis Historia）描述了各种生物发光，包括菌菇发光和朽木发光。根据这篇文章，十六世纪瑞士的医学和自然史学者康拉德·格斯纳（Conrad Gessner, 1516–1565），写了第一部研究生物发光的专著，书中对木头发光现象也有讨论。

不过，直到一八二三年，狐狸火的秘密才由几个俄国学者揭开。他们发现，狐狸火是一种生物发光现象，发光原理是某些种类的菌类进入了枯朽过程中的木头，这些菌类所携带的荧光素被荧光素酶催化，由此发生足够多的氧化之后，就出现了这种生物发光现象，所发的光以蓝绿色为主。据研究报告，制造生物发光现象的菌类包括鳞皮扇菇、奥尔类脐菇等。从那以后，许多实验性研究对生物发光原理有了越来越多的推进，最近的一篇重要论文是巴西科学家埃特尔维诺·贝沙拉（Etelvino J. H. Bechara）的文章《生物发光：有内在定时器的真菌夜光》（Bioluminescence: A Fungal Nightlight with an Internal Timer），这篇文章二〇一五年三月三十日发表在《当代生物学》

（Current Biology）第二十五卷第七期上。

根据这些研究，森林里最常见的生物发光体其实不是树木，而是某些蘑菇。也正因如此，中国古代文献很早就提到发光的菇菌，就不奇怪了。唐代段成式《酉阳杂俎》前集卷十"萤火芝"条："良常山有萤火芝，其叶似草，实大如豆，紫花，夜视有光。"文本似乎有意混淆了"芝"到底是草还是菇菌，不过属于后者的可能非常大。国外网络上可以看到蘑菇发光的大量实例，也许，中国古人对蘑菇发光现象也是早就不陌生了，他们对自然世界关注和探索的兴趣往往超过我们的想象。

北窗读记

王献之婚姻

刘涛

王献之（三四四至三八六）四十三岁去世，有两次婚姻。

元配是小舅郗昙之女道茂，姑舅老表开亲。这门亲事，王羲之生前已向郗家提出，哪知升平五年（三六一）郗昙、王羲之先后去世，十八岁的王献之要为父亲守丧三年，他与郗道茂成婚当在二十一岁之后。

王献之二婚，在简文帝咸安（三七一至三七二）年间，时年三十七八。因"选尚新安公主"，遂与郗氏离异。新安公主名道福，简文帝第三女，徐贵人所生。她先与权臣桓温之子桓济成婚（《太平御览》卷一百五十二引《中兴书》）。桓温病亡之际，桓氏家族内讧，桓济与兄桓熙、叔父桓秘图谋杀害心向朝廷的桓冲，事情败露，桓济与桓熙俱徙长沙（《晋书·桓温传》）。新安公主改嫁王献之，两人皆二婚，育有一女名神爱，后出嫁孝武帝长子司马德宗。德宗继位，神爱立为皇后。

王献之与郗道茂离异后，留下心结，曾写信郗家倾诉痛楚："虽奉对积年，可以为尽日之欢，常苦不尽触额之畅。方欲与姊极当年之匹，以之偕老，岂谓乖别至此？诸怀怅塞实深，当复何由日夕见姊耶？俯仰悲咽，实无已已，惟当绝气耳！"（《淳化阁帖》卷九《奉对帖》）孝武帝太元十一年（三八六）王献之染疾，家人按道家之法为献之"上章"，须自首平生之过，问献之，答曰："不觉余事，唯忆与郗家离婚。"未久，病逝。

美国反托拉斯运动的死与生

江山

二〇二〇年七月，美国四大互联网巨头谷歌、亚马逊、脸书和苹果（GAFA）的代表齐聚国会山出席听证会，一时间全球瞩目。上一次这般阵仗，已经是二十年前微软案听证会了。如今，昔日的巨头已隐退二线，新贵盘踞的搜索、移动通信、社交媒体、电子商务等市场则高度集中。历史似乎在重复自身。相同的是，新旧巨头都在相关市场上占据支配性的市场力量。不同的是，微软所处的时代，互联网经济在整个经济活动中比重并不高，而GAFA则已经成为数字经济时代的水、电、油、气，市值占比已经超越了传统工商业巨头。坐拥巨量的资本，把持海量的数据，面对庞大的消费者，雇用大量的员工，互联网巨头自我优待、拒绝交易和扼杀式收购等涉嫌垄断行为频发，其引发民众深切忧虑也就不足为奇了。

国会听证，就是对民众不安情绪的回应。二〇二〇年十月，美国国会众议院随后发布了《数字市场竞争调查报告》，指陈GAFA等高科技巨头在数字市场的市场力量和涉嫌垄断行为及其对美国经济、政治带来的挑战。国会众议院进而在二〇二一年六月一连推出六部反托拉斯法案，参议院也于最近平行推出了一部反托拉斯法案。虽结局难料，然国会两院以如此力度的立法动议回应民众的强烈吁请，不禁引人回望，美国历史上波澜壮阔的反托拉斯运动。

一、反托拉斯运动的勃兴与寂灭

"在美国,竞争不仅是一种理论,它是一种生活方式,一个信条。"(*The Paranoid Style in American Politics*,p.196,下引此书只注页码)美国民众对于垄断的深恶痛绝,最早可以追溯到殖民地时代。"从殖民地开端到十九世纪的大部分时期,美国基本上是一个由农民和小镇企业构成的国度,雄心勃勃,流动性强,乐观,善于投机,反权威,自利和具有竞争意识。"(p.196)

反托拉斯运动第一次真正勃兴,是在内战之后。美国工业和经济实力的发展,不可避免地带来行业之中市场集中度的升高,垄断企业开始形成。并购形成的支配性市场力量,引发了公众的担忧。长期以来,"美国人理所当然地认为财产应当是分散的,经济与政治权力应当是去中心化的"(p.196)。大型企业以前所未有的速度大肆扩张,日益激发了公众本能的不信任。内战之后,在工业革命掀起的并购浪潮中,最集中的行业就是铁路运输业。一八六七年,美国中部腹地农民发起了持续七年、会员近两百万人的格朗杰运动,抗议铁路运费过高对农业地区经济发展的伤害,要求铁路改革,坚决反垄断并制定反垄断立法。一八九〇年,在谢尔曼参议员国会大厅慷慨陈词的回声中,《谢尔曼反托拉斯法》高票通过:"如果我们不能忍受一个作为政治力量的国王,我们也不应当忍受在生产、运输和生活必需品销售上的国王。如果我们不愿臣服于一个皇帝,我们就不应该臣服于有权力防止竞争和固定商品价格的专制君主。"

在当时的政治氛围下,给反托拉斯法案投反对票是风险很大的。霍夫斯塔特敏锐地观察到:"国会并非真想准备一部制裁托拉斯的立法,而是将立法冠以制裁托拉斯之名装模作样;同样也有理由相信大多数国会议员都将商业中的竞争秩序看成是民主生活方式的基石,而努力做出控制托拉斯的尝试。"(p.198)

徒法不足以自行。"在一八九〇年,即便是在一九一四年,大企业都尚未被驯化——无论是作为一种经济世界中的力量,还是作为美国人想象中的一种因素。"(p.197)这既要归因于垄断企业的精巧规避、极力抵制,也与执法机构的动力不足、能力欠缺有关,以致到了世纪之交,人们普遍开始担心,"一个从竞争性小企业快速转向公司巨人主义的国家,可能以同样的速度从公司巨人主义转向系统的垄断的暴政"(p.197)。在理想与现实的撕裂中,迎来了反托拉斯运动彰显的进步主义年代。彼时,反托拉斯运动由记者独立调查所激发,呼应压抑已久的民众诉求,将"大即是恶"作为信条。

民众的强烈诉求得到了立法机关的回应,但在法院并未形成及时的反馈,而且哈里森、克里夫兰和麦金利三位保守派总统都拒绝实施这一法律。直至被称为"反托拉斯能手"的罗斯福,深谙向公众表明"政府有意愿和能力树立起面对大公司的权威"之重要性,开始将托拉斯分为"好的托拉斯"和"坏的托拉斯"予以规制。其后继者塔夫脱更为激进,主张持续开展对托拉斯的调查,直到其学乖为止。接续塔夫脱的总统威尔逊对当时反托拉斯法的漏洞了然于胸,不但力主推动新立法,还特别关注托拉斯对"小人物"们的碾压和市场排挤。而他的经济顾问,恰恰是被反托拉斯运动视为精神领袖、提出"大之诅咒"的布兰代斯。总的来看,在罗斯福—塔夫脱—威尔逊总统任职期间,不仅反托拉斯立法进展明显,通过了《克莱顿法》和《联邦贸易委员会法》,执法层面也进行了大量有效尝试,北方证券公司(铁路托拉斯)、标准石油公司、美国烟草公司和杜邦公司被悉数分拆。

在进步主义年代,几乎每个托拉斯都濒临瓦解或正遭受挑战。然而,随着世界大战和大萧条的到来,反托拉斯运动戛然而止,进入忽略年代(Era of Neglect)。直至"二战"之后,美国的反垄断执法机构与法院才重归技术型反垄断的轨道,在美国铝案中对滥用支配地位行为成功发起了挑战。反垄断运动开始孕育第二次勃兴。

彼时，美国和美国企业在世界之中的地位都在变化。在新的世界秩序下，美国企业在全球市场中处于绝对强势，巨型企业的市场力量在国内市场更为凸显。各个行业大企业对小企业大举收购，人们切身感受到生活方式遭受的冲击。加之民权运动兴起，为反托拉斯运动中对于平等商业环境和保护中小竞争者的诉求注入了新的观念支撑。到了沃伦法院（一九五三至一九六九年）时期，在经济领域，其注重保护个体权利的司法哲学与反托拉斯运动的目标不谋而合。在布朗鞋案中，对于竞争者的保护甚至超过了对竞争的保护。在费城国民银行案中，则体现了以集中度来推定合并违法的结构主义路径。那个时代，最高法院在合并判决中的唯一的一致性，被斯图尔特（Potter Stewart）大法官归纳为："获胜的总是政府。"

进入二十世纪六十年代，仍然有许多反托拉斯诉讼，但所谓运动已经不复存在了。彼时，反托拉斯的高光时刻，是二十世纪七十年代福特政府提出的AT&T诉讼，最终导致这一电信巨头的分拆。

二十世纪七十年代末以来近半个世纪的时间里，反托拉斯学派内部的纷争不断，法律实施在疑难问题上摇摆不前，技术型反托拉斯的影响不断消退。然而在这一反托拉斯运动的寂灭时段，又蕴蓄着重生的能量。因为，一旦技术型反托拉斯长期未能呼应民众的基本诉求，矛盾不断淤积，反托拉斯运动的潜流就势必喷薄而出。

二、思想市场失灵与反托拉斯运动的重生

当然，运动的能量不是突然迸发的，从技术型反托拉斯的消退到反托拉斯运动的报复式反弹之间，存在长短不一的时间差。自二十世纪末克林顿政府一波积极的反托拉斯执法之后，美国反托拉斯逐渐进入了既没有运动，也缺乏实质性实施的阶段。相应地，美国诸多市场中的集中度开始逐年上升。如今，第三次反托拉斯运动呼啸而来。而左翼和右翼民粹主义，似乎在反托拉斯问题上找到了

追求平等主义的共同话语。方兴未艾的又一轮大规模国会立法议程，表明反托拉斯运动正在转向制度化的诉求表达。

问题是，立法是万能灵药吗？纵观美国历史上成规模的反托拉斯运动，第一次是将《谢尔曼法》《克莱顿法》和《联邦贸易委员会法》等一系列奠基性的反托拉斯法律和积极执法作为对普通法缺陷的回应。第二次是通过小幅修订反托拉斯法和法院的能动司法强化了因两次世界大战和经济萧条而缺席的反托拉斯法实施。若单纯依赖立法，未与执法、司法形成合力，其只能取得有限的成功。第三次反托拉斯运动源于技术型反托拉斯对数字市场挑战的因应不足，但恐怕不能简单归结为法律失效，而应反思其观念背景，检视反托拉斯学派所处的思想市场。

如霍夫斯塔特所言，反托拉斯的改革是"效果更多取决于一小群有影响且深度关切的专家，而非激进大众情绪和广泛运动的改革"（p.235）。在反托拉斯领域，学者、立法者、执法者、法官和律师的活动场域虽不同，但无不受到思想市场中反托拉斯学派的影响。这一思想市场中首要的议题是：反托拉斯应追求何种目标？在制定之初，反托拉斯法被认为有"经济的（竞争可能产生经济效率的最大化）""政治的（阻止私人经济力量的集中并保护民主政府）"和"社会道德的（竞争性过程是发展个人品格和国民性的自律机制）"三个目标。反托拉斯思想市场的成形，与哈佛学派和芝加哥学派的论战、反托拉斯学派与民粹主义的分立密不可分。前者形塑了反托拉斯思想市场的内部结构；后者厘定了反托拉斯思想市场的外部边界，而民粹主义被排除在外。

反托拉斯学派与民粹主义的根本分野，在于其将反托拉斯法的目标聚焦于经济效率，而将政治的、道德的目标置于法律实施之外。由于在最高法院一系列案件中的胜利，芝加哥学派成功地将效率主张置于反托拉斯的中心关切；而哈佛学派、后芝加哥学派与其的论争，也是在效率范式内进行的。由此，就反托拉斯法的争论变成了应当适用何种经济分析的内部问题。

问题是，反托拉斯的思想市场内部，三大学派的市场认知和错误成本假定存在严重分歧。最为笃信市场的芝加哥学派主张，市场多数情况下运行良好，在没有相反证据的情况下，市场是有效的，因此误判远大于漏判的错误成本；哈佛学派认为，市场不能有效自我调节，市场结构集中导致缺陷，漏判大于误判的错误成本；后芝加哥学派则认为，市场不完善是存在的，策略行为导致市场缺陷，误判和漏判的错误成本大小相当。二十世纪七十年代末以来，芝加哥学派的市场认知和错误成本假定在反托拉斯的思想市场中取得了支配地位，受其影响，并由信奉该学派的执法者和法官所强化（尤其是法官终身制将该等影响持续化），执法机构与法院忌惮于可能的误判成本，一遇争议问题就裹足不前，而寄希望于漏判的后果能够被市场自我纠正。

很难否认，芝加哥学派长期持续的支配地位，其他学派未能形成有效的竞争约束，造成了反托拉斯思想市场的失灵。与之相关联的是，无论从何种意义上看，美国反托拉斯执法都被削弱了。历时十余年的IBM案最终以政府撤诉收场，而世纪之交的微软案则草草以和解结案。此后，司法部反托拉斯局从二〇〇〇到二〇一九年仅提起一个滥用市场支配地位的诉讼，更是让人大跌眼镜。里根、布什和小布什总统任命的保守派法官，则进一步深化了司法领域对待反托拉斯的消极态度。

毫无悬念地，芝加哥学派成为民粹主义反托拉斯运动的主要标靶。在民粹主义看来，"芝加哥学派的领袖人物及其追随者是意识形态的极端主义者、宗教狂热分子、邪教似的盲信者或者疾病的携带者；芝加哥学派的观点被认为由松散的教条和有缺陷的分析方法构成，损害了美国反托拉斯法的有效实施并且颠覆了其政治与社会目标"。这听上去是有些情绪化了，但反托拉斯的民粹主义者确是痛心疾首，认为芝加哥学派留下的是一副烂摊子。

民粹主义断言，"大即是恶"，芝加哥学派要为任由大企业做坏事的状况负责；然而，其替代性方案又过于发散，试图将多元交杂的目标涵盖其中。而对于反托拉斯思想市场之中的主流学派而言，支撑反托拉斯运动的民粹主义理论基础是大而不当的。尽管有人将之贴上"布兰代斯学派"的标签，但正统反托拉斯学派从未以学派的眼光等而视之，而其确也无法在学说的方法、理论和制度建构上与正统反托拉斯学派等量齐观，至多是在大众舆论上形成了有感召力的吁请。不过，尽管反托拉斯学派并不情愿，但也不得不承认民粹主义带动下的反托拉斯运动是引发大众关注的一个契机，若加以引导，或可服务于自身的目标。由此，反托拉斯学派不得不更为正视传统和新兴市场之中的垄断问题，在不同程度上调校其理论假定。

三、反托拉斯运动之后：迈向"解释共同体"

二十世纪六十年代，霍夫斯塔特还感叹："美国曾经有反托拉斯运动，而没有反托拉斯执行，如今，美国有反托拉斯执行，而没有反托拉斯运动。"（p.189）而半个世纪后的今天，却宛若时光倒流，美国反托拉斯重归有运动而无执行的状态。与之相伴随的，是民众的群情激奋、精英的坐立不安、经济的运转失调、社会的贫富不均，以及政治的极化对立。治乱循环之间，反托拉斯运动能否被彻底终结？或许，要回归运动本身找答案。

社会运动，被认为是"群众在社会精英、对立者和当局的不断相互作用中，以共同目标和社会团结为基础发动的集体挑战"。持续的集体挑战，可能涵盖街头抗议、向政府集体请愿、法院诉讼和推动立法议程等。其最终落幕，要么是通过暴力集中迸发，瞬间耗尽运动的能量；要么通过将运动的能量导入制度化的程序，以工具理性消解目的理性。在法治社会之中，这一集体挑战的进程应当是向制度化层层递进的。而从经验上看,作为运动的反托拉斯的终结,在短期内,取决于制度化的可见进展;在长期,则有赖于在法律实施的技术化、常态化中,市场竞争秩序得到恢复,民众情绪得以平复。如此,曾经的反托拉斯运动,才成为所谓"美国变革之中已经逝去的激情"。直至,其卷土重来。

通常被忽略的问题症结,是在心理层面,民众是否能够感知运动的目标被吸纳。然而,在反托拉斯运动之中,目标是如此地多元交杂,涵盖了平等主义的商业环境、生产者、小企业和劳工福利等多项并不总是可以兼容的目标。当然,对运动的存续而言,多元目标又是必然的。因为,"这类斗争浪潮的结果,并不取决于目标的正义性或一场运动本身的说服力,而取决于它们的广度和社会精英及其他群体的反应"。只有生产者、小企业主和劳工等诸多阶层的利益被广泛覆盖,其共同面对大企业的"小人物"身份认同和社会团结才成为可能。但这样的话,制度化的进程也就并不一定导致运动的终结。经验表明,"制香肠"式的立法,大多无法将运动的目标悉数接纳,那么,参与运动的民众情绪就难以充分释放与平复。此时,通过制定法的解释推动法律实施、传递积极信息,至关重要。追溯起来,若非遭逢战争或萧条,反托拉斯运动便只在立法叠加常态化的技术型反托拉斯实施后,才会消解于时间之流。

说到底,反托拉斯运动的体面终结,要从立法和法律解释上共同着力。霍夫斯塔特洞察到:"反托拉斯的命运取决于公共理念(其形成通常很模糊,而通常无可避免地与顽强的现实相矛盾)如何嵌入到具有精巧的自我持存的规则和程序的机制之中,形成其自我保护机制,并具备同样顽强的生存能力。"(p.228)而所谓"嵌入",既关涉立法的顶层设计,亦重在提炼法律解释的观念共识。这就要追溯至立法时刻,"将商业中的竞争秩序看成是民主生活方式的基石"(p.198)的追求。问题是,制定法的解释,又取决于思想市场之中反托拉斯学派的竞争。那么,所谓竞争秩序,是民粹主义反托拉斯运动下的平等主义的商业环境,还是反托拉斯学派支撑的技术型反托拉斯下以效率为中心的市场秩序?更为重要的是,在大数据时代,技术型反托拉斯的开展,能否超越思想市场中反托拉斯学派的内部分歧,根据数字市场的发展调校市场认知和错误成本假定?破解上述难题,需要开拓出法律解释的交谈合理性空间。

拉长视距,形成反托拉斯法的"解释共同体"(Interpretative Community),确立反托拉斯传统,才是终结反托拉斯运动,并在理性轨道上治理市场竞争秩序的方向。虽然法律的规则、标准和话语没有最终的客观性、规范性和确定性,但对于法律专业实践的制约来自这种实践本身及其传统,特别是来自所有参与这种实践的人所构成的"解释共同体"。在菲斯看来,"对法律解释加以约束的那些规则的权威,是从一种本身也由于对法治的服膺而结合起来的解释共同体那里得来的"。此种法律"解释共同体"的建构,重在确立最终解释的结论是某种合理而客观的过程或程序的结果,强调解释者对其解释和判断的理由做出说明和展示的责任。就反托拉斯法而言,对于其规则和标准的解释虽然没有唯一正解,但学者、立法者、执法者、法官和律师所形塑的反托拉斯法的"解释共同体",构成对其自身的制约。在这个共同体内,不论成员的理想直觉、制度追求、个案立场为何,其都能够共同遵守解释的基本规则,为实现交谈合理性、释放反托拉斯法背后的规范价值留出空间。在这个共同体内,存在着一些公认的、约定俗成(但应时而变)的标准,告诉共同体的成员,哪种市场认知和错误成本假定是符合经济规律、契合时代特征的,哪种思维方式、解释方法是足以取得共识的,哪种证据和数据的处理方式是能够接受的,以及哪种经济学分析和法律论证是有说服力的。在这个共同体内,尽管反托拉斯学派之间价值观念分殊,但尚未偏离市场经济的基本逻辑,法律解释的结果则更多的是基于证据、论证，而非盲目固守单调的教条或主义；立法也很少会在某一时刻突然抛开传统，而是与思想市场之中的"解释共同体"一道，共同形塑市场竞争秩序。

(*The Paranoid Style in American Politics*, Richard Hofstadter, Vintage Books, 1963. *Antitrust: Taking on Monopoly Power from the Gilded Age to the Digital Age*, Amy Klobuchar, Alfred Knopf, 2021)

读左零札

降爵或因减赋

傅 刚

《春秋》桓公二年载"滕子来朝"，引起历代经学家不同解读，因为隐公十一年经有记："春，滕侯、薛侯来朝。"《公羊传》说："诸侯来曰朝。"朝、聘之礼是周王朝所定，《周礼·大行人》说："凡诸侯之邦交，岁相问也，殷相聘也，世相朝也。"《左传》文公十五年发诸侯朝例说："诸侯五年再相朝，以修王命，古之制也。"所谓"世"，郑玄解释说："父死子立曰世。"是说先诸侯死，新诸侯立则往朝焉。朝何人呢？春秋之世，大国未尝朝王，皆小国朝大国，滕、薛是小国，故来朝鲁。问题是隐十一年鲁史记滕为侯国，为什么至桓公二年却记为"滕子"呢？于是有各种猜测。杜预说是时王所黜，即周平王将滕国由侯爵黜为子爵。这个说法受到后人的批评，认为春秋时周王无此废黜能力，如果周王有的话，孔子《春秋》就不要作了。或认为孔子恶滕人朝桓，故书法黜其为子，这个解释也不通，滕自此以后皆书为子，难道滕之子孙都要因朝桓而受黜？在众多解释中，沙随程氏的解释却能结合社会现实推测，不失为一角度。程氏有《春秋解》一书，朱熹引曰："沙随谓此见得春秋时小国事大国，其朝聘贡赋之多寡，随其爵之崇卑。滕子之事鲁，以侯礼见，则所供者多，故自贬降，而以子礼见，庶得贡赋省少易供。"朱熹认可此说，他说："此说却恐是，何故？缘后面郑朝晋云：'郑，伯男也，而使从公侯之赋。'见得郑本是男爵，后袭用侯伯之礼，以交于大国，初焉不觉其贡赋之难办，后来益困于此，方说出此等语。非独是郑伯，当时小国多是如此。"谓滕子自贬降，以减少贡赋，确属新解，观古今政事，有可以印证者，虽不合《春秋》义，但于现实政治或非虚构。

千年前的玻璃油灯

孟晖

琢磨清楚一个细节,有时可以帮助我们调整对一个时代的印象。

著名的《古兰经》有《光明章》,是因为其中用到光的比喻而命名。那一比喻非常具体地描绘了一件灯具,而且是一只玻璃灯。原文大致的意思是:

就像壁龛里有着光照,那光照是发自一只玻璃灯里。那玻璃灯就像灿烂的明星,由橄榄油化的吉祥树点燃,那树既不东歪,也不西倾。它(灯)的橄榄油发着光,却并不与火焰接触,形成了光明之上又有光明。

如此生动的描绘,透露出在公元七世纪的阿拉伯半岛,人们对盛有橄榄油的玻璃灯非常熟悉,对于某一款式的玻璃灯点燃之后独特的光照效果也很熟悉。

在中东地区,历史上长期流行玻璃吊灯,挂在清真寺、学校以及其他地方。今天所见的传世珍品,一般是十三、十四世纪或更晚的文物,不过,要借助它们,我们才能明白《光明章》所讲述的玻璃灯的大致形制(为行文方便,以下简称"光明灯")。

中东的传统吊灯,基本的形状是只玻璃瓶或说玻璃罐,在外壁上均匀间隔配有三只玻璃挂耳。使用的方式,通常是用三条金属长链穿过那三只挂耳,把灯瓶吊在半空。不过,大多会加装喇叭形底座,让灯瓶也可以放置在平面上,变成台灯。《光明章》展示的玻璃灯储有橄榄油,显然,必须是容器才能在下部盛注作为燃料的油,这就让后人明白,光明灯一如后世的玻璃灯,采用了兜底的玻璃瓶的形状。也就是说,在七世纪,中东地区已然出现了玻璃罐式的灯具,并且有可能广泛流行。

搞明白了基本形制,就可以理解历史上的玻璃灯曾经如何明亮。光明灯里注了橄榄油,那就意味着它是一盏油灯,而传统油灯的照明方式为:灯盘里注入油之后,再放入一条或多条灯芯,灯芯一部分浸在油里,一部分伸出在油上方。具有一定长度的灯芯吸足了油,变得易燃,于是,点亮其顶端,就会形成稳定的、持续的火苗,照亮四周。

英国维多利亚与阿尔伯特博物馆藏有一只十三世纪叙利亚玻璃吊灯,通体澄澈,而在灯瓶内的底面中心铸有一条细长的四方形玻璃条,笔直挺立。显然,那玻璃条的用途在于固定灯芯。但是,该玻璃条是一条实心的玻璃棍,那就意味着,灯芯必须很粗,而且能够戳立在玻璃棍上,把玻璃棍包围住,用这种方式固定,并且立稳。——我称为A例。

另外,德国柏林伊斯兰艺术博物馆藏有一件九到十一世纪的埃及玻璃灯,该灯意匠巧妙,工艺高超,带有三只挂耳,同时采用高脚杯的造型,铸有底座。妙的是,底座中空,与灯瓶的底面穿通,由此,底座内部的中空圆孔就成了灯芯的插孔,灯芯插入其中,便可以矗立起来,树在灯瓶中。从圆孔的直径可以看出,所需灯芯比较粗壮,具有类似蜡烛

叙利亚玻璃灯(十三世纪,英国维多利亚与阿尔伯特博物馆藏)

埃及玻璃灯(九至十一世纪,德国柏林伊斯兰艺术博物馆藏)

的形状，才能塞满那圆孔，从而固定住。一根或两三根细灯芯，是无法直立在那一圆孔内的。——我称为B例。

参考上两个实例，"橄榄油化的吉祥树"的意思便豁然开朗了，那是指，将若干条灯芯捆绑在一起，形成一把硬挺的灯芯束，那把灯芯束挺立在灯瓶当中，其下部浸在灯瓶所盛的橄榄油里，而上部从油中升出。

如果是B例的灯瓶，那么，一把捆成圆形粗束的灯芯可以插入底座中央的圆孔里。不过，更能说明情况的是A例。设想把多条灯芯在上半部用细绳捆绑住，形成圆柱形，那么，这一把灯芯束的脚部是可以散开的，如此，将那灯芯束从上向下，插向灯瓶底部中心的那条细棍，则灯芯末端会自动分散开，包裹在细棍周围，通过如此的形式，借助细棍，戳立住。

埃及开罗博物馆藏有一张十五至十六世纪的奥斯曼彩毯，毯面的主题纹样为一联四个拱形壁龛，每一孔壁龛里都挂着同样的吊灯。值得注意的是一个细节：有两条火焰升起在吊灯的灯沿上，彼此交绕。很显然，那两条火焰来自不同的灯芯，也就是说，当初设计图案的高才想要表现的是，一只吊灯内竖有两条灯芯，它俩同时点燃，由此形成了一对火苗，蹿起到灯沿上。这一细节证明了，历史上中东曾经有一种习惯，吊灯里插立的灯芯并非一条，而是两条或者更多。在这张彩毯上，四只吊灯不仅冒出交绕的一对火苗，而且还有四枝花束伸出，昂扬在半空，让灯瓶宛如花瓶。很可能，当年的设计师熟知，一只灯瓶里会安装多条灯芯，但他把那一习惯做

奥斯曼彩毯

法加以艺术化，把一部分灯芯转化成花枝，不仅让图案更加丰富，而且也是在表现"吉祥树"的意象。实际上，此一图案甚至告诉我们，灯芯束可以如何灵活使用——可以点亮其中一支灯芯，也可以点燃两支，或者随意点亮更多支，直至全部点满。如此的方式，足以让人按实际需要调节灯的光亮，想更亮就多点，想省油的时候就少点，灵活方便。

因此，上述那张挂毯支持了我的猜测，传统吊灯里会戳立成把的灯芯，"光明灯"也是如此。原文称其既不东歪也不西倾，意思是一捆粗壮的灯芯束牢稳地竖立在灯瓶里，笔直端正。

不仅如此，我们由之还能明白，把灯芯束比喻成"树"的准确含义：多条灯芯捆成一束，中部如同树干，但在顶部，灯芯会自然散开，宛如树冠。入夜时分，把所有灯芯的顶头全部点亮，灯芯束上便是若干火苗隐约跳跃。如此，则透明的玻璃灯瓶内，一束灯芯从洁净的橄榄油中竖起，又直又稳，在顶部，若干点火苗静静燃烧，那形象确实是一棵袖珍的火树或说光树，用"吉祥树"来形容，很能反映人们看到之后的心理感受。说它既不东歪也不西倾，其实还可以理解成更多层次的含义：既非东升亦非西落，既不像日升也不像月落。因此，行文的意思是，那光树静静伫立在灯瓶中央，像天空中不动的星辰，没有日升月落那样的变幻，如此的描述便传达象征意味了。

接下来，原文继续描绘光明灯的独特美感：灯瓶的下半部灌满橄榄油，那橄榄油纯净透明，经上方的灯焰映照，映着光亮，仿佛也在发光。须知，为了避免引燃灯油，灯芯必须从油面上伸出一截，于是灯芯顶头的灯焰是亮在半空，高于灯油的水平面，与灯油没有接触。从视觉效果来看，灯瓶下部的清油与燃烧在半空的点点灯焰并无直接接触，没有火源，却明光涵映，显得颇神奇。一只透明的玻璃灯瓶里，上半部是多条灯芯点着火苗，呈现为袖珍的"火树银花"，下半部是半罐橄榄油映出一汪朦胧的光，也许还有灯焰的倒影，那就形成了"光明之上又有光明"，即光华的叠加，上下有着二重光华。

原文呈现了一件非常美的灯具，无论光明灯的形制、使用方式还是

61

光照效果，都描述得非常具体，还将其形象与光照效果加以诗意化、象征化，由此，我们可以得出结论，当公元七世纪时，在阿拉伯半岛的人们，对玻璃器，对玻璃油灯在具体使用中会形成的光影效果，是很熟悉的。

法门寺地宫出土的大食玻璃碗

琢磨光明灯的描述，还让我对法门寺地宫出土的两件琉璃器——亦即玻璃器——产生了想法。

法门寺地宫出土了一批唐时的大食琉璃器，其中有两件"素面淡黄直筒琉璃杯"，造型简单，高仅四厘米多，口径则在九厘米，为扁矮的直筒造型，透明度很高。唯一的特色在于，杯的内底上有一圈"热琉璃条缠贴的圆环"（《法门寺考古发掘报告》）。据《伊斯兰世界文物在中国的发现与研究》一书介绍，这种杯底带有一圈凸起圆环的玻璃杯，在中东曾经流行一时，"这一特点流行于晚期萨珊王朝全境并延续到伊斯兰时期，如在底格里斯河的赛留西亚、萨马拉，伊朗的泥沙布尔，约旦的佩拉以及埃及等地都有发现"。此类玻璃杯的实际用途，似乎不好猜。

也许，有一种可能，这种款式的玻璃杯，本是玻璃油灯，或者是更为讲究的灯具的底部油碗。特意加设在杯底的圆环，是为了固定灯芯束而设。将一把灯芯束拦腰捆住，放入杯底，灯芯束的尾脚自然散开，由圆环挡住，就可以固定下来，并且竖直地立住。同时，很自然地，灯芯束的上端也自然蓬张开，将那些灯芯的端头一一点燃，便出现了一束立在玻璃油碗里的光树。也许，从萨珊晚期一直到伊斯兰时代初期，中东曾流行这种玻璃油灯。也许，这些玻璃油灯的上下还会加装其他部件，变成更为华美的形式。当然，这只是没有证据支持的推测，这种玻璃杯当初究竟是什么用场，还有待切实有力的研究。

"我"·对话·学术接续

尤小立

短长书

国内人文学界对近现代中国学术新传统的"接续"问题的关注,始于二十世纪九十年代初。它首先源自一种对学术纯粹性的体认。从承上启下的七七、七八级一代学人本身看,最直接的需求,自然就是怎么写得更"学术"。

改革开放后开始的跨海、越洋的横向汲取,当然并未中断,但诚如会通中西的史学前辈所言,现代中西学术也存在着表达上的差异。因此,纵向的勾连就必不可少。这里有"接着讲"的意思,却因为隔着一两代,较之前代人"接着讲"的提倡仍有不同。

作为七七、七八级学人代表的陈平原当年的"独上高楼",一开始也是出于个人的需求,故《中国现代学术之建立——以章太炎、胡适之为中心》中,现实政治与学术的关系成了探讨的主题,但这仅是个人需求的一个反映。另一个更具体的反映,就是对于近现代中国前辈学者的"述学文体"的好奇以及渴望了解的愿望。后一个关注起先或许并不是为研究,而是为了学习前辈怎么写。所以,自九十年代初开始的上下求索,直到差不多十年后,其第一篇研究"述学文体"的论文《现代中国的述学文体——以"引经据典"为中心》才正式问世。

然而,此文的出现也完成了一个从"私"到"公"的转换和从个人到公共的超越。因为就学术发生学上看,学术出于"私",即出自个人的感觉、感受,它需要个人独特的体悟和思考,甚至偶然的发现。事先规划好的研究,看上去很齐整有序,但诚如前辈学人陈寅恪、胡适对于齐整有序与历史本貌之间相龃龉的疑虑一样,它至少与学术发生学不相契合,故与学者的关系,不见得在学术,而多在于个人"工作量"的积攒。可是,个人的知识需求,终究只是个人兴趣的蔓延。对于具体的个人,肯定是一种提高和丰富,对整个学界的意义,则只有在将个人所见以学术方式展示于众后,才可能体现出来。而这个将需求、感受变成学术研究的方式,正是由"私"而"公"的转换。

不过,曾经的文化"断裂",也让学术"接续"变成了又一次筚路蓝缕,摸索的过程远较想象中艰难,只要对比一下《现代中国的述学文体》的八章内容,即不难发现其中关注点的游移和内容上的腾挪。由于七七、七八级一代学人的思维方式已初步成形,他们不再可能是单向的承接,而是在承接的同时,谋求与前辈学人、学术传统的对话。陈平原有关现代中国学人"述学文体"的探讨,即不止于修辞学、目录学或文章学的解析,也要关注"在中外新旧文化激烈碰撞的时代",前辈"中国学者如何建立'表达'的立场、方式与边界",其中的对话意愿,就相当突出。

在《现代中国的述学文体》诸章节的叙述中,时常会有"我"(作者)的出现,或在引言中,或在叙述中,或是下结论,但最能显示对话意愿的是,在叙述研究对象与同代人的观点时,突然出现的"在我看来"。当然,"我"或"在我看来"的频现,不见得都是有意为之,也未必都在脱离叙事和语境,却不仅是作者潜意识中的对话意愿的呈现,也实际地形成了一种风格化的表述方式或曰对话体。

"我"的出现,以有关梁启超、鲁迅和胡适述学文体的三章最为集中,这与作者对三位学界前辈的兴趣和喜爱程度相关。因为到真正讨论与"发言"直接关联的演说时,"我"反而出现得最少。在"有声的中国——演说与近现代中国文章变革"一章里,"我"就不再独立高耸,而是与"我们"并立,不仅是"我们"与"我"并用,复数的"我们"还多于单数的"我"。在作者的叙述习惯中,"我们"与"我"的不同是相当明显的。"我们"总是在指称那些同行皆知,具有一般性的情况,或需要共同关心的问题，故就有"若能真的'回到现场'，史家当然承认'口说'的重要性；只是因技术的缘故，在录音录像设备出现之前，我们只能更多地依赖'立字为据'"；或者"谈及演说，我们更多关注其在政治史上的意义，而漠视其在学术史上的贡献"。这里强调共谋、共感和共性的一面。当然，在使用"我们"时，也包括反思式的提示，如"我们不该忽视那些因各种因缘而存留在纸上的声音——尽管其在'转译'的过程中，不可避免地有所'损耗'与'变形'"。此时，"我们"仍是复数，其所提示的，也是同行一起努力的方向。

"我"的使用则不同。"我"只是单数，是见解表达的个体。像同一文中，"我承认异军突起的平民教育讲演团在现代史上的贡献，但同时也不想抹杀当年北大及其他院校训练演说和辩论的意义。后者看似平淡无奇，可它形成一种风气，在读书作文之外，格外看重口头表达。这一现代社会对于大学师生的要求，影响极为深远"，就是典型的个人见解；而更个人化的，如谈及北大平民教育讲演团"所谓'暂向学校借洋五十元办理之'，因至今未见实物，我很怀疑是否真的落实"，则是将个人的存疑落实到一个具体证据上。

在探讨梁启超、鲁迅和胡适"述学文体"的三章里，有关梁启超的一章还算收敛，但"我"已经出现了十次；写鲁迅"述学文体"的一章，尚存有仰视的一面，因而在努力理解和卫护诸如"硬译"、文言述学的正当性，"我"也出现了十五次；到有关胡适的一章，"我"几乎达到了无法抑制地涌现的程度，共出现了十八次。所以会有如此之多的"我"，胡适"述学文体"的"明白清楚"是一个重要条件。因为"明白清楚"不会给人以压迫感，其中体现出的平和、理性、平等的态度，最易促发研究者的对话意愿。

在胡适一章"我"空前跃出的十八次中，"我"的姿态也是多样的。归纳起来看，"我"始终是一个观点上的主导(体)，具体类型则包括赞同前人的观点，直接表达自己的看法，为胡适"述学文体"的学术影响定位，评述其学术上的得失，甚至还有善意的提醒。对胡适在思想文化史上的总体地位的肯定是一个基本前提,故会有"我欣赏余英时和唐德刚的两段话:一是'适之先生是二十世纪中国学术思想史上的一位中心人物';一是'胡适之先生在中国文化史上最卓越的贡献应该还是在文学方面'"。而文学方面的贡献又被"我"具体到"述学文体",故对于胡适中国哲学史研究的开山之作《中国哲学史大纲(卷上)》就有了文体上的历史性认定:"我想强调的是,这部用东西哲学观念构建的大书,体现的是上层文化的趣味,可用的又是通俗的文体。用白话来'述学',在横跨东西文化之外,又加上一层沟通雅俗趣味,这就难怪其一问世便博得满堂彩。"而更深远的影响则与胡适创造的"白话述学"新范式相关,这一点虽然"深藏不露","但在我看来,怎么写论文——如何用浅近的白话讲述深奥的古典学问,胡适的影响一直延续到今天"。

既然是平等的对话,"我"自然要毫不客气地提出异议。有关胡适"述学文体"一章讨论的核心,是表达上的"明白清楚"和整体布局上的"精心结构"。从思想史的视角看,胡适之重视"述学"文章的结构,乃是其提倡的科学方法的延续。因为科学实验是可以重复的,科学本身讲究学习和模仿,所以必须"明白清楚"。而具备逻辑推理过程的"精心结构"最易学习和模仿,故胡适最重视"结构"。可"我"的观照点是"文体",所以,"在我看来,'结构'并非撰述的第一要素"。不仅胡适以"结构"完整与否评判古代小说,舍《红楼梦》《儒林外史》不取,独青睐《海上花列传》和《老残游记》,令"我"感觉"实在无法让人佩服",而且,胡适"文章讲求'组织'与'结构'容易做到条理清晰,布局匀称,便于读者阅读与接受。可也可能留下不少遗憾——比如,平正有余而奇崛不足";进一步看,"史料不全,得靠史家的想象力来填补;史料的意义含而不露,得靠史家的理论意识来阐发。一旦引入想象力与理论意识,所谓'结构的匀称'很可能就会被打破"。

当然,在国内,胡适与鲁迅的地位是完全不同的,后者存有神圣性,而前者则早已被"去神圣化",这也决定了"我"在表达上的反差。在鲁迅那一章,"我"的观点,多冠以"我猜测""我要追问"或"我想证明",

即便是出现"在我看来",也是卫护式的。如谈及鲁迅要青年不看中国古书,反对青年从古文中寻求营养,其留下的两部讲义却都是"文言述学"之作,"我"解释说:"在我看来,并非鲁迅言行不一,或故作惊人语,而是基于其'体式'与'文体'相勾连的独特思路——对应现实人生的'小说'或'杂文'毫无疑问应该使用白话;至于谈论传统中国的'论文',或'专著'以文言表述,或许更恰当些。"而"在我看来,不愿公开发表旧体诗的鲁迅,其选择'以文言述学',同样蕴涵着传统文人的趣味"。至于鲁迅文体的独特价值,"相对于'说什么'的政治立场,'怎么说'的文体选择,更能显示个人趣味。因而,表面上不太起眼的后者,在我看来,更为曲折幽深"。

然在胡适一章,"我"则仿佛置身友朋之间,可以随意立异,反而显得客观、自然,挥洒自如。对于《中国哲学史大纲(卷上)》前言中有关史料收集后的贯通,包括"述学"以及相关的"明变、求因、评判"的辨析,"我"的评论就相当直白:"可在我看来,所有这些假设,在实际操作中,都很难真正落实。"因此,"在这个意义上,我更倾向于胡适的前一种表述,即将关于中国哲学史的研究——乃至整个传统中国研究,概称之为'述学'"。"我"并且认为,胡适有关"学而不思则罔,思而不学则殆"的详细解释"就是多余的"。当然这里纯粹是从白话"述学文体"和方式上着眼的,与哲学中的知识论和中西哲学概念差异的比较无关。

有意思的是,"我"发现了一向在文章中体现平等的胡适在演说中的"居高临下"。平心而论,演说本身要取得效果,就不可能不"居高临下",这是演说的性质决定的,也是出于听众的期待。不"居高临下"的,或只能叫"座谈"。可是在胡适一生中,"居高临下"的态度却极少见,故更需要注意。因为演说中即便是"居高临下",也需要有个"度";针对不同的听众,在内容选择上也需要不同和自警。"我"正是在这方面提醒胡适的。演说中的"多举例,举好例,增加说服力,横扫千军如席卷",却也可能"极少自我质疑,迂回前进",故"在我看来,这可是一个并不美妙的陷阱"。

就文体上言,直接说明自己的意见和提出异议这两种"我"出现的类型差别是,前者是在叙事之中,所有说明都是论文叙事的一部分;后者则属于插话,往往会跳脱出叙事的历史语境,或以当下认知为基础阐述观点,或直接对当下发言。

与直接说明自己观点的方式稍有不同,第三种类型的"我"的出现,也是在说明观点,却主要是评论研究对象及同代人之所见。如对钱穆评论近人论文写法的书信中有关胡适的结论,即"胡适之文本极清朗,又精劲有力,亦无芜词,只多尖刻处,则是其病","我"就不甚赞同:"只是'尖刻'二字,在我看来,与适之先生的为人为文均不大能对上号。"不过,钱穆所谓"尖刻"似指胡适书评与序文受西方学术训练而常出现的批评话语,与"为人"处于两个层面。

虽然对话式的学术"接续"更多地出现在成熟学者之间,但其中展现出的平等意识,恐怕也是接续前辈学术传统或者同辈学者交流时值得珍惜,也是最需要遵循的基本原则。

纯粹的学术研究式"接续"是对象化的,即把"接续"的对象当成客体或他者,而对话式"接续"则包含着用身心去体察。从这个意义上看,对话式"接续"的表达方式不是体现学术态度,它本身就是一种基本的学术态度。

(《现代中国的述学文体》,陈平原著,北京大学出版社二〇二〇年版)

缺失历史感的日本宪法学史

短长书

王勇

一

宪法是"时代之子",它对社会与政治形势的重大变化有着其他部门法难以匹敌的敏感。宪法学是关于宪法规范及其实践的学理研究,宪法学史则记录了人们的宪法理想、宪法认知的转换轨迹及其内在机理,能够充分表现宪法与其时代之间的关系状况。

自十九世纪九十年代明治宪法实施后,日本宪法学已有一百三十余年的历史。按时间梳理,其主流理论经历了从穗积宪法学、美浓部宪法学,到宫泽宪法学,再到芦部宪法学的更迭;按论题及方法论的差异,其理论形态发生了从"体制宪法学"或"官僚宪法学"向"作为社会科学的宪法学"的转向;按学说特质,宪法学也早已完成了从穗积八束的"神学理论"到美浓部达吉的"形而上学理论"再到宫泽俊义的"实证主义理论"的转变。一九九九年芦部信喜去世之后,日本宪法学进入了未见相当领军人物的后芦部时期。在百年历史中,以解释学为典型,宪法学的专业化和社会科学化特征日益昭著。但另一方面,日本宪法学界有一个共识,与百年宪法学历史不相称,学界始终缺乏对宪法学说史的研究。早在一九三四年,马克思主义宪法学家铃木安藏最先批评了日本宪法学说史研究的不振:"在我们学术界迄今为止没有任何宪法学史著作。不仅是宪法学史,就连宪法制定史,直至不久前几乎都是无人问津的。"(《日本憲法学の生誕と発展》,丛文阁一九三四年版)二十世纪六十年代,具有历史唯物论倾向的宪法学者长谷川正安指出,虽然学界已经有了针对美浓部达吉、佐佐木惣一等人的个案研究，但整体连贯的"日本宪法学史"仍然没有出现（《日本憲法学の系譜》，劲草书房一九九三年版）。一九九六年，宪法学者高见胜利撰文批评道："迄至今日，对昭和宪法下宪法学说展开过程的寻觅仍难见踪迹。"（《憲法理論の50年》，日本评论社一九九六年版）二〇一八年，宪法学的新生代仍在疑惑——"宪法学者对本国的宪法学传统毫不关心"（齐藤晓：《初期樋口陽一の憲法学と〈戦後憲法学〉の知的状況：日本戦後憲法学史研究・序説》，载《法学论丛》二〇一八年第四期）。在反思历史观缺失已成集体意识的背景下，日本宪法学说史研究的问题意识依旧淡薄。历史意识的缺失，一方面与宪法实践有着密切的关联；另一方面，还有宪法学之外因素的影响，因其远离或超越了常规法学的层面，属于思想史的潜意识构造，因而呈现出不易为人察觉的隐蔽性。

二

日本历史上有过两部宪法，即一八八九年的"明治宪法"和一九四六年的"昭和宪法"。整体上分析，两部宪法存在一些共同的特征，这些特征深刻地影响了日本的宪法学：首先，两部宪法的产生，都是对彼时急剧变迁的政治与社会形势的回应与应对，并且这种应对都表现出某种急迫和仓促的特征。其次，两部宪法均具有较为明显的外源性特征，带有极其明显的"被迫"意味。前者是明治统治集团对日益高涨的民权运动的应付和抵制，以及对集权体制的诉求。后者则是慑于麦克阿瑟盟军司令部的催促与压迫，因而"昭和宪法"有"被强加的宪法"的说法，右翼分子经常借此鼓噪推动恢复自主权的"宪法改正"；第三，政治色彩极为浓厚，两部宪法分别表明了对绝对主义国家观的确认和否弃，并围绕天皇制、民主制等问题发生了多场重大论争，长期、深刻地影响了日本社会的政治氛围和社会情绪。

宪法学说史研究的贫瘠，仿佛源于宪法来自国外，缺乏本地关联和亲近感，但这不是决定因素。铃木安藏很早就指出："要想完成一个科学的历史叙述，尤其是学说、思想史叙述，必须具备根本性批判的实践精神或者见解、方法论。"而且如丸山真男所说："像宪法制度那样本来就包含着政治伦理因素的情况下，更应把包括制度中的精神的全体构造作为问题进行探讨。"（《日本的思想》，生活·读书·新知三联书店二〇〇九年版）但问题成因恰好也如丸山真男指出的："在我国没有形成这样一种思想传统，即那种可以给各个时代的观念和思想赋予相互关联性，使所有的思想立场在与其相关的关系中——即使是通过否定而形成的关系中——力图定立自己的历史地位的那种核心性的或相当于坐标轴的思想传统。"（同上）丸山真男把此种思想关联性的缺失称为"传统"——"思想没能在对抗和积累的基础上历史地形成构造"。究其原因，丸山真男将其归结于"对象本身固有的性质之中"。这种固有性质表现为两个方面：一方面，从思想接受和积累方面看，思想以碎片化和无关联的方式潜入和存于人们的精神世界之中，仅做空间配置的转换，却无时间顺序和连接线索，从而失去了"历史的结构性"；另一方面，从思想的相容与共处方面看，对各种思想均予以"宽容"对待的传统使得对相互矛盾的思想也能够"无限地拥抱"，使之"和平共处"。碎片化、无关联导致了"存异"，搁置"求同"的诉求。这种思想状况影响了很多缺乏内在连贯甚至相互冲突的宪法学观点的分布，影响了宪法学史上连贯元素的形成。在这种思想结构和背景下，长谷川正安的研究就凸显出了一种补白意义。

三

长谷川正安是铃木安藏之后日本马克思主义宪法学研究的代表性人物。在少有的整体史研究中，其代表作《日本宪法学的系谱》被视为贯通战前战后宪法学的一个典范性研究，体现在他对学说史功能、宪法学方法论的批判性阐释方面。

（一）学说史功能。长谷川正安指出，撰写通史主要出于内外两个方面的考虑。从内部视角看，宪法意识形态（意识、思想、学说等）、宪法规范（宪法典、案例、惯例）、宪法制度（国会、内阁、法院等）研究中关于宪法观念或意识形态的检讨非常欠缺。另一方面则来自学术之外因素的强化。战后的宪法实践出现了若干新状况——一个重要的便是甚嚣尘上的"宪法改正"。战后宪法在"新"字消失之前就已经面临着被执政党扼杀的危机。天皇元首化、自卫军再军备、以"公共福利"为名实行的人权限制等各方对"宪法改正"的舆论鼓噪，让人担心"明治宪法"的"复活"。在长谷川正安看来，宪法不仅由国家权力决定，还受国民意识的影响，对宪法修改走向起决定作用的是国民的宪法意识。长期以来，明治宪法体制对民众施加了具有明显保守色彩的影响，反思轻视宪法的时代，回顾宪法的思想构造，有助于揭示宪法意识形态的源头并加以改造，更新宪法意识与国家观。

（二）宪法学方法论。长谷川正安指出，撰写整体性的宪法学说史要解决"历史断裂"和"论题冲突"两个难题：第一，要把两部规范矛盾、原理相异的宪法典以及对应的宪法学纳入一个脉络中；第二，弥合论题与方法上的差别，把战前的法典解释与战后多样的非释义性研究贯穿起来。克服上述困难，需要一个超越性的线索：既要整合基于宪法典沿替而造成的学说断裂，还要包容方法论更新所引发的变革。长谷川正安寻找或编织线索的努力集中于宪法解释学和"作为社会科学的宪法学"这两个方面。他考察了这一线索在战前已现端倪的表现——其策略是证明宪法解释学同样具有客观性，以及寻找战后宪法学之规定性特征的"作为社会科学的宪法学"在战前的萌芽。长谷川正安将两点业绩归功于信奉新康德主义的宫泽俊义，以及坚持历史唯物论的铃木安藏——他们开始摆脱穗积宪法学和美浓部宪法学分别具有的"神学"和"形而上学"意味，以科学的立场和意识形态批判的态度研究宪法问题。

铃木安藏的"作为社会科学的宪法学"始于马克思主义的国家论、政治理论，而非基于"明治宪法"的宪法解释论。宫泽宪法学的科学性特征体现在他基于新康德主义法理论和埃利希法社会学所提出的严格区分科学与实践、科学认识与价值判断，严格区分研究对象的政治性与方法论上的政治性等方面。战后,宪法研究的学术自由空间得到扩展,为官泽俊义和铃木安藏等学者开创的社会科学宪法学以新的方式延续,贯通宪法学说史的线索和轮廓逐渐清晰。

思考长谷川正安的问题意识,就这一线索所呈现的历史,我们可以将其理解为两条互有交织的历史线索的展开,两者在互为奥援:一条线是缺乏历史情境感的宪法释义(明治宪法解释学和昭和宪法解释学);另一条线是摆脱政治神学与形而上学论断,试图寻找宪法的经济性、社会性、政治性因素的社会科学探究方式——"作为社会科学的宪法学"。但事实上,战后宪法学既没有在美浓部宪法学或佐佐木宪法学基础上展开,也没有对官泽俊义的法意识形态批判理论以及铃木安藏的历史唯物论的"科学宪法学"等先驱成就做出推进。以"作为社会科学的宪法学"为名,战后宪法学迅速确定了新论题,也制造了新断裂——"在战后如此短暂的时间内,战后宪法学就以'作为社会科学的宪法学'为目标,并不去探讨日本的国家权力和国民生活的实态,而是就和平的、民主的宪法论展开了考察,这一转变实为迅速"(《日本憲法学の系譜》,劲草书房一九九三年版)。搁置了对明治宪法学的反思,搁置了对穗积宪法学"神学"和美浓部宪法学"形而上学"理论特质的清理,以超越性的社会科学视角直接针对新宪法进行近乎孤立的释义。"虽然他们的学术、创作生涯很长,但是学问内容却是停滞不前的,有的只是一味地重复。正因为他们自身没有历史,所以他们也没有兴趣从历史角度去分析宪法学。"(同上)

表象上,宪法学从"神学化""形而上学化"日益走向"实证化"和实践化。但微观上看,在日益技术化、实践化的同时,宪法学观念沉默,或超越或中立于意识形态批判的思想状况依旧。这种历史感的淡薄,在明治时期,借拘泥于文义的宪法释义理论拒绝关注鲜活的宪法现象;在新宪法时期,它助推右翼学者拒绝历史和价值反省。这种对宪法规范背后的现代宪法意识和精神结构的漠视甚至敌视,除了缺失"宪法的价值何在"这个思考基点之外,还造成了宪法与社会政治发展之间的乖离。

同时，方法论上的差异也导致了宪法解释论的分歧。"东京学派"重视宪法的宗旨、目的，以突出成文宪法的价值和意义为要旨。"京都学派"以追求宪法条文的客观文义和形式规范为重点，其中的少数极端观点将其方法论推至近乎机械（大石义雄），鼓吹新宪法制定的法理基础来自明治宪法（的修宪程序规定），进而鼓吹"无界限修改宪法"，成为右翼"改宪论"的理论后援。在日本修宪思潮涌动，"明文改宪"与"解释改宪"相互配合的背景下，如何超越传统宪法解释学的技术中立，在宪法实践中激活宪法规范的观念价值是需要深入思考的问题。

现在看来，思考当代的宪法学研究，长谷川正安的提示仍然具有启示意义——"必须有人尽快整理出日本宪法学通史，希望此书能为通史的问世起到抛砖引玉的作用。PKO合作法在国会上通过所折射出来的对昭和宪法诸条款的恣意解读，以及配不上解读之名的超宪法的宪法论，每每读及，就痛感我们必须重新回顾明治维新以来一百三十余年的日本宪法思想及宪法学的历史。想要重新探讨一下历史上是否曾经有过像现在这样轻视宪法存在的时代，探讨对其采取包容态度的国民的宪法意识是怎样的构成。"（同上）推进历史对宪法实践的积极意义，需要对丸山真男所指出的碎片化、无关联的"传统"进行反思并将其转化为批判性实践——"问题归根结底在于制度中的精神、创造制度的精神与制度的具体作用方式是如何内在结合的以及这种结合是如何规定制度本身与人们对制度的想法的。"（《日本的思想》）就此而言，宪法学史不止于宪法学变迁的线性叙事，它具有宪法解释学难以替代的功能，是实现宪法释义、宪法实践与宪法价值内在融贯的有力保障。

费德里奥的吠声

张 磊

短长书

作为美国当代文坛 X 一代作家群的代言人、美国后现代小说家第三代的重要代表，理查德·鲍尔斯（Richard Powers）曾斩获美国国家图书奖、普利策小说奖等众多奖项。不过，他绝不是一位易读的作家。他的作品信息量巨大，充满意象与隐喻，而且常常与其他文本形成复杂的互文关系。值得指出的是，他是二十一世纪少有的"泛音乐"小说大师。在他至少三部小说——《金甲虫变奏曲》《回声制造者》《奥菲奥》中，密密麻麻的音乐／声音元素始终充斥在字里行间，浩浩荡荡，绵延不绝。如果对这些音乐／声音元素不够敏感，便无法顺利完成这些文本的阅读。如果不能学会如何聆听，便无法真正进入鲍尔斯的文字世界。

巴赫金曾用"杂语"（heteroglossia）这一概念来阐释特定文化中语言的多样性。贾斯汀·圣·克莱尔则更进一步，提出了"杂声"（heterophonia）。在他看来，小说中除了有多样的人类语言，还有各种非人声——机器声、大自然的声音、动物声等。这些常常被无视或忽视的声音，同样是小说音景的重要组成部分。

在《奥菲奥》中，克莱尔式的杂声或多声性体现得尤为集中。其中不仅包括从古典主义时期到二十世纪的西方古典音乐（如莫扎特的"朱庇特"交响曲、舒曼的《童年情景》、马勒的《亡儿之歌》、梅西安的《时间终结四重奏》、肖斯塔科维奇的第五交响曲、先锋派作曲家泽纳基斯与阿尔文·路希尔的作品）、小说主人公彼得·埃尔斯自己创作的所有作品（尤其是他那部引起国安人员高度关切并最终遭查禁的生物音乐作品），还包括天空中云朵飘过的声音风吹过的声音。在笔者看来,埃尔斯的爱犬费德里奥的吠声恰恰是小说中极为重要的声音之一。它虽然只出现在小说的开篇部分,却以极为密集的方式反复出现,具有特殊的意义。包括伊万·德拉扎里在内的大多数批评家往往不约而同地将自己的关注点聚焦于小说文本中那些在音乐史上确实存在的,或者被作家虚构的音乐作品,却极少有人思考费德里奥的音乐性。

事实上,将爱犬与音乐性联系在一起的尝试并不鲜见。在音乐史上,英国作曲家埃尔加便曾经在《谜语变奏曲》的第十一首描述过自己一条叫作"丹"的斗牛犬。据说这部作品开头的三小节便是描写它奔下河堤、跳进河里的情景。除了埃尔加,贝多芬、肖邦、瓦格纳、肖斯塔科维奇、克拉姆也都是爱狗之人,同样在自己的作品中给自己的缪斯爱犬留下一"音"之地。与它们相比,音乐史上最出名的狗,莫过于尼帕。它曾经一度是只流浪狗,有幸被画家弗朗西斯·波洛的兄长好心收养。在兄长去世后,每逢弗朗西斯播放他的录音,它总会走来,守在留声机喇叭前一动不动,全情聆听。这感人的情景成为弗朗西斯画作《它主人的声音》的主题,更成为曾经大名鼎鼎的胜利(Victor)唱片的商标。在美国白宫,牛头㹴巴德曾为肯尼迪夫妇表演史蒂芬·福斯特经典歌曲联唱。在一场"偶然"音乐代表性人物约翰·凯奇的"偶然"演唱会上,林登·约翰逊与他那条叫作"友希"的杂交狗在电视摄像机前为全美国的观众表演了一首二重唱。在文学史上,同为当代文学巨匠的南非/澳大利亚作家库切也在布克奖获奖名作《耻》中写过一只似乎能听懂主人公大卫·卢里音乐创作的狗。卢里甚至想将它的引吭高歌写进自己的作品中。

与卢里的狗不同,《奥菲奥》中的狗不仅有名字,而且名字还极为特别——费德里奥。熟悉古典音乐的人都知道,这是贝多芬唯一一部同名歌剧里女主人公莱奥诺拉女扮男装时曾经用过的名字。换句话说,费德里奥这个男名面具背后,隐藏的是一个女性的身体与灵魂。有趣的是,埃尔斯的爱犬在第一次听到这个名字时便产生了强烈的认同感。只有当埃尔斯这么叫它的时候,它才予以回应。这既是一种巧合,又不仅仅是巧合。作为雌性犬的费德里奥，在陪伴男主人埃尔斯的时光里，也似乎在一次次地上演着类似的美女"助"英雄的故事。

正如瓦格纳的缪斯、《汤豪舍》的共同创作者——西班牙猎犬帕普斯一样，只要主人埃尔斯还继续创作音乐，它就一定会随时准备为埃尔斯充当最耳聪的试音师与最率直的批评家。事实上，它确实天生异禀。一般犬类的乐感是极其有限的——它们只能分辨出一个八度音阶中大约三分之一个音。然而，不论埃尔斯唱出怎样的音高，费德里奥总是可以识别其中一个完整的音程。可以说，具有绝对音高能力的费德里奥，堪称是万里挑一的音乐神犬。即使与人类相比，也毫不逊色。据说世界上大约万分之一的人，才有天生绝对音高的能力。在古典音乐家中，莫扎特和贝多芬是绝对音高的拥有者。费德里奥与《费德里奥》的作曲家在绝对音高这一层面上居然处于同一水平，竟有些"非如此不可？非如此不可！非如此不可！"（出自贝多芬第135号作品、最后一部四重奏第四乐章乐谱上的文字标记）的意味了。

有实验表明，不同的音乐体裁对犬类产生的影响各不相同。一般的狗对重金属音乐较为反感，很容易在聆听的过程中产生强烈的不安感。而如果是维瓦尔第的音乐（譬如他最为人所知的小提琴协奏曲《四季》），则会如强效镇静剂一般，让狗的情绪得到深刻的安抚。这种常见的反应，在费德里奥身上都能见到。不过，费德里奥仍然凭借一个独特的优势在众多音乐犬中脱颖而出——它既能从刺耳的音乐中辨别出悦耳的和音来，更能欣赏那些刺耳的声音（包括那些充斥着形形色色噪音的现代派古典音乐）。作为一种抵抗性的艺术，现代派古典音乐无疑与之前的音乐传统形成了巨大的断裂。对于阿多诺等人来说，当音乐具有明显的感官取悦性，过于优美与和谐时，极容易被各种强势的权力集团挪用，被其用来确立、巩固、强化自己的政治统治。因此，现代派古典音乐家拒绝再与这些权力集团有任何的合谋关系，甚至不惜选择分庭抗礼。费德里奥当然不可能懂得阿多诺式的音乐哲学，但它却凭借动物的真实直觉，做出了类似的、也是符合其本心的选择与判断。对于它的主人、先锋作曲家埃尔斯来说，能养这样一只对现代音乐有着如此慧根（甚至超越了大多数人类）的狗，当然是件可遇不可求的事。

与人类不同，费德里奥并不在脑中存储对各种音乐的记忆，而全部都是瞬时记忆。从人类的视角来看，这当然是一种缺失。然而，吊诡的是，对于费德里奥来说，这一短板反倒成为它又一个独特的优势——没有过去或者未来的音乐时间，只有永恒的、现在的音乐时间。因为没有另外两个时间维度，它能够把握的就只有现在。"只"争朝夕，当然就会更加集中力量去争朝夕，当然能把朝夕把握得更紧、更牢靠。而且，这样一来，每次费德里奥在听哪怕是同样的、已经听过无数遍的音乐作品时，也总能像首次聆听一般，充满了新奇感与探索欲。这种类似约翰·洛克式"白板"一般的原初意识，恰恰是过于复杂的人类缺失的，而且很难失而复得的东西。英国浪漫主义诗人华兹华斯便认为，人类那宝贵的神灵性在降生的那一刻便已经开始减弱，到了成人之时，便几乎消失殆尽。

除了具有灵性到让人颇感惊艳的耳朵，费德里奥那丰富多样的吠声（譬如哼唧声与嚎叫声）也绝非"胡"吠"乱"叫，而是有智慧、对人有启发的高级音乐语言。譬如，那哼唧声是有着一套自己的章法的——如果埃尔斯发出一个D调，那么费德里奥就会发出降E调或E调。如果埃尔斯调整到费德里奥的音高，那么费德里奥就会滑高或者滑低半个音。而它的嚎叫声更是让埃尔斯听到了音乐产生的根源——小小的不谐和音组成的神圣社群。

费德里奥不仅对音乐很敏感，它还可以将各种各样看起来很日常的声音"音乐化"，听出它们蕴藏的各种丰富的音乐元素。譬如，在夏日晚上，当听到几个街区以外一家冰激凌售卖车上的数字报时钟发出的声响时，它也同样会昂首翘尾，表现出十分开心的样子。

费德里奥对音乐与声音近乎专家级别的鉴赏能力，让埃尔斯梦寐以求，甚至让他不惜跟自己交换。而且，随着年岁的增长，身体机能衰退的埃尔斯在六十八岁时不幸罹患了失乐症。对于热爱音乐、曾经创作过许多严肃音乐作品的埃尔斯来说，无法再辨认音高、节奏、力度或音色之间的差异，也无法感知自己或他人歌唱时是否走调、节奏是否一致，不能对音高之间的半音变化做出反应，当然是一件极其痛苦的事。这时候，费德里奥几乎成了他失而复得的耳朵。

费德里奥的吠声不仅有鲜明的特色，还具有持续性。它并不是"三天吠叫，两天缄默"，而是有种强烈的、不可动摇的欲望与激情。它从不刻意求新，不会有所谓的听腻或唱腻。喜新厌旧的行为，在它这里是不存在的。一夜又一夜、一年又一年雷打不动地聆听那些二十世纪的经典音乐曲目，并以自己独特的吠叫加以回应，是它"狗"生中的常态。

费德里奥在死前最后挣扎时发出的吠声，既是它的天鹅之歌，更是让埃尔斯终生难忘的梦碎之音。它低沉的吼叫，令人窒息的"O"，在地板上滑来滑去时的嚎叫声，都堪称触目惊心。无论埃尔斯再做什么，是为它哼唱一支柔和的小曲，还是聆听来自另一个星球的摇篮曲，都无法再抚慰处于极度痛苦之中的费德里奥。那种生命最后一刻的悲伤、无助与绝望，是埃尔斯完全能够体会、共情，却无能为力的。所以，他对自己的无能、对自己无法拯救爱犬的性命深感愧疚。而随着自己音乐共性实验的战友永远离开，他一生都在全力追求（甚至可以说是将一生都作为赌注）的、类似于毕达哥拉斯"天体音乐"的那个更大的东西，那个更华丽、更持久、隐藏在音乐疲惫不堪的表面之下的东西，也就再没可能在他的余生中找到了。换句话说，随着音乐神犬费德里奥生命意外的戛然而止，埃尔斯自己的音乐生命也同样被迫终止了。

费德里奥死亡的时间点，是在"九一一"事件之后不久，这时候的美国上下风声鹤唳、杯弓蛇影，对任何看起来比较可疑的行为都会做恐怖主义的联想。因此，在警官们闻讯赶来看狗的境况时，几乎是本能地"嗅"到了异样。埃尔斯的家庭实验室，尤其是室内一些培养细菌做"生物音乐"的培养皿，让警官们高度关切。他们不仅没收了这些埃尔斯的私人物品，更是最终导致年迈的埃尔斯不得不走上逃亡之路。小说这一情节是受到美国艺术家、批判艺术合奏团共同创始人史蒂夫·库尔茨被逮捕、被指控经历的启发。当时，库尔茨将生物科技与艺术创造性地联结在一起,从事具有高度政治性意味的艺术活动。换作是其他的时间与地点,这或许并不是什么大问题。然而,在后"九一一"时代的美国,这种艺术活动被近乎宿命般地贴上了生物恐怖主义的标签。无独有偶,小说中的埃尔斯也被扣上了类似的帽子——"生物黑客巴赫"。如恩主,如忠仆。费德里奥泉下有知,应该也会为自己的主人"不平则鸣"的。

随着费德里奥肉身的死亡,其吠声照理说也应该自然终止。然而,不甘心让爱犬就此离开的埃尔斯,还是极力让它已然消失的声音以其他方式继续"再现"。忠犬弗朗西斯在留声机中听到的是自己逝去主人的原音再现。而现在,未亡的不是狗,而是人。埃尔斯以同样严肃、深情的方式为自己的狗奏响它曾经喜爱的安魂之曲——马勒的艺术套曲《悼亡儿之歌》。熟悉音乐史的人知道,这部作品的创作颇为诡异,被许多人认为有一点挑战命运之神的意味。而这曲子仿佛真的得罪了神灵——马勒的孩子竟然一个个地接连死去,他与妻子的婚姻也走到尽头,他本人在饥寒交迫之中悲惨死去。对于埃尔斯来说,他似乎也感受到了亡儿一般的痛感。这一曲目的选择让他无限伤感,但他知道,这选择是正确的。这五首歌曲在埃尔斯小时候便有特殊的意义,时至今日,更是成了他哀悼忠犬的仪式音乐。小说中的一处细节非常敏锐地捕捉了他与费德里奥近乎共生的关系——"今晚他可以再多听一遍,用一只动物聆听它的方式去感受那些歌里狂野的噪音。"这句话几乎是德勒兹"生成动物"这一观点在文学中恰切的体现。可以说,埃尔斯便是费德里奥,费德里奥便是埃尔斯。如果费德里奥再也没有了吠声,那么就让这亡儿之乐成为它吠声的替代之音。

人与犬,犬与人,从犬到人,从人到犬。这种丰富而又复杂的情感既可以言说,又似乎无法"言"说。语言穷尽之处,不仅仅是音乐开启之时,亦可以是具有音乐性的其他声音(包括吠声)开启之时。吠声阵阵,吠声不绝。你吠我吠大家吠,声声入耳,声声入心。

(《奥菲奥》,[美]理查德·鲍尔斯著,梁路璐、宋赛南译,新华出版社二〇一七年版)

李 石

"平衡"与"敌友":
由两种政治概念说起

"人是天生的政治动物"(亚里士多德的这句名言还有一个翻译版本:"人是自然倾向于城邦生活的动物。"亚里士多德:《政治学》),但何谓"政治"却始终众说纷纭。一九二七年,纳粹统治前夕,德国政治思想家卡尔·施密特发表了《政治的概念》一文,提出政治概念的核心在于"敌友"关系的划分,并由此阐述了一系列反自由主义的政治理论。施密特认为,正像道德领域的善与恶,审美领域的美与丑,经济领域的利与害一样,"政治必须以自身的最终划分为基础,而一切具有特殊政治意义的活动均可诉诸这种划分","所有政治活动和政治动机所能归结成的具体政治性划分便是朋友与敌人的划分"。施密特提出的"敌友"政治概念在西方政治思想史上的意义,绝不仅仅是在众多关于"政治"的定义中增加了一种新的表述,而是对西方从古希腊城邦时代流传至今的古老政治智慧的彻底反叛。

一、"平衡"政治概念与"敌友"政治概念

我们可以从亚里士多德的混合政体理论中体悟到一种基于城邦的政治智慧——平衡。亚里士多德在伦理领域通过"中庸之道"寻求美德,在政治领域则通过"混合政体"和依靠"中产阶级"而求得平衡。亚里士多德认为,一个政体的稳定在于组成政体的"不同人们"之间的力量平衡和相互制约。在城邦中,穷人的数量多,但

财富少，他们代表城邦中"量"这一要素；富人的数量少，但财富巨大，他们代表城邦中"质"这一要素。在亚里士多德看来，一个城邦除非兼顾"质"和"量"两个要素，否则就不能长治久安："把官职和事权时常授给那与之相反的部分——这里所说的两个部分就是品质和数量，亦即富人和贫民的区别，——俾使两个部分各得其平，或对贫富有所协调，或设法加强中产（中间）阶级。这样的政策可以遏制由那个特别兴盛的不平衡部分发动变革的危机。"（《政治学》)

亚里士多德的混合政体思想向人们传达了一种高超的政治智慧，而这种政治智慧不仅在古代世界得以继承和应用，也在霍布斯以来的现代政治思想中得到进一步的发展，甚至在当代政治制度设计中仍然起着关键的作用。伴随着自由主义的兴起，古老的混合政体理论在洛克和孟德斯鸠的论述中转变为分权与制衡的政治思想：权力按其职能的不同分属政府不同职能部门——立法、行政与司法——所拥有，通过各部门之间的相互制约而达到以权力限制权力、防止专制和压迫的目的。洛克和孟德斯鸠所阐述的"三权分立"思想成为美国宪法和政治制度的理论基础，同时也为大部分自由民主国家的政治体制所采纳。

从根本上说，古代的混合政体思想、现代的分权与制衡思想以及制度设计中的"三权分立"并不仅仅是为了防止国家权力的滥用所采取的具体措施，而是从根本上将政治理解为各种力量之间的制约和平衡。始自亚里士多德的这一政治智慧，向人们传达的是这样一种关于政治的观念：我们每一个人因自由而不同，不同的人群之间形成了某种力量对比，为了经营共同的生活，我们需要平衡不同人群的力量，以使这种共同生活能够长治久安而和谐美好。所谓政治，就是社会中各种力量之间的平衡。

这里所说的不同人群和力量，其产生可能出于不同的原因：有可能是经济的原因,如亚里士多德所论述的穷人和富人之间的力量对比;也可能是宗教的原因,如英国新教革命时期不同教派之间的斗争;也可能是种族的原因,如美国的黑人争取与白人同等权利的运动;也可能是阶级的不同,如马克思所论述的无产阶级与资产阶级之间的斗争……而政治的目的则在于通过相互对立的人们之间的辩论、谈判、说服与妥协,最终以制度设计和立法的方式来消解矛盾,形成不同力量之间的平衡与共存。正如萨拜因在《西方政治学说史》中对亚里士多德的评价:"亚里士多德的政治理论中的那些较为一般的伦理原则——确信国家应当是道德上平等的自由公民之间的一种关系;国家是依法行事的,而且所依凭的是辩论和同意而非强力——从未在欧洲的政治哲学中消失。"

这种始自亚里士多德的"平衡"政治概念与施密特提出的"敌友"政治概念是直接对立的。在施密特的论述中,所谓"敌友"关系是独立于伦理、审美和经济等其他领域关系的一种纯粹的政治关系。也就是说,"敌人"之所以是"敌人",并不是因为他道德上恶劣,也不是因为其形象上丑陋,甚至也并非因为他侵占了我方的利益。"敌人"与"朋友"的划分是纯粹政治的划分。在施密特看来,政治的划分有可能是由经济、伦理或宗教等原因引发的;但是,"敌友"关系一旦被确立,这种关系就不再受制于经济、伦理或宗教的因素,而是遵循政治的规律和逻辑。而"敌人"的存在就意味着战争,对待敌人就是要将其从肉体存在的意义上彻底消灭。施密特论述道:"朋友、敌人、斗争这三个概念之所以能获得其现实意义,恰恰在于它们指的是肉体杀戮的现实可能性……战争就是否定敌人的生存。"与此相反,基于"平衡"的政治概念虽然并不否认出于不同的原因而有不同政治诉求的人群之间有一种纯粹政治的关系,但并不认为这种"政治的关系"就必然是不共戴天的"敌友"关系。"平衡"政治概念认为,不同政治派别之间是有可能达成共识的,而使其达成共识正是拥有政治权力的政治领袖所要做的事情。政治权力的突显并不在于对"敌友"关系的决断,而在于不同政治派别共同的"承认",对某种价值观念以及某个"共同权威"的承认。

"平衡"政治概念和"敌友"政治概念之间在许多问题上都存在着巨大分歧,下面我将从三个方面进行分析:第一,道德对政治是否构成约束。第二,对"战争"的不同看法。第三,如何处理价值多元主义?

二、道德对政治是否构成约束

"平衡"政治概念和"敌友"政治概念的一个根本分歧是:相比于道德,政治是否具有优先性?马基雅维里是施密特在阐发"敌友"政治概念时频繁提到的一个思想家,尤其是当施密特谈到政治理论的人类学基础的时候,马基雅维里被当作赞同人性本"恶"的重要代表而出现。实际上,施密特与马基雅维里的契合远远不止于"人性本恶"的人类学假设。他们之间根本的一致在于,政治相对于道德的优先性特征。在很大程度上,马基雅维里因其在《君主论》中劝说君主为了保有权力而可以残忍、伪善、吝啬等而在西方政治思想史上臭名昭著,并且成为"为达目的不择手段"的马基雅维里主义者的始祖。

在马基雅维里的《君主论》中,相比于道德,政治是具有优先性的。这种优先性有两层含义:第一,政治是目的,道德是手段。第二,须先达到政治的目的,才考虑道德的约束。在施密特所阐发的"敌友"政治概念中,政治相对于道德同样处于优先地位。当然,施密特的《政治的概念》一文并非一篇纯粹献给政治领袖的关于统治术的文章,因此文中并没有直接劝谏政治领袖在政治决断中忽视道德的约束。实际上,施密特在《政治的概念》一文中几乎没有讨论道德的问题,只是在讨论战争等相关问题时表露了一些对道德的看法。究其原因,在施密特的政治理论中道德根本就是无关的(irrelevant)。这种完全的忽略表达的是这样的观点:在政治领域,道德约束根本就插不上话,政治不容道德律令的指手画脚。政治有其自身的目的——决断敌友、消灭敌人,为达到这一目的,政治领袖可以做任何事,这与道德无关。

施密特虽然避谈道德问题,字里行间却无处不渗透着这种"政治与道德无关"的思想,处处显示出对道德约束的漠视。首先,在提出"敌友"政治概念的时候,施密特就一再强调"敌友"是独立于道德领域中的善与恶的、纯粹政治的划分。"在道德上邪恶、审美上丑陋或经济上有害的,不一定必然成为敌人;……在道德上善良、审美上靓丽且经济上有利可图的,不一定必然成为朋友。"敌友的划分"既不取决于某种预先确定的规范,也不取决于某种'无功利的'因而是中立的第三者的评判",从这些论述中我们充分体会到施密特赋予了政治相对于道德(甚至是任何规范)的优先性。施密特表面上表述的是:"敌友"关系的决断与道德评价无关,并以此凸显政治自身的自主性;从根本上说,他表达了这样的论断:政治是逻辑上先于道德的。也就是说,对于一个对象是"敌人"还是"朋友",我们是先有政治的判断,而且这一判断一旦产生,就不受道德评价的影响。做出政治决断的政治领袖有可能会利用道德评价,将"敌人"描述成道德上邪恶的,但道德评价从来不构成政治决断的障碍或参考因素。总之,在政治产生之初——"敌友"关系的决断,政治就相对于道德具有优先性,这种优先性使得道德完全成为服务于政治目的的手段。"敌友"关系一旦确立,"对敌人仁慈就是对自己残忍",对敌人讲道德无异于东郭先生救中山狼。在施密特看来,在敌友关系中,为了达到政治目的——控制或消灭敌人,道德是完全不构成约束的。除非充当达到政治目的的手段,道德问题甚至是完全无关的。

与"敌友"政治概念相对,在"平衡"政治概念中,道德占有重要的地位,是一切政治行为的边界约束。"平衡"政治概念将政治理解为组成政体的"不同人们"之间的平衡和相互制约,否认人们之间有不共戴天的对抗性。所以,任何政治行为都不应超出道德容许的界限。种族灭绝、大屠杀,这些暴行都是不被允许的,尤其是在隶属于同一个政治共同体的不同人群之间。在"平衡"政治概念中,一切政治行为、政治目的都要受到某种底线道德的约束,而在继承了"平衡"传统的自由主义政治理论中,这一道德约束就是所有人平等拥有的"权利"。权利论自霍布斯和洛克等自然权利论者的著述而兴起,经自由主义政治思想和自由民主政治制度的发展而为人们所接受,逐渐成为西方政治制度和政治思想的核心理念之一。

三、对"战争"的不同看法

"平衡"政治概念与"敌友"政治概念之间的根本区别还体现为对于"战争"的不同理解。在"平衡"政治概念中,处在同一政治共同体中的不同政治力量之间是不会开战的。因为,政治是不同力量之间的平衡,并不是一方对另一方的彻底毁灭;而战争则是以"消灭"对方为目的的。因此,战争与政治之间存在着内在的矛盾性。这种矛盾性集中体现为西方政治思想中"内战"这一概念的复杂性。英语里的"内战"由两个单词组成:"civil"和"war"。"civil"来源于拉丁语中的城市"civitas",城市是古罗马时代公民共同体居住的社区。这一概念在古希腊就是城邦"polis",也就是政治"politics"一词最初的来源。因此,所谓"内战"(civil war),就是政治共同体内部的战争,而这种战争对于"平衡"政治概念来说是不可思议的,也是古希腊人无法理解的。

根据美国学者大卫·阿米蒂奇(David Armitage)的研究,古希腊人将城邦中不同力量之间的斗争称为"党争"(stasis)而不是"战争",并且认为,"在希腊的党争中,各党派都没有将彼此视为正式的敌人"(《内战:观念中的历史》)。柏拉图在《理想国》中的论述,也能说明"内战"这一概念在古希腊人那里是不成立的:"他们既然是希腊人,就不会蹂躏希腊的土地,焚毁希腊的房屋。他们也不会把各城邦的希腊人,不论男女老少,都当作敌人。"

阿米蒂奇认为,"内战"这一概念起源于罗马在公元一世纪的内部冲突。关于罗马城之起源的罗慕路斯和雷慕斯兄弟相残的故事,预示了一种令人恐惧的新事物的到来:"人民对人民的战争",这就是内战。

"内战"这种新事物一旦在古罗马的残酷斗争中产生,就不曾在人类历史上消失。"内战"是将同胞当作"敌人"的政治斗争。对于"平衡"政治概念传统来说,内战始终是危害"政治"的大忌。英国启蒙思想家霍布斯对这一点进行了深入的阐释。在霍布斯的政治哲学中,政治的核心是统摄所有人的"共同权力",而内战正是这一"共同权力"分裂的结果。因此,霍布斯强烈反对分权,他在《利维坦》中论述道:"这种分割是'国分则国将不国'的分割;因为除非事先发生了这种分割,否则就不会出现分裂成敌对阵容的情形。如果英格兰绝大部分人当初没有接受一种看法,将这些权力在国王、上院、下院之间加以分割,人民便绝不会分裂,而首先在政见不同的人之间发生内战。"在霍布斯看来,"内战"带来共同权力的分裂,代表着主权者"利维坦"的死亡。与"平衡"政治概念相反,在"敌友"政治概念中,战争恰恰是政治的集中体现。道德不构成政治行为的约束,也不构成战争的约束,即使在政治共同体内部的战争中也是如此。在施密特的政治概念中,政治与战争有着密不可分的联系,具体来说,"政治存在于由战争这种可能性所决定的行为方式之中"。虽然"政治并不存在于战争本身之中,因为战争有自身的技术、心理和军事规律",但政治的存在正是基于战争的可能性。因为,"始终存在的发生斗争(Kampf)的可能性隶属于敌人这个概念",所以一旦"敌友"关系确立,战争随时可能发生。

四、政治是否容纳价值多元

"平衡"政治概念与"敌友"政治概念在对待多元价值的态度上也各有不同。"平衡"政治概念将政治理解为不同政治力量之间的平衡。面对人们在价值观念上的根本分歧,持"平衡"政治概念的思想家们分裂成两个阵营,提供了处理价值分歧的两种不同方案:第一,认为在不同的价值观念中自由、平等、民主等自由主义价值是普遍适用的,同时,自由主义者应该以"宽容"对待非自由主义的价值观念;第二,认为不同价值观念之间没有优劣之分,人们因不同的原因而追求不同的道德理想,不同的价值观念因不同的理由而正确。后一种观点被称为价值多元主义(value pluralism)。

在当代讨论中,价值多元主义最先由以赛亚·伯林提出,从那时开始,如何看待"多元"便成为两种自由主义的根本区别。约翰·格雷勾画出了自由主义的两个阵营:洛克、康德、罗尔斯和哈耶克捍卫的是第一种自由主义,将自由主义的价值观念和政治制度看作是普遍适用的,而宽容是对人类理解力之局限的一种补救。相反,霍布斯、休谟、伯林、迈克尔·奥克肖特捍卫的则是第二种自由主义,他们从根本上认同多元价值,并且认为不同价值观念和不同政治体制之间不分高下,人们不可能达成任何意义上的理性共识,而只能维持一种和平共存(参见江涛:《自由主义的两张面孔素描(代译序)》)。

可见,在处理不同价值观念的问题上,一旦自由主义将自由民主等自由主义价值当作是普适的,就必然会从根本上排斥价值多元主义。正是出于这一原因,墨菲在批评"平衡"政治概念时,将罗尔斯作为靶子,专门批评了其正义理论与价值多元主义之间的背离。

晚期的罗尔斯试图构建一种"政治自由主义",这是一种在各种价值观念之上的非整全(incomprehensive)的政治设计。罗尔斯认为,在这一政治设计中,"理性人"可以通过"重叠共识"来处理多元价值的问题。然而,墨菲一针见血地指出:"(罗尔斯)陷入了一种循环论证:政治自由主义能够把共识提供给'理性人',而'理性人'按定义就是认可自由主义原则的人"(Chantal Mouffe, "The Limits of John Rawls's pluralism")。因而,罗尔斯并没有很好地解决价值多元的问题。墨菲甚至认为,罗尔斯版本的自由主义实际上是排斥多元的:"显而易见,罗尔斯式的良序社会并没有为异见(dissent)留下太多空间。"(同上)

如果说"平衡"政治概念有可能演化为一种倡导自由平等、民主政治的普适主义政治学说,并且从根本上排斥多元价值,那么"敌友"政治概念是否会拥抱"多元"呢?"敌友"政治概念将政治理解为"敌友"的绝对划分,这种政治概念从根本上否定异于自己的价值观念,不可能给"异见"留下任何空间。在这一点上,具有普适主义特征的自由主义与"敌友"政治学说甚至可能是相同的。施密特同样反对多元主义。施密特认为,政治的核心在于对"敌友"的决断,而这种决断只能由一个政治统一体做出,这个政治统一体就是主权。

然而,多元主义的国家理论却通过各种各样的社团组织消解主权的统一性。人们游走在文化、宗教、经济等各类社团之间,各类组织之间自由竞争,而所有问题和冲突最终由个人来做出决定。施密特认为,这完全误解了什么是政治,将国家错误地当成相互竞争的社团中的一个而已。施密特论述道:"我们必须说明,为什么人类在宗教、文化、经济和其他各种组织之外还要建立'政府组织',而且还要说明这种组织的独特的政治含义是什么。最终出现的则是一种无所不包的一元论的概念,绝对不是一个多元论的概念。"

综上所述,在始自古希腊雅典城邦的西方政治思想史中,"平衡"政治概念与"敌友"政治概念,始终针锋相对、各执一词。这两种政治概念在三个方面存在着根本分歧:道德对政治是否构成约束,对于"战争"的看法,以及是否容纳价值多元。值得注意的是,"敌友"政治概念的当代阐释者墨菲提出了"对手"政治概念和"抗争性民主"的制度设计,寻求"平衡"政治概念与"敌友"政治概念之间的折中方案,试图通过正当的政治程序化解本质上无法达成共识的价值纷争。这一新的政治概念,是否可以看作是"平衡"政治传统与"敌友"政治传统之间的一次和解呢?

(《政治的概念》,〔德〕卡尔·施密特著,刘宗坤等译,上海人民出版社二〇〇四年版)

读书短札

观稼楼与冰蒘阁

陈腾

美国国会图书馆藏清抄本《两宋名贤小集》六册,存四十三卷,版心下方镌"观稼楼钞书"五字。王重民先生不明观稼楼为何者斋名,认为"以张载华跋自署'村农'推之,殆即载华藏书处,否则当在载华以前矣,则此本钞写年代,当与汪如藻本相伯仲"(王重民:《中国善本书提要》,上海古籍出版社一九八三年版,466—467页)。

其实,观稼楼的主人是鼎鼎大名的吕留良。此楼建成于康熙二十年(一六八一),留良欣喜之余,赋诗《新筑观稼楼成》四首,适可证明(俞国林:《吕留良诗笺释》,中华书局二〇一八年版,1160—1162页)。

问题是吕留良卒后,观稼楼尚在,此书会不会是其后人所抄?留良长子葆中,又名公忠,字无党,号冰蒘。检其所抄《六十家名贤小集》,版心改题"冰蒘阁",因避父讳,故"留"字阙笔。反观国会本,"留"字完整,显然抄成之际,留良尚在。康熙二十一年(一六八二)九月十三日,留良下榻海盐涉园,张皓"许钞书下榻至此",观稼楼本大约抄于此时。

乾隆年间,浙江文士吴文晖、张载华先后在观稼楼本《两宋名贤小集》留下题跋,但丝毫未提及吕氏父子。不知道是吕氏声名逐渐被人淡忘,抑或当时文网森严,乡后学不敢作声?

谢惠媛

我们的恐惧关乎什么?

在很多人看来,恐惧本身足以让人生畏。富兰克林·罗斯福就职时提到:"除了恐惧本身,我们没有什么好害怕的。"对此,纳斯鲍姆(Martha Nussbaum)不以为然。她认为,不论是承认并主张发挥恐惧的积极作用,还是质疑且主张摈弃恐惧,简单地理解与评价恐惧都难以引导人们进行理性慎思,不利于开展有建构性的工作,不利于维护社会团结。冷静地审视恐惧背后隐含的真正问题、思考解决问题的方法才是这个时代应该做的。鉴于此,在《论恐惧》一书中,纳斯鲍姆集中论述了恐惧的本质特性,通过揭示人的本真处境,说明恐惧不仅仅是一种生理性的情感表达形式,如何看待恐惧关乎一个由来已久的哲学传统,关乎对生活的思考,同时也关乎民主社会的建构。

一、认知性评价

一般认为,包括恐惧在内的情感是行为主体在特定环境中的自然反应。比如,看到草丛中有蛇状物体时,容易心生害怕,引起警觉,连忙躲避。情感的发生是如此迅速且难以自控,以至于过往的哲人大多把它看作无意识、未经深思熟虑的产物,是非理性的或不理性的。在《斐多篇》中,柏拉图曾借苏格拉底之口,把人的灵魂比作一辆由黑白两匹飞马驾驶的战车——黑马代表情感和欲念,白马象征道德和节制。前者不断试图挣脱后者的控制，妄想成为灵魂的主宰。在柏拉图看来，完美的灵魂战车须由理性来驾驭。换言之，情感和理性相互对立，前者被视为后者的潜在威胁，是应当被抑制、接受后者控制的对象。这种观念在很大程度上影响了西方学界，并洞开了理性主义的大门。

尽管沙夫茨伯里、哈奇森、休谟和斯密等近代思想家曾集中探讨情感问题，遗憾的是，这方面的理论建树当时未能引起足够重视。人们普遍用"波动无序""不受控""妨碍理性认知""与肉体相关"等描述情感。同样，虽然理性主义者如康德承认道德感觉、道德禀赋是发挥理性能动性的前提，不过他们相信，归根结底，理性而不是情感居于首要地位。如罗尔斯谈及负罪感、羞耻感等情感，但却把它们建立在关乎道德正确、卓越等道德判断或观念基础上，亦即说，相对于理性而言，道德情感处于附属地位。

事实上，日常生活中不乏忽视或轻视情感的例子。在理性主义仍然有广泛影响的西方学界，纳斯鲍姆致力于研究情感的做法曾一度不被师友看好——当知道她打算研究爱的情感时，一位教授半带揶揄地说："研究'爱'？看来她陷入爱河了！"而对恐惧这一情感问题的探究恰恰体现了纳斯鲍姆对理性主义传统的清算。

在多部论著中，纳斯鲍姆一再强调，恐惧在大多数情况下具有认知性评价的特质，体现对福祉（well-being）的理解。通常而言，行为主体对善恶利害等关乎福祉的问题有基本认识或判断。福祉表明了行为主体在乎什么，害怕失去什么。心怀恐惧的人往往觉察到危险正在逼近，意识到即将发生的事情将带来不良后果，威胁或减损其福祉，与此同时自身却没有能力阻止它发生或避开它。基于此，恐惧的智性维度至少体现在以下几方面：什么事情是好的或良善的，哪些因素真正威胁其福祉，是否无法阻止威胁的发生或进行有效规避等。比方说，见到草丛中有蛇状物体而心生畏惧暗示，行为主体认为生命安全是重要的福祉，毒蛇对生命安全构成威胁，迅速发起攻击的蛇让人无从躲避，等等。由此，恐惧油然而生。类似的认知体现行为主体对外部世界的评价，并以情感的方式加以表现。

恐惧蕴含认知性内容，因此可接受合理与否的判定。假如对福祉的理解无可反驳，相关结论依据准确的信息，危险没有被放大或刻意歪曲，不存在歧视或侮辱成分，那么在此基础上感受到的恐惧可被看作是"理性的"（*The New Religious Intolerance: Overcoming the Politics of Fear in an Anxious Age*，Martha Nussbaum，2012，pp.40-43）。相反，诸如狭隘地把自己所属群体或阶层的福祉等同于社会福祉，忘记他人的贡献，又或是在什么东西真正威胁福祉问题上判断有误，高估或低估威胁，由此引发的恐惧便缺乏正当合理性。

借助古典学的专业背景，辅以神经生理学、道德心理学等领域的前沿成果，纳斯鲍姆否定理想主义者把恐惧简单地等同于非理性或不理性的做法，强调恐惧承载价值指向，包含智性的维度，理应得到充分重视。而恐惧的认知评价性特质也暗示了，在情感和理性之间不存在非此即彼的界限。

二、原生性自恋

对人类而言，恐惧或许是诸多情感类型中最先出现且有可能伴随终生的情感。通过与其他情感的内在关联，恐惧以独特的方式不断地暗示了人的脆弱性，以及人对外部世界的依赖。

试想一下婴儿呱呱坠地时的情景。古罗马诗人卢克莱修以细腻的笔触形象地描绘道，新生儿仿如"从波涛汹涌的海浪中被抛出来的水手"，"光着身子躺在地上，说不出话来，需要各种帮助才能活下去。周围充满了悲伤的哭泣"（18页）。这幅画面呈现出人降生初期体验到的无助感与无力感，部分地说明恐惧是一种具有原生性的情感。

随着认知能力的迅速发展,身体发育相对缓慢的婴儿愈发体会到,温饱等基本需要能否得到满足,取决于外部世界,从而时常"对自身的无能为力感到恐惧,甚至愤懑"(17页)。喂养、拥抱与呵护等并不取决于自身,他处于被动状态,唯一能自控的是尖叫或放声大哭。带有恐惧的叫喊或哭声"记录着动物的脆弱性和我们对外部事物的依赖与依附"(20页)。即便年岁的增长也未能减少人对外界的依赖,相反,成年人或主动建构相互间的依赖关系,或被动"卷"进各种关系网。当然,后者体现的脆弱性在一定程度上已超出纳斯鲍姆关注的范畴,确切来讲,她所专注的是那些与人必须具备的基本能力相应的脆弱性,关乎饥饿、贫穷或性暴力等人不应遭遇的状态。

原生性的恐惧本质上是极度自恋的。它"驱走了所有关乎他人的想法",是一种"幼稚的唯我主义"情感,就像婴儿把所有关注点都集中在自己身上,全然不顾周围的人是否忙于其他要紧的事。向内聚焦的恐惧令人把注意力缩小到自己关注的圈子范围内,并极有可能使自身与他人的关系进入君主统治状态。"当感觉到害怕与无能为力时,人们会紧紧握住控制权不放。他们等不及看事情如何发展下去,急于让别人按照他们的意愿做事。"(7页)这时,他们往往表现得跟君主一样,企图让别人顺从、臣服。纳斯鲍姆认为,正是意识到"人的生命不是以民主的形式而是以君主制的方式展开的",卢梭力图通过教育来培育公民的利他动机,而这或许也能解释为什么他会抛弃自己的子女。显然,恐惧蕴含的自恋倾向及处世之道与民主意识的孕育背道而驰。

更有甚者,纳斯鲍姆注意到,体现自恋的恐惧会蚕食同情,构成愤怒、厌恶和嫉妒等情感的诱因或催化剂。同情意味着关心正发生在他人身上的事情。遗憾的是,专注于自身福祉的恐惧收回了原本投向他人的目光,他人的利益变得不再重要,同情也就无从谈起。

另一方面，恐惧也容易激起不合宜的愤怒、厌恶和嫉妒等。恐惧是报复性愤怒的必要前提，同时也是其帮凶。它使人在尚未找到问题根源的情况下已开始愤怒，急于责罚他人，一心想着要报复，而不是冷静周详地分析问题。如，面对经济领域中复杂且原因几乎不为人知的问题，恐惧通常让人把错误归咎于他人，"采取追捕女巫式的行动，而不是停下来把问题搞清楚"（68页）。就恐惧与厌恶而言，纳斯鲍姆区分了原初性厌恶和投射性厌恶。前者表现为针对身体排泄物和其他体液产生的"恶心"反应，同时那些黏糊、有味道、污秽的动物也会让人意欲躲避或拒绝接触；后者是前者的扩大化和复杂化，表现为把恶心反应投射到弱势群体身上，认为他们应当处于从属地位。当恐惧与原初性厌恶相结合时，它不再是一般意义上的恐惧，而是一定程度上涉及害怕衰老或死亡的深层恐惧，一种通过符号而不仅仅是基于感官属性发挥作用的恐惧，反映厌恶者不愿意接纳自身的动物性并试图把它隐藏起来。一旦厌恶的对象扩大到特定群体便导致投射性厌恶，心生厌恶者误以为通过排斥就可以避免被污染。同样，恐惧也会让人倾向于在无助时把不尽如意的结果归咎于他人，把责任推到那些容易被妖魔化的群体身上。"当恐惧足够强大的时候，各种群体都容易成为嫉妒的熔炉。"（109页）

把恐惧与其他情感关联起来研究的做法，体现出纳斯鲍姆对前期作品的修正。在《从厌恶到同情》《愤怒与宽恕》等作品中，她习惯于以相对独立的方式分门别类地研究各种情感。但随着研究的深入，她逐渐认识到不同情感之间不可分割的重要关联，并且意识到"不管是从根本上还是就因果关系而言，恐惧都是首要因素"（8页）。因此，《论恐惧》用三个章节重点论述恐惧在何种意义上使其他情感变得"有毒"，并集中围绕厌女症问题分析恐惧如何具体影响嫉妒和厌恶等，以此凸显恐惧之于其他情感的根本性和支撑性作用。

如同人无法逃避死亡那样，对死亡的恐惧也将伴随终生。然而，对死亡的恐惧不一定是其他恐惧的源泉，不朽并不会驱散恐惧。确切来说，人的脆弱性本身才是恐惧的来源，死亡只是脆弱性的其中一个方面。恐惧归根结底源于对自身动物性和脆弱性的漠视、逃避或掩盖。裹挟着其他不合宜情感的恐惧具压倒性的力量，对日常生活产生持续且深远的影响。

三、生活的多面向

既然恐惧是一种自恋的情感，容易让人产生寻找替罪羊的念头，幻想要报复他人，嫉妒那些幸运儿，那么，应否根除恐惧、享受心灵的安宁呢？

对此，强调勿受外物羁绊的斯多葛主义者给出肯定答案。"幸福生活就是拥有一颗独立、高尚、无畏且不可动摇的心灵，远离恐惧与欲望"，而"幸福之人就是多亏理性的天赋而摆脱了欲望和恐惧的人"(《论幸福生活》，[古罗马]塞涅卡著，覃学岚译，译林出版社二〇一五年版，104—105页)。换言之，应当放弃那些受外界影响并超出自身控制范围的福祉，专注于理性和意志，用理性战胜眼泪。唯此，人才能无所畏惧，才能无损道德品格。

然而，一些研究者认为，恐惧在现实生活中具有功用性价值，有助于规避危险和保障安全，甚至有助于维系公平正义。日常生活中，对死亡的恐惧让我们饮食上更注意营养搭配，注重运动健康，遵守交通规则等。在法学领域，法律的制定也需要参考人们对什么感到恐惧。如，宪法理论家、前欧盟宪法法院法官萨友就从宪法学的角度指出，担心公共权力损坏自身利益的恐惧推动立法，保护基本权利。同时，英美刑法沿用的"合理恐惧"理论在一定程度上也确认了，害怕死亡或担心身体遭受严重伤害是采取自卫的合法动机。对遭受不公正对待的恐惧，以及害怕受到责罚等，构成制度建设与执行的必要保障。

更根本的，缺乏恐惧等情感的生活会是怎样的呢？在斯密看来，斯多葛主义者关于根除情感的主张必定割断维系家庭及共同体的纽带。对此，纳斯鲍姆有切身体会。她多次谈及自己在母亲临终前仍旧坚持工作的情景——按原计划在都柏林三一学院做讲座，继而开始写两周后在芝加哥大学法学院的讲座讲稿，在第二天回程的飞机上继续写作。出奇的镇定和冷静让她开始产生怀疑：高效工作是否意味着自己不爱母亲，是一个冷酷无情的人？为此，她感到困惑不解。想象一下，面对母亲的突然离世却毫不悲伤的子女、受到不公正对待竟无一丝愤怒的公民、不畏惧法律惩戒的犯罪分子……不难想象，摆脱情感困扰的人将失去生命中弥足珍贵的财富，公民失去联结彼此的重要纽带，而社会也会失去捍卫公平正义的最后一道防线。

冷静并不意味着缺乏情感，不害怕死亡不等同于无所畏惧。当接受《纽约客》采访时，纳斯鲍姆解释道，面对至亲的离世，她无法像斯多葛主义者所说的那样控制悲伤，她高效的工作不代表冷酷无情，一些可能被视作冷酷且缺乏爱的做法有时实质上也是一种爱，即接受而非逃避人之复杂和混乱的本性。从人之脆弱性的角度，诉诸可普遍化的方式，纳斯鲍姆再一次具有说服力地论证了恐惧等情感的意义。

就像无法否认酸甜苦辣中"苦"的价值一样，否定恐惧等情感必然导致生活质量的下降与处境的恶化。虽然与外因相比，内因更具根本性，但这并不意味着外因无足轻重。实际上，要像斯多葛主义者所推崇的那样有能力成为品德高尚的人、好朋友、好公民，就不应忽视外在的得失。为了避免受到痛苦的打击而否定外部世界的做法，"取消了太多东西，没有留下对家庭和国家的爱，没有什么东西让生活真正有意义"（154页）。

"如果我们只是理智的，那么我们确实就是穷人。"纳斯鲍姆赞同精神分析师温尼科特（Donald Winnicott）的这一看法。虽然恐惧具有自恋的本质，揭示了人的脆弱性，但它同时又肯定了生活本身，彰显出生活的丰富多姿。实际上，恐惧和爱就像是一枚硬币的两面，正因为有爱，所以害怕失去所爱的，而根除恐惧就意味着要消解爱。

四、希望的校正

尽管承认恐惧之于生活的意义，但其自恋的本质使纳斯鲍姆始终保持高度警惕。正是对社会的道德关切让她没有盲目否定恐惧，也没有不加审视地乐观接纳，而是主张以合宜的情感校正恐惧，把它限定在恰当范围内，使之无碍于社会团结与协作。

虽然原生性恐惧或许是最先出现且伴随终生的情感，但并非不可限制。温尼科特的实验结果表明，孩童在感受他人关心关爱的基础上有能力逐步克服不必要的恐惧。通过提供"具有促进性的环境"，以游戏互动的方式，他们有可能确立对他人的信任，提升安全感。进一步地，他们能够体会人际关系中互惠的必要性，更愿意与他人合作。易言之，如果家庭能创设出具促进性的环境，那么孩童便能发展出关心互惠的能力，真正开启道德生活。假如把视域从家庭延伸至社会，那么具有促进性的环境包括但不局限于下述条件：置身其中的人可享受基本的自由，没有遭遇暴力，远离种族迫害和恐怖事件，拥有足够的食物，享受基本的医疗服务。

那么，社会如何营造有助于消除不必要恐惧与保护民主互惠的环境呢？纳斯鲍姆提供了一些可普遍化的实践策略。如，发挥诗歌、小说、舞蹈表演、雕塑等的正面作用，以善于表达丰富情感的艺术作品，帮助人们借助身体的接触、思想的交流、情感的交融正视自身的脆弱性，进入一个更具包容性的世界，增进相互间的理解，培育有利于社会团结的情感。就此而言，纳斯鲍姆既是献策者，也是践行者。她不仅学习声乐与表演戏剧，而且在芝加哥大学还开设了两门研讨戏剧和情感的课程。又如，提供必要的公共空间，营造有利于倾听、相互尊重的氛围，鼓励苏格拉底式的对话论辩。再如，探讨与反思正义社会的图景，推行有助于消除种族和阶层隔阂、增强公共意识的强制性青年服务计划，由此确立融洽团结的社会关系，鼓励人们把目光投向未来，而不是相互指责。

具体的实践策略背后隐含了纳斯鲍姆坚守的信念，即以希望引导恐惧。希望和恐惧是两种方向相反的情感。斯多葛主义者曾把希望形容为趋于"膨胀""上升"——心中充满爱的人能够想象他人的感受，允许对方过独立的、非奴役的生活；相比之下，恐惧体现为向内聚拢收缩，漠视并试图奴役他人。相异的两种情感调动人采用不同的行为方式。"这很糟糕，我很痛苦。""这可能将是一团糟！"类似的说法及其表达的情感让人把关注点集中在那些未如所愿的事情上，害怕面对未来。而"这真是太棒了！""这真的太美妙了！"等说法则让人面向未来，敢于与乐于追求好事情，充满希望地迎接新生活。因此，在纳斯鲍姆那里，究竟以恐惧抑或希望看待未来有着根本区别。

为什么希望能够引导恐惧？这是因为两者具有"表亲"关系。虽然希望表达了对值得追求之美好事物的欲求和渴望，但同时也暗示了一种难以企及目标的无能为力。确切地说，希望不依赖于对可能性的评估，亦即说，并不是因为确信某事会发生，我们才抱有希望，相反，随着事情发生的概率越高，希望反而开始变得多余，此时呈现出来的是令人愉快的期望，而不是与确定性缺乏必然关联的希望。可见，希望与恐惧有相似之处，凸显对外部世界的依赖，反映诸多不确定性要素的影响，体现对行为结果的关注与评估，折射出人的脆弱性和无力感。

希望和恐惧相反相成，犹如旋转开关的两个方向。其间，意志和信念发挥关键性作用。面对自身的脆弱性和外界的不确定性，究竟应当怀抱希望,抑或在恐惧中愤懑、沉溺于责骂与报复,这不仅仅要求个体做出抉择,同时也需要社会明确回应。个体和社会都难以达致完美,同样,追求完美的哲学也注定无法捕捉到世界的多面性和丰富性。婚姻、工作、友谊常常好坏参半。关键问题就在于,我们如何面对与应对?这取决于情感的焦点在哪里,取决于愿意把旋转开关拧向哪一边。

纳斯鲍姆坦言,撰写《论恐惧》之时,美国正被恐惧笼罩。充满恐惧的美国人并不是冷静地反思问题并积极寻求解决方法,而是耽于咄咄逼人的相互谴责,难以为了更美好的未来而相互合作。纳斯鲍姆认为,在这种处境下,结构性的解决方案虽然必要但不充分。如果缺乏对美好事物的热爱、对未来心怀希望,没有跟腐蚀性力量做斗争的决心,就无法真正解决问题。因此,更可取的做法并不是像塞涅卡说的那样,"如果不抱有希望,你将不再害怕",而是"在让人感到害怕的地方,你依然有所期盼"。

(《论恐惧》,[美]玛莎·纳斯鲍姆著,谢惠媛译,北京师范大学出版社二〇二一年版)

《朱枫传》[新版]

冯亦同 著 定价:69.00元

烈士血染新中华,枫叶红于二月花。
——张爱萍将军为朱枫题词

一位民国新女性投身新知书店的心路历程
一位红色女特工革命潜伏工作的慷慨悲歌

生活·读书·新知三联书店新刊

黄 博

古格的黄昏

在中国西南边疆，西藏阿里地区曾经存在过一个历时六百多年的古格王朝，在中原王朝的时间坐标中，它历经了宋、元、明三代，至明末因突然亡国而消逝于浩如烟海的西藏史籍之中。如今世人仍能在阿里各地发现众多废弃的古格城堡遗迹，在荒无人烟的崖穴中凝视着古格人留下的一幅幅精美绝伦的壁画，发怀古之思。古格的灭亡，一向以神秘著称，然而世界上没有真正神秘的东西，如果有，只是我们还没有洞悉其情罢了。

一

藏文史籍，特别是经典藏文史籍中几乎看不到有关古格亡国的相关内容。因为后弘期以来形成的大部分藏文经典史籍都完成于古格亡国之前。如著名的《布敦佛教史》《红史》《雅隆尊者教法史》《西藏王统记》等，都成书于十四世纪；《青史》《汉藏史集》《新红史》《贤者喜宴》等书则主要写成于十五、十六世纪。换言之，当古格亡国之时，后世对于西藏历史的了解所主要依靠的那些基本史籍都已经完成，自然无法在书中述说古格的灭亡。而与古格的灭亡在经典藏文史籍中几近失语不同，古格的开端，也是西藏后弘期历史的开始，从古格走出来的大译师仁钦桑波，由古格王室迎请、奠定后弘期藏传佛教的基本面貌的阿底峡，以及西藏历史上最早的政教合一体制开创者古格王拉喇嘛益西沃,在上述经典藏文史籍中都曾大发异彩。然而古格的历史在经典藏文史籍中有着绚烂的开头,却没有一字的结局,由此古格王朝在西藏地区乃至中国历史中成了少见的有头无尾的"奇葩"存在。

更令人意外的是,灭掉了古格的拉达克,竟然对古格的亡国故事毫无兴趣,藏文史籍《拉达克王统记》中只轻描淡写地说,其王森格南杰在位时,"派出军队前往古格,废黜了主君大王(指古格王),拿下了古格的扎布让和罗隆"。简略得无法确定被其所灭的古格王朝到底终结于何年。常见的藏文史籍中只有《格鲁派教法史——黄琉璃》对古格的亡国有非常隐晦的叙述,书中说在拉尊洛桑益西沃担任古格托林寺的堪布之时,迎请了四世班禅洛桑却吉坚赞前来古格传布正法,班禅大师返回后,拉尊洛桑益西沃又做了十二年的堪布。其后,拉尊洛桑益西沃和古格王扎西扎巴都"不由自主"地被拉达克王森格南杰"请"去了拉达克,于是森格南杰统治了古格。

《黄琉璃》对古格亡国的记述虽然语焉不详,但却给出了有关古格亡国的重要的时间节点。按其文意,可以判定,四世班禅在托林寺传法后,古格王朝还存续了十二年。而藏文史籍《四世班禅传》则明确记载了班禅大师是在一六一八年(土马年)前往古格的,当年五月班禅一行抵达托林寺,升座说法。至九月,班禅大师一行离开古格返回后藏。据此可以推算出古格亡国的时间当在一六三〇年左右。当然,藏文文献中也不是没有古格亡国时间的准确记载,如《达仓热巴传》中就有古格亡国的许多细节,书中写道:铁马年(即一六三〇年)时,古格属下的曲木底地方的首领犯上作乱,将古格的农区和牧区的所有地方都敬献给了拉达克王森格南杰,拉达克出兵围攻扎布让的王宫,国王和王子出降,被送往拉达克软禁了起来。可惜,此书在藏文文献中既非经典,又不易见,更不好读。传主达仓热巴·阿旺嘉措本人在藏传佛教高僧群体中的知名度和重要性,也远没到众所周知的地步。他是一六二〇至一六五〇年活跃于拉达克的主巴派高僧，长期担任拉达克王森格南杰的上师，尽管他亲身参与并亲眼见证了古格的灭亡，但我们听得最多的有关古格的末日故事却不是从他这里得来的。

过去几百年来，世人所依赖的古格亡国的见证者是古格末年在其王城扎布让一带传教的天主教徒。他们对古格亡国的观察，大多收录在威塞尔斯《早期耶稣会士旅行家在中亚：一六〇三至一七二一》（*Early Jesuit Travellers in Central Asia, 1603-1721*）和托斯卡诺《西藏最早的天主教传教会》（*La Prima Missione Cattolica nel Tibet*）二书中，常见的古格亡国的故事，即是葡萄牙人、耶稣会士安夺德（Antonio de Andrade）在一六三三年二月十四日于印度的果阿写给耶稣会总会的一封信中讲述的。在这封信中安夺德透露了他在一六三〇年初从扎布让返回果阿后不久，古格王就身患重病，与国王不和的古格僧人集团趁机发动暴动，并勾结拉达克军队围攻古格王城扎布让，最终迫使古格王出城投降，古格王朝终于一朝倾覆。尽管信中对古格亡国的描述相当绘声绘色，但安夺德其时并不在古格，直到一六三一年二月间他才听说古格发生了暴乱。于是他委派另一位神父阿则维多（Francisco de Azevedo）前往古格打探情况，阿则维多一行在一六三一年八月二十五日到达扎布让，据阿则维多的报告，这时古格不但已经亡国，而且拉达克在扎布让的统治已经稳定下来，所以安夺德和阿则维多都没有亲身经历古格的灭亡，他们关于古格亡国的描写都是事后的道听途说。

传教士们的笔下，古格的灭亡令人唏嘘不已。据安夺德在信中所述，拉达克军队在围困古格王城之后，由于王城依托扎布让的山崖峭壁而建，是一座相当易守难攻并适宜长期坚守的城堡，拉达克军队一度受挫于坚城之下，围攻了王城一个月却毫无进展，围城部队因为冬季即将来临，畏于阿里高原的严寒，不得不退兵，这时古格的僧人集团积极促成了双方议和，古格王需开城纳贡，拉达克在得到贡品，确认古格的臣服后撤兵。古格王竟答应了这一和平协议，离开山顶的王宫城堡，走出来向拉达克敬献贡品，结果国王下山后，立即被拉达克军队抓获，押送去了拉达克的首府列城，失去王室领导的古格军队在坚持抵抗了一会儿后就迅速崩溃，不久古格全境都被拉达克占领。阿则维多对古格王弃城外出的行为非常不解，他认为古格在完全可以做到长期坚守的情况下，不应该主动放弃抵抗，去跟拉达克人议和，更不应该答应拉达克的要求离开城堡去缴纳贡品，以致中了拉达克人的圈套。拉达克的胜利采用的是相当不光彩的卑鄙伎俩，连阿则维多都直斥拉达克先诱和，然后再背约的行为太过"背信弃义"。不过比替古格王的悲剧命运惋惜更有意义的是，古格王为什么会在两军相持不下之际做出如此奇怪的"谜之操作"呢？

二

安夺德在书信中有意无意地暗示拉达克与古格虽同出阿里王系，却长期不和。其中最具有传奇性的故事是双方交恶的过程中"结亲不成反结仇"的经典桥段：十八年前古格王与拉达克公主缔结了婚约，当古格的新王后（拉达克王的姐姐）在去跟她丈夫成亲的路上，离扎布让只有两天路程的时候，古格王突然下令不准她再往前走，命她返回拉达克。安夺德虽然不知道古格王的动机是什么，却很肯定地说，这次事件是古格亡国的主要原因。因为拉达克立即发动了战争，这场战争断断续续地持续了十八年，使得古格的农业和矿业生产都无法进行，古格渐渐陷入了贫困之中。安夺德的这封信写于一六三三年，上推十八年的话，古格与拉达克这次失败的联姻应该发生于一六一五年。

安夺德讲的这个故事，暗示了古格的悲剧有着某种咎由自取的宿命，大大增加了古格亡国的戏剧性，但也夸大了局势的严重性。显然，双方紧张关系导致的边境上断断续续的冲突，并没有给古格带来"灭国"的压力，这时的古格人绝不会想到自己已经到了毁灭的前夜，因为所谓的双方"开战"三年后的一六一八年，据《四世班禅传》的记载，古格举国上下还精心安排了四世班禅的到访，古格人都沉浸在对班禅大师的隆重接待中，班禅驻锡古格期间，拉达克王室和僧俗大众也都派人前来参拜，并邀请班禅顺道也去一下拉达克。在四世班禅到访古格的经历中，完全看不出来拉达克与古格之间正在"生死相拼"。

由于拥有共同的历史渊源，又毗邻而居，拉达克与古格的关系一直"相爱相杀"多年。双方既同气连枝，又经常兵戎相见，特别是在对方发生内乱时进行军事干涉，但其目的并不是要吞并对方，而是为了保持地区的稳定，因而双方即便是在交战中，也绝不是那种"你死我活"的敌对关系。如《阿里王统记》记载，土兔年（一三九九年），拉达克的玛域王赤赞德由于横征暴敛，引起民怨，两大诸侯列叶觉卧拉尊（列叶可能就是列城）和谢叶瓦（其统治中心可能就在拉达克的早期王城谢城附近）联手发动叛乱，赤赞德退守徐域（即古格西北部与拉达克接壤的纯牧区——茹宿）。这时古格国王南杰德出兵击败了拉达克的叛军，在古格的扶持下，赤德赞恢复了对拉达克全境的统治。另一方面，当拉达克强大起来之后，也会对古格进行军事征服，但也不会"灭亡"古格，如《拉达克王统记》记载，其王才旺南杰在位期间（约一五七五至 五九五年间在位），曾遣军攻占古格和日土诸地，但战后古格并没有被拉达克"吞并"，只需向拉达克缴纳重税即可。所以当拉达克军队围攻古格王城不下之际，古格王最后同意请降议和，也在情理之中，阿则维多的报告《从阿格拉到西藏》中提到，古格王接受的出降议和的条件是：古格只需要每年给拉达克进贡表示臣服，至于古格王本人，可以继续留在古格。只是拉达克要求，

105

为了显示古格的诚意，古格王必须亲自出城敬献贡物。这意味着从此古格虽然会成为拉达克的附庸，但古格仍然可以保留内政自主，特别是古格的王统不会中绝。只是这一次，拉达克背弃了几百年来吐蕃王朝后裔政权相互之间"兴灭继绝"的传统，这对古格而言确实是始料未及的。

三

如此胜之不武，拉达克何以"堕落"至此呢？在灭亡古格前的几十年中，拉达克经历了一波又一波军事灾难的磨砺。彼时拉达克的西边和北边都已经全面伊斯兰化，从一五三〇到一五六〇年的三十年间，仅著名的《赖世德史》的作者米尔咱·海答儿就参与了多次对拉达克的袭击和侵扰。一五三二年，当时还在喀什噶尔的赛德·汗帐下效命的米尔咱·海答儿随军攻入了拉达克，在"圣战"热情的鼓动下，战况异常激烈。在围攻拉达克北境努不拉的守将布尔·喀巴时，他写道："伊斯兰的鹰爪抓住了异教徒之手，将其击走。他们弃城仓皇逃窜，穆斯林军追之，至于绝境，把这些迷惘的异教徒全歼，无一逃脱。布尔·喀巴及其部属全部被杀，他们的首级被堆成高塔。——异教徒的脑浆喷射如同烟雾，直冲云霄。"

最受重创的一次大约发生在一六〇〇年前后，拉达克遭到巴尔蒂的穆斯林统治者斯卡都"马本"（意为将军）阿里·米儿的重创，《拉达克王统记》甚至认为这时的拉达克开始进入衰落期——"衰败期来临了，王政破败了"，阿里·米儿的军队用计将拉达克王绛央南杰率领的军队主力诱困在冬季的大山之中，并切断了拉达克主力部队的退路，拉达克军的主力可能被聚歼于山中。巴尔蒂军队把拉达克的佛教经书或用火烧，或投于水中，还捣毁了拉达克的佛教寺院，拉达克王绛央南杰及其贵族大臣被迫向巴尔蒂人投降，投降后他们被巴尔蒂军队押回了斯卡都，绛央南杰遭到了软禁，其属臣则被收监囚禁。这时的拉达克几近亡国。但巴尔蒂的穆斯林统治者似乎并没有直接管治拉达克的兴趣，阿里·米儿在对绛央南杰进行一番"改造"之后，竟然释放了他。

拉达克人自己的历史叙事中，把这次"改造"的过程浪漫化为落难国王和天真公主之间的一场爱情故事。《拉达克王统记》记载，阿里·米儿的一个女儿在绛央南杰被软禁期间经常去照顾这位落难的国王，结果这位斯卡都的公主竟然与之日久生情，不但私订终身，甚至珠胎暗结。阿里·米儿在发现女儿怀孕后，只得把女儿许配给了绛央南杰，然后让他们一起返回了拉达克，重登王座。这位公主后来成为拉达克最有权势的王后"杰可敦"。阿里·米儿在为二人举办的婚宴上说："昨天在梦中，我看到一头狮子从王宫前的小湖中跃出，进入了杰可敦的体内。就在同一时间，她怀里拥有了生命，此女必定会生下一个儿子，给他取名为森格南杰吧！"这位穆斯林公主的儿子正是后来的拉达克王森格南杰，而这个"狮跃入胎"的故事则预示着未来的拉达克将非复从前。

拉达克在与喀什噶尔、巴尔蒂和克什米尔等穆斯林的频繁而激烈的战斗中，锻炼了军事能力，特别是要在穆斯林入侵的大乱之后稳定局势的拉达克王，必须有突出的军事才能方能稳定政局，这就不可避免地使得这一时期能够脱颖而出者自然走上军事扩张的道路，渐渐突破了阿里王系的政治文化传统。这一点从穆斯林入侵之后的拉达克王的上位过程中就能看得出来，这些拉达克王有一个共同特点，即都是"篡位者"——这意味着拉达克的王政，从"正统政治"滑向了"强人政治"，只有竞争中的强者才能成为拉达克的新君。森格南杰正是在拉达克政治传统突变中成长起来的一代英主，与以往的军事干预不同，森格南杰的军事扩张都具有"兼并战争"的性质，从这个意义上来讲，古格最后"中计"猝亡，正是因为还没有适应已经进入了兼并时代的拉达克。

事实上，古格并非其时拉达克军事扩张的唯一"受害者"，森格南杰此后还兼并了另一个兄弟之邦桑噶尔。桑噶尔灭亡的过程跟古格高度相似。桑噶尔的灭亡表面上也是起源于一场失败的联姻，藏文文献《德钦寺二世雍增活佛自传》记载，森格南杰将他的姐姐杰宗嫁给了桑噶尔王卓吉杰波。然而不久之后，桑噶尔王与王后"反目成仇"，他在与王后争吵后逃亡到巴尔丹寺，而王后则占据了桑噶尔的首府帕登，卓吉杰波在外借兵反攻，企图夺回王城，但王后凭城待援，最后拉达克大军赶到，攻陷巴尔丹寺，桑噶尔王在寺院陷落前逃走，从此亡命天涯。桑噶尔被并入拉达克，时间大概是在一六三八年——古格亡国后的第八年。

四

古格亡国十二年后，清代西藏地方政府甘丹颇章政权建立，自吐蕃王朝崩溃以后西藏内部的分治割据局面逐渐得以终结；古格亡国五十年后，甘丹颇章政权出兵击败拉达克收复古格故地。《颇罗鼐传》记载，当时甘丹颇章政权还对古格王子进行过册封，"因广寒药乡之天七墀、中二顶、地六勒、八德、五赞等三怙主幻化的历代神圣藏王，与拉达克王臣结下怨仇，所以不再相认祖先。为了明确王子洛桑白玛是西藏的近亲，加以抚慰，赐千余户，封为王。这样，就在阿里翦除了反叛的部落，使之迷途知返，走上正道"。但这一封赏实际上有名无实，古格王子终于还是没能回到扎布让的王城，再践大位。甘丹颇章政权收复古格故地后，立即就将卫藏地区的宗豁制度引入阿里地区，建置了日土、扎布让、达巴和普兰四宗。宗豁制的引入，对古格故地有着润物无声的影响，甘丹颇章政权在各宗采用流官制度，将古格故地的行政管理权集中于拉萨贵族之手，经过宗豁的设置，甘丹颇章政权在阿里的基层地方行政体制基本确立了下来。宗豁制在阿里的推广，使古格故地与卫藏地区渐渐联为一体。可以说,古格后来既消失了,又并没有消失,"它"只不过是在清代西藏地方政府的治理之下,与卫藏地区越来越像,从而"泯然众人"而已。

古格是吐蕃王朝最重要的政治遗产,它的结局也意味着世俗君主体制在西藏已是明日黄花。古格的灭亡并不只是一个王朝的末路,而是一个旧时代的终结。古格的神秘,大概正缘于它与此后三百年西藏社会的那种在时代上的疏离感,过去的辉煌在不被理解中为世人所遗忘。此后的西藏史籍中,寺院掩蔽了城堡,活佛替换下君王,西藏社会与世俗政治从此渐行渐远。十七世纪初,随着贡塘王朝的覆灭,吐蕃赞普后裔建立的各大王系已日益式微,古格与拉达克成为诸王系中硕果仅存的两大支柱,但两王相争,无论胜败,其实都不代表西藏历史的新方向。即便古格没有被拉达克所灭,古格的神秘与独特也难以为继。事实上,古格与卫藏地区的一体化进程,早已根深叶茂,拉达克吞并古格的插曲,也无法改变这一历史进程。古格亡国前夕,四世班禅的到访,已预示着古格的命运终将与整个西藏的前途休戚与共。格鲁派和甘丹颇章政权的出现,是西藏政治文化传统的重大转折。此前,藏传佛教中某个教派总是与某个地区"捆绑"在一起,教派的"地方化"既是当时西藏政治的显著特点,也是一个重大缺陷。但格鲁派却在教派政治中闯出了一条新路,不再以某个特定地区为基础形成教派的核心竞争力,而是通过遍布各地的寺院和教团组织构建起的全域网络实现对西藏社会的新一轮整合。到古格亡国前,以王城附近的托林寺、洛当寺和哲刀寺为中心,以达巴扎什伦布寺、萨让南杰孜寺为东西两翼的古格格鲁派寺院体系已臻大成,彼时古格的王室成员多是格鲁派的高僧,古格的臣民也都归心于宗喀巴的教法,古格与西藏早已在深层的政治文化结构上连为一体。古格亡于拉达克,或许偶然,但古格最终消融于西藏历史之中,却早已前定。

109

包慧怡

从印度大西岛到鱼眼女神

南印度泰米尔纳德邦的行政首府在金奈（马德拉斯），文化首都却在马杜赖（Madurai），这也是泰米尔纳德邦内城市人口仅次于金奈和哥印拜陀的第三大城。从金奈沿孟加拉湾海岸线一路南下，在建志补罗、默哈伯利布勒姆、吉登伯勒姆、贡伯戈纳姆、坦焦尔等地的世遗建筑群考察一周多后，我和谢老师终于来到这座位于泰米尔纳德邦腹地、素有"永不沉睡之城"美名的神庙城。早在公元前三世纪，古希腊史家麦格斯悌尼（Megasthenes）就曾在《印度志》（Indica）中提到它的存在，称之为"梅朵拉"（Methora），麦氏当时是塞琉古一世派往孔雀王朝的希腊使者。斯特拉波、小普林尼和托勒密也都在作品中提到过这座古城。

在达罗毗荼语系最古老的语言泰米尔语的叙事传统中，马杜赖城的历史远比这些记载更为悠久，最早可追溯到公元前七千年，是南印史上三次"桑加姆"（caṅkam）的集结地。泰米尔语中的caṅkam一词来自梵语词saṅgha，其印欧语系亲族词包括拉丁文动词assimulare（聚会、集合）。"桑加姆"在泰米尔语境中专指南印历史上三次大型学者与诗人集会及其成果，这些集会的圣地在古泰米尔语中被称作"库达尔"（Koodal），也被称作"马杜赖"。我们抵达的这座位于苇盖河畔的城市其实是南印史上的"第三马杜赖"。作为前两次集结地的"第一马杜赖"（相传延续四千四百四十年，涉及五百四十九位泰米尔语诗人）和"第二马杜赖"（相传延续三千七百年，涉及一千七百位泰米尔语诗人）早已随着神秘的库玛丽·坎达姆大陆（Kumari Kandam，泰米尔版本的亚特兰蒂斯）一同沉入了印度洋。今日学者大多不接受这一印度大西岛传说，也不相信历史上真的发生过前两次集结，只普遍接受第三次为泰米尔语文学史上的"桑加姆时期"（Sangam Period）。对桑加姆时期的断代同样众说纷纭，国际上一般认为涵盖公元前一世纪到公元三世纪，印度学者姜景奎（Rakesh Vats）在《印度中世纪文学》中认为它覆盖公元一至五世纪，我国学者张锡麟则在《印度古代文学史》中将它描述为覆盖公元前五世纪至公元二世纪，是泰米尔语文学有信史可考的最初源头。

根据十六世纪泰米尔语湿婆派虔信故事集《神圣嬉戏》（Thiruvilaiyaadal Puraanam）记载，湿婆曾在"第二马杜赖"时期的一次大洪水后应当地国王的恳请下凡，让自己臂上缠绕的大蛇下地蠕动，标记出洪水前马杜赖旧城的边界。国王根据蛇身圈起的土地建立了第三马杜赖，因此这座城市在泰米尔语中又被称作"毒药之口"（Aalavai）或"神圣的毒口"（Thiru Alavai）。传说中当年蛇口与蛇尾交接之处就是今日米娜克希·安曼神庙（Meenakshi Amman Temple）坐落之地的南端，也是定义马杜赖历史的古老地标，在许多人眼中代表南印达罗毗荼神庙艺术的巅峰。从中世纪早期到近代，马杜赖的统治权在朱罗王朝、潘迪亚王朝、穆斯林苏丹国、毗舍耶那伽罗王国、纳亚克王公、英国东印度公司手中击鼓传花，每一任统治者都在米娜克希神庙上留下了自己的独特痕迹。

不过，当我们沿着环绕神庙的步行街走向东塔门，首先映入眼帘的却是簇拥着塔门基座的碧绿的迦昙波树（Kadamba）。迦昙波树即团花树，是一种茜草科团花属的常绿大乔木，原生于南亚次大陆、东南亚及中国南部等热带地区，因成长速度奇快被称作"奇迹树"，在我国也被称作"黄梁木"。马杜赖自建城以来就被迦昙波树林环绕，维柯在《新科学》中写道："人类事物或制度的次第是这样：起先是森林，接着是茅棚，接着是村庄，然后是城市，最后是学院或学校。"两千多年来，米娜克希神庙的营建和扩充也是森林不断让位于文明与城市的过程，今日仍零星生长于神庙各处的迦昙波树也逐渐成了马杜赖的圣树。

圣树崇拜是达罗毗荼神庙文化中一个特别有趣的元素，这些当地树种往往具有丰富的医用特质（榕树、毕钵罗树、苦楝树、阎浮树、木橘树等），并于神庙所在南印城市的建城传说中扮演重要角色，诸如海漆树之于吉登伯勒姆城，仙人掌之于蒂鲁伽梨城（Tirukallil），或芒果树之于建志补罗城（Kanchipuram, 亦称 Tirukachi Ekambam）——在后两个例子中，城市的正名或别名直接来自圣树。作为物种的圣树群中，与神庙关系尤为紧密的那棵古树被称作"纪念之树"，在毗湿奴派神庙中常常栽种于绕行院落中，在湿婆派神庙中更多则位于胎室背后。"纪念之树"在那里被看作神庙奠基史的一部分，与中央神像或林伽一起接受信徒的觐见和普祭。当纪念之树死去，人们会在原地重新栽种一棵，将它看作前一棵的转世和延续，此前我们在建志补罗的芒果树神庙中看到的神圣芒果树据说已有三千五百岁高龄。梵语文献中的《莲花往世书》（*Padma Purana*）和《鱼往世书》（*Mastya Purana*），泰米尔语桑加姆文献中的《外四百咏》（*Purananuru*）和《内四百咏》（*Akananuru*），以及七至九世纪泰米尔语虔诚派诗人安帕尔、孙德拉尔和玛尼卡瓦查尔的作品中都有对神庙圣树的生动描绘。

米娜克希神庙共有十四座山形塔门（gopura，音译瞿布罗），其中八座内塔门大多是十六世纪纳亚克时期的作品，东南西北四座宏伟的外塔门中最高的是南塔门（约五十一米），最古老的是完工于十二至十三世纪潘迪亚时期的东塔门。由于南印历史上从未有过一统天下的中央政权，各地王朝更替频繁且常有疆域重叠，把前朝神庙建得更华丽成了君王宣示礼仪主权的直接方法。代表了达罗毗荼神庙筑造工艺巅峰

米娜克希神庙南塔门

的朱罗王朝覆灭后，后继的潘迪亚、毗舍耶那伽罗和纳亚克王公们自知无法在美学上超越前者，开始在院墙外穷奢极欲地建起越来越高的塔门：他们命建筑师在长方形基座上堆叠七层或更多层角锥楼，饰以南印洛可可风的灰泥彩塑群，每一寸可填充神像的地方都被填满，放不下神像的地方也要见缝插针地嵌入国王或赞助人自己的造像。结果一些外塔门的高度甚至超过了中央主塔维摩纳（vimana），可谓本末倒置；急功近利之下，角锥楼上密密麻麻的雕塑质量参差不齐，用色弹眼落睛，也是常有之事。相较之下，米娜克希神庙塔门的优美恢弘就十分醒目了，东塔门上虽然也密集镶嵌了一千一百余座神像，然而整体风格和谐，配色清简（以南印标准而言），从远处看尤为赏心悦目。香客进入神庙觐见诸神通常是走东门，并在那里寄存随身行李和手机（神庙内部严禁拍照）。我们抵达时恰逢泰米尔纳德邦特有的"神庙午休"——一般是大气最炎热的下午两点到四点，到了东塔门口发现这儿的规矩是中午十二点半到下午四点——只好顶着烈日围绕神庙转圈，并在西塔门附近被一个克什米尔商人拉进他的地毯店。"不买没关系，我家天台可以俯瞰神庙全景！"俯瞰显然是夸张了，但从露台

113

被迦昙波树簇拥的米娜克希神庙

的确可以看见碧森森的迦昙波树冠中高低错落的瞿布罗，还有仿佛从角锥楼顶擦身而过的滚滚白云。

米娜克希神庙和南印多数湿婆派中世纪神庙一样具有双胎室结构。与众不同的是，女神米娜克希的至圣所占据了地位更显赫的南部，夫君湿婆的胎室（garbhgriha）则位于中央偏北的配殿。米娜克希（Meenakshi）的泰米尔语词义是"鱼眼"，在泰米尔语诗歌传统中形容最美的眼睛，她的别号安迦雅卡妮（Angayarkanni）同样意为"美丽的鱼眼"。米娜克希被湿婆派信徒看作主母雪山女神帕尔瓦蒂（Parvati）的转世，由于鱼没有眼睑，"鱼眼"也被看作永不合眼地守护众生的女神，其生平传奇在梵语文献（如八世纪梵语颂诗《米娜克希的五件珠宝》）和泰米尔语文献（如上述《神圣嬉戏》）中都有记载。其中最流行的版本也是米娜克希神庙的奠基传说：潘迪亚国王马拉雅德维迦与王后甘查娜玛莱婚后一直无嗣，于是向天神进行了一场盛大的求子祭，结果祭火中走出一位芳龄三岁的公主；这位公主虽然美丽异常，却生有三个乳房，令原先期待一位王子的国王夫妇十分烦恼；此时云中传来神谕之声："你们要像男孩一样养育这个女孩，让她成为马杜赖的女王，当她遇见命定之人，第三乳会自动消失。"国王夫妇于是给女儿取名为"塔达萨迦"（Thadaathagai，泰米尔语"在一切方面都不同"），成年后的米娜克希·塔达萨迦果然勇武无双，不仅恪尽职责保卫故乡，还作为女战神征服了三界，所向披靡，甚至直接登上吉罗娑山向湿婆大天（Mahadeva）本人挑战。在见到湿婆的瞬间，不可一世的女神突然感到羞赧，并发现自己中间的乳房骤然消失；原来鱼眼女神的命定之人就是湿婆，而自我、幻觉和傲慢（由多余的第三乳所象征的"中央之罪"）会在觐见大天的瞬间烟消云散。

就这样，桀骜不羁的潘迪亚公主嫁给了神谕中的心上人——确切地说是主神湿婆作为"俊美之主"（Sundareswarar）下凡入赘了潘迪亚王室——这个南印版《驯悍记》故事从此作为婚姻伦理训诫的一部分流传开来：如果连大天和大女神的婚事都要经过如此考验，凡人有什么理由不在婚姻中克己忍耐？如一首古老的泰米尔语民歌所唱："伟大的湿婆戴着曼陀罗花／游荡在时空的庭院／一再破坏你的劳作／然后他将在你面前降临／你却永远不会愤怒／只是每日重新捡起容器。"米娜克希的传说也常被看作达罗毗荼本土信仰被吸收入主流印度教三相神（Trimurti）叙事的典例。威廉·哈曼（William

九世纪朱罗朝神庙壁刻中的南面经师相（湿婆坐于榕树下）

Harman)在《印度女神的神圣婚姻》中认为,该传说反映了泰米尔文化圈乃至整个南印地区对母系血统的重视,"精神力量在于女性",女性是社会关系的枢纽。类似地,在印度教性力派(Shaktism)传统中,人们把自然力与原质的人格化称作萨克蒂(Shakti),她是三位一体的大女神提毗(Devi),是战斗女神杜尔伽,也是湿婆的爱侣帕尔瓦蒂,鱼眼女神不过是她的众多化身之一;宇宙之主湿婆的能量需要依靠女神激活,失去萨克蒂—帕尔瓦蒂的湿婆不过是一具宏伟的尸体。

因此,当我们在午休过后终于进入迷宫般的神庙主体,几乎在所有主要的柱厅和围廊中都看见了女神成婚主题的石刻或灰泥雕塑,也就不足为奇。这一主题由于调和了三大宗派(湿婆派、毗湿奴派、性力派)的关系而在泰米尔纳德邦备受青睐,其中尤以"新厅"(Pudhu Mandapam)石柱上的婚礼场景最为栩栩如生:头戴华冠的米娜克希颔首立于两位主神之间,微垂眼帘,从温润的金丝缎岩纹中露出羞怯的笑靥;站在她右侧的兄长毗湿奴手持圣水壶弯腰倾向女神,代表娘家将新娘的手交到立在左侧的湿婆的右手中;毗湿奴与湿婆均为四臂高冠,共同以发髻撑起一道从中央向新娘垂落的婚礼花串,两人微鼓的嘴唇呈现温柔的微笑;所有严饰的细节都纤毫毕见,让人几乎忘了这是坚硬的花岗岩石雕。

不过,整座神庙中最精美的雕像要去闻名遐迩的"千柱厅"中寻找。这间占地六万平方英尺的曼达波(mandapam,泰米尔语"厅堂")由马杜赖第一任纳亚克王公维斯瓦纳达的总管阿里亚纳塔·穆达利(Ariyanaatha Mudali)建于一五六九年,在庞大的米娜克希神庙古建筑群上远远算不上古老。然而,遍布厅内九百八十五根花岗岩石柱上的巨型雅利(Yali,象头狮身兽)和人物雕塑代表了中世纪晚期泰米尔石雕艺术的最高峰。马杜赖自古是南印重要的石材产地,附近采石场中常见的花岗岩纹有印度黑、黑金沙、金丝缎、粉红麻、粉点白麻、绿星石、蓝珍珠等,巨石在柱厅里绽放作千朵繁花,化为惟妙惟肖、动感十足的神话人物戏剧场景：生主达刹战雄贤（湿婆畏怖相）、摩西妮起舞（毗湿奴女相）、湿婆之子穆卢甘骑孔雀出征、爱神之妻罗蒂骑天鹅像、象头神迦内什罕见的十臂起舞像……熟悉史诗《摩诃婆罗多》情节的观者会亲切地看到以下场景：般度五子之一、风神伐由之子怖军手持战锤严阵以待；日神苏利耶之子迦尔纳与同母异父兄弟、天帝因陀罗之子阿周那在两根相对的石柱上对峙，前者正右手高举无敌武器"力宝"欲投未投（只能使用一次，史诗中已被迦尔纳提前用掉，此处的图像学并未严格遵照原作）；阿周那男扮女装成宫女巨苇（Brihannalai）以舞师的身份混入毗罗吒宫廷，为至上公主教授舞艺——石雕上须髯如戟、丰乳纤腰起舞的双性人形象尤其令人忍俊不禁。千柱厅东南角还有一组"音乐石柱"，用手敲击后可以发出七声音阶。两排宏伟的中央立柱通向高台上的湿婆舞王像（Nataraja），确保香客可以在线性朝圣空间的终点礼赞大天。

如前所述，米娜克希神庙的至圣所是位于建筑群南端的、覆金顶的主殿里的核心胎室，那里供奉的并非湿婆，而是以珠宝和金盏花串盛装的手持绿鹦鹉的鱼眼女神。位于配殿的湿婆胎室里供奉的照例是林伽，但那里还有一件作为"俊美之主"象征物的湿婆金属足印（Cokkar），每天夜里会"乘坐"由八位信徒扛起的华轿前往女神的胎室，与之同眠；清晨则由信徒"唤醒"这对新婚夫妇，再将足印抬回配殿。傍晚离开时，恰逢东庙市尽头的巨型千烛铜门燃灯，只见一千盏酥油灯逐一被祭司手动点亮，在暮色中摇曳成一片小小的光之海洋。暮色四合之际，迎接"新郎"的肩舆就在我们的注视下跨过了门槛，看得入神的我光脚踩到了滴落地面的酥油，倒也不觉得多烫。等回过神来，这每夜重复上演的神圣婚姻的仪仗已经难觅行踪，隐入了沉沉黑夜。

（本文涉及的专名如为泰米尔语和梵语共享，则取泰米尔语的罗马音拼写）

在时间的巨流河中，泳且歌

徐妍

哲思者之书

王蒙是中国当代作家中的抒情者，亦是沉思者。比较而言，前者更能吸引人们的注意力，而后者相对来说人们有所忽视。的确，一九五三年，十九岁的王蒙在创作长篇小说《青春万岁》时，就确立了他的抒情诗人的小说家身份。但《青春万岁》在投放了抒情者的纯净目光的同时，还内含了沉思者的冷静目光。因此，半个多世纪之后，《青春万岁》被学者重读为"纯粹"与"杂色"的变奏（金理：《"纯粹"与"杂色"的变奏——重读〈青春万岁〉》，载《文学评论》二〇二〇年第四期）。基于沉思者的目光，一九五六年，王蒙发表了短篇小说《组织部新来的青年人》，较早地反映了单纯又多变的时代中的社会主义制度下的官僚主义。在乍暖还寒之季，四十四岁的王蒙完成了以新疆生活为题材的长篇小说《这边风景》，他确信：经验比立场更可靠，传递出了一种基于生命感受的沉思的创作观。"复出"于新时期的王蒙，依旧保有浪漫主义的理想情怀，也依旧持有对浪漫主义的理性审视。所以，八九十年代的王蒙小说《蝴蝶》《杂色》《活动变人形》《季节系列》等都写满了浪漫主义的符号，同时也不讳言浪漫主义的旧疾新患。新世纪之后，随着王蒙对中国传统哲学的源头性著作的研读，也随着二十世纪中国的风雨背影行将远去，王蒙由沉思者渐变为哲思者：王蒙在新世纪创作的《尴尬风流》《青狐》《闷与狂》《笑的风》等长篇小说深具哲思风格，堪称是个人化的诗史。

在这样的哲性言路的写作行动中，王蒙新近出版的长篇小说《猴儿与少年》亦是一部哲思风格的个人化的诗史：这部小说以生命的热力追忆半个多世纪的个人往事、以诗意的笔法描摹出中国当代社会的历史变迁图景，进而书写出一位乐观的沉思者在怀疑时代中的生命执念——爱与信。

《猴儿与少年》如王蒙的诸多小说一样是流动的意识世界：其时空向度时而隶属于现实世界，时而归属于心理世界；其形式结构时而循环于记忆世界，时而跳动于想象世界；其情节线索时而如岁月的金线一样编织一切，时而如记忆的扳手一般"拆卸"一切。但是，这部小说的故事内容不难概括：通过小说家王蒙的视角追溯了一位进入高龄时段的外国文学专家施炳炎穿越半个多世纪中国当代社会的人生往事。随着往事的追溯，历史见证人——外国文学专家施炳炎，历史书写者——小说家王蒙，历史传奇人物——抗日老英雄抗美援朝烈士家属侯东平，核桃少年侯长友，三少爷"猴儿"，以及侯守堂、吴素秋等形象相继出场，并呈现了各自不同的曲折命运。不过，这部小说似乎并不打算叙写任何个人的传记史，或者说这部小说的真正传记主人公是时间，因为这些形象所缠绕的个人记忆、历史记忆、集体记忆、文化记忆等一并被汇入到一个无边无际、无始无终的巨型时空——时间的巨流河之中。而任何个人，在时间的巨流河中，既可能成为时间的囚徒，也可能成为时间的泳者和歌者。

大核桃树峪的神奇记忆

小说开篇从一九五八年"大跃进"运动的历史背景起笔，讲述时年二十八岁的大学青年教师施炳炎因"摊上事儿"而被派至北青山区镇罗营乡的大核桃树峪村参加集体劳动。然而，这部小说的开篇与历史上以往同类题材小说的开篇颇为不同：非但不选取感伤、忧郁的冷寂笔调，反而选取乐观、昂扬的热诚笔调。于是，"倒霉蛋儿"施炳炎居然是一个精神抖擞的青年人,并一路欢歌地来到山水如画的大核桃树峪村。在小说的第六章,施炳炎在大核桃峰巧遇了十五岁核桃少年侯长友与留洋大学士三少爷"猴儿"。这是施炳炎生命中的"伟大的相遇",预示了施炳炎即将与一个奇境世界结缘。后来的故事情节果然验证了施炳炎与大核桃树峪所结下的生命奇缘:一九五八年的大核桃树峪村在施炳炎的个人生命中种植下了如幻如梦如诗如歌如火如电的神奇记忆。此后,施炳炎曾数次回返大核桃树峪村。每次回返,施炳炎都体味出大核桃树峪人的美好品性和君子德行。也正是在数次回返的过程中,施炳炎亲历了"三年自然灾害""拨乱反正""改革开放""互联网+"的时代变化,度过"劫难"、安稳着陆。

由上述内容,不难看出,这部小说仍然带有独特的王蒙小说的标识:实验精神,回忆性叙事,自叙传色彩,东方意识流手法,抒情诗人的诗句,幽默和诙谐的语言风格,传统与现代、古法与时尚相混搭的语词,"蕴思含毫,游心内运"的气韵,春夏秋交替唯独冬缺席的色彩……但仔细体味,这部小说又确是一次大核桃树峪的神奇记忆带给王蒙小说的新实验。在现代小说家族中,回忆叙事类的小说随处可见。即便是在王蒙的小说世界中,回忆叙事也被运用得相当熟稔。但在这部小说中,谁在叙述?受述者是谁?叙述者和受述者的关系如何理解?作家对这些问题的处理方式不仅使得这部小说区别于其他作家的回忆类小说,而且亦区别于王蒙的以往的回忆类小说。尤其,受述者小说家王蒙为何转述?转述什么?这两个问题是这部小说的重心所在和意味深长之处。

水性·歌者

概言之,小说家王蒙所转述的动因是为了铭记过去的往事,但更是为了朝向未来的往事,因为往事如果在未来的日子里没有被铭记，就相当于往事如烟飘散。同样缘由，小说家王蒙所转述的内容是为了回望自我和"镜中人"的心灵对谈，但更是为了思考个人如何在时间的巨流河中成为泳者和歌者。

对于小说家王蒙而言，转述或重述是他的工作职责。小说家王蒙的这一工作职责或许就寄寓在小说主人公施炳炎的名字中。施炳炎，这个名字读起来与"丙言"谐音，不知是否蕴含了这样的寓意：中国当代知识分子的自身定位仍然是立德立功之后的立言？不管是否内含这一寓意，小说家王蒙转述施炳炎之叙述的重心显然并不在于那些关乎个人得失的任何具体的历史往事，而在于那些往事如何汇聚为时间的巨流河，进而省思一位历史亲历者如何在时间的巨流河中系羁而游、攀援而歌。因此，在这部小说中，小说家王蒙并不看重施炳炎在往事中遭遇了哪些磨难，而看重施炳炎在时间的巨流河中如何提升肺活量，如何习得超好的水性，如何成为仰泳、蛙泳、蝶泳、自由泳的全能泳者，如何成为乐观、淡定、热诚的歌者。这意味着小说家王蒙的转述工作固然不回避历史亲历者施炳炎在时间的巨流河中的无可奈何，但更感兴趣的则是施炳炎在时间的巨流河中的大有作为。概言之，小说家王蒙之所以转述施炳炎的往事，固然是由于施炳炎穿越了半个多世纪的中国当代社会，但更在于施炳炎超好的水性和乐观的心性，借用这部小说中的话，施炳炎的人生是"津津有味"的人生，是"泰山压顶不弯腰"的人生，是一辈子"活过了他人的五辈子"的人生！

基于小说家王蒙所自觉承担的工作职责，也就不难想到小说家王蒙转述什么了。小说家王蒙首先将转述目光聚焦在施炳炎所相遇的半个多世纪的中国当代社会的历史变迁。施炳炎在青春期遇到一个"特别热气腾腾"的年代，"河热、石热、土热、歌热、戏热、旗热、风热、哨热"；在壮年时期遇到了"九年的浓云密布"；在中年期相逢了"一切都正常了，过好日子了，日新月异地发展着了"的改革开放时代；在高龄阶段赶上了"全球旅游，到处有中文的说笑"的全球化时代和可以网购"广式、沪式、秦式月饼"的网络化时代。可见，时代背景，在这部小说中，如王蒙以往的小说一样，作为小说的氛围、幕布和空气，不可缺席。在时代背景布置停当之后，小说家王蒙继而将转述目光聚焦于施炳炎的个性心理：

> 施炳炎这回发现了摸到了他长期隐蔽着的自个儿的江湖好汉潜质，一个受字，如石如钢，如咒如诀，打开了新的可能，悄悄显示出隐蔽的力量。他凭这力量，一个男子，会在最后一秒的时候，有最后一克力气，反败为胜，咸鱼翻生。

可见，人物形象，在王蒙的这部小说中，不仅是历史中的人、社会中的人，而且是独特的个人。然而，时代因素和个性心理并不必然使得施炳炎成为时间的巨流河中的泳者和歌者，而很可能成为王蒙以往小说中的张思远、钟亦诚、曹千里等人物形象的再版。即便施炳炎在时间的巨流河中遭遇到积石、险滩、暗礁和巨浪，也未必能够习得水性、乐观歌咏，因为施炳炎只有站稳水中，经过激流、越过险滩、避开暗礁、穿过巨浪，并以历史理性来确立基石、把握流向、通过隧道、搭建桥梁，才有可能在时间的巨流河中成为泳者和歌者。这样，说到底，施炳炎能否在往事追溯的路途与自我相逢，是施炳炎成为泳者和歌者的前提。同样，小说家王蒙的转述过程既是倾听和对话的过程，也是一个自我辨识和自我再生的过程。

少年新人·猴性

解读至此，施炳炎在大核桃峪峰顶遇到的核桃少年侯长友和三少爷"猴儿"这对"连体"兄弟该由这部小说的一隅走向前台了。实际上，在叙述者施炳炎和转述者王蒙一同回溯往事的路途上，核桃少年侯长友和三少爷"猴儿"一直相伴左右，引导前行。正因如此，每当叙述者施炳炎在自我迷离之时，就会念念不忘核桃少年侯长友和三少爷"猴儿"。原来，叙述者施炳炎和转述者小说家王蒙的内心中都居住着核桃少年侯长友和三少爷"猴儿"。这一点，不仅以明喻的形式体现于这部小说的许多章节中，将施炳炎与核桃少年侯长友、三少爷"猴儿"的命运联结在一起，而且以暗喻的形式结构了整部小说的哲学意蕴：这部小说的表层结构是讲述小说家王蒙倾听并转述外国文学专家施炳炎的人生往事，深层结构则是哲思这对互为镜像者如何在时间的巨流河中实现自我寻找和自我再生。沿着这部小说的深层结构，小说的核心内容又可以被这样概括：外国文学专家施炳炎和小说家王蒙这对"互为镜像者"的所有追忆都从核桃少年侯长友和三少爷"猴儿"这对"连体"兄弟出发，兜来兜去，又回到这对"连体"兄弟那里去。

那么，核桃少年侯长友是谁？他，生长在古村落，父亲是共产党员和抗日英雄，面庞如一幅古典诗画中的牧童模样：

> 眉清目秀，白净细嫩，笑容满面，好意不断，举止活泼而又文明礼貌。……他的风度不但与老子明显不同，也与整村的脸上某些不无迟钝与淡漠的儿童少年相异，长友的脸上有微笑，有好奇，有关切，也有对一切人的真诚与善意。

这段肖像描写，穿越了百年中国文学中的少年肖像史，回返到中国古典哲学那里去，在新世纪背景下为中国少年形象增添了新质。进一步说，核桃少年的肖像既不同于百年中国文学中的或苦难或感伤或浪漫或反叛或革命或雅痞或宅男等中国少年形象，也不同于王蒙小说中的革命加浪漫的当代中国少年形象，而分明是迎向未来人类社会的新型中国少年形象。其美好美德正如转述者小说家王蒙所言："文明规矩，健康阳光，文雅喜乐。"这样的少年形象，即便日后遭遇劫难，也不会成为恨世者和厌世者，而更可能成为一位仁者和勇者。当然，核桃少年侯长友的魂灵依附于三少爷"猴儿"的身上，如同《红楼梦》中的贾宝玉的魂灵依附在脖颈上的那块通灵宝玉。

如果我们不知三少爷"猴儿",也就不识得核桃少年侯长友,自然也不识得外国文学专家施炳炎和小说家王蒙的互为镜像关系,以及这部小说的真义。

最后,该解密三少爷"猴儿"了。三少爷"猴儿"作何理解呢?从三少爷"猴儿"的身手看过去,很容易联想到中国文学中的"猴儿"的原型经典形象,即吴承恩的《西游记》中的孙悟空。的确,三少爷猴儿具有孙悟空的须发和形体,但其真身更似曹雪芹的《红楼梦》中大荒山无稽崖青埂峰下的那枚"顽石"。在中国文学中,大概只有《红楼梦》中的这枚"顽石"才更可能赢得作家王蒙的钟情,也才更可能在这部小说中让这枚顽石化身为"猴儿"并款款深情地为它起名为"三少爷"。在王蒙的数字王国中,"三"具有非凡的魅力和丰富的哲学意蕴。在这部小说中,"三"不只是一二三的"三",还是"三个来源""三个组成部分""三观""糖三角""三黄(鸡)""三句半""拼命三郎""三道沟""三条河""春夏秋三季""三九""三伏"等时代印记、日常生气和自然节气,还是"庄周的齐物论""一九五八年的吴素秋"和《第四十一》——"苏联同路人拉夫列尼约夫一九二四年写的小说"等文学的哲学、艺术的哲学和思维的哲学。不仅如此,"三",在这部小说中,更是哲学层面上的含义,意指生命的超越性和生活的多样性:"非重要非确定性带给个人的一种放松与相对感"。说到底,这部小说中的"三",是"第三个'自己':在我、你、我们、你们、他们之外的'他'",借用这部小说的语言来描述:"他是时代潮流中的健儿,是船夫,是游泳人,是弄潮儿,是冲浪选手。"可见,"第三个自己",正是生命个体的一种理想活法。至此,"三",是泳者的水性,"猴儿"的猴性,猴性亦水性,水性亦猴性,无论猴性,还是水性,皆是生命的本性。倘若"他"由于这样或那样的原因而遗失了生命的本性,就难免不似贾宝玉遗失了脖颈上的玉石一样痴傻和疯癫。核桃少年侯长友亦然:侯长友因为三少爷"猴儿"的悬树自缢而本心受损，患上了精神疾病，险些坠入悲剧性结局。不过，作家王蒙是一位书写过《心的光》《深的湖》《海的梦》《夜的眼》《笑的风》等聚散、悲欢、甘苦相交融的乐观的沉思者，他所钟情的"三"意指无穷多的快乐，而不超载无限多的哀痛。所以，在这部小说的篇末，作家王蒙借助于乐观主义的想象给人们带来一个充满慰藉的结局：核桃少年侯长友身体康复了许多，在大核桃树下，与他的子孙们团圆了，也与大学士三少爷猴儿的子孙们相聚了。此时此刻，泳者靠岸，歌者归乡，小说家王蒙也终与少年王小蒙重逢了。

总而言之，这部小说与其说是一部抒情诗人的个人回忆录，或是一位诗史作家的家国史，不如说是一位哲思者的哲思录，或一部哲思性的诗史。这位哲思者所哲思的对象与其说是一个人和他的同时代人，不如说是一个人和他的同时代人的自我镜像。这样，哲思者从哪里开启哲思？意欲抵达何处？这是这部小说所哲思的根本问题，也是给予读者的哲性启示录。概言之，外国文学专家施炳炎和小说家王蒙在作别了半个多世纪的生命历程之后开启哲思别有深意：以铭记往事的形式迎向未来的时代。其缘由如普林斯顿大学教授迈克尔·伍德在《沉默之子》中所说："自认为赶得上时代的人是落伍的，或者自认为了解时代的人根本不知道今夕何夕。宣称跟自己是同时代的人，只会失去如此宣称之前可能有的任何可信度。"参照这段话来阅读这部小说，读者是否可以获得这样一个发现：哲思者只有选择与往事相逢在未来的时间向度上，才可能忠实于生命的本心？哲思者也只有忠实于生命的本心，最终才能抵达自知之境：个人，在时间的巨流河中，不必太看重自我，也不必看轻自我，终其一生，唯愿成为泳者和歌者。

（《猴儿与少年》，王蒙著，花城出版社二〇二二年版）

品书录 | 江湄

这个世界会好吗？

二十多年前，还在上历史系研究生的我读到《万历十五年》，深深为之着迷，读得废寝忘食，心潮澎湃；九十年代末，有一次在火车卧铺上，看到一个商人模样的乘客捧着《万历十五年》读得入神；还记得在那些年里，《万历十五年》长期占据中国图书排行榜的榜首……然而，当我重读《万历十五年》四十周年纪念版的时候，却心中暗暗吃惊，这实在不是一本好读的书啊，"雅俗共赏"这样的称赞并不适合它。正如本书责编徐卫东在附录《〈万历十五年〉的读法》中所说，读这本书之前，应该先读黄仁宇的博士论文《十六世纪明代中国之财政与税收》，其实，读懂这本书，还需要有政治制度史、思想史以及社会理论方面的知识储备，否则会时不时陷入五里云雾之中。这样一本学术门槛不低的书，何以在当年一纸风行，创下直追《明朝那些事儿》的销售奇迹？这实在是个问题。

一九九九年，改革开放二十周年之际，《万历十五年》入选有关单位评选的"改革开放二十年来对中国影响最大的二十本书"，二〇〇八年，改革开放三十周年之际，其书又入选"改革开放三十年最具影响力的三百本书"，显然，这部于一九七六年在美国写成的史学著作，其巨大的影响力来自它紧紧扣住了改革开放的时代脉搏。自晚清以来开启的中国现代化之路，经过百年来天翻地覆的动荡和革命，何以走不出历史三峡？关键的问题出在哪里？时当中国历史重新出发的契机,我们该如何彰往知来?如何规划脚下的道路?《万历十五年》正是直接回应了这个大时代的渴望、苦恼和焦虑,也就是说,它的畅销不是因为它好读好玩,恰恰是因为它足够严肃,一种真正的思想的严肃。九十年代初,正在上历史系研究生的我,其实是读不懂这本书的,深深打动我的,其实是浸透纸背的百年忧思,是那种只有文明规模的历史兴亡大戏才能具有的伟大的命运感和悲剧感。

如今,改革开放已过四十年,重读这本在改革开放二十年、三十年之际"最具影响力"的书,反而常常会产生一种时代错位感。黄仁宇用来剖析中国传统政治、社会之痼疾的理论工具,是所谓的"数目字管理"——更准确的翻译应该是"精确化管理",其实,这就是马克斯·韦伯所说的现代文明"去魅"的理性化趋势。今天看起来,会觉得用现代资本主义社会的管理水平、法治程度,去要求一个由士大夫阶级领导的广土众民的农业国家,就好像当年的教科书批评农民起义没用先进理论指导一样,多少有些外在化,标尺悬得有点高。更何况,黄仁宇通篇都不怎么触及所谓"数目字管理"背后的文明理念、价值体系,如天赋人权、产权观念、个人主义等,不由得令人产生疑问,若是当年大秦朝装备了足够的现代管理技术,岂非第一流的现代国家?

但是,再深入通读其书,才会领悟到,这恰恰是黄仁宇的史识所在。作为一个历史学家,他的思想不为任何理论教义所束缚,而是从实践中来到实践中去,立足于实际的历史实践,深知历史是人们在具体条件、具体限制下一步步走出来的,不是靠着完美理念事先规划出来的,因此经常变理论上的不可能为可能。所以,尽管他认定,中国的社会生活必须经过全面彻底的改造,却不像大陆八九十年代的很多知识分子那样把现代文明的理性化趋势及其背后的价值体系加以理想化甚至真理化,而是刻意强调现代资本主义文明作为先进治理"技术""办法"的一面,刻意避免将制度上的差异、差距动辄上升为主义之争、文明之争、道义之争,搞非黑即白、非此即彼的对立。黄仁宇说:"凡能先用法律及技术解决的问题,不要先就扯上了一个道德问题,道德是一切意义的根源,不能分割,也不便妥协,如果道德上的争执持久不能解决,双方的距离越来越远,则迟早必导致战争。""道德虽高于法律及技术,但是要提出作争论的根据时,则要在法律和技术之后提出,不能经常提出,也不能在细微末节内提出。"以这样明智切实的眼光来看,有些人非要认定只有搞资本主义才算真正的现代化,那是不可救药的教条主义;另一方面,我们就是应该在这样的思想前提下继续积极向西方学习,而不必自设理障。他说:"最令我们存有信心的,则是世界上任何国家以任何'主义'解决问题,都不可能是依样画葫芦,都是要处在绝境与'柳暗花明'之中突过难关,创造出一种新环境。"他还说,我们实际所走的历史路线,只能是在创新的观念和历史的惯性之间,"亦即希望与现实之中的弧形路线,半出于我们的志愿,半由于其他条件推演而成"。这真是一位亲历世纪沧桑的历史学家才能磨炼出的历史感,也是明智的现实感。

黄仁宇说他从小熟读《史记》,因为爱读《史记》才选择进大学历史系。他的《万历十五年》确实与《史记》有很深的渊源,其书仍以人物传记为中心,但将人物传记与社会政治、文化心态的结构性分析结合起来,以几个人物深描出中华帝国社会-文化的横切面及其内在肌理,可谓"新史传"。这几个人物的选择非常精心而意味深长,万历皇帝、张居正、申时行、海瑞、戚继光、李贽,各有时代典型性和文化典型性,既代表了人生的不同走向,又象征了时代出路的几种可能性。

申时行这个人物写得很妙。当年我读书时认定这个人代表了中国文化因循苟且、圆滑世故、不思进取、含混不清的劣根性,他最大的本领就是深明士大夫们尊奉的仁义道德和心中的名利私欲,一阳一阴总是搅和在一起,他善于觉察其道德高调下掩盖的个人欲求,善于对各种冲突矛盾加以妥协折中，努力搞和谐稳定。现在再看，则深觉黄仁宇对这个人的态度很复杂，他在种种疑窦破绽之中努力维护共同信念，使士大夫文官集团得以在此基础上安定团结，这实在是社会根基所在，只是大厦将倾，他独木难支徒劳无功罢了。黄仁宇一再论述，中华帝国以意识形态为政，政治的头等大事就是使全体文官士大夫尊信"四书五经"的道德教训，按照孔孟之道做人办事，习惯于将种种治理问题翻译为道德问题，总是把技术办法的问题转化为加强内在道德修养的问题，一方面导致国家治理大而化之，一方面导致道德成了遂行私欲的幌子，甚至争权夺利的武器，孔孟之道不免形骸化、虚伪化，从此人心散失，这正是传统王朝国家衰亡的根本原因所在。但黄仁宇从未否认，全体尊信的、能于危机中激发人心的价值共识，对于一个社会的生存发展来说确乎最为重要。作家厄普代克（John Updike）为本书写的书评发表于《纽约客》一九八一年十月号，他没有发挥"精确化管理"的精义，反而更重视如何处理宣讲的道德高调与隐蔽的欲望动机之间的矛盾。厄普代克说，这是当今世界范围的一个大问题："更明白地说，我们这个充满创新精神和原始清教徒主义的农业国家已经立国二百年，公开宣称的道德论调已经落到低谷。"他深深忧惧于当代美国社会的价值共识正在形骸化、虚伪化以至于虚无化，"开明利己主义"正在走向它的反面，他以自己的耳闻目睹举证："美国的个人主义似乎也已看到它自己的恶果：在市区，滥建工程，垃圾遍地，毁坏公物，抢劫横行；在城郊，无序发展，四分五裂，破坏严重，到处流露着俗丽的气息。"可见，在一个倡行契约、法治、管理的社会，人们对价值共信的忠实恪守，仍然是最根本的治理之道。在晚明时代，虽然"四书五经"之教、孔孟朱王之道已经虚伪化，但仍足以感召人心激励志士，于沧海横流之际勉力维持甚至奋不顾身，追昔抚今，不免暗自心惊。

《万历十五年》中译本出版于一九八二年，四十年过去了，这种"现象级"的严肃学术著作

129

再也没有出现过,其中缘由固然是多方面的,但我以为,当今学者自限于学术体制,很少有人能从自己的人生出发,真诚严肃地面对时代大问题,起码是一个不可忽视的内因,太史公所说"意有所郁结,不得通其道,故述往事,思来者"的著述动机,我们今天是很难体会了。如今新冠疫情肆虐全球,蔓延世界的人心的疫病也在暴露,不禁总是想起梁漱溟的那句话:这个世界会好吗?

(《万历十五年》四十周年纪念版,[美]黄仁宇著,中华书局二〇二二年版)

品书录 | 杨 靖

园柳青花"变形记"

作为中国瓷器的代表,十七世纪以来,青花瓷在欧洲极负盛名,同时也成为各国竞相效仿的对象。在青花瓷诸多纹饰图案中,园柳图案(Willow Pattern)最为常见——华丽中国风的亭台楼阁,加上瓷盘中央生机盎然的蓝柳,令人目眩神迷。英国自十八世纪中期前后推出仿制品,在市场曾轰动一时,然而由于原料及工艺技术等原因,仿品始终难以与来自中国的正品相抗衡,英国商人于是采用以假乱真术——模仿中国瓷器的款识,在瓷瓶底部打上方框,或印上几个"生造"的汉字(谁也不认识)。此举的确迎合了市场需求——当时一名欧洲客户给英国"瓷都"斯托克工厂发送的订单备注栏写道:"不管什么样式,只要瓷器上有园柳青花图就行。"

为增强本国产品竞争力,

一七九〇年，英国政府决定针对中国瓷器征收高额进口关税（较此前增长150%），试图将后者"逐出英国市场"。这一政府干预措施并未能奏效，首先是因为上流社会对品位高雅的中国瓷器需求强劲——通过法国或荷兰转口贸易只是徒然推高商品价格。其次，垄断东方商品经营权的英属东印度公司强烈抗议，原因是瓷器在各类商品中最适合海上运输——它通常用作丝绸和茶叶等货物的压舱石，且不会因为船舱水渍而受损。因此，一旦阻断中国瓷器进口，海外商品贸易额必定大幅下降。在重商主义者看来，这样的举措无异于"自断其臂"。

在行政手段"失灵"的情况下，英国商人奋起自救，编造出中国"园柳图"故事，以极具异国情调的爱情传奇为卖点，大力促销。园柳青花瓷最早（约一七八〇年）由什罗普郡一家瓷器厂"发明"，紧接着有若干厂商跟进。在一二十年内，这一策略大获成功：到十八世纪末，高仿园柳青花瓷销量已雄踞市场首位。

"园柳图"故事目前能够确认的最早版本，是一七四九年发表在《家庭之友》创刊号上的"园柳瓷盘的传说"。故事情节基本是中国古代传奇的"大拼盘"（唐传奇、《西厢记》及《梁祝》等）：富家女爱上穷书生，父亲却逼迫她嫁给年老的有钱人。成婚之日，这对青年男女设法私奔，逃至一座荒岛，开始男耕女织的田园生活。不久，恼羞成怒的父亲以及富翁带领家丁赶到其藏身之处。书生死于乱战，女子在绝望中纵火自焚。最终，二人的恋情感动上苍，神灵将他们变为一对长生鸽。

在谙熟中国戏文的读者看来，这一俗套故事乏善可陈，但在十八世纪的英国人看来：它将园柳、水榭、古老传说等中国元素巧妙糅合在一幅画面之中，充满情趣且引人遐思。一向富于想象力且热爱自由的英国女性甚至将这一爱情传奇视为一种"隐喻"——只要意志坚定，女性完全有能力摆脱家庭桎梏，"成就她们在现实生活中无法实现的梦想"。

园柳青花瓷在市场上大受追

捧，这一现象在文艺作品中也有所反映。小说家霍勒斯·沃波尔于一七六四年发表集恐怖和神秘元素于一体的"哥特式小说"——《奥特兰托城堡》，书中城堡的原型是位于米德塞克斯的"草莓坡"。沃波尔在此专门辟出一间收藏室，用于收藏各类"名贵瓷器"。一七八六年，伦敦"文学俱乐部"成员奥利弗·戈德史密斯应邀参观瓷器屋，随后在《闲人》杂志撰文描绘道："屋中塞满了中国花瓶和印度宝塔。如今，文化沙龙主持人皆有如此癖好，他们共同开创一时之风气。"

进入十九世纪，以园柳青花为代表的中国瓷器在华兹华斯《序曲》、拜伦《唐璜》等诗作中也时有提及。随笔作家兰姆曾在东印度公司伦敦总部效力长达三十余年。一八二三年，他在为《伦敦杂志》撰写的"古典瓷器"一文中，坦言自己年轻时极爱那种"漫无章法、天青色调的怪诞"，并宣称"当我端详这些瓷器时，我简直意识不到时间的流逝"。一八三四年，兰姆的友人李·亨特在同一期刊发表《早餐漫谈续：茶饮》，考证英国人饮茶时尚的源起，并对园柳青花茶具进行点评，证明它的确体现出"一时之风气"。

与上述零星茶余谈资相比，至维多利亚时代（一八三七至一九〇一），园柳青花在文艺作品中出镜率之高简直令人称奇。得益于工业革命后的科技进步与机械化生产，原本价格昂贵的高端产品已进入寻常百姓家，这一显著变化也引起文学家的关注。同时，唯美主义者及随后的英国"工艺美术运动"倡导者出于对机械量产的鄙视和对手工的酷爱，又不遗余力地倡导复古。二者的合力更使得园柳青花成为当之无愧的"维多利亚时代的标志性象征"。

正如苏格兰诗人安德鲁·兰在《青花瓷歌谣》中所言，蓝白相间的园柳图及其所编造的故事"扭曲"了古老的中国神话，却迎合了英国人的口味。而在他笔下，正宗的青花瓷才真正展现出中国传统文化的神奇魅力。诗人首先描绘瓷器自身令人欢欣愉悦的外形，接着又转向光影和色彩，最后则由画面中自成一体的奇妙世界联想起济慈的《希腊古瓮颂》——兰以青花瓷瓶与希腊古瓮对举，结论是，"中式浪漫主义"所带来的愉悦丝毫不亚于希腊的完美主义（如济慈笔下"冰冷的田园诗"）。

迟至十九世纪八十年代，以园柳青花取代希腊古瓮作为艺术精品的象征，在英国艺术界已是司空见惯。事实上，这一时期的中国瓷器不仅是高雅室内装饰的主要器具，而且是艺术家画作（尤其是肖像画）中的重要题材——从现实主义到前拉斐尔派，概莫能外。

威廉·亨利·亨特是享有盛誉的水彩画家。在他的代表作《听课：茅屋内部》中，园柳青花尽管作为背景元素，但在画面中仍极为醒目。相比而言，亨特画中小屋内饰简约朴素，远不及惠斯勒和罗塞蒂笔下的室内装饰精致华丽。惠斯勒是首屈一指的绘画大师，正是在他的影响下，罗塞蒂等前拉斐尔派画家也成为中国瓷器的拥趸和收藏家——用他们的话说，"是惠斯勒把青花瓷引入了伦敦"。

惠斯勒对青花瓷的"迷恋"源于《伦敦新闻画报》一八四二年刊载的一篇文章。文中介绍"南京瓷塔"（即今日报恩寺塔）时写道："这确实是一座最优美非凡的建筑物，结构均衡适度，用料珍贵……在墙砖表面饰以白釉瓷砖或石片。"后来，惠斯勒在他的"十点钟"演讲中干脆宣称："艺术女神找到了她最喜欢的艺术家，就在南京。"在他的《紫色和玫瑰》中，画面视觉焦点并不在画中女子的面庞，而在她膝上的青花瓷瓶。与之相似，在罗塞蒂名作《蓝色闺阁》中，一位妙龄女子坐在一片青花瓷纹样的花丛中，手抚琴弦，风情万种——罗塞蒂曾对友人坦言：青花瓷是他"非传统"艺术样式的灵感之源。

在上述艺术家的倡导和引领之下，伯灵顿艺术俱乐部于一八六六年宣告成立。随后，该俱乐部首个"东方青花瓷"展在伦敦引起轰动：专业人士与民间收藏家合力将"中国瓷器热"推向顶峰——著名插图画家、小说家杜穆里埃将这一现象称为"中国瓷器疯"（Chinamania）。

与艺术圈的大力追捧相比，

文学作品中对园柳青花的描摹刻画则显得较为客观平淡。诗人托马斯·胡德曾在《破碎的瓷碟》中描绘被"中国风"裹挟的英伦浮华生活。作者在结尾处感慨："我们采集绚丽花朵/欢聚画舫垂钓/我们在蓝色凉亭纵情享乐/生命犹如瓷盘一般脆弱。"一八五二年，在新近创刊的《家常话》杂志上，维多利亚时代最著名的作家狄更斯发表小品文"一件模印瓷器"，赞叹"让人震惊的蓝色柳树"和"有趣的蓝色风景"，同时也批评画面缺乏立体感，因为创作者"罔顾人人皆知的透视法则"。

园柳青花在文学史上留名，很大程度上归功于被誉为"最后一个维多利亚人"的著名小说家乔治·梅瑞狄斯。一八七九年，《利己主义者》发表，作者在"序言"中声明："利己主义的弥漫与喧嚣滋生了千篇一律的弊病——这是我们时代的弊病，就像从一个永远无法排干水分的沼泽中流出的污水……我们一窝蜂地拥向科学，以求得解药，就像疲惫不堪的步行者要爬上飞驰的火车。"而他的主张，是通过古老的东方艺术来拯救生活。

小说主人公威洛比爵士是英国上流社会的"典型"——他自恃出身高贵，以玩弄女性为乐趣，结果"由于过分自爱（amour-propre），他杀死了自己"。园柳青花是本书的核心意象：它不仅是男主姓名的谐音，更是故事情节翻转的助推器。比如女主克莱拉正打算与他订婚，定情物青花瓷器却在途中被打碎——寓意"婚配不谐"，后果如其言。尽管被人当作瓷娃娃对待，但克莱拉热爱自由，不甘于受人摆布。在故事结尾，她毅然抛弃威洛比，追寻自己的真爱，而后者在这场"爱情游戏"中一败涂地。按照评论家的说法，这一典型人物形象表明，正如园柳青花是拙劣的仿制品，"英国上流社会也成为其自身缺陷的复制品"。据说威洛比是以作者友人、小说家伍尔夫之父莱斯利·斯蒂芬为原型，对此梅瑞狄斯反驳说，"不，他是我们所有人"——因此，从这个意义上说，本书堪称是"利己主义者的墓志铭"。

梅瑞狄斯与哈代、吉辛并

称为"维多利亚时代晚期小说三杰",是抨击资本主义工商业文明、批判社会现实的代表人物。遗憾的是,并非所有人都能像梅瑞狄斯一样认识到园柳青花所蕴含的东方古老文明之价值。相反,自十九世纪中期中英贸易冲突加剧(尤其是鸦片战争)后,园柳图在各类改编过程中不断加入殖民主义及东方主义元素,以致面目全非,沦为笑柄。

十九世纪四十年代,在许多文艺作品中,园柳图传说中的老年富豪,已变身为客居广州的英国商人恨之入骨却又不得不假意奉承的海关或税务官员。后者是"停滞而僵化"的老大帝国的代表,一方面收受贿赂,一方面又阻挠双方"正常通商贸易"——既缺乏商业精神,更缺乏法律意识。鸦片战争后,英国要求其公民及在华代理商享有治外法权,理由是"文明的"英国人有权凌驾于"野蛮的"的中国法典和颟顸的中国官员之上。

一八五一年圣诞,歌剧《满清官员之女》(或称《园柳图盘》)上演。在柳园图做背景的幕布前,故事讲述人〔名为"河星"(He-sing),即黑猩猩,明显带有侮辱性〕开始重新"演绎"这一古老传说,并刻意"通过模仿嘲弄中国的文化和风俗"。

一八五八年,《潘趣》杂志刊登一组漫画,庆祝英法联军占领广州。漫画中英法代表手持园柳青花瓷茶杯,志得意满,拖着长辫的清朝官员在一旁伺候。漫画标题攻击中国人"长着猪尾巴,最爱吃狗肉(和蜗牛)"——事实上,英国人在法国菜单上才更经常看到蜗牛。一九〇一年,巴兹尔·胡德创作的两幕轻歌剧《园柳图》在伦敦萨沃伊剧院上演,剧情有对中国人的嘲弄和戏谑。

在经历惨绝人寰的世界大战后,欧洲百孔千疮,成为T.S.艾略特笔下的"荒原"。与此同时,有识之士开始对自诩道德进步、炫耀强大武力的欧洲文明进行反思。正如诗人叶芝在《天青石雕》中所说,"那些古老的文明都遭遇了刀剑/他们和他们的智慧都成了废墟",然而,"半山腰那座小小的寺庙,/那几个中国人正朝它攀登……/有一位提出要听一曲悲歌；/ 于是娴熟的手指开始弹奏。/ 他们的眼角四周满是皱纹，那眼睛，/ 古老而闪亮的眼睛，充满欢欣"（黄福海译）。

历经千余年，中国园柳青花瓷并未改变，被莱布尼茨、伏尔泰等先贤激赏的古老智慧也未改变——如《不列颠的中国眼》一书所言，近世以来，园柳青花在西方既是被看的客体，同时也是见证物（镜鉴）：它见证了中国文化从被"仰慕到排斥"（艾田蒲语）的翻转。园柳青花的"变形"，恰好折射出西方社会自身的轻薄与短视。

(*Britain's Chinese Eye: Literature, Empire, and Aesthetics in Nineteenth-century Britain*, Elizabeth Hope Chang, Stanford, California: Stanford University Press, 2010)

品书录 | 方维保

返乡的姿态与故乡无关

刘一秀的散文集《北风南枝》，可以说是一部流浪笔记。所涉地域很多，如沈阳、长春、北京、上海、深圳、武汉、芜湖和郎溪……但主要的是三个：沈阳、深圳，还有芜湖/郎溪。我之所以将郎溪和芜湖合到一起，当然是因为它们同属皖南，离得很近。三十多年来，刘一秀如同一个咕咕鸣叫的跳蛙，在这三个地点来来回回地跳，一会儿南，一会儿北，没个准头。他每个地方都会待长短不等的时间，不嫌烦地从一个地方转移到另一个地方，如同患了多动症的少年，根本停不下来。我既是他跳动史的参与者，也是旁观人，刘一秀在书中写到的大部分的人，相当部分的事，我是可以担得起见证者之名分的。按照当下流行的文学概念观之，这些文字确应称为"非虚构"。当然，非虚构并不等于绝对排斥虚构。语言的表达本身就存在着虚构，更何况他跑过新闻，知晓通过适当的角度切入，就可在非虚构的情况下，达到虚构的效果。

显然，这些文字见证了自命不凡可又难以抗命的刘一秀，三十余年来从南到北又从北到南的漂泊和流浪。流浪或漂泊，若咬文嚼字的话，则是漫无目的的漫游，是不知道方向在哪儿的随波逐流，那感觉正是徐志摩所说的"不知道风在哪个方向吹，黯淡是梦里的光辉"吧？！当然，这种迫于生计而辗转流浪的无奈，在这部集子中似乎表达得并不清晰，因为他所呈现给读者的其实是一个非常有规律的运行轨迹：北方的沈阳—南方的深圳/芜湖/郎溪。对于这种反流浪叙事，我更愿意相信，这是文学天然的后视式叙述所造成的假象。想当年，他可是完全无头苍蝇般，嗡的一声去了沈阳，嗡的一声到了深圳，再嗡的一声回到芜湖/郎溪。他写他和师兄师妹陪导师王向峰先生到福建开会的经历，其中表达出的生如飘蓬的感觉，我以为是可以放大的，可以覆盖全书的文字，覆盖其窜行于南北之间时的窘状。

《北风南枝》中的漂泊感，虽然是刘一秀个体的感受，但从文化的角度来看，却是与自古以来中国文人知识分子的精神追求高度同构的，骨子里的安土重迁，即使现代如刘一秀这样的新时代人，也是在所难免的。刘一秀作为一个乡土青年，赶上时代的潮流，从穷乡僻壤走出来，当初也是颇有一番"粪土当年万户侯"的天下情怀的。在一个如此有志青年的视野中，乡下就有了动不动就抡起扁担的父亲，有了啰里啰嗦的母亲，还有千万种不好和不待见。于是，启蒙啊世界眼光啊都拿了来，作为观照乡下的利器。不过，只要他离家二三里，其骨子里的恋母恋父情结和怀乡症就会发作，于是，他的那些叛逆情绪和壮阔雄心，就会烟消云散，他的流浪与漂泊感就会泛滥成灾，就具体呈现在他自觉或不自觉流露出来的南方和北方的观念里。

鲁迅先生在《南腔北调集》中，就说到"南人"和"北人"的故事。他大略的意思是，我在北方的时候，他们说我是南方人；回到南方时，他们又说我是北方人。这个故事的结局就是，鲁迅也弄不清自己到底是"南人"还是"北人"，所以他只能"嘿嘿"了。鲁迅所说的"南人""北人"，尽管取自元代历史典故，但他老人家其实并没有用那个典故的原始意义，只是真实地描述了自己既不是南人也不是北人的"两间余一卒"的孤独处境罢了。由此而观刘一秀的《北风南枝》，我想也是比较合适的吧。"胡马依北风，越鸟巢南枝"是一对文化地理学上的概念，讲的是一地有一地人的禀赋秉性，都是由自然而生成的。但是，在刘一秀这里，这一对概念显然被表述成了"胡马依南枝，越鸟巢北风"了。这是一种由错位而造成的悲催处境。南方的鸟儿没有落在南枝，却不得不栖息于北风中，脱离了养育自己的环境，被迫置自己于陌生而严酷的环境里。这何其孤单！又多么无奈！那是凛冽的寒冬中穿着单衣踟蹰街头的感觉吗？！

正是这种"越鸟巢北风"的人生错位，才导致刘一秀在写北方的衣食住行——比如做菜、钓鱼，乃至穿着——的时候，总是忍不住引入南方（主要是郎溪／芜湖）作为参照物。尽管北方的苍蝇馆子、羊杂汤以及澡堂子，也让他很入迷，但是，他却大言不惭地将芜湖的烤鸭封为"天下第一"美食，而且不厌其烦啰里啰嗦地反复提及，甚至将其视为友谊的象征，感情的见证。不仅如此，有时候还自作聪明不露声色地贬低北方的美食："对东北，我的感受，是极复杂的，在爱与不爱之间，倾向于不爱的多。可这种不爱，往往比爱，更具有腐蚀性和杀伤力，仿佛爱了却没能聚首的恋人，心底总是极其复杂难以名状，不思量，却难忘。"（《问学》）如此说来，好像他还是爱东北的，但却绕了个大弯子吞吞吐吐道出了不爱的假话。可能正是身在北风中的孤独，才使得他不能不反顾故土和亲人，反复回想皖南的亲人和童年生活，哪怕是一些并不愉悦的生活场景，以恶补的方式，在想象中建构起他的游子身份,试图吸引他人同情的眼光,以获得哪怕刹那的抚慰。

这部集子中的相当部分,都是写家乡事的。写父母亲,写故乡中学的老师,写"干佬",写老家的木匠、篾匠和杀猪佬,写大学期间厮混一处的朋友诗人老曹,写从故乡来东北的同学,写那些年老的以及已经逝去的亲人。如此还不够,还写故乡的各种奇闻逸事,写被妈妈"错杀的母鸡",写积攒了多日菜金才够买回几枚西红柿给躺在病床上等死的外婆做的"一碗番茄汤",写各种情景下的钓鱼。如此还不够,他还要追溯一团乱麻的家族历史,甚至将这一切看作"救赎"的"彼岸"。读《北风南枝》时,我发现,刘一秀特别注重故乡人事的叙述。看上去他极喜欢写故乡的吃食,比如马兰头、烤鸭和南漪湖里的野鱼,但他对吃食的叙述,从来都没有完全放下心意,像汪曾祺那样沉浸到厨艺中去欣赏和品味,他的美食的叙述总是伴随并直指着背后的人事纠葛。比如,写同学老赵时隔三十多年请他再吃猪蹄的情景,他并没有写出猪蹄的味道,而是专注于写了他与老赵隔空难见的惺惺相惜,和面对猪蹄时的不言自明的会心一笑。他写芜湖烤鸭,其实也并没有写它到底美味何处,而是侧重写了诗人老曹不远数千里给他寄送的友谊。这种写南方美食的套路,也用到了对北方美食的书写中。比如他反复多次写到的"羊杂汤"和"小渔船",也是基本不涉及这些北方特有"尤物"的美之所在,而是眼光瞥向小馆子里的"二人转"式的服务员与直率爽朗、快意恩仇的北方老板娘。由此可见,刘一秀虽做得一手好菜,也可称为美食家,但他更倾心于美食背后的人间冷暖。同时,我还发现,他在叙述故乡人事时,"比较视角"便会消失,完全进入一种沉浸式的书写。他惯有的嬉皮笑脸以及不设底线的嘲讽和机智,也会瞬间不见了踪影。令人唏嘘的是,除了极少数篇章,《北风南枝》里的大部分故乡角色,大都以悲剧收场。形式是有意味的,刘一秀故乡人物的这种叙述结局的安排,一方面当然是由于这些人物

139

的命运使然；另一方面，显然是出于他藏于无意的有意选择。悲剧性的故乡人物，更易于表达他"往事不再"或"故乡不再"的感伤情怀吧。人，是一种文化动物。他在安稳的时日憎恨"根"的禁锢拖累，而在漂泊流浪中又梦想着于那片陌生了的熟悉土地上扎下根来，以纾解漂泊无依的焦虑。这一切看上去有点矛盾，但却是人生的常态。

《北风南枝》对故乡人事的反顾，实际上与二十世纪八九十年代的"寻根文学"出于同样的文化动因。但，那个时候的文化寻根，主要还在于对抗宏大叙事及其对文化血脉上的割裂，而刘一秀则显然出于个体的"越鸟巢北风"的体验。《北风南枝》可以说也属于现下很流行的"返乡文学"的一部分。一如付秀莹等的写作一样，他对于故乡的书写，已经呈现出时代的隔膜。因此，与其说他是在书写现实的故乡，不如说他是在书写"梦中的故乡""童年的故乡"。而就创作主体的动机来说，也如付秀莹的《陌上》一样，他需要解决的并不是故乡的现实问题，而是要解决自己灵魂无处安放的困境。尽管他写得极深情很机智，诸如对同是大学同学的传媒大咖刘春所做的无厘头"嘲讽"与刻薄"愚弄"，但那依然没有脱离自我设定的窠臼。

刘一秀的文字有着独特的况味，他的叙述，有的很抒情，有的又很白描；有的深情款款，又有的调侃不知深浅；有的脆萝卜般的清脆，有的又故意陌生，拧巴诘屈，甚至不乏正经或不正经的蓄意"恶搞"。而如《饦饤环列》则描摹市井万象，信手拈来，讽刺到位，独见随性和慧心，在有趣中见警醒，于嘲讽中见性情，即便想耍点小聪明搞点阴阳怪气，也还是清楚明白，不捣糨糊。他的文风似乎有意要在岁月静好甜丝腻歪的轻文学的锅盆里，捣乱式地往暴热了的旺油里撒一把红彤彤的小米干椒，辣得躺人，呛得冒火。

（《北风南枝》，刘一秀著，上海三联书店二〇二一年版）

品书录 | 姚 磊

十载劳人不自由

马衡，字叔平，曾任故宫博物院院长，是著名的金石学家、考古学家，为我国文物事业做出了许多贡献。在《马衡日记：一九四九年前后的故宫》(紫禁城出版社二〇〇六年版，260页)一书中，有一首诗颇不平常，摘录如下：

十载劳人不自由，
是非场里久沉浮。
著书岁月成虚掷，
伏案生涯宁强求。
垂白那堪闻辩难，
杀青差幸减愆尤。
世间期望知多少，
豁目来登更上楼。

诗题名为《读袁希渊与傅孟真往复问难书，诗以解嘲》，作者是马衡，时间是一九四〇年。题目中的袁希渊是袁复礼，曾任"西北科学考察团"的团长，是著名的地质学家。傅孟真是指傅斯年。傅斯年的威望名气则更大，是著名历史学家、社会活动家，同时也是民国重要的学术机构——历史语言研究所的创办者。《马衡日记》对这首诗没有任何的背景解读，读起来颇费解，马衡如何与傅斯年产生了"问难"？值得探寻。邢义田先生考证此诗是马衡面对傅斯年的指责时所作，揭示出了一个隐藏很久的过往。

一九三〇至一九三一年，西北科学考察团在西北边塞发掘汉简上万枚，震惊海内外。居延汉简入北平后，最初放置在北平图书馆保存，主要的整理考释工作由马衡负责，傅振伦、傅明德等协助绘图、编目、登记等工作。一九三三年，在胡适的斡旋下，居延汉简从北平图书馆转移到了北京大学，当时的"北大和考察团不太分家，不少人员交错兼职"，西北科学考察团的"财力人力大部依北大赞助"，对于西北科学考察团，北大的意见十分重要，甚至对于西北科学考察团理事会成员也有很大的决定权。居延汉简的发现轰动学林，国内外极为关注，能参与整理居延汉简也令学人艳羡。胡适就曾说过："北大为此出钱多出力多，何以无一人？"据傅振伦回忆："一九三四年蒋梦麟担任了北大校长，以胡适为文学院长，解聘了全体原有教授、讲师以至助教。七月份我工作了一个月，到会计课领取薪金，才知道已被解聘。"傅振伦被迫离职后，上交了钥匙和藏品册、文件，移交了全部居延汉简的资料，去了故宫博物院任职，退出了整理居延汉简的工作。傅振伦是协助马衡整理居延汉简的核心人员，也是马衡的学生，他的去职无疑使得居延汉简整理人手缺乏，也凸显出居延汉简整理过程中的人事纠纷。

居延汉简的释文考释及出版也面临一定的国际压力，整理工作又很迫切，直接导致了傅斯年与马衡的冲突。二〇一五年，傅斯年的信件公开出版，使得我们可以很清晰地梳理出缘由。据劳榦回忆："当时马衡的进度甚慢，傅斯年觉得须要加快，否则在国际上会失颜面。"傅斯年的原话是"久不出版，学界之耻，国家之耻"，从这些词语之间可以看出，傅斯年对汉简整理速度相当不满。傅斯年还指责说："若非马叔平辈当年据为己有，早已在北平印出。"其中"马叔平辈""据为己有"的指摘，语气是很严厉的，还言："所谓'请叔平先生及其他学者早日缮清付印'，实则'叔平先生'与'早日缮清'似为矛盾名词。叔平今日一如往日，何暇速写此也。"傅斯年在信件中还说："正文出版后，可以中外抢作释文，寻此物之来历，不能禁止瑞典人不作。盖正文一出，人自作其文章，法律不能禁。大约勤者先出，精者晚成，讨论结果，终有一是。学问之道。"傅斯年力主尽早、尽快出版居延汉简之意跃然纸上。在傅斯年等人的催促下，马衡的压力可想而知，这才有了《读袁希渊与傅孟真往复问难书,诗以解嘲》自嘲。

由于人手缺乏,又急需加快居延汉简的整理速度,马衡调贺昌群、向达,傅斯年调劳榦、余逊参与居延汉简整理。据邢义田整理"香港大学冯平山图书馆藏居延汉简整理文件"所记,一九三四年十月二十三日,沈仲章记录:"马先生报告整理木简情形并提议拟添请北平图书馆之向达、贺昌群二君协同原有之傅振伦君继续帮忙整理。傅孟真先生提议:劳榦君亦可请其加入帮忙。议决:初步考释工作由马叔平(马衡)、徐森玉、沈兼士三先生约同向、贺、劳、傅四位规定时间负责进行。"说明对居延汉简的整理,贺昌群、向达、劳榦是一九三四年十月二十三日被理事会批准的。余逊加入则更晚,据一九三四年十二月二日西北科学考察团会议第三次全体理事大会的记录:"本团所藏木简,可否仍在北大原处整理,并添请下列人选积极工作:陈受颐、蒙文通、孟森、余逊、姚士鳌、傅斯年,俟马叔平先生回平后召集以上几位及上次已推定之向达、贺昌群等详细计议工作办法。"其中指出余逊属于第二批加入人员,晚于贺昌群、向达、劳榦。实际上,直接阅简进行整理工作的时间更晚,依据"整理木简会议四次会议"的记录,贺昌群、向达等人的交接工作直到"廿四年一月十六日"才开始(一九三五年)。依据两人调阅汉简的记录显示,贺昌群"自二四年二月十二日下午至二五年四月二十四日",向达"自二四年二月二十六日下午至二四年七月十三日下午"。两人受邀整理居延汉简的时间是一九三四年十月,开始整理的时间是在一九三五年二月。

贺昌群、向达、劳榦、余逊四人能参加居延汉简的整理有多种原因。居延汉简曾在北平图书馆存放过,贺昌群、向达两人又在北平图书馆工作,这无疑是很好的机缘,可能最初存放在北平图书馆时,西北科学考察团就曾邀请过北平图书馆的工作人员帮忙整理,毕竟他们有"地利"之便。当然贺昌群、向达的综合实力也非常好。两人都曾在商务印书馆工作,积累了丰富的文献整理经验。贺昌群还曾东渡日本学习，对海外汉学所获颇多，在国际交往方面有经验。向达的英文也很好，学识渊博。由于居延汉简有很大的国际影响力，外文好无疑是重要的优势。据邢义田所阅傅斯年书信，傅斯年就十分欣赏"向达的学问，力图延揽"。多种因素的叠加，使得马衡、傅斯年对他俩的才能十分认可。劳榦、余逊本就是北大学生，老师又是傅斯年，兼具"人和"。向达和北大也有机缘，一九三四年兼任北京大学讲师，讲授"明清之际西学东渐史"等课程，他们的北大背景符合胡适的用人思路。

据傅振伦回忆，从一九三一年开始考释到一九三四年，"马先生考释了破城子、大湾、瓦因托莱及地湾、察克和尔特等五个地区的木简文字"。依据史语所藏汉代简牍资料库，居延汉简有数据的简牍约14178枚，马衡考释的破城子（编号A8）有简近6000枚、大湾（编号A35）有简近1600枚、瓦因托尼（编号A10，即瓦因托莱）有简近350枚、地湾（编号A33）有简近3400枚、阿德克察汗（编号A36，即察克和尔特）有简12枚，合计约11362枚，他一人考释就占了居延汉简的80%，这个数据相当惊人。在人员齐备、设备经费无虞、前期准备充足、整理经验成熟的情况下，重新整理出版的《居延汉简》也从二〇一四到二〇一七年，历时三年多才得以全部出齐，可见居延汉简整理之难。我本人有幸参与整理《肩水金关汉简（伍）》以及《悬泉汉简（壹）》，从我个人整理汉简的流程和时间来看，马衡的整理速度也算很快的，他所付出的辛劳也是巨大的。

需要指出的是居延汉简中有很多残断简，需要进行缀合拼连。在当时的条件下，缀合难度很大。而马衡在贺昌群、向达、劳榦、余逊加入前可能就有了缀合成果。整理木简会议四次会议之"会议录"中有"从前整理木简之手续"，其中写道："各坑之简不使羼乱，则断者复续，同编者分而复合，其机会较多……每简先写号码，再写释文，其有断而复续者，将每一断简之号码依次写之。"从中可以看到"断者复续""机会较多"的字眼，明显已经有了缀合成果。

据傅振伦回忆:"每天上午到北大研究院文史部作释文及研究者只马衡教授一人。"故我们推测很多缀合系马衡所缀,工作量也是难以想象的。

二十世纪三十年代的马衡等人缺乏整理出土简牍的经验,速度上肯定也快不起来。马衡整理时又非常仔细认真,要求极为严格,"非自己对原物再细看一遍不可"。工作时也追求完美,邢义田说:"据我阅读马、向、劳、余各人释文稿印象,马衡释文稿字迹最为工整,非有把握,绝不下笔,竟一无涂改。"在这种严谨态度之下,居延汉简的释读工作肯定无法与傅斯年的预期一致。由于居延汉简当时的声望太大,关注度很高,傅斯年着急出版的心情与马衡的整理进度必然产生矛盾。

仔细研读香港大学冯平山图书馆藏居延汉简整理文件,劳、余、马、向、贺五人在整理过程中,劳榦、余逊为一组(后有"晒蓝本"),贺昌群、向达则为一组(后有《初稿》《释文》),马衡名义上总体统筹。"当时傅斯年和马衡关系不睦。贺、向为马衡所荐,参加汉简工作,和马关系较近。傅斯年和胡适等企图主导汉简整理工作,马、贺、向心存芥蒂,不少释文稿留在自己手上。"五人整理中,实际上存在了两个组合。贺昌群、向达对马衡负责,劳榦、余逊则对傅斯年和胡适负责。"不论释读或校订,两伙人各自为政,甚至每人依出土地,各分若干包,工作时间不同,各干各的。"傅斯年也曾试图拉拢向达,但"二人始终尊而不亲"。

在居延汉简的研究历程中,较常听到的是"晒蓝本",如沈颂金认为:"一九三六年,原西北科学考察团首先将劳榦、余逊二人的部分考释用晒蓝纸印刷成册出版,世称'晒蓝本',所考释的汉简约占总数三分之一,这是最早的居延汉简释文稿本。"出于尽快出版居延汉简的考虑,"晒蓝本"是傅斯年主导下推动的,这引起了马衡等人的不满。邢义田认为:"所谓晒蓝本是据劳榦和余逊释文原稿晒蓝而成,保留了释文书写的原始面貌。"可见贺昌群、向达以及马衡所作释文,"晒蓝本"可能吸纳不多,这也是傅斯年与马衡矛盾的一个重要原因。这或许也留下了心理上的更大裂痕。贺昌群、向达所作的居延汉简释文稿本直到两人过世也未出版，他们也很少对人提及这段往事，马衡先生的居延汉简释文稿本目前也未见披露，留下了很多的遗憾。

时光已逝，邢义田先生领衔的整理小组对居延汉简进行了重新整理出版，提供了更清晰的图版与更准确的释文，并进行了大量的汉简缀合工作，可谓是目前的"善本"。希望此能抚慰两位先生，因为这才是他们最看重的。

读书短札

"太史公牛马走"

杨学东

司马迁《报任少卿书》（以下简称《报书》），首句"太史公牛马走司马迁再拜言"是理解这篇书信的关键。然千百年来，对它的误读颇深。"牛马走"不难理解："像牛马一样服事。"而"太史公"一般解释有二：一是指司马谈。《文选》李善注解"太史公"为"司马谈"，释"走"为"犹仆也"，"言己为太史公掌牛马之仆，自谦之辞也"。然而，写《报书》时司马谈已死，何需去服事？且有此孝心又何必对任安这个外人讲。二是指官职。《古代汉语》（修订本）释"太史公"为"司马迁自称官名"（郭锡良、唐作藩、何九盈等编著，商务印书馆一九九九年版），也说得通，但未体悟到司马迁心曲。

其实，"太史公"指的是《史记》。《汉书·艺文志》有"太史公百三十篇"，《史记·自序》有"凡百三十篇，五十二万六千五百字，为太史公书。"钱穆《太史公考释》说："《太史公》则司马迁一家之私书，当与孔子《春秋》齐类，故其书称《太史公》。"〔《中国学术思想史论丛（三）》，生活·读书·新知三联书店二〇〇九年版〕司马迁因替李陵辩护，犯下"诬上"死罪。司马迁自请宫刑，隐忍苟活，为了完成《史记》，即使像牛马一般没有尊严地活下去。因为只有完成《史记》才能雪耻扬亲，对自己、对亡父与历史文化有个交代，这是《报书》全文的主旨。司马迁在写了《报书》后不知所终，有人说《报书》触怒了武帝，被下狱死。但我宁愿相信，司马迁完成了历史使命，势不再辱，不待武帝，亦将自行了断。

蔡天新

弗雷格、逻辑和真理

岁月的流逝是最关键的评判师。

——大卫·休谟

一、波罗的海的维斯马

十九世纪以来，德国哥廷根大学便是一处数学圣地，那里产生了数学王子高斯和黎曼等彪炳史册的数学巨匠。二十世纪初，菲利斯·克莱因和希尔伯特创建了哥廷根数学学派，使得世界数学中心从巴黎转移到了哥廷根。在哥廷根成长的众多数学博士中，还有一位成为哲学大师，那便是弗雷德里希·路德维希·戈特洛布·弗雷格，他是逻辑学家、哲学家、数学家，被广泛认为是亚里士多德以来最伟大的逻辑学家，享有"现代逻辑之父""分析哲学之父"的美誉，也是语言哲学的奠基人，对二十世纪哲学有着广泛而深刻的影响，甚至影响了胡塞尔、罗素、维特根斯坦等大哲学家以及卡纳普、奥斯汀、安斯康姆、维金斯等富有原创性的哲学家。

一八四八年十一月八日，弗雷格出生在波罗的海港口城市维斯马（Wismar），比克莱因年长一岁。维斯马的对岸是丹麦的哥本哈根和瑞典的马尔默，这座城市于一二六六年加入著名的"汉萨同盟"，十九世纪曾通过航运贸易繁荣一时。如今，维斯马依旧是德国重要的货运港和渔港，同时拥有波罗的海沿岸最具哥特式风光的建筑群。弗雷格的双亲都是教师，父亲亚历山大还在故乡与人合伙创办了一所女子高中，并担任校长。亚历山大擅长数学，这一点对儿子有绝对的影响。弗雷格童年时，亚历山大还为九至十三岁的孩子写过一本德语教科书，开头一节即是有关语言的结构和逻辑。一八六六年，普奥战争爆发，那一年弗雷格十八岁，父亲去世，母亲玛利亚接管了父亲的学校，她的祖先是波兰贵族，于十七世纪离开波兰。

普奥战争又称"七星期战争"或"德意志战争"，是普鲁士和奥地利这两个德意志大邦国为争夺统治权进行的内战，最后以普鲁士获胜告终。一八六七年，在普鲁士领导下，北德意志邦联诞生了，弗雷格一家成为北德意志邦联的公民。两年以后，弗雷格从市立学校毕业，他的老师古斯塔夫是一位诗人。古斯塔夫鼓励弗雷格到耶拿大学继续深造。

二、求学耶拿和哥廷根

一八六九年春天，玛利亚把二十一岁的儿子送到德国最古老的大学之一——耶拿大学。耶拿属于图林根州，那时恰好在北德意志邦联之外。十七世纪的全才莱布尼兹曾在耶拿攻读数学，获得硕士学位。但耶拿大学更以人文学科见长，尤其是十八世纪末以来，哲学家费希特、黑格尔、谢林、施莱格尔相继来校任教。在随后的两个学年里，弗雷格修了大约二十门课程，主要是数学和物理学，也修化学和哲学。

弗雷格就读耶拿的第二年，即一八七〇年夏天，普法战争爆发了。这次战争由法国发动，历时十个月，普鲁士大获全胜，统一奥地利之外的南方各邦（巴伐利亚、符腾堡、巴登连同黑森公国的剩余部分），建立德意志帝国。那一年，弗雷格在老师阿贝的鼓励和帮助下，离开了耶拿大学，转学来到哥廷根，其时高斯、狄里克莱早已去世，黎曼五年前也在意大利辞世，哥廷根数学系盛极而衰，唯有曾与高斯合作发明有线电报的物理学家威廉·韦伯尚在哥廷根任教，弗雷格听过他的物理课。一八七三年，二十五岁的弗雷格在数学家恩斯特·谢林（与哲学家弗雷德里希·谢林其实不同姓）的指导下，以《论平面上虚影的几何图形》获得哥廷根大学哲学博士学位。弗雷格的博士论文通过对平面上虚影图形性质的讨论，阐明了几何学基于直觉的观点。在哥廷根期间，弗雷格还聆听了赫尔曼·洛采有关宗教哲学方面的系列讲座。关于弗雷格的哲学思想是否受到这些讲座的影响，曾经是一个广为讨论的话题。有些人认为，洛采的逻辑观念，特别是他对纯粹逻辑的看法，对弗雷泽逻辑思想的形成有着重要的影响。

博士毕业以后，弗雷格回到耶拿大学担任无薪讲师，之后一直任教于数学系，长达四十五年，直到七十岁退休。弗雷格三十一岁成为助理教授，三十五岁晋升教授，他讲授过数学的各门分支课程，也有一些数学研究成果，但更多致力于数学基础、数学哲学和逻辑理论的研究。弗雷格一生的工作主要围绕着一个问题，即为数学提供可靠的逻辑基础。虽然数学一向被视为严格演绎的典范，但那个时代的一些数学家、逻辑学家和哲学家已经认识到，数学缺少逻辑基础，他们开始致力于这方面的工作。至于数学是否当真需要逻辑基础，人们是否能够为数学建立起逻辑基础，至今仍存在争论。另一方面，正是在数学和逻辑的交叉领域所进行的各项研究形成了数理逻辑这门新学科，并产生了许多积极的成果。

三．纯粹逻辑的真理

一八七九年，弗雷格出版了第一部著作《概念演算》（又译《概念文字》），这是一本不足八十页的小册子。书中首次提供了现代意义下的数理逻辑的一个体系，但当时的哲学家和数学家都未能清楚地理解其意义。几十年以后，这个主题开始发展，弗雷格的观念透过其他同行（例如意大利人皮亚诺）的理解和宣扬传播开来。在弗雷格生前，只有极少数同行（罗素是其中之一）给予他应得的赞赏。

作为一名数学家和逻辑学家，弗雷格使得高斯以来建立的数学体系更加准确和完善，确立了算术演算的基本规则，因而成为数理逻辑的奠基人。他同时提出数学可以归化为逻辑、数学是逻辑的延伸的思想，成为数学哲学三大流派之一——逻辑主义——名副其实的创始人（另两个流派为直觉主义和形式主义）。但弗雷格自己却因为游离于数学和哲学之间，长期被数学界和哲学界冷落。他身材矮小、性格安静、沉默寡言，与同事和学生均较为疏远，以至于在耶拿大学做了多年的编外教授。

通常认为，用数学方法来研究逻辑问题，开始于莱布尼兹，他提出了文字学的设想。十九世纪的两位英国数学家德·摩根和布尔用代数的方法建立了逻辑代数，其中布尔代数后来为二进制应用于电子计算机铺平了道路。但这种逻辑代数与亚里士多德的形式逻辑（三段论是其间接推理的基本形式）本质上是一样的。弗雷格在获得博士学位以后，对布尔学派和莱布尼兹、康德的数学哲学思想进行了一番研究，建立并构造出了一个自给自足的逻辑演算体系。

弗雷格把真理分为两种，一种真理是以经验事实为依据，比如物理学中的浮力定律和自由落体定律；另一种真理的证明纯粹来自逻辑规律，他认为算术命题就属于后一种。在探讨这类真理时，必须绝对严格，防止直观因素的渗入。弗雷格认定，日常语言在表达严密思想时存在障碍，尤其是在表达的关系较为复杂的情况下，日常语言更难满足要求，因此他创造了概念语言或概念演算。弗雷格指出，概念语言与日常语言之间的差异，就如同机械手与人手、显微镜与肉眼之间的差异。

为此，弗雷格首先严格地区分了命题的表达和判断。他认为，只有在理解和表达了一个思想以后，才能对它加以判断。其次，他明确地提出真值蕴含的思想，同时指出它与日常语言的区别，并采用否定和蕴含作为基本的逻辑连接词。再次，他先后引进了"内容同一"符号和"对象同一"符号，试图寻求"相等"与"同一"之间的统一。再其次，他在逻辑演算过程里引入数学中的函数概念，建立起量词的理论。最后，他建立了九条公理和四条规则，在此基础上，再进行了大量的推演。

虽说弗雷格成功地构造了一整套严格的逻辑演算体系，从而有效地终结了亚里士多德建立的形式逻辑长达两千多年的统治，给出了历史上第一个严格的关于逻辑规律的公理系统——现代逻辑系统，可是，由于他在书中利用了既复杂又陌生的符号来表达新奇的概念，使得读者望而生畏。与弗雷格同时代的数学家施罗德当年曾撰写长文予以全面的批评，在罗素发现其价值之前，《概念演算》几乎无人问津。

四、逻辑主义的创始人

虽然《概念演算》出版后遭受冷遇，弗雷格有几年没有作品发表，但他并没有气馁，而是重新思考，并深入地研究了逻辑哲学和数学哲学。一八八四年，弗雷格的第二本著作《算术基础》出版了，这本书包含了弗雷格核心思想最明确、最完善的阐述。弗雷格在书中提出了一个根本性的问题："数是什么？"他指出："数学的本质在于，一切能证明的都要证明，而不是通过归纳法来验证，因此，我们也应考虑如何证明关于自然数的命题。"

在《算术基础》里，弗雷格论证了以下的论题：第一，反对康德认为算术真理为先天综合命题的主张，论证它们是分析命题；第二，数可以被归结为逻辑的类，是逻辑的一部分；第三，数，尤其算术（数论），是某种独立的抽象对象，数字是关于数的指称，算术是关于这些对象的性质的科学；第四，算术不是人的创造性游戏，而是对客观真理的发现。至少，以数论学家的经验来看，我认同弗雷格有关算术是客观真理的结论。事实上，算术是一座取之不竭的矿藏。

弗雷格将《概念演算》中有关数学序列的理论进一步发展,他规定了"n是一个数"与"存在一个概念使得n是属于它的数"的意义是相等的。在此基础上,弗雷格取0作为数列的起点,0是属于概念"不同于自身的"数,1是属于概念"同于0"的数,2是属于概念"同于0或同于1"的数,如此等等。很明显,他给出自然数的定义(由此推演出整个算术理论)在于使用了"一一对应"的概念,这与年长他三岁的数学家康托尔所谓集合的"等价"意义相同,后者最引人瞩目的工作是证明了整数集与实数集之间不存在一一对应。

康托尔是集合论的创始人,他也在同一年(一八八四)给出了自然数的定义,但弗雷格的定义更为准确。依照弗雷格的观点,数学真理可以从逻辑中推演出来,只需把某些内容翻译或再造成逻辑的语言和命题。经过弗雷格的奠基之作,罗素进一步加以发挥。翌年,其论文《数学的原理》已有了大致的轮廓。再经过十年努力,罗素和怀特海合著的三卷本《数学原理》出齐了。这套书成为逻辑主义的权威之作,书中表达了这样的观念:"数学就是逻辑。"

在《算术基础》中,弗雷格还阐明了数学哲学中的三个主要原则:第一,反对数学基础问题上的经验主义,强调数学真理的先天性;第二,他认为数学真理是客观存在的,这种客观性是产生思想的必要条件;第三,他主张一切数学都可以归化为逻辑,数学概念可以定义为逻辑普遍要求的概念,数学公理可以从逻辑原则中得到证明。其中,第三条在罗素和与他亦师亦友的怀特海合作的《数学原理》中发扬光大,也因此广为传播,从这个意义上我们可以说,弗雷格是逻辑主义的创始人。

五、语言的意义所指

在《算术基础》之后,弗雷格集中精力写作《算术的基本法则》,

原计划写三卷，但实际上只完成两卷（一八九三，一九〇二）。弗雷格拟从逻辑出发，展开几何学以外的全部数学，他认为，逻辑的原则是完全可靠的，一旦完成了这项工作，数学"就被固定在一个永恒的基础之上了"。第一卷发展了《算术基础》中的理论，改进了《概念演算》中的符号系统，提出了不同的公理，阐述了多元的谓词演算。谓词演算是弗雷格的一大贡献，衍生出现代数理逻辑学，虽说他的符号系统和记录法笨拙繁冗，今天已无人使用。

弗雷格所谓的谓词是个广义的概念，它包含了数学中的函数。例如，$x \leq y$可以看成二元谓词，$x+y=z$可以看成三元谓词，谓词演算包含了数学中的一些命题。二十世纪三十年代，波兰数学家塔尔斯基还定义了谓词公式，并引进了模型的概念，发展出了模型论这一现代数理逻辑的四大分支之一（另外三个是公理化集合论、证明论和递归论）。弗雷格开创了独特的求真方式，区分了"是真"和"把某物看作真"，他通过研究句子来研究"真"，这一独特的真之理论对语言哲学的研究有着重要的意义。

弗雷格把语言的意义构成一分为二，即意义与指称，为了说明这个观点，他举了金星作为例子。"长庚星"和"启明星"指称的是同一事物——金星，但两者意义不同，"长庚星"强调的是金星在夜晚闪亮，而"启明星"强调的则是金星在早晨闪烁。当我们想到"启明星"，我们的心也许会激动甚至颤抖，因为它与早晨起床和新的一天联系在一起，但金星本身的"意义"并没有这层意思。

说到语言哲学，它是哲学家对语言现象的研究，是分析哲学的一个变种或支脉，也是现代西方哲学中影响最大、最富成果的哲学流派。因其所用的方法是对语言进行逻辑分析，故而是以现代数理逻辑的运用为基础的。对欧陆哲学家来说，语言哲学是逻辑、历史甚至政治的一部分。值得一提的是，语言哲学领域的两个主要哲学家之一奥斯汀是弗雷格《算术基础》的英译者，而他本人生前并无著作出版。

回顾历史上哲学与数学的交融，大致有三个蜜月期，数学家往往也是哲学家，反之亦然。首先是古希腊，泰勒斯提出了物质世界的构成问题，他认为我们的世界是由水组成的，后来的哲人各有各的看法，毕达哥拉斯认为"万物皆数"。其次是十七世纪，哲学家关注人和人性，笛卡尔断言"我思，故我在"，帕斯卡尔写成了《思想录》。最后是十九世纪后期和二十世纪前期，数学家和哲学家开始用逻辑方法探讨语言现象和语言中的思想。换句话说，越来越接近哲学的本质——认识人自身。

那为何要探讨语言现象呢？这是由于科学的突飞猛进，新的学科和分支不断涌现，甚至带走了一些哲学的研究对象，例如心理学。与此同时，物理学也开始挑战哲学的基础学科地位。哲学有了危机，有两个重任落在数学家出身的弗雷格头上：其一，重新划分哲学的界限，捍卫哲学的领地；其二，促使哲学科学化。对第二个任务，弗雷格的《概念演算》已创造出与容易混淆的日常语言划清界限的新的精确语言。对第一个任务，弗雷格的回答是：其他科学研究"什么"是真的问题，而哲学研究什么是"真"本身这个问题。

六、罗素和维特根斯坦

《算术的基本法则》第一卷出版以后，再次受到冷遇，只有皮亚诺做了评述，但他显然对这本书没有足够的理解。弗雷格并没有受到影响，而是继续撰写第二部，主要论述实数的理论。可是，他既没有深入研究集合论，也没有触及关于无穷集合的各种问题，尤其是悖论。事实上，有关集合论和无穷集合的工作已被康托尔建立，但那时尚未被人承认和知晓，更有甚者，他遭到了同胞数学家克罗内克的激烈反对和打击。一九〇二年，正当第二卷即将付印之时，弗雷格收到了罗素的来信。

信中罗素首先称颂了弗雷格的工作："就我所知，您的工作是我们时代中最好的。""在许多具体问题上，我发现您的著作都进行了讨论、区分和定义，这使得其他逻辑学家的工作黯然失色。"信中接着说道："只有在一点上我遇到了困难，……下述矛盾：令 W 为不能论断自身的谓词的谓词，W 可以论断自身吗？任何回答都会导致矛盾。……由此我得到，在某种条件下，一个可定义的集合并不构成一个整体。"也就是说，罗素的来信一方面意味着弗雷格的工作开始得到承认，另一方面又宣告了他的工作的终结。

罗素在参加一九〇〇年巴黎首届国际数学家大会期间，读到了皮亚诺的一本著作，对书中严谨的逻辑留下深刻印象。第二年，罗素便提出了悖论，他给弗雷格写的信正是基于此发现，这封信使得弗雷格把数学建立在集合论之上的想法遭到沉重打击。一九一九年，罗素又提出了更为通俗的理发师悖论：一个宣称给所有不给自己刮脸的人刮脸的人，他到底有没有给自己刮脸呢？无论如何，这都会得出矛盾的结论，这个悖论揭示了集合论本身存在着矛盾。

可是，逻辑主义并未就此中断或消失，发现问题的罗素和怀特海等人很好地继承了弗雷格的事业。弗雷格曾指出："模棱两可与含糊其辞，对诗人来说没有问题，具体到论述真理的语言，尤其是科学的语言，就应该准确又清晰。"传统哲学通常是对思维内容和认识能力进行探讨，弗雷格则对语言表达形式和内部结构进行研究，他认为对语言意义的分析，是哲学研究的主要任务。弗雷格深信他的研究在未来会赢得更大的赞誉，并把未发表的文章留给其养子。

弗雷格有关语言意义的观点，深得奥地利哲学家维特根斯坦的推崇甚至膜拜，这位二十世纪著名的思想家明确指出，他的哲学工作的两个来源是"弗雷格的巨著和我的朋友罗素的著作"。维特根斯坦曾短期来耶拿跟随弗雷格，一九一二年他前往剑桥，在罗素的指导下学习数理哲学，那也正是弗雷格的建议和推荐。

一九二一年，在罗素的帮助下，维特根斯坦的《逻辑哲学论》出版了，这部书的中心问题是："语言是如何可能成其为语言的？"让维特根斯坦惊讶的是我们司空见惯的一个事实：一个人居然能听懂他以前从未遇到的句子。他本人对此是这样解释的："一个描述事物的句子或命题必定是一幅图像。"维特根斯坦认为，所有的图像和世界上所有可能的状态一定具有某种相同的逻辑形式。

弗雷格曾写道："一个好的数学家，至少是半个哲学家；一个好的哲学家，至少是半个数学家。"一九一八年他退休后，回到故乡梅克伦堡－前波美拉尼亚州，在德国第四大湖施韦里纳湖北岸的小城巴德克莱茵（Bad Kleinen）定居，继续著书立说，并转向他年轻时的课题——几何学，提出几何学是数学的基础。巴德克莱茵离弗雷格的出生地维斯马只有二十多公里，他于一九二五年七月二十六日去世，安葬在施韦里纳湖畔。如今每年春天，梅克伦堡西北地区的居民都会通过往返这两座城市的集体行走活动纪念弗雷格。

《中国金银器》

扬之水 著　　定价：890.00元　　（共五卷）

《中国金银器》是我国首部完整展示金银器在工艺美术领域流变的鸿篇巨著，也是一部穿越古代国人世俗生活的文明史。全书为精装五卷，中式翻身，内括九十万字，图逾四千幅，绚烂如宋人青绿山水长卷。扬之水结廿年耕耘不辍之心血，举篇以非凡洞察力，为金银器定名寻源，结合器物、诗文、图像三条线索，通过对"物"的图文解读，重续古典传统中"文"与"物"与"史"之间断裂的脉络。启卷之际，仿若亲临一条通古接今的步道，可见流散于历史时空中的斑斑璀璨，亦可聆听古代载籍中的娓娓解说。

生活书店出版有限公司2022年7月出版

渠敬东

燃烧的学问和火一样的人
——怀念段晴老师

一

三月三十日那天从八宝山回来,独坐在二院的中厅里,心里空落落的,天也阴沉沉的。又想起那个夜晚,在段老师临终前的两天,邓老师、四龙和我去看望她。见到的一刹那,我仿佛被雷击了一般。从未想到过人的一生会有两种样子:一团热烈燃烧的火,竟也有奄奄一息的时刻。

我不懂段晴老师的学问,怕是一辈子都不会懂。我只是知道,那是一种语言的游戏,更是文明的密码。破译电信密码,能赢得一场战争,而破译文明密码,则关乎人类的过去和未来。

做这样一种学问,需要消耗一生的时间,培养这样一种人才,也不是常规学术体制可以做到的。这需要非凡的功力,似乎也需要一些运气,更需要健康而持久的生命。前两点,段老师都做到了,只有最后一点,她没有做到。说实话,她不是不想做到,她每天坚持锻炼身体,几乎达到了严苛的程度。或许,她深知,她所从事的学问不是一个人的,需要一代一代人的传递;她太希望接过前辈大师们的接力棒,跑得更快,更远,更长久,交给下一代人。但人的力气总是有限的,她燃烧得太猛烈了,从未停歇过。

段老师一生都是在奔跑和燃烧中度过的。她的领域是"冷门绝学",是那些尘封已久、不再会说话的文字。千年文书,残破、冰冷而沉默着,需要真正懂得它们的人,再次去温暖它们,使之重获生命,开口说话,告诉今人未知的过去,以及蕴藏其中通向未来的基因。或许,这项学术事业太需要温度了,表面上板凳似的冷,实际上是要内心火热的。季羡林先生如此,他质朴宽厚的举止里,是时刻涌动的激情;他的学生段晴也如此,在她训诂考据般的字里行间,是一颗怦怦跳着的心。

"火似的段晴",这是邓小南老师为纪念段老师而写的文章的题目。这段时间,邓老师还在肩部手术的康复中,不能写字;在电脑的键盘上,她用一只手指敲下了这样的文字:

> 她每到二院,都是飘忽而来,都是一阵风,都是一团火。她开口就是分享,满心满意都是自己在研究的学术问题、钟意的学术事业;从北大到敦煌,到新疆,脑子里满满的,心中念念的,从不停息。她的理念,她对学术的设想,都带着火一样的热度,在座者无不受其感染。

二

这些天,我重读了段晴老师为她的老师季羡林先生逝世一周年写下的文章,她的文字异常地冷静,她要在自己的老师离世一年后,全面、真切地面对老师留下的学术遗产;她要搞清楚前辈之学由何而来,向何处去,借此确认自己的位置,并理性地告知自己,将在哪些领域接续和拓展老师未竟的事业,使这片天地长久长新。

在这篇题为《德国的印度学之初与季羡林先生的学术底蕴》的纪念文章中,她指出,当年季羡林留学德国,研究领域为印度学(Indology),学科方法为语文学(Philology)。但对于后者,段晴有自己的看法,她认为将这个学科说成"语文学"或史语所意义上的"历史语言学",都不准确。她引用米歇尔·福柯在《物之秩序》中有关于此的分析指出,十九世纪之初诞生的Philology,首次将语言作为语音元素的整体来对待,这种认识上的变化甚至影响到德国浪漫派对于口头文学的注重。因此,"从事这一领域的研究者,多运用比较的方法,好以古老的语言为对比的基础,以探寻某种语言内部的结构"。

我觉得,段老师的这段说明是大有深意的。她当然强调了季先生如何借学西方而回到东方,为现代中国学术界开拓了一片荒原之地,但她更强调了 Philology 的学科性质,即用解放了口头传统的方法,通过不同语言全面而多重的比较,来探求古典文明及其历史的密码。她虽未明说,却指出了季先生所奠定的东方学的本质所在:这种学科的倾向,不仅与"五四"以来的白话文运动有关,也与清末以来的今文经学运动有关;将 oral tradition 解放出来,是现代学术的一种精神气质,这种方法论原则在极大程度上影响着我们对于古典文明及现代世界之构造的基本理解。

段晴认为,像施莱格尔(Friedrich Schlegel)这样的印度学大家,以及格林(Jacob Grimm)这样的语言学大家,一开始就知道自己是做什么的。他们对于现代意义上的古今之变,给出了一种深度的探索:"印度传统对于语言的崭新认识,使十九世纪初期的欧洲语言学家把眼界从旧有的对修辞色彩、论证风格的评判,转移到对语言内部结构的关注。"所以,他们的历史作用完全可与歌德和席勒比肩。就像施莱格尔所说的那样,这种"对于古典认知的再度发现,迅速改变了科学的构架,甚至可以说是世界的构架,并使之焕发了朝气"。从这个意义上说,我们今天称这门学问为"冷门绝学",真是错失了其富有现代生命力的真义:正因为如缪勒(Max Müller)、索绪尔(Ferdinand de Saussure)等这样的语言学家,在宗教及思维结构内部获得了本质性的发现,才使得二十世纪以来,从语言结构出发来理解存在及其世界构造的思想革命,由此得以开辟;这一因子,正流淌在现代人的血液里。

相较德国，季羡林更加知晓印度之于中国文明构造的意义。他留学归来，孜孜以求地探索着中国印度学的范式和领域，最终，"中印文化关系史和比较文学史成为学术的安身立命之地"。其中，"古代语言成为季羡林先生揭示历史的契机"，不仅他的梵语研究深入到大乘佛教的起源问题，发现了中印物质文化交流的线索；而且，作为世界上鲜有的几位吐火罗语专家之一，他通过对西域语言的发现和考释，揭开了中亚语言作为中印文明沟通之桥梁的奥秘，由此，才使人们充分认识到："曾经生活在新疆丝路沿线的古代民族，是与中国文化的发展密不可分的。"

三

《迎接挑战》，是段晴老师写于三十年前的一篇回忆性的文章。她说，到了四十不惑的年纪，她"大概是这个世界上最繁忙的人"。

一个人的努力，源于她始终牢记着自己曾经逝去的时光。段晴清楚地记得，"文革"期间她同其他年轻人一样，都是科学的"白丁"。幸运的是，"文革"尚未结束，她就作为工农兵学员迈入了北大校门。在文研院举办的《传承：我们的北大学缘》中，她曾这样回忆：

> 纯粹在幸运之光的照耀下，我进入了北京大学西语系德语专业，即现在外院德语系的前身。……能够进入德语专业，学习德语，真是我一生中最大的幸事，让我在年轻的时候，就可以读到歌德的 *Faust*（《浮士德》），席勒的一系列 *Ballade*（《叙事诗》），Thomas Mann（托马斯·曼）的 *Buddenbrooks*（《布登勃洛克一家》），Anna Seghers（安娜·西格斯）的 *Das siebte Kreuz*（《第七座十字架》）。

在那个荒唐的年代里，学习这件事情有走"白专道路"的风险。年轻的段晴受益于倪成恩、范大灿等师，如饥似渴地偷偷读书，沉浸在德国哲学和文学的海洋里。让她印象特别深刻的，是她读到马克思写于十七岁的《一个青年人在选择职业时的思考》的情形，这篇文献，是倪成恩先生"一个字符一个字符敲打在稀薄的纸上的"。她清楚地记得："当时坐在未名湖畔捧读这篇文章时，心潮澎湃。"特别是文章中的最后一句：Wennwir den Stand gewählt, in dem wir am meisten für die Menschheitwirkenkönnen, ... und unsereAschewirdbenetzt von der glühenden Träneedler Menschen（"如果选择了最能为人类而工作的立场，……面对我们的骨灰，高尚的人们将洒下热泪"）。

我也清楚地记得，在北大二教地下的半圆形阶梯会场里，段老师用清朗的德文大声诵出的这句话。台下的观众，似乎看到了一个二十出头的女生，在未名湖畔轻声诵读这篇文章的情景。此刻她心中激起的热情，相隔几十年也未曾改变。

也许是因为段老师有扎实的语言基础，一九七八年，她成为季先生门下弟子，再次踏进了北大校门，那是她"一生中最值得怀恋的时代"。她跟随季先生，开始学习梵文，走进了语言的丛林，从此以后她越走越深，领略到了世间难见的风景。

在段晴的眼里，季先生是一位"十分透明的人"，先生教她语言，教她思想，也教她做人。季先生指导学生，简洁明了：他以学游泳打比方，让段晴养成了自学语言的习惯；他也大段大段删去过段晴硕士论文的内容，告诉她什么才是实事求是的学风；"没有新的东西，就不要强写"，是段老师记得最深的一句话，她说："几十年来，这句话就像紧箍咒，一直存在我的脑海中，挥之不去。"

一九八二年，当季先生亲自将她交给德国汉堡大学的埃莫利克（R. E. Emmerick）教授攻读博士学位时，段晴面对的真正挑战到来了。在这里，我必须完整抄录段老师与埃莫利克初次见面的回忆文字，因为只有这样，我们才能真正了解她毕生致力的学术工作有多么艰难。我也想告诉今天的大学管理者，最崇高的学问不是依靠人为设计的几项指标就可以衡量的。真正的学问是会燃烧的，会照亮人类未曾触及的黑暗处。一门开创性的学科，其酝酿时间之久、所需学者意志力之坚韧、条件之复杂、意义之宏阔，都是门外之人无法想象的。

第一次和埃莫利克教授谈话，他问我："你是准备读博士学位呢？还是要求一般的进修？"我根本不知道这学问的深浅，就斩钉截铁地回答："我要读博士。""那么好！"埃莫利克教授说，"于阗文属于伊朗语系。你既然要成为伊朗语言方面的博士，必须了解它的整个体系。你必须掌握至少一门伊朗古代语言，阿维斯塔文就是必修课。于阗语是一门中古伊朗语，除了这门语言外，你还必须掌握另外一门中古伊朗语，比如巴利维文，也是你的必修课，粟特文也应该了解一些。现代伊朗语也是你的必修课，你是伊朗语言博士，如果不学习波斯文，以后别人会笑你，除波斯文外，奥塞梯语也是你的专修课。以上是你的主科的必修课目。按照德国大学的规定，你还必须修两门副科，你可以随便选。但从专业角度考虑，你应该选印度学和藏学。当然，如果你认为太吃力，可以选中文作副科，你是中国人，这样可能对你更容易些。"

年轻的段晴不服气，不信邪，她要迎接这样的挑战。她心里知道，若不付出超乎寻常的努力，便会前功尽弃；若不从细微处有真正的发现，就不会赢得老师的尊重，也会丧失学习的机遇。可以想见，在这短短的五年里，她经历过多少失败和挫折，痛苦和焦虑，只有到了结果处，她在博士论文中解决了她老师的老师，即剑桥大学贝利（W. H. Bailey）教授未曾解决的于阗文中的遗留问题，才终于证明，她可以作为这一领域真正的学者登台，她也有了真正的资格回到母校去继承季先生开创的事业了。她也将成为一名真正的老师，去完成"后天下"的使命。

四

去年，荣新江在一篇题为《西域胡语文献研究获得新进展——段晴教授及其团队的贡献》一文中，全面总结了段老师和她的弟子们近一段时期以来所做的工作：一是佉卢文犍陀罗文书的整理和考释，二是佛教梵语巴利语文献的翻译和研究，三是于阗语佛典和文书的校释和解读。荣教授比喻得好："解读古文书，是打硬仗。"这是刺刀见红的学问，一是一，二是二，虽然在释读过程中或许也有争论，但识得与识不得终究是要判分的。绝学的所谓"绝"字，就是绝地逢生，如破谜题，要么困住，要么挣脱。而且，这也是一种团队作战，不仅要突进到国际前沿各个领域，逐个击破要垒，也要夯实所有佛典文书的基础，配合教学与研究，形成人才队伍的批次。更重要的是，这支队伍不想守在故纸堆里谈兵，他们经常深入新疆、中亚、南亚和东南亚的历史现场，"寻找事件主人的家园"，从田野中获得灵感。

做研究，段老师冲锋陷阵，当仁不让；带队伍，她常常煞费苦心，全力经营。事实上，段老师这支队伍的很多成员，都是被她感召而来的，他们多半不是本行出身，却怀着对西域或佛教的向往，聚集在她的周围。

"直心是道场"，季羡林先生的质朴透明，埃莫利克教授的耿直率真，这些性情都传递给了段晴；如今，她也用直白明了的方式对待她的学生。她说话，似乎从未迟疑犹豫过，即便搞得旁人难堪，她也照直讲下去，不拐弯抹角。沉着求知，痛快人生，是她的信条。当初，她求学于埃莫利克教授，碰到个生词就问导师，导师随手便将一本词典摔过来："自己查！"到了自己学生提交论文的时候，她看了一二十页，也会扬手把论文摔在地上："回去改！"当初，季先生直白地对她说："没有新的东西，就不要强写！"如今，她告诫自己的学生："不可以,这是学术！"在年轻人到了求学、求职和学术发展的关键阶段,她会用近乎家长式的口吻发布指令,帮助他们克服畏难退缩的心理,勇敢地面对未来。

段老师像火一样燃烧着,让接触她的人,有刺痛感,有光亮,也有温暖。她看到谁得了进步,就喜形于色,叫着"大闺女""大儿子",谁答对了问题或解决了难题,就称之为"伟人"和"天才"。治学上的紧张和生活里的欢快,在她那里天然地交织在一起。她经常请学生来家里吃饭,也帮助学生成家,或是在他们成家立业、生儿育女的时候,送去可心的礼物。

段老师像火一样跳动着,她每到一处,论学之余,常会翩翩起舞,引吭高歌;无论是同事还是学生,中国人还是外国人,她都会让大家聚集起来,仿佛围着篝火,体会着任何一个孤单的学者都无法体会到的欢乐。

五

我与段老师的交往,在文研院成立之时。她看了看我,来了一句:"样子还行,文研院能办好！"我不知这突如其来的一句意味着什么,但足以感受到,眼前的这位大学者,干净得如此透明,不需去猜,不需去琢磨,只要讲真话,便是知音了。

从此以后,跟段老师就没了距离。只要经过静园草坪,她常会进二院坐坐。要是邓老师和我在,便会聊起天来。她常跟邓老师打趣说:"大宋不好,不如大唐。"邓老师也笑着不予理论。段老师高兴时便海阔天空,讲她周游世界的所见所闻,讲她经历过的奇闻异事,讲各种学术八卦……这种时候,往往人越聚越多,高潮过后,各人再吃饱喝足似的散去。

段老师的团队与文研院合作很多。她曾主持过荣新江、沈卫荣、王炳华等教授的讲座,也为萨尔吉、叶少勇和范晶晶等年轻学者的讲演甘当绿叶。她召集并主持"两汉魏晋时代丝路南道的多元文明""丝绸之路南道的早期文明探源"等工作坊，汇集了该领域最为重要的学者切磋交流。五年间，她分别以"最后的斯基泰人——追溯于阗王国社会宗教文化变迁""天灾人祸所生发的信仰和习俗——基于古代于阗文明的观察""敦煌藏经洞的于阗语文书"等为题，做过极其精彩的演讲。特别是二○二○年四月那场演讲，当时正处于疫情肆虐的时刻，邓老师和文研院团队希望继续推进学术活动，打开被病毒封死了的时空，给大家一些希望。段老师欣然应允，她用最短的时间做了充分的准备，从和田博物馆收藏的一件四世纪佉卢文书讲起，娓娓道来，将自然的灾难、人类的处境以及佛教的信仰融汇一处，走入文明的深处给人们以安慰。208会议室，段老师只身一人对着摄像机，她的声调和语气没有一丝改变，仿佛听众就在眼前……

二○一七年，我去英国和法国与伦敦大学学院（UCL）高等研究院、法国高等实践学院（EPHE）和法国东方语言文明研究所（INALCO）分别签了合作协议，深度参与欧盟"诸文明写本研究"项目。次年，由包括段晴老师在内北大多位专家组成的学术代表团接连访问了英法相关学术机构。又过了一年，段老师趁"北京论坛"之机，再次邀请英、法、德、美、日的写本专家齐聚一堂，几乎囊括了国际上该领域所有的重要学者。那天的晚宴，同样在208会议室举办，段老师神采奕奕，与诸位学者谈笑风生，那一刻，我体会到了一种学者的幸福感，真知的纽带最为透明，也最为永恒，可以把整个世界串联起来。

与段老师的交往，让我渐渐晓得，真正的学问，不只是为研究对象赋予累积的知识，而是将自身投入其中，浸润它们的气息，着有它们的色彩。段老师一生致力于中亚和西域文明的研究，在她的身上，就有着多文明互通交融的神韵。她爱说爱笑，能歌善舞，而且还会惟妙惟肖地模仿，让身边的人瞬间消除隔膜、亲密无间。她访问巴基斯坦，很快就与当地学者甚至政府官员打成一片，还拿回精美的图片，在文研院做了"犍陀罗的微笑"专题展览。记得有一次，我陪她前往二体地下报告厅的演讲路上，她冲着我说："小渠，来闻闻！"我凑过身去，一股特别的香气袭来，她略带不屑地说："这是阿拉伯香水，你们都没有！"

我们都爱段老师，她一生都灿烂着，心里没有影子，从来不带给人焦虑和忧伤。也许，她是佛派来的使者，光明使者。

六

去年八月，我突然接到了段老师的电话，电话那边，声音短促、微弱："小渠，你差一点见不到我了。"我连忙问究竟，她说得了重病。可她打来电话，想说的不是自己。她叮嘱我，要好好照顾秋季即将来访的学者——新疆大学的阿依达尔教授。她说他人生地也不熟，需要文研院多多联系。说完此事，便挂断了电话。

又过了半月，她再次打来电话，告诉我病情有所好转。她接着问，她最新有关甄𪉸的研究，可否找家合适的出版社尽快出版。我听出了她的语气，她想亲眼看到这部著作问世。挂了电话，我的眼泪倏地落下来，人生无常，这话怎会落在段老师的身上！三联书店的编辑朋友冯金红和杨乐很帮忙，她们也敬重她，爱戴她，加紧了出版节奏，在段老师弥留之际，将一本特制的样书送到她的面前⋯⋯

我永远忘不了一束火光即将熄灭的样子，但也许正因此，我坚信它曾经熊熊地燃烧过。或者，段老师从不认为只有此世的人生，她熄灭了，却留下了更多的火种。

二〇〇六年六月，是段老师与季先生的最后一次见面。季先生叮嘱说："段晴，有你在，星星之火，可以燎原。"如今，这也成了段老师的嘱托。

七

在医院最后一次见到段老师的当晚,我联系雨桐和凌峰,找一篇最能代表老师心境的文字。两天后,这篇题为《"慈悲者之城"与"涅槃城"》的文章出现在"山水"公众号上,足足有五万人点开。

王邦维先生在《师妹段晴》一文中,满怀深情地引用了其中的一段:

> 慈悲者之城,是佛之城,具体说是阿弥陀之城。依靠六婆罗蜜的力量进入这个城,可以不受苦难的袭击,这里既没有山海河谷,也没有四时交替,永远不寒不热,温度适宜。

《开放时代》 双月刊 2022年第4期 目录预告

中国特色社会主义理论研究
谢茂松 "中国共产党和中国人民"的政治学意义

专题一:国家治理(一)
周黎安 行政发包制与中国特色的国家能力
贺雪峰 桂 华 农村公共品性质与分配型动员
曹 舒 张肇廷 迈向"无县时代"?——当代中国撤县设区的实践总结及反思

专题二:中国传统学术资源与当代社会理论发展
沈 毅 人缘取向:中国人儒道互补的"关系"实践——兼论"差序格局"的性质再判定
李长春 儒家政治哲学中的"霸道"
王东美 历史的共情——基于中国知识传统的心理治疗可能

法学与政治
阮泪君 国家荣誉制度的宪法整合逻辑

经济社会
黄宗智 从二元对立到二元合一:建立新型的实践政治经济学
景 军 有关尊严死的辨析
林 子 与谁相干:1950年《婚姻法》宣传的策略转向与话语建构

"他者的世界"
麻国庆 蒙祥忠 作为方法的云贵高原——从费孝通的区域板块研究看中华民族共同体
寸云激 马健雄 坝子社会:一种历史人类学的视角

地址:广州市白云区云城街云安路119号。邮编:510410。电话:020-86464940。传真:020-86464301。
邮发代号:46-169。网址:http://www.opentimes.cn。投稿邮箱:opentimes@vip.163.com。
官方微博:http://weibo.com/opentimes。微信公众号:open_times。

各地经销点:万圣书园(北京)、学而优书店(广州)、荒岛书店(天津·上海·广州)、虎尾厝沙龙(台湾云林县)。

汪家明

设计有道
——宁成春的书籍设计

真是不敢相信,可以随便开玩笑、聊天的宁成春老师八十岁了。在三联书店编辑眼里,他一点也不老,有了重要书稿,还是像几十年来那样,请他出马,没得商量。读者公认三联书店的书在设计上历来讲究,有独特风格,而这讲究的主要原因,就是有一个范用,有一个宁成春。范用是开创者,宁成春则是承前启后、发扬光大者,他的作用,无可替代。

宁成春一九六五年毕业于中央工艺美术学院,一九六九年进人民出版社,在范用领导下做书籍设计工作。八十年代两次去日本进修,打开了眼界。他曾说,在日本学习的最大收获,一是学会了网格设计法,二是通过杉浦康平老师,知道了中国古代书籍设计之奥妙。三联书店恢复独立建制后,他任美编室主任,将近二十年里,三联迎来出版高峰期,他也才华大展,创作了一大批杰出作品。业界公认的三联书籍设计风格在他手上(加上他所支持的陆智昌、罗洪、蔡立国、张红等),逐渐定位,形成新的传统。这个传统,简单说就是文人传统、知识分子传统,正如夏衍先生所说:"范用出的是文人写给文人看的书。"杨绛先生也曾说过,三联书店"不官不商有书香"。

宁成春在一篇文章里写道:"范用是对我影响最大的一位长者。我的书装设计的基本风格和理念都是在他的指导下形成的。"范用的设计风格和理念，第一条就是美编在设计一本书之前，要看书、懂书、爱书，不能看了一个书名就想当然地设计。宁成春说："范老留给我印象最深刻的一句话就是，每本书要有每本书的个性。他要求设计者一定要看书，了解并熟悉书的内容，把握书的性格，量体裁衣。"宁成春几十年来设计的书籍何止一两千种，动手前，第一件事就是看书稿，个别的书来不及看，或者内容比较难懂，他就找作者或者编者聊天，请他们传达给他书的内容和主旨。在看书稿、了解书稿的基础上，他又进一步提出：看了书稿，被感动或被吸引，有了情感因素，才能设计好封面。设计《陈寅恪的最后20年》时，他读了书稿："无论是内容本身，还是作者的行文，给我的阅读感受都是情感的浓烈和气氛的压抑。为了传达这种感受，我首先考虑的是封面用黑色。陈寅恪先生晚年失明，无论在事实层面还是隐喻层面，我想不出其他的颜色，这是一个基调问题……右下方陈寅恪先生的照片是我从很多照片里一眼看中的，它特别能够代表陈先生晚年的精神气象，孤独而又坚定，仿佛在浓重的历史阴影里凝视着我们这些后人。"

设计王世襄先生的《锦灰堆》时，"那时候他（王世襄）的左眼刚刚失明，心中急切，真可谓以性命相托。他经常和夫人袁荃猷一起到三联美编室来，所有设计环节都和我一起商量，合作特别融洽。他比我大二十七岁，过年节还会特意上门给我送些好吃的。有时到我的工作室看设计稿，之后就请我们到楼下吃饭。他觉得那家饭店做的鳝糊味道有点不对，就请大厨出来，指点他应该怎么做。大厨一听就知道他是行家，下回就按他的做法做了"……这已不仅是看书稿，而是与作者交朋友，深入交流，书稿的要害、作者的趣味都到了门儿清的地步。后来再设计王世襄先生其他作品时就有了感情的基础。王先生的代表作《明式家具研究》做的时间比较长，夫人袁荃猷为这本书描制线图并做了大量工作，但书还没出她就去世了。

宁成春设计的精装封面用黑色衬底，中间用白色烫了袁先生绘制的线描床样；函套外壳上的两把明式椅子，一把是实物照片、一把是袁先生线描图稿，一实一虚；从书顶部斜过一束光，隐含着时光的流逝。这些设计元素都是对两位老人感情的纪念，十分感人。由此可见，只有吃透了书稿，带着感情，才能别出心裁，才能设计有道。这一点也体现在杨绛的小说《洗澡》的设计上。宁成春看了小说，很为知识分子的经历感叹。作者提出封面设计要简单再简单，甚至仅用白底加书名即可。宁成春心领神会，在书封中部以上位置设计了一个椭圆的蓝色块，像一枚手印、指纹，也像一个盛满了水的澡盆，"洗澡"两个字就沉落其中。除了这个色块和作者名，封面再没其他，连出版社名都没有。这个设计让人产生丰富的联想。

　　宁成春做设计时，还很好地配合了三联书店大的出版思路。看他的回忆文字，一会儿一个"董总怎么说的""董总怎么想的"，这"董总"就是三联书店当时的总经理董秀玉。董总做出版，很重视战略设计，比如"现代西方学术文库"和"学术前沿"、"中国近代学术名著丛书"和专出当代中国年轻学者专著的"三联·哈佛燕京学术丛书"等。宁成春很清楚这些书之间的关系，清楚"学术前沿"接续的是"现代西方学术文库"，在设计时有的放矢：后者重在经典性，封面设计了一座古罗马的门，书名都在门内（范用设计）；前者则强调现代感，一个大大的字母"F"顶天立地，形成一个色块的分隔。作为书籍设计师与出版社的总经理配合这样默契，是少有的。

　　一九九八年三联书店五十年店庆，董总要把此前出版的《世界美术名作二十讲》出一本"插图珍藏版"做纪念品，这是她在国际书展上看到的图文书形式，就是四色印刷、图文混排（那时中国大陆有图片的书大都是和文字分开排版，而且用不一样的纸张）。编辑找来很多幻灯片资料，质量不好，宁成春从自己收藏的外国画册中另选了许多图片，扫描下来，大大提高了图片质量。内文设计借鉴外国图书，图片和文字采用不同的版心，使画面更充实，版面更灵动；封面是作者傅雷的手稿和蒙娜丽莎画像重叠，文字像拓片一样，蒙娜丽莎从斑驳的字迹中露出来，有一种梦幻的感觉，有一种文化的交叠感。在这本书的设计过程中，宁成春直接选图片，充当了小半个编辑，对内容认识就更深入了。这本书当时定价高，首印五千册，没想到很受欢迎，一个月后就加印了，立刻就有跟风的上来——这本书开了中国大陆彩色图文书的先河。

范用设计理念的第二条是整体设计。过去很多年，中国大多数出版社都在出版部（印制部）设一个"技术编辑"岗位，专门画正文的版式，而美术编辑（设计师）只设计书的封面，称之为"书衣"。其实，中国古人读书，是很讲书品的，对书的纸张、墨色、字体和字的大小、行距、版心位置、装订、封面空间等等，都刻意地经营。这种传统，在二十世纪二三十年代，现代出版时代来临之际，得到鲁迅等文化大家的承继和发扬。范用认为，书是有生命、有个性的六面体。一本书，无论封面、书脊、封底、扉页、目录、篇章页，还是正文文字、图片、题花、书眉、页码，乃至开本、纸张都在设计范围之内，是一个整体。一九八九年，宁成春编辑的《日本现代图书设计》出版，书中刊发了杉浦康平的文章《从"装帧"到"书籍设计"》。"杉浦先生将图书的选题计划，文章的叙述结构，图片的设定、选择、结构编排及最后发至工厂的印制过程统统都归纳入'书籍设计'范畴。这是众多人的共同工作，设计者在其中扮演了至关重要的核心角色。"（韩湛宁：《宁成春：书衣是有生命的》）这是一场深刻的变革，把书籍装帧从原来只是封面设计，拓展到从内容出发、从里到外的设计，与范用先生不谋而合。理论如此，在实践中宁成春有许多成功案例。设计"乡土中国"丛书第一本《楠溪江中游古村落》时，他不但在正文中很好地把握图文之间的关系，而且在纸张和印刷方面做了革新："铜版纸和特种纸、四色和双色并用，是这套书在工艺和材料上的一个尝试……每本书极少的印张用了四色印刷，绝大部分都是双色，这固然有成本的考虑，不希望定价太贵，但双色能比较好地呈现图片的历史感，这种艺术效果是我想要的"；"要把双色印好，纸张是大问题。我选用了芬兰进口的蒙肯纸，叫'芬兰书纸'，也是国内图书首次使用这种纸张"。书出来后，引起了设计界的欣喜。有书籍设计家说："从封面、环扉、目录、地图页、彩图页、每一章首页，以及图文构成的虚实疏密、布局的节奏张弛、文字群的灰度与空白、照片的裁切配置与视觉流动……均有精心的思考。如封面右上角用中国传统书籍文武线组合的方框中呈现的红底黑字，面积很小，却具有浓浓的乡土情趣，是点睛之笔；再如每一章节页的题目，均衬有古色古香的村落地形地势平面图谱，既强调书的人文主题，又起到了十分理想的分割关系；书籍符号（标题、题眉、正文、图版说明、注释、分割线、页码……）均注入视觉美感和实效功能设计语言的运用；全书设计更强调一般书籍所忽视的印制工艺和材质性格，采用具有自然气息的非光质轻型纸，并选择棕色照片基调定位，精密印刷，达到古村意韵的主题表达效果。"毫不夸张地说，如果没有宁成春把握整体的用心设计，这套"乡土中国"丛书难以达到理想的效果，也不会有那么大的影响力。

巧妙运用作者的手稿、字迹作为设计元素，是三联图书有浓浓的书卷气的奥秘之一。早年范用在出版"读书文丛"时，封面用作者的一行行手稿，横排从左下到右上斜排，像风吹柳枝；竖排由右上到左下斜排，像一串串雨，充满动感，然后设计一位裸体少女伴随小鸟的叫声在草地上坐着看书的剪影，作为丛书的标志，一动一静，很奇特，很浪漫，也很文气。以这种格式出版了二十九种书，都是范用的创意，但落实到具体设计却是宁成春。巧用文字和作者手稿的设计方式在宁成春手里发展到极致，《世界美术名作二十讲》的封面是一例，《傅山的世界》就更大胆：把傅山的书法作品当作背景，在黑色混沌的夜空中，那些神奇的字发着淡淡的五颜六色的光，好像从历史深处飞来，古老而又现代。我想这一定是宁老师读了书稿之后，在感动之余忽发灵感之作。设计《陈寅恪的最后20年》时，宁成春将二十二章的目录压缩到了一起，排列成为不同方向的组合。他说："我用字去表达自己的感受，抽掉字的连贯内容，甚至倒置——我不想让读者只注意字的语言含意，而是把字看成一种形象。"在这里，他模糊了文字和图像的界限，或者说是把文字当作图像来对待，借此表达一种特别的意境。

在漫长的设计生涯中，宁成春尝试过各种设计方式，在每种方式中都进行过革命。渐渐地，他形成了自己的风格：作品中蕴含着中国精神，朴素、雅致、厚重，有儒家文化色彩；但他绝不保守，不但喜欢采用新的技术和新的材料，还一直留意西方当代艺术走向。他欣赏德国书籍设计的内敛和严谨，并融汇到自己的创作中；他对来自香港的陆智昌（阿智）设计的作品似简实满的空间处理大为赞赏，认为对中国当代书籍设计有很好的影响。设计《宜兴紫砂珍赏》时，他学习日本图书新工艺，在切口设计了两个图案，左翻是鱼，右翻是龙，取自紫砂制作中"鱼化龙"的传统样式。经与印刷师傅一起"攻关"，居然成功了，出版后，读者大呼神奇。这本书获得一九九二年香港印刷协会评出的编辑、设计制作、印刷等八项大奖，并荣获全场总冠军……由此可见，宁成春的书籍设计既讲求"守正"，又志存"新致"。守正是他的为人品格和文化追求使然；新致则是在守正的基础之上对艺术的孜孜以求。

作为科班出身的设计师，在大学时，宁成春学过各种基本知识和基本技能，这些知识和技能在日常工作中渐渐显示出来。比如关于封面的颜色，范用曾说："文化和学术图书，一般用两色，最多三色为宜，多了，五颜六色，会给人闹哄哄浮躁之感。"三联的书，一般是中间色、灰调子。为什么要用灰颜色？宁成春在一次回答采访时说:"我理解知识分子的思想是比较复杂的,他们不像老百姓那样喜欢很纯的颜色,都是中间色,我认为就是灰调子,比较雅致。"业界因此有了一个"三联灰"的说法。但随着时代的发展,审美观的转变,加之印装工艺的进步,漂亮的颜色和工艺手段也会在三联书店的出版物中使用。有些书的封面看上去很响亮,但靠的是色相的对比,其实单看一块块颜色,都是灰红、灰绿、灰黄、灰紫的,称之为"高级灰"。从这些灰调子的设计中,可以看到宁成春的老师张光宇、庞薰琹、雷圭元、邱陵、袁运甫等人作品的影响。那些以色块为主的封面,如"学术前沿""新知文库""三联精选"等尤其可以看出传统的掌控力和打破传统的努力——似乎是一种悖论,但杰作就是在这种悖论中诞生的。

随着年龄的增长,宁成春越来越喜欢日本民艺之父柳宗悦的理论,向往"器物之美",把工艺之美与书籍设计联系到一起。他认为,器物是老百姓日常生活所用,无名工匠所做,看起来卑下,却有日常之美。"器物之美"表现在实用、结实、健康、谦逊、诚实、亲切、温馨、淡雅等方面。书作为为人服务的器物,也应有"器物之美"。

图案是最早的艺术形式之一,中国远古时期的陶器上就已经有大量图案。老一辈书籍设计家陶元庆、陈之佛、钱君匋等特别擅长使用图案,鲁迅设计的第一本书《桃色的云》就用了汉画像砖中的图案。也许是受了器物之美的影响,近二十年宁成春尝试各种图案,或在书脊处使用,或以四方连续的图案作为封面底纹(如三联书店"文史悦读"系列、《我的藏书票之旅》等),展现了另一种风采。

宁成春在大学时前三年学绘画,后两年转到工艺设计,前面学立体、学空间,后面学平面,大跨度的改变,使许多同学放弃了绘画,但他没有放弃,业余仍在画速写和线描。这个特长丰富了他的设计手段。一九七八年出版埃德加·斯诺夫人《"我热爱中国"》时,范用建议他画一幅斯诺的线描肖像,放在书的右上角,而且面孔朝右,接近前切口。画画的人都知道，画人的左侧比较顺手，画右侧是很别扭的。宁成春画得很成功，范用当时就说这个封面可以参评全国书籍设计奖。三十多年后宁成春设计"冯友兰作品精选"和"费孝通作品系列"时，都是根据照片画了线描作者头像，然后在金箔上烫印黑色线条，有纪念碑意味。设计扬之水《棔柿楼集》时，封面需要一幅有树有飞檐和古屋、人物的画，找不到合适的，他就参考一幅古画，重新描画了一遍，使之合用。在这些设计中，并不是突出画作的优秀，反之是画作为设计服务，和书的内容融为一体。

宁成春在日本学过对称结构、颜色的冷暖对比、使用西文字体等手法，都被他融会贯通，体现在设计工作中，如"文化·中国与世界"丛书、《独自叩门》、"三联·哈佛燕京学术丛书"等。有意思的是，"三联·哈佛燕京学术丛书"前后十多年一百多种，他设计了好几种封面，都保留了对称结构和颜色对比。二〇〇七年，他对这套书做了最后一次改版，删繁就简，去掉其他装饰，只保留了冷暖色调的嵌套对比和不能简省的文字信息。他当时的想法是："学术书的封面应该回归本质：简劲、朴素、庄重，不需要太多的装饰。"他还感慨地说："这套书十余年间越做越简，哈佛的标志也是越做越小，某种程度上说明我对原创性学术著作的认识越来越深刻，也越来越自信。"由此可见，同是一种手法，但在实际运用中，会有不同的发挥，那差别是很大的。

宁成春曾说："书衣能反映出设计的心灵，它是活的。设计得不好，这本书没有感染力，就是死的。"他秉持"竭诚为读者服务"的三联店训，不把做书当作张扬个性的平台，不想名利，而以一颗平常心，认真了解书的内容，做出了许多富有感情的设计作品，为中国的书籍设计打下了自己的烙印。

（《书衣，是有生命的：宁成春的书籍设计》，宁成春口述，三联书店编辑部整理，生活·读书·新知三联书店即出）

田晓菲
作品系列

赤壁之戟：建安与三国

尘几录：陶渊明与手抄本文化研究

烽火与流星：萧梁王朝的文学与文化

神游：早期中古时代与十九世纪中国的行旅写作

精装四种总定价：285.00元

我们需要强大的历史想象力：不是像小说家那样天马行空的虚构想象，而是认识与感知和我们的时代完全不同的时代、和我们的世界完全不同的世界的能力。我希望能够和考古学家一样，照亮沉睡在幽暗古墓里的奇珍异宝，使人们能够重新听到一个时代的声音。

——田晓菲

生活·读书·新知三联书店出版

《读书》编辑部编辑

主管：中国出版传媒股份有限公司
主办、出版：生活·读书·新知三联书店有限公司

总　编　辑：肖启明
副总编辑：常绍民
主　编（兼）：
副　主　编：刘蓉林
编　　辑：饶淑荣／卫纯
出版运营：张惟
装帧设计：陆智昌／薛宇　印制主管：张雅丽
发行总监：周旭（010）84681050
读者服务电话：(010)84050425　84050451
邮购地址：北京市朝阳区霞光里9号B座
三联生活传媒有限公司　邮政编码：100125

《读书》微信公众号
扫码购买《读书》杂志

投稿邮箱：sdxdushu@vip.sina.com

地址：北京美术馆东街22号
邮政编码：100010
印刷：北京中科印刷有限公司
国内总发行：北京报刊发行局　国内代号：2-275
广告经营许可证号：京东工商广字第0063号
ISSN 0257-0270　CN11-1073/G2

中国出版集团好书榜

中国出版 引领阅读

读懂毛泽东的关键词
三联书店

共青团知识40讲
中国民主法制出版社

宫殿简史
商务印书馆

从考古看中国
中华书局

我生命里的中国
中译出版社

人居香港：活化历史建筑
中国大百科全书出版社

探寻古蜀国：从三星堆看中华文明
研究出版社

环球扶摇九万里：我的68天飞行手记
世界图书出版公司

2022 年第 3 期

主题出版

读懂毛泽东的关键词	三联书店
重塑田园：乡村振兴战略下的新农人返乡手记	商务印书馆
共青团之歌——中国共产主义青年团百年合唱作品精粹	人民音乐出版社
共青团知识40讲	中国民主法制出版社
我生命里的中国	中译出版社
"读原著·学原文·悟原理"丛书（20本）	研究出版社

人文社科

宫殿简史	商务印书馆
从考古看中国	中华书局
江河之上——三江源的历史与地理	中华书局
人居香港：活化历史建筑	中国大百科全书出版社
中国文化之根：先秦七子对中国文化的奠基	三联书店
探寻古蜀国：从三星堆看中华文明	研究出版社
环球扶摇九万里：我的68天飞行手记	世界图书出版公司
辽宁传	华文出版社
青色极简史	现代出版社
中国历代大事年表	商务印书馆国际有限公司

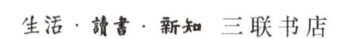

好玩儿的大师

赵元任 摄 赵新那 黄家林 整理
ISBN: 978-7-100-19387-0 定价: 280.00 元

赵元任, 中国现代语言学和现代音乐学的先驱, 清华国学院四大导师之一。赵元任的一生, 深与时代共命运: 早年赴美留美, 归来热心国语运动, 教学于清华园, 研学于中研院; 考察方言, 遍访中华大地, 战火纷乱, 流离转徙海外, 终成中西学术文化之津梁人物。

更为难得的是, 赵元任先生用一种特殊的方式为自己及后人留下了一份珍贵的记录——他是一位自拍达人, 以拍照的方式, 保留下了长达近一个世纪、多达数千张的影像资料。这些照片一方面记录下赵元任先生治学的一生, 一方面也为当时的中国和世界留下了生动的视觉记录。

近百年, 灿若星河的现代学人群像, 在他的镜头下, 在他的相册里, 宛在眼前, 触手可及。

赵元任早年自传

赵元任 著
ISBN: 978-7-100-10418-0 定价: 29.00 元

这本小书, 记述赵元任先生从童年到青年的成长经历, 不作总结, 不讲感悟, 纯是生活的实录, 又常常夹以有趣的故事和俏皮话, 读来妙趣横生。本书虽只记叙了其部分的人生, 却生动反映出这位语言学家多方面的天分: 对语言的兴趣, 对声音的敏感, 对音律的兴味, 以及由此生发的研究精神——这些都隐约导出了未来学问家的路径。

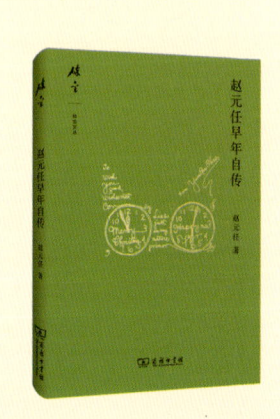

地址: 北京市东城区王府井大街36号 邮编: 100710 业务电话: 010-65278537, 65126429 传真: 010-65249763
邮购: 040-65258899-9282 网址: www.cp.com.cn

读书

8
2022
August

徐　天　"中国人必须走"：美国暴力排华时代的种族政治

李雪涛　近代早期的伊比利亚全球化

郑　岩　碎金屑玉的意义

高士华　石原慎太郎的底色

田余庆　一位学者的学术自传

余明峰　绩效社会的暴力和自由

· 文墨与家常 ·

民间神设的家常性

王蒙 文　康笑宇 图

中国的民间神设很热闹，门上贴着门神。最初是善于捉鬼的神荼、郁垒二位。到元朝，民间所贴的门神有所变化，其中秦叔宝、尉迟恭二人作为武门神比较流行。后来也有设定孟良、焦赞为门神的。门神像，是很可爱的民俗美术作品。

财神爷特别适合穷人的期盼。我的童年时期，阴历大年三十，到处是送"财神爷"图影的，形象粗率，身份不详，或谓是道教册封的，或谓是赵公元帅。此外还有道教、佛教二者不同的黄、白、红、黑、绿五位财神，对他们，各有不同咒语。

灶王爷每年腊月二十三过小年时回天宫汇报，所以要请灶王爷吃麦芽糖瓜，粘住祂的嘴，使祂不乱说乱报，"上天言好事，回宫降吉祥"。

有人评论说，灶王太接地气了，百姓对他叫作"近则不逊"，神祇与百姓打成一片了，还有什么威信。

另外，出天花有花娘娘管，海航风浪有妈祖管，科举考试有北斗七星管，其中第四星是文曲星，此外还有什么文魁星掌管科举名次，有个神龟等着状元独占它这个鳌头。

当然，还有关老爷管江湖义气，有送子观音管生子传宗接代，有月下老人，海螺仙子，观世音菩萨等管婚姻。有阎王、判官、小鬼等管阴间的事。此外土地有土地爷，河有河神，山有山神，有生活有自然有人生诸事诸物诸器诸灾难诸期盼，就有诸神。中国民间神祇的编制极大，专业极广。

中华文化是喜欢家常化的，孔子儒学讲德性从孝悌讲起，大臣见皇帝跪地磕头，道、禅都强调大道或佛禅存在于屎溺中，尤其是民间神祇阵容浓厚的生活气息，你觉得无比亲切家常。

读书

8

DUSHU　　　　　　2022

徐　天　"中国人必须走"：美国暴力排华时代的种族政治 3
李雪涛　近代早期的伊比利亚全球化 13

郑　岩　碎金屑玉的意义 23
张　晖　走出审美：盖尔的艺术人类学 32

高士华　石原慎太郎的底色 41
孙德宏　托翁和陀氏的"出道"与"躲避" 51

短长书
一位学者的学术自传　田余庆 62
好吃不懒做的扶霞　盛韵 67
谈徐光启　周志文 72

延　雨　信札里的俞曲园先生 79
叶大深　聂会东的未竟之志 88

陈　越　阿尔都塞和孤独 97

张宝明　灵魂膨胀的解药何处寻？ ……… 108

江晓原、穆蕴秋　科学"神刊"是怎样办成的 ……… 118
李思磐　美国新闻业的"古腾堡时刻" ……… 129

品书录 ……… 139
"'有神'与'无神'之间，隔着广大的空间"（洪子诚）·近代中国慈善的本土化叙事（林超超）·"异人"的觉醒（洪浩）·棘闱谈鬼（李芳）

余明锋　绩效社会的暴力和自由 ……… 162

冯　淼　《读书生活》与城市劳工的知识革命　三店史话
　　　　　……… 170

读书短札
"仲尼"还是"仲泥"？（王辉，12）·臧文仲废六关说　读左零札（傅刚，61）·汲古阁抄本的纸张（刘佳琪，78）·左宗棠佚诗（李建江，117）·谢万一支五世无年　北窗读记（刘涛，138）

刘以林　漫画 ……… 40
王蒙　康笑宇　文墨与家常 ……… 封二

徐天

"中国人必须走"：
美国暴力排华时代的种族政治

一八八五年九月五日，星期六，美国西北部斯库埃科谷（Squak Valley）的沃尔德兄弟农场迎来了一小队中国工人。他们的任务是采摘农场的啤酒花，打算周末之后立刻开工。星期天过得很平静。按照原计划，华工们翌日钻入一人多高的啤酒花田，辛苦工作了一整天。与此同时，一群曾在农场上工作过的白人和印第安原住民正在准备一场夜袭。当晚，在帐篷里睡觉时，华工们突然听到枪声，有人仓皇逃入附近的树林，目睹帐篷被暴徒烧毁，有人腹部中枪，躺在废墟里"彻夜哀号"，挨到第二天清晨才死去。

一八八五到一八八七年间，一系列暴力排华事件出现在美国西北部的城镇、矿场、农田，人们使用"骚扰、恐吓、纵火、爆炸、侵犯、杀戮"等手段，试图把当地的华人驱赶出去。在波特兰市中华会馆的求救文书里，排华者是穷凶极恶的"匪党"；在目睹排华的白人精英看来，他们是手握选票的劳工阶层"暴徒"；但在参与排华的劳工代表眼中，他们却是"英雄"和"真正的男人"。西雅图的排华集会上，人们高举的标语有"限制（华人入境）法案已经失败""法律是用来执行的""百万富翁的宠物（配图是两名华人坐在一个百万富翁膝头）"等等（《西雅图每日快报》，一八八五年十月四日）。在斯库埃科谷夜袭中幸免于难的 Gong Heng（按广东赴美移民卷宗常见发音判断，可能是"江恒"）向验尸官陪审团回忆说："周一晚上，白人来杀中国佬。"

他不知道，当夜来袭的还有印第安原住民。他和同伴们只听见黑夜里有人放枪，"枪响如此密集，听起来和中国新年完全一样"。

亲历者的面目

暴力排华的主力是谁？根据美国历史学家贝丝·廖-威廉姆斯这本《中国人必须走：暴力、排斥和在美异族的形成》（以下简称《中国人必须走》），他们主要由美国本地或欧洲移民劳工组成。这些人生活不易、寂寂无名，和华人一样，他们中的大多数也是美国西北部这片土地上的陌生人。偶尔，失业的非裔、原住民劳动者、对大资本有怨言的小业主也加入到排华队伍之中。有些地方（如塔科马市），排华者的行为得到当地市政、警方、消防和商界的支持，但在另外一些地方（如奥林匹亚市），警方却会及时制止排华暴力，拘捕带头闹事的人。

暴力行动得到了广泛的民间支持。塔科马市的排华游行中，百余名儿童跟着火把和乐队起哄，他们被当地报纸郑重地称为"自由人之子"；西雅图的大街小巷里，女性劳工运动家们敲开当地富户的门，劝说他们辞退家中的华人佣仆。加州萨克拉门托的排华集会上，有人颇通文墨，引用十八世纪国际法研究者瓦泰尔（Emmerich de Vattel）关于国家出入境管理"主权"的讨论，奉劝美国政府全力排华；与此同时，各地支持排华的媒体淡化暴力事实、宣传所谓的"和平"排华手段，起到了跨地域动员的作用。意识形态上，很多人动用了"反奴隶制"话语，认定劳力低廉的华工是败坏美国自由劳资关系的"新奴隶"，通过雇用华人去压低工资的资本家们正在成为新奴隶主。顺理成章地，白人劳动者自我赋权，成为"自由劳力"的最后防线，对他们而言，"驱赶华人"义不容辞。

排华者不是《中国人必须走》这本书的唯一主角。华人群体和在排华问题上摇摆不定的群体，如美国雇主、政客、律师、传教士等,在书中分别占据了与排华者相同,有些部分甚至犹有过之的篇幅。全书按时间顺序分为三部分。第一部分名为"限制",用两章笔墨梳理一八八二年《排华法案》出台的前因后果,以及一八八二到一八八五年间联邦政府执法不力的历史现实。第二部分名为"暴力",用三章笔墨分别书写华人、施暴者、中间派的经历。这部分既有历史学家的宏观分析,又有基于私人史料的、近似于文学界"不可靠叙事"的写法,是全书故事性最强,也最接近学者柯文"历史三调(事件、经历、神话)"中所谓"经历"调性的三章。第三部分名为"排斥",由两章组成,一面讨论中美之间艰难达成排华"共识"的过程,一面考察一八八八年"排华"正式成为美国国策之后,暴力事件亲历者在美国后续的生存策略和集体记忆。三者串联在一起,呈现了一套多视角交织而成的、既超越白人中心又超越亚裔中心的历史分析。

廖-威廉姆斯之前,学术界对排华暴力的展现已不新鲜。一方面,关于十九世纪八十年代排华暴力的记述要么集中在加州,要么聚焦在某个社区(如石泉镇、地狱峡谷等)或行业(如矿业、农业等),且往往重于呈现、疏于分析;另一方面,学界对排华暴力的宏观反思长期受限于一九〇六年旧金山地震和大火之后华人相关资料不可逆转的缺失,难以全面超越七十年代亚历山大·萨克斯顿(Alexander Saxton)所定的、以白人为中心的"不可或缺的敌人"解释框架。廖-威廉姆斯另辟蹊径,聚焦排华比较暴烈、华人证词等材料相对丰富的华盛顿准州(一八八九年后正式成为州),使用了美国内政和外交档案、国会调查报告、庭审记录、二十世纪二十年代学者所做的西海岸种族关系调查实录、朱士嘉编纂的《美国迫害华工史料》,以及报纸、保险公司地图、私人信件和日记等大量中英双语材料,重新定义了暴力在美国排华史和种族史上的位置。

作者搜集到至少一百六十八起驱赶华人的暴力事件,证明这场跨地域的集体行动曾在三个州、五个准州延烧。与无序的、颠覆性的或者国家主导的暴力不同,这些短时间内频繁出现的、传染病一样的民间自发暴力事件(她在辨析早期排华行动时使用了"零号病人"的说法)虽然与地方冲突和人际龃龉有关,却共享一套极为鲜明的跨区域政治议程,属于"以地方群体暴力为渠道发表全国性政治声明"的一种"暴力种族政治"运动。以华人为代价,这场运动迅速带来了社会与国家之间的妥协与和解。美国政治有机体内相对失语的劳工群体通过暴力排华收割了"非常态"的强大话语权,最终令人惊讶地改变了美国在国际事务中的决策方向。

作为排华史分水岭的一八八五年

《中国人必须走》的前两部分围绕两个问题展开:历史上切实起到排华效果的,到底是一八八二年的《排华法案》,还是一八八五至一八八七年间的暴力行动?此前零星爆发的暴力排华事件,为何在一八八五年以后集中发生?李漪莲、邓新源(Bill Ong Hing)等学者曾经引用十九世纪八十年代美国财政部的统计数据,证明《排华法案》出台后,年均华人入境人数一度降到二位数。廖-威廉姆斯对新移民、返程移民和偷渡客做了不完全统计,发现这些数据极不准确。如果把各港口的统计数据叠加在一起,则一八八三到一八八九年间,华人每年入境的平均人数为一万两千一百六十五人,比一八八二年法案出台之前还高出十五个百分点,而且这个数字还没有算上偷渡客。作者据此得出结论,美国政府虽然在一八八二年迫于社会压力出台了《排华法案》(当时该法案更为世人所知的名字是"限制法案"),但华人入境美国的浪潮并未得到有效遏制。由于国会在对华亲善和排华之间长期犹疑不定,政府主导的排华工作收效甚微,社会上的积怨不断累加,终于在一八八五年的一系列冲突事件中转化为蔓延整个西北部的暴力排华浪潮。

一八八二年法案为何收效甚微?作者在执法过程中找到了一些端倪。以岛屿密布、水道纵横的西海岸美加边境为例。华人在此地构建了繁复的偷渡入美网络，势单力孤的移民官员经常"望山跑死马"，有时只能眼睁睁看着原住民在海天之间划着独木舟，慢悠悠地把华人偷渡客带进美国。常驻星期五港、与加拿大维多利亚市（老华人称"域多利埠"）隔海相望的移民官亚瑟·布雷克曾向长官抱怨说，自己执法虽然勤快，但人手奇缺，工作难以为继。他不得不发动当地居民抓捕偷渡客，并许诺每天三到四美元的报酬。赏金之下，白人、原住民，甚至居住在边境的华人都参与到举报和抓捕行动中，可是与漫长的边境线和简陋的国家机器相比，这批人力杯水车薪。到一八八五年，加拿大要求美国在向加方驱逐华人偷渡客时支付五十美元人头税，但美国财政部无力应对，只能把压力转嫁给华人，导致出入境管理效率更加捉襟见肘。这一系列执法障碍的结果是，一八八二年法案出台后，西海岸居民连等三年没有看到政府排华的显著成效，"限制法案"逐渐成为他们眼中的一纸空文。

虽然法案本身效果不显著，但三年的联邦执法过程却给暴力排华打下了合法性基础。在地方民众看来，既然移民官员可以雇用普通居民抓捕偷渡客，地方社区当然也有权自行驱赶华人。这种逻辑与美国历史悠久的地方自治和"公民逮捕"（citizen's arrest）传统高度一致，在一八八五年左右占了上风。此时，三年前的那条恶法已不再是美国排华浪潮的登峰造极之作，而是地方自治团体和劳工组织成员质疑政府排华诚意的重要凭据。此后各地驱赶华人的暴力事件，也不再只是恶法释放的恶灵，更成为愤怒的公众以"恐吓"为手段，向联邦政府、华人和雇用华人的资产者发出的最后通牒。最后通牒的意思很明白：如果政府无法有效地驱赶华人，公众完全有能力、有决心组织起来，自己动手，帮助孱弱而又模棱两可的美国官僚系统兑现排华的承诺。

基础已经打好，但暴力排华的主流方式最终确定的时间还要等到一八八五年底。一八八五年二月，加州尤里卡市的华人帮派在交火时误杀了一名市议员，市政府以此为由赶走了当地四百八十余名华人居民；一八八五年九月，在怀俄明淮州石泉镇，针对一处煤矿开采权的争端造成至少二十八名华工死亡、十五名华工受伤的惨剧，幸免于难的华工也被赶走。这两起驱赶华人的暴力事件被广泛报道，直接启发了一八八五年底塔科马市白人对华人的无端驱赶。塔科马的华人被暴民勒令限期搬离，违者遭到死亡威胁，被人投掷石块，很多华人居所窗户也被砸碎。在暴民的驱赶下，大部分华人居民被迫登上了通往波特兰的火车。成功赶走华人后，华人商铺和其他生活痕迹被排华者付之一炬。廖-威廉姆斯生动地呈现了排华者营造的恐怖氛围，同时分析说，从表面上看，整个驱赶过程流血很少、效率奇高，因此所谓的"塔科马方案"很快成为各地排华者效仿的对象。

通过塔科马排华和其他地区的效仿行为，廖-威廉姆斯发问：什么样的暴力才算暴力？历史学家对暴力的定义，是应该仅限于凶杀、流血，还是也应该囊括未知的恐怖、频繁的恐吓、限时的通牒、不受欢迎的感觉和仅仅因为族群身份就必须承受的心理压力？作者的答案显然倾向于后者。她认为，塔科马市发生的这类暴力行动虽然没有导致大规模的流血或者肉体消灭，却具备了"种族清洗"和"政治恐怖主义"的性质，因为施暴者在驱赶华人时完全不顾受害者是否具有合法移民身份，"驱除领地内的所有华人"既是他们的愿望，也是群体暴力的终点。不过，作者马上又指出，"种族清洗"和"政治恐怖主义"这两个概念本来用于形容其他历史过程，特别是国家主导的暴力行为，在此处可能是不够确切的。这一波暴力事件的本质，需要用更准确、更符合历史语境的框架来解释。

"跨尺度史"

廖-威廉姆斯采用"尺度/比例尺跳跃"（scale jumping）概念，去描述施暴者从"地方层面暴力驱赶"到"国家层面排外政策"，再到"国际层面的帝国主义"的政治动员过程。"尺度跳跃"是作者从人文地理学中借用的概念，用来形容特定群体通过跨越不同地理尺度，汇集各尺度内政治、经济、社会和意识形态等资源，从而实现特定诉求的过程。排华者的政治行动基本符合这个路径。他们从一八八二年法案的执法过程中获得了运动的合法性，又高举维护"自由劳力"的意识形态大旗，因此，他们驱赶华人的行动虽然始于一时一地，却从一开始就具备了影响联邦决策的意图。

华盛顿准州州长华生·斯夸尔（Watson Squire）一家的心路转变，可以帮助我们从白人精英的角度，理解"尺度跳跃"与决策层之间的互动。一八八四到一八八七年间，斯夸尔任华盛顿准州州长，见证了该地区暴力排华的历程。他本人与西雅图华商颇有私交，但在处理治下此起彼伏的排华事件过程中，斯夸尔和他的夫人艾达逐渐明白，排华行动实为敲山震虎，而自己所属的社会上层正是被震的那只虎。虽然私下里对暴民不齿，但在斯夸尔一八八五年底寄给国会的信中，他求生欲极强地把自己归为"人民"，认为华盛顿人民"一致"同意，华工在西海岸的存在将会带来"美国劳力的全面降级"和"基督教文明"的终结，建议国会在内政和外交上选择强硬排华。一八八九年，当华盛顿准州正式成为美国的第四十二个州时，斯夸尔更以强硬排华的竞选纲领赢得选举，成为华盛顿州的第一代联邦参议员。十九世纪九十年代，担心排华暴力回潮的斯夸尔把政纲进一步合理化，坚称强硬排华是保证美国"国内宁静"的最佳手段。

一八八六年二三月间，圣何塞市三千人、萨克拉门托市五千人分别在寄给国会的公开信上签字，敦促立法者们大力排华，同时建议国会抛弃一八六八年中美亲善、允许双方人员自由流动的《蒲安臣条约》，理由是一八八二年法案虽然限制了华工入境，但《蒲安臣条约》依然凌驾于美国内政之上，束缚着联邦政府在出入境管理问题上的主权。一八八八年，克利夫兰总统不顾清廷反对，单方面通过更加严厉的《排华法案》，从国家层面肯定了西海岸排华人士关于

"主权"的诉求，开启了美国移民政策从"条约至上"到"国会立法至上"的先河。至此，施暴者的"尺度跳跃"基本完成，较为温和的"限制华工入境"阶段也随之结束。"排斥华工"正式成为美国接下来五十五年的国策，直到"二战"期间中美成为盟友时才被废除。

作者对"尺度跳跃"概念情有独钟。事实上，《中国人必须走》全书都在做"跨尺度史"（transcalar history）的写作尝试，致力于打破地方史、国别史和国际史之间的叙事和分析界限。除了施暴者的"跨尺度"经验之外，华人应对暴力时做出的"跨尺度"努力也在书中得到了浓墨重彩的展现。作者发现，西雅图的中国商人往往无力抵抗全副武装的暴民，但他们发送给中国领事馆的求救文书，却帮助清廷使节援引中美条约中的"最惠国待遇"条款，最终达到了美国联邦军队进入西雅图保护华人的效果。华工出身的商人陈宜禧借助他和西雅图权贵、清廷驻美官员的关系，在美国司法和国际关系领域帮助华人维权（在笔者所见陈宜禧私人笔记中，不仅有中英对照的法律词汇列表，还有他亲手所写的清廷驻华使领馆人物名字，其中，时任清廷驻美国、西班牙、秘鲁大臣张荫桓的名字被书写了不止一遍），其他城市的华商也频繁动用他们在白人社会和外交界的网络，维护自己的权益，偶尔兼顾社区内华工的需求。作者的结论是，华人虽然在面对暴力时居于弱势，而且内部时有分裂，却经常有能力通过跨国网络，把发生在美国一隅的冲突迅速转化为国际问题。这种策略一方面"强化了华人在美国的外来者地位"，一方面"改变了中美关系的走向"。

早在二十世纪五十年代，朱士嘉先生编纂的《美国迫害华工史料》就已借助晚清档案，向中国读者展示了华人移民向清廷和故土呼救的声音。廖-威廉姆斯的贡献在于，她不仅注意到华人群体的跨国抵抗策略，还关注到普通华工在暴力结束之后的经历和心路历程。华盛顿准州排华之后的调查记录、国会十九世纪九十年代针对排华新政效果的调研材料，以及二十世纪二十年代一群学者所做的种族关系访谈，在此处共同提供了考察排华暴力亲历者后续人生轨迹的线索。在幸存华人的生活中，用脚投票似乎是最普遍的选择。据作者统计，暴力发生之初，99%的在美华人集中于西部；一八九〇年，这个数字下降到75%。大部分离开西部的华人迁移到了对华人敌意较少的东北部各州和伊利诺伊州，用源源不断的侨汇和坚韧的日常生活回击暴力排华时代的伤痛和恶意。正如一九二四年接受采访的Chin Cheung所言："我知道有些地方对中国人还行，那我就去这些地方。其他地方，我敬而远之。"他们对美国社会的在地认识、他们为普通生活做出的非凡努力，历史学家可能永远无法充分理解。

《中国人必须走》的落点是"在美异族的形成"。一八八八年《排华法案》出台后，特别是一八九二年《吉瑞法案》要求每个华人居民登记并随时携带居住证明之后，华人移民作为"最典型"的"异族"或"外来者"的地位被确立下来。自此，无论一个华人在美国居于何处、居住了多少年，只要被政府查出没有身份证明，就必须做好被驱逐出境的准备。这种后来被存在主义者频繁取笑的"一纸身份重于一个人的存在"的荒谬现象，逐渐成为移民生活的日常。讽刺的是，后暴力排华时代的华人移民，无论是合法移民、持假身份入境者，还是偷渡客，都开始越来越自觉地给非法入境赋予了"集体行动"的性质。易言之，既然排华政策的法理基础已经被种族主义和暴力史污染，不再受到华人移民的尊重，那么偷渡和其他绕过移民法的入境手段，也顺理成章地成为"逼上梁山"式的法外抗争。

由于历史上长期"被侮辱、被损害"的经历和蔓延全社会的深刻痛感，美国黑人史和其他族裔史研究经常承担着重新发现弱者能动性、提升族裔自豪感的重任。六七十年代民权运动浪潮中成长起来的亚裔美国史研究当然不例外。这种来自身份政治的压力固然催生了大量精深的研究成果，但也导致不少研究者有意无意地放大有色族裔的能动性，把居于强势的社会力量边缘化，限制了研究的广度和深度。相比之下，廖－威廉姆斯的修史态度非常开放。作为新一代亚裔美国史研究者，她选择用平等的同情心去分析施害者的强势、弱者的武器、中间人的坚守和犹疑，从不同群体相互交织的历史现场写起，重新理解美国从"限制"到"排斥"华人的历程。她的文字告诉我，真正有意义的历史批判，往往是从严谨但不狭隘的"同情之理解"开始的。

（*The Chinese Must Go: Violence, Exclusion, and the Making of the Alien in America*.Beth Lew-Williams.Harvard University Press，2018）

读书短札

"仲尼"还是"仲泥"？

王 辉

孔子名丘，字仲尼。古人名字相应，"丘""尼"之间有何关系？历史上有两种代表性说法：《史记·孔子世家》及司马贞《索隐》以孔子头部中间低四边高而得名、字，《孔子家语·本姓解》以拆分尼丘山而成名、字。但古人取名"不以山川"（《左传·桓公六年》），尤不以本国山川（孔颖达：《正义》）。"丘"指四方高中央下之地；《说文》解释"尼"为"从后近之"，即接近、靠近。二字意思并无关系。

而银雀山汉简《晏子》《汉《夏堪碑》仲尼之"尼"均写作"泥"。"泥"是"屔"的异体，与"丘"为同义。《说文》"屔，反顶受水丘"，指顶部下凹可以盛水的丘，《玉篇》谓"屔，本亦作泥"；《尔雅》"水潦所止，泥丘"，《玉篇》《广韵》引均作"屔丘"。这样看来，仲尼之"尼"写作"泥"应当更符合古人名字相应的实际情况。出土文献"仲尼""仲泥"都有出现，而传世古书则只有"仲尼"，应是后人出于尊重圣人的目的，把"泥"改成了"尼"。

当然，这并不是说写作"仲尼"就是错的。从文字发展角度看，应是先有"尼"字，在其基础上增加形旁又分化出了"泥、坭、屔、妮"等形声字。上博藏战国简《仲弓》篇是孔子字出现的最早文献，就写作"仲尼"，这个"尼"表示"泥、屔"的意思，通俗地讲，即通假为"泥、屔"。梁玉绳曰："以仲尼为仲泥，虽古字通借，未免侮圣。"段玉裁则曰："又汉碑有作仲泥者，浅人深非之，岂知其合古义哉？"这种针锋相对，体现了历史学家和文字学家的不同视角。

近代早期的伊比利亚全球化

李雪涛

历史学家格鲁金斯基（Serge Gruzinski, 1949-）二〇〇四年的专著《世界的四个部分：一部全球化历史》（以下称《世界的四个部分》）宛如一幅庞大的马赛克拼图——在他的构思和安排下，看似凌乱的小图片，共同成就了一幅十六至十七世纪的世界画卷。这部具有划时代意义的著作所描述的是西班牙和葡萄牙王室在菲利普二世的统治下结成伊比利亚联盟的六十年，这是一段起伏短暂、迅速、激荡的历史，它代表着西方社会的新挑战以及与其他三个遥远大洲的文化之间建立的联系。

由于伊比利亚天主教君主制与全球化现象的产生具有同时性，新世界似乎也与"世界历史"有机地联系在了一起，其特点正是格鲁金斯基这部著作的主题：混血、西方化和全球化的过程。"混血"意味着不同社会和个人之间激烈接触而产生的混合，"西方化"则将欧洲知识和传统转变为潜在的普遍遗产，而"全球化"则体现着欧洲习惯和思想体系在世界其他地方的模仿性复制。

格鲁金斯基带领读者在十六世纪中叶至十七世纪前几十年的伊比利亚帝国进行了一次精彩绝伦的旅行："从安第斯山脉地区结冰的高山到菲律宾那令人窒息的密林，一些人承受着地球上的另一个地区的统治，而他们对那个地区直到那时依然是全然未知的。"他在书中巧妙地运用了艺术作品、文学文本以及同时代的官方文档（这主要记载了伊比利亚派出的人员在世界各地的遭遇），让读者跟随着这些近代早期的传教士、生意人、探险者、外交家进入之前从未对欧洲开放的新世界，从而了解随之而来的混血和文化的冲撞与融合。

一

格鲁金斯基是以拉美史研究著称的历史学家。一九七〇年，一次去墨西哥的旅行，唤起了他对这个"新西班牙"及整个拉丁美洲的兴趣。一九八三年，他进入久负盛名的法国国家科学研究中心，从一九八九年开始担任这一欧洲最大的基础科学研究机构的主任一职。自一九九三年起，他任法国社会科学高等研究院院长。格鲁金斯基感兴趣的研究方向是美洲和亚洲的殖民化，他的研究领域包括作为混血及混合空间的诞生地以及作为全球化的最初表现的殖民经验。一九九九年格鲁金斯基出版了《梅斯蒂索人的心智》(*La Pensée métisse*)一书，呼应了他的这一思想，他在一九九九年二月二十六日的访谈节目中对此解释说："……由于西班牙和葡萄牙的存在，早在十六世纪就已经出现第一个环绕着世界的全球性帝国。"

著述之外，格鲁金斯基还是一位优秀的策展人。二〇〇四年，他在巴黎著名的雅克·希拉克-凯布朗利博物馆（Musée du Quai Branly - Jacques Chirac）策划了题为"梅斯蒂索人的星球"（Planète Métisse）的展览，并组织了"梅斯蒂索人的经验"（L'Expérience Métisse）的专题研讨会，获得巨大成功。二〇一五年八月，作为研究十六至十八世纪拉丁美洲的专家，格鲁金斯基以其在全球和跨国史新思想中有关"混血"（métissage）以及文化跨界"环流"（circulations）的观念，在济南举办的第二十二届国际历史科学大会（ICHS）上获得了国际历史学大奖。

格鲁金斯基是一位在欧洲、美国和西班牙语国家公认的著名历史学家，他在著述方面的成就，包括其创新之特点，提出问题之独创性，以及通过查阅详尽的档案来确定每一个论断的方法，都令读者对他的作品叹为观止。他的很多历史学著作，一经完成就成为时下的经典。二〇〇四年出版的《世界的四个部分》可谓格鲁金斯基著作之集大成者，这是他积累了几十年后的成就。他在书中展开了一个全球性场景，带领读者穿越那个时代的世界。在他的笔下，那是遥远的过去，又是跟我们今天紧密相连的当下。

二

在《世界的四个部分》中，格鲁金斯基利用其早期著作中已经建构起来的知识和学术方法，探索了十六和十七世纪世界范围内错综复杂的各种文化相遇现象，尤其关注了一五八〇至一六四〇年这一时期，此时正值葡萄牙和西班牙帝国处于同一王室的统治之下——西班牙国王菲利普二世兼任葡萄牙王国国王，形成了西班牙－葡萄牙共主邦联——伊比利亚联盟——从而成为当时世界上海权最大、领土最广的国家。正是从这一时期开始，菲利普二世开始在一个横跨四大洲的全球计划框架内进行了王朝、政治和意识形态的建设，建立了第一个全球反伊斯兰教联盟：当时卡斯蒂利亚和阿拉贡两个王室的联合，加上葡萄牙及其海外属地，真正形成了一个名副其实的"全球帝国"。格鲁金斯基引用西班牙诗人、剧作家维加（Lope de Vega, 1562-1635）的话："经由菲利普二世之王土，可以走遍世界。"

"世界的四个部分"在十七至十八世纪的拉美是一个非常受欢迎的主题，所谓的"四个部分"是当时已知的四个大陆：欧洲、亚洲、非洲和美洲。这是当时天主教君主制的统治野心，也是混血儿编年史家——齐马尔帕赫思（Chimalpahin, 1579-1660）对世界的定义。展现这四个大陆，即是世界的全部，因为它完全符合当时的科学认识。格鲁金斯基试图重建不仅发生在欧洲，而且发生在亚洲、美洲和非洲之间的联系和互动，因为伊比利亚天主教君主国的行动范围是全球。政治上的统一确保了世界这几大部分的制度性联系，并通过人员、物资和思想的不断流通来加以实现。对此,格鲁金斯基有自己的逻辑,除了"导论"和"尾声"外,他书中的四个部分分别为"伊比利亚全球化""世界之链""世界之物"以及"水晶球",以期超越单纯的海外扩张概念的单向性和欧洲中心主义的看法。

"全球化"是一个当代的概念,格鲁金斯基从我们今天对这一概念的理解出发,来考察近代早期的"全球化":历史被用作"一个奇妙的工具箱,用来理解几个世纪以来在西方化、混血以及全球化之间所发生的各种事件"。正是这些事件和现象,将世界的不同部分及居住在其中的人连接在了一起。

三

《世界的四个部分:一部全球化历史》的法文原文为 *Les quatre parties du monde : Histoire d'une mondialisation*。值得注意的是,格鲁金斯基的"全球化"使用了 mondialisation 而不是 globalisation,mondialisation 巧妙地与标题中的 monde(世界)形成了呼应。

在格鲁金斯基看来,"全球化"并不仅仅意味着西方的征服与扩张,从全球史的角度来看,它意味着一种"流动"(mobilité),这既是男人和女人的流动,也是机构的流动,以及传教士、商人和官僚在世界各地——从欧洲到亚洲或美洲——的流动。而流动的结果是要努力调整以适应新的状况,适应另一种文化,同时保持原有的思想。这是一个新的适应政策的问题,这些最初到达新世界的先行者们就这样不自觉地将各种地方史联系了起来,使它们成为同步的历史。而这些从伊比利亚来的"历史学家"的身份也因此有了三重属性:他们出发的地点、他们现在的定居地以及他们觉得自己所从属的世界视野,即"普世君主制"(monarchie universelle)。

格鲁金斯基认为,从研究十六世纪伊比利亚的扩张出发,可以看到全球化是被各种原动力与其他力量形成的一种整体力量所推动而形成的。"与各个帝国各自的原动力不同,这些融合成一体的力量并非产生于明确的、有意识的政治企图,亦非源于直接可辨的纲领性计划。"这是具有伊比利亚特色的近代早期的"全球化"。

格鲁金斯基此书的标题之所以用"mondialisation"来代替"globalisation",也是因为发生在近代早期的伊比利亚"全球化"与今天欧美式的"全球化"从本质上来讲是不同的:"全球化沿着伊比利亚人的道路从十六世纪开始发展,在十九世纪、二十世纪上半叶达到顶峰。伊比利亚全球化转变为欧洲人进而为西方人主导的全球化。"当我们耐心地读完了这部长达四百多页的著作后,会对不同时代的"全球化"有更丰富、更深刻和更充分的理解和认识。

四

在中文版"致中国读者"的一开始,格鲁金斯基便写道:"今天欧洲历史学家已经意识到,将世界史简化为欧洲史不仅不再可能,而且也是不适宜的,即使我们依然是欧洲中心主义的持有者。"

因此在格鲁金斯基看来,今天的历史并不仅仅是欧洲历史发展的结果,而是全球交流交融的历史。在十六至十七世纪伊比利亚联盟时代,世界的四个部分共同参与了这一变化的进程,因此我们今天需要用多元的视角,考察这些部分的相互接触、碰撞与融合,从而在全球范围内来看待世界,去理解这段历史。

格鲁金斯基认为,西方传统的历史划分方法,亦即将现实分割成经济、政治、宗教与文化不同层面的做法,并不适合十六至十七世纪"具有如此广度与复杂性的全球化发展过程"。因此他认为布罗代尔(Fernand Braudel, 1902-1985)在阐述基督教的欧洲与伊斯兰教的土耳其之间的联系、伊比利亚半岛与巴尔干半岛之间"文明的连接"时,所提出的"不同文明、文化之间的联系与交流问题"是他处理此类"关联史"案例的方法指南。

仅从伊比利亚的立场来看，整个近代早期的历史就是天主教欧洲对世界的征服与殖民的历史。作为专注于欧洲与拉美地区交流史的历史学家，格鲁金斯基却找到了一个"他者"的立场：

> 我在旅行中偶然收集的这些蛛丝马迹是本书的出发点。它们使我从欧美之外的一个地方出发，思考全球化，那里作为西方世界的一个外围空间为西方人提供了一个充满异国情调与原始性的取之不尽的宝库。

这其实是一个迂回的逻辑（logique de détour），通过一种异质空间（l'hétérotopie）回过头来看西方。

在格鲁金斯基看来，世界历史的推动力并非仅来自欧洲，也不是按照时间将欧洲的成就传播到世界其他地方的历史。在印度从事植物学研究的葡萄牙医生奥尔塔（Garcia de Orta, 1501–1568）就认为，"葡萄牙人的航海"才是真理的来源。至少从十六世纪开始，伊比利亚的欧洲与美洲、非洲和亚洲之间就存在着互动，这在近代社会发展中扮演着机构性的角色。欧洲的发展从根本上来讲不是某种内部因素作用的结果，而是与世界的其他部分交流与互动的结果。格鲁金斯基为我们提供了一部丰富的伊比利亚全球史，一种凸显了天主教西方，却用美洲、亚洲和非洲的社会生动场景消解了欧洲中心主义的叙事。

五

由于伊比利亚联盟时代的全球化主要是使用拉丁文、西班牙文、葡萄牙文等西方文字记录下来的，因此格鲁金斯基所讲述的很多故事在中文世界中都是闻所未闻的。特别是其中大量从伊比利亚流放到新世界的"坏人"，他们的故事更是很少被记录下来。

格鲁金斯基认为，葡萄牙被流放的罪犯从里斯本被驱逐到巴西、非洲或亚洲，这些人的境遇并不比非洲奴隶好多少，他们中很多人甚至在航船上就死于坏血病。有一个名叫玛利亚·巴尔博萨（Maria Barbosa）的黑白混血儿却因宗教裁判所神圣办公室的法庭（Saint-Office de l'Inquisition）审判档案而名留青史。

玛利亚的生活显示了伊比利亚全球化的另一个方面。这位与圣母同名的女子出生在美丽的白色城市埃武拉（Evora），这是一座以葡萄牙人文学者著称的城市，城里有一所向葡萄牙及整个帝国鼓吹反宗教改革的耶稣会大学。曾受多明我传教会派遣前往亚洲，并写下了欧洲最早关于中国纪事的克鲁斯（Gaspar da Cruz, 约1520-1570），也是埃武拉人。根据审判玛利亚的档案：她在葡萄牙因被控施行巫术，而被放逐到葡属西非的安哥拉。在非洲，她继续"施魔法"、拉皮条，于是被处以鞭笞。后来她穿越大西洋来到巴西北部的伯南布哥（Pernambouc），此地是葡萄牙人与印第安人共同建设的糖业生产基地，并在那里依旧冒着被责罚的危险从事着以往的营生。这位走过了世界上很多地方的混血女子，无论在哪里都遭到驱逐。一六一〇年，她住在巴伊亚（Bahia）——葡萄牙人于一五〇〇年就发现的巴西土地，又一次因被指控犯有同样的一连串罪行而被抓。在那里，她向葡萄牙男性与该城的美洲印第安人-欧洲白人混血儿卖淫，据说这些巴西男子出价相当不错。玛利亚被指控是"在这个有许多坏女人的地区中，显然是最有害、最可耻的女人"，于是她又一次被驱逐，流放到巴西南部更遥远的地方。得益于当地统治者梅内塞斯（Diogo de Meneses, 约1520-1580）的仁慈，她得以留在巴伊亚，但被投入了当地的监狱。而在那里，她勾搭上一个非洲拜物教巫师，他可以为她提供做法事用的草药。由于她的过分行为，当局将她遣送到里斯本的宗教裁判所神圣办公室的法庭接受审判。

但故事并没有到此结束。在玛利亚的跨海旅行中，一场新的悲剧事件使其颠沛流离的生活雪上加霜。她乘坐的船只被海盗截获，这个已经遭受过无数不幸的女人被抛弃在直布罗陀的海滩上，她设

19

法摆脱了困境，经过千难万苦，终于独自到达了里斯本。由于此时的玛利亚完全没有任何生计来源，她只能向宗教裁判所的法官们求助，她需要一件大衣蔽体，因为自己是一个体面的女人。在宗教裁判所的判决中她的身份是她最喜欢的恶名之一——"海妖"（diablemarin）。宗教裁判所裁决她不可以再进入巴西，认为对她来讲，穿越大西洋的旅行就像是在葡萄牙乡村的一次远足一般。巫术像基督教一样迅速地在全球传播开来，身心在各大洲之间流浪的女巫们懂得运用在海上迁移的方式来保护自己。

在讲完这一"海妖"跨越三大洲的传奇故事后，格鲁金斯基总结道：

> 玛利亚所经历的大部分迁移都是非自愿的。这个有色人种女性被葡萄牙宗教裁判所的洲际网络所控制。从埃武拉经安哥拉与巴西到达里斯本，玛利亚与宗教裁判所的法官们玩了猫与老鼠的游戏，体现出伊比利亚全球化的正面与反面。充满悖论的是，玛利亚正是通过身体与魔幻草药的结合、通过她作为巫婆与老鸨的行为将欧洲、非洲与美洲联系起来，并全然违反了天主教会意欲实行的法则。反面的是，也是得益于玛利亚及她这类的人，宗教裁判所调整了各种方法与策略，使之有助于它更加有效地在全球范围内发挥作用。

这是一个鲜为人知的故事，通过格鲁金斯基高超的叙事技巧和敏锐的感知能力，在不同地域的史料背后，重构出了一个与命运和权力机构不断抗争的女子的命运，尽管她最终没能逃脱宗教裁判所神圣办公室法庭的魔掌。正是通过格氏的钩沉，才使我们透过一幅幅鲜明的图像，进入曾经靠着抽象概念徘徊其间的不同世界的历史。

六

二十世纪八十年代格鲁金斯基的研究主要限定在新西班牙总督

辖区的墨西哥,但自《梅斯蒂索人的心智》(一九九九)出版以来,格鲁金斯基将研究对象扩大到解释全球化与构成人类社会的各阶层混血之间的关系。而到了《世界的四个部分》,他更是把视角扩展到了第一次全球化的整体轮廓上。从方法论上来讲,格鲁金斯基运用"互动"的观念处理了早期现代性之后产生的全球的关联性问题,包括诸多的主题:分流、合流、跨文化贸易、传教、物种传播与交流、文化冲撞、殖民、移民与离散社群、疾病、艺术交流等等。除此之外,他还补充了苏布拉曼亚姆(Sanjay Subrahmanyam, 1961–)提出的"关联史"(Connected History)的概念,以天主教君主制作为其分析的单元,从一系列令人眼花缭乱的档案中汲取与欧洲文明具有关联性的资料:

> 乍看来任务是简单的,事实上,它涉及重新挖掘世界不同部分之间、不同社会之间所发生的各种联系,有些类似于电工的工作,修复时代与历史学家所分离开的那些东西。

格鲁金斯基通过不断反思,寻求更广阔的学术视野,避免今天的学科划分所带来的羁绊。这样他便走出了中心与边缘对立的二元逻辑,从墨西哥、马尼拉或佛得角看世界,从而形成一个由多个中心和接触的边界或中间地带组成的全球互动的景象。

除了"流动"外,格鲁金斯基在书中还运用了"环流"的概念。发生在十六至十七世纪的这些转变并不限于在美洲、亚洲等地建立起伊比利亚人的生活方式,也包括一个"环流"的运动。全球化的高潮使这些发生在新空间的转变重新返回到欧洲。其他大洲的商品、奢侈品和科学知识通过融入欧洲社会而获得了新的价值。因此,可以毫不夸张地说,《世界的四个部分》是十六至十七世纪人类文明的知识大纲,与之前的时代最大的不同在于其跨文化性。

本书最大的特点,是格鲁金斯基本人与历史保持的一种非传统的关系,这也可以视作他作品最大的原创性。这不是一部以单一观点和方法对过去的历史和社会进行统一叙事的著作,也不是一本注重案例研究的普通的全球史著作。格鲁金斯基通过研究人员和机构的转移，以及与之相伴的渗透到人类生活各个方面的实践、技术和信仰的转移，认识到了一种关联的历史。他像一位穿越时空者，利用自己高超的历史学手艺，自由进入十六至十八世纪全球史文献的迷宫，通过讲故事的方式，追寻隐藏在这些历史叙述背后的蛛丝马迹。他特别擅长讲故事，切入点往往是青年人不久前刚刚看过的电影——《银翼杀手》（*Blade Runner*, 1982）、《黑客帝国》（*The Matrix*, 1999）、《春光乍泄》（*Happy Together*, 1997）等。对于研究者来讲，可以从这部厚重的历史著作中获得知识论和方法论的各种启发，而对于历史爱好者来讲，则可以听到那一时代发生在世界四大洲惊心动魄的离奇故事。

格鲁金斯基在本书的第十章"个人命运与伊比利亚全球化"一节中写道：

> 总体面貌令人印象深刻，来自五湖四海的、各种血统的专家经营着混杂的、临时安排的、顽强坚持的不同事业，在知识上，欧洲的知识与土著的知识相混合，西方的知识常常多于土著的知识，但是它们经过了美洲化、非洲化或东方化，这些使得我们不可以将它们与欧洲陈列馆中展示并传播的东西相混同。对于这些探察到的宝藏，即使在今天西欧也远未吸收消化。

我想，这就是作者为什么要撰写这样一部关于近代早期全球化历史著作的根本原因吧。

（《世界的四个部分：一部全球化历史》，[法]塞尔日·格鲁金斯基著，东方出版社即出）

碎金屑玉的意义

郑岩

先师刘敦愿先生，字子舒，一九一八年六月二十四日生于湖北汉阳。其曾祖父刘淑云是清道光时国子监祭酒，其父刘人劭是一名铁路职员，曾参加同盟会。先生幼时颇受新学影响，喜读书，好绘画。一九三九年，他在昆明考入国立艺术专科学校（战时由北平艺专与杭州艺专合并而成）西画科，师从秦宣夫学习素描。受秦教授影响，先生从古代艺术的角度接触考古学知识。两年后，他的志向由绘画转向学术。先生最早的兴趣集中于西方美术史，但当时国外资料不易获得，便转向对中国美术史的学习。为了补充历史知识，先生从艺专所在的四川巴县（今重庆巴南区）磐溪定期渡嘉陵江，旁听时在重庆沙坪坝办学的中央大学历史系的课程，特别是丁山教授讲的"商周史"与"史学名著选读"。他如饥似渴，风雨无阻，学习热情颇为丁先生赞赏。丁山为学，乃由小学入经学，再由经学入史学。先生受其引领，在先秦文献方面长期用力，打下了坚实的基础。

先生一九四四年从国立艺专毕业后，得到蒙文通先生帮助，曾在四川省图书馆工作，还短期担任过小学教员。一九四七年，他随丁山先生受聘到青岛山东大学中文系任教，并担任丁先生的研究助手。一九五三年，先生从中文系转入历史系，同年入文化部社会文化事业管理局等单位联合举办的"第二期考古工作人员训练班",并参加河南洛阳烧沟汉墓发掘,接受田野考古的训练。二十世纪五十至六十年代初,他先后调查了山东日照、五莲、即墨、临沂、胶县等地的古代遗址,还发表了关于山东龙山文化研究的多篇论文,对于建立山东早期考古学文化序列做出了重要的贡献。

"文革"开始后的数年,先生家庭受到严重冲击,被迫中断研究工作。一九七二年春,山东大学历史系考古专业创建,先生出任教研室主任,为开展教学工作筚路蓝缕,耗费了大量心力,先后组织和参与泗水尹家城、日照东海峪、临淄齐故城等遗址的发掘。先生长期主持考古教研室工作,使得山大考古专业的教学和科研水平稳步提高,为该专业日后的发展奠定了坚实的基础。一九八六年退休后仍笔耕不辍,撰写了大量论文。先生于一九九七年一月十五日因病在济南辞世。

先生学识渊博,著述丰厚,研究范围涉及中国史前考古、商周考古、中国早期美术史、古族古国史、古代神话、民俗与民间艺术、古代农史、畜牧业史和古代环境等诸多领域,尤以其美术考古研究的成果著称于世,代表作见其自选集《美术考古与古代文明》。我曾撰文《刘敦愿与中国早期美术研究》,讨论他对中国古代美术史研究的贡献,有兴趣的读者可以参考。

这次我为先生编了一本小书《文物中的鸟兽草木》,所收文章反映了先生不太为人所注意而又颇具个性的一个学术侧面。这些文章聚焦出没、生长于古代器物与画像中的鸟兽草木,所论动物大者如犀象虎牛,小者如蜻蜓蜈蚣;植物既有罗列成行的树木,也有脉络分明的叶片;有野生的,也有家养的,有平凡的,也有神异的,题材范围十分广泛。先生通过描述图像的风格,剖析其意涵,来推想古人对自然资源的认识、改造与利用,复原彼时的生态环境与社会生活,追踪古族的征伐与迁徙,再现悠远的宗教礼仪与信仰,呈现出考古材料多方面的价值。

作为编者，我结合当年向先生问学和阅读的体会，谈谈在编选中的一些想法。

我一九八四年九月入山东大学历史系考古专业读书。报到后没几天，即在一次外请专家的讲座中见到先生。远而望之，先生清癯魁颀，风度凝远，讲话不疾不徐，仪状非凡。在第二学期，我随同班陈根远同学第一次到先生家拜访。先生书房中除了汗牛充栋的籍册，给我留下深刻印象的还有两件物品，一是挂在门后的陈旧调色板，二是书架顶部一个不太大的猫头鹰标本。对于前者，先生解释曰"君子不忘其本"，这很好理解；而那件猫头鹰标本，则让我大为惊异。俗云"夜猫子进宅，无事不来"，这种不祥之物，怎能入得堂室？因为是第一次拜访，我未敢多言。后来与先生熟悉了，我才说出自己的疑惑。先生细细讲述了他对商代青铜器和玉器中猫头鹰题材的见解，令我豁然开朗。

先生关于商代艺术中猫头鹰形象的研究，见《夜与梦之神——鸱鸮》一文。该文材料丰富，设问新颖，立论扎实，对于理解商代艺术与信仰十分重要，但其最初版本《中国古代艺术中的枭类题材研究》发表时却颇费周折。该文无论选题还是论证方式，在当时都有些"非主流"，加之附图较多，不易编排，故被多种刊物退稿，直到一九八五年才发表在浙江美术学院（即今中国美术学院，这也是先生自己所认同的母校）院刊《新美术》第四期上。二〇一七年底，范景中教授到中央美院开会，用餐时与我谈起刘先生，范老师说，这篇文章是他主持《新美术》编务时刊发的。这真要感谢范老师的慧眼！

谈及自己的考古学和古代美术研究成果，先生谦虚地说："……如果以画家作品集来做比喻的话，可以说是一本速写作品的荟萃，其中偶然有些人像手足与器官的细部素描而已。"他还多次说到，写文章就像制作项链，要下功夫磨珠子，而穿线是相对容易的。先生并不急于经营体系，创立范式，但整体而言，他关于古代美术方面的研究成果积累宏富，蔚为大观，自有其内在的逻辑与线索。而本书所收关于古代动植物题材的文章，则更近乎碎金屑玉之作，多是"为己之学"，而非"为人之学"。这些文章涉及农业史、畜牧业史、动物学、自然环境、古代民族史、古代神话、民俗志等诸多方面，很难确切地归入某个单一的学科范畴，又与彼时的潮流保持着一定的距离。我们前后届的同学或有人不同程度地受到这些研究的影响，但无人较为完整地承续先生在这个领域的贡献。这些卓然自立的探索也每每为他人所不解。那么，究竟如何看待先生的这些文章呢？

孔子论《诗》，主张"多识于鸟兽草木之名"，取譬引类，格物致知，以明《诗》之所兴观群怨，事父事君之旨，通达仁礼德教。孔夫子所言，为历代治博物学的读书人提供了学理上的合法性。除了对"三礼"名物的考释，还有自《山海经》、张华《博物志》、郦道元《水经注》、贾思勰《齐民要术》，以讫沈括《梦溪笔谈》、李时珍《本草纲目》等大量涉及"鸟兽草木之学"的著作，其中虽不免搜神拾遗，但也的确保存有大量关于生物、医药、农学、地理、天文等方面的知识。先生的研究，首先可以归入中国固有的这个学术传统；但是，先生绝不是一位旧式的"博雅君子"，他反复强调作为现代学术的考古学和美术史的进步意义，同时，又不把学问的"新"与"旧"截然对立起来。

先生的研究不再局限于金石和传世品，而致力于最大限度地扩展材料，如史前陶器底部并非有意而为的印痕（《岳石文化陶器上的叶脉印痕》），已远远超出艺术品甚至是一般意义的器物范围。他特别善于从考古发现的图像中寻找史料，强调这些材料的科学性和系统性，重视分析古代艺术的表现方式和视觉逻辑，善于以精准的语言描述动植物图像的来踪去迹和风格特征，揭示古代文物最为微妙动人的伏脉，进而深挖到社会与文化的地层。

先生重视图像材料与文献典籍的互证。他早年在文献上下过大力气，穷观先秦坟典，熟读成诵，《左传》《诗经》张口就来，对秦汉文献也甚为博通。先生晚年喜读唐宋以降的各种笔记，手不释卷，常将一些很少为他人所注意的边边角角信手拈来，精研深究，翩然成章。他由宋人的诗句，联系到少数民族铜鼓的纹样（《铜鼓上的牛鸟纹样》）；他留意《南史·孝义下》卫敬瑜妻"以缕系（孤燕）脚为志"的故事，以及《述异记》载晋成帝得白鹿，角后"有铜镌字"等细节，结合云南德钦县象头山出土青铜杖首上鹿角挂叶片的实例，论古代动物的环志。一九八九年，先生辅导我写《从中国古代艺术品看关于蛇的崇拜与民俗》一文时，曾命我读《太平广记》等书，从中寻找旁证材料以助解释早期图像，还教我查阅《古今图书集成》之《博物汇编禽虫典》，在核实原始文献的基础上采而用之，令我眼界大开。

欧阳修《笔说·博物说》云："蟋蟀是何弃物？草木虫鱼，《诗》家自为一学。博物尤难，然非学者本务。以其多不专意，所通者少，苟有一焉，遂以名世。"先生治学，正是人弃我取。这既需要有扎实的功底、独特的判断力，又须具备十分开阔的视野，即永叔所言"通"。

刘敦愿摹绘的动物形象

先生常说的一个比喻是"交叉火网打目标",具体地说,就是综合运用考古学、古文献、美术史学、民族学、民俗和民间美术等多方面的材料和方法研究问题。先生告诉我,做文章要像"老鹰逮兔子",在高空盘桓,山前山后,尽收眼底,一旦有所发现,迅速俯冲而下,一招制敌。他还主张"伤其十指不如断其一指",反对做大水漫灌式的文章。他长期在战乱和政治运动的夹缝中读书、授业、写作,口体之奉捉襟见肘,极为艰苦。除了战时曾到越南短暂旅行外,先生没有其他机会走出国门,但他对于国外的研究极为关注。先生可阅读英文,外文资料不易得,他就广泛利用译本。为研究中国史前和青铜艺术,先生曾精读过许多西方古典学的书籍。他重视弗雷泽的《金枝》等人类学著作,喜欢法布尔的《昆虫记》。在讨论中国古代动物图像时,他时时征引其他民族的材料加以比较。如他论临汝鹳鱼石斧图,即注意到北美印第安人墓碑与之相似之处(《鹳鱼石斧图的艺术性及其他》)。他受到日本早期文物的启发,认识到中国文物中蜻蜓之类小题材的重要性(《聪明的蜻蜓与神异的蜈蚣》)。基于图腾理论,他认为陕西宝鸡出土西周青铜车饰上人像背部的双鹿纹饰是族属的标志,提出犬戎中有鹿族的可能性(《周穆王征犬戎"得四白狼、四白鹿"》)。他论青铜器上虎的纹样,以胶东民间剪纸中虎的艺术形象作为参照(《含义复杂的虎崇拜》)。他向古生物学家请教,注意到商周器物纹样及甲骨、金文象形字中的动物形象,重视对头部和肢体蹄爪形态与构造的刻画,"颇有些近似古生物学家研究脊椎动物化石",揭示出古人对于动物的认知方式(《古代动物画艺术中的细节》)。我们在整理先生的遗物时,看到许多他亲笔描摹的动物图片。凭着这些知识,他辨读湖南湘潭商代豕尊为家猪造型,最先判定遽父己象尊为貘的形象(《鸡卣与貘尊》),由一个未能释读出的甲骨文象形字谈古人对于啄木鸟的认识(《古老的啄木鸟》),批大郤,导大窾,使问题豁然而解。

近年来,哲学家已注意到西方博物学(natural history)这个"不

刘敦愿摹绘的战国青铜器纹样

充分但非常有价值的传统"，把博物学看作与自然科学并存和平行发展的传统。这从新的角度反思西方以科学为基础的主流哲学体系，富有启发性。反观先生所论中国古代动植物题材，也不是将从文物和文献中萃取的信息简单地划归到"科学"和"迷信"两个对立的门类中，而是放置在经济、风俗、宗教、信仰、审美等语境中加以历史地解释，强调各种因素内在的联系，深挖古代科学知识的人文价值。在他笔下，不同学科不是形式上的并列，而是寻求真正意义上的交融。这些"百科全书式"的研究成果，形式上也许还有着中国传统博物学的影子，不免散漫氤氲，但的确已开始向现代学术转化，其中所蕴含的创造力和可能性，使得自然与社会、造化与人心交叉处那些原本幽暗昏惑的地带日渐明朗，并开始放射出特有的光芒。

以田野调查和发掘为基本特征的现代考古学，在中国已走过了一个世纪的历程。先生是这段历程的参与者。他早期在调查山东滕县岗上等遗址时，就注意到伴有彩陶出土的遗存（即后来命名的大汶口文化），有从"龙山文化"中独立出来的必要性；二十世纪五十年代末，他对山东龙山文化的社会性质提出过非常新颖的看法；他由一张古画按图索骥，找寻到胶县三里河史前遗址，在学界传为美谈。先生在教学中始终强调田野工作的重要性，常以飞行员的飞行时长为范例来要求学生加强田野考古训练，所培养的研究生如栾丰实、方辉、许宏等，都是活跃在田野考古一线的领军人物。但是，先生毕竟不是考古学科班出身，限于各种条件，他本人的"飞行时长"是不充分的，因此，他的研究更多的是扬长避短，扩展到田野考古以外广大的领域。

先生特色鲜明的学术探索并非考古学的"主流"，但从另一个角度看，则有其特殊的意义。中国文化之原始、中国文明的起源、考古学文化的区系类型等，是一百年来中国考古学的核心问题，而这些问题的解决必须依赖足够充分的材料。为建立基本时空谱系和进行文化因素分析所采用的类型学方法，也必须建立在大量标本排列对比的基础之上。与之不同，先生的研究有时集中于考古发现的某一两件器物（《西汉动物画中的杰作》），甚至是某种图案和画像的只鳞片甲（《古代动物画艺术中的细节》）。那些在类型学研究中可能因为不具有普遍性而被排除的个例，恰恰是古代艺术家匠心之所在，而种种容易被忽略的细节，也每每蕴藏着创造者的苦心经营。这些显微镜下的观察所见，正是文明不可或缺的细胞和精华，与上述大问题的讨论并不矛盾，甚至可以说是考古研究的一体两面。先生认为，曾经在历史上对现代考古学的形成起过推动作用的古代艺术研究，在新的历史条件下，可以补充考古发掘之不足，复原古代社会生活，重新起作用于考古学。他对古代动物和环境的研究，也有着同样的意义。

长期以来，中国考古学已经形成了严格的技术规程、较成熟的理论与术语、规范的书写与发表模式、层级分明的研究机构、严密的管理体制和行之有效的教育系统，这些成绩无疑值得治学术史者大书特书；但另一方面，其中也暗藏着过于单一化的弊端。田野考古学传入中国之时，即被强调为一个"科学"体系，"实证"成为唯一的价值准则，其中包含着与中国传统学术的告别，感性与诗意化作明日黄花。为了建立基本的学科架构，不免过度强调纯洁性，急于与历史学、古文字学等研究领域"切割"(李零语)。学者徐坚在致力于书写中国"多元化考古学史"时，提醒学界注意民国时期那些不被关注甚至遭到否定的、被认为是欠缺"科学性"而没有书写价值的"暗流传统"(alternative tradition)，认为"暗流传统具有与主流传统相比毫不逊色的学科贡献"。借用"暗流传统"这个概念来书写一九四九年之后的中国考古学史的话，以刘先生为代表的一批学者所做的"另类"研究，不但不应被忘记，而且需要予以充分重视。

当今的中国考古学已经长大成熟并具备充分的自信心，理应向着更为开放、包容和多元化的方向发展。但是，如何在心理上打通旧有的藩篱，如何在问题和方法上建立起各学科之间有机的联系，以达成实质性的而不是形式上的多学科合作，仍有很长的路要走。我们要重视先生留下的那些重要的提示——将自然和科技史材料与神话、民族、宗教、政治、经济、艺术、心态等因素综合起来加以研究，展现出中国古代自然和环境等课题应该具有的人文色彩和思想魅力。

先生的文字，源于他特有的禀赋、兴趣、阅历和积累。那些走过几十年寂寞、困顿、动荡、挣扎而保留下来的热情、真诚、温厚、天真，对于身处人文科学研究高度体制化、课题化、工程化的时代而火烧火燎、晕头转向的我们来说，更是珍贵。

夏天快到了，窗外仍是起伏不定的疫情和各种纷扰。我在灯下细细重读先生这些文字，仿佛又回到他的书房中，听他将商鼎周彝、春花秋虫慢慢道来，寂然凝虑，思接千载，如静水深流。

(《文物中的鸟兽草木》，刘敦愿著，郑岩编，四川人民出版社即出)

张晖

走出审美：盖尔的艺术人类学

《艺术与能动性》几乎可以说是二十世纪下半叶最为重要的艺术人类学理论著作，它不仅为这个在人类学当中颇受冷落的子学科指出了新方向，且对艺术史领域亦有所辐射。作者阿尔弗雷德·盖尔试图在已显颓势的符号学分析范式之外另寻途径，把基本的分析取向从"艺术作为文本"转为"艺术作为行动"，聚焦于艺术生产的过程，而非仅仅是作品本身，将经由"物"所搭建的社会联结作为艺术研究的核心范畴。通过这一艺术人类学的重大范式转换，盖尔与布鲁诺·拉图尔、丹尼尔·米勒等关注"物质研究"的人类学家共同开启了对于整个人类学领域来说都相当重要的"能动性转向"。强调"物"的能动性，其实也即是要打破一种"物我两分"的前设，不再将"物"视为与"人"相互分离，并且纯粹被动地受人处置舞弄的"工具"，而是以其自身所持具的秉性，作为"人"的某种特定社会身份建构中不可或缺的部分。

这部书稿也是作者在他最后的时日中所勉力完成的。当盖尔在一九九六年十月被医生告知病情噩耗时，离他生命走到终点只剩下不到四个月时间。据他的遗孀回忆，盖尔终其一生都不齿于"自怜"这种俗滥的情感。他也藐视所有基于宗教信仰的成规教条，认为它们会令理性与自我悬置，乃至于贬损人性的品格。在生命的最后时光里，他用一种理性、潇洒到近乎漠然的态度去接受命运的安排，甚至反过来抚慰他的亲友们。随后，便一如既往地全身心投入到写作当中，最终完成了这部艺术人类学学科史上具有里程碑意义的重要著作。

从盖尔在最后的时日中所展现出的生命观照，或许可以读解出他对宗教情结的某种警醒，以及对于"时间性"的高度重视，这也是理解他艺术人类学理论的两条重要线索。在那个著名的有关艺术人类学方法论的概念"方法论腓力士主义"（methodological philistinism）中，他强调需将审美感受所唤起的情感体验从艺术人类学的研究中剥离出去，就如同人类学家将宗教作为研究对象时，也应当秉持一种无神论主义的态度。"腓力士主义"，原是欧洲文化传统中带有强烈贬义的称谓。它源自《旧约》当中与以色列英雄参孙、大卫为敌的腓力士人，此后在德文和英文中，均指向那些粗鄙无文、追求物质财富而摒弃提升心灵与审美品位的市侩群体。十九世纪富于精英色彩的文学评论家马修·阿诺德（Matthew Arnold）就曾将此标签施用于维多利亚时代那些粗俗的、追逐物质的新富商人阶层。对阿诺德所力图捍卫的文化经典的高贵纯粹性来说，"腓力士主义"所代表的庸人无异于洪水猛兽。盖尔在使用这一称谓来表述自己的理论立场时，则显然使用了一个翻转，将"重视物质性而非追求美感"赋予积极正面价值。他并非是说美感在艺术研究中不重要，而是说，研究者常常对自己切身的美感体验乃源于自身文化背景这一前提缺少省察，因此极易在分析艺术之时在潜意识当中将个体审美经验普遍化，遂令族群中心主义的偏见难以避免，这也是当时艺术史研究中的常见偏差。盖尔认为西方的艺术观念倾向于将审美视为艺术内在的、具有超越性的品质。这一观点本身，将艺术奉上神坛，令"审美"活动具有近似于宗教的道德意味。因此，人类学家研究他者的艺术，不应囿于艺术史的轨道去关注艺术的美感特质，而应去关注"物"当中所凝聚的社会关系。

实际上，盖尔并无意于否定艺术鉴赏中美感体验的重要性。盖尔的父母皆为技艺娴熟的画家，他自己艺术修养极好且擅绘画，在手绘的图表、地图之外，他的人类学著作中还包含有丰富的素描，略可见其功底。但他的性格中，却总有一股强烈的"思想实验"的倾向，跳脱奔放，并且试图追求一种离经叛道的"反直觉"式思想表达。"方法论腓力士主义"概念的叛逆，远非仅仅是制造一个新的概念，而是对一个时代的艺术人类学研究范式的悖逆。在二十世纪七十年代，符号学和象征论统治着艺术人类学的领域。盖尔的老师，安东尼·福吉（Anthony Forge）就是其中的领衔人物。他相信艺术品的形式元素可以提供一种近似于语言符号系统，但又更加本质、更加纯粹的意义体系。因此对于文化的解读，可以通过将艺术品视为文本来展开。早期的盖尔也跟从了这一路线，但当他于一九九二年发表那篇经典的《技术的魅惑与魅惑的技术》时，已经将此范式摒弃，不再将对艺术文本"意义"的追寻，视为艺术人类学的核心诉求，甚至，他也不认为那是艺术品最重要的内在特质。在这篇文章里，盖尔对特罗布里恩群岛的库拉贸易中所使用的船头板图案的迷幻效果进行了分析。根据早期基于心理学的解释，这些船头板图案所具有的魅惑性，是通过巨大的涡轮状图形模仿眼睛而带来心灵冲击——这也是一个典型的符号学读解方式：图案的力量源自其所表征之物。盖尔试图做出的解释，则是摒弃这一符号学的进路，而认为迷幻的效应，是图案中所包含的复杂工艺过程本身所致，需要从一种"魔法"的理念进行解读。在盖尔眼中，物的存在状态，于静止中蕴含了流动的时间性，包含了在物的生命历程中极其重要又常被遮盖的制作技艺，而在艺术品这一特殊类型的人工制品中，正是因为制作过程中所施用的技艺之复杂精妙程度超出了观看者的理解能力，因而制作过程本身被神秘化，从而使得艺术品具有了俘获观看者心灵的能量。因此他强调"艺术品并非以'存在'的形式来到世界上，而是以'成为'的形式来到世界上"。多数艺术批评的误区在于只专注对艺术"此在"形态下美学特质的分析，却忽略了它在"成为"艺术品之前的那段生命史背后，制作者为完成它所付诸的身体活动与技术过程。而正是对于这一艺术制品"生命前史"的挖掘方法，展现了盖尔研究进路中独特的"时间性"观念。

盖尔对艺术人类学范式的激进改造，一方面是试图将审美的维度摒除在外，另一方面，则是将对物的研究从"艺术品"拓展至"类艺术品"（art-like object），这一拓展可以将日常的人造之物甚至自然之物引入到研究对象当中。在《弗吉尔的猎网：作为陷阱的艺术品与艺术品作为陷阱》（"Vogel's Net：Traps as Artworks and Artworks as Trap"）这篇重要论文中，盖尔与著名的艺术批评家阿瑟·丹托（Arthur Danto）所论辩的焦点，正是在于，一件功能性日常之物的制造和使用，如何具备了成为激发蓬勃想象力的"类艺术品"潜质，以及如何通过一种强调时间性的"溯因推理"方法，解锁其中涵义丰富的诗性。

论辩源于一九八八年在纽约非洲艺术中心所策展的一个名为"艺术/器物"的展览，策展人苏珊·弗吉尔（Susan Vogel）是一位人类学家，她在展厅中相当显眼的位置放置了一张捕猎网，这是她在非洲田野工作期间所收集的一张阿赞德人（Zande）的大型猎网，被绑成一团空运至纽约，然后放置在展厅的一层。论辩的焦点在于，这样一张被放置于艺术馆的寻常捕猎网，究竟是否构成"艺术"？尽管阿瑟·丹托所著的《寻常物的嬗变——一种关于艺术的哲学》，是对当代艺术中使用"现成物"的创作方法以及其作为艺术品之合法性的一个富有前卫意义的经典理论辩护，然而在分析苏珊·弗吉尔的捕猎网时，他却不承认这件装置作为艺术品能够成立。也许这肇因于丹托有关艺术创作的理念，他仍然强调艺术品是艺术家创作意识的投射，也即是仍然强调个体意义上的作者性，以及艺术品与其创作者内在同一的原真性。

而盖尔从艺术人类学的学科立场出发，思考这一"乱入"到美术馆的猎网的角度却截然不同。在他看来，丹托对于艺术品的理念虽有令人称道之处，但他强调艺术品特质来源于自觉的作者意图，未免仍然把一种特定西方语境下艺术创作中制作者与其作品的关系强行做了一种普世化的预设。在丹托的理论框架里，他之所以无法承认阿赞德人的捕猎网是一件艺术品，乃因为制作此网的猎人，是以捕猎为目的，而非以"审美"为目的。因此丹托始终将"物"的"美学目的"与"实用功能"截然二分，一件以实用功能为目的所制造的器物，只有在使用中才能实现其目的，因而其自身是不完整的，若作为一件艺术品，则它需具备一个完整、自足的意义系统。而盖尔接下来的阐释分析，则充分展现了他所主张的"溯因推理"方法的运用方式。他首先对这种将实用功能和美学目的对立的观念提出尖锐质疑。根据民族志研究的记录，在非洲部落社会的文化生态中，狩猎活动并非仅关于日常生计，而是与诸多成人仪礼、年节庆祝活动交融在一起，具有很强的仪式感和宗教色彩的超越性。在这些仪式当中，捕网也很可能作为道具来呈现有关狩猎的仪式剧场中猎人角色的特质，作用如同那些已经被广泛认可为艺术品的非洲面具。

对于丹托来说，艺术品意义系统的自足与完满，使得观者在遭遇它时，如同遭遇一个具足了自己思想的人，也即是，它是创作者的一个延伸。盖尔对捕网所具艺术秉性的阐释，也同样在这个观念的基础上展开：一张捕网，即使脱离开原有的语境，被放置在与其功能性和仪式性都不相干的博物馆里，仍然具有一种属于物的"能动性"——它是一个强劲有力的"符号"，昭示和表征了一些不在场的"暴力"——它的形制与设计，既体现了猎人抓捕野兽时的强烈意愿与狡诈机心，也能够唤起对动物在落入陷阱后奋力挣扎情景的想象。捕猎陷阱的设计，往往需要与所捕猎物的身形吻合，因此它既是捕猎人自我的一种呈现，也是对猎物的依样塑形，可以被视作有关动物行为的文本。初看上去，盖尔在这里仍然采取了一种具有符号学色彩的进路去阐释捕网，但与执着于将文化读解为文本的象征论人类学家不同的是，他并不强调符号所承载的"意义"，而着眼于符号所体现的"行动意图"，也就是物品如何链接起一个人类行为的施动者与受动者两端。这里有关捕猎者和猎物之间关系的想象与推演，正是一种溯因推理方法的运用，其重点在于挖掘出物的形态中所蕴含行动的社会形态与技术过程。在捕猎过程中，捕猎者需要隐匿自身，因此他和猎物本无法共处于同一时空场域，而猎网这件器物，则创造了一种"时间结构"，用一种富有戏剧意味的方式将两者的行动方式汇集到一起。盖尔借用了读解古希腊悲剧的方式，来读解通过捕猎陷阱所呈现的猎手与猎物的关系，以及其中所蕴含的诗性——前者表征的是神，是无可逃避的宿命，而后者则类似于那些因为自负和傲慢而结局悲惨的英雄主角。物之特性是帮助施动者用来捕捉在时间中所展开的行动，并将其封存收储其中，同样的，物之特性也是受动者用以解锁施动者之目的的一把钥匙。至此，盖尔从他的角度，论述了一件"寻常之物"所包含的艺术特质——捕猎陷阱通过它的物质形态与设置机制，既表征了猎手的意图，也同时表征了猎物的意图。而对于这些复杂意图的想象性唤起，对于盖尔来说，是界定某物是或不是艺术品的关键。

  盖尔关于捕猎网的讨论，表现了他将物之生命史与时间结构，作为理解其"能动性"的核心要素。他所要强调的，是物的制造和使用所经历的时间历程中铭刻了种种与人发生链接的痕迹，也即是说人类心灵对时间性的理解与把握，也须借由物的"生命计划"而展开。对时间性的感受和认知，也是盖尔另一部颇具雄心的理论著作《时间人类学》的核心主题。在这种试图整合人类学、现象学、心理学和经济学等有关时间感知的理论尝试里，盖尔的核心要点在于如何把握"过去""现在"与"未来"之间的联系。其中他格外青睐胡塞尔的现象学路径，同时试图结合左派理论如布尔迪厄和马克思有关历史与能动性的讨论，将"当下"视为与过去和未来紧密纠缠，既包含了过往时间中历史性所累积的沉淀，又可经由人的行动而导向未来。而对"物"之研究的重要性，恰在于它以其外在的、看似静止的物质特性封存了过往中施动者在其上施加的行为，并对未来接受者的行动导向给出了指引。

在时间性与物的展演的问题上，盖尔曾做过一个有趣的观念延展，他说当我们在观赏舞蹈和音乐这类艺术表演时，欣赏的是具有即时性和现场感的舞台演出中所展现的高妙技艺，而对于视觉造型艺术来说，其实可以同样将艺术家作品，比如伦勃朗的一幅画作，视为其大师技艺的展演，只不过，这一表演发生在舞台之下，发生在过去。在这里，艺术品物质性的最重要特质之一，是仿佛作为一种封存时间与行动的"琥珀"，将创作者的意图、技术与当时当地的心灵状态凝聚，留待后来的观者进行读解。正如他所言："每件器物之所以都是一个'展演'，就在于它可以启动有关其如何来到世间的溯因推理。"因此，对于盖尔来说，物的艺术性未必需要体现在其作为审美之物的美学特质之上，而是在于其特质是否包含有足够丰富的线索，让我们去展开有关它与施动者和受动者关系的推想，从而在物与人的主体性之间建立联系。

在《艺术与能动性》的结尾部分，盖尔对杜尚作品的分析颇为引人注目，一方面固然因为这是艺术人类学领域中较早将注意力从"部落艺术"转向"当代艺术"的工作；另一方面，也是因为这些分析更进一步推进了盖尔所希望探讨的物性、时间性、社会关系与人的主体之间的相互纽结。《艺术与能动性》的英文版即取用了杜尚的画作《断阻之网络》（*Network of Stoppage*）作为封面。这幅作品事实上叠加了艺术家几个不同时期重要作品的雏形或图稿，层层覆盖，但又故意显露迹象，盖尔的解读将每一个层次视为艺术家创作的能动性在不同时间节点上的短暂驻留，它们寓示着时间之流一次次被截分、斩断，但相互之间又在同一幅画布上彼此呼应，彰显彼此间深刻的内在联系，体现了艺术家内在生命意识中一种无法被真正切割的绵延连续感。盖尔将杜尚整个艺术生涯的全部作品视为时间线索上相互联结、相互重叠的整体。作品在主题与风格上的内在联系与呼应，使得任何一幅画作都无法被视为单独孤立的个体，而是艺术家的创作意识在绵绵不绝的生长过程中，于不同阶段的物化显现。每一件作品既在某种程度上复现了前作中所体现的艺术家精神状态，又昭示了其后产生作品的态势。因此这些作品在风格和形式上的变化，非只凸显了艺术家创作理念的转折点，更体现了其延续性。它们不仅仅是艺术家心灵活动的物质外显，并且作为一个整体，共同呈现了艺术家生命历程不同时间阶段之中的心灵状态，展现了他心灵的时间结构。艺术作品用物态的方式既凝固了时间之流，又连通过去与将来，昭示着时间性的绵延不绝。这种被物质化了的、具有连续性的心灵状态的时间结构，也即是盖尔所定义的艺术"风格"，它不仅仅在个体艺术家的作品系列中得以体现，更可以在群体性的艺术表达中显现端倪。

在这里或许可以借用德国艺术史家雷德侯（Lothar Ledderose）在《万物：中国艺术中的模件化和规模化生产》一书中提出的"模件化"概念，来进一步阐明。雷德侯试图通过这一概念找寻在器物形态与中国社会组织方式，以及内蕴于中国文化的认知模式之间的联系。"模件化"既是一种特定的认知范式，体现在方块字的独特构成之中，又是一种器物制作的组织原则，比如木构建筑中的榫卯、斗拱、手工艺中的活字印刷，以及青铜器、漆器的制作方式等等，它们共同构成一种具有显著"风格"的文化生产方式，体现在其器物的形态特质中，又转而催生出艺术生产过程中与此相应的社会组织方式，比如手工作坊里细化的劳动分工协作等等。如此，"模件化"概念通

> 存在就是被感知。——贝克莱

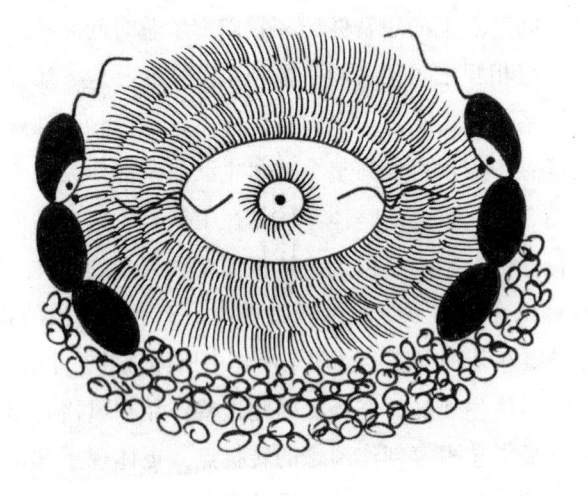

过围绕器物制造而展开的具体艺术生产实践，将认知方式与技术形态和社会组织联为一体，构成一种由内而外，内外相生的整体性文化构成。通过器物的物质特性去发掘其制造的技术过程和社会组织方式，并进一步分析其制作者的心灵结构，在这一点上，雷德侯和盖尔可谓殊途同归。

若天假盖尔以更多时日，《艺术与能动性》可能会更为完善。正如不少后来的评议者所言，这部书前后两部分在结构和主题上有所游离，并且在盖尔繁复的论述当中，也不时可见逻辑与概念运用上的纰漏。当然最富争议之处，是他颇为强势地另辟蹊径，试图将"审美"的维度从艺术人类学研究当中排除出去。但与其说盖尔不在意"审美"，倒不如说，他是用自己的思考进路，对于艺术人类学该如何从物质性、时间性以及社会性的相互连接之处重新阐释建构"审美"的概念，给出了一个富有理论启发意义的方案。

(*Art and Agency: An Anthropological Theory*, Alfred Gell, Clarendon Press, 1998; *The Art of Anthropology: Essays and Diagrams*, Alfred Gell, The Athlone Press, 1999)

石原慎太郎的底色

高士华

是作家，更是政客

二〇二二年二月一日，八十九岁的石原慎太郎在东京去世。日本社会对此有两种截然不同的反应，有人心情沮丧，如失干城；有人喜形于色，弹冠相庆。

石原慎太郎是一个作家，一九五五年在一桥大学读书时发表小说《太阳的季节》，轰动一时，获得第三十四届芥川文学奖，从此走上文坛。他也是一个畅销书作家。《太阳的季节》列当年畅销书榜首，总发行量超过一百万册。一九六九年的《斯巴达教育》卖了七十万册，二〇一六年的《天才》卖了九十二万册，一九九六年的《弟弟》卖了一百二十万册，一九八九年的《日本可以说"不"》卖了一百二十五万册。石原在日本文学界、言论界有着非同一般的影响力。

石原慎太郎从事政治活动的时间很长，一九六八年当选参议院议员，二〇一四年宣布退出政界，活跃日本政坛四十六年。其间，他在一九七二年当选众议院议员，曾经担任环境厅长官、运输大臣，一九八九年竞选自民党总裁失败，一九九五年辞去众议院议员。

一九九九年，石原当选东京都知事，二〇〇三年再次当选，二〇〇七年、二〇一一年三度、四度当选。

二〇一二年十月二十五日，石原宣布辞去东京都知事，并称将与保守势力筹组新党。十一月十三日，石原召开新闻发布会，正式宣布成立"太阳党"，纲领包括制定自主宪法、增强国家防卫能力等，试图打造日本政坛"第三极"，在国家政治中发挥重要影响力。在十二月十六日的日本第四十六届众议院选举中，石原慎太郎、长子石原伸晃、三子石原宏高同时当选。一门三议员，风光一时。

石原慎太郎是一个作家，更是一个政客。

作为政客的石原慎太郎，留给人们最深刻的印象是敢言，特别是敢妄言，是有名的"大嘴巴"，与大多数日本政客谨言慎行的风格截然不同，他一向说话肆无忌惮，口无遮拦。经常针对女性、残障人士、外国人等群体发表各种歧视甚至侮辱性言论，遭到多次抗议甚至起诉。但这似乎没有给其政治生涯带来太大的负面影响，他依然人气不落，对自己的错误言行在大多数情况下甚至连敷衍性的道歉都没有，对于批评和批判基本采取无视的态度。他具有日本政客身上少见的"卡里斯玛"特质，身兼作家和政客两种身份，喜欢发表煽动性言论，大众传媒的追捧更让他如虎添翼，引人注目。正因为他没有底线的肆无忌惮，不少人甚至觉得这恰恰是他的魅力所在。但张扬的自我中心个性与自民党内等级森严的派阀政治无法合拍，形成不了以他为核心的派系和势力，有社会人气，无党内优势。

石原慎太郎拥有不加掩饰的政治野心，一直想出任总理，实现他治国理政的巨大抱负，曾参加自民党总裁竞选但铩羽而归。他自称参选东京都知事的目的是要"通过东京改变日本"，以"都政促国政"。在东京都知事任内，也做过一些被认为是"善政"的事情，如制定限制柴油汽车尾气排放法规、清理红灯区等。二〇一二年，年近八十的他辞去东京都知事，与人合组新党，力图重返国政，做最后一搏。

石原长期与中国为敌，公开使用针对中国的侮辱性称呼。在历史问题上,他否认日本发动战争的侵略性质,否认慰安妇和南京大屠杀等历史事实,坚持参拜靖国神社。

他认为美日关系不对等的根源在于战后美国主持下制定的和平宪法,因此他不是像一般右翼政客那样主张"修宪",而是提出抛弃和平宪法,推倒重来。在日本成为经济强国之后,石原慎太郎和人合作接连抛出《日本可以说"不"》、《日本还要说"不"》(一九九〇)和《日本坚决说"不"》(一九九一),直接向美国挑战,坚持日本的利益。

石原不只是张口"支那",闭口"支那",对中国满口妄言,对其他国家的文化也说三道四,加以贬低。他曾因对法国文化品头论足,被在日法国人告上法庭。

很多人惊讶在一个如此现代化的国度,竟然有如此人物、如此言论,堂而皇之、不加掩饰地侮辱其他国家、民族和弱势群体。更不可思议的是,他竟然还相当有人气。除了他的敢言之外,这也和日本从二十世纪九十年代开始越来越强大的新民族主义风潮有关系,这股风潮排外性强,反对所谓的"自虐史观",带动了日本舆论的整体右倾,于是,石原这样的人物成了时代的宠儿。新民族主义是世界性风潮,在法国和俄罗斯等国家也都有类似的人物。

"下克上"与"国家利益"

日本政府对钓鱼岛实行所谓的"国有化"已经十年,这十年里,中国的海警船定期巡航钓鱼岛周围海域,日本政府无可奈何,无计可施。

"国有化"的始作俑者是石原慎太郎,很多人认为这是他"下克上"的结果。

曾在二〇〇九年表示钓鱼岛问题应该搁置主权共同开发的石原,突然在二〇一二年四月十六日发表演讲,称东京都决定从私人手中

"购买"钓鱼岛,此计划已经获得钓鱼岛"土地拥有者"的同意。对此,中国外交部当即做出反应,发言人指出钓鱼岛及其附属岛屿自古以来就是中国领土,中国对此拥有无可争辩的主权,日方对钓鱼岛及其附属岛屿采取任何单方面举措,都是非法和无效的。四月二十七日,石原慎太郎称,东京都政府已设立捐款账户,发起"购买"钓鱼岛的募捐活动。五月十日,石原宣称已募集近五亿日元。

一时间,日本媒体连篇累牍地报道,"购岛"成为全国话题,石原指责日本外务省只看中国脸色行事,已经不是日本政府的外务省。

五月二十九日石原再次渲染"中国威胁",指责政府在钓鱼岛问题上软弱,日本终将成为中国五星红旗上的第六颗星。

九月五日,日本媒体透露,日本政府已经就"购买"钓鱼岛事宜与"岛主"栗原家达成协议,以二十亿五千万日元的价格"收购"钓鱼岛及其附属岛屿,将其"国有化"。

九月十二日,日本官房长官宣布,钓鱼岛及其周边附属岛屿的"国有化土地登记手续"已经办理完毕,"土地拥有者"变更为"日本政府"。由此酿成了中日邦交正常化四十年中的最大危机。

一般认为,石原的"购岛"计划是导致日本政府钓鱼岛"国有化"的诱因,日本政府这样做有比较复杂的考量,是默契配合,还是顺势而为,难下定论。有人认为日本政府实行钓鱼岛"国有化",是防止石原"购岛"方案过度损害中日关系,避免事态变得不可收拾;同时加强对钓鱼岛的控制,提高民主党政权在日本民众中的支持率。

结局是中国方面做出强烈反应,原本双方在钓鱼岛问题上都比较克制的局面被打破。此前中国政府为了维护中日关系大局,一直没派船进入钓鱼岛海域,日本政府实行"国有化"后,中国政府为了宣示主权,派海警船巡航钓鱼岛海域,日本政府难以应对。

无论如何,石原的钓鱼岛"购买"计划,是导致日本陷于被动的导火索。日本有媒体报道说,石原这样做是典型的"下克上",石原本是地方政府东京都的知事，却在领土问题上超越权限，做中央政府应该做的事情。

日本近代以来的"下克上"，一般是指下级不顾上级的意图擅自决断，甚至直接架空或剥夺上级的权力。按照日本社会中的流行说法，二十世纪三十年代的三件事是比较典型的"下克上"。

一是日本关东军发动"九一八事变"。关东军参谋板垣征四郎大佐和石原莞尔中佐在未征得关东军首脑和内阁批准的情况下擅自策动事变，先是占领沈阳，而后占领东北全境。这给日本带来了巨大利益，更刺激了其扩张野心，日本进而于一九三七年发动"七七事变"，全面侵华，遭到中国军民誓死抵抗，陷入战争泥沼不能自拔，走向彻底失败。

"九一八事变"打破了"一战"之后世界脆弱的和平局面，以武力解决国家间争端，开了一个恶劣的先例，把人类引向第二次世界大战的灾难深渊。

第二件事是"五一五事件"。一九三二年五月十五日，一些海军青年军官由于对政府不满，发动政变，要"铲除"政府领导人与财阀，"拯救日本"。政变者袭击首相官邸、警视厅、内大臣牧野伸显宅邸、三菱银行、政友会总部等地，首相犬养毅被杀。由于缺乏建立政权的具体计划，未达目的，政变者自首。在审判中，不只是军部极力为政变者开脱罪责，包括血书在内的数以十万计的请愿书也被送到法庭，请求从宽发落。还有人砍掉自己的手指寄给法庭，为犯有重罪的军官求情。如此的军方压力，如此的汹汹"民情"，最后政府不得不对政变者从轻发落。在这样的氛围之下，政党政治难以继续，军方影响力大增。

第三件事是"二二六事件"。一九三六年二月二十六日，陆军的部分"皇道派"青年军官率领千余名士兵发动政变，对政府及军方高级成员中的反对者进行刺杀。叛军一度占领东京市中心，但不得不于二十九日缴械投降。在之后的审判中，共有十九名叛军领导者被处以死刑，另有四十人被判处监禁，间接相关人物亦被调离军队中央职务。此后，国家基本被军部控制。

乍一看，"下克上"似乎是单纯的中下级军官的擅自行动，日本的主流著述也有意无意这样引导，这样解释显然是为了推卸军部和天皇的责任。

明治维新后的日本不断向外扩张，先朝鲜后中国东北，是日本大陆政策的基本思路，占领中国东北符合日本政府的既定政策，所以从日本当局的角度，板垣征四郎和石原莞尔的谋划并没有错，他们和军部的扩张政策没有大的区别，只是实施的时间和方式不同罢了。此前的一九二八年，日本军部秘密策划了刺杀张作霖的皇姑屯事件，日本政府事先并不知情，日本国内普遍认为，军部的这一举动是正确的，政府和军方并没有严肃处理具体策划者关东军参谋河本大作，只是把他解职，编入预备役而已。

"九一八事变"后，板垣征四郎和石原莞尔也没有受到严厉处分，驻朝鲜军司令官林铣十郎的派兵越境行为也得到了追认，这就造成了一种时代氛围：军人擅自采取符合日本政府和军方本意的行为，不但不会受到严肃处理，还有可能被当作英雄。不少青年军官认为，挑起事端，将日本引入更大规模的对外侵略战争，是爱国的表现，而且也可能因此谋取军功，得到提拔。

因此，不能把责任完全推给实行"下克上"行动的青年军官，制定对外侵略方针、灌输军国主义思想的日本政府和军方才是最大的责任者和罪魁祸首。

"二二六事件"直接威胁到天皇的统治权，因此对叛乱军官的处置也非常严厉，所以军人的"下克上"行为，只有在符合日本政府和军方利益，特别是在有利于对外侵略时才会被认可。

由于在"二二六事件"中的胆大妄为，此后日本陆军经常把自己吹嘘为"皇国的中流砥柱",日本海军有人讽刺说,正是陆军最终把日本引向灾难。但实际上,日本的陆军和海军半斤八两,都喜欢把"国家利益"挂在嘴上,却一直将战争视为军人建功立业的"乐园",为了军人集团的整体和个人利益,他们不惜把国家拖入战争,给国家带来巨大灾难和数以百万计的军民死伤。

石原慎太郎也是喜欢把"国家利益"挂在嘴上的人,他越过中央政府进行"购岛",张口闭口是为了国家,与石原莞尔等人的做法可谓如出一辙,有人说石原慎太郎和石原莞尔有血缘关系,纯系误传,但精神上他们倒是相通的。

石原慎太郎从二〇一二年四月十六日宣称东京都决定从私人手中"购买"钓鱼岛开始,就不停地就这个话题进行炒作,强造民意,拉升自己的人气,准备一旦机会成熟,就破门而出,登上国家政治舞台。九月十二日,日本官房长官宣布钓鱼岛及其周边附属岛屿实行"国有"。到了十月二十五日,石原慎太郎就在记者会上宣布辞去东京都知事,准备参与国政。从时间的前后关系上看,让人不得不怀疑他制造"购岛"风波的真实目的。他这样做,到底是为"国家利益",还是为他自己参与国政聚集人气,进行热身?"购岛"计划,是否真正符合日本长远的"国家利益",会带来什么样的结果,这些在他的考虑之中吗?

石原慎太郎的底色

石原慎太郎是日本战后右翼最为有名的代表人物之一,一般认为,石原慎太郎代表日本的极端右翼并为其发声。不过,我们也应该注意到,他同时也代表着相当一部分普通日本人的声音,否则难以合理解释他在日本的人气。

《日本可以说"不"》这本书是石原和日本索尼公司创始人盛田昭夫合写的。盛田昭夫不是政客,而是一位有成就的企业家,他的想法得到了日本相当一部分企业家的共鸣,也代表了很多日本普通民众的想法,对美国的霸权主义说"不",让日本成为一个所谓的"普通国家",是很多日本民众共同的心声。

石原慎太郎四选东京都知事获胜,可称奇迹,票数不能说明一切,但也不能无视。在一九九九年东京都知事参选的记者会上,石原慎太郎的第一句话是:"我是石原裕次郎的哥哥。"石原裕次郎是日本著名电影演员,有很多影迷,一九八七年已经去世。利用已经去世十二年的弟弟为自己拉选票有可议之处,但他的支持者肯定不止石原裕次郎的影迷,这次选举他以一百六十六万票当选,二〇〇三年第二次选举时得票三百零八万票,二〇〇七年第三次选举时获二百八十一万票,二〇一一年第四次选举时获二百六十一万票。这样的选举奇迹,在日本让很多人难以望其项背。

著名记者斋藤贵男批评石原像一个三岁孩子,言行幼稚,露骨地鄙视他人,他特意把中文的"小皇帝"一词引入日语,用来批评石原在东京都的作威作福。石原慎太郎把"东京都立大学"校名改为文理不通的"首都大学东京",引发该校教师抗议,甚至有人因此扬长而去。

石原慎太郎经历中的一些侧面遮盖了其性格中大部分负面因素,他是一个著名作家、一个国会议员、一个敢对美国说"不"的人、一个蔑视既有秩序的人,他曾被民调认为是最适合继小泉纯一郎之后担任首相的人。一切的不循规蹈矩和妄言都成了他引人注目的道具。石原慎太郎本人就构成了一种现象,一种政治现象。

二十世纪三十年代日本军事力量大大增强,右翼军人集团千方百计鼓吹战争,借对外侵略满足小集团和个人私利。到了六十年代,日本经济进入起飞期,右翼又开始膨胀,石原就是这个时期步入政坛的,日渐强大的新民族主义风潮更使他如鱼得水,石原慎太郎现象是日本经济腾飞时期集体右倾和大众传媒高度普及的产物。日本著名右翼研究者堀幸雄说，日本的右翼"是和日本的风土密切结合在一起的"，确为的论。日本右翼战前战后的膨胀模式极其相似，不管是军事还是经济，一旦国力增强，右翼势力就会随之水涨船高。

哪个国家都有左中右，理性右翼的存在有其合理性，但坐视右翼势力过度膨胀，则非国家之福，最终只能是搬起石头砸自己的脚。

日本战前和战后的右翼，特别是像石原慎太郎这样的人物，有一个共同特点：坚持极端民族主义，标榜所谓的大和民族的"优越性"，歧视其他国家、民族和群体。

二〇〇〇年四月九日，日本自卫队在练马营区举行创建四十八周年纪念，石原慎太郎乘坐吉普车检阅了自卫队，他要求自卫队做好保护市民的准备，以防东京发生灾难性大地震时"三国人"乘机暴动，四处掠夺。

"三国人"是对战后在日中国人特别是台湾省人以及朝鲜半岛人的歧视性称呼。一般认为，石原是亲台派，在台湾问题上，他否认"一个中国"，极力支持李登辉的"台独"言论和"中国分裂论"，并积极筹划邀请李登辉访日。可是这样一个"亲台"的人为什么用歧视台湾人的言辞呢？

石原慎太郎曾参与创立"青岚会"，反对日本政府与台湾断交。一九七三年七月，石原与中川一郎等人以歃血为盟的陈旧方式，在自民党内创立右翼组织"青岚会"，自任干事长，反对田中内阁的中日邦交正常化政策，主张维持日台关系。但是，他的"亲台"未必是对台湾人友好，日本在甲午战争之后对台湾进行了五十年的殖民统治，虽然第二次世界大战之后不得不归还中国，但骨子里的帝国梦一直在日本右翼的头脑里挥之不去。从地理上来说，台湾具有重要的军事价值，因此日本抓着台湾不放，至于被他们奴役过的台湾人，他们从骨子里是看不起的，所以才会用"三国人"这样贬低台湾人的称呼。

日本曾经殖民和侵略过亚洲不少国家，日本各种右翼势力包括军人和平民，在战前充当了积极角色，在战后对战争罪行和各种歧视言行也毫无反省。石原本人就一直否认日本在军国主义时代犯下的各种罪行，他辩称"支那"不是蔑称，是因为尊敬才用过去的称呼。他拍摄了反映神风特攻队的《吾为君亡》，身兼电影制片人和编剧，对神风特攻队的自杀式攻击极尽美化，把其描绘成"英雄"。石原慎太郎的各种歧视言论大部分针对中国和朝鲜半岛，不仅如此，其他的种族歧视、蔑视妇女等论调也所在多有，他还曾经对德国法西斯屠杀精神病患者的行为表示赞赏。

石原曾经自称"暴走老人"，他也确实是一个政治上的"暴走族"，但石原挑战的不只是中国，他挑战的是人类良知的底线，所以他在全世界也是臭名远扬。他的极右言行背离了人类的共同价值观和理念。石原慎太郎者，人类良知之敌也。

石原慎太郎学生时代读过毛泽东的《矛盾论》，高度赞赏毛泽东主要矛盾和次要矛盾的分析，此后也一再表示钦佩。可是他并没有真正学到毛泽东分析主次矛盾的精髓——彻底反省过去对亚洲国家所犯下的各种罪行，与亚洲国家一起抱持人类共同的价值观念，这才是日本应该解决的与周边国家、地区之间的主要矛盾。

今年是日本发动全面侵华战争的第八十五个年头，也是日本发动亚洲太平洋侵略战争而告彻底失败的第七十七个年头，战争早已结束，但战争的硝烟依然没有散尽，包括中国在内的亚洲国家还在等待日本的彻底反省。

托翁和陀氏的"出道"与"躲避"

孙德宏

一

读俄罗斯文学"黄金一代"的作品,有一个问题始终困扰着我:"并立双峰"的托尔斯泰和陀思妥耶夫斯基为何从未见过面?

他们原本是有无数机会见见面、聊聊天的……

一八四五年五月的一天,二十四岁的陀思妥耶夫斯基的处女作《穷人》竣工。

整个写作的过程中,他一会儿处于万分激动之中——他觉得自己创作出了一篇惊世之作;一会儿又处于情绪的低谷,毫无自信——这么写行吗?几百字几千字说删就删了……但他对俄罗斯的文学舞台是多么向往啊!

起初,他想自费出版。小说竣工前一个多月,他写信给哥哥:

> 自费出版意味着挺起胸膛勇往直前,如果作品好,它不仅会让我在文坛上站稳脚跟,而且会将我从负债状态中解救出来,不让我饿肚子……但不管接下来发生什么事情,不管我的处境多么悲惨,我已经发誓咬紧牙关坚持下去……我想要我的每一部作品都成为出类拔萃的作品。看看普希金和果戈里,他们虽然写的不多,但人们有朝一日会为他们建起纪念碑……他们的荣誉是成年累月的贫穷和饥饿换来的……
>
> 我怀着单纯的内心而工作,在我的灵魂中正创造的所有新形象面前,这种单纯的内

心前所未有地颤抖和跳跃……我正在重生,不仅在道德上重生,而且也在肉体上重生。

一方面,忐忑不安;一方面,又雄心勃勃。

小说写成,文坛新手陀思妥耶夫斯基还是决定把它投出去接受一下文坛的检验,但他实在不知道该投到哪里。同为作家的好友格里戈罗维奇极力说服他将其拿给当时最有影响的文学评论杂志《现代人》的主编——大诗人涅克拉索夫。

既然让市场检验,那就挑最牛的杂志、最牛的编辑!

那时,涅克拉索夫经常在《当代人》编辑部举行一些松散的文学沙龙,参加者几乎都是当时俄国文学界的重要人物——屠格涅夫、别林斯基和后来的托尔斯泰、车尔尼雪夫斯基、杜勃罗留波夫等等,都是这里的常客。如能在这个杂志上发表文章,足以令作者在文坛上声名远扬。

来到《当代人》编辑部,陀思妥耶夫斯基把手稿留给涅克拉索夫后,就忐忑不安地回家上床睡觉了。但是他根本睡不着,他不停地对自己念叨:"他们会嘲笑我的《穷人》,他们会嘲笑我的……"

次日凌晨四点,半睡半醒中的陀思妥耶夫斯基被突然的门铃声叫醒。

涅克拉索夫和格里戈罗维奇兴奋地闯了进来,脸上冒着热汗。激动的大诗人和年轻的文学新人热烈拥抱。大家全都激动不已。

他们在前一天傍晚开始读手稿,这一读便一发不可收,直到凌晨读完整部小说。涅克拉索夫对这部新作极为赞赏,决定立刻见到作者,要马上与作者来分享这个喜悦。诗人在屋里来回踱步,冲着格里戈罗维奇大声地叫嚷着:"他睡着了又有什么关系?这可比睡觉要重要得多了!"

这个场面真是令人羡慕,一个新人的第一部作品,受到了著名大诗人、大编辑的如此礼遇,那是怎样的情形!

这激动到此还未完结,涅克拉索夫从陀思妥耶夫斯基家里出来,又直奔评论家别林斯基的家里。他向别林斯基宣布:"一位新的果戈里诞生了!如果我没有弄错的话,命运之神又给我们文学界送来了一位新的优秀作家!"

别林斯基很不以为然:"你以为果戈里就像细菌一样那么容易生长吗?"

不过,大评论家就是大评论家。当天晚上别林斯基读完了《穷人》之后,其激动并不亚于诗人的激动,他同样也是急急地对涅克拉索夫说:"你的陀思妥耶夫斯基在哪儿?是个年轻人吗?多大岁数?快把他找来,总不能不跟他见面哪!"

……多年后,陀氏回忆起那天他与别林斯基会面的情景,仍然还激动不已。他一直记着那次会面时别林斯基对他说的话:"真理已经展现在您的面前,并宣告您是一位有天赋的艺术家。请珍惜您的这份天赋吧!只要始终不渝地忠实于真理,您就会成为一位伟大的作家!"

晚年的陀思妥耶夫斯基在他的《作家日记》中这样描述那天的情景:

(别林斯基)眼放金光,急切地说:"但是,你,你自己,明白?"他向我重复了几次,一边叫喊着,这是他的习惯——"你所写的东西!"……"对你来说,作为一个艺术家,这里已经被展现出来和宣布出来;它作为一件礼物来到你身边。这样,珍宝,你的大才,如果忠于它,你就会成为一个伟大的作家!"

我们都曾经读过别林斯基热情赞扬或批评普希金、果戈里,以及"黄金一代"那些伟大作家的评论文章——但是,你能想象吗?这个原本见解深刻、逻辑清晰、推理缜密、滔滔不绝的大评论家,竟然也会如此语无伦次、结结巴巴……

《穷人》在《现代人》上发表了,小说获得了巨大的成功,陀思妥耶夫斯基一举成名。

二

很快，别林斯基的评论公开发表了。他给陀思妥耶夫斯基的信中说：

> 你已经触及了问题的本质；你一下子就指出了主要的东西……我们试图用言辞来解释它，但是你，一个艺术家，通过一触、一击、一个形象，就击中要害，以致人们能够用自己的手去感知它，这样即使是最缺乏推理能力的读者也能够马上掌握一切！这就是艺术的神奇之处。这就是艺术的真理！这就是艺术家对真理的服务！

与文学史上许多伟大作品被淹没，甚至在作者死后才被出版和认可的那些故事相比，一生苦难的陀思妥耶夫斯基，作为"作家"的"诞生"，实在幸运。

面对突然到来的巨大成功，陀思妥耶夫斯基颇有些手足无措。但是，很快，理智的他就有了更深刻的认识。他在给朋友的信中说：

> 我感到我生命中一个庄严的时刻发生了，某种甚至在我最大胆的梦想中都不曾期望的事情（在那些日子里，我是一个疯狂的梦想者）。"哦，我置身于如此伟大的真理中吗？"——在一种忐忑不安的痴迷状态中，我害羞地问自己……我会赢得这种赞扬！……这是我毕生中最激动人心的时刻。

《穷人》的发表，虽然使陀思妥耶夫斯基一夜成名，但与此形成巨大反差的是，他一生都没有摆脱"穷人"的命运。

此后就有了他因参加政治小组被捕、被假枪毙的故事，再后来又有了流放西伯利亚若干年的故事……服刑期满，陀氏重返文坛，先是创办杂志，由《时代》而《当代》，到《当代》被迫停刊清理资产时，陀氏共负债三万三千卢布。这是一笔巨款，他自己也不知道他的一生能否偿还得清。于是,在他的"余生"里,他只能拼命写作。也可以说,陀氏的一生差不多都是在为了他的债务打工……而且令人唏嘘的是,同为"黄金一代"的两大高峰,与托尔斯泰相比,陀氏的稿费始终不高——他的《罪与罚》《白痴》在《俄国导报》发表时,每个印张为一百五十卢布,而同时在该刊发表作品的托翁,每个印张可以拿到四百至五百卢布……所以,直到一八八一年初,在他行将告别世界前的几个月,他才终于还清了债务。

托尔斯泰与陀思妥耶夫斯基,这两位世界级的大作家,一个从富豪出发,一个从贫困出发——这倒真有点像托尔斯泰的那句名言一样:幸福的家庭都是相似的,不幸的家庭各有各的不幸——最终,他们的"不同"变得"相似"了,他们共同不分贫富地站在了人类文学史、心灵史的高峰上。

三

托尔斯泰比陀思妥耶夫斯基小七岁。陀思妥耶夫斯基的"出道"故事,七年后,在托尔斯泰的身上也几乎一样地发生了。这一年,托尔斯泰刚好也二十四岁。而且,这个故事的主角仍然是涅克拉索夫。

一八五二年七月二日,二十四岁的炮兵中尉托尔斯泰从遥远的高加索驻地,意气风发地把自己的第一部小说《童年》寄给了《现代人》杂志的主编涅克拉索夫,同时他还附了一封信:

> 我坚信,一个有经验而又极其认真的编辑——特别是在俄国——经常是处于作者和读者的中间人的位置上,总能够对作品的成就和广大读者的意见预先做出鉴别。所以,此时此刻,我正怀着焦急的心情期待着您的判决。这种判决或者会激励我继续从事我心爱的事业,或是将迫使我毁掉我刚刚开始的一切。

从这封信上,我们可以看出"贵族"托尔斯泰和"穷人"陀思妥耶夫斯基的区别：一个自信满满、气势浩荡，甚至还有些威胁——如果不用这部稿子，将毁掉一个伟大的作家！另一个犹豫不定、忐忑不安，抑或还有些谨小慎微——"他们会嘲笑我的"……

不知道托尔斯泰的"威胁"对涅克拉索夫是否起到了某种作用。以当时托尔斯泰的默默无闻和涅克拉索夫的如日中天的情况看来，估计应该没有什么作用。但是，涅克拉索夫毕竟是个伟大的编辑，有材料证明，他只看了托尔斯泰的一半原稿，就大大地肯定了这个文学新人，并兴奋地向此时也是《现代人》的主要作者、已经成名的大作家屠格涅夫宣告："俄国出现了一个新的天才！"

其实，托尔斯泰的处女作《童年》，与屠格涅夫的那些作品相比，也没什么特别。一样的文字清新，一样的情感细腻，一样的几乎没有戏剧冲突。他们所不同的是题材，一个写静谧忧郁的草原，一个写纯真美丽的童年。果戈里、陀思妥耶夫斯基的一些作品，比如名篇《外套》《白夜》差不多也是这种风格……这很耐人寻味："黄金一代"作家的早期成名作几乎都有这样的特点。

但是，这种纯真和静谧，涅克拉索夫喜欢，好多人喜欢，文学史喜欢。因为这是人类最原初的情感，这是艺术最原初的境界。

陀思妥耶夫斯基和托尔斯泰都是幸运的，因为他们从一出道就遇到了涅克拉索夫。更进一步说，"黄金一代"的俄罗斯作家们虽然生活多难，但作为"作家"则是幸运的，因为在同一时期，既有涅克拉索夫这样的编辑，也有别林斯基这样的评论家。

四

"出道"之后若干年里，陀氏和托翁大作迭出、惊心动魄。

说《卡拉马佐夫兄弟》是陀氏的代表作，应该没有什么争议。但是说到托翁的代表作，似乎就有一些争议。仅就我个人的阅读感受而言，我最喜欢的还是《安娜·卡列尼娜》。

这一点，比托翁和陀氏稍后一些的作家、评论家和宗教思想家梅列日科夫斯基的看法很肯定："现代俄罗斯文化在一百五十年之内曾给世界带来两个有如彼得大帝和普希金这样的现象，而在紧接着的半个世纪，带来了托尔斯泰和陀思妥耶夫斯基。难以相信的是，在几乎不到四分之一世纪之内……俄罗斯产生了整个现代欧洲文学中最伟大的两部作品——《安娜·卡列尼娜》和《卡拉马佐夫兄弟》。在俄罗斯灵魂达到这两个最高点之后是何等突如其来的断层、何等的塌方！"

梅列日科夫斯基在陀氏去世时十六岁，在托翁去世时四十五岁，而后又活了三十一年——他显然有机会拉开一点时空来谈两大文豪的价值——在他们活着的那些年里，无人能超过他们，在他们死后则是"断层"和"塌方"。

不错，"并立双峰"的横空出世，才使得十九世纪俄罗斯文学的"黄金一代"名实相副——在我看来，这个时期的俄罗斯文学，完全可以与两千多年前中国的诸子百家、古希腊哲学，以及两百多年前的德国古典哲学相媲美……

与这些宏大主题相比，我倒有个比较"小"的问题，也就是这篇文章开头那个困扰我的问题：俄罗斯"黄金一代"作家的两大高峰——相差七岁的托翁与陀氏，既然经常行走在莫斯科和彼得堡的文学聚会中，为何却从未见过面？

他们自己的解释是"错过了"，但更多人觉得是"有意相互躲避"。

我认为这是个有意思的问题——还是那位梅列日科夫斯基，对于这两位的关系有过这样一种期待和想象："我们之所以把他们两人联系起来，是因为我们在暗中期待：在他们之间，正如在对立两极之间那样，会不会爆发出那火、那闪电的火花？而这火花必引起大火，并且成为人神之为西方世界的显现。"

于是，我的问题就更加迫切——他们为何始终"有意躲避"？

托尔斯泰自己有个解释："我一向认为他是我的朋友，没有别的想法，一定会见面的，现在还没有机会见，但机会是会有的。"他打算见面，但好像没有打算好，"还没有机会"——这理由显然有些太过勉强。

细读他们的关系，或许能发现某些蛛丝马迹。

托翁很喜欢陀氏的《死屋手记》。一八八〇年九月二十六日，他给友人的信中说："我近日身体不适，一直在读《死屋手记》。反复读了多遍，不忍释手，我认为包括普希金在内的整个新文学中，再也没有比这本书更好的书了。书中的观点（我不是指他的基调）令人惊叹：真挚而朴实，符合基督教精神。这是一本富有教益的书。如若见到陀思妥耶夫斯基，请转告他：我喜爱他。"

但到了《卡拉马佐夫兄弟》，情况有了某种变化。他写信给陀氏的朋友奥雷斯特·米勒说：

> 显然，陀思妥耶夫斯基以米开朗基罗的精神塑造的"有着皮开肉绽的皮肤的人"温暖了你的凝视。你应当将这一解剖学的杰作、这一块血淋淋的肉体高悬于你的书桌之上，以充分分享其沉思默想……但是我更愿意对它敬而远之。
>
> 富有这种经验的人，他们看到了皮肤如何泛起波痕，血液如何流成小溪，最为恐怖的是，他们看到，在这些眼睛里，这些"灵魂之镜"中，那些被作者所切割的人的思想折射出了他们自己。

很喜欢，但"更愿意对它敬而远之"，因为"那些被作者所切割的人的思想折射出了他们自己"……这算不算是托翁对陀氏"有意躲避"的一种原因？

五

关于"有意躲避"，陀思妥耶夫斯基似乎没有直接解释过。

在彼得堡和莫斯科的那些文学聚会上，作家们经常朗读一些他们所喜欢的名篇，陀氏很喜欢朗读普希金的《先知》。几乎每一次，他都是以颤抖而低沉的，似乎是受到压抑的语调来读，在场的人们则是屏气凝神。到了后面，他的声音越来越嘹亮，而到了结尾时他已经是在以一种无所顾忌的吼声大叫："用语言把世人的灵魂点燃！"

受了感染的人们欢呼、鼓掌，女士还送上花环……但他总是有一些遗憾："是啊，是啊，这一切都很好。不过，他们还是不理解主要内容。"

超乎寻常深刻的陀氏，常常觉得自己"不被理解"："有人称我为心理学家，不对的。我不过是高度意义上的现实主义作者，也就是说，我描写人类灵魂全部的深层。"

与托尔斯泰生活在同一个时代，陀思妥耶夫斯基似乎有些"难过"——人们对托翁的掌声，要比给予陀氏的多得多。所以即便到了去世前不久，他还在自己的记事本里写道："我，当然是属于人民的（因为我的取向来自人民的基督教精神深层）。虽然现今的俄罗斯人民还不知道我，将来的人一定会知道我。"

结果，他做到了。今天的陀思妥耶夫斯基已是与托尔斯泰并列的俄罗斯文学的"双峰"，甚至在一些人那里，他已经超过了托尔斯泰。

虽然陀氏没有直说他"有意躲避"的原因，但他对托翁的看法则是相当清晰的，而且与屠格涅夫很接近——"列文是货真价实的利己主义者。"与屠格涅夫更倾向于直觉和感性所不同的是，陀氏更偏向于理性剖析："像列文这样的人，是未必有最终的信仰的。列文喜欢自称是人民一分子，但他是少爷，莫斯科中上层社会的少爷，这个阶层的历史学家首先就是托尔斯泰伯爵。"

这与托翁谈论陀氏时的逻辑和结论很是接近——"那些被作者

所切割的人的思想折射出了他们自己"——在灵魂深处,他们都从彼此创作的人物中看到了对方本人。

关于两人为何"有意躲避","答案"或许与此有关？

这也是没有办法：没有作家承认作品中的人物就是自己,但是也没有谁比作家自己更清楚作品中那些写得极深刻的人物与自己的关系。

…………

好吧,现在我们把两大文豪"有意躲避"这种"私事"先放一放,说点他们完全一致的"公事"吧。两大文豪在思考如何改变他们共同生存的那个令人窒息的社会时,虽然"药方"不同,但有个相同的比喻——

陀思妥耶夫斯基说："在欧洲,好像一切的下边都被挖开,塞进了炸药,就等着第一颗火花了。"

托尔斯泰则说："火始于火花,不到把一切都烧光之时,火不会熄灭。"

两人在大是大非的问题上,不仅完全一致,而且一唱一和……至此,我的心情也好多了——这样看来,"并立双峰"见不见面,也不那么重要了吧？

《20世纪前半叶中国城市化研究》

涂文学 主编　定价：139.00元

本书对20世纪前半叶中国城市化与城市现代化进行了较为系统、全面、综合研究。针对此领域研究碎片化的问题,力图从宏观上对中国20世纪前半叶城市化与城市现代化进行整体考察,使人们对20世纪前半叶中国城市化与城市现代化的发展水平、成就与问题、经验与教训有一个整体而清晰的认识。由此赋予了本书较高的学术意义和较强的现实价值。

生活·读书·新知三联书店　出版

读左零札

臧文仲废六关说

傅 刚

孔子批评臧文仲废六关，见文公二年传。何为废六关？古今所解，多有不同。杜预谓六关乃塞关、阳关之类，本在禁末游，而废之，是不仁；王肃据《孔子家语》作"置六关"，注称鲁本无此关，文仲置之以税行者，故为不仁，是以废为建置；顾炎武、惠栋亦据《家语》及王肃注，训废为置，谓《传》"废六关"，即置六关，非废弃之义；清英和《左传读本》以为王肃、杜预皆非，六关本以禁暴，文仲废之，是为不仁；日本安井衡《辑释》认为"废"虽有"置"义，但是置而不用、置而不去之谓，古未有以"废"为建置之义者，因谓臧文仲贤人必不建新关以利税，"废"为禁无足之谓，是废禁，不允出入。杜注之塞关、阳关非《传》言之六关，盖鲁之关不止六，塞关、阳关非文仲所废者；竹添光鸿《会笺》用安井衡之说，但称古之设关，在讥而不征，文仲废六关，以博宽大之誉，而使奸宄莫诘，阴以厉民，故诛其心而谓之不仁。

细勘诸家之说，仍以杜注为近。盖孔子批评臧文仲不仁有三：一不用贤人，二废末游之禁，三与民争利，分从三方面论。若如王肃等说，设关利税，与孔子举妾织蒲与民争利相同，皆就利言，孔子不会同类事别为两类。若如竹添光鸿所说，亦非"仁"之义属，皆不如杜预所解。依杜注，六关之设，本以禁末游，据孔《疏》，末游指商贾。杜预所说"禁末游"，非废禁之谓，而是如孔颖达所说"禁约"，令其出入有度。关卡之设，旨在于管理，使商贾行利者依据国家法律进行，而不可无所约束，若无所约束，则民皆趋利而行商，势必害农。今臧文仲废六关，不禁末游，将使商贾害农，对国家来说，是为不仁。又，顾、惠训废为置，乃据《公羊》"去其有声者，废其无声者"，何休注："废，置也。置者，不去也，齐人语。"其一，《公羊》"废"义是"置而不去"，非建置之"置"，段玉裁《说文解字注》亦解为"废留不去"；其二，以"废"为"置"，是齐人语，则《左传》何以专用齐人语写鲁人之建置六关？可见在建立与废弃义上，二词之用还是有区别的。或有用为建置者，如《庄子·徐无鬼》"废一于堂，废一于室"，《经典释文》："废，置也。"但在《左传》中，则未有如此例。僖二十八年《传》楚成王论晋文公曰："天之所置，其可废乎？"明以置、废二义相对。是废六关，不当解为建六关。

短长书

一位学者的学术自传

田余庆

【整理者按:这篇田余庆先生遗稿,没有标题,未注明写作时间,怀疑是二〇一〇年前后应傅璇琮先生之请为《当代名家学术思想文库·田余庆卷》所写学术自传的初稿,后弃而未用,另写了一篇自序。这篇文稿只是提纲式初稿,稿纸界格外多有附记文字,似是为日后修改而留的提示。整理稿以"旁注"之名把这些附记提示中的一部分嵌入文稿。因具提纲性质,原稿有些句子未完成,整理中一仍其旧,个别地方加了整理小注——罗新】

拨乱反正后,得到一生中最好的机会,集中精力做了二十年研究工作,写了一些东西。这些东西对本门学科只能算是点点滴滴,对我个人来说,却感到日有所进,有了一种充实感。现在回想青年时代的自我期望,似乎是略为靠近了。

我孩提时代生活于一个单亲家庭,孤独,没有文化环境的熏陶,而且日子过得越来越困难。母亲对我灌输最多的是,长大后没什么可以依靠,只有自己争气,能找个铁饭碗就好,不要到官府找饭吃,那不可靠。我理解母亲心愿,接受她的塑造,懂得只有靠努力读书,才有出路。这种影响之下养成的性格,一方面是做人本分,做事稳当,点滴积累(旁注:不淘气,柔弱);另一方面却是少见世面,谨小慎微,缺乏对前途的幻想(旁注:与文化家庭孩子从小耳濡目染大不一样)。

上初中时抗战爆发,家在战区,战局不定,筹措学费也更困难,所以上学只能时断时续,读完中学已很不容易了(旁注:中学阶段上过三个学校，换了五个地方，用了八年时间。毕业后为能否上大学，又等待了半年）。没想到这时发生了第四次湘北战役，我只身逃离家乡，作为流亡学生，反而在大后方顺当地读上不要钱的大学。这是过去想不到的，我的人生转折也发生在这个阶段，真正进入了思想启蒙时期。

湘桂撤退后，我到贵阳进了湘雅医学院，以后又随学校转移到重庆。两次徒步逃难：第一次，几个年轻人结伴，从湘北绕道湘中，直到湘桂边境；第二次，从贵阳拉着板车走到遵义。几年辗转流亡的经历，使我对社会黑暗、民族危亡的感受大大加深了。加上重庆学术界左派势力活跃，所以不再满足于只是有书可读，进一步想的是社会怎么办，国家怎么办，读书与救国家、救社会的关系。不知从哪里给了我一种启示，学医只能治一个一个病人，当前更迫切的是改造社会，要改造这个腐败的独裁政府。因此放弃学医，跟着青年人追求民主自由的潮流，去了昆明西南联大（旁注：读书不是为了个人职业，而是为了救民族救国家）。

怎么改造社会呢？首先是认识社会。怎样认识呢？要看清它的来龙去脉，纵向认识。这大概就是历史学的功能。但是纵向认识有点太远，还得先有一个横向认识才好，而横向认识社会大概是政治的功能。就这样幼稚的认识，加上浪漫的情绪，使我报考了联大政治系。读了一年政治，了解政治系课程全是西洋知识，与中国搭不上边，这才放弃追求横向认识社会的打算，决心进入历史系。这个弯，拐得是够曲折的了。那时没有功利意识，确是由经世致用思想主导，根本没想到个人得失问题。

这种选择过程，给我以后学历史留下了影响。我关注政治，因而学历史也关注政治历史的变化过程，探究历史变化的转折点，偏重在政治史研究方面。别方面的研究也做一点，但不像这方面那样容易入手。长期教通史和断代史，所以其他方面的知识也有，并不特别偏颇。不过研究则多政治史。二十年来我写的论文和著作，大部分是这方面。另外，就是虽然关注政治，但丢弃学业投身政治，我不愿意，这与小时养成的思想志向不无关系。学生运动我是有认识、热情参加的，但希望不废学业。后来我被列入国民党黑名单，在地下党安排下进入解放区，实际上是逼上梁山。这种经历，也是解放后常得到"脱离政治""白专道路"批判的思想根子。

走学术道路，我条件比较艰难。家庭、战争、学运，中学以后实际上丧失了正常读书环境，所以到大学工作后补充知识成为急迫问题。但是党员、教员兼为基层干部，教书上课反而只是副业，党政活动占绝大部分时间精力，政治压倒一切。同样使人苦闷的是思想退化，政治上如此，学术上也如此。起先是读马列、学苏联，是努力跟的。后来是党内斗争，反修斗争，过去学的又成了错误，受批判。真不知风从何处来，人向何处变。搞运动一浪接一浪，有人说是"神龙"，见首不见尾。失去准绳，只等运动发展。因此加剧了思想矛盾，对工作如群众办科学之类怀疑。北大是重灾区，吕振羽有文章（整理者注：可能是指吕振羽《历史科学必须在毛泽东思想的基础上前进——纪念〈关于正确处理人民内部矛盾的问题〉出版三周年》，载《历史研究》一九六〇年第五期）。这导致一九五九年反右倾机会主义我受到批判。

一九五九年批判受了教训，懂事一些，青年锐气和书生气少了许多，懂得一点在政治运动中如何自处，这为我在"文革"中走得稳一些打了基础。基本点是夹着尾巴做人。这点下面再谈。

"文革"以前，政治之余，也尽可能做些点滴研究。就靠这点研究成果的积累，第一，支撑自己所教课程内容每年能变样，这为北大出版全国第一部中国史教材的工作中我能完成承担的任务打了基础（我承担工作量从字数说约四分之一）。这项工作在"文革"前完成，是得到全国认可的（现在看已陈旧了）。第二，积累了相当一些问题，获得了一定素养，实际上为"文革"以后搞研究打了底子（旁注："文革"前也做了些研究工作，主要是读书和思考。读书集中在两段时间：一九五三至一九五七夜读；一九六一至一九六四调整时期挨批以后。党组织搞运动就批我，运动过去抓教学又表扬我）。

"文革"前在政治运动和学术方面，按当时高调说来，我是右倾的。但实际上，当时被认为右倾的，今天看都是左的。"文革"以前的十多年，

64

左的框架下写的论文，有害无益。一些应时的文章（受命或随风写的学术批判文章），现在只能称之为"时文"，并且伤害了人，是我内心的伤疤。幸亏不多（从批胡适以后）。譬如说，"以论代史"我也得跟，但很吃力。我有过一项较大的个人研究，在当时所谓"五朵金花"范围之内，关于奴隶制社会向封建社会演变中阶级斗争表现形式问题，我写成了九万字的初稿，是热门题，也是引经据典（马恩经典）。我的重要结论，是奴封转变根本在社会内部多种日积月累，其中贯串了阶级斗争，而不在于某一次农民战争。我其实是在左的框架里提出并论证问题。但是这个结论有犯忌讳之处，违反当时把农民战争作用极端化的思想，后者被认为符合毛泽东思想，否则是反毛泽东思想，是修正主义。那时曾有史界的老马列在《历史研究》上发表论文，认为在生产关系一定要适合生产力性质的马列基本命题中，强调生产关系变革先于生产力变革的才是毛泽东思想，否则就是修正主义。一九五九年我被批后偷偷把稿子烧了，因为学校领导人在反右倾的总结会上重重地说："将来如果发现党员教员再搞修正主义，那就要极重处理，勿谓言之不预。"我不敢再保留文稿，免得成为罪证。而且此后我读史研究的重点就绕过这类"敏感"问题（旁注：这对我以后学术路子有影响，现在看，是使自己学风向务实方向走，是积极的）。

"夹着尾巴做人"，一九五九年被用来批判我教育我的话，对以后我的思想影响长远。今天看来这句话有正反两面意义，现在没人提这句话了。我从积极方面接受了，既要夹尾巴，又要"做人"。要自律，但也要独立判断，独立思考。"文革"中，我"夹着尾巴"，红卫兵要被解放的干部表态参加"革命"，我始终坚持不表态支持哪一派红卫兵，我认为对立两派群众都是革命群众，要和解，而我是"犯错误干部"（那时干部分四类，一是红五类，二是较好，三是犯错误，四是人民外部。干部宁愿自居于"犯错误干部"一类，以示不是敌我矛盾），所以不应参加两派革命群众之间的所谓"路线斗争"。

年纪大了以后，更觉得在学术上也有"夹尾巴"的问题，学术上有个自我定位，要自律，要谦和，要向学问大的人比自己的不足，要有乐

65

于听不同意见的习惯,而不搞唯我独尊。多掂量自己分量之不足,不要沉湎于搞自我欣赏,搞独霸。有一次史学代表大会上要我发言,我说,史学界中青年一代已成长壮大,应当是学界主力,有少数可能已接近同领域的最高水平了,这是大好事。我借用当年朱升在朱元璋起兵后劝告的话送给中青年学者:"高筑墙,广积粮,缓称王。"解释说:"高筑墙"是学重功底,"广积粮"是覃思贵有源头活水,"缓称王"是学海无王。我把这三条送给中青年,只是把"缓称王"改为"不称王"。做学问一有了称王思想,学问就再也不能前进了,而且会掉下来。所以学问越长进,越要夹尾巴。要做人,要夹尾巴做人。我把自警自勉的话送给中青年同行,不少人感到有用。

拨乱反正之后,我获得过去不敢奢求的机会,全身心地投入教学和研究中。一九七九年我发表《释"王与马共天下"》一文,颇受史学界重视,这一年我已五十五岁。我想今后可能有二十年时间进行研究,不能不通盘打算。按通例,有成就的人文科学家,其学术顶峰都在五十岁左右,过此年龄一般都只能在已有成就上增添色彩而已,档次难于提升了。而我,不说五十五岁才从起跑线出发,以后能跑多远,我不知道。只是我内心定了几条规则,合理利用生命的这一阶段:一、把教学与科研结合,统一起来,写专题论文围绕着准备开设的专题课进行。二、科研尽可能打攻坚战,不能打游击战。一定要针对实实在在的问题,一定要有自己的心得见解,决不写零敲碎打和不痛不痒的文章,以免分散精力。我只按我的研究所及写文章,不接受命题约稿。不求多发文章,但每年至少要拿出一篇有规模的像样的东西让史学界来评议。这是自我促进。三、暂时不要扩充研究领域,但在已有的领域中要尽可能多垦辟一些荒地,填补一些历史空缺(旁注:毕竟是长期积累,才能取得近二十年这点成果。论文题有些竟是三十年前出现在脑中,等到现在才能有机会写出来)。

回头看,我是遵守了自己的约束,但总成果不多。第一,论文和著作可说全都与教学结合;第二,比较安分守己,没有什么驰心旁骛,写的东西多属发微初探一类,言人之所未言,重复劳动并不多。至于质量,只有由学界来评说了。不过较好的势头只维持了十年，一九九〇年一场病使我健康状况大降，病后工作节奏不得不放慢，成果极少，加以暮年的自然衰竭，真正的研究只能结束在上个世纪之末，此后则只能是颐养了。

学术上自我定位：

一、二十年来只有三本著作，成果不多，但得到本学科相当程度的认可，这是社会对我最大的回报。

二、高水平的史学家应是具有丰富精湛的知识，有通观历史全局的眼光。我是从夹缝中艰难成长的，不具有这种水平。高水平的历史学家要有高度的睿智，我也欠缺。

三、我按自己条件所做的研究，注意到实事求是。我力求在一定的层次上发掘历史中的问题，尽可能做出辩证解释，以增益或启发认识。这方面，我的研究具有若干个人特点，如此而已。

好吃不懒做的扶霞

盛 韵

短长书

英国人不爱吃或者不会吃，是举世皆知的。对英国美食缺失的嘲笑从来不少："欧洲大陆的人有很好的食物；而英国人有很好的餐桌礼仪。""英国人与所吃食品的关系，多少有点儿像无爱的婚姻。"英国人也从来不缺自嘲精神："我们吃是为了活着，但活着不是为了吃。"英国人类学家凯特·福克斯曾在名著《英国人的言行潜规则》一书中分析过同胞对美食的这种清教徒般的怪癖，根源于一种对"过度"的恐惧。如果对美食表示出"过度"的热爱，会被贴上"贪吃鬼"的标签，正如对其他感官享受比如性事表示出过分关注会引起社交尴尬，过度炫耀财富会被视为庸俗粗鄙的暴发户行为。谈吃虽然不是绝对的禁忌,"但一个人必须只能用一种轻松地、淡淡的、幽默的方式来表达",或者打着食物的幌子去谈物质文化、阶级、历史,如果只强调食物带来的感官享受,那就格调甚低。我认识的英国人无不遵循着这些潜规则,"高眉"知识分子不屑与"吃货"为伍,他们请客吃饭会刻意避开那些名厨掌勺的当红餐厅,唯恐沾上好吃的恶名,有时候还会恶作剧般地请吃货去吃风味不佳的餐厅故意气他们。同理,英国贵族会假装表现出对财富不屑一顾,跨国财团的继承人有时还会表示出对财富的厌恶。英国富人会乘私人飞机去瑞士的滑雪胜地度假,却穿着最不起眼的休闲服去高级餐厅点最普通的炒蛋吃——这种拧巴行为的逻辑是:我有钱但是却不想让别人看出我很享受超额财富。

可以想见,在牛津剑桥长大却有一颗吃货心和中国胃的英国姑娘扶霞·邓洛普(Fuchsia Dunlop)要突破多少重文化枷锁才能从心所欲地大快朵颐。不过,文化反差也正是幽默的肥沃土壤,扶霞没有浪费丝毫素材,把英式幽默发挥到了极致,她的成名作《鱼翅与花椒》和新出的随笔集《寻味东西》都是活生生的吃货笑料大全,很少有写吃的书能把人笑到扶墙。

扶霞不是最早钟情中餐的外国人,也不是最早写川菜菜谱的外国人,但如果说扶霞是对中餐最赤胆忠心的外国人,应该不会有人反对。中国人要测试洋鬼子对中餐的耐受度简直太容易了,大部分西方人不吃没见过的动物,不吃连头带尾端上桌的整只动物(会想起它们活着的时候的可爱样子以致难以下咽),不吃奇怪的部位比如鱼眼睛或猪鼻子或兔头,不吃内脏(鸡鸭鹅肝除外),不喜欢带骨头或刺的肉(所以只吃海鱼,欣赏不了河鲜河蟹),甚至不喜欢某些食材的过于滑溜的口感。臭豆腐是入门低阶,愿意尝试凤爪和皮蛋的已属凤毛麟角,鹅肠、脑花、鸭血就已经是极限挑战了。在疫情前每年举办的上海书展期间,我分别请过《泰晤士报文学增刊》两个以爱吃和大胆著称的英国妹子吃饭,一位在云南菜馆勇敢尝试了虫子但是对火锅里的鸭血无论如何不肯下口,另一位吃了名叫"龙虾宝宝"的小龙虾馆子后担心了半晌：是不是会把龙虾吃成濒危物种？

扶霞一九九二年第一次来中国，三十年修炼下来，"格斗等级"早已满格了。在成都街头啃个兔脑壳儿根本不算事儿，她还拍过小视频说兔头上最好吃的是兔脸颊肉——把很多兔兔爱好者看得一愣一愣的。不过，有一次她铁了心要和一位著名美食作家争高下，便吹嘘自己在四川吃过很多虫子，"还有蛇肉、狗肉，吃过很多次啦，完全不在话下"，结果被对手吃过几寸长的活菜虫给硬生生比了下去，那人还活灵活现地描述了自己"一手用大拇指把它的头按在桌上，另一只手把身子扯下来，就那么直接吃掉，非常美味哦"。一只活菜虫能怎么美味我是不信的，不过扶霞知趣地闭了嘴，并且非常明智地总结了经验："不管你有多努力，吃奇奇怪怪的东西是中国南方人自创的游戏，你是永远打不败这些人的。但是我也尽力了。"在中国待得久了，吃得多了，扶霞说自己回国就要经常戴上英国人面具，掩饰她已经被中餐驯服的内心，有次在英国乡间看到一群鹅便口舌生津，"去中国以前，这在我眼里不过就是乡村风景的一部分。现在，我下意识地就在想象，鹅肉放在豆瓣酱和花椒里一起炖，锅子在煤气炉上咕嘟咕嘟冒泡"。这让我想起住在伦敦多年的女朋友，虽然很好地融入英国社会，但她每次在海德公园看到游过的鸭子都会情不自禁地叫"yummy"（好吃呀），吃货本性暴露无遗。

好吃不稀奇，但是扶霞为了吃得好，勤奋得令人汗颜。在川大读书时，她和一个德国同学一起去四川烹饪高等专科学校学做正宗中餐，后来还参加了专业厨师培训班，跟一群铆足劲儿要当厨师的中国学徒们一起上课下厨，比试刀功。除了被逼学习用中文记笔记，很快她还学会了一口流利的"川普"。《寻味东西》里有一篇《功夫鸡：一鸡九吃》写她如何在伦敦复刻淮扬菜名厨王素华设计的"一鸡九吃"，着实费时费心。因为需要用到鸡肠和鸡血，处理过的冰鲜鸡没法用，必须找一只活鸡来现杀。她托摄影师在乡下找一个农民买到了一只散养活鸡，装在猫箱里乘火车到了伦敦。只杀过鱼和黄鳝的扶霞从来没有杀过鸡，自己做了很多心理建设,还写了一个美国朋友皈依素食的经历——打猎时杀了一对鹅夫妻中的一只,另一只鹅在他们的车顶一边盘旋一边凄厉哀嚎,挥之不去。扶霞喂鸡吃了晚饭,逗了它,第二天早上让它散了步,然后"带着强烈的愧疚感,有些鬼鬼祟祟地在我家前院杀掉了它"。备菜、开火花了好几个小时,直到九道菜上桌,留了影,写了文章,这只洁白可爱的小鸡总算死得其所了。

为了吃,扶霞走过万水千山两岸三地,尝遍八大菜系。四川人的温暖、慵懒、幽默、好奇让她有了第二故乡之感,"四川人本身的闲散和可爱就是出了名的,他们的一言一行里总有微妙的体贴,正如川菜中若隐若现的甜味"。湖南人给她的第一印象则是莽撞直率,就像湘菜的辣更猛更冲。扶霞当时想写一本湘菜的书,老被本地人笑话。"有一天下午,我和两位湖南记者在茶馆聊天,他们对我就说普通话,互相之间就说湖南话,真是有趣。那时候我已经比较熟悉当地方言了,但他们不知道,所以我就这么听着其中一个对另一个说我这个可笑的行动一定会失败,然后又用普通话对我说了些鼓励的话,当我三岁小孩儿似的。"在没有交到知心的朋友时,独自在异乡漂泊凄凉难熬,扶霞一路上碰到过许多麻烦,甚至被安上过"烹饪间谍"的罪名,她大哭过、愤怒过、厌烦过,但是只要定期能和三五知己(哪怕他们吃素)喝茶聊天,"满腔痛苦和无奈都会在爱与欢笑中融化。那时的我感觉我的抗争都是值得的,能够通过中国菜向世界展示中国最好的一面"。

如果说《鱼翅与花椒》的主题是扶霞对中餐的单向奔赴,那么在《寻味东西》中,成为知名厨师和美食家的扶霞已经推动了许多中西餐的双向交流。《四川大厨在美国》写二〇〇五年她带着三位四川大厨肖见明、喻波、兰桂均去加州纳帕谷吃美国大厨托马斯·凯勒的米其林三星餐厅"法国洗衣房"的有趣经历。三位川厨都是第一次去西方国家,也第一次吃西餐中的高级料理,扶霞很快发现他们的反应和她截然不同。在去餐厅的路上,扶霞提醒三位他们要去吃的是"全世界最棒的餐厅之一",兰桂均反问:"全世界?谁封的?"等到开吃时,喻波下定决心要尽情品味每一口并研究食材搭配和布局，而另外两位"只是在强撑"。腌渍尼斯橄榄"吃着像中药"，羊肉太生，"太不安全了，非常不健康"，甜点是"无事包金"，中国胃不受生肉，中式甜品都不太甜，所以很多中国人吃不惯西餐，去西方旅行时一定要跟导游团，顿顿都要去中餐馆吃白米饭配炒菜才舒坦。三位大厨在美国可以说受尽了甜蜜的"折磨"，最后扶霞搞来了一个电饭煲烧了米饭，配上简单的辣味韭菜，"到美国以来，我还从来没见过这三人吃得这么狼吞虎咽，看着是如此开心和放松"。

虽然兰桂均在首度美国之旅的尾声归心似箭，"要赶紧回四川喝一碗米粥、吃个红烧鸭、尝点儿豆瓣酱"，但他后来坦言"法国洗衣房"那顿饭对自己产生了深远的影响。托马斯·凯勒要让美国本土的厨师用最地道的本地上佳食材做出不输法餐的顶级料理，这份心气每个中华大厨都能感同身受。兰桂均很快明白，要让博大精深的中华美食在国际上获得应有的地位和认可，就必须在整体的呈现形式上下足功夫。兰桂均在这次旅程后不到三年就在成都开了玉芝兰私房菜，由内而外地摸透了米其林风的精髓，从就餐环境到餐盘选择、摆盘方式都进行了大刀阔斧的变革，甚至摈弃了传统的中式转桌大家一起吃的热闹，采用西餐分食制、吃完一道上一道的上菜法，每道分量少，噱头足，讲究的是口感的起承转合。收费也是对标顶级西餐，刚开时人均千元不到，目前已是人均两千多——二〇二二年成都米其林三星餐厅直接轮空，唯一上榜的二星就是玉芝兰。有些可惜的是，上海的玉芝兰分店是兰师傅的徒弟开的，水平不太稳定，最近口碑有点瘫。这倒不妨再向托马斯·凯勒取点经，作为全美唯一一位坐镇两家米其林三星餐厅的名厨，他在纽约开的餐厅Per Se后厨和纳帕谷的"法国洗衣房"后厨一直保持视频连线，两家店的厨师们互相能看到对方在做什么，上进的厨师都有比高低的争胜心，良性竞争保证了两家餐厅的水准一直维持在最高位。中国本位主义者也许会觉得，中华美食，人尽皆知，不需要外国人来品头论足，近年新出的黑珍珠评级更符合中国味蕾；这样想完全没有错，但是到了喻波、兰桂均、邓华东这样的段位，在国内早已是顶尖高手，如果不满足于偏安一隅，肯定想去挑战世界味蕾之巅。有什么能比在对手设定的游戏中打败对手更有成就感呢？

《寻味东西》里还记录了一次终极吃货挑战。考古学家在土耳其挖到了公元前八世纪的一位国王的坟墓，在随葬品中发现了宴会的食物残留，于是扶霞作为美食作家受邀重现这一"葬礼盛宴"。吃货扶霞的第一反应竟然是好奇古墓中的食物遗迹味道如何，吃两千五百多年前煮熟的东西又是什么感觉。于是她厚着脸皮问考古学家有没有可能尝一点儿。估计考古学家在经历了一番激烈的思想斗争后，终于有一天悄悄把扶霞拉到僻静处，拿出一个塑料小药瓶（取样自一个文物罐里像蜂蜜酒的饮料），和她瓜分了里面的东西。"有那么一会儿，我就那么看着手心里的颗粒状碎屑，内心充满惊奇和敬畏。然后我们彼此看了一眼，各自把碎屑放进嘴里。"他俩都吃出了强烈、纯正的藏红花味儿。那一刻，交错的时空和漫漫历史长河融化在了两个好奇心爆棚的吃货口中。看到这里，我相信，任何吃过活虫子或者其他怪东西的中国南方人都没有资格再跟扶霞比拼"格斗系数"，她可是吃过"比基督教和中华文明还要古老"的"考古证据"的奇女子啊。

（《鱼翅与花椒》，[英]扶霞·邓洛普著，何雨珈译，上海译文出版社二〇一八年版；《寻味东西》，[英]扶霞·邓洛普著，何雨珈译，上海译文出版社二〇二二年版）

谈徐光启

周志文

短长书

晚明有一位重要学者，也是政治人物——徐光启。基督教传入中国很早，但信的人不多，明末有不少天主教教士来中国，教士的学养与态度都很不错，赢得人们的信任，之后信仰的人逐渐多了起来，徐光启是其中之一。

徐光启，字子先，号玄扈，南直隶松江府上海人。他考试之途很坎坷，三应乡试，前两次不第，万历二十五年（一五九七）因主考焦竑的拔取，得顺天府举人第一（解元），后考进士也不顺，直到万历三十二年，已四十三岁了才考中，随即选为翰林院庶吉士，做个很一般的官员。但他晚年官运不错，崇祯三年（一六三〇）升任礼部尚书。崇祯五年以礼部尚书兼东阁大学士，入内阁。六年加太子太保兼文渊阁大学士，算是文臣最高了，但晚明国势已颓，朝廷已乱了，同年十一月他死于北京任上。

他是明朝末年的重要学者，在儒学、西学、天学、数学、水利、农学、军事学等领域，都有很杰出的贡献。

他出身儒学，后来却信了天主教，这点十分特殊，他之信天主教当然是因与利玛窦结识而深交的缘故。万历二十八年（一六〇〇），他赴南京拜望恩师焦竑，见到同在南京的耶稣会教士利玛窦，不久对天主教有了正面的了解，三年后，也就是万历三十一年，他在南京由耶稣会士罗如望(Jean de Rocha)施洗，正式加入了天主教，教名为保禄(Paul)。

徐光启后来跟利玛窦越发熟稔，往来不见得都跟宗教有关，他们对学术问题更有兴趣，结果是两人合作，把古希腊数学家欧几里得的《几何原本》前六卷翻译成中文并出版，这是中西文化交流的火花。他写了篇《杂议》放在《几何原本》书中，强调几何原理的重要，其中说：

> 此书为用至广，在此时尤所急须，余译竟，随偕同好者梓传之。利先生作叙，亦最喜其传也。意皆欲公诸人人，令当世亟习焉。而习者盖寡，窃意百年之后必人人习之，即又以为习之晚也。……昔人云："鸳鸯绣出从君看，不把金针度与人。"吾辈言几何之学，正与此异。因反其语曰："金针度去从君用，未把鸳鸯绣与人。"若此书者，又非止金针度与而已，只是教人艸冶铁，抽线造针，又是教人植桑饲蚕，涑丝染缕。有能此者，其绣出鸳鸯，直是等

闲细事。然则何故不与绣出鸳鸯？曰：能造金针者能绣鸳鸯，方便鸳鸯者谁肯造金针？又恐不解造金针者，菟丝棘刺，聊作鸳鸯也。其要欲使人人真能绣鸳鸯而已。

欧几里得此书可说是西方数学最基本也最重要的书之一，被称为数学界的《圣经》，几乎影响所有科学中计算与测量的原理。文中的利先生即指利玛窦，可见他们的合作，是有"金针度人"之意，将此书译成中文，当然有提升中国基础科学的理想在。

之后，他又根据利玛窦口述翻译了《测量法义》一书，此书讲的是数学应用的原理与方法。万历三十五年，徐光启的父亲在北京去世，他护丧回乡丁忧守制。第二年，他邀请郭居静（Lazzaro Cattaneo）到上海传教，成为天主教传入上海之始。徐光启居丧守制期间，整理又定稿了《测量法义》，并将《测量法义》与中国既有的《周髀算经》《九章算术》相互参照，整理编撰了《测量异同》，作《勾股义》一书，探讨商高的定理。他的旨意显然不在翻译介绍上，而是综合会通，以图振兴中国的基本科学。

徐光启还是天文历算学专家，万历三十八年（一六一〇），徐光启回到北京，官复原职。因钦天监推算日食不准，他与几名传教士合作研究天文仪器，撰写了《简平仪说》《平浑图说》《日晷图说》和《夜晷图说》等书，到了崇祯年初，徐光启先后召请耶稣会士龙华民（Niccolo Longobardo）、邓玉函（Johann Terrenz Schreck）、汤若望（Johann Adam Schall von Bell）和罗雅谷（Jacobus Rho）四人参与历局的工作（实际工作大部分由汤若望和罗雅谷担任）。他主持编辑了一大套《崇祯历书》，共四十六种，一百三十七卷。其中系统介绍了当时西方的天文学、历法和三角学（包括平面三角和球面三角），这套书后来成为清朝官方天学的理论基础。

万历四十年（一六一二），徐光启曾向意大利耶稣会教士熊三拔（Sabatino de Ursis）学习西方水利，合译《泰西水法》六卷。他也研究过火炮，希望用来抵挡东北随时打算入寇的清军，但他抗清的建议受到其他大臣的抵制，这方面的研究没能用上。最后他写了本《徐氏庖言》，把自己有关军事研究所得都写入其中。

天启三年（一六二三）到次年，他基本在不得志的退隐状态，虽如此，他却闲不住，这时他把精力放在农业研究上。他认为中国一向以农为本，救农就是救国，他构思写一部百科全书式的有关农业的专书，这部书后来写成了，取名为《农政全书》。其实在万历四十一年（一六一三）初冬，他因与朝中一些大臣意见不合，便告病去职，往天津养病。这段时间他在房山、涞水两县开渠种稻，检验各种稻作的良窳，想于其间找出最能抗灾的稻种，以便推广种植，先后撰写了《宜垦令》《农书草稿》（又名《北耕录》）等书，早就为《农政全书》的编写打下基础了。

《农政全书》编完并未出版，徐光启便死了，遗稿经陈子龙修订，成书共六十卷，于崇祯十二年（一六三九）刊行。这部书讨论的是中国农业的整体，包括历史、地理、天文、土壤及各种农业生产工具的制作使用方式，更大篇幅在介绍中国所有的农耕种类，确实是一部农业的百科全书。面对着明末农业生产因种种天灾人祸而发生严重供需失衡的状况，书最后有极大篇幅讲"荒政"，就是专谈应用农业生产的改善来帮人民度过荒年的事。明代末年，救荒政策十分重要，西北与西南地区大规模饥荒，促成了李自成、张献忠等地方性的动乱，后不断扩大成全国性的灾难，终使明朝寝亡。其实在晚明初期，灾荒已屡屡发生。

有趣的是徐光启在诸多农业生产的蔬果中，特别强调番薯一物，番薯又称甘薯，这种植物原产南美，是明初由菲律宾传来中土的，徐光启提倡它，主要是这种作物能抗湿抗旱，生长力强，又营养丰富。甘薯全株可食，主要可食处在根部，埋在土中，可不受蝉害，徐光启的着眼点是种植此物可快速救济灾荒。《农政全书》卷二十七有专章谈甘薯者：

> 薯苗，二三月至七八月，俱可种……遇旱灾，可导河汲井灌溉之。在低下水乡，亦有宅地园圃高仰之处，平时作场种蔬者，悉将种薯，亦可救水灾也。若旱年得水，涝年水退，在七月中气后，其田遂不及蓻五谷；荞麦可种，又寡收而无益于人。计惟剪藤种薯，易生而多收。至于蝗蝻为害，草木无遗，种种灾伤，此为最酷。

乃其来如风雨，食尽即去，惟有薯根在地，荐食不及。纵令茎叶皆尽，尚能发生，不妨收入。若蝗信到时，能多并人力，益发土，遍壅其根节枝干，蝗去之后，滋生更易。是虫蝗亦不能为害矣。故农人之家，不可一岁不种。此实杂植中第一品，亦救荒第一义也。

他另有《甘薯疏》一书，可惜书已佚，只剩序，序中有言：

……每闻他方之产可以利济人者，往往欲得而艺之，同志者或不远千里而致，耕获蔔畲，时时利赖其用，以此持论颇益坚。岁戊申，江以南大水，无麦禾，欲以树艺佐其急，且备异日也，有言闽、越之利甘薯者，客莆田徐生为予三致其种，种之，生且蕃，略无异彼土。

文中戊申指万历三十六年（一六〇八）江南洪灾期间，他建议将之前在福建、浙江已有种植的甘薯推广到灾区大量种植，果然收到极大的成果。这只是他高瞻远瞩之处，也可看出后来编成的《农政全书》有如何大的贡献了。

他的《崇祯历书》也是以中国传统历书为出发点，集合了西方在天文测量与历法上的特殊成就加以综合会通。再来看他的《农政全书》，更是将中国传统的农业事务做了个总整理，其中他特别标举了几样从国外引进的农作物对中国的贡献。他在农业思想方面，也同样有综合会通的意义。

徐光启的座师焦竑与同乡业师黄体仁（与徐光启同年进士，生卒无考），都是阳明的后学，料徐光启对良知学也有同样的认识，但他一生有太多令人目夺的其他成就，在儒学上的看法就被忽略了。倒是他后来信了天主教，对宗教的看法也令人关注。从他的《辟妄》《咨诹偶编》等小书可以看出他对传统社会迷信深不以为然的态度，而这种迷信往往是与道教、佛教有关的，他基本上是"辟佛"的，基调与宋明之间正统的儒者很是一样。

他认为中国传统社会既容得下佛教，当然也该容得下天主教，而天主教比佛教更为优良，因而他在《泰西水法序》上说："余尝谓其教，必可补儒易佛。"他又在《辩学章疏》一文中说:"诸陪臣所传事天之学,其可以补益王化,左右儒术,就正佛法者也。"注意他说"补儒易佛"又说"左右儒术,就正佛法","补"与"左右"是一样的意思,他认为天主教可以补充儒学的某些欠缺,而佛教就得"易"与"正"了,他对儒学与天主教义也存有综合会通之计的,因为儒学是中国的真正传统。

万历四十四年(一六一六),利玛窦死了六年后,南京礼部侍郎沈㴶在南京发动了排天主教的运动,上疏请查办外国传教士,严厉禁止天主教,要求皇帝"辟异教,严海禁",当时地方官并未得到朝廷批准,就开始抓捕和驱逐传教士,对初传入的天主教形成了一个不小的灾难,这件事史称"南京教难"。徐光启当时致书家人,要他们和杨廷筠、李之藻一同收容庇护传教士,并向皇帝呈上《辩学章疏》,题目的"学"便是徐光启所称的"天学",是天主教之学的代称。他直言为教会和教士辩护,反驳沈㴶的指控,文中说:

> 臣累年以来,因与讲究考求,知此诸臣最真最确,不止踪迹心事,一无可疑,实皆圣贤之徒也。其道甚正,其守甚严,其学甚博,其识甚精,其心甚真,其见甚定,在彼国中,亦皆千人之英,万人之杰。所以数万里东来者,皆务修身以事天主。闻中国圣贤之教,亦皆修身事天,相相符合,是以历苦艰难,履危蹈险,来相印证,欲使人人为善,以称上天爱人之意。

文中的"诸臣",指的是天主教教士,他们虽是外国人,但其中多为朝廷颁授官爵,故也可称为臣。徐光启认为天主教与中国儒家皆主张"修身事天,相相符合",当然天主教有不少地方都与中国传统习俗相异,但他认为并不重要,如着眼在大局上,彼此是可兼容的,也可见他很希望中国社会能更加兼容并蓄,而儒学不要守成,也要与时俱进。明代三教合一之说甚盛,但三教谈的是儒、释、道应如何相容相善,未及天主教,有关中国人该如何看天主教,是第一次谈到,足见可贵。

徐光启在科学上的著作,可证明儒学如经适当开展,加入新的材料,也可与自然科学结合,因而产生新的学术领域。晚明类似徐光启这样百科全书式的人物还有，譬如稍晚有方以智（一六一一至一六七一），除了对传统子学与佛学有很深的研究之外，他还有《物理小识》《东西均》等书，都深论到有关科学的问题，与徐光启所提倡与所做的，有彼此呼应的作用。《明儒学案》没谈到徐光启或这类的人物，是受限于黄宗羲于此书只谈明代的心性之学，但应知道，心性学只是儒学之一环，不是儒学的全部，所以之后的学术史论及徐光启是必要的。

儒学强调济世，把济世的学问称作经济（经世济民）之学，徐光启所写的书，无一不是合乎传统经世意义，如大力提倡，不但有利社会，也有利儒学本身，《明儒学案》与一般学术史著作未言及此，是可惜了。

读书短札

汲古阁抄本的纸张

刘佳琪

汲古阁抄本细分为普通抄写本与影抄本两种，所用纸张也有差异。总体来看，普通抄写本用纸随意；影抄本用纸考究，多用绵纸。毛扆《汲古阁珍藏秘本书目》部分条目明确注明纸张，如"《易说》二本，绵纸硃砂格旧抄""《家则堂春秋集传详说》十五本，绵纸旧抄""《学古编》一本，绵纸精抄"等。值得注意的是，"《两汉诏令》三本，绵纸宋板影抄""《眉山唐先生集》二十卷四本，绵纸影宋板旧抄""《文则》一本，绵纸从元板精抄"三书直接标注影抄本用纸为绵纸。另外，古人抄书常用旧纸，汲古阁影抄本也有用旧纸的情况。

后世记录汲古阁影抄本使用纸张的资料极其少见。《天禄琳琅书目》卷四《金壶记》称汲古阁影抄本"纸白如雪，墨色不尚浓厚，取其匀净，几与刊本摹印无异"；清代杨绍和《楹书隅录》"影宋精钞本《鲍氏集》十卷二册"提到"此本乃汲古原书，纸白如玉，字法工雅绝伦。正如钱遵王所谓'楮墨更精于椠本，洵缥囊中异物也'。""纸白如雪""纸白如玉"的描述与毛扆《汲古阁珍藏秘本书目》所记"绵纸"相合。

研究汲古阁影抄本用纸，查阅原书及彩色图录更为可信。第一至五批《国家珍贵古籍名录》中收录汲古阁影抄唐宋别集，如国家图书馆藏《剪绡集》《梅花衲》等、东北师范大学图书馆藏《周贺诗集》，笔者目验后者，为白绵纸。

延雨

信札里的俞曲园先生
——书法、笺纸与知识生产

在传统中国社会，私人之间的书信往往不单是沟通交流的媒介，同时也会成为可供收藏、欣赏、传承、复刻，以及临摹书法的对象，此是为中国古代书信文化区别于欧洲的最显著特征。自汉代以来，这种基于书法审美意识的传统便形塑着中国的书信文化，并促生出一系列有趣的现象：有寄望于信札上的书法能够流传后世者，书写时往往几易其稿，直至对字迹满意之后方才寄出；有为得到名家书法者，着意创造机会与之通信，以换来复信变为收藏；也有担心自己字迹潦草者，特意叮嘱收信者"幸勿存为收藏"。凡此种种，皆可得见一封书信在动笔之前被赋予的多重期待。

晚清时期，西洋石印技术的引入极大地改变了传统书法的复刻方式，同时也形塑了新的知识生产形态。原本需要钩摹、编排、刻帖、拓印等多重环节"再生产"才能将一封信札墨迹大略复制出来，此时借由石印技术，即得以清晰地再现信札最原真的书写形态。此外，信纸图案也被视为一种传递信息的重要媒介，晚清民国时期，文人定制笺纸蔚为风气。晚清著名朴学家俞樾，是此中颇具代表性的人物，其生平不喜交游，平日里常常杜门不出，谢绝应酬，但其个人形象却从未在晚清士人圈中缺席。借由日常信札中的文辞、书法甚至亲自设计的信纸图案，一位名为"曲园先生"的儒者形象逐渐被构建起来。对于不善交际的学者而言，通过书信与人"见面"，不失为一种礼貌而高效的替代方式。信札，也由是成为晚清士人塑造个人形象的重要载体。

一、曲园先生的隶书：由信札锻造的书法风格

上海图书馆所藏的一封手札显示出俞樾对于信札书体的特殊偏好。此封信札为俞樾致诂经精舍教务及财务主管者王同之函，由于信札内容主要是修改课卷和发放束脩等日常琐事，因此采用了书写迅疾的行草字体。不过，俞樾却对此小心地叮嘱："兄年来致老弟书率随于涂抹，幸勿存为收藏。"可见行草书体并非其理想的信札书写字体。在清代雅好金石的学术共同体中，学者和官员常常乐用金文与小篆通函，视之为一种学养的体现，如江声、陈介祺、吴大澂、朱衍绪、江标等。身为文字学家的俞樾，其虽广泛涉猎各类篆书，但在书写信札上，却对隶书情有独钟。对于这一字体偏好，俞樾曾解释："江艮庭先生，生平不作楷书，虽然草草涉笔，非篆即隶也。一日书片纸，付奴子至药肆购药物，字皆小篆，市人不识。更以隶书往，亦不识。先生愠曰：'隶书本以便徒隶，若辈并徒隶不如邪。'余生平亦有先生之风，寻常书札，率以隶体书之。"江艮庭先生是乾嘉时期著名的小学家江声，一生着力于《说文解字》尤深。其"非篆即隶"的书写习惯，体现出作为文字学家纯粹的治学态度，同时也昭示了知识精英与大众之间的身份区隔。俞樾虽称有江声之风，但在信札字体的选择上，却舍篆书而"率以隶体书之"。其未选择篆书这一"市人不识"的古文字来设置知识障碍，考量的或更多是观者阅读的便利。

从书写角度来说，隶书因其宽博平展的字体结构和浑茫厚实的线条特征，向来是书家作大字榜书的理想书体，但若是以此气势磅礴的书体来作小字，则会颇难适从。自古以来，善写小字隶书者凤毛麟角。梁同书《频罗庵书画跋》尝言："隶书无小字，小则势不得

展也，近世惟衡山翁间于跋用之，然亦行以唐法，而学汉隶者，辄见寡矣。"清代随着篆隶古体的复兴，渐有精于小字隶书者。《清代隶书要论》记载，清人陆绍曾尝写小隶，其所绍者，乃东汉《乙瑛碑》书风，然字形虽小，却写得宽绰舒展，并不拘泥。另有庄允懿在团扇上以蝇头隶书临《石门颂》全文，可谓"虽在毫厘之间，然有咫尺之势"。此外亦有隶书名家桂馥和伊秉绶被传善写此书。然而，纵观清代书法史，小字隶书虽有书家尝试涉猎，但却从未在书坛形成一种独立的风格或潮流，或许是基于这一书体本身的书写难度，抑或是其耗时费力等原因，历来写小隶书者多是偶一为之，并未当作常用字体。故当俞樾以大宗的小字隶书信札呈现于世人面前时，这种书写偏好很快便成为一种鲜明的个人符号，士林之中几乎无人能出其右。

细检俞樾留存至今的诸多信札，其中虽有大量是以小隶书体写就，然笔墨风格却灵活多变，不尽相同。从时间纵轴来看，俞樾小字隶书的笔墨风格，曾在同治十年（一八七一）至同治十三年（一八七四）之间经历过重要变迁。同治十年之前，其字体结构往往趋近于正方或扁方，横画和捺画的末尾通常以富有弹性的笔尖向斜上方挑出，是为一种普遍且程式化的隶书写法。而同治十三年前后，字体则逐渐朝纵向拉长，线条凝厚圆润，笔画起笔收笔均不露笔锋，此前特别强调的波磔燕尾一概消失。省略掉尾笔波挑并由扁方变为窄长的隶书，乍看之下极似楷书。事实上，不少后世著录者将俞樾变法之后的小字隶书误认作楷书。然而联系俞樾"寻常书札，率以隶体书之"的自述，及其晚年无波磔隶书风格的实践，则可知此类形似楷书的字体，乃是篆隶初变时期的一种更古老的隶书形式。

若将俞樾同一时期的大字隶书与信札中的小字隶书置于一起比较，则可明显看出，就笔墨功力而言，俞樾大字隶书之功力——无论是线条的质感、出墨量的控制还是字体结构的把握，皆不及小字隶书远甚。后者是用于日常书信往来的常用字体，就书写数量和频次来说，远比大字书法繁密。在上海图书馆所藏俞樾致应宝时的二十三通信札中，洋洋五千余字，皆是以此典雅和缓的小字隶书写就。可以推知，造成这种大小隶书笔力悬殊的原因，应是日常书写频率的不同所致。而从风格变化的时间差上看，俞樾晚年的大字隶书也逐渐转向不显波磔的风格，这正是由信札中的无波磔小字隶书风格所引领的。可以说，频繁的书信往来是锻造俞樾隶书书法的主要途径，而曲园先生独树一帜的隶书风格，也借由信札的流通为晚清士人所共知。

二、另一重维度的曲园形象：笺纸设计与知识生产

对于兼具书写性与物质性的信札而言，不唯笔墨字迹是"千里面目"的映照，写信所用之笺纸亦是书写者展示自我身份和形象的另一重媒介。晚清以来，得益于信札在日常生活中的大量流通及商业发展所带动的制笺业的繁荣，文人亲自设计笺纸渐成一种风尚，其中参与人数之多、题材之丰富、款式之新颖，均可谓超迈前代。文人将自己的品位、喜好、学养、收藏、交游皆融入一张信纸的设计，并赋予其展示、祝颂、酬赠、收藏、出售等诸多功能。这些富有个人特色的定制笺纸，由是成为写信者的又一种"面目"。

此期热衷于设计笺纸的文人当中，俞樾可谓最具代表性的人物之一。在其设计的众多笺纸中，常见的一类是用以标记个人身份的"名号笺"。相较于在信纸左下角印主人字号或室名斋号的简易做法，俞樾"名号笺"的形式更为丰富且充满趣味。其中，有文字版本的"两平议室平安笺"，亦有将室名印重新刻版印作笺纸底纹的"曲园居士俞楼游客右台仙馆主人尺牍""曲园尺牍"，此外还有在素纸上钤盖个人印章的"曲园拜上""海内翰林第二""曲园叟""恩将耆儒""春在堂""殚心著述"等笺。晚清西洋照相术传入之后，不少文人曾将

自己的肖像照印在笺纸之上,作为一种更加直观的"见字如面"方式。俞樾虽不曾将自己的相片印上信纸,但却独出心裁地绘制了一系列形似自己的人物小像,或垂首作揖,或跂予望之,每一幅皆配以文字描述,生动地传达出文字所不能及的表情与趣味,如"敬问起居曲园通侯笺""如面谈""拜而送之""何时一尊酒""跂予望之"等。此外,更为含蓄地标识个人身份的方式,即是以书斋小景为原型印制而成的"别号图"笺。俞樾之婿许祐身曾特别绘制"俞楼图""右台仙馆图""曲园图"三幅别号图,作为晚辈送呈长辈的礼物,俞樾为每幅图亲题篆隶名称,并将其印作笺纸。使用书斋图像的笺纸书写信札,在标识个人身份的同时亦展示出写信者书写、读书和生活的场景,给读信人以身临其境之感。此外,每幅别号图上还清晰标有"许祐身绘"之款识,可以推想,在俞樾使用此笺与友人通信的同时,许氏的画才亦得以借俞樾隆盛的名望和广泛的人际网络传播开来,此更凸显出笺纸这一书写媒介在信函流通中的传播功能。

信纸上所呈现出的"曲园先生",包含其名号、印章、小像、书斋场景,亦有俞樾的古物收藏。事实上,在晚清民国时期,许多富于藏弆的金石学家皆好将家藏的青铜器、石碑、法帖等古物钩摹绘图,制成笺纸,用于日常的书信流通。这样的"展览"方式既不过分张扬,又可在通信的过程中彰显出个人的身份品位与文化底蕴。这些绘有家藏器物的笺纸,往往不只用于收藏者自己的书信往来,还会作为礼物馈赠给亲友,如俞樾的同侪金石学家吴云,即曾将其"两罍轩藏珍"印制成笺纸,分赠予好友。不少藏家亦会在笺纸中阐明收藏的来由甚至是藏品的递藏经过,是故此类笺纸所扮演的角色,尤似现代展示藏品的收藏图录。这些重要的藏品信息,在当时文物市场与收藏圈信息交流上所发挥的作用不容小觑,对于今人而言也有着珍贵的史料价值。俞樾绌于财力,虽不曾有意识地收藏古董,但却在各种机缘巧合之下获得了不少古砖。在他设计的信纸中,这些古砖也曾被摹绘上笺以做展示。上海图书馆所藏俞樾致吴承璐的一封手札中，笺纸画面中央为一"福"字，内有寿星骑鹿像，下方注明收藏的由来："曲园居士于吴下得此甎，福字中有寿星骑鹿像，摹以制笺。"此外还有"三寿砖"笺，上面分别摹有"寿""福寿""福禄寿"三块长方形古甎。光绪七年（一八八一），俞樾右台仙馆甫筑成不久，一次同人宴饮，徐琪和汪鸣銮在附近残垣上意外拾得"福寿"砖一块，其时恰逢俞樾六十寿龄，二人遂以祥砖敬作贺寿之礼。嗣后同人纷纷作诗题咏，纪颂此段神妙因缘。俞樾得之感赋："何来福寿残甎字，得自宾朋雅集时。叠韵仍教依石鼓，制笺不必盼乌丝（余曾摹甎文制笺）。"曲园先生设计的古砖笺纸，在展示个人收藏之外，亦是一种纪念师门雅谊的方式。

作为执掌诂经精舍的山长，俞樾数十年的教育生涯也潜移默化影响着他的学术志趣。对于古文字学，俞樾曾言："古人之字即古人之画，日之为☉，月之为☽，星之为✧，其尤肖者矣。仓颉见秃人伏禾中，因而制秃字，此即画即字之明证。孔子曰视犬之字，如画狗也，此即字即画之明证。自字与画分而其义不明矣，自画与字分而其道不尊矣。"是故俞樾亲自践行六书造字法，并重新设计了一系列充满趣味的象形"字画"。这类图画不同于传统书法和绘画的任何一种形式，如其仿照苏州年画中的吉祥主题"一团和气"笺，是采用"和""气"的篆书形态构成装饰图案；另有将"曲园写竹"四字的行书体写成一幅竹石小景，并赋予其"竹报平安"的吉祥意涵；相似的还有"曲园拜上""曲园长寿"等一系列老者形象的字画笺。俞樾著作全集《春在堂全书》中曾专门收录其所创作的各类"字画"，汇辑为《曲园墨戏》。

此外，俞樾还专门考证了古代书信文化中的种种文学意象，设计出一系列篆书"字画"笺。如"春在堂五禽笺"，即是俞氏使用频率最高的一套笺纸。此套笺纸分为鹤、鹊、燕、雁、凤五种鸟类笺，每一幅笺纸上，均以篆体大字书写鸟类名称，并在下方用小隶书注明诗作出处。如"鹤笺"中，篆书"鹤"字下方写道，"阆苑有书多附鹤，故作鹤笺"，"鹊笺"的出处为"喜鹊随函到绿萝"，"燕笺"是"紫燕西来欲寄书"等。此外，形式奇特者还有"曲园竹报""曲园兰讯""曲园梅信"套笺，在这一系列中，"竹""梅""兰"三个篆体大字印作信纸底纹，俞樾独出心裁地将其篆字结构全作直角处理，乍看之下笔画线条几如信纸行格一般不易使人察觉，而在笺纸左下方则用小字注明每种笺纸的名称，令观者有恍然大悟之感。在篆字行格笺之外，俞樾还有一类行格笺纸颇为特殊，如"仿唐人行卷式笺"和"仿仓颉篇（六十字为一章）笺"。其中"仿唐人行卷式笺"，一列有十一格，一叶共十六列；"仿仓颉篇笺"则是一列十二格，一叶共五列，格式皆依古制。对于古代典章制度以及仪礼之学的考证，是俞樾治学的重要面向。俞樾虽对金石古器无收藏之癖，但却十分着意考证其中所反映出的古代礼制。在俞樾的随笔札记中，相关论述屡见不鲜，如"余观其图，宫室车舆，多非古制。人则高坐，马则单骑，尤与古违"。"曲盖之制，于古无征。"这些"与古违""于古无征"的观点，显示出俞樾精审入微的治学态度和对古制礼仪的尊崇，而使用"仿唐人行卷""仿仓颉篇"的信纸通函，正是考据学家对其考证成果的推广和践行。

广州博物馆收藏的另一封俞樾手札，则更清晰地揭示出俞樾与晚清笺扇庄合作制笺的经历。此笺上半幅为俞樾摹写的白文"便"字，下方是四排典型俞氏风格的小字隶书："曲园居士摹汉便殿瓦文，作是笺。松茂室制。"俞樾将古文字和古代书信文化中种种隐而不彰的文学意象、书写格式等内容以视觉化的方式重新生产出来，不仅使原本专深的学问更易被理解和记忆，同时也令观者获得许多新知，信纸由是变成知识传播的载体。

民国时期，俞樾曾孙俞平伯将家藏"曲园制笺"的木刻原版再次印刷制成笺纸，不仅分赠友人，也公开对外出售。其《燕知草》"出卖信纸"一文曾有详载,并言这些笺纸"莫妙于沿门(街)叫(兜)卖"。此时,曲园先生设计的笺纸本身已然成为民国文人眼中的收藏佳品。周作人散文中记言：

> 昨晚平伯枉顾,以古槐书屋制笺一匣见赠,凡四种,题字曰,何时一尊酒,拜而送之,企予望之,如面谈,皆曲园先生自笔书画,木刻原版,今用奏本纸新印,精雅可喜。此数笺不见于《曲园墨戏》一册中,岂因篇幅稍大,故未收入耶。而乃特多情味,于此可以见前辈风流,不激不随,自是恰到好处,足为师范。观市上近人画笺,便大不相同。老年不一定少火气,青年亦不一定多润泽味,想起来极奇,或者因不会与会之异乎。此笺四十枚,随便用却亦大是可惜,当珍藏之,因题数语为识。五月二十日。

作为学者,俞樾的生活空间不再只局限于书斋和书院,透过"信札"这一文字、书法、图像和知识的载体,曲园先生的儒者形象被重新塑造起来,并将生命空间拓展至更广阔的领域。借由民国市场上的笺纸流通,俞樾的学识、见闻、趣味、"寻常书札,率以隶体书之"的书法风格以及层出不穷的设计巧思,得以在更多"市人"的书信传递中一层层传播出去。与此同时,俞樾所代表的精英文化也得以从知识门槛颇高的学术共同体中走出,以更平易近人的方式与大众及其日常生活接触,参与并推动更广阔领域内的知识生产。

三、学者信札的角色与温度

在清代由理学转向朴学的大思潮之下,"信札"在士人中间扮演着尤为特殊的角色。此一时期,书信往来不仅成为学术圈内交换知识和分享观点的主要途径,梁启超甚至认为,学者函札几与著作无异。乾嘉以来,考据学的繁荣极大地带动了金石古器的收藏和对金石铭文的研究,在此语境之下,知识精英使用晦涩难识的金文小篆互通信函,也随之成为清代书信文化中的一道景观。然而在清代士人构建起学术共同体的同时,这种关于文字知识生产的壁垒也在被愈筑愈高。故当汉字走进民国,钱玄同、瞿秋白、鲁迅等人发出"废除汉字""汉字不灭,中国必亡"的主张时,其激进和愤慨的背后,无不暗含着乾嘉以来知识精英与普罗大众在文字使用上的日益隔绝与紧张。

考察俞曲园独特信札书法和种种妙趣横生的信笺设计之意义,即在于探究乾嘉学术行至晚清之际,这种知识精英与普通民众"区隔"下的弹性空间。身为晚清学界首屈一指的考据学大师,同时亦是晚清众多政界精英的师友,俞樾一生著作等身,大多数时间都用于研究、著述和教学,然而他不用艰深的古文字学为自己构筑起精英文化的高墙。在身边友人颇乐以金文、小篆通函的氛围之下,俞樾选择用隶书作为日常书写常用的字体,此中不仅蕴含其个人审美趣味,亦有不为观者设置阅读障碍的考量。对于其所专长的篆书,俞樾则选择用"字画"的方式寓教于乐地将古文字设计成信纸图案,并配以隶书、楷书做旁白介绍,在其以"墨戏"遣兴的同时也使更多人对古文字产生了兴趣,无形中也在降低古文字学的门槛。

信札书写和笺纸设计,成为俞樾传递这种温度、礼貌、趣味与知识的重要载体。晚清新兴的西洋石印技术引入之后,俞樾尺牍集手稿影印出版,又赋予了这种知识生产新的形式。通过书法的原真再现,"曲园先生"儒雅亲和的学者形象得以与更广泛的观者晤面,而俞樾与晚清纸铺合作印制古砖铭文笺纸,以及俞平伯将俞樾设计的笺纸分赠友人并公开当街出售,则是将此种"文化共享"扩展到更大的领域。若吾人以回瞻性的视角,尝试穿过"曲园先生"之公众形象生成背后的层层场景,观察信札及信纸中各类视觉和物质元素所扮演的角色,以及其参与的知识生产之结构过程,便可从一种新的角度对近代历史进程中知识精英与大众文化的关系获得更多理解和思考。

叶大深

聂会东的未竟之志

翻译与著书是勾连不同文化的重要纽带，清末民初时期许多来华医学传教士通过编纂中文医学作品传播西医知识，美国北长老会传教医师聂会东（James Boyd Neal, 1855-1925）在十余年的时间里先后编译出版了多部书目，其中《眼科证治》与《傅氏眼科》两本眼科学专著的成书，伴随着传教士在中文医学术语定名上由相异走向趋同的历史进程，其间的反复与矛盾更是基督教在华医疗事业的一个重要面相。

一

聂会东一八五五年出生于美国宾夕法尼亚州，一八七七年从耶鲁大学毕业，经过两年医学预科的学习后进入当时全美最负盛名的宾夕法尼亚医学院。一八八三年毕业后，受美国北长老会指派，聂会东偕新婚妻子来到登州（今山东蓬莱），开始了他在中国近四十年的医学传教工作。一八九〇年聂氏奉调至济南，在当地建立起系统正规的现代医学教育体系，为日后齐鲁大学医学院的创立奠定了坚实的基础。一九〇五年，博医会成立出版委员会，聂会东当选委员会主席，其后十几年，他与一众传教士编译、修订的一批教科书，极大缓解了教会学校中文教材不足的问题，有效填补了当时中国医界知识的空白，对于近代中国医学乃至整个自然学科的教育、传播和发展起到巨大作用。一九二二年聂会东因病返美,三年后于费城逝世。在其悼文中,长老会特别提到了他在医学书籍翻译上的贡献。《字林西报》也撰文称聂氏的译著让中国的医学工作者获益良多。

聂会东与中文教材的渊源最早可以追溯到其一八八三年初来登州之时,他原本计划为刚刚升格成学院的文会馆增设医科,但就是因为设备与教科书的极端匮乏,令聂氏迟迟无法进行系统的课堂教学,直到一八八七年,他才勉强组织起了一个五人的医学班。经过三年的摸索与实践,聂会东在一八九〇年博医会首届大会上详细阐释了自己培养中国医学生的思想,他着重强调使用中文教学的必要性,认为当务之急是建立一套医学术语体系和中文文本,使中国人用自己的语言掌握医学知识,而做到这一点的前提是传教士在翻译教材时必须非常认真,努力做到最好。因此聂氏希望博医会中优秀的成员全力投入到翻译工作中:"只有用一流的汉语水平用心地工作……才不会玷污我们自己和我们的事业。"

事实上,自十九世纪以来,在华医学传教士已翻译出版了一系列他们认为有价值的西方医书,但早期的翻译是在分散状态下独立开展,传教士之间未必会重视他人的中文用词;另一方面,由于当时的翻译多是中外人士以口译、笔述方式进行的,难免会给医学术语带来与方言相关的问题。因此不同译作对同一名词采不同译名的现象屡见不鲜。随着全国各地教会医学院校的陆续兴办,名词统一的问题便被提上日程。

一八八六年博医会创立,构建一套中文术语体系成为其早期的重要工作。在第一届博医会大会上,医学教育、教材编译、名词统一等几个紧密相连的话题得到广泛讨论,包括聂会东在内的多位与会者皆表示统一医学名词势在必行,因为这是医学教学与教科书编纂的基础。会议最终决定成立名词委员会,负责术语统一的相关活动,并积极同益智书会保持联系,以期促成标准医科教材的出版。

但委员会在成立之后的数年内几无作为，这令聂会东非常不满，他在《博医会报》上发文抱怨，称令其头痛的医学教科书匮乏问题依然没有丝毫改善，市面上流通的医科书籍内容亟待更新，如此巨大的空白必须有人尽快填补。正是在这样的情况下，聂氏身体力行，于一八九五年出版了由自己编纂的《眼科证治》。

二

聂会东之所以率先推出眼科学方面的书籍，应是源于晚清时期齐鲁大地的社会状况。《海关医报》就曾发文称，消化系统疾病、眼病和皮肤病在山东民众身上极其普遍，一位在济南行医数载的传教士满乐道（Robert Coltman）列举了国人常见的眼部疾患，包括结膜炎、内翻、白内障、角膜炎、角膜翳、沙眼、倒睫、翼状胬肉等，它们导致许多人就此失明；在满氏看来，如果治疗得当，这类悲剧其实完全可以避免。对此聂会东深有同感，他在一份记述差会医学工作的报告中写道："在这片土地上，一次短暂的体验已经足以让人们相信西医的实用之处，不仅是治疗严重的外科疾病，而且可以简单地教会他们如何护理自己的皮肤和眼睛。民众总是为眼部疾病和皮肤病的折磨而感到痛苦，事实上如果多加注意，这些疾病很容易被治愈。"基于此，一八九二至一八九三年聂氏回国休假期间，专门花了几个月的时间在宾夕法尼亚大学与威尔斯眼科医院（Wills Eye Hospital）进修眼科学的相关课程，甚至由此成为一名眼科专家。

《眼科证治》的底本是一八九三年出版的 *A Text-Book of Ophthalmology*，该书的作者之一威廉·诺里斯（William F. Norris）是宾夕法尼亚大学历史上首位眼科学教授，十九世纪八十年代曾任美国眼科学会的主席，有研究认为他与查尔斯·奥利弗（Charles A. Oliver）合著的这本书是那个时代最优秀的教材之一。诺里斯与奥利弗当时均是威尔斯眼科医院的外科医生，聂会东在宾大及威尔斯学习工作期间很可能与他们有所接触，并对即将面世的 *A Text-Book of Ophthalmology* 的创作宗旨、内容编排了然于胸，进而促使聂在该著出版仅一年多后便成功将之译成中文。

一八九五年，上海美华书馆出版发行了这部由聂会东口译、尚宝臣执笔的《眼科证治》，本书的出炉方式颇有特色，即通过自己与学生的课堂互动，提炼出原作最适合教学的部分后编辑成书。时任济南知府鲁琪光专门在序言中题诗一首，以"何由普现光明界，济世应推第一功"的语句表扬聂会东等传教士在医疗领域，尤其是关于眼科疾病方面所做的工作。

《眼科证治》分三卷共二百五十页，第一至第十一章为第一卷，主要说明眼睛的组织及其相关疾病；第十二章至第十六章为第二卷，重点介绍眼睛的附属器官及眼部的手术治疗；第十七章至第二十一章为第三卷，集中论述了眼部检查及屈光不正等内容；另有一册单论治疗眼部的器具。较之近代中国首部汉译眼科学作品《西医眼科撮要》，《眼科证治》详细描述了近视或远视与晶状体（书中名为"睛珠"）、睫状肌（书中名为"睛肌"）及眼轴的关联，而不似前者笼统地将近视、远视、复视、斜视、夜盲症、飞蚊症等归为"朦昧"。因为引入屈光不正的概念，聂氏特意对斯内伦视力表进行本土化处理，这应是此表在中国眼科学历史上的首次亮相。

除介绍前沿的眼科学相关知识外，聂会东希望通过《眼科证治》进一步促进中国医学名词的统一工作，所以他并未创造太多新的术语，而是尽可能与《疢病名词词汇》(*A Vocabulary of Diseases Based on Thomson's Vocabulary and Whitney's Anatomical Terms*) 保持一致，作品最后还特意附上了中英词汇对照表。这一时间点恰逢名词委员会因工作进展缓慢而不得不考虑更新人员，聂会东主动要求挑起这副重担，可谓正中博医会的下怀。一八九六年底聂氏成功当选协会的副主席，并加入改组后的名词委员会，随之他便从眼科学入手，尝试了解成员们对部分名词术语的翻译意见。

一八九八年聂会东给名词委员会的其他成员寄去了一份眼科名词的清单,要求每个人写下自己所使用的中文名词,或者提出更适合的新名词。在整理了委员会所有成员的意见后,聂编制出一份新的清单,并要求委员会的各成员对名单中的名词进行投票选择。在最终的结果中,六名成员似乎均同意将眼部的"膜"翻译为"衣",如角膜被译为"明衣",视网膜被译为"眼脑衣",巩膜被译为"眼白衣"等,但也有传教士持不同意见。曾担任过博医会主席的稻惟德(A. W. Douthwaite)就主张将角膜译为"明角罩",一位南京的美以美会传教士便赞成稻氏的看法,他进一步解释称,"罩"字有透明或半透明覆盖物的含义,"衣"则不能传达出这种概念,因此前者更符合角膜、巩膜等名词中"膜"的意思。而当时较有影响力的中英词典,如罗存德(Wilhelm Lobscheid)的《英华字典》、卢公明(Justus Doolittle)的《英华萃林韵府》、井上哲次郎的《订增英华字典》均采"明角罩"对应 cornea。不过"明衣"的用法也同样流行,曾出使欧洲四国的薛福成在其日记中有过这样的记载:"凡人目后有眼脑衣,乃脑气筋捆夹于二细膜间,面平滑。人活时,其衣能明光入,日之光色必先达此明衣,由内面回至外面,人始能见。"故任职于江南制造局的傅兰雅(John Fryer)在《光学须知》中干脆同时列出了"明衣"与"明角罩"两种译名。

分歧产生的根本原因是传教士无法从中国传统医学的典籍中找到相应的名词,后者对于眼部器官本就存在着五花八门的记载,如角膜便有黑眼、乌睛、乌轮、乌珠、黑珠、神珠等不同叫法。另一方面,名词委员会长期未能出版一部权威的医学辞典,甚至在一九〇〇年前从未能召开一次专门讨论名词统一问题的会议,可以说直到聂会东发起这次问卷调查,成员内部就眼科学术语的意见才有了趋同的倾向,也无怪乎在华的其他传教士翻译、使用术语时各行其是。直到一九〇一年,聂会东、惠亨通(H.T.Whitney)、师图尔(G.A.Stuart)、高似兰(P.B.Cousland)四名名词委员会成员才有机会齐聚上海,认真研究医学术语的统一问题。在长达六周的会议中,四人对解剖学、生理学、药学等领域的定名进行了充分讨论。会后名词委员会发布一份名词表,一九〇四年他们又对该表加以修订扩充,并作为委员会的重要成果,提交至次年召开的第二届博医会大会。大会对这一成果表示满意,决定以此为准绳,筹备一系列术语统一的中文医学教科书的编写和出版。为推动相关工作的进展,会上决定正式成立出版委员会,聂会东被任命为委员会的首任主席。

三

出版委员会成立的第二年便有七本按照新标准的中文医学教科书出版或投入印刷,聂会东亦开始着手编译一部全新的眼科学教材。一九一一年,他正式推出《傅氏眼科》一书,其底本是奥地利著名眼科专家恩斯特·富克斯(Ernst Fuchs)的《眼科学教科书》(*Textbook of Ophthalmology*)。全书分四卷共二十六章,相比《眼科证治》,《傅氏眼科》的章节更加明确,第一卷介绍眼科检查,第二卷列举了十五个眼部组织的常见疾病及其病原,第三卷概述屈光不正,第四卷重点讲解眼科手术。这种结构安排突出了作品的实用性与操作性。书后仍附有一份中英文名词对照表,与《眼科证治》中部分名词的异同整理成表(见下页)。

应当说《傅氏眼科》中的眼科术语充分贯彻了名词委员会一九〇一年所确立的命名原则:1.避免音译;2.依照词语最新、最权威的含义进行翻译;3.常见字词无法表达名词内涵时,从《康熙字典》里选择不常用词;4.特殊情况下创造新的汉字;5.通过加某种偏旁部首的方式使名词系统化。传教士试图只用一个字概括身体的某一组织或部位,在涉及眼科的名词中,就诞生诸如睟、瞭、肝等以"目"为部首、由单一汉字构成的术语。在追求名词简洁明

英文名词	今日对应中文名词	《眼科证治》中的译名	《傅氏眼科》中的译名
Anterior chamber	前房	前房	前所
Choroid	脉络膜	睛黑衣	睛膜
Conjunctiva	眼结膜	睛衣	眸
Cornea	角膜	明衣	瞭
Eye-lids	眼睑	眼胞	睑
Iris	虹膜	眼帘	睛帘
Crystalline Lens	晶状体	睛珠	睛珠
Lacrymal canaliculus	泪小管	泪脂	泪脂
Lacrymal gland	泪腺	泪核	泪核
Optic nerve	视神经	眼脑经	视系
Posterior chamber	后房	后房	后所
Retina	视网膜	眼脑衣	视衣
Sclerotic	巩膜	白衣	肝
Vitreous chamber	玻璃体腔	大房	眲

了的同时，委员会又试图避免使用太口语化或太通俗的词汇，如将 Anterior chamber 由"前房"改为"前所"，有时还需从《康熙字典》里选取字词并赋予其新的意义，他们在这方面的搜罗不可谓不用心，其准则是挑选一些含义广泛乃至模糊的字，可以轻易地与现代解剖学名词挂钩，如"眲"字，其解释为"目之精也"，遂被拿来指代 vitreous humor（玻璃体）。在避免直接音译方面，聂会东等人对一些词汇多采取意译的方式，如《傅氏眼科》中将 catarrhal conjunctivitis（卡他性结膜炎）翻译为"眸泗炎"，取表示鼻涕的"泗"字形容"catarrh"的含义。不过这些原则在执行时也暴露出僵硬死板的一面，传教士过分追求所谓的术语系统化，强行为一些字加上偏旁，甚至不惜因

此造字，《傅氏眼科》在翻译 granular conjunctivitis（颗粒性结膜炎）时使用的名词是"睟瘰"，"瘰"字便是为突出"granular"即颗粒（息肉）的病态性而特意创造出来的。

高似兰在一九〇五年博医会大会上重申了上述名词审定的原则，并以此为基础编写了《高氏医学辞汇》，标志着来华医学传教士内部在医学名词统一上基本达成共识。然而这一成果在中国社会的推广却并不顺利。

一九〇一年的名词委员会会议在某种程度上是对现存医学术语的推倒重建，他们认为比起那些大量以讹传讹的名词，似乎构建一套新的术语体系是更好的选择。"有理由认为，学生们学习新名词所需的时间要比他们反复学习（无法统一的）旧名词的时间短……如果您发现列表中有数量惊人的新名词，那是因为此前没有与之对应的中文名词，或者委员会一致认为曾经的名词并不合适。"这一点从《眼科证治》与《傅氏眼科》的名词对照表中亦有反映，大量眼部组织结构的术语均发生了或多或少的变化。

这种较大规模的"翻新"几乎是主动打破二十世纪之前欧美传教士在华确立的医学话语权。同一时期，大量留日的中国学生开始将日本名词带回国内，博医会推行的全新医学术语不得不与其在同一起跑线上展开竞争，很快前者的劣势便展现出来。首先，名词委员会的"一字原则"实际上违背了汉语言发展的规律，因为汉语构词法本就是沿着单音词到复音词的道路演化的，从这个角度而言，传教士所定术语并不符合中国人的语言习惯，且前者为避免过于口语化的词汇而刻意挑选一些早已进入"博物馆"的字词，此举完全无益于词语的传播。相比较而言，口语外来词制作灵巧且与汉语构词规则一致，更便于理解、记忆与推广。正如中华医学会创建者之一的俞凤宾所言："吾国名词，不必拘于字数，但求妥帖，则一字至四字，不论多少，只须意义完全亦成名词。"

其次，自一八九六年清政府向日本派出第一批留学生起，中国赴日学生便络绎不绝，一九〇五年在日本留学的中国学生总人数已达八千至一万人。如此庞大的数字为日语词汇在华传播奠定了坚实的基础。而博医会在一九〇五年前尚不准许中国人入会，欧美成员中多数人对名词委员会工作的关注度不高，已成为博医会主席的聂会东曾连续两年在《博医会报》上发文，呼吁协会向委员会提供支持，却应者寥寥。可以说名词委员会在二十世纪前后的医学术语统一工作既缺少中国本土社会的参与，来自医学传教士内部的助力又十分有限。

第三，传教士确立的医学名词主要应用于各教会学校，其影响范围毕竟有限。有识之士早在一九〇五年的博医会大会上便提议出版一份中文的医学刊物，一九〇七年聂会东再次提醒协会成员"在切实可行的情况下出版中文医刊"。许多传教士此时已然意识到，一份中文刊物完全有可能开拓出西医术语中文化传播的新途径，然而事实却是，由于种种原因该计划被不断推迟，博医会最终只能坐视留日学生逐渐占据国内学术期刊市场，自己的医学名词标准体系在竞争中落于下风。一九〇八年颜惠庆编纂的《英华大辞典》出版，日本眼科术语如"脉络膜""视网膜""角膜""神经""巩膜"等均已收录其中。更为讽刺的是，著名的中医眼科书目《审视瑶函》在清末民初的会文堂石印本中专门增补了西医眼科的知识，其中两幅插图所配两组文字一是来自日本的名词，另一组却是博医会名词委员会在一九〇一年决定废弃的旧术语。

以聂会东为代表的那一代传教医师在二十世纪初重构一套统一的医学术语的决心不可谓不坚决，但正如国人指出的那样："旅华医士从事翻译……第于汉文虽得门径，而鲜有入室升堂者。于古医书既少涉猎，于新译本又乏参观。"当他们舍弃已具有一定社会认知度的旧名词，却又陷入闭门造车的境地，其结果是新的术语与国人的语言习惯格格不入，在推广过程中遭遇日语词汇的强力阻击，许多来华医学传教士的心血也就此被历史遗忘。

陈 越

阿尔都塞和孤独

我自己是一回事,我的著作是另一回事。

——尼采《瞧,这个人》

一

在路易·阿尔都塞的自传《来日方长》里,"孤独"(solitude)这个词出现了四十一次,"独自"或"独自一人"(seul)的说法更是随处可见。他甚至说:"只要读我的文本,你就会一再发现一个执念般的孤独的主题。"(《来日方长:阿尔都塞自传》,183 页。下引该书只注页码,译文均有修改) 一九八七年,格雷高利·艾略特(Gregory Elliott)辑录过一份阿尔都塞著作年表,截止到同年以德文首发的《马基雅维里的孤独》。次年,他模仿这个标题写了一篇《阿尔都塞的孤独》。但是,和所有普通读者一样,艾略特并不知道阿尔都塞已于两年前完成的这部自传:在这里,"孤独的主题"仍是他最后的执念。

"主题"(leitmotiv)的说法也值得玩味。这个来自德语的字眼,指音乐中的"主导动机"。它在《来日方长》里出现仅此一处。与别处使用的 thème(指言谈或思考的主题)不同,这个隐喻要强调的是一种重复出现的特征。仿佛他的"文本"是奏鸣曲式的作品,孤独的主题作为基础旋律,在其中出现、展开、再现,时而加强或减弱力度,时而变换节奏,时而用不同的和声来表达……通过引申、对比、展衍,给不同的元素或对象赋予了共同的结构或个性。仿佛不是作者在谈论这个主题,而是他被这个主题所谈论。

因此,正如艾略特在别处发现的那样,《来日方长》里的孤独也"不依附于个人"。在属于阿尔都塞之前,它总是已经属于这部自传里的所有他者:在阿尔及利亚森林里与世隔绝的外祖父母;跟一头母牛同住的哑巴外曾祖母;不是一言不发就是含糊其词,生气时把门砰地一摔,在夜色中消失的父亲;受恐惧症困扰,不允许他交朋友、踢足球、弄脏身体……的母亲;一些仅仅认识的人:独身的音乐家兄妹、惊恐的小玛德莱娜;一些更重要的人:老师、朋友、同志、爱人;最重要的人——埃莱娜。

> 想象一下这样的相遇:两个孤独绝望至极的人,萍水相逢,面面相觑,带着同样的焦虑、同样的苦难、同样的孤独和同样绝望的等待,在彼此身上找到了手足般的情谊。(123页)

他从他者的孤独中看到自己,就像在一张藏在父亲遗物里的小照片上,奇迹般地见证了自己对孤独童年的"屏蔽记忆":"正是我(C'est bien moi),我就在这儿。"(61页)

"正是我"!阿尔都塞的读者也许会想到这句话的另一出处。在著名的《意识形态和意识形态国家机器》里,路人回答警察或他人的"唤问",或者摩西回答上帝:"是的,正是我!"他用这个"小理论剧"向我们解释了什么叫作"意识形态把个人唤问为主体"。

摩西回答上帝的呼唤,因为上帝是大主体,他需要一些小主体"臣服"于他,为此他索性从自己身上分出一个小主体(耶稣)作为示范。摩西因为承认上帝所呼叫的"正是我",也就承认了自己是一个小主体:他服从上帝,并教他的百姓服从上帝的诫命。"意识形态=承认/误认",阿尔都塞发现这个拉康式的提法早已藏匿在《德意志意识形态》的原文里。他发现所有意识形态的功能都借助一套镜像关系来实现:小主体和大主体的相互承认、小主体之间的相互承认、主体最终的自我承认。

《来日方长》里的孤独有一种超个人甚至超经验的存在。与其说它有一个主体/主词(sujet),不如说它本身就是一些互为镜像、相互承认的小主体所共同承认的那个唯一的、绝对的大主体,占据着所有观念、情感、记忆或幻觉的中心,即这部自传的意识形态世界的中心。书中那句令人吃惊的"幻觉也是事实"(86页),其言外之意是:自传本身是一个意识形态的事实,像任何意识形态那样,它"表述着个人与其实在生存条件的想象关系"(《意识形态和意识形态国家机器》)。马克思提到鲁滨孙时说,只有在社会中才能想象孤立的个人。同理,《来日方长》里的个人也只有在与社会的"想象关系"中才成为孤独的主体:他们的主观的孤独,都是在自传的意识形态世界里完成的自我承认/误认。

所以,每一部自传里都躲着一个孤独的主体。如果我们只着眼于"阿尔都塞的孤独",也就是着眼于这个主体的自我承认、自我怜悯、自我"解释"(这是他宣称的写作意图)或"自我毁灭"(这是他做出的"解释"),就并不足以看出这部自传有任何超出意识形态世界——即超出平庸——的特质。

二

还有另一类孤独的他者——

> 笛卡儿躲在他的"火炉子"那英雄的隐避所里,康德躲在哥尼斯堡他那宁静的、反乌思想的隐避所里,克尔凯郭尔躲在他内心悲剧的隐避所里,维特根斯坦躲在挪威他那牧羊人小屋的林间庇护所里。(183页)

以及作者身边的拉克鲁瓦、康吉莱姆、拉康、雅克·马丁、陈德草、福柯、普朗查斯、德里达……所有的哲学家。

哲学家的孤独并非什么新鲜话题。海德格尔说,孤独作为哲学活动的基本情绪，乃是人以有限性面对世界整体时的乡愁。最古老的哲学传说就表达了这种情绪：哲学家"到处寻求作为整体的事物的本质，从不屈尊思考身边俗事。……泰勒斯仰望星辰时不慎跌落井中，受到狡黠的色雷斯女仆的嘲笑，说他渴望知道天上的事，却看不清脚下的东西。任何人想过哲学生活，都得接受这种嘲笑"（柏拉图《泰阿泰德》）。与柏拉图的泰然处之或黑格尔在《哲学史讲演录》里的著名辩护不同，阿尔都塞在这个传说里，看到的是"哲学家栽了跟斗"的喜剧性（《哲学和科学家的自发哲学》）和这出喜剧的歧义性：

一方面，它表达了对哲学家的讽刺批判：一种对哲学或温情或辛辣的清算；另一方面，它包含着对某种事实的承认：哲学家从事的是一门超出普通人水平、超出一般老百姓能力的学科，同时是一门带有巨大风险的学科。（《论再生产》）

所以在阿尔都塞这里，孤独作为哲学活动的基本情绪，成了一种矛盾情感（《来日方长》里最常见的精神分析术语，指对同一对象既爱又恨、欲迎还拒的倾向）。他独特的哲学观就建立在这种矛盾情感上，而矛盾情感的张力也在这种哲学观里被拉到了极限。他一方面对哲学做激烈的批判，另一方面，不管谈论《资本论》、马基雅维利还是布莱希特，他总要事先声明"我仅仅是一个哲学家"。他在《来日方长》里公开承认：只有哲学这种纯理论形式，才能满足哲学家独自一人在远距离外对世界整体加以把握和主宰的奢望；而对于他这样的共产党员哲学家，也只有这种纯理论形式，才能提供一段安全距离，让他独自为战，力敌众人，在党内进行政治干预。

这样一来，孤独的主题就给两个不同方面赋予了共同的结构，因而具有悖论性。它一方面构成阿尔都塞情感生活的病理，另一方面构成他理论工作的原理。它是阿尔都塞的难题，也是他的解决办法；是他想要摆脱的恐惧对象，也是他"从事思想和行动的教义"、他的"欲望之巅"。他最终领悟了其中的"辩证法"：

> 完全的衰萎无力与对一切的至高无上的权力是一回事。总是有这样可怕的矛盾情感，而我们可以在中世纪基督教神秘主义那里找到相应的说法：全有＝乌有。（292页）

这很像弗洛伊德所谓死本能/生本能的关系：一方面是他"自我毁灭的工作"（造成埃莱娜的毁灭只是其中的一部分）；另一方面是"为了存在就得让人爱我，为了爱……就得使用引诱和欺骗的手法"（94页）。但这些手法的自我暴露，又构成他"不存在的证据"，延续着自我毁灭的步骤，同时也构成《来日方长》最令人不安的内容——它太像是一部自我毁灭的著作（travail兼有"工作"和"著作"之意）。

这种辩证法与黑格尔的辩证法不同：它没有"合题"。对于同时说"是"和"不"的主体来说，矛盾情感构成了生命中无法超越的对立，连哲学的"升华"也不能将其克服：

> 最伟大的哲学家都是天生没有父亲的，他们生活在孤独中，理论上孤立无援，面对世界做单枪匹马的冒险。是的，我不曾有过父亲，而且没完没了扮演着"父亲的父亲"，为的是让自己产生真有一个父亲的幻象，其实是让自己扮演自己父亲的角色……因此在哲学上，我也必须成为自己的父亲。（180页）

在这段话里有一个巨大的跨越，让事情变得复杂起来，也严肃起来。

三

一部自我毁灭的著作是令人不安的，但更令人不安的是：这是一个哲学家的自传。由于在卢梭以来的"后宗教自传"中，"忏悔已同暴露癖、挑衅、厚颜、骄傲等观念合为一体"（勒热讷：《自传契约》），所以哲学反思往往充当了其中最后的救赎。"您听说过多少哲学家承认自己犯错误吗？哲学家从不犯错误！"（《哲学和科学家的自发哲学》）

阿尔都塞喜欢借用康德的比喻：哲学是一个"战场"。哲学家总是通过攻击别人的哲学，来和错误划清界限。

但在这部自传里，主体的自我毁灭同时是哲学家的自我毁谤。从未有哪个哲学家像阿尔都塞这样，不仅对"哲学一般"做激烈批判，而且把自己的哲学当作"诡计"加以暴露，把自己贬低为"一个只会耍手法、搞欺骗，此外一无所长的人，一个对哲学史几乎一无所知、对马克思几乎一无所知的哲学家"（155页）。以至于艾蒂安·巴利巴尔失望地声称："我不相信这种'解释'……它不符合我所保留的记忆。"（《保卫马克思》一九九六年版前言）

然而，正如阿尔都塞曾揭示的阅读的秘密："看不到"是"看到"的固有之物，巴利巴尔的"记忆"也包含着他的遗忘。在同一段文字里，他谈到重读《保卫马克思》所唤回的经验如何帮助自己克服了失望，但丝毫没有意识到，这种经验与他对《来日方长》的读法是何等对立：

> 在其每一步中，我都辨认出那种智力的工作——不论它有何局限，不论它如何由其特有的条件、"对象"和各种"目标"的制约所"过度决定"。……它像一切真正的经验那样，并不确定自己的结果是什么，但特有的张力就反映在其写作的品质中。

这种打着明显的"阿尔都塞派"标记的阅读经验，总是强调一个文本与其"对象"的关系。就像阿尔都塞在他们的共同著作中指出的，阅读《资本论》所引起的"那些困难和谬见，都和对《资本论》对象特性的误解有关"；我们同样可以说，巴利巴尔对《来日方长》的误解，也是因为他忽略了文本中关于两种对象的明确区分。在好几个章节，谈到自己和哲学、政治或马克思主义的关系，阿尔都塞不惮重复地提醒读者：

> 问题不在于我所能写出的东西的客观性，因而不在于我

和一个或一些客观对象的关系，而在于我和一个"对象性的"对象的关系，也就是和内在的无意识对象的关系。我现在打算谈论的只是这种对象性的关系。（227页）

他"根本不打算"谈论其工作"在客观上的理论后果"——"它完全是客观的，因为它自有其结果"，因为"别人已经说过了，而且也不该由我来做这样的评判"（168、179页）！

这个区分足以把我们从对"自我毁灭"的不安带到事情更严肃的方面。它可以追溯到马克思最初的提醒："必须时刻把下面两者区别开来：一种是生产的经济条件方面所发生的物质的、可以用自然科学的精确性指明的变革，一种是人们借以意识到这个冲突并力求把它克服的那些……意识形态的形式"（《〈政治经济学批判〉序言》）；以及早在弗洛伊德之前就说过的："他们没有意识到这一点，但是他们这样做了。"（《资本论》）在人们行动的客观后果和他们"意识到"（或"没有意识到"）这些行动的主观形式之间，或者反过来说，在意识形态和它的物质实践基础之间，存在一道绝对的距离或鸿沟。对这道距离或鸿沟的认识构成了阿尔都塞的那些主要论点（"意识形态表述着个人与其实在生存条件的想象关系""意识形态是永恒的""历史是一个没有主体也没有目的的过程""不自欺欺人是唯物主义的唯一定义"，等等）的基础，同时也构成了《来日方长》最深邃的言外之意。它为我们提供了正确打开这一文本的钥匙。

在《来日方长》里，孤独的主题实际上具有双重的悖论性。它把一个共同的结构不仅赋予了阿尔都塞的情感生活（A）和理论工作（B）这两个不同的方面，而且赋予了理论工作的私人、主观的原因（B'）和公共、客观的后果（B"）这两个不同的领域。我们在"最伟大的哲学家都是天生没有父亲的"那段话里所指出的"巨大的跨越"，并非发生在 A 和 B 之间，而是发生在 A→B' 和 B" 之间，即主体和完全在其主观性之外所发生的事情之间：

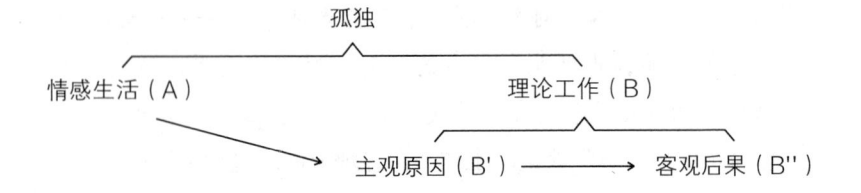

```
                              孤独
         ┌─────────────────────┴─────────────────────┐
    情感生活(A)                                  理论工作(B)
         │                              ┌─────────────┴─────────────┐
         └────────────────────→    主观原因(B')  ──────→    客观后果(B")
```

而被跨越的,正是马克思最早指出的那道距离或鸿沟;后者隔开了"孤独"的两种不同的意义,或者说,两种不同的孤独。

有一种主观的孤独。它是主体在自传的意识形态世界里完成的自我承认/误认,是矛盾情感的辩证法构成的"自我毁灭",包括在哲学上"毁灭性的立场","因为哲学……也不过是世间一切主观性的纯内心生活,各自幽闭在自身的唯我论中"(185页)。

但在"最伟大的哲学家都是天生没有父亲的"这个阿尔都塞经常谈论的主题(thème)里,还有一种客观的孤独。他也称之为"绝对的孤独",因为当"幻想的投射和投注通向完全客观的行动和作品,从而对外部客观的现实做出某种反应"(243页),它便脱离了主观意识的相对性。在《阅读〈资本论〉》里,他这样形容马克思:

> 马克思的一再努力,……他的失败,他的反复本身,都是他在我们之前很久、在绝对的孤独中经历的理论戏剧的组成部分。……独自一人,马克思环顾周围,寻找同盟者和支持者:谁能因为他曾向黑格尔求助而苛责他呢?

在《马基雅维里和我们》里他又写道:"一切绝对的开始都要求改革者或奠基人具有绝对的孤独。"就像新君主在旧世界那样,阿尔都塞心目中最伟大的哲学家也在意识形态世界里完全孤立。伊壁鸠鲁、马基雅维里、斯宾诺莎、卢梭……以不同方式被蔑视、诅咒和放逐,构成哲学史上被压抑的"唯物主义潜流"。他们是他"通向马克思的康庄大道"(231页)——自然也通向对"哲学交流"一笑置之的列宁：阿尔都塞把后者带进法国哲学学会时引起的"小小的众怒"（177页），不啻为这种"绝对的孤独"的一个小小的注脚。

四

就像在唯物主义和意识形态之间存在断裂那样，在客观的孤独和主观的孤独之间也存在一种断裂。实际上，"没有父亲的孩子"原本是阿尔都塞对发生在马克思那里的"认识论断裂"的比喻（《自我批评材料》），而"绝对的孤独"则说明了断裂的客观后果。

发生在马克思那里的断裂，同样会发生在每个人"通向马克思"的道路上。按阿尔都塞最终的定义，断裂意味着阶级立场的转变：首先要从"意识"的"唯我论"转向对"实践"的外部现实的承认，就像一八四五年春天的马克思发现了一个叫作"改变世界"的外部。在《来日方长》的回忆里，阿尔都塞的这个断裂或转变，开始于他"把主动勤劳的身体摆在被动思辨的意识之上的优先地位来考虑"：

> 身体，令人亢奋的身体锻炼，在树林里步行，赛跑，在使人筋疲力竭的坡路上骑自行车长时间冲刺——这全部的生活终于被发现并成为我自己的生活，永远取代了徒然注视所造成的单纯的思辨距离……我在"遇到"马克思主义时，正是通过我的身体对它表示赞同的。（229页）

如果说主观的孤独是主体在意识形态世界里的自我承认，那么客观的孤独便是由于放弃意识形态、不再"认为观念统治世界"（马克思：《德意志意识形态》）而被意识形态世界所放弃。这个唯物主义者将赤身进入"没有主体也没有目的"的历史．"这可能就是他最终的孤独。他知道，就算他的思想有助于创造一点历史，他也将不复存在了。这个知识分子不相信知识分子创造历史"——《马基雅维里的孤独》里的这番话，也适合他自己。

这个知识分子不相信知识分子创造历史。他也不相信"人"创造历史。他回答约翰·刘易斯说:"是群众创造历史。""群众"才是马克思"问题在于改变世界"(es kommt darauf an sie zu verändern)这半句话里本应出现的主词。但群众并不是那种具有人格统一性的主体,他们只是历史的"当事人":千千万万"主动勤劳的身体"不受任何一个主观性的支配,而他们改变世界的斗争是"哲学家独自一人干不成的"(183页)。所以群众,准确地说,群众的实践,不再是孤独的个人的总和。当阿尔都塞"消失在那黑压压的支部队伍里",便感到"我终于如鱼得水了,我那些想要主宰一切的幻想这时都云消雾散了"(214页):

> 作为哲学家,我完全是独自一人,但我在《答约翰·刘易斯》里写道:"一个共产党员绝不是独自一人。"全部区别就在这里。(183页)

这个区别和马克思在意识与实践之间所做的区别,是同一种断裂的后果。类似的后果还有他在"自我批评"之后对哲学下的新定义:"哲学归根到底是理论中的阶级斗争。"这个定义批判了他的旧定义("哲学是理论实践的理论")中理论的"唯我论"("理论主义"),向理论揭示出它有一个叫作"实践"的外部,以及这个外部对它的优先性,从而把哲学确立在归根到底由这个外部——在马克思看来,就是由"阶级斗争的历史"——所规定的"战场"上。只有在这里,才能找到"关于任何哲学的客观意义的最后定论":

> 因为,不论每个哲学家有意识甚或无意识的内在动机如何,他写出的哲学就是客观的现实,完全成为现实的东西;这样的哲学对世界有无影响,也是客观的后果,说到底,与我描述的那种内心生活已不再有任何关系,谢天谢地!(185页)

他的公共、客观的存在形式——他的著作,是"理论掌握群众"的唯一可能的途径。但这意味着把自己完全交给"没有主体也没有目的"的历史。这就是为什么会有客观的孤独,有偶尔发生偏斜的原子，有落在大海、沙滩和大路上白白浪费的雨；有"当代最遭忌恨和最受诬蔑的"马克思，有"死后才得以诞生的"尼采，有四个世纪以来始终被诅咒和孤立的马基雅维里——直到被疯狂的黑夜淹没之前，阿尔都塞仍在借这位唯物主义前辈讲述自己：

> 他知道说真话就是他能做的全部，他更知道这走不了多远，因为要有其他条件才能把真话灌输给群众：靠着一个被孤立的知识分子的力量，是别想实现这些政治条件的。(《怎么办？》)

知识分子和群众的痛苦结合，犹如嵌在理论与实践不平衡的人类历史命运这个没有主体和目的的过程中的蚌珠，一旦以"客观后果"的名义实现，哲学便不再是主观意识的体系化生产，而是交给群众去支配的武器。这便是"来日方长"的意思。阿尔都塞不同意拉康说的"信总是会送到收信人手中"，但他却说："只要你有勇气在静默中高声说话，就会有人听到。"（239页）就是说，总是有客观的后果，但人们并不能主观地设定它：这个排除了一切意识形态作用的世界，阿尔都塞晚年用伊壁鸠鲁的语言称之为"虚空"。

（《来日方长：阿尔都塞自传》，[法]路易·阿尔都塞著，蔡鸿滨译，陈越校，上海人民出版社二〇一三年版）

再造国家：埃及在19世纪

[英]蒂莫西·米切尔 著　张一哲 译　定价：68.00元

全书理论阐发和细节描绘并重。作者化用海德格尔、福柯和德里达等人的学说，从军队重组、乡村建设、城市规划和学校教育等殖民工程入手，细致呈现了殖民权力渗透埃及社会的内在过程和逻辑，又通过对阿拉伯语读写特点的分析，揭示出语言、意义、权力和秩序的复杂纠葛。

生活·读书·新知三联书店 出版

灵魂膨胀的解药何处寻？

张宝明

人类的欲望一直是思想史上一个咀嚼不透的学术话题。面对饕餮般贪婪膨胀的欲望、穷奇般深不可测的欲壑，人文学者曾给出各种各样的泻药或说解药。但晦涩与幽暗的灵魂总处于灰色、模糊的难解地带，于是也便有了一代又一代穷追不舍的质问与寻绎。

从古希腊开始，哲学家就将灵魂的欲望视为毒蛇一般的孽障，于是也就有了行走在理智与激情之间之疗救的言说。就这一带有元命题性质的痛点而言，学术与政治之间的紧张和焦虑是最为直观和立体的表现。在很大程度上，这一心灵叩问是连同自己捆绑在一起进行的。其实，那一桩桩、一件件幽暗中自残、厮杀与角斗的血淋淋场景乃是我们惨不忍睹的灵魂拷打困局。

马克·里拉的《当知识分子遇到政治》（以下简称《遇到》，引文只注页码）就是这样一本敢于直面知识分子自我心灵的小书。它是继雷蒙·阿隆之追问后的接续："在仍然自由的欧洲，知识分子是否将继续感觉被异化，以至于渴望这种束缚？被剥夺真正信仰之后，知识分子是不是不再在作为伟大行动的灵魂的预言之中，而是在作为对暴政的证实的世俗宗教中，重新认识自己？"（[法]雷蒙·阿隆：《知识分子的鸦片》，吕一民等译，译林出版社二〇一二年版，282页）岂止是欧洲？在命运多舛的人类世界，只要亲政的阴魂不散，我们的追问就不会也不能停下来。撇开译者对作者的意图和主旨究竟是"负责"还是"不负责"的转换，我看到的是字里行间充满忧患与焦虑的文字。

应该说，从马克·里拉精心挑选且具有代表性的知识分子来看，以案解题应该是该书的体例；从其单刀直入的立意来看，作者确有一种"忍不住的关怀"之人文情怀。正是在这个意义上，我更愿意将马克·里拉看作一位人文知识分子。在知识分子前加上"人文"二字，乃是区别于文化人（知识分子）。在我看来，人文与文化还是有一定的距离的。

不过，在我感佩《遇到》自我挑战之人文勇气与担当的同时，还是有一些不过瘾的地方，尽管有苛责的成分，但不吐不快。作者在序言前面引用了卢梭和狄金森的格言，意思是说要在以这些研究对象的"个人生活"作为立足点进行摸排后再聚焦于"中心"，同时也借助卡尔·雅斯贝尔斯的话表达了自己的思想意念："我多么想恳求他们将其高深的思想奉献给更为善好的权力。唯有当精神的主宰力量本身具有尊贵的气质时，精神的伟大方能成为爱的对象。"不难看出，这是作者立意的出发点。对这样一个让读者充满期待的立意来说，无疑是充满诱惑和看点的。细读文本，马克·里拉那充满诗意的解读在"原本是我们灵魂的一部分"中落笔："倘若我们的历史学家真的想要理解'知识分子的背叛'，那么他要检视的地方就是——内心世界。"（203页）作为出发点，这句话戳中了人类的痛点：无论中西、古今，文化或历史都不是人类"怪胎"的编码，人性才是其原始基因。也正是这一"正视人罪恶和堕落性"之"幽暗意识"，为人类民主文明埋下了基石（张灏：《幽暗意识与民主传统》，新星出版社二〇〇六年版，23页）。

当然，从提出问题比解决问题更重要的视角看，《遇到》对这一命题刚刚开始就匆匆结束或许算不上硬伤。但是，一个不能面对的心灵现象是：善恶之间的意念之差为何如此难以把控？

要知道，海德格尔曾深情向往"一个崭新的、更好的世界的诞生"。他不但于一九三三年四月欣然就任纳粹统治之下的弗莱堡大学校长一职，而且还曾秘密告发过自己的学生爱德蒙·鲍姆加腾。

这一切，在马克·里拉那里被解释为一个柏拉图式的忏悔："责任始于爱欲。""如果爱欲萌生在一个无节制的人的身上，灵魂就会陷入感官的愉悦，对金钱的爱，醉态以至癫狂。爱欲的力量极为强大，它会超越我们理性和自然本能，将它们引向自己的目的并成为灵魂的僭主。"(3页)姑且可以这么说，问题是谁是"有节制的人"。在有无之间，除了上帝，谁能自我定义并把控？

在人性问题上，西方是以罪感文化演绎着人性本恶的逻辑；中国则是以人性本善阐释着人类的向度。固然，我们可以说向善是人类的本能，同时也可以说向恶也是人类的本能。善莫大焉与罪莫大焉同时发生在人类的日常生活中。可以这样说，善与恶的张力是人类文明史上挥之不去的咒语。念兹在兹，"如果没有恶，善又会是个什么样子呢？如果没有恶，或者根本就不存在恶，那人们也就没有存心向善了。……人类显然非常需要恶的存在，这种存在为人类的道德和法律体系提供了良好的题材"([奥]弗朗茨·M.乌克提茨：《恶为什么这么吸引我们？》，万怡等译，社会科学文献出版社二〇一一年版，28—29页)。在说出这一必然性和必要性后，问题的关键还在于，恶为什么总是率先吸引着我们。

论及人性就必然会联系到道德伦理以及欲望。在柏拉图那里，这个欲望被称作爱欲。事实上，欲望与道德关系非常近，这是人性的基因所决定的。一个不能忽视的事实是，道德在某种意义上是中性的，自我或说个体感觉问心无愧时，道德无疑是高尚的，但是这个高尚又是与邪恶非常暧昧的，甚至只有一步之遥。历史上以善之名行恶之事的事例不胜枚举。道德的中性还表现在善的脆弱、无助甚至不确定性上。一个人的善举或说其道德的高尚并不能保证其人生和事业的一帆风顺,"善有善报恶有恶报"只不过是一种具有宗教情怀的祈愿。日常生活中,好人不长寿、恶人活百年的例子也比比皆是。善的脆弱性与恶的坚硬性(其实恶也是脆弱的,只是相对而言,恶的脆弱不被人同情而已)在紧张中让我们不得不发出这样呼天抢地的疑问:"君子亦有穷乎?"这从孔子的学生子路那里就开始怀疑人生和上天(公道)了。为此,就有必要追问:"面对脆弱:我们还能善始善终吗?"(张宝明:《面对脆弱:我们还能善始善终吗?》,《读书》二〇二一年第三期)应该说,这个善的脆弱与爱欲息息相关、共存共生。不过,我们还要进一步寻绎《遇到》中没有给出答案的问题:善良的初心为何就在不知不觉中滑向了邪恶之道。

没有深度的思考者,是很难走进马克·里拉的法眼的。我们知道,成为第三帝国顾问的腕式人物远不止马丁·海德格尔一个人,施密特、恩斯特·荣格等人就同在此列。这不禁让我们想起"五四"前夕从共和走向帝制这一幕时以严复、刘师培为首的"筹安会六君子"。无独有偶,不只是同流合污,更是助纣为虐。这一思想史上的中西对应难道只是偶然的巧合?冥冥之中的耦合其实蕴藏着人类命运共同的基因或说遗传的种子。

在《遇到》中不难看出,作者强调的心灵(mind)史意义上的意欲和企图。马克·里拉援引柏拉图对这种爱欲的阐释作为支持意识:有的人只是体验到肉体欲望的膨胀与伸展,而另一部分人则更加深刻地体验到灵魂伸展的欲望,对美与善的渴望让他们成为哲学家、诗人、艺术家或者城邦的治理者。"人皆有孕在身,在身体和灵魂两个层面。"(196 页)这一形象的隐喻来自《会饮篇》:正是这一内化并深藏于心灵之中的爱欲(eros),如同一团火焰燃烧于体内,将灵魂深处的欲望激活并由此迸发成或哲学(诗人)或政治的奇理斯玛型人物。从柏拉图到瓦尔特·本雅明、米歇尔·福柯等一系列可圈可点的人物概莫能外。

在任其发展的两条路径中，最后还有更为不可逆转的现象：政治总是对学术有着无可化解的自然引力。马克·里拉将这一精神现象概括为一个具有规律性的逻辑统绪"灵魂"—"延伸"—"归依"。这个归依虽然不是九九归一，但却是具有守恒意义的典型归属。在哲学家那里，似乎政治的挥发乃是其最终的港湾。

从孔老夫子志于"道"的老路来看，不难寻觅到这一轨迹。他周游列国十四年，生命不息、布道不止，以坎坷的心路历程告诉后人："学成文武艺，货与帝王家"从来都是知识分子的最大诉求和心志。从"哲学王"摇身一变为"帝王师"在他们心中才是真正的华丽转身与衣锦归途。这从积极方面说是"事功"，从消极方面说往往会让知识分子感到汗颜。当海德格尔背负着纳粹校长的可耻烙印重返教席之际，他的同事一句"君从叙拉古来？"的问候就已经将大师的斯文扫门出地。

的确，现象是存在着，而且中外皆然："二十世纪的事件仅仅是以极端的方式展现了知识分子亲暴政思想，其根源在不那么极端的政治情境下也并没有消失,因为它们原本是我们灵魂的一部分。"（203页）具体一点，亲政思想是我们灵魂深处的卧底，而亲暴（政）思想则是被情势、专权乃至乌合裹挟下的无奈从众心理在作祟，无论是和平情境还是"极端情境"都有可能随时发生。由此，在只见底色而不见亮色的文本下，这是知识分子在劫难逃的宿命吗？

揭开这种潜伏于知识分子的心灵的谜底一直都是学界原命题之一。

一九一七与一九一九年，马克斯·韦伯分别发表了"学术作为志业"和"政治作为志业"两篇充满真知灼见的演讲。这就是后来家喻户晓的《学术与政治》。在某种意义上，这是他人生"志业"的缩影和自道，更是对"学术"与"政治"之分礼的一次阐释。对学术与政治紧张关系的化解这一方式，不禁让人回想并追溯到德国另一位思想先哲卡尔·马克思那句出自《关于费尔巴哈提纲》的警句："哲学家们只是用不同的方式解释世界，而问题在于改变世界。"的确，如同我们看到的那样，哲学家与政治家的紧张从来都是思想史不可回避的命题。

究竟哲学家或说学富五车的思想者在"政治"面何以自持，这成了一个不折不扣的大问题，同时也有政治家在"学理"面前的拣择与尺度的问题。应该说无论是思想家还是政治家，角色一旦定位就不能随随便便越过"雷池"，马失前蹄的例子在中外历史上都不乏其人。孙中山以现代的革命意识塑造"思想—信仰—行动"的模式，以批判的武器压过了武器的批判，并欲以此理想化地引领中国历史前行。这种政治家的天真结果只能换来"孙大炮"的绰号结束。政治家需要面对现实，从事实际的工作。那么，政客或说政治家需要不需要适合自己的理论呢？回答是肯定的。从辛亥到"五四"，从南北议和到南北和议，袁世凯的地位和角色一直在变，但作为政客的角色却始终如一。他作为中华民国的首脑，只在名义上是"总统"，而骨子里还是"皇帝"，问题岂不就是出在了理论的"死"脑筋上？结果他也只能以为政不仁终结。看来，在学术与政治或说理论与实践的关系上，都存在着难以避开的险滩和误区。这也就是我们所说的百思不得其解的无穷困惑。为学不仁与为政不仁都是在陷入泥淖和沼泽的情形中发生的。

我没有细致考察李大钊那篇 九 七年连载于《甲寅》日刊上的《政论家与政治家》的写作原委，但是文中对学术中人与政治中人的勘定很给力："以余言之，政论家宜高揭其理想，政治家宜近据乎事实；政论家主于言，政治家主于行。政论家之权威，在以理之力摧法之力，而以辟其新机；政治家之权威，在以法之力融理之力，而以善其现状。政论家之眼光，多注于将来；政治家之眼光，多注于现在。政论家之主义，多重乎进步；政治家之主义，多重乎秩序。政论家之责任，在常于现代之国民思想，悬一高远之理想，而即本以指导其国民，使政治之空气，息息流通于崭新理想之域，以排除其沉滞之质；政治家之责任，在常准现代之政治实况，立一适切之政策，而好因之以实施于政治，使国民之理想，渐渐显著于实际政象之中，以顺应其活泼之机。故为政论家者，虽然旨树义超乎事实不为过；而为政治家者，则非准情察实酌乎学理莫为功。世有厚责政论家，也驰于渺远之理想，空倡难行之玄论，而曲谅政治家以制于一时之政象难施久远之长图者，殆两失之矣。"（《李大钊文集》上册，人民出版社一九八四年版，322页）原来，无论是孙中山之"难行之玄论"还是袁世凯之"非准情察实酌乎学理"都可能"两失"。这一进退失据的尴尬或说两难正是思想史的真问题。

回到我们的本题，在大是大非面前究竟何去何从有点让人力不从心。回到元典那里，无论是柏拉图还是孔子都曾劝谕我们：有文化的人类应该过上一种有节制的生活。唯其如此，人类才是文明的。"君从叙拉古来？"的典故出自柏拉图，也在佐证着周游列国而郁郁不得志的孔老夫子。

公元前三六八年，柏拉图禁不住诱惑和好奇，决定前往西西里那个被描绘成"幸福被看作一天吃两顿饱饭，晚上从不一个人睡觉"的地方看个究竟："年轻人能懂得节制和公正吗？"正是要布施其"节制"和"公正"之道，他去了这个具有挑战性和冒险性的陌生之地。这个哲学王和孔老夫子一样，是带着君临的心态去教化"帝王"的。然而，从当"帝王师"说活"应帝王"的梦想一再被打破，落得个灰头土脸、斯文扫地的尴尬与窘迫，而且差点为此丢掉了性命。无论是老戴奥尼素还是小戴奥尼素都不会真心喜欢充满正义的哲学教案。在中国，公元前四九七年左右的那位"志于道"的孔老师无论是在鲁国、卫国、陈国还是齐国都难以找到他的下家，谆谆教导背后留下的都是一把把辛酸泪。"君子固穷"乃是孔子人生智慧的集大成，也是道行天下的根本写照。说到底，知识分子做"哲学王"不是某一国家或地区的特权或说专利。孔子年复一年地周游施道、孟子一天到晚津津向梁惠王乐道，无不展示着普天下知识分子这一耿耿于怀的"带货"情结。儒家传人王阳明念念有词之"破心中贼难"可谓一语道破天机，这个"贼"也就是欲望之贼、念想之欲。

毋庸讳言，劝谕人类节制乃文化的应有之义。关于节制，除了各司其职的"志业"意识外，还有一个根本的立身法则——"志于道"。米沃什说："我不想成为上帝或英雄。只想成为一棵树，为岁月而生长，不伤害任何人。"（[波兰]切斯瓦夫·米沃什：《被禁锢的头脑》，乌兰、易丽君译，广西师范大学出版社二〇一三年版）树与树可以在不伤害他者的前提下以自己的优秀而挺拔于自然界，而人与人则很难如此幸运。"穷"还有可能（独善），而一旦"达"起来，兼济不兼济天下不说，就连基本的善（恶）都很难自持。人在社会中扮演着多重角色，这种身兼数职的不断切换最后在诸多诱惑下会使人很难区分哪个是真正的自己，哪个又是他本应扮演的角色，最后即使最为深刻而丰富的心灵也会发生致命的人格裂变。

按照《遇到》的解读，如果说知识分子——而且是具有深刻思想和崇高心灵的知识分子——都有这样的通病，那么即使我们走进并检视（look）了他们的"within"（内心世界）也还是一如既往地存在。

独善和中正是我们为自己设定的老套路了。当然，恪守而归是一种必要的理想化设定。毕竟，人文是节制的代名词。这在中外人文主义学者那里都能找到经典的论述。尤其在中国这样一个人文传统见长的国度，除却孔老夫子的教诲，孟子、王阳明、二程、朱熹等儒家的传人无不有词振振。王阳明的名言"破山中贼易，破心中贼难"可谓道破天机。山贼是有形的存在，最终可以仰仗智力与武力解决，但心中这个无形的贼就不是那么容易根除。焦虑、欲望、犹豫乃是心头之贼，正可谓："人人自有定盘针，万化根源总在心。""定盘针"究竟在哪里？这是人类有史以来都在寻觅的密钥。的确，找到培养负责的心灵或说灵魂无疑比登天难得多。当然，从道德自律是营造人类文明的必要元素，但只有这些还远远不够。

知识分子，希望成为"有用之人"，这是他们的宿命，一旦成为有用之人将是他们莫大的荣幸。这是《遇到》中看到的，也是在中国屡见不鲜的史实。如果在中国有庄子作为"刹车"的制动器立此存照，那么作为以梭罗为代表的西方公民不服从传统也无一例外地映照了这一框架。究竟是"用"还是"不用"，这一命题的两难一直撕裂着知识分子的内心世界，颇似莎士比亚戏剧中那句"To be or not to be"的拷问与折磨。很多时候，我在想，鲁迅对"娜拉"出走问题的两种出路就一定准确吗？难道再也没有选择了吗？这样非此即彼的走投无路不是太残酷了吗？事实上，叙拉古之惑给我带来的更多思考在于：要么"堕落"，在"穆尔提-丙"药丸的麻醉下同流合污，要么在不合作的愤懑中"回来"（《被禁锢的头脑》，14页）。当然这个无果而终的回来有时还可能为此付出生命的代价。也许，用与不用之外还有一个人文尺度：那就是节制、中正、规约的"中庸之道"可以作为支援。

对这样一个几成宿命的命题，无论是天人合一的中国还是天人分礼的西方，无论是"内圣外王"的同途还是恺撒和上帝的殊归，都不过是理想化的天真设计。以"素王"无疾而终的孔子与以哲学王诉求告老还乡的柏拉图都没有摆脱这一善的脆弱。要知道，文人不一定人文。知识分子作为人文精神代表之"靠不住"，在马克·里拉笔下六位典型的文化人身上得到有力的佐证。以知识为基础，极力延伸自己的智慧与正义观念，这是一种文化人的本能诉求。作为载体的人，知识越多不一定越不反动。关键在于学以成人（仁），而不能为学不仁。

人文精神，很大程度上是仁文理想与至善境界。然而，人不能总是生活在理想和境界中。"篱笆好邻居好"给人类自我的良性成长勘定了土壤和边界。当今天我们讲这文明那文化的时候，最需要的还是法治文化的土壤与法治世界的文明，这里不是同情与理解的问题，而是要跳出来，让人文成为构建法治文明的强大基石。就此而言，马克·里拉为我们找到了知识分子的软肋和痛点，面对这一思想史上细思极恐的"发现"，更需要刨根问底：今天的你我是否在重复昨天的故事？

（《当知识分子遇到政治》，［美］马克·里拉著，邓晓菁、王笑红译，中信出版社二〇一四年版）

读书短札

左宗棠佚诗

李建江

钱仲联先生《清诗纪事·道光朝卷》据陈融《颙园诗话》著录左宗棠《送殷谱经致仕南归》诗句："岁晏曰归归未得，湘村付与老农官。余四十年前自号湘上农人。""掀髯一笑输公健，植杖莺湖到旧庐。"（凤凰出版社二〇〇四年版，2434页）按《清诗纪事》所录文字有误，"老农官"，《颙园诗话》原作"老农居"（《青鹤》一九三五年第四卷第三期）。一字之讹，《清诗纪事》遂将四句判归两首诗，实则本七言绝句一章，押六鱼韵。此诗《左宗棠全集》（岳麓书社二〇一四年版）不载，当为佚诗。《颙园诗话》所拟诗题不确。全诗原见清代殷兆镛《齐庄中正堂集诗钞》卷首所辑诸家题画诗（清光绪五年刻本），其中《题烟波钓庐读书图》共六首，第六首即左宗棠此诗，前五首作者分别为奕䜣、奕谟、张凯嵩和日本使臣竹添光鸿、田边太一。陈融之所以拟题失误，笔者推断或因左诗之后即为费延厘《送谱经夫子致政南旋》之故。奕谟题诗中有句云："触拨岂徒陈迹感，后生华发已如斯。"下注："作图越七年，而余始生。"奕䜣生于道光二十年（一八四〇），则殷兆镛之图当作于道光十三年（一八三三）。

江晓原、穆蕴秋

科学"神刊"是怎样办成的
——*Nature* 审稿、发稿、撤稿的故事

英国 *Nature*（《自然》）杂志最初由赫胥黎（T. H. Huxley）等人创办于一八六九年，原是一份典型的科普杂志，后来也开始刊登学术论文，因在二十世纪七十年代敏锐抓住了影响因子游戏的重大机遇，得以快速跻身于世界著名科学期刊之列，既享有"国际顶级科学期刊"盛誉，又能轻松挣钱，确实已臻全球期刊梦寐以求的"神刊"境界。

Nature 既有"神刊"之目，遂在中国学术界造成一个严重后果，即我们已习惯于将自己对理想学术期刊的完美想象，投射到 *Nature* 这样的"神刊"上去。例如，我们以为"神刊"一定是审稿既严格又公正，却不知"神刊"可以不理会审稿意见，甚至可以不审稿；我们以为"神刊"一定会以自身声誉为发表的文章背书，却不知"神刊"根本不认同这样的理念……

"臭名昭著"论文始末

将自己杂志发表的论文称为"臭名昭著"（notoriously），语出 *Nature* 前主编坎贝尔（P. Campbell）。他在《〈自然〉百年科学经典》前言中，谈到 *Nature* 曾经发表过几篇"不仅仅是错误的，而且简直算得上是臭名昭著"的论文。

一九八八年六月三十日，*Nature* 发表了法国国家健康与医学

研究院免疫药理学与过敏反应研究组题为"高度稀释的抗lgE抗血清引发人嗜碱性粒细胞脱颗粒"的论文，免疫学家邦弗尼斯特（J. Benveniste）领导的团队在论文中宣称，他们在实验中发现了惊人的现象：即使在抗体被稀释到其分子已不存在于溶液中的地步（每次浓度稀释为上次的十分之一，连续进行一百二十次），仍可引发免疫应答（具有生物学活性），也就是说，水具有记忆功能！此文后来就被称为"水的记忆"，成为 Nature 历史上最著名的争议论文。

这个超出常识的发现，其意义在于，此文虽未提及在医疗上的实际应用，却可能为一种长期以来非常有争议的非主流医疗方法"顺势疗法"提供实验依据。顺势疗法的基本原理，是让患者摄入某种高度稀释并经过震荡的烈性物质（如汞或锌这类有毒物质），以毒攻毒，达到治疗目的。传统医学界一直认为顺势疗法缺乏理论基础，若"水的记忆"能够成立，那就证明顺势疗法至少获得了实验基础。故论文一发表，立刻引发高度关注和争议。

同年七月二十八日，Nature 时任主编马多克斯亲自下场，在 Nature 刊登他自己领衔署名的文章《高倍稀释实验的错觉》，公布了马多克斯按事先约定带领一个调查小组进入邦弗尼斯特实验室调查的结论："一个 Nature 杂志调查小组认为，邦弗尼斯特博士和他的同事们在他们的著名论文中提出的观点缺乏可靠证据。"

主编亲自撰文，直接推翻自己杂志上个月刚刚刊登的著名论文的结论，无疑是极为罕见的举动。更出人意表的是，在同一期杂志上，还刊登了邦弗尼斯特的回应文章，他当然不接受调查小组对实验的否定结论。

随后双方开启激烈骂战，邦弗尼斯特怒斥马多克斯把实验室团队"设计进陷阱中"，指控马多克斯的调查组是"一群缺乏基本科学实验素养的业余人士"，他们"自行篡改实验程序，严重歪曲事实"，说他们是抱有阴暗动机的"猎巫者""科学麦卡锡主义者"，告诫同行"永远不要让这群人进入实验室"。马多克斯则宣称邦弗尼斯特的实验室"习惯性作弊","对取样错误视而不见","自比伽利略","妄图通过在世界顶级科学期刊上发表论文为不可靠的科学成果获取背书"……

科学"神刊"上一篇"神文",竟然搞得如此一地鸡毛,中国读者也许会感觉科学形象大受损害,暗兴"成何体统"之叹。但是如果我们知道了 *Nature* 和马多克斯背后的惊人操作,那就更不知要做何感想了。

Nature 的惊人操作

一九八八年发表的"水的记忆"文末附有一小节"编辑的保留",表示"这种活性不具备物理基础。在与邦弗尼斯特教授友好沟通之后,*Nature* 已经安排独立的调查员前去观察实验重复。调查报告将于近期公布"。笔者依据更多相关文献,还原出如下过程梗概:

原来这篇论文一九八六年就已经投给了 *Nature*,审稿已持续了两年之久,反馈了审稿意见的三位审稿人一致认为"实验一定在某个环节出了问题",这等于直接否定了论文所报告的实验现象的真实性。

按照国内学术界对"国际顶级科学期刊"的投射想象,这样一篇被三个审稿人一致否定的论文,应该肯定无法在 *Nature* 上发表,然而它居然发表了。

更惊人的内幕是,马多克斯和邦弗尼斯特事先达成了这样的协议——*Nature* 先发表这篇论文,然后派出调查小组前往邦弗尼斯特的实验室进行调查。

调查小组(即"编辑的保留"中所说的"独立的调查员")是哪些人呢?马多克斯在"高倍稀释实验的错觉"一文中交代了,由如下三人组成:专业魔术师兰迪(J. Randi)、马里兰贝赛斯达公司国家健康学会的科学家斯图尔特(W. Stewart)、*Nature* 主编马多克斯本人(他在文章中将自己描述为"一位具有理论物理学背景的记者")。这个三人调查小组的成员资格后来备受争议。

为什么要请专业魔术师参加科学调查？马多克斯在文章中解释说："邀请他的初衷是希望他能够发现这个著名的实验结果中是否含有某种欺骗性的成分。"这一举动表明，马多克斯在调查之前就已怀疑邦弗尼斯特实验室的科学严肃性。调查小组中出现这样的人选，岂非对邦弗尼斯特研究团队尊严的侮辱？

那么这个具有侮辱性的调查小组成员名单，邦弗尼斯特事先知不知道？他是知道的，但他选择了隐忍。在接受法国媒体采访时他表示"我需要一个没有争议的国际期刊来发表这篇论文"——这其实就是马多克斯后来在骂战中说的"妄图通过在世界顶级科学期刊上发表论文为不可靠的科学成果获取背书"。邦弗尼斯特为了让论文在神刊上顺利发表，避免节外生枝，对这个名单没有提出异议。但后来的事实证明，他对马多克斯的行事风格和手段下限缺乏足够的想象。

这里有一个严重问题：按照国内学术界对"国际顶级科学期刊"的投射想象，马多克斯既然已经决定派出调查小组前往调查，那肯定应该等调查结论出来之后，再决定论文是否发表；而结论既然认为实验无法成立，论文当然就不应发表了。然而马多克斯竟然先发表后调查，这是什么态度？什么用心？

事实上，马多克斯在此事上的做法，连他的 *Nature* 同事们也无法接受，为此曾在杂志内部引发严重争议。"水的记忆"作为正式的学术论文，按理应刊登在 *Nature* 的"论文"专栏，但据后来成为 *Nature* 编辑的温茨（C. Wenz）透露，因为杂志编辑没有一个人愿意将此文刊登在自己负责的栏目中，马多克斯不得不动用主编权力，另设一个"科学专栏"，单独发表此文。

Nature 杂志不审稿的著名例证

也许有人会问：仅仅一篇"水的记忆"就能说明全部问题吗？好吧，如果不能，就让我们来看更多的例证。

据前所述，"水的记忆"是三人审稿一致否定而主编仍决定发表，但这并非 *Nature* 历史上的孤立事件。例如一九九〇年，英国著名天文学家霍伊尔（F. Hoyle）与同事在 *Nature* 上发表了一篇反对大爆炸宇宙理论的论文。马多克斯在同期的社论中专门说明，该论文未获得审稿人的赞同意见，但考虑到它足以引起读者的注意和兴趣，所以仍决定发表。

其实 *Nature* 还有更出人意表的做法：一些论文发表完全不经审稿！其中包括大名鼎鼎的科学家和后来成为超级经典的科学论文。

马多克斯曾两度担任 *Nature* 主编，他自己在 *Nature* 上撰文告诉读者，在他的第一任期间（一九六六至一九七三年），有两位作者的论文他从不送审，一位是古人类学权威利基（L. Leakey），另一位就是著名天文学家霍伊尔。

一九七一年利基曾要求撤回一篇投给 *Nature* 的论文，想进一步研究有关的古生物化石后再做定论，该文首次披露了"人类起源于非洲"的重要考古证据。马多克斯制止了利基的撤稿要求，并在不审稿的情形下将论文发表，该文后来成为古人类学领域的经典。

一九七七年霍伊尔在一篇论文中提出"地球生命源于星际细菌"，马多克斯决定不审稿即将其发表，理由是"评议专家无法有效判定这个假说是否合理"。

Nature 论文不审稿就发表的先例，至少在马多克斯的上一任主编布林布尔（L. J. F. Brimble）任内就已有著名案例——一九五三年沃森（J. D. Watson）和克里克（F. H. C. Crick）大名鼎鼎的DNA双螺旋模型论文《脱氧核糖核酸的结构》就是以不审稿的方式发表的。

这篇短文（只有两页）被称为"可能是 *Nature* 有史以来发表的

最著名的文章",也是 Nature 几任主编在各种场合引以为傲的文章。马多克斯多次在 Nature 上撰文谈及此事,为布林布尔的做法找出种种理由:

比如一九八九年马多克斯表示:"(双螺旋论文)四月二日收稿,四月二十五日发表,不可能有充裕的时间让专家审稿和评议。"一九九五年他又认为,该文只是设想,"和实验数据也只是大致相符……这种表述很难让审稿专家满意"。二〇〇三年他在回应读者追问双螺旋论文没有送审的来信中,又给出不审稿的两条理由:第一,同领域专家一旦看到论文中的双螺旋模型,谁能保证能完全保守秘密?第二,投稿由卡文迪许实验室主任布拉格(L. Bragg,一九一五年诺贝尔物理学奖得主)推荐,就等于已获最权威的审稿意见。

显然,马多克斯对 Nature 不审稿就发表经典论文相当自豪,至于他谈及同行评议保守秘密的困难,事实上 Nature 审稿历史上的确发生过评议专家剽窃论文数据引发官司的事件。不审稿而刊登了经典论文,倒也不是赌博押注押对了而已,这后面有更深的背景。

Nature 杂志引以为傲的传统

这里我们必须对"审稿"这个概念进行澄清。在国内学术界,特别是科技期刊领域,通常"审稿"都意味着,审稿人给出的审稿意见,对于稿件是否发表,具有决定性作用。这是因为,在中国国内,我们普遍认为,设立由相关领域资深学者组成的编委会,并实行同行评议(即请杂志编辑部之外的学术同行进行匿名审稿),是科学期刊作为"学术公器"的两项标准配置。所以一篇文章是否发表,既不是主编也不是编辑部的什么人说了算,而是由编委会经过集体讨论后正式决定。在这种讨论中,审稿专家的意见通常都具有决定性作用。

然而,对于 Nature 来说,"审稿"具有完全不同的含义。

首先,Nature 的审稿并非通常意义上的同行评议,而只是必要时的"业务外包"——审稿人的意见仅供杂志参考，并不能决定稿件刊登与否。在二〇一〇年的一篇社论中，Nature 针对"杂志审稿出现一个负面评议就毙稿"的误解回应说："恰恰相反，去年有好几篇论文，尽管所有审稿人都表示不适宜发表，但 Nature 评估后还是发表了它们。"

其次，决定稿件刊登与否的，既不是审稿人，也不是编委会——Nature 在无数场合（杂志官网、社论、主编文章、主编接受媒体访谈等等）反复强调：Nature 以及它旗下的所有杂志从来不设编委会。例如坎贝尔二〇一四年五月访华，接受果壳网采访时明确表示："我们从不设编委会，……我们的编辑一直是选定文章和做最终决定的人，他们花费大量时间拜访实验室、阅读论文，掌握学科发展的最新情况。自然集团的所有期刊都这样。"

事实上，不设编委会，不搞通常意义上的同行评议，是 Nature 引以为傲的传统，Nature 强调自己是独立杂志，不从属于任何学会或学术机构。在 Nature 官网上的"编辑标准和程序"中就有这样一段话：

> 杂志没有由高级科学家组成的编委会，也不附属于任何学会和学术机构，因此它的决定是独立做出的，不受制于任何单独个体持有的科学或国家偏见。什么样的论文能吸引读者广泛关注，由 Nature 的编辑而不是审稿人来做出判断。

所以在 Nature 决定稿件是否刊登的，是编辑部，最终是主编。

马多克斯在一九六九年的 Nature 社论中曾谈过这个问题：因为衡量论文的科学价值并不存在唯一标准，期刊编辑取舍稿件必须进行"主观审定"——就是编辑握有稿件的生杀大权。而国内绝大部分学术期刊，编辑主要扮演服务者的角色，负责收稿、初选、送审、编辑稿件等相关事宜，完全没有 Nature 的那种权力。

那么 Nature 取舍稿件的依据是什么？

马多克斯在社论中提供了非常明确的答案——读者兴趣是至高无上的原则："文章是用来读的，作为一般原则，科学论文也不例外。如果作者兴趣和读者兴趣发生冲突，读者兴趣决定期刊政策。"

所谓"读者兴趣"，说到底其实就是"编辑兴趣"——由编辑来判断读者究竟对什么文章感兴趣，而判断的结果往往带有很大的主观性。马多克斯对此不仅直言无隐，而且提供了相当合理的引申：第一，文章发不发表，并不意味着对文章的优劣判断，只是一种"主观旨趣"的表达，退稿并不等于否定稿件。第二，论文不发表，未必是负面审稿意见所致。所以 Nature 一般情况下并不向作者返回审稿意见。

秉持这样的理念，当然也就会对撤稿（杂志撤稿或作者撤稿）持非常淡然的态度，因为发表文章并不意味着杂志对文章内容和结论的背书，所以撤稿也就无须被视为杂志工作的失误。事实上 Nature、Science（《科学》）等科学"神刊"都曾多次撤稿，甚至批量撤稿，撤稿对这些"神刊"来说完全不是问题，客观上对它们的声誉也没什么伤害。

像 Nature 这样公然宣称文章发表与否只是编辑考虑读者兴趣后的"主观旨趣"，在学术刊物中不仅极为罕见，而且极为大胆。因为对大多数科学期刊而言，发表稿件首要强调的当然是学术性，至于文章是否吸引读者，那通常只能是偷偷考虑的事情。

英国皇家学会科学信息委员会一九七五年曾提出一套学术评议规则的建议指导原则，其中编辑联系审稿专家、评议过程保密、发表与否取决于审稿意见，后来成为大部分学术杂志的办刊共识。但 Nature 却立场鲜明地表示：科学期刊无须奉行统一的执业标准。Nature 只愿意按照自己认为有利的方式办刊，就是最大限度地确保期刊自主权利不受限制和挑战，而对皇家学会的倡议不加理会：

> 支持者说，统一执业标准为杂志留下了自由把握限度的空间。与其这样，那我们不如直接遵从另一个方针——完全

忽略掉这个指导原则。从民意调查结果来看，很多编辑无意遵从，也没打算按这个标准行事。

Nature 杂志的这种办刊理念，多年实践证明成效卓著——最有力的证明就是它如今的神刊地位，所以这一办刊理念一直被 Nature 秉持至今。

从近期一次撤稿看中国科学界对神刊的误解

二〇二〇年三月十二日，Nature 发表了题为《缅甸白垩纪蜂鸟大小的恐龙》的封面文章，领衔署名者是中国地质大学（北京）某副教授。不料从次日就开始出现大量争议，认为论文的结论——发现了史上最小恐龙——是荒谬的。

国内许多仍习惯于对西方科学神刊进行理想投射的古生物界人士，对 Nature 刊登此文表示了强烈的质疑、不解和义愤。他们无法理解，一本"国际顶级科学期刊"为什么会刊登这样一篇结论明显荒谬的文章——因为在中国学者的固有认知中，普遍认为杂志发表某篇文章当然就意味着杂志以它自身的声誉为该文做了背书。

稍后《中国科学报》就此事对笔者做了专访（发表于同年三月二十六日科学网公号和四月九日《中国科学报》），笔者简要解释了 Nature 的办刊理念和常见手法，发表某篇文章绝不意味着杂志以自身声誉为该文背书，而只是杂志认为读者会感兴趣而已，所以发表这样一篇文章是太正常不过了。

记得当时《中国科学报》记者还问我，该文有没有撤稿的可能？我向她表示，当然有这种可能，但即使作者自己要求撤稿，Nature 此刻也未必会同意。对于我的这个判断，记者当时将信将疑。但数日后她打电话告诉我，真的发生了我预言的情况：该文通讯作者联系 Nature 表示希望撤稿，然而"杂志编辑认为无须撤稿，因为毕竟科学界经常犯错"。她问道：为什么您居然能预先估计到这样的情形？我说很简单，因为还没炒作够呢。

四个多月后，这场小小风波最终以该文于当年七月二十二日正式撤稿宣告结束，论文作者的学术声誉无疑已大受伤害。古生物界确认"发现史上最小恐龙"是子虚乌有，当初的各种质疑和义愤也都渐归沉寂。

只不过，一两次学术小圈子里的小众风波，并不会立刻从根本上改变人们心目中对"神刊"的旧有认知，愿意将自己对理想科学期刊的想象投射到西方"神刊"上的人，仍会自觉或不自觉地继续这种投射。

尾声和教训

在上面的故事中，几家欢乐几家愁，我们简单看一下各家状况：

Nature 当然一直是赢家，如今全球九千多种 SCI 杂志中，长年盘踞影响因子前二十名的神刊中，*Nature* 及其旗下子刊独占一半。

在"水的记忆"事件中，*Nature* 先发表论文后调查真伪的惊人操作，虽然在 *Nature* 一贯秉持的办刊理念中情有可原，但时任主编马多克斯这样处心积虑实施炒作，还是突破了办刊手法中通常的下限，所以连他当时的同事们都无法接受。但从实际效果来看，事件引发的剧烈争议持续数月，为 *Nature* 赚了大把"流量"，对提升影响因子绝对有正面贡献。几任主编事后谈及此事也都不以为耻，甚至可以坦然自嘲"臭名昭著"。

最悲催的是邦弗尼斯特，他费尽心思让论文发表在 *Nature* 上，不仅没有获得预期的背书效果，反而成为他事业的灾难。马多克斯的调查报告对邦弗尼斯特的学术声誉造成了巨大伤害，先是他的研究资助被切断，后来他被迫离开学术界，只能自筹经费继续搞与"水的记忆"相关的研究，二〇〇四年黯然离世。

至于水到底有没有邦弗尼斯特所说的"记忆"，却长期没有定论。

围绕"水的记忆"争论双方针锋相对,一方以顺势疗法领域人士为主,相信这一实验现象完全可能发生;另一方则持全盘否定意见,认为实验现象违反基本生物化学规律,"论文数据是捏造的"。有关争论至今没有停息,英国和荷兰的研究小组一九九二年、一九九三年先后发布复原实验失败的消息;而一些大牌科学家,如物理学诺奖获得者约瑟夫森(B. Josephson)、生理及医学诺奖获得者蒙塔尼耶(L. Montagnier)等,则一直相信"水的记忆"实验结论是成立的。

"水的记忆"事件给世人提供了多方面的教训,除了可以借此从一个侧面了解科学"神刊"是怎样办成的,给笔者印象特别深刻的是:"神刊"高踞神坛,而神坛需要祭品!

邦弗尼斯特迷信"神刊",不惜参与"大神"精心策划的"神刊"游戏,结果未见其利,先受其害,让自己成了祭品。"史上最小恐龙"风波中,论文作者也成了祭品。

更让人感叹的是,这些祭品都是芸芸众生自己送上门去的!"神刊"只需端坐神坛,笑看世人纷纷攘攘前来献祭,间或拣选个把合适的祭品享用一番……

梁小民著作两种:

经济学夜话(微观篇) 定价:59.00 元

经济学夜话(宏观篇) 定价:59.00 元

经济学与大众密切相关,但由于其充满了专业词汇,有时令人无法深入理解。"大众经济学家"梁小民,多年致力于经济学的教学与普及,擅长以日常生活中的现象为例,用读者熟悉语言揭示经济学中的原理。"宏观篇"紧跟当下实事,经济学视角看待历史事件;"微观篇"则用生动事例,介绍了经济学基本概念。字里行间都是生活琐事中蕴含的经济学大智慧。在潜移默化中让你参透经济学的奥秘,了解原来经济学这么有意思。

生活·读书·新知三联书店 出版

美国新闻业的"古腾堡时刻"

李思磐

社会事件激起公共讨论，舆论压力带来个案解决和政策调整，其中新闻媒体的角色重要性毋庸置疑。而今天记者们要按照算法的规则来争取流量、背负核查事实的责任，却要与任何一名随时可以即时发布信息的用户竞争时效。奠定职业地位与尊严的新闻规范今天难以为继，还要面对不同目的的信息操控、阴谋论和公众的不信任——这就是今天的新闻从业者面对的巨大的混乱困境。

为此人们会问一个问题：并不古老但有着自己的传统、务实权变又执着于专业规范的新闻业，在产制、传播的工具与环境皆发生极大变化的情况下，到底该守正不阿，还是要顺应时势、革故鼎新？《纽约时报》前任总编辑，哈佛大学资深讲师吉尔·艾布兰森的新书《真相的商人：新闻的商业与捍卫事实的斗争》，就记录了美国新闻界在过去十几年的类似讨论和事件，讲述了四家新闻机构的内幕故事——老牌新闻机构的数字转型以《纽约时报》和《华盛顿邮报》为代表，而新兴的互联网新闻，则以数字媒体 BuzzFeed 和 Vice 的故事来呈现。

人们总是说互联网是印刷术以来最重要的发明，越来越多的人讨论 iPhone 开启的这一"古腾堡时刻"。无论是技术乐观主义还是悲观主义，对于那些仍然认为新闻业对于现代民主社会不可或缺的人来说，讨论未来的新闻业应该是什么样子，过去的十年（中国）或者十五年（美国）是不能略过的一段关键时期。

危机与变局

在新闻业的传统中,新闻在现代民主政治中履行告知公众、引发公共对话的使命。"真相的商人"这个书名,则意味着在履行捍卫真相的公共职能的同时,要为这昂贵的职责找到新的商业支持。商业让真相受到束缚,但当初也正是大众市场的兴旺,让美国报业摆脱党派影响,树立以"客观性"为核心的专业理念,并形成伴随美国霸权的全球扩张而影响全球各地新闻业的"新闻典范"。然而人们接收信息和相互连接的方式转变,让新闻业见证了新入局者的挑战。网络媒体重观点分析而几乎不做事实的收集工作,像《纽约时报》这样的传统新闻机构花数月时间收集甄别的事实,常常被聚合网站洗稿发表。艾布兰森的前任《纽约时报》前执行总编辑比尔·凯勒(Bill Keller)曾经批评《赫芬顿邮报》:"在索马里,这是海盗行为;在媒体界,这却是一种受尊重的商业模式。"

如果说《赫芬顿邮报》在内容构成上,仍然有着老牌媒体类似的精英价值观,那么没有专业包袱的"内容创业者"则颠覆了公共对话的核心。像BuzzFeed,其创始人佩雷蒂(Jonah Peretti)是麻省理工学院媒体实验室的研究生,特长是以实验室的方法对传播进行量化分析。在他们还不知道也并不在乎新闻是什么的时候,就懂得如何生产没有太多意义但是够有趣的病毒式内容(viral content)。他们从在网络上发可爱小猫的图片开始,继而是趣味小测试和列表式的文章,而一条礼服裙到底是白金还是黑蓝,竟然成为网络上辩论不休的热门话题。

最初,搜索引擎决定了新闻的流量,以至于标题由热搜决定,这也决定了"内容"的文体。譬如,《赫芬顿邮报》曾经在一则关于"超级碗"举行时间的网文第一段,将Google搜索可能涉及的关键词搭配全数列出,这自然引得新闻机构大加挞伐。之后则是要利用工具,检测内容在社交分享上的趋势,因此BuzzFeed总是在"大浪来袭之前几分钟开始冲浪"。当搜索引擎起家的谷歌遇到强劲的来自脸书的挑战，数字新闻的逻辑也从搜索引擎驱动转移到社交分享。脸书型塑了新的新闻价值。《时代》杂志甚至要安排编辑跟踪脸书的趋势话题，然后根据相应话题迅速发稿。

以往主流媒体客观和优雅的风格也并非网络时代的主流。Vice，这家从二十世纪九十年代在蒙特利尔创办，而后来到纽约的反文化杂志，同时也是在对女权主义的反挫中出现的"坏男孩文化"的一分子。转向网络之后，其亚文化风格却牢牢抓住了年轻网络原住民求新求酷、不欢迎主流媒体严肃风格、追捧视频，以及广告市场喜欢特色鲜明的分众与视频内容的特点。

然而，在成为"主流媒体"之后，BuzzFeed几乎是不得不开始设置新闻板块。新闻关乎政治，仍然是文化霸权意义上的媒体正统，能给媒体机构带来权威地位；并且，它是流量的另一来源。二〇一一年佩雷蒂请来政客网（Politico）的本·史密斯（Ben Smith）担任新闻总编辑，后者如此描述自己决定为BuzzFeed做新闻的原因："它以网络暗涌作为动力，也带动了潮流，但是无法在表面激起涟漪。要能在表面上被关注，必须报道重大消息。"然而，他们的记者缺少培训，像是政治新闻圈的野蛮人，连私下沟通内容也直接报道。外电报道娱乐化，并不包括重要核心信息和背景，譬如用掐头去尾的电文说外国领导人"升职了"。

当Vice媒体开始专门开辟新闻板块的时候，与传统政治新闻强调的超然与权威拉开距离，因为这对于年轻的受众，意味着老套陈腐。报道朝鲜时，他们邀请其领导人喜欢的美国球星一起同行，策划了话题性十足的报道。他们对一些边缘发展中国家和冲突地带的报道是猎奇式的，常常被资深的特派记者批评；而且在说不清楚是报道还是游记的纪录片中，出镜记者随随便便说出一些错误的事实判断。

在艾布兰森眼里，这些突然闯进新闻界的资讯乱炖和另类流行网站，缺乏新闻业的制度保证，譬如伦理守则、记者保安规范、事实核查系统和新人培训等等。但专业人士的看法不是"用户体验"。网络媒体遵循用户体验优化的"产品思维"，时时刻刻在进行用户体验的测量：点击测量，对不同版本的标题进行 A/B 测试，以获取流量最大化。科技创业公司的术语，譬如"创新""内容"和"黏性"从此成为新闻编辑室的新行话。如佩雷蒂所言："像做研发一样去创作内容。"情感与情绪是社交平台病毒式传播的最大动力，至于内容的意义为何，有何目的，并不重要。重点是热搜疯传，"快速塞满一般人的想象力，排挤掉其他更有价值的对话"。热门榜和内容表现的量化指数，取代了编辑基于新闻价值的"筛选与排序"。

既往新闻与娱乐的界限不复存在，文章的版面位置和结构昭示的信息不复存在，编辑与读者之间的沟通主要通过钓鱼式的标题——这消解了新闻的严肃性，因为标题中设置的悬念和若有若无承诺的信息，文章中却付诸阙如，几乎是一种欺诈。更不要说新闻机构强调的文责自负，如实署名。当然，准确性也不再重要，新媒体产品可以不断迭代，"永远都能在上面画上一层又一层"。

防火墙拆毁

BuzzFeed 开发了一套工具，帮助广告商触达他们最想要的特征用户人群，承诺为广告商定制化地创造原生广告内容。原生广告与编辑部生产的内容风格一致并有着类似的主题，也有着同样的社交传播潜力。这就模糊了报业旧有的经营部与编辑部之间的防火墙，传统上被称为"教会与国家"的政教分离一般确定的、用以保证新闻业正直的原则。也正是从这里开始，艾布兰森警觉到互联网带来的对新闻业道德基础的腐蚀。

新的竞争者也带来了新的劳动雇用形态。内容农场式的操作，入行门槛极低，不需要专业技能和伦理的训练。他们提供的劳动条件也很差，雇用低薪和没有经验的年轻人成为常态。被雇用者频繁更换工作也让新闻劳动短工化。《赫芬顿邮报》二〇一一年被"美国在线"天价收购，却只需要给几乎没有什么工作经验的网站编辑开极低的薪水，撰稿人免费撰稿，因为他们在这里可以获得人气。在此之前，知名报业的工作等于是终身职业，《纽约时报》新闻编辑室的平均年龄差不多五十岁，许多记者六七十岁还在工作，而报社还要提供给他们体面到近乎奢侈的劳动条件。

艾布兰森说："我认为技术变革不应该席卷道德变革。"可让艾布兰森最受困扰的是，她引以为傲的媒体王国，不得不向这些搅局者学习。新媒体成为媒体投资的热门，而传统媒体不能靠旧日的荣耀生存。《纽约时报》的苏兹伯格和《华盛顿邮报》的格雷厄姆家族以不同的方式处理了新媒体带来的巨大压力。

《纽约时报》负债累累，艾布兰森在这样的环境中成为执行总编辑。要做的很多事情之前都未尝试过：譬如把在脸书上分享报道当作重要工作；在经费压力下削减海外办事处；譬如整合网络编辑和印刷新闻部门。她并不反对报业的网络转型，在她任职总编辑期间，重启的弹性付费墙取得了成功，报纸的数字订阅也翻了一番，《纽约时报》现象级的网络新闻产品"落雪"（Snow Fall）就是在她任上制作的。但财务问题并未解决。商展、大型研讨会是业务部门增加收入的主要方法。新的商务计划，都必须要借用编辑室的公信力，才能有市场吸引力。总之，需要拆掉经营部门与采编部门之间的防火墙。

她明确得到这一建议，是在二〇一四年，时任《纽约时报》大都会编辑的小苏兹伯格（A. G. Sulzberger，也是报纸年轻的继承人）将一份"数字创新报告"交给了她。这份报告带来的后续改革措施，在艾布兰森看来逾越了新闻的规范底线，这最后导致了她突然被去职。《纽约时报》在二〇一四年发布了两个代表转型的作品。全媒体报道《雪崩》引发了"这是否是互联网新闻的未来"的讨论，而配合网飞做的剧集《女子监狱》宣传软文，成为报业的互联网原生广告的典范——这篇文章看起来像是一则关于女性服刑人的议题报道。

《华盛顿邮报》是一个不同的故事。最初，格雷厄姆家族选择了错误的决策方向或者运气不好，譬如在传播全球化的时代，决定将报纸聚焦华盛顿本地；加上早期入股脸书的计划夭折，同时也拒绝了后来的互联网初创新闻机构"政治家"（Politico）的提议，而让对方成为自己在政治新闻方面的对手。终于，《邮报》在移动网络最初的若干年丧失了信心，在二〇一三年出售报业资产。这份遗产具有公共性，最后他们将其转让给数字时代的首富——亚马逊的贝索斯，希望他能够让这份百年大报在互联网时代恢复荣光。新业主带来的技术专注于改进作为"产品"的新闻和用户体验，带来了全新打造、充斥着平板屏幕的数字化编辑总部，新的用户增长渠道，以及"最大的问题是不再进化"的座右铭。与 Kindle 相关的阅读推广，也带来了大量的网络读者。他们也使用测试工具，帮助选择标题、题图和内容提要，以便社交疯传。

一切都关乎受众参与，组织化的生产已经多多少少转向社交时代的个人品牌优先，那些已经是网红或者社交媒体上受众认可的意见领袖的记者，本身就能为报社带来受众，因此更受欢迎。《纽约时报》也开始在社交平台上发布可爱动物的视频，或者脱口秀和名人食谱，还会让用户一起加入编辑的直播选题会。艾布兰森抱怨说，为了流量，连《邮报》都出现了太多钓鱼式的新闻标题。然而，这两家终于在流量上超过了 BuzzFeed，取得了意味深长的胜利。

新一代新闻工作者

艾布兰森希望能够让网络年轻一代从业者接受与理解新闻业的规范，这些规范包括新闻事实核查的责任、公平报道的伦理，超然于外部政治与经济力量的独立自主性。但她忽视了这些规范的形成与维系,与美国报业在过去的一个多世纪,得到大众广告市场的财务支持有关。

数字媒体的初创阶段,不过是重复了市场报业模式在确立之初的历史经验。BuzzFeed 和 Vice 的早期路径,类似美国早期的商业新闻机构,十九世纪的廉价便士报及其产制的"黄色新闻",也许粗鄙不文,但迎合了新的市民群体的好奇心与道德取向。它们发明新的体裁,如犯罪报道,以及采用视觉上引人注目的图形设计变化,赢得了大众的喜爱,支持了报纸的公共服务使命。

上一个世纪之交致力于将新闻业转变为受尊重的专业服务的报业大亨普利策,美国报界最重视的新闻奖项的资助者,如此为他的"黄色新闻"辩护——他坚实的社论,"要对一个国家,而不是一个特别委员会讲话"。他起用年轻貌美而勇敢机敏的女记者耐莉·布莱(Nellie Bly)进行戏剧性的精神病院卧底采访,是一种吸引眼球的商业炒作,但效果是商业和社会效应的双赢——纽约的精神病院系统因此改善。也许是出于对美国日益扩张的全球影响和妇女运动浪潮的敏感,之后他又让布莱进行了一次单身女性的环球旅行。这一事件性的策划案,跟今天 Vice 媒体的海外采访颇有些相似——今天的新闻之争,可能是新闻史本身的内在冲突在新的布景中重演。譬如,娱乐性的"爵士乐新闻"和以揭黑推动改革的"扒粪新闻"在二十年代同样兴盛。而新闻客观性原则在主流媒体中日渐被奉为圭臬的六七十年代,同时也是个人与文学色彩浓重的叙事新闻,包括类似浪人(Ganzo)新闻学这样的文体自成一派的时期。Vice 用类似的体验抓住了年轻读者,正是仿效"浪人"新闻,用同样是去专业化的影像风格、记者的个人化表达和沉浸式的采访体验来进行亚文化报道。

在新的模式下,人们认为,信任和信誉来自与观众的对话而非说教。针对长期以来学界诟病的精英媒体报道领域和议题多样性不够的问题,数字媒体自然地在亚文化、新的世代关注的社会议题上有更出色的表现。正如《新共和》的作者利文斯通（Jo Livingstone）所言，艾布兰森对年轻一代的记者并未能真正理解，尤其是不理解他们跟上一代记者不同的政治理念——"对他人的同情，对性别平等直言不讳的关注，对再现过程中个人和职业利益关系的认识：这些是新的数字新闻的基本原则……"她认为自己在《纽约时报》的政绩是新闻编辑室的(性别与种族)多样性，却对网络记者们的多样性无感。《卫报》评论说，BuzzFeed对性别问题的敏感报道，在艾布兰森看起来也只是为了流量，而没有意识到理念的传播背后是社会结构的变化。

艾布兰森不得不承认，新一代成长于数字时代的记者有他们的专精领域，譬如对于新媒体生态下基于政治目的的信息操控行为，以及对于另类右翼群体，他们更为敏感和反应迅速。BuzzFeed记者克雷格·席弗曼（Craig Silverman）在二〇一六年揭露了选举活动中社交媒体操控行为和跨国网络水军的存在。而Vice的记者艾丽·里夫（Elle Reeve）则出色地报道了一场另类右翼暴力示威行动。

深层矛盾

老媒体进行创新，植入科技基因，理解网络受众，针对广告市场进行调适，得到更好的财务支持；而网络原生的新闻机构也向业内的标杆看齐，通过有意义的社会守望和监督报道争取社会和市场的尊敬。二者都在特朗普当选后自由派的挫折和危机中获得了更大的读者市场。可是，二〇一七年以后，BuzzFeed这样的新兴网络媒体开始跟老牌报业一起经历了数波裁员，被不断削弱的不乏赢得奖项、备受认同而公共性很强的部门，如二〇二二年针对调查性报道、政治、科学、不平等和社会正义报道领域的裁员。当新旧新闻机构相互学习，共同在一个后真相的政治与媒体环境中对抗仇恨言论和阴谋论的时候，事实发掘的工作，仍然未能得到坚实的财务支持。

根据皮尤中心的调查，今天的美国人三分之一在脸书、五分之一在YouTube、约八分之一在推特获得新闻信息。而生产内容的媒体机构仅仅能分得这些平台收入的残羹冷炙。《华尔街日报》记者大卫·乌贝提（David Uberti）指出，如果要讨论谁伤害了新闻，"对数字出版商来说，也许更引人注目的是，包括脸书和YouTube在内的那些将他们推上高峰的平台，其目的不是奖励新闻，而是奖励假新闻、假愤怒，以及最终奖励广告商"。他说："即使是BuzzFeed，凭借其广泛的影响力、创造性的娱乐和世界级的新闻报道，也无法克服由谷歌、脸书和越来越多的广告业务控制的严酷现实。"

二〇一八年底，BuzzFeed的佩雷蒂曾写信给脸书的管理者，认为其推动人们与熟人互动的算法排名，"并没有奖励那些推动有意义的社会互动的内容"，而是不断让愤怒与煽情成为动力，增强信息误导与有害内容的转发。艾布兰森在她十三章中留了一章给脸书。情势的重点也许不是坚持"硬新闻"的教条与否，而是平台的垄断性存在和网络传播环境的过度商业化对公共生活的威胁切实可见。

此外，行业翘楚的经验很难代表更广阔的国土上发生的事情。艾布兰森在末尾草草提及了美国地方报业的衰亡。根据皮尤研究，新闻编辑室的工作在十年内下降了23%。在互联网能够获得海量受众的，是全国性和跨国性的媒体，地方性的新闻机构无法在广告利润摊薄的情形之下，通过受众增长获得财务支持。过去，这些地方报纸进行地方性的问责和调查报道，并为精英报社输送有经验的人才。《新闻的十大基本原则》在社交媒体崛起之前便指出，打破地域疆界的互联网，恰恰导致报业中"附近"的消失，而这一部分才是美国的地方政治、公共参与和新闻传播在三十年来持续弱化危机的核心。各式各样的新媒体创新，最难解决的就是地方监督，市议会和州府新闻不再有人报道。危机并不是始于互联网，而是从九十年代之后的报业所有权结构集中开始。

一些评论指出，艾布兰森在讨论报业的转型与未来时，仅仅讨论依靠市场的精英报的"生意",而忽视了除去美国主流的"真相的商人",非营利的新闻机构对于这一阶段的创新提供了新的典范。譬如针对刑事司法系统进行监督,"使其更加公平、有效、透明和人道的"马歇尔计划。而像"为了公众网"(ProPublica)这样成立于报业危机开始的二〇〇七年、如今已经确立行业地位的非营利新闻项目,可能更能代表在技术变革背景下,以往主要靠商业驱动的美国新闻文化的创新。面对未知,也许唯一确定的是艾布兰森的叹息:"所有与我同时代的记者都是过渡性人物,都只是在盲人摸象。"

(*Merchants of Truth: The Business of News and the Fight for Facts*, Jill Abramson, Simon & Schuster, 2019)

北窗读记

谢万一支五世无年

刘 涛

东晋陈郡谢氏兄弟中,谢安、谢万亲密,有"安万"之称。而谢万一支"家世无年"贯五世,皆未达半百。

《宋书·谢庄传》记载:刘宋孝建元年(四五四),谢庄以侍中"迁左卫将军",冬月"拜吏部尚书"。谢庄不愿居选部,写信大司马江夏王刘义恭,透露家世短寿之忧:"亡高祖四十,曾祖三十二,亡祖四十七,下官新岁便三十五,加以疾患如此,当复几时见圣世。"

谢庄提到高祖谢万、曾祖谢韶、祖谢思短寿,未及其父谢弘微。《宋书·谢弘微传》记载,弘微卒于刘宋元嘉十年(四三三),时年四十二。谢庄也多病,一度"坐辞疾多,免官",闲逸未久,又起用,亦病卒,四十六岁去世。

谢万至谢庄,五世无年皆因病,唯谢庄曾经描述自己病状,亦见与刘义恭书:"禀生多病,天下所悉。两胁癖疾,殆与生俱,一月发动,不减两三,每至一恶,痛来逼心,气余如缒。利患数年,遂成痼疾,吸吸惙惙,常如行尸。"所陈病痛两种:一是胸部两侧经常性的疼痛,痛来逼心,气息微微如丝。谢庄说此病与生俱来,恐是先天遗传。二是后天患痢疾数年,损耗身体,转为痼疾,导致气短,活得无精打采。谢庄时年三十四,已是老病号,苦熬十二年才去世,大不易。

品书录 | 洪子诚　　　　　读作品记

"'有神'与'无神'之间，隔着广大的空间"

《契诃夫手记》(以下简称《手记》)是契诃夫的书，也是贾植芳先生的书。这样说不仅因为贾先生是《手记》的译者，还因为这本书和译者情感、生命之间的联系。一九五三年译本由文化工作社初版后的第三年，贾植芳就因"胡风事件"而遭受牢狱之灾。二十多年后冤案平反，他偶然从图书馆看到这个译本，"就像在街头碰到久已失散的亲人一样，我的眼睛里涌出了一个老年人的泪花"。原先贾植芳翻译这本书的初衷，是基于对这位俄国作家的喜爱，对他在人生道路上给予的启示；经历了二十多年坎坷的生命历程，他更意识到这种启示、支持的力量，就如贾植芳说的，让他"像一个人那样活了过来"(《新版题记》)。

《手记》包括从一八九二年到去世当年契诃夫日常生活中观察、阅读、思考的片断记录，其中有一些成为他后来作品情节、人物的依据。另外的部分，是他一八九六到一九〇四年的日记。二十世纪八十年代《手记》新版增加了江礼旸翻译的《补遗》。书中还附录了契诃夫妻子奥尔加·克宜碧尔(也译为奥尔加·克尼碧尔)谈契诃夫临终情景的文字，和他的弟弟写的《契诃夫和他的作品中的题材》。《契诃夫年谱》是贾植芳在五十年代初编写的，留存有那个时期思潮的痕迹；而《我的二个朋友》一文讲述的则是这个译著出版和再版的经过。对契诃夫和俄国文学的研究者来说，《手记》自然是重要的材料，于一般读者而言，既可以借此了解这位作家的思想艺术，它也是一部值得一读的智慧、幽默的杂记随笔集。

契诃夫对生活，对艺术有他的独特追求，有他坚持的理想和思想原则，但正如不少同时代人和后来评论者说的那样，他是生性谦逊的人。在写出《草原》《命名日》这样的作品之后，他给柴可夫斯基的信中，在以托尔斯泰为首的名单中将自己列在第九十八位。托马斯·曼说，直到生命的结束，他也从来不曾摆过文学大家的架子，更不用说那种哲人的或托尔斯泰式的先知的派头了；"多年来西方，甚至俄国对契诃夫评价不足，在我看来是跟他对待自己的那种极端冷静、批判而怀疑的表现以及他不满意自己的劳动的那种态度，简单说吧，是跟他的谦逊分不开的"。伊利亚·爱伦堡也有相似的评述，说契诃夫不断矫正自己的缺点，但"他无须与骄傲做斗争"，"他逃避荣光"(《重读契诃夫》，童道明译)。一九〇〇年，他离世前四年，在和布宁的一次谈话中，有点忧伤地预测他的作品还会给人读七年。

他几乎没有写过专门的文学问题文章，也没有撰文谈论过自己的创作。我们现在看到的《契诃夫论文学》(汝龙译)，收录的主要是他写给亲人和朋友的书信，以及同时代人回忆的言谈片断。《手记》中记录了这样的细节，在朋友家聚会，突然有人面色庄重地举杯向他致敬："在我们这个理想变得黯然无光的时代……你播送了智慧，不朽的事业啊。"听到这些恭维的话，契诃夫当时的反应是："我觉得我本来是盖着什么东西的，现在却被揭去了，被人用手枪瞄准着。"

契诃夫在德国的巴登威勒去世，那是一九〇四年七月。比他小十五岁，刚开始文学写作的托马斯·曼回忆说，他极力思索，也无法记起这位作家逝世的消息给他留下什么印象。虽然德国报刊登载了这个消息，也有许多人写了关于契诃夫的文章，可是"几乎不曾引起我的震惊"，也绝对没有意识到俄国和世界文学界遭遇到很大损失。托马斯·曼的这个感觉是有代表性的。契诃夫不是那种能引起震撼效果的作家，他不曾写出"史诗"般的鸿篇巨制，在写作上没有表现出如托尔斯泰、巴尔扎克那样的"英雄式"的坚韧气概。但是正如托马斯·曼说的，虽说他的全部作品是对于史诗式丰碑伟业的放弃，"却无所减色地包括了无边无际广阔巨大的俄国，抓住了它远古以来的本然面目和革命以前社会条件之下毫无欢乐的反常状态"——对于他的价值，他的"能够将丰富多彩的生活全部容纳在自己的有限篇幅之中而达到史诗式的雄伟"，人们是逐渐认识到的（《论契诃夫》，纪琨译）。确实，对许多作家、读者来说，与契诃夫相遇不一定就一见钟情，可一旦邂逅并继续交往，他的那些朴素、节制、幽默、忧郁，也对未来满怀朦胧想象的文字，很可能就难以忘怀。

贾植芳说契诃夫让他"像一个人那样活了过来"，"像一个人"的"人"没有前置词和后缀，就是日常生活中的人，普通的人。契诃夫作品的人物图谱中，基本上也是一些"小人物"，用当代一个奇怪的概念来说就是"中间人物"。我们从里面找不到搏击风浪的英雄，其实也可以说没有典型的坏蛋、恶棍。他刻画了十九世纪末俄国社会中下阶层的各色人物：地主、商人、乡村教师、医生、农民、大学生、画家、演员、小官吏、妓女……其中，知识分子占有重要地位，也倾注了作家很多的复杂情感。他笔下的知识分子，大多是有道德理想、有庄严感，不倦想象、追求着有价值的生活目标，并自认为对人类怀有责任的人。但同时，他们又是软弱，缺乏行动力，生活在乌托邦梦幻烟雾里，什么大事都做不成的人。《手记》中有这么一条："伊凡虽然能够谈一套恋爱哲学，但不会恋爱"——贾植芳先生加了一个很好的注释，指出了这里的双关义："契诃夫之兄名伊凡。伊凡泛指俄国普通人，这里有'俄国伊凡'之说。"

这样的人物自然难以鼓动起读者的斗争热情，契诃夫也不会有这样的打算——从《手记》中知道，他质疑将人类历史看成战斗的连续，将斗争当作人生主要东西的看法。那么，这些"灰色"人物有什么存在的价值？作为艺术形象他们的意义何在？或许可以用曾是契诃夫同胞的纳博科夫的话作答：

　　……契诃夫暗示说，能够产生出这种特殊类型人物来的国家是幸运的。他们错过时机，他们逃避行动，他们为设计他们无法建成的理想世界而彻夜不寐；然而，世间确实存在这样一种人，他们充满着如此丰富的热情、强烈的自我克制、纯洁的心灵和崇高的道德，他们曾经存活过，也许在今天冷酷而污浊的俄罗斯的某个地方，他们仍然存在，仅仅这么一件事实就是整个世界将会有好事情出现的预兆——因为，美妙的自然法则之所以绝妙，也许正在于最软弱的人得以幸存。（《论契诃夫》，薛鸿时译）

　　契诃夫在写作上严格面对现实生活；他努力拓展生活的疆域，但从不写他不熟悉、未曾深入体认的事物。他说，《手记》中说，哈姆雷特不该为梦见的鬼魂奔忙，"闯入生活本身的鬼魂更可怕"。他的作品——小说、戏剧，也包括这本《手记》，给我们许多启示、感动我们，犀利的观察和评述推动着我们的思考。当然，我们也会有疑惑，也会与他磋商，甚至暗地里发生争议。譬如：对人性的理解（"邪恶——这是人生来就背着的包袱"；爱、友情并不可靠，而仇恨"更容易将人团结在一起"）；对女性品格更多的苛求；对自然科学、科技发展推动人类进步的理想化想象……但是，我们没有料到的是，这个热切追求理想生活和人的高度精神境界，不断揭露虚伪、庸俗、欺诈、暴力的作家，在世和死后，却会受到冷漠、无倾向性、无思想性的责难，以至在他死后五十多年，爱伦堡在《重读契诃夫》中，还要用很多篇幅来为他辩护。

　　造成这个状况的原因，一是契诃夫很少在他的作品中发表政治见解，在俄国当时的政治派别和意识形态纷争中，从未明确表示他的派别立场和意识形态归属。另一方面，则是他看待生活、看待人的方式。对于责难他曾有这样的回应："我不是自由主义者，不是保守主义者，不是渐进论者，不是僧侣，不是冷漠主义者……我憎恶一切形式的虚伪和暴力"；"当然，我的小说中平衡正负关系的努力是可疑的。但要知道，我并不是在平衡保守主义和自由主义，这些对我并不重要，我关注的是人物的虚假和真实"。

"平衡"这个词，也可以用分配、调适来替代，可以理解为慎重处理对立物关系。别尔嘉耶夫在《俄罗斯思想》中说过，俄罗斯精神结构中具有两极化的对立倾向，一切事物均按照正统和异端来进行评价；俄罗斯人不是怀疑主义者，不大了解相对的东西。契诃夫对这一特性也有深切了解，他警惕、抵抗着这种极端性。《手记》中写道："在'有神'与'无神'之间，隔着广大的空间。……俄罗斯人都知道这两个极端之中的一个，但对于这中间却毫无兴趣。"契诃夫在"有神"与"无神"，爱与恨，观念与行动，真实与美，犀利的揭发与体谅的同情……之间的"平衡"，从根本上说不是导向无原则的中庸、冷漠，而是尊重事物的复杂和多样，并最终为常识，为弱者，为普通人争取到存在的价值和尊严。

在"可疑"的平衡正负关系的努力中，艺术家的社会责任和艺术创造的自由，是其中重要的一项；契诃夫的处理方式，也提供了后来讨论这一无解问题的绝佳"案例"。"案例"这个词，来自爱尔兰诗人希尼，他写有《尼禄、契可夫的白兰地和一根敲击棒的有趣案例》(*The Interesting Case of Nero, Chekhov's Cognac and a Knocker*. 吴潜诚译，《希尼诗文集》中马永波译为《尼禄、契诃夫的白兰地与来访者》)。这里牵涉契诃夫一生中的一个重要事件：一八九〇年三十岁时的萨哈林岛之行。这期间，契诃夫已经确立了他的艺术家的社会地位，他执意长途跋涉去考察囚禁各种罪犯的"罪恶之岛"的决定让莫斯科的朋友吃惊。契诃夫认为，作为一个帮人解除病痛的医生，有权在世上占有一定位置，但是在许多人得不到自由，遭受苦难、折磨的情况下，从事修辞写作和艺术演练，岂不是对生命的冒犯、亵渎？他需要有所证明，他决定进入这个"罪恶之岛"，与囚犯一起生活，写出类乎见证之书的考察报告。临出发时，朋友送他一瓶高级白兰地，在六个星期的舟车劳顿中一直珍藏。待到达萨哈林岛的那一天晚上，才开瓶畅饮这琥珀色的醇香的酒。希尼将这看作是具有象征意义的一刻：白兰地不仅是朋友的礼物，也是契诃夫的艺术——他对周围的苦难毫不退缩，他有了回应而获得心安，获得了作为一个艺术家的内心的平静。

这里涉及严肃、真诚的艺术家经常面临的艺术与真实、与生命，歌唱与苦难的紧张关系。如同希尼说的，诗歌、艺术无论怎么有所担当，总有一种自由的、不受束缚的因素，总有欣悦、逃遁的性质。因此，艺术家在抉择上，在契诃夫所说的"平衡"上的工作并不容易，这种调适和平衡也无法一劳永逸。契诃夫的萨哈林岛之行，是以亲身深入苦难之境的行动来介入，也以撰写类乎"见证"的，波兰诗人Z.赫伯特的"敲击棒"式的文字（赫伯特写有题为《敲击棒》[A Knocker]的诗："我的想象 / 是一块木板 / 我唯一的乐器 / 是木棍"），以面对实实在在的苦难和生命，来试图减缓、解除诗歌、艺术与现实之间的紧张冲突。

我第一次读契诃夫作品是一九五四年，那年开始上高中，从《文艺学习》读到他的《宝贝儿》，也从这个杂志的封面见到他那标准的大胡子、戴夹鼻眼镜的画像。当时并不觉得《宝贝儿》有多好，还认为他是个六七十岁的老头。后来才知道他死时只有四十四岁，这样的年龄，在我们这里还算是青年作家。原先以为只有艺术家会短命(莫扎特、舒伯特、梵高……)，一直的疑问是，这样的成熟、睿智、节制、美丽的文字，怎么会出自三十余岁人的笔下。契诃夫无疑属于那种将真理、正义放置在首位的作家。但是，他的艺术实践也提出了这样的问题：在艺术、文本的内部，是否也可以取得一种歌唱和生命紧张关系的平衡？而纯粹的，并不传达救赎信息的美本身，是否也是增加世界良善的"救赎"的力量？回答应该是肯定的。事实上，无论是契诃夫还是希尼，都是将艺术、歌唱与现实政治的冲突，看作特定历史情境中的邂逅；契诃夫也明确将他的"赎罪"行为看作个人的选择。他们无意将这些普遍化，无意将践行自己理念的行为扭曲为一种准则，而让其他人都处于"道德的阴影"之中。

(《契诃夫手记》，[俄]契诃夫著，贾植芳译，上海文艺出版社即出)

品 书 录 | 林超超

近代中国慈善的本土化叙事

在近代中国的慈善活动中,西方传教士曾经扮演过非常重要的角色。在很长一段时间里,慈善研究都是作为西方传教史中的一个部分被学界所关注。二十世纪末,日本学者夫马进出版了他的专著《中国善会善堂史研究》(京都同朋舍,一九九七年)。之后,中国传统慈善团体及其开展的慈善活动开始越来越多地进入学者的视野。然而,"欧风美雨"的浸染依然是绕不开的话题中心,相关研究几乎无一例外地讨论中国传统慈善组织的"近代化"过程,造成中国传统慈善事业自身的发展轨迹往往隐而不彰,而这正是阮清华的新著《慈航难普度:慈善与近代上海都市社会》(复旦大学出版社二〇二〇年版)想要着力呈现和阐释的。

中国本土的慈善事业和活动历史悠久。但是,受限于人们之间的社交网络,地缘、血缘等关系是传统社会中慈善分配最主要的纽带。由于缺乏完善的运作机制、制度规范、组织载体以及善源,中国传统的慈善活动通常难以持续开展。明末以后,才出现了大量长期性的慈善组织。明清以来的城市化进程,更加速了民间慈善的发展。清代晚期,当官赈中贪腐盛行、外敌入侵之时,清政府已经不可能像从前那样,对频繁发生的灾荒进行大规模救济。从赈济光绪初年的"丁戊奇荒"开始,以绅商为主体的地方精英与在地士绅及赋闲官员共同组织的义赈逐步兴起并发展,与同时期的官赈形成了鲜明对照,社会影响力日益彰显。而城市工商业的繁荣也为慈善机构的募捐提供了重

145

要的经费来源，因此，城市成为近代中国慈善事业的主要舞台。

都市与慈善的关系是阮著的着眼点。他在全书开篇言明，本书侧重于慈善与都市社会之关系，同时探究上海地方精英如何通过慈善事业参与和推动上海都市社会的发展。这些地方精英，既包括上海的土著绅商，也包括闽粤、江浙、皖鲁的旅沪商人，以及各地官员、下野军头和帮会大佬，他们进入上海并长期居于上海后，都演化为上海绅商。明清以来善会善堂的大量举办，得益于一大批拥有雄厚财力的地方绅商的出现，以及他们的慈善热忱与投入。"庚子国变"后，上海绅商牵头组织的救济善会和济急善局等民间慈善组织跨越地域边界，北上救济被难官绅士民。近代中国地方绅商力量的增强，有力地弥补了政权力量的缺失，使得中国古老的慈善事业获得了新的发展，出现了新的组织形式和救济方式。

慈善组织以"济贫恤困"为主旨，人们很自然会首先从需求面上去考虑慈善组织的出现。即是说，因为有更多的贫人需要救济，才会有慈善组织的快速发展。但这种观点显然经不起历史的考证。梁其姿在《施善与教化：明清的慈善组织》中指出：第一，中国历代王朝末期制度松弛，加之天灾人祸，民不聊生，这是常态，但直至明末，民间慈善组织才有了新的发展；第二，慈善组织最先及主要出现在明末最富裕的江南地区，而不是最贫穷、最需要救济的地区。仅就这两点说明，单从客观需求的角度不足以分析慈善组织的发展动力。从明末至清末，慈善组织虽有大幅度的增长及组织方面的变化，但其重点也仍在"行善"，即以施善人的意愿为主，受惠人的需求为次。换言之，传统慈善组织的功能一直停留在教化社会之上，而没有转化到经济层面上去解决致贫的根源问题。

从社会需求的维度也不足以解释近代上海慈善组织发达的原因。一八五三年上海小刀会起义，占领县城，上海城厢及江南地区的难民纷纷涌入上海租界；一八六〇年太平军攻克苏杭，又有更多的江南逃难者迁入上海，形成近代上海的第一个移民高峰期。到一八六二年,上海租界人口一度增至七十万之众,但很快就有大量人口流出。此后租界人口长期维持在十万人的水平,直至一八九〇年,租界人口始超过一八六五年,进入新一轮增长期。显然,此间上海慈善组织的增长态势与人口变量并不同步,因此,作者提出了从第二个维度——经济发展,观察慈善组织的发展。

十九世纪中叶,太平天国战乱带来大量难民入沪。彼时上海经济以商业贸易为主,外来人口因无法充分就业而出现回流。在一八九五年前后这种状况发生转变,随着外资企业在上海的开办及民族工业的发展,为上海及周边地区的劳动人口创造了丰富的就业机会,上海对外来人口的吸纳能力提升。此后,上海人口呈现出稳定增长态势。与此同时,传统商人开始进入现代新式工商领域逐利,并迅速累积起巨额财富,为善会善堂的开办提供了经济基础。不可否认,上海经济发展与慈善组织的新建之间呈现出更加紧密的相关性。不过这种相关性在一九二七年以后又发生了变化。自南京国民政府成立后,上海新建慈善组织的数量越来越少,社会需求和经济发展这两个维度都无法解释上海慈善组织的发展,政府的管控成为第三个必要的解释维度。

相对而言,清政府对民间慈善组织的管控是比较宽松的,绅商设立民间慈善组织基本上只需禀明地方官即可。一九〇五年上海城厢内外总工程局改组成立后,地方绅商更加积极参与地方建设事务,从此开启了慈善组织的兴建热潮。一九〇九年慈善事业纳入地方自治范围后,更多的慈善组织被组建起来。即使辛亥革命推翻了清王朝,慈善组织的建立速度也未受到影响。虽然一九一四年袁世凯政府下令暂停地方自治,但因为政府无力管理和干涉民间慈善组织,慈善组织的兴建速度仍得以持续。北洋政府时期,中央政府力量薄弱,地方政府各自为政,造就了民间社会相对宽松自由的大环境。一九二七年南京国民政府成立后,转而强力介入民间社团的组建和管理,力图通过立法全面监控民间慈善组织,这就使得地方绅商新建慈善组织的积极性大打折扣。

　　新建慈善组织数量的变化,能在一定程度上表明该时期慈善事业的活跃程度,但不能绝对化。一九三〇年以后,上海慈善事业未因慈善组织新建速度降低而衰落,相反,它在许多方面都有明显的突破。特别是上海慈善团体联合会成立后,各慈善团体无论是在对本市还是外地来沪贫困者的救济以及对外地灾荒的救济上都进一步走向联合,在与政府的频繁交涉中也采取了相对一致的行动,从而得以较好地维护慈善界自身的利益。

　　上海慈善组织之间的合作与联合,早在清朝末年已经开始。近代上海最著名的慈善组织同仁辅元堂,就是由当时沪上最重要的两个慈善组织——同仁堂与辅元堂合并而来。时值小刀会起义后,上海老城厢地区大批民房被毁,殷实商户遭抢,县城内外商业陷于停顿,百年富庶之区几遭摧残殆尽。一八五五年清军收复上海县城,开始战后重建。由于战争破坏,县城内原有的慈善组织大都难以为继。老城厢士绅决定将同仁堂与辅元堂合二为一,合力投入地方重建与战后善举之中。

　　与之前的慈善组织相比,同仁辅元堂的慈善事业出现了几个新特点:第一,在对上海贫民进行救济的同时,开始注意到外地的救济需求,其视野已越出狭隘地域观念的束缚,走向更加广阔的天地。这一现象的出现,与上海城市人口大量集聚、城市化开始启动、都市社会雏形初现等都有紧密的关系。第二,其业务已经逐渐越出了传统善举的范围,其所举办的事项中许多都具有市政建设和维护城市社会秩序与稳定的功能,时人因此认为其实为地方自治之起点。第三,经费来源更为多样化。近代上海城市化发展迅速,房地产租金上涨很快,同仁辅元堂所持有的房产地产为其带来了持续增长的租金收入。同时,此项收入来源也比之传统募捐更加具有稳定性和可持续性,在总收入中所占比重越来越大。

　　如果说一八五五年同仁堂与辅元堂合并是上海民间慈善

组织走向联合的第一步,那么一九一二年上海慈善团的组建则进一步提升了上海慈善界的合作规模与层次。在上海慈善团的统一领导之下,上海慈善事业形成了新型的合作关系。虽然随后地方自治被取消,市政厅被工巡捐局取代,慈善团又成为完全的民间慈善机构,但是慈善团的活动并没有受到太大影响。这也是为何作者在书中强调,研究者无须将慈善与地方自治做太多关联性的讨论。慈善团体所从事的部分慈善事业固然可以看作地方自治的一种表现,但是地方自治更为重要的意义还在于与中央分权,由地方与中央共享统治权力。从这一点上看,同仁辅元堂没有任何攫取权力的计划和企图,它与后来的地方自治机构之间也几乎没有延续性。上海慈善团虽隶属于上海市政厅,但享有很大的独立性,每年的业务开支主要依靠其自身的财产取值以及社会募捐。上海慈善团体与地方自治之间没有必然联系,更谈不上慈善组织从事地方自治。

二十世纪二十年代后期,以上海慈善团为核心,各善会善堂之间的联系日益密切,整个慈善界的联合趋势不断增强。一九二七年,上海慈善团体联合会成立,这是上海民间慈善事业走向联合的第三步,也是为适应都市社会发展,集合分散团体力量的需要。面对大规模的赈灾活动,一般善会善堂力有不逮,即便是颇具实力的上海慈善团也会因其业务广泛而常感经费紧张,因此只有联合救灾才能发挥最大功效。慈联会也使得分散的慈善组织的力量得以加强,可以共同应对社会局对慈善团体的管理与控制,迫使社会局在一定程度上做出让步。

一九三七年,上海慈善团体鉴于战争的危险越来越大,积极联络,组建了规模更大的上海慈善团体联合救灾会,联合救灾会与慈联会会员有部分重合,不过两者是彼此独立的不同机构。"八一三事变"爆发后,上海慈善团体联合救灾会又与红十字会总会、世界红卍字会、上海华洋义赈会、中国济生会、中国佛教会、上海青年会、中华公教会等共同成立上海国际救济会。曾经拥有庞大产业的上海慈善团体虽继续勉力维持自身善举,但因在战争中损失巨大,其主要的收入来源——土地、房屋的租金收入急剧减少,而不得不陆续停办,之前形成的慈善网络开始衰退,终至瓦解。

鉴于本书的内部视角和本土叙事,作者似乎有意在淡化中国传统慈善组织的"近代化"(或者说"西化")过程。然而处于华洋杂处之中的上海都市,这样的转型过程又是不可避免的。如"教养兼施"慈善理念的出现被认为是中国慈善事业近代化的一个显著标志。"教养兼施"意在强调施善者在救助收养的同时,向受助者传授知识与技能,以使其今后能有一技之长,自立谋生,从而在根本上消灭贫困。书中专章论及的游民工厂,便是"教养兼施"慈善理念的积极实践。但作者更强调,在关注新型慈善机构和新式救济方式出现的同时,不要忽略中国传统慈善文化的韧性与延续性。上海慈善事业要吸纳"西化"的形式并不难,可要获得"西化"的内核远没有那么简单。例如,在对待慈善事业中所反映出来的公私观念,集中地反映了中西之间的观念差异。

抗日战争胜利后,中国再次陷入内战的深渊。大量苏北人流离失所,涌入上海,曾经强有力的上海民间慈善组织此时已大都经济拮据,虽有一些有空余房屋的慈善团体和同乡会馆或主动或被动地收留了部分难民,但更多的难民只能在空地上搭盖简易的棚屋居住,或四下寻找无主的房屋寄居。一九四七年秋,流亡沪上的难民数量越来越多。随着年关临近,那些无处栖身的难民开始更加主动地出击,抢占任何可以安身之所,直至将目标瞄准了存放棺材的丙舍、寄柩所等空间。从一九四七年十月到一九四八年底,共有约两万难民先后占据上海的丙舍、寄柩所等"鬼客之家"。

这些场所以及慈善团体和同乡会馆随即要求市政府履行现代政府的职能,驱逐非法占据者,保护其产业不受侵犯。对于受难者而言,慈善组织既然以"纾难解困"为事业，他们自然就在扶助救济的行列之中，而不应有所区别对待。这实际上涉及一个如何理解财产所有权的问题。对于慈善团体和同乡会馆而言，其产业是为法人私产，具有明确的权属关系。他们可以无偿将其财富散发给弱势群体或特定的受济对象，但他们有权保持其组织和产业的独立性和神圣不可侵犯性，不能容忍任何人以弱势者之名或者哪怕是真正的弱势者随意侵占其资产，也只有这样才能保证其事业的长久性。处于慈善团体、同乡会与难民夹击中的上海市政当局的态度是十分模糊的，其虽三令五申要求难民迁出寄柩所，但随着难民越来越多，无处安置，对于难民提出的寄寓请求，他们也给了某种程度的默许，并未对慈善团体的法人私产坚决予以保护。近代中国慈善事业遭遇的这些困顿，是其在"近代化"脉络中更应予以关注的历史面相。

（《慈航难普度：慈善与近代上海都市社会》，阮清华著，复旦大学出版社二〇二〇年版）

品书录　｜　洪浩

"异人"的觉醒

许多年前，作家张炜在其作品《融入野地》中坦陈："城市是一片被肆意修饰过的野地，我最终将告别它。我想寻找一个原来，一个真实。这纯稚的想念如同一首热烈的歌谣，在那儿引诱我。"义中对城市的诟病，曾引起人们的关注和争议。而今，《河湾》的主人公傅亦衔果真告别城市，奔着一片野地河湾来了。

"人这辈子就像一条河，到时候就得拐弯。"这是主人公在已过中年时的一个"拐弯",一个不可能回头的告别——与城市,与工作单位,与城里所有人际关系,尤其是与自己曾经的挚爱。

我看张炜的长篇新作《河湾》是一部思索之书,主人公傅亦衔身上较多地叠印了作者的家史与心史,似乎是张炜作品中最接近自我的一个。作品蠡测了几个"奇人"或"异人"的秘密,貌似"猎奇",与其说是一种别开生面的研究,不如说是让人物更具色彩的一种叙事策略。

故事里有一个悬念,始终诱惑读者,让人欲罢不能。这悬念便是男女主人公隐秘的爱情究竟能走多远。小说以有关"异人"的讨论开篇,很快便由"我"——主人公的思绪,切换到他苦熬苦忍的"隐婚"故事中。傅亦衔是都市机关里的一名职员,长相俊美,有高学历,并且"正走在副局长的路上",在女人眼里堪称难得的绩优股,但奇怪的是他大龄未婚,因而被机关内外视为"异人"。其实他认为自己所爱的一个名叫洛珈的绝色女子才是真正的"异人","她能够飞翔,她把我带到高处,让我眩晕"。谁也不知道,他和她,已经有了十几年的"隐婚"历史。

所谓"隐婚",即不公开的、隐秘的婚姻。这种奇特的婚姻关系,初衷是为了规避日常生活的消磨以及由此而来的厌倦。这是洛珈一人之主张,深爱并崇拜她的傅亦衔只有顺从和听命。起初双方是默契的,能够恪守初心,牢记约定。但后来,傅亦衔发现爱的主动权完全掌握在对方手中。洛珈就像一个高高在上的女王,而自己成了招之即来挥之即去的奴仆。十几年如一日地恪守盟誓,于他,是一种被迫忍受。中年将逝,他鬓现白丝,而洛珈却不曾衰老,"她用奇特的爱力滋养了自己的身心"。这种爱,已经异化为聪明人施加于痴情者的一种奴役。不践约,何以有鱼水之情?"翻倍的幸福"又在哪里?漫长的等待中,傅亦衔意识到此中的欺骗性:"我好像被一种特殊的理财方法套牢的人,已经许诺了高额回报,可是除了断断续续得到一点碎银之外,基本上看不到什么发财的前景。"

以这种形式缔结的爱情和婚

姻,最终确乎变质了。傅亦衔发现,一向高傲的洛珈,与权势和资本有了交易,成了一个"手眼通天的人"。而在一些事情上,冷漠的她又表现出良知的亏欠。于是,双方间的裂隙逐渐加大起来……小说中,表层故事之下暗流汹涌,可谓惊心动魄。

一个男人"结了一辈子婚,还是没有老婆",是很奇怪的事情。对于年过半百的傅亦衔来说,这无疑是人生的一大悲哀。但这不是本书最想表达的东西。爱与婚姻的问题固然重要,但它只是牵出了一场隐忍心曲的诉说。促使傅亦衔不断思考和最终做出抉择的,还有更广大更深层的东西。

张炜的长篇小说有一个显在特点,即论者常常提及的"历史的岩壁和它的回声"。从早期的《古船》《家族》,到中期的《外省书》《刺猬歌》,再到晚近的《艾约堡秘史》,莫不如此。《河湾》的故事里也同样穿插着历史叙述,它们与现实相互交融,共同奏响了人物的命运交响曲。

拥有"异族美人"般绝色的洛珈,确实有着"异人"的性格,外热内冷,守口如瓶,心如古井,幽深莫测。她不肯把自己的家史告诉傅亦衔,而且似乎也没对亲人透露过自己的婚事。直到她带傅亦衔见过母亲和弟弟后,才一吐衷肠,向傅亦衔诉说了自己的身世。似乎正是苦难的家族历史让她心冷,而她,是一个记仇的人。

那么,究竟是谁伤害了洛珈,并影响了她的性格?洛珈有着不一般的身世,她的外祖父一家被乱匪杀死,只有洛珈母亲侥幸逃生;洛珈父亲是因为替母亲申诉冤情,而被折磨而死的。此后,母亲因为姿色不凡,被一有权有势的丧偶军官看上,娶了她。洛珈在这样的家庭里长大,心事很重,她厌恶继父,对母亲也心存芥蒂。上大学以后,她开始执着追究战争年代的历史真相,无数次向继父发起质问。对历史的怀疑,成了这个女孩沉重的心结。

与洛珈一样,傅亦衔同样是一个有着漫长心史与坎坷经历的人。他一直想对洛珈好好讲述自己的家族史,但洛珈始终不感兴趣,为此他难以释怀,想把它郑重地写下来,永远留存。他的家族同样有着蒙冤含辱而且无处申诉的历史，同样是从外祖父到父亲。少年时代，他因为父亲的不幸而流浪他乡，受尽磨砺。但他从父亲那里，继承了"一根筋"的秉性，从未背叛血脉里的正义感，凡事三思而后行。"让一生所为对得起自己的经历"，成了他做人所恪守的底线。正如陀思妥耶夫斯基曾经念叨的那样："我只担心一件事，我怕我配不上自己所受的苦难。"

若论个人生命际遇，傅亦衔要比洛珈苦很多，他也因此而谨慎小心，没有洛珈的那种孤傲和任性。洛珈在少女时代，因为有一个地位显赫的继父，是享受了常人难以得到的许多便宜的，这也决定了她难以摆脱对权势与金钱的臣服与依赖。作为一个"异人"，珞珈的形象与张炜以往作品中的女人都有所不同。这个女子不仅拥有超凡脱俗的美艳，还睿智冷静，深沉隐忍，显得神秘莫测。她曾执拗地挖掘家族遭受残害、遭遇不公的苦难历史，为真相而纠缠不休，但后来，似乎把一切仇怨化为没有原则的冷酷，用以对抗世界。在不忌讳与邪恶势力合作的前提下，她干了多少不可告人的事情，是盘桓在傅亦衔心头的一个巨大的问号。

同样是苦难中出身，二人的品格大相径庭，因此造成了分道扬镳。这就像《古船》中的隋抱朴与隋见素，共同而又有所不同的来历，加上性格的反差，使人有了不同的价值取向，不同的人生轨迹。

在感情出现裂隙，然后两人渐行渐远的故事里，随之而来的是傅亦衔对都市生活的厌倦；其中，对以手机为代表的网络媒介的排斥，尤为明显。有过漫长的乡野闯荡经历，始终恪守朴素价值观的傅亦衔，终日沉浸在对洛珈、对朋友、对周围各种纷乱的人与事的思考中，深刻地体味到了内心的冲突与分裂。对于极少吐露心声的妻子洛珈的品行，他也由崇拜而变为怀疑。小说中，狸金集团爆炸案发生后，在看待舆论中无辜者的遭遇时，二人之间的分歧尤其重要，是不可忽略的一笔。集团内部一个名叫耿杨的保洁员在微信群里说出了亲眼目睹的事实，因此成为众矢之的，遭到网上的群殴和诅咒。傅亦衔为之惊讶并陷入深思，而洛珈甘当狸金声誉的维护者，不想探知真相。耿杨后来被狸金集团无情地开除，以致流落街头，捡垃圾为生。保安"魍魉"欺人太甚，居然折断了耿杨的一根手指，因为正是它指认了真相。因为一句真话，耿杨落得如此下场；有智者指出是"为了让人恐惧"，才让傅亦衔豁然开朗。而最终，他意识到，洛珈未必是网络暴力的主要运作者，但极有可能是一个幕后参与者。

当好友余之锷夫妇开始经营河湾之后，傅亦衔渐觉心里亮堂，他几次应邀探访河湾，为野地的清净和清新所吸引。"水流在这儿遇山，地势逼它不得不拐；可就这缓缓一拐，拐出了一片绝美的风景……"漫步此间山水，他心动不已。世事无常，一个偶然的情感事故，导致了朋友夫妇美满姻缘的破碎：余之锷的妻子苏步慧，出轨于一个骗子般的流行歌手，愧悔交加之余，一病不起，最终在自责中离世。余之锷决定离开这个伤心之地，去国投奔女儿。经过一夜思索，"正走在副局长的路上"的傅亦衔毅然决定辞职，接手河湾，继续朋友的事业，安顿自己的后半生。

傅亦衔的经营河湾，与作家当年的"融入野地"是不同的：一个是寄身于城市的作家的理想，一个是下半生实在的生存着落；一个是诗性的心灵出走，一个是物质与精神的重建。但无论是张炜还是傅亦衔，都深知：这个世界的嘈杂与混乱，肯定会长期持续下去，那么，剩下的问题就是尽最大可能建立自己的秩序，过好此后余生。

选择在野地河湾落定自己，并非一时之浪漫。田园生活有其自在与纯美，但危机无处不在，无时不在。傅亦衔已做好了人生下半场的最坏打算。辞职时，一向对他关爱有加的女上司劝他不要鲁莽行事，但他去意已决："我是从流浪之路上走来的一个少年和青年，一无所有，唯靠荒野。河湾失去的那一天我仍然会活下去。"

这个头顶有"双毛旋儿"的倔人，终于成了一个合格的"异

155

人"。而这，无疑是家族先人血脉里不屈精神的强劲延续，是父亲灵魂里"少年的闪电"在他心头击溅起的石火电光，也是曾经的流浪生活赋予这个男子汉的孤勇。为治理开天辟地以来就存在的一块山顶"秃斑"，余之锷夫妇曾找专家勘探，用炸药破岩，引来清泉，运来土壤。他们第一年栽下三棵树，相信坚持二三十年，这块秃斑便会从地球上消失。傅亦衔财力不足，接续这份事业要艰难许多，但他愿意量力而行，"每年至少也会栽活一棵树"。

这样一棵树之于荒山，之于这个世界，或者之于傅亦衔本人，究竟有多少实际意义呢？在此，一棵树的成活与否，实际上成了意志力的体现，也是理想和信念的象征。而故事本身，也渐成隐喻。

（《河湾》，张炜著，花城出版社二〇二二年版）

品书录 | 李芳

棘闱谈鬼

一

我国的科举制度，起于隋唐，盛于明清。读书人十年寒窗，为的正是一朝高中，登堂入室。一旦名落孙山，又唯有以笔耕浇奠胸中块垒，故而自《夷坚志》起，在笔记、杂记与小说中，有关科举之材料所见甚多。美国学者贾志扬《棘闱:宋代科举与社会》（以下简称《棘闱》）一书中"神鬼的帮助"部分的论述正基于此。投考的士子往往对神鬼、风水、预兆之说深信不疑，在诸多说部作品的记载里，在科举考试进行之中出现的神异之事就屡见不鲜。相对封闭、神秘的科场成为狐鬼作祟、果报应验频频显现的地方。不少文人士子认为，正因为科场之独特地位，科场之内怪异之事迭出。种种诡异难解之处，甚至成为场内闲谈的绝佳谈资。

清代旗人获准参加科举考试之后，也不免加入谈狐弄鬼的队伍之中。和邦额在笔记小说《夜谭随录》中提道，"果报之异，在在有之，而见于棘闱者尤著"，当即"举所闻所见之尤异者，记录八则"。此八则轶事，均是讲述科场士子善恶果报、福祸相因之奇闻。另一位旗人文康所作《儿女英雄传》可谓科场实录，细致入微地叙述了主人公安学海和安骥父子俩入场后的情形。第三十五回《何老人示棘闱异兆 安公子占桂苑先声》中，更是直接将科场灵异之事完整植入，描写考场中的士子们在考试间隙议论科场怪异之事的情形，并将其变成推动小说的关键情节。可见，清中叶之后，文人学士以"灭烛谈鬼、坐月㳘狐"为乐事，又因科场与自身命运息息相关，科场内的果报传闻被大肆渲染后，屡经口耳相传，再被记录笔端。

先看《儿女英雄传》中的描述。文康煞费苦心，只为旗人扬名。为了让主人公安骥的高中合乎天意人情，他特别渲染了一系列神鬼显灵的场面。先是，安骥进入自己的考号之后，"只见远远的倒像那第六号的房檐上挂着碗来大的一盏红灯"，已然初现天命所系之端倪。更为灵异的场面出现在关键的判卷时刻。安骥的文风与主试官口味不合，女主人公十三妹何玉凤已经去世的祖父和父亲先后显灵为他说情，他的考卷方得以成为备卷。作者更是特别安排了一位莫须有的人物"马代功"，来作为安骥顺利取中第六名的顶替者。因填榜时突然发现这位"马代功"的诗不合官韵，主试官必须在备卷中择取一名，小说写道："那大主考便打开那一束备中的卷子，……暗中摸索出一本来，一看，……只见那卷面子上写的名字正是'安骥'两个字。大家看了那个骥字，才悟到那个表字易之、别号簪山的马代功，竟是替这位不称其力称其德的良马人代大功，预备着换安骥来的。只可怜那个马生，中得绝高，变在顷刻，大约也因他那浮浪轻薄上，就把个榜上初填第一名暗暗地断送了个

157

无踪无影！"因"浮浪轻薄"而在科场上功亏一篑，绝对不是作者的向壁虚构，而是让士子们既好奇又惊惧的"实录"。

二

投考的士子们对高中魁元的企盼以及在科场谈鬼的风气，催生出一部奇特的书来。嘉庆甲戌年（一八一四），北京琉璃厂文远斋刊刻了一部《棘闱夺命录》，将众多果报应验之事汇为一书。棘闱者，科场；所谓"夺命"，是谓改变应试举子之命运。编者未留其名，仅在序言中以寥寥数语交代编书之缘由与背景。序言开篇明义，认为当今士子入棘闱应试，殚精毕虑，以文为登天之梯，实则不然。命运之转换，并不取决于文章，自有天命权衡："命者，天之大权；文者，士之末务。"次言命虽天定，实可转换。转换之关窍，根本在"德"。平日修德行善，必能夺命之所无："惟德动天，动之，斯夺之矣。"再言平日行善与科场为文之关系。人之为善，天必助益，为文则自然工整："有夺命之行者，自有夺命之文。⋯⋯

则其心正，其识定，其所见皆粹然之理，其所发皆浩然之气。文不求工而自工矣。"末言是书所录之轶事，皆可征信。因此，"欲入棘闱者，常凛凛于命之所以由得与其所由失，而懋修乃德，以克当天心"。这也正是编者编撰此书的最终目的。

概而言之，《棘闱夺命录》一书，专录科场内投考士子因果报应的轶事，劝导士子趋善避恶。书中首篇"袁了凡先生训子立命格言"，叙袁了凡专行善举，置身暗室漏屋，亦恐得罪天地鬼神。于是科考第一，秋闱中试，求子得子，进士及第，又延寿命。次篇"俞净意公遇灶神记"，叙江西人俞都，高才博学，但七入棘闱而不售，子女夭折，妻子盲目。后受灶神指点，力行善事。凡遇有济于人，有利于物者，不论事之巨细，身之闲忙，皆欢喜持行。五十岁后，高中进士，寻回儿子，妻子复明。平生愿足，康寿八十八，有七孙，嗣书香。

开篇二则，乃全书主旨。读者从中已不难看出编者之用心。编者又于其后重加说明，指出失意棘闱的原因并非文采不佳，而是"委为定数而不知夺命"。袁俞二公，前半生即有此通病，"一训一记，劝戒备焉。故登诸首而特表之"。但此二则论及行善，均乃泛泛之论，何为善，何为不善，未及详说。后文所辑录者，皆由此衍生，大多为行善得善报，不善得恶报的实例，以力证前文不妄。此书辑录轶事虽多，却明显有类型化倾向。归而纳之，不外乎以下五种类型：谢绝奔女、归人妻女、谨守信义、归还金银、义助棺椁。也就是说，乐善重义，不贪不淫，才是改变命运，科场高中的关窍所在。

与《儿女英雄传》中安骥的际遇一样，因祖上阴功，或者自己行善，让本来不中的命运冥冥中发生了变化，在最为重要的填榜时刻发生了转变，《棘闱夺命录》中记录了许多例子，我们来看其中的一则故事："苏人璋，治易有声。梦天榜中式第十一名。与同经友言之。友诉于郡，谓璋另有关节，预知名次，乞究治。及填榜时，郡守在座。第十一卷果习易。乃止勿拆，以状白监临试官。俱曰，设如此言，何以自解。命以副卷易之。既定，拆弥封，则自副卷而中式者，大璋。由中式而改为副卷者，诉郡生也。一堂咋舌，士论快之。"考试之前，天榜已定，何玉凤的祖父也曾对试官说安骥"名字已经大书在天榜上了"。在最后填榜时，由副卷而替代原本中举之人，这些情节何其相似，岂非冥冥之中自有天定耶。

安骥入场考试后，与士子们大谈科场怪异，"他头场好端端诗文都录了正，补了草了，忽然自己在卷面上画了颗人头，那人头的笔画一层层直透过卷背去，可不大奇"；"有的注诗文后自书阴事的，有的注卷面绘画幼女双足的"。诸般咄咄古怪，在《棘闱夺命录》中都有记载。有一则故事中提到，因为试卷中沾染字迹，主考官命洗去，"及洗，而墨渍透数层矣。竟被摈"。试卷在誊抄时无意造成错漏删改，是许多士子在科场应试时会遇到的问题，也许正因此被摈弃的事例特别多，故而成为应考士子极为担心的噩梦。息息相关、感同身受，让他们特别频繁地记载下科场中已经完成的试卷突然出现与试题无关的字迹的故事，如此一则：江南省试，一生七草俱完，见一女子按其卷曰："与我写谈人闺阃四字。"生知其为鬼物也。喊惊同号，众往视，无他。及众散，女复来，令写。生不肯。女掷卷于地而去。生拾视，幸无损坏。及誊完七艺，结语已易为"谈人闺阃"四字。急以指抹唾洗之，则卷破处仍现自己结句。愕然投卷，遂被贴出。《夜谈随录》中也有记载：某场乡试，一生构文至半夜，瞥见一人披帷而入，古衣古冠，面目甚怪，生口噤不能言。其人伸一掌，向生曰："我司文之神也。汝祖宗有阴德，今科当领荐。可书一字于吾掌，为异日填榜之验。"生大喜，即濡墨大书一"魁"字，其人遂灭。而字故在卷上，墨渍数重，因被贴出。

从内容与形式来看，《棘闱夺命录》与清代笔记小说并无二致。书中所载，均为编者在街谈巷议、口耳相传中收集、辑录而成。只是此书以棘闱之中果报显应为主题，收集之轶事，均以此为限。主题狭隘，导致内容雷同之处甚多。些许差异，不过改换主人公、地点及部分细节而已。以"谢绝奔女"类型来说，故事的开头"有女来奔"和结尾"坚定拒绝"都全然一致，只是拒绝的方式各有不同。比如正气凛然与托言有疾病，狼狈出逃："太仓陆公容，天顺三年应试南京，馆人有女夜奔。公给以疾"；"赵文华，为诸生，甚贫，一富家孀妇，延课其子，昏夜奔焉。文华不启户，严辞正气拒之"；"松江曹芬，应试日，寓中妇昏夜来就。曹惊趋出，欲往友寓"。又如，在"归人妻女"这一类型的故事中，被卖者一定是家中负债，以身相酬乃迫不得已之举；买者也定然是不惜钱财，完璧归赵。所不同者，唯在卖女、卖妻、卖媳等细节上稍加变化。

三

道光十九年（一八三九），北京琉璃厂会远斋重刊了《棘闱夺命录》，并与《举业琐言》合刊，取名《科名宝筏文行合编》，且以布施的形式免费散发。《举业琐言》者，是科举考试时如何作文的参考书。将《科举琐言》与《棘闱夺命录》合刊的刊刻者显然认为，行与文，乃是士子高中不可缺少的两个方面。这两部原本各自独立的书，合刊的意义在于帮助应试者在道德与文两方面得到提升。编者将其定位为善书，不取分文，以求广布："以善书传一人者，当十善，传十人者，当百善。广布无穷，重刊不朽者，当千善。故列后二条以为同志者勉焉。""工昂纸贵，多印为难。阅是录者，苟有得于心，即祈转送同人，慎毋置之高阁。""是编同人刊送者，每多感化，一时盛行。板已翻刻数省矣。愿阅者触目以儆心，广施以劝世，功德无量，非虚言也。"

善书，顾名思义，乃是劝人向善之书。《棘闱夺命录》的编者无疑认定此书记录狐鬼神异，却与之有着相同的功效。《棘闱夺命录》中首二则提到的袁了凡和俞都，史上均确有其人，其生平也大致如所述。但编者没有提到的是，书中的这两位主人公，本身就是善书的编撰者，袁了凡曾经撰写了《立命篇》《功过格》等多部的善书著作，俞都亦曾撰写过《俞净意公遇灶王记》，又以前者声名最著。他的思想，对明清之际士人有着重要的影响。在善书著作如《立命篇》中，他已经提出了"科第全凭阴德"的观点。善书之外，他也曾撰写了《四书删正》《增订二三场群书备考》等科举考试的参考书。这种举业之学与善书实践合并的学问、思想体系，或许正是编撰《棘闱夺命录》及其与《举业琐言》合刊的源头。

《棘闱夺命录》内容和体裁类同于笔记小说，但不会见于任何小说目录著录，在传统的四部分类中，小说隶属子部，举凡丛残小语、街谈巷议，均可纳入其中。这一门类的包罗万象，让它与经、史都有某种程度的交会。如胡应麟所说："谈说理道，或近于经，又有类注疏者。纪述事迹，或通于史，又有类志传者。"我们如果把它视为《棘闱》一书所关注的"科举文献"，倒算是恰得其所了。

（《棘闱：宋代科举与社会》，[美]贾志扬著，江苏人民出版社二〇二二年版）

绩效社会的暴力和自由

余明锋

一、绩效：词语与现实

"绩效社会"是一个新词，绩效却不然。更准确地说，作为一个哲学概念的"绩效社会"，在汉语世界是近几年才出现的新词；而与此形成鲜明对照的是，"绩效"这个词早就融入日常语言之中，渗入我们对于自身的理解。无论是讲授管理学理论的专家们，还是从事管理实践的企业主，甚至医院、大学等各式机构的各级管理者，也都把"绩效"这个词挂在嘴边。绩效或KPI更是精确丈量着每一个"打工人"的日常步伐。

我们已然深处"绩效"的无形支配之中，欲罢不能。而"绩效社会"正是有关于此的一个反思性概念。这个概念的兴起，首先就和我们身处其中的社会现实有关。当下社会，特别是一线城市，已然进入到一个绩效主宰价值评价，并且绩效主宰的负面效应已然充分显现的阶段。一种过于亢奋的、仿佛无止境的物质追求和过于忧郁的、仿佛无尽头的倦怠感同时在社会中蔓延。"内卷"和"躺平"这两个词的流行，正是这种亢奋和抑郁之一体两面的表现。我们每一个人都感同身受。

"绩效社会"概念近几年的兴起乃至流行，在另一方面，和韩裔德国思想家韩炳哲分不开。韩炳哲一九五九年出生于汉城，后来前往德国求学。他原本的研究领域是海德格尔哲学，他的思想底色中也一直留有海德格尔的身影。近十年左右，韩炳哲发表了一系列对当下社会做出诊断的小册子，并因此成名。

韩炳哲的小册子在全球阅读市场上的爆红，我以为也是一种社会现象。一方面，他的论述直指当代社会病症，总体来说可谓一种社会病理学考察，尤其是对当代西方社会的病理学考察。不过，在一个已然全球化的时代，他的考察不仅在西欧和北美，而且也在东亚等高度现代化的社会引起了广泛的共鸣。读者在他的诊断中很大程度上读到了，部分意义上也读懂了自己的生活。另一方面，他的论著篇幅都极为短小，可即便在这短小的篇幅之内，论述也呈现出很强的"片段性"，而这也正符合他所诊断的绩效社会的阅读习惯，满足了这种"浅阅读""快阅读"的需要。韩炳哲在这个意义上不但做了诊断，而且还卓有成效地运用了这种诊断。

二、暴力的变形：从规训社会到绩效社会

无论如何，韩炳哲尤其长于以极简的文字做种种社会病理学诊断，而其中最为根本的诊断乃是绩效社会，他对社会、心理、艺术和政治等领域所做出的广泛诊断事实上都围绕于此。

以思想史的眼光看，韩炳哲的"绩效社会"概念是针对福柯的"规训社会"概念提出来的。他在著作中看似常常批判福柯或受福柯影响的当代理论家（如阿甘本等），可其实他正借着这种批判才提出了自己的基本观点，才为自己的病理学诊断做了清晰的定位："福柯的规训社会由监狱、医院、兵营和工厂组成，它无法反映今天的社会。他所描述的社会早就被一个由玻璃办公室塔楼、购物中心、健身中心、瑜伽馆和美容医院组成的社会所取代。二十一世纪的社会不是规训社会，而是绩效社会。"（韩炳哲：《暴力拓扑学》，128页）

绩效社会的概念虽然在很大程度上因为韩炳哲而流行，但是我们必须补充说，这个概念并不是他发明的。事实上，"二战"后尤其是冷战后，在西方的政治学、社会学和心理学论述中，绩效社会是一个早已有着很多学术讨论的概念。但韩炳哲做了一种哲学上的概

念提纯,通过思想史参照系的建立,将之提升为一种有着社会诊断和时代批判意义的历史哲学概念。具体来说,"规训社会是一个否定性的社会",相应的情态动词是"不允许"(Nicht-Dürfen)和"应当"(Sollen,韩炳哲:《倦怠社会》,16页)。而绩效社会是一个肯定性的社会或积极社会,一个被激励机制所鼓舞的社会,它所对应的情态动词是"能够"(Können):"禁令、戒律和法规失去主导地位,取而代之的是种种项目计划、自发行动和内在动机。规训社会尚由否定主导,它的否定性制造出疯人和罪犯。与之相反,绩效社会则生产抑郁症患者和厌世者。"(同上)然而,一个积极进取的社会为何会批量生产"抑郁症患者和厌世者"呢?

韩炳哲的绩效社会论,最重要的在于强调,从规训到激励的转变并非自由的实现和暴力的消失,而是从他者的否定性暴力到自身的肯定性暴力的转变。也就是说,通常的暴力现象和暴力概念正以否定性和他者性为基本特征(暴力通常是由他者施加的,或者是施加给他者的,并且无论其陈述还是实施通常也都以否定性为特征),而我们所面临的是一种新型暴力,并因其肯定性和自身性而不易被觉察。韩炳哲的绩效社会论因此根本上主张,暴力在当今社会完成了从否定性向肯定性、从他者性向自身性的突转。

相应地,韩炳哲针对福柯的"生命政治"而提出了"精神政治"或"灵魂政治"的概念。"生命政治"的概念之所以要让位于"精神政治",是因为现代资本主义的生存模式已经发生了决定性的转变:"因为今天的资本主义是由非物质和非肉体的生产模式所确定的。被生产的不是物质的,而是像信息和计划这类非物质的东西,作为生产力的肉体再也不如在生命政治性规训社会那么重要了。为了提高生产力,所要克服的不再是来自肉体的反抗,而是要去优化精神和脑力的运转程序。优化思想逐渐取代了规训肉体。"(韩炳哲:《精神政治学》,33—34页)韩炳哲以此又从生产力形态的转变论述了他的绩效社会论。绩效社会不但完成了暴力从否定性向肯定性、从他者性向自身性的突转，而且也完成了从肉身向精神的转变。也因此，《暴力拓扑学》《精神政治学》和《倦怠社会》一起构成了他阐发绩效社会的主要著作。

要言之，暴力并未消失，而是伪装成自由的形态隐蔽地出场。可问题在于，自由何以变成了一种强制？并且甚至是一种比规训更深入、更普遍的强制？首先，"应当"的形态是触目的、范围是有限的，而"能够"的形态是积极的，范围则近乎无限，绩效社会的"能够"于是比规训社会的"应当"更让人不加防备，也更加无可防备。其次，在绩效社会的量化考核体系中，这种强迫是每个人加给自己的，是一种精神性的自我统治和自我管理，是一种无边的"自裁"和"自我剥削"。我们每个人都成了"自己的企业主"，沉溺于内在而隐匿的自我暴力。于是，绩效社会在一方面风行廉价的"鸡汤"和亢奋的"鸡血"，在另一方面又落入无尽的抑郁。这种普遍的抑郁既是自我压榨之后松懈下来的无力，也是进一步升级自我压榨的无能，还是猛然省悟到无边无意义的绩效追求之后的内在颓丧。"抑郁症和过劳症这些心理疾病表达了自由的深度危机。这些都是今天自由向强制转化的病理性征兆。"（《精神政治学》，2页）这种亢奋和抑郁的交织正是我们时代典型的内在性状况。韩炳哲又用"被束缚的普罗米修斯"来形容现代绩效主体："一只鸷鹰每日啄食他的肝脏，肝脏又不断重新生长，这只恶鹰即是他的另一个自我，不断同自身作战。"（《倦怠社会》，1页）绩效社会因此也是一个倦怠社会。

三、反思：规训与绩效的交织？

在勾勒了韩炳哲对绩效社会所做的病理学考察之后，我们要指出，他的绩效社会论确实有着切中时弊的洞见，可也有偏颇之处。我们不能停留于介绍韩炳哲的思想，而是要对他的考察做出批判性考察，接着他的洞见去更为深入地分析我们时代的精神现象。

首先要追问的是，我们真的如韩炳哲所断言的那样告别了"规训社会"吗？从规训社会向绩效社会的范式转换，实际上是从政治主导向经济主导的范式转变。就此而言，这个断言在相当程度上是成立的，因为我们时代的政治也以经济建设为中心，因为民族国家之间的竞争更多地呈现出科技-资本竞争的形态。可政治并未消失，政治毋宁是人之为人的生存现象，它可以隐匿却并不会消失。当民族国家之间的对抗随着全球化的受阻而愈发尖锐的时候，原本看似消除的对立、原本隐匿的政治又以显赫的姿态回归了。并且这种回归的政治对外不只是贸易的，而且也是划分敌我的；对内不只是绩效导向的，而且仍然是规训的。哪怕发达资本主义的"自由社会"在相当程度上也仍然是"规训社会"。韩炳哲的论断因此有着夸大其词的嫌疑。再比如，韩炳哲对弗洛伊德做了一种历史化解读："弗洛伊德的无意识概念不是一种超越时间的存在。它是压迫性规训社会的产物，如今我们已经逐渐与之告别。"（《倦怠社会》，66页）类似的段落虽然充分彰显了韩炳哲的哲思想象力，可也体现了他过于夸张的断言。公允地说，二十一世纪除了是规训社会，还是绩效社会。

其次，他异性并未真的消失。在《倦怠社会》中，韩炳哲主张当代社会的问题不是对他者的排斥，而是他者的消失。所有的他者都丧失了他者性，陷入了自恋型主体的同一性暴力。他由此反驳当代理论家（如意大利思想家埃斯波西托）从免疫学模型出发的社会诊断。他提出，以否定性为特征的免疫学是二十世纪的范式，"二十世纪是免疫学的时代"（《倦怠社会》，4页）。而二十一世纪的范式则是由"过量的'肯定性'"所导致的各种精神疾病，其中尤以抑郁症为代表："从病理学角度看，二十一世纪伊始并非由细菌或病毒而是由神经元主导。"（《倦怠社会》，3页）规训社会和免疫模式互为表里，相应地，绩效社会也和同一性模式互为表里。以政治学的语言来说，从规训社会到绩效社会是"内政"上的转变，从排他的免疫模式到同一性模式则是"外交"上的新政。然而,与规训社会过时论一样,免疫模式过时论,同样存在夸大其词的嫌疑。"免疫学范式和全球化进程彼此不能相容"的论断恰足以印证这种夸大其词(《倦怠社会》,7页)。我们无疑处在一个全球化的时代,可近几年的全球化状况充分说明了"他者"的现实存在。新冠疫情更是表明免疫学模式并未真的过时。当然,与民族国家之间乃至不同的文明体之间的冲突相比,当下世界的芸芸众生确实更多地生活在"过度生产、超负荷劳作和过量信息导致的肯定性暴力"之下。可否定性暴力并未真的退出历史舞台。

再次,不但绩效社会仍然是规训社会,而且规训社会在很大程度上其实已然显现出绩效社会的要素。生命绩效化的年代并非从二十一世纪才开始,而是早已来临。十九世纪中叶以来的工业流水线已经是全面绩效化的基本隐喻。只不过当下的技术发展,使得这种自我暴力的手段进一步升级。我们不仅能够称量体重,而且能够计算步数;流水线不仅在工厂里,而且通过智能手机被我们随身携带了。从"流水线"到"平台"和"快递",我们完成了一次绩效社会的升级。现代技术带来的绩效考量的无孔不入,确实使得绩效考量升格为时代的精神特征。并且,这种深入现代原子内部的绩效考量也使得外部管制在很大程度上可以变得隐匿化和内在化。因此,尽管韩炳哲的论述有着夸大其词的问题,我们仍有必要明确提出绩效社会的概念。

最后,韩炳哲的绩效社会论忽视了传统绩效论的一个重要方面。在战后的政治学、伦理学和福利经济学论述中,绩效首先是一个正义原则。市场导向的社会定然会有财富分配的不均,而绩效原则为这种无可避免的不平等现象做了合理化论证。用通俗的话来讲,富人之所以富有,是因为他们有冒险精神、他们有经营和管理的才能等等。总之,那是他们的绩效。事实上,以身边的现实来看,以绩效为评价标准的单位,也仍然被认为是比较公平的,至少是让大家都感到无话可说的。这也是我们在深切体察了量化考核的种种弊端之后,仍然不得不奉行之、拥护之的重要原因。然而,作为正义原则的绩效有着诸多前提,其中最为重要的是机会均等原则。如果没有机会均等的保障,那么以绩效来做合理化论证,就是掩人耳目的伎俩了。而如果一个社会没有在大体上落实机会均等的原则,绩效主体又会反过来对"起点"进行残酷的竞争。所谓"不能让孩子输在起跑线上"也就成了绩效社会的另一种景观。当下社会的教育乱象,不正与此颇有关联?反观韩炳哲,他的绩效社会论虽然有着清晰的批判意旨,可因为他一味强调当代历史的断裂性,这就造成了某种严重的偏颇,反而使得这种时髦的社会绩效论丧失了传统绩效论在分配正义问题上所蕴含的批判性。

四、自由的困境:现代性承诺的落空?

在指出韩炳哲的偏颇和夸大的同时,我们仍然要说,即便夸大其词,可他的诊断仍有切中时弊的意义,值得我们严肃对待。而其中尤为值得深入探讨的,是现代性的自由承诺的落空。

我们现代人的历史意识与现代社会的自由承诺分不开,因为正是这种自由的承诺,使得现代自觉地区分于古代并以进步的姿态走向未来,由此打开了现代人的历史意识。这种历史意识集中体现在黑格尔的主奴辩证法当中。停留于主奴区分的主人并不真的自由,从事劳动的奴隶反而抓住了自由的契机,历史也将在人格平等的相互承认中终结。而这种终结也就意味着主人和奴隶的一同消失。冷战结束后,日裔美国政治家福山看到了这样一幅愿景的实现,于是他提出著名的历史终结论。可我们今天在绩效社会所看到的,一方面是以绩效考核为导向的工作丧失了解放的潜能;另一方面,则是奴隶和奴隶主并未真的消失,而是内化成了我们每一个人。现代的自由理解以成功的自我主宰为模型，可自我主宰在现实中显现为一种自我奴役。于是，在前现代社会仍然大量存在的非奴役状态下的自由，在现代社会反而被大规模地剥夺了。

当然，黑格尔仍然致力于推进现代性的自由承诺，他并没有朝这个方向设想自己的主奴辩证法，这也是他和尼采的重大区别。尼采的"末人说"正是在现代社会的终局看到了普遍的无意义状态，而韩炳哲的绩效社会论进一步断言，这种普遍的无意义状态还是普遍的自我奴役状态。放弃超越性的末人并不如他们自己所以为的那般幸福。现代的合法性基于一种自由的承诺，而规训社会和绩效社会的论题所揭示的正是这样一种承诺的落空。无论福柯式规训社会，还是韩炳哲所谓的绩效社会，承接的都是韦伯以来的合理化命题和霍克海默、阿多诺的启蒙辩证法的思想。所有这些思想家都在提醒我们，要小心解放本身带来了新的奴役！"如果我们将主奴辩证法理解为自由的历史，那就还不能谈论什么'历史的终结'。我们离真正的'自由'还差得很远。今天的我们尚处于一个主奴一体的历史阶段。"（《爱欲之死》，40页）如此说来，我们不再是主人，也不再是奴隶，可也不是真正意义上的自由人，而是"主奴"或"奴主"，是主奴一体的形态，是自由的假象？

无论如何，只有当我们戳破自由的假象，批判现代性过度的自由承诺，才能摆脱现代人的自由和解放的焦虑，摆脱由此而来的新的奴役形态。或许，自由人的普遍承认是一个过于乐观的历史愿景？无论如何，我们还要承认人的有限性、生命必然包含的否定性，和人群无可免除的他异性，并在这样一个人性自然的地基之上重新理解我们的自由。

（《暴力拓扑学》，[德]韩炳哲著，安尼、马琰译；《倦怠社会》，[德]韩炳哲著，王一力译；《精神政治学》，[德]韩炳哲著，关玉红译；《爱欲之死》，[德]韩炳哲著，王一力译。以上皆中信出版集团二〇一九年版）

三店史话

冯淼

《读书生活》与城市劳工的知识革命

一九三五年春天,《读书生活》杂志"青年创作"栏目编辑夏征农给作家茅盾寄去了十七篇文学作品,希望茅盾能给出一些建议。这十七篇作品此前都已经在栏目中刊出,文章作者不是职业作家,多数是城市劳工。茅盾此时已发表长篇《子夜》,受到读者青睐。但他尚未见过夏征农,也并不熟悉杂志的作者群。他以《给我未会面朋友的信》为题,回复了夏征农。茅盾从"题材""人物描写""情节的展开"等方面评析了这些文字。他认为,除了题材广泛这一点值得称赞外,这些作品都是失败的。他建议作者丰富生活经历、提高文学技巧。然而,夏征农并不认同茅盾的评析和建议,认为城市劳工有着丰富的生活,提高文学技巧的建议也没有触及问题的本质。茅盾与夏征农围绕《读书生活》劳工写作产生的分歧,指向了三十年代城市革命文化实践中的诸多重要问题。三十年代革命在城市当中受到前所未有的挑战,以何种方式在劳工中推动革命?革命知识分子引导劳工读书写字的意义何在?如何评价劳工创作?这些问题对于身处城市革命实践中的夏征农和他在《读书生活》杂志的同事来说,重要而紧迫。

《读书生活》杂志是三联书店之读书生活出版社的前身。这一杂志的创设与其服务的城市读者群体息息相关,它脱胎于位于上海南京东路的《申报》流通图书馆和其读者指导部。该图书馆登记在案的读者的年龄多数在十六岁到二十五岁之间,多是有初等识字水平的店员和职员,有旧式店铺零售业商铺店员、帮工和学徒,也有报社校对员、电话接线员、学校清洁工人等底层职员。店职员是三十年代中国劳工当中极为少数的识字群体。根据时人顾准的统计,三十年代末上海大概有二三十万新旧行业店职员。他们多数出身相对富裕的农民家庭,有小学、中学文化,随着农村破产,来到城市。印刷产业发达的沿海通商口岸城市满足了他们读书看报等文化需求,他们也成为文化政治的动员对象。

据《申报》流通图书馆统计,读者借阅的书籍以"文学""社会科学""应用科学"为主,其中文学约占四成,社会和应用科学占四成,自然科学、哲学、美术和其他占两成。图书馆读者指导部的主要功能是与读者交流有关读书的问题,主要通过问卷和通信的形式展开,其中的一些文字刊登在《申报》"读者问答"栏目中。读者来信交谈的内容广泛,涉及语言写作、社会科学、自然科学、人生哲学、时事外交等,鲜明生动地体现出识字劳工的求知欲望。比如读者李思齐在来信中谈其自学经历。他由于经济原因辍学,平日忙于生计,朋友不多,时常感到枯寂,于是阅读文学,尝试写作。"一·二八"淞沪抗战后,他开始关注社会科学,觉得社会科学的讨论使得他对国际问题"有了一些概念"。但他意识到对于他来说,读书必须考虑到生计,所以希望指导部的编辑能够传授一些"高效"读书自学的方法。

与读者交流的经历使得指导部的编辑深刻地感受到,城市劳工不仅读书写字,而且需要基于他们劳工生活的指导和教育。一九三四年十一月十日图书馆成立两年,半月刊《读书生活》应运而生。《读书生活》创刊词将他们的读者定义为中国"少数中的多数",因为这些店职员劳工读者识字,所以是中国的"少数"。同时,他们又是为了生计而奔波的劳苦大众,所以又是中国的"多数","他们那读书的态度因着生活的不同"。这份杂志希望发展不同于学校的、植根于劳工生活的新教育。

杂志和读者指导部主要的编辑包括负责文学方面的夏征农，哲学科学的艾思奇，社会科学的柳湜。大革命落潮后，中共革命力量转向农村的同时，上海等城市也聚集了一批从大革命前线退下来的革命党人，以及由日本、欧美等处归国的革命知识分子。他们成为三十年代城市当中持续推进革命的主要力量。其中就有从南昌大革命前线转移到上海的共产党员夏征农，从长沙前线经由江苏转移来到上海的共产党员柳湜，以及从东京留学归国的艾思奇。这三个人通过《申报》图书馆馆长李公朴、左翼作家联盟和社会科学家联盟，聚集在《申报》流通图书馆读者指导部。他们还吸纳了高士其、廖庶谦、曹伯韩、陈楚云、陈望道、钱亦石、沈志远、薛暮桥、胡绳、石凌鹤等进步青年为读者讲解自然科学、社会科学、文学艺术等知识。为后人所熟知的《大众哲学》《街头讲话》《如何自学文学》《社会常识读本》系列等马克思主义社会科学通俗读物，最初就是他们以与读者通信、笔谈和系列讲座的形式连载于半月刊《读书生活》上的。

这些马克思主义通俗读物在当时的城市读者中广为流行，被大量印发和转载。长久以来，中外研究者都指出这些读物是二十世纪马克思主义"中国化"和"大众化"的典范。然而，很少有人注意到这些读物最初服务的对象是城市劳工，产生于三十年代特殊的文化政治时刻。

大革命落潮后，劳工和政治运动不再是中国革命的前线。在这种情况下，思想文化成为城市革命的重心。革命知识分子也更多地通过公开的手段和平台发展革命文化与宣传。但此前大革命时期"留声机"式的、依托于军事情势的鼓动宣传，很难在国民党统治下的城市中继续推行。此时中共因遭到国民党围剿，组织生存遭到巨大威胁，并不能产生满足新的城市革命形势的文化和宣传机制。聚集在城市的革命党人和知识分子，必须自觉地寻求新的路径和形式推进革命。正是这样的时刻，聚集在《读书生活》的革命知识分子开始探索和实践思想与文化促进社会变革的可能性。

基于城市劳工日常的学习与教育是《读书生活》思想文化实践的核心。翻开这份杂志，随处可见的是征文启事，向读者征求记录生活的文字。编辑柳湜将征集到的、由劳工撰写的自传体散文和日记发表在"生活记录"专栏。一九三六年发行的专栏合集搜集了包括船夫、小贩、士兵、农民、工人、编译、校对、练习生、学徒、店员、小姐、婢女、和尚、校工、师爷在内的城市底层记录的日常。与此同时，编辑夏征农鼓励劳工读者基于这些生活记录，撰写提炼生活中的"典型"。比如"生活记录"常见失业的经历。他就建议劳工作者不仅记录自己的失业经历，还要撰写"典型"的失业故事。他启发劳工作者以文学的形式相互讲述和交流生活经历，发掘其中的普遍之处，激发劳动者之间的"同情"和"怜悯"，而非竞争。艾思奇、柳湜等在各自栏中刊登读者对国际、社会新闻的看法，与读者讨论这些现象与自己生活的联系。

《读书生活》在城市读者中广为流行，被视为是马克思主义"大众化"的典范。但刊物上的这些文章不仅文字通俗易懂，更重要的是艾思奇、夏征农等试图给予大众一种语言和思维方式，以此认识生活和世界。夏征农、艾思奇等人的系列文章无一例外的都是对具体的劳工生活经历的回应和解析。他们写给读者的回信和时事评论，文字顺畅，思路清晰，不仅可以感受到其马克思主义理论修养之深厚以及对语言的驾驭能力，更能深刻地体会到其对读者思维逻辑推进式的引导和教化。他们的文学、哲学、社会科学教育将"资本主义"和"殖民压迫"等十分抽象的结构性的社会经济矛盾转化为个体劳动者的生活经历。资本和阶级的矛盾变成了鲜活、具体和细腻的经历和体验。

夏征农和柳湜更组织劳工写作,激发劳工深入认识感受生活。在他们看来,文学创作是劳工描述和认识世界的过程。受李初梨等人的影响,夏征农坚持文学的教育和组织的功能。他说,文学的作用不是像社会科学一样根据事实分析直接告诉读者如何如何,而是要读者自己从中感受体会。针对"生活记录"专栏中展示出的劳工强烈的个人情感和经历,夏征农在指导劳工创作的讲座中说,情感既不是普遍的,也不是个人的。他提出不同的生产关系和由其决定的经济条件,将导致不同的生活方式和状态,而"同情"往往产生于属于同一生活方式和状态的人们之间。文学由此能够启发劳工大众自身对于周围事物和日常经历的认知,调动劳工大众的情感,组织他们的生活,激发"同情"。

然而,劳工作者的文字并不令人满意,很多篇什都显得颇为琐碎,甚至并不顺畅。这大概正是本文开篇提到的、茅盾在阅读夏征农寄去的十七篇文字时所感受到的。但茅盾并非不支持大众文化实践,他在不久前有关无产阶级文艺大众化的讨论中,提出了"政治革命"与"文化革命"谁先谁后的重要问题。在他眼中,三十年代中国的革命文化实践仅仅能做到革命知识分子走向大众,熟悉劳工生活,提高知识分子自己的思想,大众创作的价值也仅在于此。文学、写作、艺术,乃至文化生产依然是知识分子的职业实践,大众与之尚有距离。没有政治革命的成功和宽松的政治环境,真正的无产阶级革命文艺就不会出现。

但是,在夏征农等的眼中,革命文化源自基于劳工日常的学习与教育,政治革命的成功并非前提。劳工大众记录、书写、反思日常,恰恰是在发展一种革命性文化,孕育更彻底的社会变革。在夏征农看来,茅盾指出的"人物描写"和"情节"展开等问题更能说明这些劳工还缺乏对生活和社会的整体性认识。劳工创作文学的过程，就是劳工在革命知识分子的引导下，持续认识生活和社会的过程。作品的"文艺性"乃至写作"技术"等问题，都有可能在这一过程中得到推进。尽管缺乏技巧，认识有待提高，但只要劳工大众持续创作，赋予劳工日常以意义，他们就在发展和缔造一种不同于精英主义和消费主义的大众文化。这种革命性的教育和大众主体上的自觉是此刻在城市当中深化和延续革命所不可或缺的。

夏征农在给茅盾的公开回信中，热情洋溢地鼓励刊物的劳工作家说："你们多数是店员学徒、体力劳动者，你们的生活，就是最有普遍性、最有积极意义的、站在社会尖端的生活。只要你们不是有意把自己的生活孤立起来，你们认清自己的生活是包含在社会生活里面，使自己的活动成为社会活动的核心，那么，就可以说，你们是有丰富生活的，对生活是有深切体验的。"

茅盾显然更加注重文学作品和作家技能，相比之下，劳工的文学作品之于夏征农，仅仅是革命教育和文化实践的衍生品。他更注重劳工的学习和教育本身。

夏征农等围绕这份杂志组织城市劳工读书写作的历史，使得我们从一个侧面捕捉到了左翼文化政治出现的初始时刻。在政治经济革命落潮之时，基于城市劳工生活的革命文化实践成为中国共产党延续革命的手段。在这样的契机下，革命知识分子积极思考自身与革命，知识文化与政治之间的关系，深化革命。他们在思想和文化上的诉求与实践从根本上拓展了中国革命的范围，丰富了革命的内涵。

《读书生活》的革命文化实践并非特例。中共在六人二次会议后陆续组织扶持多个领域的左翼知识分子联盟，整合左翼知识分子，这些知识分子在三十年代文化实践的一个重点，就是将底层特别是体力劳动者的经验纳入到文学、社会科学、美术、戏剧、电影、语言、教育、音乐等各个领域，创建大众的革命文化。艾思奇、夏征农等革命知识分子此时对于社会科学、文化文艺理论的深入研究，面向普罗大众的文化宣传活动，为中共提供了重要的理论资源，改变了党早期在马克思主义理论，特别是科学社会主义理论和宣传方面匮乏的局面。一九三六年二月读书生活出版社在上海斜桥弄开张，出版的第一本书是艾思奇《哲学讲话》，后经修改更名为《大众哲学》。此后出版印刷了系列马克思主义通俗读物。毛泽东在一九三六年指名要求购买其中部分读物，并将其运送到延安，作为根据地群众和干部教育的经典教材。艾思奇、柳湜等《读书生活》知识分子在全面抗战爆发后陆续奔赴抗日根据地。这一批在城市革命中历练的革命知识分子也成为根据地思想文化教育以及革命理论研究的骨干。

《读书生活》是一份聚焦城市劳工读书生活的杂志，它的创建与发展折射出三十年代革命在城市的延续和发展。这份杂志也见证了左翼文化政治的初始时刻。

《读书》编辑部编辑

主管：中国出版传媒股份有限公司
主办、出版：生活·读书·新知三联书店有限公司

总　编　辑：肖启明
副总编辑：
主编（兼）：常绍民
副　主　编：刘蓉林
编　　　辑：饶淑荣／卫纯
出版运营：张惟
装帧设计：陆智昌／薛宇　印制主管：张雅丽
发行总监：周旭（010）84681050
读者服务电话：(010)84050425　84050451
邮购地址：北京市朝阳区霞光里9号B座
三联生活传媒有限公司　邮政编码：100125

《读书》微信公众号
扫码购买《读书》杂志

投稿邮箱：sdxdushu@vip.sina.com

地址：北京美术馆东街22号
邮政编码：100010
印刷：北京中科印刷有限公司
国内总发行：北京报刊发行局　国内代号：2-275
广告经营许可证号：京东工商广字第0063号
ISSN 0257—0270　CN11—1073/G2

摩登大观园：当20世纪中国女性遇到媒体

长久以来，传统中国女性给人的印象多半是无声的、顺从的、不轻易抛头露面的。然而，随着时代的演进，女性的思想与成就渐渐有了不一样的发展。20世纪的女性，开始呈现了不同于以往的崭新风貌，中国女性在公共场所的曝光率不断升高。

本书特别选择游鉴明从2001年迄今的个人研究，通过本书可以看到，不管是20世纪初期或中叶，还是中国大陆或中国台湾，媒体中的女性论述或对女性知识的建构穿越了时空。通过多元搜集的报刊史料与不同角度的言论文章，本书将当时大众的女性形象再现于今日的读者眼前，并借由对这些现象的探讨，使我们得以建构更完整的概念。

ISBN: 978-7-100-20599-3
游鉴明 著
定价：68.00 元

独立与归属：民国新女性的精神史

"新女性"的命运是中国现代化历程的一个重要缩影，她们身上的精神性追求及其内在困境，能最真切地反映中国现代人格重塑过程中的张力与缺失。本书以"离家"作为新女性生命史与精神史的起点；离家在开启她们追求独立之路的同时，亦使得"归属感"问题始终如影随形。独立与归属这两方面的紧张关系在此后的"学潮""爱情""革命"以及"物质"等历史环节中都有充分体现。在这一过程中，亦可感受到现代人格内在的主观性倾向，及其得以形成的复杂的社会历史情境。

ISBN: 978-7-100-20906-9
杭苏红 著
定价：48.00 元

官方微信

地址：北京市东城区王府井大街36号　邮编：100710　业务电话：010-65278537, 65126429　传真：010-65249763
邮购：040-65258899-9282　网址：www.cp.com.cn

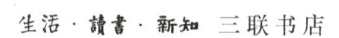

满天星斗：苏秉琦论远古中国

苏秉琦 著，赵汀阳 王星 选编
定价：89.00 元

编者对苏秉琦先生的文章进行精心编排，先从宏观角度探讨中国文明的起源问题，同时提纲挈领地梳理几大区系文化的渊源、特点和发展，介绍划分和界定文化区系的考古实践工作中一些基本的原则和方法。

本书收录苏秉琦先生的经典之作《瓦鬲的研究》等136篇文章，带领读者探寻精彩多样的远古中国。

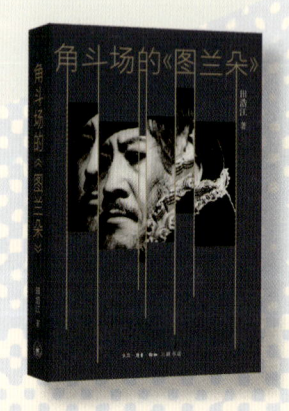

角斗场的《图兰朵》

田浩江 著 定价：98.00 元

歌剧殿堂众神的黄昏，
黄金一代的艺术传奇

**是迷人的艺术
更是壮阔的人生**

地址：北京市东城区美术馆东街22号 邮编：100010

读书

9 / 2022 / September

姜宇辉　游戏何以政治？

于京东　鹅棋：命运游戏与意外之旅

王小章　历史能不能假设？

王　英　法兰西的女性世界

郑　伟　夷夏之辨与华夏正音

孙　郁　鲁迅故旧亲历者

· 文墨与家常 ·

中华哲学的终极性与信仰性

王蒙 文　康笑宇 图

　　表面上看，中华文化里没有一个统一的强大的宗教信仰。

　　孔子说，"朝闻道，夕死可也"，表达的是道的终极性与信仰性。孟子则干脆提出"杀身成仁""舍生取义"。文天祥的《正气歌》，表达的正是信仰的忠诚与激情，自信与坚忍。革命烈士的诗篇"砍头不要紧，只要主义真"，也现出中华文化的信仰的力量。

　　曾子则说："夫子之道，忠恕而已矣"，这是曾子对孔子思想体系的家常化。同时孔子又讲："敬神如神在""不语怪力乱神""敬鬼神而远之"，表达了他对于民间多神文化、家常神文化、人格神文化、民粹神鬼文化的不挑战、适当敬意、拉开距离的智慧与火候拿捏。设想当年，很难做得比他更清醒适度。

　　孔子强调丧葬大礼、隆重祭祖、慎终追远，他是作为义礼、礼义来强调的，他信仰的是义理与礼法，不是神鬼。当然，他也不嘲讽贬低神鬼，不作神鬼民粹的对头。老子则更哲学，他强调的天，既是自然的存在，又是道的依据与源泉。老子的终极概念是道。孔子的终极概念也是道，是天性、天命、天心。朱熹的天理与冯友兰的"新理学"，与孔老的重道是一致的。王阳明的心学、心即理、知行合一，离不开孔孟的性善说、道德上的天人合一说，庄子的自然意义上的天人合一说，佛禅的境界说。

　　而道也就是后世所说的理、规律，还有天网的全面与恒久覆盖，是生的源头与灭的归宿，是先验的大神一般的概念。

　　西方的一派神学理论，认定终极眷顾——终极关怀就是神学。中华传统文化中的士大夫走的不是上帝的儿子、耶稣的母亲、圣徒与天使、菩萨与诵经、祈祷、礼拜的人神与神人的路子，而是追求一个高大上概念，在精神世界中缔造一个概念神的思路。

读书

9

DUSHU

2022

姜宇辉　游戏何以政治？ 3
于京东　鹅棋：命运游戏与意外之旅 13

王小章　历史能不能假设？ 24
阿嘎佐诗　像人类学家一样思考"价值" 33

段　炼　矛盾两面人？ 42
陈忠平　黄远庸暗杀案档案揭秘 50

短长书

拥书万卷的李谧　读书看画　朱万章 59
空间、回忆与文学　陈聃 63
遇见赛博幽灵　黄丹 69
鲁迅致母亲的一封残简　刘运峰 73

王　英　法兰西的女性世界 76
陈晓琳　爱情的另一面 85

郑　伟　夷夏之辨与华夏正音 93

查屏球	来去自由神俗通	………… 101

陈　恒	不灭的亚历山大大帝	………… 110
葛承雍	长城研究三百年	………… 119

品书录 ………… 127

"桑格热"之后（马姝）·创造夏娃：一部漫长的厌女史（周凝、刘佳滢）·明代中国的方志统治与知识世界（黄修志、郑嘉琳）·《南货店》中的"轻轻腔"（钱天国）

林雅华	"黎明前的一缕微光"	………… 147

孙　郁	鲁迅故旧亲历者	………… 154
于化民	似水流年忆闻兄	………… 162

范世涛	直面中国问题：一个左翼书店风格的由来　三店史话	
	………… 170	

读书短札

元和脚与元祐脚　北窗读记（刘涛，12）

刘以林	漫画	………… 118
王蒙　康笑宇	文墨与家常	………… 封二

姜宇辉

游戏何以政治？

近年来伴随着电子游戏（本文中的游戏皆指电子游戏）飞速而火热的发展，各种以"ludo-"为词根的合成词也开始在文化界和学术圈层出不穷。其中"游戏政治学"（ludopolitics）无疑是最引人关注，亦颇令人深思的一个概念。这或许是因为，它第一眼给人的印象远非是移花接木之妙，而更有几分生搬硬造的荒诞。游戏和政治，不说是水火不容，至少也是泾渭分明。游戏是娱乐，而政治总是严肃的；游戏是玩具，而政治总是事业；游戏的人随聚随散，缺乏根本的凝聚力，而政治则总是致力于塑造、建构一个共同体。更进一步说，一旦进入游戏，那似乎就意味着你开始远离生活，不关心世事；但政治正相反，它总是要求我们积极地介入到现实之中，甚至主动地去改变世界。

那么，当游戏政治学将这两股看似如此对立的力量拉在一起时，其背后的动机和理据到底又是什么呢？说到底无非两个。从动机上说，这正是要克服游戏跟生活、娱乐与严肃事务之间人为划定的二元对立。当游戏迅猛发展之际，它必然要突破种种既定的边界，重组既有的秩序。如今的游戏，不仅不是生活的"外部"和"别处"，而更倾向于成为基本的形式和架构。同样，今天的娱乐，也早已不是边缘的产业，而摇身一变成为消费社会和情感工业的中流砥柱。也正是因此，从理据上说，将游戏和政治关联在一起，不仅是有趣的，更是有意义的，进而由此向研究者们提出了至关重要甚至迫在眉睫的根本问题。如果我们在广义上就将政治理解为"众人之事"的话，那么游戏所关涉到的不仅是越来越广泛的"众人"，而且更是越来越触目惊心的"事"：游戏的人，到底是在一步步迈向自由之境界，还是一步步堕入控制之陷阱？自由与控制之难题，正是游戏政治学的最核心议题。

这一点在该领域的两部代表作中呈现得尤为明显。较早关注游戏之政治意涵的学者无疑当属伊恩·博格斯特（Ian Bogost），他自己不仅在游戏理论和哲学理论方面有精深的造诣，更难能可贵的是，他同时还是一位小有名气的游戏设计师。将抽象的思辨与具体的设计密切结合在一起，让他的研究很有见地。在他数量不小的研究著作之中，很多都涉及政治这个议题，但《说服力游戏》（*Persuasive Games*）无疑最为聚焦和深入。这里，博格斯特虽然并未明确使用"游戏政治学"这个说法，但却从三个本质性的维度深刻探讨了游戏与政治之间的连接，不妨将其大致区分为由浅入深的三个层次。

首先是主题或内容。很多游戏都或明或暗地带有政治的含义，这几乎是游戏玩家们的共识。将严肃、沉重甚至有几分残酷的政治话题纳入到看似轻松肤浅的游戏之中，这早已是游戏设计和产业之中的一个惯用手法。那么，当一个设计师将一个极为沉重的政治事件变成游戏主题的时候，他真正的用意到底是什么？除了意识形态方面的考量之外，实际上还存在着两个颇为重要的动机。一个是纪念和缅怀。仅从这个方面看，游戏已经呈现出胜过其他纪念形式和仪式的优势。一幅纪念"九一一事件"的绘画可以让人驻足静观，一部哀悼广岛受难者的纪录片可以让人潸然泪下，但有一件事情似乎唯有游戏才能做到，那就是近乎"身临其境"的体验。在游戏之中，政治事件不再仅仅是观看的对象，也不再只是已然逝去的往昔，正相反，在屏幕之上，在玩家的眼前和指尖，它变成当下发生之事，甚至近乎亲身经历之事。观看倾颓的世贸大厦是一种感受，但亲身穿行于废墟之中,甚至呼吸着迎面而来的令人窒息的漫天尘埃,那更是一种无可比拟的体验。

由此也就触及以政治为话题和主题之游戏的另一个过人之处,它不再仅指向过去和缅怀,而更是朝向未来与筹划。在日常社会生活中,政治的话题也总是涉及对于未来的种种设想和规划。但我们总会觉得那是"大人物们"才会去、才能去关心的事情,好像跟自己的生活没有什么直接的关系。全球化、经济危机、气候灾异,这些大字眼更应该出现在新闻的头条,而很难成为朋友圈热议的话题。但电子游戏一个鲜明而强烈的政治意味恰恰在于,它极为有效而生动地将未来的政治筹划与当下的日常生活密切连接在一起。在很多的策略、经营、模拟类的游戏之中,你要做的都是一个复杂的统筹工作,其根本目的无非是让你手下的社会和国家迈向一个积极而美好的未来。在这个过程之中,你慢慢会觉得政治也远没有那么复杂和高深莫测。实际上,它很多原理都可以在游戏的界面之中轻松上手,自如玩转。游戏中的政治,不仅让每个玩家油然心生"鼠标在手,未来我有"的即视感,更可激发出一种"天下兴亡,匹夫有责"的责任感乃至使命感。

这里,也正显示出游戏政治学的下一个进阶的层次,那正是博格斯特在书中不惜花费笔墨大力阐释的"程序性"(procedurality)这个核心的概念。要深刻理解这个关键词,首先有必要辨析"过程"(process)、"程序"(procedure)和"程序性"这三个密切相关的概念。过程最为普泛,因为世间万事万物可以说都处于各式各样的发生发展运动的过程之中。但程序的含义则更为明确,范围也更聚焦,它偏重过程之中的人为限定的方面,进而尤为突出对过程所施加的鲜明的次序,规制的秩序。如果说过程总是多样的、开放的,那么程序就总是强制的、必然的。"按照程序去办事",不啻给人们施加了一个不可抗拒的命令。那么程序性呢?跟所有那些带"-ity"后缀的词语相似,它意在揭示程序的本质特征和普遍规律。但博格斯特使用这个词的时候，又增加了另外一层截然不同的批判性、政治性的含义。确实，很多优秀的游戏会让玩家更好地了解、学习、掌握规则，不仅是游戏之内的规则，也包括整个社会和世界的规则。既然今天的世界已经越来越网络化、数字化甚至数据化，那么，在电子游戏中去学习"在世"的生存法则，这似乎是再自然不过的事情。游戏化（gamification）和严肃游戏（serious game）这些潮流的兴起正是明证。

但在博格斯特看来，游戏的程序性显然不只"遵循规则"这一个方面，还包含着反思、质疑乃至批判这另一个更为关键的方面。学习、了解规则，既会让我们更好地遵循规则，在社会获取各种功利和幸福，同样也会让人获得另外一个冷静审视规则本身的视角。没错，"这就是规则"，这无疑是起点，但从这个起点出发，就会有用心的玩家进一步提出更多的反思和追问："规则一定要如此吗？""这样的规则合理吗？""今天的规则到底是如何形成的？"用博格斯特自己的话来说，真正的程序性不只是让玩家看清程序的原理，善用程序来获取实效，而且更是要在玩家的心目中去激发出证明程序、验证程序，乃至破坏、颠覆程序的种种动机与操作。这才是程序性游戏的真正政治含义所在。它先让我们看清程序，然后再反思程序，进而尝试改变程序，创造新的程序。玩游戏也可以产生出直接真实的反思、介入现实的力量，这一点在"程序性"这个概念之中真的展现得入木三分。

那么，这种反思和改变是如何达到的呢？答案就在博格斯特全书的核心概念："说服力"（persuasion）。谈到这个词，当然就会跟"修辞学"这条西方哲学的脉络关联在一起，博格斯特也明确肯定了这个重要背景。但至少在古希腊哲学之中，修辞学在柏拉图和亚里士多德那里恰好呈现出褒贬分明的双重面向，前者将修辞术视作"巧言令色鲜矣真"的伎俩，后者则针锋相对地肯定了修辞学的那种以"说服力"为纽带建构政治共同体的根本力量。其实这两个面向在游戏政治学之中皆有鲜明的体现。一方面，电子游戏作为融合媒介的极致，确实已将种种别样的、传统的媒介之中的说服力的修辞术发挥到极致，进而动用文学、视听、情感等多重力量来不断掌控玩家的体验和心智，令他们执迷不悔地沉迷其中，"娱乐至死"。"Captology"（捕心术）这个近来走红的词恰为有力的佐证。但博格斯特正是要对抗这个潮流，进而旗帜鲜明地回归亚里士多德的原初立场，试图激活"游戏说服力"的积极的政治潜能。这也正呼应着程序性具有的反思性和批判性的另一面。出色的程序性游戏也致力于说服，但那或许不仅在于说服玩家去更心悦诚服地遵守程序，而且是要说服他们去思考：如果这就是规则，我到底还应不应该玩下去，我究竟应该怎样继续去玩？此种说服力的呈现和实现方式是多种多样的，在近来的游戏作品之中几乎随手就可以举出一系列的例子。比如，《旁观者》(Beholder)以近乎窒息的方式向玩家们逼真地呈现了一个"美丽新世界"式的极权社会的运作方式。而《96号公路》则又相反，它真的是以程序随机生成的不同路线来为玩家"精心"策划了各种逃离极权国家的路线。再比如，有些游戏即便以多线程的平行叙事、多角色的互换身份为特征，但最终仍然有一个较为明显的说服式导向。如Telltale工作室的一系列作品(《行尸走肉》《蝙蝠侠》等)，会在每个关卡结束之际列出不同选择的统计数据和比例，由此无形中就给玩家施加了伦理的压力：你到底是少数还是多数？你到底是站在哪一边，正义还是邪恶？但相反的说服也屡见不鲜，因为确实有不在少数的游戏让玩家自由选择任何一个阵营而不进行任何道德上的预判，也不进行任何结果的比较，一切都留给玩家自己去进行悬测(speculation)和实验：如果我进行不同的选择，那么世界到底会变成什么样子？说服，可以是明确的引导，也可以是暗中的渗透；可以是公开的号召，也可以是隐晦的提示；可以是给出现成的答案，也可以是留出开放的问题。

然而，博格斯特这一番透辟入微的阐释仍然还算不上游戏政治学的全貌，因为他显然还是忽视了玩家这另一个重要的"政治"力量。程序性修辞也好，说服力引导也好，说到底所有的主动权还是掌控在设计师乃至开发商的手中。一个游戏之所以具有深刻的思想性，锐利的批判性，那最终还是仰赖于设计者的苦心孤诣与匠心独运。设计师的批判视角凝聚为说服力的修辞，玩家再经由此种或主动或被动的引导来重新审视自己，审视人生和世界。但麻烦恰恰在于，万一玩家根本领会不到这个说服力的要点呢？万一设计师的政治性修辞反而在玩家的"手下"蜕变为另一种毫无反思性的娱乐玩具呢？说得再直接一点，博格斯特在书中重点论及的游戏几乎大多是一些独立的冷门佳作，这样的作品即使真的得到了批评家和理论家的激赏，但惨淡的销量和狭小的市场是否也就决定了它所谓的政治性至多只能是一种修辞，而根本无法转化为现实的介入性和变革性的力量？

由是观之，利亚姆·米切尔（Liam Mitchell）的《游戏政治学》（Ludopolitics）一书恰好补充了玩家之接受和反应这个重要的缺环。这或许也是因为，作者本人更多是从一个玩家兼研究者的视角出发，由此也就多少对博格斯特的那种设计师中心的导向进行了适当的平衡和纠偏。这从作者对于游戏之政治性的基本界定就可见一斑。在他看来，它既非只是游戏的题材和内容，亦非仅局限于作品内部的程序性和修辞，而更是介于人与人之间的一种"不确定的空间"。它可以介于设计师和玩家之间，也可以介于玩家与玩家之间，更可以且理应介于玩家与世界之间，但无论怎样，它起到的作用并非是一致性的协调，亦非整合式的凝聚，而更是试图在那些间断之处、纷争之所引发不同的个体对于自身和世界进行极端而深入的批判性反思，进而激发选择与行动。借用当代政治哲学里面的一对针锋相对的立场，恰可以说，米切尔意义上的游戏政治绝非意在达成罗尔斯和哈贝马斯意义上的"共识"（consensus），而更是试图敞开朗西埃和巴迪欧意义上的"异见"（dissensus）。或许正是因此，单纯的说服力修辞就远远不够，因为它尚未全然激发出来自玩家这一边的异见之力量。即便一位设计师非常优秀与深刻，但一部游戏作品的政治潜能不可能全然掌控在他的手中，按照他所预想的方式去引发反馈和回应。正相反，充满批判精神的玩家完全可以用自己的独特方式来对任何一部游戏进行颠覆性的回应和处理。

这也是为何《游戏政治学》的开篇并未讨论电子游戏的本体或游戏设计的语言，而是直接触及自由与控制这个核心的政治议题。如果我们欣然接受作者的看法，将电子游戏界定为一个被规则所操控的数字系统，那么首要的政治问题就一定是去辨析，它与传统的种种政治权力系统之间的根本差异到底何在。在《安全、领土与人口》一书中，福柯曾经将西方历史上的权力机制的演变概括为主权、规训、安全和治理这四种虽有交叠，但大体先后更迭的形式。米切尔的论述虽然并未照搬这个思路，但他从权力的运作机制的角度所进行的概括仍与福柯颇有呼应之处。比如，在传统的主权国家之中，个体面对严酷的惩罚权力，仍然还是保有着一定程度的自由意志。但到了规训社会之中，权力的运作变得愈发微观，流动而弥散，这也就使得个体的主动自发的选择和回应变得越来越举步维艰。而到了数字操控的系统之中，控制又获得了史无前例的增强和深化。如果说在规训机制的背后，毕竟还是有人的意志在监控在主宰，那么，在数字治理的背后，则全然是冷冰冰的代码和算法。更要紧的是，数字系统更掌控了互动性这个终极利器，它需要每个个体无时无刻不处于与系统的互动之中，并经由这个"主动性"的假象越来越深且难以挣脱地身陷其中。阿甘本曾将生命政治时代的主体贬为"幻象"，韩炳哲也直截了当地指出精神政治时代的最大恶果是对人的自由意志的终极控制，但他们其实都没有清楚意识到，所有这些政治的议题和难题都只有在作为数字治理的典范和极致的电子游戏之中才得到最为触目惊心的展现。电子游戏正是这样一个终极的控制系统，在其中，每个玩家都感觉到自己是自由的，主宰着进程，掌控着自己的命运乃至他人的死活，可以随心所欲地成为拯救世界的主宰。但实际上，诚如米切尔那不无辛辣的讽刺，在这个"权力妄想"的背后，其实每个玩家最终都是系统所操控的一个个被动的棋子。越是大型的游戏，越是开放性高的游戏，在其背后所设置的规则和操作的系统也就愈发严格和精确。毕竟，游戏产业的一条金科玉律正是——让所有人按照预置的方式来玩。只有这样才能吸引更多的玩家，谋取更丰厚的利润，并进而让玩家们持续在一个既定的系统之中步调一致地延续惯性的模式。

由此看来，博格斯特所谓的说服力游戏其实也最终难逃这个权力妄想的陷阱。即便设计师在游戏之中留出了各种令玩家得以进行批判性反思的留白、间隙和裂口，但所有这一切仍然还是"预置"的可能性，而绝非是真正交还给玩家手中的可能性。"去反思这个世界吧，去反省你自己的人生吧，但前提是，要按照我构想好的方式去反思，去反省"，这真的多少是一个荒诞的悖谬。正是因此，主要从玩家的视角和立场出发的《游戏政治学》至少从理论和实践这两个方面对作为数字控制和治理系统的电子游戏发出了有力的挑战。从理论上来说，所有的控制系统都有一个默认的前提，那正是世界本身最终是可知、可控的。之所以人类目前还没有实现终极的控制，那只是囿于知识和能力的限度。但米切尔随即反唇相讥，为什么世界的根本面貌不能是莫测而诡谲的不可知、不可控的境地呢？若如此看来，当数字系统将控制推向全面深入的极致之时，是否也同时在更为极端的程度上激发出世界本身的那种幽暗混沌的变异之力呢？这恰恰就是他所谓的游戏政治学的真正的本体论前提。玩家何以反抗？因为任何一种控制都永远不可能是完美的、彻底的，而且恰恰越施加控制，就反倒越是激发出层出不穷的失控的、不可控的力量。实践层面，米切尔在全书中采用了近乎数字人类学的研究方式，用大量的实地"游玩"的案例来展现出种种天马行空的来自玩家的政治行动，"反玩"（counter-play）和"trifling"（微扰）正是其中的两个典型。我们当然还可以在其他的研究和创作之中找到更多，比如近来兴起的"元游戏"（metagaming）、"批判性游戏"（critical game）、"实验性游戏"（experimental game）等等，皆为明证。

米切尔的初衷显然是为了在预置的游戏系统面前拯救玩家的自由意志和主体性，但他的这套带有鲜明的德勒兹主义乃至加速主义（accelerationism）的本体论预设却反倒是对主体性构成了最为沉重的打击。加速主义秉承的是《反-俄狄浦斯》中的经典立场，它坚持认为资本主义的症结并非在于异化，而更在于还不够彻底资本化，在于现有的种种机制未能充分释放资本本身的那种非人的解域（deterritorialization）之力。米切尔也持相似的立场，由此他将游戏政治学的原则概括为"内在批判"（immanent critique），即通过更为彻底地释放出游戏系统内部的颠覆性、变革性的潜能来实现一种极端而激烈的"内爆"。然而,这个立场至少包含着两个值得质疑之处。首先，我们肯定会追问，在这个加速内爆的过程之中，人的地位和作用到底何在呢？既然资本和数字最终都是非人的加速之流，那么，放弃自身的主体性地位，更深地卷入流变之中，成为一个随波逐流的"游牧主体"（nomad subject）似乎就是唯一的选择？其次，米切尔全书的一个亮点正是对时间性的深刻启示，但他在第四章最后，在细致阐释了种种反玩之实践的复杂多样的时间形态之后，却还是最终将其归结为"非人的速度"这个根本的要点，这是否也说明他尚未洞察到时间性本身也还有着另一副截然不同的面孔——或许不再是流变、加速、生成，而更是断裂、分离和死亡？那这是否意味着我们可以从列维纳斯而非德勒兹那里找到更为深刻的时间性灵感？因此我更愿意给出一个与米切尔截然相反的立场，或许人注定是一副画在数字沙滩上的面孔，但在它行将磨灭之际，身为人类的我们仍然得以在这个垂死挣扎的瞬间再一次深切体验到"我是谁"这个刺痛人心的根本问题。我玩故我在，这无疑是一个切中当下的政治议题，但它更应该成为一个持续引发反思和争辩的主体性难题。

（*Persuasive Games: The Expressive Power of Videogames*, Ian Bogost, MIT Press, 2007; *Ludopolitics: Videogames against control*, Liam Mitchell, Zero Books Press, 2018）

北窗读记

元和脚与元祐脚

刘涛

元和脚，柳宗元书法之徽号，出自刘禹锡诗句"柳家新样元和脚"（《酬家鸡之赠》）。元和（八〇六至八二〇），唐宪宗年号，表示时代；脚，指汉字的捺笔，俗称捺脚，暗示书法。刘禹锡那首诗，按《柳河东集》注家所言，作于元和十一年（八一六）。柳宗元去世，在元和十四年（八一九）。

"元和脚"构词新奇，宋朝陈师道（一〇五三至一一〇二）改"元和"为"元祐"，翻为"元祐脚"，用来指代黄庭坚书法。陈师道所道"元祐脚"亦发于诗，见《后山诗注·徐仙书》三首之一："蓬壶仙子补天手，笔妙诗清万世功。肯学黄家元祐脚，信知人厄非天穷。"自注："徐清字静之，蓬莱女官也，下西里王氏。诗作谢体（谢灵运），书效黄鲁直（黄庭坚），妍妙可喜。"

元祐（一〇八六至一〇九三）年间，黄庭坚任职朝廷，与修《神宗实录》。苏轼曾说，"黄鲁直学吾书，辄以书名于时，好事者争以精纸妙墨求之"（《东坡题跋·记夺鲁直墨》），此元祐年间事。后黄庭坚再三遭贬，打入"元祐党人"另册，客死宜州（今广西宜山）贬所。

党禁中，徐清肯学黄庭坚书法，让陈师道感到"人厄非天穷"的欣慰，又作《徐仙书》之二："诗成已作客儿语，笔下还为鲁直书。岂是神仙未贤圣，不随时事向人疏。"前两句道徐清诗如谢灵运，书追黄庭坚；后两句，借徐清出家人身份，反用韩愈"乃知仙人未贤圣"句，赞其"不随时事"的脱俗。

鹅棋：命运游戏与意外之旅

于京东

从前，有一个脾气古怪的亿万富翁，他唯一的嗜好就是游戏。某一天，他意外去世了，随后葬礼上公布的遗嘱是举行一场全民公开的游戏竞赛活动，而最先通关的玩家就可以继承他所有的财产……听起来是不是有些熟悉？

没错，上述情节与电影及其同名小说《头号玩家》高度近似，但其故事原型却出自更早的法国文学家儒勒·凡尔纳。在一八九九年一月的《教育与娱乐杂志》上，凡尔纳开始连载他的小说《一个怪人的遗嘱》(Le Testament d'un excentrique)，这是他"奇幻旅行"系列的第四十六部，讲述了一群玩家在现实中依据游戏规则来穿越美国的冒险故事。在凡尔纳的众多作品中，这是极少尚未有中译本的小说之一，除去文学价值、知名度以及晚年创作等方面的因素外，很重要的一个缘由也在于故事所依托的游戏类型对国人来说相对陌生——一八九七年，凡尔纳是以西方传统的鹅棋为蓝本开始写作的。

一

在近代欧洲，鹅棋又被称为"高贵的希腊游戏"，传说是特洛伊时代的英雄帕拉梅德斯发明，但历史学家普遍认为它实际起源于十六世纪意大利的佛罗伦萨。史料可考的最早一次记述在一五九七年，伦敦的约翰·沃尔夫文具店中登记有《最新趣味的鹅棋游戏》，标题是从意大利语翻译而来。十七世纪后，鹅棋很快在西班牙和法国

13

的宫廷流行，在市井民间也逐渐成为大众娱乐所中意的消费品，它一方面寓教于乐，被用于宗教、历史与地理知识的启蒙教育；另一方面，廉价易懂的特征也使其成为舆论宣传的载体。

现存最古老的鹅棋是一六〇一年里昂制作的木刻本《新版希腊人的鹅棋游戏》。这是一份标准的鹅棋游戏，棋盘由六十三个格子由外向内按逆时针的方向排列而成，这些格子实际构成了一条螺旋向内的轨道。游戏时，玩家需要用两个骰子掷出点数，然后根据点数移动自己的标记，使之在轨道上前进相应的步数，第一个到达最后一格的玩家获胜。

在游戏过程中，有两类特殊的格子会给玩家带来意外的运气或不幸。

首先，有十三个格子会不定期地出现"鹅"的图案，意味着"不可停留之地"，每当有玩家止步于这些格子，他先前所掷的点数就可以翻倍，然后就要继续前进翻倍后的步数。对于这一规则存在着两种解释：一是"神殿之鹅"的典故。李维的《罗马史》曾记述，公元前三九〇年，布伦努斯带领高卢部落准备偷袭罗马，是朱庇特神殿附近的鹅发出了警报。经此之后，罗马人每年都会组织庆祝活动，抬着载有鹅的轿子全城游行，而那些守护失责的狗则会被活生生地钉在神柱上。二是在民俗学意义上，野鹅代表着太阳每年的回归，象征了丰收。在欧洲一些地方性的节庆中，鹅是丰收祭祀仪式的一部分，比如在斯特拉斯堡，船业行会每年的庆典活动之一便是将一只绑在绳子上的鹅作为比赛的终点，狂欢的人们会组织船队进行比赛。

其次，在剩下的五十个格子中，还有六个"风险"格，玩家在这些地方不仅要支付事先约定的罚金，还要根据规则变换其位置（如玩家彼此相遇在普通格，先来者要交罚金，然后同后来者交换位置），这就使整个游戏的过程充满意外，扑朔迷离。无论是名称、文字还是图像，这些"风险"格中的信息往往具有精妙的隐喻意涵：

六号是"桥",此处的玩家可以直接跳至十二号,但过桥要交罚金。

十九号是"旅馆",玩家要在此"休息",暂停两轮,所交罚金是住店费用。

三十一号是"井",玩家会一直被困在井中直到有人来替代他,离开前要交罚金。

四十二号是"迷宫",凡到此格的人因为迷路要被罚款,然后须立即退回到三十号。

五十二号是"监狱",玩家只有等到另一个玩家到来才能出狱,出狱前也要交钱。

五十八号是"死亡",此处的玩家不仅要罚钱,还必须回到一号,重新开始游戏。

二

在小说《一个怪人的遗嘱》中,凡尔纳几乎完整复制了上述规则,并巧妙地植入到威廉·海普本去世后公证人宣读的遗嘱中,这位大富翁坐拥六千万美元的资产,却唯独痴迷于鹅棋游戏,常同芝加哥怪人俱乐部的朋友们一道娱乐消遣。某一日突然暴毙后,海普本的遗嘱要求众人将他从法国人那里学来的鹅棋搬上美国的领土。"这是我想为自己热爱的国家所做的一件事情,我曾到访过每一个州——这些共和国之星现在有五十个,将它们一个接一个地按方格排列,其中的一个重复十四次,就可以得到一张六十三个格子组成的游戏地图,正如古希腊的高贵鹅棋一样,它也将成为美利坚合众国的高贵游戏。"

在海普本的游戏设计中,命运将随机选出六位公民代表作为玩家,由他们在全美的范围内自费旅行——就像这位富翁自己曾经做的那样,玩家的行程轨迹则完全交由游戏来决定:首先由遗嘱的执行人在芝加哥怪人俱乐部随机掷两个骰子,所得点数将通过电报发给玩家；玩家收到后必须按点数准时到达规则所指定的州，并在指定的地点打卡，过时就会被淘汰；游戏中，两人相遇后位置会被强制交换；第一个正好到达六十三号伊利诺伊州，回到终点怪人俱乐部的玩家获得全部遗产。在富翁的葬礼进行前，六个玩家依据科学的抽样方法被选了出来，按顺序分别是：（一）拥有法国血统的艺术家马克斯·雷亚尔。（二）专业的拳击手汤姆·克拉勃。（三）吝啬的高利贷商人赫尔曼·蒂特伯里。（四）精明的报社记者哈里斯·金巴莱。（五）忧郁多病的中产阶级小姐莉茜·瓦格。（六）阴险粗暴的海军准将霍奇·乌瑞肯。

小说中还设置了一个游戏"彩蛋"，凡尔纳一直到最后一章才公布出来。实际上，大富豪海普本在遗嘱执行的前夜竟奇迹般地苏醒，但由于他钟爱这场真人游戏，所以"将计就计"，增加了游戏的第七个玩家，神秘的XKZ，其实就是他本人。

根据凡尔纳为《美利坚鹅棋游戏》制定的规则，怪人俱乐部所在的伊利诺伊州是"鹅"，它在游戏中会不定期地出现十四次，玩家到此之后，本轮的点数加倍，然后迅速前往下一站。剩下的六个"风险"格沿袭了传统鹅棋的规则，但也依据小说主题与故事情节进行了改编：

六号格中的"桥"被改为纽约州，因为在一八五五至一八九七年间，那里有世界上首座铁路桥——尼亚加拉瀑布吊桥。第一部第十二章中，记者金巴莱在此交了一千美元罚金，然后直接赶到十二号新墨西哥州。

十九号格中的"旅馆"变成路易斯安那州。这是美国的旅游胜地，所以蒂特伯里夫妇被指定在著名的怡东酒店（Excelsior Hotel，一八六九年落成）下榻，除了要交两千美元的罚金，还要暂停游戏两轮（第二部第七章）。

三十一号格的"井"是内华达州。由于十九世纪美国的采矿热，这里遗留了大量矿井，第二部第十三章中，乌瑞肯准将不仅交了三千美元，还要被一直困在这里。

四十号格的内布拉斯加州代表着"迷宫"。由于地貌、森林和土狼围攻等原因，金巴莱在此历尽艰辛，交了两千美元后又退至三十号华盛顿州（第二部第十章）。

五十二号格的"监狱"被改成了密苏里州。瓦格小姐和画家雷亚尔都先后被囚禁在这里，均被罚款三千美元（第二部第十一章）。

五十八号格的"死亡"在加利福尼亚州，因为有著名的"死亡谷"。

从故事情节与游戏规则的互动不难看出，凡尔纳的这本小说更像是一份文学版的美国观光指南。玩家的出发日就选在"上帝保佑旅行"的那一天，他们在各州的打卡点也是富翁海普本事先选好的——既同鹅棋的规则相符合，又代表了各州的风景名胜。除此之外，小说中有大量对美国各地风土人情的描写，比如第二部第一章，画家雷亚尔到了第二十八号怀俄明州，他和仆从游览了新设立的黄石国家公园；第二章，拳击手克拉勃在三十五号俄亥俄参观了一场"牛"展，因为这是当地很有名的特产；第五章，瓦格小姐在三十八号肯塔基州的打卡地点是著名的猛犸洞……小说中的旅行路线由媒体全程公开报道，遗嘱中的鹅棋也印刷了数万份的副本，使得每个公民都能够参与到这场冒险旅行中。遗嘱公布的二十四小时内，《美利坚鹅棋游戏》便完成了绘制、雕版、着色和印刷，并以两美分的低价格在极短时间内发行了几百万份。各地的人们不仅时刻关注着新闻，还陆续投身于全国性的人旅行，赌博爱好者们狂热地押注给自己属意的参赛玩家，其声势之大甚至蔓延到了遥远的伦敦和巴黎。

三

作为皇家地理学会的一员，凡尔纳通过小说的写作一方面更新了地理探索与交通技术的最新发展，另一方面也在面向法国的读者介绍美国各州的旅游胜地。这些内容既基于他自己的旅行经历——一八六七年,他曾乘船到美国,游览了纽约和尼亚加拉大瀑布(也是小说中记者金巴莱的游戏线路),还大量参考了一八九七年德国人卡尔·贝德克尔推出的第一版《贝德克尔美国旅游指南》。

不过,值得深思的是,凡尔纳为什么要基于鹅棋来创作这本旅游小说呢?

一个很重要的原因是在近代的西方,鹅棋与旅行长期构成了一种文化上的"互文"关系。传统鹅棋被视为一种对人生旅程的隐喻,其中的"鹅"就是命运的具象化形式,代表了生命的循环,而游戏中"桥""旅店""井""迷宫""监狱"和"死亡"等站点的设定,既呼应了旅途中的困难与阻碍,也喻示着人生轨迹上的迷茫、堕落、进化和重生。

新航路开辟以后,大量纪实性的航海日志与地图集被带回欧洲,为公众认识世界、计划旅行提供了专业且廉价的出版物,由于地图和鹅棋的制作都使用相同的蚀刻版画与印刷、上色工艺,所以新兴的地图生产商们也会热衷于制作鹅棋,并且常常结合最新的地图、游记、航海见闻与旅行线路等来设计其内容,焦点也大都集中在地理大发现、海外探险、殖民贸易等议题。一六四五年,皮埃尔·杜瓦尔出版了《世界游戏》,六十三个格子是按照从新世界(美洲)向旧世界(非洲、亚洲、欧洲)的旅行路线来排列的,格中是最新绘制的地图;一六六二年,费赫将这款鹅棋改编为《世界主要国家游戏》,缩减为四十三格,但大量增加了关于各国人种特征、着装风俗、自然风光与城市地标的文字和图像说明。

进入十八世纪以后,欧洲各国先后成立了皇家科学院、地理学会等知识机构,官方和民间的远洋行动与旅行记述也大量增加,尤其是一七五〇年后,科学考察成为一股风潮,相关的话题与成果也反映到鹅棋游戏的制作中。一七六八和一七八〇年,巴黎的克雷皮先后出版了两款以世界地图为主题的鹅棋，介绍了皇家科学院在全球的测绘成果，同时也标注了公众所热衷的实用旅行信息，包括"所有国家、人民、城市及其宗教、生产、商贸、教会、大学、海港的状况，还有欧洲在亚洲、非洲、美洲以及新发现的岛屿等地的种植园和交通路线等"。

作为一种纯粹的赌运游戏，鹅棋的特殊之处在于它完全取决于偶然和运气，毫无策略可言。与此同时，格子所排列的单轨道与螺旋线路非常具有象征意义，既有一种机械神秘主义的色彩（像佛教的曼荼罗、北欧的衔尾蛇），又符合近代早期流浪者小说中"旅行传奇"（Le voyage Romanesque）的叙事结构，后者兴起于新航路开辟之后，相较于史诗和戏剧，这类作品在故事、人物、地点与环境描写上更趋于平面和零散，非常依赖于结构，尤其在对空间场景的使用上，所以像《忒勒玛科斯历险记》《鲁滨孙漂流记》这些十八世纪最受欢迎的旅行故事同《堂吉诃德》一样，都会被出版商制作成鹅棋游戏。到了十九世纪中期，旅行类小说开始以连载的形式发表，其地点、人物和章回式叙事很适宜于游戏改编。十九世纪四十年代，欧仁·苏的名著《巴黎秘事》《流浪的犹太人》等很快就成为畅销游戏。

四

凡尔纳童年受到了这些旅行小说的影响。在一八九〇年的《青少年回忆录》中，他提到从前常读笛福的《鲁滨孙漂流记》，并且更加喜欢乔安·怀斯（Johann Wyss）一八一二年改写的启蒙读物《瑞士鲁滨孙》，这启发了他的《鲁滨孙叔叔》和《鲁滨孙学校》。与此同时，鹅棋在他的成长过程中也扮演了重要角色。在故乡南特，他常常和一位叔叔玩鹅棋，后者曾是一名船长，环游过世界。这不仅是《征服者罗比尔》的原型，还构成了《一个怪人的遗嘱》的直接灵感来源。

当一八四八年凡尔纳前往巴黎求学时，由欧仁·苏所开启的杂志连载与神秘冒险主义风格正在盛行,各类探险小说层出不穷,比如大仲马的《基督山伯爵》、左拉的《马赛秘事》等,在法国以外还衍生出了伦敦、慕尼黑、那不勒斯、阿姆斯特丹等各国的"城市秘事"系列,这些旅行文学通常采用一种巴尔扎克式的场景或人物群像描写,所以经常会被改编成鹅棋。受此影响,那些购买了小说和游戏的消费群体也会模仿故事中的路线去旅行。

差不多在同一时期,另一项影响了凡尔纳文学创作的社会运动也日渐兴起。十九世纪三十年代后,法国的公共知识界出现了巡游古迹的潮流,旅行同遗产保护运动结合到了一起。大作家梅里美在一八三四年后就长期负责法国历史古迹的修复,进行了多次的环法旅行,并引领了旅行笔记的写作风尚。实际上,这一传统始于十四世纪的"环法之旅"(Tour de France),一度在学生、工匠与传统的手工业行会当中盛行,他们遵守着一套精细而规范的规则来环游法国,一般持续三到四年。只有克服了旅途中的未知与风险,成功归来,一个人才能真正地获得"出师"的资格。

这种理念与鹅棋式的环形路线在十七世纪的"大环游"(Grand Tour)运动中得到了复兴,来自上流社会的年轻人利用一至三年的时间去环游欧洲大陆,参观古迹,学习社交和礼仪,完成他们的成长教育。作为"大环游"过程中的重要任务,青年人除了学习古典文化和艺术遗产,了解欧洲大陆贵族的宫廷生活,还要购买和使用各种流行的绘画、古董和游戏。比如一八一〇年,巴黎的出版商盖纳德就推出过一个英语版本的《拉封丹寓言鹅棋游戏》,其受众应该就是那些在大环游中来此观光消费的英国人。

"大环游"运动最初流行于英国,市面上也就出现了大量以"环游"为主题的路线游戏,它们一般不使用骰子,而是用手转动四方陀螺来决定点数,相较于鹅棋的格子,更多以数字来标识旅行中的站点。一七五九年,约翰·杰弗里(John Jefferys)制作的《穿越欧洲之旅的地理游戏》一共有七十七个站点,玩家需要从一号伦敦出发,最后回到七十七号伦敦。尽管形式有变化,但游戏完整保留了鹅棋的规则与架构。旅行中的"鹅"指代君主制国家,凡到其城市可以点数加倍;二十三号的法兰克福是"旅馆",玩家因为要购买商品,所以要停一轮;四十二号的威尼斯也一样,因为要参观古老的里亚托桥。

根据《牛津词典》,"Tourist"一词就来源于大环游运动,指的是那些"出于好奇和闲暇而到外国旅行的人"。一八三八年,司汤达的《一个旅游者的日记》进一步向社会公众普及了这个词,书中记述了他环游布列塔尼、诺曼底和南法各地的经历。差不多同一时期,市面上也出现了大量简洁、易懂、百科式的旅行指南,比如英国的穆雷、法国的若安、德国的贝德克尔等皆有著作,这些新兴的概念、术语和实用手册都构成了凡尔纳小说创作的基础。从更深层面来看,传统旅行是一种个体现象,而现代性的旅游则更多具有大众化与全球性的特征,成长于这种转型时代的凡尔纳显然受益于旅行文化的转变。

五

事实上,凡尔纳基于鹅棋来创作小说的一个最直接的缘由是他此前发表的另一部名篇《八十天环游世界》被成功地改编为一系列畅销的鹅棋游戏。早在一八七三年,小说的第一版发行之时,出版商赫策尔就制作了一款《环游世界游戏》,游戏一共有八十格,格中是赫策尔旗下众多在售图书的产品目录,终点格是小说主人公菲利亚·福格的画像,中间部分则是一张显示他环球旅行路线的地图。一八七五年,巴黎的科扬推出了另一个更加忠实于小说的游戏版本。六十三个格子中描绘了旅行各个阶段的场景。与经典鹅棋规则相同,每隔九个格就会出现一张福格的肖像画,代表着"鹅",玩家在此可以点数加倍前进。在美国,《世界报》记者娜丽·布莱在一八八九年效仿福格展开了七十二天环游世界的壮举,而在一八九〇年她返回纽约之后的第二天,报纸上便刊登了一款《娜丽·布莱环游世界游戏》。游戏一共有七十二格,代表从出发到回程的每个日子,其中的第九格中有凡尔纳的画像,特指她专门绕道到亚眠拜访这位作家的事情。游戏过程中,玩家在此处可以额外多掷一次骰子。

一八九七年,当凡尔纳开始动笔《一个怪人的遗嘱》时,《八十天环游世界》已经衍生出一系列的"周边"产品,从各国的多个译本到纸牌、画册、饰品、游戏,尤其是后者在大众娱乐中的成功继续促成了小说的多次重印和再版,形成了一种游戏与文学、鹅棋与旅行故事之间的"创作性互动"现象。凡尔纳正是借鉴了十九世纪的这种将文学作品改编成为游戏的民间潮流,转而以鹅棋游戏为蓝本,进行旅行冒险故事的创作。

在《一个怪人的遗嘱》中,他进一步用通俗文学的形式科普了那种纯粹以闲暇消遣与自我娱乐为目的的中产阶级文化。在小说所描写的六组游戏选手中,作者明显中意有教养的画家雷亚尔和职业女性瓦格小姐,他们从一开始就并未将巨额的遗产作为这场夺宝游戏的最高目标,反而像真正的游客一样,享受旅途当中游览观光、寻访胜迹的乐趣。故事的最后,虽然XKZ先生(海普本)率先到达终点,但瓦格和雷亚尔却收获了他们的爱情。

从时代语境来看,小说也反映了十九世纪势不可挡的大众化潮流。旅行不再是传统精英和贵族男子的专利,相反,平民、职工、中产阶层与年轻女性开始成为旅游业的主力。两部小说中的主人公们变换地选择铁路、蒸汽船、马车、汽车、自行车等不同出行工具,代表了一种快速增长的人类帝国力量,而竞速之旅中又潜藏着意外和风险。在这一点上,两部小说存在着内容与结构上的相似之处。

不过,作为相隔二十多年的作品,它们所描写的旅行又有明显的差异。首先,在结构上,《八十天环游世界》从一开始就计划好了,有明确的站点与时间安排，尽管实际的过程存在着意外和困难，但最后主人公还是成功地到达终点。《一个怪人的遗嘱》中，游戏参与者天真地踏上旅程，但却遭遇到命运的戏弄，看似有明确规则，实际的人生轨迹与遭遇却完全随机。《八十天环游世界》更像是一款鹅棋，而《美利坚鹅棋游戏》才真正讲述了大环游的故事，贯穿全文的一个关键词是"命运"：旅行中的一切都是命运的选择，支撑它的是明确、清晰、理智的法则，但这些法则本身潜藏着意外、风险与破坏，这种张力关系体现在凡尔纳的诸多作品中，既表现出了一种竞速、进步与科学扩张主义的胜利意志，同时也隐含着神秘、焦虑与悲观的情绪。

其次，在内容上，《八十天环游世界》中的福格更像是莫里斯·阿洛伊讽刺的典型英国游客：装作冒险式的探索，实际满足于指南上的路线，长途跋涉只是为了实现一种"打卡式"的目标。《一个怪人的遗嘱》更多还原了一种日常环游中的人物群像，作者利用巨额遗产来诱惑人们远离城市和原来的生活，到自然、古迹和未知的环境中去。

最后在理念上，两部小说分别代表了十九世纪后期旅行文化发展的不同趋势。《八十天环游世界》创作于巴黎的第二与第三次世博会之间，彼时欧洲人的旅游视野正从环欧扩展至海外和全球。《一个怪人的遗嘱》选择将目光聚焦在一国境内，并且同爱国主义的话语表述相结合，除了国内旅游与本土文化意识之外，更多也反映了愈加盛行的民族主义思潮。

(*Le Testament d'un excentrique*, Jules Verne, Paris: Hetzel, 1899)

王小章

历史能不能假设？
——读以赛亚·伯林有感

常常听到有人说："历史不容假设。"如果这话的意思只是说，过去的历史无法改变，我们无法再回到过去，那自然没有问题；但是，如果这话的意思是，历史的进程只能如此，曾经发生过的事情只能如此发生，而没有另一种甚至多种可能，那就变成了彻头彻尾的宿命论。在想象另一种可能的意义上，历史是可以假设的。

一、"历史不可避免性"的三种形式

深信"观念的力量"无与伦比的英国观念史家以赛亚·伯林认为，在人类历史上有一种源远流长，近代以来又被科学主义信念大大强化的观念，即相信历史的进程受统一的法则或规律支配，相信历史发展进程之"不可避免性"，即历史进程中的所有事件、因素，都是统一的、不变的历史模式中不可更改也不可或缺的环节，人做他们所做、想他们所想，无非是社会整体结构不可避免的演进的一种"功能"。"每件事物都因为历史机器自身的推动而成为其现在的样子，也就是说，它们是受阶级、种族、文化、历史、理性、生命力、进步、时代精神这些东西推动的。我们这种被给定的生活组织是我们无法创造也无法改变的，它，也只有它，最终对一切事物负责。"（伯林：《自由论》）由此，认为个体或群体因行事的方式正确或错误而应该受到赞扬或谴责的观点，是错误的，是幼稚的妄自尊大。

伯林指出，在人类历史上，这种"历史的不可避免性"的观点有三种形式。首先是肇始于人类思想之开端的目的论观念。按照这种观念，人、所有生物乃至无生命的事物，不仅是它们现下所是的东西，而且还有其追求既定的目的。这种目的或者是造物主加于它们身上的，或者是内在于它们的本性的。每一事物的完善程度，也就是它们达成其目的的程度。在这种观念下，解释这个世界中每一个成分为何，何时、何地是其所是、为其所为，也就是说明其目标是什么，目标的实现程度如何，以及在它们共同构成的和谐统一的世界中它们所追求的目标之间的关系是什么。而历史解释，就是在这个走向目的的普遍模式中把恰当的地位、角色分配给个体、群体、民族和人种。目的的性质被理解得越透彻，历史解释就越透彻深刻；一个历史事件、一个制度、一个或一群人的活动，除非被解释为这个走向目的的模式的必然结果，否则就没有得到真正的解释；它们越被表明是不可避免的，解释就越被认为接近终极真理。

"历史的不可避免性"观点的第二种形式是超验实在论的观念。在这种观念下，代替"目的"来解释所有发生的事情的必然性、合理性的，是"无时间性的、永久的、超验的实在"。这种实在按其本性永恒地处于完美的、必然的、自足的和谐状态，实在中的每一个元素都处于其必然处于的状态，与其他元素或整体处于必然的关系之中。历史解释，就是揭示这种必然性，发现这种"自我一致、永恒、终极的'实在结构'"。如果我们在现实的人与事中没有看到这种逻辑必然性，那一定是我们自己缺乏洞察力。

"历史的不可避免性"观点的第三种形式，是近代以来大行其道的科学主义的社会发展客观规律论。这种观念认为，如同自然界存在主宰自身运行的普遍规律一样，也存在着主宰个人行为和社会变迁的普遍法则；而且，如同牛顿能够以很少几条普遍定律来解释、预测物理世界每个特殊组成部分的运动，通过对人类进行细致、深入和富有想象力的研究,心理学、社会学等科学也一定能揭示、发现人类行为、历史进程之所以只能如此不能别样的"规律",我们就能拥有对过去、现在和将来的人类生活的每一个细节进行预测的能力。

无论哪种"历史的不可避免性"观点,伯林认为,都坚信共同的一点,即解释描述某物就是将其置于一个一般的、普遍的公式之下,说明它为什么不可能不是这样。这个"为什么"的问题,对于目的论者就是"追求哪一种不变的目标";对于超验实在论者,就是"被什么样的终极模式不可改变地决定";对于像孔德这样的社会动力学和社会静力学的信奉者,就是"出自什么原因",即使事物成为现在这个样子而非其他样子的不可改变的原因。总之,它们都不过是同一种历史决定论的不同变式。在这种历史决定论下,世界受普遍的规律支配并具有确定的发展方向,个体无论在物质方面还是精神方面都受到他们所属之整体的支配与主宰;历史就是"整体"的自我演化,一旦"整体"被认知,个人或群体的行为就可以逻辑地推导出来而不构成一个独立的问题。在这样一种历史决定论下,显然,对已然的历史进行假设,想象历史发展的另一种或多种可能性,不是装疯或真疯,就是卖傻或真傻。

二、"历史不可避免性"与道德责任

历史决定论也即"历史的不可避免性"取消了对历史进行假设的可能,取消了想象历史发展之另一种或多种可能性,由此导致的一个重要结果,就是取消了人(最终落实为作为个体的人)在历史进程中自由行动、自主选择的可能性。相信人在历史进程中能够有不同的选择,乃是对历史发展客观规律、法则的无知。而取消了个人的选择自由,也就是取消了历史进程中的个人责任。没有选择自由的行为没有对错,因此,赞扬或谴责一个没选择自由的人做得对或不对是一件毫无意义且不合逻辑的事情。伯林于是指出,如果历史决定论是正确的,并且我们都认真地对待它,那么,"我们的整个语言,我们的道德词汇,我们对彼此的态度,我们关于历史、社会与其他任何东西的看法,将发生无法预见的深刻变化"(《自由论》),而事实上,选择、责任、自由的观念是如此深刻地内在于我们的生活,以至于我们根本无法想象生活在一个没有这些概念的世界之中。

伯林当然拒绝历史决定论也即"历史的不可避免性",实际上,这也是他在阐释著名的"两种自由概念"时亲近"消极自由"而对"积极自由"抱有警惕之心的一个重要原因:伯林警惕"积极自由",一是因为它预设了一个有些事情价值高有些事情价值低的价值序列(这与他的"价值多元论"格格不入),而懂得这种价值高低的,未必是行为者自己,而是另外更加成熟、更有智慧的人,于是后者可以顺理成章地要求前者听命于自己去做更加值得做的事情,这不是剥夺前者的自由,而是"强迫他自由";二是因为"积极自由"通常和"历史的不可避免性"也即历史发展的"必然规律"联系在一起,但并非每个人都能掌握认识这种"必然规律",于是那些掌握了这种"必然规律"的人,也就可以顺理成章地要求别人服从自己的指挥,这也是"强迫他们自由"。而在伯林看来,这种强迫是不可接受的,因此,"历史的不可避免性"同样不可接受。好在,除了那些不能也不愿面对责任的人(有时)会将这种"历史的不可避免性"作为逃避责任或回避褒贬的托词,在实际的社会生活中,人们事实上并没有完全贯彻这种观念,我们在生活中频频地使用"你不应该这样做""你真的要犯那么可怕的错误吗""我能做,但我情愿不做"等措辞。甚至,连那些建构出宏大的"历史不可避免性"理论的历史学家或历史哲学家,在面对具体的现象、事件、人物时,也无法完全免于道德意识的出现;在竭尽所能地论证了人的行为只能如此、别无选择之后,"我们仍然在称赞,在责备"(《自由论》)。这当然反映了"理论"与"行动"的矛盾。有意思的是,伯林将马克思看作是这种矛盾的一个典型。在《卡尔·马克思》《历史的不可避免性》《卡尔·马克思的哲学》等诸多文字中，伯林始终认为，马克思的理论是坚定地信奉"历史的不可避免性"的一种典型。但是，他一方面认定历史的进程受铁一般历史规律的主宰，就像自然界的运行受自然法则支配一样，另一方面却对资本主义社会的不公与残酷表示出强烈的道德义愤和谴责；一方面说资本主义秩序必然灭亡，另一方面他自己则为了革命事业而牺牲自己的健康和家庭幸福。在《卡尔·马克思》的结尾，伯林不无揶揄地认为，马克思学说的历史影响对这种学说本身主张的观点开了一个玩笑：这种学说本想反驳思想支配历史进程的观点，但是它自身恰恰无比深广地影响了人类历史进程。

暂且不管伯林对马克思的解读是否正确（其实是一种误读，见后文），他指出的现象则紧密联系着近代以来一直缠绕着社会科学或历史科学发展进程且与"历史是否可以假设"这一问题紧密相连的一个两难问题。那就是历史发展的"必然性"与人的自由及与此相连的人的历史责任问题。如果历史的进程是必然的，不可避免的，那么，人还能是自由的主体进而是道德责任的承担者吗？如果人在历史发展进程中是自由的主体，那么，历史发展有没有必然性，历史科学还能不能发现"历史规律"？如果没有"历史规律"可发现，历史科学还有没有意义，或者，与虚构的文学作品、与神话传说还有什么区别？从康德对于"自由与必然"的思辨到新康德主义对于历史科学之不同于自然科学的独特性格的维护，乃至今日后现代主义关于历史叙事的观念，或多或少都与这一两难问题有关。

三、"历史不可避免性"的两种含义

伯林自己的立场是："我们无法改变的东西，或者我们无法像我们设想的那样改变太多的东西，不应该作为反对或赞成我们作为自由的道德主体的证据。"(《自由论》)这话肯定了两个方面。一方面，它肯定了历史进程中"无法改变的东西"，伯林认为，我们应该接受社会科学家的下述提醒：人类可以选择的范围比我们原来设想的要狭窄得多；另一方面，它也坚持了人依旧是历史进程中"自由的道德主体"，因而应该、必须承担道德责任，接受道德评判。但问题在于，它依旧没有讲清这两个方面的关系逻辑，也即，为什么历史进程中那"无法改变的东西"不能"作为反对或赞成我们作为自由的道德主体的证据"，不能使人免于道德的评判？

要讲清这两者之间的关系逻辑，关键在于，究竟该如何理解"历史的不可避免性"？实际上，存在着两种"不可避免性"。一是指历史发展之所有其他的可能性均已被排除这种意义上的"不可避免性"，即由状态A只能"不可避免地"进入到唯一的状态B，没有其他可能，由状态B只能"不可避免地"进入到唯一的状态C，也没有其他可能；二是指对于某一事物的出现和存在来说那些不可缺少的条件都须具备这一意义上的"不可避免性"，即如果要出现或存在X，就必须具备什么什么条件，缺乏这种条件或这种条件不充分，X就"不可避免地"不能出现或继续存在。第一种意义上的"不可避免性"无疑与自由选择不相容，这种"不可避免性"实际上排除了人在历史进程中的任何主体性自由和价值选择的可能性，从而也取消了人的道德责任，排除了道德批判的可能性。但第二种意义上的"不可避免性"则不同。这种"不可避免性"实际上是社会和人们的行动在既有的历史条件下向某个特定的方向或目标发展的现实可能性，但是，它并不意味着社会或人们的行动只能别无选择地迈向这个方向或目标。因此，它既以其对"不可缺少的条件"的承认而为历史科学明确了地盘，肯定、维护了历史科学作为"客观科学"的意义，同时也为人作为历史主体的自由行动留下了空间，揭示了何以历史进程中那"无法改变的东西"不能"作为反对或赞成我们作为自由的道德主体的证据",不能使人免于道德价值的评判。

需要说明的是,被伯林误以为历史决定论者的马克思实际上正是第二种意义上的"历史不可避免论者"。最容易让人把马克思看作第一种意义上的"历史不可避免论者"的,可能就是《〈政治经济学批判〉序言》中那段被广为引用和传播(伯林在《卡尔·马克思》中也同样引用了)的对唯物史观所做的关于生产力与生产关系、经济基础与上层建筑、存在与意识关系的经典表述。但只要仔细分析就可发现,即使在这段经典表述中,也看不出马克思与历史决定论有什么关联。马克思恰恰主要是从一种社会形态、一种生产关系如果要出现和维持,必须具备的条件和前提这一角度,来阐发他的唯物史观,而不是从既有的历史条件只能别无选择地走向哪一种唯一可能的社会制度的角度,来表达和说明"历史决定论"。确实,马克思提到"亚细亚的、古希腊罗马的、封建的和现代资产阶级的生产方式可以看作经济的社会形态演进的几个时代",但那只是对以往历史的客观描述与回顾,并没有试图将它们论证为历史发展之别无选择的唯一可能的进程;马克思确实还以其唯物史观为基础勾画了一幅"共产主义"的蓝图,但那是对现实之资本主义社会关系的一种替代方案,需要人的自觉行动才有可能实现,而不是听凭生产力与生产关系的自发机械的运动就能够自动到来的"历史不可避免性"。在马克思那里,并不存在伯林所说的那种其理论主张与其自身道德感和积极行动之间的所谓矛盾,相反,马克思恰恰科学地揭示了历史进程中的"不可避免性"和人的历史与道德责任之间的关系逻辑。

显而易见,在第二种"历史不可避免性"之下,历史的发展进程,既有着不以人的意志转变的客观必然性,但同时又是可以假设的,即容许想象历史发展的另一种或多种可能性的。对于客观必然性和可假设性的双重肯定,相应地也开启了对既置身于"历史不可避免性"之中又是历史进程之自由主体的人进行道德责任追问和批评的双重路径或可能。一是基于事实的或科学立场的追问与批评：作为置身于具体条件之下的历史当事人，他采取的实际行为是在清楚地认识和把握历史条件对他的限制和给他的机会之后的科学务实的抉择，还是罔顾历史条件的肆意妄为，或者是在历史给他的机会面前的无所作为？二是基于道德价值立场的追问和批评：在历史条件容许历史当事人的多种不同的行动选择中，为什么单单选择了这种而不是别种？这种选择体现了他什么样的价值立场或道德意识？这种选择所造成的历史影响或后果又具有什么样的道德意涵？

四、历史评价的标准

历史的可假设性以及与此紧密相连的对于历史当事人道德责任的追问和批评，必然带来一个评价的标准问题，也就是有没有普遍的价值标准的问题。历史的可假设性即想象历史发展的其他可能，实际上潜含的一层意思是：如果处在特定的历史当口、面临着多种可能选择的历史当事人，不是像他实际所做出的那样选择，而是做出了另一种选择，历史会不会向更好的方向发展？这里就面临着一个如何判断"更好的方向"的标准的问题。那么，有没有这种普遍的标准呢？

如上所述，以赛亚·伯林信奉"价值多元论"，即认为存在着多种同等重要而又彼此冲突、互不相容的价值，它们既无法同时实现，也不能在某种更高的普遍价值标准下排出一个高低轻重的序列。就此而言，似乎也就不存在能够判断"更好的方向"的普遍标准。不过，伯林也认为："人类必然拥有一些共同的价值观，否则他们就不再是人类。"（伯林：《观念的力量》）也就是说，所有的个体既然都同属于人类这个物种，就必然有这个物种共通的、普遍的基本需求，由此必然衍生出一些共通的、普遍地存在于不同社会、不同文化中的价值追求，包括物质性的、社会性的、精神性的追求。这些普遍的价值追求,无疑可以成为判断社会是否向"更好的方向"发展的标准。如果一个历史当事人的选择及其结果背离这种基本价值,那么他自然应该为他的选择受到谴责。当然,在这种由人类基本的共同需求所衍生的"共同价值观"之上,每个人追求的价值目标必然会各有不同,从而会走向价值的个性化、多元化,并且,如伯林所说,这多种价值目标之间不仅互不相同,而且互不相容。于是在此便会出现一个如何对待这种价值多样性的问题。对此,伯林的观念是:"多样性是一件好事;人们持有许多不同的意见,却相互宽容,这样的社会优于整齐划一的社会,因为在整齐划一的社会,一种意见约束着所有的人。"(《观念的力量》)也就是说,容许每个人追求自己珍视的价值、实现自己认为美好的目标,要好过在一个统一意志下一声独响、万籁无言。这本身也就是一个判断的标准,即在满足了人类共同的基本需要之后,社会应该向着允许每个成员自由地追求自己的目标、实现自己的人生价值的方向发展;面对多样性,应该以相互宽容、相互承认、相互欣赏(也就是费孝通先生所说的"各美其美、美人之美")取代相互压制、相互排斥、相互贬损。一个处在特定历史当口的历史当事人,如果他的选择推动了历史向这个方向发展,就值得赞扬,否则,就该受到谴责。实际上,如果仔细想想,这个标准,与马克思所认为的在"必然王国"的彼岸,社会的最高成就是建立在个人全面发展和社会生产能力成为他们的社会财富这一基础上的"自由个性"这一观念,并非完全不相通。

也许不存在"所有美好的价值都能同时实现"的"理想社会",但是一个容许每个个体在不妨碍别人追求他们认为好的目标的前提下自主地去追求自身价值实现的"好社会",还是值得并能够追求的。当然,这不是历史目的论下的"必然",而是人类价值观照下的"应然"。这种价值观照下的应然,既使对历史的假设成为必要,也使对历史的批评成为可能。

像人类学家一样思考"价值"

阿嘎佐诗

我们常听到经济学家谈论价值,一种能测量、能预测的价值。这种价值的高低,取决于人们付出劳动的多少和人们渴望拥有的程度。然而,如当代人类学先驱马林诺夫斯基所说,生活中充满"不可测度的价值",与可测的价值难以分开。

为什么我们总是热衷于标准化、量化在具体生活中多样存在的"价值"呢?英年早逝的人类学家大卫·格雷伯(David Graeber)在《债:头一个五千年》(Debt: the first 5000 years, 2011)提出了一个"极端"的看法:量化价值来自"债"的概念,它是支持资本主义体系的根本要素。在这个体系中,"债"得以从它的具体社会环境中脱嵌出来,成为抽象的通约数据,成为不同于具体道德的、一般性的道德命令。换句话说,"欠债还钱"在一般层面上是合理的,虽然在具体情境上它可能是"缺德"的:只要求欠债还钱,不必在乎因此造成的家破人亡。在格雷伯看来,这就是资本主义和市场逻辑,通行的货币理论将"债"换算成可量化的数字,抹去了具体社会关系的价值,包括生命的价值。

格雷伯认为,我们熟悉的可量化价值,是国家的产物,它起源于奴隶制。奴隶是被剥去社会价值的人,他除了与主人的全面支配关系之外,不再具备其他关系。所以,奴隶是古代社会中唯一可以进行"同质性量度"的人。他们被简化成数字,进行无需道德考虑的交易。没有国家暴力,就不会有奴隶交易,也不会有可量化的"债"。不少学者都发现,今天的资本主义体系,在一定程度上是奴隶制的"借尸还魂"。资本主义的基本关切就是"商品化",它致力于将产品和劳动从它们被制造的环境中剥离出来,在"市场"这个场所中与其他被剥离出来的产品或劳动进行交换。从逻辑上来讲,这类似于奴隶买卖,只不过被交换的东西不再是人,而是人的劳动,这就是马克思所说的"异化"。与奴隶制不一样的是,资本主义不再贩卖奴隶,它把奴隶买卖的逻辑变成了"市场规律",变成了与具体道德无关的"生意"。量化价值的后果是抹杀具体生活中的多样价值,包括生命、亲情,它始于暴力,终于异化。人就这样失去了马克思所说的"人的类本质"。

然而,大量的人类学研究告诉我们,实际的"市场"要比资本主义奉行的"市场规律"复杂得多。利己的人同样也可以是利他的,算计和慷慨经常难以区分,义务与自愿往往融为一体。甚至,在前现代社会中,并没有一种"独立行为个人"的观念。这正是人类学家莫斯在《礼物》中所传递的重要信息:人们之所以群居结成社会,并非仅仅为了满足个人利益的最大化,而是通过共享、交换来"做人"。所以,每个社会都存在道义、伦理,它们不是为了实现基于利己主义的"双赢",而是通过互助、共享而实现群居。这种共存,有赖于文化自身的符号编码,这是展开生活的根本条件。莫斯说,人生活在自己建构的符号世界里,但人们对符号浑然不觉。另一位人类学家格尔茨(Clifford Geertz)说,这个符号世界叫作"地方性知识",它就是"文化"本身,它是"技能"(know-how),要经过日积月累的沉浸才能获得。"价值"不是人性,不是制度,它深深嵌入具体的文化当中,甚至就是文化本身。抹杀人的文化属性,将人还原为"理性选择""利益最大化"的动物,并没有道出人的本质,只是道出了现代西方的文化。

人类学家在思考价值的时候,不追求逻辑的自洽、原则的普世。

人类学重视经验，重视描述，重视生活中并不高深却无处不在的行动。与伦理学不同，人类学不会假定人们会像苏格拉底那样，生活在"未经审视的人生不值得"这样遥不可及的"哲学王"世界，芸芸众生执着于"平庸""糊涂"，甚至自相矛盾的观念，这是生活的常态。相反，一个人人都遵循经济理性、过得不糊涂的社会可能才是危险的，生活的延续离不开普通人近乎"盲目"而"平庸"的"在乎"，这就是"价值"。人与人之间不论有多大差异，每天都在各种判断中生活，分辨好坏、对错、高低、正邪、荣辱。而主导这种判断的基准，就是他们的"在乎"。

可是，这个"在乎"往往很庞杂，有时互相矛盾，有时难以言说，只有靠辛苦耕耘的民族志田野工作方法才能窥见端倪。这种研究方法的好处来源于隐含的比较，优势在于跨越文化而得到的体会。在这样的"事先放空"的比较中，人类学者更容易发现原来别人的生活其实很"偏执"、不计"代价"、不"理性"，从而发现原来自己在乎的东西也有可能是偏执的、不理性的。老百姓在乎的"价值"种类多样，不仅无法量化，而且难以互换通约，甚至难以表达。这类"在乎"大都很难测量，就像我们的痛感无法用一个数字传递给医生一样。因此，"地方性知识"不是与整体相对的"局部"知识，而是在任何场景中都不可或缺的"技能"，里面的"在乎"没法量化，但却是杂乱无章的生活事实本身。

更令人头痛的问题是，一个文化的价值、它的"在乎"，可能到了另一个文化中就没有那么重要了。朝向、面子、头巾、选票、祖坟、排名、神姓、继嗣等等在某种特定文化里会左右人们行为的价值观，却往往会在该文化之外的人看来不值一提。另一个让价值变得更难以捕捉的原因是，同样的"在乎"，它的社会来源却截然不同。例如，印度婆罗门因为对轮回、洁净的执着，在饮食上必须坚持素食。而号称为了健康坚持素食的那些人，则是基于对人体"科学"知识的建构，并很快坠入一套"科学"养生与健身的全球化产业链之中。

那么，不应该被量化的价值究竟意味着什么呢？恩格尔克（Mathew Engleke）在《像人类学家一样思考》（How to Think Like an Anthropologist, 2018）里讨论了自二十世纪六十年代开展的"环地中海社会价值研究"。当时的人类学家发现，强烈的"荣誉和耻辱"观念遍布环地中海的不同人群。这些人特别在乎个人、家庭、群体的荣誉，尤其在乎女性的荣誉，而这些荣誉还特别容易受到伤害，让人蒙羞。因此，这些人处于看似矛盾的各种张力中：既热情好客又对客人充满猜疑，既崇尚独立平等又依赖保护人，既忠诚又血性，既慷慨又自私，既悲悯又恶毒。刚才还谈笑风生，转瞬就可能为了一句不礼貌的话大打出手。除非进入社会内部跟他们一道感受各种"执念"，否则无法体会其生活的滋味，无法理解其中的微妙。恩格尔克说，看似矛盾的原则都关乎"价值"，也就是"如何按照某些观念组织生活和行动"。"观念"（idea）在这里既不是被"物质"决定的"上层建筑"，也不是与经济平行的"意识形态"，而是生活不可或缺的"意义"。它是耳濡目染的习得知识，虽然能表达为几十上百的谚语，但多数只是不可言说的处事技能，没法列成清单，只能称之为"文化"。

一个极端的例子就是"种姓"。我们清晰地看到，在经历三百年莫卧儿王朝统治、两百年西方殖民洗礼、一百年西化精英打击之后，这个没有任何正式组织支撑的"种姓"制度仍然屹立不倒。直到今天，几乎每个印度人都知道自己的种姓，也大致知道周围的人属于什么种姓。法国人类学家杜蒙（Louis Dumont）在经典著作《阶序人》中认为，这是因为次大陆上的种姓是一个"观念和价值体系"，几千年来几乎没有变过。

在杜蒙之前，欧美学者一直将种姓制度视为历史遗存或阶级剥削的极致。在印度的现代民族主义运动中，种姓制度也常被诊断为需要治疗的社会顽疾。杜蒙跳脱以往的批评框架，试图从种姓制度内部视角去解释为什么任凭国家力量如何努力，它仍然存在，并去理解为什么底层种姓愿意维护种姓体系。

针对种姓制度的"顽固"，杜蒙的解释是因为它不依赖任何机构，却根深蒂固地植根于每个人的头脑之中。在他看来，针对种姓的变革，只能算社会内部的变化，而不是社会本身的变化。例如，底层种姓改信基督教，往往也不能摆脱种姓体系，而只能去追求提升自己的种姓地位。历史上，这类追求"众生平等"的运动不胜枚举。耆那教、佛教、锡克教、"巴克提运动"等等，都以摆脱种姓体系为目标之一。但它们所产生的效果反而强化了种姓体系，因为几乎每场运动都有共同的特征：一边宣布取消种姓分隔，一边模仿婆罗门生活——吃素、禁酒、内婚，变得"更纯净"，最后变成新的种姓。

在杜蒙看来，革除种姓的努力之所以"不成功"，是因为未能撼动种姓体系的终极价值（paramount value）——"纯净"。种姓的实质，是南亚人根深蒂固的"纯净涵括不纯净"（purity encompassing impurity）的"阶序"价值。这个说法听上去不易理解，但概括地说，它指的是不同种姓之间必须要通过"纯净"程度来区分高低贵贱，例如是否吃素、是否禁酒、是否"两次出生"、是否要求寡妇殉葬、是否可以进入神庙等等。但是，"纯净涵括不纯净"的关键在于，纯净者的目的不是消灭不纯者，而是通过饮食、交往、通婚、分工等等一系列规则与他们分开，维系在阶序里的高地位。换言之，不同程度的"纯净"种姓和不纯净的"种姓"都是互为条件、互相依存的。所以，不同种姓的人在衣食住行、生活习惯上都不相同，而且居住在不同的社区，饮用不同的水源，但彼此依赖。例如，刹帝利种姓尽管"有钱有势"，但他们必须依赖婆罗门做仪式，维系自己在宇宙世界中的正确位置。所以，财富和权力低的"婆罗门"却在种姓阶序中处于更高的地位，这是"权力"与"权威"的截然二分。比首陀罗还要低的种姓叫"不可接触者",走路要带上扫把扫地,甚至要摇着铃铛提示别人自己来了。另一方面,高种姓也不容易,因为他们很"脆弱",容易被沾染,变得不纯。他们不能与低种姓通婚、一起吃饭,甚至不能同处一室。在这个体系里,"高"的目的不是转化和消灭"低",而是与"低"构成一个错落有致的总体,共享"纯净涵括不纯净"的总体价值。这个体系就是"阶序",它的总体逻辑是"纯净 = 纯净 + 不纯净"。这个"甲等于甲加上乙"的等式意义在于,等号左面的赋值是社会本身,而它必须有等式右侧的甲加上乙,才是总体,这就是"涵括"(encompassment),即"阶序不是高与低的关系,而是大与小的关系"。这就是杜蒙所说的"总体论"(holism):种姓要素都只有在"总体价值"中才是自己——婆罗门、不可接触者、木匠、商人、国王、祭司等等,都只是在种姓体系中才有意义,没有例外。

对种姓的研究让杜蒙对自己所处的西方社会的终极价值有更为深刻的反思。他说,当代西方并不是没有总体主义,但它们从属于一个更为基本的终极价值——个体主义。而南亚也不是没有个体主义,但它从属于总体主义。杜蒙是忠实的涂尔干主义者,认为每个社会彼此都非常不同,但他更进一步,认为有一种更为根本的不同,即个体主义价值与总体主义价值的不同,这一点造就了西方学术的天生"缺陷":至今难以理解种姓体系,因为当代学术词汇几乎全部建立在个体主义这个终极价值之上。从个体主义的价值出发,种姓制度当然面目可憎,但仍需要从内部视角去加以理解。当然,杜蒙的研究绝不是为种姓制度辩护,而只是要说明一个深刻的道理:人们都深陷自己的"文化"之中难以自拔,并认为自己奉行的"价值"天经地义。

杜蒙推出上述想法的时代,正是后现代与后殖民研究在美国崛起的时代。他的"价值"研究很快就遭到了解构风潮的拆解与批评,其中不乏认为自己天生具备合法性的南亚学者。因此,杜蒙的价值理论被搁置了二十年。直到二〇〇七年,一位成长于弗吉尼亚大学后安家剑桥大学的人类学家罗宾斯(Joel Robbins),复兴了杜蒙的"价值"理论。他的代表作《成为罪人》(Becoming Sinners, 2004)写的是巴布亚新几内亚本土的乌拉帕明人(Urapmin)。这是一个只有三百九十多人的山地民族,很少与外界接触。但罗宾斯研究他们的时候,乌人正经历全面的基督教化。入教成为"罪人"的经验在人的内心造成了巨大的张力。原来,乌人通过赠送与接受、联姻等活动形成各种联结,这被称为"意愿"(willfulness)行为。改信基督教之后,很多"意愿"行为不再道德,例如饮酒、多妻等,而要转向"合法"(lawfulness)行为,即符合基督教规范的行为。传教本身就是意愿行动所引发的。以往靠人的自发行动形成的社会连带,现在做事要问是否"合法合规"了。如何容纳"意愿"与"合法"两种不同的价值?罗宾斯发现,乌人在改变自身的同时,也形成了双重体系:乌人内部按新的道德规范生活,但在与传统上来往密切的其他人群交往时,则仍然保持旧有的做法。为什么会发生这样的"文化变迁"?罗宾斯认为乌人的变化既不是传教的结果,也不是社会经济结构变化的结果,而是"终极价值"的变迁。他借用杜蒙的这个概念,认为我们不能像后殖民学者那样,否认总体结构、只承认个人意志,甚至认为只有当地人对自己社会的研究才是唯一正确的研究。社会的确存在"总体价值",深入其成员的心灵却让人浑然不觉。就这个问题来说,如果说印度是一个总体主义社会,欧洲是一个个体主义社会,那么乌人则是一个"关系主义"社会。人们通过可以拆解、选择、变化的关系来体验做人之道。

罗宾斯推进杜蒙的地方,在于他似乎解决了杜蒙结构分析理论中无法应对"变迁"的问题,但他的"价值"研究仍然将价值视为一种稍显玄奥的"总体观念"。对"价值"做出全面贡献的人类学家,当属前面提到的大卫·格雷伯。他的《人类学价值理论刍议》(*Toward an Anthropological Theory of Value*, 2001)至今仍然是关于价值研究最完备的著作。

与罗宾斯不同,格雷伯提出了一个可以称为"行动价值论"(action value theory)的理论。根据这一理论,我们固然无法将生活理解为"个体利益最大化"的世界,但也不能用价值的"文化多样性"敷衍了事。人是一个类属,社会存在共性。如果每个社会里的交换现象只是因为那些社会里的人想获得彼此的东西,那只不过是一个人类学版的弗里德曼消费理论而已。格雷伯说,一个物件之所以有价值,是因为凝结在里面的"历史",这个历史就是人的行动(action)。简单地说,价值来自行动,是"不可见能力",它是"行动能力变成实际可见形式的过程"。物需要生产和交换,关系需要创造和维系,这都需要人的时间和精力,这就是"价值"。

"行动价值论"在马克思的劳动价值论的基础上取得了重要发展。行动不是劳动,而是物所表达的人的活动;它们并非"剩余价值",而是传说、故事。一顶油腻的皇冠、一张发黄的照片、一套天神留下的舞蹈、一顿丰盛的晚餐,都承载着大量真实或想象的人的行动。生活的酸甜苦辣、社会的聚散离合,都充满着对人的行动的记忆、凝结,这是"礼尚往来"的凭据。因此,如格雷伯指出的,文化不仅是看待世界的不同方式,也是人们想象中生活理应的样子,是道德计划(moral projects)。

从马克思的劳动价值论出发,格雷伯想要解决的问题是莫斯式的疑问:社会的真正基础是什么?莫斯认为,市场、经济、货币等等假设都不是普遍的,普遍的只有"礼物"。而格雷伯的"价值"理论,则为"礼物"奠定了基础——它是"行动"的外显和移交,这是"互惠"的根本。在资本的世界里,人们对市场逻辑、自利行为普遍反感,就算那些鼓吹理性选择、个人利益最大化的学者,也很少例外。换句话说，大家都知道资本主义逻辑是一个不公平的逻辑，因为它拒绝"互惠"。资本主义的逻辑是"侵占"，是让包括劳动在内的行动臣服于资本，这就是为什么马克思与莫斯都主张社会主义制度，这也是为什么格雷伯主张在发达资本主义体系中"直接行动"。

"人类学家不算数"（anthropologists do not count），卡马洛夫说，"但是我们知道如何表达数字难以描述的现实。对我们很多人来说，数字也是一种拜物教。"不能量化的价值，或许更接近现实。但是，我相信绝大多数的人和绝大多数的学科都会说，没有表格和数字，就"不科学了"，这种知识也就难以成为学科意义上的知识。"数量推理"侵入了目前几乎所有领域，包括那些传统上无法量化的领域：数字人文、量化史学、AI诗人。据说，AI会占领所有输入端和输出端都可以确定的领域。这看似"进步"的趋势，其实更为"落后"。人类学家科尔森（E. Colson）早在一九七三年就发现，当代社会的决策过程与古代的占卜过程几乎一模一样，决策者追求输入端和输出端的确定性，而不是决策本身。决策需要证据，数字就是当代社会最擅长的证据收集方式。与占卜决策一样，"数字决策为决策者提供的不是别的，而是心安得得（tranquility）"。其实，把数据化、可计量化称为科学的"进步"、社会的"进步"，这种看法已经开始受到很多质疑。我们亟须检视"不可量化的价值"，谨慎对待我们的生活不断地被数据化、被量化，隐匿于生活细节中的"不可量化的价值"才是我们的"在乎"。

（*Becoming Sinners: Christianity and Moral Torment in a Papua New Guinea Societ*, Joel Robbins, University of California Press, 2004；*Toward an Anthropological Theory of Value: The False Coin of Our Own Dreams*, David Graeber, Palgrave Macmillan, 2001）

段 炼

矛盾两面人？
——严复与他的时代

一百年前去世的严复（一八五四至一九二一），被后人视为站在中国与世界最初交汇点上的"现代启蒙人"。为回应十九世纪中叶以来中国遭遇的内外危机，严复借助"信达雅"的译笔，穿行于中国晚清与英国维多利亚时代的"平行时空"。通过翻译这一"跨语际实践"，他将西方近代的知识谱系引入晚清思想界，从而为近代中国的政治变革与文化转型，提供了一个建立在"天演论"和现代科学方法之上的新世界观。在严复的笔下，一方面，历史被描述为由"野蛮"进入"文明"的线性过程，进步史观成为解释世界、社会与个人发展的新框架；另一方面，"天演论"将"群"作为"物竞天择"的基本单位，鼓吹通过"自强保种"避免"亡国灭种"的危机。从此，提升中国人的民德、民智与民力以适应文明竞争，成为当时朝野各界普遍认同的应对危机的根本途径。

然而，严复一生在追求自由、民主、科学、竞争等启蒙理念之外，也相当复杂地掺杂了许多貌似与此对立的"反启蒙"因素，包括常年吸食鸦片、纳妾、列名筹安会拥戴袁世凯复辟帝制、肯定孔教会尊孔读经、反对新文化运动"尽废古文"、公开支持上海灵学会的鬼神观念和"灵魂不死"之说。学者黄克武在严复、梁启超、胡适研究以及近代中国思想文化史与翻译史领域深耕多年，成就斐然，曾出版《自由的所以然：严复对约翰·密尔自由思想的认识与批判》《惟适之安：严复与近代中国的文化转型》以及 *The Meaning of Freedom: Yan Fu and the Origins of Chinese Liberalism*（《自由的意义：严复与中国自由主义的起源》）等有关严复的中英文著述。他的新著《笔醒山河——中国现代启蒙人严复》（以下简称《笔醒山河》，下引此书只注页码）认为，严复思想之中所蕴含的矛盾与张力，既赋予他的启蒙事业巨大的原创力，也让他的人生历程与近代中国走向世界的旅程一样，充满挑战、成就和挫败。

《笔醒山河》以娓娓动人的笔触，为读者描述、分析严复的思想来源和他的启蒙方案对于晚清民初中国社会的深远影响。该书共分"成长经历与人际网络""以翻译开启民智""政治与文化的抉择"三个部分，通过三十多个主题，构成两条彼此交织的论述线索。第一条线索是严复的历史处境、人际关系和社会影响，着重从他的生长环境、个性特质、婚姻家庭、师友关系以及政治、宗教与文化抉择等观察他的生命历程，以此反映其身处的清末民初的时代动荡。第二条线索则关注严复的思想内涵，尤其着力通过对严译作品的分析，展现他的政治、经济、社会思想特点及其对时代的冲击。正如本书作者所言，严复一生不同阶段所经历的家事纠葛、宦海沉浮、科场蹭蹬、身体病痛以及外界批评，带给他更为复杂深沉的生命体验，使他在"两害相权"之中，愈益体悟到"励业益知"的人生真义（5—6页）。因此，《笔醒山河》既是一部建立在深入研究之上的大众普及版严复思想评传，又为读者刻画出一个在声名显赫之外，充满困顿与彷徨的启蒙者的生命图像。

《笔醒山河》的主要贡献在于，既不赞同将严复视为早年西化、激进，晚年转而保守、落后式的人物，也不认可史华慈在《寻求富强》一书中以"两面人的矛盾态度"论断严复，即严复一方面追求国家富强、活力、个人竞争等，另一方面又在"神秘主义"之中逃避精神的苦痛。本书作者强调，严复一生的思想重心，固然因时代变化

43

而有所调整，但并未经历所谓"从西化到折衷再到复古"的激烈转变。同时，严复也不是一个现代性构想与终极关怀相互抵牾的"两面人"。他一以贯之的追求，是通过"会通中西"的努力，为古老中国寻求一条通往现代的道路。从书中可见，严复的政治理念，是尝试结合西方式的自由、富强与基于传统价值的道德理想。他对于"幽冥之端"的形上世界和"灵魂不灭"的认可，与他对于现代民主和科学价值的追求也并非相互矛盾，而是彼此互补。在清末民初严复的学思历程之中，它们共同映照出古老中国这个"文化动态之整体"的新陈代谢与环环相续。

因此，贯穿严复一生的那些"反启蒙"的言行，虽然与时人认知中的现代性方案存在歧异与断裂，但本书作者指出，从思想的连续性着眼，严复所极力推崇的西方现代学术和国家体制，与他肯定儒家的孝道、珍视宗教情感、探究"不可思议之境"的终极关怀之间，有着内在的思想脉络可寻。正如严复的同乡好友陈宝琛在其墓志铭中所写："君于学无所不窥，举中外治术学理，弥不究极原委，抉其得失，证明而会通之。"的确，终其一生，严复都通过典雅的桐城古文，译述斯宾塞、赫胥黎、亚当·斯密、甄克思等人用英文撰述的西学著作。这一中西杂糅的手法，真实可感地凸显出严复关于"会通中西"的美好愿景——"一方面认为中西文化有所不同，另一方面两者却是部分相合而可以会通为一更圆融之思想体系"（278页）。

《笔醒山河》一书将严复的启蒙事业，定位为"文化自觉的意识下从事中西思想的交融互释"（4页）。严复童年时代在福州船政学堂学习西学，同时亦研读《孝经》与《圣谕广训》等教材，其"会通中西"的理念，最初应植根于此。本书指出，在此后的岁月里，通过"引西入中"和"援中解西"的翻译策略，严复将启蒙与其对西学的译介结合在一起，充分反映出他在翻译西学、接引西方现代性过程中的"主体性思维"。因此，与林纾一道，被康有为誉为"译才并世数严林"的严复，绝非中西词汇的搬运工，而是一位通过翻译，发掘"文本中的潜文本"的掘金者。他对诸多译文所做的增删和补充的按语，充分体现出这种思接古今的苦心孤诣与现实关怀。比如，严复最早译介海权观念，指出"开化之国，有其权而不以侮人，有力而不以夺人"。他以伦理、正义观念为中心，通过描绘"公理、公法与公论"的启蒙蓝图，对国际秩序、帝国主义、殖民主义展开批判性思考（96页）。又如，对于众所周知的《天演论》及其理论体系，严复自陈，正是在老子《道德经》的"天地不仁，以万物为刍狗；圣人不仁，以百姓为刍狗"当中，他发现了"天演开宗语"，认为其尽括"达尔文新理"。因此，他赞同斯宾塞的看法，以"天演"统摄万物从而实现自然、个人、国家、社会的"止于至善"。但是，严复自身固有的"儒学性格"，选择的却是推动民德、民智、民力的温和渐进的教化力量，而非推崇弱肉强食的无情淘汰与暴力革命。因此，"天演"作为宇宙运行的常理，具有普遍伦理法则、历史哲学和价值源泉的多重含义，是万物殊异和变迁之中的终极不变性，亦即他在《政治讲义》中所谓的"道"。再如，严复翻译约翰·密尔《论自由》（严复译作《群己权界论》）之时，发展出对于西方自由观念和中国固有的"恕道"与"絜矩之道"的比较。尤为难得的是，对西方自由的"投射"与对自由概念的"发现"（154—155页），使得严复得以结合中西价值，认为"群己权界"是由一系列传统规范所构成。在这一点上，严复的自由观与密尔的个人主义可谓桴鼓相应。

然而，《笔醒山河》的作者也指出，由于密尔与严复在认识论上的歧异，使得在后者眼中，思想言论自由的意义在于荀子说的"从道不从君，从义不从父"，亦即个人是"从道"的主体，其权威超过君主谕令或父母教诲。因此，自由是指个人决定从"道"的能力，而且也预设了荀子所谓的知"道"的可能性，亦即"人心能够掌握实然与应然的客观真理"。本书作者指出，这是一种"乐观主义认识论"主导之下的看法。与此相对,密尔在"悲观主义认识论"支配下所强调的fallibility(易错性),在严复的思考之中反而是一个不太重要的问题(162页)。因此,严复翻译与诠释之下的"自由"价值,既不同于密尔自由理念所主张的"己重群轻",也不同于史华慈所说将个人自由视为达成具有"浮士德－普罗米修斯精神"之国家主义的工具,而是一种"群己平衡"的观念(166页)。另外,严复在以《群学肄言》为名,翻译斯宾塞的《社会学研究》之时,则充分运用荀子的思想以及《易经》与邵雍的"运会"观念。他通过传统观念诠释赫胥黎与斯宾塞的想法,进而了解天与人的关系以及由此衍生的演化原理、群体关系、圣王观念等。群与群学、"解蔽"、天人关系、新"圣王观"也在这样的进程中,体现出严复社会学思想之中重视科学方法、线性演化、社会有机体论,批判传统并实行新策的特点(191页)。

严复在《天演论》自序中写道:"考道之士,以其所得于彼者,反以证诸吾古人之所传,乃澄湛精莹,如寐初觉。其亲切有味,较之觇毕为学者,万万有加焉。此真治异国语言文字者之至乐也。"在其乐融融的"考道"过程之中,严复对于中西思想各有批判与取舍,也各有调和与嫁接。他笔下文字与译述也因此富含矛盾与张力。在不同的语境之下,严复对于中国传统的抨击,往往激活了传统中的因子;而他对于西学的接纳,也包含着对于西学的修订与扬弃——简单的线性叙事,无法精确描绘严复在这一时期对于这一系列"英国的课业"的复杂反应。简言之,严复的译述既是传统儒家思想与西方经典理论,在相互交织、密切互动之中实现"典范转移"的过程,也是东西文明在对话与论辩之中寻求"重叠共识"的过程。

《笔醒山河》一书定位为通俗化、大众化的严复传记,故作者行文力求精简,尽量少用引文,也未像正式学术著作一样注解密布,令人望而却步。不过,全书采用糅合传记与专论的体例(特别是省却注释之举),却不甚便利读者对于相关议题的具体研判与延伸阅读,是一憾事。作者采用思想史和生命史相结合的写法，浓墨重彩地刻画出严复在"名满天下"之外，却因"谤亦随之"带来的无助、纠结与失意。值得注意的是，在《笔醒山河》之中，这些内容并非简单地堆砌史料与铺陈情节。本书作者以"理解之同情"的写作，贯注了史学研究诸多新的问题意识，如理性、情感与意志的互动，私情与公义之间的张力，以及女性角色在男权社会中的生存境遇等，让事件（episode）、重要人物的传记（biography）以及制度或思想上的架构或模式（pattern），共同构成解读严复及其时代不可化约的三个角度（墨子刻语）。

在本书风格独特而又饶有趣味的描绘之中，严复作为晚清民初的"典型人物"，从充满理论思辨色彩的文字之中缓步走来，并以生动的面貌与他的时代合而为一。在留学英国期间，严复的见解就深受公使郭嵩焘的赏识。但通观全书，严复并非个性圆融之人，而是锋芒毕露，具有狂妄、自傲之气。曾纪泽认为严复"才质甚美，颖悟好学，论事有识"，然而也斥责其"狂傲矜张""自负颇甚"。或许性格即命运，加之回国后的官场失意与科举不顺，严复很早就开始吸食鸦片，以纾解事业和心情上的困苦。今人或许难以想象，严复的主要作品竟多在其吸食鸦片之后，方才得以完成。严复晚年受病痛折磨，以致烟霞癖一直无法彻底戒除。后来，革命党人反对严复的君主立宪主张之时，曾借此大做文章，由此也影响到他的公众形象。严复曾在文字中力倡"自爱而求进者必不吸食（鸦片）"。若以此反求诸己，不知严复是否也曾对此深自悔悟？

《笔醒山河》一书也用相当充分的笔墨，描述过往较少注目的严复的异性情缘与宗教情感。严复有两妻一妾。第一任夫人王氏是佛教徒，其宗教精神影响严复颇深。严复一生提倡科学，却不排斥宗教经验。他说："人生阅历，实有许多不可纯以科学通者，更不敢将幽冥之端，一概抹杀。"（263页）因此，严复喜用佛教的"不可思议"，翻译"不可知论"（agnosticism）一语，并给予宗教或超越智慧、死后世界、灵魂不死等想法一个合理的、可以存在的范畴。在过世前两三个月，严复还为多年前去世的王氏手抄《金刚经》一部寄托哀思。不仅如此，严复给儿女取的乳名也多用佛教名词，如"文殊""普贤""香严""华严"。在"北洋当差，味同嚼蜡"这段日子里，情绪消沉的严复亦曾纳妾。然当平日妻妾争执之际，束手无策的严复也不免抱怨"天下惟妇女最难对付"，自己"真天下第一可怜人也"（34—35页）。这样的细节读来令人莞尔，也让人感叹"家人眼中无英雄"。他与女学生吕碧城和侄女何纫兰之间，则发生了另外一些故事。严复译介的新思想对两名女性均有启发，而两名女性对于女子教育的执着，也影响着严复对于女性的看法。严复反对婚姻自由，却提倡女子教育。他与忘年交吕碧城之间的和诗与密切交往，透露出彼此对于对方均有赏识与爱慕。作者认为，"唯两人或许恪于师生礼法，未敢逾越。在他们的内心深处或许一直存在公、私、情、礼的交战。吕碧城终生未嫁或源于此"（68页）。

借用司马迁在《太史公自序》中所言，严复一生的文字，多系其"意有所郁结，不得通其道"而又持续探索时代命题的思想结晶。《笔醒山河》一书指出，严复一生穷其心力，曾先后与三种思潮论辩：十九世纪九十年代末期，反对"西学中源说"；到了二十世纪初，反驳张之洞的"中体西用论"；至民国初期，又反击五四新青年们反传统的西化主张（278页）。后来的《学衡》派成员郭斌龢说，严复一生思想多变，但"苦心弥缝于新旧之间"的精神则"始终一贯"（276页）。然而，以"后见之明"观之，受制于对中西学术体系根本差异的准确理解，严复能否真正如《笔醒山河》一书所言，融通文明之间的"一体相关性"，其实仍有探讨的空间。

一九一二年，当五十八岁的严复主持北大之时，他已转而承认"向所谓合一炉而冶之者，徒虚言耳，为之不已，其终且至于两亡"。接踵而至的欧洲大战，更让他抨击西方世界"三百年来之进化，只做到利己杀人、寡廉鲜耻八个字"，并主张返归"量同天地，泽被寰区"的孔孟之道。及至晚年，严复转而从特殊性与历史性的角度阐述中西文明。这与他早岁立意追寻二者"道通为一"的努力已经渐行渐远，以致在二十世纪初日趋激进的时代里，饱受着时人"保守""复古"的讥评。

作为"不合时宜"、难以归类的思考者，严复曾是引介西学的启蒙先驱，后来却又成为启蒙论述的反思者和时人眼中的落伍者。他以"圣人有以见天下之动，而观其会通"的态度，为中国描绘出一幅渐进调适的启蒙蓝图。然而，这幅蓝图最终成为二十世纪"一个被放弃的选择"。一九二一年，严复在遗嘱当中，仍笃信"新知无尽，真理无穷"，也确认"中国必不灭，旧法可损益，而必不可叛"，更感叹"做人分量，不易圆满"。临终之际，让这位现代启蒙人魂牵梦绕的，仍是"震旦方陆沉，何年得解悬？太平如有象，莫忘告重泉"。《笔醒山河》一书揭示了严复一生的"经纬万端"，印证着清末民初读书人心路的复杂彷徨，也映照出近代中国文化转型的曲折往复。

（《笔醒山河——中国现代启蒙人严复》，黄克武著，广西师范大学出版社二〇二二年版）

《吃茶趣：中国名茶录》

杨多杰 著 定价：68.00元

一碗茶汤，回甘的是上千年的中国文化。作者多年来走访各大名茶产区销区，梳理茶学文献，趣话四十五款名茶兴衰浮沉。对于当下茶界的热点怪象，也进行了反思与质疑。书中还附有六十余件极具时代特色的旧茶包装、广告等，从中也可窥见中国名茶的隐秘历史片段。

生活书店出版有限公司出版

陈忠平

黄远庸暗杀案档案揭秘

民国初年著名新闻记者、被誉为"报界奇才"的黄远庸，笔名远生，于一九一五年十二月二十五日傍晚在旧金山餐馆上海楼被暗杀。由于当时正是袁世凯积极准备称帝之际，暗杀黄氏的凶手又从现场成功逃脱，这一事件不仅成为一桩悬案，而且成为民国初年重大历史之谜。关于黄远庸因反对帝制复辟而死于袁世凯走狗的追杀，或他因拥袁称帝而遭到国民党人暗杀的两种说法截然相反，但都曾甚嚣尘上。直到一九八五年黄远生学术讨论会在江西庐山召开，黄流沙等学者用来自旧金山的传闻和访谈资料，揭露了部分历史真相：当时国民党美洲总支部负责人、后来担任国民党政府主席的林森怀疑黄远庸奉袁世凯之命前来美国筹款，所以派遣卫兵刘北海将其暗杀。黄流沙与孙文铄并据此发表《关于黄远生之死》一文（《新闻学刊》一九八六年第二期）。但该文的主要依据是一个匿名华人撰述刘北海的个人回忆，将暗杀地点误记为广州楼，并称杀手仅刘氏一人。

之后关于黄远庸暗杀案的文章不断见于报章，但鲜有新的史料，以至于暗杀的原因、参加暗杀的人数以及刺客的背景等问题都晦暗不明，成为超越百年的历史之谜。我于研究孙中山与北美华人革命运动历史的过程中，在国民党档案中发现林森在一九一五年的一份信函，以及刘北海等人暗杀黄远庸的报告。这些珍贵档案表明，这一暗杀事件的目标并不仅是黄远庸，也包括梁启超甚至还有孙中山的旧日战友黄兴。该案的政治动机不只与袁世凯称帝前后的国民党和袁氏集团之间斗争有关，也涉及民国初年以来的国内及美国华人社区的党争，特别是孙中山与黄兴等革命党人内部的矛盾。

在一九一五年前后担任国民党美洲总支部领导人的冯自由曾指出，黄远庸于一九一五年冬到达美国旧金山之后，当地国民党员向林森探询他的历史。林森的答复强调：黄远庸是在一九一三年五月梁启超等人组织的进步党中的"第一流策士"，曾是该党帮助袁世凯在该年解散、禁止国民党的主要谋士（冯自由：《革命逸史》，新星出版社二〇〇九年版，635页）。冯自由的记载已经说明黄远庸的遇害与一九一三年以来梁启超所领导的进步党与国民党的党争有关，而且指出至少两名刺客参与了行动。

根据一九一三年的一份有关民国档案所做的研究也证明，黄远庸当年确实曾给袁世凯秘呈条陈，建议设立警察组织内的特种机关，搜集国民党报纸中的报道和论述，并组织、利用新闻通信机关统一、控制舆论。这一条陈深为袁世凯所重视，命令国务院转交内务部审议执行。尽管这份档案不可能在当时为林森等人所知，但可以证明以上冯自由的说法（张克明：《黄远庸是否帝制派？》，载《历史档案》一九八二年第一期）。

在使用档案等原始资料研究黄远庸暗杀案的极少数文章中，另外一篇引用了一位目击者的日记。该文也仅提供了一九一五年十二月二十五日之前该日记作者与黄氏同居旧金山的一个旅馆，并在案件发生当晚同在上海楼共进晚餐以及此后的所见所闻。但该日记除了附有相关剪报之外，并未对暗杀发生之际的情形提供详细描述，对日记进行研究的作者也未就刺客及其动机等问题提出任何结论（李芳、庞思纯：《乐嘉藻日记中的黄远庸及其被暗杀事件》，《文史天地》二〇一四年第十期）。此外，另一在上海楼用餐的目击者在数十年后对于刺客枪击黄远庸的过程提供了详细描述，但称仅有一名"打手"行凶，似与以下的档案记载不符（陆文郁：《参加巴拿马赛会琐忆》，载《文史资料存稿选编》，中国文史出版社第二十五册）。还有一些文章称孙中山曾命令林森领导下的美洲国民党暗杀黄远庸（纪彭：《黄远生：第一个被狙杀的自由主义记者》，载《文史参考》二〇一〇年第十六期），但这一说法并无可靠史料根据，也与档案记载不同。

在我所见的国民党档案史料中，林森在一九一五年十二月十七日从旧金山写给孙中山的一封超长信函明显暴露了黄远庸暗杀案发生的复杂原因。由于这封信从旧金山发出的时间仅在黄远庸暗杀案发生的八天之前，而当年横渡太平洋的轮船需要费时十天以上，身居日本的孙中山应该无法在此期间收到这封信，并据此下达格杀黄氏的命令。所以，黄远庸暗杀案应该就是林森本人在信件发出之后采取的紧急行动（斯坦福大学胡佛研究所藏中国国民党档案，上海环龙路档案第七七四七号：林森致孙中山信）。

林森的信长达十七页（缺失第五页），另附一页，均用毛笔写于驻旧金山国民党美洲总支部公用信笺上，并在林森签名处加盖中华革命党美洲支部印章。这是因为孙中山原计划将国民党全部改名为中华革命党，但冯自由与林森先后请求孙中山特许美洲的国民党保留原名，以便公开筹款。因此他们除了使用国民党的名称从事公开活动之外，在内部也使用中华革命党的名义（《革命逸史》）。

在林森发出的十七页长信之中，前十四页主要报告孙中山派往加拿大的特使夏重民试图让该地国民党的所有党部从旧金山的国民党美洲总支部独立。因此，林森要求由他领导的国民党美洲总支部统一该党在北美的所有党务。但在该信的末尾三页，林森报告了与黄远庸有关的重要情况，现摘引于下：

> 近日黄兴与[洪门致]公堂认为一气，已有函电见于《民国公报》。惜其不识公堂内容，欲籍彼者为标榜，反为谋私利者所利用，诚不值一文钱耳。又查梁启超将来美洲，托言养病，

其实非来敛钱，必暗为袁逆走狗。

黄远庸已先期来[驻]扎金门。黄为梁之门生，黄来时带有章行严[士钊]之介绍书及与黄兴通电之密码。似此黄兴为公堂所弄，又为[梁启超]保皇党人所愚。

该信附页又特别警告："柔克义（前美驻北京及俄国公使）近日乘地洋丸（轮船）赴袁世凯之聘（与外务部借债事均有关系）。黄克强（黄兴）迁居 Idlewood Cottage（位于美国东部宾夕法尼亚州的一个旅馆），对借债事仅由邓家彦运动 Prof. [Charles A] Bread（哥伦比亚大学一位教授）帮忙。吾人宜自立长久机关，断不可专恃个人为长城也。"

林森在此信中将黄远庸视为梁启超前来美国并驻扎旧金山的先锋，认为他们的目的在于帮助袁世凯政权骗取美国政府借款或华侨捐款，并同时秘密拉拢已与孙中山不和的黄兴。该信对于黄兴与美洲洪门致公堂的联系及其通过黄远庸与梁启超秘密勾结的抨击更值得重视，而且在信件最后，林森还对黄兴在美国政府向袁世凯政权借款问题上的无所作为态度表达了强烈不满，说明当时国民党内的矛盾也与这一暗杀案相关。

首先，林森的信件将梁启超和黄远庸贬为清末保皇党人余孽，确实反映了民国初年的进步党领袖主要由清末要求实行君主立宪的改良派人物演变而来。他们在民初支持袁世凯与国民党的权力斗争，又进一步加深了双方恩怨，以至于黄远庸成为林森等美洲国民党领袖用来阻止梁启超美洲之行、需要通过暗杀剪除的首要目标。但远在海外的林森等人却无意或有意地忽视了梁启超和黄远庸在一九一五年间对于袁世凯复辟帝制的反对或拒绝合作态度。

在一九一五年八月袁世凯集团公开发动恢复帝制运动之后，梁启超就发表了《异哉所谓国体问题者》一文，表示反对。他在十二月十六日从天津南下上海之前，确实曾向袁世凯上书，声称需要前往美国养病，而且此事也为报纸所公开报道。但是，他实际是以此

53

借口逃脱袁氏政权的注意和监视,前往南方联系蔡锷等人,准备反对帝制复辟的军事行动(丁文江、赵丰田编:《梁启超年谱长编》,上海人民出版社二〇〇九年版,466—472页)。同时,黄远庸在一九一五年居住北京期间受到袁世凯胁迫,先就帝制问题发表了一篇似是而非的文章,但后来逃往上海就投书章士钊在日本出版的《甲寅》杂志,对于该文发表经过做出说明和忏悔,并公开表示拒绝接受袁氏让他主办《亚细亚报》的任命(梁漱溟:《怀念黄远生》,载《出版参考》二〇〇六年第二十三期)。最终,黄远庸远走加拿大和美国,在十一月二十七日到达旧金山后直接向当地国民党人主办的报纸投书,要求更正该报关于他和袁世凯帝制运动的报道,声明他"因反对帝制而来此游息"。但这些辩白显然无效,以至于在黄远庸遭到暗杀之后,仍被旧金山的中西报纸视为"袁世凯派来阻止革命党人筹款反对帝制之代表"(《少年中国晨报》一九一五年十二月二十六日)。

第二,林森的信件不仅将黄远庸视为梁启超的马前卒,而且认定他是梁氏等拥护袁世凯称帝的"保皇党人"与已经脱离孙中山的黄兴之间的联络人,所以必须除去这一更为危险的心腹之患。关于林森报告黄远庸持有与"黄兴通电之密码"情报,在黄氏遭到暗杀之后,旧金山的一家英文报纸确实报道当地巡警曾在他的遗物中"搜出有秘密电码一本"(同上),似乎可以作为佐证。

黄兴原为孙中山在同盟会时代组织反清革命军事行动的得力助手,他也曾在孙中山领导之下的中华民国临时政府中担任陆军部总长。但是,孙中山在一九一四年中期试图改组松散的国民党为中华革命党,要求所有党员填写效忠党魁的誓约并签名加盖指模,遭到黄兴等人反对(陈锡祺主编:《孙中山年谱长编》,中华书局一九九一年版)。此后,黄兴离开日本前往美洲,在美国各地受到华侨的热烈欢迎。由于旧金山的华侨中黄姓侨民人数众多,他受到了其中不同党派族人的一致欢迎。但孙中山与黄兴的矛盾却在一九一五年初变得更为激化，孙在当年三月致信黄，斥责他从一九一三年"二次革命"以来一系列拒绝服从、合作的行为（湖南省社会科学院编：《黄兴集》，中华书局一九八一年版，385、406—407页）。在一九一五年十月，黄兴曾致函孙中山，表示愿意在孙领导下的反袁斗争中效力（陈锡祺主编：《孙中山年谱长编》上册，962页）。但黄兴在当年十一月二十六日的一封信中，又说明他正与旧金山的美国致公堂总部及康有为等原保皇党人联系，计划反对袁世凯复辟的活动（《黄兴集》）。所以，从林森的信来看，美洲国民党领袖非常担心梁启超通过黄远庸以密电码联络居于美国东部的黄兴，将他拉入拥袁的帝制集团，从而下定决心除去这一居间联系的人物。

第三，分析林森的信件，他领导下的国民党美洲总支部与旧金山美国致公堂总部之间的党派斗争也是黄远庸暗杀案发生的契机之一。旧金山美国致公堂总部曾支援同盟会，所以其大佬黄三德在一九一二年初孙中山成为中华民国临时大总统后来到国内，要求使洪门成为合法政党。但黄三德在国内滞留三年无功而返。他很快发现此前冯自由被推为致公堂总部会长期间访问各地分部，借此机会发展国民党在各地的组织。因此，冯自由被迫辞去会长职务，亦造成国民党和致公堂的对立和冲突，黄三德也与孙中山公开反目（斯坦福大学胡佛研究所藏中国国民党档案，上海环龙路档案第七六六五号：黄三德致孙中山信，一九一五年一月三十日；陈锡祺主编：《孙中山年谱长编》上册，938页）。从林森的信件来看，黄兴在一九一五年底与致公堂总部的接近加剧了后者对于国民党的威胁。另外，林森是否担心黄远庸利用同姓同宗的关系与远在美国东部的黄兴、致公堂总部大佬黄三德以及当地黄氏宗族众多成员取得联系并结为一体，从而实行了这场暗杀计划？这一推论尚需更多史料证实。但林森信件将黄远庸与黄兴的密码联络以及后者与旧金山美国致公堂总部联系的情况一道向孙中山报告，显示这场暗杀案亦与国民党和致公堂的党争有关。

我在其他有关档案中发现的三位刺客报告既提供了支持以上分析的部分证据,也揭示了该案件从计划到实施的细节。现摘引其中部分内容如下(中国国民党文化传播委员会党史馆一般档案号407/1:"杨棠、刘北海、余昌等枪杀袁式[氏]走狗黄远庸事件",一九四七年十一月十日):

民国四年(一九一五)冬,黄远庸前清翰林当上海《亚细亚报》总编辑,赞成袁世凯称帝。当时党人同志不满意该报,经馆两次,惜他不在。后袁世凯密命他来美,私商借款,兼组筹安会等事。总支部接到密电,命吕南同志通知调查科员杨棠密查此敌是否来美。杨棠果查他注(驻)在本埠……常与不利我党人同群叙会,将此复命。斯时杨棠深感不安,与刘北海、余昌同志密集合作,实行准备牺牲。杨棠请示总支部长林子超(森)恳求计划,决实行事。林先生不准发令,(因)林先生是慈祥之人。后杨、余联同再求,林先生不发一语。棠等请先生解释:吾人入党为何,革命何为?斯时先生痛下决心,特准吾等行事,并祝胜利。

民国四年十二月廿五日,即一九一五年美国谢神日(圣诞节)下午九(?)时,远庸在上海楼开房,与三数敌人叙餐。即时接到情报,杨棠即通知刘、余齐到该楼食餐。刘、余同席,杨棠独坐一席。已有一点钟之久,他尚未食完。刘北海急欲入房开火,杨棠阻止,恐伤别人。孙科与数位男女同志亦在该楼食餐。十(?)时半,黄远庸食完,自行柜面,取牙针,欲入房内。敌人见面,杨棠即时发令,刘、余同时开火。已是三响,他亦能行走(注:原文如此),若廿十尺之间。杨棠恐他不死,亦发一响,他倒地死矣。目的已达,各走街外也。幸当日大雾,伸手不见掌,亦无巡警,是先烈助我等。成功后各同志集合多款送吾等,概不受纳,只受孙总理特奖旌义状各一张,颜曰"卫国从戎"。又二等银质青天白日嘉禾章各一座，吾欣欣领受。

该档案注明这份报告由原籍中山县的杨棠、刘北海、余昌三人在一九四七年上呈，并由杨棠执笔，但余昌当时已故。这一档案证明林森确实是暗杀黄远庸的决策人，他的决定应该是基于上述致孙中山信件中的各种考虑。由于这一报告是在林森于一九四三年去世后上呈，执笔人杨棠可能对于自己在决策和行动中的作用有所夸大，但该档案除了案发时间与当地报纸所述傍晚六点多稍有不同之外，其余细节补正了以往所有文章中的一些重要错误和遗漏。

首先，这场暗杀案起于国民党在上海的组织送给该党美洲总支部的一份关于黄远庸为袁世凯帝制效力、前往美国的密电，但对于黄氏进行调查、实行暗杀的工作完全由林森指挥、安排和决定。孙中山只是在事后褒奖了暗杀黄远庸的国民党员，并未直接下令。

其次，这场暗杀并非是刘北海的单人冒险，而是由孙中山之子孙科等至少五人参与，由杨棠坐镇指挥，并由他与刘北海、余昌三人共同实行枪杀的行动。以往文章中专注的刺客刘北海只是一个奉命行动的角色而已。

根据我发现的另外一份档案（中国国民党文化传播委员会党史馆馆藏：总裁批签56/0079），刘北海得到特别关注的原因之一可能是他在一九六七年八月三日于台北去世之后，受到蒋介石亲自批准赐颁挽联。此后，他参与暗杀黄远庸的行动得到了至少一家香港报纸的简单报道（见香港《华侨日报》一九六七年九月八日），但在台湾学者沈云龙八年后撰写《黄远庸其人其言》一文时，仍对刺客不甚了了。此后，由台湾黎明出版、刘伯骥编写的《美国华侨史》称一九一五年"十二月，黄远庸来美，或以为进步党策士，被（国民党）党员刘北海、刘棠刺杀于上海楼"，但其中负责现场指挥暗杀的杨棠已被误为刘棠，我也未发现他曾受到来自蒋介石关注的任何档案。值得注意的是，由刘伯骥编写的《美国华侨史续编》中，对于黄远庸暗杀案有着更为详细的描写,但对刺客却讳莫如深,抹去了真相。

我在二〇一二年受邀参加斯坦福大学"北美华人铁路劳工研究项目",得以结识一同参与研究的虞容仪芳女士,并查阅她的家藏历史文献。据虞容女士所述,刘北海在暗杀黄远庸之后,曾受到她的祖父、圣何塞(San Jose,旧译山多些)市国民党领袖容嵩光等党人的保护。在一九六〇年,他在加州索拉诺县(Solano county)的一个果园工作,并曾在该地向虞容女士及其父母讲述暗杀黄远庸的经过,包括其中一个细节:他在开枪逃离后扔掉手枪,剥开口袋中的一个橘子,用橘皮擦去手指上的火药味道,然后混入现场看热闹的人群,继续品尝橘肉。此后,刘北海在一九六五年从美国到达台湾定居,一九六七年死亡,其经过都曾由台湾《中央日报》加以报道,但并未提及他暗杀黄远庸的事实。可见,作为黄远庸的杀手之一,刘北海及其暗杀行动一直受到国民党的秘密嘉奖和保护。

在《黄远庸其人其言》一文中,沈云龙认为黄氏是民初以来因文字贾祸而丧命的第一人,所以"为世所哀"。类似的惋惜也充斥于近来许多有关文章之中,并由此导致一些文章推测孙中山无法容忍黄远庸对于自己的舆论批评,所以下令将他暗杀(纪彭:《黄远生:第一个被狙杀的自由主义记者》)。但从以上披露的档案文献来看,黄远庸从民初以来介入的党争以及他无法逃脱的袁世凯帝制运动的政治影响都决定了他的个人悲剧。他在一九一五年末到达旧金山的行程是否与同时的梁启超从北京南下发动反对袁世凯帝制运动有关,并为此帮助梁氏与黄兴及洪门致公堂等海外华人组织进行联系?这些历史问题仍然值得进一步探讨。至少从国民党方面,林森等人策划和实行暗杀黄远庸的行动主要是基于政治原因,包括政治误解,而不是直接与他以往的新闻报道文字相关。十分巧合的是,黄远庸在旧金山被暗杀的日子,也正是蔡锷等在云南宣布反对袁世凯帝制复辟,正式开始护国战争的那一天。

读书看画

拥书万卷的李谧

朱万章

李谧(四八四至五一五)是魏晋时期的隐士。他在十三岁时便精通音律、五经与方技,后举秀才而屡拒朝廷征召,隐居读书。他富藏典籍,勘订图书,为其时有名的文献学家,其事迹见于《魏书·列传·逸士》。李谧的故事多在文献中流传,知之者甚鲜,但在清代乾隆时期,"扬州画派"代表画家华嵒(一六八二至一七五六)却对其情有独钟,在画中塑造了他的艺术形象,让我们看到了一个距今一千五百多年的藏书家侧影。

华嵒的《李谧秋林读书图》(北京故宫博物院藏,以下简称"故宫本"),一作《李谧删书图》。图中所绘李谧向右侧身,坐于桌旁,右肘倚靠在桌上,左手持书,全神贯注阅读。桌上整齐排列数函线装书,书的右侧放置一方风字砚,砚中可见浓黑的墨汁,砚旁一支毛笔。一个书童在桌后侧侍立,双手在书堆中举着

华嵒《李谧秋林读书图》,纸本设色,北京故宫博物院藏

一函书，随时准备递与李谧。李谧头戴结巾，身着长袍，衣带垂于地上。袍的下摆遮掩双脚，只露出半截红色木屐。画中的李谧在芭蕉、梧桐及松树等浓阴掩映中，前侧有山石相伴，地上依稀可见数丛兰草。作者在画心左上角题识曰："李谧，字永和，州举孝廉，公府二辟，并不就。好音律，爱乐山水，一遇真赏，悠尔忘归。每曰：丈夫拥书万卷，何假南面百城。弃产营书，手自删削，卷无重复者四千余。新罗山人华喦写于讲声书舍。"钤白文方印"华喦"和"新罗山人"。画中的题识，为幽林中手不释卷的李谧加了一个注脚，使我们认识到历史文献中记录的李谧形象。

有意味的是，华喦对李谧爱书的题材乐此不疲。在《李谧秋林读书图》之外，他尚有另一件同主题的《李谧拥书图》（浙江省博物馆藏，以下简称"浙博本"）。此图的画名虽然与"故宫本"相异，但所描绘的画题却是一致的。其题识几乎与"故宫本"一样，且都位于画心左上角，唯独"故宫本"中"州举孝廉"，"浙博本"作"州举秀才"，且落款也一样，只是"浙博本"并无作画的详细地点，而"故宫本"作于讲声书舍。作者钤印则有所不同，"浙博本"钤白文方印"华喦"、朱文方印"秋岳"和白文长方印"坐处独净""静者心多妙"。两画的质地也不一样，"故宫本"为纸本，而"浙博本"则为绢本。

当然，两画最大的不同还在于构图、人物造型和衬景。"浙博本"中，李谧向左侧身，坐于桌旁。左肘倚靠在桌上，右手持书，正屏息

华喦《李谧拥书图》，绢本设色，浙江省博物馆藏

静气阅读。桌上也整齐排列数函线装书，书的左侧放置一个水丞，一支毛笔，另有一物件疑似笔架。一书童双手托书，侍立于桌前，听候李谧差遣。另有一书童则右手握一风字砚，左手持一布条，从溪流边欲往书桌方向前行，而回眸望着溪岸。此人当是洗砚归来。画中的李谧，身穿浅绛色长袍，头戴巾帽，衣带沿着袍的下摆垂于地上，也露出半截红色的木屐。相比较"故宫本"而言，此图的衬景极为繁复。画面近处为流淌的山溪，溪流的左岸有山石、两株小树及翠竹；右岸为高低回环的石阶，间有杂草、小花点缀。李谧的左前侧，有一株虬曲的古松，在其后侧，为数株芭蕉，再远处，又为参天的古松，树干上有藤蔓环绕。再往进深处，山石嵯峨，峭壁嶙峋，但见飞瀑流泻，烟云供养。再远处，壁立的山峰在云烟中若隐若现。从山势及茂林可知，李谧所在之读书处，乃山坳中一平地。在其后侧，隐约可见通往深山之小径。如果说"故宫本"中的李谧是在梧桐芭蕉的园居中静心勘书的话，而此图的李谧则是在远离红尘的山居中坐拥万卷诗书，远离闹市，心无旁骛。

华喦笔下的两画，都在着意刻画李谧勘书、校阅的情景。书案上陈列数卷书，均位于画心边沿一侧，见首不见尾，以寓其多。案上之毛笔、砚台或水丞，均为校勘所必备的文房用品，以突出其"手自删削"。而"浙博本"中的溪山深秀，松荫蕉林，正应了李谧的"爱乐山水""悠尔忘归"的幽人雅致。明清时期常见的秋林读书或山居课读，大多以山水为主，再配以诗句。人物往往坐于山石上或茅亭、草庐中，旨在烘托远离尘嚣的世外景象，是传统士大夫所向往的超逸之境。画中的人物，是意象的，甚至有时候是虚幻的。事实上，作品自己也画过不少类似作品，如作于乾隆十一年（一七四六）的《雪夜读书图》（上海博物馆藏）中，大雪纷飞的夜晚，一人独坐草庐，借助微弱的灯光苦读。作者题诗曰："冷树揽云节月魄，冻茅覆云裹书声。柴门只备芦溪水，疏竹萧萧永夜清。"画中的人是谁并不重要，重要的是作者构筑了一个雪夜清课的诗境。在《秋堂读骚图》中，一人端坐于山麓下之草堂中，伏案而读，旁有书童侍读，有茂林修竹相伴。作者在画上题识曰："柴门径避少人迹，爱读离骚过一秋。"这几乎成为明清时期程式化的山居读书图。在一本《人物山水册（十开）》（上海博物馆藏）中，其中一开描绘一人倚坐于山石之上，右手持书，左手作翻书状，书童伫立前侧，手捧一书，随时待命。在其读书处，树影婆娑，草木葱郁。作者题识曰："松声清与书声和，人影瘦同石影符。"松声与书声相谐，人影与石影同在，因而营造了松下读书的氛围。

与此形成鲜明对比的是，华嵒精心构思的李谧，是"拥书万卷"的学者风范。画中的人物，不仅是具象的，而且还是在"弃产营书"中校雠勘订，以达到"卷无重复者四千余"的辉煌成就，故华嵒笔下的李谧，既是绘画中常见的读书人形象，又特意描绘了一个文献考据学家的日常。但与传统思维迥异的是，画中的李谧并非独坐书斋，汗牛充栋，皓首穷经，而是出尘山居。面对林泉高致，不做书房客，愿为汗漫游。与其说这是李谧面对"拥书万卷"和"南面百城"的果断抉择，毋宁说是华嵒对其人生态度的笔墨解读。画中的李谧，已然泛化成了既好诗书，又好山居的文人雅士，是一个由入世而到出世的传统文人的人生里程。

看得出来，华嵒对李谧的选择青眼有加。他不仅不厌其烦地至少两次为其画像，更为其营造了不同的校书环境。在构图上，"故宫本"是近景，而"浙博本"是远景；在人物的技法上，"故宫本"吸取了晚明人物画家陈洪绶变形夸张的造型，而"浙博本"则显然更多地融合了己意；在意境上，"故宫本"简洁而笔墨清爽，而"浙博本"缜密而境界幽深。但无论如何变化，其主旨相同。

同题材的绘画在华嵒的作品中并不鲜见。据不完全统计，在其传世作品中，像《松下三老（三星图）》《西园雅集图》《村童闹学图》《昭君出塞图》和《竹林七贤图》等，都至少有两件或两件以上，且这些作品都如《李谧秋林读书图》和《李谧拥书图》一样，同一个主题，不同的艺术表达，传递的都是同一种信息。据此可知，作为职业画家的华嵒，为了满足受众所需，虽然不免出现一题多画的现象，但在艺术表现方面，则呈现多元化的趋势。这确乎是中国美术史上一个有趣而耐人寻味的现象。

与华嵒同为"扬州画派"代表画家的金农，在一首《题幼鲁〈竹里勘书图〉并送之京》的诗里也提到李谧："符生抱幽姿，竹林散签帙。勘书费雌黄，坐失岁月日。刘向订赵齐，李谧定甲乙。一卷既精勤，四库阅可必。行将登鳌坡，看尔运双笔。"金农将李谧与西汉文学家和文献学家刘向相提并论。诗中提到的《竹里勘书图》，是画家王树穀为诗人、文献学家符曾所绘。遗憾的是，《竹里勘书图》现在已失传，但从诗意可知，画中刻画的符曾勘书形象——"符生抱幽姿，竹林散签帙"，与华嵒笔下的李谧有神似之处。两个遥距数朝的文献学家，在华嵒和金农的笔下，完成了一次跨越时空的相聚，可谓遥遥相契于千载。

空间、回忆与文学
——从伊利埃到贡布雷

陈聃

短长书

回忆，是《追忆似水年华》(以下简称《追忆》)的关键词。乔治·普莱(George Poulet)将小说概括为"一个生灵开始寻找他的过去，努力寻找他从前的存在"。王小波在谈到这部作品时，将人对往事的回忆比为躺在河底看着潺潺流水从身上流过；他认为标题译为"似水流年"更为合适，并借来进行自己的创作。回忆与时间有关，是对逝去时光的追寻。在马塞尔·普鲁斯特笔下，回忆不仅是对过去时间的找回，也是对过去空间的追寻。"在找回的时间旁边，就有找回的空间。"乔治·普莱如此解释。贡布雷，这个出现在小说第一卷第一部标题的地名，和它的原型一起成为探寻作家马塞尔和小说主人公马塞尔早期经历的重要地点。"长期以来，我夜里醒来时，就回想起贡布雷，但我只看到它那发亮的一角，在漆黑一片中显现出来，犹如孟加拉烟火或电灯光照亮了一座建筑物的一个部分，而其他部分仍沉浸在黑夜之中……"

一、贡布雷的房间：私人空间与记忆

法国哲学家巴什拉(Gaston Bachelard)在研究人对特定场所的依恋时，认为对场所的分析可协助研究人的内心世界。巴什拉所说的家宅不完全等同于居所，前者既兼有垂直与集中属性，还具备"宇宙空间性"，与自然相连。因此，他眼中的巴黎没有家宅，大城市中存在的是层层叠叠的盒子，被克洛岱尔(Paul Claudel)比为"一种几何学的地点，一个我们用来摆放形象、装饰品和多门柜子的惯常洞穴"。普鲁斯特在小说中展示了多个住所，从外省度假屋到巴黎公寓，每一处都记录了一段可能在日后复苏的故事，成为了解人物的钥匙。自带花园的贡布雷家宅"有着千百种使我们陶醉的气味……是悬浮在房间中无法看到却极其丰富的精神生活；当然，还有大自然的气味，以及时令的色彩……"与巴黎的居所相比，这座宅邸更符合巴什拉口中的家宅，它记录了主人公的童年经历，这些将在日后作为回忆重现。

在不同功能的房间中，卧室地位特殊，是睡眠与做梦之处，也是最私密和有安全感的空间。卧室是普鲁斯特的长期居所。自九岁哮喘初次发作后，作家便告别自由外出的生活。一九〇六年，普鲁斯特搬入舅舅生前住过的套间，只因它记录了他与母亲、舅舅的回忆。他将房间铺满软木，在隔绝外部声音的半隐居生活中创作出《追忆》。小说开篇出现的第一个空间就是卧室。半梦半醒间，马塞尔重温旧日居所，从贡布雷的卧室到圣卢夫人的唐松维尔住宅，从冬天到夏天，这些往事回旋而模糊，瞬间即逝。"我一生中住过的一间间卧室，我有时想起这间，有时想起那间，在我醒来之后的久久遐想之中，我最终回想起所有这些卧室……"其中，冬日卧室最先出现。巴什拉在分析文学作品中的卧室时，特别提到"冬日家宅"这一形象。在他看来，冬天是最古老的季节，被雪覆盖的家宅是一个古老的意象。这一封闭空间隔绝出两个世界：屋外，雪以白色抹去和统治一切；屋内，有燃火的壁炉和温暖的被窝。外界的寒冷与空旷加强了家宅给人的幸福感，室内外的对比直指居所之于人的原初意义。我们似乎能通过原始性的形象返回过去，如动物一般蜷缩、窝藏、隐匿,于巢穴中寻得绝对的安全感。对蛰居多年的普鲁斯特来说,卧室和家宅能隔绝导致他哮喘发作的空气,既是安全的场所,也是孵化其创作的暖房。

家宅不仅是生活的场所,也是时光与记忆的载体。巴什拉认为"空间在千万个小洞里保存着压缩的时间。这就是空间的作用"。凭借空间,且在空间之中,人才能找到经过漫长时间凝成的记忆。《追忆》中有多处对人突然之间的迷失和摇晃的描写,这种摇晃是心理的、生理的、时间的、空间的,是过去突然袭来引起的晕眩,使人踉跄于过去和现在、此处和彼处之间。《追忆》开篇针对梦与回忆提问:人睡着时是什么状态?睡醒时呢?半夜醒来,半梦半醒之际呢?普鲁斯特说,我们会迷路,有时甚至会忘记自己是谁,短暂迷失在时间与空间中,仿佛有人趁着睡眠将我们运至他处或过去。刚醒来的人有时会无法定位自己,失去联系此刻时空与先前时空的手段。为重新定位,我们的思维和身体进行种种尝试。不知自己身在何处的马塞尔不停改变睡姿,每一次变化唤起一段新的回忆。在走完旧日诸多卧室后,他终于抵达当下的卧室,那些随回忆不停变化的室内陈设也随身体的定位而复归原位。

许多人不会一生定居同一处,但搬离并不意味着割裂。普鲁斯特也在小说中探讨了通过身体和感觉,用无意识取代有意识唤回记忆的方法。在作家看来,回忆过去与智力无关,一切智力的努力都无济于事,因为回忆处于智力的范围之外。物品、气味、地点反而能成为有效的回忆之匙。卧室场景中,思想犹豫不决,未能辨清方位;身体则记得一切,尝试通过床铺、家具、采光等周围环境定位。小玛德莱娜蛋糕场景中,有意识的回想未能成功,放空后再次品尝到的味道最终带回了往昔。凭借味道,马塞尔重新看到了莱奥妮姑妈的房间、度假小屋以及贡布雷的种种景观。乔治·普莱指出:"普鲁斯特的生灵从其茶杯中看着出来的东西,不仅仅是他童年的某个时期,而且还是某个房间,某个教堂,某座城市,一个稳固的地貌整体,它不再游荡,不再摇晃。"不确定带来的眩晕因可定位而消减。普鲁斯特详细展示了回忆的几个阶段以及智力在这一过程中的无力。

二、伊利埃-贡布雷：真实与虚构

虽然普鲁斯特否认《追忆》是自传小说，但其个人经历的确被用作创作素材。作家的生平和住过的地方吸引了不少读者与研究者，如巴黎、伊利埃、拉芒什的海滩、威尼斯等。考据和参观推动了现实空间与小说空间的重叠。小说中的贡布雷地位特殊，它属于童年，少年的种种思绪和情感、对历史和往昔的初次追寻以及初次怦然心动均发生在该地。伊利埃为贡布雷原型，位于厄尔-卢瓦省，拥有三千多人口。一七九一年普鲁斯特诞辰百年之际，为纪念作家，伊利埃改名为伊利埃-贡布雷，名字的并列似暗示书内外世界的重合。部分街道也挂上了由马塞尔·普鲁斯特之友协会提供的街道牌，上面是小说中出现过的街道旧名，如圣灵街、小鸟街。姑妈的住宅、镇上的街道与教堂、卡特朗草地、附近的自然景观，这些真实空间经作家精心修饰后出现在书中。

莱奥尼姑妈之家和卡特朗草地至今维持着与普鲁斯特在世时相似的状态。前者为贡布雷家宅原型，位于普鲁斯特大夫街（原圣灵街）四号，曾为作家的亲人阿米奥姑妈所有，是普鲁斯特一家度假所住之地。阿米奥夫妇去世后，这栋房子被卖给私人，后于一九六四年由热梅勒·阿米奥购回，并被改为纪念普鲁斯特的小型博物馆。博物馆中保存了作家曾用过和小说中出现过的一些物品，如小玛德莱娜蛋糕与茶、卧室中的灯与幻灯片、和母亲一起阅读的书等。普鲁斯特的房间和姑妈的房间位于二楼，一楼和三楼则布置有与作家和作品有关的历史文献、照片等。由阿米奥姑父打造的卡特朗草地出现在斯万部分，成为唐松维尔花园。姑父去世后，这片距离莱奥尼姑妈之家不远的草地成为公园，第二帝国期间在沙特尔到夏托登范围内颇有名气。穿过公园的白色栅栏，可看见一望无垠的平原。两位马塞尔都喜欢观察风吹过草原所掀起的波浪。出公园后，沿公园右转前行，有一条通向小说中山楂花所在地的小路，马塞尔抱着山楂花哭泣告别这一场景便发生于此处。一九三五年，普鲁斯特的弟弟罗伯特邀请亲朋好友重返伊利埃，以纪念作家。这一活动由马塞尔·普鲁斯特之友协会继承并延续下来。每年五月，协会会选一个双休日组织活动，该日被命名为"山楂花之日"。参加者将在这一日跟随普鲁斯特的步伐，探索这块作品的诞生之地。

伊利埃-贡布雷的火车站出口附近有标注了"盖尔芒特那边"和"斯万家这边"的地图。小说中的这两边均有原型，但贡布雷整体布局和伊利埃的真实地貌有所不同。这两边在幼小的马塞尔眼中是两个相隔甚远、互不相通的世界。盖尔芒特那边有城堡遗迹、旧领地、盖尔芒特城堡，古今两个空间因"贡布雷"这一名字重叠，使马塞尔浮想联翩。城堡原型为维尔邦城堡，离伊利埃-贡布雷约十三公里，曾是弗朗索瓦一世的行宫。斯万家这边为平原景观，由离伊利埃-贡布雷两公里远的唐松维尔乡间别墅和卡特朗草地（斯万的花园）构成，乡间别墅曾为埃及总督阿拔斯二世购得。小马塞尔正是沿着花园白色栅栏边的小路，最后见到了山楂花和初恋吉尔贝特。

二〇二一年是普鲁斯特诞辰一百五十周年，二〇二二年是作家逝世一百周年。值此之际，法国本土举办了一系列纪念活动，除作家作品和部分研究著作的再版外，还有线下活动，如小说朗读会、博物馆限期展览等。限期展览以"马塞尔·普鲁斯特，一部巴黎小说"为名，主要包括再现作家的房间和作家笔下的巴黎，后者包括与小说和当时巴黎有关的画作、雕塑、照片、历史影像和材料等，展示了真实的巴黎与经过文学作品重塑的巴黎。莱奥尼姑妈之家也于二〇二一年九月开始翻新工程，计划于二〇二三年结束。这些线下活动尝试将城市、建筑、历史、回忆、创作和虚构融合起来，联通文学与真实世界。

名人故居、文艺作品原型地、影视取景地，现已成为吸引游客的一大要素。随着对文化旅游关注的增加，历史古迹和名人故居重获关注与开发。莫洛亚在其撰写的普鲁斯特传中曾提及这类现象：大众对作为名著背景或原型的地方充满兴趣，想亲眼看到作品中的那个世界。他同时也指出这种兴致勃勃可能遭遇的失望，它源自小说与现实的对比，"这种对比,与其说是向我们再现作家用魔术创造的美妙图景的本来面貌,不如说是向我们展示原型和作品之间的巨大差别"。乔治·普莱认为:"没有什么比普鲁斯特的真实地点更不客观的东西了;这些真实地点,都是一直与某些人类在场相连的地点。"文学创作取材于现实,却非一比一复刻。比起纯考据,普鲁斯特更希望能通过作品让人看到更深层的问题,如回忆与无意识、时间与空间、艺术之于生命的意义等。

《追忆》让人看到了无意识和身体记忆的作用,以及空间之于人,特别是现代人的意义。从私人空间到历史遗迹,我们在回溯时光时也在进行空间的叠合,让内心之弦与往日共振。在穿过西安古城墙时,我们看到的是西安还是长安?抑或西安与长安?空间能引发联想与回忆,文学亦可如此。巴什拉在谈及书写和阅读家宅时,肯定了读者悬置的意义,即作家的描写可开启读者对自己的旧日居所的回忆,"读者阅读的不再是你的卧室:他重新看见了他自己的卧室",寻回对自身最有价值的记忆。乔治·普莱也指出,艺术,特别是通过回忆重新审视的艺术的双重效果,认为"诗人和艺术家有能力为我们提供通向'美妙而又异于世界其他地方景点'的道路",通过细节的创造和改动让读者看到比其他地方更美的景色。莱奥尼姑妈之家成为博物馆,伊利埃改名,唤起作家自身回忆的地方如今成为参观者唤起自己回忆的地方,或是阅读小说的感受,或是自己的童年。或许这也是空间之于回忆、文学之于读者的意义。在跟随马塞尔找寻书中和现实的过去时光时,我们也在找寻属于自己的回忆。

遇见赛博幽灵

黄 丹

一

二〇一八年，在我开始做关于线上劳动的田野调查时，一个数据标注公司的管理者向我透露了他们的一个发现。由于工作内容枯燥重复，工作量不稳定，数据标注行业的劳动力流动性极强。但他注意到，在来来去去的员工名单中，总会看到几个熟悉的名字，这几个人显然在岗位上坚守了下来。他还发现，相比其他人，他们标注的数据准确率更高。于是，他尝试去和这几个工人沟通，想找到一些留住员工的办法，却无意中发现了一个惊人的事实：这几个工人都有不同程度的身体残障。他由此判定，残障工人更适合数据标注行业，因为他们更加稳定，且更加专注。

这是一个偶然的发现。在此之前，管理者从不知道这些长期共事的员工有身体障碍。个中原因在于，在线上劳动中，作为劳动产品的数据，经由网络传输，工人只需要一台电脑或一部手机，便可以在家完成标注，而公司的招募和管理亦在网上完成。因而，同事之间，无需相见。数据标注无疑是哈特（Michael Hardt）和奈格里（Antonio Negri）在其名著《帝国》中论及的非物质劳动。虽然作为劳动工具的手机或电脑是物质实体，但作为劳动产品的标注数据却是非物质的。然而，在线上劳动过程中，不仅劳动产品非物质化了，甚至连劳动者的身份也被非物质化了。同事之间经由彼此的网络账户互动，而他们的物理身体并不对彼此呈现，似乎彼此都只是一些没有面孔、没有身体的幽灵。

有趣的是,这群我所无意间遇到的"赛博空间"(Cyber一词源于Cybernetics,通常用于代指与计算机或互联网相关的事物;Cyberspace,直译为网络空间,是cyber和空间两个词的组合,指存在于计算机或数字网络中的虚拟现实)中的幽灵,恰是人工智能技术不可或缺的底层驱动者。数据标注是人工智能时代的一个新兴行业,它为人工智能模型提供所需的训练数据。数据标注工人的任务是对那些原始数据打上标签,比如识别出一幅街景图片中的相关物体,并为其标注名称。这些工作不太倚赖劳动者的物理身体,而更需要他们的认知智能。由此,大量残障人士摆脱了传统就业市场对他们的一贯排斥,悄无声息地进入了线上数据标注行业。于是,"无所不能"的人工智能与"有所不能"的残障工人,在数据标注行业相遇了。

在《销声匿迹:数字化工作的真正未来》一书中,人类学家格雷(Mary Gray)与计算机科学家苏里(Siddharth Suri)将这些自动化服务背后的不可见的劳动者称为"幽灵工人",因为他们就像幽灵一样隐藏在机器之中。我们以为这些智能机器如魔法般自主运行,却不知道是背后的力量驱动着它们。数据标注工人是最典型的幽灵工人,正是数以万计的数据标注工人持之以恒地给不同的数据重复地打上语义标签,智能技术才得以顺畅运行。

二

赛博幽灵的劳动依赖于他们的手机和电脑。但这些互联网设备不仅仅是一种劳动工具,更是他们延展的身体。这些电子设备,仿佛补全了他们缺失的身体,让他们像"正常人"一样工作。因此,赛博幽灵实际上是人类与机器的结合。这种结合意味着一种新的人类境况,很多人将其称为"后人类"(posthuman)。后人类具有两个不同的身体:一个是物理身体,身处现实世界,一个是虚拟身体,栖于赛博空间。

在赛博空间,物理身体往往是缺席的,而在场的是虚拟身体,两个身体的角色并不对等。当残障工人在网上做数据标注时,电子屏幕切割了他们的身体，他们向同事呈现的是他们的虚拟身体，而物理身体则仿佛只是一个无关紧要的敲打键盘的"劳动工具"。于是，他们那由活生生的血与肉构成的物理身体，明艳或暗淡，美丽或丑陋，仿佛全都被千篇一律修饰过的虚拟头像所替代；而那些牵连着物理身体的社会网络，各不相同的文化背景、教育程度与家庭出身，也一并被数字化的网络身份所取代。

虚拟身体摆脱了物理身体的限制，也摆脱了烙印在身体之上的一切社会和经济网络，那些以往在现实中被忽视、被遮蔽和被压抑的人，在网络中都获得了平等的、匿名的身份。因此互联网似乎具有一种民主化的潜能，它抹去了等级化的物理身体。这种贬抑物理身体的观点体现了一种古老的哲学传统，古代柏拉图主义者把肉体视为心灵的牢笼乃至坟墓，笛卡儿主义者则把心灵视为人类的标志，把身体降格为一部精密的机器。在赛博时代，这种身心二元论化身为一种"新数字笛卡儿主义"。它把天真的数字乌托邦糅进了笛卡儿主义之中，畅想通过匿名的网络沟通，让人类脱离肉体和具身性经验的限制，在赛博空间实现自由、平等和解放。

在现实生活中，物理身体是很多人痛苦的根源，对于身体障碍人士来说尤其如此。由于体能歧视（ablism），残障群体在线下就业市场时常被边缘化。但是，当他们以虚拟身体进入线上劳动力市场时，那些附着于物理身体之上的标签被抹除，这无疑给予了他们相对平等的就业机会。在过去四年的田野调查中，许多残障工人告诉我，他们在网上找到了人生的第一份工作。当然，线上劳动在创造平等就业机会的同时，也让劳动者的物理身体变得更加透明和缥缈。这解释了为何人们不曾发现，是残障工人在驱动着人工智能。

三

到此为止，故事都是美好的，然而，这并不是故事的结局。二〇一九年，同一个数据标注公司的管理者告诉我，残障工人的认知能力普遍偏低,不再适合做数据标注了。因为随着数据标注的精细化和专业化,标注过程中所涉及的社会规范与日常知识也愈来愈多。比如,敏感词标注、日常对话标注等数据都要求标注者具有充分的社会化水平,从而可以辨识什么词语是得体的或规范的。由于身体受限,残障工人普遍缺乏正常的社会交往,这让他们难以完成类似的标注任务,不仅效率大幅下降,准确率也不尽如人意。于是,这家招募了大量残障工人的公司,开始经营惨淡,难以为继。

这是残障幽灵工人的物理身体的第二次显现。第一次显现时,"残障的身体"被判定为"适合的身体","天生是做数据标注的料"。而一年后再次显现时,"残障的身体"被转而认定为"不适合的身体"。然而,无论是"合适的身体"还是"不合适的身体",都源于残障工人的同一个物理身体。一方面,残障工人长期被就业市场排挤,缺乏选择线下工作的机会,只有稳定的线上工作的"福报",而残障的身体又同时让他们减少了"摸鱼"的机会,只能专注地工作;另一方面,身体的障碍限制了他们的社会化,使得他们不具有社会共享的"一般智力",从而又无法胜任复杂的线上工作。

残障工人的物理身体的两次显现表明,即便是虚拟化程度极高的线上劳动,也有赖于物理身体及铭刻于身上的社会性因素。和任何劳动形式一样,非物质劳动也高度受制于劳动者的身体技能和社会化过程。个体与社会互动的历史总会积淀在身体之内,形成布尔迪厄所说的"惯习",从而支配着主体的行动。因而,非物质劳动并不是完全非物质化的,劳动者的认知模式在某种意义上正是其物理身体与世界交互所塑造的。后人类的物理身体虽然缥缈,但它一直真实存在,总会在某些时刻显现,带来或好或坏的社会后果。

幽灵工人们的物理身体,虽然在本体论层面永远不会缺席,但在社会学层面确实缺席了,即被有意为之地视而不见。在《我们何以成为后人类》一书中,海勒(Katherine Hayles)正确地指出,对后人类的人机关系的思考中,具身形象已经被严重贬损或彻底抹去。这带来的结果,就是赛博幽灵的大规模诞生。相较于物理身体这两次短暂的在场,大部分时间里,残障工人是没有物理身体的幽灵工人。后人类那不受身份限制的虚拟身体,非但没有指向合作化和民主化,反而让劳动者更轻而易举地被化约为无差别的劳动力,悄无声息地被埋葬到赛博空间里。

由于物理身体的存在永远无法被抹去,数字笛卡儿主义终究是建在沙滩上的海市蜃楼。问题的关键也许并不在于抹去物理身体,而恰恰是要把物理身体带回赛博空间。福柯早已指出,身体一直处在权力斗争的舞台中央,各种力量在身体上铭刻下各自的印记。身体的惯习、形态和样貌,正是在力量的冲突中被界定出来。逃遁到一个虚拟的赛博空间,并不能获得我们期待的自由和平等。除非把赛博空间变成一种重塑身体的力量,一种延展身体和扩大交往的工具,抹去沉淀在物理身体中的社会阶序,数字乌托邦才不会成为镜花水月。

(《销声匿迹:数字化工作的真正未来》,[美]玛丽·格雷、西达尔特·苏里著,左安浦译,上海人民出版社二○二○年版;《我们何以成为后人类:文学、信息科学和控制论中的虚拟身体》,[美]N.凯瑟琳·海勒著,刘宇清译,北京大学出版社二○一七版)

鲁迅致母亲的一封残简

刘运峰

一九三三年九月二十九日鲁迅日记:"上午得母亲信。"九月三十日日记:"上午寄母亲信。"一九三六年十月十九日鲁迅去世后,许广平曾广为征集鲁迅的书信,到一九四六年出版《鲁迅书简》时,征集到鲁迅书信八百五十五封,其中包括鲁迅致母亲的书信五十封。遗憾的是,鲁迅一九三三年九月三十日发出的这封信只剩了下半页，成了一封残简。所剩的文字是：

> ……上海前几日发飓风，水也确……寓所，因地势较高，所以毫无……此后连阴数日，至前日始……入夜即非夹袄加绒绳背心……来，确已老练不少，知道的事……的担子，男有时不懂，而他却十……闹。幼稚园则云因先生不……往乡下去玩，寻几个乡下小……得安静，写几句文章耳。……亦安好如常，请勿念为要。
> ……随叩。
>
> 九月二十九日

许广平为这封信加了一条注：原信残缺不全，仅余下半张。

这封信写在一张上海九华宝记木版水印的松树笺上。尽管只剩了下半页的文字，但这封信所反映的内容，基本可以还原出来。按照鲁迅给母亲写信的习惯，信的开头一定是"母亲大人膝下敬禀者"，随后是报告上海的天气。根据鲁迅日记，受台风的影响，上海自九月十七日起，连续刮风下雨，如十七日："夜雨"；十八日："午大雨，夜大风"；十九日："小雨而风"；二十一日："夜雨"；二十三日："风雨"；二十四日："夜大雨，雷电"；二十五日："雨"；二十六日："小雨"。

坏天气引起了朋友们的不安，鲁迅的挚友许寿裳致信问候，鲁迅在九月十九日的复信中说："昨今上海大风雨，敝寓无少损，妇孺亦均安，请释念。"十月二日在复姚克的信中说："上海大风雨了几天，三日前才放晴。"

远在北平的鲁迅母亲大概得到了上海遭遇恶劣天气的消息，惦念着鲁迅一家和周建人一家的安危，于是请人代笔写信了解情况。鲁迅于接到信的当天便回信报告平安。从残留的字句可以看出，鲁迅向母亲报告由于上海连续下雨，积水已经逼近住所，但由于地势较高，因此丝毫没有受到影响。之后又是连续阴天，到九月二十八日才放晴。随后天气转凉，晚上需穿夹袄再加绒线背心。

下面的内容主要和周海婴有关。周海婴生于一九二九年九月二十七日，恰好刚满四周岁，正是顽皮淘气的年龄。在此之前鲁迅写给母亲的信中，经常会谈到海婴的事情，如一九三二年三月二十日的信中说："现在胃口很好，人亦活泼，而更加顽皮，因无别个孩子同玩，所以只在大人身边吵嚷，令男不能安静。"同年七月二日的信中说："他很喜欢玩耍，日前给他买了一套孩子玩的木匠傢生，所以现在天天在敲钉，不过不久就要玩厌的。近来也常常领他到公园去，因为在家里也实在闹得令人心烦。"在一九三三年七月十一日的信中，鲁迅用了不少笔墨描述海婴的情况："海婴是更加长大了，下巴已出在桌面之上，因为搬了房子，常在明堂里游戏，或到田野间去，所以身体也比先前好些。能讲之话很多，虽然有时要撒野，但也能听大人的话。许多人都说他太聪明，还欠木一点，男想这大约因为常与大人在一起，没有小朋友之故，耳濡目染，知道的事情就多起来，所以一到秋凉，想送他到幼稚园去了。"

鲁迅老来得子，对海婴自然溺爱有加，但海婴的顽皮、淘气，不停地吵闹也使得鲁迅不能安静地看书和写文章，不免感到厌烦。这封残简中的"老练不少""的担子，男有时不懂，而他却十"意思应该是海婴很喜欢充当大人的角色，承担"责任"，而且喜欢炫耀，连鲁迅都不懂的事情他都自认为"十分懂"。随后所提到的"吵闹""幼稚园"之类，大致的意思应该是由于嫌海婴吵闹，想送他早点去幼稚园，但幼稚园的答复大概和教师不足或不便有关，暂时不能接收，因此鲁迅一度想把海婴送到乡下，找几个小伙伴一起玩耍，这样可以使自己稍得安静，写一些文章。残简中的"亦安好如常，请勿念为要"一句，"亦"之前有可能是"广平"，也有可能是"老二（周建人）一家"，因为此时周建人已经和王蕴如建立了家庭，也是鲁迅母亲牵挂的对象。残简末尾的"随叩"前当为"广平海婴"。

鲁迅这封向母亲报告平安的残简先是由许广平收入鲁迅全集出版社一九四六年版《鲁迅书简》，但是，人民文学出版社一九八一年版和二〇〇五年版《鲁迅全集》均没有收录这封信，这是不妥的，因为，尽管是一封残简，却也重要，不应该被排除在《鲁迅全集》之外。

王 英

法兰西的女性世界

"女性的画像属于一种男性题材。它鲜有出自女性之手,也极少关心她们的话语。"奥祖夫在《女性的话语:论法国的独特性》中开宗明义,她要改变龚古尔兄弟、米什莱这些男性史学家笔下那些刻板的女性模本,大量女性研究似乎都更倾向于规定女性的角色和义务,确定女性形象的规范和标准,对不符合典范的部分加以修改、擦拭和模糊处理,而不关注她们自身的说法和道理,倾听她们自己的声音。或许作为女性学者,奥祖夫更有能力和意愿诠释女性这一含蓄而又意味深长的存在,对她们的命运给予更具同情性的理解。

奥祖夫并未令人失望,她如同一个高明的猎手,在浩如烟海的文件和档案中,拣选出法国历史上十位女性来探索她们的世界,通过书信、小说、回忆录和政论文章的梳理和重构,描画出一幅幅风格各异的图像,令那些逝去的人物容貌和灵魂宛若新生。她也如同一个优秀的摄影师,在最能展现人物特点的那一刻按下快门,捕捉到每一个人最为幽深微妙的那一面:玛丽的固定不变、玛侬的英勇无畏、热尔曼的焦虑不安、奥罗尔的宽宏大度、于贝蒂娜的执拗、加布里埃尔的贪婪、西蒙娜的渴望。经过十八世纪到二十世纪两百多年的巡礼,法国女性世界如同巨幅画卷逐渐铺陈开来,最终这一画卷超越了性别的含义,如同湍急的支流汇入大海,而成为法兰西民族的象征。

一、从旧制度到大革命

哈贝马斯曾经盛赞欧洲的沙龙文化,"在妇女主持的沙龙里,无论是贵族的,还是平民的,亲王、伯爵子弟和钟表匠、小商人子弟互相来往,沙龙里的杰出人物不再是替其庇护人效力,意见不受经济条件的限制"。十七、十八世纪的法国沙龙是时代思想和风尚的引领者、公共生活的象征,沙龙女主人学识丰富,精通拉丁文、哲学、历史、几何学、物理和化学等,这里性别、等级、阶层、国界都变得不再重要,只要遵守一定的礼仪和规则都可以进入。迪·德芳夫人玛丽就是沙龙女主人的典范,她每天下午接待圈中密友,尽可能长久地留住身边的簇拥者,达朗贝尔和伏尔泰都是她沙龙的座上宾。她和伏尔泰保持了几十年的友谊和通信,交换着关于信仰、理性、品味等诸多事物的意见。伏尔泰深信启蒙能够战胜蒙昧和愚昧,而玛丽则判定伏尔泰将他的才华浪费在反对教权的斗争,她相信皈依宗教有着积极意义,有信仰的人生才是最为稳妥的人生。晚年她已经双目失明,但去世前几天里还兴奋地记录着宾客的人数、收到的信件,操心安排晚餐。玛丽博学多才,拥有确定的判断力,容忍自身的脆弱和缺陷,她或许抱怨人类普遍的不幸和悲惨境遇,却从不认为作为女性有什么特殊的制约。

玛丽在一七八〇年告别人世,旧时代也在几年之后戛然而止。奥祖夫书中选择的四位女性都或多或少地卷入法国大革命的风暴,德·沙里埃夫人、德·雷米萨夫人、罗兰夫人,特别是斯塔尔夫人,她丰富的政治论文和文学作品,构筑了革命时代女性生存丰富而矛盾的蓝本。作为路易十六财政大臣内克尔之女,斯塔尔夫人直接卷入到大革命风起云涌的上层权力博弈中,一七九五年她完成了《论国内和平》,试图对大革命之后法国秩序重建给出自己的解释,她反对保皇党复辟旧制度的企图,也反感雅各宾派过于激进化的革命,认为人们不应该被狂热革命的激情裹挟,各派力量应该谋求一个温和、理性的立宪政府,宽容并善于妥协是利益政见不同的派别能够协商的重要品质,也是危机重重的法兰西获得秩序的必要条件。经过和父亲内克尔深入讨论和广泛阅读,斯塔尔夫人在一七九八年完成了《论当前形势下如何结束革命和巩固共和国》,尝试从英国宪政中寻求灵感,帮助热月党人完成了较为中庸和具妥协色彩的共和国宪政设计。

那么大革命带给女性的命运怎样?对于雅各宾派而言,只有一种至高无上的感情,那就是对共和国的爱,为了公众利益和祖国可以毫不留情地牺牲一切,包括妇女们对家庭的兴趣、私人情感和宗教信仰。斯塔尔夫人意识到了这些至关重要的变化,《论法国大革命的主要事件》中,她清楚表明革命对女性的不友好,启蒙时代妇女主持的沙龙已经被革命会议杀死,旧制度下的性别混杂等同于无秩序、堕落和阴谋,女性曾经拥有的生存空间被革命逐渐侵蚀。《对玛丽-安托瓦内特的辩护》中,斯塔尔夫人确定无疑地指出,革命铸就了一个恐怖时代,其残酷凶狠给了女性致命一击,玛丽王后走上断头台,所有女性都与这位美丽温柔的母亲一起遭到杀害。雅各宾派在女性身上看到的是天生的反叛者和敌人,其做法是将私人领域公共化,将家庭纳入革命范畴之中,妇女们获得自己的价值,但是仅仅是作为公民的妻子或母亲。大革命带来的两性之间的隔阂影响了未来一个世纪,女性主持的沙龙销声匿迹,女人成为反动天主教会的支柱,藏匿教士并庇护暗中举行的弥撒,她们被排斥在选举权之外,成为共和国不值得信任的人。

对斯塔尔夫人来说,这是一个过渡的时代,旧制度下仪表、风度、信仰和生存模式已经渐趋消亡,政治和性别平等的新时代还是遥不可及的远景。一八〇二年之后,在被拿破仑强制流放的岁月里,她创作了一系列以女性命运为中心的小说,《黛儿菲娜》或者《柯丽娜》

的女主人公都有着法国数学家索菲·热尔曼的影子,她们一生都在旧制度和大革命之中挣扎,也一生都摇摆于荣誉和爱情之间,她们为发展自己的天分辩护,但是享有自由意味着承受世俗偏见、政治打击和无尽孤独,无论斯塔尔夫人还是她的女主人公们都付出了巨大代价,其悲剧性的声音穿过大革命的厚重雾霭,依然回响于法兰西的天空。

二、十九世纪的侧影

以赛亚·伯林曾经就思想家、作家和各类知识分子的气质做过一个分类:一边的人凡事归系于某个单一的中心见识,一个多多少少连贯密合条理明备的体系,他们将一切归纳于一个单一普遍的原则,他们的人、他们的言论,必唯有本此原则才有意义;另一边的人追逐许多目的,而诸目的往往互无关联,甚至经常彼此矛盾,他们的生活、行动与观念是离心的而不是向心式的。前一种思想人格和艺术人格属于刺猬,后一种属于狐狸,这项研究后来转化成耳熟能详的谚语,"狐狸多知,而刺猬有一大知"。法国十九世纪女性世界便是这两种气质类型的混合,最能成为这个世纪写照的则是老狐狸乔治·桑和大刺猬于贝蒂娜。

乔治·桑毫无顾忌地认同自己的女性气质,"我同其他女性一样,体弱多病,骄躁易怒,充满幻想,极易感动,并且作为母亲无谓地担心";她毫不犹豫地承认甘愿为了爱情而服从,她借小说《印第安娜》主人公之口说出,"控制我,我的血液,我的生命,我的整个身心都属于你。带我走吧,我是你的财产,你是我的主人";她将母性情感定义为女性最独特之处并为此而骄傲,甚至在她与缪塞、肖邦的两段恋情中,她都会将情人像孩子一般地疼爱和照顾。但如果将她的形象固定为脆弱服从的女性,则是一个极大的错误,没有谁比乔治·桑更不愿意将自己固定为某种"特定的模式",她就像一只狡猾的狐狸不断变化外形，让你迷惑于她到底是谁，她穿戴着男式西装、宽大的领带和灰色帽子，踏着黑色长筒靴走在巴黎街道，口中叼着雪茄和烟斗，自我指称时随意使用阳性和阴性，还有着男性化的名字"乔治"，她独自住在巴黎过着和男性一样的创作生活。缪塞称她为"我所认识的最女性化的女性"，而她则跟朋友说，"把我当成男人或女人，悉听尊便"。

乔治·桑的"狐狸属性"，她的含混性、矛盾性和多重性体现在诸多方面，她的祖母是波兰王室的后裔，而母亲是一个普通鸟商的女儿，她在祖母庄园长大并接受贵族式教育，成长过程中却被母亲的浪漫主义民主理想所打动。一八四八年她站在民主派一边，创办了革命派的报纸，撰写文章支持"二月革命"，但她完全禁止儿子莫里斯参与街垒活动。她对于女性主义运动亦持调和的态度，相信人类种族和性别上的平等，支持妇女争取自己的权益，但在乔治看来，争取妇女选举权的做法是本末倒置，也是一个仓促的错误，如果妇女都没有在婚姻中获得独立，取得受教育、财产和离婚的平等权利，又怎么指望她们代表人民参与政治事务？一八四八年"六月革命"的失败更让她看清楚了这一点，人类事务的变革不可能一蹴而就，过于超前的政治诉求会带来更大的伤害，要学习妥协、等待和循序渐进。

一八四八年革命失败后，乔治·桑回到了贝里，在隐居和创作中度过晚年。同一年于贝蒂娜出生在阿列省一个共和主义家庭。她二十四岁移居巴黎，从一个简朴的套房搬到另一个，墙上始终挂着乔治·桑的画像，然而她和变化多端的乔治实在是精神气质的两个类型，她拥有一种狂热的一元识见，是毫无疑问的"刺猬属性"。于贝蒂娜在二十岁左右思想就奇特地定型，她心中有一个不可动摇的神圣形象：女公民和女选民，终其一生都是为这个固定信仰而奋斗，经历无数痛苦而百折不挠。她争取妇女政治权利有几种主要手段：

给参议院、众议院、部长、将军、大臣、作家们写信和申辩；收集签名和请愿，参加游行甚至卷入暴力示威活动，到大街、广场、市政厅要求将女性登记为选民；创建自己的机关报,她创刊了《女公民》并且撰写了大量文章，反复重申同样的主题。为了女性公民选举权，于贝蒂娜忍受了逮捕、查禁、贫穷、独身、爱人的死亡，她牺牲一切、付出一切，乃至于开罪一切，甚至不惜和共和主义的敌手联盟，和保皇党、反革命的教士或激进社会主义者结盟，战斗的生活使她四处树敌备受侮辱，执拗不讨好的性格更加深了她的孤独。

法兰西的十九世纪是动荡岁月，帝制和共和如拉锯一般来回撕扯，不同集团、阶层乃至性别之间都弥漫着浓厚的敌意，革命浪潮此起彼伏，稍有不慎就会剑拔弩张硝烟弥漫，因为乔治·桑，这个世纪的侧影稍微带上了一丝宽厚和温情。十九世纪也是一个缓慢变化转折的时代，女性逐渐在家庭、教育、政治等方面获得平等权利，幸亏有了于贝蒂娜，一向被漠视的女性在商店、工厂和车间开始赢得微不足道的权利，选票也成为她们保护自己的一个途径。

三、在科莱特和波伏娃之间

一九五四年科莱特去世，教会拒绝为她举行天主教葬礼，然而法兰西共和国接纳了自己的女儿，为她举行了隆重的葬礼。科莱特有一系列令人目眩的标签：大作家、同性恋者、脱衣舞女演员、法兰西时尚代言人。但女性这个身份对科莱特具有决定意义，她拒绝模仿男人的形象，不断抗议时代将男性化角色强加给女性，自由意味着对于女性禀赋的接受、深化和赞美，自由在于坚持不懈地成为自己，回归女性的使命和天赋。科莱特的生活和作品中，女性都是更有智慧和力量的存在。在《流浪女伶》《桎梏》《麦苗》《葡萄卷须》这些小说里，科莱特沉溺于描绘那些拥有力量感的女人。这些女性拥有男性所没有的胆量、勇气，面对不幸有非凡的抵抗能力，她们还拥有不放过任何人尤其不放过自己的无情目光,毫无粉饰地评估世界、贪婪和计算的能力,女商人一样的精明和诚实。而她小说里的男性呢?其才能微不足道,平庸而脆弱,经常因为无足轻重的挫折就倒下了。科莱特作品如此,生活亦如是。她的父亲是一个沉湎于幻想的退伍军人,做着不切实际的文学梦,却没有在本子上写下一个字,而母亲茜朵是一个不屈不挠的典范,为自己和孩子们建造了一个坚固的生活堡垒;她的丈夫威利窃取了妻子的小说署上自己名字,这桩丑闻最终以离婚而告终,而科莱特一生中最真挚的爱情给予了贝尔伯爵夫人米茜,虽因世俗压力被迫分离,但终其一生科莱特作品里女同性恋的爱情总有着不同寻常的深情,带给人别处没有的纯粹和安全感。

背对宏大,面向近处。远离荒谬而混乱的政治世界,女性的智慧就在于迅速回收被周围灾难摧毁的生活碎片并重建家园,科莱特的小说里弥漫着巧克力和金雀花的香味,有着飘飞的长方形小果实,花园里色彩斑斓的蜥蜴,镶嵌着米粒大珊瑚珠的耳环,关注并描绘这些微观、富有生活气息的感性事物,在她看来是女性追求自身完整性的一种方式,也是在混乱而不完美世界中自我救赎的永恒法则。就在科莱特去世的一九五四年,西蒙娜·波伏娃女士获得了法兰西龚古尔文学奖,她和科莱特反向而行,最终殊途而同归。西蒙娜从不关心动物、植物和小饰品,她接受了和男性相同的教育,二十几岁就取得了和男性一样的成绩和经济独立。对西蒙娜而言,完整性意味着可以自由出入男性世界,平等成为他们中的一分子并取得同等成就。西蒙娜介入了她那个时代几乎所有重要的智力创新和政治活动,成为一个和萨特并驾齐驱的存在主义领袖、一个知识分子,她也参与了时代波澜壮阔的政治实践,是欧洲左翼政治运动的先锋、共产主义的同路人、阿尔及利亚独立运动的支持者。忽略琐屑,拥抱宏伟,她是一个永不疲倦的广阔世界的探索者和开拓者。

四十岁之前，女性身份对西蒙娜来说毫无意义，每个人都要面对疾病、命运的变幻莫测，每个人都要扛下艰难的工作和生活，男人和女人并无区别。女性的发现和《第二性》的写作对西蒙娜来说是一个偶然，国家图书馆浩如烟海的资料将她骤然抛进一个女性世界，一个她身在其中而不自知的世界，而对于绝大多数女人来说，性别构成了她们命运的底色，甚至是她们的全部。《第二性》把西蒙娜·波伏娃推到风口浪尖上，她得到几乎等量的荣誉与辱骂，信任和怀疑。一方面她揭露女性的屈从地位、社会性的奴役和压迫，被推选为妇女解放的旗手，成为最著名的女性主义者；另一方面西蒙娜竭尽所能地抗拒两性之间无法沟通的观念，也不愿意接受性别之间完全敌对的假设，激进女性主义者则怀疑她的态度，辱骂她的虚伪和两面派。西蒙娜始终会做出自己的选择，她珍视性别之间的难能可贵的关系，就像她和萨特一样，自然、轻松、有竞争合作，或许爱恨交织而最终不失诚意的关系，她始终没有采用美国式的攻击性腔调，而保留了适度的节制和温和，这是波伏娃本人的选择，也可以看作法国女性主义运动始终都比较温和的一个标志。

四、在女性世界寻找多元

一个国家就像一条船，在漫无边际几乎静止不动的水面航行，水面之下便是悠久的历史和文化，看似平淡无奇实则变化多端。波澜不惊的文化河流承载了法兰西民族国家的这条大船，也决定了法国何以为法国。年鉴学派的前辈布罗代尔在《法兰西的特性》导言中指出："虽然过去和现在被丘陵、山脉、断裂和差异等障碍物所隔开，但过去终究经由大道、小路乃至通过渗透而与现在相汇合：陌生而又似曾相识的过去在我们周围漂浮。"他搜索那些陌生而又熟悉的过去，追逐那些起落不定的潮水，探寻那些来自历史深层的泉涌，判断它们怎样像江河汇入大海一样融入现实。奥祖夫遵循着布罗代尔的教诲,她拓宽了丈量历史的时间尺度,得以搜索法国女性文化的丰富和多元,观测两百多年间迥异的生存故事和生命意义如何汇入当下。《女性的话语》里奥祖夫展现她捕捉多元价值和多种人类命运的能力,观察主人公各自不同的性情、观念和举止,不厌其烦地倾听那些语气和音色大不相同、意味深长的私语,陪伴她们感受生存的快慰与艰辛、命运的幸福或悲戚。这些丰富多样的声音和女性画像构建了法兰西的民族记忆,也不经意间缓解了现代女性主义的极端倾向,并塑造了法国的独特性。

在源远流长的旧制度和大革命所带来的震荡之间,奥祖夫一直在寻找一条和解之路,她关心的核心问题是法兰西"自法国大革命这一基本事件以来民族特性是如何构建的",而革命·文学·女性三部曲正是她探索法兰西民族特性的尝试。在奥祖夫看来,法兰西的特性存在于两个相反相成的特征之中,《革命的节日》展现了法兰西特性的一方面,"人们是通过革命者的意志主义教育学,通过消除相异事务的热火朝天的热情来进行这种建构的",法兰西致力于创造一个民族国家共同体,建构一个统一的认同,用革命热情统摄和取代一切;《小说鉴史》和《女性的话语》则探索法兰西特性的另外一方面,"人们反其道而行之,通过抵制这种事业来从事这种建构",妇女和文学所扮演的角色,指向对于多样性的寻求。大革命并没有将女性变成千篇一律的爱国者,而是各自有着鲜明的形象:执拗或灵活、庸俗乏味或富有创意、宽宏大度或独断专行、拥抱整个世界或将世界圈入设定的界限。奥祖夫深知正是在她们身上,蕴含了一个更真实,或许更会流传久远的法兰西,就像是十三世纪法国寓言长诗《玫瑰传奇》中的形象,优雅鲜明并饱含着敌对的美德。

(《女性的话语:论法国的独特性》,[法]莫娜·奥祖夫著,
蒋明炜、阎雪梅译,商务印书馆二〇一七年版)

陈晓琳

爱情的另一面

在复杂的人类情感地图中，爱情也许是最令人朝思暮想、心驰神往的那一抹亮色。古往今来，爱情的美好和炽烈让芸芸众生沉醉其中，也是激发各种艺术创作的永恒母题之一。无论是形而上的哲思，还是柴米油盐的琐碎，爱情为文学艺术提供了大量素材，它的一切似乎都已经被我们探知。然而，我们对爱情的关注和期许更多地来源于对其萌芽时期的憧憬和情到深处的向往，甚少有人愿意着墨于爱情的消亡，因为无论在何种时代、文化和社会体制下，一段感情的结束都会不可避免地涉及感伤、怨念，以及挫败感等令人想要规避的心绪。《爱情的破碎：一部分手史》（*Les revers de l'amour. Une histoire de la rupture*）却是一个例外：此书从"感性史"（Histoire des sensibilité）研究视角出发，探寻两性关系萌发的基础和消亡的症结，探究社会宗教、文化、法律和道德准则对个体情感关系发展产生的影响，为读者绘制了一幅生动的"罗曼蒂克消亡史"画卷。

一、爱情的破碎：一部社会制度洪流中的感性史

与从主观视角出发的文学相比，历史学作为一项从宏观角度记录演变进程的学科，显然与个体私密情感领域两不相干：芸芸众生

的私人情感既非"重大事件",也无从窥探和记录。即便是名垂青史的要人,他们的个人情感也鲜少出现在编年史中,只会成为在与科学、理性相悖的"野史"里让人茶余饭后津津乐道的花边。因此,从史学角度研究爱情似乎有先天性障碍。

然而本书作者、法国历史学家梅尔基奥尔-博奈(Sabine Melchior-Bonnet)认为,与爱情相关的各种欲望和激情纵然过于私人且毫无理性可言,但却并非完全游离于社会准则和历史范畴之外。从历史学角度审视爱情这一感性至上的行为,也是对其所处社会形态、时代特点,以及家庭伦理观念的研究;从萌发到消逝,爱情的全过程都是个体和群体的角力,而非自言自语的陶醉,除了个体的微观世界以外,其中还涉及整个社会的伦理观念和法律制度:正如作者在书中引言部分所指出的,"和个体内心羁绊相比,伴侣关系被置于社会、家庭和法律制度的洪流中"(Ⅳ页),这个不可否认的事实正是推动法国情感历史研究诞生和发展的根据和动力。这也是为什么,这部以爱情的破碎为研究主题的"分手历史"会出现在以出版法国学术研究类书籍为主的法兰西大学出版社(Presses Universitaires de France,简称PUF)的书目中。

如何结束一段感情并不仅仅取决于个人主观意志,还是法律制度、普世道德观念共同作用的结果。其中最明显的体现就是"婚姻"制度和"离婚"制度的形成和演变。梅尔基奥尔-博奈按照历史发展顺序,从九世纪婚姻准则框架形成之初开始,到现代社会为止,为我们梳理了几个世纪以来西方两性感情准则和制度的变迁:在西方,社会和个人对于爱情的准则框架诞生于基督教社会,严格的基督教教义认为淫欲是最主要的罪孽之一,建立了严格的一夫一妻制度,并且不可终止。然而严格的教义并不能束缚所有感情的冲动,不可废止的婚姻制度也并不能保全决裂的夫妻感情,反而由于它的强制性导致了数起极端案例。意识到这个问题的教会退而求其次,同意有条件地宣告婚姻为"无效"——同意丈夫和妻子分离,但二人婚姻关系仍然不可解除。之后的中世纪是欧洲宗教教义最为严酷的时期,此时期几乎没有任何关于婚姻制度规范的记载,两性关系似乎被固守在严格的礼教观念中,然而对于爱情的渴望,特别是禁忌之爱的歌颂却成为中世纪史诗传说的永恒主题之一,特里斯坦和伊索尔德的爱情传说之所以受到前所未有的追捧,其原因之一就是迎合了人性对冲破阻碍和桎梏的颠覆性爱情的向往。

中世纪后的文艺复兴和启蒙时期,世俗社会逐渐取代封建从属制度,社会也不断开化。路易十四时期相对宽松的制度让这个新的世纪成为建立两性关系新视野、新平衡的起点——"心灵不会受意识左右,心灵领导意识""爱情意识"(sentiment amoureux)这一彰显个体意识觉醒的概念就是在这个时期产生的。十八世纪的爱情观念最突出的标志就是个人意识的觉醒,卢梭在一七六二年出版的《爱弥儿》(Emile)中提出了在当时具有历史性意义的观念:缔结婚姻的首要动力"应该是双方的彼此倾心:他们的双眼、他们的内心应该成为他们的第一向导"(163页)。

当追求两情相悦的幸福成为普世观念,那么当感情逝去之时,人们同样也应该拥有终止它的权利。在法国,"离婚"的概念始于一七九二年,法国大革命后新的立法机构将不可废除的"圣事婚姻"改为可以终止的民事合约。然而"离婚"这一权利直到七十多年后的一八八四年才被正式纳入法律,不过法律上的认可并不会立即扭转根深蒂固的社会观念:在随后的数十年里,"离婚"在法国社会仍然是令人避讳甚至不齿的少数派行为。

这种状态一直持续到了一九六八年席卷法国的"五月风暴",这场革命为法国社会的方方面面都带来了极其深远的影响:在两性关系方面,布尔乔亚式的保守思想遭到唾弃,人们以前所未有的宽容拥抱爱情和自由,婚前性行为、离异不再是难以企及的禁忌,爱情和和谐的性生活成为维系伴侣关系的支柱,女性在两性关系中的地位也得以大大提升,以名利、荣誉、家族等外围因素主导而建立的祭品般的奉献式婚恋已成为过去式,取而代之的是一种更加平等、开放的性爱合约。然而这种被作者称为"新式爱情"的秩序同样面临着来自伴侣双方和外界的严酷挑战:日益开放和宽容的社会氛围在鼓励婚恋自由的同时也意味着伴侣双方可以自由终止一段感情。在当今多元化社会,大家对爱情的期待前所未有地强烈,但是期望同样蕴含着失望和不安全感——"个体在两性关系中不再被制度约束和社会准则所左右,一段感情中的个人投入越来越具有不确定性"(Ⅷ页),这也就是为何现代社会中的分手或离异数量和比率要远远高于以往任何一个时代;然而为一段感情画上句号并没有因此而变得轻巧,在任何一个时代和社会背景下,垂死的爱情都会给双方留下深刻的烙印。不过大多数伤口还是可以愈合的,这也是作者写作这部"分手史"的意义所在——通过回顾历史人物的爱情兴衰重新审视我们自身的感情轨迹,从一次次以"失败"告终的感情中重塑自我,着眼于新知。

二、爱情的另一面:在一片狼藉之后回归自我

虽然随着时代的发展,社会制度和风气逐渐开化,结束一段感情不再需要付出可能会泯灭余生的重大牺牲,但是终止一段感情并不轻巧。无论何时何处,面对一段感情的终结我们都无法避免各种消极心绪。然而一段感情的结束不应该是隐匿在爱情美好光鲜表象下被规避、遗忘,甚至不齿的暗影。本书法语原文标题为"*Les revers de l'amour*",其中"revers"一词意为"事物的反面、另一面",这一面也许不为人所知,但同样和它的"正面"一样是事物不可分割的一部分。

从史学角度研究分手或离异,除了从宏观上将目光聚焦于社会

制度演变以外，同样也不能忽视情感的主观性和私密性。因此，本书在理论和学术的框架下，隐藏的真正内核是对所选个体"案例"的剖析：作者根据时间顺序，将本书分为五部分，每个部分都选取三到五对男女的悲欢离合作为该时代的典型案例。书中为我们展现的十八对男女均为西方文化中为大众所熟知的人物，他们之中有路易十四、拿破仑、叶卡捷琳娜二世等权倾一时的君主，也有杜德芳夫人、普希金、乔治·桑、波伏娃这些文人墨客，还有像卡拉斯、戴安娜这样高知名度的公众人物。在史学的外衣下，读者看到的其实并不是一个个抽象和生硬的理论剖析，而是作者在经过大量史料和文献考证后，用细致、生动的笔触为我们展现出的一对对鲜活的男女在垂死的爱情面前所经历的挣扎和痛苦，以及他们在面对所处时代和外在环境的各种压迫下理智与情感的博弈。当然，这些名人秘史足以吸引读者的眼球，这大概也是为何该书作为一部学术著作，一经出版却得以立刻拔得法兰西大学出版社销量头筹的部分原因；不过作者丝毫没有打着"野史"的噱头博眼球，书中对于一段段"失败"爱情的叙述或来自史料记载，或出自当事人的书信或私人日记，绝非毫无依据的主观联想。通过这些走向终点的爱情，读者不仅可以窥探这些知名人士爱情神话背后那些不甚美好甚至不可告人的羁绊，亦可以通过他们或痛苦、或憎恨、或无奈、或释然的感情结局来正视一个仍然深深困扰我们当今社会的问题：爱情的失败。

爱情，是西方文化中的一个"伟大神话"（431页）——爱情之所以美好、令人神往，很大程度上来源于两情相悦为个体带来的升华，以及一生一世的承诺为其赋予的神圣光环，作者一针见血地指出："爱情的念想超越了爱人本身……爱情会让人心生遐想、进行升华。"（430页）发自内心的强烈感情在不断发酵的过程中愈发浓烈和醉人，这段历程越是美好，它的终点就越会令人神伤。诚然，出于社会、宗教等多方面因素，每一个时代对于"分手"的态度和规定大相径庭。在开化的当代社会，它不再是人们口诛笔伐的对象，人们似乎也接受了爱情走下神坛这一事实，然而不可否认的是，一段没能修成"正果"、以分裂告终的爱情是对个体的沉重打击，甚至会被看成一种"失败"。然而何为"正果"？童话中"他们从此幸福地生活在了一起"这简短的一句话放在现实生活中需要的是伴侣双方在柴米油盐的打磨中进行不断重塑，这个过程是动态的、鲜活的，而不是一个永远维持在顶点的静止画面和假象；因此，它必然会经历起伏，走下顶峰逐渐削弱，甚至是消亡的那一刻。爱情的终结并不是爱情的"失败"，但当我们望着一地鸡毛感叹"人生若只如初见"的美好不再之时，面对椎心之痛和难以修补的裂痕，我们要重新面对的仍然是——并且也只有——独立存在的自我和赤裸的内心。这也是我们在作者细致入微的文笔下，重温这十八段著名的破碎爱情的意义：这些权倾一时的君王、长袖善舞的名流、至真至烈的艺术家们即便风云一时也不得不以或惆怅、或怨念、或决绝的方式为自己的爱情画上句号，更何况我们这些凡夫俗子？书中选取的这十八对男女"失败"的爱情经历也各有不同，但最终却都无一例外地指向了一个方向——对个体身份和自我的叩问。

在《论私密》(De l'intimité)中，法国哲学家弗朗索瓦·于连(François Jullien)指出我们应该走出爱情缔造的这个伟大神话。爱情毫无疑问是一种"私密"关系，爱侣双方情到深处，会模糊"对方"和"自我"的界限，忽略"内在"和"外在"的隔阂，然而这种激情带来的至真至幻的奇妙感受并不是永恒的，维系私密关系的纽带除了感性和激情以外，还应该以谨慎、持重的方式保持自我，在全身心地与对方融合的同时，接受"相异性"的存在，保持一种相对性的分离。这种保留并非自私，或者功利性的权衡利弊：爱情的原始动力来自两个互相独立的个体，没有完整的自我何谈爱情？如果一段感情注定不能永恒，那么这个幸存的自我同样会帮助我们将情断之后的没落之境和孤独之境变为私人之境，来弥补、探索、重塑未来的漫漫人生和可能到来的感情。这也就是为何,作者认为当今社会激增的离婚数量与其说是爱情神话的终结,倒不如说是从侧面证实了伴侣双方对爱情信念的坚守,以及对稳定关系和温情的渴望,"前提是要留给爱情探索'内在'的时间,以及体会私密的时间"(435页)。

三、爱情的破碎:一部女性主义史?

作为一部探讨两性关系,特别是两性关系破碎的著作,女性身份地位、女性意识和女性权益是一个无法回避的话题。从某种程度上来说,婚恋历史也是女性意识发展史:在礼教森严、神权至上的中世纪,婚姻一旦缔结就不可撤销,且丈夫对于妻子有"修正权力"(droit de correction)。尽管法律并不承认性别歧视,但是一旦婚姻有恙,女方受到的判决远比男方要严酷得多。从十五世纪开始,随着世俗司法机构逐渐取代宗教裁判权以及风雅之风的兴起,女性在爱情中的地位似乎得到大大提升,然而对于她们而言,爱情仍然是"一片危险的海域,最好不要尝试"(77页)。爱情的结局无论是波涛汹涌还是风平浪静,都少不了激烈的挣扎,在这个过程中付出和承受最多的仍然是女性,"至于男人们,他们则根据自己的条件,逃避情感困局,并报以轻蔑、冷漠的态度,或闹上法庭以求报复"(76页)——书中诸如此类对男性的控诉并不鲜见。然而作者并未沉浸在极端、激进的女权主义中,而是通过理智的声音来分析女性在恋爱关系中处于被动地位的根源,以及历史上各个时期的女性们为改变这一事实所做出的尝试,"并非所有男人都是屠夫,然而很多男人都放浪轻率。但是女人并未因此放低对爱情的期许,由于缺少认识外部世界的途径,她们在爱情中实现自我"(160页)。

先天生理差异,以及社会固有成见决定了女性更容易在爱情中倾注全部,从而受制于人,如此传统在今日似乎也未被完全打破:"两性对于分手的接受度和程度是不同的。女人们在爱情上过度投入,她们希望从中得到一种身份认同感,与此同时,男人们却更注重自己的职业目标"(361页),像卡拉斯一样的歌剧名伶也会不由自主地愿意为爱情牺牲自己的艺术生涯,睿智理性的波伏娃在看似开放、平等的情爱关系中也远非隔绝掉一切挣扎和质疑。谈及本书的创作初衷,作者明确表示她写作此书的目的是探讨两性关系,而非维护任何一种"主义"。正视两性差异,以及女性在婚恋关系中所处的弱势地位也并非旨在激化性别对立,更何况两性情感并非不能相通:比如书中"案例"之一——擅长洞察人心、时而对女性颇有微词的拉罗什福科,这位《道德箴言录》(Maximes)的作者无论有多么玩世不恭,多么想要淡化甚至诋毁与隆格维尔夫人的感情,也仍然在与其决裂十余载后,坦承"我们在憎恶之时仍然相爱"(114页)……二〇一九年,作者在接受法国莫拉书店(Librairie Mollat)的采访时表示,为她撰写本书带来最大启迪的作品是《葡萄牙修女的情书》(Lettres portugaises),这部书信体作品由五封情书组成,叙事者是一位爱上法国军官,又遭其抛弃的葡萄牙修女。文中用真挚的笔触记录了女主人公内心的困苦。该书自一六六九年在法国流传起,让无数读者为之挥泪。然而直到二十世纪,研究人员才证实其作者其实是一位男性。

作为一部分手史,书中的爱情均黯然收场,两性都不能幸免于它所带来的危机和痛苦,那么我们是否就要惧怕爱情,甚至对这份毒药避之不及?在重温这十八段画上句号的爱情之后,作者在书的结尾给出了答案:人的一生实际上是一个不断经历失去的过程,情感的破碎和终止是人类存在的一部分,我们要做的是在接受这个事实的同时,保持与自己内心的交流,像不曾受过伤害一样热烈地去感受、去爱。

(《爱情的破碎:一部分手史》,〔法〕萨宾娜·梅尔基奥尔-博奈,陈晓琳译,中国环境出版集团即出)

夷夏之辨与华夏正音

郑伟

一

夏、商、周之间的文化连续性，有各种不同的观察角度。陈来《古代宗教与伦理》一书曾指出："这种气质以黄河中下游文化为总体背景，在历史进程中经由王朝对周边方国的统合力增强而逐渐形成。而这种气质在西周开始定型，经过轴心时代的发展，演变成为中国文化的基本人格。这种文化气质集中表现为重孝、亲人、贵民、崇德。"（生活·读书·新知三联书店二〇一七年版，7页）

从文献记载来看，这种连续性可以说得更加具体。如关于祭祀制度，《周礼·考工记》说："明堂者，天子大庙，所以祭祀。夏后氏世室，殷人重屋，周人明堂。"《尔雅·释天》说："夏曰岁，商曰祀，周曰年，唐虞曰载。"同篇又说："周曰绎，商曰肜，夏曰复胙。"关于学校教育的，如《孟子·滕文公上》说："夏曰校，殷曰序，周曰庠。学则三代共之。"《孟子》同篇还说："夏后氏五十而贡，殷人七十而助，周人百亩而彻。"则是跟农业生产有关的描述。

不过，这种文化连续性只是中国古代文化的众多表现之一，或者反过来说，三代之间的文化断裂性也是显而易见的。正如王国维《殷周制度论》一文所指出的："中国政治与文化之变革，莫剧于殷、周之际。"（《观堂集林》卷十）具体而言，涉及立子立嫡、庙数、同姓不婚、宗法和丧服之制等。比较而言，"周之制度、典礼，乃道德之器械，而尊尊、亲亲、贤贤、男女有别四者之结体也，此

93

之谓民彝。……夫商之季世，纪纲之废，道德之隳极矣"。傅斯年名文《夷夏东西说》（《庆祝蔡元培先生六十五岁论文集》，一九三三），更是旗帜鲜明地把夏、商两代的文化差异归结为"夷""夏"之辨。以长江为界的南北对立，到三国时代才初显端倪；而三代时期，"地理的形势只有东西之分，并无南北之限"。傅文指出，夏、商、周三代的存续与更替，在地理上是西、东、西三系的交替。

从史籍记载来看，夏为华夏，夏在西方。见于《左传》者，如"东夏"（襄公二十二年）、"华夏"（襄公二十六年）、大夏（昭公元年）、"夏墟"（定公四年）。见于《国语》者，如"戎夏"（晋语一）、"东夏"（楚语上）、"诸夏"（吴语）。商为东夷，或称"戎殷"，可从《诗·商颂》"有娀方降，帝立子生商""宅殷土芒芒"、《吕氏春秋·慎大览》"夏民亲郼如夏"（高诱注："郼读如衣，今兖州人谓殷氏皆曰衣"）、《尚书·康诰》"殪戎殷"及《逸周书·世俘解》"谒戎殷于牧野"等材料中得到证明。可见夏商对峙就是夷夏之辨的体现。

至于西周种姓与殷周关系问题，同样涉及夷夏之辨。《国语·晋语》："昔少典娶于有蟜氏，生黄帝、炎帝。黄帝以姬水成，炎帝以姜水成。成而异德。故黄帝为'姬'，炎帝为'姜'。"傅斯年先生《姜原》一文说："周以姬姓而用姜之神话，则姬周当是姜姓的一个支族，或者是一更大之族之两支。"同时我们又知道，"西羌之本出自三苗，姜姓之别也"（《后汉书·西羌传》）。姜、羌字源相关，地望从人为羌，女子从女为姜。由此可见，"姜本西戎，与周密迩，又为姻戚，惟并不是中国"（《历史语言研究所集刊》第二本，第一分，一九三〇）。

二

尽管三代之间孰夏孰夷很难形成公论，但有一点很明确，那就是华夏的"正统"地位可以从"雅言"一词来索解。《论语·述而》说："诗、书、执礼，皆雅言也。"亦即读《诗经》《尚书》、行祭祀礼时，须用雅言。东汉郑玄说："读先王典法，必正言其音。"钱穆先生《读〈诗经〉》（一九六〇）论述更详："《诗》之在古，本是先王之典法。西周人用西周土音歌《诗》，即以雅音歌诗也。孔子诵《诗》，亦用西方之雅言，不以东方商、鲁诸邦语读之。"（《中国学术思想史论丛》第一册，生活·读书·新知三联书店二〇〇九年版，111页）

何谓雅言？简单来说，雅言就是"夏言"。《荀子》说"越人安越，楚人安楚，君子安雅"（《荣辱篇》），同时又说"居楚而楚，居越而越，居夏而夏"（《儒效篇》）。这两句话格式相同、文字稍异，其实表达了完全相同的意思。因为"安"本来就有居坐义，可以引申为安居、居住。清儒王引之在《读书杂志》中进一步解释说，"'雅'读为'夏'，夏谓中国也，故与楚、越对文。"战国楚简把"大雅""小雅"的"雅"都写成"夏"，也证明了王引之的看法是对的。

傅斯年在《姜原》一文中还指出一桩极重要的事实："在西周封建的事迹中，有一件很当注意者，就是诸侯的民族不必和他所治的民族是一件事。譬如勾吴，那地方的人是断发文身的，而公室是姬姓；晋，那地方的人民是唐国之遗，而公室又是姬姓。"意在说明，统治阶层是华夏贵族，被统治阶层则可以是断发文身、雕题交趾的"蛮夷"民族。可见，同个政治集团内部的上层贵族和下层平民之间，也有着不可避免的夷夏之辨。

举例来说，《左传》襄公十四年有戎子驹支的一番话，他说："我诸戎饮食衣服不与华同，贽币不通，言语不达，何恶之能为？"说完之后，"赋《青蝇》而退"。驹支虽是戎族，但身处显贵，能操雅言，故而能吟《诗经·小雅·青蝇》。又西汉刘向《说苑》载，鄂君子皙泛舟江上，忽然听到越人拥楫而歌，但不解其意，于是只能把越译召来，以"试为我楚说之"。子皙是上层阶级（士人），只懂得楚国通行的雅言，听不懂越人的土语，自然在情理之中。总之，先秦时期在不同部族、民族乃至国家之间，雅言一直是沟通交流最重要的工具，和

"通语"同义,区别于各地方言。雅者,正也,因此雅言就是华夏正音,区别于普通老百姓(庶人)所用的俗语、口语。缪钺《周代之"雅言"》一文说:"雅即是夏,有别楚、越等方国,雅言亦自有别于楚、越等方言也。犬戎乱后,周室东迁,而共用语言,犹循西周之旧,承'雅言'之名,此亦如晋室南渡,宅京建康,而言谈犹以北音为正也。"(《读史存稿》,北京大学出版社二〇一七年版,2页)

除了华夏正音之外,汉字无疑也起到了类似的功能,它"是文化的中枢神经系统,通过它我们征服了很多不同的方言,以及被高山大川阻隔的广大地区。这个国家从商代就成为一个文化统一体,直至今天"(陈梦家:《中国铜器综述》,中华书局二〇一九年版,278页)。不单是语言有雅(通语/官方语言)、俗(方言/口语)之分,文字也很早就有类似的分别。郭沫若《十批判书》说:"据我们从金文的研究上看来,春秋、战国时代的列国铜器,不论是在北部的秦、晋、燕、齐,在南部的徐、楚、吴、越,其文字结构与文章条理,并没有什么不同。这断然是两周七八百年间自然进化的结果。正统以外的文字,如陶玺戈戟之类的刻文,每多不能认识,大约系由于故求苟简,或有意出奇,如后世的花押之类。这不仅六国有之,秦亦有之。"(《郭沫若全集·历史编》第二卷,人民出版社一九八二年版,448页)

王国维之所以提出"战国时秦用籀文六国用古文"一说(《观堂集林》卷七),也是看到了政体沿革、行政分割造成了文字书写的东(秦)、西(六国)不同,可见"文书行政"不但对语言,对文字的"雅""俗"之别也影响甚巨。李零曾对王国维的学说做过一番阐释:"东、西二系的不同,虽有字体差异作依据,保留西周文字的特点较多,略显繁复,不像六国文字,简率省并,叛离西周文字较远,但在战国当时,它们基本上还是平起平坐,基本上还是各自为政,并不足以构成汉代那样的对立。"(《简帛古书与学术源流》,生活·读书·新知三联书店二〇〇四年版,167页)汉代今、古文的对立,从文字层面来看,是标准字体(秦国小篆)和非规范字体（六国文字）之间的对立，也就是"雅"与"俗"的关系。

三

魏晋以降，夷夏之辨的话题非但并没有停止，反而愈演愈烈，推陈出新。北魏迁都洛阳以后，孝文帝虽然出身鲜卑，但极力学习汉族文化，希望用夏变夷，其中最重要的一条，就是无条件地强制推行北方正音。《魏书·咸阳王禧传》有一段记载颇值得注意：

> 高祖曰："……今欲断诸北语，一从正音。年三十以上，习性已久，容或不可卒革；三十以下，见在朝廷之人，语音不听仍旧。若有故为，当降爵黜官。……王公卿士，咸以然不？"禧对曰："实如圣旨，宜应改易。"高祖曰："朕尝与李冲论此，冲言：'四方之语，竟知谁是？帝者言之，即为正矣，何必改旧从新。'冲之此言，应合死罪。"乃谓冲曰："卿实负社稷，合令御史牵下。"冲免冠陈谢。

朝堂之上，禁用胡语，而且到底什么才是正音，皇帝非但不同意由自己说了算，更不能容忍朝廷命官借此逢迎媚上，敷衍视之。陈寅恪曾说："秦汉以来，北部有两个文化中心，一是长安，一是洛阳。北方汉人士族并不以江左政权为依归，并不向往南朝。洛阳为东汉、魏、晋故都，北朝汉人有认庙不认神的观念，谁能定鼎嵩洛，谁便是文化正统的所在。正统论中也有这样一种说法，谁能得到中原的地方，谁便是正统。"（《陈寅恪魏晋南北朝史讲演录》，天津人民出版社二○○八年版，196页）既然如此，洛阳方音自然应该成为雅正之音的标准。颜之推《颜氏家训·音辞》说"榷而量之，独金陵与洛下耳"，正是道明了这一点。

当时北方所谓"五胡"外族，羯是匈奴的一支，鲜卑与蒙古同族，氐和羌同属。因与中原汉族接触频繁、交往密切，"渐慕诸夏之风"，尤其是上层贵族，"习《毛诗》、京氏《易》、马氏《尚书》，尤好《春秋左氏传》、孙吴兵法"的人不在少数（缪钺：《读史存稿》，190页）。

相比之下，长江以南的民族分布复杂得多。《魏书·司马叡传》说："中原冠带呼江东之人皆为貉子，若狐貉类云。巴、蜀、蛮、僚、谿、俚、楚、越，鸟声禽呼，言语不同，猴、蛇、鱼、鳖，嗜欲皆异。江山辽阔，将数千里，叡羁縻而已，未能制服其民。"其中"谿"字还有别的写法，如"溪狗我所悉，卿但见之，必无忧也"（《世说新语·容止》）。《南史·胡谐之传》还记载了一则关于"正音"不敌"傒语"的有趣故事：

> 胡谐之，豫章南昌人也。……齐武帝为江州，以谐之为别驾，委以事任。建元二年，为给事中、骁骑将军。上方欲奖以贵族盛姻，以谐之家人傒音不正，乃遣宫内四五人往谐之家，教子女语。二年后，帝问曰："卿家人语音已正未？"谐之答曰："宫人少，臣家人多，非惟不能得正音，遂使宫人顿成傒语。"帝大笑，遍向朝臣说之。

可以注意的是，在社会阶级层面，夷夏之辨仍体现出自先秦以来一以贯之的"双言制"特点。宫人属上层阶级，首先应该熟习正音，但其家人不在朝廷做官，地位不同，即使会说一点正音，也肯定只能掺杂在傒语里使用。

夷夏之辨在南朝时期的语言生活里有两点突出表现，一是以吴为夷，二是以楚为夷。所谓"诃詈童仆，音杂夷夏"（《魏书·刘昶传》），正是"音杂吴北，……江东以吴语接庶族之通例"（陈寅恪：《东晋南朝之吴语》）。而楚、雅之分也就是楚、夏之别。楚音不够雅正，显得粗鄙。《宋书·庾悦传》："高祖虽累叶江南，楚言未变，雅道风流，无闻焉尔。"《南史·儒林·沈峻传》："《周官》一书，……北人孙详、蒋显亦经听习，而音革楚、夏，故学徒不至。"《宋书·长沙王道怜传》："道怜素无才能，言音甚楚，举止施为多诸鄙拙。"《世说新语·豪爽》："王大将军年少时，旧有田舍名，语音亦楚。"楚与其他夷言常有纠葛，不容易厘清。如吴、楚有时合而论之、不做区分，如《切韵·序》说"吴楚则时伤轻浅，燕赵则多涉重浊"。再如闽、楚，"江左假息，僻居一隅。……虽复秦余汉罪，杂以华音，复闽楚难言，不可变改"（《洛阳伽蓝记》卷二）。

以吴、楚为夷，并非说它们属于外族，而真正想表达的其实是"非正统"。所谓"至永嘉之乱，中原入夷，逊彼东南，遂为正朔；自尔南土之音，转为雅正；虽方言俚语，尚有楚风，以视北朝人士，音辞鄙陋者，抑又有间矣"（黄侃：《声韵略说·论音之变迁由于地者》）。

北人视吴、楚、闽地人为夷，但反过来南人也未必就承认北人为正统。吴人称中州北人为"伧"（《世说新语·雅量》注引《晋阳秋》）便是明证，宋元之际的胡三省在给《资治通鉴》（卷一三一）"伧楚"一词作注时也说："江南谓中原人为伧，荆州人为楚。"东晋陆玩（今苏州人）把南渡的北人称作"伧鬼"（《晋书·陆玩传》）。以至于作为雅正代表的汴洛中州音，也被顾恺之（今无锡人）所讥评，"或请其作洛生咏，答曰：'何至作老婢声。'"（《晋书·顾恺之传》）

前面已经指出，汉字与雅言（书面语）自先秦以来的正统地位和跨族群沟通的价值，到了南北朝时期，尽管是"南染吴越，北杂夷虏，皆有深弊，不可具论"（《颜氏家训·音辞》）的局面，典正的汉字也承担着和雅言一样的功能，而且其规范标准需要"会理合时"，与时俱进。当时的鸿儒颜之推对此有一番说明：

> 吾昔初看《说文》，嗤薄世字。从正，则惧人不识；随俗，则意嫌其非，略是不得下笔也。所见渐广，更知通变，救前之执，将欲半焉。若文章著述，犹择微相影响者行之，官曹文书，世间尺牍，幸不违俗也。（《颜氏家训·书证》）

四

中国是民族与文化多元一体的国家。正因"多元"的现实，才有孔子以来夷夏（华夷）之辨、以夏变夷种种说法。而之所以能维持数千年"一体"局面不变，就决不能忽视正音（夏言、雅言）的作用。虽然《左传》（定公十年）所说的"裔不谋夏，夷不乱华"只是美好愿景，历史上夷夏之间也不是没有兵戎纠葛，但正因为有了正音的存在，不同民族间的文化交流与交融才变得可能，于是乎"中华民族是一个"（顾颉刚先生语）便不仅仅是一句口号，而成为不争的事实。

总结言之，作为民族共同性的纽带，明清以前的华夏正音有两点尤为重要：

第一，阶层性带来的"双言制"。《史记》说"百家言皇帝，其文不雅驯，荐绅先生难言之"（《五帝本纪》）。又说"诏书律令下者，明天人分际，通古今之义。文章尔雅，训辞深厚，恩施甚美。小吏浅闻，不能究宣，无以明布谕下"（《儒林列传》）。想强调的，无非是"当时诏令，接近雅言，而小吏则只通方俗之语。……救正之法，自只有使仅通方俗语者，进而能解普通话"（吕思勉：《论大学国文系散文教学之法》，安徽文艺出版社二〇一三年版，432页）。同样地，在中国古代，只有上层阶级才更容易掌握和使用记录雅言系统的汉字。

第二，正音标准的连续性。自周室东迁，直到宋末，政权中心总不出黄河中下游的中州汴洛一带。即便有晋室南渡、宋室南迁之类的历史事件，并没有影响到以洛阳音为代表的正音标准。元明以后，政权更迭，中心北移，之前的夷夏之防也就不复存在了。政治中心与文化中心不一定完全重合，比如隋至中唐以前，虽然定都长安，文化繁盛仍以洛阳为最。当然客观来说，地形因素的考量也不容小觑。诚如吕思勉先生所言："以夏为正，亦犹今日之以北方话为标准，盖北方地形平坦，交通便利，其语言之通行本较广，故其势力亦较大也。"（《吕思勉自述》，431页）这种延续性不但对于文化与文明传承有着重要的意义，更是中华民族共同性与凝聚力的绝佳诠释。

来去自由神俗通

查屏球

公元七七〇年左右，山阴县令郑锋经常召集州参军戴孚，左卫曹徐晃，龙泉令崔向，丹阳县令李从训，县人韩谓、苏修等人在厅堂上举行通灵仪式，主角是一个名叫王法智的七八岁女孩，借助这个女孩，众人能与长安神灵滕传胤对话，往复酬唱。戴孚记下这事并收录到他编纂的《广异记》中。在叙述中戴孚以第三者口吻不动声色地嵌入自己的名字，以"亲历者"的真实性来提升书中三百多个故事的可信度。一千三百多年后，戴孚的这一用意被西方汉学家杜德桥（Glen Dudbridge，1938-2017）看出来了，其《神秘体验与唐代世俗社会》一书，即以研究王法智故事为首篇。这一别致的开头，既体现了作者善于由小见大的学术风格，也反映了一个西方汉学家对东方神秘文化的兴趣，展示了与纯文学研究不同的学术风格。

王法智故事文学色彩颇浓，其中神鬼吟诗之事也曾引起了钱锺书等人的关注，与小说史研究视角不同，杜德桥继承了前辈汉学家高延（Jan Jakob Maria de Groot，1854-1921）的基本观点，认为那些在今人看来荒唐虚妄之事，却是当时人的精神"实录"，而不只是"有意设幻"。我们研究的目的"不是想通过文献性材料去构建关于那些事件与制度的知识，更多的是想探索逝去已久的那代人在面对周遭可见与不可见的世界时产生的心理体验"。因为这里所说的宗教信仰，不是制度化的实体，而是相沿相承的习俗，存在于人们的精神世界中。对于唐人精神文化史来说，《广异记》所录二百余则故事都具有文化化石的作用，他们的研究就是解析其中文化的构成与心理机制。这是一种由具象到玄虚、由实事到抽象的研究思路，既有实证的操作性，也有文化学上的思辨性，拓宽了志怪文献的研究空间，提升了志怪小说研究的理论层次。

根据这一理念，他又提出一种新的研究方法，"将世俗旁观者的视角与身在局中者的内在视角区别开来"，划分出内部故事与外部故事两层结构。内部故事，是指"人与另一世界的神灵的奇幻际遇"，外部故事是指在现场旁观者能提供的可见到的事情。他将前者视为各种类型的狂想症患者的思维记录。如王法智的行为就是一个迷信的精神病患者在药物刺激下形成的幻觉反应，即传统上所说的"鬼附体"。杜德桥首先从医学上，解释这一神秘现象，为此他找了三部相关专著来支撑自己的论断：欧斯特雷希(T.K. Oesterreich)的《魂附体、着魔与其他》(*Posession, Demoniacal and Other*)、刘易斯(I.M.Lewis)的《迷狂的宗教》(*Ecastatic Religion*)、萨甘特(William Sargant)的《精神着魔论》(*The Mind Possessed*)，认为这种代人说话的行为，是"由强烈的生理刺激造成的，诸如药物、有节奏的鼓点、铃声、鼓掌、跳舞、对正常呼吸的阻遏等"。他特别注意到文本中的一个细节，"久之方至"。认为这可能是操控女孩的父亲在做必要的准备，推想在这个时间内，"那个女孩呼吸急促，并由此而引发体内那些导致精神迷幻的神秘变化。""这种迷惚的状态一旦出现并重复，魂灵附体就会越来越容易地实现；同时在暗示的强化作用下，被附体者受到所处背景的强烈影响，可将迷幻经历的内容固定下来。"他援用现代精神医学原理来分析故事相关情节，还以在台湾地区实地所见为佐证，认为在今人看来的"装神弄鬼"，对当事人而言却是一种自然的程序化的精神反应。这往往是被压迫者或者社会边缘群体想引人关注的一种策略。王法智的父亲即以此引起了县令郑锋的关注并得到与上层交往的机会。杜德桥认为《广异记》中所记多是非主流、非正统、非正式的宗教活动，却能直观地反映唐人对神鬼世界的精神体验，是思想史、文化史、民俗史难得的史料。如他所说："对他们来说，王法智的声音来自坟墓；对我们来说，戴孚的声音来自他所处的社会。"在他看来，内部故事展示的神奇的经历，其狂想自噫的内容，既非故事主人独有，也不是作者有意幻设，而是对一传统思维模式的记录，故事的主人如王法智等是在替传统发声，又带有特定时代、特殊情形里的个性特征。外部故事是记录者、观察者所见，但这些内容已经过信息提供者的筛选，又经编撰者戴孚的整理加工，必带有过滤者的思想痕迹，因为记录者不仅有选择地来体察感知，而且，表达形式也是由各自秉承的文化传统与时代风气所赋予的。神鬼话题与神鬼意识是古老的集体无意识在特定时代、特定人物身上的体现，一个故事里应有多种声音，是传统与时代声音的碰撞与混合。作者认为成功的史学著作最强大的作用是运用少有的机会去捕捉到当时人在特定时刻如何生活，如何表达自我。杜德桥认为《广异记》给人提供了这样的机会，"我们对过去历史探索得越深入，发现与把握这样的机会也就越不容易，而乐在其中的兴致也会变得越发强烈"。各种类型的人鬼相通的神秘故事中，存在着唐人的思想观念与宗教意识，吸引着他深入探索。

近代西方学人多将东方文化中超自然非理性行为与习俗归为"神秘性"，至今好莱坞电影导演仍以此作为所谓的"东方元素"，解读这种神秘文化也是传统汉学的一个核心话题，杜德桥认为其中存在着最古老的文化符号以及时代色彩，其书除了第二章着重解析顾况《戴孚〈广异记序〉》，其余六章分别列举"附体代言""阴间游历""神祠通灵""官厅闹鬼""亡魂预祸""离魂冥婚"六个现象专章论述，具体笺解各个细节中的文化元素,疏解各种"迷信"流行的社会背景,以极繁琐的实证表达文化史与宗教史最深刻的原理,既有说故事的趣味性与可读性,又有抽象思辨的深度。

《广异记》最吸引杜德桥的是形形色色的神秘的宗教世界多具有强烈的世俗化特征,首先,这种宗教活动多存在于世俗生活中,"普通人生活多淹没在朝廷政令与宗教组织的制度演变等复杂关系中,这些故事能让人了解历史原貌"。王法智故事发生地桐庐,是中原文化中心区之外的江南一小县城,参与人员多为县衙官员与当地士人,聚会的场所是在县令官厅,他由此看出了一个问题:"这些行为在古代中国乡村公众场合的萨满仪式中很常见,很难想象出现在县令官邸这种上流社会空间中。"这种与通灵者对话的活动是私人性质的,"她(王法智)只是以个人身份单独发挥这一功能,而不是作为一个专业的神职人员,这正是我们感兴趣的地方"。对她的通神功能,周围人没有丝毫的怀疑,这里有两个县令、两个州参军,一个县丞以及三位当地士人,其中可能还有像戴孚这样进士出身者,这些应是地方上的知识精英,但对于这些巫鬼之事仍是津津乐道。这正如陈寅恪先生所说:"东西晋南北朝时之士大夫,其行事遵周孔之名教(如严避家讳等),言论演老庄之自然,玄论文史之学著于外表,传于后世者亦未尝不使人想慕其高风盛况。然一详具内容,则多数之世家其安身立命之秘,遗家训子之传,实为惑世诬民之鬼道。良可慨矣。"这一状况至唐并没根本性的改变,以鬼为邻仍是唐人精神世界的特色。这里虽然缺乏严明的神学体系与宗教仪式,但是,这个鬼神世界是确实存在的,它以因果报应原则作用于现实世界,这些观念对当时人来说具有宗教信仰一样的意义。其次,在他们的精神世界里宗教的神秘世界与世俗世界并不是截然分开的,杜德桥指出:"我们却不能在《广异记》中看到对这些事情(正统的道教、佛教)的直接反映。相反,我们看到的是一个世俗的社会,它沿用并反映着几个世纪以来那些从'上层'传统中吸收来的东西，最容易见到的是祭仪神话和私人性与职业性并存的仪式活动。"杜德桥于此中拈出宗教世俗化之义，突出了唐人精神世界的特点。虽然，《广异记》中的人物常会说"阴阳殊域""人鬼殊途"，但在书中，那个遥不可及的神秘世界，似乎就在近前，通灵者就是生活在近旁的小女孩，俗世人常常会误入鬼域而得回归，已入阴间者也会传语给俗世人间。阴间那个神秘世界也依人间秩序等级森严，也像凡世一样做着交易。再次，那个古老的宗教世界呈现出丰富多样的世俗化色彩。在《广异记》的世界里，多数成员都像郑锋厅堂里的听众一样，是京城之外的下层官吏、市民、士子、军吏等边缘化人物，他们既不是朝廷正统势力的代表，也不是传统的僧道力量，他们较少受中心权力与正统权威的直接控制，有相对自由，可自由掌控对神鬼体验的解释权，并依各自的需要创造神灵或创造与神交往的经历，对生死之事做出世俗化的解释。

杜德桥对各个故事的研究就是在世俗社会里为各类神秘故事找到合情合理的历史因素。如在正史中，自汉以来华山庙就是神圣的帝祭之所，在中唐文人笔记里，华山神是护卫唐玄宗的守路大臣。在《广异记》中，此地又成为过往之人与女巫、山神的交易之所，华山神似是占山为王的地方势力，掌管着关内人诸如求子、求仕、求命等事务；而与华山女交往以及华山失妻的故事，正反映了在京洛交通要道的过往华山的旅客被色诱以及被绑架这些复杂情况；官厅闹鬼之事的流传，是缘于新任地方官树立权威的需要；魂灵对战乱的预言，正反映安史之乱后战乱频仍，社会受残的苦痛；与女神、女鬼的交往故事，前者是年轻求仕者遗精春梦的记录，后者反映了战乱后人口流失的惨淡的现实。作者通过各种文献考证，沟通《广异记》"神秘"故事与传世的史家文献的关系，透过各种志怪表象，发掘其背后现实性世俗化的成分，以此证明唐人关于鬼神的宗教意识是与世俗化功能缠绕在一起的。

杜德桥认为,《广异记》可使人近距离接触当时社会中的那些女人或奴仆,"他们处在公共历史事件的接收末梢,既没有条件也没能力以文字形式表达关于世界的个性化看法,同时,在动态的历史情形中,这些典型的个案也体现了当时世俗社会人与人之间、活人与死人之间交往与联系的方式。这一人群的话语来自一种与众不同的文化,在这种文化中,社会关系、宗教价值、神话概念皆不受制于被广泛认可的正统观念"。与西方的宗教与世俗对立观不同,宗教的世俗化是中国古代文化的一个特色,很多宗教性的反应多与世俗功能混杂在一起,对本土学人来说,已习以为常,视而不见了,西方汉学家这种少见多怪的异域之眼更易发现学术盲区。

在研究方法上,杜德桥借用了布罗代尔(Fernand Braudel)多层结构研究法,其言:"我们将把中国社会,尤其是中国的宗教文化,看作一个以不同速度同时演进着的综合体。把它比喻成水流运动最恰当不过了,它运动的形态是:深处缓慢流动,表面急速流淌,充斥着无规律的潮流与区域性的水涡。"依这一理论将历史变化分成三个层面:首先,"一种历史的过程几乎是难以察觉的,它的所有变化都是缓慢的";其次,"另一种历史,它有缓慢的但能够察觉到的运动节奏";最后一种是"事件的历史,有简单的、快速的、紧张的起伏"。如在对待亡者一事上,虽然有时代、地域之差别,在经受住了时间冲蚀之后,古老葬礼制度还是稳定地续延下来,丧礼多承袭着古代儒家经典的规定,这就是长时段看不见变化的内容,研究者应透过各种外表因素追溯其中的原始宗教与集体无意识。又如,他认为形形色色的误入阴间故事,反映了自汉以来几无变化的还魂观念;由士子与女神相交故事中看到自屈原《九歌》、宋玉《高唐赋》以来表现性爱妄想症的文学传统与原始意识;由人鬼之恋的故事也可推及自古即有的冥婚习俗。如他所说:"所有这些讨论的故事,即使传递到我们手中时已然经过书写记录的调整，我们依然能够获得一些真实的原始口头材料，其真实性可以得到文献的证实。通过这一途径接收到的信息，可引领我们接近经典文本中正统文化之外的人物以及他们的宗教体验。"

又如《广异记》所叙时间正是道教、禅宗兴盛时期，这一思潮以不同方式在众多故事中留下了时代影子。如《仆仆先生》记仆仆先生声称："麻姑、蔡经、王方平、孔申、二茅之属，问道于余，余说之未毕，故止，非他也。"杜德桥从这一情节中看出："这个故事无可否认地包含了一个内部故事，它要求那些名字必须在一般人的耳朵里引起反响。故事反映的是中国社会的一种情况：当时，道教上清派以及以茅氏兄弟命名的茅山已在中国社会主流意识中确立了自身的地位。""这样的故事甚至比官方传承的正统经典记载能更有力地揭示世俗社会对道家先圣的看法。"又如《马二娘》中，女祝主持招魂仪式是古老的，而在佛像前招魂，表明佛教密宗已进入到世俗社会中了。又如《广异记》较少提及禅宗之事，这说明"《广异记》编纂于宗教文化中一些新的特征刚刚萌芽时期，这也是一个转型时期，这些宗教的一些迹象还不清晰，并且有时还表现出不同的指向。这就是变化缓慢的但又能感觉到的历史运动层面"。这是指各类故事在思想史上的时代印迹。

作者更擅长对各类故事做细致的考辨，将之还原到特定的历史场景中，确定"事件历史"的特殊性。杜德桥认为："到八世纪五十年代，随着玄宗政权的削弱和随之而来的安禄山叛乱，大唐帝国因战乱而衰退，元气大伤，这一切使得他们这代人的壮年时期颜色黯淡。这场叛乱使戴孚不得不到京城之外的苏州参加进士考试，而他的仕宦生涯也在随后王权衰落的几十年风雨中沉浮。戴孚还直接或间接地经历了八世纪六十年代的袁晁之乱，这是一次发生在东部沿海地区小规模的地方叛乱。他在东部沿海生活了相当长的时间，在年轻有为的唐德宗的统治下，他既看到了统治秩序的新前景，同时也看到了新的地方性叛乱的威胁。"杜德桥详析与"雁门桃源"相关的背景资料，发现这个故事反映了以狩猎采集为主的游牧部落与农耕汉人的冲突。这个冲突自汉末到当时一直存在，流民问题在不同的历史时代有不同的体现。"戏剧化地表现了中国社会历史上的另一个重大主题：在汉文化区的边缘，存在着一个与朝廷控制的中心区相对抗的边缘化群体。"又如，杜德桥于《刘清真》中发现地名魏郡、代州混用，由此推断故事发生时间应在天宝元年（七四二）至乾元元年（七五八），这段时间唐廷先改州为郡后又复郡为州，故事中魔战、圣山、延寿、羽化、飞鹤、升天等等，是一种巫术与道教升天理想的粗糙结合，故事的核心人物老和尚又是文殊大师化身，这是大历时期（七六三至七八〇）流行的说法。他又引日本旅行者圆仁《入唐巡礼记》中的相似内容，指出当地有"一种虔诚的信念——任何一个过路人都有的可能是文殊菩萨的显身"。"入大圣境地之时，见极贱之人，亦不敢作轻蔑之心；若逢驴畜，亦起疑心，恐是文殊化身。举目所见，皆起文殊所化之想。"这既揭示出其时流行的文殊崇拜社会心理，也关注到此前少有人注意的德宗限佛之事。杜德桥又从佛徒故事中的道教因素见出其时二教互相渗透的关系，"在道教传统中，这个能将二十多个信徒变成石头的魔法本身就有很神圣的来源，在上清派典籍中就记载了流传于公元四世纪的道箓与天师之谕。《上清丹景道精隐地八术经》提到'隐地八术'〔贺碧来(Isabelle Robinet)：《道教史上的上清降经》〕，这是躲避危险时使用的一种让人看不见或转化变形的法术"。其中有一种是让身体变成土堆，让衣服变成土堆表面的植物，"土以自障……则人莫之见也"（《道藏子母引得》1348，中卷，3页下和4页上）。这项内容在道家是很古老的，可以追溯到道教产生之前。在这个故事中，我们看到的是一个基础性的原始宗教仪式，在它被吸收到成熟的道教系统之前，已存在很长时间了。对于研究者来说，这事也极具启发性：中国社会的宗教行为发展得是多么缓慢和保守。这种知识考古学研究，非常有效地展示这类志怪文献的文化史价值，也显示出作者自身扎实的文献实证功夫。

由以上介绍看，杜德桥的学术风格更接近欧洲早期东方学特色，即以解读东方文本与文献为基础，综合多学科知识说明与西方有异的文化特质，这是由早期传教士创立的学术范式。杜德桥与这一学术传统有着特殊的渊源，他毕业于英国剑桥大学，受教于唐史专家、汉语言学家蒲立本（Edwin G. Pulleyblank, 1922-2013），又受到民俗信仰专家龙彼得（Piet van der Loon, 1920-2002）、唐史学者杜希德（Denis C. Twitchett, 1925-2006）等人的影响，研究《西游记》。之后又接受了阿瑟·戴维·韦利（Arthur David Waley, 1889-1966）及高延的影响，研究视角由《西游记》中的观音形象扩展到妙善故事，进而触及《广异记》中首篇"王法智故事"，并开始了对全书的研究。他在研究生阶段多受指导老师张心沧影响，张心沧早年就读沪江大学英文系，多受到西方传教士汉学影响，也曾从宗教学、文化学、民俗学角度研究中国戏剧小说。特殊的学缘，使得杜德桥传承了西方传统汉学的学脉。当然，杜德桥的研究模式也不是全然复古，他的思维有一个明确的指向，这就是以这些鬼故事为文化化石考察中国文化的深层构成，他不仅吸取西方汉学界最成功的学术成果，也汲取了最新的研究方法，如布罗代尔的多层文化解析法以及福柯的知识考学。旧中有新，旧而不腐，本身就是可供人学习的新范式。

（《神秘体验与唐代世俗社会——〈广异记〉的一种解读》，杜德桥著，查屏球、杨伟刚译，江苏人民出版社二〇二二年版）

不灭的亚历山大大帝

陈恒

公元前三一年，戴着一枚印有亚历山大大帝形象戒指的屋大维与克里奥帕特拉七世、安东尼率领的舰队在亚克兴会战，屋大维追赶他们至亚历山大里亚，次年，二人自杀身亡，埃及被并入罗马版图。屋大维"派人把装有亚历山大大帝尸体的石棺从帝王陵墓区抬来，看了一眼之后，他把一顶金制王冠放在上面，缀上鲜花，以示敬意。而后，当他被问及是否也愿意看看托勒密王室的坟墓时，他回答说：'我的愿望是看一位国王，而不是看尸体'"（[古罗马]苏维托尼乌斯：《罗马十二帝王传》，张竹明、王乃新、蒋平等译，商务印书馆二〇〇〇年版，56页）。

屋大维视亚历山大为神奇人物，认为自己不是希腊化小王朝的继承人，而是亚历山大帝国的继承人。从这一史料反映出希腊化时代的很多特点。这个时代的开创者与终结者在这里以一种奇妙的方式相遇，是希腊与罗马的相遇，更是希腊罗马文明与埃及文明的相遇。这是一个战争时代：错综复杂、钩心斗角、残暴无比的战争此消彼长；这是一个古代世界的城市时代：希腊风格的城市已散布在希腊化世界，据普鲁塔克（Plutarch）说，亚历山大一生共建立了七十多座城市，并声称他这样做的目的是在"野蛮人"中传播希腊文化和知识，亚历山大里亚尤为典型；这是西风压倒东风，也是东风又压倒西风的时代：亚历山大通过征服波斯、埃及等地，开创希腊化时代，屋大维通过征服托勒密埃及开创了罗马化时代，同时也是波斯、埃及等地影响希腊罗马的东方时代，希腊文化压倒了东方，东方君主制压倒了希腊；这是高人隐退的时代：因人口流动大、思想交流多、文化多元、贸易便捷而带来焦虑、不安和遁世；这是豪强辈出的时代：希腊化时代的起点亚历山大和终点克里奥帕特拉是那三个世纪的双峰，他们把希腊化时代的历史夹在中间，模糊了这长达三百多年的历史。总之，这是两千多年来被忽略的一个重要时代。

亚历山大的业绩早已超出了历史学家的记录范围，两千多年来，他的故事激发了无数的艺术家、哲学家、政治家、军事家、作家的想象力，他几乎俘获了一切领域的想象力，亚历山大会永远活在历史中、政治中、神话中和想象中……他的功绩、他的传奇已经激发了一种亚历山大文化传统。

在希腊作品中，亚历山大不仅成为亚洲的国王，而且像波斯国王一样成为"伟大的国王"。公元前二世纪的剧作家普劳图斯（Plautus）在喜剧《凶宅》（*Mostellaria*, 775—777）中第一次把他称为"Alexander Magnus"（亚历山大大帝）。公元前一世纪末，罗马大将庞培自称是庞培大帝（Pompeius Magnus），梳亚历山大的发型，穿亚历山大的披风。马克·安东尼也视亚历山大为榜样，他试图将自己塑造成东方之狄奥尼索斯式的统治者。内战结束后，几位皇帝用已经象征化的亚历山大来强调他们在罗马的最高地位，其中第一位便是奥古斯都。

如果仅仅为了领土的拓展而杀人无数，这并不"伟大"，而且这种称呼会在有意无意之间纵容殖民主义者、帝国主义者、民族主义者的野心。他比孔子、释迦牟尼、耶稣伟大吗？他比马丁·路德、甘地伟大吗？他比苏格拉底、柏拉图、亚里士多德、黑格尔、马克思伟大吗？如果只是从某一角度特别是思想领域与历史上的伟人相比，亚历山大并不伟大，有时给人性格缺陷的印象，比如傲慢，比如残忍，比如放纵，比如鲁莽，比如冲动、狂妄自大，等等。然而，如果考虑到他在传播知识，甚至调和文化时，如果考虑到他在消除种族障碍方面那份不脱天真的努力，他对人员流动和跨州交易的促进，他让更多人开始分享一个共同文化的世界，而东部地中海世界的数百万人因他而改变了生活与工作时，以及他短暂一生的业绩给人类带来的巨大魅力，也许他是有资格拥有这个头衔的。诚如马克思在《〈科隆日报〉第179号的社论》中所说："希腊和罗马就是古代世界各民族中具有极高'历史文明'的国家。希腊的内部极盛时期是伯里克利时代，外部极盛时期是亚历山大时代"，"古代人的'真正宗教'就是崇拜'他们的民族'、他们的'国家'"。是亚历山大实现了城邦到帝国转变的，是他把地方城邦文化变为泛地中海世界性文化的，是他用希腊文明改变了西亚文化的道德基础，导致了诸神融合和对普遍宗教的寻求，最终为基督教的出现奠定了基础。

历史学家工作的基础是史实与材料，有一分材料说一分话，但我们研究亚历山大的文献非常有限，主要依据是所谓"亚历山大史学家"，这构成亚历山大历史知识的来源。相关资料分为三类：已经遗失的亚历山大同时代著作或残篇；存于残篇中的后来著作；到公元四〇〇年为止的完整但非亚历山大同时代的记载。"亚历山大史学家"就是指这三类著作的历史学家。最早流传下来的记载是公元一世纪西西里的狄奥多罗斯（Diodorus Siculus）的《历史集成》，只有十五卷存留于世，内容涉及希腊化时代及希腊化世界与罗马世界的相互关系。公元一世纪的罗马作家库尔提乌斯·鲁弗斯（Curtius Rufus）著有《马其顿国王亚历山大大帝》，他遵循许多前辈的分析事件的方法，罗列收集到的材料，表露出对亚历山大的钦佩之情。罗马帝国早期传记作家普鲁塔克著有《亚历山大传》，普鲁塔克重视个人在历史上的作用，善于通过轶闻趣事来描述人物的性格与行为，使人物形象栩栩如生，因而自文艺复兴时代以来，深受西方读者欢迎。

普鲁塔克之后古典世界另一位重要的传记作家是阿里安

(Arrian),尽管阿里安的著作写于亚历山大身后五百年,但对于现代读者而言,阿里安的《亚历山大远征记》或许是研究亚历山大的最重要的材料。此后,另一位罗马作家查士丁创作了《庞培乌斯·特洛古斯〈腓力史〉概要》,也就是狄奥多罗斯同时代作家庞培·特罗格斯的作品《腓力史》的缩略版本,其中包含了对亚历山大大帝统治时期的描述。这些作家统称为"亚历山大史学家"。他们的叙述直接或间接基于亚历山大大帝死后几十年的记录,有些是由亚历山大大帝征战参与者所写,但尚存文本的作者是否忠实传递了他们的见闻则无法确定。很明显,这些幸存的有关亚历山大大帝的记录,或多或少对他进行了润饰,以便能够吸引当时的读者,也就是说,这些读者多是由强大的皇帝统治的希腊人和罗马人,亚历山大大帝成为他们统治的典范。基本上,叙事来源中的亚历山大大帝是一个罗马人眼中的亚历山大。

上述这些文献出自不同的目的,又鱼目混珠,因此在十九世纪上半叶德国古典学界出现了一种"史源研究"(Quellenforschung)的潮流。根据"史源研究"的方法,古典研究者分解出古代晚期学者编写的汇编作品中的不同来源,并建立这些史料来源之间的关系,从而追溯古代世界哲学、历史、宗教、法律、雕塑等领域相关记载的最早起源。学者们认为,通过这种方法可以更准确地评估这些记载的可靠性,从而提出更合理的判断。这种研究方法有助于我们认识真正的亚历山大。但如果只是依据古典作家保存下来的有限又可疑的文献来构建真实的亚历山大,这是远远不够的。好在当代学术已经在考古、铭文、纸草、钱币、天文记录、图像等领域取得不俗的业绩,我们可以利用这些成果来不断完善、丰富亚历山大的真实形象。

我们可以通过《亚历山大传奇》在世界各地的传播与接受,理解各地文化趣味的变迁;亦可以探寻不同时代、不同国家的学术变化是如何反映那一时代政治气候的。亚历山大究竟是一位极端的无情征服者和破坏者，还是一位为追求文明使命有远见的政治家？现代学术继续在这些对立的观点之间摇摆。对亚历山大的这种爱恨交替也表现在历史编纂上，人民通过历史编撰表达时代的需要和民族主义感情。

希腊人一直高度重视自己的语言，以及它赋予他们与非希腊人的区别，他们将不说希腊语的人称为"barbaros"（蛮族），可能是因为非希腊人发出的语音使希腊人听起来像 ba、ba、ba，难以理解。但由于语言在定义文化行为方面的重要性，它很快就成为对非希腊人行为和态度的评价性描述。这种差异敦促希腊人对波斯帝国进行复仇和征服，只不过此时的征服者是先前被大多数希腊人视为半野蛮人的马其顿人而已。这种蛮族思想就一直延续下来，并持续到近代，不断被赋予"文明使命"的积极含义，更是成为殖民合法化的幌子，认为非洲、美洲等地都是落后的蛮夷之地，东方世界的奥斯曼帝国、波斯、印度、中国都是专制的，那里的臣民既不享有个人自由，历史发展也停滞不前，他们要把欧洲的活力和文明带到毫无生气的世界各地。

现代关于亚历山大的争论始于启蒙运动时期。具有骑士精神的亚历山大不但适合中世纪欧洲，而且也适合启蒙时代的欧洲思想家，在孟德斯鸠看来："罗马人的征服一切是要毁灭一切，他的征服一切是要保全一切：不论经过哪一个国家，他首先想的，首先计划的，总是应该做些什么来增进那个国家的繁荣和强盛。他所以能够达到这个目的，第一，是由于他伟大的天才；第二，是由于他的简朴和对私事的节约；第三，是由于他在重要事情上挥金如土。他的手对于私人的开支握得很紧；而对于公共开支则放得极宽。在管理家务的时候，他是一个马其顿人；但在发放军饷时，在同希腊人分享征服果实时，在使他的军队的每一个人都能致富时，他是亚历山大。"（孟德斯鸠：《论法的精神》，张雁深译，商务印书馆一九九五年版，151页）亚历山大已成为启蒙时代欧洲的圣人象征，似乎特别适合路易十四、叶卡捷琳娜这样的专制君主。

法国大革命让波旁王朝的君主制土崩瓦解，英国保守党议员米特福德（William Mitford, 1744-1827）写作《希腊史》（八卷）的目的就是要让人们认识不受约束的人民统治的危险。美国独立战争使英国失去了在美洲的大片殖民地，促使历史学家从古希腊历史研究中寻找蕴意与寄托。苏格兰历史学家吉利斯（John Jillies, 1747-1836）的《古希腊史：殖民和征战》（二卷）是献给国王乔治三世的书，作者断言在希腊哲学的启迪下，亚历山大的征服是为改善人类的最佳利益而进行的。其明确意图是展示民主或共和主义的危险以及君主立宪制的优越性。亚历山大成为正确建立帝国的典范，在近代欧洲君主制那里很有市场，并延续到十九世纪欧洲民族主义时代。

在这一时期，德罗伊森（Johan Gustav Droysen, 1808-1884）是当之无愧的亚历山大研究的大师，如果说亚历山大开创了希腊化时代，那么德罗伊森开创了希腊化时代研究。一八三三年，有近六百页并附有约六百五十条博学注释的《亚历山大大帝史》（一八三六、一八四三年又出版了另外两卷）在柏林出版，该书出自颇有天赋的德罗伊森之手，这年他才二十五岁。在柏林大学读书期间，他师从历史哲学家黑格尔、历史地理学家李特尔（Carl Ritter）、古典学家博克（August Boeckh）等杰出学者，深受他们影响。一八七七年该书再版时改名为《希腊主义史》，"亚历山大的名字标志着世界上一个时代的结束，另一个时代的开始"，这是修订的总基调，当时德罗伊森已经七十岁了，正处于他的权力和声誉的顶峰，再版是对他的作品在德国统一时取得声望的一种敬意。他对马其顿腓力和亚历山大研究的设想并不打算作为当前的政治宣言，但它被热切地认为预示着在普鲁士君主制领导下的德意志各州可以取得什么成就。一个以开明文化和政治原则为基础的专制政权首先征服了世界，然后实现了文明，这个过程可能会在现代重复。在这种情况下，人们很容易接受亚历山大作为一个新时代开创者的形象，尽管德罗伊森的说法遭受过某些非议，但还是几乎获得了普遍的接受。亚历山大自觉或不自觉地创造了一个以希腊文化和绝对君主制为基础的新世界，这个世界一直持续到罗马作为世界强国的统治地位，德罗伊森将这个过程称为"希腊化"。这个说法并不新鲜，因为这个词在亚历山大之后一直在流行，是地中海东部非希腊人所说和所写的希腊语的标签，但德鲁伊森把一个单纯的语言学概念扩展为整个时代本质的概括。二十世纪上半叶的古典学家大多追随德罗伊森的观念研究亚历山大，比如英国塔恩（W.W. Tarn, 1869-1957）的《亚历山大》把亚历山大作为普世兄弟情谊观念的传播者，这些说教自然帮助了那个时代的殖民主义者、民族主义者、帝国主义者。后来反战思想的盛行则使德罗伊森、塔恩等人的观念显得过时了。生于犹太家庭的巴迪安（Ernst Badian, 1925-2011）亲眼目睹了父亲在一九三八年"水晶之夜"被纳粹虐待的场景，后来波普尔（Karl Popper, 1902-1994）帮助他们一家逃离维也纳，来到了新西兰。巴迪安成为"二战"后西方学术界重要的古典史家，他的著作终结了对亚历山大的美化与幻想，让人们相信亚历山大大帝是极端暴力的、野蛮的、偏执的。

提倡不受议会约束的威权统治者的对立面是自由主义。英国自由激进派历史学家格罗特（George Grote, 1794-1871）是厌恶半野蛮人亚历山大的。在亚历山大一代之后，希腊的政治行动变得狭窄和退化，不再引起读者的兴趣，也无关未来世界的命运。……从整体上看，从公元前三〇〇年到罗马人吞并希腊这段时间，这段历史本身并没有什么意义，只有在帮助我们理解之前的几个世纪时才具有价值。从那时起，希腊人的尊严和价值只属于他们那些个体的哲学家、导师、天文学家、数学家、文学家、评论家、医学家等等。所有这些值得称赞的能力,特别是那些伟大的哲学思辨学派,是他们奠定了罗马世界的光芒;尽管作为共同体,希腊人已经失去了自身的光芒,只是成为更强大邻居的陪衬而已(George Grote, *History of Greece*, vol.1, Boston, 1851, p.x)。这一思想经过"二战"大屠杀和核武器的磨砺后,人们对亚历山大的认知已完全不同于塔恩写作时所服膺征服与勇士的时代精神了。亚历山大的形象是多面的,又是不断变化的。探究亚历山大形象的演变有助于我们更好地了解他的同时代人是如何看待他的,也有助于反映各个时代如何利用亚历山大这一资源来达成自身的目的。

亚历山大的多面形象恰当表征了历史性。历史性问题在本质上是关于历史发展(经验问题)和历史意义(先验问题)之间关系的问题,历史发展和历史意义通过衔接、传递、解释、发展、比喻等手段勾连过去、现在和未来。在多数人看来,历史的价值与意义在于反应/反映时代的脉搏,能回答时代所提出的问题,而不仅仅是信息汇总、大事年表、资料长编;活的历史能显示历史性,能突破时空限制,能给过去的时间不断追加意义;人们惯常把时间视为历史性的一条黄金链条,串起了过去、现在和未来。果然如此,历史性也就否定了历史的真实性,结果导致一种投射在社会历史舞台上的唯我论,一种难以根除的实用主义,这是两千多年来人们不断制造出各种亚历山大形象的一个根本原因。

爱尔兰艺术评论家奥斯卡·王尔德说:"我们对历史负有的一项责任就是改写它。"此话对亚历山大史尤其有效,也许休·鲍登在撰写《亚历山大大帝》一书时就是想要在亚历山大史中增加一个多彩的环节吧。作者叙事能力高超,主线明晰,重点突出;材料梳理能做到点面结合,张弛有度,但又不失深度;利用当代研究成果拨去历史的重重迷雾,来尽量展示亚历山大真实的一面。但全书对亚历山大东征时的东西方文化交流着墨不多,只是在亚历山大里亚图书

> 其耆欲深者，其天机浅。
> ——庄子

馆建设时稍有提及，而对亚历山大与亚里士多德的关系也未设专章介绍，似有遗珠之憾。不过作者在有限的篇幅内，尽力展现有趣的事例和数据，又不时给出一些耐人寻味的叙述和判断，如，罗马将军大西庇阿说："城市、国家和帝国覆灭的必然性：这样的命运降临在曾经幸运的特洛伊城头上，亚述人、米底人和波斯人也曾遭遇过这样的命运，他们的帝国曾经是最伟大的，最近马其顿的辉煌帝国也是如此。"借西塞罗之口说亚历山大："他的气质和自制力都是最好的，但即使是亚里士多德的学生，一旦被称为国王，也会变得傲慢、残忍和放纵"……这一切都在激活读者的想象力，让人掩卷长思：事实并不为自己说话，历史学家为它们说话，并在一定程度上通过它们说他们想说的话。作为纯粹历史人物的亚历山大与作为文化偶像乃至意识形态意义的亚历山大，其价值并非一致，作为后者的亚历山大来自历史又超越历史，其意义远远超出了他所建的短命帝国。

（《亚历山大大帝》，休·鲍登著，程璐译，译林出版社二〇二二年版）

葛承雍

长城研究三百年

古今中外凡到过万里长城的人，无不惊叹它的磅礴气势、宏伟规模。长城之长犹如一条巨龙穿越崇山峻岭停驻在中国北方，是中华文明的瑰宝，也是祖先留给后人最神奇的建筑，堪称是人间的奇迹。近年科学测量现今长城墙壕遗存总长度为21196.18公里，蜿蜒于国内十五个省市四百零四个县市，古迹斑驳的城墙令人震撼，很少有人能一步一步地走完全部长城，还有好多无人涉足的长城墙体禁止进入。俗话说"不到长城非好汉"，尤其是长城之险峻地段，爬起来不禁心惊肉跳、两腿颤颤，我曾经考察过东边山海关，也勘踏过河西嘉峪关，北京周边的八达岭、司马台、金山岭、慕田峪、黄花城、箭扣等重点景色都去爬过，一处一景，难以忘怀，每次我触摸墙面似乎都能感觉到古人的呼吸，爬完长城后更加佩服古代人民的智慧和辛勤，更能体悟歌曲中"万里长城永不倒"的激励。

中国作为世界上公认的最早兴建长距离防护墙的国度，古代工匠的一锤一凿穿过屏障在中华大地上留下凿石、堆砌、筑障等等类型的印痕，长城成为中华民族集体文化记忆中的一个重要符号。十几年前我到法国卢浮宫参观时，接待人站在大厅热情地对我谈起中国长城，说怎么能建造出那么长的雄伟墙体，很多欧洲人向往这辈子能到中国看长城。因为近代以来西方常常将长城视为中国封闭保守与内卷孤立的象征，当看到一个法国人眉飞色舞地着迷谈论，我不禁为外国人这么关心中国文化遗产的殷切之心所感动。

追溯历史不难发现，长城研究的书写与国际传播实践并不是早已有之，战国秦汉的断简残篇只有零碎文字显现，唐宋长篇经典文献又很少专门提及，每一个朝代的长城记载都是莫衷一是，隋代大业三年曾"发丁男百余万筑长城，西距榆林，东至紫河，二旬而罢，死者十五六"；可惜后世史家很长时间搞不清这次修长城的地点在哪里，后世史家抹黑隋炀帝又无法确定真实人数，蠡测争议和学术商榷一直未定。

到了公元十至十二世纪的北宋，无法抵挡北方崛起的游牧民族进攻，后退的边界远在长城以南，可宋人心中的长城始终未被遗忘，在积贫积弱国运和失地屈辱现实的夹击下，他们用心在舆图上绘制了现存最早的长城图像。那时舆图上的长城，正处于北国契丹人、女真人、蒙古人轮番统治的疆域腹地，暗弱的曲线可能有着沧桑演变的悲凉感。

对长城的研究开始于明末清初，当时反清志士出于对国家边疆的思考，对长城进行历史文献的考证。顾炎武的《日知录》单列"长城"一章，顾祖禹的《读史方舆纪要》对长城的起源、沿革做了论述。清乾隆之后，乾嘉学派以考据为基础，对长城进行更细致的史地考释。杨守敬撰写的《历代舆地沿革险要图》成书于光绪五年（一八七九）是国内较早研究长城走向的重要成果。

长城也是世界了解中国的窗口，一六八七年，法国人Jean-Francois Gerbillon（张诚）来到中国对长城进行了踏查，他在实地考察基础上写的《对大鞑靼的历史考察概述》，是第一份比较专业的长城报告。两年后，康熙皇帝命在华西方传教士绘制《皇舆全览图》，以三角测量的方法标绘了明长城沿线三百多处关隘城堡，成为精确测量长城的开始。这两项长城考察测量成果距今已有三百余年，此后西方探险家和学者纷纷踏足长城开展相关研究，从那些零零碎碎的外国人叙述中，我们不难捕捉到世界对中国长城的向往。

一九一四年张相文实地考察作《长城考》，开创历史地理学研究长城之始。随后王国良《中国长城沿革考》、寿鹏飞《历代长城考》、张维华《中国长城建置考》、李文信《中国北部长城沿革考》等历史地理学的著作如雨后春笋般地冒出。而由西方探险家实践的长城田野考古工作，也早在十九世纪末就已经开始操刀。一八九六年斯文赫定对新疆孔雀河沿线的汉唐烽燧进行了考察，一九〇七和一九一四年斯坦因先后两次考察西北汉唐长城遗址，并进行了最早的田野考古发掘工作，发掘和采集到一万余枚"居延汉简"。

中国学者自然不甘落后，黄文弼会同外国考古学家对居延汉代长城做了考古发掘，虽然运气不好，没有找到大批汉简，但此前大量出土文献的获得，对记录汉代长城的变迁提供了第一手考古资料。一九四四年著名考古学家向达、夏鼐、阎文儒参加了西北史地考察团，并调查发掘了汉代玉门关、阳关的遗址。此后中外学者加深了对长城的研究，以大量详实的史料徐徐解密了长城可歌可泣的历史。

二十世纪五十年代以来，全国各地对境内长城区域做了大量调查，除了系统性对战国、秦汉、北朝、金、明等朝代的长城地理进行考证，对墙体走向和烽燧线进行调查，还针对关口、城障、城堡、仓储相关构成的防御体系、军事聚落、边疆制度等进行了考古学的文化研究。因而八十年代后随着文化复苏出版的长城图书，从军事聚落、断代考证到区域性质等，连篇累牍，硕果累累，影视作品还将长城作为爱国主义教育的生动教材遍传九州。

一代人有一代人的研究，一代人有一代人的看法，借助长城的兴衰史往往能够透视一个国家社会文化的流变，也是追溯历史脉络、探寻文化特色的重要线索，也是了解不同民族之间相互共情的纽带。

二〇一二年在中国文化遗产研究院工作的李大伟考上我的博士

生,他确定了专攻世界文化遗产长城领域的研究,根据学校规定还要配备一名校内导师,我选择了后来英年早逝的西北大学文化遗产学院副院长段清波教授,一是他曾承担过国家文物局陕西早期长城调查项目,二是他此前未带过博士生,正好合作互鉴。所以李大伟结合中国文化遗产院承担的长城资源调查保护项目,开始了他的历史理论与田野保护相结合的实践研究。

在读博五年中,我们师生讨论如何以长城遗产价值研究为切入点,怎么把长城作为古代文明发展的有机组成部分,置于古代社会与文明发展的视野之中,探讨长城背后所蕴含的社会政治因素、农牧两大文明交流互动。我们认为不能局限于长城本身的研究,要跳出过去传统研究长城的旧模式,从更为宏观和广阔的时空角度,系统研究明代长城筑造的内在原因、管理制度、功能及作用等较为深层次的学术问题。为此,我几次提示李大伟要扩展从长城到中国古代建筑史的视野。

我们思考在十四世纪中期到十七世纪中期的多极亚洲格局中,只有把长城与古代社会政治制度、王朝秩序构建、农牧文明交融和中华文明的发展结合起来开展研究,才能客观和真实地界定长城为何物,解读长城在历史中的发展轨迹、功能与作用,探讨长城所蕴含的文化价值,以便对长城的文化遗产价值进行补充与阐释。俄国一些探险家出于军事扩张目的对中国长城进行详细调查,得出了"成吉思汗边墙"与"金界壕"结论,把金朝人在平原上抵御蒙古铁骑南下挖掘的壕沟也误作长城,从而在二十世纪六十年代抛出"长城边界说",声称长城以南才是"中国的疆界",缩小疆土制造边境危机,将长城变成要挟中国的政治筹码。

经过长时间的探讨,李大伟顺利完成了博士论文,获得博士学位,在校内外专家的评价中,大家认为其创新点有三个显著特色。

第一,分析了长城防御体系建造过程中所呈现出来的复杂关系,提炼出其背后所蕴含的明朝北部边疆治理体系的特点，在军政管理上，明长城沿线防区实行总兵、巡抚与镇守内官相结合的"三堂共政"体制，以及都察院巡按御史主导的监察制度。指出王朝军政体制的管理是以前长城研究容易忽略的地方。作者从长城建造的决策、规划、人员、经费、监管五个方面，全面分析长城建造过程中所反映出来的政治体制、兵制、财政制度和监察制度，提出了明朝在中央集权体制下内外相制、文武相制的边疆治理体系特点。

第二，探寻长城建造的内在驱动力及在王朝秩序构建中的作用。过去谈及长城修建的原因，人们大都是从游牧与农耕两大文明的战争与冲突、自然地理分界线、气候变化等方面开展研究。而作者对从战国至明历代长城修建的原因进行了系统梳理与分析，侧重于从修建长城的政权自身需求，探寻他们建造长城的内在驱动力，认为长城的作用不仅仅是单纯的军事防御，还从开疆拓土和民族认同的角度出发，从"华夷之辨"的思潮兴盛与"御外控内"的功能深入切入，从人与社会政治需求角度探讨了长城出现与建造的原因。

第三，探讨了长城在中华文明多元一体发展中所体现的文化遗产核心价值，在世界文化遗产突出普遍价值框架下，对长城文化遗产价值进行了重新的阐释和补充，认为长城符合世界文化遗产的全部六条标准，而不是一九八七年列入世界遗产名录之时提到的只符合五条标准，同时尝试对长城的世界文化遗产价值做了更新阐释。

作者从历史时空视野出发，将长城置于更高的层面和视角，试图从中华文明发展的角度，对长城在历史进程中所蕴藏的文化遗产价值进行阐释，各王朝对长城地带的经营是中国古代人类对农牧交错地带土地开放和管理的范例，长城的建造促进了边地经济的发展和南北经济的交流。长城地带又是中华文明发展动力的贮存地，文化和民族上的互融互通，成为中华文明多元一体的重要动力和组成部分。

长城著名的十三关各有魅力，摄影家和游客最喜欢长城景色的四季变化，让人忍不住一去再去，在记忆的长河里留下一幅幅定格画面。长城自一九八七年十二月列入世界遗产以来，成为旅游业迅猛扩张的活动地，但是往往也乱象丛生，产生了一些地方不可持续利用的弊端。文化遗产是一种公共资源，保护、治理和利用这些资源是全人类共同的责任和权利。

放眼世界文化遗产分布看，长城一直是我们关注的对象。罗马帝国时期在北部边疆不列颠行省修建的边墙，与中国长城一样是巨大的防御工程，两道相距万里的"墙"，虽然建设年代、功能、用途、样式等等都不相同，但价值同样巨大、保护管理同样艰巨。其中英国的哈德良长城建于公元一二二年，墙体长度一百二十公里，与中国长城于一九八七年同时列入世界文化遗产。中英"双墙对话"缘起于二〇一七年的文化遗产高级别对话，此后每年都互访交流，双方既有"隔空对话"也有初步研究成果展示。不过，列入世界文化遗产的长城不独中国有，英国哈德良长城和安东尼长城、日耳曼长城、上图拉真长城和下图拉真长城以及东欧蛇墙共同构成了古罗马帝国边疆（Frontiers of the Roman Empire）体系。欧亚之间的"长城"或叫作"边墙"的深入研究还需更长时间。

值得深思的是，二〇二二年是哈德良长城始建一千九百年，英方要举行各国长城合作伙伴联盟的一系列纪念活动，下半年将采取线上方式分享各方保护利用的经验。我吃惊的是，不仅中国独有长城，朝鲜、印度、伊朗、东南欧等其他国家和地区也有长短不一的防御长城，有的已经列入世界遗产。二〇二一年德国、比利时、荷兰、奥地利等国陆续公布了同属环地中海已发现的罗马帝国防御体系，这是罗马帝国北部边界的防御边界，当时延长到北非，全长五千多公里。中国秦汉时代的长城也就三千至四千公里，现在我们说的两万一千公里是从公元前五世纪到十七世纪历代官方修建的，如果仅仅以同时代相比，罗马帝国的工程量是无可比拟的。残存的古罗马帝国长城虽然断断续续，德国保存修复公元一世纪的"防御墙"居然也有近六百公里，经查相匹配的罗马道路系统就有十二万公里，其中还包括有八万多公里铺石大干道，无疑是除中国文明之外最宏大的工程。

联合国教科文组织遗产专员屡次说：你们中国的口号是"爱我中华，修我长城"，但你们修复长城前后的新旧对比实例不见公布。国家文物局陆琼司长对我说编一本修复长城的图录，比如紫荆关沿线虎皮墙残破修缮前后对比，山海关修复前后的照片，回应外国专家的质疑，但是最终因资料库没有十八世纪至十九世纪的老照片，只出版了一本《明长城》现代图录，修复长城国家投了那么多的钱，对外宣传结果却非常遗憾，也可见过去长城历史图像资料的缺乏。我曾记得有西方传教士拍摄的长城老照片，如《两个威廉与长城的故事》《追寻远去的长城》，都是当代民间人士复拍老照片后形成的古今图像对比。可惜有相似主题图书的出版非常零散，没人专门收集融汇成册。

这些年我们再次认识到，对文化遗产研究的核心是价值认知，如何客观准确地揭示长城的文化遗产价值是公众认知和保护的根本。长城以其上下两千年的修筑，纵横数万里的时空跨度，成为世界上规模最大、长度最长、修建时间最久的防御体系，是古代中国科技水平的集中体现与国家治理经验的总结。长城是永不过时的安全屏障，也是举世无双的工程奇迹。它是中原王朝的边防线，却从来不是中国的边界。长城作为伟大的军事防御工程，其所具有的价值却并不仅仅局限于工程本身，其出现和建造具有广泛而深刻的时代背景，反映出人类文明的进程和发展过程。中国国家博物馆重新修建时，有眼光的老专家建议在大厅正壁上采用长城巨幅浮雕，表现中华民族不屈屹立的精神，可惜最后却采用了徐悲鸿在印度创作的"愚公移山"。

这两年公布的第一批国家级长城重要点段共计八十三处,其中秦汉十二处,明长城五十四处,其他时代十七处,可见明代长城是万里长城中的精品,不仅涉及省区多,而且文化内涵更有价值,如果再将沿途分布的界壕/壕堑、敌台、烽火台、马面、关堡等单体建筑算上,共计四万三千七百二十一段/座/处。实际上,我们还有百分之三十消失的长城需要进一步考古追寻。目前随着国家《长城国家文化公园建设方案》的出台,李大伟这本书出版正逢其时,无疑有历史认知转化社会价值的作用。

(《明长城防御体系与价值研究》,李大伟著,三秦出版社即出)

《开放时代》 双月刊 2022年第5期 目录预告

中国特色社会主义理论研究
张跃国　社会主义市场经济下资本的内涵与性质

专题一：马克思主义中国化（一）
沈成飞　邓雨　近代中国留美学生与马克思主义——基于学生群体角色的初步分析
邱士杰　王亚南与20世纪30年代中国经济学界的互动
焦德明　革命的修养与修养的革命——作为儒家修身学现代形态的革命修养论
曾海军　从"视民如伤"到"为人民服务"——由新冠肺炎疫情引发的反思

专题二：国家治理（二）
桂华　论央地关系的实践性平衡——结合两项土地制度的分析
李晓光　中国西部地区的民族收入分层——基于宏观结构特征和微观个体因素的实证研究
徐岩　陈那波　合作治理如何可能？——基于A市的垃圾治理案例
董磊明　李健民　制度实践中的生活逻辑：非正式运作的社会基础与运行机制

人文天地
刘彦　"天下"比邻：19世纪东西方文明碰撞下俄国的中国形象建构

经济社会
阮极　间接关系的人情链及其内在机制：城市中产阶层和农民工子女入学的个案研究
蔡杜荣　周雅楠　于旭　企业家的环境适应度与创新

"他者的世界"
菅志翔　马戎　我国民族研究的概念史梳理

地址：广州市白云区云城街云安路119号。邮编：510410。电话：020-86464940。传真：020-86464301。
邮发代号：46-169。网址：http://www.opentimes.cn。投稿邮箱：opentimes@vip.163.com。
官方微博：http://weibo.com/opentimes。微信公众号：open_times。

各地经销点：万圣书园（北京）、学而优书店（广州）、荒岛书店（天津·上海·广州）、虎尾厝沙龙（台湾云林县）。

品书录 | 马姝

"桑格热"之后

一九二二年四月,美国著名的生育节制运动领袖桑格夫人(Margaret Sanger,一译"山额尔夫人")漂洋过海来到了中国。她先后在北京、上海两地进行演讲,展开交流。所到之处,人潮涌动,舆论沸然。最吸引人的,是她在北大第三院礼堂进行的主题为"生育制裁(Birth-control)的什么与怎样"的演讲,持续了两个小时之久,《晨报》记者形容,"听众千余人""后至者多不得坐位,鹄立无倦容"。"桑格旋风"已然刮起,各人媒体纷纷跟进,热炒"生育节制"这个敏感吸睛的话题。许多大名鼎鼎的知识分子都参与了这场声势浩大的讨论,令此话题常居"热搜"榜首。

桑格夫人的生育节制思想,源于她身为女性对其他女性的同命共情。在有关她的生平介绍中,屡屡被提及的,是她年轻时经常目睹太多女性为生育所累而最终陷于悲苦命运。她母亲因生育过多子女而很早离世,一些劳动妇女无法控制生育而被迫选择堕胎,有的甚至因此丢了性命。她认为,这一切悲苦的原因,在于女性无法掌控身体、不能决定生育。她作为护士,曾远赴欧洲学习避孕方法,她相信,避孕会是一个解救之道。当女性可以自行决定是否做母亲、何时做母亲、做几个孩子的母亲时,她将会过上完全不同的、更有尊严的生活。她在一九三六年出版的自传中如是说:"我已经受够了这些短暂或者表面的解决办法,我已经下定了决心,无论付出什么样的代价,我都要将这种罪恶连根拔除,我要改变那些受苦受难的母亲们的命运。"

但在当时的美国，法律仍然禁止避孕用品的流通，对人的思想行为影响更深的天主教也以严苛的性道德来约束世人。要改变母亲们的"命运"，可谓困难重重。桑格夫人无惧压力，她办杂志、开诊所、成立计划生育联盟。她还将她的观察和思考上升为理论，即以"母性自主"为核心，糅合了新马尔萨斯主义观念在内的一套完整的生育节制思想。在她的理论中，最高频出现的词就是母性自主、女性的精神、女性的自由。

她认为女性争取参政、财产权对于女性的生存没有直接影响，"无论或成或败，伊在男子所操纵之社会中"，女性要改变自身的地位，就要认识到"于生理上具有母性之职能"。服从的母性，是暴政的基础，"古来暴君虐政，胥以无知而服从之母性为其基础；且胥赖此母性之产物，而发扬滋长者也"，服从的母性也是战争发生的原因，因为战争源于盲目之中生育了太多的人。女性一旦拥有自由的母性，就有了自由的意志，社会中也就有了更符合人性的性道德和和谐的婚姻，女性于是能培育出优质的子女，种族因此而改良，战争也因此而被遏制。

她誓要唤起女性的母性自决的意识。在她看来，女性有追求自由的天性，这个天性即"女性精神"，是女性"绝对的根本的内性"，它具有改变社会的潜能。而"非所欲之妊娠和非所望之子女"都阻碍了这种天性和力量的发展。大多数女性还处于蒙昧蛮荒的状态，需要被启蒙。反抗者也有，但人数很少，手段也过于极端，如杀婴和堕胎。她认为，"仅作各个人之奋斗而非群众之举动"，益处不大。女性需要联合起来，为实现女性的自由而努力。女性也要意识到，以女性精神作为内驱力去改变世界，是女性的职责所在，女性应当"偿还此债"。

在桑格夫人的思想里，生育成了一个可以撬动世界的支点，仿佛女性通过控制生育，就能改变自身处境，并进而改变社会，实现大同。这无疑带有一种狂想的色彩。但这种激情文字、救世情怀与桑格夫人精力充沛活跃非常的生命状态正是浑然一体的。

她成了道德警察们的眼中钉，逃避追捕和蹲监狱是家常便饭。她离婚结婚，拥有多个志同道合的亲密爱人，她足迹遍布欧美大陆，也曾数次抵达亚洲，她一生从未停止过对生育节制思想的宣传，对于美国法律最终改变对避孕的态度也做出了不可磨灭的贡献。她确实活出了她构想中的那种自由女性的模样，成为美国乃至世界妇女解放运动史上的一个不朽传奇。

不难理解，为何这样一位女性，这样的女性思想，会在民国时期受到很多知识分子的热捧。当时很多知识分子早就开始了对救国之路的探索。他们反思"旧的"传统，对恋爱、婚姻、性道德、生育这些原属私人领域却关系着人性解放的事项有着强烈的讨论愿望，他们也对来自西方的文化观念有着引进和传播的热情。在桑格夫人来华之前，也已经有陈长蘅、邵飘萍、陈独秀等人就中国的人口问题提出过相应的设想。这些知识界的动向，都预示着"桑格热"的必然到来。桑格夫人离开后，当时的知识界便如开篇所说的那样，围绕"生育节制"，在媒体上唇枪舌剑，掀起了一波又一波的讨论热潮，如同与桑格夫人进行了一场跨越大洋的"隔空对话"。只是，内容驳杂且带有强烈的女性至上意识的桑格思想，会在与美国有着完全不同的历史文化传统的中国得到怎样的发展？

讨论的方向基本对应着桑格思想中的四个方面来进行，即母性自决、性道德、人口和优生。如陈望道主编的《妇女评论》特别站在母性自决的立场，提出生育节制的必要性。陈望道本人也在《母性自决》一文中强调"母性自决"和"恋爱自由"是妇女解放的两大基础。生育节制确实为妇女解放打开了一个新的思路，通过节制生育，女性有机会摆脱终年生育的苦恼，走出家门，寻求更广大的生活空间。但是否生育节制就能如桑格夫人所说的那样，解决妇女的所有问题？周建人、李剑华等人是表示怀疑的。后者更是指出节育是妇女解放之前的"个人主义"的不得已的临时措置，认为"妇女只有能够参加管制自己的国家,才能得到真正的解放"。在性道德方面,桑格夫人"公开谈性"的行为无疑起到了破除性神秘、性愚昧的作用,知识分子们延续新文化运动已经促成的开放风气,公开就性道德问题展开辩论和探讨。

在人口和优生问题上,参与讨论的人更多,争论也更为激烈。人口和优生并不只是一个纯然的个人生活规划方面的事务,它关系着社会整体的发展,在当时内外交困的时代背景之下,它还与帝国主义侵略、民族矛盾、国家的前途未来等问题夹杂在一起,成了一个事关"存亡"的问题,它甚至主要不是一个关系女性自由的问题。在关于当时的人口是否过剩、社会贫困的原因是什么、是否需要生育节制等一系列问题上,不同立场的人有不同的看法。很多人从各自学科如人口学、经济学出发,认为中国存在严重的人口过剩,需要将生育节制作为解决人口过剩问题的办法。而民族主义者认为,人口过剩不是根本问题,社会贫困的根本原因在于帝国主义的侵略和剥削,生育节制论者在他们眼里也成了帝国主义的代言人。社会主义者也反对生育节制,认为要"谋得社会平等,唯有根本改进社会制度"。

在优生方面,生育节制论者大多认为节育能择优去劣,符合优生的理想。著名的人口学家、优生学家潘光旦不反对生育节制本身,但他坚决不能认同将节育与优生混为一谈,因为,人口问题构成复杂,涉及生物学、经济学、社会学等众多领域,并不是仅仅通过简单的节制生育就能言明解决的。在他眼里,生育节制就是一个情绪化的、不理性的女子所主导的社会运动。"优生学和生育节制"的论战,主要焦点在于生育节制是否符合优生学的价值。论战参与者大都在优生学和生育节制之间谋求调和,在他们"汰弱留优"的观念中,"优生节育"便成了改良种族的一个工具,而一旦涉及种族改良,生育节制议题就溢出了个人和家庭的范围,扩展到了国家和种族的领域。这意味着生育不再是个人或家庭的事情,而是关系到国家前途和民族前途的大事。生育的目的也从防老、传宗接代,逐渐变成为了国家、民族生产优秀分子、培养健全国民的"强种强国"的重要手段。

这是一场主要由男性知识分子参与和主导的"大讨论",也是桑格夫人生育节制思想与当时的社会现实和中国特定的历史文化脉络相融合的过程。在这个过程中,与时代氛围更相契合的部分得到了更多的阐发。比如,在救亡压倒启蒙的风向之下,那些于救亡图存有益的部分如优生观念备受重视,那些带有启蒙意味的部分如母性自决、性解放就渐渐失去了"市场"。但是女性声音的缺失,也让这场讨论显得有些奇怪。毕竟生育是女性承担完成,生育节制思想的起始点和指向的目标之一是女性的自由与解放,其核心是"母性自决"。女性最应当对生育节制议题发言。但是,受制于种种条件,当时的中国女性并没有占据这个辩论台,发出属于她们自己的心声。这对女性处境的改变和对生育节制思想的发展,都是一种遗憾。陈东原在《中国妇女生活史》中就表达过这样的看法:"以上所说的利益,对于女子终身的幸福是尤其重大的,所以制育的事,女子实在应当居主动的地位。最好是妇女们自己研究、自己主张、自己实行、自己互相转告。"女性未能充分参与,也使得生育节制思想没有成为当时的中国女性亲手收获的、可用于争取妇女解放运动的理论武器。

很多言论背后,也隐含着特定的价值观和政治信念,所谓讨论,同时也是错综复杂的政治派系和意识形态之争。讨论已经不可能只是纯学术、纯讲理据的。有些人认为,避孕和堕胎是资本主义国家才有的特定产物,一旦合理的社会制度建立起来,这些行为都会不禁而自灭。在主张社会变革的人眼中,生育节制因其具有社会改良的特点而被整个加以排斥和否定。桑格夫人的理论于是在这类言论的推挡之间渐渐获得特定的阶级属性,拥有了特定的政治标签。那些与女性自由有关的内容也因此而淹没在立场之争中,没有被充分挖掘出来并加以深化。甚至女性内部,也表现出对生育节制思想的不同态度。

一个例证是桑格夫人第二次访华的经历。那是一九三六年三月,此时中国正处于抗日战争的危急关头。关于她的行程有不同的记载,如《申报》上报道说,她八日抵达了上海,陪同她的,多是医学界同仁和研究生育节制的专家,其中不少也是女性,是中华妇女节制会的成员。但她身体不适,之后没能举行公开演讲活动。而据老一辈妇女活动家罗琼回忆,桑格夫人曾在"三八妇女节"那天出现在上海妇女界纪念大会上。由于当时的主要任务是抗日救国,当她上台演讲大谈节制生育时,她的言论遭到了"全体与会者的反对",并且"引起了一片'嘘!嘘!'声",最终被轰下台去。鉴于是时隔多年的回忆,人名上可能存在误差,但有一点却是清晰的,那就是生育节制思想遭遇到了一个与十多年前完全不同的时代情境,它的被接受或被排斥,都说明,一种思想的命运,确实常由思想之外的事物来决定。

(《节育主义》,[美]山额尔夫人著,陈海澄译,商务印书馆一九二五年版)

品书录 | 周凝、刘佳滢

创造夏娃:一部漫长的厌女史

近年,全球范围内的性别恶性事件层出不穷,美国反堕胎法案凸显出生育权与生命权的无尽张力,厌女(Misogynie)话题再度涌向了西方舆论的风口浪尖。法语单词"Misogynie"既意味着男性对女性的敌意或蔑视,也表现为女性对自身性别的厌恶。日本学者上野千鹤子在其著作《厌女》中勾勒出日本社会给予女性的那些既矛盾又严苛的标准:她得蠢笨可爱,决不能显露智慧;她得隐忍持家,却又得热情妩媚……美国学者芮塔·菲尔斯基在《现代性的性别》中意识到,这些臆想出来的社会标准在本质上就是对女性的异化,是女性被凝视、被评价的结果,不自觉地促成性别权力之牢笼。身处女权主义风暴中心的法国,阿德琳·加加姆(Adeline Gargam)与贝特朗·兰松(Bertrand Lançon)于二〇一二年出版《厌女史》(*Histoire De la Misogynie*),不久便畅销全国,一时洛阳纸贵,并在二〇二〇年再版。在全球性视野和历时性维度之下,该书展现了厌女思想在布罗代尔所说的"长时段"中从神话、基督教到科学领域被不断构建、强化和演变的过程。

对许多人而言,厌女偏见可溯源到古希腊罗马神话和基督这两大西方思想源头。在奥林匹斯山上,克洛诺斯阉割父亲乌拉诺斯当上天神,刀下的血污化作蛇发的复仇三女神。人首鸟身的女妖哈尔比厄斯捕获亡灵、掳走小孩;漩涡边的斯库拉有着少女的上半身,但从她的腹股沟处却横着六只长着锋利獠牙的恶犬,能把路人撕碎;海妖塞壬面容姣好,在海上唱出魅惑的歌声,只为将水手吞下……神话中的女妖时而搔首弄姿,时而面目可憎,让人闻风丧胆。世间第一个女人潘多拉,尽管集众神恩赐的贤德与美貌于一身,也免不了在好奇心的驱使下打开魔盒,释放出人间的种种罪恶。当她连忙盖上盒盖时,盒中只剩下了Elpis。有种解释认为,Elpis指的是仍然保留在盒中的希望;而另一种希腊文解释则充满悲观主义,认为它意味着对罪恶与灾祸的漫漫等待。基督教的《圣经·创世记》中则有另一个关于人类起源的故事。上帝按照自己的模样创造了一个男人,又用男人的肋骨创造了第一位女性夏娃。却不想,夏娃受蛇的诱惑而偷食禁果。"耶和华神所造的,惟有蛇比田野一切的活物更狡猾。"于是,夏娃成为蛇的同谋,诱使丈夫一同堕落,为人类的原罪论奠定了基础。《约伯记》中有另一位"堕落"女性约伯之妻。虔信的约伯正遭受上帝的考验,从脚掌到头顶长满毒疮,瘫坐在炉灰中。他的妻子非但不安慰他,反而怒斥他的虔诚,成为奥古斯丁笔下令人不齿的"新夏娃"(Eua noua)。在三到七世纪之间,奥利金、盲人迪迪玛、安布罗斯、约翰·克里索斯托姆和格雷戈里·勒格朗等教父，都曾用夏娃比喻约伯的妻子。

不过，《厌女史》的作者认为，厌女未必是西方思想的本源，那些被妖魔化的女性角色并非是天生恶灵。请别忘记，神话中的女妖常常并非天生邪恶，而是因为遭受了某种不公的惩罚才走向了极端。例如，三位复仇女神的复仇行动并不是出于邪恶本性，她们去攻击的，往往是些违反宇宙秩序、破坏人类社会、扰乱家庭伦理、犯下谋杀罪的人。若能找到人来净化她们的罪孽，那么她们就改变名字和地位，成为欧墨尼得斯（Eumenides）——仁慈女神。可怕的斯库拉曾经也是一个情窦初开、迷恋上水手的少女，结果落入了心怀妒忌的女巫瑟西的圈套，被施法变成了怪物。《圣经》所书写的人类之母夏娃也未必就意味着天生卑下，毕竟她是基督教故事中唯一拥有上帝造人之能力的生物。一九六四年耶路撒冷圣经学派的《圣经》译本十分直白地洗去了夏娃的冤屈：夏娃之所以将禁忌之树视作诱惑之树，是因为"渴望获得智慧"，而非出于贪念。这些传说中的女性人物之所以留下阴邪恶毒的形象，是因为后世文艺作品、宗教典籍及各科论文对她们的负面形象进行反复书写、渲染甚至误读。

事实上，中世纪末期也曾出现过女性参与社会职务的高光时刻。尽管女人在古代晚期和中世纪上半叶不能担任圣职，但十一世纪至十二世纪的格列高利改革改变了这一状况。女性修道从那时发展起来，与此同时，女性担任的也不再是次等或下级职位。最著名的案例是一个男女混合的修道院——丰特弗洛修道院的建立。在那里，所有的修道士和修女都由女修道院院长负责管理。雅克·达拉伦（Jacques Dalarun）在他的近作中发现：在当时，夏娃、圣母玛利亚和抹大拉的玛丽亚三者合一的概念被提出，而后两者都代表《圣经》中高尚虔诚的女性。不知是巧合还是必然，十二世纪恰逢骑士文学的诞生，可被看作是西方厌女意识减弱的关键世纪。史学家米什莱曾对这个时期做出如此评价："如此说来，上帝改变了性别。"更极端的例子是，勒芒大教堂曾有两扇存于十一至十八世纪的彩色玻璃窗，上面竟然描绘着像女性般胸部丰满的基督形象。这个形象意图表明，上帝之子的化身是根据人类共通的原则完成的，而不局限于某种性别。尼西亚和卡尔西顿拉丁文《信经》上说："创造人类（Et homo factus est）。"强调男人和女人属于同一个肉体，这也正是这扇彩色玻璃窗引人探讨的话题所在。

《厌女史》二〇二〇年新版封面是文艺复兴时期意大利画家朱利亚诺·布吉亚迪尼（Giuliano di）的画作《亚当与夏娃》（*Adam et Ève*）。油画左边是充满好奇的夏娃，右边则是盘踞在树上蛇身女面的怪物，似乎在暗示罪魁祸首并非化作蛇形的撒旦，而是妖魔化的女人。这种手法对原典进行了一定程度的夸张与误读，在罗马时期之后的教会文本中也屡见不鲜。二世纪第一位拉丁教父德尔图良写道，古希腊哲学家德谟克里特"之所以弄瞎双眼，正是因为看见女人就会觊觎，就会为伊消得人憔悴，就会在苦痛中宣泄他的欲望"。所以，德尔图良义正词严地教导信徒："一位基督徒须非礼勿视，不近女色，因为女人的温柔乡会乱人心智。"他还写了本《女人的梳妆》（*La toilette des femmes*），教导女性遮挡容貌、不要梳洗打扮，因为涂脂抹粉会诱导人们关注肉体，"消亡始于美貌，灵魂屈于贪婪"。不过，德尔图良的说法不能和整个基督教思想笼统地混为一谈。他因为罗马教皇哲斐理诺（Zephyrinus）通过收售大量赎罪券来牟取暴利等事而对教会制度失望，慢慢加入被视为异端的孟塔努斯派（Montanistes）。这种流派十分蔑视身体的脆弱性，宣扬并推行激进的禁欲主义，很自然地促成了德尔图良对欲念的弃绝。

相较于宗教写作，欧洲法律条款的撰写对厌女意识的书写更显直观。让人始料未及的是，《萨利克法典》否定女性王位继承权的这一传统认知，竟然源自一系列法条造假。五世纪，来自墨洛温王朝时期的十二份手稿和加洛林王朝时期的六十五份手记组成了《萨利克法律条约》（*Pactus legis salicae*）的最早译本。其中萨利克法条的一份加洛林王朝文献版（*De alode*，标注六十二，第六条）提到女性不可继承自由土地。这个文献写的是：法兰克的土地不属于女人（De terra uero salica nulla portio haereditatis mulieri ueniat）。而到了十四、十五世纪初，一些评论员、法学家和史学家对该文本进行了一些含糊其辞的释读，将妇女排除在政治之外。这种误读的源头之一就是让·德·蒙特勒伊，他不惜通过文献造假来证明个人法律观点。他在《致所有骑士》（*À toute la chevalerie*，1409-1413）中声称读过一版萨利克法典，还煞有其事地引用道："王国的任何土地都不能传给女人"（Mulier uero nullam in regno habeat portionem），但事实上，上述拉丁文文献并没有提到"王国"，也没有涉及土地继承的表述。后来，尽管文艺复兴时期让·杜蒂耶、贝尔纳·杜·海兰（Bernard du Haillan）和弗朗索瓦·奥特芒（François Hotman）等法学家、历史学家都曾质疑过这一文献传统的真实性，但都无济于事。因为这个造假文献被照搬照抄，以讹传讹，已然将错就错地成为一个"法律事实"，甚至被夏勒·卢瓦索（Charles Loyseau）等法学家引入到法国绝对王权的理论中。

从理论文本到现实社会，女性从退场到现身又经历了异常漫长而艰难的时段。尽管十七世纪之后出现了很多优秀女性，但她们似乎并没有得到应有的尊重。十七至十九世纪众多雕版画和讽刺画都将女知识分子作为讽刺主题，诸多的"莫里哀"们都乐此不疲地嘲笑着"女才子"，"向那些以知识、创造力和出版物而著称的女性投以敌意"。一七二三年，共济会的官方和法规文本，安德森《共济会宪章》（*Constitutions d'Anderson*）第三条批准了女性不得入会的禁令。等到一七七四年，共济会法国大东方社才收入了第一名女会士。即便门槛如此之高，入会的精英女性也只能在男性的监督下才得以进行活动。一八九三年共济会的乔治·马丁（Georges Martin）推动本世纪第一个男女混合共济会组织——"人权会社"（Droit humain）的建立。

妇女在共济会中的参与率尽管有所增长,但是与男性相比仍然很低,不超过活跃人数的三分之一。在两次世界大战期间,一九二九年英格兰方济各联合总会所等仍然以安德森宪章之名拒绝接纳女性会员,并和共济会组织划清界限。在法国,直到十九世纪末,女性仍无权进入大学学习,就算到了大学向女性敞开大门之时,她们接受的教育在很长一段时间内都有别于男性。

《圣经》中的夏娃被上帝所创造,而现实中的"夏娃"形象则是由历史书写而成。如今,随着女性不断进入曾经的"禁区",她们已在政治、体育和艺术等领域崭露头角。西方"厌女思想"越来越像是男性守旧主义的顽症,充满倒退性和政治不正确。这无疑是西方女权主义者在一次次浪潮中争取权益的结果,是不可否认的成功。《厌女史》从历时性出发,运用各类文献进行事实考据、数据统计与理论整合,最终呈现出欧洲厌女想象被不断建构并塑造成事实的过程。西塞罗在柏拉图的启发下曾写道:如果女性被赋予自由,奴隶们很快就会要求获得自由,然后是狗,然后是马和驴。这类讽刺语言背后所折射的不仅仅是性别问题,还有文明化进程中人们对秩序颠覆的原始恐惧。就好比,某些商业广告物化女性的现象,同样也发生在男性身上,使得厌女情绪超越性别,以一种崭新的、更为隐蔽的方式在全新的领域蔓延,彰显出竞争社会和商品市场对人性的瓦解。或许,在秩序与冲突并行的当今世界,探寻"他者"与"主体"利益最大化的可能性,尽己所能地尊重人性、敬畏生命,这才是更加理性的选择。

(*Histoire De la Misogynie*, Adeline Gargam, Bertrand Lançon, Paris: Arkhê, 2020)

品书录 | 黄修志、郑嘉琳

明代中国的方志统治与知识世界

梅尔清（Tobie Meyer-Fong）曾在《印刷的世界：书籍、出版文化和中华帝国晚期的社会》一文中回顾综述明清中国书籍生产、印刷与阅读消费的学术研究趋势，指出多数学者的研究"忽略了两种在中国较重要的出版模式——官方和家庭的生产。学术界的这种趋势倾向于忽略非商业的书籍流通，比如礼物馈赠等，并遮蔽掉大量由官府及个人等通过官方渠道资助的以提高学术声望的荣誉性出版活动"。此处的"荣誉性出版"不仅指称可提升学术声望的文集，也可包括大量的地方志。许多中外研究者运用家谱、方志等文献研究明清社会，如卜正民（Timothy Brook）在《纵乐的困惑》中利用《歙县志》等诸多方志探讨明代城市商业社会。然而，众多论著基本上视家谱或方志为重要史料而已，却未曾深入探讨方志这种史料本身也是在动态、多变的历史环境和权力话语中被生产出来的，而方志研究界又多停留在"内部史"层面的文献考察，缺乏"外部史"层面的书籍史、阅读史、社会史分析。

美国威斯康星大学的戴思哲（Joseph Dennis）在不具备方志数据库体系的情形下，潜心阅读了五百多册地方志，于二〇一五年出版《中华帝国方志的书写、出版与阅读：一一〇〇至一七〇〇年》，中文版经向静翻译后于二〇二二年由上海人民出版社出版。全书以"编撰方志的动力""方志生产的过程"及"阅读与使用方志"三个部分编织了地方志的"生命史"，追踪方志的来处与归途。作者自言该书出于一个简单的问题:地方志是什么?按其全新定义,地方志是一种周期复杂的活文献与累积性记录。当追溯一县或一府的方志时,我们常能看到在不同时期的编修版本,这是因为方志"处于有规律地更新、补充、修订和重新编撰当中",深刻揭示了方志文本的变动性、流动性。

方志中的帝国统治与地方网络

在国家层面,方志关乎华夷整合与文化转型。如何将帝国边地牢靠地纳入统治体制内,是历朝历代都摆脱不掉的难题,尤其是元朝灭亡后,明清王朝面临着由"忽必烈的事业"(檀上宽语)带来的内生困境,如邓文初所言,如何整合一个超大规模的政治实体,以实现天下一体化及华夷秩序一体化。明朝通过方志从地方层层获取信息,构建了王朝的统治合法性,戴思哲认为"编纂方志是朝廷中央试图将未同化地区纳入帝国之内的一种重要努力","对边境地区来说,地方志不仅意味着融入帝国,也是在非汉人区推动文化转型的因素",同时也是帝国在边境修行教化、辨别华夷的一种尝试。王珂《从"天下"国家到民族国家》指出,明朝在中国"内部"制造各种条件,如在土司地区进行儒家教育,推行科举考试,形成"汉化"的趋势,追求最后实现政治和文化制度的统一。王明珂《反思史学与史学反思》指出,地方志是一种文类,"有其对应的情境结构,也就是中原帝国内的地方情境——地方是整体帝国空间、人群、行政的一部分,且地方、部分从属于帝国。这是无可动摇的现实本相;地方志书写所创造的社会记忆,其功能便在强化这样的现实本相"。可以说,方志将地方的口头历史转化为书面历史,与文字、教育、科举相互配合,恰好顺应了明廷"以夏变夷"的汉化策略,强化了王朝的有效统治。

在地方层面,方志关涉精英合作与地方认同。包弼德(Peter K.Bol)指出,自宋代士大夫开始,地方史的兴起意味着士人精英在弱帝国化、弱法制化、弱集权化的层面重新构建国家的概念。戴思哲认为这种"地方主义的转向"的区间可扩展为从南宋到明清,而地方志的发展正与这一转向若合符节。这说明地方志不仅重构了国家权力体系和地方社会网络，也建构了士人精英对国家文化、地方宗族及自身群体的认同感，因此方志的纂修绝不是一个平静的行政程序和文本生产，而是一个充满博弈、服务现实的"文化景观"和"客体化的历史"。无论是官方修志还是地方修志，戴思哲揭示了明代统治权力与地方宗族势力的共同运作与相互渗透，方志在不同程度上满足了不同群体对秩序、地位与权力的诉求，使现任官员与地方学者之间形成一个连续的统一体，确立了不同亲属集团的"共同商定的大家族史"，打下了彼此未来合作的基础。

正如戴思哲提到的："方志的设计是以特定的利益和观点为中心的，修志的本质常常是竞争性、政治性的。"对于地方望族而言，在志书中留下家族的记载，创造了书面上的家族历史，足以提升家族在地方社会的地位与凝聚力，这构成了地方修志的动力，也是地方血缘、姻亲及权力关系网络有意渗入修志过程并使其成为"公共族谱"的原因，呈现出方志私人化、族谱化的特点。也就是说，地方志如同一个棋盘，多重动机与权势相互博弈。正如作者的总结，地方志"是中央政府与地方精英的互动之地，是社会地位、财产与利益的博弈之处，是形成舆论、提出政策的讨论之场"。

方志的刊刻与印刷世界

借助方志的"生命史"探索，该书得以横跨书籍史、印刷出版史、社会史等领域，从地方志自身的生命历程中体会明朝的文化生产，展现出明代方志生产的全国性动态图景。全书第二部分"方志生产的过程"主要针对搜集资料、编纂文本、刊印出版等过程，将众多细节事无巨细地包含在内：在修志人员上，大多由本地精英修纂、官员督修完成，也可聘请没有才气的士人或学生完成；在修志的资料准备上，上一层级所修方志以其辖下层级提交内容为主要参考，亦可贴告示向民众征集修志素材；在修志地点上，修志可以在衙门、学校、贡院、书院、宗教场所等不同地点进行。此外还有各异的雇工报酬支付方式与方志编排模式。

一般而言，修志者们为增强

方志在保持、使用方面的稳定性、长期性与便捷性以及带来更多读者，往往乐于选择雇佣工匠将方志手稿付梓出版，而刊刻手稿一般使用雕版印刷。直至十九世纪早期，雕版印刷仍占据主流地位，这一点已是学界共识，张秀民、周绍明、贾晋珠都曾有所论证。从刊印的纯技术角度讲，我们不难看出方志史与书籍史、印刷史间有所交叉，抛却文本内容，方志与一般书籍并无差别，但方志并非营利性书籍，这就意味着我们不能仅仅将方志的刊印研究狭隘地视为印刷史、出版史研究成果的外扩。戴思哲指出，明代存在针对老版方志、二手方志的市场，他推测"明中期到晚期的方志成本可能从10两到370多两不等，每叶的成本也从0.091两到0.437两不等"，但方志本质上缺少追求经济利益的心理动因，不同于营利性的书籍市场。

贾晋珠在《谋利而印——十一至十七世纪福建建阳的商业出版者》中指出，福建建阳出版业的发达程度甚至能超越南京等江南文化中心，建阳地区大量廉价的刊刻工人服务于全国。相比以往研究者，戴氏进一步回答了雕版印刷工匠的工作区域与流动路径问题："绝大多数的方志在本地完成，由本地或外地来的工匠在衙门、学校或者其他的工作场合中雕版印刷，只有在少数情况下，手稿才会被送到远方的工匠处。"明代印刷工匠遍布全国，形成了一个大型的出版文化网络，如书中提及工匠在江西（奉新县和进贤县）、北京、南京、福建建阳、邯郸等地的广泛流动轨迹。除工匠流动外，亦有官员为追求更好的方志字体，向外寻求书法家的润色与誊抄，揭橥了明代出版业背后的精英互动问题，也提供了一个审视刊印品流动的角度：书籍与方志出版业繁荣与否，的确呈现出地域性倾向，如我们熟知的南京、北京出版业在一定程度上依仗科考与书院而繁荣起来。但我们若将目光从宏大的刊印中心下沉到工匠的流动过程，既能在流动图景中解释文化欠发达的边地仍可出版方志的原因，又可呈现出方志出版业背后的支撑力量——明代运河的区域沟通、驿递体系的运作及工匠群体的服役。

方志的阅读与使用

方志的阅读与接受问题，既涉及人们如何阅读、理解、品评方志增进知识积累和审美创作，也涉及人们如何将方志作为武器和依据争取合法化的利益。书中第三部分"阅读与使用方志"包括第六章"方志的目标受众及传播"与第七章"阅读与使用方志"，试图重构方志的流播状况和阅读使用情况。作者指出，与修志相关的男性精英和官员、教师、学生都是方志的核心读者，有证据表明女性也是方志的受众目标，体现了方志阅读群体的广泛性，以及晚明受众范围的逐步扩大，读者可以各取所需。因而方志可公开服务于地方治理与文学创作：地方官员用来熟悉任职地、宣扬政绩、传递政治理念；文人、旅行者用于绘图、写作和演讲，在参与各地文化建设中提升名气。需要注意的是，方志的确可以被有效利用于帝国的方方面面，但也可能导致有意无意的误用甚至滥用。"伪造皂李湖水历史"和"上虞、余姚两县水权之争"两起案件均体现出修志者为达成自身利益而有意篡改方志，引起利益受损者的不满，在此情境下，方志成为争夺经济利益的工具，也为解释地方官府的决策提供了依据。方志阅读者甚至还会批评方志的修纂水准，如程本立在旅途中批评《云南志》的编纂水准。

戴思哲开创性地把方志的生命脉络融汇在一起，同时深入挖掘包括凡例、序、跋等在内的方志"副文本"（周启荣称之为"超文本"），多方面剖析方志视野下的权力渗透、地方治理、全国流动、文化生产与现实用途。纵有如此鲜明的问题意识，但该书尚有未竟之处。

首先，戴著在夸大方志功能和方志生产复杂性的同时，就会导致一个悖论。如果我们过于强调方志生产过程中存在各种紧张的权力斗争、复杂的话语书写及地方精英的激烈博弈，就应看到方志的文教功能尤其是整合中央与边境的文化认同、促进文化再生产方面受到了很大影响，甚至是收效甚微的，毕竟作为一种特殊文献，方志的功能有一定的限度与边际。

其次，明清时期存在众多荣誉性或营利性的出版活动，如善书、功过格、个人文集、族谱、日用类书，若我们将方志置于不同类别文献的横向对比中，才能看到方志功能的特殊性及与其他文献的联结性。方志不是孤立的存在，与其他类别文献共同刻画出晚期中华帝国的文化多样性及士庶阶层精神世界的丰富性。

再次，明清方志的阅读与使用群体并不限于本土，事实上周边的朝鲜、日本、越南基于了解中国地方情报和满足本国文化建设的需要，也在积极收集明清方志，如朝鲜在借鉴明代方志基础上也建立起本国各层级的方志系统。另外，该书虽将研究下限定在一七〇〇年，却仍以明代为主，对清代前期的方志修纂着墨甚少，虽在第六十九页提及了章学诚，却未将这位明清时期最著名的方志理论家、批评者和实践者的观点纳入书中考察，不能不说是一个遗憾。

品书录 | 钱天国

《南货店》中的"轻轻腔"

"腔调"一词本来指音乐、歌曲、戏曲的调子，诗词文章的声律格调，或者一个人说话的声音和语气，后来被引申为有个性、有风格。长篇小说《南货店》，正是通过其独特的叙述腔调，进一步形成了属于作家张忌的个人风格。

《南货店》再现了二十世纪七八十年代至九十年代初，一个南方沿海城镇（以浙江宁海为蓝本）的生活画卷，描绘了被时代洪流所裹挟的小人物的命运。这部小说的出色之处，不在于情节，而在于腔调。不同作家对人物的刻画方式或叙述风格可谓见仁见智。有的喜欢宏大叙事，在大场景下写人物，追求气势磅礴；有的注重情节设计，跌宕起伏，追求戏剧性效果；有的偏爱细节铺陈，不厌其烦，娓娓道来。而《南货店》的叙述风格是什么？按张忌自己的说法，就是"展示"（见张忌与弋舟《创作对谈》）。他认为，作家应该作为一个安静的"观察者"，安安分分退居文字背后，让人物自己去说。他在作品里总是把某个人作为出发点，不去刻意设计，没有"大起大落的强情节"，而是注重"在那些枝叶散蔓的地方下功夫"，以反映人的真实与生活的真实。弋舟认为，张忌这种还原本相的写作方式，使得其小说叙述腔调显得波澜不惊。

《南货店》中写到这样一个场景：刚来店里上班的陆秋林练习打算盘，练久了手就硬、总是算错，于是生自己的气，"马师傅见了，就会笑眯眯地走过来，讲话轻轻腔，唱戏文一样"，"后生，莫太心急，慢慢来，慢慢来哉"。其中"轻轻腔"一词是典型的宁海方言，顾名思义，指一种轻而柔和的讲话腔调。《南货店》那种波澜不惊的叙述腔调、纯净质朴的语言风格、冲和悠远的表达意境，恰好可以借"轻轻腔"这句宁海话来形容。

"轻轻腔"是一种有控制的叙述方式，内敛低调，从容平和，绝不过分使劲。但遣词用句上的克制，并不影响内在情感的显露，温柔的表达反而更具深刻而持久的力量。比如，主人公陆秋林看见的一幅场景："正是月亮夜，月光下，女人站在水作店门口，孤零零一个，就如同在那里站了千秋万年。"此句虽没有一个字描述女人的神情，却写透了她与卖豆腐老倌之间微妙的关系。调离南货店前夕，秋林又走到那条溪边，"伏下身子，听着汩汩的水响，长久地看着溪流，突然就流出眼泪来"。寥寥数语，就写尽秋林对杜英的思念。秋林结婚前，终于得知父亲早已含冤去世，那天夜里将过去写给父亲的信放在面盆里烧了，"火光忽隐忽灭，一阵阵热浪从秋林脸上滚过"。此处未闻哭声，未见眼泪，却把悲伤和怀念写到了极致。

"轻轻腔"的写作风格接近于日常生活中的闲聊，语调舒缓，多用短句，夹杂不少口语和方言，使得人物刻画自然而生动，很接地气。书中写道，南货店齐师傅偶遇一个拉车搬面粉的后生，发现正是多年不见的儿子齐海生，于是带他去吃饭，吃完后海生抢着付钱，说"从小到大，都是你给我铜钿花，现在，我能赚钞票了，你也让当儿子的请你一次"，"齐师傅听了，不作声，喉咙口又是一阵发硬"。就这一句话，把齐师傅当下复杂的心境和深沉的父爱表现得恰到好处。后来，爱春找齐师傅讲海生柜上拿钱的事，书中也仅用两个短句描写齐师傅的震惊和伤心："齐师傅怔了半日。青天白日，他却感觉做梦一样。"看似平静，却有万千情绪。

显然，《南货店》采用"轻轻腔"的叙述方式，其目的并非轻声细语本身，而是为了达到平静中起波澜、平淡中见真情的效果。即使面对死亡，"轻轻腔"叙述照样可以令人震撼。比如，书中写杜英发现姐姐自尽："一推开门，只见铁车边空荡荡的，杜梅用一条绳子将自己悬在了梁上。她的身体挂在衣服堆里，风一吹，微微摇晃。"写齐师傅背着死去的儿子往山下走："不晓得是不是风吹的，齐师傅突然感觉齐海生在他背上微微颤抖。齐师傅的喉咙一阵阵地发紧，他晓得，这一世，他真的没有这个叫齐海生的儿子了。"写秋林接到齐师傅去世的消息："秋林坐在办公室里，恍惚了一日。"上述几处，虽没有哭天抢地的悲恸场面，却以一种此时无声胜有声的叙述方式，表达出无尽的孤独与哀伤，也映照出大时代背景下小人物的微不足道。正如弋舟的评价，《南货店》总体上"呈现出某种薄凉的不动声色感"，但在细节上"又布满了深切的同情"。

不妨对比另一位浙籍作家余华的新作《文城》（北京十月文艺出版社二〇二一年版），那是与《南货店》不一样的叙述风格。同样写苦难和死亡，《文城》的表现手法是迎头而上、相对浓烈的，一些细节描述可谓密不透风、步步紧逼，如土匪洗劫溪镇以及民团抵抗的惨烈场面、林祥福被残杀时令人发指的情节、万亩荡鲜血染红的水面、雪地里上百个跪着冻死的祭天男女等,让读者感到扑面而来的苦与惨、令人窒息的悲与痛。相较于《文城》沉重的绝望感,《南货店》则更多展现烟火气中的无奈。没有高下之分,只是腔调不同。

文如其人,"轻轻腔"这样的叙述风格,实际上反映出作家本人的气质和人生观,体现着"不争"的态度以及对人性的尊重。张忌相信"人就是来世上受苦的",他说,"我想让作者的身份尽量往后退","我不想提供判断,因为文字里,那么多人在里头艰难地生存着,我做出任何判断,都是轻佻的"。在他看来,作者的使命不是先入为主,而是在字里行间尽可能为读者客观地呈现世界。因此,他在作品里不做旁白式的评论,也不扮演法官对是非曲直做出裁决。换言之,就是持平常心和平等心,对芸芸众生怀着谦卑与悲悯。

回到作品人物本身,"轻轻腔"不仅仅是一种讲话腔调,同时也代表了一种做人方式,这两者在马师傅身上是表里一体的。虽经历各种运动,家人命运多舛,马师傅却能不生执念、不走极端,善待他人,务实做事,圆融处世。这种温和低调的做人方式蕴涵着民间的生存智慧,它深深根植于江南小城的一方水土。有句宁海话说得好,"上半夜忖忖自家,下半夜忖忖人家",将心比心、宽以待人才是做人之道。

东坡词云:"人生如逆旅,我亦是行人。"马师傅感叹:"做人就是坐汽车,到站了总要下来。"清风徐来、水波不兴也好,狂风骤雨、翻江倒海也好,世上的每个人终将归于平静,了无踪影。置身于宁海一千七百多年的历史,《南货店》里的二三十年乃至人的一生如同白驹过隙;而对浩瀚无垠的宇宙来说,千百年亦不过是刹那间。这样一忖,说话、做人何不轻轻腔呢?

(《南货店》,张忌著,中信出版社二〇二〇年版)

林雅华

"黎明前的一缕微光"
——克拉考尔与《雅克·奥芬巴赫和他时代的巴黎》

德国思想家克拉考尔（Siegfried Kracauer）的理论在近年呈现出一股强劲的复苏态势。这不仅是因为他与法兰克福学派之间的复杂关系，更是因为其理论在当下语境所呈现的全新意义。他一生著述繁多，内容包罗万象，几乎触及所有社会科学领域——建筑、哲学、历史学、心理学、文学、电影批评、社会学、新闻学……越来越多的研究者关注到，他的多元文化身份与思想实践为我们提供了一个解读二十世纪上半叶欧洲思想史的绝佳视角。

一九三一至一九三三年间，德国国内的政治氛围日益紧张。在"国会纵火案"后，担任《法兰克福报》驻柏林文化编辑的克拉考尔被以"休假"之名送往巴黎，开始了长达八年的流亡生涯。这一时期，马克思的《巴黎手稿》首次得以完整面世，旋即引发学界震动，深刻影响了西方马克思主义的文化思潮。其实早在一九二五年前后，克拉考尔就对马克思的作品，尤其是青年马克思的作品进行了较为深入的阅读和研究。这些阅读体验与他在《法兰克福报》的批评实践，让他逐步摆脱了"浪漫的反资本主义"倾向，推动了其学术生涯中至关重要的"唯物主义转向"。这一转向的代表作就是克拉考尔一九二九年在柏林开展的《职员》（又译《雇员们》）研究。在这部作品中，克拉考尔以"民族志"的方式，细致入微地考察了职员阶层的兴起与幻灭。克拉考尔非常清楚，十九世纪以来，生产力的快速发展及其所引发的激烈的社会变动,使得流动性成为把握现代社会的关键词。真理不再由黑格尔式的抽象概念或"绝对精神"所垄断,其光芒早已散射到无数"偶然、碎片化、极易消逝"的文化现象之中。这些看似微不足道的文化现象构成了现代性的"星丛",同时也构成了资本主义社会的象形文字。正如马克思通过商品拜物教与异化关系来洞察资本主义的秘密一般,克拉考尔亦想从文化的"表面现象"(Oberflächenäußerungen)入手,去破译资本主义社会的"象形文字"。这正是本雅明《拱廊街计划》的出发点——在历史的波诡云谲中,挖掘资本主义社会的史前史,进行一种知识考古学的研究。

一九三四年十月,克拉考尔开始写作《雅克·奥芬巴赫和他时代的巴黎》(Jacques Offenbach und das Paris seiner Zeit)(后文简称《奥芬巴赫》)。从表面上看,这是一部人物传记。但是,它并未将剧作家雅克·奥芬巴赫的生平作为叙述重点,而是着力探讨奥芬巴赫的轻歌剧(opéra-comique)从产生、发展到衰亡背后的一整套社会现实与物质生产关系的变迁。换言之,克拉考尔想借"轻歌剧"来展示资本主义起飞阶段的法国,或者说作为"十九世纪首都"的巴黎。这座身处欧陆中心的"现代性"都市,在革命与复辟的反复周折中以"悲剧"和"喜剧"的"历史的重演",在第二帝国时期成为整个欧洲的主导和风向标。正如克拉考尔在《奥芬巴赫》中所言:"资本主义时代的种种特性、种种景观,都与十九世纪的法国有着密切的关联。"法兰西第二帝国的历史在战争中崛起。克里米亚战争的胜利让它一雪前耻,对外殖民战争则让它将越南、阿尔及利亚纳入囊中,成为仅次于英国的第二大殖民帝国。战争的胜利自然也推动了法国国内经济的快速发展,真正爆发了一次属于自己的"工业革命"。其中,金融资本的发展尤为突出,这使巴黎一跃成为当时世界的金融中心之一。马克思在《路易·波拿巴的雾月十八日》中精辟指出,它在政治上是帝国(军事专制)的形式,实质却是一个资产阶级国家,是建立在资本主义基础上的政治现象。伴随金融资本与大工业的扩张，"繁荣"成为拿破仑三世的执政纲领。世博会、拱廊街、股票交易所……无不展示着帝国的"繁荣"景观。奥芬巴赫出生于科隆，成长于巴黎，是一个举世闻名的大提琴演奏家。在当时，他却敏锐捕捉到了这个梦幻世界中存在的物质丰富与文化空虚之间的矛盾。如何满足伴随工业扩张而飞速增长的中产阶级、小资产阶级和市民的文化需求呢？就在瓦格纳创作《尼伯龙根的指环》的第二年，也就是一八五五年的巴黎世博会期间，奥芬巴赫在香榭丽舍大道开办了小剧院"快活的巴黎人"（Bouffes-Parisiens），主推轻歌剧。与那些庄重严肃的正歌剧（opera seria）不同，轻歌剧的体裁轻盈，以通俗的音乐舞蹈为主要表现手段，更有大量对白和反讽贯穿全剧。这种寓庄于谐、载歌载舞的戏剧形式，是当今音乐剧的雏形。它不仅为十九世纪的巴黎奏响了时代的新旋律，更以浪漫主义的手法建构了一座真实映照第二帝国文化景观的反讽乌托邦。

奥芬巴赫第一部大获成功的作品是一八五八年的《地狱中的奥菲欧》（Orphée aux Enfers）。它借用了古希腊神话中奥菲欧到地狱营救妻子尤丽狄茜的悲剧母题，却以"骇人听闻"的方式完全解构了其中的悲剧意味。奥芬巴赫将他们塑造成了巴黎上流社会的一对同床异梦的夫妻。妻子尤丽狄茜为了和情夫冥王长相厮守，高高兴兴地"与世长辞"，而留在世间的奥菲欧则开始正大光明地寻欢作乐。但是迫于"舆论"的重重压力，奥菲欧不得不前往地狱寻妻。来到地狱，他发现妻子正跟奥林匹斯山上的诸神畅饮、调情。众神之王朱庇特更是化作一只苍蝇随之纵饮狂欢。奥菲欧最后的回眸不仅没有任何悲剧意味，反而促成了皆大欢喜的"大团圆"：一方面化解了自己的舆论压力，另一方面也让妻子如愿留在地狱。终场，众神在烈焰旁演绎了一曲"地狱大合唱"，并跳起了欢快的康康舞。在这部剧作中，奥芬巴赫借用了大量通俗的民间小调，解构了莫扎特的严肃音乐,以彻底的颠覆性映照了第二帝国时期的荒诞奢靡、虚伪狂妄与庸俗放荡。此后,他又创作了《美丽的海伦》《巴黎人的生活》《拉·佩丽肖儿》等一百多部作品。这些作品多取材于神话或文学故事,但奥芬巴赫都以一种反讽方式对其内在的神圣性进行解构:一切高雅变为卑微、一切严肃变为戏谑。在轻歌剧猎奇、幽默和荒诞的场景背后,隐藏着奥芬巴赫对第二帝国的官僚体系与社会文化的深刻批判。

一八六七年的世界博览会是第二帝国鼎盛时期的标志。此时的巴黎成为商品拜物教的朝圣之地,商品被戴上了皇冠,使用价值退居幕后,交换价值在殿堂中大放异彩。欧洲人倾巢而出,在万花筒般的商品和娱乐的幻象中流连忘返。但是,笼罩着这一商品社会的浮华与辉煌,最终伴随第二帝国的衰亡走向了终点,轻歌剧自然也在其中。正如本雅明所言:"在资产阶级的纪念碑倒塌之前,我们就已经开始把这些纪念碑看作废墟了。"(本雅明:《巴黎,十九世纪的首都》)奥芬巴赫亦在人生的最后阶段,创作了一部充满怀旧色彩的作品《霍夫曼的故事》。这部作品讲述的是德国作家霍夫曼的三段爱情故事。第一个故事是他爱上了一个名叫奥林匹亚的机器玩偶,然而摘下魔术眼镜的他,却不愿面对现实,慨叹着"一切皆为虚假,唯有梦幻为真"的古老箴言,黯然退场。第二个故事是他爱上了一个名叫安东尼亚的姑娘,她热爱音乐,歌喉婉转,却因身体原因无法纵情歌唱。最终,出于对爱情和音乐的渴望,安东尼亚如同童话中那只被扎中心脏的云雀一般,歌唱至死,爱情亦亡。第三个故事是他爱上了一个叫作朱丽叶塔的威尼斯妓女。可惜这个妓女受到经济利益的蛊惑,设计偷走了霍夫曼的影子,也偷走了他的灵魂。这三段爱情悲剧,以笑与泪、喜与悲的矛盾错位,表达了奥芬巴赫对那个风光不再的轻歌剧盛世的追念,亦写尽了资本主义社会的悲剧景观:对金钱和利益的狂热追逐,理想、忠贞与信仰的遥不可及,生命消逝与繁华衰败的残酷无情……正如马克思所说："人们自己创造自己的历史，但是他们并不是随心所欲地创造，并不是在他们自己选定的条件下创造，而是在直接碰到的、既定的、从过去承继下来的条件下创造。"（马克思：《路易·波拿巴的雾月十八日》）艺术创作也是如此，一八七〇年普法战争的爆发和随后的巴黎公社终结了第二帝国的历史，奥芬巴赫的轻歌剧及其所缔造的旧日辉煌也随之风流云散了。

克拉考尔在《奥芬巴赫》中的分析手法，延续并发展了他在魏玛时期的研究路径，并显示出了更为强烈的历史感和穿透性。他并没有对轻歌剧本身进行艺术审美的分析，而是更为关注何以破译这一时代的"象形文字"，探查其背后的社会生产关系与历史生成结构。第二帝国的经济、政治、社会和文化的土壤孕育并且滋养了奥芬巴赫和他的轻歌剧。作为时代的审美表达，轻歌剧细致描摹并完美呈现了第二帝国时期的历史图景与文化记忆。在狂热投机和金融交易的推动下，第二帝国时期的商品经济飞速发展，资本主义生产链条得以急速扩张。两次世界博览会的召开，不仅让巴黎夺回了欧洲时尚之都的称号，更将这座香榭丽舍林荫大道上的歌剧院推向了世界舞台。打破庄严叙事的嬉笑怒骂让轻歌剧满足并传达了这一时代的文化渴望，一时风光无两。但是，与卓别林的无声电影一样，轻歌剧也以深刻的反讽透视出这个时代的巨大荒诞——"人们在剧场当中尽情欢笑，醉生梦死，其后并无真正深刻的内容，有的只是资产阶级的无所作为，以及左派知识分子的退守书斋。"（克拉考尔：《奥芬巴赫》）可以说，物质与文化的繁盛景观只是第二帝国的表层空间，深隐其下的是波涛汹涌的革命冲突与潜滋暗长的社会政治危机。对此，克拉考尔在作品的最后深刻指出："第二帝国时期政治的复辟与经济的繁荣构成了一体两面、相互缠绕的景观。一旦复辟走向终点，投机化为泡影，那么，建基于其上的艺术形式也将走向终点。"

就此而言，克拉考尔并非一个沉湎于艺术的时代观察者，而是一个具有强烈历史感的唯物主义者。他在这部作品中彻底放弃了形而上学的总体性追求,更为坚定地选择了文化的"表面现象"。在他看来,对资本主义社会的批判不能仰仗抽象理论,而必须依靠与具体的历史现实相关联的理论。就像克拉考尔在《大众装饰》中开宗明义谈到的那样:"要确立一个时代在整个历史进程中所占据的位置,分析其不起眼的表面现象比那个时代的自我评价要可靠得多。"因此,克拉考尔在巴黎时期转向十九世纪的文化历史重构,并非偶然,而是基于他对马克思历史唯物主义的重新理解。这一点,让他与同一时期流亡法国的本雅明站在了一起。一九三七年,本雅明在写给克拉考尔的信中坦陈了对《奥芬巴赫》的欣赏,并说自己的《拱廊街计划》与其研究视角相似,都在思考"如何从现代社会的瓦砾或者砂石中找到那么一点意义,如何像拾荒者一般从现代社会的废墟中挑拣出一点真理的遗留"。因此,虽然克拉考尔与阿多诺之间的友情长达数十年之久,但是在思想层面,尤其是在马克思文化理论层面,本雅明才是克拉考尔真正意义上的挚友。

马克思在《共产党宣言》中谈道:"生产的不断变革,一切社会关系的不断动荡,永远的不安定和变动,这就是资产阶级时代不同于以往任何一个时代的地方。"要想把握此种流动不居的现代性,必须有一双洞察的眼睛,或者说需要一种具备阐释寓言能力的语文学家的眼光。正如霍克海默和阿多诺在《启蒙辩证法》中所描绘的那样:人类历史的真实面貌被各式各样的形而上学面具扭曲和遮蔽了。资本主义如同笼罩在欧洲上空的一场迷梦,带来了复苏神话力量的超自然现象。科学理论与抽象概念所掩盖的恰恰是充满剥削与压迫的资本主义生产关系。在不断更新换代的商品大潮中,人类群体性地重堕神话的深渊,一个资本主义所制造的新的神话深渊。作为资本主义社会神性存在的基本形态,就是商品,是物。人与人之间的关系虽然在商品货币意义上是相互连接的,但是在价值层面上却是完全分离的。资本主义社会不再是一个有机的整体,而变成了一架灵肉分离的机器。一个真正的历史学家必须"让这个世界重新感受到自己的意识,让它从一场自我的迷梦中清醒过来"(克拉考尔:《奥芬巴赫》)。那么,如何才能觉醒?

韦伯想要重建一套宏大秩序来抗衡这一现代性的碎裂与失序。但是,与法兰克福学派的几位非同一性思想家一样,克拉考尔并没有选择这条道路,而是俯身转向了这一灵肉分离的资本主义社会现实。从表面上看,千变万化的物象是无关紧要、碎片化甚至是极易被忽视的,但是这些微不足道的东西却像沙子般映射了整个资本主义世界的宇宙。如果能够对这些逃离了社会意识形态重重束缚的碎片化物象进行分析的话,诸多藏身于社会边缘地带的"未知领域"就有了被挖掘的可能。就此而言,要探寻资本主义社会的真相,不能不去关注那些文化的"表面现象"。在它们当中蕴含着这个时代没有显露出来的内部状况,以及被长久压抑、无从发声的人性与真理。这种于物质细微处挖掘其内在精神与解放洞见的批判路径,正是克拉考尔从马克思那里得到的最大启发。他认为,觉醒的契机就在于物质现实的重新点亮,也就是对那些以自己的特殊方式留存了历史,并能映照当下的"表面现象"进行重新挖掘。因此,那些早已经成为历史遗迹的文化现象,(不论是拱廊街还是轻歌剧)在本雅明和克拉考尔眼中依然具有非凡意义。"历史是一个被建构出来的东西,建构的重点不是空虚的时间,而是具体的时代,具体的工作,具体的生活。"(本雅明:《巴黎,十九世纪的首都》)只有通过具体性的研究才有可能重新把握真实。每一片叶子都是植物世界的入口,如同每一个具体经验都是人类世界的入口一样。所以,他们二人都放弃了以抽象或者形而上学概念重建世界的计划,而是在最微小的文化对象中展开了对资本主义社会的批判。

克拉考尔有一句名言:"大的是小的,小的反而是大的。在一切

孙 郁

鲁迅故旧亲历者

了解鲁迅研究界的人，都知道有一个博物馆系统的学者群，六十余年来渐渐形成自己的风格，乃至带有一丝流派特点。以鲁迅博物馆、上海鲁迅纪念馆、绍兴鲁迅纪念馆为代表的平台，涌现了不少学者。他们的特点是以文物资料为出发点，附之展览、社会调查成果，呈现的是历史现场感的文字。这些人数量不多，但在庞大

微粒般的现实背后往往隐藏着绝对性的存在。"他在《奥芬巴赫》的写作中，采用了与本雅明的《拱廊街计划》类似的辩证意象，通过文学蒙太奇的方法，探明了当时政治、经济、文化的总体趋势，重建了现代性的原初历史。这些转瞬即逝的文化辩证意象长久以来一直被观念论的艺术与历史哲学所忽视。但是，在本雅明和克拉考尔笔下，它们却以高度的形象化与具体的历史性，突破了传统历史编撰的抽象性，赋予了唯物主义更为直观可感的文化线索。在这一时刻，立足于微小、表面的征候来把握时代真理的方法显现出了它的全部力量。历史学家的任务，就是从过去时代无比复杂的具体性中，找出一把开启未来的钥匙，这就如同黎明即将到来之前，在人们眼前所闪现的那一缕微光。

（*Jacques Offenbach und das Paris seiner Zeit*, Siegfried Kracauer, Frankfurt a.M.: Suhrkamp, 2005）

的学院派体覆盖天下的今天，其存在越发显得独特。

讨论鲁迅史料研究，有几位前辈是值得一提的。回忆在鲁迅博物馆工作的日子，有时就想起叶淑穗老师。二十世纪八十年代后期，我到鲁迅研究室工作时，叶老师还没有退休。那时候她是手稿组的负责人，对于我们这些青年十分热情。她毕业于北师大，是馆里的元老，鲁迅博物馆成立于一九五六年，叶老师恰是那一年从部队转业到此，一待就是半个多世纪。鲁迅逝世后，留下的遗物大多数都保存完好，她对此十分清楚，谈起馆里的藏品，如数家珍。多年间，大凡研究鲁迅手稿与文献保存史的人，是常要向她请教的。

与馆里其他人比起来，叶老师阅人无数，所历者甚多，与几代人打过交道，也见证了特殊时期鲁迅遗产传播的过程。印象里她记忆力很好，善于与人交往。鲁迅的家人和生前友人对她都很信任，多年间她与许广平、周海婴、许羡苏、曹靖华等保持了很深的友谊。社会捐献的鲁迅遗物，有不少都是她亲自接收的。其间也寻到了鲁迅同时代人的一些资料，馆藏也因之渐渐丰富起来。

五十年代的博物馆理念，受苏联影响，注重教育功能。后来日本与西方博物馆理念传来，文物保护的意识提到议事议程上。不管模式如何，博物馆最基础的是文物保护，根基在此，余者皆次之。她是很用心的人，对于资料保护，用了许多心血，渐渐由物及人，再到思想与审美，视野不断放大，养成了良好的博物馆人的职业习惯。凡与鲁迅有关的人，只要健在，都去拜访过，且留下了珍贵的访谈记录。这样，已有的文献和活的资料互为参照，就扩大了范围。她帮助过的人很多，提供的都是第一手精准的信息，乃至有"博物馆活字典"之称。

我年轻时热衷文艺理论，对于资料缺少感觉。在研究室工作久了，觉得自己的状态有点问题，遂开始补课，时常钻入资料库，接触一些原始文献。有时候听叶老师谈藏品的来龙去脉，以及一些手稿背后的故事，眼界大开。博物馆的人，不太喜欢用那些大词，言之有据才是根本。以文物说话，从原始资料出发寻找研究话题，是一种风气。我后来慢慢走进鲁迅的世界，得益于一批老同志的言传身教。叶老师与多位前辈对于我的启示，是有方向性意义的。

国内外研究鲁迅的人，都很看重博物馆独特的资料收藏。而一些最基础的工作，恰是他们那代人完成的。除了保护鲁迅遗物之外，老一代人有几件工作值得一提。其一是编辑了《鲁迅手稿和藏书目录》，这是研究鲁迅的入门书目。我前些年曾送李零先生一份复印本，他颇为高兴，对于研究旧学未尝没有意义。现在许多从事相关研究者不太注意这本资料目录，是很遗憾的。二是配齐了大量鲁迅藏书的副本。因为鲁迅的遗物已成珍宝，不能总去翻看，副本图书就成了代替品。这些副本，有的从琉璃厂购来，有的是友人捐赠的，都是鲁迅使用的同一版本，用来十分方便。三是记录了鲁迅交游的片段。采访了钱稻孙、茅盾、孙伏园、冯雪峰等人，大量隐秘的信息渐渐积累起来，一些模糊不清的历史线索变成清晰的人文地图。

我记得在对茅盾、冯雪峰等人的访谈里，所问的问题在那时候都很敏感，今天视之，是难得的文字。我们现在谈三十年代的文学，一些重要节点的问题，是鲁迅博物馆的工作人员整理出来的。六十年代初，一些旧式学者或因历史问题，或源于思想差异，渐渐被边缘化。叶老师与同事还能客观地对待这些鲁迅的旧友，采访他们，留下许多文献。比如钱稻孙，就应邀介绍教育部时期的鲁迅旧事，还亲自带领大家去国子监参观。沿着鲁迅在北京的足迹，博物馆的老同志发现了许多珍贵的遗存。鲁迅的照片留下了很多，但他的声音是怎样的，后人均未听过。叶淑穗老师曾拜访过鲁迅同学蒋抑卮的后人，留下了这样的文字：

> 据蒋抑卮的后人蒋世彦告诉我们，当年鲁迅到蒋抑卮家畅谈时，有一次，他的家人悄悄地将二人的谈话用旧式的录

音机录了下来。蒋世彦本人也曾听过这个录音，他说他只记得鲁迅说的是一口很重的绍兴话，内容可全记不起来了。这张录制片是一份极其珍贵的实况材料。可惜的是，它在"文化大革命"中被毁掉了。确是不可弥补的损失。

每每看到类似的采访，就觉得是一般学者不注意的遗迹，看似无关紧要，而价值不小，它构成了鲁迅研究的生动性的环节，比起学界生硬的概念游戏，文物工作者提供的是有温度的东西。多年前，她与杨燕丽出版了《从鲁迅遗物认识鲁迅》，这是我手头常参考的文献，自己的一些文章也引用了其间的观点，是可以把它当成馆史片段看待的。近来又有《鲁迅手稿经眼录》，可以知道那些遗迹如何被收藏，以及流传中的故事。这些文章从文献出发，叙其原委，道所由来，文字后是一段有趣的掌故。鲁迅先生的影子也从中飘来，告诉我们曾有的时光里的阴晴冷暖，风声雨声。叶老师谈到旧事，都很兴奋，她写的一些文章，被引用率是较高的。

鲁迅藏品的内容十分丰富，有一些需有一定的知识储备才能弄清其间的原委。比如金石学方面，留下的遗稿甚多，图片资料是驳杂的。叶老师对于此领域的话题极为清楚，梳理起来条理分明。所写《鲁迅手绘汉画像图考》《鲁迅与汉画像》《鲁迅手绘高颐阙图》《鲁迅手绘土偶图》《〈六朝造像目录〉和〈六朝墓志目录〉考释——鲁迅石刻研究成果之一斑》，都是不错的篇什，乃研究者不得不参照的文字。对于初入门者有导引的价值，而学者们可以从细节中体会到鲁迅的"暗功夫"。从各种遗稿里看墨迹的形状，参照鲁迅的文章彼此对应，解释了藏品的耐人寻味的部分。这运用的是传统治学的办法，寓意是深的。比如《鲁迅遗编——〈汉画像考〉初探》，从国家图书馆的藏品中，发现了鲁迅《汉画像考》遗稿，从缘起、引言、目录、内容、说明语、学术品位几个方面介绍了鲁迅编辑的书籍的特点。文章说："这部《汉画像考》还有一个特点，就是在各种不同名目的汉画像后面，均加注各家对该画像的评说，如《南武阳功曹阙》后面引录俞樾《春在堂随笔》；在《射阳石门画像》《武梁祠画像》《郭巨石室画像》均引录《洪颐煊平津读碑记》；在《食斋祠园画像》则录有端方《匋斋臧史记》等等。这正是鲁迅学术研究、指导青年，特别是编纂各类书籍的一贯做法与实绩，目的是借此以使读者博览群书。"

我对于许多文献的感受，是受到她的启发的。比如对于鲁迅日常生活的认知，就因为看了她的那篇《鲁迅的〈家用账〉》。一些细节颇有意思。日记里，用的是阳历，而家账，则用阴历。这看出社会观与民俗观两条线索。由此联想到先生对于中医的态度，公与私的层面，表述略有出入。此可见鲁迅的复杂性。叶老师是深入到细节里的人，故对于一些问题的体味，总是不同于我们这些好做高论的人。我研究鲁迅与魏晋思想时，看了许多研究者文章，思路大抵相近，但她却从藏品幽微处发现了新意。比如鲁迅对于古籍的抄录，就流露出文字学的功底，叶老师在鲁迅《〈徐霞客游记〉题跋》里，就发现"书籍编次的创新"，启示我们从地理学与文字学角度，思考人文气息里别种元素。《鲁迅酷爱文物》描述出鲁迅治学的认真态度，在手稿中发现思想的蛛丝马迹，是有一番功夫的。再如，鲁迅手稿的来源，有不同渠道，涉及交游史片段。我们现在看到的《朝花夕拾》《坟》《小约翰》的手稿，原来是保存在李霁野先生那里的，他在抗战时将其完好地还给了许广平先生。此间就揭开了鲁迅与社团关系的枝枝叶叶。李霁野是鲁迅博物馆重要顾问之一，生前与博物馆有许多联系。未名社当年许多情形是他所记录，叶老师也由此，对于未名社的情况颇为关注。像韦素园的墓碑何以被收藏，她讲述的都是亲历的部分，也看出旧岁里的斑斑痕痕。

鲁迅博物馆成立的时候，周作人还健在，有许多疑难问题，不能不找他求教。但因为历史问题的纠缠，博物馆人与周家的关系比较微妙。叶淑穗《周作人二三事》，是很重要的篇目，留下了彼时周作人的状态。从建馆初期开始，周作人多次向博物馆捐赠相关的文物。一九五六年八月九日，捐赠了鲁迅《哀范君三章》《谢忱〈后汉书〉》、范爱农致鲁迅信多封；九月赠鲁迅《古小说钩沉》手稿；十月赠章太炎致鲁迅、周作人信札一份。一九六二年一月六日，周氏将其一八九八至一九二七年间的日记十八册有偿捐赠给博物馆。这些都是鲁迅研究的重要文本，对于学界价值不菲。叶老师也是收藏它们的见证人之一，一些细节，都饶有趣味。"文革"中，周氏遭受冲击，书籍与信件被红卫兵查抄，后归放于鲁迅博物馆，其间曲折之事，让人感慨万千。她在多篇文章中介绍了周作人藏品的情况，那篇《我所知道的鲁迅博物馆代管周作人被抄物品的真相》，也是对于特殊时代文化境遇的描述，言语之间，也不无沧桑之色。

相当长的时间里，人们是尊鲁而厌周的，学术研究也遮蔽了诸多存在。叶老师留下的文字成了人们认识周氏兄弟的重要参考资料，说起来是难得的。来往于博物馆的学者有许多与周作人熟悉，留于文字者甚少。比如李霁野在鲁迅离京后，情感上偏于周作人，鲁迅后来说他有"右"的色彩，也暗指于此。但一九四九年后的李霁野只能写写鲁迅，对于周作人也是无可奈何的。唐弢在文体上受周作人影响过于鲁迅，自己并不敢坦言，但也私下觉得，研究鲁迅，倘不面对周作人，也总是缺少了什么。这些，对于博物馆的研究者，都是一个启发，所以，一九八七年十月，鲁迅研究室在国内最早召开了"鲁迅与周作人比较研究学术研讨会"，不久，唐弢《关于周作人》、叶淑穗《周作人二三事》相继问世，研究的局面也拓展起来了。

在叶老师各类回忆文章里，我知晓了鲁迅博物馆建立过程中的一些细节。她笔下的人物一些鲜为人知的地方，也得以记录。《唐弢先生与鲁迅纪念馆、博物馆》《蜡炬竭身明远志，春蚕尽处系真情——冯雪峰先生二三事》《千秋功业 永载史册——记王冶秋先生与鲁迅文物》《胡愈之二三事》都画出了前辈形影。鲁迅遗风如何被不断衔接和延伸，其间行迹都能够说明什么。在这些鲁迅同代人的身上，可以感受到一个时代的风气，他们的学识、见解、气度可感叹者不可尽述。这些都成了博物馆历史的一部分，鲁迅与他的同代人构成的图景，读起来其意也广，其情亦真。

因为熟悉诸多文献背景，就能深入其间，说一些切实的话，自然也愿意主动纠正别人的瑕疵。我主持鲁迅博物馆工作时，叶老师已经退休了，也常常来单位参加一些学术活动。有一次，我们搞了一个鲁迅藏品展，表彰了许多捐赠文物的人。展览很热闹，来的人多，还开了研讨会。她就走到我的身边，悄悄地说，内容有些不全，遗漏了许多人。比如曹靖华的捐赠目录没有，这是不应该的。还有一次，我在《光明日报》发表了一篇鲁迅与爱罗先珂的文章。她看到后写了封信给我，指出资料的不完善之处。这些批评，都很客气，我一面觉得自己疏忽大意，一面感动于她的善意和求是精神。

鲁迅博物馆成立五十周年时，馆里拟出版一本大事记。那时候老同志都已退休，知道馆史的人并不多。我便想起叶淑穗老师，觉得她是最合适的编撰者。到她家里拜访时，她一口答应我们的请求。那天谈了许多博物馆往事，对于资料研究和研究室工作，也提出了许多建议。谈起博物馆的史料整理，她的眼睛亮亮的，也显得格外兴奋。从那以后，年迈的叶老师每天从丰台家里赶到单位，组织人查找资料，不到半年，书就编成了。她参与编写的博物馆史的写作，客观、全面，文字清透而简约，对于一些文化活动的记载，都耐人寻味。比如建馆初期，周恩来、郭沫若、茅盾都曾来到鲁迅故居，或参观，或讨论展览大纲，可见彼时的风气。预展期间，来馆里审查大纲的就有郭沫若、沈钧儒、吴玉章、茅盾、胡乔木、周扬、郑振铎、邵力子、章伯钧、胡愈之、夏衍等。书中关于文物捐赠者的名字，也有可研究的空间，每个人与鲁迅的关系都是一篇大文章。

比如李小峰、周作人、周建人、萧三、胡愈之、普实克、巴金、唐弢等，细细梳理其间经纬，说起来都是佳话。博物馆几十年间，其实已经是学术的重地，除了上述诸人常出现在这里的会议上之外，从西蒙诺夫，到井上靖、大江健三郎，从竹内实到丸山昇、伊藤虎丸、木山英雄等，都曾驻足于此，围绕一些话题的交流，颇多可以感念的瞬间，虽然有时是只言片语，但也成了一种难得的历史回音。

经历了如此多的活动，与无数人的交往，内心的充实从她的文字里也都能够看到。她在记录那些人与事的时候，也融进了自己的情感，时代的点点滴滴，形成思想的大潮。鲁迅研究的庞大队伍中，有一些是做基础性工作的。他们不是为学术而学术，而是有着济世的情怀。这样的老人都该好好写写，对于那些只会写学院八股的人来说，对比一下，可以知道空泛的表述是没有生命的。触摸到了历史温度的人，知道思想的起飞应该在何处。老一代人的这种心得，串联起来确是一本大书。

我不见叶老师久矣，往昔的人与事也多已模糊。不料前几日忽得到她的电话，她还那么健谈，且声音洪亮，完全不像九十二岁的样子。谈话间知道她又一本书已经脱稿，将在三联书店出版。作为晚辈，惊喜之余，还涌动着一股感怀之情。一个人一辈子钟情于一件事，且心无旁骛，清风朗月般明澈，真的可谓是素心之人。素心者是有仁义之感的，所以古人说仁者寿，那是不错的。研究鲁迅文物的人，不妨都来看看她的书，也了解一下这位前辈。一个沉浸在鲁迅世界的人，有时是脱离街市的杂音的。她给世间留下了那么多关于鲁迅的掌故，而她自己，也无意中成了鲁迅传播史中的掌故之一。这些都可供回味，能引思考。读她的文字，觉得与一个丰富的灵魂相伴，真的是受用不尽，热量无穷的。

(《鲁迅故旧亲历记》，叶淑穗著，生活·读书·新知三联书店即出)

似水流年忆闻兄

于化民

二〇二二年新年刚过，闻黎明兄走了，走得十分突然。仅仅数日之前，我还在微信上与他交流，一切仍是那么平常和随意。及至看到所里发布的讣讯，不敢相信，又由不得不信。错愕与哀痛杂糅，情难自已。闻兄的远行，令学林又折损一位卓有建树的杰出学者，于我个人，也失去了相交相知近二十年的仁厚兄长。

天生的学人

或许是夙命使然，闻兄似乎天生就是为学而生的。他曾亲口对我说，自己的志愿和最大的乐趣就是做学问、搞研究，无意于其他。身为闻一多先生的长孙，闻兄自幼生活在祖母膝下，深得老人宠爱。他对祖母感情很深，常常回忆在北京象鼻子中坑、帽儿胡同生活的情形。"文革"当中，他与许多青年学子一样，加入了生产建设兵团大军，在遥远的北大荒度过了五年艰苦时光，后进入北大历史系学习。大学毕业，恰逢改革开放大潮初起，社会上五光十色十分喧闹，他却主动要求到中国社会科学院近代史研究所，自此坐上了冷板凳，一坐就是四十余年，孜孜矻矻，心无旁骛。别人眼里寂寞清苦的学术生涯，闻兄反倒甘之如饴。

走上科研岗位后，他先是从抄卡片起，参与几部大型史料集的编纂。这种看似枯燥乏味的工作，为其日后治学打下了扎实功底。也是从那时起，他听从所里前辈、著名学者李新先生的建议，开始默默地为闻一多研究做资料准备。研究自己的祖父，闻兄无疑有着得天独厚的优势。他生于新中国建国之初，无由亲睹祖父的音容，但祖父对于他来说并不陌生。不但能从家中长辈的日常言谈中得知祖父的家世、成长经历、性格特点和治学、生活、交游等细节，家中精心保存下来的手稿、画作、遗著、遗物等珍稀史料亦可供研读摩挲。这些显然还是不够的。为了全面、深刻地了解祖父斑斓多彩的一生与成就，必须尽可能多地占有资料。为此，他不惜舟车劳顿，经年奔走于北京、浠水、武汉、南京、昆明、蒙自、重庆、贵阳等闻一多足迹所及之地，在各地方和高校图书馆、档案馆、博物馆里网罗爬梳，数度寒暑，闻一多的同学、同事、友人、学生及其后人遍布海内外，他或登门求教，或信函采访，真可谓"上穷碧落下黄泉"，锲而不舍，巨细靡遗。

多少个漫漫长夜，青灯黄卷，祖孙两代人进行着超越时空的心灵对话，他逐渐走进闻一多的精神世界。闻兄的第一部学术专著《闻一多传》一九九二年由人民出版社出版，赵朴初先生亲笔题写了书名。该书一经面世，即以史料丰赡、见解新颖而深受好评。后又多次再版，还出了外文版。尔后，闻兄陆续推出《闻一多年谱长编》《爱国民主斗士》《闻一多画传》等著作和系列论文，声誉日隆，成为闻一多研究领域当之无愧的执牛耳者，受到海内外学术界的推重。闻兄每部著作的后记中，都列有长长的致谢名单，以表达对帮助过他的人的感念，其实何尝不是他自己艰辛求索的写照呢！

闻兄笔下的闻一多

闻一多是举世闻名的民主斗士，诗人和学者，是代表了中华民族英雄气概、为新中国成立做出重大贡献的杰出人物，得到过毛泽东、周恩来等领袖的极高评价。他在文学艺术创作和古典文学研究方面均有重大建树。闻一多的才情、学识、爱国情怀，对我等而言仰之弥高。研究这样一位在中国现代史上有极大影响的人物，其难度不言而喻。闻兄曾经表示，自己起初是不大情愿做闻一多研究的，觉得后人研究自己的先辈，难免会受亲情的影响，很难保持客观的态度。

可是，闻兄一旦决定后，便倾注了自己的全部感情和心血。他对祖父了解得越多，就有了更多的共鸣与契合。如他所言："我的心一起随着闻一多的喜和悲而跳动着，从他的笑声和泪水中，我深刻地体会到什么是爱国主义激情。"当然，这种激情也一直激励和鼓舞着他。同时，闻兄治学绝不拘囿成说，人云亦云，而是从史料和证据出发，务求客观，努力还原历史的原貌。他对于闻一多遇刺案发生的原因、幕后主使及其善后的探究，就是一个极好的例证。总之，他研究闻一多，始终保持着可贵的清醒和理性，把晚辈的责任与学者的严谨很好地统一起来。

透过闻兄的心血之作，我们可以看到，闻一多并非是一个天生的英雄和斗士。他是一个纯正的新派知识精英，受到新文化运动的洗礼，接受了系统的西方教育，崇尚民主自由，笃信教育救国。国运的蹇促和残酷的现实，逼迫他在探索中反思，在比较中选择，对西方帝国主义和国民党政府从失望到痛恨，最后舍弃小我，义无反顾地走上了拥护中国共产党、追求光明与进步的道路。

我们还可以看到，闻一多又绝非一个遗世独立的苦行僧，而是一个天生的诗人。他感情浓烈，心中充满大爱。他爱诗歌、爱艺术、爱文学、爱妻儿、爱学生、爱朋友，更爱故乡、爱同胞、爱祖国、爱真理、爱光明。他最为人熟知的名言之一是："诗人主要的天赋是'爱'，爱他的祖国，爱他的人民。"一以贯之的爱国情怀，是闻一多精神最耀眼的底色。

我们还看到，闻一多是一个富有生活情调的人，他天性乐观，喜欢交友，嗜烟善饮，那把大烟斗成了他的标志物。抗战烽火中学校南迁，作为名教授，他主动要求参加步行团，六十八天跋涉湘黔滇三千里，一路走一路写生，指导学生采风。此行留下的五十多幅画稿，成为那段峥嵘岁月的生动见证。寓昆期间物价飞涨，生活清苦，闻一多不得不挂牌治印，以维持家计，他带着孩子们抓蚂蚱，捡田螺，偶尔有块豆腐吃，便戏称为"白肉"，仍不失风趣和俏皮。

一般说来，后人写自己的先辈，尤其是在历史上有崇高地位的先辈，多多少少会有"为尊者讳"的心理。在闻兄这里，却不存在这样的困惑。作为五四运动的参与者、清华园的学运骨干、昆明爱国学生运动的导师，竟然还有一段与青年学生对立的旧事，以致闻一多离开青岛的经过并不愉快。原来，"九一八事变"发生后，青大学生前往南京向国民政府请愿，校方要处分学生，闻一多支持校方的意见。于是学生们把矛头对准了闻一多，还发出《驱闻宣言》。闻一多就是在这种情况下辞去青大教职重回清华园的。这些事，不但我多次听闻兄亲口讲过，还都被他原原本本写进了自己的书里。

正因对闻一多精准和透彻的认识，闻兄方能将集感性、率性、血性于一身的闻一多，丰满、鲜活地呈现于世人面前。

治学新境界

随着闻一多研究的推进，闻兄有了更为深入的思考。他意识到，闻一多不只作为个人，而且作为一代有志报国的知识分子缩影，活动在二十世纪的历史舞台上。他经历的时代是祖国外遭帝国主义侵略，内受封建主义压迫的时代。他所参与的不少文化、学术、政治活动，都与这个时代息息相关。基于此，闻兄又把学术视野拓展到现代政治史、思想文化史领域，对中间势力、知识群体、西南联大展开了系统探讨,陆续完成《第三种力量与抗战时期的中国政治》《抗日战争与中国知识分子——西南联合大学的抗战轨迹》等专著,治学进入一个新的境界。著名史学家张海鹏先生就曾说过,闻兄关注的是中国近代史研究的前沿问题,其研究和思考是很具有前瞻性的。

闻兄涉猎广博,著述甚丰。他对抗战期间宪政运动、西南联大、六参议员访问延安、"李闻惨案"、民主人士北上、知识精英群体等方面的研究均独树一帜,不乏精见。对于闻兄在学术上的贡献,我实在无力亦无须置喙,所幸学界早有定评。我只是留意到,闻兄的多篇论文都以"再研究"为题,"再研究"在他那儿岂止是研究方法,更是一种治学态度。通过"再研究",求得研究的深入、再深入。

退休前后,闻兄的健康状况已经出现了问题,多次住院手术。然而,他并未停歇学术探索的脚步,抱病完成了《闻一多传》和《闻一多年谱长编》的增订,充实了大量新史料,前者增补内容达全书规模三分之一,后者增补了三十余万字。为了这两部书,用闻兄自己的话说,他"又一次竭尽了全力"。

研究室集体课题"中共建国方略的形成与实践"获得国家社科基金的后期资助,除室里全体同事外,还邀请了院外一些知名学者参与。他给予全力支持,为课题撰写了两个专题。二〇一一年十月,课题组与山东历史学会合作,在烟台召开课题工作会,当时,闻兄已申请到日本樱美林大学的清水安三研究项目,正紧张准备再赴东瀛,仍不辞劳苦赶到烟台参会,不待会议结束,又于次日匆匆飞往日本。

创刊于一九九五年的《闻一多研究动态》,至今共出了一百五十四期,每当有重要史料的新发现、研究的新进展,刊物即用最短的时间加以反映,以飨同好。这本小小的刊物全靠他以一己之力编发,坚持近三十年而不辍,在当下学术界是极其罕见的。最近一期动态于二〇二一年十二月十八日发出,距他离世只有十多天时间。这种坚韧和执着实在令人唏嘘和敬佩。

闻兄与我

同祖父一样，闻兄也是真性情的人，颇有些名士遗风。他爽朗豁达，快人快语，古道热肠，重情重义。我是在他主持革命史研究室时，二〇〇三年底从军队科研单位转业到所里，开始与他共事的。初次见面，便讶异于闻兄外貌上与闻一多先生之酷肖。一样消瘦颀长的身材，一样棱角分明的脸庞，尤其是那森然的浓眉、略显凌乱的头发，加上厚厚的近视镜后真诚的目光，令人印象深刻。随着了解的加深，方感闻兄不只外貌与祖父相似，热情直爽的性格更是带有鲜明的闻氏印记。

闻兄长我八岁，从认识起我就照部队的老习惯，管闻兄叫"老闻"，书信往还则用"闻兄"，这种称呼一直叫到最后。初到室里时，由于工作环境、工作方式发生很大变化，我一时难以适应，颇为苦恼，遂生去意。他很是焦急，多次同我谈心，言辞恳切，推心置腹，并就我的研究规划和课题设计提出建议。那会儿室里只有我们两位博士生导师，招生专业试题是两人共出的，一人一半。有几次判卷赶上他外出，就由我承担，他对我完全信任。

二〇〇七年前后，闻兄连续筹备了多个与西南联大有关的研讨会，约我写文章，并表示可以为我提供资料。由于以前对西南联大的历史了解不多，我只能利用已经公开出版的资料，写出《"一二·一"运动期间的西南联大教授会和教授们》一文参会。直到近日，查看闻兄的著述目录，才发现早在一九九二年，《近代史研究》就发表了闻兄题目几乎完全相同的论文。早知闻兄大作在前，我无论如何也不敢写这篇东西啊。可是，他从未向我提及此事，分明是担心会影响我的积极性。稍后，我读到西南联大教授会的历次会议记录，从中撷出"一二·一"运动期间的教授会会议记录，草成小文，对教授会出席情况做了些量化的分析，以考察各学院教授对运动的参与程度与立场差异。闻兄以为文章题目和篇幅虽小，然角度独特、方法新颖，对西南联大史研究有重要价值。能够得到闻兄的首肯，我心中难免有些小小的自得。

二〇〇九年十月，闻兄和我利用所际交流项目，同往台湾政治大学任访问教授。两个月里，我们比邻而居，朝夕相处。白天手抄档案文献，夜晚再整理文字录入电脑。我就寝前习惯到阳台上透透风，总能见到他房间的灯光依然亮着。我们两人研究重点和学术旨趣各有所好，此行目的也各有侧重。他是为了增订传记和年谱长编收集资料，我的重点放在查找国民党档案中有关中共的资料。他从蒋档和傅斯年档案中查到多条有关李闻案和"一二·一"运动的原始档案，都被用到传记和年谱长编的增订版中。我发现一条疑似与空袭城南庄事件有关的档案，经一番辨析，判定是份来自下层特务的假报告。还找到一位著名中共烈士遇害的档案，拿给闻兄看，两人都有发自内心的震撼。知我没去过香港，闻兄在返程时还特意安排了顺访香港浸会大学，两人在那里做了学术报告，观赏了维多利亚湾的美丽夜景。

执教青岛大学（今山东大学前身）是闻一多经历中的重要一页。一九三〇年七月至一九三二年七月，闻一多应老友杨振声之邀，任青岛大学文学系主任。他后来取得巨大成就的中国古典文学研究，就是从这里正式起步的。说也奇怪，凡闻一多足迹所至，闻兄几无不到，对祖父在青史事亦烂熟于心，此前却从未到过山大。山大是我的母校，其时，我的老同学王育济兄主事山大历史文化学院，我便协调其邀闻兄前往山大做讲座。二〇一〇年五月中，闻兄分别在山东大学和山东省图书馆大众讲坛，做了"闻一多与山东大学"的学术报告。闻兄归来说，此行甚是圆满，了却了一桩心愿。我亦为能促成此行而欣然。

最后的聚首

二〇一九年十月，闻兄主持的国家社科基金重大项目在云南师大开题。蒙闻兄之召，我亦忝列评审专家。二十八日抵昆后当晚，闻兄邀我到他住的专家公寓，沏了一杯新从日本带回的绿茶，长谈了两个多小时。见他愈发消瘦，很为他的健康担心。谈到生死问题，闻兄看得很淡，除手边常用的外，他已把穷其一生积存的图书资料捐赠给了云南师大的相关学术部门。还说自己不怕死，一辈子做自己爱做的事，计划中该做的工作都做了，没有什么遗憾。次日开题会，闻兄作为课题主持人报告课题思路和方案，又跟换了个人似的，声音洪亮，侃侃而谈，完全不像一个沉疴缠身的病人。是晚，餐后辞别，闻兄不顾我一再劝阻，坚持送我到学校南大门，相约回京再聚。讵料年底"新冠"来袭，疫情日趋严峻，行动受限，未能如愿，只有通过电话或微信互致问候。春城一别，遂成永诀！

闻兄是倒在工作台前的，电脑里是未完成的文稿。也就是说，直到生命的最后一刻，他仍然在工作。此情此景，令人不由得想起《红烛》中的名句：

> 红烛啊！
> 流罢！
> 你怎能不流呢！
> 请将你的脂膏，
> 不息地流向人间，
> 培出慰藉的花儿，
> 结成快乐的果子！

用这样的诗句来形容闻兄的人生，不也是很贴切吗？

（闻黎明先生之女闻亭对文中部分史实做了订正，谨致谢意）

三店史话　　　　　　　　　　　　　　　　　　　　　　范世涛

直面中国问题：一个左翼书店风格的由来

新知书店创办于一九三五年，与生活书店、读书出版社一样，是民国时期著名的左翼书店（用当时的话，叫"进步书店"）之一。一九四八年三家书店在香港成立生活·读书·新知三联书店总管理处和香港联合发行所。这是三联书店的肇始。

新知书店发挥"在国民党统治区及香港起过巨大的革命出版事业主要负责者的作用"时，并不专注于经典著作，而是强调社会科学理论与中国实际的紧密结合，直面中国社会经济问题，寻找发展道路和解决方案。这种风格在书店成立之前实际上已经确立。要说明这一点，不能不谈新知书店的母体中国农村经济研究会及其创立者和灵魂人物陈翰笙。

陈翰笙早年先后在加州波莫纳大学、芝加哥大学、哈佛大学和柏林大学接受系统的西洋史训练，一九二四年回国担任北京大学史学系教授，教授欧美通史、欧美近世史、欧美史学史等课程。一九二六年起，经同事李大钊和苏联驻华大使加拉罕介绍，加入共产国际地下工作。在此期间陈翰笙结识苏联来华中国问题专家格里涅维奇（Pyotr Grinevich），共同学习和讨论《资本论》，"才使我了解了真正的历史"。《资本论》堪称巨著，通读西文原著并了解其要领绝非易事。所以，这部书在晚清时期虽已被国人提及和零星介绍，但真正通读和理解这部著作，陈翰笙很可能是最早的中国学者。由于这段与格里涅维奇共同学习和讨论《资本论》的经历，陈翰笙晚年称格氏是"最早影响我思想的朋友"。

陈翰笙虽然认真学习西文版《资本论》，但主要精力并未放在《资本论》的翻译和介绍方面。原因是这部著作为他思考世界历史提供理论上的帮助，但并不能提供现实中国问题的直接答案。《资本论》以资本主义生产方式为主要研究对象。正如该书第一卷第一篇开门见山指出的，"资本主义生产方式占统治地位的社会的财富，表现为'庞大的商品堆积'"，因而该书从商品开始，借助价值和使用价值、劳动与劳动力、劳动力价值与剩余价值等概念逐步深入，以揭示资本主义生产方式的内在逻辑和来龙去脉。而对陈翰笙来说，中国是什么社会还没有现成的答案，《资本论》关于资本主义生产方式的解析也就不宜直接移用到中国社会上。

一九二七年大革命失败后，陈翰笙流亡莫斯科，客座访问农民国际下设的国际农村研究所。苏联驻上海总领事馆工作人员、匈牙利经济学家马扎亚尔在中国期间曾着手写作其名著《中国农村经济研究》，广州起义失败后总领事馆关闭，马扎亚尔也被驱逐出境，一九二八年初回到莫斯科，也到国际农村研究所继续从事中国农村经济研究工作。他俩作为同事经常为中国农村和中国社会性质问题争论。争论过程中免不了引经据典，而困扰陈翰笙的是他当时并不真正了解中国农村的实际情况，从而产生通过实地调查弄清中国实际的想法。回国不久，他应国立中央研究院院长蔡元培邀请，担任社会科学研究所社会学组主任，着于主持中国农村经济实地调查工作。

研究中国社会之所以从农村经济入手，是因为回答"中国是什么社会"，需要研究中国过去的和现在的生产方式。而无论从前还是当时，中国的生产方法和生产关系主体仍是农村的和农业的。用陈翰笙的话说："中国农业经济不但是中国社会史的基础，而且是中国全部历史的基础。从地价，工偿，物价，利息，税捐，田租等等，可以决定中国社会的特殊性质。从农业经济的关系，很可以决定社会性质的异同。"（陈翰笙讲演，戴匡平、陈家芷笔记：《研究中国农业经济的重要》，载《北大日刊》第二二一八期，一九二九年七月二十七日）

在开始中国经济实地调查不久，陈翰笙即发现，"构成今日中国社会之经济的事实，大都属于资本主义制度发达以前之种种关系。吾人所谓都市，其性质不似City；吾人所谓乡村，其性质不似Country。即与欧洲前资本主义社会相较，都市之来历非Polis（按：城邦）及Compagna Communis（按：热那亚共和国）可比；乡村之组织亦非Mir（按：沙俄时代的村社组织）及Manor（按：中世纪的庄园）可比"（陈翰笙：《中国农村经济研究之发轫》，陈翰笙、薛暮桥、冯和法编：《解放前的中国农村》第二辑，中国展望出版社一九八七年版，3页）。因中国经济还并非"庞大的商品堆积"，中国尚不是资本主义生产方式发达的社会，《资本论》也就只能作为参考书而不能提供现成的答案。同样的原因，在他看来采用英美通行的以农户利润最大化为中心的主流农业经济学研究方法也并不妥当。为了理解中国的生产方式和社会性质，最需要在社会经济史跨国比较的宏大纲领之下观察和理解中国农村经济。

由于中国农村经济情况复杂，陈翰笙认为农村经济调查"势必分区进行"。而划分区域的标准知识"现尚缺乏"，"不得已只能先从农村经济显然特殊之地方着手调查"。江苏无锡、河北保定正是陈翰笙最先展开农村经济实地调查的地区。在开展实地调查的同时，陈翰笙还积极推动包括考茨基、列宁在内的理论翻译出版。在理论和实际相结合的方法论原则下，建立了中国马克思主义农户分类框架和农村经济研究范式。该框架和研究范式与《资本论》的主要区别，就在于以包含资本主义生产方式、但更多前资本主义成分的过渡性中国经济结构为主要研究对象，调查研究的中心也是农民、农业和农村，而不是机器大工业。

陈翰笙在主持农村经济实地调查的过程中，建立了左翼社会科学研究团队，其骨干包括王寅生、张锡昌、薛暮桥、钱俊瑞、孙冶方、姜君辰等人。他们与陈翰笙一样，终生在马克思主义概念框架下研究和写作。不过，他们虽然具备马克思主义理论素养，但工作重心并不是以"传播马克思主义真理"为中心的译述介绍，而是以理论与实际相结合为原则，跟踪调查和研究中国农村和中国经济实际问题。

陈翰笙主持中国农村经济调查时，中国工业化障碍重重，农村经济正面临内外交困的严重危机，并导致严重的社会问题。他作为这类坏消息的报告者，面临种种社会压力和障碍。不仅如此，他自己和团队中人还秘密从事危险的地下革命活动。在陈翰笙感到政治压力可能使研究工作半途而废时，他为了维持团队继续工作，于一九三二年九月筹备发起中国农村经济研究会，次年十二月完成在国民政府各部门全部登记注册手续，使其团队在先后离开国立中央研究院后，仍在正式的合法学术团体组织中、在共同的研究范式下继续进行协同工作。陈翰笙始终担任中国农村经济研究会理事会主席。日常工作则先后由陈洪进、薛暮桥、千家驹、姜君辰、张锡昌、王寅生主持。在二十世纪四十年代，中国农村经济研究会团体会员已达一千人以上。

如果说生活书店源于《生活》周刊，读书出版社源于《读书生活》，新知书店也是由刊物而书店，其来源正是中国农村经济研究会机关刊物《中国农村》杂志。

中国农村经济研究会公开发行的机关刊物《中国农村》杂志（一九三四至一九四二年），由薛暮桥担任实际创刊主编。创刊第一年，《中国农村》杂志就开展了中国现代史上赫赫有名的中国农村社会性质论战。在此之前，中国处于半封建半殖民地社会的论断在中国共产党第六次全国代表大会已有决议，但该决议并不公开，且具有原则性。而在论战过程中，薛暮桥、钱俊瑞等人广泛使用了陈翰笙主持中国农村经济调查时获得的资料，使论战富于理论与经验实际相结合的色彩。经过中国农村社会性质论战，半封建半殖民地社会论发展为羽翼丰满的社会理论，并在左翼社会科学界达成广泛共识。这已经是一种不同于《资本论》以资本主义生产方式为主要研究对象的并行理论。

除了理论论战，《中国农村》还倡导一种非虚构的类型写作，即所谓"农村通讯"。薛暮桥认为"农村通讯"的实际价值"往往在一般人的估计以上，它是研究中国农村问题的最宝贵的参考资料"。他在陈翰笙指导下完成的第一篇作品《江南农村衰落的一个缩影》报告家乡无锡礼社镇的社会经济动态，实际上是中国农村经济研究会非虚构写作的创始。薛暮桥主编《中国农村》期间，始终保留了"农村通讯"栏目，并在社会广受欢迎。著名经济学家于光远就谈及，这些农村通讯对自己的"思想进步起过极为重要的影响"。

《中国农村》第一卷本来由黎明书局出版。但随着日本侵华危机加深，国民政府屈从日本压力，规定出版物中不得出现抗日或反日字样。而中国农村经济研究会恰恰持强烈的反帝立场，这在危局下显得格外刺目。因而黎明书局不愿意再承担《中国农村》出版发行工作，黎明书局不再续签合同，中国农村经济研究会在《东方杂志》的专栏也被裁减。中国农村经济研究会事业面临夭折的风险。研究会曾希望生活书店承接《中国农村》杂志出版工作，但生活书店因"《新生》事件"处于漩涡中心，并不愿这样做。于是，中国农村经济研究会决定发起创办书店，自行出版《中国农村》，并公推徐雪寒、华应申具体负责筹建工作。《中国农村》编辑委员会主席孙晓村当时在财政部任职，由他担任发起人在南京筹集股份。

一九三五年，新知出版合作社召开第一次会员大会。大会通过章程，确定以集股方式自筹资金创办新知出版合作社，对外称"新知书店"。"新知"之名由徐雪寒提议，有两层含义：一是介绍新知识、新思想；二是旧雨新知两相依，书店既要依靠老朋友，也要广泛结交新朋友。社员投票选举钱俊瑞、孙晓村、张仲实、张锡昌、徐雪寒五人为理事会理事,曹亮、沈兹九、俞庆棠为监察。新知书店独立存在约十四年,其间前后参加新知书店工作的二百三十多人,出版期刊十余种,图书四百种左右。

新知书店的出版物中,中国农村经济研究会及核心会员作品最具特色。书店成立不久,《中国农村》主编薛暮桥应邀以中国农村经济研究会名义编选出版《中国农村社会性质论战》一书。此书收录的论战文章不多,仅仅根据这本书讨论中国农村社会性质论战并不充分,但所收文章在论战中具有代表性。直到现在,这本书在现代社会科学史和党史、革命史文献中还被广为引用。薛暮桥的《中国农村经济常识》和《农村经济底基本知识》曾在《中国农村》杂志以专栏文章方式刊登,集合成书后也由新知书店出版,是理解中国农村经济研究会研究范式及其成果的代表性著作。而书店发行最为广泛的则是薛暮桥著《经济学》一书。此书原为薛暮桥一九三九年为新四军抗日军政训练编写的教材,由新知书店出版后风行各地,一九四八年经刘少奇和华北人民政府审定,成为中学教科书,一直使用到苏联《政治经济学教科书》中译本出版,版本多达一百种以上。这本书之所以风行全国,一个主要原因,是该书系统地对陈翰笙和中国农村经济研究会简章中所强调的中国经济结构问题,确立了半殖民地半封建社会性质的论断。

总的来说,陈翰笙、薛暮桥和新知书店的朋友们重视经济事实和实践经验有着根本性的考虑。马克思在《关于费尔巴哈的提纲》中指出过,"哲学家们只是用不同的方式解释世界,而问题在于改变世界"。如果以改进世界为研究的根本宗旨,对经济现实的科学理解也就始终在其思考和行动中占据优先的地位。在一个方向未决的过渡性社会,其经济结构必然是复杂多样的,研究分析其构成变化也就成为中国经济社会总体趋向的必要步骤。因而,新知书店的著作可以说与读书出版社翻译出版的《资本论》相辅相成,代表了中国左翼经济学家直面现实、服务社会的努力。

有意思的是,这种以不同于《资本论》科学抽象的入手方式在当代中国还在继续发挥作用。其中《中国农村》创刊主编薛暮桥,是中国最早提出社会主义初级阶段论的两位作者之一,他还在改革开放初期,主持第一份市场化改革方案,提出以发展公有制为主体、多种所有制并存的商品经济作为改革目标。这为明确中国经济转型的目标和实施路径发挥了难以替代的历史性作用,而这可以看作陈翰笙昔日确立的研究中国经济结构为宗旨的中国农村经济研究会的延续,也可以看作中国左翼经济学家在同一研究范式下直面中国问题的阶段性答案。

在经历长期高速增长后,中国经济已经远远超出了二十世纪三十年代或八十年代,但切实了解中国经济结构,面向问题,提出新的解决方案,仍然是中国社会科学家面临的挑战。

《读书》编辑部编辑

主管:中国出版传媒股份有限公司
主办、出版:生活·读书·新知三联书店有限公司

总　编　辑:肖启明
副总编辑:常绍民
主编(兼):
副　主　编:刘蓉林
编　　辑:饶淑荣/卫纯
出版运营:张惟
装帧设计:陆智昌/薛宇　印制主管:张雅丽
发行总监:周旭(010)84681050
读者服务电话:(010)84050425 84050451
邮购地址:北京市朝阳区霞光里9号B座
三联生活传媒有限公司　邮政编码:100125

《读书》微信公众号
扫码购买《读书》杂志

投稿邮箱:sdxdushu@vip.sina.com

地址:北京美术馆东街22号
邮政编码:100010
印刷:北京中科印刷有限公司
国内总发行:北京报刊发行局　国内代号:2-275
广告经营许可证号:京东工商广字第0063号
ISSN 0257—0270　CN11—1073/G2

漫画中的女人

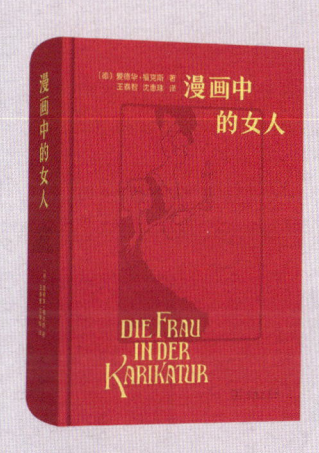

* 采撷500余幅15世纪以来珍贵漫画，生动再现欧美女性观念的形成和变迁

ISBN: 978-7-100-20377-7
[德] 爱德华·福克斯 著
王泰智 沈惠珠 译
定价：198.00元

关于女人这个概念，以及其包含的问题和争议，在各个国家和各个时代的漫画中都有反映，可以说，女性漫画是漫画发展史中内容最丰富的篇章。

《漫画中的女人》是德国著名艺术史家、收藏家爱德华·福克斯的重要著作之一。本书旨在从500余幅女性漫画精品表现出的女人的美、女人的苦难、女人的时尚、女人的情感、女人的婚姻、女人的道德等，历史地展现女人在家庭、阶级、社会和国家中的地位与作用，批判地揭示在文化史、艺术史、道德发展史等方面女性观念等的形成和变迁。

欧洲漫画史（上卷）
古代—1848年

欧洲漫画史（下卷）
1848—1900年

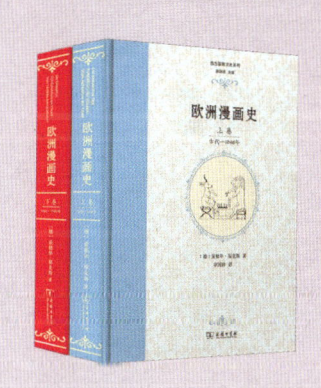

漫画在文化史和艺术史上占有重要的地位，但更重要的是它从一个重要的侧面反映了历史的真相。本书最早于1906年在德国出版，以1848年为界，分为上下两卷。

ISBN: 978-7-100-12818-6   978-7-100-12924-4
[德] 爱德华·福克斯 著   王泰智 沈惠珠 译

官方微信

地址：北京市东城区王府井大街36号   邮编：100710   业务电话：010-65278537, 65126429   传真：010-65249763
邮购：040-65258899-9282   网址：www.cp.com.cn

中国出版集团好书榜

中国出版 引领阅读

2022 年第 4 期

主题出版

不忘初心、牢记使命——中国共产党历史展览（1921—2021）
　　　　　　　　　人民美术出版社
为了可爱的中国——大国工匠的匠心与使命　中国民主法制出版社
天地同和——中国古代乐器精粹
　　　　　　　　　人民音乐出版社
晚夏殷商八百年：大历史视野下的早中国时代　　　研究出版社

人文社科

好玩儿的大师　　　　　商务印书馆
餐桌上的训诂　　　　　中华书局
乐以忘忧 薛仁明读《论语》
　　　　　　　　　　　中华书局
丧家狗：我读《论语》　中华书局
国匠吴良镛　中国大百科全书出版社
太和充满——郑欣淼说故宫
　　　　　　中国大百科全书出版社
书的全景
　　　　　　　　　　　中译出版社
先秦儒家道德哲学十论
　　　　　　　　世界图书出版公司
建安十三年　　　　　华文出版社
吃茶趣：中国名茶录
　　　　　　生活书店出版有限公司

不忘初心、牢记使命
人民美术出版社

为了可爱的中国
中国民主法制出版社

天地同和
人民音乐出版社

晚夏殷商八百年
研究出版社

好玩儿的大师
商务印书馆

丧家狗：我读《论语》
中华书局

书的全景
中译出版社

吃茶趣：中国名茶录
生活书店出版有限公司

李瑾作品三种

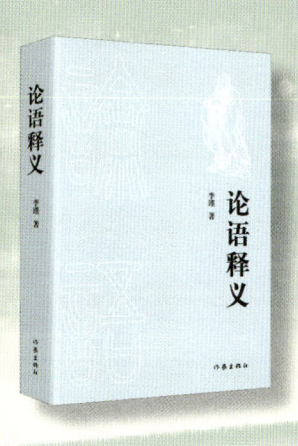

《论语释义》

定价：68.00 元　ISBN：978-7-5212-1972-2
作家出版社

　　在中国文化脉络谱系上，孔子第一个将"学"和人统一起来，"学"是一种主体觉醒和个人自由。在孔子这里，学即人，人即学，"学"是区别他者的核心之德，也是自我完善的必然途径。

《孟子释义》

定价：87.00 元　ISBN：978-7-5153-6497-1
中国青年出版社

　　《孟子》提出了一套逻辑清晰的救世方案：一是寻找理想国君；二是建立一个新国；三是以王道"定于一"。三个步骤中最关键的是"新子之国"。

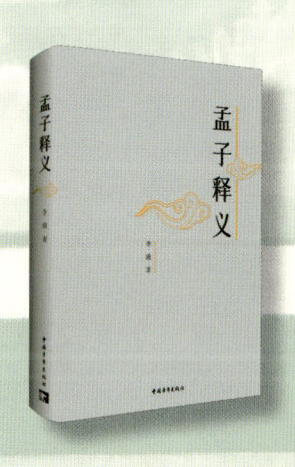

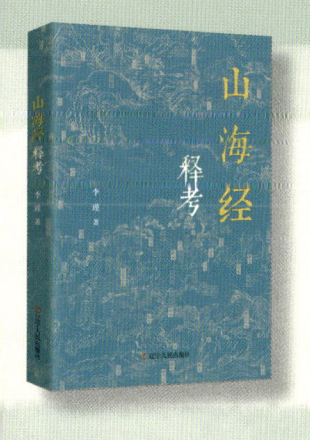

《山海经释考》

定价：69.80 元　ISBN：978-7-205-10390-3
辽宁人民出版社

　　《山海经》潜存着一套中国创世说，表达了人即"造物主"的哲学观点，其鲜少沾染编纂之人所处时代的政治或伦理思想，是一个纯粹的、与自然和先民生活都密切关联的幻境。

肯 特（水洗牛皮软精装）

精选肯特的创作、装饰画、插图、藏书票、油画等不同艺术形式的作品三百余幅，以 7 种不同质感的纸，呈现出他不同人生阶段的精神气质，以及作品中人与自然和谐统一的艺术特征。

汪家明 冷冰川 编 定价：149.00 元

荒野集：
阿拉斯加的宁静历险日志

肯特出版的第一本书，父与子在荒岛上的历险生活。

杨鹏 译 定价：75.00 元

这是我所有

肯特的一部自传，记述了他在山中农场"阿斯加德"的生活。

刘莉 译 定价：79.00 元

地址：北京市东城区美术馆东街 22 号 邮编：100010

ISSN 0257-0
9 770257 027228

读书

10
2022
October

葛兆光　以亚洲作为历史视野

许纪霖　千禧一代人的怕与爱

程　虹　当女性与荒野相遇

金冲及　退而不休的治史体悟

冯克利　保守的技艺

袁一丹　"游戏的人"：赵元任之于当代学术的意义

神是概念

·文墨与家常·

王蒙 文　康笑宇 图

人的感官只能接触到具体、有限、一时、一地、一物，但是人的思维能感知、想象与理解抽象、无穷、永恒、宇宙、万有、普遍。神是对于人与人间的突破。突破了肉身人体、生老病死、能与不能、行为与移动的一切障碍。神大致是数学上的无穷大：∞。

神是超人间的。基督教说耶稣是上帝的儿子，圣玛丽亚是耶稣的母亲，但耶稣是从圣母的胁下生出来的，这样就摆脱了难以想象的某些器官的困扰。但是中世纪很长一段时间为耶稣是否会进洗手间而争得不亦乐乎，捷克作家米兰·昆德拉的《生命中不能承受之轻》里介绍了这个神学难题的争拗。

许多著名的教堂里都有极好的油画与雕塑，有圣母像、耶稣像、十二个圣徒像等，但是耶稣的天父耶和华是没有形象的，一有形象就会被人体人形人器官拖进凡俗乃至低俗。至于中国佛教的佛像，寺庙门口的保卫之神韦陀菩萨、第二道门的阿弥陀佛、大雄宝殿的如来佛即佛陀——释迦牟尼，和最后的观世音菩萨，则是在人形的基础上充分升华，呈现出一种超人体的圆满、通达、圆桶体型、大耳垂肩、大眼睛平视，具有一种国人喜欢的福寿绵绵的福相。

伊斯兰教更是摈弃一切具象的。

中国士大夫的天，保留了某些高大上的感知，但天道天命天理天心天意天良天机，更强调的是从天的高大上衍生出来的思维的高大上即形而上，概念的高大上，概念的涵盖功能，概念的崇高地位，概念的生发、更新、组合与变化的弹性、机动性、伸展性、可匹配性，词汇的可增加可模仿可出新性，反义词近义词匹配词的可创造可出现性，语言，正是人类与天地、与无穷、与上苍与终极、与老子说的"大曰逝，逝曰远，远曰反"的大道相通的途径。

读书

D U S H U

10

2022

葛兆光　以亚洲作为历史视野 ……… 3
朱　捷　重审"作为方法的中国"……… 12

许纪霖　千禧一代人的怕与爱 ……… 21
王　楠　西部之毒 ……… 31

汪毅霖　优绩至上的政治经济学批判及对批判的批判
　　　　……… 40

程　虹　当女性与荒野相遇 ……… 49
钟志清　爱能否跨越边界？ ……… 57

短长书
退而不休的治史体悟　金冲及 ……… 66
青冈峡里韦州路　杨占武　　72
天平的两端　许璐 ……… 76
虚拟现实里的罪与罚　李斯特 ……… 80

冯克利　保守的技艺 ……… 84

徐英瑾　否思《菊与刀》……… 93

岳永逸　修山，小民的丰碑……… 102
贺晏然　圣贤与乡贤……… 112

品书录……… 121
《第一个人》的追寻（陈娟）·后世相知有别传（罗韬）·司马迁的"世界"（王江鹏）·典型弗坠 经师人师（刘玉才）·会心不远（司新丽）

唐晓峰　美国文化地理学的奠基者……… 142
袁一丹　"游戏的人"：赵元任之于当代学术的意义
　　　　……… 151

吴晓东　远景问题的历史光影……… 159
顾文艳　现代性的逾越……… 168

读书短札

唐朝诗板　北窗读记（刘涛，92）·"青山"还是"青衫"？（陈腾，150）

刘以林　漫画……… 20
王蒙　康笑宇　文墨与家常……… 封二

葛兆光

以亚洲作为历史视野
——《亚洲史的研究方法》课程前的开场白

这是一门给博士生开的课,所以,在进入本课程之前,我想首先说明这门课的目的和意义。为什么要开这门课?其实说起来只有三点,很简单的三点。

一

先说第一点。

毫无疑问,"亚洲"不是一个。过去,明治、大正时代的日本学界往往以"东洋"代指"亚洲",他们的"东洋史",几乎就等于是"亚洲史"。比如日本著名学者桑原骘藏(一八七一至一九三一年)在十九世纪末二十世纪初影响很大的《东洋史要》里就说,所谓"东洋"是以葱岭也就是帕米尔高原为中心的亚洲,这里包括东亚(中日韩及俄国远东地区)、南亚(印度、阿富汗、巴基斯坦)、中亚(兴都库什山以北,葱岭以西、锡尔河以南)、西亚(阿姆河以西到咸海、里海以南,包括伊朗、土耳其、阿拉伯地区)和北亚(阿尔泰山及咸海、里海以北,俄属西伯利亚)。当然,这里还没有说到环南海地区的东南亚呢。大家可以看到,很显然,一个亚洲,各自不同。说到底,"亚洲"原本只是欧洲人给东方很大一块地方命名的地理名词,就像他们常说的"近东""中东""远东"一样,这是从欧洲看东方生出来的一个地理概念。虽然很早在欧洲就有"亚洲"的说法,大家都知道早期欧洲以耶路撒冷为中心展开三个叶子形状的世界地图上，右上方的那片就是亚洲。不过，要到传教士把欧洲的世界知识传到明代中国，中国才逐渐有了叫作"亚洲"的地理概念。

所以亚洲本来并不是一个在政治、文化、族群上有同一性的历史世界。亚洲族群太复杂，空间太广袤，文化太丰富，语言太多样。桑原骘藏就说，东亚、西亚、南亚、北亚以及中亚，差异非常大，单单从族群或人种上说，亚洲就包括了蒙古人、波斯伊兰人、印度雅利安人、马来人等。就算仅仅指我们最熟悉的"东部亚洲"，也就是环东海南海这个区域，也不那么简单，复杂得很。之所以我也采用"亚洲"这个概念来设计课程，主要是考虑到在历史上，这个区域和中国之间，曾经有过密切的互动、联系和激荡。比如中古时期的"西域"，就把中原王朝和突厥、粟特、回鹘、波斯、吐蕃、天竺、大食连成一片。近世以来的"东海南海"，就把东部亚洲海域周边北到库页岛，南到爪哇都连成一片。如果我们能把"中国"放在这个广袤背景下去讨论和分析，也许，我们可以看到更多的、单纯在中国背景下看不到的历史线索。当然，这并不意味着亚洲"自古以来"就有，日本人冈仓天心（一八六三至一九一三年）在一九〇三年写的一本很有名的书《东洋的理想》里开篇就说"亚洲是一个"。其实这话并不对。亚洲各地虽然互相有联系，而且是密切联系，但无论从族群、信仰、历史、文化、制度上看，并不是一个。而一个自我认同的"亚洲"，恰恰是在看似同一个"欧洲"的对照和刺激下，在近世才逐渐自我建构起来的地理、文化和历史的"区域"。

亚洲实在太大，任何一个历史学者在这种复杂、多样、差异很大的历史里面，都会感到自己的知识欠缺。任何一个学者都不敢说，自己可以研究亚洲。我也是赶鸭子上架，半路出家，自己研究的主要领域，还是在中国史特别是中国思想、宗教和文化史，只是现在，越来越希望年轻一代学者在亚洲／东部亚洲的语境或背景中，来重新研究中国史。所以，我的这门课，不可能讨论如何研究整个亚洲/东部亚洲，而更主要是围绕以下三个问题：

第一，中国学界要不要超越国境，来重新研究中国史？

第二，对亚洲特别是近世东部亚洲海域的历史，怎样有，或者能不能有一个整体认识？

第三，同时，我们又如何反过来，把"亚洲/东部亚洲海域"的历史作为"中国史"（或者"日本史""韩国史""越南史"）研究的视野和背景？

近年来，历史学变化很大，彼得·伯克（Peter Burke）曾经预言，未来历史学研究的趋势，可能是"文化接触"，也就是不同文化间的相互影响、接受与转移，边缘对中心的影响，以及从边缘重思世界史，强调有联系、互动、影响的全球史，也许就是这个趋势的表现之一。这话说得很对，也很有预见性。过去，我们都习惯了所谓"就中国讲中国"，只是在中国范围内以中国史料谈论中国，但这是不够的，可能要大大改变。所以，尽管大家将来要做的，也许只是个别国家的宗教、艺术和历史研究，但你一定要考虑，它与周边——具体到中国，就是亚洲——的文化背景和互动可能。而如果我们能把这种超越个别国家的历史背景和文化联系作为自己的研究视野，我们一定会看到一些过去孤立地研究某个国家宗教、艺术和历史的时候，可能发现不了的线索和被遮盖了的现象。

二

再说第二点。

研究亚洲或者东部亚洲，为什么我要把"艺术""宗教""历史"这三者综合在一起？也有人问过，我所在的复旦大学文史研究院为什么要把"亚洲宗教、艺术与历史研究"当作博士招生方向？这当然一方面是因为我的知识有限，不能不局限在几个领域里。像区域史里面占的比重很大、资料很丰富的商品贸易、物质交流，我就不敢多说，因为涉及丝绸、茶叶、香料、瓷器、白银还有鸦片，那些方面的知识我不具备。而另外一方面呢，我想，是因为艺术史、宗教史和文化交流史，在我看来恰好构成了"文化史"的主干，而这三个领域的关系，恰恰又十分密切。

关于这方面的例证很多，大家都知道中古时期粟特墓葬中石棺床的精美雕刻，就和中亚、族群、商贸、移民相关；又比如日本神道教所谓天皇象征的三神器（八坂琼曲玉、八咫镜、草薙剑），就和中国道教的剑、印、镜等法器信仰有关。这种例子太多了，这里不妨再举个非常小的例子。孙机先生曾经写过一篇文章叫《从米芾〈蜀素帖〉说起》，里面提到台北"故宫博物院"收藏的米芾《蜀素帖》里有一首《拟古诗》，讲到乌龟和仙鹤合作渡河的故事：仙鹤叼着乌龟飞越河流，约定不可开口，因为一开口就掉下去了，但乌龟忍不住还是开口，于是就堕入河流。所以，米芾诗最后一句就是"报汝慎勿语，一语堕泥涂"。这个故事呢，周一良先生已经指出，它来自印度佛教的"海禽衔龟"故事："双鹤御龟，龟咬竹竿，一同渡河，但龟不可开口，否则堕入泥涂。"意思本来是佛教告诫信众，不得"妄语"。大家知道，不得妄语是佛教很重要的一条戒律，人就是因为多嘴多舌，所以才陷入烦恼而不能解脱。这故事见于康僧会翻译的《旧杂譬喻经》及《法苑珠林》卷八十二。但是孙机指出，这个故事后来逐渐改变，在中国形成以"龟鹤"为主题的图像，这个图像又逐渐从中国影响到日本，一直到十五世纪。

你看，这么一个小小的文学故事和绘画主题，就影响到亚洲的三个区域——印度、中国、日本。所以，如果你是研究艺术史的学者，面对中古中国大量的砖雕石刻、墓室壁画、石窟造像，你既不能忽略这些图像和中亚、南亚的联系与渊源，也不能忽略它们和往来东西之间的各种异族、异国商人、宗教徒的关系，也不能忽略它们从中国到朝鲜和日本的流传和分布，更无法不掌握佛教、道教、回教，以及"三夷教"（祆教、摩尼教、景教）的知识。历史研究需要文字文献，也需要图像资料，艺术史研究需要历史语境，也需要宗教知识。

所以，如果我们能够把这三个领域综合起来，既可以使用所有的文字文献、图像资料和考古发现，也可以看成是亚洲文化史领域，它兼容理性和感性、政治与信仰、历史和艺术，也许可以对过去时代的历史与文化有贯通的认识。

三

当然，还有第三点，那就是如今研究超越国境的区域史，不能不考虑全球史研究潮流的影响。

现在"全球史"已经成为一个热门，但是全球太大，谁能讲一个包罗万象的全球史呢？很难。现在有没有真的可以笼罩全球的历史著作呢？很少。有人告诉我，世界史和全球史，主要就有两种：第一种是"满天星斗式的世界史"，就是把各个国家、区域、族群的历史相加，仿佛拼图一样。可这和过去的"世界史"区别不大，过去中国学界，无论是周一良、吴于廑的《世界通史》四卷本，还是吴于廑、齐世荣的《世界通史》六卷本，大体上就是这样的。我们大学里面教的世界史也是这样教的。这是西方的世界史被引进中国以来，无论是晚清、民国还是中华人民共和国一直延续的史学传统。还有第二种，是"台球撞击式的全球史"，就是重点描述各种事件、人物、现象之间的互动和联系，就好像古代禅宗诗歌说的，"一波才动万波随"，看看互相交错的涟漪和波纹，一圈一圈怎样互相波动互相影响，这当然才是理想的全球历史。

但是你要注意，这种全球史写起来没那么容易，我建议，在全球史背景之下，先做区域史的研究。为什么？原因很简单。

第一，全球史怎样既超越国别史，又能够容纳国别史？这是一个难题，但是区域史则相对比较容易。

超越国家的历史联系，主要是在经济史、知识史、文化史、科学史上，也就是贸易、宗教、艺术和物质文化史上，可能比较容易找到很多证据，可以勾勒一个互相冲击和彼此往来的图像，可以写出联系着的全球或区域的历史。然而，在政治史研究上，做起来也许比较困难。我以前写过一篇文章，叫作《在全球史潮流中国别史还有意义吗》。为什么我一方面强调全球史、区域史的重要，一方面还要强调国别史必须存在？就是因为在传统时代，政治常常被国家或王朝控制，不同国家或王朝的制度也常常有差异，而各个国家的政治，也会塑造各个国家不同的文化和环境，你不研究一个一个国家特别的社会、政治和制度，你说不清楚国家与国家之间，在政治、文化上为什么不一样。更何况有时候，你也不大容易找到古代各国政治上和制度上彼此的影响和联系，也许，只有在东西方交通开始发达，在同属一个文化系统的欧洲内部或东亚诸国之间，才比较容易找到政治史上的某种关联。

可是，有时候一些相互联系比较紧密，彼此影响相对明显的"区域"，倒是很容易看出它的互相撞击、互相渗透。比如受到古希腊罗马文明、基督教影响的欧洲，受到伊斯兰教影响的西亚中亚，以及由儒家文化、佛教文化和回教文化交错，朝贡圈和贸易圈连接起来的"东部亚洲海域"。

第二，全球史并不是上下五千年，纵横十万里，其实，它更是一个观察历史的角度、视野和方法。

大家可能熟悉卜正民（Timothy Brook）的《维米尔的帽子》。卜正民是一个很棒的学者，这本书从荷兰画家维米尔的几幅画作说起，涉及十六到十七世纪荷兰的代尔夫特和全球贸易、这两个世纪之交的明清交替、中国的寒冷和瘟疫、传教士的来到东亚，还说到荷兰东印度公司的亚洲经营，荷兰人从海洋到达亚洲，甚至讲到"全球性流动现象重新界定他们（荷兰人）的世界观，还拓展了他们的世界"。维米尔的绘画，可能只是一个引子或者象征，不过通过这个小小的绘画，大大的世界历史就渐渐凸显了。

还有，沈艾娣的《传教士的诅咒》虽然写的是微观历史，写的是中国山西一个不起眼的村庄洞儿沟，但竟然会和遥远的神圣罗马教廷曾有过三百年的互动。当年传教士来到这里，影响了这里的人一直信仰天主教，这个地方的宗教信仰，因为一代代村民们留下了历史记忆，一个个传教士们留下了文献档案，而且这些历史记忆代代口耳相传，这些文献档案保存在了罗马教廷，所以，有关这个村庄的小历史，就没有湮灭在整个中国的大历史中，还和罗马教廷发生了关系，这就是全球史。所以，全球史不只是写那些大的历史，也可以写小的历史，过去中国所谓"草蛇灰线"和西方所谓"蝴蝶效应"，就可以通过这些小故事，成为全球史。更可以提出好些值得深思的问题，比如，历史上天主教在中国传教为什么有的成功，有的不成功？外来的传教者和中国的信仰者之间，应该是怎样的关系？政治性的国家认同和宗教性的普世信仰之间，应当怎样处理？

我二〇一二年在《读书》写过一篇人物随笔，就是万历年间曾经当过福建巡抚的许孚远。那时候正值"壬辰之役"，中日朝打得不可开交的时候，许孚远到福建当官，就派间谍到日本侦察敌情，和吕宋的西班牙殖民者建立联系，建议拉拢琉球斩断日本的左臂右膀，甚至主张开放海上贸易，孤立日本，而这一切的大背景，又和大明和日本的东部亚洲海上争霸有关。你看，这是不是也是一种从微观看宏观，从一个人观察全球变动的途径？所以我说，"全球史"是一种角度、视野和方法。

第三，全球史早期资料不够，这是一个难题。所以，我们不妨先从资料相对容易收集的区域史开始。

全球史有它自己的困难。为什么？因为它一方面受到时代的限制，一方面受到资料的限制。时代越早，这种全球或广大区域之间联系的资料就越难找，因为古代交通条件有限，古人活动范围也有限，就好像在桃花源里，不知有汉，无论魏晋，小国寡民，鸡犬之声相闻，民至老死不相往来。这时候你上哪儿去找"联系""互动"和"影响"的资料？当然，越到后来，全球的联系就越多，不仅仅是丝绸之路出来了，航海技术也发达了，除了贸易之外，战争、宗教、移民越来越多了，疾病、物品、艺术也就彼此交错，互相影响，这时候资料多了，联系和互动的全球史也就可以写出来了。

因此，在联系还不充分的时代，是不是可以先叙述区域史？大航海时代以前，虽然全球联系也存在，比如法显的故事、丝绸之路和粟特商队、玄奘天竺取经、郑和下西洋等。像一九八四年发现的唐代《杨良瑶神道碑》，说明八世纪末唐朝官方使者杨良瑶（七三六至八〇六年）就在贞元元年（七八五）十月从广州出海，出使黑衣大食，很可能到过现在伊拉克的巴格达。后来《新唐书·地理志》中引用中唐贾耽编撰《皇华四达记》记载了广州到缚达（巴格达）的"广州通海夷道"，可能就是来自杨良瑶的报告。但是，这样的全球性联系资料毕竟不多，更容易看到和找到考古或文献资料的，是区域之间的贸易、战争、传教、艺术、移民等。而"区域"的联系很早就存在。我以前写过一篇《从"西域"与"东海"》，你可以看布罗代尔关于"地中海"的研究，环地中海就是一个联系密切的区域；你也可以看敦煌文书发现之后的"西域"研究，西域也是东亚和西亚之间的一个"地中海"，它把整个亚洲连起来。当然，很多人认为"蒙古时代"以后，就进入"世界史"了，按照日本学者本田实信、冈田英弘、杉山正明等人的说法，"蒙古时代"终于把世界连在一起了，但这"世界"其实一方面主要还是欧亚大陆，而且另一方面，这种联系的世界也有曲折。甚至，在十四世纪后半到十五世纪前半之后，由于蒙古在东部亚洲溃退，欧亚又形成"东是东，西是西"。

所以，中国学界不妨先从和自己相关的区域史开始，在这个区域史里面，我觉得"东海南海"（现在我用"东部亚洲海域"这个词）在十五世纪以后，成了一个有机的历史世界。我最近正在写一篇文章，就是想说明，在跛子帖木儿一四〇五年去世之后，西亚（当然包括更遥远的欧洲）和东亚又开始各自分离，宗教往来、商品贸易，虽然也不是没有，但是，东部亚洲尤其是环东海南海区域，也就是我们说的东北亚和东南亚，联系非常密切，比较明显地构成了一个相对完整的历史世界（这一点，日本学者已经有不少研究，参看上田信《海与帝国：明清时代》）。你从政治（朝贡圈）、经济（环东海南海贸易圈）和文化（东北亚儒家与大乘佛教，东南亚儒家、小乘佛教和伊斯兰教）三方面，就可以看得比较清楚。英国学者约翰·达尔文《全球帝国史：帖木儿之后帝国的兴衰（1400—2000）》也注意到，帖木儿去世是一个大事件，只是他没有强调全球帝国史的另一面，也就是我说的"合而又分"。

所以，研究亚洲东部，也就是环东海南海这个区域的互动与联系，在现象上、理由上、资料上都很充足，如果把"东部亚洲"或者"东海/南海"作为一个区域，充分研究环东海南海地区的互动和联系，比如明清中国、朝鲜、日本、琉球、安南之间，加上东南亚的吕宋、暹罗、爪哇、满剌加诸国，以及从南海过来的西班牙、葡萄牙、荷兰和西洋诸国的互动。我觉得，这样的"区域史"，也许是对未来理想全球史的贡献。

所以，这门课虽然叫"亚洲史的研究方法"，实际上我会比较多地提及东部亚洲海域，也就是环东海南海的东南亚和东北亚这一块。

好了，"开场白"说完，下面进入正题。

（《亚洲史的研究方法——以近世东部亚洲海域为中心》，葛兆光著，商务印书馆即出）

朱捷

重审"作为方法的中国"

自二十世纪八十年代末,"作为方法"一语逐渐在中国学术话语中占据一席之地。追根究底,它缘起日本的鲁迅研究者、文学评论家竹内好。竹内于一九六〇年在国际基督教大学亚洲文化研究委员会主办的"思想史方法论"会议上,阐发了其"作为方法的亚洲"思想。距此二十九年后,日本的中国思想史家沟口雄三以"作为方法的中国"这一批判的方式继承了竹内的学说,并一举成为石井刚所谓众多对"中国认识"理论和方法反思中影响最大的研究成果。毋庸讳言,方法化的"亚洲"与"中国"都是曾经的经验空间与未来期待视域相结合的产物。当近乎狂热与偏执的"亚洲"理念渐趋褪色,可以说《作为方法的中国》(一九八九,以下简称《方法》)"为日本"谱写了最后一曲关乎"人民"与"革命"的挽歌。

一、方法化的"中国"

"二战"后的日本年轻知识分子多对社会主义抱有亲近之感,对社会主义中国的期冀也是沟口进入中国研究领域的契机,而"期冀"式的中国观被他"作为一种先验性的观念"无条件接受下来。然而,到了二十世纪八十年代,沟口写作《方法》一书时,他的中国观已由"先验""一元"变为"相对""多元",而所谓"基体展开论"即基于中国历史发展内在理路的中国认识,可以说在绝大程度上是为其"多元化"立场服务的。这就是《方法》一书所开陈的"以中国为方法,以世界为目的"。

沟口本科期间就读于东京大学,当时他主动从德文专业转入中文专业,并放弃了升入法学部的机会,硕士期间又机缘巧合开始研究明末文人李贽,由此渐次走上了中国研究之路。纵观其学术生涯,沟口的问题意识由"近代"(modern)而来,"中国的""近代"与传统的儒家思想是其学术观点的主要资源。《方法》的核心论题在于强调,中国的近代既不落后于欧洲,也非超越欧洲,它从一开始走的就是一条与欧洲和日本完全不同的道路。比如,沟口以传统的"大同"思想为例,认为这才是近代中国一系列变革的基础,欧洲的民权、平等观念以及马克思学说终究只是来自外部的刺激,"大同"思想自身的成熟才是中国走向"近代"的关键所在。简言之,中国的近代以中国的传统为"基体",我们应当在中国的内部寻求中国历史发展的脉络。

这一观点由于颠覆了长久以来被黑格尔"中国历史停滞论"和魏特夫(Karl A. Wittfogel)"东方专制主义"形塑的中国"标准像",也批判了日本自身的文化系统,遂易使读者赞不绝口,认为沟口是在为实体中国的崛起摇旗呐喊。

然而遗憾的是,此乃对沟口意图的部分曲解与臆断,至少在二十世纪八十年代沟口写作此书时,他方法化"中国"的主要目的是为其"多元化"理想服务的。如书中就明确表示:"以中国为方法的世界,就是把中国作为构成要素之一,把欧洲也作为构成要素之一的多元世界。"在沟口的话语系统中,"多元""相对""异别""客观""自由""普遍"等词的意思大同小异。扼要而言,他坚持价值多元主义,认为"异别"意识应当作为国别研究的金科玉律。为此,他甚至冒险"抢救"老一辈东洋史学家津田左右吉排斥中国的知识生产,认为排除历史观与价值判断方面的问题,其学问中的"异别"

作为"原理"还是应当得到继承的。沟口的所谓"多元"似乎成了一个超历史的命题。

二、"多元"世界观的隐曲

马克思有一句名言，人们自己创造自己的历史，但是他们并不是随心所欲地创造，并不是在他们自己选定的条件下创造，而是在直接碰到的、既定的、从过去承继下来的条件下创造。将津田学说与其所处时代的特定意识形态进行分割处理，当然是有问题的。正如伊格尔斯（Georg G.Iggers）所言，根本就无法将意识形态与学术成就分开对待。曾经志在成为一名外交官的沟口，对社会政治有着相当敏锐的洞察力，我理解这里的"多元"在很大程度上是沟口针对日本国内社会政治状况，在学理层面所做的回应。

众所周知，"二战"以前日本帝国在以天皇为顶点的政治权力构造牵引下最后走向了战争与灭亡的深渊。究其原因，所谓神圣的"国体"难辞其咎，它是当时唯一的终极价值。虽然将天皇制作为"国体"的思想正统性在进入明治二十年代以后才基本得到确立（《教育敕语》的颁布为其标志），此后日本便依靠这个"国体"垄断了几乎所有的价值判断。学术、艺文的自由除了依附于它别无他法，并且这种依附绝非表面附随，是偏于内在的自觉。

就是说，在效忠天皇的社会一元化过程中日本人的精神趋于同质，国家这个利维坦的意志成了一切价值的裁决者，即使是发动野蛮侵略战争的国家行为亦具备了合法性，而得到"封闭社会"里国民的广泛拥护。战后日本知识分子追求"主体性"思想的迫切心情，绝非无因而至。侵略战争带来的直接后果，是国家主权的丧失和对权威伦理的深度反思。正如小熊英二所言，被称为战后思想关键词的"主体性"，是日本人为了能够从战争、战败的屈辱中重新站起来所需要的语词。大塚久雄对"近代人类型"的阐发，丸山真男对"市民社会"和近代主义的论述均与之息息相关。

在某种程度上,"主体性"与作为理念的"近代"之精神并无二致,其实大塚与丸山的"近代理念"有着基本一致的诉求,即谋求伦理的重建与民族的自立。具体而言,在内是为对抗权威的自我意识,包括批判战时满口"鬼畜英美",战后高唱"民主主义",冷战局势激化时高喊"现实主义"的种种投机作风;在外则表现为独立,或曰"中立"于美国与苏联的民族主义情感。事实上,按照沟口本人的说法,作为研究主体如何看待中国问题也是他本人学说的最大特点。并且,他也确实是将"中国"作为"自我实现"的方法与手段的,当中也便孕育了对"多元"的思考。在此意义上,可以说战后日本知识分子的思想史乃是对战争经验思想化的历史。

然而,战争记忆从一九六〇年开始被人们迅速淡忘。伴随经济腾飞,日本人的"大国"意识卷土重来,民族主义情绪也有所膨胀,谋求自我认同的"日本文化特殊论"的大行其道便是例证之一,即使作为自由派思想旗手的丸山,也在此时期创作了颇具民族主义色彩的《历史意识的"古层"》一文。沟口的"多元"世界观,应当说也在某种程度上受到这种潮流的影响。

此外,在整个二十世纪七八十年代,日本人都沉浸在经济繁荣的狂喜当中,柄谷行人曾指出,此时期日本人的没有"自我"反而受到了积极评价。竹内好等一辈人在战后的批判话语逐渐失去影响,曾经无法把现存秩序作为普遍必然来对待的不安定感荡然无存,关于战争的惨痛记忆变得空洞化。"明治""民族"等词语逐渐丧失了具有革命气息的内涵而被保守势力所吸收,政党政治中的左翼批判力量也迅速衰弱,右翼政治势力占据了主导位置。始终活在美国阴影下的日本国民对政治表示漠不关心,作为在近代语境中具有象征意义的"国民"甚至趋向与以美国为主导的现实体制相融合。无怪乎沟口会在《方法》后记里说:"在四五十年代竹内好氏的影响下走上研究道路的我的这本书只能算是一曲落后于时代的挽歌了。"

如此看来,沟口在渐趋匀质化的历史情境当中,提倡将"中国"作为方法的"多元",并非是无的放矢。"多元"的出现是沟口对既存秩序相对性的渐悟,是特殊历史情境下谋求民族文化认同的需要,也是日本社会"当下妥协"之现实与"持续抵抗"之精神双重张力关系作用下的产物。

三、一种"世界共时性"的检视

尽管在资本主义的"糖衣炮弹"下,自我陶醉式的"现实主义"始终占据上风,但二十世纪六十年代发生的"安保斗争"及学生运动不容忽视。以学生为主体的日本新左翼在此一时期兴起,他们不但抗拒旧左翼的权威,同时对现行的大学体制,乃至整个日本社会制度进行批判。虽然沟口直言反对在研究里包裹政治动机,但事实上他的学说与这一被称作"政治季节"的时期息息相关。一九五六年沟口从东京大学毕业回到名古屋继承家业数载后又重返校园,便是在这个时期。他主动加入当时"最左"的中国研究会,并因此与其在名古屋大学的硕士导师入矢义高结缘。沟口曾表示,入矢的课非常有趣,和自己在东大上的课完全不同,东大的课基本上缺乏主体性问题,而入矢教授则让大家尽量发挥主体自觉性。而稍后,他在一九六七到一九六九年担任东大文学部中国文学科助手期间,则亲身经历了那场学生运动。

值得注意的是,上述社会背景又成为七十年代以后形成巨大影响的日本后现代思想产生的直接土壤。正如林少阳指出的,从七十年代中期至二十一世纪最初十年,后现代思想在日本知识界风行近四十年,其时间跨度之大、影响之巨,不可小觑。我们也可以把沟口以"多元"为主旨的"作为方法的中国",归入这股后现代主义思潮当中。他反西方中心的立场,以及与此互为表里的解构学界固化中国形象的知识生产等，均与此思潮密切相关。换言之，沟口中国研究的认识论和方法论并无特别的新意，"作为方法的中国"主要来自具有世界共时性的"解构主义"思潮的影响。其方法化"中国"的理念，挑战的核心乃是整套启蒙时代以降的西方思想。

虽然沟口有着作为日本中国学研究者的自觉（在这方面多继承了京都大学中国研究的传统），但之于客观环境，沟口在踏入大学校园以前所接受的教育大部分是关于欧美的，甚至在主观上，如他所说：中学、高中时代我是热心的西洋文化追随者，不管是读的、看的还是谈论的，从德国、法国的小说、哲学书，到法国电影等，没有一个不是西洋风格的，乃至整个身体细胞都散发着西欧文化的味道，对中国的古籍以及小说，我是从来没有看过。进入大学以后，沟口继续不断地进行着欧洲理论的消化吸收。实际上，从日后其著作中频繁出现的"走向自由""人的本质"等词亦可佐证西方思想的掣肘，遑论他的专业领域"思想史"本身的西方属性。

近代以降的西方学科分类渐趋繁杂，而思想史研究的出现便具有打破既定学科分类的倾向。美国的思想史研究开创者洛夫乔伊于一九二二年创立的观念史俱乐部，其成员组成极其多元即是例子。而稍早的德国以狄尔泰为发端的思想史研究本身，亦建立在试图打破传统学科窠臼的基础之上。因之，作为"思想史"学者的沟口要改革东京大学中国研究机构、打破"传统"学科分类的行为，便顺理成章。

此外，具有世界性影响的"后现代思想"，就其自身而言也是在特定历史情境下，西方自身开始对启蒙时代以来的整套话语体系之合理性展开质疑的一股思潮，它具有强烈的自我反思与批判精神，乃至解构既成知识系统的倾向。在西方的中国史研究领域与之相关的现象是，五六十年代以费正清及其弟子列文森为代表的"冲击－回应""传统－近代"论等具有西方中心主义色彩的学说成为研究中国的权威模式。而作为对它的反思与批判，费正清的另一位弟子柯文则在一九八四年出版的《在中国发现历史——中国中心观在美国的兴起》中，明确表示将西方近代史作为一种规范（norm）是有问题的，而应转向以中国为中心的中国史相对化叙事。实际上早在七十年代初，柯文就已经开始在中国内部寻求其发展的动力了。

而沟口以"多元"为主旨苦心打造出方法化的"中国"理论，其实质是对西方后现代思想的利用和再创造，这也愈发呈现了日本思想依然被西方所笼罩的事实，尽管作为民族国家一员的沟口有着让自古以来受中国影响，近代以降又浸染在西方文化里的日本获得独立的现实焦虑。

四、从"阐释中国"走向"中国阐释"

总体来说，"多元"视域下的"中国"终究是沟口展开自身理论思考的一个策略，一个他所编织的意义网络里的象征符号。当然，就像葛兆光所说的，当时日本越来越发达，和中国渐行渐远而与美国却越来越接近，因此"中国研究"逐渐边缘化。"中国"在日本主流学术界和思想界的影响力与吸引力也越来越小，"中国研究"这个领域变得冷清了。至少从此后的一段时间来看，沟口对逐渐走向衰退的日本中国研究可谓贡献良多，甚至说他在"中国"理念被相对弱化时期的日本，是以一己之力"呐喊"重振中国研究的。如今看来，《方法》更像是为曾经辉煌一时的"中国""革命""人民"理想所奏的一曲挽歌，而沟口在日本学界近乎孤立无援的处境，则是最好的诠释。他的学生，日后又主动"离开"沟口的东京大学名誉教授村田雄二郎曾与我说，如果年轻时候能够多与沟口先生交流，多跟他一段时间就好了。言谈之间流露出的遗憾之情，耐人寻味……

此外，虽然承认"多元"是批判狭隘民族主义的有效方式，将起到反省战争历史、警惕专制主义的作用，但将文化的差异性提升为普遍原理的"多元"却并不一定可取，事实上沟口的表述除去逻辑的推衍和概念的阐释外，也并没能给出更多令人信服的关于"差异"的历史依据。如果要把"作为方法的中国"淬炼成原理性的思想，它必须超越日本特殊的历史情境，作为普世价值来引领世界。

晚清以降面对频频失利的中外竞争，中国的传统文化遇到前所未有的挑战，数千年来以"相生"为主旋律的国家与文化，甚至一度沦落到了"相克"的境地。的确，在国难当头之际，为了"保国"在某种程度上不得不放弃传统，甚至于主动而激烈地反传统，况且彼时的传统多已成教条化之势。真正的爱国者鲁迅就曾明确表示："目下的当务之急，是：一要生存，二是温饱，三是发展"，"不革新，是生存也为难的，而况保古"。

在救亡图存的时代，不论是心系实体国家，还是心系文化天下，抑或两者兼具的中国人都不得不面对师法西方的基本问题。可以说，在"新文化运动"西化论者的引导下，以儒家文化为核心的中国传统文化终究走向了衰落。当然，此时也不乏如钱穆那般执着于传统文化的延续性价值及其"返本开新"潜能的知识分子。此外，如严复的"立国精神"、梁启超的"中国魂"也体现出对中国传统文化的坚守。他们绝非顽固不化的保守士人，毋宁说以传统精神为思想资源、会通中西、再创普世价值才是他们的理想。

时至今日，经历了百年激荡，在艰难困苦环境下"摸着石头过河"的中国，应当说已经走过了单纯意义上的"西化"道路。晚清以来，我们不得不放弃自己原有的价值意义，为了获得来自他者的承认而接受了自由竞争、弱肉强食一类的生存法则。并且，长期以来深受西方叙事的威逼而时刻面临着其话语霸权的压迫。然而随着中国的和平崛起，不得已而为之的"师法西方"已成历史，今天的中国知识分子应该以自己的方式和努力，去思考中国如何迈向世界舞台并为他者展现自身具有普世价值的思想。而"五四"以来的文化自我

科学是使人的精神变得勇敢的最好途径。——布鲁诺

批判精神,在某种程度上也为我们方法化"中国"扫除了传统文化里故步自封的负面障碍。

马克思说过,抽象本身离开了现实的历史就没有任何价值。"作为方法的中国"只有在上述具体的历史语境下,方能获得其实际的意义和作为思想资源的新生长点。总之我想说,沟口雄三在三十年前提出"方法论化中国"的主张,呼应的是高速经济增长达到顶峰而"中国研究"热情锐减的日本内部语境,其思想史方法论的追求和重振日本"中国学"的愿望,当然可敬可佩。然而,其"以中国为方法,以世界为目的"的高迈理想,需要从作为"实体"的当代中国现实出发,这也正是今日中国学人要清醒认识和努力实践的。

(《作为方法的中国》,沟口雄三著,孙军悦译,生活·读书·新知三联书店二〇一一年版)

许纪霖

千禧一代人的怕与爱

一九九〇年前后出生的一代人被称为"千禧一代",他们出生于二十世纪末,成长于二十一世纪初,是新旧世纪之交的一代人,充满了各种迷惘和矛盾。二〇一八年,二十七岁的爱尔兰女作家萨莉·鲁尼出版的《正常人》,荣登《纽约时报》《星期日泰晤士报》畅销书排行榜榜首,全球销量超过三百万册,还囊括了众多图书奖项,成为英国图书奖、科斯塔图书奖有史以来最年轻的获奖者,《纽约时报》称她为"第一位伟大的千禧一代作家"。根据小说改编的同名连续剧,更是受到年轻人的青睐,打破了英国广播公司(BBC)的电视剧网络播放的历史纪录。

为何一位如此年轻的千禧一代作家,会有如此巨大的轰动效应,其作品有可能成为《飘》一般的文学经典?萨莉·鲁尼这本篇幅不长的小说,在一对千禧男女异常纠结的爱恋故事之中,植入了社会秩序的规训、阶层等级差异、都市与小镇等级差异、性别权力关系等多个千禧一代异常关切的主题,将全世界年轻人内心世界的迷茫与挫败、亲密关系的脆弱与敏感、自我认同的丧失与重拾,细腻而温婉地展示出来。《正常人》是一个难得的复杂文本,从中可以解读千禧一代心中与前辈们迥然不同的爱与怕。

书名是 *Normal People*,太有内涵与深度了。何为 normal?固然,每一种文明和文化都有自己的价值尺度与主流秩序,形成 normal 与非normal的区隔,然而,只有到了启蒙运动之后,人成为理性的存在,理性是人之所以为人的唯一依据,normal才演化为福柯意义上的微观权力,渗透到社会每一个角落,内嵌到每个人的心灵,成为一套无所不在的理性秩序,既是社会秩序,也是心灵秩序。

然而,与理性秩序抗衡的,是启蒙运动的另一个面向:浪漫主义。从卢梭到尼采,从情感的人到意志的人,试图突破群体的理性秩序,表现非理性、非normal的自由个性。启蒙运动从一开始,从对人性的不同理解,是理性人还是情感/意志人那里,就埋下了现代人精神世界与现实世界的内在张力,而《正常人》所描述的,正是这一张力在千禧一代人身上的独特表现。

书中的男女主在四年的情感生活之中,经历了三次令人扼腕的分手。这三次分手,细细阅读,都有着非常深刻的文化心理内涵。

第一次分手,发生在高中毕业前夕。康奈尔与玛丽安是学校中顶尖的男女学霸,有着相似的家庭和心理背景:都在非正常家庭出生成长,父亲缺位,从小敏感而孤独、内向又自卑。他俩彼此同情,又相互欣赏,都发现对方是最知心、最让自己心动的唯一"一个"。本来,这样的初恋应该是甜甜蜜蜜、顺风顺水的,偏偏微妙的身份和心理落差,还有性格的因素,演绎成一场曲折反转、凄美动人的苦恋。

Normal是一组主流价值,也是一套礼仪习俗,顺从normal的,被视为正常人,反之,就是不正常的异端,被排斥在正常生活之外。玛丽安聪明、傲气、有个性,敢于顶撞老师,与同学格格不入,被所有人视为怪物。玛丽安反抗normal,但又一直期待着被normal接纳,内心充满了焦虑与矛盾。她有着不可抑制的自卑情结,感觉自己不漂亮,又是平胸,比不上同样对康奈尔有好感的"正常"美女蕾切尔。Normal的厉害之处,在于同样规训自己的反抗者,即使极端如玛丽安,其内在价值与自我认同也与那些正常人是同构。她既高傲又自卑，高傲只是其自卑的掩饰而已。有例外才有正常，有叛逆也更显正统。所有的反抗，都进一步强化了这套 normal 秩序。

在最初的关系之中，玛丽安都是主动一方，主动表白、主动诱惑康奈尔，她想俘获一位"正常人"来获取 normal 对自己的承认。而在康奈尔这一端，帅气、阳光与温顺的他，在"正常人"阵营中讨人喜欢，却没有人知道，他有一种与玛丽安心灵相契的独特个性，有文青的敏锐和细腻的情感，写得一手优美的文字，但在崇尚棒球和性快乐的"正常人"小伙伴当中，没有一个知音，唯有玛丽安懂他、欣赏他。康奈尔上了她的床，并非贪图她的身体，只是因为都是"正常人"的另类，心心相印。"每次和玛丽安说话，他都有一种完完全全的私密感，他什么都能跟她讲——他自己的事，甚至很怪的事——而她从不会跟别人说，这点他很清楚。和她在一起就像打开一扇离开正常生活的门，把它在身后关上。"

这两个非"正常人"，一个是公开的，一个是秘密的，在校园里面，即便在走廊上相遇，也装作不认识一般，擦肩而过。Normal 的强大压力，让他们习惯于屈从，宁愿成为一对有私密感的地下情人。直到有一天，玛丽安在酒吧里面被袭胸，蹲在墙角哭泣，康奈尔看着心疼，当着众人的面，挺身站出来将她送回家。他们之间的恋情曝光了，康奈尔受到同学的嘲笑。他抵挡不住 normal 的压力，担心被正常秩序排斥，在最重要的毕业舞会典礼上，不敢邀请玛丽安，而是将蕾切尔作为自己的舞伴。可怜的玛丽安为这场舞会组织了筹款，预定了场地，竟没有 个男生邀请她参加，连向她表白过爱情的康奈尔也畏缩了。她深感屈辱，在家沉睡了十三个小时，从此不去学校。

玛丽安和康奈尔究竟是被 normal 排斥，还是自我排斥？康奈尔后来才明白，其实同学们都知道他俩遮遮掩掩的关系，只是作为笑料，其实并不在意，是他们自己太在意了，唯恐被视为另类。是的，不是别人，正是自己将自己视为了异端，在 normal 面前，两人的区别，只是康奈尔采取了屈从的姿态，而玛丽安采取了反抗的方式，但他们的内心世界，都与这套 normal 同构，强烈的自卑感，活生生拆散了彼此深爱的恋人，这是他们的第一次分手。

玛丽安和康奈尔都考入了爱尔兰的最高学府圣三一大学。从偏远的小镇到首都都柏林，两个学霸的命运发生了逆转。中产阶级家庭出生的玛丽安奔放自如，在校园里如鱼得水，一众男生围着她、追求她，而单亲家庭出生的康奈尔，习惯的是小镇那种封闭的熟人圈子，一旦来到大都市的陌生人氛围，他的内向与腼腆让自己处处感到压抑和拘谨。他们在酒吧里再次相遇，是玛丽安大大方方地将他介绍给同伴，并且将他引入了朋友圈。虽然已经分手，但初恋的情感依然让两人彼此思念，怕失去对方，又怕失去自尊，小心翼翼地试探重新启航的底线。他们终于重归于好，让关心他们的读者观众松了口气。然而，爱情的小船又一次说翻就翻，而且是那样地不可思议。康奈尔因为失去了打工的机会付不起房租，本来只要告诉玛丽安，她会欣然接纳他一起同居。偏偏康奈尔的自卑让他过分地自尊，期待着玛丽安主动邀请他，而她却以为他回家居住，是另有所爱，将再次抛弃自己，一番言不由衷的对话之后，竟然鬼使神差地第二次分手了。

康奈尔哭了，为自己悲伤，一个为玛丽安家打工的钟点女工的儿子，竟然想与众人宠爱的千金小姐同居。玛丽安也哭了，他们几乎每晚在一起，结果她被他甩了，在朋友面前倍感屈辱。令人扼腕的第二次分手，究竟原因何在？两人性格过于内向、缺乏开诚布公的沟通，固然是一个原因，亲密关系之间的微妙心理、害怕失去对方的不安全感，也是一个因素，但更重要的背景，乃是面对无所不在的 normal，两人各自的不自信。玛丽安的悲剧，来自男女性别权力的不平等，而康奈尔的焦虑，则是阶层和城乡差异中的自卑情结。而这二者在亲密关系之中，错综复杂地交织在了一起。

玛丽安与康奈尔分手之后，先后与两个男友交往，她不爱他们，只是为了抚慰自己受伤的心灵。而抚慰的方式，竟然是在性关系中扮演受虐的一方。她感觉自己是一个怪女人，没有人喜欢她，连最懂她的康奈尔也丢弃了她。她只有在性虐过程中、在男女的等级性主仆关系中得到一种被接纳的感觉。作者在书中如此描述："这些情感让她生出一种强烈的渴望，渴望受人支配，希望自己在某种程度上是破碎的。"在性虐过程中，当男友嘲笑她一文不值时，"她便觉得自己一无是处，内心空无一物，需要外力强力填补，倒不是她享受这种感觉，但某种程度上它能让她得到解脱"。

这种隐匿的性别权力等级秩序，从小根植于玛丽安的家庭之中，父亲家暴母亲，哥哥殴打妹妹，这种本来非常畸形的暴力关系，驯服了玛丽安的性别价值观，她以为这一切都是理所当然，是 normal 的一部分。只有在受虐的性关系之中，男性彰显暴力的权威者，女性扮演被征服的弱者，她才能够被 normal 接纳，获得某种虚假的安全感。而她与康奈尔亲密的时候，他平等地、温柔地对待她，反而让她感到不安全，怕失去他。因为被 normal 隐秘驯服的她，内心真的觉得"自己是个坏人，一个堕落的、错误的人"。她越是陷入性虐的陷阱，而且在校园被流言视为一个怪物，就越是恐惧被康奈尔所不齿，当爱欲达到巅峰之时，她本能地恳求康奈尔也像前男友那样打她、性虐她，唯有如此，她才找得到自己在男女权力世界中的安全位置。她的内心早被 normal 内化了。

那么，康奈尔是正常人吗？其实他与玛丽安一样，同样有顺从与叛逆的两面，只是表现形式倒过来而已。他臣服 normal，那只是表层，其内心也跳动着一颗叛逆之心。他的两任女友蕾切尔和海伦，都是正常的女生，康奈尔与她们相处的时候，觉得自己充满了世俗的快乐，然而，与玛丽安在一起，就感觉迥然不同。书中有一段心理比较："他和海伦最合拍的部分是他最好的部分：忠诚，总体上实用的人生观，希望被视为好人的愿望。和海伦在一起时，他不会产生让他羞耻的念头，不会在做爱时说奇怪的话，不会一直感觉自己居无定所，在哪里都无法获得归属感。玛丽安有一种野性，能让他暂时觉得自己和她一样，他们在精神上都遭遇过难以名状的创伤，永远无法融入世界。"

康奈尔的内心创伤，一个来自底层阶层的自卑，另一个源自小镇青年进入都市生活的惶惑，即使来到都柏林几年，依然无法融入充满都市布尔乔亚气息的同学圈子。中学好友罗布的死亡，让他突然精神崩溃，一个他非常留恋的小镇生活随之塌方，而能够拯救他的，不是布尔乔亚的正常女子海伦，而是如今他与小镇世界唯一的精神纽带玛丽安。在悼念罗布的教堂仪式上，他在海伦面前，在众目睽睽之下久久地拥抱玛丽安，不舍得与她分开，让海伦明白，康纳尔终究不是属于自己，而是玛丽安的。

康奈尔对 normal 的顺从，固然守护了既存的秩序，而玛丽安对 normal 赌气式的反抗，又何尝不是固化了 normal 本身，成为一种反 normal 的 normal？正常与不正常，都是被习俗所人为建构的，在一方反抗的时候，殊不知已经落入了另一方的棋局。无论在康奈尔与玛丽安的亲密关系，还是他们与其他情人的相处之中，到处都镶嵌了 normal 的巨大阴影，挥之不去。即便如最叛逆的玛丽安，依然无法想象一种自我解放的可能性，一种在观念上终极突破 normal 的自我认同。

如果说，在超克 normal 上玛丽安与康奈尔缺乏自信心的话，那么，在他俩的亲密关系之中，则展示了千禧一代独特的爱欲世界。书中如此描述他俩的知心与默契："他觉得自己与玛丽安像花样滑冰选手，即兴地讨论，如此熟练而完美地同步，他们自己都感到惊讶。她优雅地将自己抛到空中，尽管他不知道要怎么做，却每次都能将她接住。"聊天、做爱，是那样地灵肉相融，只有与他（她）在一起，才会感到存在的是一个真正的自己。即便一度分手，有各自的性伴侣，依然彼此牵念，刻骨铭心。不管处于什么关系，都不希望失去对方。是的，灵魂的伴侣，只有一个，独一无二，无可替代，那是神奇的造化，也是天赐之缘分。

亲密关系的第一要素，是互相欣赏。玛丽安与康奈尔，处于各自的自卑心境，但在最爱的人那里，经常收获最珍贵的赞美。俩人都真诚地认为对方比自己更优秀，有一种出自内心的由衷欣赏。玛丽安对自己的容貌与身材缺乏自信，自感比不上别的追求他的女生。康奈尔一再对她说：你真漂亮，你是最美的。剧中有一个场景非常暖心，康奈尔的小说被刊物录用了，朋友们打开红酒，向他祝贺，在热烈的气氛中，玛丽安躲在墙角，悄悄为他高兴，脸上洋溢着幸福的微笑。没有人知道，是她造就了他，是她最早发现了他独特的文学天分，鼓励他报考圣三一大学英语文学系。这对深爱的恋人互相拯救，深刻地改变了对方。他让她感到自己被爱、被尊重；而她，则激励了一个文学凤凰男的自信。"这些年来，他们就像一盆土中的两株植物，环绕彼此成长，为了腾出空间而长得歪歪扭扭，形成某种难以令人置信的姿态，但最终她帮助了他，她让一种新的人生成为可能，她可以永远为此而欣慰。"而在人群之中，他想的也只有她，不断寻找着她，投去深情的目光。是的，他们像一对雏鸟，经历了风风雨雨，参与了彼此的成长。

亲密关系与一般朋友关系不同，除了身体的拥有或暧昧，更重要的是向对方敞开内心的柔弱和幽暗。而玛丽安与康奈尔，都深深镶嵌到对方的心灵之中，自己最隐秘的家庭不幸、情欲不堪和深层焦虑都会向对方倾述，如同面对的只是另一个自我。真正的知己，所共享的不仅是身体与心情的快感，更重要的是自身的软弱、不堪和痛苦，那是从来不向任何人打开的心灵密箱，也是情感世界中最脆弱、温柔的芳草地。玛丽安和康奈尔之间的心理依赖是如此之深，哪怕痛苦地分手以后，依然无法割舍对方。他不断地给她发短信，即使她从来不回。

他被抢劫以后，第一个反应就是找她求助。看着他满脸鲜血，她突然被唤起母性的冲动，很想为他冲个澡。玛丽安承认，她对其他的情人都动不了心，只有与康奈尔在一起，才有沉醉感，"和其他人不是这样的"。因为无法融入都市生活，康奈尔陷入巨大的焦虑之中，与在瑞典访学的玛丽安通Skype。夜深了，他依然无法入睡，她温柔地对他说："你把我端到床上吧。"在玛丽安的视频陪伴之下，他睡着了。她做着作业，不时看他一眼，脸上呈现出圣母般的温柔，这是全剧中最动人的一幕，亲密关系中的互相欣赏，只是同欢乐而已；而互相安慰，则是更高层次的共患难。同欢易，共患难，没有感情的铺垫，担不起这份责任。真正的爱，其实只是分享彼此的脆弱罢了。

玛丽安与康奈尔历经感情的波澜起伏，最后终于抵达幸福的终点，然而，书尾的那第三次分手，让很多读者和观众迷惑不解。康奈尔收到了纽约的创意写作硕士班的录取通知，他试探着希望玛丽安陪伴他一起去，她却拒绝了。为什么她不愿与最心爱的人同行？为什么他在申请之时，不敢告诉她，征求她的看法？

在《正常人》之中，萨莉·鲁尼尝试了一种新的写作方式，人物的对话，没有大段的表白叙述，都是简洁的短句，而且语焉不详，有多重的解读空间。千禧一代成长于社交媒体时代，社交媒体的语言多是短句，节奏快，频率高，富有无限联想的可能。玛丽安与康奈尔的交流，无论是通信，还是面对面，亦是如此风格，之前发生的种种令人扼腕的误会，除了性格上的自卑因素，也与千禧一代暧昧的交往语言有关。

亲密关系与朋友关系的另一个差别，是内在地具有不安全感：恐惧失去对方，恐惧感情随岁月而流失，恐惧有新的第三者出现。男女人格的平等是何等地脆弱、多变，给人以强烈的不安全感；而等级性的权力关系却是稳定的、坚固的，社会习俗的normal令人心安理得，理当如此。亲密关系因为不戴面具，赤裸裸展示出人性中最脆弱的一面，也是最不稳定的。

康奈尔之所以没有事先告诉玛丽安申请去纽约，一部分原因自然因为自卑，怕申请失败，怕失去刚刚得到的她。更重要的因素，乃是千禧一代人对独立的根深蒂固的渴望。尽管两个人如此相爱，爱得难舍难分，但与老一代人不一样，他们依然不愿放弃个人的独立，不愿看到两个独立的自我完全重合在一起，没有空隙，毫无保留，比起爱情，自由的价值更高。爱情从来就不是他们生活的全部，尽管他俩之间的感情不会消失，无法忘怀共同成长的美好记忆，但是他们依然想保持独一份的自我，而不被爱情全然吞噬。

小镇青年康奈尔有都市恐惧症，害怕陌生的纽约，他希望有玛丽安的陪伴。这次话说得很明白：我一个人很痛苦，会想念你。同样深爱他的玛丽安笑着摇摇头，回答说：你去吧，我会留下，一切OK，你会慢慢习惯，会变好的。一脸失望的他承诺说：一年以后我会来找你。但她不要他的承诺，宁愿给他选择的自由。

是玛丽安不愿与康奈尔继续携手前行吗？不，她相信他说的：你知道我爱你，我再也不会像这样爱第二个人。然而，她的内心很明白，到了纽约这样一个魔幻的大都市，这个男人会变，或许再也不回来了，或许回来以后，会变成另一个人。"他们现在拥有的将一去不复返。然而对她而言，孤独的痛苦远比不上她曾经的痛苦，那种觉得自己一文不值的痛苦。他将美德赠给了她，现在它是她的东西了。"

玛丽安成熟了。她不接受康奈尔的承诺，宁愿给他自由。对自己而言，没有期待，也就没有失望。她喜欢将结果想得最坏，万一没有兑现，反而会获得意外的喜悦。对于千禧一代来说，沉湎于过去没有意义，想象将来也未免虚妄，唯一可靠的，只是当下。当下的玛丽安，已经被康奈尔的爱所改变，她获得了自信，即便未来依然孤独，但孤独的痛苦，依然抵不上她曾经经历过的自卑之痛。

小说的结尾，表面看来是一个光明的尾巴，细细品味，却有一种淡淡的悲伤，更像是一次永恒的告别。千禧一代是虚无主义的一代人，不再相信任何确定不移的价值，包括爱情的神魅。人生来是孤独的，玛丽安说：我习惯了，我整个人生都是孤独的。这是一种形而上意义上的孤独，它是对宇宙和自我本质的理解。《百年孤独》中马尔克斯说："过去都是虚假的，回忆没有归路，春天总是一去不返，最疯狂执着的爱情也终究是过眼云烟。"重新获得康奈尔之爱的玛丽安，虽然不如马尔克斯那般绝望，但她同样相信，一个人的孤独，内植于人的本性，与宇宙的虚无相通，最终是不可克服、不可超越的。哪怕得到了至爱，他改变了你，但一个人的生命，终究要靠自己来支撑，而非流变中的爱情。

近一个世纪以来，现代人的爱情观经历了三个不同的类型，分别以《魂断蓝桥》《廊桥遗梦》和《正常人》为典型文本。《魂断蓝桥》是古典式的，爱情桥梁的另一头，是"有情人终成眷属"的美满婚姻。《廊桥遗梦》是现代式的，爱情与婚姻截然断裂，只有在与婚姻无关的倾情投入之中、在逝去的美好记忆之中，才会有纯粹的爱之情影。而《正常人》，展示的是新一代千禧人对爱的理解，即便全身心去爱，依然为自己和对方保留自由的空间。

玛丽安与康奈尔虽然爱得死去活来，但终究明白，人的本性是孤独的，哪怕爱的救赎重新塑造了彼此，相爱之人再灵肉相融，依然是独立的个人，在终极意义上无法合二为一。寻找另一半固然不错，但希望组合成一个完美无缺的圆，纯属幻想。裂痕是永恒的，每个人逃脱不了孤独的宿命。时代是不确定的，空间也魔幻无常，一切都在流变之中，不再相信永恒，放弃追求确定，唯独可信的，是自我的意志，是承受孤独的自救。玛丽安与康奈尔的挚爱所成就的，不是彼此依赖的两个一半，而是完整的、成熟的个体，一个即使没有了爱遮风挡雨，依然能够独立担当无常宿命的自我。

（《正常人》，[爱尔兰] 萨莉·鲁尼，钟娜译，译林出版社二〇二〇年版）

西部之毒

王楠

历史学家弗雷德里克·特纳曾声称，美国的历史很大程度上就是开拓西部的历史。差不多贯穿整个十九世纪，美国文明的潮流，有如海浪一般横越北美大陆，自大西洋向太平洋奔涌而去。无数的拓荒者和冒险家骑着马、乘着大车西进，开辟出无数农田与牧场，建立起贸易站和小镇，推动着边疆不断向西移动。在特纳看来，这些弄潮儿正是美国精神的骄子。他们征服了漫漫荒野，却又未像东海岸那般，陷入过度文明化的社会。正是在边疆这一荒蛮与文明的交汇线上，生成了美国人讲求实际又粗犷坚强、自由奔放又乐观热情、独立自律又协作共议的生活之道。"西部"也由此成为美国文明的某种象征。

当然，特纳在写下这段话时，十分清楚"边疆"已经消失，自己的使命是让"西部人"定格为美国文明的精神肖像。二十世纪，好莱坞的西部片将它具象为银幕上的牛仔英雄，既提供大众娱乐，也供后人缅怀崇敬。而现实中西部人的生活，仍然在思想与影像之外流动变化。一九六七年，托马斯·萨维奇的小说《犬之力》，描绘了蒙大拿州牧场中的一段故事。这本书获得了文学界的肯定，在市场上却不受欢迎。显然，无须太高的鉴赏力，小说的读者也能体会到这个所谓的西部故事，与当时流行的西部气概格格不入。约翰·韦恩其时仍在银幕上驰骋披靡。小说虽五次售出电影改编权，却从未被成功搬上银幕。直到二〇二一年，才由网飞投资，新西兰女导演简·坎皮恩指导拍摄完成。此片在威尼斯电影节首映，当即斩获最佳导演银狮奖。随后业界好评如潮，各种奖项拿到手软，更赢得二〇二二年奥斯卡金像奖的十二项提名。不过耐人寻味的是，最终只得到最佳导演奖。刚刚出演了西部剧集《一八八三》的西部片老演员山姆·艾里奥特，更对此片嗤之以鼻，认为简·坎皮恩完全不了解美国西部生活，只不过找了帮人在新西兰拍了部男同电影。坎皮恩反唇相讥，说西部反正是个神话，自己不过拍出了心目中的西部而已。

撇开奖项和言论不谈，这部电影还真挺耐人寻味。坎皮恩的野心恐怕不只是要构建一个不一样的西部，更想彻底解构西部精神的所谓阳刚正气，进而对男权和现代社会发出批判。就此而言，无论是否认同坎皮恩眼中的"西部"，都有必要琢磨一下，这部技巧精湛却又古怪甚至有些变态的电影，到底想要讲些什么？

野性与文明

牧场的主人菲尔和乔治，是一对奇怪的兄弟。虽然同住一个房间，但相互之间既不亲密热情，也没有无言的默契。身手矫健、说话咄咄逼人的哥哥菲尔，总想"教育"矮胖敦实、沉默寡言的弟弟乔治，让他更像个西部的"男子汉"。他讥讽弟弟的体态做派，提醒他莫要忘本，不要忘记当年"野马"亨利是怎样教会了他俩骑马放牧、经营农场，令他们变成真正的牛仔。菲尔还想拉他去山里打猎露营，就地烧烤新鲜的鹿肝，就着烈酒大快朵颐。可弟弟对哥哥的这些言辞和提议，不是敷衍两句作罢，就是默不吭声。

不过，乔治对菲尔也不是逆来顺受、一味忍耐。小说中的乔治，是个内心善良、朴实单纯、实干胜于言辞的牧场小伙儿,虽然不喜欢哥哥的做派,却从未与其直接冲突。电影则刻意加强了两人之间的对立。乔治并非不知哥哥对自己潜藏的依赖和感情,但仍然在暗中对抗他,想摆脱后者的控制与教训,两人相处时充满紧张感。菲尔一身牛仔装扮万年不改,乔治却在骑马时也穿正装戴礼帽。菲尔不爱洗澡更衣,脸上总是脏兮兮的,浑身散发迫人的气味,只是定期去池塘游泳擦身。乔治一出场就泡在浴缸里,还质问菲尔是不是从来就没在家里洗过澡。乔治明知菲尔十分讨厌镇上的寡妇露丝,却在和她结婚后,才冷漠地告诉他这一既成事实。还直截了当地告诉他,州长夫人恐怕会介意他不洗漱就上桌吃饭。很明显,乔治要用自己"文明"的姿态,来对抗菲尔"野性"的做派。

不过,菲尔真的就是个道地的牛仔、天生不羁的乡下糙汉子吗?电影展开到中段,观众才发现一个惊人的事实:他其实是耶鲁大学的高材生,主修古典学,希腊文拉丁语样样精通,还是斐陶斐荣誉学会的会员。这时观众才猛然醒悟,菲尔的"野性"绝非自然而然,而是为了反抗"文明"而刻意为之。一九二五年的美国正处于柯立芝繁荣,《了不起的盖茨比》在那一年问世。即使是蒙大拿的乡下牧场,也早已被"文明"的潮水包围。原著将菲尔随便安排在加州上大学,坎皮恩却大大"提升"了他的学历,暗示这个"野性"的男人其实有高度的文化教养,牧场正是他守持阳刚粗粝的"野性"来对抗腐败又娘娘腔的"文明"的孤岛,而那个处处接受"文明"、整日衣冠楚楚的弟弟,是他最想教育和改造的对象。

当然,坎皮恩对"文明"也没什么好感。在原著中,乔治在婚后请父母和州长夫妇来牧场吃饭还比较顺其自然,但电影将这顿饭描绘成一场虚伪又尴尬的"上流社交晚宴"。州长出场就大呼自己来到了"文明的岛屿",州长夫人也抱着观赏猴子的态度,希望一睹菲尔"野蛮人"的风采。兄弟俩的母亲满怀小资产阶级的虚荣,说自己除了读书什么也不干,丈夫却曝了她热爱《读者文摘》的底。吃完饭,这一行"上流人士"又带着期待露丝当众出丑的心态,逼她去弹钢琴。最后,坎皮恩当然不会放过让菲尔出场的机会,让他用臭烘烘的体味和故作粗俗的言辞,去当面戳破"文明"的假面具,虽然原著中菲尔连面都没露。电影极大强化了肤浅虚假的"文明"与菲尔刻意逼人的"野性"的对立,在这个孤零零面对群山的荒凉牧场中,两方都演着自以为是的戏码,既无根基也不真实。不过,如果说乔治摆出某种文明范儿,更多是因为流俗以及跟菲尔较劲,那么菲尔执着于在荒原上创造一隅理想的"西部",只是因为厌恶文明并受到某种"野性"的召唤吗?

阳刚与阴柔

与其说菲尔有意对抗现代文明,倒不如说,他更厌恶与之相伴的女性气质。他无时无刻不鄙视整洁的仪表、文雅的举止,将其斥为矫饰的"娘娘腔"。他不爱洗漱和换衣服,干粗活的时候不戴手套(这让他最后送了命),好像不怕脏不怕伤才是男人本色。寡妇露丝的儿子彼得,面容如少女一般清秀,有着小鹿般的大眼睛。个子瘦瘦高高,好像风一吹就会倒。他在母亲的饭馆帮忙,菲尔一见到就来了劲,带动一帮手下,大肆嘲笑彼得剪出的漂亮纸花和他手臂上的洁白餐巾。当然,让菲尔最愤怒的是,婚后露丝居然搬进了牧场这个男人的天地。他毫无理由地指责她是打乔治财产主意的贱货,对她粗俗无礼、施加冷暴力,故意在露丝练钢琴时搞小动作,让她难受难堪。彼得来到牧场后,菲尔又打起了"教育"他的主意。他告诉彼得,"别让你妈把你搞成个娘娘腔",说她只会整天灌黄汤,是彼得成为真正男人的障碍。原著中,菲尔的自大傲慢针对自己外的所有人,坎皮恩则将电影中的菲尔塑造成了一个厌女狂。

当然,菲尔的这种心理并非无缘无故。他带着牛仔们来到小酒馆,面对大大方方袒胸露背招揽生意的妓女，反而极度局促紧张，连看也不敢看一眼。入夜，牛仔与妹子们狂欢劲舞，菲尔却呆立一边喝着闷酒。露丝夜间与乔治的欢好之声只是略微入耳，他就无法忍受了，露出痛苦纠结的神色。在影片中，这个无时无刻不在展露雄风的男人，却从未与任何女子有过亲密接触。只是在和乔治聊天时，故意显得好像那种事轻而易举、不值一提。坎皮恩处处向观众暗示，这个将自己打扮成野性牛仔、内心实则敏感细腻的耶鲁古典学高材生，其实根本缺乏欲望和能力去征服女人。他真正厌恶的其实是缺乏阳刚之气的自己。

表面"野性"和"阳刚"的菲尔，本质恰恰极端"文明"且"阴柔"。正因其"文明"和"阴柔"，他既缺乏又格外渴求野性的阳刚之气。真正坦然自在的野性与阳刚，未必排斥文明和阴柔，甚至可能正因其与自己不同，反而寻求与其结合互补，以得刚柔相济、阴阳调和。反倒是既执着于自我又否定自我的纠结心态，令人可能处处将厌恶的自我投射在现实中的社会和他人身上，并构建出与之相反的"理想"的自我和世界，以求克服和超越现实。菲尔再怎么"野性"和"阳刚"也让人觉得不真实，不是因为野性和阳刚本身是假的，而是因为他只是表演"野性"和"阳刚"而已。表象充实了幻想，却仍然与真实的自己脱节。既然是戏，当然也不能只有自己一个人演，所以配角、反角和剧场一个也不能少。乔治和彼得负责扮演"想教育好的孩子"，露丝则是"无可救药的障碍"，这个偏僻荒凉的牧场就是舞台了。阴暗的大屋中，墙上挂着的水牛、驯鹿和猎犬的头颅，内里空洞又高高昂起，完美体现了菲尔的"雄风"。

既然菲尔要克服"阴柔"，那么在理念上，他自然要追随一个理想的"阳刚男儿"而不是女人，那就是他天天挂在嘴边的恩师"野马"亨利，牧场这个小世界的神。他对乔治耳提面命，让他别忘了是谁教会他们牛仔的本领。教导彼得的第一课，也是让他骑上亨利的马鞍。不过，亨利之于菲尔，不只是技艺的师傅和气魄的导师，也是他唯一亲密接触过的爱人同志。电影没有让菲尔和亨利的关系停留在小说中模糊的暧昧状态，而是用真实的情节与影像，补足了菲尔的情感和心理。他亲口对彼得诉说，在深山遭逢恶劣天气之时得以幸存，正是因为亨利在铺盖卷里用身体温暖了自己。在密林深处的湖畔独处之时，菲尔取出贴身私藏的亨利的丝巾，用它轻柔地拂过脸庞，爱抚自己的身躯。只有在这一刻，他才真正面对了自己的情感和欲望，承认阴柔的自己和对逝去的阳刚爱人的真实渴求。在远离干涸荒凉牧场的水草丰美之地，他才放下了头脑中的执念与自我表演的执着，不再用虚假的阳刚掩盖阴柔，而是让阴柔自然地渴求阳刚。

一旦看清菲尔这个人物，坎皮恩如何借助电影《犬之力》来解构西部精神，甚至直指菲尔式的男性父权为虚假，就真相大白了。在菲尔的身上，阴柔的内在使他用虚假的阳刚来伪装自己、规训他人，也构成了他渴求阳刚的真正驱动力。手握否定和压制的权威，给了他虚假的自我确信，而自己对权威的服从和追随，又隐秘地满足着爱欲的要求。这种阳刚和权威为表、阴柔与爱欲为里、自恋与崇拜合一的辩证法，电影不厌其烦地向观众一再暗示。彼得在湖边的林屋，发现了菲尔私藏的"野马"亨利的色情杂志。在大方展现男性裸体的两本《体育文化》之间，一本女性露出的《艺术期刊》在镜头上一闪而过。乔治和露丝在农场的初夜，备受煎熬的菲尔走进马棚，细细擦拭"野马"亨利留下的马鞍,深情抚摸着昂起的桩头。"野马"亨利教了菲尔许多技艺，可后者却偏偏对编牛皮绳这门不怎么"阳刚"的手艺情有独钟。他将两条细细的生牛皮段编成麻花状，让它们紧紧纠缠在一起，难分难离。这些无言的影像，而不是菲尔的口头言辞和表面做派，才充分展现了他的内心世界。

刚强，却不善良

菲尔这个看似刀枪不入的"硬汉"，最终死在看似文弱娇柔的彼得手里，这一结局实在耐人寻味。既然菲尔极度厌恶"阴柔"，他又怎么会和彼得这个"娘娘腔"搭上线？而后者又何德何能除去菲尔这个"大魔头"？

在旅店的饭堂中，柔弱纤细的彼得和他巧手裁出的美丽纸花，令菲尔多少看到了往昔的自己。或许当年在耶鲁时，他也是这样的文弱书生。彼得的"阴柔"，或许既调动起他恶作剧的冲动，又让他感觉到了什么，戳向纸花中心的手指就是证明。不过，他对彼得真正"动心"，还是因为露营时看到了后者身上的"勇气"。牛仔们看见"娘娘腔"彼得，准备好好"调戏"他一场。谁知彼得毫不在乎地走过牛仔们的帐篷，对冲自己吹的口哨充耳不闻，随后又镇定自若地原路返回，看也不看他们一眼。这全被菲尔看在眼里。电影中的这一幕，罕有地几乎全盘复现了小说的场面和气氛，令书中对菲尔的心理描写，足以成为电影未给出的旁白："哈，值得认可，菲尔就认可。这孩子的勇气不一般。"

如果说菲尔是外刚内柔，那么彼得恰恰相反。这个开场时坐在桌边剪纸花，看似静如处子的大男孩，实际上有极为冷酷的理性、钢铁般的意志。他设下陷阱捕到兔子，哪怕母亲露丝非常喜爱，也仍然毫不犹豫地将其开膛剖腹，当成医学研究材料。露丝向他诉说苦楚，寻求慰藉的拥抱，他冷静地推开母亲的双手，告诉她："我会想办法，你不必如此。"才刚刚学会骑马，他就独自跋涉数里，翻山越岭去寻找死于炭疽的牛尸，将牛皮小心地割下带回。更不必说他一边眼瞅着菲尔在编绳的过程中染上致命之毒，一边还与其亲密交心，同吸一根烟来达意传情。观众和菲尔，都被他文弱秀丽的外表欺骗。还是已故的父亲最了解他："（彼得）他以前担心我不够善良。我太刚强了。（菲尔）你？太刚强？他可错了。"虽然菲尔的感情和直觉没有欺骗自己，外刚内柔的他，或许必然倾心于彼得这种外柔内刚之人。但在意识层面，菲尔才犯了致命的错误。这个表面刚强、内心其实细腻柔软之人，最终被一个真正遏制自己一切温情的刚强者征服和消灭了。

不能说彼得没有感情。但他决不会像菲尔那样，让情感和爱欲来驱动自己。他知道母亲依赖自己，却冷静地和她保持距离。他也不是没对菲尔动情，但面对"如果不去帮助我的母亲，如果我不救她，我还算什么男人"的伦理观念，这种感情也只能弃之不顾。如果说菲尔还能借表面的"教导"来释放自己，彼得才能真正克制一切情感冲动、只服从于冷酷的理性与钢铁般的意志。可悲的是，虽然菲尔和露丝都爱他和依赖他，以双方对自己的感情为纽带，但居中调和、促进双方的相互理解，这种可能性从未进入他的视野——当然，在坎皮恩的电影世界里，本来也不存在这样的事。既然他"唯一的愿望就是母亲的幸福"，而这种幸福其实就是剪贴本图片里的豪宅大屋，就是母亲与继父的快乐拥吻，那么菲尔不过是母亲幸福之路上的小小障碍而已。最终，彼得在窗前看着"得到幸福"的母亲，露出了胜利的微笑。自己真实的感情、欲望与罪恶，就像藏在床下、令菲尔丧命的那根毒绳，只能在夜深人静之时悄悄取出，戴着手套来抚摸回味。

西部的毁灭？

菲尔死后，牧场大屋的门前，建起了一座石雕喷泉。可它根本没有水，既缺乏繁华城市中人造流水的勃勃生机，也不像林中清溪那般自在流淌奔涌。它干枯地挺立在砂石荒原之上、凛冽寒风之中，呆滞、僵死而怪异。它是这个西部故事的终点。在坎皮恩的电影中，西部精神不再是昂扬的生命力与大地般宽广的胸怀和气魄，也不再有滋生它的沃土与山林，而是成了在荒原舞台上演出的一场荒诞悲剧。"野性"和"阳刚",变成人为了逃离自己和社会,而在头脑中编织出的批判性幻想剧本,支撑权威、自律与规训的则是隐秘的爱欲和冲动。最终,冷酷的理性规划与强力意志护佑的幸福幻象,彻底遮盖了真实的欲望和情感。

简·坎皮恩素有女性电影大师的美名,《犬之力》的主角却都是男性。显而易见,这部充满政治批判意味的作品,是这位女导演送给男人的"礼物"。自问世以来,它获得的大大小小上百个奖项,也表明了它的艺术水平。不过,在第二十七届英国电影学院奖的颁奖典礼上,发生了一件小小的风波。上台领奖的坎皮恩,面对台下坐着的网球明星威廉姆斯姐妹说道:"维纳斯和赛琳娜你们真的很了不起,但是不用像我一样和男人竞争荣誉。"此言一出,舆论一片哗然。坎皮恩的潜台词是,你们在球场上打败了女人,但牛逼如我,能够在艺术界打败男人。这种对自己"阳刚之气"的炫耀,结合电影中对男人"阴柔本质"的揭露,不禁令人觉得,老菲尔也不一定就是男人。批判政治的艺术,本身就是一种政治,彻底解放的理想,何尝不会是一番妄想?批判与革命,如果不能在退场后带人回到真正的生活,而是一再抽象扩张、旧瓶装新酒,最终的结局,恐怕就像那个干涸的喷泉,形态犹在,但生命之水已干。

好在,并不是只有这样的西部电影。不屑《犬之力》的山姆·艾里奥特,二〇二一年不就出演了一部完全不同的西部剧集吗?只要看过约翰·福特、霍华德·霍克斯、克林特·伊斯特伍德这些伟大导演创造出的西部世界,都不会觉得牛仔们就是坎皮恩拍的样子。虽然这些电影是虚构,但其中的人性与生活以及内在的精神,可不像《犬之力》里的"阳刚"和"野性"那么假。当然,作为批判者的《犬之力》自有其警世价值,我们今天也确实生活在一个幻梦多于真实、虚妄碾压质朴的小世界。但坎皮恩自己也不要落入犬之力的陷阱为好。毕竟,谁说只有雄性才拥有犬之力呢?

优绩至上的政治经济学批判及对批判的批判

汪毅霖

全球范围内日益严重的经济不平等近年来成为社会科学家们关注的焦点。继《二十一世纪资本论》后,经济学家皮凯蒂在《资本与意识形态》和《平等简史》中尝试从制度和意识形态层面探讨经济不平等改善或恶化的原因。政治学家福山则在《身份政治:对尊严与认同的渴求》中尝试揭示显性的经济不平等与其他领域的隐性不平等相互交织的恶果——自由民主社会内部团结的崩溃。哲学家桑德尔在《精英的傲慢》(*The Tyranny of Merit*,此书的直译名应为《优绩的暴政》)中的思考或许更加高屋建瓴,因为他的观点反映了经济和政治表象下的底层逻辑:优绩至上(meritocracy)的观念已经占据社会主流思想市场,成为一种不容置喙的共享信念。无论是桑德尔、皮凯蒂还是福山,他们都意识到了优绩至上并非天然的政治正确。回顾思想史可以发现,优绩至上绝不是什么新鲜观念,且对这一观念的政治经济学批判几乎与观念本身同样悠久。遗憾的是,批判永远易于建设,思想史上的优绩至上的替代方案与其批判对象一样存在缺陷,故必须有对批判的批判。

一、政治经济学旧批判:优绩至上的逻辑缺陷

马克思在《资本论》中正确地批判了资本主义的诸多弊病,却低估了资本主义的生命力。自二十世纪八十年代以来,左翼的经济平等观念及其在政策实践中的努力,在世界范围日渐式微;相反,右翼的新自由主义意识形态以及作为其在

经济领域集中体现的"优绩至上"观念却影响日盛。这是当代社会思潮演化的一个焦点问题,也是解析各国近年来经济不平等扩大的一个切口:社会的主流观念或许并不仅仅是由经济基础所决定,其也会在一定的情景下产生决定性的反作用。

所谓优绩至上其实是一种为经济不平等辩护的修辞,其含义正如皮凯蒂在《资本与意识形态》的开篇处所说,不平等在当代被看作理所应当,因为其源于自由选择,每个人都有平等参与市场竞争的权利,更自动受惠于最富有者(他们最具企业家精神,是最配得上高收入的对社会最有价值的人)所积累的财富。于是乎,经济不平等非但不是应该受到质疑的坏东西(bads),反而是值得被赞扬的好东西即哲学意义上的善(goods),因为普罗大众会通过"涓滴"效应从少数精英们的"优绩"中获益。然而,优绩至上的观念体系存在着明显的逻辑缺陷,突出表现为所有为优绩及其所导致的经济不平等辩护的理由都错误地将有待检验的命题当作先验真理。

从经济伦理的理由来说,"优绩"被认为是个人的生产能力和贡献的体现,从而具有伦理正当性。诺奇克就曾经以篮球巨星张伯伦为例提出了所谓的"张伯伦论证":如果一个人的杰出才能让部分人受益而没有人受损,那拥有这项才能的精英理应获得高额市场回报。但是在罗尔斯看来,一个人的才能取决于自然天赋、家庭出身、社会环境,而这些统统都是个人无法控制的外生因素,故幸运者的杰出能力应当视为公共善而非私有财产。于是,偶然的运气无法为经济不平等辩护,社会应该按照最大最小原则实施再分配。

从经济效率的理由来说,对于"优绩"及其所导致的经济不平等的尊重被认为是维护生产性激励从而做大"蛋糕"的前提,故有经济绩效上的正确性。传统上,芝加哥学派、奥地利学派的经济学家基本上都持有尊重"优绩"的观念,计划经济的失败在令左翼思想一度陷入迷茫的同时也令这类右翼观念成为思想主流。曼昆被桑德尔视为右翼观念的当下代表,他认为乔布斯之类的企业家不仅通过创新(一种重要的"优绩")驱动了经济增长,而且还创造了消费者剩余和就业机会等社会福利。然而,经济效率与尊重"优绩"并不一定因果正相关,平等和效率的权衡可能是一个伪命题。原因在于,如果容忍优绩至上修辞下的经济不平等,结果可能是低收入家庭人力资本投资不足和社会总需求不足,从而在微观和宏观两个维度上阻碍长期和短期的经济增长,且财富过度集中的另一个可能后果是经济权力侵入政治领域而造成税收、贷款、补贴等方面的政策扭曲,导致资本更热衷于在金融、房地产等投机领域无序扩张。

除了上述经济伦理和经济效率向度的反驳理由,优绩至上观念更严重的逻辑缺陷在于,其先验地把"优绩"假设为最高的价值诉求,从而与自由主义主张各种合理的价值观在反思均衡中共存的初衷背道而驰。并且,优绩至上以"自由至上"作为自身的哲学底色,而自由至上在经济领域集中体现为对市场自由竞争的赞美和神化。然而,无论是芝加哥学派的初代领袖奈特还是奥地利学派的第二代宗师维塞尔都曾经警告,市场自由竞争的结果可能通向经济权力垄断,进而扭曲政治权力的行使,导致积累性和世袭化的经济不平等,自由和竞争蜕化为伪自由、伪竞争。此外,即使在都主张优绩至上的芝加哥学派与奥地利学派之间,双方关于优绩至上的两项重要政策含义——自由和效率——的关系的理解也存在争论。哈耶克等奥派经济学家所理解的自由实际上是一种免于外界强制的消极自由,而芝加哥学派的施蒂格勒等人所理解的自由则是积极自由。于是在后者看来,虽然"哈耶克明确地痛惜将自由与财富混为一谈",但是"财富和自由是很难区分的"(《知识分子与市场》),因为财富增长意味着人们在进行经济选择时享有更大的真实自由。所以,优绩至上的哲学根柢并不扎实。不仅是因为存在支持者内部的理解差异,更是因为将"优绩"树立为先验的优先价值的做法堵塞了多元价值观之间自由对话的可能，从而为以自由之名行反自由之实偷开了一扇角门。

二、政治经济学新批判：优绩至上何以成为主流观念

优绩至上及其哲学根柢自由至上并非一向居于经济思想的主流地位，芝加哥学派的领袖弗里德曼就曾经在《资本主义与自由》的一九八二年版序言的开篇处感慨：自己曾经属于"一小群少数派，受到同一时代绝大多数的知识分子的围攻，被认为是思想古怪的人"。那么，何以自二十世纪八十年代以来，在经济不平等日益扩大的同时，思想市场的主流观念也发生了转向？作为对此问题的回应，无论是皮凯蒂的经济学研究还是桑德尔的哲学反思其实都表达了一条传统经济学所忽视的线索：社会的主流观念实际上内生的，是资本主义制度下意识形态再生产的产物。如果说对优绩至上的性质及其经济影响的批判是一种在思想史上明显有迹可循的政治经济学旧批判，那么对优绩至上的观念内生性的批判则是一种政治经济学新批判。不过，所谓的新批判虽在政治经济学的话语体系中尚属新鲜，但在政治经济学之外却远非新事。

社会学家布尔迪厄的观点就曾被皮凯蒂多次引用——大学尤其是名牌大学的文凭已经异化为精英的身份证明和对优绩至上的辩护。升入名牌大学主要不是一种人力资本的培育过程，而是精英阶层的社会化再生产过程。富裕阶层的子女由于家庭所提供的资源更有可能进入名牌大学（皮凯蒂提供了欧美国家相关的经验证据），从而阻碍社会流动。又由于名牌大学文凭被塑造为优秀能力和创造优绩的潜能的标志，优绩至上与低社会流动性一道被合法化。桑德尔在《精英的傲慢》中以当前美国为例表达了相近的忧虑：名牌大学文凭成为获得好工作的前提，而好工作既是优绩的标志也是创造更大优绩的平台。精英层面沉浸在优绩的光环下，遗忘了大学文凭和好工作在很大程度上都是运气、出身的反映而不是能力、努力的映射。

实际上，通过将大学文凭与精英优绩联系在一起而为经济不平等辩护，这只是优绩至上占据社会思想主流的一个侧影而非本质原因。马克思和恩格斯在《德意志意识形态》中曾将意识形态视为统治阶级中的"思想家"或曰"意识形态家"编织出的虚假观念。当代资本主义社会主流的优绩至上观念虽然依旧"虚假"，但是其再生产过程却远比十九世纪个别意识形态家抒发冬烘之论要复杂得多。正如资本主义制度下经济不平等的扩大无关乎任何市场失灵而反倒是这一制度有效运行的结果，优绩至上观念的兴起也内生于资本主义制度下富裕阶层垄断"思想市场"的意愿和能力。

除了将名牌大学的文凭树立为能力和身份的象征，西方世界的富裕阶层还凭借资本的力量，依靠资助人文社会科学研究和掌控新闻媒体等方式来垄断思想市场，从而对大众的观念施以控制。并且，富裕阶层对思想市场的垄断自二十世纪以来越来越多地通过对国家机器的俘虏而进一步深化和隐蔽。正如葛兰西在二十世纪三十年代业已意识到的，资本主义国家的主要角色正演变为资本主义合法性的教育者。之所以富裕阶层的经济权力可以转化为政治权力继而再转化为操纵观念的权力，是因为富裕阶层会通过"呼吁"来影响公共政策。而富裕阶层的呼吁之所以会有效，除了他们所传递的信息本身就代表了潜在的选票而对政治决策者产生激励，更是因为他们有经济实力也更容易组织集体行动通过游说甚至利益输送等手段影响决策。在此基础上，经济全球化时代"退出"成本的下降强化了富裕阶层的"呼吁"，资本和人才外流构成了对社会福利制度的激励约束，通过再分配缓解经济不平等的政策空间在客观上缩窄。

优绩至上的观念通过各类宣传手段潜移默化地跃升为社会主流观念，这种趋势并非西方世界独有。君不见，近年来在中国的卫视和网络平台上，很多热播剧的主角或是高富帅且能力强的霸道总裁；或是虽韶华已逝，但同样高学历高颜值高收入的高管御姐。按照精英的人设，不信眼泪只重优绩自是理所当然。在宝马车里（或许剧中用的是更高端的车款，请恕我无知）流泪大概率是平民百姓永远体会不到的苦痛，而月收入不足一千元的最广大人群的奋斗也在小布尔乔亚的童话中隐身了。这或许为苦于生计者提供了可织梦的精神鸦片，却在客观上宣扬或至少迎合了富裕阶层的精神世界、生活方式、牟利方式。伴随着这类文艺作品大行其道，更切肤的危险或许是我们会逐渐丧失对各种或隐或显的优绩至上观念的批判意识，甚至默认此类观念所代表的价值观天然正确，而不顾其已经开始扭曲我们现实工作场域中的价值导向（例如资方对"九九六"的赞美）。

三、对批判的批判：优绩至上批判易，救治难

政治经济学的旧批判指明了优绩至上的逻辑缺陷；政治经济学的新批判则说明，优绩至上被装扮成先验最优的真理并非历史的偶然，而是资本主义制度下富裕阶层推动意识形态再生产的内生结果。然而，批判易，救治难。思想史上给出的救治优绩至上的措施或替代方案都难以避免理论和实践的困难，故为思想对话之公平计，需有对批判的批判。

作为一名哲学家，桑德尔的建议基本上属于应然范畴，主要是关注机会均等（他的一个创意是改革大学的录取机制——在满足基本成绩要求后抽签录取，这样有利于来自经济和社会资源短缺家庭的考生），并强调机会均等只是补救措施，在分配结果上也要更多体现公共利益属性。基本上，桑德尔只讨论了应该改革什么的问题，而没有涉及改革由谁执行和怎样执行。实际上，这类深入而全面的改革的唯一可能的执行者只能是作为政治共同体的国家。在近现代的思想史上，无论在分配问题上持何种态度，右翼和左翼的经济学家都极为关注国家的再分配职能（马克思或许是重要的例外，他认为国家最终必然消亡）。然而，国家在多大程度上可以胜任这一任务？右翼和左翼的经济学家

对此显然有不同的看法。右翼的态度是谨慎的,故主张把国家的再分配职能限制在最小的范围:只关注通过普及教育——此建议至少可追溯至亚当·斯密——实现人力资本领域的基本机会均等(弗里德曼和哈耶克都持此观点,前者甚至主张改革高等教育);左翼的态度则更为积极,建议国家广泛调节分配,不仅要机会均等也要兼顾分配结果,而机会均等也不仅关乎人力资本还要顾及物质资本。

除了经济伦理和效率的理由外(这在历史上关于计划经济是否可行的论战和实践中已经反复出现过),右翼和左翼经济学家的政策分歧或许更多源于双方在如下问题上有明显不同的判断:如果放弃基于市场自由竞争实现"优绩至上"及其对应的分配结果,而交由国家来执行分配领域的改革,这是否是一个更优的替代方案?

现代经济学的一个方法论特征在于一律按照最优化方法构建数学模型,故在进行比较制度分析时,比较的对象往往都是理想化的各种最优方案,甚至是将假设存在的最优方案与现实中的非最优方案加以比较,当前"完美的市场自由竞争"的鼓吹手和早先"完美的中央计划经济"的支持者都是这类经济学神话的编造者。一旦站在实事求是而不是理论空想的立场,我们就会承认,由国家来执行分配改革将会遭遇政治和行政的约束,其过程和结果也并不完美。

皮凯蒂已经部分意识到了这一问题,所以他在《资本与意识形态》中提出要在西方社会重新发明民主,要旨是在提升中低收入者在代议机构的代表性的基础上开展广泛的民主协商。在他看来,西方世界的代议机构已经被富裕阶层霸占,故无论是在观念还是政策上都渗透着优绩至上。但皮凯蒂的这一政治解决方案比他的经济方案更加乌托邦,因为政治制度改革(所要解决的弊病包括金钱政治、狭隘代表性、民主被矮化为投票等)的前提显然过于虚幻:西方世界的最高收入阶层——他们在经济和政治领域既做运动员又做裁判员——会自愿改变规则来限制自己的利益,这在机制设计上激励不相容。

皮凯蒂在《平等简史》中指出，这类激励无法相容（富裕阶层会抗拒）的制度变迁往往要以一系统的长期抗争和权力关系调整来推动，好的结果恰如起于"一战"而止于二十世纪八十年代的"伟大再分配"（great redistribution）。但是，皮凯蒂回避了另一种在历史上真实出现过的可能结果：激进革命往往堕入托克维尔和密尔所反对的"多数人暴政"，其在经济和政治上的破坏性导致一个社会距离繁荣与和平愈发遥远，正如法国大革命期间发生过的一般。

皮凯蒂的乌托邦不仅在政治上过于理想化，而且遗漏了行政执行问题：即使政治制度的改革真的可以成功，并且政治过程输出的是可完美替代优绩至上的最优化新政策，那么又该如何保证这些政策得到有效执行呢？按照政治和行政的二分法，这其实是在将政治环节所制定的政策交付行政环节后，官僚部门的可执行性问题。正如阿伦特在《艾希曼在耶路撒冷：一份关于平庸的恶的报告》英文版"附言"中所说："每一种官僚（科层）制的本性，在于把人完全变成职员，变成行政机器上的小齿轮，从而令他们丧失人性。"与很多右翼经济学家一样，阿伦特清楚个人在官僚体制下并非没有利己动机，他们追求最大可能的晋升。于是，"形象工程""一刀切""层层加码"并随意将某些行为定性为"恶意"（这其实与反映优绩至上的"自由""产权""企业家"等经济领域的修辞互为镜像），反倒比真正体现政策的本意更符合一己之私。而一旦面临特定时代的特定任务，放弃价值理性的思考而甘愿成为工具理性的代理人（同时仍然是理性且利己的"经济人"）甚至会通向"平庸之恶"（banality of evil）。

结语

化解经济不平等的前景似乎颇为模糊：一方面，"优绩至上"无论按照政治经济学的旧式或新式批判都并非通向共同富裕之路；另一方面，国家为"反优绩至上"而对市场自由竞争加以限制似乎只是一种乌托邦式的不完美替代方案。于是乎，难道说解决作为几千年人类文明固有趋势的经济不平等必须以全面战争或彻底革命之类的暴力冲击为必要条件，正如二十世纪上半叶曾经发生过的那样？若如此，人类岂不是永远只能在分配不均的大"蛋糕"和遭到破坏但分配更均等的小"蛋糕"之间抉择？

我们对上述疑问当然没有理由盲目乐观，同时也没有必要过于悲观，因为优绩至上或反优绩至上并不是非黑即白的判断题。在生产和分配的制度层面追求唯一的先验最优解本就是一种错误的解决思路。在假想的各种最优制度安排之间进行比较是没有现实指导意义的，更不能用一种制度的假想的最优状态与另一种制度的现实非最优状态进行对比。右翼经济学家的优绩至上神话（忘记了批判资本，亚当·斯密反复提醒过）和左翼经济学家的反优绩至上的神话（忘记了监督权力，亚当·斯密也曾不厌其烦地提示）有着一致的思维桎梏。

福山在《身份政治》中提出人类在灵魂深处存在两种相互冲突的激情：优越激情（megalothymia）激励个人追求高人一等，平等激情（isothymia）追求人人平等。优越激情的过度发扬会导致对优绩至上的盲从、对市场自由竞争的盲信或者镜像式的对建构理性和中央计划的盲目崇拜；相反，如果平等激情压倒了一切，则不仅效率和自由可能被压制，威权主义和官僚制也会强化对社会的控制。因此，在优绩至上和反优绩至上中间二择其一，并相应地进行单向度的制度强化，本身就是一种思维陷阱，没有正确理解两种激情彼此平衡的重要性。进而言之，两种激情的有幸平衡的结果也未必就是"走向丹麦"，因为历史远未终结，人类文明未来发展的路径仍然开放。按照黑格尔的历史观，若将右翼经济学家强调优越激情所提倡的优绩至上谓之正题，则左翼经济学家看重平等激情而主张反优绩至上可谓反题。在两种激情的联合催动下，不同倾向的思想和政策的彼此平衡或许才是标志着人类文明螺旋式向上发展的合题。

程虹

当女性与荒野相遇
——美国哈德逊风景画派女画家

哈德逊河是美国纽约州境内的一条河流，长五百零七公里，源自阿迪朗达克（Adirondack）山间的冰川湖。哈德逊河从纽约流入大西洋，曾是美国最主要的贸易河运段。这条大河不仅促进了美国的商业及旅游业的发展，而且在美国历史上享有思想、文化、文学及艺术方面的盛名。

哈德逊河谷可谓首个具有神圣意义的美国风景。十九世纪初，许多作家、诗人、画家发现了一种新的形式，用以思索人与自然世界之间的关系。以哈德逊这条波澜壮阔的河流及其沿岸的群山峻岭为背景，美国的文学之父华盛顿·欧文（Washington Irving）以及为美国小说开辟了新天地的著名作家詹姆斯·C.库珀（James. C. Cooper）创立了富有美国特性的文学，使文学具有浓厚的地域感；被称为"美国的华兹华斯"及新英格兰地区首位浪漫主义诗人的威廉·C.布赖恩特（William. C. Bryant）写出了颂扬新大陆荒野的诗歌；画家托马斯·科尔（Thomas Cole）则以画卷的形式再现了哈德逊河谷的壮美，成为哈德逊风景画派的奠基人。可以毫不夸张地说，哈德逊河是一条诗人的河流，一条作家的河流，也是一条画家的河流。

二〇二一年五月，在位于哈德逊河畔的托马斯·科尔国家历史遗产基地（The Thomas Cole National Historic Site），举办了首次以哈德逊风景画派女画家为主的画展。其中就有哈德逊画派的奠基人托马斯·科尔的妹妹萨拉·科尔（Sarah Cole）和女儿埃米莉·科尔（Emily Cole）、美国著名肖像画家伦勃朗·皮尔（Rembrandt Peale）的妻子哈丽雅特·C.皮尔（Harriet C. Peale）、美国知名乡土风情画家威廉·芒特（William Mount）的侄女埃维莉娜·芒特（Evelina Mount）等等。这些女画家同样被哈德逊河及其沿岸的风景所吸引，她们摆脱了时代对女性的束缚，脱下长裙，换上长裤，走进荒野写生。她们的作品以及作品背后的故事，同样值得一书，值得让世人知晓。

　　十九世纪的女性画家面临着诸多困难，绝大多数正规的美术学院不招收女生，女艺术家也常常被排斥在著名的艺术俱乐部之外。对于女画家在野外写生，社会上亦存有强烈的偏见。另外，女性的着装也给她们的野外写生带来了诸多不便。哈德逊画派画家沃辛顿·惠特里奇（Worthington Whittredge）认为，女性不应当尝试风景画，因为她们的衣服会在爬山越岭、攀登峭壁时碍手碍脚。而另一位德国的历史教授恩斯特·古尔（Ernst Cuhl）则在一八五八年发表的一篇文章中称：女性在思想的王国中没有新的视野，除了极个别例外，她们在艺术上无重大建树。她们在十八世纪没有成就，在十九世纪也不可能有成就。我们没有女性的拉斐尔或米开朗琪罗。

　　然而，十九世纪女性画家的崛起自有其历史背景。十九世纪二十年代中期，美国旅游业开始兴起，为了便于女性旅行，设计界推出了适当的服装，比如略短的裙子以及适合徒步的靴子等。当时英国的维多利亚女王在苏格兰度假时，就是身着便装和靴子。十九世纪五十年代，蒸汽轮船的生产发展起来，哈德逊河谷成为旅游热点，人们可以乘轮船畅游，一览大河全貌，欣赏沿岸的景色。一位乘船沿哈德逊河而上的女士在日记中写道："行至卡茨基尔山（Catskill Mountains）时，山间的房屋宛若蓝天中的朵朵白云……"这些女性旅游者自己也成为自然中的风景，一名男性旅者曾感叹道："当你乘船游览时，难道没有尤为欣赏那些漂亮的女士吗？坦诚地说，难道她们不是为这次旅行增添了乐趣吗?"当然,十九世纪的女性行旅,也不仅仅是为了观光,比如一位名叫埃伦·邦德(Ellen Bond)的女士就从美国中部俄亥俄州西南端的辛辛那提市行至美国东北部的尼亚加拉瀑布、乔治湖,并穿越纽约州,到达波士顿。她一路采集植物标本,并将采集标本的情况与所见的尼亚加拉瀑布之壮观记入旅行日记。她感叹加拿大一侧的瀑布比美国一侧的瀑布更加壮美。有评论称,在十九世纪,诸如"优美"(picturesque)及"壮美"(sublime)的表述已然成为一种通常的用语,而非诸如科尔等艺术家的专属用词。

十九世纪女性画家的崛起还与当时对女性的绘画教育及训练有关。那些女士并不满足于亲身的旅行经历,还希望通过教育拓展自身的视野。于是,各种讲授如何绘制风景画的书籍、刊物及各类传授画技的专科学校应运而生。比如,十九世纪初就已经出现了大量有关风景绘画艺术的手册及指南,可供对风景画感兴趣的女性临摹。随后,某些专为女性量身定制的绘画手册相继面世。其中,女画家玛丽亚·特纳(Maria Tuner)所著的《年轻女性素描及绘画助手》(*The Young Ladies Assistant in Drawing and Painting*)就是专为女性所著的简明教科书。同时招收男女生的美术学校也开始创办。值得一提的是,科尔早年是在位于美国中东部的俄亥俄州度过的,而他的姐妹们在那里开办了一个女子专科学校,不仅教授女子读写、缝纫等学识及技能,科尔还在那里教授绘画及素描。另外,还有诸如费城女子设计学院(Philadelphia School of Design for Woman)等艺术类学校,都为众多向往艺术的女性提供了接受艺术教育及进行美术训练的机会。

十九世纪的文化历史背景无疑为产生一批杰出的女性风景画家奠定了基础。然而,真正使每个女艺术家着手描绘风景的,是她们对哈德逊河的由衷喜爱,其中包括浪漫的情感、对美的追求以及对美国风景的直接观察。以下,我想列举其中的几位。

先来看科尔的妹妹萨拉·科尔。在一部托马斯·科尔的传记中，描述了一个颇为动人的场面：妹妹萨拉尽情地探索并欣赏英式风格的乡村，哥哥托马斯悠然地吹着笛子。从儿时起，萨拉就一直是哥哥的玩伴。后来，她凭借自身的天赋和努力，成为一名颇有成就的画家。萨拉经常离开纽约的家，前往卡茨基尔山，如同哥哥一样，她非常迷恋对自然风景的亲身体验。一八三八年，她陪伴哥哥等人在卡茨基尔山徒步旅行，在山顶露营过夜，这使得萨拉非常开心。就是在类似的远足之中，萨拉掌握了美国荒野的第一手资料，并以此为灵感之源，绘制了大量的风景画。她的《达菲尔德教堂》（*Duffield Church*）、《英格兰风景》（*English Landscape*）以及《带有教堂的风景》（*Landscape with Church*）被托马斯·科尔国家历史遗产基地收藏并陈列。她的画作还在美国国家设计学院（National Academy of Design）、马里兰历史学会（the Maryland Historical Society）及美国艺术联盟（the American Art-Union）展出。不仅如此，萨拉还对蚀刻情有独钟。她的三幅蚀刻作品在一八八八年纽约联盟俱乐部的"美国女蚀刻师"展览中展示。萨拉·科尔堪称美国十九世纪一位杰出的女艺术家，她走进自然，欣赏自然，通过艺术训练绘制出壮美的风景画及精美的蚀刻画，展示并出售自己的艺术作品。

在十九世纪女画家的作品中有一幅颇为独特的风景画——《自然之桥》（*Natural Bridge*）。它出自约瑟芬·C.埃利斯（*Josephine Chamberlin Ellis*）之手。那是由巨石天然形成的一座石桥，桥上是野生的绿植，桥下是溪水潺潺，通过桥洞可见对面山岭及山脊上的树木。昏暗的石桥，绿色的树木，白色的溪水，以及打在石桥左上方的那一抹灿烂的阳光，都使得这幅画成为典型的美国式浪漫主义风景。

我们可以再看一近一远两幅画——近距离的特写画《雏菊》（*Daisies*）和远距离的风景画《带树的风景》（*Landscape with Trees*），它们出自埃维莉娜·芒特之手，埃维莉娜受过美术职业训练，之后又成为国家设计学院的院士。她的这两幅代表作如同摄影中的特写及远景，使人们既能够欣赏逼真的花朵及其绿叶上的叶脉，又能看到两岸绿树成荫的一条大河伸向远方的壮观景象。

如同萨拉·科尔一样，劳拉·伍德沃德（Laura Woodward）亦终生未婚。在某种程度上，这给了她足够的自由，可以到处行走游览。她曾跋涉于卡茨基尔山脉，并行至美国东北部的与加拿大接壤的佛蒙特州（Vermont），进行野外的美术探索及研习。她以佛蒙特州的克拉伦登为背景所画的风景画《克拉伦登的风景》〔*View in (possibly) Clarendo, Vermont*〕，体现了她出众的画艺及显著的哈德逊河画派的审美取向——远处的青山蓝天、近处的草地以及一条将碧草切开的溪流，还有裸露的岩石。在一棵生机勃勃、枝繁叶茂的大树旁边，是一个低矮的枯树桩。后来，她移居南部佛罗里达州的棕榈滩。她在那里的画作描绘了大沼泽地（Everglade；此处指美国大沼泽地国家公园，是美国最大的湿地公园，也是美国本土最大的亚热带野生动物保护基地）早期的面貌及佛罗里达的风景。

朱莉·哈特·比尔（Julie Hart Beer）之所以成为颇有名气的风景画家，则是受益于两个哥哥的熏陶及训练。她的哥哥詹姆斯·哈特（James Hart）及威廉·哈特（William Hart）都是当时成功的风景画家。朱莉十八岁时嫁给了乔治·W. 比尔，四年后其夫过世。她便携两个幼女投奔当时在纽约布鲁克林居住的哥哥威廉，后者在那里有一个画室。由于威廉可以供养妹妹及其女儿，朱莉便致力于绘画，希望日后通过卖画获得经济上的自立。朱莉不仅在技艺上有所提高，还受到欧洲画技的影响。她最终转到纽约的一个画室，与两个女儿过着一种"波西米亚时尚"的生活。她以出售自己的画作及带领年轻女性去佛蒙特州及阿迪朗达克山脉进行野外写生的方式，维持了全家的生活。虽然得益于她的哥哥，但不能否认的是，朱莉在绘画方面的天赋不亚于甚至很可以高于她的哥哥。她的作品曾广泛地在诸如美国国家设计学院、波士顿图书馆、宾夕法尼亚美术学院等地展出。以她的两幅画作为例:《位于哈德逊河谷的克罗顿角公园》(Hudson Valley at Croton Point)恢弘雄伟,描绘出我国诗人苏东坡向往的"远山长,云山乱,晓山青"的意境,体现出河山之壮美。《夏天的风景》(Summer Landscape)则恬静淡雅,林间小溪水潺潺,河畔牛羊草青青,一派田园风光之优美。朱莉的另一独特画技是瓷盘双面风景画。比如,她在一个直径十二英寸的瓷盘上,一面画的是哈德逊河的全景,另一面则是细腻的林间景色,远观、近景相互呼应。这也是朱莉·比尔将女性用于消遣的瓷盘画与在大众认知中颇具阳刚之气的风景画相结合的杰出作品。

哈德逊画派中还有两位女画家值得一提:苏茜·巴斯托(Susie. M. Barstow)及伊迪丝·库克(Edith. W. Cook)。她们两人是非常要好的朋友。两人每年夏天都会同往位于美国东北部的白山远足。两人同为阿巴拉契亚山俱乐部(The Appalachian Mountain Club)的主要成员。巴斯托被称作"白山及阿迪朗达克山最初的'山顶背包客'"。一八八九年登山杂志《白山回响》(The White Mountain Echo)所刊登的一篇文章中描述道:"她(巴斯托)曾攀登过所有卡茨基尔山、阿迪朗达克山及白山的主峰,

苏茜·巴斯托:《风景》

以及阿尔卑斯山、蒂罗尔山及黑林山，常常是日行二十五英里，而且通常是在暴风雪的困境中进行素描。"据说，在其有生之年，巴斯托曾攀登了一百一十座不同的山峰。巴斯托健壮的体力堪与其非凡的艺术才能相媲美。她受教于纽约市的第一所女校——罗格斯女子学院（Rutgers Female Institute），后来又在布鲁克林艺术与科学学院任教多年，她在布鲁克林艺术协会、美国国家设计学院以及宾夕法尼亚美术学院共展出过七十五幅画作。其中一八六五年的作品《风景》（Landscape）堪称精品，巴斯托描绘了一片白桦林：一条溪水两侧树顶的树枝纵横交错，宛若一座宏伟大教堂的拱顶。她吸取了前辈阿舍·B. 杜兰（Asher B. Durand）的特质，在浓浓的树荫之中，有一束微妙而神圣的光，点亮了树林。林地上长满了厚厚的青苔，横穿着一条映着倒影的石溪。这是一幅表露出林中的寂静以及人与自然之默契关系的画作。

巴斯托的好友伊迪丝·库克出生在美国新泽西州的一个富裕之家，所有库克家的兄弟姐妹都对植物学情有独钟，而且每个人都展示出与众不同的才能。伊迪丝的天赋在风景绘画，她的经典之作《秋天的风景》（Autumn Landscape）堪称美妙绝伦：三位身着优雅长裙的女士，漫步于层林尽染的林地小道上，目光越过原木色的栅栏，凝视着秋意深浓的远方……这是典型的伊迪丝式画风，一如她多次在野外远足时观察到的风景，且蕴含着作者本人饱满的情感。

哈德逊画派的女画家们不仅将创作的目光投向美国的荒野风景，她们的画作还超越了美国本土，展示异国风情。比如，伊丽沙白·G. 杰罗姆（Elizabeth G. Jerome）就绘制出七卷巨幅风景画，描绘了地大物博、美丽富饶的南美洲。其中的《热带落日》（Tropical Sunset）令人感受到哈德逊画派风格及其"彩光画法"（Luminism）。远处的青山气势磅礴，山顶飘浮着浓浓的彩霞；前景的植被相当细腻，水边地上的绿植、修长的棕榈树、树上艳丽的红叶——绿色调与红色调的鲜明对比凸显了画作的异国情调，再加上水中停泊的一只小舟，真是一派梦幻中的景色。

由于篇幅有限，本文难以将哈德逊画派的女画家在此一一而论。但还有一位我实在难以舍弃，就是前面提到的哈丽雅特·C.皮尔。她与其同为画家的丈夫伦勃朗·皮尔在费城共用一间画室。她的代表画作为《卡特斯基尔峡谷》（*Kaaterskill Clove*），画的前景是一条流淌的山溪，溪中怪石突兀，溪畔林木葱郁，远景是峰峦雄伟，山脉绵延，远山中飘浮着淡淡的薄雾。这幅画呈现了哈德逊画派标志性的主题和画风，成为美国荒野的标志性作品，也证明了哈丽雅特风景画大师的地位。

哈丽雅特·C.皮尔：《卡特斯基尔峡谷》

回溯哈德逊画派的历史，最初的一些年轻画家开始描绘哈德逊河沿岸的自然风光，但不被当时传统的欧美画派所认可，最终他们冲破传统的樊笼，形成具有地域性特质的风格，逐渐成为十九世纪极具美国特色的风景画派。而后，其创作的范围超越了哈德逊河两岸，穿过了美国的中部平原，触及美国西部以及南美洲。而在它的整个发展过程中，女性画家们始终都与她们的男性同行携手并肩，探索这片土地上特有的雄伟、壮丽与恬静、秀美，她们以女性独特的体验与创作力，使得这一画派更加丰富与饱满。所以，当我们回顾哈德逊画派的历史，欣赏这个画派的作品时，不能忘记那些手执画笔在荒野中跋涉的女性画家。

爱能否跨越边界？

钟志清

父母来自伊朗的朵莉·拉宾雅（Dorit Rabinyan）是当今以色列文坛一位备受瞩目的杰出女作家。她用夹杂着波斯文化元素的希伯来语揭开了以色列一个特殊族裔群体——伊朗犹太人的面纱。这一族裔群体在以色列国家的政治版图中多年处于边缘化地位，在中国更是鲜少得到关注。

以色列伊朗犹太人是指从伊朗移民到以色列的犹太人及其后裔，这一群体在伊朗拥有悠久的历史，甚至可以上溯到公元前六世纪居鲁士大帝征服巴比伦时期。《圣经》中的《以斯帖记》写的就是波斯宫廷内部犹太人争取生存的故事。尽管时至今日，尚未有考古与历史研究证明位于伊朗哈马丹神龛里的墓确属以斯帖，但是，学界一般认为犹太人从那个时代起就生活在波斯，即后来的伊朗。

现代伊朗犹太人与以色列国家的关联要追溯到二十世纪上半叶，当时的犹太复国主义运动也在伊朗产生了影响，伊朗的犹太复国主义组织几经沉浮，在二十世纪四十年代达到其黄金时代。一九四八年以色列建国这一历史事件在相当程度上促成伊朗犹太人移民以色列。按照统计，早在一九四八年到五十年代中期，便有五万多伊朗犹太人移民以色列。五十年代中后期到一九七八年，又有大约两万五千人移民。一九七九年伊朗革命后出现了新的移民高峰,一九七九年,大约两万犹太人离开伊朗,一部分人移民到以色列,另一部分人移居美国和其他国家。目前,以色列境内的伊朗犹太人超过十三万五千人,其中大部分出生在以色列。

拉宾雅的父母是在五十年代初抵达以色列的第一代伊朗犹太移民,他们定居在特拉维夫附近的卡法萨巴(Kfar Saba)。与其他移民到以色列的东方犹太群体类似,多数第一代伊朗犹太移民没有接受过良好教育,专业人士所占比重较小,无疑也遭受到操纵国家话语霸权的欧洲犹太人的歧视。况且,他们使用波斯语,与使用希伯来语的本土以色列人交流非常困难,与来自其他中东国家讲阿拉伯语的犹太人的交流也有很大障碍。加之,他们在新犹太国家被要求抛弃其文化价值与习惯,以便接受一种新型的以色列身份。类似的文化歧视令移民以色列的伊朗犹太人非常挫败,他们消极抵抗国家政策,主动与社会隔离,自我边缘化,有些人甚至决定重新回到伊朗。据不完全统计,一九四八到一九五三年,便有大约百分之七的伊朗犹太人决定重回伊朗。

但是,伴随着下一代在以色列出生,以色列境内伊朗犹太人与欧洲犹太人之间的文化隔膜逐渐得到缓解。新一代伊朗犹太人通过在以色列接受教育和服兵役等举措,适应了以色列的生存环境,能够教父母如何做以色列人。父母为了更好地与子女沟通,也去学习希伯来语和犹太复国主义理念。在渐趋适应并融入以色列文化和社会生活的过程中,也有一些伊朗犹太人在以色列政治生活中担任了要职。比如一九五七年随家人移民以色列的莫法兹(Shaul Mofaz),相继担任过以色列国防部长、交通部长和副总理。一九五一年随家人移民以色列的卡察夫(Moshe Katsav)曾经担任以色列第八届总统。当然,伊斯兰革命之后移民以色列的伊朗犹太人同样面临着融入以色列社会政治与经济生活的困难,他们对以色列的社会文化与经济情势抱有一定的期待，而以色列又无法符合这种期待，因此矛盾仍然在继续。

拉宾雅属于第二代伊朗犹太人，也可称之为伊朗裔犹太人。她出生于一九七二年，在以色列接受教育、参军、担任新闻记者等。从二十几岁就开始尝试文学创作，与其他第二代东方裔犹太作家不同，拉宾雅没有直接把流散地语言，具体地说是波斯语直接转换成希伯来语，但却继承了波斯语中的某些文化元素，如韵律、乐感等，将其转换成地道的希伯来语，创造了别具一格的表达方式。其处女作《波斯新娘》（一九九五）以祖母的故事为蓝本，揭示了伊朗某古老犹太社区童婚制对女性的戕害。第二部长篇小说《我们的婚礼》（一九九八）的背景转换到当代以色列，但与早期作品在主题方面具有关联，再现的是移民以色列的伊朗裔犹太人被边缘化及其难以融入以色列社会的困境，尤其反映出负载着古老文化传统的移民能否完成身份重塑、融入以色列社会的问题。

第三部长篇小说《爱的边境》（二〇一四）则触及中国读者所关心的巴以问题，揭示出当代以色列语境中不同族裔群体的命运。《爱的边境》的情节源自拉宾雅的个人生活经历。二〇〇二年十一月，身为富布赖特基金得主的拉宾雅在纽约结识了巴勒斯坦艺术家哈桑·胡拉尼，并与之相恋。胡拉尼一九七四年出生在位于西岸的希伯伦，曾经就读于伊拉克的巴格达艺术学院。二〇〇一年到纽约举办画展，后在纽约继续学画，画画，二〇〇三年回西岸探亲，在一次旅游时途经多年未曾得见的地中海，下海游泳时溺水身亡。拉宾雅恩悲痛之余，搁置自己撰写了半的小说，耗时多口记载他和朗拉尼的爱情经历，这便是我们今天读到的长篇小说《爱的边境》。

小说以其独创性一举夺得当年的伯恩斯坦奖，引起了以色列读者的广泛关注。二〇一四年七月，加沙向以色列投掷了多枚炸弹，以色列人在防弹掩体中阅读这部作品，对巴以的未来充满了希望。

后来，小说入选以色列公立学校阅读书目，目的是要让年轻一代更好地了解巴勒斯坦人。但在二〇一五年，以色列文化部命令将此书从中学生阅读书目中删除，认为这部反映以色列犹太人与巴勒斯坦阿拉伯人爱情的作品会变相鼓励犹太人与非犹太人之间的跨种族婚姻。以色列文化部长甚至公开宣称拉宾雅恩是民族的敌人，作家本人也遭受到生命威胁。这一禁令把一部文学作品转化为政治宣言，在以色列引起轩然大波。以色列的顶尖级作家奥兹、约书亚、格罗斯曼和沙莱夫纷纷表示抗议，支持拉宾雅恩。在某种程度上，以色列文化部的禁令反而推动了《爱的边境》的销售，使之在中东和欧美得到广泛接受，很快便被翻译成近二十种语言，《纽约时报》头版为之刊载了书评。面对舆论压力，以色列文化部不得不放松禁令，允许一些教育工作者讲授《爱的边境》。二〇一九年，小说被以色列超级影星、曾被《时代》周刊列为百名世界最有影响力人物的加多特（Gal Gadot-Varsan）拍成电影。

小说的希伯来文名为 *Gader Haya*（גדר חיה），字面含义为"树篱"或"藩篱"。这道藩篱既是政治边界，又是身份边界。现实生活中的以色列作家和巴勒斯坦艺术家在《爱的边境》中则以男女主人公的形式出现。他们所面临的问题、冲突、困境与死结喻示着巴以地缘文化政治话语中的种种复杂性。

小说开篇便向读者展现出以色列伊朗裔犹太人与巴勒斯坦阿拉伯人的身份困境。女主人公、来自以色列的丽雅特以富布莱特学者身份在纽约攻读翻译学，借住在朋友的公寓里。两位来自联邦调查局的成员例行公事，对她进行盘问。其伊朗犹太移民后裔的身份显然引起联邦调查局警员的特殊"兴趣"：

"那你的亲戚还有住在伊朗的吗？"

"没有，"我答道，这场对话的新方向使我逐步获得了信心，"他们都移民去了以色列，都成了以色列公民，自从——"

"那你自己呢？你最近去过伊朗吗？"

"完全没有。"

"你也许去哪里旅行过，"他再次尝试，"去寻寻根之类的？"

"如果你说这个的话，伊朗并不是一个绝佳的去处，"我向我的护照伸了下头，"他们也许会让我入境，但我不确定我能出来。"

他喜欢我的回答。他带着一丝丝微笑看着我的护照，把它翻回他用手指卡住的那页。（中文版《爱的边境》10页）

寥寥数语，表明在美国这样与伊朗敌对的国家，主人公伊朗犹太后裔的身份显然非常敏感，以色列伊朗犹太人遭怀疑的概率远远大于本土以色列犹太人。女主人公遭受盘查的原因则是她这个外表看去极为中东化的女子在咖啡馆写作时遭人举报，举报者仅凭主观断定她是在用阿拉伯语写作。由此让人感受到"九一一"之后整个纽约城弥漫的紧张气氛，以及持有中东某些国家护照的居民得不到信任。耐人寻味的是，随着情节的发展，女主人公真的与巴勒斯坦阿拉伯人建立了亲密关系，这便是构成小说中心情节的爱情故事。与之相恋的哈米一九九九年持艺术家签证来到纽约，经常被错认为巴西人、古巴人、西班牙人，甚至以色列人。身为巴勒斯坦阿拉伯人，他很难凭借艺术才华在美国获得成功。就这样，两个来自异乡的边缘人在纽约这个国际化的大都市暂时忽略了民族之间的敌对界限，迅速地走到了一起。

但是，仅凭爱情无法跨越横亘在他们中间的界限。丽雅特出生在特拉维夫，那是一座拥有世界上最漂亮海滩之一的现代化海滨城市。丽雅特曾经与前任男友住在特拉维夫海边公寓，享受地中海的日出日落，潮涨潮落，且获得高级潜水证，在沙姆沙伊赫自由自在地潜水。而哈米这个在希伯伦长大的人，不会开车，不会游泳，不会放枪。这些特点表明他与现代年轻人的生活格格不入，在年轻的以色列人眼中显得不可思议。二人之间的反差实际上与以色列封锁占领地的现实状况有关。据哈米自述，他有生以来通过以色列国防军的重重封锁与道道关卡才见过三次大海，这里指的是加沙那片海域，他向往有朝一日加沙的海能变成大家的海，然后他们（他与丽雅特）"一起"学会在里面游泳。字里行间其实蕴含着一个巴勒斯坦阿拉伯年轻人对和平的向往，以及与以色列犹太人平等生活的憧憬。与之相对，不太热衷于政治的以色列人丽雅特却难以理解"一起"的含义，或者说对其用法并不十分敏感。这种差异既表明这对异族情侣之间的情感隔膜，又预示着二者之间隔着一道难以跨越的文化屏障，也可以说政治鸿沟。在某种程度上也说明，在以色列这个犹太国家内，伊朗犹太人尽管经历了前文所说融入以色列社会的痛苦，但是他们仍旧是犹太人，拥有优于巴勒斯坦阿拉伯人的社会地位。

　　以色列犹太人与异族通婚是一个社会现象，甚至如作家所言，触及以色列人害怕自己会失去中东身份的核心问题。丽雅特在与哈米交往时其实心怀模糊国族界限的恐惧，担心有朝一日其犹太身份会融入哈米的巴勒斯坦身份之中，害怕其犹太身份被吞噬——尽管她有意告诫自己，哈米代表的是个人，而不是巴勒斯坦民族。与哈米开始交往时，充斥在她脑海里的则是以色列宗教电台——以色列国家新闻台播放的宣传信息，称以色列每年都有年轻的犹太女孩被引诱皈依伊斯兰教，嫁给绑架他们的阿拉伯男人，还被带到乡村，被毒害，被殴打，和她们的孩子们一起挨饿，被像奴隶一样绑缚。以色列宗教电台哀叹这些"以色列的女儿"是"迷失了的灵魂"。这类联想一方面表明现实生活中阿以两个民族通婚，尤其是犹太女子嫁给阿拉伯男子在以色列社会得不到认可与祝福；另一方面，也表明主人公本人对与哈米的深入交往怀有难以去除的恐惧、疑虑乃至自责。这种纠结使她从来没有勇气向父母坦言与哈米的爱情，给姐姐也造成他们在一起不过是鱼水之欢的印象。

从社会学层面看，近年的学术研究表明，以色列犹太民族与阿拉伯民族年轻人之间的通婚现象有所增加。这些异族通婚的家庭成员跨越了集体标准与国族界限，青年男女多因爱情而成婚，但是最终难以完全跨越以种族、阶级、民族、宗教为基础的集体身份鸿沟与社会秩序，进而暴露出种种问题。而犹太女子与阿拉伯男人之间的恋爱，或者通婚，则更让以色列国家深怀恐惧。按照以色列回归法，犹太母亲生下的子女即为犹太人，因此，犹太女子一旦嫁给阿拉伯男子，其后代无疑会成为犹太人，长此以往，甚至会对犹太种族形成一种威胁。就像拉宾雅恩的好友雅艾拉所说，即使在纽约，犹太女人与阿拉伯男子之间的亲密关系也会遭禁。而且，以色列境内的阿拉伯人以及巴勒斯坦人自然出生率增长极快，数十年后，犹太人或许成为那片土地上的少数民族。对于年轻一代阿拉伯民族主义者来说，以色列归还"六日战争"时期占领的土地已经不再符合其期待，"两个国家"的概念也已经过时。他们把信念寄托在阿拉伯人的出生率上，并期待其变为现实。

从心理学层面看，女主人公的恐惧既来自对自身安全的不确定，也包括害怕自己会认同恋人拥有的巴勒斯坦人身份，这是犹太复国主义教育中经常出现的一个话题。丽雅特非常留心哈米用阿拉伯语与亲朋在电话中交谈时是否使用"以色列人"和"犹太人"之类的字眼，甚至当告诉对方每个士兵在服兵役时期都会得到一部《圣经》时有种奇怪的背叛感，像是把机密情报交给了敌军。

两人关于国族问题的第一次争论由《圣经》引起，当年十八岁的丽雅特在参军时把颤抖的右手放在《圣经》上，宣誓效忠以色列国家；哈米则将其比作手持冲锋枪和《古兰经》，指责以色列用强大的军队对付平民。哈米盘问丽雅特是在哪年服兵役，进而将两人所代表的国族间的敌对推向一个小高潮，且与现实生活中的巴以冲突建立起联系。一个富有戏剧化的细节描写是，十五岁的哈米和几个阿拉伯男孩多年前因在希伯伦涂鸦一面旗子遭到以色列士兵逮捕，被囚禁四个月；在遭到逮捕的那一刻，他看到几个以色列女兵，丽雅特显然身在其中。丽雅特在脑海里无疑也浮现出与哈米擦肩而过的场景。换句话说，时空的转换使当年处于敌对方的二人融为一体。但现实中，约旦河西岸和加沙地带的巴勒斯坦孩童经常因为扔石子、涂鸦等行为而遭受以色列士兵的惩罚，这一冤冤相报的局面短期内不可改变。恋人之间的情感纠葛实际上隐喻着两个民族之间不可调和的矛盾。从这个意义上，《爱的边境》不再是发生在两个青年男女之间的爱情故事，而是展现两个敌对民族之间复杂关系的国族叙事。

政治家们关于在巴勒斯坦这一片土地上能否建立两个国家的争论也成为情侣日常生活中不可回避的话题。哈米抱有双民族幻想。在他看来，巴以两个民族之间不可能施行公平的分割，无论是土地，还是水源都不可能公平分割，所有的河流最终都将流进同一片海域。就像风景与天空，同时属于两个民族。而丽雅特则坚决主张在巴勒斯坦土地上建立两个国家，只看重实际的和平条约及类似于"政治边界"和"国家主权"之类的术语。他们天真地企图说服对方，动摇对方的立场，或是毁掉那个立场。他们一次又一次地陷入那重复的、翻来覆去的、无用的争吵中。

如果说丽雅特与哈米之间的争论限于一对恋人之间，但关涉到时下阿以民族问题的话；那么随着情节的推进，丽雅特与哈米家人及朋友在饭桌上的争论则更多地表现在民族层面上不可调和的异议。哈米姐姐的朋友泽布拉对丽雅特在场感到不便，并不掩饰因其在场使用英语而感到心烦，她面带一丝微笑，高挑的眉毛里露出霸气，对丽雅特说："你现在是我们的一员了。"这显然忽略了丽雅特所持有的政治立场和民族情感。而在聚餐接近尾声之际，哈米的哥哥瓦西姆与丽雅特之间就以色列现在与未来面临的问题展开了激烈争论。

瓦西姆在争论时语言犀利,态度傲慢,充满敌意与挖苦,认为回到一九六七边界,乃至一九四八年以色列建国之前没有边界的历史当中同样不可逆,预言在不久的将来以色列将成为那片土地上的少数民族。总体上看,丽雅特在阿拉伯人中是孤单的,缺乏生存基础。从这个意义上,拉宾雅恩以敏锐的目光将巴以所面临的问题与挑战推向一个新的高度。换句话说,如果巴勒斯坦不能建国,其实对以色列也不乐观,引发的问题则是如果犹太人作为少数民族生活在阿拉伯人占多数的国家内,其安全系数如何?这些问题不知是否引起以色列右翼人士的深思?

两个年轻人的真挚情感能否跨越国族之间的敌对鸿沟,其实是本书一个悬而未决的话题。当哈米与丽雅特分别回到了拉马拉和特拉维夫,既是象征意义也是现实生活中巴勒斯坦与以色列的典型地理坐标之后,即使二人仅仅相距四十公里,但拉马拉与特拉维夫所代表的两个地理坐标永远难以交汇,二人也不可能再有机会见面。抵达特拉维夫的丽雅特重新回到熟悉的生活秩序和老习惯中,回到原来所有的细节和简单的舒适中。尽管哈米打破僵局,主动给丽雅特打了电话,从丽雅特的哽咽中也可以看出她对哈米真情依旧;但是在哈米生活的拉马拉,一九八七年第一次巴勒斯坦人起义时留下的痕迹随处可见,到处是废墟、武装、贫穷、绝望与疲惫。尤其是当时以色列正在西岸建造隔离墙,那是一堵灰色混凝土墙,蜿蜒远去,像一道丑陋的伤疤,把村庄和果园一分为二。随着中东和平进程的搁浅,这道隔离墙预示着巴勒斯坦与以色列之间的和平之路遥遥无期;也预示着生活在这个大背景下的青年恋人可能会被永远隔离。小说结尾,哈米和另两个阿拉伯青年乘坐黑车避开以色列哨兵关卡来到雅法,投入大海怀抱,却溺水而亡。哈米之死,成了解决或者淡化这种矛盾的一种方式。

(《爱的边境》,[以]朵莉·拉宾雅著,杨柳婧译,浙江人民出版社二〇一八年版)

退而不休的治史体悟
——与六十岁左右同行谈谈心

金冲及

六十岁左右,大体上是许多同行离退休的日子。这在人生道路上可说是一个重要转折点,正所谓"六十年华,又从今起新花甲"。现在国人的平均寿命已达到七八十岁。那么,在离退休后的时光中,我们还能做些什么呢?

我今年九十二岁了,在这方面算是过来人。二〇〇四年,我在七十四岁时办了离休手续。当时因为和陈群同志共同主编的《陈云传》仍在编写中,于是每天依旧早上八时上班,下午六时下班。整整干了一年后,我才改变过去按时上班的习惯,迄今弹指间已十八年了。北京三联书店为我出版了十几本"文丛",大多是在这期间写成的。所以我想把长时间实践中的体会写下来,算是同现在正面对或将面对离退休生活的史学同行的一次谈心。

拿我近二十年来的亲身感受来说,六十岁上下或者包括稍后这段日子,对一名史学工作者来说,只要健康状况允许,实在称得上是黄金时期。因为从事史学工作有一个重要条件,那就是知识的积累,随着知识的积累达到一定程度,才会忽然能够融会贯通,产生新的整体性的理解和认识。这要花很多时间才能达到。并且,年轻的时候往往缺乏足够的社会经验,对史事的判断容易轻下结论,不了解事物的全部复杂性。我听一位长者说过:有些事是要靠吃饭来解决的。这句话的意思是阅历丰富了,对许多事方能真正懂得。应该说,青年和老年各有其长处和短处。老年人大可不必因赶不上时代车轮而过分地否定自己。

一、自己许的愿，走不到爬也得爬到

这里，首先要想清楚自己在一段时间内的主要奋斗目标。这个目标要衡量它的相对重要性和可能性，确定好它的主次和实行步骤。考虑时要反复掂量利弊，下了决心就不再动摇，这是自己许的愿，走不到爬也得爬到。不能什么都是碰到什么就做什么，尽干些零零碎碎的事，月计有余而年计不足，末了报不出一个账来。当然，这是从总体来说的，日常生活中遇到一些零活和应酬是无法完全避免的，但通盘的打算绝不能动摇。这样才能做成一两件成功的事。

我读过李敏写的《我的父亲毛泽东》。其中讲到毛主席跟她说过他父亲常讲的一句话："吃不穷，用不穷，人无计算一世穷。"大家知道：毛主席对他母亲的感情非常深，而对他父亲颇不满意。但父亲说过的这句话，他不仅牢牢记得，还用来教育自己的女儿，可见毛主席对这句话印象之深刻。当然，他说这话的用意不是指钱财的多少，而是借来指事业的成败，嘱咐女儿无论准备做什么事，必须先了解并分析自己所处的主客观条件，对行动的利弊得失和行动的先后缓急细心计算，再下决心。这种决心，没有特殊原因，决不轻易变更。

在我自己几十年的经历中，也曾多次遇到过需要认真计算的时候。

一次是二十世纪八十年代初，离六十岁到来还有十年左右。当时我已有岁月不待人的紧迫感，觉得必须对即将到来的十年的工作有个比较周密的计算和安排。但这次考虑比较简单，因为有两项工作正明明白白地摆在面前：一件是由我担任主编的两卷本《周恩来传》，共三百万字；另一件是我和胡绳武教授在复旦大学工作时开始撰写的四卷本《辛亥革命史稿》，还有两卷没有完成，由我们各写一卷。我这部分工作自然只能业余做，无法半途而废：白天全力以赴写《周恩来传》，晚上业余时间写《辛亥革命史稿》。同事笑我是"白天周总理，晚上孙总理"。这两项工作最终都如期完成，达到原定要求，心中压着的石头才放下来。

我的另一次"从长计议"是二〇〇五年完成和陈群同志共同主编《陈云传》的任务后，方算真正离休，开始自己的写作计划。我那时着手的，先是写一部《二十世纪中国史纲》，再把一九九一年胡乔木、胡绳主持写《中国共产党的七十年》时的讲话记录整理出来，并且起了个书名叫《一本书的历史》。

为什么刚从原来岗位上退下来，几乎没有停歇就主动上马一项自行承担的新课题——写一部四卷本、一百几十万字的《二十世纪中国史纲》？主要有以下三个想法：

一是社会需要。在中华民族伟大复兴的历史进程中，二十世纪是一个极为重要的阶段。尤其是中国人民在共产党领导下，已经在中国特色社会主义道路上阔步前进。这样翻天覆地的变化，是怎样一步一步走过来的，需要有一部比较系统而又较具体生动的书将其记载下来。我在这一百年中生活七十多年，许多事亲见亲闻，有责任尝试一下这种努力。

二是同我自己前一阶段工作的衔接。我在中共中央文献研究室（现已改组为中共中央党史和文献研究院）在职工作二十四年，主要任务是主编或共同主编毛泽东、周恩来、刘少奇、朱德、陈云的传记。编述他们的思想发展和重大活动，都离不开二十世纪中国的社会历史背景。但这些书毕竟是个人传记，以上方面的论述所用篇幅不宜过多，以免"喧宾夺主"；而且有关历史背景分散在各书中，难以给读者比较完整的印象。这样，编写一部比较系统的《二十世纪中国史纲》就可以充分使用编写传记时做过认真研究而无法写入书中的内容，还可以对"二十世纪中国"这个课题有一个比较完整的论述，有其理论价值和现实意义。

三是从我个人的历史经历来看，写这个选题也具备有利条件。我从一九五三至一九六五年在复旦大学历史系、新闻系、中文系教过"中国近代史"的课程，共十二年。那时讲的中国近代史主要是指"晚清"到"民初"，对这段历史的发展过程比较熟悉。国民党和共产党在历史上有过几次从合作到破裂的过程，我到中共中央文献研究室工作后，为了知己知彼，需要对国共双方的历史都比较熟悉。何况我在国民党统治时期已是大学生，又参加了地下党，不少事是亲见、亲闻、亲历的。后来因工作需要，我多次被中央抽调参加重要文件起草工作，前后大约有三年时间，因此对改革开放以来的历程也有较深的了解。革命、建设、改革三个阶段的历史前后相续，贯通起来就有一种整体性的感觉。

四是正在这时，我读到英国哲学家罗素的名著《西方哲学史》。罗素讲了一段话："关于任何一个哲学家，——除了莱布尼兹之外——都比我知道得多。然而，如果这就成为应该谨守缄默的充分理由，那么结果就会没有人可以论述某一狭隘的历史片段范围以外的东西了。"确实，由一个人来写一部史书，不管本人水平如何，总比较容易使读者有主题鲜明、层次清楚、一气呵成之感。罗素的这些话，也给我壮了胆，觉得可以试试。

这样，经过对利弊反复"计算"后，我就下狠心，不到黄河心不死，不能东一枪，西一枪，浅尝辄止。我很笨，连用电脑打字也不会，只能用铅笔一字一句地写，写了三年，才把这部一百二十多万字、四卷本的书稿完成，很快就出版了。

二、学会取舍，重视学习和研究中产生的零星想法

《二十世纪中国史纲》写完了，我已经七十八岁，不过精力还可以，过去工作中积累下来的知识和想法仍不少，还有些余热可以发挥。于是就想到一九九一年中央党史领导小组决定编写一部《中国共产党的七十年》，由胡乔木同志负责、胡绳同志主编。龚方之、王梦奎、郭慧、沙健孙和我在玉泉山住了八个月，大家一同工作。胡绳同志后来也住到山上来了。每一章写后大约都开了三次全体会议，胡绳同志每次都发表系统的意见，最后还自己动手修改。乔木同志那时身体已很坏，但他还是看了全稿，并对其中几稿的修订谈了不少意见。我对他们的讲话都做了详细记录。因为记录时要"快而全"，当时的字迹有些潦草，别人也许很难辨认清楚，有些话还需要利用当时留下的胡绳日记、书信以及其他会议记录等原始资料，才能完全看明白。这个本子已经存留了二十来年，如果不整理出来，将来就可能变成一堆废纸，无法保存下去。我想想，把这两位大师对党史中一些重要问题的意见整理出来，流传下去，比我

自己再多写一些论文或著作的价值要大得多。这样，我就决心把自己其他写作的打算搁下，先将胡乔木、胡绳同志留下的宝贵精神遗产整理出来并出版。

在这以后，承三联书店的雅意，从二〇一六年起出版"金冲及文丛"，现在已累计十一种，其中少数是以往仍在工作岗位时的旧作，而大多是离休后新写的。说是新写，其实仍然同以往的工作直接相关。其中大体上又可分两类：一类是在以往工作中已有知识和想法的积累，这些可说初步成竹在胸，但没有整理写出来过（有时在本子上扼要地记几句话）。我觉得在平时既要重视知识的积累，也要十分重视学习和研究中产生的零星想法。现在有了比较宽裕的时间加以整理，便可能成文，否则就白废了。另一类是在传记写作中发现一些很有价值的议题，但因为工作忙或与传记主题关系不够密切，抽不出时间进一步研究。现在有了比较多的可以自己支配的时间，就能更集中力量对这类问题进行较深入的探讨。这些问题往往也是其他同行会遇到而没有解决的，如果在这些地方能有所突破，自然是很有意义的事。

这样一来，值得做的事情仍然很多，余下的有限岁月禁不起任意地虚度。大体说来，这几年写得比较多的有两方面：

其一，二〇二一年是建党一百周年。我所在的中共中央党史和文献研究院要我为本院办的《百年潮》写一篇回忆自己入党经过的文章。我是一九四八年初在复旦大学读书时入党的。当年的社会情况以及地下党的组织结构、当年怎样在国民党统治下相当复杂的环境中开展工作的情况等，现在亲身经历过来的人已经越来越少了，作为一个党史工作者写写这段历史是应尽的责任。所以写得比较细，有两三万字，在《百年潮》上分两期登完。此后我又写了几篇涉及解放初高等学校史学界等主题的回忆文章。

其二，我的本行是党史工作者，这些年写得比较多的还是党史方面的著作。对中国共产党的历史资料，我比较熟悉，这些年又读了不少新的资料，特别是国民党在大陆时期的历史文献。我用很多时间分析、研究相关的日记、书信集、战役史等，还去过两次台湾，做过三次学术报告，同台湾学者有相当密切的互动。到了老年还有这样的机会是很难得的。我相信明辨是非对研究党史是很有用的。这可能是我在这个阶段治党史的一个特点。

在我的"文丛"中有两本书，从书名就可以看出这个特点：一本是《联合与斗争：毛泽东、蒋介石与抗战中的国共关系》，一本是《决战：毛泽东、蒋介石是如何应对三大战役的》。我想，这样写可能更便于读者理解为什么共产党会胜利而国民党会失败。早在一九九八年，我曾在日本京都大学用了近半年时间看了一九二七年全年的四份报纸（包括日本人出的中文报纸《盛京时报》）和当时影响很大的《国闻周报》，摘抄了两厚册的笔记，准备写一本有关第一次国共两党从合作到分裂的史书。虽然已经投入不少心力，但最后仍觉得自己对当时的发展进程还有隔膜，许多问题若明若暗，不敢动手，没有把握宁可不写。结果下狠心停下来，改为另写了一本《转折年代：中国的一九四七年》，因为它是我亲身经历过的，比较有把握。直到二○二一年四五月间，因疫情待在家里不能外出，而这二十多年来又读过不少书，特别是台湾出版的国民党方面的史料，才又下决心将之前放弃的著述重新捡起来，写了一篇六万七千字的长文《一九二七年：第一次国共合作的破裂》，也出版了。可见研究工作的选题必须极端郑重，既要敢承担，也要勇于割弃。

我是从复旦大学历史系成长起来的。我的老师周谷城教授和周师母都说过："我们是看你长大的。"周先生讲课的内容我都忘了，但他说的"找到一个好问题，文章就做到了一半"，还有"学问要如金字塔，又要广博又要深"，确是至今不忘。我的儿子是新加坡国立大学历史系的博士，我的孙子现在英国牛津大学攻读博士学位。有的朋友开玩笑地说我是"献了青春献终生，献了终生献子孙"。我也没有跟他们讲过什么"历史研究法"，那样也没有什么用。这次跟几位六十上下的同志谈天，讲到这些，是因为我对比我年轻的同行总怀着一种特殊感情。写下这些话，也只是供参考。讲错的地方，欢迎指正。

青冈峡里韦州路

杨占武

短长书

宋元丰五年（一〇八二），苏东坡居黄州。就在这一年，他的老朋友张舜民贬官郴州，绕道来黄，与东坡同游武昌。自然，二人的话题之一是张舜民的遭际。细问之下，缘由很老套，不过又是一起被人告发用诗文讥讽朝政的事。大约这样的故事最能叫苏轼感慨，所以随手做了记录：

> 张舜民芸叟，邠人也，通练西事，稍能诗，从高遵裕西征回，途中作诗二首，……一云："青铜峡里韦州路，十去从军九不回。白骨似沙沙似雪，将军休上望乡台。"为转运判官李察所奏，贬郴州监税。

张舜民的这首诗并不算出名，而且文字上多有出入，如"青铜峡"又作"青冈峡"，末句"将军休上望乡台"又作"凭君莫上望乡台"，但对于方志以及地方史的研究来说却是宝贝，如明清以来的宁夏志书都做了收录。有意思的是，关于"青铜峡"还是"青冈峡"，多有考辨之作。主张"青冈峡"者说，这是地处今甘肃环县甜水堡的一段峡谷，距韦州七十里，张舜民随军从环州北上，由此向西北进发才可以到达韦州；而主张"青铜峡"者说，张舜民的诗是从古灵州(含青铜峡)一带撤兵的记录，从灵州到韦州，正好要穿越沙漠，所以才有"白骨似沙沙似雪"的悲叹。这类考辨中不乏学术的深究，但有时候也像对待某个历史名人的籍贯，沾边儿的地方都要拉扯一下。但韦州的地理位置是没有争议的，这就是今天宁夏回族自治区同心县的韦州镇。而对于张舜民诗到底是"青铜峡"还是"青冈峡"，本来可以就便地用"诗无达诂"、两说无妨并存的理由搪塞过去的。这么想着,却突然有了一种新的发现:韦州的重要意义,不就是它正处于"青铜峡"与"青冈峡"之间吗?

从古灵州到韦州需要穿越的这片沙漠,即宋代著名的"旱海"。我初次接触"旱海"这个概念,也许受当代作家关于"旱海"描述的影响,一直以为指的是黄土高原像陇东、西海固这种严重缺水的地区,其实完全不是。宋代的旱海就指的是古灵州南面的沙碛地带,现代地理中通常称为"河东沙区",区域面积约一万九千平方公里,其中沙地面积约五千平方公里,它总体是毛乌素沙漠的一部分,北端与库布齐沙漠、乌兰布和沙漠邻近,西侧及西南侧又与腾格里沙漠遥接。穿越"旱海"实在是太难了,古人直接说它是"恶道",颇有点"闻沙色变"的味道。

我很喜欢日本历史学家前田正名对河东沙区的比喻:"就如同大海中的一座大的孤岛。"他还指出,正是这样一个孤岛,使灵州疏离于传统农业区之外。韦州,正处在这个孤岛的南缘,由南向北看,就像深入沙区"旱海"中尖形的海岬,是这一区域中原农耕文化最北的突出部,因而成为走向北方游牧区的踏板。中原王朝占据韦州,可以伺机进军游牧地区;而对于北方游牧人来讲,穿越河东沙区占据韦州,就有了南下牢固的基地。明白了韦州在"旱海"地理空间中的位置,就可以体会其南通关中、北达塞外,举足轻重的战略地位了。

而介于青龙山、罗山两山之间的韦州川道,适足可以充当这样一个踏板和基地。这段狭长的平原地带,从南边一个叫作"大郎顶"的小地方开始,由高及低,平缓地向北推移,一直到罗山的东北缘,总面积达一千多平方公里,土地的平阔在黄土高原中是难得一见的。纵贯其中的甜水河,如今虽只见涓涓细流,但正如人们赋予它的名称,是甘甜清冽的生命之水。这条川道,近山林之利,富水泉之饶,夹在两山之间,汉代的文献中就直白地称为"左右谷",大概是取河谷两旁都有高山的意思。而在唐代的文献中是被称为"安乐川"的,这个名称有丰富的人文含意,既是对当地宜居宜业状况的描述,也寄意新来的吐谷浑部众"安且乐"。如历史学家陈垣先生所说,后来由于唐肃宗对"安禄山"这个名字的厌恶，凡是郡县名字中带"安"字者多改之，"安乐川"也因此而改为"长乐川"。但无论是"安乐川"还是"长乐川"，望文生义，都使人对历史上韦州平原的富美充满了想象。

那时候的韦州一定河流涌动，林草茂密。游牧人在此频繁地活动，能够说明这一切，《宋史》也描述此地"水甘土沃，有良木薪秸之利"。除此之外，遗留至今的一些地名也能很好地证明这一点：韦州川道最南端的"大郎顶"，可能是一个蒙汉合璧词，"大郎"即蒙古语的tal，是"草原、平原"的意思；"顶"即山顶，韦州平原正好在这里结束。

这样的韦州，是距离沙漠最近处的一道"甜点"，是中原王朝在塞北最先伸出的触角之一。农耕的汉族人，游牧的匈奴人、吐谷浑人、吐蕃人以及党项人都视其为必争的膏腴之地，长弓短剑，铿然作响，"剑光挥夜电，马汗昼成泥"。可考的历史中，汉代三水县的故址就在韦州南侧的红城水，元狩二年（前一二一）汉朝在沿边选定五个地方以安置匈奴降人，称其为五"属国"，其中北地属国即设在三水县；唐高宗咸亨三年（六七二）这里设置了州，用来安置吐谷浑部落；西夏人在这里建立了静塞监军司；明代更是封藩建国，是庆靖王的王府驻地。我猜测，元狩二年霍去病从环县出发，进军河西走廊，一定路过韦州并做了详细的探查，否则怎么会恰巧在这一年安置匈奴降户于韦州？唐王朝收复长乐川以后所更名的"威州"，也凛然透出一种肃杀之气。至于后来觊觎韦州的中原王朝文臣武将、民族首领，可以拉出一份长长的名单。

然而，刀光剑影只是历史长河中的瞬间。我心目中的韦州一直是那样地宁静祥和，特别是一个美丽的女性——弘化公主的到来，使得纷扰的世界一下得到平衡。弘化公主，唐王室"和亲"的第一位女子，史载她是太宗皇帝李世民的女儿，而很大可能是太宗宗室的女子，于贞观十四年（六四〇）出降吐谷浑的国王诺曷钵。她不仅是唐王朝十五个和亲公主中的第一个，在唐王朝和亲的历史上还取得了多个"唯一"：唯一被尊为大长公主，唯一其子二人又迎娶了唐室皇族女子，唯一出嫁以后而又极其罕见地重回长安入朝觐见。因为吐谷浑在与吐蕃人的战争中失败，咸亨三年唐高宗辟地今宁夏中宁、同心、盐池三县的部分地区为安乐州（今韦州），安置其部众，以诺曷钵为刺史。自此之后，弘化公主一直到圣历元年（六九八）五月三日病逝，在安乐州居住长达二十六年。弘化公主奇质、清仪、睿敏，人们无法确知她在韦州的作为，如今只有一方书写秀丽劲挺的《大周弘化大长公主李氏墓志铭》供人们摩挲想象，但正如唐代陈陶的诗句："自从贵主和亲后，一半胡风似汉家。"从那个时候起，大唐恢弘的文明，一种开放包容的气质就深深植根于韦州了。

到了明代，朱元璋的儿子朱栴到了韦州。这个十六岁的少年，一到韦州就爱上了这里的富美，喜欢这里"地土高凉，人少疾病，地宜畜牧"，在此长住九年，以后虽在银川开府，但每年都要携宫眷回韦州消夏纳凉。他在韦州营建了东湖和鸳鸯湖，使韦州的粗犷平添出几分江南的秀色；他开建王府，装点韦州城，楼堂馆亭、雕梁画栋，把江南的建筑艺术嵌入寥廓的塞上；他"天性英敏"，自幼又接受过良好的教育，"问学博洽，长于诗文"，与王府一班文人学士赋诗填词，使得这里的山水氤氲了浓厚的人文气息，蠢山叠翠、西岭秋容、白塔晨烟、东湖春涨、石关积雪、韦城春晓……从此，韦州的山水更见精神，文韵更为醇厚。

朱栴死后葬在罗山东麓的韦州城，依山傍水，得水藏风。王陵的建造宏伟壮观，形制类似于北京的明十三陵，只是规模略小。后来迭经破坏，仅存残垣断壁，只是当地百姓口中的"墓疙瘩"，令人唏嘘不已。巍峨的宫殿陵寝已经颓毁，包括那些优美的诗词歌赋都尘封在历史的故纸堆里。

如今纵贯韦州平原的202省道，曾是古老的丝绸之路，即《新唐书》中所说的"萧关通灵威略"。明代的二边总督每年率人军北上防秋，都要从这条路上通过。"驰命走驿，不绝于时月；商胡贩客，日款于塞下。"移民与容纳，正是韦州悠久的历史传统，这里因容纳而文脉赓续，弦歌铮鸣。

天平的两端
——杨光先与李祖白

许 璐

基督教文化与儒家文化作为东西方文明体系独立发展出的先进文化，在东西方文明的交流与碰撞中成为双方的代表。因长期在各自地区处于领先水平，基督教文明同儒家文明都对自身有着极高的认同感和自信心。

十四世纪末，伴随着元帝国的覆灭，不仅曾经在"蒙古和平"庇护下畅通无阻的东西方陆路交通中断，东方新兴的明王朝也终结了曾经宽松的宗教政策，西方教士在华的活动受到极大限制。但与此同时，新航路的开辟激发了西方人的冒险精神，于是虽然之前一个世纪的努力彻底荒废，且传教已变得愈发艰难，西方传教士仍然希望寻找到新的方法，深入中国，传播福音。

十六世纪，为应对宗教改革对天主教会的冲击，教会内部改革派人士创建了耶稣会。较旧有的天主教修会而言，耶稣会风格更加开放，为重振教会的荣光，他们将希望寄托在对海外全新教区的开拓上，神秘而富庶的远东地区自然尤为其所关注。从罗耀拉到沙勿略、范礼安、利玛窦，传教士们为了实现在华传教的目的，摸索出了一套以文化适应为核心的在华传教方针。而在应对外来文化的过程中，中华文明逐渐产生出了数种不同的应对态度。其中全盘接纳派与全盘否定派成为天平的两端，两厢对立。当然，在两端之间还有一部分士人，主张"会通"，使西方文明"为我所用"。明末，以徐光启等为代表的部分士大夫以高度的文化自信，一方面坚持对中华文明的认同与热爱，另一方面也对外来文明持开放态度，与秉持着文化适应政策的传教士相互交流，东西方文明在这一时期和谐互动，达成了平衡状态（陈晓华：《十八世纪中西互动：学术交流与传承》）。但遗憾的是，平衡最终没有能够维持下去，天平逐渐倒向了持全盘否定态度的一端。

顺治十五年（一六五八），传教士汤若望接掌钦天监，成为中国首位洋监正，此时在钦天监中居于要职的教士除汤若望外，还有李祖白等加入了天主教的中国籍教徒。因教会强烈的传教企图，由教士们主导的钦天监在常规的功能之外，逐渐成为一个奉教机构，这种情况引发了中国保守士人的强烈不满，康熙历狱就是在这一背景下爆发的。而引发康熙历狱的直接原因，是一名叫作杨光先的士人的上疏。

杨光先字长公，生于明万历二十五年（一五九七），家族世袭新安卫副千户这一武职。众所周知，武职对承职者的文化水平并没有很高的要求。且根据杨氏家谱和杨光先的自述，他的近三代亲长，以及他个人都没有任何的科举经历。可以想见，杨光先并没有接受较系统、完备的儒学教育，亦即他对以儒家文化为代表的东方文明的理解与认识是比较浅层、初级的。明崇祯年间，本应在戍地任职的杨光先遵照父命，将家族世袭的武职交给弟弟杨光弼后，选择入京谋生。当时的明王朝外有后金皇太极虎视眈眈，内有声势浩大的农民起义，早已风雨飘摇，乱象丛生。杨光先入都后，于崇祯九年（一六三六）、崇祯十年（一六三七）两度公开上疏，称温体仁、陈启新、刘之凤等为"奸佞"，痛陈奸邪误国。他本人还亲自到正阳门外，与陈启新当面辩论对峙。他的谏言并未被接纳，还因干政而被判流放，但他以布衣之身，抬棺死劾朝臣的行为，不仅在社会舆论中赢得了广泛的同情，还为他博得了"敢言"的令名。

清王朝建立后，杨光先再次从家乡来到京城。在此期间，他眼见汤若望受顺治帝恩宠，于是先后写下《摘谬论》《选择议》《辟邪论》等文，并多次赴有司控告汤若望等人借历法行邪教，以左道之学，冀望谋夺中国。但因汤若望圣眷正浓，杨光先的陈词未被受理。康熙三年（一六六四），以李祖白《天学传概》的刊行为引，杨光先再次发难，痛斥教士无父无君,实为乱臣贼子,意在暗中窃取中国正朔之权,去尊崇西洋,毁灭中国圣教,而这些事都关系着中国万古纲常,必须尽快诛灭他们,制止他们的言论,并将所有物证全部交给礼部。康熙历狱,就此拉开帷幕。经过一年多的审理,汤若望、南怀仁、李祖白等钦天监教士都被论罪。其中南怀仁被流放,李祖白等五人被斩,汤若望虽免死,但最后病亡狱中。此后,杨光先被任命为新任钦天监监正,但杨光先确实没有管理钦天监、制定历法的学识与能力,最终沦为新旧势力权力斗争的牺牲品,被罢免后死于归乡途中。

可以说,无论是明季的上疏,还是清初以"华夷之防"为名的上疏,杨光先都是以大义为纲,却没有在具体实践层面提出建设性意见或是改良办法。在以"积极入世"为特征的儒家思想体系中,杨光先的做法显然是不够通达的,特别是在对传教士的抨击中,所谓"宁可使中夏无好历法,不可使中夏有西洋人"(杨光先:《日食天象验》)更暴露了他思想的局限性。

关于引发杨光先上疏的《天学概论》一书的作者李祖白,他的生平在史籍中记载不多,而从稀缺记载中还原出的历史真实,仍有一些戏剧性的地方。作为斗争双方的杨光先与李祖白,实际上是有一些相似性的,比如他们都是受到了不完全儒学教育的中国人,即他们都对东方文明理解不深,理解的片面让他们分别选择了天平的两侧,在应对中西文化交流时走向了两个极端,这种片面与极端,不仅招致个人命运的悲剧性结局,也为东西方文明的交流带来了阴霾与波折。

李祖白字然真,教名约翰。明末,李祖白已跟随汤若望在历局任事,清朝建立后,他继续在钦天监担任夏官正一职。李祖白是汤若望的学生,作为传教士在中国发展的本土教众,他对西方宗教理论体系完全服膺,其宗教理念较徐光启等更为激进,譬如同样是将中国的历史神话体系与西方宗教体系相结合,利玛窦、徐光启等人将宗教中的"神"比附为中国人概念中的"天",而李祖白则在《天学传概》中直接翻译了上帝创世说,将伏羲等中国之祖视为基督耶稣的后人,认为就算最早的耶稣子孙在中国不属于伏羲部族，也必定比伏羲部族还早。耶稣在中国的子孙是中国最早的人种。很显然，这种说法极大触怒了中国士大夫群体。杨光先就尤其视之为妖言，责骂李祖白堂而皇之将中国人视为西人之后，是悖乱人伦、以夷变夏，蕴含颠覆之心。实际上不只当时的杨光先等认为李祖白的论调是恶语，即使到西学东渐思潮高涨的近代，《天学传概》依然被视为极端，遭到批判。

而从另一角度看，李祖白的"大胆"正说明了他对以儒家文化为代表的东方文明的无知，以及对东西方文化的认识都缺乏理性与深度。李祖白虽是被称为"生儒"的中国人（徐光启：《新法算书》），实际既不是"生员"又不是"儒生"，作为汤若望的门人，他的思维体系已经完全天主教化。同杨光先不同，虽然同样对儒学一知半解，杨光先称儒学为"圣教"，对儒学持尊崇态度，李祖白则对儒学极为疏离。而对比他对外来宗教的狂热态度，这种对本民族文化的漠视疏离更加令人侧目，并最终为他带来杀身之祸。

与徐光启相比，李祖白对东西方文明的认知格局是狭隘的。徐光启所持的"天儒结合"的理论前提，是坚决地将中华文明作为根基，在中国文化的基础上吸纳外来优秀文化，以西辅中，而非削足适履，鄙弃本民族文化，一味迎合、适应西方文化体系。在他的行为和态度中，既能体现中华民族文化开放包容的自信态度，也展现了儒家文明自我调整、自我更新的能力，这也是中华文明能够历经数千年风雨依然生机勃勃的根本原因。

杨光先和李祖白作为同时代的中国人，在应对以基督教文化为代表的西方文明挑战时，他们的选择走向了天平的两端，一方全盘否定，一方全盘接纳，从历史的发展来看，这两种极端的态度不仅招致了他们个人命运的悲剧性结局，也没有使中西方文化交流走上正确的道路，最终为祸甚远。以古鉴今，当今的中国坚持越发展越开放的原则，而在开放之中，不可避免地要应对外来文明持续性的冲击。为此，必须认识到何为应对外来文明、与外来文明开展交流竞争的正确态度，即不去选择站在非此即彼的天平的任何一侧,而是在对本民族文化深入透彻的理解与认识的基础上,继承好、发展好、利用好中华优秀传统文化,以开放的心态面对外来文化,在吸纳的过程中坚持"走出去"战略,建立起对中华文明的文化自信。

虚拟现实里的罪与罚

李斯特

二〇二二年四月,一位名叫"秋空"的 VRchat 游戏用户称,她在 VR(虚拟现实)睡眠中遭到性侵。VRchat 是一款在线 VR 角色扮演游戏,玩家的分身(avatar,来自梵语)在虚拟空间与其他玩家的分身互动。不同于传统的角色扮演游戏,VRChat 的玩家通过 VR 设备,用身体对分身进行操控,譬如佩戴头戴式设备在虚拟空间中睡眠。在 VR 睡眠中,某个玩家的分身进入秋空的虚拟房间,坐在她的分身上,扭动腰部,做出猥亵的动作。秋空在现实中醒来后,感觉与遭受真实的猥亵无异。

法律如何应对虚拟世界的性侵行为?进入互联网时代,法律已经累积了若干经验。前些年,司法通过若干案例确立了网络猥亵未成年人行为的定罪量刑标准。《检察日报》刊发文章指出:"行为人与被害人所处的时空不同,但在客观上并没有突破'猥亵'所具有的质的规定性。"今后,对于虚拟空间的性侵害行为,法治或可比照这一思路,根据具体情况处理。此外,虚拟服务提供者也可以通过事先设定虚拟空间的权限进行管理,如给每个虚拟角色设定不可侵入的隐私空间,或赋予瞬间逃离的功能等。

令我更感兴趣的是,将来,随着虚拟现实技术的不断发展,有没有可能"幻境事,幻境了",同样在虚拟空间中使不当行为人遭受感觉极为真实的惩罚,而实现与真实空间中的相同效果?

《红楼梦》里的风月宝鉴就具备类似功能。在第十二回"王熙凤毒设相思局，贾天祥正照风月鉴"中，对嫂嫂王熙凤生了淫念的贾瑞陷入相思局，病渐沉重，忽来一跛足道人，送上一面可救性命的"风月宝鉴"，叮嘱千万不可照正面，只照背面。贾瑞拿来向反面一照，只见一个骷髅立在里面；又向正面一照，"只见凤姐站在里面招手叫他，荡悠悠的觉得进了镜子，与凤姐云雨一番"，自此欲罢不能，终于丧了性命。

　　"风月宝鉴"像不像对虚拟现实的古代幻想？元宇宙（Metaverse）或虚拟现实，本来并不必然与现代技术相结合，只要实现全身心的浸入，沉浸者便可进入虚拟/幻化的世界。借助幻术这一古代的虚拟现实手段，风月宝鉴的反面展示红粉骷髅，减少色欲的诱惑，通过正面又放大色欲的诱惑，使之成为惩罚，继而使色欲变得可怕，反过来又增强人们对色欲加强惩罚、抵制的意愿，最终全面地抑制色欲。

　　未来，虚拟世界里是否亦会产生这样一套关于惩罚的表象技术学？一方面，数据沿着网络流向中心节点，另一方面，对人自身的研究如脑科学、基因科学和心理学获得长足的进步，两者相辅相成，使每一个社会成员的生理和心理特点、兴趣、欲望、弱点（如害怕老鼠）被巨细无遗地收集、分析、归类，不但可用于惩罚，还可提前发现潜在的不当行为者，对其进行教化，真正实现全景敞视。譬如，对于前述的VR性侵事件，我们能否用虚拟现实的方式对行为者进行具有高度针对性的惩罚？比如，在虚拟人的身周设置禁闭空间、给他打上罪犯的电子烙印、用无穷尽的虚拟性行为减弱其性欲、像《一九八四》那样使其遭受最恐惧之物的折磨……

　　但这样的惩罚和拯救的手段是否模糊了灵与肉的界线？福柯认为，在过去的两百年间，刑法人道化的实质是惩罚运作对象的置换，"惩罚应该打击灵魂而非肉体"。可什么应属灵魂？什么归于肉体？伴随着脑机连接、电子触觉皮肤等技术的成熟，存在即被感知不再是一哲学问题时，"秋空"在虚拟世界受到的侵犯仅仅是精神侵犯吗？同理，当我们用"风月宝鉴"的手段以彼之道还施彼身时，我们是在惩罚他的灵魂、肉体，还是同时两者？在现代神经科学上不再风光的笛卡儿二元论是否也将在刑罚的领域里黯然退场？精神损害又要如何定义？

现代法治已不谈灵魂，但它仍建立在自由意志的基石上——是否具备辨认、控制自己行为的能力是承担法律责任的前提。自由意志，这个曾经的灵魂的核心，成为灵魂在现代的影子，而且行将"沉没在黑暗里"。当我们有如此丰富的技术手段，对被治理对象进行最有效的身心合一的防治时，惩罚已无所谓打击灵魂还是肉体，又或者说它在同时打击灵魂与肉体，因为自由意志已经不在了。但在灵魂还被需要的年代，惩罚也需要另外一套话语系统。在《红楼梦》的世界里，各人的命数皆已前定，如此，惩罚的意义何在？所以，"风月宝鉴"必须同时有正、反两面可供贾瑞选择，尽管命数无法改变，命数却必须经由他的选择得以实现。在旁观者慨叹命数之际，贾瑞的罪孽即可通过命数得到解释，进而得到怜悯，命数及怜悯让我们重新接纳罪人为人，为我们中的一员。唯此，正照"风月宝鉴"的酷烈——此处的酷烈，并不仅指贾瑞丧命的严重后果，还特别指其在贾瑞的生死关口送上的度身打造的致命的诱惑——才最有力地告诫世人：凡那最诱惑的，皆为虚幻，正是最需抵制的。

命数与自由意志贯穿了整个古典世界。以基督教为例，上帝创世且预知世间万物的命运，但他仍然把选择的权利交给人的意志。亚当、夏娃偷食禁果是出于自己的选择。奥古斯丁认为，上帝的预知并不取消人的意志的权能，上帝预知但不引起一切事情。由此，唯有善来自上帝，恶却根源于败坏了的意志；也正由此，对善恶的奖惩才体现了造物主的绝对正义、慈爱与怜悯。

这样，腐蚀自由意志的诱惑获得了对自由意志的考验的合法地位。但假以时日，借助现代科技，得以深入到我们体内的每一个细胞的，追踪和控制神经元放电、促进或抑制神经递质分泌的，令自由意志如幻象消散的现代诱惑，它的合理地位在哪里？如前所述，虚拟现实的特质在于沉浸。玩泥巴、过家家、打坐、冥想、艺术、宗教、借助药物和设备……都可以实现沉浸。与传统的方式相比，现代式的沉浸不是倚重个体的精神意志对现实实现超拔的逍遥游，而要借助精良的设备，"犹有所待者"多也。据称,"二〇一九年全球虚拟现实游戏市场规模为115.6亿美元,预计从二〇二〇到二〇二七年将以30.2%的复合年增长率增长"。去看一眼元宇宙概念板块吧,那里牵动着多么庞大的电子元件、软件、通信和文化传媒产业!因此,现代式沉浸是产业。产业的兴旺发达靠什么?无尽的诱惑。有本译著名叫《欲罢不能:刷屏时代如何摆脱行为上瘾》,讲的是在资本的支配下,高科技产品的生产和设计都遵守着毒品的成瘾原则。当"风月宝鉴"的诱惑仅作为"因空见色,由色生情,传情入色,自色悟空"的价值目标的手段而存在,现代虚拟现实的诱惑装置的困境在于它还必须充当资本的手段。

由此可知,沉浸方式的差别,不只是技术的发展所致,更在于沉浸目的的不同。"风月宝鉴"劝诫世人勘破"不可永远依恃的"红尘乐事,奥古斯丁叮嘱信众不要去爱"那些拥有了便必有失去之忧的事物",达成这一类逃离的沉浸方式自然是凝聚意志、抑制物欲,与现代的求诸感官刺激的沉浸方式刚好相反,而且犹如逆水行舟。因此,反照"风月宝鉴"才能实现拯救/逃离,正照则是沉沦。

没错,与沉浸相伴随的是逃离。自创造"元宇宙"一词的科幻小说《雪崩》始,其基本设定多是一个黯淡无光的旧/现实世界和一个充满冒险,由极客精神改造的新/虚拟世界。可是,一个由资本巨头们创世的元宇宙能包容这样的新世界吗?或者,对美丽新世界的应许也是诱惑的一部分?这可能解释了为什么虚拟游戏的世界常常是反道德的,快感比道德重要。我的脑海里不禁出现这样的场景:在未来的议会大厅里,议员们大声疾呼:"虚拟世界的色情和暴力应当合法化!""它有效地减少了现实世界的犯罪!""人权!"有点熟悉?是不是很像今天主张性服务产业合法化的理由?可是,如果虚拟世界发展至与现实深度交织的程度,问题还能如此简单吗?我不由得想起另一位在虚拟射箭游戏中的受害者说的一句话:"我从无所不能的神,再次变为了一个无能为力的女人。"

她愤然摘下了VR头套。

冯克利

保守的技艺

　　"保守主义"作为一种政治思想体系，过去一百多年在中国一直是不受待见的。大体上说，它总是处于政治话语的边缘地位。不过近年来这种情况有了明显的变化。

　　我粗略检索了一下知网，在二十一世纪以前，以"保守主义"为题的论文是很少的，一九九一到二〇〇〇年只有五十六篇，但是此后开始逐渐增多，从二〇一一到二〇二〇年已经达到二百八十篇。

　　从这个数字的变化可知，近十年和二十年前相比，文章增长了五倍有余。这在一定程度上说明，思想界对保守主义的兴趣已有显著的变化。究其原因，一定是某些新的社会和经济条件改变了人们的关注，他们在寻找一种不同于以往的思想框架，重新思考如何看待自己的社会。但是，尽管讨论的人越来越多，保守主义这个概念并没有变得更加清晰。在相关的讨论中，保守主义和精英主义信条，以及与之相反的民粹主义运动，似乎都能扯上关系；基督教的普世使命和褊狭的地方主义，也同样透露着保守主义的微妙背景。近来有学者在讨论"哈耶克为何不是保守主义者"时，甚至谈到"保守主义与社会主义联手的可能性"，认为哈氏不认同保守主义，是因为它和社会主义有着"反个人主义"的共同思想基础，因此有可能共同对付自由主义。这个令人费解的说法，十有八九是把保守主义和集体主义混为一谈了。

诸如此类认识上的含混，一些著名学者也难辞其咎，例如为人熟知的亨廷顿和哈耶克，对保守主义都多有微词。亨廷顿是以"情境论"来概括保守主义的基本特点，据他的观察，尽管不同的思想家曾试图为保守主义列出"教义问答"，但它并没有十分稳定而明确的原则，其价值取向终归是由具体的政治情境所决定的。任何既有社会秩序受到严重挑战，都会招致保守主义的反应；挑战既逝，保守主义便会退出政治舞台。亨廷顿的意思是，保守主义痴迷于秩序，但并无特定的价值持守。奇怪的是，他同时却又揶揄美国保守主义思想的领军人物拉赛尔·柯克，把他捍卫传统核心价值观的努力讥为"多愁善感的怀旧"。

在这一点上，更为典型的是哈耶克。明眼人不难看出，他的社会哲学，尤其是自发秩序的演化论和反唯理主义，其保守主义基调是一望可知的，但这无妨他着力申辩自己不是保守主义者，尽管不足以服人。哈氏与之撇清关系，是因为在他看来保守主义在政治理念上缺乏定见，延缓不可欲的潮流有余，却拙于给出替代的方向，所以它也无力阻止其继续发展。描述保守主义的立场，只能"视当时发展趋势的方向而定"。哈耶克对保守主义有此态度，至少还可以想到一个原因，他虽然痛恨理性主义政治建构，却是个很喜欢理论建构的人，而这正是保守主义的短板。

使这种混乱变本加厉的，还有媒体。报章点评社会思潮，可以不加辨析地给某个建制派或守旧势力扣上保守主义的帽子。专栏作家们这样做时，并不承担厘清概念的责任。把伊朗的霍梅尼和法国的让－玛丽·勒庞，或美国的班农和瑞恩、施特劳斯和桑塔亚那都称为保守主义，会使这个词完全失去确切的含义。

不过，话还要说回来。保守主义给人这种理论上居无定所的观感，溯及根源，多少要怪罪于它的鼻祖埃德蒙·柏克。今人多称柏克为"政治思想家"，不过与霍布斯或洛克不同，柏克并不是学问家，以今天的标准，他顶多算是一位有学养的职业政客。他不但从无野心创立自成一体的政治学说，而且一向自觉地排斥理论对实践的污染。他心中肯定坚守着某些政治原则，但他并不想流于理论家的迂阔，"让自己纠缠在形而上学诡辩的迷宫里"，对这些原则做条分缕析的交待。他在议会的演说和政论小册子，虽不乏鸿辞高论，终归都是些应时之作。借用时人的话，他"满腹经纶，只从嗓子里出"。

柏克这种思想特点，自然会严重拖累保守主义后学的名声。柏克去世不久，就有所表现。德国浪漫派为了对付咄咄逼人的启蒙思想，把柏克有节制的民族自豪感，对家园无可厚非的爱，变成了狭隘的民族意识，认定日耳曼人有着某种内在的文化优越性，并把这种虚妄的念头推销给虚荣而轻信的大众，致使许多民族在强盛时，都有过类似的痴心妄想。十九世纪中期美国北方的工业发展导致了南方奴隶主的反动，出色捍卫过联邦制的卡尔霍恩，也曾借用柏克为南方蓄奴制辩护，让保守主义蒙上了恶名。类似的种种事例告诉我们，把保守主义与某些褊狭顽固势力做清楚的切割，几乎是无法完成的任务。

保守主义后来虽然成为一种国际性的意识形态，但柏克大半生并无多少国际影响。不难设想，若无法国革命，欧陆对他几乎是一无所知的。他讲过不少美洲和爱尔兰问题，对东印度公司的弊政更是大加挞伐，但那毕竟都是英帝国的内政，其性质仍不外议会里的党争，柏克在其中扮演的角色，只是大英商业帝国的利益代言。即使下笔写《反思法国革命》时，柏克也仍是以光荣革命的"老辉格党"自居，他心目中真正的受众，是伦敦那些为法国事态而亢奋的人，尤其是用"人民主权说"比附光荣革命的普赖斯和福克斯等人。他在书中确实用不少篇幅，历数巴黎街头的轻薄、唐突与狂傲，立刻引起欧洲旧制度中人的广泛关注。但棒子打在法国人身上，本意还是要让自己的同胞幡然醒悟。

人名声一大，难免起争议。柏克在后世引起的最大争议，就是他反对革命，究竟依据什么原则。一种常见的说法是，法国革命让柏克从自由派一变而为守旧派，成了一个旧朝余孽式的老朽。此言自柏克的前老友托马斯·潘恩始，"两个柏克"——前为自由派，后为反动派——之说，代有传人。

今人能辨析革命之异同者皆知，近代西方的历次政治巨变，是不可同日而语的。英国的光荣革命和美国革命，柏克一向不吝笔墨，极尽赞美维护之能事。他从这两次革命中，并未看到足以警觉乃至惊恐的现象。它们的目标相对简单，只是正当统治权的修复，目标一旦达成，革命即告终止，社会运转如常。后来托克维尔对克伦威尔革命亦有类似的精辟观察，它震撼了整个国家的权力结构，甚至砍了国王的脑袋，但几乎丝毫未改变习俗、惯例和司法，即使烽火连天日，十二位法官仍在继续一年两次的巡回法庭。社会的顶层动摇了，基础却岿然不动。托氏的描述，放到光荣革命和美洲独立，也是同样适用的。柏克由自由而反革命，并不是因为他变了，而是革命的性质变了。故"两个柏克"之说并不成立。

可以印证这一点的是，《反思法国革命》中有一段关于社会契约的名言，几乎所有人都会引用，作为柏克保守主义的典型表达："不可以认为国家只是一种为了一些诸如胡椒或咖啡、布匹或烟草的生意，或某些其他无关重要的暂时利益而缔结的合伙协定，可以由缔结者心血来潮加以解除。我们应当怀着另一种崇敬之情来看待国家，它并不是以只服从暂时性的、过眼烟云的赤裸裸的动物生存那类事物为目的的合伙关系。国家不仅是活着的人之间的合伙关系，而且也是活着的人、已死的人和将出生的人之间的合伙关系。"

其实，一七八二年柏克在《关于下院代表制改革的演说》中就曾说过："一个民族并非一个局限于当地范围的观念，也不是个别人的暂时聚合；它是一个在时间上、人数上以及空间上的连续体的观念。这不是一时的或部分人的选择，不是乌合之众的轻浮选择；它是几个时代和几代人的审慎挑选；它是由比选举好上千万倍的东西构成的宪制；它是由特殊的境况、场合、气质、倾向以及人民的伦理、民俗和社会习惯决定的，而这些都只有经过长时段才会显现出来。"这与《反思法国革命》中那段名言如出一辙，足见他的"保守主义"并不是对法国革命的应激反应，尽管情绪确实激烈了许多。

若只有一个柏克，这一个柏克的政治原则何所倚呢？若说他保守的是自由，他和洛克意义上的自由主义者是一回事么？一个假设，或可解释这个问题。洛克生前受他的庇主沙夫茨伯里伯爵之托，给美洲卡罗莱纳殖民地设计过一部宪法。洛克有意承接此事，自然是因为在他看来，宪法是可以预先设计的。这部宪法颁行后，在美洲水土不服，很快便无疾而终了。无独有偶，杰里米·边沁也曾主动提出要给北美设计一部"完美的宪法"，幸被麦迪逊断然拒绝；他的弟子詹姆斯·密尔则有为印度写一部民法的动议。可见长于理论的人，多有次第井然的审美感，抑制不住制度设计的冲动。设想这种事摊到柏克头上，他是断断不会接受的，因为他对宪法和自由的理解，与这些人完全南辕北辙。

柏克对个人自由的珍重，与洛克不相伯仲，他对自由的理解，却有自己的方式。在《反思法国革命》中有一段话谈到社会，并无一字提到自由，却潜藏着他对自由的理解。

为政之人，是必须和公民打交道的。柏克说，为此他要研究他们的生活环境中已经遵行的各种惯例。习惯作为人的"第二天性"，与其自然天性混合在一起，使人与人之间生出许多差别。他们的出身、教育、职业和生活的年代，居住在城镇或乡村，取得和保有财产的不同方式以及财产本身的性质，所有这些因素，造成了芸芸众生的千差万别，有如动物品种一样繁多。这个由惯例织成的社会网络，使他们有资格充当各自的社会角色，获得"他们各自不同的适当特权，俾可确保他们的具体境况之所需"。

柏克此言卑之无甚高论。他心目中的自由，或许有绝对价值的一面，但表现在每个人的生活中，只能透过具体习惯和风俗所提供的舒适和方便折射出来，即所谓"适当的特权"，无论贵贱，其苦乐生死，赀赀鬻浆，皆系于此，概莫能外。即使一个"粗野的老农"，他也很清楚如何使用自己的牛马，给它们适当的饲料和照顾，不假外人代谋，更无须"空洞的形而上学家"置喙。市井无学，却有常理在，为政者应做之事，只是"在复杂的社会中必定存在、相互争斗的各种利益引起冲突时"，为每一个人提供公正的保护。所以，令柏克最为自豪的是："在我们的议会里，对一块菜园的租赁权，对一间茅舍一年的利润，一座小酒馆或面包店的信用，对侵犯所有权的最微不足道的迹象，都比你们（法国人）对最可敬的人物最古老、最有价值的地产或对你们国家整个商业和金融界的处理要郑重得多。"英国人的权利得此牢固的屏障，是他们幸亏从未读过伏尔泰、卢梭或爱尔维修，脑子没有被挖空，塞进去一些"关于人权的肮脏废纸，就像博物馆里填充了谷壳和破布的鸟类标本一样"。

把这样的权利观记在心里，就不难明白，柏克为何痛恨形而上学家的自由方案。这种人"堕落性的好走捷径，喜欢虚假的便利"，他对社会的复杂结构浑然无知，视国家为一块"可以在上面任意涂抹的白板"（carte blanche，如此使用"白板"一词，柏克对洛克的看法可想而知）。这样的人道德自许太过，更糟糕者，怀有"庸俗无聊的荣誉欲念"，一旦插手社会治理，蛮横行事是必然的结果。他凭一纸"符合平等要求"的文书，随时可夺人生计，"智力不逮处，就用充裕的暴力补充"。久而久之，专制即由此而生，无论它彰显为法国的君主制，还是巴黎的共和国。

不必多言，柏克虽以保守之说名于世，但他的过人之处，并非守成。"保护现存事物的意愿，还必须加上改进它的能力"——这是柏克向为政者明确提出的标准。着手改造社会，搞清楚保留什么和改造什么是同样重要的。在消除迫在眉睫的祸害之前,"一定要把数量巨大、性质毫不含糊的好东西尽可能确定下来"。为一次变革而必须让万千同胞的幸福付出不可估量的代价,无情践踏寻常的道德秩序,实为政治家最大的失败。存废破立之权衡,原则与变通之缓急,是为政治家必做的功课。

为此,政治家要具备"富于朝气的心灵,坚定不移的注意力",能够对各种改进做出比较和组合,还要"在灵活性方面富有成果的理解力"。加工无生命的钟表,尚且需要周密与审慎的智慧,更何况"拆除和建造的主体并非砖石木材,而是有知觉的生物——他们的处境、条件和习惯的突然改变,可能使大批的人沦于悲惨的境地——周密和审慎就成了责任的一部分"。反观法国,"巴黎的流行意见"却是"冷酷无情的心,顽固不化的信念,成了完美立法者的唯一资格"。迷信暴力的人所能召来的,总是一些品德低劣的人,这只会使政府变得越来越糟。

柏克当年观察法国的事态时,已经听到了一种后来屡见不鲜的论调。革命之暴烈,是破旧立新的"必要代价"。柏克对于"为了整体的美好理想而牺牲部分的一切政策",一向深怀疑惧。搁置毫无争议的正当利益,去实现某些肯定会永远争论不休的理念,这在柏克看来"不仅理论上荒谬可笑,而且在实践上是暴虐而残酷的"。他从法国的乱局中看到的,并不像有些人所称道的那样,只是一时的罪恶,鸣锣开道的固然粗野,后面跟来的却是真神。柏克认定,眼前的罪恶若任其发展,只会成为未来制造更大罪恶的手段——"它不是未经消化、粗陋而不完备的自由计划,能逐渐稳步地成熟起来,变成一种有序的社会自由。"它从根本上就是错的,绝无可能随时间的推移而自我纠正。力挺法国大革命的人,像其他许多迷信者一样,无知是仰慕的原因。

当然,柏克并不抵制变革。他用心最力处,是"究竟在什么地方服从应该告终,抵抗必须开始,这条界线微妙而模糊,颇不易界定"。具体而言,革除弊政所应遵循的标准,柏克在谈到"取消东印度公司控制印度事务的权力"时,列出了他认为需要考虑的几个条件,可资借鉴:

首先,滥用权力必须影响到一个很大且很重要的对象;

其次,对这个重大对象的权力滥用,必须达到很严重的程度;

再次,这种滥用必须经常性的发生,而非偶然出现;

最后,就现行体制而言,这种权力滥用是完全无法矫正的。

若这些情况存在,则改制势在必行,即使偏离原有的原则或成规,即如光荣革命涉及"顺位世袭"这般神圣的原则。但在那种极端情况下,柏克仍不忘提醒世人,改变只限于违规的权力,"不至于引起整个公民群体和政治群体的解体",使社会的原有部分可以方便地衍生出新的公民秩序。

大概没有人否认,这些话是柏克政治思想模式的典型表达。如以完备而融贯的理论作为衡量标准,他这种思想肯定是一种十分失败的理论,即如前述四条所言"重要""严重""经常性"云云,也都缺少今人所偏爱的"量化标准"。说柏克秉持着某种原则理念或许是不错的,若说这些原则或理念是他不二的圭臬,那就有些问题了。完全不理睬柏克审时度势、权衡利弊的智慧,视之为理论上无关痛痒的一时之见,研究他的"保守主义"就成了无稽之谈。对于守护着深植于传统和惯例中的权利的人来说,这种权利的证成是否具有逻辑上的完美,并不是多么有价值的成果。把它硬塞进柏克唯恐避之不及的哲学思辨,把作为"英国人继承的一份祖业"的自由,放到康德或罗尔斯的自由主义框架里加以考察,以此证明柏克的"自由哲学"不如他们严谨而高明,这或许能愉悦智力,却丝毫无助于理解为何他把审慎奉为政治的"第一美德"。

审慎只是一种美德,却不是一种理论,它从天性上拒绝学院化的改造,正如便利需要哲学论证时,它便不再是便利了。与一般人的印象相反，柏克往往是很讲原则的，只不过他更关注的不是原则的纯洁性，而是它与社会变迁的调适能力。原则，尤其是政治原则，它的真正价值不是体现在理论中，而是取决于为政者的操作能力。这就需要情感、妥协精神、沟通能力和分寸感，有时，可能还需要一点不太得体的伎俩。在这些事上理论无计可施。柏克最为讲究的，是各种理念和利益之间的平衡，是原则、观察、经验的变通运用，它最恰当的称呼，大概是"保守的技艺"，或如后来奥克肖特所说的，是政治家的"气质"或"修养"。

北窗读记

唐朝诗板

刘涛

唐人题诗于壁，蔚为风尚。唐朝又有制备板片供旅人题诗之举，题有诗者曰"诗板"。

寺庙是官宦诗人流连处，诗板颇多。《唐才子传》卷四记载："初长安慈恩寺浮图，前后名流诗板甚多。"既有诗板，则有收藏者，张祜《题灵彻上人旧房》曰："寂寞空门支道林，满堂诗板旧知音。"

长安慈恩寺的"名流诗板"，灵彻上人的"满堂诗板"，诗是诗家题，板为寺僧供。《唐摭言》卷十三记邮吏进板求诗之事，可为旁证："郑仁表起居，经过沧浪峡，憩于长亭，邮吏坚进一板，仁表走笔曰：'分峡东西路正长，行人名利火然汤。路傍著个沧浪峡，真是将闲揽撩忙。'"郑仁表这首诗，名曰《题沧浪峡榜》，盖木片、木板谓之榜。

长安慈恩寺为名胜之地，游人题写的诗板既多，难免良莠不齐。中唐诗家元稹、白居易尝同往该寺，"至塔下遍览"诗板，仅看重章八元诗，尤其欣赏"却怪鸟飞平地上，自惊人语半天中"两句，存其诗板，其他"悉除去"（《唐才子传·章八元》）。此类事，《唐摭言》卷十三亦有记载："蜀路有飞泉亭，亭中诗板百余，然非作者所为。后薛能佐李福于蜀，道过此，题云：'贾掾曾空去，题诗岂易哉！'悉打去诸板，惟留李端《巫山高》一篇而已。"

见记文籍的题板诗家，李端、章八元是中唐人，薛能、郑仁表为晚唐人，推测中唐时代已有诗板。

徐英瑾

否思《菊与刀》

如若要提及关于日本文化的最具普及性的导论性著作，很多人都会立即想起美国人类学家鲁斯·本尼迪克特（Ruth Fulton Benedict）的代表作《菊与刀》。不容否认，自一九四六年出版以来，此书已获得了世界范围内的普遍关注，甚至其日语版也在战后的日本成为畅销书。汉语思想界接触此书的时间虽然略晚，但此书的中文版（含简体字、繁体字版）至今也已出版有七八种之多。不过，本人的遗憾之处也在此：这毕竟是一部在近八十年之前发表的带有"急就章"色彩的研究报告，而无论是目下的日本本身，还是日本文化研究现状，都已经发生了巨大的变化——因此，如若今日的国人仅仅根据本尼迪克特多年前写的这本《菊与刀》去了解日本文化的堂奥，则未免会犯下"刻舟求剑""以偏概全"的错误。

那么，这些错误究竟体现在哪些方面呢？我认为即使从最浅的层面上看，中国读者在读这本书的时候，也一定要绕开下面这几个"坑"：

第一个坑：这本书首先是写给美国当局看的，因此，一些特定章节的安排体现了"策论"的特点（特别是第一、第二与第十三章）。譬如，全书第一句话就开宗明义："在美国曾全力以赴与之战斗的敌人当中，日本人的脾气是最捉摸不透的。"（《菊与刀》，吕万和等译，商务印书馆一九九〇年版，1页）很显然，这句话点明了作者在撰写该书初稿时候的时代背景（即太平洋战争），并暗示了其写作目的是通过了解日本民族性而战胜日本或者管理战后的日本。虽然这样的写作目的在当时具有很大的急迫性，但在战争早就结束且日本早已民主化的今天，这样的主旨就显得既狭隘又不具有现实指导性了。请设想这样一个场景：今日的一位美国大亨被日本客人邀请去看了一场棒球赛，结果，他对作为东方人的日本人的棒球水准大感震惊——他甚至被日本客人告知，日本人玩棒球并不是在战后兴起的风潮，因为，早在二十世纪二十年代，日本就已经建立起了有模有样的职业棒球活动。于是这位大亨就又犯起了嘀咕：为何传统艺术形式貌似如此"不美国"的日本人，会对如此"美国化"的棒球运动如痴如狂？不过，他若再带着这个问题去翻阅《菊与刀》，就得不到答案：这本书的描述重点乃是日本人与美国人之间的种种不同，却几乎闭口不谈日本人与美国人类似的体育爱好，以及这种相似处所暗示的人性共通点。

第二个坑：因为作者是美国人，她非常自然地会以美国文化作为评判日本文化的坐标系，却未清楚地意识到美国文化本身也是西方文化中的某种"异类"，这就导致了基于该坐标系的诸多评论的失焦。譬如，在该书第七章的末尾，作者比较了日本人关于恩情的观点与美国人的不同：在她看来，日本人会对陌生人之间的任何一笔恩义账目算得清清楚楚，生怕领受陌生人的恩情而忘记报答；与之相较，美国人则对无形的恩义账没那么敏感，而只对有形的金钱账目比较敏感。很明显，本尼迪克特似乎想以此为据，彰显日本文化的怪异性。不过，她在这里还欠我们一个解释：当 A 与 B 这两个事项之间产生差异的时候，为何应当被贴上"异常性"标签的肯定是 A，而不是 B 呢？譬如，就恩义观的问题而言，我就不止一次听在美国有长期工作生活经历的华裔朋友抱怨说，美国人好像对"欠人情"这个概念缺乏感知，有时候显得过于"没心没肺"。

第三个坑：从学理角度看，本尼迪克特是文化相对主义的笃信者，因此，《菊与刀》就是一部以文化相对主义为哲学前提的人类学著作——但这恰恰不是一个得到普遍赞同的前提。那么，什么是"文化相对主义"呢？在作者更具学院色彩的作品《文化模式》中，她提出了这样的观点：任何一种文化都有一种自成一体的道德动机体系，而在进行跨文化的比较的时候，外部观察者绝不能厚此薄彼，而只能从特定文化的内部对其进行同情性的理解。尽管我本人并不认为她对于日本文化的研究足够彻底地贯彻了她的这一方法论，但文化相对主义的负面影响还是在《菊与刀》里得到了充分的彰显：简而言之，在该书中，她并没有试图站在某种普遍性的人性或者文化理论的基础上去解释日本文化的特异性，而只是将她所看到的特异性加以了外在的罗列罢了，这就使得她的讨论缺乏足够深的哲学维度。

上述这些浅层次上的诊断，会帮助我们发现本尼迪克特立论上的一些更重要的疏漏：

疏漏之一：作者对于美国文化坐标系的默认，使得作者几乎错失了"封建文化"这个更适合用以分析日本文化的框架性工具。美国的短暂历史基本没经历过"封建"这一阶段，因此，在美国文化中浸淫的个体，便很难理解长期封建制传统中形成的严格的等级制度。在日本古代历史中，各地的大名往往长期控制实际权力，即使是在德川家康统一日本之后，封建制本身依然得到了保存，而没有代之以中华帝国所惯用的郡县制。这样一来，个体对于特定封建领主的服从性就会随着时间的积淀而成为日本文化 DNA 的一部分，并在今日的日本以日式企业文化的方式继续存在。

疏漏之二：本尼迪克特对于她所观察到的文化现象的罗列，缺乏一个德国哲学家胡塞尔所说的"自由想象变更"的过程。譬如，在讨论日本人的忠义观的时候，本尼迪克特的确花费了大量篇幅讨论了"四十七浪人为主公复仇"的故事（即所谓的"忠臣藏"的故事，见该书138—139页），但是她却几乎没花费力气对该原始案例进行略微变更，以便探究在别的文化中的类似故事是不是与日本式的复仇故事构成了某种文化共相。与之相较，任何一个对中国传统稍有了解的读者，都会通过"忠臣藏"的故事联想到该故事的中国式变体，如豫让刺杀赵襄子的故事、聂政刺杀侠累的故事、许贡门人刺杀孙策的故事，以及汉代流行的"大复仇"理论对于上述行为的建制化。很显然，这样的观察能够立即冲淡本尼迪克特附加在日本文化上的特异性色彩，并使得对于日本复仇文化的研究能够成为研究人类一般行为倾向的一扇窗户。

疏漏之三：本尼迪克特对于日本文化特异性的聚焦方式往往受到某些字面信息的影响，而缺乏对于相关文化关键词之真正所指的追索。以下面这个已在汉语思想界造成广泛影响的说法为例：本尼迪克特指出，日本文化在引入中国儒家文化的时候阉割了"仁"而只强调"忠"（见该书83—84页）。上述议论其实忽略了一个基本事实：相同的汉字可能在中、日两国语言中指涉不同的概念、事态或事实（略懂日语的朋友不妨想想"大丈夫"在日语中的含义："不要紧"）。说得更具体一点，如果本尼迪克特所言不虚，在日本文化中"仁义"指的是施以惯例之外的非建制化的恩惠的话（见该书83页），那么在中国文化中，"仁"的所指显然与之不同。换言之，中国式的"仁"是完全可以被建制化的，并因此构成像"仁政"这样的固定词组。所谓"仁政"，主要指的就是一个符合儒家口味的帝国政府所应推行的低税与福利政策（反之，高税与低福利政策就会被儒家批判为"暴政"）。所以，日本所说的"仁"，与中国所说的"仁"并不完全重叠，因此，论者切不可以日本人表面上罕言仁义出发，推出"日本人对中国意义上的仁义道德毫不关心"的结论。实际上，如果从"实"而不是"名"的角度去评断日本文化是否具有"仁"的要素的话，就可以做出一番积极的评价：缘于日本历史的漫长的封建史，中国式的"仁政"在日本主要是在封建团体内部实行的，并已经被建制化为相关团体内部的习惯法（譬如日式企业的"年功制"就包含了一整套完善的员工福利保障制度，可以覆盖员工从入职到死亡的几十年时间）。有意思的是，按照上述标准，对于员工的利益缺乏保障的美式自由雇佣制度反而缺乏"仁"的色彩——对此，作为美国人的本尼迪克特却不着一词。

由此看来，中国思想界要深入了解日本文化，就必须摆脱《菊与刀》所预设的那种"看西洋镜"的猎奇心态，而要严肃地将日本文化研究视为普遍意义上的人类文明研究的某个特例，由此在"普遍性"与"特殊性"的辩证对话中重新理解"特殊性"。这种研究态度的转换，自然就需要预设某种具有普遍性意义的一般研究框架。其中有两种值得考虑：

第一种是某种普泛意义上的演化论框架。譬如，日本式的恩义观的产生便完全可以在"利他主义行为的演化"这一名目下得到研究：具体而言，日本人对于忘恩行为的不容忍态度，其实可以被视为在各种文化中通见的对于"搭便车现象"的不容忍态度的某种体现（在演化伦理学的体系中，"搭便车"指的就是那种只拿别人好处却不给别人回馈的行为）。至于为何美国人比日本人更在意有形的金钱债务而不是无形的人情债，也可以通过如下事实得到解释：美国社会的资本主义文化的发展程度甚于日本，所以，美国人习惯于将一切人情恩惠都转换为货币形式来处理，并对那些无法被如此处理的人情关系表示淡漠；而日本长期的封建等级制却使得一般日本人难以计算与本封建团体之外的个体的恩义纠葛关系，并因此倾向于干脆规避这种纠葛（譬如，在战国时期，一般的日本人是无从知晓各个人名之间的战争联盟关系是如何建立的，因此，他们也缺乏在"名分论"的范围外自由处理契约的精神训练）。这样的历史传统，最终就导致了日本人"尽量不欠生人的人情债，以免荣誉受损"的行为习惯。

第二种切入日本文化的视角则是哲学性质的——这里所说的"哲学"特别是指日本在明治维新后形成的以"京都学派"为代表的日

本哲学。简要地说，京都学派哲学的本质，便是用日本思想家当时刚学会的欧洲哲学（特别是德国哲学）的术语与论证方式，将东方佛教（如天台宗、净土宗、禅宗等等）的思想予以重新阐发的哲学形态。其在西方哲学史中最接近的形态乃是叔本华哲学，因为叔本华哲学的本质也是用康德哲学术语完成了对于佛教与印度教思想的重述。尽管京都学派的思想家们还是习惯于用日语写作，但基于如下理由，他们的哲学框架依然是具有普遍性的：日本哲学家所借用的欧洲哲学的话语体系是具有普遍性的（譬如，当柏拉图用古希腊语提出"理念论"的时候，他并不认为这一理论仅仅对希腊人有意义）；日本哲学家从欧洲传统借用的哲学论证方式（包括基于形式逻辑与基于黑格尔式的辩证逻辑的论证方式）也是具有普遍性的；日本哲学家所试图为之辩护的基于"无"或是"空"的佛教立场也依然是具有普遍性的。日本哲学家的特殊之处，便在于他们将上述这些彼此差异的要素有机融合在了一起，最终造就了一些东西合璧的新哲学理论，如西田几多郎的场所哲学、九鬼周造的偶然性哲学、和辻哲郎的风土哲学、田边元的"种"的哲学、三木清的基于"创造想象力"的哲学、西谷启治的"空"的哲学，等等。与之相比，这种"以西方哲学为皮，以东方思想为馅"的哲学研究路径，无论在西方哲学还是在中国哲学中都是比较少见的，在西方哲学中，唯一与京都学派构成应和的便是叔本华；而在二十世纪的中国哲学史中，以牟宗三为代表的新儒家对于西方哲学资源的吸取，其实也并没有达到"按照西方哲学的学术规范彻底改变东方哲学的外观"的地步。另外需要注意的是，京都学派所完成的这些哲学成果并不仅仅是针对日本文化的，而是具有一种"站在日本文化的基点上拥抱人类文明"的思想企图。

那么，日本哲学家所给出的普遍哲学框架，能够反过来对《菊与刀》所提出的特殊文化现象提出解释吗？答案是肯定的。

在《菊与刀》的第十二章（197页），本尼迪克特提到了日本人的性态度与西方文化之间的不同：日本人无论男女，都会根据环境与处所的变化改变自己的性态度——譬如，日本男人在职场上的表现可谓高度拘谨，但在有艺伎陪酒的场合则会显得放肆得多；同时，日本文化对于妇女之行为举止的要求也会随着年龄与场合的变化而变化，而不会像西方人那样将妇女区分为"贞女"与"荡妇"。

日本人的性态度"依场所而变"的特征，完全可以在西田几多郎的"场所逻辑"中得到说明。在首次发表于一九二六年的论文《场所》中，京都学派的头牌哲学家西田几多郎对流行于西方传统哲学的主-谓词逻辑提出了严厉的批判。主-谓词逻辑的实质，就是认为一个判断的核心乃是其主词（如"潘金莲"），而相关的谓语（如"荡妇"）则是对于该主语的某种补充。主-谓逻辑的使用者往往默认世界是由相对稳定的人（如潘金莲、武大郎等）与物理对象（如炊饼、毒药）构成的，而相关的谓述则能够帮助我们对这些人或物进行分类。不难想见，一个形而上学体系对于这种逻辑的运用，很容易导致一种实体主义的本体论观点，即认为世界上存在一些可以经历各种谓述变化而始终不变的人或者对象（在西方哲学的传统中，"实体"本就是指承载各种变化而自身不变的基质）。因此，这种思路很容易导致西方哲学家对于一个根本性问题的忽略：一个特定的主语，是如何与一个特定的谓语相互结合的呢？举例来说，"潘金莲"这个主语，是如何被贴上"荡妇"这个标签的呢？

这个被西方哲学主流所忽略的问题，却构成了西田哲学思辨的起点。在西田看来，任何一个主语与谓语的结合，都需要依赖于言说者对于特定的"场所"的领悟，而场所的变化便会立即导致主-谓匹配结果的不同。譬如，在《水浒传》的语境中，潘金莲背叛丈夫的行为使得她被说成了一个"荡妇"；但在《三国演义》的语境中，貂蝉在不同的男人之间辗转的行为，却使得她成为一个女英雄——这种评价差异的产生，显然是因为潘金莲与貂蝉的行为具有不同的深层意义场域。另外需要注意的是，虽然浅层的场域本身也可以被明述化，但深层的场域却具有某种难以被完全明述化的特征——譬如，如果你认为使得貂蝉的行为得以被合理化的深层场域是"道义"的话，你又如何能在不导致循环定义的情况下说清楚何为"道义"呢？很显然，在西田看来，对于"道义"的把握只能依赖于某种前语言层面上的直观来进行，而不能依赖"属加种差"式的机械定义。而且，恰恰是这些貌似说不清道不明的对于"场所"的领悟，却使得那些相对清楚的主－谓判断得以构成——二者之间的关系，颇类似于看不到的地幔运动与看得到的板块运动之间的关系。

若用这个新分析框架再去看《菊与刀》对于日本人的性态度的描述，就不难得到一种关于此类现象的更好的解释。具体而言，从场所逻辑的立场上看，对于一种两性关系是否合适的判断并不与特定的主词所指涉的对象（即特定的男女个体）特别相关，而与这些对象发生相互作用的场所自身的特征相关。至于特定场所本身的特异性，则会向行为主体提供特定的暗示，以便告诉他们究竟应当如何控制行为的尺度。很显然，一个标准的日本人从小就会接受类似的训练，以便了解到应当如何将特定场所中的内隐信息转化为更为明确的行为。此类基于"场所领悟"的训练甚至还影响了今天日本动漫的生产方式：譬如，在为动漫进行配音的时候，即使某个角色的台词就只有几句话，为之配音的声优也必须与别的声优在同一个配音工作空间内完成集体配音，以便感受到整部动漫的气场，最终使得配音效果尽量完美。

西方的读者或许会抱怨说，日本文化对于"场所"的内隐信息的高度依赖的确使得日本文化变得非常难以理解——但请别忘记了，西田的"场所逻辑"并不仅仅是为日本文化量身定做的，而是能反过来对任何一种人类文化构成解释。换言之，在西田看来，即使是西方人，其在做判断的时候也会对"场所"中的内隐信息有所依赖，只是其依赖的范围与频次不如日本文化罢了。当然，关于为何西方人对"场所"中的内隐信息的依赖程度较低，相关的解释任务更应当被交给人类学家、语言学家与社会心理学家而非哲学家——但无论他们给出的解释方案究竟是什么，都不会影响哲学观点自身的普遍性。实际上，一个西方哲学家完全可以从西田的哲学中看到解构西方形而上学传统的可能性，正如凡·高早就从日本的浮世绘中看到解构西方传统绘画传统的可能性一样。从这个意义上说，试图与西方哲学传统分庭抗礼的西田哲学（以及别的京都学派哲学家），与同样有此企图的德里达的哲学一样，都是属于世界的，而不仅仅是属于日本或者法国的。

由此看来，一个人若要真正理解日本文化的奥秘，并在此基础上看到日本文化与世界文化之间的复杂关联，《菊与刀》就绝对不是一部可靠的导论性著作。即使是对于那些畏惧于日本哲学晦涩表达的读者，我想推荐的导论性著作也绝非《菊与刀》，而是日本作家内田树先生的《日本边境论》。因为该书准确地把握到了日本文化"东西合璧"的多元性结构特征，并对该结构的成因做出了一番比较合理的文化心理学分析。当然，因为我的哲学背景，我依然要坚持说：以京都学派为代表的日本哲学才是理解日本文化的终极思想框架。而作为与日本近在咫尺的中国学人，我感到羞愧的是，在日本哲学的研究方面，中国思想界目前已经被英语学术界远远抛到后面去了。二〇二〇年，牛津大学出版社已经出版了《日本哲学牛津手册》，书中内容囊括了国际学术界对于日本哲学的既有研究成果，所涉及的日本哲学家除了现代的京都学派之外，还包括空海、亲鸾等古代佛教哲学家。对于目下普遍缺乏日本哲学知识的中国哲学圈来说，当下的首要任务便是追上英语世界的研究进度，并抓紧时间补足自己的知识短板。在这个过程中，摆脱《菊与刀》对于我们的日本观的负面影响，仅仅是走出了第一步。

岳永逸

修山，小民的丰碑

一

> 南北山头多墓田，清明祭扫各纷然。
> 纸灰飞作白蝴蝶，泪血染成红杜鹃。
> 日落狐狸眠冢上，夜归儿女笑灯前。
> 人生有酒须当醉，一滴何曾到九泉。

这首是南宋人高翥的诗，《清明日对酒》。

根据晓欢的调查，该诗颔联"纸灰飞作白蝴蝶，泪血染成红杜鹃"和尾联"人生有酒须当醉，一滴何曾到九泉"常常作为楹联出现在川渝两地乡野的坟茔，以寄墓主之思、家人之情、士子之才和匠工之艺。这些坟茔，有的是逝者生前就处心积虑、兴师动众修建好的。在川渝多地的方言中，人们多把建造坟墓叫作"修山"。多年来，在乡野大地，一个人在生前就能将自己的寿域、寿材以及寿衣都准备好，是人生成功的标志之一。当然，修山也可能是子孙后代的孝顺而为。

在人们的精神世界中，寿域直接关涉香火的延续、子孙的福祉、家业的兴旺、与天地自然的和谐，等等。所以，涉及生死两界并同时指向死与生的"修山"，其重要性丝毫不逊色于阳宅的修建。犹如高人或隐士修"道"，因为修"山"的符征与符旨，一个人终老，川渝两地的人们也惯称其"上山了"。这些或者都是晓欢用"修山"二字作为其新著书名的原因。

在此引用高翥的诗，而非流传度更广的唐代杜牧的"清明时节雨纷纷"，是因为后者已经被世人诵读得太过诗意与浪漫，诵读得太过幸福与欢愉。仿佛一次任性的踏青、远足，有些乏困而找酒家的诗人－行者，即使不是春风得意，也是一片祥和与心安理得。与此不同，高翥《清明日对酒》明显多了沉重，多了感慨，放得下又放不下。于是，生缠绕着死，死咬合着生；生者知道自己死后的情形，死者则在坟茔笑看生者的哭；生者会伤痛如啼血杜鹃，死者也会安然与狐同冢而眠。

"纸灰飞作白蝴蝶，泪血染成红杜鹃"强调的是生者祭奠死者的悲，是真情，但何尝不是不同坟头生者之间的一种表演和攀比？"人生有酒须当醉，一滴何曾到九泉"则是曾经的生者——已亡人和未来的死者——当下的生者，对人生的一种感悟、调侃、戏谑。其中，有蓦然回首，有幡然醒悟；有回天乏力，有怅然无奈；有对子孙墓前祭扫的殷殷期许和镜像展望，生如死；有独守坟茔的凄然任命和对儿女灯前欢笑的人生之乐的祝福，死如生。

二

事死如事生，事亡如事存！

从晓欢这本《修山：川渝地区明清墓葬建筑艺术研究》的呈现可知，虽然历经千年，但受儒家学说传衍教化的国人的生死观并没有多大变化，哪怕今天川渝两地的子民主要是清初湖广填四川的移民的后裔。阴宅与阳宅比邻，甚至无缝对接，在以头雕刻精美的墓碑晾晒衣物，小孩子们玩过家家、捉迷藏……这些或者是今天城市人万难想象的情景。生死的绝对区隔、将生与死锁闭在固定的空间，是今天光鲜亮丽的都市生活的基本特征。

这种区隔、锁闭，重塑着人们对死亡的感知，重塑着人们对街坊邻里、长辈的情感，重塑着人们对生命体的理解。在时间、空间、心意等多重维度上，车水马龙、灯火辉煌的城市的生命都呈现出有序而规整的断裂，如刀切斧砍。生是生，死是死。生命，不再是一个你中有我，我中有你的连续体。人生，被简化为也真正成为人之生，难回望，也不愿前瞻。少了敬畏和对死的日常亲昵与凝视，无论功成名就还是辛苦恣睢，个体的生命也轻漫起来，随意挥洒，甚或如断线风筝，来去自如。生不一定伟大，死却越来越似鸿毛。

以重生、现代和文明的名义，葬礼，也被迫继而主动地从敬畏土地的农耕时代的"厚"演进为远离土地的后农耕时代的"薄"。

就生死而言，在工业化、现代化之前的"乡土"中国，因共享的生命观、价值观和伦理道德，汉族人主导的城乡的差别并不是太大，甚至并无质的不同，且一定是一丝不苟、厚重与厚实的，也是烦琐、冗长的。一九四〇年前后，燕京大学社会学系的本科生陈封雄对北京郊区前八家村一带的丧仪进行了参与观察和真切记述，其完成于同年的学士毕业论文《一个村庄之死亡礼俗》对村民践行的生死一体观有着细腻的呈现。

在前八家村，长者面对质佳的寿衣，会倍感欣慰，也不乏自己准备寿衣者，"直若备办行装，处之泰然"。陈封雄写道：

> 制作或购买寿衣须择闰月中之吉日，择闰月乃延寿之意，寿衣之质料绝不得用缎，因"缎子"与"断子"音同。乡人制寿衣多用布，又不宜制皮衣，恐死者来世全身生毛，亦不可需衣领与纽扣（以布条代之），因"领子"有领去子孙之讳，纽扣俗呼"纽子"将子孙扭去当属大忌。衣袖宜长，不使手掌外露，恐死者来世沦为乞丐，寿衣层次之总和应为奇数，乃忌重丧也。普通乡民所备寿衣多为白布衬衣衬裤各一，蓝布夹袄夹裤各一（无裤带，因有"带子"之忌），夹袍一件，此外尚有白布袜、腿带、布鞋各一只，瓜皮帽一顶。妇女无长衫

与帽。

在死者尸身入棺之后，人们会在尸体上以"陀罗经被"盖之，下垫黄色褥子，取"铺金盖银"之意。陀罗经被，是黄色布上印有朱字番经，多是北京城鼓楼东的双盛染坊所制，各寿衣铺都有代售。盖陀罗经被时，人们有时会将其移到尸体足部，尸身不盖一物，谓将来死者托生时不至于妨碍其"起立"。此外，村民们还有给亡者"开光""开口"和去绊脚丝等多种仪式化行为。陈封雄写道：

> 继由孝子用茶盅盛净水，以新棉花沾之，揩拭亡人面部与眼睛，谓之"开光"，谓使来世眼不瞎，实则乃使亡人目瞑之法，因有人死后尚睁目，以水拭之可使合目。开光时，孝子呼"开光啦"！乃相信死者仍有感觉，故以对生者之态度待之，拭毕将茶盅自脑后掷而碎之。

> 亡人口中之茶叶包亦须取出抛弃，否则来世成哑子，谓之"开口"。足部之绊脚丝亦须除去，以免来世不会行路，是故婴儿学步时，有人持刀在其后作斫物状，乃恐其前生未除绊脚丝也。亡人之手掌应向下，否则来生为乞丐。

事实上，这些丧仪还影响到幼儿的养育礼。在抓周仪式举行之后，人们要为幼儿举行一个附属的仪礼——剁绊脚丝。与陈封雄在燕京大学社会学系同年毕业的王纯厚在其学士毕业论文《北平儿童生活礼俗》中写道："小儿由人扶着两臂，在地上站着，由另外一个家人在小儿两脚间用力剁着。扶的人问：'剁什么哪？'剁的人答道：'剁绊脚丝哪。'连说数遍，这样小儿就容易学步了。"之所以如此，就是因为人们相信人是由死人转世托生的，死人脚上的绊脚丝会阻碍小儿学步。

墓穴的布置与洞房——尤其是婚床——亦有相似之处：在避邪的同时，指向吉祥与子嗣香火。陈封雄注意到：墓穴中预先埋有一缸北京城内外阳宅中常有的金鱼，以示"吉庆有余"；墓穴的四角埋有枣、栗，并用红纸包裹，以求子孙众多；撒在墓穴中的小米、玉米、高粱、红豆等五谷，用来避土中的"邪气"。有的墓穴中，尤其是大户人家的墓穴中，还会放置或绘制有避火图，意在避免狐兔穿穴和蛟龙侵犯，使亡者"安生"。

在前八家村一带，婚仪中，尤其是铺床时使用的筷子，象征着"快生儿子"，有着生育繁衍的符旨。与此相类，人们辞灵时，给亡者准备吃食"布罐"用的新筷子，同样有着红事上有的符旨。陈封雄注意到：如果死者年少，布罐用的新筷子会被直接扔掉；如果亡者高寿，这双布罐用的新筷子，就会留与儿童使用，而且经常还会出现人们哄抢这双新筷子的行为。反之，根据陈封雄在燕京大学的同学石塽壬的调查，在平郊村一带，包括婚礼在内，遇到喜事时，人们要在坟头烧纸，告诉老祖宗家中喜事，即为"烧喜纸"。而且，在迎娶当天，在娶亲花轿启程后和返回前要摆设好天地桌，在其上将女家陪送的油灯——"长命灯"——点上，不能吹灭，只能待其油尽自灭。

显然，哪怕是京城近郊，在那个年代关涉生死的乡风民俗中，人们不仅践行着"事死如事生"的古训，还反向实践着"事生如事死"的辩证法。

三

其实，一直到二十世纪晚期，无论是城市还是乡村，无论是江南还是西北边陲，日常生活中的生和死对绝大多数受儒家伦理教化的国人而言，都还是一体的。

保存还相对完好的四川剑阁县迎水乡天珠村享堂式的何璋墓，修建于道光十年（一八三〇），占地两百八十多平方米。这是晓欢书中数次提及的案例之一。何璋墓距离我家仅仅十余公里。三十多年前，在老家教中小学时，我还去迎水乡中心校监考过。骑自行车往返途中，我自然遇到路边众多或新或旧、繁简不一、规模不等的坟茔。那时，一心想逃离故乡的我，对这些坟茔不以为意，从未驻足。通过晓欢的大作，我才知道何璋墓和它别样的意义。借此机会，我仅能给《修山》中呈现的正在消失的涵括着生的死和包裹着死的生，也即晓欢已经充分注意到的萦绕着这些有着沧桑感的众生坟茔——文物——的无形文化，提供点个人的体验、家乡的佐证，也借此向名不见经传却让我魂牵梦绕的父老乡亲致敬！

因为碑铭和族谱都毁于"文化大革命"，按照有限的口传记忆，我们岳姓祖上倒不是湖广填四川"填"来的，而是从陕西迁来的。从陕西迁来的老祖首先落脚绵阳市魏城镇，后来有兄弟三人再从魏城迁到了有清水河环绕的"岳家坝"繁衍生息。我们这一支所在的背山面水的小山坳，因槐树得名，叫槐树地。

在槐树地，山脚下的阳宅和阴宅比邻守望是常态。出门只要不是下河而是上山，百十米范围内左左右右都是高高低低、大小不一的坟墓。儿时，上山给地里干活的父母送工具、放牛，离家翻山上学，都得在大小坟堆间穿梭。墓地的树，少有人砍伐，植被不错，行走其间，不时能碰见进出坟茔的蛇、兔子、黄鼠狼和锦鸡等动物。在阳宅，黑漆漆寿材基本都靠墙停放在厅房（堂屋）之中。我上小学三年级时，因村小学垮塌重新修建，我们这个十多人的班就借了一家人的厅房做教室。"教室"内，除放黑板的正前方，其他三面墙停放的都是棺材。换言之，寿材、坟墓是我们自小朝夕相处的物事与景观，我们也因之很早就知道一个人最终的归宿在哪里。小伙伴之间当然常会拿墓地夜晚不时闪烁的磷火炫耀胆量，也会编造些故事吓唬胆小的人。

在年届四十时，父亲买了两棵大柏树，请木匠给他自己和母亲"割木头"——做棺材。家中使用木匠的数月，正值暑假。当时，往来的邻里不是谈论木材的好坏、棺材的大小，就是感叹父母的能干和作为子女的我们的好命。如同众多邻里一样，父母没有丝毫的惧意，有的是对木匠的殷勤周到，对邻里的谦逊。当然，他们也确实有着时值壮年就能自己为自己准备好寿木而不用给子女增添负担的自豪。但对那时还年少的我而言，父母真的会死这个意念却深刻在了意识之中。一天天看着父母亲的棺材从无到有，我有着不知将来会怎样的隐忧和恐惧。这也激发了自己自力更生的意识，读书反而用功些了。

虽然早已经有了体系化也不乏成功的学校教育制度，但那个年代在槐树地的人生更像是门手艺活儿。生是怎么回事，死是怎么回事，人该怎么活，不是学校里的先生苦口婆心教出来的，而是家人、长辈、邻里，以及比邻的阴宅、阳宅和日常见惯不惊的生与死给熏出来的。代际的更替、生死的必然，沉重与轻盈，不论年龄大小，真的领悟到了这些，人生就特别踏实、从容，生命就显得坚韧、坦然：有梦想，却很难有非分之想；会努力，但又舍得，随心随性，拿得起放得下，不钻牛角尖儿，不一根筋地死磕；怨天尤人的同时也安贫乐道，笑口常开。

在槐树地，一个人生前给自己做寿材，绝非只是当事人的坦然与成功。对于家庭、邻里、亲戚来说，都是一件大事，会引起三亲六眷的广泛关注。只要财力允许，随之而来在家族或自己所属房支的墓地进行繁简不一的修山也就自然而然，至少会将坟台石早早找石匠打好。在此意义上，槐树地乡邻的生不但与死是一体，也是指向死的，好像生就是为了按部就班地死。这种指向、交融是个体的、家族的，也是地方的。也因此，只要是儿孙绕膝的寿终正寝，丧礼都不乏喜庆的色彩。

直至二十世纪九十年代，槐树地的小孩对红白喜事宴请时才有的各种干果、拼碗、糯米片子、甜烧白、龙眼肉和夹沙肉的盼望是常态，对于坐在席桌上嘴馋的小孩子而言，生死本身又不那么重要了。当然，妇女、老少等弱势群体，也不乏以死的极端方式抗争和求生，即"我死给你看"。民工潮兴起之前，投河觅井、悬梁上吊、喝农药在槐树地是不时会有的突发事件。好在,多数是有惊无险、虚惊一场。在邻里亲戚的关注与哄劝下,弱者也好,强者也罢,人人都有了面子。日子该怎么过还怎么过,没有过不去的坎儿。

老人一旦故去,在邻里亲戚的主动帮助下,儿孙后辈们会按照自小耳濡目染的既定仪礼,在端公(阴阳生)、知客先生的指导下,一丝不苟地将老人送上山。在择定的日子天明前出殡时,鞭炮齐鸣,纸钱翻飞,金鸡开道,孝子抱着遗像、神位,大人小孩擎举的花圈、旗罗伞盖、纸人纸马,起起伏伏。按既定程序安埋好逝者,生者再次聚首主家坐席吃喝,日子如常。

因为地处山野,虽然早已有人外出打工、被都市文化不停地浸透与吞噬,但老家人坦然面对死亡的这种心态,至今也没有多少变化。清楚地记得,二〇一二年春节,年过花甲、在城市乡村两地换住多年的堂姐,被诊断出癌症,且预判时日不多。回到乡下的堂姐没有一蹶不振,只是叮嘱与我同龄的外甥马上给她做棺材。去探望她的那天,天气阴晦,堂姐家正在使匠人割木头。堂姐没有化疗,只是到镇医院打打点滴。老家不缺木材,做棺材也总是力所能及地挑上好的木料。好棺材讲究一块木料做成的整底、整盖。在我见到堂姐时,她满脸笑容,爽朗地说:"我们买的好料,匠人把料砍多了,棺材给我做小了,还不知道躺进去舒不舒适!"这反而让原本伤感的我,多少有些轻松、自然起来。

其实,不仅老家的父老乡亲是这样。在陕甘宁一带,过六十大寿的老人当天要在自己的寿木躺躺这一习俗近年还不时能碰到。在当地,"合木"就是专门用来指称这一仪式性行为的方言。沈燕的新著《假病:江南地区一个村落的疾病观念》,说的就是当下江南的乡野,人们是如何坦荡地面对生死交错的日常,尤其是吃斋念佛的蹒跚老者如何与死亡打交道与管理死亡。

四

在《修山》中,晓欢通过川渝乡野的众多现存墓葬的形制、营造、艺术、守护、使用以及偷盗的释读,全方位地展现了迥异于现代都市中国的乡土中国抑或说传统中国、民俗中国,尤其是西南中国的生死观和相应的实践,呈现出了乡野中国的小民百姓丧葬中的肃穆与喜庆闹热的杂合性。同时,他也特别强调祖坟对于乡民心性、情感、故乡认同和乡村振兴的不可缺失性。

一百多年前,法国人谢阁兰曾经到过川北,并拍摄过那时川北的墓葬、石碑和石窟等。这些行走和拍摄,是谢阁兰后来出版其诗集《碑》的基础。在《修山》中,晓欢不无景仰地引用了《碑》序言中的文字。因痴迷中国而探秘并尝试揭秘中国的谢阁兰在《碑》序言开篇写道:

> 这是一些局限在石板上的纪念碑,它们刻着铭文,高高地耸立着,把平展的额头嵌入中国的天空。人们会在道路旁、寺院里、陵墓前突然撞上它们。它们记载着一件事情、一个愿望、一种存在,迫使人们止步伫立,面对它们。在这个破烂不堪、摇摇欲坠的帝国中,只有它们意味着稳定。
>
> 铭文和方石,这就是整个的碑——灵魂和躯体,完整的生命。碑下和碑上的东西不过是纯粹的装饰,有时是表面的华丽。

(车槿山、秦海鹰译)

其实,夹杂着一张张庶民墓碑、坟地图片的《修山》,何尝不是一座让我等枯守斗室的宅男羡慕嫉妒恨的"丰碑"?而且,这座丰碑是给川渝大地如蝼蚁般的小老百姓树立的!

十多年来,利用教学之余的空当和假期,晓欢在川渝乡野不疾不徐、探头探脑地踏访、测量、采录、拍摄、描绘、思考与书写。这些行动本身同样有着巫鸿定义和强调的纪念碑性(monumentality)。毫无疑问,晓欢不辞辛劳踏查的川渝乡野残存的这些"生基",完全是皮埃尔·诺拉(Pierre Nora)意义上的"记忆之场"(Les Lieux de mémorie)。然而,正是晓欢的劳作与凝视,小民的生死才具有了纪念碑性,小民的坟茔、墓碑才成为对个体、宗族、地方、民族和国家都不可替代的记忆之场,成为中华文化原生态的露天博物馆。事实上,这些散落乡野,如星火般存在的墓碑、坟茔,更加坚实地赋予中华文明以一体性、绵长性以及恒定性,意味着谢阁兰所言的"稳定"。

"打断骨头连着筋。"父母和子女之间、祖宗和后人之间、传统和现代之间、都市和乡野之间,都是如此。在此意义上,墓碑、祖坟,不是阴阳的阻隔,而是通道,是守土的小民百姓和流动的农民工我行我素、自然切换和穿越的元宇宙(Metaverse)。乡村振兴,肯定在人。但正如晓欢在《修山》的后记中所示:祖坟,或许是在外漂泊的乡民回乡的最后理由!晓欢告诉我,他遇到的那位在外打工大姐深深触动他的原话是:"农村老家我们不回去了,祖坟都没有了!"

哪怕是个例,多少都有些残酷!

以此观之,晓欢的《修山》更加意义非凡。或者,今后人们再提中国人的墓葬时,不会只有妇好墓、各种皇陵,抑或武梁祠、三星堆。或者,今后人们提及西南乡野的墓葬碑铭时,不只会想到柏施曼(Ernst Boerschmann)、谢阁兰等洋人和晓欢称赏有加的建筑师梁思成。

正视身边寻常的生死,做我们力所能及的事,这应该更有意义。为了更好地活着,我们也只能如此。

人,终将归于泥土!

(《修山:川渝地区明清墓葬建筑艺术研究》,罗晓欢著,四川人民出版社即出)

圣贤与乡贤

贺晏然

一

乾隆四十八年（一七八三），山东学政赵佑（一七二七至一八〇〇）在肥城县西北七十里寻访到一个叫有家庄的小村庄。这个村子里生活着十三位姓有的男丁，有些在乡务农，有些出外佣工，都是穷苦单微的底层农民。有家庄有座建筑基址，据村民说是早已倾圮的有氏祠堂，而有氏的祖先，就是孔子的学生有子。

有子名若，字子有，鲁国人，是孔子晚年的弟子。据说他长得很像孔子，所以孔子死后，弟子们推他为老师，代替孔子的地位，但几番问答之后，弟子们感到失望，只好请他走下杏坛。《论语》第一章，"不好犯上，而好作乱者，未之有也"就是他说的；《孟子》也记录了他对孔子的评价——"出于其类，拔乎其萃，自生民以来，未有盛于孔子也"，都是后世耳熟能详的名言。有子之后，有氏后裔显晦不定，大部分时间在史书中失了踪影。

接到寻获有子后裔的消息，肥城县令亲自来到有家庄，捐资重建了有子祠。一番调查之后，一位十几岁的年轻人有守业被认定为有氏大宗、有子的第七十二代嫡系后裔，经过一系列的行政手续，四年后有守业获封为世袭翰林院五经博士。同时，肥城县在县城修成有子专祠、五经博士府，还拨给祭田，祭田的收入一半用于祭祀，一半用于养赡族人。在官府安排下，有氏全族十三人全都迁居城内，戏剧性地实现了"阶层跃升"。

"五经博士"之名确定于汉武帝时代，本是代表了官方学术权威的学官。清代的五经博士没有那么崇高，主要是颁给若干圣贤嫡裔的荣衔，但已跻身翰林院，兼具儒林声望与社会地位，还有机会参与皇帝临雍大典，是常人无从企及的名号。有守业在被"发现"之前，很可能并不识字，他能从一介白丁直接跳到翰林院的"博士"，只是因为他拥有先贤血脉，可以被当作国家右文政策的点缀而已。

不过，有守业的博士之路并非一帆风顺。或许他怎么也想不到，与他竞争这顶帽子的，是住在长江口崇明岛上的郁氏家族。

大约从雍正年间开始，崇明郁氏家族开始自称有子后裔。为了获得有子后裔的合法身份，郁氏首先要解释从有到郁的姓氏变化。据说有子先世曾在鲁国的郁郎地方居住，于是他们说出"避难加邑，志郁郎之旧也"的家族故事，将"有"添加了右耳旁，以示南迁者不忘家乡。

只有家族内部的传说还不够，实体建筑才更有说服力。崇明郁氏自称，他们本来"敬奉先贤像于寝堂"，大约是将有子像陈列家中，但寝堂云云，外人自然不易得见。乾隆三年，郁氏建成先贤有子专祠，正式宣告他们的贤裔身份。或许不尽是巧合，也是在这一年，在尚书徐元梦（一六五五至一七四一）的建议下，有子从孔庙两庑登堂入室，进入大成殿，与十哲及朱子并列，成为十二哲之一，在儒家神殿中的地位又得到提升。"十哲"即"孔门四科"，出自《论语·先进》："德行：颜渊、闵子骞、冉伯牛、仲弓。言语：宰我、子贡。政事：冉有、季路。文学：子游、子夏。"康熙朝将朱子升入十哲，此时又加入有子，是孔庙里仅次于至圣先师孔子、四配（孟子、颜子、子思、曾子）的神位，这是历史上有子所得到的最高礼遇。以此为契机，崇明郁氏果断以专祠为基础，向礼部求请奉祀资格，很快获得同意，家族中设置奉祀生一名。拥有了官方身份的崇明郁氏，又从地方争取到不少祀产，乡贤的身份愈加稳固。

作为两百多年后的观察者，我们当然不能贸然介入历史上家族的血统问题，不过郁氏在获得奉祀生资格后不久便编辑了《鲁国郡谱》，将旧谱中的序文修改得面目全非，重构了自有子至崇明郁氏奉祀生族支的谱系，却不免引人联想。对于郁氏的做法，地方上其实也心知肚明。曾任崇明县令的查岐昌（一七一三至一七六一）、乾隆年间江苏学政彭元瑞（一七三一至一八〇三）均曾怀疑郁氏为冒袭。《崇明县志》更是直言郁氏"冒先贤有子后裔"，县志中直书一个"冒"字，代表了地方社会的普遍看法，甚至崇明郁氏提供给朝廷作为血脉证据的家谱雕版，也受到质疑，被称为"新刊无证"。

在诸多的怀疑声中，崇明郁氏并没有退缩。听闻有守业获封五经博士的消息，郁氏族人还在江苏巡抚的支持下入京参加乾隆五十年的释奠大典，试图争夺这一代表有子嫡系后裔的荣衔。但是有子墓就在山东，衍圣公府及山东地方官府也力挺有守业，可想而知，身份在本地都广受质疑的崇明郁氏败下阵来。不过直至光绪朝的《大清会典》中，仍明确记载"崇明县有子祠"设有受到礼部承认的奉祀生一名，说明至少在制度上，清代崇明郁氏拥有礼部承认的清代南方唯一的奉祀生资格。

明清两代，在朝廷文教政策的鼓励下，逐渐形成了完善的圣贤奉祀制度。进至清代，圣贤后裔的奉祀可以分为两个等级。第一等是孔门十哲及曾子、孟子、朱子等家族，嫡裔封为五经博士，另外孔家嫡长子袭封衍圣公，次子则封五经博士，主子思之祀，孔氏南宗嫡长子也封五经博士，主衢州庙祀。第二等则是几家的分支及大量的孔门弟子和先贤先儒后裔，从中选择嫡裔封为奉祀生，分别负责各家圣贤的祭祀。奉祀生规格不高，但一旦列名其中，就可以不通过考试而获得功名，享受优免赋役等待遇，一般还可以管理祭田、保管祭器，由先贤而乡贤，跻身士绅之列。这些后裔及其主持的祭祀活动遍及全国各地，不但是传递儒家文化精神力量的重要实践，也是儒学社会化的重要手段。一般来说，五经博士的设置比较固定，奉祀生的名额则稍为灵活，所以有子后裔在山东有五经博士，在南方不妨再设一位奉祀生，毕竟祠堂已建、家谱已修，是否"冒袭"也可以不必那么认真了。

二

类似有子后裔家族出现的这种承袭、争袭、冒袭案，明清时代几乎在每一个圣贤后裔家族中都上演过。

崇祯四年（一六三一）九月，山东曲阜的孔府突然收到一份状书，内容是左丘明后裔左皋状告另一后裔左法舜，称其冒充左丘明嫡裔，骗取左丘明墓祠奉祀生身份。左皋诉称，自己本已被衍圣公府和左丘明坟墓所在的肥城县准袭奉祀，但一个基层官员李本道索贿不成，转受阳谷县富豪左法舜千金，将其推为奉祀后裔。左皋以平阴志书和邹县孟庙神牌为证，希望重夺奉祀身份。左法舜自然不认此番指责，当年十一月三十日，他具状申诉，称自己的奉祀身份，是由阳谷训导移书肥城县学，并经学校生员共同推举才得到的。他并指出左皋原名左夏，一人变易两名，可见一定有鬼，"必非真派，冒认宗支，诈骗未遂，妄捏虚词"。这位翻云覆雨的李本道何许人也？他在肥城县负责为修缮左丘明墓及祠堂督工，大约是地方上一个小吏。李本道自述，他与左法舜在左丘明墓修缮过程中出钱出力，自然认左法舜为左氏嫡裔，从未牵扯到左氏争袭事中，与平阴人左夏更是从未谋面，不知从何说起。

大约比左丘明后裔争袭案稍晚，大儒顾炎武（一六一三至一六八二）写下著名的《生员论》，其中论及明代的奉祀生，将之与武生并列，称"而又有武生、奉祀生之属，无不以钱鬻之"。以圣贤后裔身份之尊贵、清高，竟然也可以买卖，所买卖者也无非是特权和利益而已。既然可以买卖，那么血统真伪、是否嫡裔自然也能商量，左丘明后裔争袭案与顾炎武所谓奉祀生"以钱鬻之"的说法正可印证。此案中二人各持有利证据：左皋持有平阴志书和邹县孟庙神牌，左法舜持有家书、志书，但实际上无论是家书、祠庙，还是方志、人际关系都可能成为家族争袭过程中的武器，也都有可能被"制造"出来。二人均知衍圣公府是裁夺此案的核心力量，在状纸中声泪俱下，对"圣府老爷"呼喊再三，含冤场景如在目前。对于证据各异的两支后裔，牵涉其中的衍圣公府，必须在艰难而繁杂的证据中保有对"正统"的坚持，这显然并非易事。孔府档案中没有对此最终解决办法的记录，或许大明朝所剩无几的岁月并不足以让此事水落石出。

同时期类似的案子其实不少，有的像左丘明后裔一样送到衍圣公府处理，但大部分在地方官府解决，个别的还会送到礼部裁决。据《邹县志》记载，万历四十三年邹县知县胡继先将南关社学改建为颛孙子祠，祭祀孔子的弟子子张，结果很快就有一个姓孙的人自称子张后裔，自居为祠堂管理者，还在祠堂内塑了子张的像，引起舆论反弹："阖县士子公揭于巡按学道，发明其伪，不应奉祠。"时任知县黄应祥认为，"先贤无地不可祀，已成之像亦不可毁"，塑像照单全收，又另设祭田一顷一十三亩，由有司春秋主祭，"孙姓者不与焉"，专门排除了孙姓的祭祀权。

其实，邹县本来就有颛孙氏家族，就在这次孙姓试图主持子张祭祀不成之后五年，他们就迎来了家族发展的契机。万历四十八年（一六二〇）二月，明神宗在太学举行释奠礼，孔、颜、曾、孟四家的嫡系子孙皆在，上谕说，"十哲"都是圣门高弟，但大多没有后裔奉祀，令人遗憾，敕下礼部及各省地方官寻访十哲嫡裔，以便"兴灭继绝，崇祀肆禋"。十哲里虽然没有子张，但邹县颛孙氏仍然如获至宝，他们将家谱交到县衙，转呈礼部，最终还是得到谕旨，不但建庙塑像，而且拨下白银三千零一十两，地方又拨给祭田，形成颇具规模的子张祠。此祠与前面孙姓私自塑像的子张祠是何关系，如今已不易查考，不过颛孙氏建祠的举动显出，圣贤后裔的认定由于关涉到国家文教政策，已经可以上升到朝廷层面。

但是，由于儒家先贤后裔传承年代久远、家族发展多变、利益纠葛多元，特别是中间往往经历过从北到南的移民，怎样在千头万绪的先贤后裔谱系中鉴别嫡裔，杜绝为了利益而冒继，就成为家族、中央和地方政府都必须面对的新问题。雍正二年（一七二四），朝廷颁布诏令，专门规定了圣贤后裔的甄别标准和管理权限，其中特别批评了"各省督、抚及衍圣公，并不将奉祀生名数报部，致有假造印照，冒滥充补等弊"，明令将设置奉祀生的权限收归礼部，承袭奉祀所需要的条件也进一步得到细化，其中最为重要的两个要素，就是实际存在的先贤祭祀建筑和证明嫡裔身份的族谱等材料。也就是说，不像明代那样，一旦有圣贤后裔呈请，朝廷还有可能赐银修造祠庙，现在必须先有祠庙（倒是没有规定祠庙存在的年限），才有可能承认后裔身份，这大大增加了冒滥者的经济和社会成本：毕竟，只是声称自己是某位大人物的后裔很容易，但真要建立祠堂、常年拜祭，那就是另外一回事了。

同时，先贤奉祀在血缘和祠墓之外，也有了对奉祀后裔素质的要求。凡是承袭五经博士的，应在十五岁以上，并且送礼部考试，"文理通顺"者才能注册存案，再由衍圣公提请承袭。朝廷对五经博士候选人的考试，释放出明确的信息，即在有血统、有祠、有谱之外，先贤奉祀后裔还应该是有文化的四有人才。有守业被认定为有子嫡裔之后，就曾受过一段时间的教育，再送礼部考试，合格之后才正式袭封五经博士的。毕竟，既然是"博士"，总不好目不识丁。

三

学界普遍认为，今天习以为常的那种以族谱、祠堂、义田为纽带的"典型"的家族，其实晚至明朝中叶以后才普遍存在。无论是对自己血脉的荣誉感还是国家政策的鼓励，圣贤后裔都是最有动力编家谱、修祠堂的这类家族。类似崇明郁氏这种手段灵活、策略多变的南方圣贤后裔奉祀家族，清代开始纷纷涌现，成为"家族建设"大潮中的特殊一类。朝廷为了管理这群庞大的奉祀生，甚至特地编订了详细的名录，载于《学政全书》和《大清会典》。

为了判断家谱的真伪，礼部官员还不得不施展出史学考证功夫。肥城有氏于乾隆五十一年（一七八六）将有氏宗谱咨送到部查核，谱中有"于永乐二年蒙巡按学宪准给衣顶承袭奉祀生"之语，礼部官员考证说，明永乐年间并未设立巡按学宪（明正统元年，始设提学官，一般尊称"学宪"），而"衣顶"中的"顶"是清代才有的"顶戴"，明代只可能有"衣巾"，并且礼部发现这些族谱是新抄之本，不能作存案之用，要求地方重新核查。地方政府回文解释说，经过检查，发现宗谱刻板字迹模糊，礼部提到的"学宪"及"衣顶"二处"笔画尤多残缺"，如今经过礼部的提点，再仔细一看果然不是"巡按学宪"，而是"巡按各宪"，"衣顶"则是"衣衿"之误。既然地方官府如此背书，礼部的质疑就此不了了之，肥城有氏后裔还将这些解释文字收入《有氏宗谱》，显有永绝后患之意。

年深代远，族繁事多，这些拥有尊贵血统的乡贤们的实际生存境况也未必都那么优游，遇到一些起起落落实属平常。比如贵为孔庙四配之一的曾子，在道统体系中地位崇高，又有专门的宗圣庙，但据光绪年间成书的《宗圣志》记载，生活在山东嘉祥县的曾子嫡系后裔竟因为无钱打点各个衙门，而出现了无法承袭奉祀的窘况，令人唏嘘。曾子家族尚且如是，其他不那么著名的先贤后裔可想而知。事实上孔子有些不太有名的弟子，例如施子之常、奚容子箴，他们的奉祀就在后裔的哀叹中逐渐没落，只在家谱中留下无奈的自责。

有衰就有兴。也有一些新兴家族或家族分支，逐渐取代宗法上的优势族支，靠实力站到了前排。生活在湖南宁乡的曾氏南宗就是最好的例子。

在中央朝廷设立曾子奉祀的四省十三县中，湖南并不在列。清嘉庆十二年，宁乡曾氏请求如孔、颜二氏之例，于正供外一律免除优免杂派差役，得到湖南地方官府的支持。这段时间他们修复宗圣庙宇，又在长沙建专庙祭祀曾子父亲莱芜侯曾点，逐渐扩大影响力。次年，曾氏南宗提请湖南巡抚，湖南巡抚以先圣、仲子、邵雍、朱熹等南北分设五经博士之例，奏请予宁乡县学生员曾衍咏翰林院五经博士，主先贤曾氏庙祀于南楚，以区别于山东的宗圣祭祀。南宗表示，所有的祭祀活动可以"自置祭产，不效各姓翰博有动帑资"，公开声称愿意自行负担祭祀花费，不像其他各家五经博士那样，还要仰仗公帑，既显示出对家族财力的极度自信，当然也表达了对先贤后裔奉祀身份的期盼。

朝廷虽未支持曾氏南宗这一大胆的提议，但事实上，山东五经博士族支的衰落是曾氏家族内部也不得不接受的事实。清代曾氏家族志最重要的一次修撰，即是由南宗所发起。光绪年间，在南宗族人的提议下，两江总督曾国荃（一八二四至一八九〇）委托王定安、陈庆年编辑《宗圣志》。在此之前，曾氏曾陆续修撰过三次家族志，分别是万历年间曾承业的《曾志》、崇祯年间吕兆祥续修本《宗圣志》及乾隆年间翰林院五经博士曾毓墫所撰《武城家乘》。但曾国荃主导的新编《宗圣志》与此前的志书差异巨大，志中南方曾氏的家族背景深刻地改写了先贤后裔家族叙事。如"林墓"一卷截取了《曾国藩日记》中拜谒嘉祥县曾子遗迹的内容，多及山东后裔贫困的窘况。《曾广莆增置祀田碑记》中更是详细描述了曾国藩同治五年（一八六六）

驻师济宁时，至嘉祥谒庙、捐资的过程，并希望"后世子孙知东国之明禋，赖南宗之欤助"，对曾国藩的感激之情溢于言表。"户役"卷详细记载了崇祯年间湖南南宗六十一代曾日新呈请优免，至清嘉庆间南宗获得优免的过程。南宗虽然并未获得中央朝廷认证的五经博士身份，但是在《宗圣志》中俨然具有了先贤嫡裔的姿态。与"嘉祥圣裔式微"的景象相比，晚清重辑《宗圣志》的重任转由南宗主持似在情理之中。南北两大曾氏族支呈现的，是一幅互助互动的家族场景。

有子、左丘明、子张、曾子，四个家族的故事各有不同，但贯穿家族历史的，是获得国家承认、成为"乡贤"的曲折历程。几乎在每一部圣贤家族的家谱中，占据最显著位置的都是本族获封五经博士或奉祀生的经过，特别是那些从无到有、第一次受到国家承认的家族成员，一定会被当成中兴本族的重要人物来书写。而奉祀资格的获取，也是凝聚家族、团结族人的契机，成为"敬宗收族"的最好途径。自然，随五经博士、奉祀生身份而来的祠宇、祭田、地位、身份就更是家族世代努力的现实动力。

儒家最重家族伦理。但从圣贤后裔家族的经历来看，国家权力而非文化传统才是促成家族兴旺的关键因素。源自先贤的血统并不能自动带来社会地位、社区声誉或经济收益，国家的承认才是跻身"乡贤"的不二法门。明清所谓"乡绅"，主体就是获得过科举功名的人，即便是圣贤后裔，也得先由国家授予五经博士或奉祀生这样的功名，才能跻身乡贤之列，血统反而只具有名义上的重要性。换句话说，在塑造社会阶层的历史中，国家远比圣贤的作用大，这或许提示我们，所谓"乡贤"，未必都根植于"乡"，更可能来自"国"。

品书录 ｜ 陈 娟

《第一个人》的追寻

一

《第一个人》是加缪留给世人的最后一部作品。一九六〇年一月四日，一场突如其来的车祸夺走了加缪的生命，也让《第一个人》这部自传体小说成为永远的未竟之作。当人们从车祸现场的公文包中找到这份手稿时，作者只完成了第一稿的一百四十四页，而且字迹潦草，很难辨认。三十四年之后，根据这份手稿和加缪妻子的打字稿，伽利玛出版社整理并出版了这部小说。该书在法国发行之后，很快便被抢购一空，并翻译成多国文字。二〇一二年加缪百年诞辰之际，伽利玛出版社与荣获法国昂古莱姆国际漫画节终身成就奖的阿根廷画家何塞·穆尼奥斯合作，推出了《第一个人》的插图珍藏本（下引此书中文版只标注页码）。

从加缪日记里，我们可以看到作者有着清晰的写作计划：第一个创作阶段是包括《局外人》《西西弗神话》等作品在内的"荒诞"系列；第二阶段是"反抗"系列，其中包括《鼠疫》《反抗者》等；第三阶段的创作，是以"爱"为主题，《第一个人》就是这个创作阶段的第一部作品。意外离世之前，加缪在这部作品里倾注了大量的时间和精力，并计划在一九六〇至一九六五年完成写作。根据遗留下的笔记与提纲，这本书至少有三个部分：第一部"寻父"，第二部"儿子或第一个人"，第二部"母亲"。已经完成的可能只有全书的一半。再多的遗憾也无济于事。加缪曾说过他的雄心壮志是写一本二十世纪的《战争与和平》，如果没有那场意外，我相信他的抱负会在《第一个人》中实现。这个没有经过任何修改的作品不仅呈现了加缪个人最真实、最鲜为人知的一面，也见证了那个时代的历史。在这里，我看到了一个在贫穷与爱中慢慢长大的少年，一个在现实与写作中寻找自我的加缪。它不仅带着加缪重回少年时代，也引领着他在历史的长河中去定义自己的身份，找到自己的归属。

二

　　与很多自传体小说不同的是，《第一个人》并没有采用第一人称"我"来叙述，而是借用"雅克·科尔梅里"这个名字，以第三人称进行叙述。这个视角的选取不管是对作者还是对读者来说，都少了些代入感，多了些客观审视的意味；而且故事的叙述非常有跳跃性，童年的回忆和成年后的寻父之旅交叉呈现，碎片化的叙事创造了一个幼年雅克和成年加缪之间的平行时空，将个人命运和欧洲移民的集体命运联系在一起。

　　一九一三年，雅克出生在法属殖民地阿尔及利亚，是家里的第二个孩子，前面还有一个哥哥。他的父亲是法国移民的后代，曾在蒙多维管理一个葡萄园。第一次世界大战爆发以后，父亲被征召入伍，在马恩河战役中身负重伤，随后死在了医院里。父亲死的时候雅克还不到一岁。他从来没有见过自己的父亲，也很难从失聪的母亲那里听到有关父亲的回忆。他的母亲是西班牙移民的后代，丈夫去世以后她没有能力带着两个孩子独立生活，不得已只能投奔雅克的外婆。一家人在阿尔及尔郊区贝尔库的小公寓里过着艰苦而平淡的生活。贝尔库可以说是阿尔及尔的贫民区，这里聚集了下层白人和阿拉伯人。在这里长大的雅克，生活虽然贫困，却充满了欢乐。

　　在童年回忆中，他所爱之人都在身边：一起玩耍淘气的小伙伴，亦师亦父的贝尔纳先生，从来不会被生活打败的外婆，精力充沛、乐观豁达的舅舅，沉默而又温柔的母亲……他清楚地记得舅舅带他去打猎的每一个细节；能像一个植物学家那样准确地说出公园里每一棵植物的名称；能分辨出码头停靠的每艘货轮的特殊味道；帮外婆抓鸡时，明明很害怕却又努力强撑着，一度被誉为家里最勇敢的人；他最难忘的画面，是在一个夏日炎热的夜晚，家庭聚餐之后，全家人围在一起"透过树枝看着满天繁星"（137页，附图138页）。透过这些日常琐事的描写，我看到了欧洲下层移民在阿尔及利亚最真实的生活。

雅克视阿尔及利亚为真正的故乡。然而，他在学校里接受的是法兰西文化，课本告诉他"法国"才是应该铭记于心的祖国。在法国本土长大的孩子谈起法国时，总是说"我们的祖国"。对雅克来说，法国离他太遥远，"祖国"这个概念没有什么意义。他知道自己的公民身份是"法国人"，但仅此而已。阳光和大海包围着的阿尔及利亚才是他心中真正的"祖国"。

在雅克成长的那段时间，白人和阿拉伯人还能和平共处，种族矛盾尚未激化。但是敏感的雅克很早就察觉到白人孩子和阿拉伯孩子之间的差异。踢足球时，阿拉伯孩子和法国孩子会自动分成两队。他们之间最大的隔阂，是"价值观和传统观念的不可调和性"（199页）。两种不同文化之间的碰撞在小雅克心里埋下了一颗怀疑的种子，他逐渐对自己的身份产生了疑问。随着阿尔及利亚民族矛盾的不断激化，这种复杂的文化身份给他带来的焦虑和痛苦日益加深。一九五三年，阿尔及利亚独立战争正式爆发的前一年，雅克开始了他的"寻父"之旅。

三

成年之后的雅克已经定居法国。此时的他已经脱离了贫困，过着衣食无忧的生活。可这样的日子并没有让他找到内心的平静和安宁，"每次离开巴黎去非洲便是这样，他的内心涌起一种不可名状的狂喜，心情豁然开朗，那种满足感就像刚刚成功越狱的犯人……"（46页）加缪不止一次在作品中提及他在巴黎的"格格不入"，大都市的钢筋水泥之于他犹如"樊笼"，他找不到归属感，总有一种被流放的感觉。

在母亲的一再要求下，四十岁的他第一次来到了父亲的墓前

(父亲被安葬在法国纪念墓地)。看着墓碑上的出生和死亡年份,他突然发现父亲竟然比他还年轻(父亲死时才二十九岁)。这个本该和他最亲近的人就这样悄无声息地躺在地下,慢慢被人遗忘。这一刻,他萌生了"寻父"的想法。其实雅克已经过了需要父亲的年纪,他也很清楚无论从母亲那里还是从别人那里都得不到太多关于父亲的信息。他真正想追寻的是他的来处,是他的历史,是一切可以证明他身份的痕迹。

"寻父"的念头促使他回到了阿尔及尔。到家的当天,他就听到了巨大的爆炸声。这是阿拉伯人为了争取民族独立又一次采取的行动。他的母亲"脸色苍白,黑色的眼睛里充斥着抑制不住的惊恐,身体有点摇晃"(84页)。他请求母亲跟他回法国,远离危险,但是母亲坚定地拒绝了:"哦!不,那儿很冷。现在我年纪太大了。我想要待在我们这个地方。"(88页)即使生命受到威胁也不愿意离开"这个地方"的,不止母亲一个人。

雅克在自己的出生地——蒙多维的一个小农场,见到了农场主韦亚尔先生。他是巴黎移民的后代。他的父亲,一个老移民,在农场种了一辈子葡萄,六十岁的时候被迫撤离这里。走之前,他倒光了酒窖里所有的葡萄酒,拔除了地里所有的葡萄藤:"既然我们在这里所做的一切都是一种罪恶,那就应当铲除它。"(170页)可以想象老先生在亲手毁掉一辈子的心血时,是怎样的绝望和不舍。他回到了法国,"阿尔及利亚"这几个字成为他永远的禁忌。既然无法选择留下,那就只能选择彻底遗忘。他的儿子韦亚尔则决定留下来,"无论发生什么,我都会一直待在这里的"(170页)。法国人永远不会理解这样的坚守,只有和他们共同生活过的阿拉伯人才能理解他们对这片土地的热爱。可是真正能理解他们的阿拉伯人却不希望他们继续留在这里。这种悲剧命运凝结在每一个欧洲移民的身上。

本想在出生地找回一些父亲痕迹的雅克,发现历史正在抹去他们这个群体的痕迹。从一八三〇年开始,欧洲移民漂洋过海来到陌生的非洲大陆，他们没有根基，没有过去，在这片土地上开荒垦殖，挥洒汗水，建立家园，他们曾快乐地生活过，但很快就会被遗忘，"行走在被遗忘的土地上，这里每一个人都是第一个人"（187页，附图190—191页）。雅克停止了"寻父"之旅，他意识到自己也是"第一个人"。

四

"第一个人"没有历史，他要做的是开创属于自己的时代。这个没有过去、没有传承的孩子在逆境中成长，凭借自己的努力从社会的最底层成为时代最具影响力的知识分子。他一直用自己的方式和力量争取和平，希望阿尔及利亚的白人和阿拉伯人能求同存异，平等和谐地共同生活。

阿尔及利亚民族解放战争爆发之后，日益紧张的局势让加缪意识到自己的憧憬不可能实现。民族独立是历史前进的方向，没有人能抵挡住历史的车轮。欧洲移民被驱逐出这片土地的命运是不可避免的。在世人眼中，阿尔及利亚战争是两个民族之间的斗争，但在加缪眼中，这是同胞间的自相残杀。他能理解阿拉伯人为争取民主和自由与法国殖民政府对抗，但是他无法接受杀戮平民的恐怖行动，更何况这些恐怖行动很可能威胁到他的母亲和亲人的生命。从情感上他也无法接受阿尔及利亚的独立。因为阿尔及利亚一旦独立，居住在这里的欧洲移民就会失去家园，成为这个国家的"外国人"。

他无力改变现状，并且已经预见到他所属的这个群体即将被历史抛弃。他只能用文字记录下这段历史，用文字来证明这个群体曾在这片土地上真实地存在过。对加缪而言，写作是一种存在方式，也是一种救赎。他用文字见证历史的同时，也开创了自己的历史，建立了自己的传统。可以想象在回忆往昔之时，在撰写此书之时，加缪已经找到了"自我"，完成了"第一个人"的追寻。

（《第一个人》，[法]阿尔贝·加缪著，[阿根廷]何塞·穆尼奥斯绘，生活·读书·新知·三联书店二〇二二年版）

品书录 | 罗韬

后世相知有别传

打通创作与鉴赏

如今鉴赏古典诗词的作品不少,但因作者的创作能力缺陷,多未能达到写鉴合一的境界。本知行合一之义,创作与鉴赏如鸟之双翼,不可缺一。清代名儒方东树在《昭昧詹言》卷一有一段话说得深切,他认为,谈文说诗,必须有亲身创作的成功经验——如韩愈、柳宗元、李翱、苏洵之论文,杜甫之论诗,才免于皮相之谈,才是觉悟者谈修炼,叫"以般若说般若"。这段话,对于今世之好谈鉴赏者未尝不是药言。

而我读过黄天骥的《唐诗三百年》后,对方东树提出的话头,要再下一转语。谈艺布道,更要以家常话说般若,方便说法,才能将幽微委曲的诗美、诗法,说得生动明晰,透彻感人。

如书中《说张若虚〈春江花月夜〉》,边吟边解,将此诗徐徐展开,让读者渐次沉浸在《春江花月夜》的意象与心境之中——花色、月光,在极绚烂之后,皆归于纯净、澄澈。当转到"可怜楼上月徘徊,应照离人妆镜台"时,对楼头孤寂的思妇,寄以深深同情。他说"可怜"与"应照"二词,包含了作者对月亮既埋怨又祈求的复杂态度。对诗人选词用语的深意,我们不要轻轻放过。黄天骥结合全诗的声韵,将春、江、花、月、夜之美与江月永恒、人生苦短的哀愁,浑融表述,真情贯注,达到赏者与作者浑然合一的境界。

在解王勃的《送杜少府之任蜀州》时,对开头"城阙辅三秦,风烟望五津"二句的分析,也可见其会心之细。晚清民国学者吴闿生对此只评以"壮阔精警"四字，而黄天骥抓住全诗"开朗与失落交集"这一基调，没有放过"风烟"二字，对其细加体会，认为它的迷离意象，才将送行者的惆怅、被送者的忐忑表达而出。

最好的鉴赏是作者诗心与鉴者诗心的相遇共鸣，一首诗的最终完成，不在作者废然掷笔之际，而每在鉴赏者吟哦寻味之顷。而诗境实现之高下，端系于鉴赏者会心之精粗。

以戏说诗

黄天骥是戏曲史大家，他最受称道的方法之一，是"带着诗词的眼光去研究戏曲，又带着戏曲的眼光去研究诗词"。

其中，以戏曲解诗之法，被他用得淋漓尽致。在分析杜甫的《石壕吏》时，直接就通过情境再现，化诗为剧：以净扮石壕吏，老旦扮村妇。把杜诗对石壕吏的"不写之写"变为实写，登时让老妇说白的原句晓畅明白起来。真是方便说法，令人豁然开朗。

戏曲分析法，用于叙事诗固然丝丝入扣，用于解许浑的《咸阳城西楼晚眺》的名句"溪云初起日沉阁，山雨欲来风满楼"，也有新异之效。黄天骥借用戏剧中的"蓄势"之法来分析：上句的云起日落，景象相对的静与慢，成为下联风起云涌的蓄势。而就下联而言，一个欲字，意味着山雨即将暴至，于是，这吹得人魂飞魄散的风，又成了山雨即将倾盆泼下的蓄势。这样的分析，情境全出，确是戏曲家特有的会心。黄天骥特别引用金圣叹的赏会，金说："云起日沉，雨来风满，如此怕杀人之十四字中，却是万里外之一人，独立城头，可哭也！"金圣叹是小说戏曲专家，体会到作者"万里外之一人"的内心感受，真能"遥体人情，悬想事势，设身局中，潜心腔内，忖之度之，以揣以摩，庶几入情合理"（钱锺书语）。这正是戏曲小说、诗歌，乃至史传相通的地方。

语境化与去语境化

黄天骥解诗，最推重孟子的"知人论世"，所谓"颂其诗，读其书，不知其人，可乎？是以论其世也。是尚友也"。这既是解诗之法，也是考史之法；更是解诗与考史共通的最高境界。

对王翰《凉州曲》"醉卧沙场君莫笑，古来征战几人回"的解释，清代沈德潜说是"故作豪饮之词，然悲感已极"，而施补华则说"作悲伤语便浅，作谐谑语便妙"，两造之说，都未免各堕一边。黄天骥先查《旧唐书》王翰传，说他曾被贬汝州，"至郡，日聚英豪，纵禽击鼓，恣为欢赏"，可知他确不是一个积郁之人。又综合他诗集中的其他作品《蛾眉怨》《春女行》，尤其是《饮马长城窟行》，明确表达了一种既有意气风发的豪迈，又有对战死沙场的累累白骨的悲悼之情，从中体察王翰对生死的态度，才能明白他在《凉州曲》中写那将官饮酒壮行时，表达出的对死亡非常复杂的感情——是悲伤与谐谑兼而有之，豁达、豪迈而不无伤感。

解释名诗《早发白帝城》，也注意回到李白当时的处境。此时李白正因投靠永王璘，误上贼船，被朝廷流放西南蛮荒之地夜郎。当途经白帝城时，竟逢朝廷大赦赐还。命运一下子扭转，骄阳乍现，李白自然对朝廷心存感激，这便是他急着离开白帝城，又郑重地向白帝城辞行，并且赞美白帝城的原因。这也是此诗充满畅快、痛快、轻快之感的心理依据。

无论解《凉州曲》，还是解《早发白帝城》，从西学来说，可称"阐释之循环"；按传统而言，可谓"尚友古人"了。

但黄天骥又注意到另一类诗，就不一定要回到具体历史情境中。如解沈佺期的《独不见》，就体现了纯粹回到文本本身的意义。此诗反映思妇心情，华美瑰丽中饱含黯淡忧愁。但这首诗在古本中，《独不见》之下尚有"古意呈乔补阙知之"的副题。此诗背后有一个"乔知之侍妾为强人所夺，沈佺期乃拟思妇怀夫之意作诗以慰之"的本事。但后来的选本往往把这一副题删去，也就是说，人们愿意把这一首诗单纯理解为思妇怀征夫诗，因为这更反映普遍人性，更易引起共鸣。

有深刻历史内容、时代背景的诗，如杜甫的"三吏三别"，必须充分语境化，才能更深刻地理解它。而另外有一些诗，如孟浩然的"春眠不觉晓",述爱春、惜春之念,二十字已足能唤起人人心中本有之情,又何须计较作者当时所遇?这就不妨去语境化,从而使之更纯粹。

共相不忘殊相

《唐诗三百年》选取了作者三十二人、选诗三十五首,大体兼顾了初、盛、中、晚四个时期的作者、作品。作者有十分清晰的诗史意识,也特别留意具有过渡性特征的风格流变。如对王勃的《送杜少府之任蜀州》做分析时,指出初唐诗还带有六朝余韵,但又具有国初气象;既开朗清新而又孤独迷茫的诗风,汇成初唐诗坛特色。对杜审言,则引用了翁方纲的评价:"于初唐流丽中,别具沉挚,此家学所有启也。"从家学的角度,说杜审言影响杜甫,则初唐与盛唐的传承关系就具体而微了。

黄天骥既有大判断,又做细处分,尤其警惕在朝代气象这些宏大述语之下,对个人别调、个人殊遇的掩盖,这确是艺术史叙述所应倍加注意的。

他对卢纶的《塞下曲》做分析,不忘对中唐诗风之下仍存盛唐之气的挖掘:"像卢纶《塞下曲》这样气势磅礴歌颂杀敌的作品,正说明尽管中唐时期诗风或闲淡,或迷惘,但盛唐气象的遗风余韵,依然影响着一代诗人。"

到了晚唐,黄天骥更注重小杜诗与时风的相异。尤其重视杜牧家庭出身对其个人成长的熏染。杜牧出身名宦之家,祖父杜佑官至宰相,是有唐一代最重要的史家之一。故少年杜牧喜欢论政谈兵,迥异时流,一篇《阿房宫赋》已足觇其气象,所以他的诗风俊朗飘逸,"在晚唐诗风淫靡的大环境中,独树一帜,更让历代的读者刮目相看"。

治诗史与其他史一样,分析共相,重视殊相;总结常例,注意例外;关注主流,不忽支流。这是《唐诗三百年》给予我的又一启示。

(《唐诗三百年》,黄天骥著,东方出版中心二〇二二年版)

品书录　｜　王江鹏

司马迁的"世界"

《司马错论伐蜀》是《战国策》中的名篇,清人选本《古文观止》收入。秦国名将司马错,系太史公司马迁八世祖,生平功业以伐蜀征楚为最著。在《史记·太史公自序》中,司马迁追溯家族谱系,上则远推至颛顼之世,下则述近祖司马错以降綦详。错孙靳,随武安君白起与赵国大战于长平。靳孙昌为始皇朝主铁官。

尽管家族与秦帝国渊源颇深,对于主要生活在汉武帝朝的司马迁而言,秦始皇只是一位前朝君主,二人并无时空上的联系。而美国学者侯格睿的《青铜与竹简的世界:司马迁对历史的征服》一书则认为,司马迁与秦始皇二人间有一场跨越时空的竞赛。秦始皇指挥着千军万马征服了自周天子衰微以后混乱的世界,司马迁则用手中的竹简,重新定义了世界,包括定义秦始皇,从而实现了对历史的征服。

侯格睿从表现世界、塑造世界和理解世界三个角度来考察《史记》是如何构建世界的。在早期西方汉学家眼中,《史记》与西方史学传统比较契合,但在侯格睿看来,《史记》是一种完全不同的历史文本,给读者提供了一个叙述自相矛盾的混乱世界。他认为,如果想要准确了解《史记》是如何处理历史叙事的,最有效的办法就是从了解它最独特的特质——它的结构开始。《史记》将历史记载分为本纪、表、书、世家和列传五个部分,结构了一种新的组织史料的体系。司马迁意图"重建历史",《史记》中的碎片化和重叠描述,组成了由文本构成的微观世界。侯格睿的这一发现,立足于文本细读和史料批判。在他看来,《史记》中的记述,特别是同一事件,在不同篇章中的记载出现的诸多抵牾,这些看似矛盾的地方,正是司马迁故意为之,以此方式呈现了当时的世界。司马迁对不同史料的抵牾进行了汇编和处理,这样使用史料的方式,引起读者阅读方式上的改变。而且,司马迁还在历史叙述中,尽量避免带上个人色彩,这么做是一种自我保护的方式。

"《史记》与《春秋》既相似又不同。虽然司马迁先揭示了孔子的'春秋笔法',然后又否认自己使用了该写作方法,但他至少保留了孔子对道德严肃性的高要求和一些叙事技巧。"侯格睿的意思是,司马迁在效仿孔子的同时,又进行了改进,他在具体史学实践中,对史料进行编辑、塑造,从而"将历史和道德因果关系与预期统一"。在《论语》中,孔子曾谈及施政策略,以"正名"为要。司马迁在《史记》一书中,也正是抓住了这一内核,通过"正名"来实现重塑世界,赋予史料新的意义。侯格睿选择《孔子世家》这一圣人的历史作为个案进行分析,以此说明,"对于司马迁来说,准确性并不是历史劳动的最终目标,相反,它是揭示过去道德意义的一种手段"。

千百年来,研究《史记》的论著汗牛充栋,只消翻一下近年所出《史记论著集成》第二十卷《史记论著提要与论文索引》,便可知道这是一块久被耕耘的田地,硕果累累。而每年定期出版的《司马迁与〈史记〉研究年鉴》,也不断汇总这一领域的新成绩。面对有着如此丰富研究成果的领域,如何发现新的议题,探求新的问题,是《史记》研究者面临的难题。

侯格睿此书之所以能跳出窠臼,主要是由于两个因素:一是古人所谓的"读书得间"。柴德赓曾说:《史记》中对于同一事件,本纪和列传、世家和年表彼此不同之处也都一并保留。清代梁玉绳撰《史记志疑》三十六卷,专挑《史记》相互矛盾的地方,这是用本证(以本书证本书)的办法,用功很深,对研究《史记》有帮助。这些前后矛盾有的可能是前后失于检照,但不能都归之于司马迁的疏忽,很多方面是由于原来的史料不同,司马迁并存不废,这对我们做研究工作还是有好处的。"(《史籍举要》)这是当时学界对此问题的代表性看法。而侯格睿却在看似题无剩义处,提出了新的解释:"当同一事件的不同版本出现在《史记》中时,它们当然是互相竞争的,由此产生的不确定性也确实颠覆了读者对作为历史学家的司马迁的信任。他们根本无法确定该相信哪一种解释,因此,他们必须采取谨慎的态度。他们必须自己学会权衡变量,对人物和事件的解释要灵活,并且要明白,《史记》中的叙述或评论没有一个完全代表作者的观点或历史记载的复杂性。然而,司马迁在他的读者中所引起的怀疑,被由他的文本所获得的更高的权威平衡掉了。因为他故意让自己与历史脱节,要求他的读者积极参与,以确保他们在字里行间发现的教训是由历史本身呈现的,而不是由公认的受限制的历史学家提出的。司马迁不宣称提供历史的最终真相——他能做的就是成为一个有用的向导——但读者必须同意保持阅读和分析。"这也就是侯格睿在书中一再强调的,司马迁在《史记》中选择了缺席,让读者成为自己的历史学家。这一新见,基于文本细读和分析,对我们理解《史记》提供了一个具有启发性的视角。另一个因素,则是侯格睿好用比较且善用比较。如其发现汉武帝与秦始皇这两个异代君主间有着种种相似性,在某种意义上,汉武帝是秦始皇在西汉的复苏。侯格睿称自己这部著作与司马迁《史记》相比,二者虽然主题都是关于历史的,但更多的是差异,体现在三个方面:通史与历史编纂学、私人著作与学术著作、创新与墨守成规之间。侯格睿不但对此书的撰写模式进行了总结,而且将差异的渊源进行了追溯,认为自己继承了希腊古典史学的传统。

当然,此书中的一些观点,是可以继续讨论的。比如,在侯格睿看来,"史"字仅仅是抄写员或者档案工作者,尽管他们曾参与记录了历史事件,但没有参与将其与历史学家联系起来的分析和解释。侯格睿在其西译中将"太史令"翻译作"大占星家",而非"大历史学家",关于这一点,显然,他忽视了《太史公自序》中司马谈临终之语:"今汉兴,海内一统,明主贤君忠臣死义之士,余为太史而弗论载,废天下史文,余甚惧焉,汝其念哉!"可见在司马谈眼中,论载天下之史文系太史之职责。

一九七五年,云梦睡虎地秦简的发掘,引发了学术界关于秦代历史的一系列新课题。时隔二十多年之后,侯格睿推出了《青铜与竹简的世界》英文版,正文第一章开篇便是从这一秦代考古新发现谈起。二〇〇九年,北京大学入藏了一批海外回归的西汉竹简,其抄写年代据学者推论"多数当在汉武帝时期,可能主要在武帝后期,下限亦应不晚于宣帝",恰好与司马迁生活的时代重合。这些新出竹书,在司马迁撰史之时,似应大都寓目,而其中所载与《史记》抵牾之处,引发了学者饶有兴趣的探讨,如陈侃理撰有《〈史记〉与〈赵正书〉——历史记忆的战争》等。随着秦汉考古工作的不断展开,新材料迭出,会使得今人解读司马迁撰述的背景和衷曲有着更多的"理解之同情"。

(《青铜与竹简的世界:司马迁对历史的征服》,〔美〕侯格睿著,丁波译,谢伟杰审校,商务印书馆二〇二二年版)

品书录 | 刘玉才

典型弗坠 经师人师

昆山地处吴中,向称富庶之乡,文献名邦,而尤以明清时期,人文鼎盛。昆山先贤,归有光有"明文第一"之誉,顾炎武为明末清初启蒙思想大家、清学开山之祖，朱用纯则致力理学教化，以《治家格言》享誉后世。三贤之中，前人于顾炎武之思想、学术，归有光之文学，多有论列，著述结集整理甚夥；相对而言，虽然朱用纯《治家格言》"黎明即起，洒扫庭除""一粥一饭，当思来处不易；半丝半缕，恒念物力维艰"诸语，众人耳熟能详，但对其学行论者寥寥，著述亦散乱而缺乏整理。学术格局、文学气象，或有大小之别，但以社会影响幅度而论，朱用纯足称大家，值得给予应有的关注。

朱用纯（一六二七至一六九八），字致一，号柏庐。朱氏是昆山世族，诗礼传家，代代不乏品行高洁之士。朱用纯之父朱集璜，学行为乡里推重，清兵南侵，率众弟子誓死抵抗，昆山城破，投河自尽。有绝命词云："可质祖宗，可对天地，生无自欺，死复何愧！"朱用纯年十七为秀才，少年初成，功名可期，但因父亲殉难而死，遂效三国魏王裒"庐墓攀柏"之义，自号"柏庐"。是举既表达无尽孝思，亦寄寓深含创痛的遗民之志。

从此之后，朱用纯弃绝功名，隐居授徒，布衣一生。今存朱用纯诗文作品，相当篇幅内容是表彰先烈，或交结先烈之后，同气相求。如明季诸生陶琰，既是朱用纯的舅父，又是其岳父，昆山失陷后，亦自尽殉节。两位父辈同时殉难，朱用纯可谓至痛在心，《祭舅氏仁节陶先生》有曰："生我成吾，同时徂谢，伤心到此，尚可言哉！"明崇祯举人徐枋，从父命受业于朱集璜，其父徐汧在苏州失陷时，投河殉国。徐枋遂以孤哀子自称，隐居天平山麓，卖画谋生，与杨无咎、朱用纯并称"吴中三高士"。朱用纯与徐枋颇多书札往还，惺惺相惜。明末清初享有遗民盛名的李清，遣使吊唁朱用纯父丧，并致函相慰。朱用纯有答书，且报以贺寿诗文。明清易代之际，江南地区不乏类似朱用纯身世遭际的士人，他们多以抗清志士后裔为身份符号，表现出坚守气节、不事新朝的道德自觉，是颇值得敬重的遗民群体。

朱用纯平生为学，谨守程朱，潜心四书六经以及濂洛关闽之书，尤倡主静、持敬、明诚之说。曾自儆云：必也坚守静默，庶几可以寡过。一生大处著工夫，万事静中求得力。而静中景象，犹如空山无人，水流花开。自认敬是做人种子，"圣贤之学，不外一敬。敬犹长堤巨防，滴水不漏，敬之至也"。主静、主敬之学，又不外慎独二字。亘古亘今，塞天塞地，一诚而已。其《学庸讲义》，以朱熹章句为宗旨，标立章名，依次注说。如论心性之辨，谓心性不二，《大学》言心不言性，而明德即是性；《中庸》言性不言心，而戒谨即是心。认为："子思立言之意，全在明诚。明诚二字，显然是复性之学。从古圣贤立教，只是要人复性。子思作此《中庸》，亦只是教人复性。"明代中后期，阳明心学兴起，朱用纯颇不以为然，认为阳明所谓知行合一，其实意不在行，攻击朱子支离，自己亦不免此病，"师心自用，必至于猖狂肆恣"（《毋欺录》）。或有鉴于明人讲学风尚之弊，朱用纯对于自己授徒讲学的效应产生了怀疑，初心是为学者经明行修，而时人则是附会章句、竞事声华，觊觎科举功名。"吾辈坐病，只为讲而不学"，"讲而不学，则所讲非所学"（《示同堂诸子》）。他在试后告诫学生说："中的本领要做，不中的本领更要做；做得不中的本领，才做得中的事业。"（《试后示诸生》）然而，诸生依然故我，浮游从事，不加检束。朱用纯痛自悔责，遂辞诸生听讲，勉励跳脱卑鄙、苟且之习，践行成己成物的圣贤事理，"诸君各具一本来面目，各具一全副精神，猛力向前，自成学者，将世道、人伦、士品、学术一担挑去"（《辞诸生听讲》）。

如果只是讲求心性之学，朱用纯当与普通儒师无异，其超常之处，是更加注重进德修业，反躬自省，且身体力行，严于律己。他把《大学》之诚意，引申为不自欺，无愧于心。"欺之云者，知之而故昧之者也。不明之害小，自欺之害大"，"慎独是诚意功夫，下手处慎独，则不自欺。不自欺则自谦，自谦则意诚"（《学庸讲义》）。朱用纯的笔记体杂著《毋欺录》，记录哲学思辨、道德劝勉、人生感悟、谈史论文等内容，修德、徙义、改过，在在可见日常修养功夫。清人潘道根有云："读是书，觉先生平日进德修业、省身克己、处世接物之要俱在焉。"（读《毋欺录》管见）朱用纯的修养体悟多得自日常行事，故能贴近人心，不为冬烘之语。如谈德行，"人所交口称扬者，不必别指过端以抑人；人所交口非毁者，须婉为回救以解之。其无可解，默然可也。若人非亦非，最为伤德"，"善出于己，而归美于人之鼓舞作兴，尤为厚德"，"察言观色，大是进德关头。然察言观色以省己，是进德事；若察言观色以迎人，是败德事"。论徙义改过，则云"天下之人，所以不能守其道义者，内则顾己之得失祸福，外则虑人之是非荣辱"，"过自圣人以下，所不能无。但当救过，不可讳过"，"凡天下责我之人，皆成我之人，切须反躬自省。苟不受人之责，而意气相凌，或淡漠相置，皆自暴弃之徒也"。朱用纯的修养路径，亦非束书不观，空谈性命，而是主张读书明理、养望，"读书而后明理，理愈明则心愈细，心愈细则量愈大"，读书不但记其章句，而当求其义理。做好人尤要读书。修养的目的是要变化气质，落实于言行举止。"君子一言一动，必反求诸身无憾，而后即安"，"言有不安者，宁阙而不言，勿勉强牵缀以求和。阙则不过为固陋，牵合则妄矣"，"若率情任意，不择言动，其人便毫无足重了"。

当然，朱用纯的主要影响还在于其道德实践，以及贴近百姓日用的嘉言懿行。他的孝弟、勤俭、读书、积德四则劝言，为陈弘谋收入《训俗遗规》，云"其义则该括而无遗，充其量可以希圣贤，否也不失为寡过"，堪称乡党自好之士的劝世文。《治家格言》在中国晚近社会，则几乎家悬户诵，甚至一度被当作朱熹家训，足见社会影响幅度之广。朱用纯是家中长子，父亲殉难时，年仅十九，就要承担起侍奉寡母、抚养弟妹（二、三弟皆幼，四弟尚遗腹）的重担，因此，遗民的意识与家族的责任共同成为其品格养成的底色。朱用纯具有浓厚的家族传承意识。宋《睢阳五老图》是朱氏家传重宝，历宋元明清四朝，几经得失，朱用纯矢志赎归，虽极贫而不肯推诿，殚精竭力三载，方达成愿望，有《重复五老图记》详述原委，告诫子子孙孙永保之。地处吴县阳山的祖先坟地，后代家贫而不能守，朱用纯立意设置族田护之，三十年念兹在兹，直至晚年，方用为亡妻做佛事之资与诸弟门生为其祝寿的醵金，实现心愿。《赡族田记》细述自己的初衷与锲而不舍的过程，文字平实，其情令人动容。朱用纯还将形而上的道德范畴映射至日常伦理，如论"诚见于父子则为慈孝，诚见于君臣则为仁敬，诚见于兄弟则为友恭，诚见于夫妇则为义从，诚见于朋友则为有信"（《学庸讲义》），并在处理五伦关系时，身体而力行之。倡言"五伦之外更无人，五常之外更无道"，对于质疑其迂谈高论、不合时宜者，直言"世界虽是新世界，人伦犹是老人伦"（《毋欺录》）。清人彭绍升概括朱用纯品行有曰："置义田，修墓祭，赡宗族，友爱诸弟，白首无间。"（《朱致一行述》）

平心而论，朱用纯为学发明无多，修道亦不乏迂腐之说，但是凭借道德操守和躬行实践，树立起了耿介笃实的醇儒形象。临终勉励弟子"学问在性命，事业在忠孝"之语，亦可谓自身写照。平日教语，言恳意切，可法可传，从游者达数百之众。《治家格言》自"黎明即起"至"庶乎近焉"，五百余字，词简意明，平易切至，质实可守，于士习人心风俗裨益匪浅。朱用纯以一介诸生，获得彭定求、彭绍升、杨凤苞、江藩、严可均、徐鼒、李元度、唐文治、邓实诸儒的碑传表彰，收录于《清史列传》《清史稿》，奉祀昆山三贤祠，足为经师人师，卓然可为后学楷模。

朱用纯一生著述甚丰，尤以《删补蔡虚斋〈易经蒙引〉》《四书讲义》《毋欺录》《愧讷集》《柏庐外集》《治家格言》流传较夥，但是版本散乱而缺乏整理。昆山当地学者有鉴于此，立意表彰先贤，广事蒐辑，汇编整理，以保存乡邦文献，弘扬传统文化。睹乔木而思故家，考文献而爱旧邦。其意可嘉，功德无量。

（《朱柏庐全集》，朱柏庐撰，上海人民出版社二〇二二年版）

品书录 | 司新丽

会心不远
——现当代作家与书法文化的相遇

对中国传统文人（广义的文学家）而言，书法具有双重属性：作为工具性的存在，它是物质的，是古人日常交流和文化传承的载体；作为艺术性的存在，它是精神的，是传统文人人格最抽象的展现。号称天下三大行书的《兰亭序》《祭侄文稿》和《黄州寒食帖》，都是书法艺术和文学作品相结合的典范。书法家的睿智和审美为文人开拓了描写范畴，提升了文学描写的效力；文人把观赏书法的感受吟而为文，书法亦因文章而日臻精妙，广为流布，二者共同促进了传统文学艺术的发展。在古代中国，书法与文学是一体性艺术，二者不曾分离，也谈不上相遇。

有关文学与书法关系的论述，大约在唐代才开始出现，如张怀瓘所言："字之与书，理亦归一，因文为用，相须而成。"孙过庭《书谱》曰："写《乐毅》则情多佛郁；书《画赞》则意涉瑰奇；《黄庭经》则怡怿虚无；《太史箴》又纵横争折。"两位书家对书法与文学平行相须的关系以及文意对书法的影响进行了初步关涉。书法与文学真正走向深度结合则是到了宋代才实现。江西派诗人、宋代大书家黄庭坚明确提出了书法与文学具体结合的可能性并在实践中进行了成功实践。黄庭坚主张"学书要须胸中有道义，又广之以圣贤之学（按：广义的文学），书乃可贵。"并亲自通过"手抄经史"等实践来达到书法的"学问文章之气"（即书卷气）。从留存后世的黄庭坚书迹来看，李杜长歌的壮美意象成为激发他"书兴"的触媒。书法的"字中有笔"与文学的"句中有眼"在技巧上实现了真正贯通，极大地推动了中国书法走上"文人化""文学化"的道路，开创了中国文人诗书画印一体的文化传统。

《中国现当代作家与书法文化》是国内第一本对现当代作家的书写行为进行整体性、系统性研究的学术专著。全书遵循从文化学或"大文学"（不局限于纯文学）的宏观视野与作家手稿、书札、题字等书文合璧的"第三文本"的微观视角相结合的基本思路，运用历史、美学、比较和文化等多种方法，选取从贯通古今的梁启超、沈从文、汪曾祺的纵向展开，到现代文学"双坛"上的"鲁郭茅"等经典作家的横向比较，再到以延安、南方和北方三个区域空间为个案的作家文人的书法世界等不同视角，客观地呈现出过去一百多年来，现当代作家群体与书法文化有机融合及某种疏离倾向所映现出的复杂文化图景。首先，作为一种文化现象，现当代作家在文学与书法交叉领域的笔耕墨种，以及对书学的涉猎、书法创作的业绩和收藏已成为文化传承和创新的重要形式，是中华传统文化血脉的现代赓续。其次，中国现当代作家在"书写"中创化文字，也在创造文学之美和书法之美中贡献了自身的才华和智慧，呈现出古今交错、求美审美、"字核"衍化、分层并存等交融共生的若干特征。再次，现当代作家通过手稿、书札、题字等文学文本的书写，构建"文心铸魂、翰墨传神"的文化理想和境界，体现了文化载体、文化实用、文化交际、文化纪念和文化消遣等涵容文学而又超越文学的诸多文化功能和多重文化价值。本书的三位作者兼具文学评论家与书法研究者双重身份，其双璧合著的学理阐释与学术风格成为本书的显著特色，再加上一百七十幅书画作品穿插书中，图文并茂，书文互成，方便读者在领略学术成果的同时欣赏作家的书法作品。

晚清民初以来，在传统中国向现代中国转换的过程中，"审美现代性作为一个文化范畴，不但体现为文化的事物和社会的事物的分离，亦即审美——表现理性与认知——工具理性及道德——实践理性的分离，而且同时反映在艺术内部诸领域和类型的细分"（韦伯语）。"在中国并没有单独的'作家'传统，直到五四新文学诞生,才有作家或者作者这个名称和职业——说是职业,也还要打个折扣,因为即使在五四时代的作家也是'两栖动物',往往兼任教授或做出版社编辑之类的工作,很少有专业作家可以靠写作谋生计"(李欧梵语)。直到中华人民共和国成立后,作家成为体制内单一的身份,作为古代中国文化学术的总称,几乎包括一切艺术性或非艺术性文章典籍在内的广义文学概念演变为今天只包括小说、诗歌、散文、戏剧在内仅作为语言艺术的狭义文学。与此同时,进入二十世纪八十年代以来,传统"作为文化的书法"日益走上现代审美意义上的"作为艺术的书法",中国古代诗书互生相发的传统在当代的式微已成为不争的事实。

孔子曰:"士志于道,而耻恶衣恶食者,未足与议也。"弘扬道义,修身养性,"穷则独善其身,达则兼济天下"是文人的基本价值观念,也是古代文人书法的真实意义所在。而从当代书法的发展来看,"依仁游艺"理想的退却,传统文化素养的缺失,市场消费主义的影响等,都导致具有永恒价值的"士不可以不弘毅,任重道远"的"尚志"精神被庸俗解构。中国书法在一个独立的艺术学科门类下逐渐变得狭窄,"艺术化的书法"理念和对形式主义的过度重视等因素导致书法文化心理的改变,其艺术创作消弭了书家的主体情感和生命意味,《兰亭序》中的放浪形骸不再,《祭侄文稿》中的激愤沉郁不再,《黄州寒食帖》中的苍凉多情不再,如何回答当代书法发展的书意和前景成为所有关心书法发展的专家学者戮力思考的问题。

在文学、书法的现代发展和演进中依然深深地渗透着因汉字书写而生成的文化心理基因,中国古代"文人书画"传统所蕴含的人格迹化仍滋润着中国当代文学。同时,现代美术范畴下的"书法"也承载着文学的滋养并接受着各种中西文学思潮的影响。从文化发展演进的历程来讲,作为人类认知世界和生命的重要形式,文学的语言含义和书法的形式意味都源于中国文字本身,具有共通的审美表意性,都是社会意识"形之于态"的表现实践,也都是中国人对人性和人格真善美的追求和探寻,这是中国当代作家与书法相遇的必然性和合理性所在。现代作家自幼接受的传统文化熏陶、书法文化教育和未曾断绝的毛笔书写习惯潜在地传承了中国传统文化中的"文人素养",成为他们继承和弘扬书法文化的首要因素,某种意义上讲,现代"作家书法"其本质就是古代的文人书法,这也是作者从"文化""文人"视角用大量篇幅阐释以梁启超、鲁迅、郭沫若、茅盾、沈从文、沈尹默等为代表的现代作家给我们的重要启示,本书作者的这一洞见无疑为当下作家与书法的相遇和沟通提供了一种有效的可能路径。正如作者所指出的:现代作家鲁迅不仅代表着"新文化的方向",而且代表着"弘扬优秀传统文化的方向"。几年前,诺贝尔文学奖获得者莫言在北京时间博物馆的墨迹展和用毛笔书写的《东瀛长歌行》与《鲸海红叶歌》两首长诗在《上海文学》和《人民文学》陆续发表后,当代作家与书法的关系再次引起了文学界和书法界的广泛关注,成为一个热议的社会话题。不止如此,陈忠实、贾平凹、冯骥才、余秋雨、吴克敬等一大批当代作家始终没有放弃毛笔书写,在实现中华民族伟大复兴的历史进程中(本书作者提出的"大现代"概念),坚定文化自信,增强文化自觉,重拾中国诗书传统,矢志不渝地尝试着以作家文人的理想兼善"文意"和"书意"的书写,使文学与书法文化看似互为"周边"的"他者",在中国语言文字的所指和能指之间"达其性情,形其哀乐"。

"会心处不必在远"。这也正是本书作者的目的所在:重新发现历史、扬弃传统,倡导文坛与书坛特别是当下只用键盘和鼠标进行创作的新一代作家,以及单纯崇尚"形式美学"的当代书法家之间的对话与结合,以此重建美的"文学·书法"文化世界,构建新的"文学·书法"文化形态,延续千姿百态、意象丰盈、情深意长的"文心"和"墨缘",从而提升作家与书家的生命融合。

(《中国现当代作家与书法文化》,李继凯、孙晓涛、李徽昭著,中国社会科学出版社二〇二一年版)

唐晓峰

美国文化地理学的奠基者

卡尔·奥特温·索尔（Carl Ortwin Sauer, 1889-1975, 旧译苏尔），二十世纪西方最著名的地理学家之一。一八八九年十二月二十四日出生于美国密苏里州沃伦顿的一个教师家庭，为德国后裔。索尔小时曾被送到德国学习三年，后回到美国。一九〇八年在家乡沃伦顿的中央卫斯理安学院获学士学位。在研究生阶段，他先后就读于西北大学与芝加哥大学。一九一五年，在芝加哥大学获地理学博士学位。毕业后，索尔先在麻省师范学校任职，但很快转至密歇根大学地质地理系，一九二二年升为教授。一九二三年，他被加州大学伯克利分校聘为地理学教授，同年任地理系主任，自本年至一九五四年，索尔任系主任长达三十一年。一九四〇年他当选美国地理学家协会（AAG）主席，一九五五年，又任该学会荣誉主席。作为教师，索尔培养了大批优秀学生，包括三十七名博士生，在美国地理学界产生很大影响，被称为"伯克利学派"。索尔于一九五七年退休，退休后研读不止，直至一九七五年七月十八日，怀未竟之志离世。

索尔的学术特色，主要是从历史的、生态学的角度研究文化景观的形成与演变，这在二十世纪前期的美国，是具有首创意义的地理研究，所以很快产生广泛影响。索尔当选美国地理学家协会主席，便是这一影响力的反映。索尔的学术道路，是他在思想理论与研究实践上的个人选择，在美国现代地理学已经相当成熟的环境中，仍然开创出一个新的、具有生命力的学术方向。这给了索尔在学术史上不可动摇的地位。

《土地与生活》是学生莱利在索尔退休六年之后编辑出版的一部文集，收录索尔十九篇论文，都是体现其主要研究领域、理论特色、学术风格的代表作。莱利是索尔最早的学生之一，原在密歇根大学，后跟随老师一起来到伯克利继续学习，对老师的治学有切近的了解。这部文集已经成为索尔之学（Sauerian tradition）的经典著作。

全书分为五个部分，前三个部分，是索尔的地区实证性研究，第四部分是对远古宏观问题的思考与推断，第五部分是他的理论文章。地理学家所做的实证研究，一般都在本土，是关于自己的地区或自己国家的地理问题。索尔也是同样，他的研究实践，主要在北美地区。

地理学研究的是人地关系，但每一个学者选择的具体内容则不同，索尔选择的是北美早期的开发问题，即北美早期开发者与土地环境的关系，当然这些开发者主要是欧洲移民。相对于旧大陆，美洲的自然环境较少人为改变，或者说，因为人口稀少，很多地方还保留单纯的自然面貌，当时的地理学家认为美洲是现代自然地理学的"实验室"。索尔的研究，关注早期拓荒者在荒原上怎样一步步开创出农业文化景观。他对于欧洲移民的"拓荒"考察十分细致，例如原木小屋、磨坊、小路等。他最感兴趣的是对于一个较小区域进行近距离研究，在这样的区域研究中，事物都是具体的，人可以是活生生的，而不是概念，不是表格中的数字。索尔不断从人类学汲取方法，使这一类研究日益成熟。其中，《上伊利诺伊河谷的拓荒者生活》一文是索尔刚刚读完博士学位的第二年发表的，是在密歇根大学期间所作。它作为本书的开篇，有着特别的意义，代表了索尔自己选择的学术方向的重要起点。其后的文章都是转到伯克利之后的作品（伯克利时期是索尔的学术高峰期）。《历史地理学与西部边疆》

一文，标题中出现了"历史地理学"，这体现了索尔的一个重要学术特色，即重视历史时期的地理问题，后来，索尔在当选 AAG 主席时所做的主旨演讲就是专门谈历史地理学的问题。

第三部分"人类对有机世界的利用"，充分体现了索尔研究的生态学特色，索尔曾有意向植物学家、古生物学家请教，具有对多种植物的深入的观察力。他认为，在土地与生活的关系中，动植物是很重要的链接环节，动植物生命复杂网络插在人类和地球的无机组成部分之间。《美洲农业起源》讨论的是一个大问题，这让索尔下了很大的功夫，此文也获得了很高的评价，因为农业起源问题具有更广泛的历史意义。一九五二年，索尔在纪念地理学家鲍曼（Isaiah Bowman）的学术报告中，再次以《农业的起源与传布》（*Agricultural Origins and Dispersal*）为题，进一步讨论了这个问题。

第四部分是一组考察更早时代全球范围的人类踪迹与文化的文章，写作时间相对较晚。"深思熟虑的人文地理学者非常关注远古时代和原始族群，这既不是偶然的也不是逃避现实之举。"这些文章代表了索尔的思考，包括对人类早期环境选择的推断，提出了一些值得注意的问题。例如，美洲人类的来源，中石器时代在人类文明史中的意义，前农业时代（新石器时代）的定居问题，是否存在文化阶段的普遍性演进模式，以及海滨地带在人类早期文明史中的积极意义（这是中国文明史叙事中被忽略的），等等。

索尔重视田野考察，他的实证研究大多都有田野考察的基础，这是他曾经就读的芝加哥大学地理系十分注重的事情。不过，索尔的田野考察是另一种田野工作。他不是去进行验证性的观察，而是要有所发现。地理学家在田野中可以看到更多的现象，提出更多的问题。索尔注意到田野中存在的自然景观与文化景观这两个类型，这两个概念以及二者之间的关系，后来几乎发展成为索尔学术的轴心问题。索尔强调，地理学以景观中自然元素和文化元素相结合的现实为基础。

第五部分是索尔的理论文章。索尔很看重实证研究，曾抱怨人们只是热读他的理论文章而忽视他的实证研究。虽然索尔的理论与实践是统一的，但索尔的理论贡献的确更受人们重视，这是必然的，因为理论具有更广泛的交流效力。本书收录了四篇理论文章，其中人们讨论最多的是《景观的形态》《历史地理学导论》这两篇。

《景观的形态》发表于一九二五年，内容是基于一九二三年索尔担任伯克利大学地理系主任时的一次演说，演说对象不仅是地理系的，也有大学其他科系的同事。这应是美国地理学发展史中最早深入讨论文化地理学理论的文章，对美国地理学的发展产生很大影响。在此文中，索尔旗帜鲜明地提出了文化景观研究的学术范式，并以文化景观研究为中心，表述了对地理学的整体看法。索尔的这一理论基于他个人的实践，而其一旦发表，又成为推动文化地理研究发展的动力。正因如此，人们公认索尔为美国文化地理学的奠基者。

索尔认为，科学研究都是从现象开始，确定现象的范围与性质是第一步认识，而地理学的现象就是景观。景观的概念强调了从视觉角度展开的研究程序，从具象（形象）而不是抽象起始，这很有地理学的特色。景观是地理发展的成果，而其他方面，如由地理优势带来的经济发展、军事胜利、政治稳定等都不是地理学本身的成果，地理发展获得的乃是景观。而人类是造成景观的最后一种力量。

景观是一个具有关联性的结构系统，"景观按定义，必然具有一个以可识别的构造、范围以及与其他景观的属种关系为基础的身份，其构造、范围和属种关系构成一个全面的系统"。"景观"（landscape）这个术语被用来表示地理的一类单元概念，以表达事实之间独有的地理关联，它可与"地区"（area）和"区域"（region）并列为地理学的基本概念。在索尔看来，"文化景观的研究迄今在很大程度上还是未开垦的处女地"。(形态)景观的概念不是索尔的发明,但他在地理学研究中大力提倡这一概念,并进行了系统性的实践与理论阐述,从而产生极大影响。景观终成为地理学中一个有着持久生命力的基础学术概念,一直保持活力,并被不断丰富、发展。

索尔提出著名的"文化景观形态学的图解表述",他的说明是"文化景观是由一个文化群组从自然景观中塑造出来的。文化是施动者,自然地域是媒介,文化景观是结果"。施动力是文化,而不是自然环境,这就解除了环境决定论及其变种的影响。在索尔这里,"地理学的任务被构想为:建立一个包含景观现象学的批判性系统,目的是全方位、全色彩地把握多样的地球场景"。地球的场景包含自然景观与文化景观两个类别,但二者不是割裂的,而是有机地结合于地表,因此具有生态特征,这样,生物生态学转变为文化生态学(或称人类生态学,英文作 human ecology)。一九二二年巴罗斯(Harlan Barrows)已然提倡人类生态学,此时索尔把它发扬光大。

在人与大地环境的关系这个地理学的基本问题上,一般的表达是"人地关系",英文作 man and land relation,但索尔在思想上将 man(人)替换为 culture(文化),这一替换学术意义重大。Man 在英文中是一个单数抽象概念,而 culture 则有具体的多样性,很自然会用作复数 cultures,于是不同文化与大地环境的不同关系被表达出来。这样,人地关系的问题变得复杂起来,因为文化不同,呈现出来的人地关系结果(即景观)也不同,于是文化的能动作用被揭示出来。人不再是被动的一方。在索尔的这一思路中,原来的森普尔的环境"影响"说被淡化,反之,文化"影响"说开始抬头。因为这一思想,索尔被认为是美国批判"环境决定论"的代表人物。

景观是具体的,具有多种形态的,研究景观可以避免那种只是关注抽象概念的研究方式。那么如何从具体甚至琐碎的现象开始而进入科学性的学术研究?索尔强调,科学性在于研究的方法,而不仅仅是研究的结论。他认为,在社会科学领域里,运用形态学方法对现象不断地进行综合,取得最大成功的学科就是人类学。"这门科学值得大声宣扬研究者的光荣业绩,他们有耐心、有技能,通过对各种形态——从人群的服装、居所和工具等具体材料,到他们的语言和习俗——做出分类,以现象学方式处理社会制度的研究,从而一步步辨识出各种文化的复杂结构。"(索尔语)二十世纪二十年代,伯克利大学的人类学相当不错,索尔与著名人类学教授克鲁伯(Alfred Kroeber)和路威(Robert Lowie)等都保持着很密切的学术关系,主动借鉴人类学的方法。索尔相信,形态是一种"朴素"的证据系统,形态学方法没有先入之见,"只预设最低限度的假说",因而是客观的,不受价值观左右的。

研究文化景观问题,索尔的主旨是,不只要研究景观的最后结局,还要考察其演进的过程,而且要尽可能从原来的自然景观面貌开始,这实际上是溯源到了文化景观生成历史的起点,具有历史研究的属性,这样的地理学当然也是历史地理学。这是索尔的另一个最大的学术特色。

一九四〇年,在新奥尔良举行的AAG年会上,索尔当选为该会新任主席。在致辞时,他以《历史地理学导论》为题,呼吁地理学家们关注地理问题的历史过程。他批评了当时在美国很有影响的哈特向(R. Hartshorne)学派的将时间与空间截然分开的理论,指出缺乏对历史过程的兴趣是以往美国地理学传统的缺陷,强调人文地理学应是一门研究动态问题的科学,要研究起源和过程,研究某一种生活方式是怎样在特定的区域位置上发生、发展,并向其他地方传播的。

值得注意的是,索尔所要研究的发展变化,不是一份表面的、简单的时间表,而是一个内在的过程,一个有机的、前后一体的生长史。美国另一位著名历史地理学家梅尼(D. W. Meinig)曾评论说,索尔研究的景观变化不是不同时间点之间的差异,而是贯穿时间的过程。

用英文表达：不是 change between the times，而是 changing through the time。这其实就是发生学的方法。时间点之间的差异只能显示一个间跃的历史，而过程则意味着一个连续性更强、更紧密的历史。

美国的历史特点，没有长期复杂的政治上的分分合合，政治疆域变化简单，而不同文化的移民在各地的开发则是吸引人的一段历史，所以美国的历史地理议题与旧大陆不同。这是索尔的历史地理研究的背景特色。索尔在研究中感到很难把文化与历史分开，所以他的历史地理学可以称为文化—历史地理学，索尔在论述中从文化研究的角度论证历史性研究的必要性，有极强的说服力。

在美国地理学界，历史地理研究在森普尔、巴罗斯时候就已经成为专门的题目，但评论者认为，索尔的研究与他们的"环境影响"原则方向相反。索尔引导的历史地理研究，例如对于殖民史地的研究，得出了另一种原则："相同的地域自然条件对于那些对环境持不同态度、抱不同利用目的和具有不同技术水平的人们来说，会产生完全不同的意义。"（詹姆斯）在评论界，在推动历史地理学发展的这件事情上，有人把索尔比为英国的达比（C. Darby），称他们为大西洋两边各自的大师，当然，二人的研究路数很不一样，但这恰好从不同角度丰富了历史地理学的内涵。在美国地理学家协会成立五十年纪念活动中，曾请一流学者分科讨论地理学的问题，并结集出版。历史地理学排在第三章，撰写者乃是索尔的学生克拉克（A. Clark），那时，克拉克已经成为美国著名的历史地理学家，我国侯仁之先生对他曾有介绍。

历史地理这个题目，在索尔心中一直在酝酿，且范围越来越大。在他的遗稿中，有一份写作提纲，题目是《二百周年时的衰退》（*Recessional at the Bicentennial*），是一部美国历史地理通论性的提纲，包含三部分：一七七六年之前，一七七六至一八七六年，一八七六至一九七六年。从题目与一些注记看，这将是一部批判性的回顾美国耗费自然资源的历史地理著作,可惜这项计划没有完成,是一项未竟之业。

一九五一年,索尔六十二岁,在与学生交流时,总结了自己的学术兴趣:人类历史中大地的历史、人类作为能动者如何改变大地面貌、大地上文化的发展以及新文化的形成。这是索尔的主题特色,是索尔的主观意识,也是基本出发点。但后来的评论者出于不同的角度,又有不同的强调。总之,文化的、生态的、历史的、景观的,这几个关键词结成索尔学术的基本框架,呈现学派特色。

"一战"之后,美国地理学进入转型期,"地理问题的焦点逐步转向社会科学,离开了单纯的地球科学"(詹姆斯)。索尔是这个转型期的重要推进人物之一。研究美国地理学发展史的学者指出,二十世纪七十年代的某些学术思想,在二三十年代就出现了。这表明二三十年代是一个思想活跃的时期。在索尔早期研究中,有关文化景观、环境变化的问题的确是七十年代逐渐热门的领域。

五十年代,人在环境变化中的能动角色在西方意识形态中日益受到重视,这涉及西方思想史上一个根本性的问题。索尔由于长期研究人类活动对景观的改变,成为这一思想潮流中备受瞩目的人物。一九五五年六月十六至二十二日在新泽西州普林斯顿举行的学术论坛,主题是"人类在改变大地面貌中的角色"(Man's Role in Changing the Face of the Earth)。大会邀请索尔出任大会联合主席〔另外三位主席是:托马斯(William Thomas)、芒福德(Lewis Mumford)和贝茨(Marston Bates)〕。这样的组织形式已经显示了会议的不比寻常。与会议名称相同的义集在第二年出版,影响巨大。

由十八九十年代在人文社会研究中出现的"文化转向"(cultural turn),关于文化景观的研究获得新的生命力。"伯克利学派"尽管受到"新文化地理学"的挑战,被批评的要点是对文化的理解过于固化,但其在基础性研究中的价值是不可否定的,文化—历史地理学研究中的基本方法（如追踪景观演变的过程）也是不应放弃的。

早在二十世纪三十年代，索尔的名声已经为一些中国地理学家知晓，但由于国内社会形势的特点，地理学界对文化生态一类的研究还不够重视，在借鉴美国地理学的时候，偏于对戴维斯、哈特向等人的介绍。自八十年代以后，国内的人文地理学研究全面复兴，与国际地理学的发展迅速对接，于是索尔开始被中国地理学家熟悉，知名度迅速提升，特别是在国内文化地理学者、历史地理学者中，名气颇高，获得了与其在西方相应的地位。

（《土地与生活》，[美]索尔著，梅小侃译，商务印书馆即出）

读书短札

"青山"还是"青衫"？

陈腾

顺治七年（一六五〇）十月，"恨人"吴梅村至钱谦益所，实欲访问卞玉京。卞氏避而不见，吴梅村伤心往事，漫赋四章，题曰《琴河感旧》。其二有句"青山憔悴卿怜我，红粉飘零我忆卿。"杨学沆注此，引王安石诗"青衫憔悴北归来，怀疑"青山"似应作"青衫"。吴诗《自序》之末慨叹："能无杜秋之感、江州之泣也！"叶君远复引白居易《琵琶行》"座中泣下谁最多，江州司马青衫湿"，力证"青衫"为是，系作者自称（《吴梅村诗选》，人民文学出版社二〇〇九年版，112页）。

细玩再三，吴诗若用"青衫"之典，极为不妥。白乐天和琵琶女"同是天涯沦落人，相逢何必曾相识"。吴梅村和玉京道人却有一段旧情，"记得横塘秋夜好，玉钗恩重是前生"。更何况吴诗诸刻本皆作"青山"，并无异辞。

顺治十三年（一六五六），吴梅村《哭苍雪法师》云："白社老应空世想，青山我自哭诗人。"可见"青山"符合吴梅村原意。唐元稹《赠别杨员外巨源》："忆昔西河县下时，青山憔悴宦名卑。揄扬陶令缘求酒，结托萧娘只在诗。朱紫衣裳浮世重，苍黄岁序长年悲。白头后会知何日，一盏烦君不用辞。"读此七律，方知《琴河感旧》用典所出。

袁一丹

"游戏的人"：赵元任之于当代学术的意义

一

"大师"这顶礼帽，对赵元任来说，不够好玩儿。他会在镜头前戴上，一转身就脱下来拿在手里，若无其事地从里面变出一只兔子，带着童心未泯的读者去漫游奇境。虽然被罩上了许多光环，但赵元任仍是学术界极少数没有被"大师"这种虚名所绑架的。面对人生的波澜起伏，他始终保持一种"嬉戏"状态。

赵元任这类"好玩儿"的学者，俨然已成为学界的濒危物种。在中国现代学术转型过程中，涌现出许多开风气之先的大学者，赵元任无疑是其中的佼佼者。在此不必赘述赵元任在现代学术史上的成就与地位，我更看重他身上那种无拘无束的游戏精神对于当代学术尤其是人文学的意义。

游戏精神的衰竭，恐怕是一种时代病。随着专业化程度的大幅度提升，当代学术体制旨在培养把工作和生活切分开的"理性的人"。学术生产的流水线也更需要技艺娴熟、心无旁骛的工匠。像赵元任这样游走于不同的学术领域，不在一条跑道上朝着头衔冲刺的"游戏的人"（Homo Ludens），或不容于今天的游戏规则。尚葆有几分游戏精神的学者，要么能超越规则，提早上岸；要么被边缘化，甚至被视为体制内游戏的搅局者。然而以好奇心为驱动力的游戏，恰是学术创造的沃土。"五四"一代标举的科学精神，究其根本，难道不是将学术当作纯粹的游戏吗？真正原创性的、具有范式转移意义的学术研究，多半是在游戏的状态下孕育成形的。

杨步伟回忆一九二〇年她初次见到赵元任："忽然走入一个不知名的美国留学生，对我们笑眯眯的不大说话的人，手里拿着一个照相机舍不得离手似的。"摄影对赵元任意味着什么？不仅是一种消遣，我更愿意把它理解为一种"游戏"。荷兰史家赫伊津哈（Johan Huizinga）认为"游戏"是日常生活的幕间表演，它创造了一种新的秩序，给不完美的世界和混沌的生活带来一种暂时的、有局限的美。在赵元任这里，摄影同谱曲、弹钢琴、翻译奇幻小说、编剧本演戏、录制国音唱片、方言调查一样，是一种严肃的游戏。当醉心游戏时，学术与生活、工作与消遣的界线消融了。

严肃的游戏有无用之大用，在赵元任看来，真正的为己之学就是读无用书、做无用功。相对于头衔与身后名，赵元任在每次人生关口的选择都说明他更看重自由与闲暇。如席勒所云，只有当人是完全意义上的人，他才游戏；只有当人游戏时，他才是完全的人。《好玩儿的大师：赵元任影记之学术篇》所呈现的，是不同于大师亦不同于工匠的"游戏的人"，抑或说"完整的人"。

若要为"游戏的人"找张标准照，我会选二十年代初赵元任在北京一个四合院里，穿着西装抖空竹的照片。此前读《年谱》留意到，赵元任小时候喜欢放风筝，每到清明节割断风筝线，看着风筝愈飘愈远，十分怅然。赵元任的一生就像被割断线的风筝，但他的心还系于故土之上。除了放风筝，赵新那回忆说，赵元任还很喜欢抖空竹，他总是玩儿双头空竹。抖空竹全凭身体控制，松肩坠肘、含胸拔背、收腹塌腰；若论手法，或抖或拉、或甩或挑、或捞或勾，小小空竹便在绳上旋转跳跃起来，发出鸣鸣的鸣响。这种控制与放纵的微妙平衡，正是游戏三昧。黄培云附注说，赵元任在著作中从未提过抖空竹的事儿，大概因为空竹是中国人才懂的玩意儿，很难向外国人形容它的妙处。让人惊喜的是,赵元任虽未在文字中提及空竹,却在镜头前向我们展示了他抖空竹的高超技艺。他身上的游戏精神,或许就是从放风筝、玩空竹这类儿时的嗜好中萌生的。

"好玩儿"不仅出于天性,也是后天养成的一种能力,使其无论身处顺境还是逆境,都能保持生命力的余裕。在赵元任这里,"好玩儿"既是他性格的底色,也是赴美留学后"变化气质"的结果。《好玩儿的大师》第一章呈现出这种"变化气质"的过程。我们可以看到赵元任逐渐摆脱在镜头前的羞涩感,那种拘谨的姿态被一种游戏的态度所取代。

赵元任留学十年的起点,始于一九一〇年在上海拍摄的断发照。剪掉辫子,换上西服,意味着生活与精神的双重更生。此时年仅十九岁的赵元任,在镜头前眼神坚定,表情略显凝重,有少年老成之感。这张断发照中过于笔挺的衬衫领子颇为惹眼。赵元任日后回忆说,他花了足足十七分钟戴上 collar(衣领)。如此精确的时间记忆,可见这个领子给习惯穿长衫的学霸出了道难题。细心的编辑附注说,当年的衬衫领子跟衬衫不是缝在一起的,而是穿衬衫时用扣子扣上,相当麻烦。照片提示的这个细节,帮我们从日常生活的细微感受中理解近代中国人走向世界的心路历程。

这种"变化气质"的过程也体现在赵元任的好友胡适身上。一九一六年七月五日胡适日记中贴有一张照片,是他在绮色佳时外国友人所摄。照片中的胡适,身穿西服,戴着蝴蝶领结,咧嘴大笑。自注云:"人皆谓此一笑大似威尔逊,谓之 Wilsonian Smile 云。呵呵!"威尔逊是美国当时的总统,所谓"威尔逊之笑"可视作美国进步时代(Progressive Era)的精神写照。胡适《四十自述》称美国人出自天真的乐观与朝气给他留下很好的印象,留学数年不免被这种乐观主义所传染,逐渐改变了少年老成的态度。在留美学生群体中,胡适算是适应能力极强的,而赵元任对美国社会生活的融入程度恐怕在胡适之上。

二

在留美学生群体中，爱好摄影的不止赵元任一人。摄影术对清末民初的中国留学生来说，不仅是介于科学与美术之间的新鲜事物，也成为人和人、人和自然之间一种新的互动方式。留学生们不光在照相馆内与摄影发生关系，还把它当作一种业余爱好，他们有能力购置摄影器材，用自拍或互拍的方式记录下留学生活的点点滴滴；同时可以通过摄影杂志或摄影展，将其作为一种艺术来欣赏。借用苏珊·桑塔格的说法，照片实际上是被捕捉到的经验，而相机则是处于饥渴状态的意识伸出的手臂。摄影帮助留学生打破语言、文化的隔膜，急切地拥抱他们在其中感到些许不安的世界。

在赵元任投入巨大心力的《科学》杂志上，连载过周仁、任鸿隽合著的长文《照像术》，意在"由学理上示明其器械物品之构造"，并"由实验上陈述其器物药品之用法"。二人均就读于康奈尔大学，周仁在机械工程系，任鸿隽攻化学。他们认为照相术自清季传入中国，"以其术之瑰异有以投吾国人好奇之心"，但从业者多是市井之徒，出于盈利目的，不会精研摄影之学理，遑论其美术价值。在周、任二人看来，摄影兼有科学与美术两方面的价值。研究自然科学要取实物为印证，如花叶之经络组织、岩石之层累构造，皆可通过摄影制为插图清晰呈现在读者眼前。摄影与美术亦有不可分之关系。渐趋平民化的摄影，因技术门槛不高，要想跻身艺术之宫，唯有"以近于图画者为尚"。照相机已步入寻常人家，"三尺童子皆得持此数寸玻璃镜箱以与造物者周旋"。无论从科学还是艺术的角度，科学社同人主张对摄影术"不当以玩物小技忽之"。

留美学生群体留下的影像，以人物照和风景照为主。摄影对多年客居异国的留学生来说，更切实的功能是"慰相思于千里"，向亲戚故旧展示自己的读书生活和域外风光。一九一四年六月六日胡适日记中贴有一张"室中读书图",为任鸿隽所摄。胡适坐在书桌前,身后书架环绕,"架上书历历可数,有经籍十余册,以放大镜观之,书名犹隐约可辨"。胡适很满意这张照片,复印数帧,分赠亲友。照片后面附有题诗,寄赠族兄胡禹臣的诗云:"异乡书满架,中有旧传经。"表明自己不忘旧学。而给未婚妻江冬秀的题诗是:"传神入图画,凭汝寄相思。"胡适把这张照片命名为读书"图",并附上题诗,说明在他心中摄影与图画是相通的。胡适虽不工于摄影,他对摄影的评价标准仍"以近乎图画者为尚"。在他看来,"光影得宜,大有画意"便是摄影中的佳作。

摄影术和题像诗的混搭,在留美学界成为一种流行的社交手段。一九一六年初胡适离开绮色佳前,和好友任鸿隽、梅光迪、杨杏佛拍了一张合影,任、胡、杨三人均有题诗。这张照片是杨杏佛用自己的相机拍摄后,寄给胡适做纪念的。杨氏题诗开头云:"良会难再得,光画永其迹。科学役化工,神韵传黑白。"摄影作为友情的永久见证,"光画"一词透露出杨杏佛对摄影性质的理解,即应用光影以图写自然物象。后两句暗含着现代科学与古典意境的张力。科学的显影术如何传递出古典神韵,这是摄影让现代中国文化人着迷之处。

现代学人中积极投身于摄影艺术的是赵元任的知交刘半农。二人的志趣高度重合,都研究语言学,都痴迷摄影且偏爱游戏笔墨。《好玩儿的大师》中存有一九二五年赵元任在巴黎游学时为刘半农拍摄的照片。两张摄于刘半农博士论文答辩现场,还有一张全家福记录卜刘氏在法国求学时的窘境。刘半农回国后加入摄影团体光社,一九二七年出版《半农谈影》,分享他的摄影理念。在序言中,刘半农坦言他做不成艺术家,也开不了照相馆,拍照不过是为了消遣。多年前鲁迅在绍兴会馆钞六朝墓志,刘半农问他目的何在,鲁迅答曰,等于吃鸦片。刘半农称他痴迷摄影,和鲁迅在寂寞中钞古碑一样是无意义的工作。

刘半农把照相分为两大类,一类是复写的,即把实物的形体印刻下来;另一类是写意的,作者把意境寄藉在"灵视"(Lens)的风景之上。刘半农的摄影偏向美术,明显属于写意这一路,目的是"造美"而非写真。他的摄影美学,专在线条、形体、光影上下功夫,注重意境的渲染,追求含蓄、丰腴、有余味,更接近中国画的气韵。相比之下,赵元任的摄影无意跻身于艺术之宫,没有"造美"的负担,因而不会落入"画意"的窠臼,他镜头中包孕的日常性及平等的历史意识却是超前的。

三

在这册近七百页的《好玩儿的大师》中,赵元任呈现出来的自我,有社会性的一面,也有率真的一面。在某些时刻,他性格中那个"表演的自我"(the performing self)会出其不意地蹦出来与观众互动。赵元任用摄影这种别样的方式来讲述自己的一生,把他不断穿行、越界、漂泊的人生化作一支命运交响曲来演绎。这些躲过战火的老照片,像赵元任留赠后人的入场券,邀大家共同倾听一场悲欣交集的个人音乐会。这些黑白照片被编者巧妙地编织起来,划分为七个乐章,每一乐章随着时空场景的切换,被赋予不同的情感色彩。在沉重的时代主题下,我们不难辨识出带有赵元任个性标签的核心旋律。作为作曲家兼演奏者,赵元任时而沉浸在自己的音乐世界中,时而仿佛只是舞台边缘的旁观者。

在赵元任的人生乐章中,"留学十年"远离战乱的阴霾,呈现出无限接近透明的湛蓝色。第一章中赵元任身上的游戏精神体现得尤为充分,"表演的自我"的出镜率也是最高的。比如一九一八年好友唐钺为他拍摄的一张骑车照,赵元任加上一句旁白:"瞧!我两只手都没有扶车把子也能骑车!"照片中,他双手叉在胸前,稳稳地骑在单车上。尽管没有抓拍到赵元任脸上的表情,可以想见他很享受撒把骑车的这一刻。张爱玲《更衣记》结尾写一个小孩骑着自行车冲过一片狼藉的菜场,"卖弄本领,大叫一声,放松了扶手,摇摆着,轻倩地掠过。在这一刹那,满街的人都充满了不可理喻的景仰之心。人生最可爱的当儿便在那一撒手罢?"当赵元任每每以嬉戏的心态"轻倩地掠过"人生路上的狼藉之地时,未必在意旁观者的惊叹,而只是重演这撒手的刹那。

赵元任另一张放飞自我的得意之作,是一九一九年在"游山美地"冰川点拍摄的。他坐在悬崖边,翘起双腿,高举双臂,一手擎着帽子,身后是峭壁与飞瀑。这张照片上有两条英文自注:"with one wrong step, everlasting regret!"(迈错一步,终身遗憾);"Playing with 4000 ft of Fate"(在四千英尺高度玩命)。杨步伟的英文自传收录了一张二人游黄山的合影,并肩坐在悬崖边上,背景是倚山而生的迎客松,旁白为:"Sit Back a Little!"(往后坐点!)

赵元任把这种"玩命"精神也带到学术研究中,一九一九年他在康奈尔大学担任物理教师,曾把电池的正负两极放在舌头上,声称要亲口尝尝"电伏特"的滋味。这张摆拍照似在提醒我们:孩子气的好奇心才是一切创造的原动力,它无视固有的边界,敢于打破生活和思考的惯性,召唤出对自我、对世界真实的关切。不设边界、四处游荡的好奇心,最容易被壁垒森严的学术体制磨损掉。重拾好奇心,有助于摆脱由规训所形塑的自我。

赵家留存的上万张照片,不仅完整记录了赵元任个人的生命史,对于重新认识现代中国的学术社会也有非凡的意义。借助这批照片,中国现代学术史上的许多重大事件(如罗素访华、国语运动、方言调查)、重要的学术社群(如中国科学社、国语统一筹备会、数人会)、重要的学术机构(如清华国学院、欧美同学会、中研院史语所),不再是一堆抽象的历史名词，而有了可亲近的"面容"。

这些劫后余生的照片仿佛是赵元任留给我们的盲盒，大大地增加了近代史的感受性，拉近了我们和这段历史、和历史中人的距离，让我们得以从容地与之对视、交谈，可凑近观察他们嘴角的笑意、眉间的愁云、衣袖的褶痕、领带的纹饰，以及慢慢爬上他们额头的皱纹。赵元任的镜头在对准大历史的同时，也将途中邂逅的风景与人事统统纳入我们的视野。他留下的照片固然有纪念性的，但更多时候是对日常生活的随手记录。赵元任在镜头前展示的不仅是他生命中的高光时刻，也包括那些倦怠、颓唐的瞬间；照片中呈现的生活秩序，往往不是收拾整理后的，反而刻意保留了几分混乱。被摄影定格、放大的这些细节，开启了历史"面相学"的可能。

赵元任的档案意识，可以与他的老友胡适相媲美。原件保存在美国加州大学伯克利分校（Bancroft Library）的赵元任档案，据周欣平介绍，共有近二十三万件，包括日记、文书、手稿、讲演授课资料、私人手札、往来书信六大类。这让我联想到本雅明档案中保存的各种剪报、卡片索引、谜语、文字游戏、儿子幼年的词汇、明信片、俄国玩具的摄影、拱廊街的照片和手稿。赵元任作为一个细心且顽皮的档案管理员，又会留给我们怎样的惊喜呢？

赵元任档案是有待开发的富矿，其中埋藏着学术与时代、学术与人生的交汇。收入《好玩儿的大师》中的这些照片，把研究者的关注点从书斋内的学问转移到活泼泼的学术生活，我们看到的不是凝结为文字的研究成果，而是正在进行中的学术工作，是处于工作状态中的学人及以他为中心的研究团队。借助赵元任的这些照片，我们或许可以打通学术史与日常生活史，写出一部能看见人物面容的、更好玩儿的现代学术史。

（《好玩儿的大师：赵元任影记之学术篇》，赵元任摄，赵新那、黄家林整理，商务印书馆二〇二二年版）

远景问题的历史光影

吴晓东

二〇〇二年,我与薛毅教授有过一个对谈,当谈到茅盾的《子夜》时,我说《子夜》中有很多细腻的感受,值得重新从细部的意义上来加以肯定,但是《子夜》的问题可能在于它的总体格局和视野是观念化的。薛毅当即表示不赞同,认为《子夜》里面包含了很多种文学的方式,茅盾是用文学的方式参与了关于中国社会性质的大讨论,也是以文学的方式构筑了一个三十年代的图景,获取了一个大视野。薛毅由此给予《子夜》非常高的评价,称之为一部"典范性的著作"(参见《文学性的命运》,载《上海文学》二〇〇三年第五期)。

薛毅对《子夜》的评价当时给我带来了不小的触动,我开始反思在八十年代重写文学史热潮中不假思索地接受下来的一些判断和结论,也开始在文学史授课过程中对八十年代开始受到贬抑的茅盾、郭沫若、丁玲等作家重拾一种尽量历史化的审慎态度,也和学生们一起在读书会上选择了茅盾的《霜叶红似二月花》《腐蚀》《锻炼》《第一阶段的故事》等四十年代的长篇小说逐一研读,而在燕园开设的现代小说经典选读的课程中,也几度细读《子夜》。我对茅盾的看法也发生了改变,认为就中国现代长篇小说总体成就而言,茅盾是有资格坐上第一把交椅的。

而直接促成我想法转变的,就有李国华对茅盾的研究。他读博期间,曾一度集中关注茅盾,思考过茅盾长篇小说创作中的"旧小说"因素、时间意识、都市视景和上海想象等议题,也曾一度想以"中国现代长篇小说与时间意识"为题做博士论文。尽管他最终的博士论文选题是赵树理小说研究,但关于茅盾的上述几个议题也都化为文字,最终结集为一本别开生面的小册子:《黄金和诗意——茅盾长篇小说研究四题》。

一

书名中的"黄金和诗意"出自《子夜》中自认为"革命家"兼"诗人"的范博文对小说人物韩孟翔的品评:

> 他是一个怪东西呢!韩孟翔是他的名字,他做交易所的经纪人,可是他也会作诗,——很好的诗!咳,黄金和诗意,在他身上,就发生了古怪的联络!

从"黄金和诗意"这一有些悖谬的判断,一般可以读出茅盾的戏谑姿态,而李国华却从"古怪的联络"中生发出一个堪称重大的诗学问题,认为"黄金和诗意"的离奇混搭"很可能是理解《子夜》文学性的关键所在",多半由于"黄金和诗意"中体现着茅盾对上海的混杂和悖谬的都市图景的既反讽又严肃的概括,把现代商业都会的审美("诗意")与大上海特有的金融内景("黄金")别致地关联在一起,在凸显特异的上海性和都市现代性的同时,也透露出茅盾书写《子夜》的某种诗学方法。而李国华对"黄金和诗意"的提炼正是力图从文学性的角度把握茅盾小说诗学的独异性,洞察的是都市上海别具一格的现代诗意问题。这种上海特有的"诗意"是茅盾为中国刚刚诞生不久的现代文学审美图谱所增设的新的向度,而小说主人公吴荪甫的夫人身上也同时折射着上海的诗意光谱:

> 在叙事者看来,吴少奶奶生活在二十世纪机械工业时代,却憧憬着中世纪的"诗意",无疑荒诞的:她丝毫未曾意识到其所谓"诗意"的虚构性,也未曾意识到"诗意"是会随着生产方式的变迁而变化的。叙事者既然认为"诗意"会随着

生产方式的变迁而变化，就不难勘破范博文所谓"诗意"的虚构性，因此必然不可能与其完全一致。在黄金（现代经济）与诗意之间，叙事者觉察到了一种有意味的张力。

因此，茅盾从大上海捕捉到的现代诗意必然是混杂的，充满了张力的，即所谓"在整个《子夜》文本中，诗意、诗，显然都是复数的"。而其中的否定精神，则为现代诗意携上了一抹批判的锋芒："正如范博文的诗诞生于现代经济影响下的都市生活一样，另一种意义上的诗意也随同作者/叙事者对现代经济影响下的都市生活的叙述而产生。这是一种充满否定和批判精神的诗意，是普遍散播在现代中国文学文本中的一种诗意。"

而当李国华把"黄金和诗意"提炼为自己著作的题目时，这一"普遍散播"的判断背后就蕴涵了一种诗学的总体性，进而上升到一种关于茅盾的小说以及都会上海的总体性概括和表达。

这种诗学意义上的总体性把握，无疑受到了卢卡奇小说理论的影响。从卢卡奇早期的《小说理论》到后来的名文《叙述与描写》，以及《关于文学中的远景问题》，都显示出这一马克思主义理论家整合宏观远景和微观诗学的卓绝的理论驾驭能力，即往往从小说的细部解读出发，体悟和提炼具体诗学结构，进而上升到总体性的判断。这种诗学总体性也同样内含在《子夜》的宏大构想之中。而当茅盾产生了"大规模地描写中国社会现象的企图"的时候，究竟如何在小说中大规模地进行"具体"描写和操作，就成为茅盾最需要考虑的小说学问题。他其实也就给自己的《子夜》写作预设了一个难题，即外部社会历史的总体性究竟如何化为长篇小说内在的肌理和细部的微观结构？社会现象的宏大性毕竟要一笔笔地落实于小说的具体情节和细节之中，观念的总体性也需要在小说微观结构中进行诗学转化，才能"文学性"地实现宏大目标，才能避免使小说成为观念的图解。《子夜》的这一小说诗学难题茅盾是怎么克服的？李国华重新回到茅盾的理论文本，捕捉到了茅盾在《小说研究ABC》一书中所发明的一个虽不怎么高明，但运用起来却意外地得心应手的"助手"的概念，也就比较有效地发现了《子夜》总体结构和细部描写（或曰微观结构）之间的中介，即茅盾的长篇小说结构是通过一个个次要人物所承担的叙事辅助功能实现的。

茅盾在《小说研究ABC》中这样讨论小说结构问题：

> 不仅记述一个人物的发展，却往往有两个以上人物的事实纠结在一起，造成了曲折兀突的情节的，叫作复式的结构。大多数的小说是复式的结构。自然那许多人物中间不过一二个（或竟只一个）是主要人物，其余的都是陪客，或者是动作发展时所必要的助手，并且那错综万状的情节亦只有一根主线，其余的都是助成这主线的波澜，可是这样的结构便是复式的。

应该说，《子夜》的结构可能比茅盾自己概括出的"复式的结构"远为复杂，这种小说结构的复杂性当然根源自茅盾企图"大规模地"描写中国社会现象的复杂性。而小说具体叙事层面的关键正在于茅盾找到了组织小说复式结构的助手："至少在理论上，助手有下列功能：一是帮助动作的发展，即推动情节向前移动；二是防止叙事者所可能流露出来的'第三者的叙述口吻'，使'结构的进展'了无人为的痕迹。"也因此，《子夜》中的诸多助手"扮演了勾连和润滑各个结构以形成'整体性'的最为重要的角色"，"助手"的设置蕴涵了总体性同时也具有创造性的诗学意义：

> 《子夜》因此得以在全景式的场景描写、局部的场景描写和细部的心理描写之间自由切换。的确，《子夜》既不单纯遵循中国古典小说叙事技巧，也不盲从福楼拜小说所开启的现代小说传统，而是根据《子夜》的故事量体裁衣，融汇了各种小说形式以构建自己的形式。不管《子夜》的形式是否成熟，

其创造性是值得注意的。

不过,"助手"作为小说叙事功能项进入小说操作层面时,可能其内在的问题性就超出了茅盾的预期。李国华发现,当"助手"更多地承担勾连和润滑各个结构的功能性角色的时候,就与茅盾对人物形象的塑造和刻画之间发生了一定意义上的龃龉,而使不少人物形象身陷模糊和尴尬境地,也使《子夜》中混杂着太多的不确定性,小说就成为一个"含义混杂的文本"。而"这种不确定性正是《子夜》接受史上意见分歧的关键性原因之一"。

作家的创作意图与其成品之间的歧途总令研究者深感兴趣,总有一部分作品似乎难以实现创作初衷。否则就不会有读者戏谑中国作家,称其创作自述都是大作家级别的,但就是无法在具体作品中获得印证。不过也有一些作家,作品呈现的诗学丰富性恰恰是其创作谈无法预期和穷尽的:"茅盾作为作者预设给《子夜》的小说愿景,与《子夜》本身所展现出来的小说视景,是有着极为明显的区别的。这样一来,茅盾的小说实践所提供的可能性也就远比其文学理想丰富。"这也许正是真正具有丰富性的"典范性的著作"永远有无法被除尽的剩余物的表征吧。

二

与薛毅对谈时,我对茅盾表现出的轻慢,还由于当时没有怎么看到研究者对《子夜》的诗学总体性,尤其是微观诗学结构给出真正小说诗学意义上的具体研究。李国华的这本小书恰好有所弥补,在诗学的总体性和具体性之间努力保持平衡,既有对文本肌理的独到解剖,同时又有着更为超越的诗学诉求。

这种超越的追求,恐怕就表现在国华的茅盾研究中,也暗含着探究中国现代长篇小说起源问题的野心。

当初读伊恩·P. 瓦特的《小说的兴起》,以及晚近读迈克尔·麦基恩的《英国小说的起源，1600—1740》，总不免要联想到本土现代小说的起源问题。起源问题之所以让研究者孜孜以求，正是因为一件事物如果搞不清是从哪里来的，总令人如鲠在喉，无法释怀。因此，本雅明关于小说的诞生的说法一度令我着迷："小说的诞生地是孤独的个人。"(《讲故事的人》) 杰姆逊在《马克思主义与形式》中曾经对本雅明的这句话加以发挥："故事产生于集体生活，小说产生于中产阶级的孤独。""小说主人公的原型因而是狂人或者罪犯；而作品则是他的传记，是他在世界的虚空中为'验证自己的灵魂'而陈述的故事。"中国现代小说的起源似乎也同样印证了这个说法。现代小说创生期的两部最重要的作品——《狂人日记》和《沉沦》都印证着孤独个人的主题，也都堪称是"在世界的虚空中为'验证自己的灵魂'而陈述的故事"。但是，这种孤独个人的主题似乎仅对中国现代短篇小说的诞生更有适用度，自然细究起来也太过笼统。而中国现代短篇小说的起源问题前有陈平原《中国小说叙事模式的转变》提供着更具本土性的阐释框架，后有张丽华《现代中国"短篇小说"的兴起——以文类形构为视角》从文类角度予以考察，已然突破了本雅明的定义。

但另一方面，中国现代的长篇小说与短篇小说的起源似乎有着不尽相同的原点。相对于容易上手的短篇小说，长篇小说既实绩难出，又相对后起。短篇小说早在一九一八年的《狂人日记》就开始发轫，而到了一九二二年，中国现代文学史上第一部长篇小说《冲积期化石》才出版，不过尚有文学史家们认为这一体裁到了一九二八年叶圣陶的《倪焕之》问世才稍稍有了值得一书的成绩。而茅盾长篇小说的起点正是与《倪焕之》同时期的"蚀"三部曲。李国华对茅盾长篇小说起点的追溯，背后瞄着的也是现代长篇小说的发生问题。这本《黄金与诗意》在不到十万字的篇幅里自然无法彻底解决起源的大问题，但是对现代长篇小说的兴起仍旧提供了某种探幽寻微的启示。是书"后记"道：

伊恩·瓦特写了一本《小说的兴起》，将英国现代社会的兴起和小说的关系说了一遍，我很是赞佩，颇想学范写一本中国现代社会的兴起与小说的关系。其中核心的线索自然是不一样的，在英国是个人主义，在中国，则无论维多利亚时代的英国对中国有何影响，无论老舍和张爱玲的写作汲取了多少英国的营养，似乎还是集体主义更成线索。……在英国，克鲁索可以征服一座岛，在中国，祥子征服不了一辆车。我想说说清楚这些问题，为什么受英国影响、奉康拉德为圭臬的老舍要反思个人主义？为什么具有中国现代长篇小说起源意义的《倪焕之》和茅盾的"蚀"三部曲都将个人主义的人处理为需要克服的对象？

这里所聚焦的，正是茅盾在《读〈倪焕之〉》一文中概括的"从个人主义英雄主义唯心主义转变到集团主义唯物主义"的历史趋向，进而把"集团主义"视为中国现代长篇小说之起源的重要意识形态支援。当茅盾的"蚀"三部曲处理了个人主义及其末路的同时，似乎也在呼唤顺应集体主义意识形态的中国式长篇小说的诞生，从而与本雅明和瓦特意义上的西方小说起源论判然有别。当然，无论瓦特在《小说的兴起》中断定笛福的小说"提供了各种形式的个人主义与小说的兴起之间相互联系的独特的证明"，还是李国华从"集团主义"的角度为长篇小说溯源，背后都体现的是一个时代所内涵的历史观和价值观。法国人勒内·基拉尔在《浪漫的谎言与小说的真实》一书中有个判断："小说并不带来新的价值观，小说艰难获得的只是过去的小说已经包含的价值观。"但是茅盾的具有划时代意义的《子夜》难道不是在处理新的价值观，进而表现出某种时间性的远景吗？

三

在我看来,小说是最有魅力的文体,小说最容易与生活世界同构,尽管源于生活的小说从理论上说不太可能大于世界,但可能高于世界。《子夜》中的上海图景或许多少印证了这一点,其丰富性、远景性、杂糅性乃至含混性会溢出作者原本的初衷和设想,的确实现了以小说"大规模地描写中国社会现象"的初心。而在一些理论家那里,小说还擅长处理更深难的哲学问题和伦理学难题。且不必说学界耳熟能详的安德森《想象的共同体》把小说阅读上升到了事关民族国家起源的高度,也不必引用赫胥黎的名言"在很大的程度上,民族是由它们的诗人和小说家创造的",我主要是想引出杰姆逊在《马克思主义与形式》中的一个说法:"小说具备伦理意义。人类生活最终的伦理目的是乌托邦,亦即意义与生活再次不可分割,人与世界相一致的世界。不过这样的语言是抽象的,乌托邦不是一种观念而是一种幻象。因此不是抽象的思维而是具体的叙事本身,才是一切乌托邦活动的检验场。伟大的小说家以自己的文体和情节本身的组织形式,对乌托邦的问题提供一种具体展示。"而李国华对《子夜》中"远景"范畴的体认和阐释,或许印证的即是小说的这种乌托邦性。

> 这意味着《子夜》意图暗示,只有在全景式地呈现了各个阶级的状况,标识各个阶级的末路之后,才能从资本主义制度中解放出来;而解放的路径,就是集团主义运动,只有集团主义能构建远景。大都市上海因此被压缩成阶层分明的客体,小说形式的完整性在碎片中拼合出来。

这个"远景"的概念如同"总体性",同样出自卢卡奇。而茅盾的上海书写所呈现出的"总体性",也似乎正可以借助于"远景"的概念进行解读。"集团主义"之所以是一种意识形态,正是因为它有远景性,同时又有总体性。这种总体性一方面是上海的外在的社会历史生活的总体性,同时也是小说内部视景的总体性:

茅盾在《子夜》中以"集团主义"意识形态将大上海的碎片拼合成了一个总体。在此总体中,"集团主义"的个人/集体获得了小说远景,而其他各类意识形态,诸如五四式的个人主义、传统的封建个人主义、洋务运动式的经济个人主义……无论能否妥帖安置个人/集体,是否具有集体的维度,都被封闭在"子夜",无从看见"黎明"。

这其中是否也蕴含了对远景性乃至总体性的一种历史反思向度?当总体性是由碎片拼合而成,那种碎片固有的马赛克般的历史光影是否还能在黎明时分重现?总体性是否会以具体性和历史性的丧失为必然代价?

由此大概可以明了前引杰姆逊关于"乌托邦不是一种观念而是一种幻象"的说法,这种说法或许也可以证诸李国华关于虚构上海的论说。李国华借助于对上海镜像（虚像）的体认,最终把视野引向了都市学,进而表现出把小说叙事、诗学（理论）分析、历史观照与都市想象进行统合的努力,从而展示出令人期待的学术潜质和研究视野。

（《黄金和诗意——茅盾长篇小说研究四题》,李国华著,华东师范大学出版社即出）

"美洲深处"第一种

《堂娜玛利亚的故事：生命史、记忆和政治认同》

［美］丹尼尔·詹姆斯著　刘倩译　定价：68.00元

记录对话,反思口述,见证时代——

　　一位阿根廷女工的故事

　　一段庇隆主义的时代见证

　　口述史研究经典之作

生活·读书·新知三联书店 新刊

现代性的逾越

顾文艳

在一九九七年出版的英文著作《被压抑的现代性》的最后一章，王德威从狭邪、公案侠义、谴责、科幻四种晚清小说文类，转向二十世纪末的华语文坛，勾连起当代小说与晚清先驱的隐秘联系。在他的考察中，二十世纪末中文小说中丰富多重的现代性，分明透映着十九世纪末"被压抑的"绚烂印痕。这个不无怀旧的结论暗含了作者对新世纪中国小说走向的期待抑或预言：中国小说终将冲破"五四"单一叙事典范的束缚，重新实现文学现代性的众声喧哗。

二〇二〇年，王德威出版了由他在布兰代斯大学曼德尔人文讲座的授课内容集结而成的英文新著《为什么小说在当代中国如此重要》（*Why Fiction Matters in Contemporary China*，以下简称《为什么》）。在这本书中，他接续此前的世纪末小说观察，对世纪之交以来中国小说叙事倾向的发展进行了系谱学和主题学的考察，在"当代"的坐标上重新审视中国叙事文学的现代性走向。几乎二十年前，王德威曾有《跨世纪风华》《众声喧哗以后》等著作纵论当代小说，而这本书则代表了他这些年对当代小说"作为一种象征性的社会活动，所具有的丰厚潜力"（王德威语）的观察与解读。

熟悉王德威作品的读者一定对他独具修辞特色的理论风格有着

深刻的印象。他总是善于使用极富个人色彩甚至表演意味的词语为各种文学现象进行抽象、概括和命名,用回旋往复的辩证性论证不断提醒我们,不仅是文学文本,批评与理论文本也是具有对话性的。《为什么》由口头演讲改造而成,其行文布局渗透着强烈的观众意识。开篇以"讲好中国故事"的时政指示为起点,铺叙小说与当代中国众所瞩目的紧密关联。中间三个章节分别围绕三个相同词缀的英文概念,即"越界"(transgression)、"轮回"(transmigration)、"透视"(transillumination),展开有关新世纪以来中国叙事文学发展面向的讨论。最后一章重审作者本人在二〇〇四年提出的"历史怪兽论"(*The Monster That Is History: History, Violence, and Fictional Writing in Twentieth-Century China*, 2004),重新揭幕现代性(modernity)与怪兽性(monstrosity)的辩证,在迂回的文字游戏中探索历史与小说的互动关联。当我读到名曰"小说怪兽"的结局,不能不在惊叹当代中国小说瑰丽风貌之余,也惊羡王氏文论不亚于文学创作的起承转合。

  无论是作为演讲还是书稿,这番有关"中国故事"的讨论主要面向的是来自英语世界非中文专业的观众和读者,因此,王德威有意识地引入和运用了大量他所娴熟的西方理论。这也是王德威一贯的论证思路,多少显示了对西方后现代理论的偏爱。第一章有关"小说"概念的理论综述,在重点介绍从梁启超到鲁迅和沈从文的中国现代小说观之后,他转向当今欧美比较文学学科久盛不衰的理论话语,列举了韦伯、阿多诺、本雅明、阿伦特、巴赫金、德勒兹、阿甘本等人的说辞,以呈现中西小说观的广阔视域,在这样的视域中,展开关于中国当代小说的具体观察和分析。当然,王德威并没有陷于理论的泥淖,而是尽可能简明地加以阐述,把原本晦涩的理论术语直接运用到对中国文学的观察上。比如讲到中国小说"越界"的政治学时,他联系德勒兹的"解辖域化"来解释李锐的《张马丁的第八天》和韩松的《火星照耀美国》等二十一世纪中国小说中跨越地域、国别、宗教、文化乃至时空界限的爆发力，但几乎完全省略了对"解辖域化"的概念解析，对一些常识性的中国文化符号却给予详尽的注解（如《西游记》）。这种写法虽然不免有理论先行之嫌，其实却是引导西方读者认识和理解中国文学的不二法门，也体现了欧美学界以熟悉的西方理论话语来解读陌生的中国文学现象的基本立场。可见，作者的预期读者群应该是一个对当代中国和中国文学怀有兴趣的西方群体。但是，如果因此而小看了本书的学术能量，那就大谬不然了。王德威在书中所提出的问题，所展开的思考，所做出的论断，对于我们换一个角度反思中国当代文学甚至华语文学，显然是极为重要的他山之石。

面向海外读者或潜在的华语读者，王德威开宗明义地提出了核心的问题："为什么小说在当代中国如此重要？"在辨析了种种有关当代"中国故事"的讲述之后，他把问题悄然转化成了"什么样的小说在当代中国是重要的？"这两个问题共同的答案便是中间三章标题中所出现的三种"逾越"（trans-）。对于王德威来说，当代中国重要的小说——这里的"小说"可以直接和"中国故事的讲述"等同互换——是流动的，是可以逾越界限的。作为"越界"，小说得以逾越现有道德、理性、认知和政治律法，联结外界与自我相"异"的他者，重写秩序与治理；作为"轮回"，小说能够逾越人类生存的界限，探索人类与其他物种、其他存在之间的关联，是超越以人类活动为中心的"人类世"并走进"后人类"想象的一种方法；作为"透视"，小说可以逾越启蒙之"光"的现代神话，在光明与失明的辩证中凝视璀璨深邃的黑暗。在三种"逾越"的特征分类下，王德威遴选解读的当代中国小说共同呈现出一种流动性的叙事美学特征。故事/叙事自由地越过各式各样的边界，在一片融合文学与现实的时空中穿流交错。这些自由地讲述"中国故事"的尝试，在当代中国是"重要"的。小说在当代中国之所以重要，也是因为它承载着一种不断逾越界限的自由。

然而,如果我们反观虚构文体,小说的"自由"似乎是不言而喻的。无论是写实摹仿还是抒情想象,小说本身就具备跨越虚实界限的基本属性。就中国文学而言,晚清至"五四"时期小说崛起的重要意义就在于其对传统语言与文化禁锢的逾越。早在一个世纪以前的现代中国,小说已经开始承载打破社会与个人桎梏的潜力。这种潜力可以演变成王德威反复援引的"支配人道"的"不可思议之力"(梁启超语),也可以化作多样的叙事想象,召唤多重现代性的迸发。一个世纪以后,挣破束缚、逾越界限的潜力仍然统摄着当代中国的叙事尝试。小说依然如此重要,其重要的原因与百年前如出一辙。从这个角度来看,王德威给出的回答似乎并没有太多针对"当代"中国的特殊启示。

那么,《为什么》为当代中国小说勾勒的几种"逾越",较之二十世纪,确实全无新鲜之处吗?显然不是。事实上,王德威的理论假设从一开始就已经逾越了世纪的门槛。他讨论的主要文本都是二十世纪末至今的作品,试图揭示的当然也是新世纪以来中国小说不同于上一个世纪的新的样态。他关注的"当代"并非文学史意义上固化的发展周期。正如他在本书的题解中明确表示的那样,这里的"当代"沿用的是阿甘本在二十世纪末给出的定义,一种辩证性的"不合时宜"(untimely)。当代小说不是在固定的此刻再现当下的历史,而是在流动的时间性里见证现实的呈现。因此,当他在探讨当代中国小说如何越界、轮回、透视,或者说如何逾越秩序、人本和启蒙的时候,就已经将一种流动的、不合时宜的、当代性的"逾越"写入了新世纪中国小说的特质。换句话说,"逾越"是当代中国小说的一种姿态。当代小说的重要性在于它不仅逾越从二十世纪延续至今的种种界限,它还企图逾越二十世纪中国文学对"现代"的执迷。

不难发现，书中三种"逾越"指向的秩序、人本和启蒙正是现代性的三种表征。我们可以简单梳理一下三种"逾越"。第一种"逾越"是"越界"，王德威聚焦中国小说中的"异者"。这里的"异者"包括异域外来的他者和流放异乡的自我，其基本身份特征就是作为一个与所处环境相"异"的入侵主体或流亡主体，对既有边界的跨越。无论是李锐《张马丁的第八天》在十九世纪末异国传教士来华的历史坐标上展开的虚构，还是严歌苓《陆犯焉识》书写知识分子"异化"经历的历史悲喜剧，抑或刘慈欣《三体》、韩松"医院"三部曲、吴益明《复眼人》等有关外星异形的科幻想象，"异者"在当代小说中的每一次出现都意味着秩序，尤其是所谓现代秩序的动荡。于是，在讲述这些"异者"故事的过程中，叙事主体得以探索国家、宗教、政治、伦理、科技等现代治理体系的边界，从而有效地书写了"越界"。

第二种"逾越"是"轮回"，王德威从莫言《生死疲劳》中主人公转世后的畜牲视角讲起。在他看来，当代中国小说实践中的人类中心观念正在动摇，因为这些小说挑战的正是以"人的文学"为基本坐标的中国现代文学，或者说以人为本的现代性典范。其实，这条线索在很久以前就已进入王德威的学术视野。他在考察二十世纪末中国小说"鬼魅叙述"时，已经指出鬼魂书写传统在"五四"时期发生断裂，与"反映人生"的现代文学范式格格不入（《历史与怪兽》）。"轮回"一章中，王德威除了继续考古中国文学中的鬼魂主题，还进一步讨论了作为历史"鬼魂替身"的"乌有史"（uchronia）写作，包括香港作家陈冠中的《建丰二年》和马来西亚华裔作家黄锦树的《犹见扶余》。此外，他还加入了其他两种大致可以被纳入"后人类"研究范畴的小说主题：一种是关于小说如何处理人和动物的关系，另一种则涉及人类死亡与文明消亡之后的存在。

如果仅仅从主题学的布局来看，很难确定这几类小说究竟能否被放到"轮回"的关键词下一并加以处理和讨论。不过,在这种大胆的归类尝试下,王德威成功地将近年来全球人文学科热点领域的重要维度,比如生态文学和"后人类",纳入关于中国当代文学的讨论。同时,相应小说文本的选择,也体现了他个人在中国现代文学史研究领域的理论尝试。比如在考察小说中的动物时,他重点分析了回族作家石舒清的《清水里的刀子》、藏族作家次仁罗布的《放生羊》和台湾地区作家夏曼·蓝波安的《天空的眼睛》,指出这些文本对人类中心主义观念不同程度的解构。有意思的是,王德威在这里将以人类为中心(anthropocentric)的固化写作范式和以汉民族文化为中心(ethnocentric)的中国小说联系在一起,提出少数民族作家在处理动物和人的关系时,比汉族作家更倾向于打破以人类为中心的动物寓言式叙事框架。这个观点的内部逻辑其实和上一章的"异者"一样。作为与主流汉文化相"异"的他者,少数民族文学本身就在改写主流文化的既定秩序,书写生态时也自然更容易打破这种秩序中固有的规则,比如人与其他物种的优胜等级。尽管这个话题没有完全展开,生态文学的理论化论证也尚待补充,但是这种假设一方面将中国小说研究引向了当代人文学科的前沿,另一方面也回应了王德威近年来围绕"华语语系"的理论尝试。华语语系的观念旨在打破地理疆域和民族语言的边界,将中国现代文学范畴在"世界中"的动态中扩张(《"世界中"的中国文学》)。王德威在这里聚焦少数民族动物书写,除了呈现当代中国小说对人本中心主义的超越,或许也有意将原本位居中国文学外缘的少数民族文学挪移到另一个去中心化的"华语语系文学"版图之中。

当然,超越人本中心主义的书写倾向并非只在"轮回"一章中得到讨论,而是贯穿了本书的三种"逾越"。王德威在前一章"越界"中列举科幻作品时已经触及"后人类"想象对人类秩序的超越。在第三种"逾越"即"透视"一章中,以人为本的观念又一次受到来自华语小说的挑战。王德威列举的作品是骆以军的《匡超人》。小说从主人公身体上的一个黑洞写起，跨越人类与地球的边界，写到宇宙的黑洞。不过，这部作品与"透视"主题的真正关联还是在于"黑洞"这个关键词的黑暗意象。"透视"原本是个医学术语，即运用特殊射线进行医学观察，王德威从这个技术术语暗含的光暗逻辑延伸出去，提出中国当代小说的"黑暗诗学"不仅打破了启蒙之光的现代隐喻，还将一种更为广阔的"幽暗意识"注入时代、人性与宇宙内外的思考。除了《匡超人》，被纳入"黑暗诗学"代表作的还有阎连科的《日熄》和迟子建的《世界上所有的夜晚》。前者在一个具有末日狂欢意味的民族寓言中重写日光与日熄的光暗辩证，后者在暗夜的讲述中直视死亡，在个人、集体乃至生态的创伤中寻找救赎。在王德威看来，这些当代的"黑暗"书写颠覆了现代性的启蒙信条与叙事范式，在黑暗的主题意象中探索一种"宣告着中国后现代的认知玄学"。在黑暗之光的"透视"中，小说家克服了"感时忧国"（夏志清语）的执迷，在一个更广阔的文学时空里想象中国，逾越现代。

越界、轮回和透视作为当代中国小说的三条主题线索，分别质疑了现代性的三个面向：秩序、人本和启蒙。至此，作者已经完整地回答了书名所提出的问题——"为什么小说在当代中国如此重要"。小说的非凡意义在于它不仅是"虚构"对现实的超越，也是对所有权威的逾越，包括以上列举的几种现代性的权威形式。这种逾越的姿态属于阿甘本所谓"不合时宜"的"当代"，也构成了当代中国小说最动人的面向。小说是具有当代性的自由的讲述。小说家在讲述当代中国故事的同时，也赋予"讲述"这种古老的人类活动独具超越性的当代精神。

那么，既然当代中国小说叙述的重要性在这三种"逾越"中得到彰显，这是否也意味着这本书正在把我们带向一个把人类重新概念化为"叙述人"（homo narrans）的世界图景？根据人类学的叙事理论，所有的人类交流活动都是叙事活动，人们通过讲故事与环境发生关联，在叙事中编制世界与自我的形象（Walter Fisher, *Human Communication as Narration*, 1987）。王德威为当代小说勾画了三种"逾越"主题，除了展现虚构性的叙说活动在当代中国的重要意义，或许也同时在梳理有关"叙事"本身在经验世界与本体论层面的思考：什么是叙事？叙事可以作为人类认知可靠的理性经验吗？当叙事主体与历史主体重合，小说与虚构是否必须重组历史的偶然无序？在这个过程中，叙事是否也在孕育一种权威，一种秩序，甚至一种暴力？

因应着这些问题，本书的结尾回到了王德威在二〇〇四年就已经基本铺叙完毕的叙事伦理。最后一章"小说怪兽"，王德威在《历史与怪兽》中从远古神话里打捞出来代称"历史"的怪兽"梼杌"又一次出现。怪兽梼杌怪诞残暴，凶劣邪恶，是一种"人与非人的混合"，全然脱制于人类道德法则。在中国文化历史系谱里，梼杌也可以投射同样幻魅多变的"历史"和"小说"。王德威由此文化意象攫取灵感，阐发了有关二十世纪中国历史暴力及其叙述（再现）的问题。到了《为什么》的结尾，"小说"也露出了梼杌凶暴恣睢的面孔。在王德威看来，无论是历史还是虚构，当"叙事"不得不充当再现暴力的形式，人类的叙说活动本身就会脱离人性的界限，会被附上恶魔式的暴戾印痕。于是，我们在有关"小说怪兽"的解析中重新读到了王德威十多年前对"历史怪兽"的陈述："在梼杌——作为怪兽、弃儿、邪恶的历史记载和虚构的代表——反常而多态的中介下，我们或许会发现自己一面想象着过去的非人道，一面期望着去实现一个几乎无法想象这种非人道的未来。我们可能会意识到，如果没有对过去和未来非人道行为的想象，我们就没有准备好在它的下一个化身中辨认它。正因如此，所有的现代性都背负着原始野蛮的烙印。"小说"逾越"的潜力与叙事的暴力共生，现代性的逾越同样见证着怪兽的复归。

通观全书，可以看到王德威此前不少理论观点和论证的再现，在在说明作者念兹在兹的用心之所在。尽管略显重复式的写作（讲说）可能会削弱本书的体系性，但它并不妨碍读者关注和理解王德威在当代文学研究方面持久探索的重要面向，即小说与历史、文与史的互动关联。"小说怪兽"大致可以被看作"历史怪兽"的替身，作为叙事的分身，见证并体现诸种邪恶、颓废、失范。当小说与历史成为同一怪兽的两副面孔，一起记录、理解和想象人类历史的暴力——那些"现代化进程中种种意识形态与心理机制……所加诸中国人的图腾与禁忌"（《历史与怪兽》）——小说与历史的疆域也不再泾渭分明。王德威以史家的眼光品评当代文学文本，重组当代文学批评，在二十一世纪中国小说的三种"逾越"中找到了属于当代小说叙事与历史想象的共同的自由。

（David Der-wei Wang, *Why Fiction Matters in Contemporary China*, Waltham, Massachusetts: Brandeis University Press, 2020）

日新文库

创新 专精 开放
百年变局，催生新知风气
潜龙跃渊，助力青年学者
花甲重开，期许引领学术

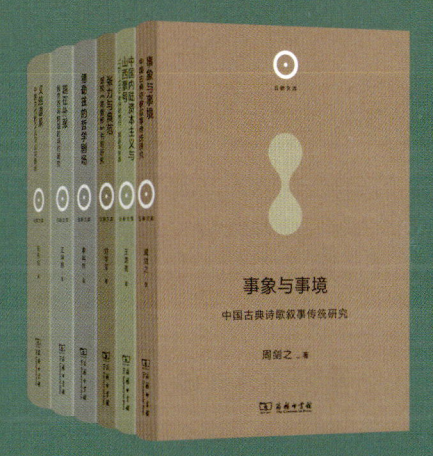

日新无已，望如朝曙

"日新文库"意在成规模地出版有见地的新成果、新作品，为学界发掘和培养一批优秀的青年学者，更希望通过这套书领风气之先，提供新的学术出版方向。丛书专注收入海内外青年学者的优秀成果，反映重要学术问题、新观点、新材料、新方法、新领域、跨学科的潮流。哲学、历史学、文学、法学、政治学、社会学、经济学、管理学、心理学、教育学、艺术学等学科，兼及中外，笼括古今。

"日新文库"第一辑

越在外服：殷商西周时期的邦伯研究
王坤鹏 著 ISBN: 978-7-100-21335-6
定价：85.00 元

中国内陆资本主义与山西票号：1720—1910 年间的银行、国家与家庭
王路曼 著 ISBN: 978-7-100-21334-9
定价：55.00 元

张力与典范：慧皎《高僧传》书写研究
刘学军 著 ISBN: 978-7-100-21346-2
定价：68.00 元

德勒兹的哲学剧场
李科林 著 ISBN: 978-7-100-20812-3
定价：68.00 元

事象与事境：中国古典诗歌叙事传统研究
周剑之 著 ISBN: 978-7-100-21333-2
定价：60.00 元

读书

2021年合订本

《读书》编辑部 编 · 定价：188.00元（上下册）

汇聚思想智慧　展现人文关怀

《读书》2021年12期合订珍藏本
隆重推出，以飨读者

生活·讀書·新知 三联书店

地址：北京市东城区美术馆东街22号　邮编：100010

ISSN 0257-02

读书

11
2022
November

韩东育　走近朱舜水

蔡　昉　谦虚使人类进步

陆建德　两位教师的功与过

黄燎宇　从翻译盛世到翻译大国

唐克扬　寻找洛阳桥

谢一峰　破碎与重生：从铜雀台到七宝台

· 文墨与家常 ·

语言的力量

王蒙 文　康笑宇 图

二〇〇三年十一月，我到哈萨克斯坦阿拉木图市图书馆中国文化中心访问，接受东道主宴请的时候，图书馆长夫人说，我们是重视语言的，认为语言可以通天。

后来我理解，这与作为当地主要宗教信仰伊斯兰教的摒弃偶像有关。《古兰经》是用诗性的语言写就的，那是经典，那是通天的途径。

各种宗教都有自身的经典，都是用特定的语言文字写就。其他赞美诗，只是给语言配上了曲调和节奏，插图与教堂美术作品，地位也不能与经典相比。

一些非宗教的政治与文化艺术、学术行业团体，同样离不开语言文字的说明、规范、鼓动与启示。

随着新媒体、融媒体的流行，有一种对语言文字乃至文学的轻视。很简单，读书看报开会研讨是费脑筋的，而看短视频、图片，听音频，接受脱口秀和电影、电视剧要轻松、舒适得多，吸引力、诱惑力都巨大得多，趣味得多。

打开网络，查《红楼梦》三个字，网页几十页过去了，基本上还都是介绍电视剧的，你会看到无数次演员与导演的名字，而不是书的写作者与版本的名字。

我担心，《红楼梦》会不会从此受到伤害与涂抹呢？

看书，很可能看出点学问知识来，可能培养出点学习的习惯。而只知看短视频和段子，哪怕是迷上电视剧，闹不好是培养出思想的懒汉与白痴。

读书

D U S H U

11

2022

韩东育　走近朱舜水 ……… 3
王晴佳　朱宗元：一个人的全球史 ……… 13

许　准　社科城头大王旗 ……… 22
蔡　昉　谦虚使人类进步 ……… 30

陆建德　两位教师的功与过 ……… 38
季　进　夏志清与伊文·金的一桩公案 ……… 46

短长书

"四把钥匙"与治史格局　苗润博 ……… 55
侧耳"窃"听　张磊 ……… 60
伍斯特墓园漫想　徐天 ……… 66
元宇宙想象批判　十成 ……… 71

徐　畅　审判胡广 ……… 77
杨　志　水月庵里的镜澄 ……… 84

黄燎宇　从翻译盛世到翻译大国 ……… 91

杨全强　布罗茨基：在母语与英语之间 ……… 99

唐克扬　寻找洛阳桥 ……… 108
谢一峰　破碎与重生：从铜雀台到七宝台 ……… 117

品书录 ……… 126

超越平等主义（高全喜）·謦声、峰影与"中间地带"（王升远）·南翔小说的语言（胡明晓）

郭晓蕾　普鲁斯特笔下的德雷福斯事件 ……… 143
宋逸炜　巴黎公社的最后一天 ……… 152

马晓林　柯立夫在北平 ……… 160
陈　波　一九三五年的李安宅 ……… 168

读书短札

黄绍箕的介绍信（陆德富，12）·陆游诗中自论书　北窗读记（刘涛，21）·"当句对"与"双拟对"（孔妍文，107）·《颜鲁公文集》编者"沈侯"考（孙利政，116）

刘以林　漫画 ……… 54
王蒙　康笑宇　文墨与家常 ……… 封二

走近朱舜水

韩东育

朱舜水是个奇人。这不光是因为其绝处求生的本领，能让他在反清复明运动中有惊无险地穿梭于舟山、日本、安南十五载，更在于他一路走来一路光焰，俯仰欬唾悉如舜典，以至于撒手尘寰后竟被水户藩主德川光圀作为唯一的外人宾师葬入自家墓地，还为其亲泐碑铭！像他这样获得日本方面的赞许比中国还要高的人物，在中日交流史上，堪称绝无仅有。

朱舜水（一六〇〇至一六八二），名之瑜，字鲁屿，号舜水，浙江余姚人。明亡后，以恢复明室为职志，至死不渝。梁启超说："我作《朱舜水年谱》，在他死后还记了若干条，那是万不可少的。他是明朝的遗臣，一心想驱逐满清，后半世寄住日本，死在日本。他曾说过，满人不出关，他的灵柩不愿回中国。他自己做了耐久不坏之灵柩，预备将来可以搬回中国。果然那灵柩的生命，比满清还长，至今尚在日本。假使我们要去搬回来，也算偿了他的志愿哩！"（《朱舜水先生年谱》附录）也正是在这漫长的等待过程中，朱舜水当年的"乞师"不成，反而使明治兵舰不请自到；而有日本国参与的中国内乱，也给他的母邦带去了东洋人的灾难。后藤新平的感慨道出了一点联想式的真实，即"明季征君朱之瑜，邻邦所贡之至琛又至宝也"，"其纯忠尊王之精神,滂溥郁屈,潜默酝酿,可二百年。而遂发为志士勤王之倡议,一转王政复古,乃至翼成维新之大业,以致国运今日之蔚兴。我之所得于之瑜固大矣"!然"若更令有知禹域乱余之危局,其或拊膺而长叹太息欤"!(后藤新平:《朱舜水全集》序)

我对朱舜水感兴趣,缘起于本世纪头十年的"明清鼎革"再讨论。之后,从二〇一二年七月起,曾作为成员,与徐兴庆组建的"水户德川家旧载朱舜水关系史料调查团"一道,连续三个暑期到日本展开以朱舜水考察为核心的学术调研工作。德川博物馆,旧名水户彰考馆,现藏有水户德川家历代藩主、彰考馆馆长、馆员、明末遗民、僧侣以及早期切支丹信者的生前文物、文献共计五万余件,且三百年来从未对外公布过。此番公开的是朱舜水与长崎、朱舜水与德川光圀、朱舜水及其弟子遗著、朱舜水的书诗与画、朱舜水与礼仪祭祀等五大项相关文献,涉及文集、遗著、书简、画卷、对屏、印谱等各式各样不同的内容。笔者见证的一个"事件",发生在二〇一三年九月二日。当时,负责从仓库里出纳文物的博物馆馆长德川真木女史,像往常一样,拿过来一个普通卷轴。可没想到的是,打开一看,大家全都惊呆了——卷轴居然是一九一二年被展出于东京第一高等学校(一说东京大学图书馆)且被认为早已损毁于战火的中华一级文物——《监国鲁王敕谕》(下简称《敕谕》)的原件!这无疑引起了轰动,也使研究工作从此下沉至深水区,因为藏诸其中的朱舜水不明点,至此已和以往的散见疑窦联袂成帷,而对于朱舜水两地居所"水户—江户"一线的实地踏查,又显然为这一类的朱舜水研究,提供了现场还原的巨大可能性。

朱舜水是明清鼎革期的重要人物之一,但他的重要度,显然是经日本人的转述才逐渐扩大开来的。这有助于理解,为什么日人冈千仞来华后发现,在日本几乎是家喻户晓的朱舜水,在中国反而鲜为人知;而且,舶自日本的朱舜水文集当中和朱舜水形象背后,其实还有很多难以察知的隐情。这意味着，今后的观察可能会有几分破案的色彩，因为至少，对《敕谕》的新研究，使其名篇《安南供役纪事》（下略称《纪事》）特别是其中写给《敕谕》的两封回信——《上监国鲁王谢恩奏疏》（二月十七日，下简称《谢恩奏疏》）和《上监国鲁王奏疏》（五月二十七日），已露出了不止一处的逻辑不通。

朱舜水六度安南（今越南）往返，可谓艰难险阻备尝之矣。可是，由于相关的资料遗存只有《纪事》一篇，并且该文字又通篇出自朱舜水个人之手，因此，人们对此文便很难抱怀疑态度，而只能对他在越南人面前坚辞不拜的英雄气概和大国风范钦佩有加。朱舜水去世后，其日本弟子安积澹泊，在《明故征君文恭先生碑阴》上简要归纳了《纪事》的大体经纬："监国九年，鲁王特敕征之。征君适在交趾，奉敕歔欷，欲往赴之。会安南国王檄取流寓识字之人，官差应以征君。国王召见，逼而使拜，征君长揖不拜。君臣大怒，将杀之。征君毫无沮丧，辨折弥厉。久而感其义烈，反相敬重。"戴笠《跋安南供役纪事》中所谓"先生以逋臣客轨，执义自高，不为磬（磐）折，死亡不顾，言夺气争，铮铮铁石，今古上下，无其事，无其人……使荒裔知有凛凛大节，全斯中外高风，可称今古第一义帜"，与梁启超《朱舜水先生年谱》中"启超案"所云"此事在先生全生涯中，如飓风一度来袭，瞥然而逝。然先生方正强毅，镇静温厚，诸美德皆一一表现，实全人格之一象征也。故备载其始末（指《安南供役纪事》）如右"，均出自对朱舜水《纪事》白笔的感慨。可当问及朱舜水凭什么当着安南国王的面厉声"抗役"却反而能绝地逢生时，《敕谕》就显得十分重要了。

《敕谕》的落款时间"鲁监国九年"，为清顺治十一年即公元一六五四年。该文是南明政权监国鲁王朱以海为延揽朱舜水共襄恢复大业而撰。因被发现时朱舜水已病逝于日本，所以直到一六八二年弟子们在整理他的遗物时，才首次发现了这通秘不示人的《敕谕》，并于一七一五年被德川光圀收录在《舜水先生文集》中。这意味着，他生前应该不会把"身蒙征辟之荣"语及近习者和"亲友门人"。从《敕谕》的文字看,鲁王为明室恢复而对朱舜水思贤若渴的急迫心情,已表达到极致。作为监国而能够如此低姿态地与臣下袒布腹心,这在历代"敕谕"中实属罕见。唯因关山迢递且朱舜水居无定所,所以直到三年后《敕谕》才辗转至朱舜水手中。当时,朱氏正被"软禁"于安南,且生死系于一线,故可以想见其看到《敕谕》后凝重而激动的心情,所以有"巾衣香案""谨择吉日""叩头谢恩""钦此钦遵"等夸张举动——而这也就是他在写给监国的回函《谢恩奏疏》中要立下为鲁王效力和匡扶明室誓言的原因:"臣虽无节义文章,足副主上梦寐延伫之求,至于犬马恋主之诚,回天衡命之志,未尝一刻稍迟也。"然而,更为直接的危险应该是朱舜水遇到了"安南供役"事件,即被安南人强行"差官"为文书的麻烦。他本人似乎一度把不肯屈就"安南王"的行动理解成将为大明尊严而殉节赴死,于是,《谢恩奏疏》曾一转而为与主上诀别之遗言。可是,朱舜水三个月后再寄给鲁王的另一封信——《上监国鲁王奏疏》却表明,朱氏并未"就义"。按照朱氏的说法,安南人倏忽间变得和善有加且唯唯诺诺,是因为他们对自己奉衣带诏身份所提示的"征君"地位已有所耳闻。《谢恩奏疏》显示,几乎就在命悬一线那一刻,他已及时通过能证明自己身份的帖子《钦奉敕书特召恩贡生顿首拜》,给对方递上了特别的提示,并且之前也透过"黎医官"说出了自己的非常来历并有意让医官转达给执政。朱舜水与生俱来的"华夷"观念让他坚信,在封贡时代,其"征君"身份是能够保障其超越国界的尊贵、威严甚至生命安全的。即便在明廷式微、社稷危殆之际,千百年来形成于中华世界的权力与权威,在周边国家中应仍有余勇可贾。在这样的预设下,当(安南)差官提出"茹主(大王)征诸儒,如何议论"等问题时,朱舜水的回答显然意味着权威和标准:"天子方得言征,大王即尽有东京土地,而中国尽复其位号,不过荒服一诸侯王耳,何敢言征!"

6

差官闻之,"点头曰:'派!派!派!'(平声,是是是),连说八九声"。而朱舜水所见闻的个别事例,似乎还解释了他何以在安南王要求其下拜时会抗命不遵并露出了一脸的看不起。他曾对当地人说,自己能行止安南,原因为"安南、朝鲜"乃"知礼之国,是以遁逃至此"。可没想到,"今贵国不能嘉惠远人",甚至见中华来人就急着要算卦看面相,"问所非宜,终不知为亵客","已后幸勿再及"!言语之间,已为大家勾勒出一个"非礼"的世界。

那么实际情况又如何呢?陈荆和的研究显示,时"贤主"(安南王)和阮府对于朱舜水"安南供役"之真意,不过是临时征用其一干人替他们起草敌后招抚及怀柔工作所需的文告及函件而已。朱舜水之抗礼虽一时使贤主不快,但及知朱舜水原意后,则能释然而解,毫无顺我者生逆我者亡之独裁作风,甚至有意延聘他于幕下。张医官所转贤主对朱舜水的评价是:"高人,我不知其胸中,但去问的无有不知,这见高得紧的人,我安南自然没有,便是大明,如此人者恐怕也少。"陈荆和认为,这句话因出自朱舜水自身之笔下,难免令人无聊生厌,但如果真出于贤主之口,则更可证实贤主对舜水之推重。既然贤主如此尊敬,文武百官亦无不倾心思慕,那么为何朱舜水还要在上鲁监国第二道奏疏(《上监国鲁王奏疏》)中向鲁王恳求"倘主上必不忍弃臣于外,乞敕藩臣,明言索取,彼必不敢再复拘留"呢?实际上,知道朱舜水无意于仕途后,贤主并未加以挽留,其间也根本没有耸人听闻的了不得的大事。所以细读《供役纪事》,再参较越方同时代史料,总会觉得整个事件不过是舜水一人之独角戏,其小题大做的成分相当多。而朱舜水对安南的"非礼"式描述,在陈荆和看来也是有违事实的。阮府官员倾向礼教之风气者久矣。《东西洋考》"交趾交易条"早就说:"土人嗜书,每重赀以购焉。"阮主所辖地区乃著名礼教之邦,阮府官员虽身在战乱,仍不忘文教。倘安南王真不知礼,朱舜水不畏死的"表演秀"也就没必要做了。而且当时,阮府与中国之间未尝有邦交,更

7

谈不上宗藩关系。这意味着，在安南人看来，朱舜水并不是带有公务或官衔的什么大人物，而不过是以难民或商贾身份客寓会安的侨民。并且"据管见，应聘鲁王征召云云很可能是舜水突然被征，为抬高身价，或者为其不拜阮主作辩护而发之言辞"而已。言外之意，"天子方得言征"和"荒服一诸侯王耳"等话，不过是朱舜水自抬身段的自说自话，而那时的安南人是听不懂的。

陈荆和的上述分析，一定程度上验证了朱舜水的"迂回其道"，即名为见鲁王却转而"静候夏间附船前去日本，复从日本，方达思明（厦门）"等一般人难解的做法。然而面对众人的"竞诋狂惑"舆论，他除却"臣之苦衷，不便明言"一句外，起初并没有给出任何具体的说明。不过大家注意到，朱舜水摆脱安南纠缠后所到达的第一站，果然是日本而不是思明。至于朱舜水何以如此为之的理由，其弟子曾代言称："先生欲归桑梓，潜察中兴之势，而屡经窘迫，资装匮耗，乃又上疏鲁王，陈其情状。明年戊戌夏，又至日本。盖因鲁王之召，而欲从日本抵思明，亲据情实而决去就也。是时海内幅裂，兵革鼎沸，欲从安南直赴，则行路艰涩，是以欲取海路，而舟山既陷，先生师友拥兵怀忠者，如朱永祐、吴锺峦等，皆已死节。先生闻之，进退狼狈。然欲审察时势，密料成败，故濡滞沿海，艰厄危险，万死如发。于是，熟知声势不可敌，坏地不可复，败将不可振。若处内地，则不得不从清朝之俗，毁冕裂裳，髡头束手，乃决蹈海全节之志。以明年乙亥，又至日本。"（今井弘济·安积觉：《舜水先生行实》）这或许已经替老师解开了"臣之苦衷，不便明言"的谜底，但奔赴思明的目的不过是"亲据情实而决去就"等"看看再说"的态度，却表明舜水"勤王"的意志并非像《谢恩奏疏》中所期许的那般坚定。而更加真实的信息，应反映在朱氏定居日本后与弟子的那段坦诚道白中，即：多亏当年鲁王对他知之不深（只以朱舜水为贡生），否则，他也将和那些殉国者一道去"舟山同死，不得来此有今日之事矣。可见万事皆有伏倚也"(《答安东守约问八条》)。这种为躲开征辟而暗自庆幸的语气，已很难让人相信朱舜水真的就接受了《监国鲁王敕谕》的"特敕"；而他对安东守约的这番细语还表明，所谓生前秘不示人的《敕谕》，其实也没有必要再去示人了。

虽不能轻言这便是朱舜水的海外行事风格，但有些言语和行动之间的不协调事例，后来仍不时出现在他的在日经历中，也包括被某些日本友人有意无意的反用。

首先遇到的问题是，他一六五九年定居日本时是自己的"乞留"还是日本人的"恳留"。因为明清交替之际大陆不静和西方基督教的东渐，德川幕府已于一六三九年起采行了"锁国"策。这意味着，明清鼎革后朱舜水想定居日本，并非易事。在《上长崎镇巡揭》一文中，我们读出了朱氏的这份焦虑。先是，他于"辛卯岁十月"对长崎长官控诉了明季无道致清人入主的悲情，也直抒自己"世叨科甲，世膺诰赠，何忍辫发髡首"的苦衷，希望"贵国之王加礼远人"且"亦止瑜而已，此外更无一人可以比例"。而更进一步的原因是，"今瑜归路绝矣"，且"瑜之祖宗坟墓，家之爱子女，皆在故国，远讬异域，岂不深悲！只欲自全忠义，不得已耳。幸阁下哀怜而赐教之。瑜虽亡国之士，不敢自居于非礼，亦不敢待阁下以非礼，故专人赍书进上，非敢悖慢也，临械可胜惶悚待命之至"云云，甚至说到了"若蒙收恤，瑜或农、或圃、或卖卜、或校书，以糊其口，可不烦阁下止廪饩"的程度——其"乞留"中情，一望便知。可后来，他在《与孙男毓仁书》中却有了与上述不同的说法："日本禁留唐人已四十年。先年南京七船，同至长崎，十九富商，连名具呈恳留，累次俱不准。我故无意于此，乃安东省庵（守约）苦苦恳留，转展央人，故留住在此，是特为我一人开此厉禁也。"类似日本人央求"我"留下甚至勉强"我"留下的表达，还体现在他写给好友王仪的书信中："先年专人到崎，弟本不肯遣，小宅生顺三相强。此时宰相源公就国，适遇

水灾，惊遽无可商议，不得已勉从彼言。"(《与王民则书三首》)

其次，日本友人的某些做法曾屡让朱舜水感到沮丧。定居日本后，德川光圀念及朱舜水年高体弱，曾有意让他的孙男毓仁前来，结果以所谓"碍法禁"，"不能诣武江（江户）"的理由，被拒绝东来。然而，据《舜水先生行实》载，当时，朱舜水之所以跟孙子"以书通情"，也正是因为"老疾不能赴长崎"。于是，"上公（光圀）闻之闵恻，欲召毓仁侍养，而毓仁受母命而来，当归报母，故踟蹰不敢遵命也。于是上公谕先生，使门人今井弘济往长崎，赐赍毓仁甚优渥"。据载，毓仁是戊午年（一六七八）十二月到达长崎的，今井则于己未年（一六七九）四月抵长崎慰问毓仁，并于当年七月返抵江户。梁启超《年谱》称："毓仁归。越六年乃克再来，而先生遂不及见。"起初，朱舜水大概以为有光圀出面，所以才会像梁启超所说的那样"以为毓仁可来江户"。然而，这一顺理成章的想法，却被毓仁以"先回家禀母说爷爷安好，然后再返回日本"等理由给拒绝了，仿佛只有这样，才能"于祖于母，孝心两得矣"。结果，"七月，弘济归都，备述毓仁之意及桑梓之信。先生怃然感怆"(《舜水先生行实》)，且不禁浩叹："仆去家三十五载，今年八十岁，小孙涉海数千里远来，兹在咫尺，反不得一面，若祖若孙，何以为情？！"(林晦庐辑：《明代轶闻》）就事理而言，毓仁既然不辞生死颠簸来日本探祖，公孙至少应该亲见一面才是。而且一六七九年舜水已年届八十，今井在向毓仁介绍其祖父时也没必要回避"先生素患咳血二十余年"的事实。对如此年高体弱、朝不保夕的老人，只以回家报信为由即谢绝见面，且六年后返日时朱舜水已驾鹤西归，说明毓仁所言，是有违常理的。从时间上看，及今井抵达长崎时，毓仁已经在长崎驻留四个月之久，完全有时间亲赴江户与祖父面晤。倒是日本人很注意了解朱舜水在写给毓仁的信中都提了些什么："先生寄书审问祖宗之坟墓，旧友之存亡，且警之以国亡家破，农、圃、渔、樵，自食其力，百工技艺，亦自不妨；惟有房官决不可为耳。竟不及其他。"一个"竟"字，透出了警惕和防范。亲族之人既不得来，友人总还可以吧？于是，朱舜水给光圀写了封信，备述老病境况，看能否让当年一起在海上经营恢复之资时的老友王仪（王民则）前来照顾自己，并告诉光圀，王仪"已于六月十八日到港"。据说光圀闻之，十分高兴，不但遣人帮忙办理王仪的驻留手续，而且还给王仪准备了一套在当时来说堪称高档豪宅的住所——用属下"孙兵卫"的家室，来迎接王仪。照理，朱舜水当对这一极佳的安排感激涕零才是，但他谢绝了。理由是："此不独本人（孙兵卫）怨咨而已，旁观之人亦皆不平。必谓上公厚于新人而薄于旧人，亲其疏远而略其久役。不能为上公增美，而反为生怨，瑜独何心？"单从光圀的安排看，人们找不出安排者有何不妥，而受关照者的正常反应，大概除了感谢，还是感谢。然而，朱舜水的过人之处在于，在向光圀表达了自己诚挚谢意的同时，也明确地告诉光圀此事断不可行的道义根据。对于身无分文资本而唯凭道义立身的朱舜水来说，无端受恩几乎是他寄身异域的最大忌讳之一。于是，坚辞固请，便只能成为舜水在这个问题上的唯一选择。人们注意到，在文书中并没有见到光圀对朱舜水要求的拒绝字样，相反，倒不时可以从日本学者的研究中读出这样的结论，即：光圀不是不想关照舜水，而是这一番美意最终被舜水所拒绝（石原道博：《朱舜水》）。只是，相关资料显示，王仪最终并没有被叫来江户。无数迹象表明，朱舜水自达日本至死，几乎未与任何中国亲友见过面；所通信函，亦无一不被明录在案，并最终汇总于《文集》，几无丝毫隐私可言。

至于他的所谓"私生活"，似乎就更有些匪夷所思了。有三条材料，可列在这里供有心者去琢磨。其一，"诸工以其远客，纳侍女十二人，竟一不御。在日本四十年，终而葬焉"（邵念鲁：《明遗民所知录》），其二，"（舜水）离家四十年，不接妇女。或谕以置妾以备药饵之奉，而先生不许焉"（《舜水先生行实》），"问其由，则曰：'七十行役'之说，屡承恳恳至意……但此事不宜苟且。不佞之守身，至今如执玉奉盈，犹来奸人谗贼，万一真足以自污，洗之亦不白矣，可不惧乎"

11

（《与安东守约书》）；其三，"舜水归化历年所，能倭语。然及其病革也，遂复乡语，则侍人不能了解"（《先哲丛谈》）。史载，朱舜水不但能讲一口流利的日本语，而且还用和文撰写过一部《学宫图说》。如此精湛的日本语交际能力，会因一场病而遗忘殆尽，有点天方夜谭。难道使"侍人不能了解"才是朱舜水的真实目的？未可知也。

读书短札

黄绍箕的介绍信

陆德富

光绪十四年（一八八八），康有为第二次进京，参加顺天府乡试。在京期间，他结识了盛昱。盛昱字伯羲（或作熙、兮），宗室，光绪二年进士，时任国子监祭酒。康有为打算以国子监荫生的身份请求盛昱代奏上书。

康有为是通过黄绍箕而结识盛昱的。他曾作《赠盛伯熙祭酒》一首，自注云："戊子（按，即光绪十四年），吾以诸生诣阙上万言书，首请变法，诸公格不达。盛公时为祭酒，黄仲弢编修与友善，为介焉。先生慨然代递，遂过引爱，频馆其家，读其藏书。""仲弢"是黄绍箕的字，浙江瑞安人，时为翰林院编修。

康有为的很多说法，虚虚实实，不可遽信。不过，他通过黄绍箕而结识盛昱，倒确有其事。最近恰好看到一封黄绍箕的书信，内容正是将康有为介绍给盛昱的文字。这封信是这样写的："昨示诵悉，感感。南海康君祖诒字长素，系朱子湘先生之弟子，与延秋、星海皆至交。仰慕大名，亟思一见，属为先容。兄现在假期内，想不出门。敬乞示知。伯羲二兄执事。弟绍箕顿首。"先介绍康有为的基本情况，"朱子湘"即朱次琦，系南海名儒。"延秋"是张鼎华，"星海"即梁鼎芬。再说康有为与张鼎华、梁鼎芬均为至交。此二人也应与盛昱友善，故而黄绍箕才会提到他们。这当然是为康有为说好话。

信末说，康有为因为仰慕盛昱，故而主动请求黄绍箕将自己介绍给盛昱。但是，彼时的康有为对京师官场并不熟悉，因此，将康有为介绍给盛昱，并通过盛昱代奏上书，恐怕还是黄绍箕的主意。康有为在《题黄仲弢编修龙女行云图》自注中说，黄绍箕"即为我上书奔走者"，又在《自编年谱》中说，此次上书，黄绍箕、沈曾植、屠仁守"实左右其事"，可以为证。

王晴佳

朱宗元：一个人的全球史

虽然自二十一世纪以来，全球史作为一个历史书写的流派已经席卷全球，但从一个人的视角写作全球史的学者还不多见。坦白地说，如果我十年前问夏德明（那时他还在美国杜克大学任教），他以朱宗元为题、在德国弗莱堡大学完成的博士论文，是否能写成一部全球史，我想他或许也不会给予一个肯定的回答。这里应该有至少两个原因。第一与全球史的渊源、理念和实践有关，第二是朱宗元其人其说是否能展现和支撑全球史的视角和范围，或有一些不确定之处。不过也许正因为这个缘故，我在此书英文版出版不久，便找来读了一遍。现在张旭鹏教授用通顺流畅的文笔将之迻译为中文，我又认真再读了一遍，感触良多，于是决定写出来与读者分享。

中国有句古话：知人论世。我想先说一下朱宗元其人其世。对于大多数人来说，朱宗元的名字应该比较陌生。百度为之设有一个简短的条目，基本依据了天主教史家方豪的论述。虽然寥寥数语，却在一处将一六二五写作朱的生年，而在另一处则说是其卒年。事实上，根据方豪的考证，朱宗元（字维城）可能生于一六〇九年，但夏德明参考了国外的资料，认为他应该生于一六一六年，卒于大约一六六〇年，所以百度所提的一六二五年不知依于何据。朱虽然寿命不长，但却经历了明清易代。不过值得玩味的是，他尽管出身官宦，其祖父曾出仕明朝，官至正五品，他一直生活的所在地宁波，应该像其他江南的城市一样,也曾有抗清的活动,但他本人却在一六四六年便参加了清朝的科举考试,中了秀才,两年后又中举。夏德明观察:"朱宗元并不是满洲统治中国的积极反对者,也没有退而求其次选择一条被动的抵抗道路。"他也指出,朱宗元的做法"并非宁波士林之常态",因为在他准备举人考试的前一年,当地还有人密谋推翻清朝,而他的密友还参与其事。

朱宗元没有入仕,其原因或许是他在一六三八年便经葡萄牙传教士何大化(Antonio de Gouvea),在杭州受洗成了一名天主教徒,并有了一个教名葛斯默·朱。于是,朱宗元虽然在中国有点名不见经传——一七三三年的《宁波府志》便没有提他——但其名字和事迹却见于耶稣会所存的一些资料中。当然,在明代朝廷,是否入天主教应该不是阻碍某人入朝做官的主要原因。比朱宗元早一两代的徐光启、李之藻和杨廷筠都是明朝重臣,同时也是那时中国基督教的"三大柱石"。与他们相比,朱宗元无权无势,充其量只是一个地方士绅。

但重要的是,这或许也正是此书的一个价值所在。夏德明试图从一个中国普通士人的眼光,查看和探究全球范围的文明交流及其深浅程度。"二战"之后,历史研究"眼光朝下"渐成趋势,小人物的生平事迹也开始进入史学的大雅之堂。其中比较令人瞩目的是法国年鉴学派的第三代传人埃马纽埃尔·勒华拉杜里的转变。勒华拉杜里为费尔南·布罗代尔的弟子,其成名作为一九六六年出版的《朗格多克的农民》。他从环境气候的变与不变考察一个法国乡村的历史,试图展现那个地区农民生活的"长时段"。为此勒华拉杜里罗列了大量数据,并宣称将来的史家都必须像电脑程序员那样,懂得如何处理和分析数据。因此在他的《朗格多克的农民》一书中,鲜有具体的人物和事迹。但有趣的是,在仅仅九年之后,勒华拉杜里便出版了《蒙塔尤》一书,以出生于该地,后来成为教皇的雅克·富尼埃与村民的"残酷合作"为内容,开创了"微观史"的一个先例。《蒙塔尤》虽然写了富尼埃,但其成功之处在于生动再现了法国农民的生活日常。而意大利史家卡洛·金茨堡的《奶酪与蛆虫》和美国史家娜塔丽·戴维斯的《马丁·盖尔归来》,则将小人物作为历史叙述的主角,前者是一个粗通文墨的磨坊主,后者则是一个大字不识的年轻农妇。但在一个地方,他们的事迹与富尼埃产生了某种联系:后者曾是天主教会宗教裁判所的一个法官,而裁判所对后者的审判,才让两位史家获得了写作这两位小人物的基本史料。

上述这些微观史的作品,被视为新文化史的代表,其特点是专注呈现一时一地的历史。但微观史的取径则又在近年全球史的写作中有所表现,名为"微观全球史"(global microhistory),实践者之一就是上面提到的戴维斯。二〇〇六年戴维斯出版了《骗子游历记:身处两个世界之间的一位十六世纪穆斯林》(*Trickster Travels: A Sixteenth-Century Muslin between Worlds*)。另一本类似的著作题为《伊丽莎白·马什的磨难:一个女人的世界史》(*The Ordeal of Elizabeth Marsh: A Woman in World History*),作者琳达·科利现为普林斯顿大学的知名全球史家。这两本书的主人公性别不同,经历也正好相反:一个是中东人被俘到欧洲生活了几年,另一个则是从欧洲被俘到了中东,卖身为奴。而一个共同点则是:虽然并非自愿,但他们都有身处不同世界的经历。

与上面两位人物不同,朱宗元一生都生活在宁波及其周围,没有云游四方的经历。夏德明对此毫不讳言——原书的题目如果自译,可以是"一个从未游历之人的全球纠葛",显出作者有一种反其道而行之的用意,也是本书的吸睛之处。那么,朱宗元的"全球纠葛"体现在何处呢?我认为主要表现在以下三个方面。首先是明代,特别是江南的对外开放程度。上面提到的基督教在明代中国的"三大柱石",与朱宗元一样,均出生和生长在江南。根据夏德明的考证,朱宗元是他们家族的第一代教徒，其父母对其皈依天主教，曾有所顾忌和反对，但听了朱的解释之后，却"对基督教产生了兴趣"，其母亲后来还在耶稣会神父到达宁波之后受了洗。不仅如此，根据耶稣会所存资料，朱氏家族还有其他人士也成了教徒。夏德明认为其原因在于，朱宗元所生活的环境，其实是一个"儒释道相互重叠的世界"。正是这种"融合信仰"（syncretistic beliefs）的传统才让耶稣会在中国的传播得以顺利进行，而这一文化、宗教的开放氛围，又源自江南和宁波在对外贸易上的重要作用。夏德明如此描述："宁波长期以来一直吸引着国内外的移民，这个港口在历朝历代接待了大量穆斯林群体和其他来自远方的商人。……当朱宗元走在宁波繁忙的街头时，在这座生产设施和商业活动已经存在了很长时间的城市中，明显具有外国血统的人依然十分常见。"事实上，在他所查阅的欧洲文献中，宁波根据广东话的发音而写成了Liampo，并被"广泛使用"，与欧洲商人交谈所用的语言，也常常是广东话。如此种种，可见明朝虽然自土木之变之后，对外政策明显内转，不但在北方修筑了长城，而且还在东南沿海实施海禁，围剿所谓"倭寇"。不过戚继光的抗倭事迹虽然闻于史书，但实际上明代的海上贸易仍然持续不断。夏德明指出，十六世纪上半叶，也即戚继光在福建沿海抗倭斗争如火如荼的时候，宁波兴建了出口型工厂、七座商业城镇，使其成为"中国的一个重要港口，其地位一直保持到二十世纪早期"。由此缘故，在朱宗元生长的十七世纪上半叶，宁波的商业活动虽然由于明朝的衰败而有所减损，但"外国纺织品和家具在宁波和其他地方的上层社会仍然很流行"。他还引用当时在东南亚的欧洲人的观察："明朝虽实施海禁，但中国人无处不在。"换言之，夏德明虽然没有像国内读者熟悉的黄仁宇那样，提倡用"大历史观"来解释明代的兴亡，但他对朱宗元其人其世的微观考察，为读者展现了一个实地实情的图景。他的研究与柯律格（Craig Clunas）、卜正民（Timothy Brook）、巫仁恕、王鸿泰等人的论著相得益彰，使我们对明代商业的规模、对外贸易和移民及其对明代历史的影响，产生了一些不同的体认。

其次，它关系到天主教的教义及其在宗教改革之后的一系列实践。夏德明本人出身于一个天主教的家庭，在书中对这一题材处理起来颇为得心应手。他指出朱宗元生活的年代，正是三十年战争肆虐欧洲的时候。这场虽然表现为君主国之间的领土纷争，其源头则是十六世纪初的宗教改革。宗教改革的结果或许可以用一句中文来形容："道术将为天下裂。"也即原来天主教会的一统天下，逐渐分崩离析，形成了不同的派别和阵营。值得一提的是，译者张旭鹏在本书的起始，加了一个注释，说明夏德明虽然在书中将Christianity和Catholicism交替使用，但前者在那个年代与后者的区分并不明显。的确，如果粗看一下基督教会的历史，让人会有一种不断排除异己、不停对抗异教的印象，但其实Catholicism一词，与"世界主义"（universalism）有同一含义，表现为对天下一统之理想的追求。在十五世纪之前，囿于其生产力的低下，欧洲人与外界接触不多，无从推广其自认为普遍的价值观。但十字军东征中东的狂热，或许可窥其世界主义之一斑。欧洲航海家抵达非洲、"发现"美洲之后，对其已有的世界观产生了巨大的冲击。他们起初的做法是认其为诺亚方舟散落在其他地方的上帝子民，因此他们在那些地方的扩张，兼有掠财和传教的双重目的，后者即是为了将之纳入其世界体系，实践其天下一统的理想。

宗教改革之后，新教的崛起分去了天主教会大约一半的辖地。受其世界主义观念的驱使，天主教徒试图挽回损失，在欧洲之外的地方积极传教，扩展其势力。耶稣会的成立及其在东亚的活动，便是一例。有关这一课题，以前的研究侧重耶稣会的精英、成功人士如利玛窦、沙勿略，让人觉得其传教采取了一种自上而下的策略，比如汤若望与顺治皇帝的交谊，便为例证。夏德明从基层出发来查看耶稣会的活动，指出尽管耶稣会士在东亚传教貌似态度积极，但其实实际参与的人数并不多,因为亚洲的情况不同,其教士无法在当地建立独立于国家的教会系统,而欧洲教会人士对这一问题的立场,又有着明显的争议,影响了传教士的派遣。因此他指出:"十七世纪,活跃在中国的耶稣会神父从未超过四十人。"这些神父虽然马不停蹄、四处奔波,但许多日常的仪式还得依赖中国的平信徒来实施。这一基于地方教会的研究发现,对我们认识耶稣会对中国文化的包容和赞赏的态度,提供了一个新的认知。诚然,"在许多耶稣会士的世界观中,文化差异是上帝赋予的。……他们并不认为改宗天主教信仰就等同于传播欧洲的生活方式和社会文化价值"。但同时可以看到,这些教士认可和允许中国信徒保留某些当地的文化、宗教的习俗,其实也是一种不得已之举,因为"仅有的几十名神父必须去面对十万左右的皈依者"。夏德明由此总结道:"中国的习俗和传统在许多基督教社群中发挥着重要作用,也就不难理解了。"

再次,如上两点,为本书处理和分析其主角朱宗元的地位和作用提供了背景和舞台。如果说宁波开放的文化和宗教氛围,让朱宗元得以无阻碍入教及之后积极宣传基督教义,那么他对"天学"(朱对天主教的称呼)的赞赏、认可和阐述,反映了一个中国士人的"全球纠葛",也即他沟通中西学问和宗教的努力。与当地的许多人相比,朱宗元无疑是博学的。他的中举自然靠的是他对儒家经典的钻研,但他对佛教和道教亦相当熟悉。在其自述中,他说到自己"痛苦地感受到人生的短暂、声名的浮华和人类认知的局限",而三教对之帮助不大,只有读了"天学诸书"之后才顿然觉得:"道在是!道在是!向吾意以为然者,而今果然也。向吾求之不得其故者,而今乃得其故也。"因此朱宗元之皈依天主教,经过了一番深思熟虑。他对自己经历了这么一个思索、探寻的过程,毫不隐讳,而是乐意与读者分享。他除了写作比较正式的《拯世略说》和《天主圣教豁疑论》,还有《答客问》一册,具体、切身地解答了自己求道得道的过程。与其他信徒分享自己皈依的过程和经历，本是基督徒中颇为常见的现象，不过大多数人都只是口头讲述，而朱宗元的博学，使其著作得以在当地流传，乃至保存至今。他的举人身份或许让他在当地基督教团体中颇具威望，因为那时整个中国有大约十一万信徒，而有举人头衔的只有四位。借助他的影响力，朱还出力支持出版了另外两本宣传教义的册子。

尽管如此，夏德明强调，朱宗元终其一生还只是一个地方士绅，其著作在中国的流传也仅限于当地。不过值得注意的是，朱的著述专注讨论天主教与中国文化的融合，是具有宗教性质的著作，而那时其他耶稣会士写作和翻译的著作，则以介绍欧洲的科学、地理学知识为多，"其关注的主题与基督教没有直接关系"。夏德明由此指出，朱宗元的著作之所以能出版乃至两次再印，一个原因是得益于当地书籍文化的发达，因为宁波与苏州、杭州一样，"都是当时书籍生产的中心"。另一个原因则是朱宗元的著作虽然在中国流传有限，但他对天主教的阐述及其在中国的实践，使其介入了"全球天主教图书市场"。换言之，朱宗元的"全球纠葛"，体现在他对天主教的理解和阐发，得到了欧洲读者的注意并引发了某些争议。"朱宗元的著作可以被置于中国和欧洲的双重文化语境中，抑或介于两者之间。"更具体一点说，朱宗元其人其说之所以能成为"一个人的全球史"的题材，是因为从一个微观的角度展现了耶稣会乃至天主教奉行世界主义或天下一统，在欧洲之外地区传教的全球经验。夏德明用朱的《拯世略说》一书，对之做了具体的阐述。朱在书中将基督教与儒释道三教做了对比，指出前者为天主创建而昭示于尘世，因此"至真无谬、至备无缺"。这一天主之道，与早期儒家圣人的追求并无二致，不过儒家后来偏离了，而佛教和道教则在朱宗元看来，不但是"异端"，而且还是让儒家偏离天主之道的原因。这并不足怪，因为这一现象并非中国独有。朱宗元写道："人有不尽性者，天主乃命圣人立教以训之耳，如中国之尧、舜、周、孔及他邦之一切先哲是也。人又污蔑圣言，不知遵守，天主不得不躬自降生喻世。"夏德明评论道，这是朱宗元最具"全球视野"的言语，因为他将中国文明与"他邦"等同处理，都需要接受抑或回归天主之道。这里朱宗元表现出了十分明确的天主教立场：他不仅认为上帝是世界万物的创世主，而且还是无所不知、无所不能的（omniscient，omnipotent）。

但朱宗元又终归是一个中国人。他的"全球纠葛"又表现在他处处想让儒家的礼仪传统与天主教接轨。为了证明吸收天主教之必要，他强调中国的先哲从来不主张"文化孤立主义"，他也声明"中国文化统一不变的观念"并不足取。更有意思的是，他对儒家的华夷之辨做了解读，强调两者的区分不应基于种族，而是应当根据道德之高下来划分。他还将耶稣神父比作"圣人"，称赞他们舍己为人、"饮大苦如甘饴"的德行，指出他们的言行体现了儒家的"仁"的理想。饶有趣味的是，朱宗元做出以上的论述，显然出自一个中国基督徒的立场，为的是证明基督教与中国文化的相通相融，而他这些议论的背后，却又处处显现一种全球文化比较的视角，指向了世界文明之间所具的普遍共性。

尽管与天主教的其他组织相比，耶稣会在欧洲之外的传教相对成功，于是让朱宗元这位出自江南的"在地之人"，参与和介入了近代早期文化、文明交流的话语体系，但如同夏德明所言，中西文明之间"融合的限度"依然存在。朱宗元虽然足不出宁波，但他讨论儒家礼仪和天主教义的论述，却在一定程度上影响了著名的"礼仪之争"。朱宗元本人的立场是，中国信徒可以出于尊重而敬拜祖宗，但如果因"祸福之故"而祭拜祖先则是"渎神"，因为如此做法便将逝去的祖先视作"主宰"了。在许多人看来，这或许是一种颇为合适的融合之道，但却为当时其他许多教派人士所不容。夏德明有所惋惜地写道：朱宗元的著作引起了争议和批评，一个原因是因为它们没有被全文译成欧洲文字，而是被断章取义了。的确，阅读此书让人产生不少疑问。作者本人似乎也并不希图对这些疑问都做解答,而是在书的末尾,提出了更多的设问来作为本书的结束。如其副题所示,朱宗元身处一个"相互冲突的世界",而冲突的潜在根源,正在于文明之间"融合的限度"。质言之,尽管东西方都有追求世界大同的理想和努力,但世界之间的相互冲突则似乎又是世间的常态。也许这就是我们需要不断重温历史的意义所在吧。

(*Global Entanglements of a Man Who Never Traveled: A 17th Century Chinese Christian and his Conflicted Worlds*, Dominic Sachsenmaier, New York: Columbia University Press, 2018)

北窗读记

陆游诗中自论书

刘 涛

陆游自言"六十年间万首诗"。钱锺书说陆游的诗作:一面是悲愤激昂,要为国家报仇雪恨,恢复丧失的疆土;一面是闲适细腻,咀嚼日常生活的深永滋味(《宋诗选注》,190页)。

他写草书也会"惹起报国仇、雪国耻的心事"。有句道:"驿书驰报儿单于,直用七锥惊杀汝!"(《醉中作行草数纸》)

他感叹"胸中磊落藏五兵,欲试无路空峥嵘",就把酒后纸上作书当战场:"酒为旗鼓笔刀槊,势从天落银河倾。端溪石池浓作墨,烛光相射飞纵横。须臾收卷复把酒,如见万里烟尘清。"(《题醉中所作草书卷后》)

宋朝许多诗家善书,陆游也锐意书法。《暇日弄笔戏书》诗自报"草书学张颠(张旭),行书学杨风(杨凝式)。平生江湖心,聊寄笔砚中"。陆游作字的状态更像张旭:"龙蛇入我腕,扺素忽已穷。"他长于行草书,存世书迹有十余种。八十岁写的《自书诗卷》尤为著名,笔画挺拔,笔力遒健,笔势奔放,自谓"墨翻初若鬼神怒,字瘦忽作蛟螭僵"(《醉后草书歌诗戏作》)。

陆游晚年退居家乡绍兴,《冬日》的"午窗弄笔临唐帖,夜几研朱勘楚辞"是他的自我写照。《作字》诗形容自己的书迹"整整复斜斜,翩如风际鸦。书成半行草,眼倦正昏花",又以"未办仓盛笔,宁能锥画沙"解嘲,诗末"老夫端可愧,头白不名家"两句,流露出未能以书法名家的遗憾。

许准

社科城头大王旗
——从经济学何以拥有诺贝尔奖说起

对于国内知识界乃至社会大众,一年一度的诺贝尔奖总是一个特别的热点事件。除开大家出于爱国和民族感情而期待国人获得大奖的热情之外,还有从近现代以来中国社会整体对于科学的信赖和追求。因为如大家所知,诺贝尔奖从开设之初,就与自然科学界的诸多重大发现联系在一起,自带有科学王冠的光环。当然,诺贝尔奖各个奖项之间并不完全一样,不少人会把诺贝尔奖里面的非科学类奖项比如文学奖与和平奖单独看待。但是作为诺贝尔系列里唯一的社会科学奖项的经济学奖又如何呢?获得了诺贝尔经济学奖的成果,是不是如同物理和化学奖一般,应该被视为某种对客观真理的重大揭示呢?

我们不必一一讨论历年来诺奖的具体成果,不妨换个角度来看问题,那就是为什么经济学会拥有诺贝尔奖?这个问题看似直接,答案却并不简单。众所周知,经济学并非诺贝尔"原装"的奖项之一,而是一九六九年才开始颁发的。假如诺贝尔奖官方只是单纯地试图把社会科学包括进其评价体系,那么为何跟经济学在学科史上同样重要的政治学和社会学等偏偏就一直缺席呢?在知识界,一些分析者也指出诺贝尔经济学奖其实不是真诺贝尔奖,只不过是瑞典中央银行奖而已。这个说法无疑是正确的,但为什么瑞典中央银行会涉入,这个央行奖又如何与诺贝尔挂钩呢?

近些年来，思想史学家米罗斯基(Philip Mirowski)及其他几位学者根据各种公开材料、档案和采访对这些问题进行了颇为深入的探究，可以说揭开了诺贝尔经济学奖的一页少有人知的起源历史〔Plehwe, D., Slobodian, Q., & Mirowski, P. (Eds.). (2020).*Nine Lives of Neoliberalism*. Verso Books〕。我们不妨先简要地复述米罗斯基等对诺贝尔经济学奖出现的思想史研究。首先是瑞典的政治背景，该国"二战"后的政局长期由"左倾"的社会民主党掌握，这些社民党人普遍提倡对市场的约束和管制，以及借鉴社会主义的一些政策，注重对收入分配的调节，这就是著名的瑞典模式，或者北欧模式。而瑞典国内的政治反对派，比如当时最大的反对党"自由人民党"，就长期批判社民党的福利国家模式，主张减少管制和国有，后来获得诺贝尔奖的经济学家俄林就长期担任该党的领袖。还有少数活跃的经济学家和经济官僚，比如长期担任瑞典央行行长的奥斯布林克(Per Åsbrink)和任教于著名的斯德哥尔摩经济学院的林德贝克(Lindbeck)等。这些人绝对数量不多，但是占据学界和经济部门的重要职位，且对社民党的纲领持反对意见。在反社民党主导的瑞典模式的大前提下，这些政、经、学三界的力量就有了团结的可能性。

其次，则是国际上已经有了一批活跃的主张保守经济路线的学者、政客和商人，这些人也有一个后来颇有名望的组织——朝圣山学社，代表人物比如哈耶克等。这个学社一开始就得到美国和瑞士银行家的慷慨支持，但是其核心的市场化、私有化主张，在战后福利国家时代的西方资本主义社会里，暂时难有知音。那个时候，朝圣山学社所代表的新自由主义主张还只是一个相对边缘的学说，而所谓的经济学界也还远远不像现在这样统一在美国的标准之下。各国都有自己的学术传统、自己的刊物，各国学者的论文主要也是用母语发表在本国的刊物上。朝圣山学社团结了欧美诸国新自由主义学界商界精英，也提供了一种用新自由主义经济学，用美国的英语刊物来统一各路经济思想的愿景，但是还缺少一个强大的宣传工具，而在战后的西方世界，有什么比一个有巨大科学光环的诺贝尔奖更适合宣传呢？

最后，则是当时瑞典央行行长奥斯布林克等人的沉稳而果决的政治操作。奥斯布林克不仅手握央行的大量营业盈余资金，而且在瑞典央行为瑞典政府所有的情况下，设法在社民党的控制范围内建设起一个小的国中之国。奥斯布林克等需要说服诺贝尔基金会和诺贝尔家族，而这并不简单，因为直到如今诺贝尔家族的不少人依然强烈反对诺贝尔经济学奖的存在。奥斯布林克利用央行的监管职权，为诺贝尔基金会的投资提供了若干便利，同时对基金会和诺贝尔的部分后人做了保证，说新设立的奖项绝不会是第六个诺贝尔奖，而只是一个纪念诺贝尔的奖项，会明确地与"真"诺贝尔奖区分开。回过头来看，这样的保证未免有些文字游戏的意味，毕竟，一个名字与诺贝尔奖不同但类似的高仿奖项，跟其他诺贝尔奖在差不多时间颁发，而且也跟瑞典皇家科学院关联，那么是不是"真"诺贝尔奖又有多大关系呢？实际上，还在多方秘密商讨的时候，瑞典央行甚至就已经把诺贝尔经济学奖的消息官方发布了。这一招颇有些班超的勇略，也是赌诺贝尔这一方爱惜名声不愿意弄出公共闹剧，事实证明是赌对了。瑞典央行一方不光是赢得了这场精心准备的较量，也随即顺利地控制了早期诺贝尔经济学奖的选拔委员会。几位早期的关键人物，都是先进了委员会，在数年后才成为瑞典皇家科学院的成员，这也算是又一次违反规则的先上车再买票行为。

在完成这一场大谋划之后，我们所知道的瑞典央行纪念诺贝尔经济科学奖，也即通俗说的诺贝尔经济学奖，就顺利出世了。在最开头几年，奖项还相对常规，得奖者一般是当时美国经济学主流，也就是所谓新古典凯恩斯综合流派认可的人物，这就首先把美国经济学的崇高地位树立了起来。到了一九七四年，朝圣山学社的议程开始明确显现出来，那就是把奖颁给了哈耶克。根据一九七〇年经济学奖得主萨缪尔森的说法，当时经济学领域里根本没什么人知道哈耶克的存在。哈耶克早年的确写过一些经济学文章，但是四十年代以后就转向别的方向，他甚至在有保守经济学传统的芝加哥大学都没能拿到经济系的教职，其在经济学界的状况可见一斑。诺贝尔经济学奖委员会把这样一位朝圣山学社的经济学圈外人士捧上高台，其把新自由主义升为正统的目的不言自明。也许是为了搞平衡，委员会同时也选了瑞典自己的左翼经济学者缪尔达尔，但是在当时的环境下，大家都明白哈耶克才是重点，他也的确从此名气大涨。

根据米罗斯基的统计，仅仅从一九七四到一九九一年，就有七位朝圣山学社的成员获得了诺贝尔经济学奖，这无疑是一次成功地重新塑造经济学的努力。在九十年代之后，朝圣山学社虽然不再有过去的关键地位，但是其新自由主义的主张已经成了实际上的显学。就在七十年代之后的这一段时间里，新自由主义经济学迅速取代了凯恩斯主义和混合经济，福利国家等战后资本主义国家的主流学说——奥斯布林克等一心要推翻的瑞典模式——也的确一去不返。诺贝尔经济学奖在设置议程、决定主流上的作用可见一斑。

实际上，社会科学，尤其是经济学，与现实社会的关联是颇为紧密的。换句话说，尽管经济学慢慢地把政治从名字里面去掉，尽管个体经济学家往往沉醉在某种务虚的抽象理论里，从根本脉络上看，经济学的整体演变都与资本主义社会的政治生态息息相关。

我们可以接着上面诺贝尔奖的故事往前追溯。米罗斯基的论述特别强调了，瑞典的中央银行家与新自由主义者如何把美国经济学抬上了学界的顶峰。这样国别分类固然很清楚，但对于了解思想史的学者来说，"美国经济学"这个词，实际也并不甚准确，因为美国真正国产的原生经济思想，乃是一度鼎盛的制度主义学派，到了"二战"后已经完全从美国学术界主流当中被清除了。了解美国内部的经济思潮变化，也能让我们更好地思考社会科学与时代政治的关联。

美国制度主义，现在也被称为旧制度主义，是十九世纪后半期逐渐产生的一种美国经济学流派。在制度主义者之前，美国也有少量追随英国政治经济学的学者，不过普遍成就不高。到了十九世纪末期，一批美国青年学者奔赴德国完成研究生教育。他们在那里得到了不同于英国古典政治经济学的熏陶，受到了德国历史学派的强烈影响。这些学者回到美国，逐渐形成了接近于历史学派，又专注于美国经济和社会研究的一个学派，这也就是美国现代经济学的诞生。这些制度主义者尽管难以用一个直截了当的框架来描述，但是他们有一些共通的特点，比如重视归纳法，从现实和历史的观察和统计当中去寻找规律，同时关注历史、习俗和制度的演化，反对新古典经济学里面从抽象的人性出发来建造模型和解释现实。

美国制度主义，或者更直接地说真正的美国经济学，一开始就是以一种反叛的姿态出现的。十九世纪中后期的英国经济学在政治上很保守，喜欢谈论自由放任的市场，政府干涉越少越好，而对于劳工、收入分配甚至道德等问题基本不关心。马克思也称之为庸俗的资产阶级政治经济学，从而与资本主义发展初期的亚当·斯密时代带有朝气的古典学说区别开来，这种学派后来逐渐发展成为所谓新古典主义经济学。美国制度主义则是反对一般性的自由放任的政策，也支持政府干预、关税保护制度，以及工会的活动。这些人普遍在宗教上接近社会福音派/基督教社会主义，政治上追随进步潮流，认同或者同情社会主义活动。在这样一种大环境下出现的美国经济学，自然与"二战"后尤其是诺贝尔奖出现之后的整个学科面貌形成了鲜明的对比。

这种反英国传统的美国制度主义的蓬勃兴起，自然不仅仅是一种经济学家脑袋里研究兴趣的表现。美国在十九世纪后期开始经历一些剧烈的社会转变，一方面经济快速发展，从农业国转变为世界领先的工业大国。根据麦迪逊的历史统计数据，美国人均国内生产总值经过十九世纪后期的追赶，在二十世纪初年开始稳定地超过英国，可称为世界上最发达的经济体。另一方面，新的深刻的社会问题和运动也在产生，铁路大亨、金融大亨等大垄断资本的出现，工会运动的传播和兴起，一八八六年震动世界的芝加哥干草市场屠杀，以及社会上广泛存在的支持改良和进步的声音。这可谓是一个大的转变的时代，美国的经济学家面对诸多新现象、新问题，不满于保守的如念经一般重复市场万岁的庸俗政治经济学，而假道于德国历史学派来发展出一种新的分析方法来，这正是制度主义的社会政治背景。

制度主义的研究和教学方向，注重兼容并包，理论和实践知识结合，跟如今占统治地位的新古典主义经济学是截然不同的。我们不妨看看二十世纪之交，哈佛大学经济系的课程名录，就能直观地明白这一点。根据学者科利尔（Irwin Collier）的整理，一八九九到一九〇〇学年度的哈佛大学经济系一共开设了二十二门课程，分别如下：（一）经济学大纲；（二）十九世纪的经济理论；（三）社会学原理；（四）统计学；（五）铁路与其他公共项目；（六）美国经济史；（七）金融管理和公债；（八）税务理论和方法；（九）西方文明的经济；（十）美国与欧洲的劳工问题；（十一）欧洲中世纪经济史；（十二）欧洲现代经济史；（十三）银行与主要银行体系；（十四）国际支付与金银流动；（十五）经济分析的方法；（十六）社会主义与共产主义；（十七）十八世纪晚期经济思想史；（十八）美国金融史；（十九）古代世界的经济学；（二十）商业危机；（二十一）美国关税史；（二十二）民族学在经济和社会问题中的应用。

这么丰富而有趣的方向和内容，鲜活地展现了制度主义经济学的风貌。从影响上说，美国制度主义的奠基作用一直到今天仍清晰可见。首先，美国学者贡献了一些影响长久的制度主义名著，比如凡勃伦(Thorstein Veblen)的《有闲阶级论》，伊莱(Richard Ely)的《经济学大纲》，康芒斯(John Commons)的《制度经济学》等。以伊莱为核心的制度主义者还建立了美国经济学会，并出版了会刊《美国经济评论》，这个学会一直到今天都是美国乃至整个世界最著名的经济学学术组织之一，而会刊也是世界最有影响的经济学专业期刊之一。由于制度主义强调对具体的制度和经济运行的分析，这些美国学者也是最早开始系统性地收集宏观经济数据的人，由此在一九二〇年，制度主义学者米歇尔(Wesley Mitchell)创办了国民经济研究局(National Bureau of Economic Research)，收集整理和研究宏观统计，这个民间研究机构到如今还是举足轻重的经济学研究单位之一。

不过，既然美国制度主义经济学一度占据了美国学界主导地位，为何没能维持下去呢？这还是跟整体的社会和政治变化分不开。从政治上说，跟制度主义学派紧密联系的进步主义政治潮流，到了"一战"时期就遇到了重大的挑战，尤其是大批政客和社会福音活动家积极鼓动美国青年参战。然而"一战"的冷酷现实和人民的苦难，丝毫不能印证理论家们之前描绘的进步社会图景，而只是造就了海明威的失落一代。不管制度主义理论和战争的具体关系如何，"一战"之后，进步主义政治结束，而制度主义经济学不再能够拥有之前若干年里强大的政治和道德的支柱。

在"一战"之后的制度主义经济学专注于数据统计和科学性。我国一些老一辈著名学者，如陈岱孙在二十世纪二十年代的哈佛博士论文，研究的就是美国麻省的财政问题，这是典型的制度主义的题目，而他当时的导师也正是伊莱的学生。可是，三十年代大萧条的来临和随后的"二战"再次剧烈地冲击了美国经济学界。制度主义学派不仅没有拿出应对大萧条的有效对策，而且其老一套的研究具体产业结构的方法，在新兴的凯恩斯主义的对照下显得用处不大，不少制度主义者干脆被吸收进了凯恩斯阵营。而随着世界政治形势剧烈变化，一大批欧美理工科学生和学者转入经济学，他们另起炉灶，随即发展出了数理经济学等门类，用新的语言来讲述新古典主义的故事，并在科学性这个问题上对制度主义展开攻击，认为制度主义是只有数据没有科学理论，等等。更不要说，那些早期的制度主义的核心要素，比如对社会主义的支持和对劳工的支持等，都愈发成为在反共大潮兴起的美国不合时宜的东西。在如此种种因素之下，制度主义这个一度可以等同于"美国经济学"的学派，在"二战"后迅速变成了美国的一种异端经济学说，而取而代之兴起的所谓"美国经济学"，则是以萨缪尔森等人为代表的，结合了凯恩斯和新古典的新古典综合学派。这一学派又是领风骚若干年，直到本文开头提到的朝圣山的新自由主义和诺贝尔经济学奖开始引导新的一轮流行。新自由主义经济学后来也有一大分支利用个人主义理性的方法去研究制度，被称为新制度经济学，不过这已经与旧制度主义截然相反了。

很明显，从早期的制度主义经济学和新古典主义经济学，到后来的朝圣山学社、诺贝尔经济学奖，这百多年的学科史并不是一个辉格史观式的简单的去粗取精、去伪存真的演化过程。经济学学科的面貌，除开经济学者们自己的努力，也由资本主义时代的政治经济等长期或短期条件所深刻塑造。一个物理学的学生，很有可能不需要再去读牛顿和爱因斯坦的原著，因为新一代的标准教材里面已经包含了经过代代学者筛选的有用的知识。但是一个社会科学的学生，却往往没有如此好运，如果想要获得更广更深的知识，还需要读诸多老书，涉猎不同的学派，也要反复研究历史和现实。这些当然并不意味着经济学以及广义的社会科学不能是一门科学，而仅仅意味着，在某个时点的流行性，甚至满载着光环的诺贝尔/瑞典央行奖的背书，都不是我们判断社会科学真理性的可靠标准。

蔡昉

谦虚使人类进步
——从《人类发展报告》看发展理念的变化

总体来说，人类过于习惯于对自身取得的成就盲目乐观，或者表现出对物质财富增长的沾沾自喜，而不顾南北之间、国家之间、地区之间和人群之间存在的巨大差距；或者秉持着人定胜天的信念与自负，而不顾资源环境、气候变化和生物多样性等危机的日益逼近。不过，如果说人类在评价自身成就的态度上确乎发生某种转变的话，或者说从某一时间点之后，人类对于自身行为表现出更多的反思和顾忌，一九九〇年《人类发展报告》（HDR）以及"人类发展指数"（HDI）排名榜的发表，可以被看作是这样一个转折点。阿马蒂亚·森（Amartya Sen）认为，本可治愈的诸多苦难和贫困在现实中顽固地存在，原因在于我们缺乏对现象本质的理解。而这个报告系列就充当了一种与无知做斗争的手段，也成为该项目之父马赫布卜·乌尔·哈克（Mahbub ul Haq）一生与无知、偏执、宗派和社会仇视做斗争的智慧结晶（Amartya Sen, "Mahbub ul Haq: The Courage and Creativity of His Ideas", *Journal of Asian Economics*, 1999, 10: pp.1-6）。

在新冠肺炎疫情大流行和地缘政治严重冲突等一系列不安全因素加剧之际，联合国开发计划署（UNDP）团队发布了《人类发展报告2021/2022》，并以"不确定的时代，不安定的生活：在转变着的世界里重塑我们的未来"为题。最新报告的发表，以及该报告系列届"三十而立"（启动至今三十二年，共撰写发布二十九本旗舰报告），为我们提供了一个机会，回顾一下围绕该系列报告发生的关于发展的思想基础、思维方式和行动取向的变革。数十年如一日持续推出的人类发展报告系列，虽不能说涵盖了人们对于发展认识的全方位进步，仍然足以被看作是实践、研究和理念不断推陈出新的缩影。特别是，中国成为该报告始创和人类发展指数发布以来，从"低人类发展水平"起步，跨越了"中等人类发展水平"，进入"高人类发展水平"的唯一案例，所以，做一个智慧之旅，也有助于我们从理论和实践角度认识中国究竟做对了什么。

一、关于人类发展报告的人和事

人类发展报告的诞生和演变，与哈克和森这两个伟大的名字分不开。二人都出生于南亚次大陆，一九五三年十月初在剑桥大学校园第一次碰面，以本科同学和朋友的身份相处数年之后，他们的职业生涯一度分道扬镳。哈克虽然不乏深刻思想和学术著述，却始终在政府和国际组织从事行政事务，甚至身居高位；而森则从未离开大学校园和学术殿堂，并于一九九八年获得诺贝尔经济学奖。不过，由于两个人在关于发展的思想上心有灵犀，并且追寻相同的目标，多年之后在人类发展这个事业上注定再次携手，以人类发展报告和人类发展指数的形式，给我们留下了宝贵的智识遗产。

当人们说"时势造英雄"的时候，从根本上，他们想说的是制度需求（时势）至关重要。对于制度变迁的发生来说，制度的需求与供给相当于剪刀之两刃缺一不可。如果说制度需求来自大众的话，其强烈程度取决于多少张嘴在谈论和呐喊，多少双脚在投票，即艾伯特·赫希曼在《退出、呼吁与忠诚作者：对企业、组织和国家衰退的回应》中所谓的"呼吁"（voice）和"退出"（exit），制度供给者往往只是少数人，如一个政党、一个政府或者一个团体，其中，个人常常可以发挥独一无二的作用。从这个意义上讲，一九八八年时任巴基斯坦财政部长的哈克，由于没有出现在那架本来计划搭乘的齐亚·哈克总统专机上而幸免于一起空难，无疑在以下意义上改变了历史，即正是离开巴基斯坦政府到 UNDP 任职，哈克一手启动和推动了人类发展项目，创造了延续至今的人类发展报告和人类发展指数。

哈克成为人类发展报告（指数）之父也并非偶然。除了在巴基斯坦、英国和美国受过良好的经济学训练，且著述颇丰之外，在受邀加入 UNDP 之前，他已数度在巴基斯坦政府担任要职，也有在世界银行任职发展事务的经历。政学两界的背景使他具备人类发展项目成功必备的领导素质：既有深邃的思想和超凡的组织能力，又能够识别和团结学术界人才，且擅长与其他利益相关方巧妙周旋。最难得的、并且成为人类发展项目得以成功实施决定性因素的，是在哈克生活中的一些独有经历。这些经历中涉及的人物和事件，以及各种机缘巧合的因素，最终使其以特有的"天赋和个性"，展示"勇气和创造力"，并且转化为具有"启迪性和说服力"的工作成效。其中值得提及的有两件，一件涉及事，一件则有关人。

在二十世纪六十年代，是哈克作为国家五年计划的重要设计者，第一次在巴基斯坦政府工作的时期。印巴分治后的巴基斯坦是世界上最贫穷的国家之一，整个五十年代的增长表现也乏善可陈。然而，在哈克直接参与的第二个五年计划期间（一九六〇至一九六五年），巴基斯坦的 GDP 增长率逆袭而上，根据世界银行的历史数据，这期间巴基斯坦的经济增长速度是世界平均水平的 1.4 倍、发展中国家平均水平的 1.6 倍，一时间被称为"卡拉奇经济奇迹"。不过，哈克并没有以巴基斯坦的马哈拉诺比斯（Prasantha Chandra Ma-halanobis）自居（作为著名统计学家，马哈拉诺比斯曾经主持印度的第二个五年计划，提出以其命名的经济增长模型，帮助尼赫鲁总理实施了重工业优先发展的战略），没有像包括美国顾问在内的其他局内人那样沾沾自喜，反而在一九六八年四月的一个会议上，出人意料地对这个增长"成绩"进行批评，揭示被GDP增长数字掩盖的问题，包括地区发展不平衡、医院和学校建设被忽视、工资停滞、过度依靠援助，以及少数家族控制经济、遏制竞争和聚敛财富等现象。即便不能认为关于人类发展的思想在那时就已经在酝酿，至少可以说，哈克对于探寻发展真相的态度是真诚的，也便注定了后来成为人类发展项目之父。

根据森的回忆，他们对GDP这个粗鄙指标的诟病，以及采取新指标予以替代的设想，早在剑桥本科时代就已经开始了，为此俩人还常常一起翘课，海阔天空地进行讨论。几十年之后，哈克在新成立的UNDP确立了自己的身份和任务，并且进行了必要的背景研究之后，于一九八九年的夏天急切地召唤自己的老朋友，以便携手把学生时代的梦想变成现实——构造一个替代GDP的发展指标。虽然这位坚守学术殿堂并且在数年之后便获得诺贝尔经济学奖的老朋友，并没有像哈克希望的那样，心无旁骛地投身其中，但森确实答应以顾问团队成员的身份，参与人类发展项目。更重要的是，这两位老同学有机会回到几十年前的话题，进行了频繁的讨论。虽然经常存在分歧，但最终创造出历史留名的智慧产品——人类发展报告和人类发展指数。

二、把思想转化为量化指标

哈克热切地邀约森加盟自己的项目，并非只是对俩人共享的学生时代的一种怀旧。实际上，当时哈克已经拟定出把森的福利经济学和社会选择理论分析框架应用于构造人类发展指数的设想，而森的思想是从亚里士多德以来对人类福祉的认识不断深化的最新经济学成果。在思想史的长河中，该领域必须提到的人名和学派不胜枚举。如果把列举的范围做两点限制，即第一，仅包括十八世纪功利主义哲学诞生以后的新进展，以及第二，与人类发展报告更为相关的思想，至少需要提及的则有边沁、穆勒、庇古、马歇尔、帕累托等学说史上著名的人物，以及包括努斯鲍姆、罗尔斯和森等更为晚近和当代的思想家。

森关于发展的思想可以被概括为"行为能力"方法（"capacities" approach）。虽然关于社会福利理论的"人文主义革命"滥觞于约翰·罗尔斯（John Rawls），森和另一位享有旗手声誉的玛莎·努斯鲍姆（Martha Nussbaum）也遵循了罗尔斯的哲学思想，但是，"行为能力"方法比罗尔斯走得更远，彻底摒弃了"效用"以及罗尔斯与之藕断丝连的"社会基本品"（social primary goods）概念。在森这里，与发展相关的人类福祉问题，不再是关注人们拥有什么，而是关注人们能够做什么，从而把可以用金钱表达的手段同用福祉与自由所表达的目的做出革命性的区分。至于诸多支配经济学家的主流理念，自然更不在话下，包括把人类福祉仅限于"有用物品"的新古典经济学定义域、"把福利经济学锁到一个狭小的盒子里"的边际主义学派，甚至涓流经济学的理论基础，在森的理论框架中要么被摒弃，要么受到批判。虽然森一直拒绝为自己所关注的"行为能力"或"功能"列出一个清单，努斯鲍姆却不厌其烦地列举过这些行为能力的内容，其中包括生命、健康、身体完整、感官、想象力、思维力、情感、实践理性、归属关系、与其他物种的关系、玩耍和控制自身所处环境等方面〔Stanton, Elizabeth A., "The Human Development Index: A History", *PERI Working Paper Series*, No. 127 (2007,February), Political Economy Research Institute, University of Massachusetts-Amherst，pp.9-10〕。

森的思想革命在一九九九年出版的《以自由看待发展》一书中得到充分的阐述。他实质性地丰富了发展的内涵，从而也拓展了描述发展的外延。在他看来，发展是拓展人们享有真实自由的过程。而这里的"自由"也不是抽象意义上的，而是实质性的，指人们有理由珍视的那种生活的行为能力，由此可见，他认为人的全面发展的要求无法仅以物质方面的指标做出表达。从目的、手段和承诺这个三位一体的框架，我们可以较为透彻地理解森以自由看待发展的思想。第一，自由作为发展的首要目的，是一个建构性、无须实证检验，从而先验地独立存在的命题。直接关注个人自由、基于行为能力的分析框架，既包容了其他方法的优点，如功利主义对人类福祉的关注、自由至上主义对选择过程自由行动的迷恋、罗尔斯理论对个人自由和实质性自由所需资源的重视，还有着具有更广泛的信息基础和合理性。第二，自由作为促进发展不可或缺的手段，是一个工具性或实证性的命题，可以分别由自由促进发展和抑制自由阻碍发展的事实予以检验。正如森所指出的，政治自由、经济条件、社会机会、公开性和社会保护等权利和机会类型，都能够单独和共同促进人的一般行为能力。第三，人的行为能力取决于国家和社会的承诺及其做出的制度安排。以社会扶助的方式扩大自由，既是应有的社会承诺，也是对个人责任的坚持。

从森的思想也可以看到一个与哈克的设想相抵牾之处，即他本意上反对以一个单一、粗略的指标（如HDI）代替另一个被批评为具有同样特征的指标（GDP）。他对功利主义的批评，就在于指出后者执迷于把人类福祉所拥有的既迥然不同也不可公度的诸因素，用一个单一的单位来度量。他也在《生活质量》一书中阐释了自己对福祉的多元化理解。不出所料，森同哈克就要不要编制一个人类发展指数发生过激烈的争论。作为一个具有丰富政府工作经验的新理念倡导者，哈克并非反对关于社会福祉的多元化认识，而是深知只有一个像GDP同样粗略的指标，才可能被采纳并流行起来，获得与后者最大限度靠近的接受度。从这个意义上，如果说森更像以赛亚·伯林意义上胸怀多重目标的狐狸的话，哈克则更像一只执着于单一目标的刺猬（传说古希腊诗人阿尔基洛科斯有一句不完整的诗："狐狸多知，而刺猬有一大知。"很多学者借鉴这个比喻，形容多元思维和单一目标思维的差异），两个人的互补性组合最终达到一个完美效果。这是因为，一方面，森毕竟希望能够建立恰当的评价框架以及机构和制度，以便推进形成更加美好和乐于接受的社会；另一方面，哈克不仅借助人类发展指数传播了森的思想，还将该指标成功地变成一个或多或少引领各国政府的"指挥棒"，使森关于"增进人的行为能力和实质自由的公共政策"意愿得到有力的推进。

三、HDR 的核心理念和开放性框架

在建构性和工具性相统一的意义上，一方面，森给予贫困、饥荒、健康和人力资本更多的关注，这与 HDI 的核心构成相一致，也可以解释他何以最终接受了编制这一指数的做法；另一方面，森与此前的诸多思想家一样，认为发展是扩大"人类选择范围"的过程，这也体现在 HDR 编写的开放性上面。UNDP 从一开始编制 HDI，就确定了该指数由三个核心成分构成，分别是按购买力平价计算的人均 GDP、以人均预期寿命代表的健康水平，以及以成人识字率和入学率表达的教育水平。与仅仅考量人均 GDP 反映的"做大蛋糕"效果，把健康和教育纳入指数构成，不仅拓展了衡量发展的范围，相对而言也能揭示"分好蛋糕"效果。毕竟，人均收入的提高与极少数人的极度富裕可以相容，而健康和教育水平的提高，却不可能仅靠少数人的改善达到。有趣的是，一九九〇年第一份报告甫一发布，人们便意外地发现，因其健康和教育水平与经济实力不相匹配，人均 GDP 世界排名第一的美国在 HDI 上排名竟低至第十九位，这不啻为对这个"头号强国"的傲慢和自负的巨大嘲讽。

在 HDI 的核心构成及计算理念得以延续的同时，HDR 也形成了不断拓展所关注的发展内涵的开放框架，能够与时俱进地捕捉最新的发展挑战，反映理念和实践的创新。该项目以多种方式拓宽了自身的视野，开辟了学术与政策研究的新疆域。在 HDI 之外，配合每份报告特别选定的主题，结合发展理论的最新进步，正文和附录中不断增加着新的指标，以反映人的全面发展的新理念、新进展和新挑战。例如，在历

年的旗舰报告中，贫困、就业、流动性、收入差距、性别平等、经济危机、技术变化、全球化、气候变化、人类世（Anthropocene）和疫情大流行等主题，都得到深入的探讨。在 HDR 旗舰报告之外，UNDP 团队还撰写和发表专题报告、工作论文，以及合作撰写国别和区域 HDR 等，并帮助一些国家建立起反映人类发展全貌的卫星账户。

哈克在其生命的最后几年里甚至最后一刻，关注最多的是人类安全问题，直接促使一九九四年的 HDR 以"人类安全的新维度"为主题，提出从可持续的人类发展范式出发，重塑全球制度体系，关注人的安全而非领土安全，推进发展而遏止冲突，以便兑现潜在的和平红利。人类安全的考量，自然是 UNDP 团队的人类发展方法或森的行为能力方法的题中应有之义。从已有的框架出发，人类发展先是衍生出人类贫困的概念，进而衍生出人类安全的概念，均是理论内在逻辑使然。从 HDR 的最新出版物来看，人类安全这个概念保持着不断丰富自身的与时俱进的特质。

正如联合国副秘书长、联合国开发计划署署长阿奇姆·施泰纳在《人类发展报告 2021/2022》的序言中指出，继二〇一九年关注不平等的报告和二〇二〇年讨论人类世风险的报告之后，刚刚发布的最新 HDR 以不确定时代和不稳定生活为主题，可以被看作是人类安全三部曲的终章。报告针对的是世界面临的共同安全挑战：新冠肺炎疫情蔓延不止、各种冲突和危机层出不穷，造成人类的巨大痛苦，同时气候和生态灾难威胁着世界的日常生活。需要认识的是，我们正在遭遇的冲击不是一次性的，不确定性和不稳定状态已经成为一种新常态，需要回归到人类发展的本心，从更宽广的视野认识这个时代，采用更可持续的政策应对世界性的挑战。而要做到这一点，特别是能够真正认识到风险，把理念转化为各国的政策并付诸行动，要求进一步克服单个国家在处理与世界之间关系中的无知、傲慢及由此产生的唯我独尊思维。

陆建德

两位教师的功与过

不久前阅读旅美肯尼亚作家恩古吉·瓦·提安哥的自传三部曲中译本《战时梦》《中学史》《织梦人》，印象较深的是第二卷。作者年幼时加入基督教会，教名詹姆斯·恩古吉，一九六九年改用现名，后来变成部落和族裔认同的提倡者，用他自己的族群语言吉库尤语创作。

但是这三部曲是英文写的。书中刻画得丰满的人物不是寡言的"政治正确"反殖民英雄（尽管打了折扣）哥哥华莱士，而是联盟中学校长凯里·弗朗西斯和麦克雷雷大学罗富国楼学监休·丁威迪。创造"香格里拉"一词的詹姆斯·希尔顿写过一本小书《再会，奇普斯先生》，主人公就是公学教师。吴宓在西南联大教书时，英文系学生给他取了"奇普斯先生"的雅号，以示敬意。凯里·弗朗西斯和丁威迪善待学生，身上也有奇普斯先生的品质。

联盟中学是肯尼亚第一家专为本土学生开设的中学，由新教各教会联合创办。从一九五五年初到一九五八年岁末这四年里，恩古吉是在联盟中学度过的，这是在肯尼亚一九六三年独立之前。校训表达了办学的理念："平安走向社会；满怀勇气；坚持善行；鼓励懦者；支持弱者；帮助病者；尊重一切人；热爱与侍奉我主。"校园管理得井井有条，干净整洁，草坪的维护也是一丝不苟。据说，学校厕所原系蹲坑，初装抽水马桶的时候，有的学生依然蹲在上面方便，洁具外常有污物，没人在意。校方把学生集中起来，希望不按规矩如厕的学生主动收拾残局。"学生们个个顽石一样死不开口，谁都不愿意想被叫作扫粪的。最后，还是几位白人老师应对有方，拿起笤帚和其他工具把厕所给收拾干净了。学生防线土崩瓦解，从此以后打扫厕所天经地义，成为同学们早晨大扫除必须干的活计。"殖民时期诸如此类的小事很难套用黑白分明的种族压迫的叙述框架。这些白人老师远赴非洲支教，驱动力是多重的，有人出于仁爱之心，毫不利己，也不足为怪。

《中学史》英文原版书名 In the House of the Interpreter, 用了《天路历程》的典故（班扬小说里的主人公基督徒过了一道窄门，进了"释道人的家"。释道人带领他走过大厅、宫殿和几个房间，给他指点前行方向。详见苏欲晓译《天路历程》，广西师范大学出版社二〇一六年版，第一部第二阶段）。英文书名显示，中学在他身上留下不可磨灭的印记。学校各种活动都照搬英国模式。恩古吉和同学一律加入旨在培养团队精神的童子军，登山远足，见识肯尼亚的山山水水；班里的辩论团可以讨论的话题不设限制（例如"西方教育对非洲弊大于利"），正方反方，各陈己见。同学们在西化的联盟中学就学，却想出种种理由批判自己正在接受的教育。他们政见不一，为防止陷入争吵，还有一人专司英国下院议长之职，不时高呼："秩序！秩序！"戏剧兴趣小组演出一个又一个莎剧，学生人人参与，不是演员就是观众。各种体育竞赛接连不断，包括中国体育爱好者不很熟悉的曲棍球、板球和橄榄球，清一色是英国学校流行的项目。校际比赛是全校头等人事，校长亲自观战，大叫大嚷，顾不上师道尊严。恩古吉的长项是跑步，现在肯尼亚的径赛优秀成绩是从殖民时期一步一步跑出来的。简言之，英国人按照自己的思路办学，平移了岛国公学的一切，以致高年级学生也学会以大欺小！这家学校的灵魂就是校长，他堪称全体学生的"释道人"。

校长凯里·弗朗西斯是剑桥大学三一学院优等生，参加过"一战"，热爱体育，取得的各项成绩——印在非洲学生的记忆里。他一九二八年放弃剑桥大学数学讲师职位，赴肯尼亚从事基础教育，用恩古吉的话来说，他离开英国，"转而关注自我牺牲以及对非洲荆棘丛林的全力奉献"。一九四〇年凯里·弗朗西斯出任联盟中学校长，正逢战时，实施了一系列改革。物资供应紧张，他就组织学生在校园种植蔬菜，这些未必如恩古吉所说，全是为帝国的战争出力。学生考入这所中学，不免有点自命不凡，很想摆出上等人的架子来，而校方却想把他们培养成不计个人得失的本土栋梁。这位校长也是教会中人士，长于布道，平时幽默随和，认得学校里所有学生，叫得出每个人的名字，不论在校生还是历届毕业生。但是他又极其严厉，手里的藤条容不得任何违反校规的行为。

一九六四年，已有文名的恩古吉刚从麦克雷雷大学毕业，应邀去彭尼旺中学讲写作，不料凯里·弗朗西斯就坐在学生中间。两年前他从联盟中学退休，转往名声和条件要比联盟中学逊色许多的彭尼旺中学当一名普通教师。又见昔日校长，这位前程远大的年轻作家有所触动："早在二十年代，别人以为他有望提升为剑桥的教授，他利用业余时间帮助英国穷人家孩子。后来，他又为非洲的穷人服务，先在一所小学做了十年校长，又被分派到联盟中学做了二十四年校长，到了一九六四年，他不顾他人对一位全国顶尖学校前任校长的期待，再次回到底层人民当中。"

说起二十世纪非洲史，人们不会忘记德国慈善家阿尔贝特·史怀哲。他在加蓬开办丛林诊所，数十年如一日从事医疗援助工作。在恩古吉眼里，联盟中学的校长与这位一九五二年诺贝尔和平奖获得者不分高下。"我已经发现史怀哲与凯里·弗朗西斯好有一比。两人都认为耶稣是他们生命的核心，都放弃很高的学术地位来到非洲侍奉上帝。但凯里·弗朗西斯更清楚他要服务的人群——最渺小者。

史怀哲写自传；凯里·弗朗西斯绝不会写任何自传或任何引人注意的他自己的东西。史怀哲研究耶稣生平；凯里·弗朗西斯实践耶稣生平。但有一条两人完全一致：被他们与耶稣的关系所驱使，服务社区百姓，不论他们对这个关系的理解是否相同。我对志愿工作的热衷可能受到了来自非洲大陆两头两位不同传教士的启发，他们在用自己的生命侍奉上帝。"

恩古吉为了撰写自传，还专门查找了有关凯里·弗朗西斯的文献。一九五五年一月他刚进联盟中学的时候校长回英国了。那年三月，凯里·弗朗西斯出席伦敦的皇家非洲协会与皇家帝国协会的会议并发言，发言的内容以《一名吉库尤乡村校长眼中的肯尼亚问题》为题刊发于当年七月号的《非洲事务》。他写道，非洲孩子们除了来自更贫困、上天赐予更少的家庭而外，本质上与英国孩子是一模一样的。他们不亚于任何肯尼亚欧洲学校的孩子，也不亚于英国名校的任何孩子，他们在智力、运动技能、勤奋、礼貌、勇敢和值得信任方面堪称绅士。在同一篇文章里，他称一九五二年爆发的茅茅起义给非洲和欧洲人带来痛苦，是"彻头彻尾的邪恶"，不过他将武装斗争视为一场抵抗运动，殖民当局和军队也是罪不可道。

而另一位殖民地大学的英国老师丁威迪也平易近人，深得学生喜爱。恩古吉在自传第三册《织梦人》的篇头小序里写道："一九五九年七月，我作为英属殖民地的臣民进入麦克雷雷大学，到一九六四年三月毕业时，已是独立非洲国家的一名公民。在从臣民到公民的转变中，一个作家诞生了。麦克雷雷造就了我。这个故事是关于《战时梦》和《中学史》中的那个牧羊男孩、童工和读中学的理想主义者，是如何成为织梦人的。"太多"引人注意的他自己的东西"，配之以照片和剪报，仿佛好心为日后以他为研究对象的博士生提供方便。

位于乌干达首都坎帕拉的麦克雷雷大学也是仿英国大学创办的，校长写过一本《教育学探索》，缺少凯里·弗朗西斯的亲和力，但是另外一位英国老师却完全不一样。学生共有六栋楼（其中一栋为女生楼），相当于牛津、剑桥的学院。在体育竞赛、社交活动、戏剧演出和学术成就等各个方面，"各楼塑造出自己独自的传统、文化与价值观。宿舍楼是个人身份的象征"。恩古吉食宿在罗富国楼，英文系讲师休·丁威迪是罗富国楼的学监：

丁威迪在一九五六年接替约翰·克尔曼担任罗富国楼学监。他是罗马天主教徒，与福斯特神父不同，他代表着真正的天主教传统。他自己的个性形成于校园和体育运动中。丁威迪毕业于剑桥，是位一流的板球手，曾是肯特乡村俱乐部的一员，二十世纪三十年代加入剑桥大学乡村俱乐部，为拉格比公学赢得球赛第一名，加入丑角队打球，甚至在一九三六年进入英国国家队的预选赛。他热爱文学、音乐和人，总是对个体的故事深深入迷。他发自内心的大笑颇具感染力。

这位学监热爱的是具体鲜活的"个体的故事"，因此学生的部落、族群的背景在大学里不具决定性的价值。也许他有意激发独立思考，鼓励学生摆脱固定不移的认同。罗富国楼里的居民中有一些怪人，如绘画爱好者帕特尔是个疯狂天才，经常想入非非，穿着短裤躲到树荫下作画，无影无踪。但是丁威迪总是有办法在灌木丛中找到他，把他哄回宿舍。他参与各种文艺体育活动，关心每一个人：

这就是丁威迪！他把友好竞争的体育精神融入罗富国楼的文化中，身兼总教练、鼓励者、啦啦队长、顾问和总指挥数职。他目送运动员们走上赛场，又在赛后祝贺他们，无论输赢。他慷慨的性格帮助我们树立了独特的罗富国楼社群精神，传承至今。

丁威迪的爱侣伊冯·玛丽（娘家姓卡特洛尔）是一位钢琴家，两人是罗富国楼——这个在各种私人或公共仪式中培养成的大家庭——名副其实的家长，而丁威迪是仪式主持人。他会亲自造访那些有困难的学生，聆听他们的难处。他也负责发行《罗富国楼通讯》，在其中通告并强调楼中各种日常事宜，夸赞我们在体育和学术领域取得的成绩。他的写作妙语横生，文学和体育方面的典故随处可见。

恩古吉享受了学校提供的各种自由发展的平台。校刊《麦克雷雷人》由学生独立编辑，校方完全不加干涉；各楼间的文学创作比赛原创短剧、短篇小说、演讲和诗歌；在他和一些同学自主成立的学习小组上，他做过一个题为《李尔王的神性》的报告，分析了李尔王从自视为神，到在暴风雨中找回自己人性的路程。正是在这样的环境下，他第一次涉足戏剧，创作了独幕剧《反叛者》：

> 这出戏剧描写的是一个麦克雷雷的男生与一位当地女子坠入爱河，同她订婚了。他们的结合遭到他社群的反对，那些人不能接受他与一个没有受过割礼的女孩跨文化通婚。他在对爱的追求和传统的束缚间摇摆不定，不忍心和女孩分手，也没有勇气反抗自己的社群。女孩替他做出了决定：她拒绝了他，轻蔑地把订婚戒指丢在了他的脚边。

这一结局应当是阴沉且悲伤的，带有悲剧的寓意。

剧本作为罗富国楼参赛作品获得一九六一年麦克雷雷年度戏剧竞赛的第二名，受到激励后恩古吉又写了《心中的伤口》，在一九六二年度各楼间英文竞赛中获冠军奖杯。这部戏有望到国家剧院演出，不幸被拒。当时坎帕拉国家剧院的管理阶层都是欧洲人，恩古吉的措辞让读者清晰无误地感觉到他受到了不公平的对待，但是他一字不提《心中的伤口》的剧情。"为什么一部独幕剧遭国家剧院拒演这样的事还会困扰我至此呢？"读者也要问为什么。

回顾恩古吉的成长过程，他当时还处于对部落文化持反思批判态度的阶段，文化相对主义已在某些理论中出现,但是"现代化""进步"等观念在第三世界国家还占有主导的地位。笔者猜测，《心中的伤口》和《反叛者》一样，会突出新观念与旧习俗之间的张力乃至矛盾冲突，教名詹姆斯的新锐剧作家还可能冒昧地以英国文学的"伟大传统"为参照，在新旧交替之际将部落、族群的风俗习惯置于审视、批判的聚光灯下。独立运动领导人向来以拒绝在习俗领域让步著称，殖民当局和校方也无意作对，以期缓和矛盾。麦克雷雷大学剧场推出什么剧作，政府部门不必承担责任，但是要国家剧院接受相对新潮的作品，发出支持某种"进步"立场的信号，那就会引起反弹，掀起一场毫无必要的风暴。恩古吉抱怨剧作被拒，本是要与"遭禁"沾边。在这些矛盾和冲突中，乌干达于一九六二年十月九日独立。

恩古吉的小说创作也始于大学期间。他在麦克雷雷的英文系杂志《笔尖》发表了自己第一篇短篇小说《无花果树》（一九六〇），表明同样的早期启蒙立场："故事讲的是一个在多妻制家庭中遭受家庭暴力的女人。……我的主人公忍无可忍，决定离开他。我能捕捉到那种无因的暴力，多年前，在父亲家中，我看到这暴力被施加在母亲身上。我狂热地写着，没有意识到自己仍背负着过去的沉重。都发泄出来是一种解脱。"临毕业时他在《笔尖》共发表了六个短篇，《大河两岸》（已有中译）的写作也告竣。

在独立前的文学生产机制里，恩古吉一帆风顺，伦敦的大出版社也鼓励他写长篇小说。殖民制度退场后，那套机制没有全部失效，所谓的"帝国反击"浪潮下得名的作家，基本上有类似的经历。恩古吉如果求学期间用吉库尤语写作，也不会被埋没。英国殖民当局自从一九四七年就设有一个东非文学署，"出版了许多以非洲语言写的书"。但是多少人能读吉库尤语呢？即便在肯尼亚，他们也是少数。

当恩古吉的吉库尤意识复苏后，他逐渐确认了英语与殖民主义共生的罪恶本质。他还是笃信基督，但是把耶稣被罗马统治者钉上十字架的形象等同于被殖民者的不幸命运。在上大学前不久，他就和同学发现了罗马帝国与现代殖民主义的一致性："历史的耶稣预见了罗马的衰亡、旧世界的衰亡和新世界的形成。一种秩序让位给另一种秩序。罗马帝国及与其统治结盟的社会群体将遭到审判。……我们把这一条也用于殖民主义——伦敦就是罗马帝国，伊夫林·巴林总督就是现代的彼拉多。与殖民政府勾结的国民护卫队就是现代的法利赛人。这么一分析，茅塞顿开。末日的耶稣深得我心：殖民世界注定要衰亡，我们一定会自由。"彼拉多处死耶稣，执行命令的是罗马士兵。殖民统治下的各种机构，包括医院、学校，最终所起的作用，就是行刑的罗马士兵。校长也好，学监也好，他们越投入学校各种事务，罪恶只会更加深重。恩古吉多年在美国教书，回忆中学校长和大学学监，笔下自然而然流露出温情与感激，但是支配他的反殖民逻辑推演就像铺路的压路机，滚动起来，绝不因为前面有凯里·弗朗西斯和休·丁威迪而稍稍减速。两位教师既为殖民机器里的部件，就没有功，只有过。生活在肯尼亚并广泛使用英语的肯尼亚人，应该也作如是观。

（《战时梦》《中学史》《织梦人》，[肯尼亚]恩古吉·瓦·提安哥著，金琳、黄健人、徐蔷译，人民文学出版社二〇二一年版）

不朽哲学家咖啡馆
——女孩与哲学家的通信

诺拉·K.、维托利奥·赫斯勒 著　　胡蔚 译

定价：65.00元

十一岁的女孩诺拉读了哲学入门书后，写信向哲学家赫斯勒提出了一些机智和带有哲学意味的问题。为更好地引导和回答她，赫斯勒设想出一家咖啡馆，古今中西的不朽哲学家在此争论，他们的主要观点也以轻松又精微的方式呈现。诺拉由此对哲学有了更深的了解和兴趣……

生活·读书·新知三联书店 新刊

夏志清与伊文·金的一桩公案

季进

一九五二年春天,耶鲁校园杏雨梨云,春光烂漫,年轻的夏志清有幸获得洛克菲勒基金会的资助,雄心勃勃地开始撰写《中国现代小说史》。此后的几年,夏志清孤独地往返于纽约和纽黑文之间,几乎读尽了纽约公共图书馆、哥大图书馆和耶鲁图书馆所藏中国现代作家的全部作品和各种报刊,后来还不断地请哥哥夏济安在华盛顿大学和加州伯克利分校图书馆借阅、核对各种文献。一九六〇年前后夏志清校读清样的那段时间,兄弟俩的通信中,这些内容占据了很大的比例。一九五八年十一月初,书稿几经修改,终于打印出三份,送请饶大卫(David N. Rowe)审阅。饶大卫本人是政治学教授,自觉不是内行,就请了耶鲁大学的三位大牌文学教授帮忙评阅,即夏志清的导师帕德尔(Frederick A.Pottle)、"新批评"理论大师布鲁克斯(Cleanth Brooks)和美国文学研究大家皮尔森(Norman Pearson)。三位大家一致好评,饶大卫这才放心地提交耶鲁大学出版社。虽然有三位大佬加持,出版社还是依照惯例再请一位中国研究方面的专家审稿,近水楼台请到的是著名汉学家、耶鲁大学历史系的芮玛丽(Mary Wright)教授,她丈夫即是著名汉学家芮沃寿(Arthur Frederick Wright),夫妇二人曾于一九四一年来北平从事研究,算是当年有名的"中国通"。虽然在夏志清看来,芮玛丽是"中国专家中最左的"一位,却没想到她也对《中国现代小说史》赞赏有加,希望此书早日问世。

一九五九年四月十五日，耶鲁大学出版社的编辑霍恩（David Horne）来信，正式告知夏志清，对审读报告的反应很不错，认为是目前关于中国现代文学最好的著作，耶鲁出版社同意出版。同时附上部分审读意见，希望夏志清根据这些意见和建议再做修改；如果同意修改，那出版社即安排排版。夏志清获悉喜讯，兴奋异常，十年辛苦不寻常，能在耶鲁大学出版社出版自己的处女作，也算是天道酬勤，功德圆满。夏志清的修改主要从两个方面进行：一方面根据专家意见充实五十年代大陆和台湾文学的情况，从哥大东亚图书馆借来了全套的《文艺报》，扩写相关章节，同时请夏济安提供一篇关于台湾文学的综述作为附录；另一方面就是对书中所引文献的版本、页码，以及译文、注释等进行确认和补充，写作时都是根据自己的读书笔记，不一定准确，出版前需要一一加以核对。一九五九年十月十二日给夏济安的信中，夏志清一口气列了冯雪峰、郭沫若、郁达夫、张天翼、李广田、茅盾、老舍等人的十来本书，请夏济安利用华盛顿大学的馆藏确认出版地点和时间。一九六〇年七月十四日，又请夏济安把斯诺《活着的中国》（Living China）中的鲁迅《药》的结尾译文抄录给他，如果自己的译文与斯诺的相差不远，准备加上注释说明。这些细枝末节的工作，一直延续到书稿正式出版之前。

一九六〇年七月，夏志清拿到清样后，除了花三个多星期手工编排索引外，最主要的工作就是确认译文的授权。《中国现代小说史》中有大量的作品引文，译文大多出自夏志清之手；有现成英译本的，夏志清则尽可能加以利用，自己再做些润色和微调。从版权和学术规范的角度来说，凡是他人的译文，都需要取得原译者或原出版方的授权，所以夏志清花了不少时间广泛联系译者和出版社，请求授权。一般情况下，原译者和原出版社都乐于授权。比如一九六〇年七月六日，纽约查尔斯·斯克里布纳之子（Charles Scribner's Sons）出版社的伊丽莎白（Elizabeth Yongstrom）就很友善地回信，同意"《中国现代小说史》中引用 Eileen Chang（张爱玲）的 *The Rice-Sprout Song*（《秧歌》）一书中的片段",并寄来相关条款,供夏志清引用时参考。老舍的《鼓书艺人》(*The Drum Singer*),夏志清说"不知是根据哪一本小说节译的。我没有见到这本书,所以无法揣测",写信请哥哥查核最像老舍的哪一部小说（一九六〇年七月一日）。大概夏济安也无法回答,夏志清就通过出版商找到了译者郭镜秋（Helena Kuo Kingman）直接请教,郭镜秋当年八月十二日函告"《鼓书艺人》一书的初稿尚未在任何地方出版过。老舍在纽约写作该书之时,同时进行了翻译"。老舍小说创作的国际化,确乎是中国现代作家中罕见的。

　　《中国现代小说史》中"老舍"一章大概有不到三分之一的篇幅讨论了老舍的《骆驼祥子》,其中有三段共一页多的引文。夏志清一九六〇年八月十五日也依样致函《骆驼祥子》的英译者伊文·金（Evan King, 1906-1968）,请予授权。伊文·金是著名的外交家、翻译家和作家,也是一个毁誉参半的人物。他曾在中国长期担任外交官,也致力于中国文学与文化的翻译和推广。早在一九四二年,他就翻译出版了萧军的《八月的乡村》(*Village in August*),这应该是"第一部被翻译成英文的中国现代长篇小说"（《中国现代小说史》）,反响不错。一九四五年,他又趁热打铁,翻译了《骆驼祥子》(*Rickshaw Boy*),由纽约雷内尔和希区柯克（Reynal and Hitchcock）出版社出版。出版之后,因缘际会,得到美国各大媒体异乎寻常的热烈关注,《纽约时报》《芝加哥论坛报》《华盛顿邮报》《大西洋月刊》等报刊发表了大量书评,甚至被"每月一书俱乐部"列入"八月之选"的首选,狂销一时,一举奠定了老舍的国际性声誉。尽管伊文·金是老舍作品国际化的重要推手,老舍也承认他译得不错,但是,对伊文·金翻译中的捉刀改造,尤其是对《骆驼祥子》小说结局的改写,老舍是深为不满的。等老舍自己发现时,此书已经畅销英语世界,老舍只得作罢。没有想到的是,伊文·金翻译《离婚》时,再次故技重演。老舍忍无可忍,与其对簿公堂。经法院裁决,雷内尔和希区柯克出版社中止了与伊文·金的《离婚》出版合约。伊文·金竟然自己在佛罗里达州注册了一家出版公司,在一九四八年还是把《离婚》(Divorce)印了出来。这也是老舍作品海外传播中颇为戏剧性的一幕。

伊文·金收到夏志清的来信后,不知为什么,表现得特别热情。他在一九六〇年八月三十日的回信中,不仅慷慨地许可夏志清"根据你的需要使用我翻译的老舍的《骆驼祥子》中的段落",而且坦白地说明,自己的译文"与其说是对小说的逐字逐句的翻译,不如说是一种改写",并具体解释为什么译本的结尾与原作不同,很大原因是对祥子这个人物理解的不同,"为了支持这个结尾,译文的主体部分也有很多地方与原作不一致"。自己在新疆迪化(乌鲁木齐)时,曾经试图与老舍讨论这些问题,当时老舍的回复很简单,"美国的版权法并不涉及中文作品,他也无力过问此事"。当时的迪化非常闭塞,与内地联系不便,"过了很长时间,我才知道自己的译本入选 Book of the Month(按:原信漏 Club,即'每月一书俱乐部'),彼时已是人尽皆知了"。他说了一句意味深长的话:"很多误解都是因为沟通上的不便带来的。"这或许是指当初沟通不便,以致《骆驼祥子》结尾的改写引起了老舍的误解?不管怎样,伊文·金信中非常大度地表示:"我相信我们的目标是一致的:在美国民众的立场上,尽我们所能,努力让大家对中国和中文的兴趣更广泛,理解更深入。你我所能做的,没有什么比这更了不起的了。""我由衷地相信,汉唐的后裔们肩负着人类的尊严。因此,它也促使我们竭尽所能,让西方世界,特别是美国民众更好地认识并理解中国和中国人。"最后,伊文·金再次友好地对夏志清"经年累月地投入到《中国现代小说史》的写作之中"的辛苦表示赞赏,相信它"将是一部重要的著作。希望它获得成功,我愿为之祈祷"。

我相信,如果仅仅孤立地看伊文·金的这封信,一定会被他的真诚和谦恭所感动，我们看到的是一位有着阔大情怀、对中国和中国文学满怀深情的文化中介者。可是，以他的地位和影响力，似乎没有必要对当时寂寂无名的夏志清如此谦恭，以致夏志清也觉得有点奇怪，跟夏济安说"他回信极客气而 nervous（惶恐），要讨好我的样子"（一九六〇年九月十九日致夏济安信）。的确，没隔几天，形势就急转直下。九月六日，伊文·金突然给耶鲁出版社和夏志清发来长长的电报，不仅不允许夏志清引用他的译文，而且声称要上法院控告夏志清。这是怎么回事呢？伊文·金的态度为什么会一百八十度大转变呢？夏志清信中的一句话，可能道出了原委："我回信告诉他抄袭赵树理的事，结果他恼羞成怒，发了两封 long telegrams（长电报），给我和 Yale Press, threaten to sue for libel（威胁要控告诽谤）。"（一九六〇年九月十九日致夏济安信）原来，是因为夏志清旧事重提，《小说史》书稿中竟然提及伊文·金抄袭赵树理一事。这当然是伊文·金无法容忍的，所以才会说要指控夏志清诽谤，而且不再允许他引用《骆驼祥子》的译文。

于是，耶鲁大学出版社的编辑克尔（Chester Kerr）紧急灭火，不仅听取了夏志清的看法，而且咨询了《纽约时报》的普雷斯科特（Orville Prescott）、出版商莱因哈特（Stanley M. Rinehart）等人士的看法，在十月九日给伊文·金的回信中，明确表示："他们的看法与您电报中的指控截然不同。同时，我也很欣赏夏志清所提供的，支持他自己立场的材料。"与此同时，克尔出于谨慎，也提议夏志清把书稿中指明伊文·金抄袭的两段文字全部删除。面对伊文·金的恼羞成怒，夏志清"虽然证据充足，但真正上法庭也是极麻烦的事"，起初他"坚持一字不易，但后来想想和人结怨也没有什么意思"，最后同意索性删去伊文·金的名字、书名和相关段落，而且所引《骆驼祥子》译文也全部重译（一九六〇年九月十九日致夏济安信）。克尔非常感谢夏志清的配合，表示"我尽可能妥善地处理此事，希望能避免对簿公堂"

(一九六〇年十月十一日），并正式告知伊文·金："有鉴于目前的情况，他将使用他自己翻译的《骆驼祥子》的文段。"事情到了这一步，伊文·金也就此收场，毕竟他还是有点心虚的。

为什么说伊文·金有点心虚呢？这就要说到五年前的旧事了。一九五五年四月二十七日，夏志清当时的妻子卡洛的母亲和阿姨来纽黑文看望他们，夏志清陪同上街购物，无聊等候中买了一份《纽约时报》打发时间。那天《纽约书评》著名的书评作家普雷斯科特正好发表了一篇关于伊文·金小说《黎民之儿女》（*Children of Black Haired People*）的书评。夏志清一读之下，大为惊奇，发现里面介绍的小说主角叫 Chang Iron Lock，这不就是赵树理《李家庄的变迁》里的主角张铁锁吗？再看两行，居然又看到 Li Family Village（李家庄）字样，其他人物像 Second Lass（二妞）、Li Precious as pearl（李如珍）、Third Immortal Maiden（三仙姑）等人物全都出自赵树理的小说。年轻气盛的夏志清实在看不过，回家立即致信普雷斯科特，普氏也很生气，请夏志清完整读一下小说，再告诉他意见，而且把夏志清的信转给了小说的出版商莱因哈特。莱因哈特非常震惊，马上来信征求夏志清的意见，可否把信转给伊文·金。耶鲁图书馆没有《黎民之儿女》，夏志清囊中羞涩，只得硬着头皮，花了五块钱买了一本，细读之下，发现这本小说是"完全根据《李家庄的变迁》《小二黑结婚》《李有才板话》《孟祥英翻身》四篇小说节译、改编、amplify（充实）的，有几个 chapters（章节）简直是直译"（一九五五年五月十四日致夏济安信）。夏志清分别给普雷斯科特和莱因哈特回了信，再次确认伊文·金抄袭的事实。本来这种揭人短处的事情，夏志清也不愿意做，只是看到伊文·金"那样大胆无耻，实在也是少见的"，于是出于义愤，一吐为快。可笑的是，伊文·金的这部小说却颇受好评，夏志清觉得"美国出版界水平之低，也可想而见"。他还以此鼓励夏济安："你写小说，一定可以成名。凭你观察力的细密，自我和人物分析本领的强，

51

英文 style（文体）的有把握，多写以后，将来不难挤入世界第一流的小说家。"（一九五五年五月十四日致夏济安信）

关于《黎民之儿女》对赵树理小说的抄袭和改写，现在已有一些研究文章，可以肯定的是，最早发现两者关系的绝对是夏志清，可惜夏志清一九五五年的信件这几年随着《夏志清夏济安书信集》的出版才刚刚披露，所以这些研究文章中均未提及夏志清的发现。伊文·金当年读到莱因哈特转来的夏志清的信，是如何解释和自辩的，现在已无从寻绎。倒是一九六二年七月十九日夏济安给夏志清的信里提到，听英文系的同事说："Reichert 早已把 Evan King《黎民之儿女》停止发行，据说该书的 plagiarism（剽窃）是给一个'专家'（应该是你）揭发，书店不得不予以制裁云。"现在回过头来看，伊文·金一九六〇年八月收到夏志清请求授权的来信时，当然知道夏志清五年前揭发自己的事，但现在夏志清有求于自己，自己乐得表现出大度和热情，希望从此化解矛盾。没想到夏志清竟然把这件事写入了《小说史》，伊文·金当然非常紧张，威胁要愤而提告。应该说，夏志清当年写信和《小说史》中旧事重提，都不单纯是针对伊文·金本人，而是出自一种"道德洁癖"。夏志清在很多场合一再强调，文学作品中的道德力量是衡量经典作品的重要标准，对于学术研究，他同样也有一种道德洁癖，无法容忍任何对学术的不敬。而且，夏志清一向对当年汉学界的洋人学者颇多微词，即使当时伊文·金已暴得大名，他也没觉得有多了不起，所以揭发《黎民之儿女》、将其写入《小说史》，对夏志清来说都是维护文学与学术的纯洁性。书生夏志清，忘记了学术江湖往往会有一些学术之外的无形力量出入其间。

一九六一年春天，《中国现代小说史》终于出版，广获好评，夏志清一举成名，逐渐奠定了在海外中国现代文学研究领域执牛耳之地位。不知伊文·金看到这些，会做何感想。从现有的书信材料来看，伊文·金和夏志清后来再无往来，唯一的交集是，夏志清有一次提交论文申请与会，结果被拒。隔了好久才知道，他的论文审阅落在了伊文·金手里。伊文·金也算是轻飘飘地报了一箭之仇。一九七八年十月三日，耶鲁大学出版社的编辑格雷厄姆（Ellen Graham）通知夏志清，"这本书的销售很成功，精装本卖了四千四百二十四册，平装本卖了三千零一十七册"，平装本已售罄，精装本即将售完，将停止印行。李欧梵获知消息，马上积极游说印第安纳大学出版社的高尔曼（John Gallman），希望将"这部具有里程碑意义的书"纳入自己正在主编的"中国现代文学与文化"丛书，"将印第安纳大学变成西部地区现代中国文学的中心"（一九七八年十月十日李欧梵致John Gallman）。高尔曼欣然答应，但希望夏志清能收回版权，重新授权印大出版（一九七八年十月十二日致李欧梵）。经过夏志清与格雷厄姆和版权经理福莱（Mary Jo Foley）沟通（一九七八年十一月十七日Ellen Graham致夏志清），非常顺利地就重新获得《小说史》版权，并正式转给印第安纳大学出版社。但奇怪的是，印第安纳大学出版社的《中国现代小说史》第三版，迟至一九九九年才正式面世。而此时《中国现代小说史》早已名满天下，成为中国现代文学研究领域"经典中的经典"。

诚如王德威所言，对于《中国现代小说史》无论是褒扬还是批评，我们不得不承认："由于像《中国现代小说史》这样的论述，使我们对中国文学现代化的看法，有了典范性的改变；后之来者必须在充分吸收、辩驳夏氏的观点后，才能推陈出新，另创不同的典范。"（《重读夏志清教授〈中国现代小说史〉》）感谢夏志清精心保存下来这些往来信件，让我们可以看到《中国现代小说史》的生产、传播和典范化的过程中，其实隐藏了无比丰富的像夏志清与伊文·金公案这样的历史细节。我们不仅可以发覆这些湮没无闻的生动细节以为谈助，而且可以借此还原历史的现场，为阅读和阐释《中国现代小说史》提供另一种可能。从跨文化的角度来看，这段陈年旧事似乎也提示

> 前进吧,前进将使你产生信念。
>
> ——达朗贝尔

了对待他者的不同态度。夏志清初入学界,谨慎诚实,将西方学术规范奉如圭臬,最大可能地寻求与确认各方授权,着意强调《小说史》的"诚与真";而伊文·金看起来以推介中国文学为己任,实际上却是予取予求,甚至为我所用。在伊文·金这里,规范只是规范他者,而并未把自己包括在内,背后隐约可见高人一等的优越感。王德威曾经拈出"书信的伦理"一说,这伦理也可以扩而广之,跨越山水和大海,指代如何谦虚地理解他者、对待他者的问题,而不是以地理、种族、阶级、性别为阻隔,发展一种高低有别的学术歧视或者"没有中国的中国研究"。这或许是我们今天讲述中国故事必须警惕的问题,也是中国文学海外传播必须强调的"交往的伦理"。

(《夏志清夏济安书信集》,王洞主编,季进编注,上海人民出版社二〇二〇年版)

"四把钥匙"与治史格局

苗润博

今年是邓广铭先生诞辰一百一十五周年,也是他创办的北京大学中国古代史研究中心(原名中国中古史研究中心)成立四十周年。驻足回望不难发现,邓先生的诸多治学理念对中古史中心的设计蓝图与发展轨迹产生了深刻影响,值得仔细剖析。本文即选取先生最为人熟知的"四把钥匙"之说略加阐发,希望揭示其在通常所谓"入门工具"之外的意义。

一九五六年,邓广铭先生在北大历史系的课堂上公开提出,要以职官、地理、年代、目录作为研究中国史的四把钥匙;大约在二十世纪八十年代以后,他又进一步明确表述为职官制度、历史地理、年代学、目录学。关于这一说法的来源,邓先生在《〈宋代文官选任制度诸层面〉序言》中称是"参照清代乾嘉学者的意见"提出的。稍加考索即可知晓,这里所说的乾嘉学者应该是指钱大昕和王鸣盛。钱氏《廿二史考异》称:"予尝论史家先通官制,次精舆地,次辨氏族,否则涉笔便误。"《二十四史同姓名录序》亦曰:"予好读乙部书,涉猎卌年,窃谓史家所当讨论者有三端:曰舆地,曰官制,曰氏族。"此盖邓先生所谓职官、地理二者之所从出。而目录一项,或取自王鸣盛《十七史商榷》:"目录之学,学中第一紧要事,必从此问途,方能得其门而入。""凡读书,最切要者目录之学,目录明方可读书,不明终是乱读。"所述与邓先生的一贯立场颇为契合。至于年代,虽未见有明确标举者,但就乾嘉时人而言,钱大昕研治年代之学最深,著有《三统术衍》《宋辽金元四史朔闰考》《疑年录》等书,邓先生提出此条或受其启发,舍钱氏所重之"氏族"而改尊"年代",亦可见时代嬗递对学术旨趣的影响。钱、王二人淹贯四部,出经入史,以上论说看似为入门、避误计,其实无不是基于对学术脉络的通盘把握,对整个学术体系枢机纽带的深刻理解,所谓牵一发而动全身。乾嘉学术的要旨正在于以博通之人治专深之学,故能集传统考据学之大成,就史学言,堪称实证史学研究的第一次繁荣,影响深远。邓先生"四把钥匙"的提出,当然亦不止于具体字词上的参考,更是对乾嘉以来实证史学内在理路的总结、强调和发扬。

在乾嘉史家之外,民国时期的学术风气应是"四把钥匙"说更为切近的渊源。据邓先生晚年回忆,傅斯年提出的"史学即是史料学",与胡适提出的"系统的整理国故",一南一北,推动学界形成了重视史料的风气和氛围,"我置身这样一种学术环境中,受到这种风气的浸染,逐渐在实践中养成自己的治史风格,形成自己的治史观念"(《邓广铭教授谈治学和历史研究》,载《群言》一九九四年第九期)。邓先生所描述的情形是二十世纪二三十年代所谓"新历史考证学派"的兴起,是为实证史学研究的第二次繁荣。这一时期的实证史学,除了批判性地继承乾嘉学术中的"科学"因素外,还受到了德国兰克学派(主要是伯伦汉的《史学方法论》及朗格诺瓦、瑟诺博司合著的《史学原论》)的深刻影响,开始强调分科断代的专史研究。不过,那时候的分科断代多系先为通人而后再治专史,所"通"者除传统四部之学外,往往旁涉西学,治史格局不仅未因专业设置而略显褊狭,反由融会贯通而呈现出前所未有的全新面相。北大文科研究所及中研院史语所的建立,更使得现代意义上的学科交流与碰撞成为可能,如何在新的学科格局中定义与选择史学的核心问题,被提上议程。学生时代及前期治学在如此氛围中度过,邓先生对于史料、对于实证史学的认识自然是一派通人气象,他每每引述胡适所谓"大处着眼,小处着手"来对应太史公笔下的"通古今之变,成一家之言",将后者视作治史的至理名言,正是这种理念的生动写照。

回顾两次发展高峰,我们发现,中国实证史学研究除了求真、求实的考据本色外,还有一份求通的底色。这份底色深植于传统史家学究天人的终极关怀，亦合乎古典学术一以贯之的内在逻辑，最终在新的历史条件下呈现出中西会通的治史格局。作为邓先生对实证史学方法的提炼，"四把钥匙"说的学术内涵在这样的脉络下或许才能得到更为充分的理解。

高峰过后，实证史学在二十世纪下半叶遭遇了不公正的对待，曾长期陷入低谷。在五十年代中期"理论挂帅""以论带（代）史"的风潮下，邓先生从自身长期治史、教学的实践经验出发，首倡"四把钥匙"说，应该主要是缘于痛心时弊，力图扭转学风，对基础不牢、荒废学业者有所提醒。这在当时自然不可能产生什么效果，反而在后来的批判运动中被贴了大字报。直至八十年代，学术环境逐渐松解，实证史学得以复苏，"四把钥匙"方才作为一种形象的概括被广泛征引。此说最初为培养人才计，也是先生晚年强调学者应具"独断之学，考索之功"的前提，某种意义上既是门径，也是标准。对于四者的作用，一种比较通行的说法是，作为四种引导学者走上研究之路的先行知识，它们是寻找史料和解读史料不可或缺的工具。不懂职官制度，就难以弄清历史人物身任何职，负责何项政务；不懂历史地理，就难以弄清人物所在、事件发生的地点；不懂年代学，就难以明白人物所处、事件发生的时间；不懂目录学，就不知道到哪里寻找史料。这样的说法反映出当时的现实：历经长时间重理论、轻史料的风潮，史学界满目疮痍，百废待兴，亟须改变"虚妄"的学风，故而从邓先生本人到及门弟子乃至其他学界同道，都特别强调"四把钥匙"对于"求实"的意义。这在当时确属当务之急，不过时至今日，史学发展到新的阶段，我们对于"四把钥匙"的理解似可再进一步：它们并不限于引导初学者入门这样简单，更蕴藏着入门之后开辟学术阵地、拓展学术格局的可能路径，亦即上文所说"求通"层面的意义。

四把钥匙其实可以视作史家分析和诠释历史的四重经纬。职官是政治制度的核心与灵魂，规定了社会运行的机制和框架；地理提供了实在的空间感和现场感，是大到政治结构、小到社会事件赖以附着的基础构造；年代呈现出历史中的时间秩序，更是特定时代精神、气质的依托；

目录不仅关乎对历史载体（史料）的认知，更关乎历史解释的源流脉络和史家本身的价值定位。时（年代）、空（地理）两轴加之架构（职官）、脉络（目录）二端，四者各主一面而又相互配合，会聚在一起，方有可能真正开启历史的神秘之门。四者俱备的综合面相在专题论著中或许不易得见，但在完成历史叙述，例如撰写人物谱传之时却常常是避无可避，而这恰恰构成了邓先生非比寻常的学术特质，尤可见其通人器局。

以今天的学术眼光看，每把钥匙又可从内在的层次（深）、切面的关联（横）、长程的脉络（纵）三个角度分别加以理解。（一）职官制度。深向看，无论是关注制度本体的精密结构、功能和形式，还是着眼于实际政务运作过程与制度规定条文间的距离，都展现出较大的掘进空间；横向看，不同制度间的联动关系、整体制度架构的运转秩序、弥散周遭的制度文化乃至制度对于整个社会形态的塑造作用，已逐渐汇为研究者的关注焦点；纵向看，同类制度的源流衍变、制度沿革的内外动力以及隐伏其间的制度惯性、制度逻辑，构成了历史研究最具魅力的领域之一。（二）历史地理。深向看，是每一个具体地点的丰富性，可能包括自然地貌与人文景观的真实情势及组合方式，人地关系与功能分区，地志记载与地理实态的距离等；横向看，交通路线网络中的位置、区域社会中不同要素的关联结构、整体的军政形势与经济区位，则是空间视角下首先应该观察的对象；纵向看，除了原来强调的建制沿革外，自然条件与交通路线的变迁，人口状况特别是居民社会身份、族群身份的更动等，都可能呈现出原本意想不到的历史脉络。（三）年代学。深向看，史料中所见纪时干支背后可能隐藏着国家颁历与地方制历、通行历法与每年实际用历的参差，以及数字与干支换算时可能产生的问题；横向看，年号的选择、去取多与正统观念、政治文化关系密切，特殊时间节点经常被赋予浓重的象征意义，王朝亦需利用微调日历、周期再现等手段来进行政治宣传，不同政权间纪年方式的区别与互动亦是文化交流的重要方面；纵向看，历法衍变不仅是今人关注的要点，更是古代史家处理的核心因素，古人对于年代学的研究成果会直接影响到他们所编纂的、我们所看到的史料面貌。(四)目录学。深向看,任何史料都非铁板一块,而有着可以离析的文本层次和生成过程,这并不止于对材料原始性的是非判断,而关乎每一部文献的生命、每一种历史叙述的形成;横向看,每部文献其实都牵涉编纂者所面对的实际情境,整体的文献环境、具体的人书互动关系乃至书籍社会史背景,都可能制约我们对于特定资料的理解;纵向看,贯通的文献源流具有区别于断代史料的意义,书籍形态、体制、义例的演进,知识体系与学术思想生成、流变的内在逻辑,构成了史料碎片背后的宽厚基盘。

总而言之,"四把钥匙"中的每一把其实都蕴含了一个观察历史的视角,甚至是一种独特的思维方式,围绕它们进行的深入探索,有望从三个维度全面撑开中国古代史研究的格局。从纵向的维度,每把钥匙均堪称突破断代藩篱的利器,是史学内部获得贯通认识的有效抓手;从深向与横向的维度,每把钥匙所引出的亦多为相应时代的核心问题,无一不具备跨学科对话的可能,政治学、社会学、地理学、民族学、经济学、天文学、考古学、文学等学科都可能被调动起来。上述具体研究理路上的进展,恐非邓先生当年提出"四把钥匙"时所能想见,但四通八达的整体方向应该和他心底对实证史学的理解与期待相去未远。

以上臆解或亦有裨于反思时下的史学路径。作为当代宋史研究的开创者、"海内外宋史第一人",邓先生的通人底色似乎不甚为人提及,类似情况还包括唐长孺、韩儒林、谭其骧等诸位先生。他们常常被定位为在一个断代或专题领域取得最高成就的权威学者,但作为联结民国学术与"文革"以后学术的一辈,他们其实均是通人治专史,笔下的断代史多具通史眼光(或即陈寅恪《敦煌劫余录序》所谓"通识"),足以牵动前后脉络,甚而影响其他学科。如此说来,我们所习知的、严守藩篱的"断代"治史的研究路径和培养模式,其实只是近四十年逐渐形成的新传统,而背景正是在此之前的三十年剧变,造成原本求真、求通的实证史学传统的不绝如缕以及与之相配套的系统学术训练的严重缺位,故就学术本身的脉络而言,亦未必具有天经地义的合理性。在分科断代治史已呈现过密化趋势的今天,完全回归旧有史学传统既无可能亦无必要,况且深度的断代史研究确可提供十分紧要的专业训练,把握史料的复杂性、获得切实的时代感和历史感皆有赖于斯,因而求通之道似当在探索如何始于断代而不止于断代,究竟是先"渊"后"博"还是非"博"无以致"渊"……循此视角细忖"四把钥匙"的学术意蕴,重观中古史中心与史语所、文研所的学脉关联,以及邓先生草创之际的种种擘画,我们或许又会有全然不同的体悟。

侧耳"窃"听

张 磊

短长书

在我们通常的观念里,似乎只有特工、间谍、警察、侦探这些职业人群才与窃听这一行为密切相关。以专业窃听的间谍为例,其西方鼻祖是公元前十世纪一位名叫娣莱拉的菲利斯女子。在我国,早在公元前二十世纪前后的夏代前期便出现了间谍,而且也是一位女性,名叫女艾。古往今来,这些职业人群借助各种各样的窃听设备——从听瓮、地听器,一直到今天的微型录音机、专线麦克风窃听器、无线窃听器、电话窃听器、红外激光窃听器、微波窃听器,从事着不为大多数人所知的秘密行为。

事实上,窃听这一行为并不仅仅限于职业人群。除了专业性的窃听,还有人们更为日常的窃听。在英文里,wiretap、bug、intercept这些词汇指涉的是前者,而overhear、eavesdrop则往往指的是后者。甚至可以说,自人类出现之时,便有了窃听。它几乎无时不在,无处不在。西方《圣经》里记载的人类始祖——亚当与夏娃便属于最早的日常窃听者。在伊甸园里，他们在受撒旦化身的古蛇诱惑、偷食了智慧树上的禁果之后，便一直竖起耳朵，战战兢兢地、无比警惕地听着周围的声响。他们的侧耳"窃"听，正是因为不知晓上帝究竟何时会来惩罚自己，因此必须要做好充分的准备，才能面对。

如果说亚当、夏娃的窃听是由于自己犯了原罪，在面对更大的、自己无法战胜的力量时需要自我保护，那么几千年来，人类为何要不断持续地窃听？窃听的原动力是什么？在笔者看来，除去不同时期、不同地域的特殊性，驱使人类窃听的一个重要因素便在于无尽的好奇心。人与人之间从来都不是亲密无间、彼此透明的。即使是再熟悉的人，也做不到毫无保留、无话不谈。许多信息都无法通过正常的渠道沟通而得。而偏偏每个人基于各种各样的理由又需要了解别人，尤其是别人不为外界所知的那一部分。不仅如此，每个人也都需要了解别人对自己的认知。因此，不论是有意还是无意，抑或是介于有意与无意之间，这一欲望、这一需要几乎是无法遏制的，只是程度不同罢了。

说到窃听的人群，当然是所有人。然而，如果说谁最擅长、最有意愿去窃听，莫过于最高层、最底层这两类人。而将这两种人联系在一起的，便是福柯在各种作品中反复言说的"权力"。福柯从边沁那里获得了"全景敞视主义"（Panopticism）的灵感，常常让人有这样一种印象：只有视觉手段才能达到权力的效果——我看得见你，你却看不到我。我没有看你，你也以为我在看你。事实上，福柯也在边沁那里发现了全景敞"听"的灵感，但这一点却往往被忽略。二者的区别在于，敞视的目的是为了营造某种"大哥在看你"的幻觉，"大哥"并无意真的要看到狱中囚犯不可。而敞"听"里的"大耳朵"（或者叫作"狄奥尼索斯之耳"），则是要真的监听到囚犯到底说了什么。高层之所以要直接或者间接监听（即遍布各种各样的"耳"线），目的当然是要让自己全面、动态地掌控下层的所思所想。而在不同社会中处于最底层的群体，譬如仆人、黑奴等等，同样也有着强烈的意愿去窃听上层的所思所想。并不是每一个仆人都像英籍日裔小说家石黑一雄《长日将尽》中那个供职于达林顿勋爵家的老牌英国男管家斯蒂文斯一样，对不该听、不能听的事情绝对充耳不闻。在英国小说家亨利·菲尔丁的小说《汤姆·琼斯》中，不论是一开场对弃儿汤姆·琼斯是否为女仆珍妮·琼斯私生子的种种猜测，还是最后大乡绅奥尔华绥先生对汤姆·琼斯真实身份的宣告，都始终伴随着一群仆人在门外夸张滑稽、颇有喜感的窃听。他们之所以一定要窃听，不仅仅是听着玩，更重要的是尽可能地了解主人的秘密。了解得越多，自己可以与主人博弈的筹码便越多，对自己的生存与发展便越有利。而说到黑奴，最典型的例子莫过于美国非裔小说家托妮·莫里森的《宠儿》。小说的女主人公、黑奴塞丝之所以要从"甜蜜之家"的肯塔基农庄逃亡，正是因为一次偶然的窃听所带来的、融合着生理刺激与心灵触动的顿悟。当时，她无意间撞见学校老师给他的两个侄子上课，正指导他们对黑奴进行研究，要求他们在纸上把塞丝的"人的属性放在左边"，"动物属性放在右边"。从那时起，她便暗暗发誓，自己，还有自己的孩子绝对不可以再被这些白人当成畜生一样对待。这也是她后来说服自己杀婴的最大理由。

窃听的地点，既可以包括常规的私密空间外部，即所谓的暗处——如门口、墙边、屋檐下（这恰恰对应着英文的 eavesdrop），也可以是任何一处公共的场域。事实上，有时候看起来越是不符合标准窃听剧情的明处，越有可能成为窃听之地。在美国小说家爱伦·坡《失窃的信》中，大侦探杜宾与窃信者的博弈便充分地证明了这个道理。事实上，不仅是专业侦探，普通人也经常以不经意的方式在公共场合偷听着别人的话语。从来都不只是"隔墙有耳"，任何一只耳朵都有可能在以伪装未听的方式偷听着别人的对话。

说到窃听者的心理状态，虽各有不同，但大抵上遵循着"紧张＋愉悦"的模式。一方面，窃听的行为本身便需要专注（即使不是全神贯注，也需要比正常聆听时更高的强度），因此窃听者往往在身体上处于较为紧张的状态，很难放松。然而，另一方面，这种试图捕捉他人未知信息的行为又会给窃听者带来某种快感（即使最后一无所获，仍会如此）。与强调视觉的偷窥相比，窃听在给人带来刺激这一方面毫不逊色。吉尔伯特·海厄特曾经在《偷听谈话的妙趣》中这样形容这种刺激与快感："那些（别人谈话中的）只言片语就长着翅膀。它们宛如蝴蝶在空中飞来飞去，趁它们飞过身边一把逮住，那真是件乐事。"我国经典名著《西游记》中贪嘴的猪八戒便是个极好的例子。五庄观的两名道童奉外出的主人镇元子之命，本来要将镇观之宝人参果两颗献予唐僧食用。然而，唐僧迂腐，见人参果形似婴孩，不敢食用，两名道童便商讨着要自行享用。他们的悄悄话恰好被猪八戒偷听到。他本就是贪、嗔、痴一应俱全之辈，得知有此等好物，自然不能错过。光是"人参果"这几个字，便可让他口齿生津、兴奋不已。只是，囫囵吞枣的他并未品出这人参果的真味，反倒不如他偷听时想象的快感要来得强烈、真实。偷吃不如偷听，有贼胆未必一定比有贼心给人带来更多愉悦。

那么，在窃听之后，窃听者究竟听到了什么？他们又如何处理听到的这些信息？俗话说"眼见为实，耳听为虚"，但已经有大量证据证明，眼见未必为实，眼睛也会骗人。那么耳听是否为虚呢？急于将学者们从"视觉中心主义"拉向"听觉中心主义"，也就是支持所谓"听觉转向"的批评者们自然极力要强调"耳听未必为虚"。然而，事实上，正如眼见未必为实一般，耳朵也同样会接收错误至少是片面的信息。窃听者往往认为窃听是一种获取隐秘信息的捷径。只是，这"捷径"（shortcut）也很有可能是信息的"短路"（short circuit）。窃听者往往以为自己全力张开大耳，便能像捕捉蝴蝶一样把信息都吸进来。事实上，这些耳朵往往是处于"半关闭"状态的。而当这些碎片化的信息进入到人耳之后，窃听者必须要对这些信息进行各种加工与整理，否则便无法真正将其理解与吸收。然而，当窃听者带着自身的立场、态度、观点与情绪去分析、理解这些信息时，这些本来便不见得完全准确的信息便容易变得更加"主观化"，产生新的误解或误判。这在文学作品中是屡见不鲜的，也是推进文学叙事、增强戏剧性的一大动力。譬如，在英国女作家艾米丽·勃朗特的《呼啸山庄》中，被呼啸山庄庄主欧肖收养的弃儿希斯克利夫深爱庄主女儿凯瑟琳,但他由于长期受到凯瑟琳兄长辛德雷的虐待与霸凌,又自卑于自己低贱的出身,所以一直不确定凯瑟琳对自己真正的态度。在一个狂风暴雨的夜晚,希斯克利夫偷听到凯瑟琳与女管家纳莉·丁恩的"部分"对话。当时,凯瑟琳表现出对画眉山庄小主人埃德加·林顿的好感,并且出于理性的考虑决定嫁给他。不仅如此,她还表现出对希斯克利夫的某种嫌弃,说他配不上自己的身份。正是在听到这些"刺耳"的信息之后,自尊心严重受挫的希斯克利夫负气出走。然而,希斯克利夫如果稍稍多一点点耐心,就会听到后面凯瑟琳对他刻骨铭心的表白。然而,不论是现实生活,还是小说之中,都没有"如果"二字。一切都再也回不去了。从此以后,希斯克利夫走上了一条疯狂的复仇之路,最终害人害己。

如果说《呼啸山庄》里的窃听者希斯克利夫为了自己不完整的窃听付出了过于沉重的代价,那么英国女作家简·奥斯汀《傲慢与偏见》中女主人公伊丽莎白无意的窃听行为同样也让她险些错过自己生命中最重要的男人达西。当时,在舞会上,伊丽莎白与达西第一次见面,便听到达西与查尔斯·宾利对话中对自己长相不太友好的评价。不知说者是否无心,但听者却是有心,甚至格外介意。事实上,这一介意并非突发之意,而是之前就达西为人的各种"耳闻"被现在的对话内容"证实"的结果。在爱讲闲话、热衷于给人贴标签的人们看来,达西并不算是个绅士,他爱挑剔、不会说话、不合群、傲慢、无礼。这些都深深地影响了伊丽莎白对达西的认知。换句话说,如果伊丽莎白不是在之前就因为道听途说对达西有了模糊的恶感与排斥,并不必然会对他此刻的言辞如此耿耿于怀。

还有一个特别值得思考的问题:被窃听的人是否知道有人在窃听?在文学作品中,常常有被窃听者反制窃听者的例子。英国当代女作家萨拉·沃特斯《荆棘之城》中盗窃团伙里的苏,为了要与名为画师、实为窃贼的"绅士"瑞弗士共同谋夺名媛莫德的家产,来到她家里做贴身女仆。在庄园里,苏经常有意无意地偷听、监视着饱受梦魇折磨的莫德。

二人甚至谋划将她冠以疯子之名，送入疯人院中，让其永世不得翻身。然而，当苏看到疯人院的人来时，误以为他们要接的是莫德。殊不知，他们来抓的竟然是自己。原来，瑞弗士真正要设局的对象并不是莫德，而是苏。苏自以为一直在监听莫德，事实上，一直以来真正被监听、被监视的，是她自己。聪明反被聪明误，害人者终害己。

而说到莎士比亚的《哈姆雷特》，朝臣波洛涅斯为了向国王克劳狄斯证明自己的忠心与聪明，主动请缨做一个卑劣的探子，去探听哈姆雷特的虚实。屏风之后，人影绰绰。之前由于种种原因多次错过手刃仇人机会的哈姆雷特，竟然在一瞬间再也没了之前的犹豫不决，果决地挥刀相向。一声惨叫之后，一具肉身应声倒地。此人并不是哈姆雷特以为的仇人克劳狄斯，而是替罪羊波洛涅斯。然而，如果他没有窃听之举，又怎会误做他人刀下之鬼？如果他能少一些卑劣的动机，又何至于藏在屏风之后？这又是一次被窃听者反制窃听者、聪明反被聪明误的例子。

以上提到的窃听，似乎多少都带着一些恶意（至少不是善意）。也许，"窃"字本身便会激起人们不好的联想。不过，必须指出，也有一些窃听是出于善意，而且在道德上是被认可的。譬如，同样在《哈姆雷特》中，如果王后乔特鲁德不是出于某种同为女性的同情心，在奥菲莉亚疯癫之后尾随其后，便不会听到她最后的歌声与告白，也不会知晓她最后溺亡的结局。这种不被奥菲莉亚知晓的窃听，不论从哪个角度来看都不是恶意的。再譬如，日本作家东野圭吾的《嫌疑人X的献身》中，数学老师石神，每天唯一的乐趣便是去固定的便当店买午餐，只为了看一眼在便当店做事的邻居靖子。而他正是出于对她的关心，出于对她单向的、毫不期待回报的爱恋，才会在听到她家的异响之后，忍不住在房外窃听。在知道室内发生的一切之后，冷静的他最终帮助靖子母女暂时解决了眼前的困境。

形形色色的窃听行为，既充分体现了人与人之间复杂的互动，又深刻地推动了人类社会的发展。在文学作品中，窃听的文学人物往往是耐人寻味的。规规矩矩、不越雷池一步的人物反而是颇为无趣的，也缺乏创造的生产性。与窃听人物、窃听行为、窃听场景有关的描述，也都可以用来营造戏剧性的张力。当然，在现实生活中，过量、过度、过分的窃听（不管是国与国、政府与民众、民众与民众之间），也会引发国际或本地社会的紧张与焦虑情绪。因此，"非法"的窃听也必须受到应有的法律制约与规训。

伍斯特墓园漫想

徐 天

短长书

美国麻省伍斯特市圣约翰墓园的林荫道两旁，林立的爱尔兰十字架和花岗岩方碑向远方延展开去，一眼望不到头。

圣约翰墓园在圣十字学院旁边。学院建于丘陵之上，墓园却一马平川。很多面积不大的合葬墓，往往囊括七八个家族成员。马奥尼、奥康纳、奥布莱恩（Mahoney, O'Connell, O'Brien），爱尔兰的大姓在此地比比皆是，几乎每座墓碑下面，都葬着一段跨大西洋往事。

墓园入口处有圣母像，双手摊开、温柔静穆，通体雪白却白得有点刺眼，让我想起中国北方"刮大白"的粉刷手艺。沿着星罗棋布的单行道走下去，我发现墓园阔大却不空旷，因为老树森森，高大的树冠让视线不能及远。走在老树中间，我的步伐非常缓慢，心里体会的是学者蒂莫西·马赫尔（Timothy Meagher）名著《发明爱尔兰裔的美国》（*Inventing Irish America*）背后的心境。前言里，生长于伍斯特市的作者走过圣约翰的一座座墓碑，墓碑上的家庭，不少都是他的老相识。当年还在布朗大学读书的他，边走边剥落私人记忆，让历史的经脉逐渐显露出来。

眼前频繁出现的爱尔兰姓氏，在马赫尔书中是一部城市社会史的起点，在我却意味着美国少有的亲密感觉：那些族裔、家庭、宗教的复杂网络凝练在墓碑之中，显得极为坦率、无比简洁。一个家庭在十九世纪八十年代连续有三个孩子夭折，一个男人在"二战"时做了随军神父，一个女人守寡四十余年……即使碑文只标注了这些人间过客的姓名和生卒年，有心的来访者依然可以领会到发生在美国历史角落里的悲喜和苦难。

这世间的苦难也太多了。站在那位三个孩子夭折的母亲的家庭合葬墓旁，我通过耳机反复播放维瓦尔第所作的《圣母悼歌》(*Stabat Mater*)，听清冷的童声三咏三叹、娓娓吟唱十三世纪创作的拉丁文："悲苦的母亲站在十字架边，靠近了他儿子的人生终点。"这段歌咏复述基督教世界最著名的苦难，我少年时通过电影《天才雷普利》首次听到它，一见钟情。

"悲苦的母亲"当然是玛利亚。《圣经》叙事里，玛利亚丧子之后由门徒约翰赡养、临终时升天。早期拜占庭史家、底比斯的希波吕托斯（Hippolytus of Thebes）声称，失去爱子后的玛利亚又活了整整十一年；十九世纪初，一位重病缠身、从未去过近东地区的德国修女凯瑟琳·埃默里希（Catherine Emmerich）又称，玛利亚的终老之所就在奥斯曼帝国境内的古城以弗所近郊。十九世纪九十年代，两名传教士按图索骥，据称在以弗所附近找到了一座完全符合埃默里希修女描述的房子。经历"一战"的破坏、二十世纪五十年代的重修，这座建筑如今已成为著名的朝圣地点。

天主教会关于"圣殇"和"圣母升天"的追思不胜枚举，而且每年都在世界各地的教堂和朝圣地重复发生。然而，站在伍斯特市的墓碑中间，特别是面对那个接连失去孩子、如今长眠于地下的母亲时，我只想知道一件事：玛利亚终老的那些年头，她是怎么撑下来的？面对儿子死后的日日夜夜，一个丧子的母亲到底靠什么样的心理机制，才能坚持到生命的最后一息？

近世天主教会的解释当然是"信仰"。正如尼西亚信经所言："期待死人的复活及来世的生命。"按照这种解释，所有相信的人都将得拯救，将来在天堂会再相见。这个解释一旦成立，玛利亚的最后时光就有了企盼；如果那个镀金时代的美国母亲相信同样的未来，那么她的最后时光也许就不那么灰暗了。可惜的是，人类历史上许多丧子的母亲没有这份信仰，历史研究者也很难走进玛利亚的内心，去确认她的心情。漫长岁月里的丧子之痛如何纾解，也因此成为困扰宗教、历史、文学、心理学等领域的难题。

当代美国经常被讨论的丧子之痛，属于校园枪击案受害者的父母。二〇一二年，美国桑迪胡克小学枪击案造成二十名幼童死亡，《桑迪胡克：一场美国悲剧和真相之战》的作者伊丽莎白·威廉姆森对死者父母进行了长期的追踪采访，发现父母的痛苦并未因岁月的流逝而有丝毫减轻："他们一直在悼亡，从未停止，而日常生活只有好日子和坏日子的区别。有些日子，他们可以喘口气，做一点悼亡之外的事情；其他日子里，除了悼亡，他们什么都做不下去。"今年美国乌瓦尔迪枪击案发生后，曾在一九七二年痛失妻女、二〇一五年痛失爱子的总统拜登，对美国公众分享了一段肺腑之言："失去一个孩子，就像你灵魂的一片被撕去，胸腔里从此出现一片虚空。你总觉得自己正在被吸进这片虚空里，而且永远无法摆脱窒息。你再也回不去了。"古代中文典籍里，给我留下深刻印象的丧子故事有两则，一则出自《礼记·檀弓下》，一则出自《聊斋志异·赵城虎》。《礼记》讲孔子路过泰山，发现有个妇人在儿子的坟墓前哭泣。妇人说公公、丈夫、儿子都死于虎口，孔子问她为什么不离开这里，妇人答："无苛政。"孔子的评价"苛政猛于虎也"，至今依然是华语世界最耳熟能详的句子之一。蒲松龄的故事说，山西赵城的一个农人死于虎口，死者母亲把老虎告上公堂，逼得衙门派一个外强中干的差役进山捉虎。差役找到老虎后，发现虎通人性，竟然乖乖随他到衙门领罪。此后，认罪却又逍遥法外的猛虎经常叼来钱粮野味，给这位母亲养老送终。这位母亲死后，猛虎更是伴墓哀号，久久不肯离去。当地人感其恩义，立了一座祠堂，名为"义虎祠"。

我从未读过学者的考证，但我愿意相信，蒲松龄的故事是对孔夫子"苛政猛于虎"的回应。在我看来,《赵城虎》可以被看作一则政治寓言:在超现实和现实共存的维度,横征暴敛的国家机器化身老虎,逼死了男丁,但母亲的悲苦终于让国家机器为之动容、诚心忏悔。寓言的结局是,当权者主动认错,把钱粮贡献出来,为母亲养老送终,变苛政为仁政。

一段年代更近,同样为中文读者熟知的丧子经历,来自学者周国平。他的女儿妞妞罹患眼癌,带着绝症活到一岁半,在承受了常人难以想象的病痛后早早夭折。周国平那本用哲思和叙述疗伤的《妞妞》里有个细节,说作者沿小河散步,"看见情侣们依然缠绵,孕妇们依然安闲,牵着孩子小手的父母们依然快乐。正当灾祸笼罩着我的时候,他们头顶上的天空依然绚丽。在不幸者四周,生活在照常展开"。他告诉自己,这现象实属"正常",因为"人类个体之间痛苦的不相通,也许正是人类总体仍然快乐的前提"。

我却想,也许中国古籍里两位痛失爱子的母亲、抱着幼女求医的周国平夫妇、十字架下的玛利亚,可以组建一个跨越时空的互助群。这个互助群里,虚构或历史上真实存在的人物实在是太多了。鲁迅笔下有祥林嫂,她在孩子被狼咬死之后的岁月里,不断叨念着那句"我真傻,真的……"美国历史上,则有玛丽·托德·林肯,因为接连丧子,又在一八六五年失去了丈夫林肯总统,她陷入悲伤不可自拔,后半生的精神状态与祥林嫂相通。祥林嫂自怨自艾,在庙里捐个门槛,用"千人踩、万人踏"来赎罪;玛丽则求助于灵媒,"巴巴地活着",企盼有生之年能和死去的幼子重聚。

在美国,玛丽·托德·林肯的悲伤已逐渐褪去历史强加给女性的种种污名,留下超越时代的肃穆和温情,但在当代中国,"祥林嫂"似乎更多是怨妇的代名词。或许九十八年下来,鲁迅字字血泪的同情心,还是没能撬动中国社会群体心理中长期潜藏的冷漠和等级之分。无处宣泄的痛苦、难以管理的情绪、打破常规的行为,即使事出有因,依然是惹人厌烦、被人阻止甚至荒唐可笑的。

华盛顿哥伦比亚特区那段求学岁月末尾，我曾拜访城市东北部退伍军人院旁的"林肯小屋"（Lincoln cottage）。在那里，我第一次知道林肯一八六二年丧子之后，经常白天在白宫处理公务，夜晚快马加鞭来此过夜。根据一手材料和史家的分析，身负历史重任的他和夫人玛丽同样悲苦甚至有明显的抑郁症倾向。诗人惠特曼当时住在白宫与小屋之间的必经之路上，常在清晨看到总统扬鞭南行、一脸倦容。

林肯夫妇共同养育了四个儿子，只有一人活到成年，三儿子威利一八六二年在白宫因伤寒离世时，享年仅仅十二岁。当时南北双方正陷入苦战，悲痛中的林肯开始构思解放奴隶宣言，玛丽则发现"世界依然微笑且保持尊重，但魅力全无。一切事物都像个讽刺，受赞美的那一位却不在我们身边。他已完成使命，而我们则被弃之荒野"。失去威利之后的那个夏天，夫妇二人开始造访军人院这片地方。玛丽说它"离城市2.5英里，非常迷人"，又说夫妻二人沉浸在悲苦之中的时候，"安静对我们非常必要"。

一八六二年，联邦军队的伤亡数字已经攀升到七万五千人，痛失爱子的家庭遍布全国。与此同时，华盛顿的社交圈却要求玛丽节哀顺变，把精力集中在生者身上。但她拒绝了。"林肯小屋"旁的历史展览告诉我，整整一年的时间，玛丽很少社交，几度在公开场合崩溃大哭、不能自已。带着母亲的执拗，她开始频繁参加通灵活动，相信"我们与所爱的逝者之间只隔一道轻薄的纱幕，他们离得非常近，尽管我们看不到他们"。丈夫林肯不堪其"扰"，外界对她的批评更是风起云涌，关于她精神失常的传言接连不断。此后十年之内，玛丽又相继失去了丈夫和另一个儿子塔德，一八七五年被唯一在世的儿子罗伯特送进了精神病院。出院后，她与罗伯特断绝关系，在欧洲度过了四年时间，一八八一年抱病回到纽约，一八八二年离世。

今天，小屋旁的展馆常设一个丧子父母的分享区，把林肯家的经历和当代人的经历编织成连贯的叙事，引导访客体会这个群体的孤独。在分享区的墙壁上，策展人给丧子群体的亲友列出几条建议："说出死者的名字(不要回避);尽量倾听,不要解决;允许悼亡者尽情悲伤;开放、温柔;保持联络和沟通;用自在的态度去迎接不自在。"分享区中央是一棵挂满白色叶子的仿生树,每片叶子都有访客留言,有的多写几句(比如"我会永远想念你,布莱恩,我现在真想和你说说话……"),有的只留下人名和短暂的生卒年,比如"麦斯威尔·布希,一九九七至二〇一四","泽维尔·约瑟夫·戈尔雄,二〇〇三至二〇二一"……

我拜访的那天,一个上年纪的女人在分享区的树下站了很久,一直在写东西。如今想来,那些白色叶子和形态各异的字迹与我眼前的墓碑并无二致,却更有动人心魄的历史力量。我仿佛看到,它们在一个名垂青史的家庭和无数个无人知晓的普通家庭之间架起桥梁,或许徒劳、或许有力地安慰着片片碎裂的心灵。漫想古今,我知道那些被桑迪胡克、乌瓦尔迪小学枪击案永远改变命运的父母们,和世界各地荒僻角落里的无数个"祥林嫂"们,都共享着亘古如斯的痛苦,但也都有权从千差万别的历史中获得些许慰藉。想到这里,我在圣约翰墓园流下了眼泪,心中波澜起伏,久久不能平息。

元宇宙想象批判

于 成

短长书

媒介研究多针对互联网、手机、电视等成功普及的媒介。在媒介考古学的视野中,"想象媒介"(imaginary media,或译为虚拟媒介)的重要性不亚于成功媒介,因为一切成功媒介都曾是概念性的想象媒介。除了从想象变为现实的媒介之外,媒介考古学还区分出不合时宜的想象媒介(如巴贝奇的差分机)和无法实现的想象媒介(如传递灵魂之声的留声机)。

笔者借用这一概念，将元宇宙视为将要从想象变为现实的想象媒介。

鉴于元宇宙的技术基础（通信、算力、交互、人工智能、物联区块链、VR、AR技术）已经具备，对元宇宙的想象已开始实质性地影响现实的社会活动。在我们接受这些想象之前，也许有必要首先考察，"走向元宇宙"这一表达本身具有怎样的社会学意义？既有的想象如何塑造出来，是否需要对想象本身进行批判和反思？

社会学家易洛思（Eva Illouz）把想象视作一种制度化的文化实践。人们所表达的想象看似天马行空，实则与一定的社会文化条件和技术条件下形成的话语系统密不可分。想象会在遵从一定规则的话语系统的影响下，制度化为看起来无须证实的信念。以此视角来看，人们对于媒介的想象是制度化的结果；抛开关于元宇宙的诸多细节上的想象，"我们必然走向元宇宙"这一信念本身亦是制度化的结果。

想象媒介作为制度化的文化表达，在人类历史上始终存在。例如，中世纪天主教神秘主义大师苏索（Heinrich Suso）想象过一个由时钟控制的与神交流的媒介——智慧女神的时钟。智慧女神"用双手握住时钟之轮，并将时钟的运动调整为均匀的间隔"。想象媒介不仅仅是现实的反映，也在积极地塑造现实。智慧女神的时钟"代表了一种美德，即将神圣的规则传达给飘忽不定的尘世生活"（克塔腾贝格：《虚拟媒介的考古学》）。对中世纪的修道院信众来说，智慧女神的钟表并非中性的计时工具，而是直接作用于生活世界的神圣装置和永恒秩序；它在神学话语中产生并被纳入其中，成为信众制度化的想象。

再举一个现代案例。一九一六年，作家弗里德兰德（Salomo Friedlaender）创作了名为《歌德对着留声机讲话》的短篇小说。女主角安娜非常喜欢歌德，非常想听到已经去世了的歌德的声音。爱恋着女主角的普绍尔教授要为恋人发明一个机器，让她梦想成真。于是普绍尔去坟墓挖到歌德尸骨，根据尸骨做出咽喉模型，放到留声机上。机器做成后，歌德真的开口讲话，甚至发出打鼾声。能够传递歌德声音的留声机，看起来是小说家妄想出来的想象媒介，其实是技术性媒介出现后制度化的"灵魂技术"实践在文学中的呈现。在现实中,有关灵魂的想象媒介同小说一样魔幻。在十九世纪六十年代,美国摄影师威廉·穆勒(William H. Mumler)推销"灵魂摄影术",宣称能够拍出已故亲人的影像。一九二〇年十月二十日《科学美国人》(Scientific American)杂志刊登文章《爱迪生关于生死的看法》("Edison's views on life and death"),爱迪生声称正在研制与逝者交流的电子设备:"我倾向于相信,我们的人格在死后会产生物质影响。假设这个推理正确,那么,如果我们能发展出一种工具,它足够精妙,能被我们来生的人格所影响、感动或操控,这一工具一旦问世,就应该能记录某些东西。"也有从事超自然电子异象研究(electronic voice phenomena investigation)的人员,希望通过声学装置去捕捉超自然的灵魂之声。

可见,钟表、留声机、电子设备、声学装置等技术发明,皆是在一定的话语系统中被制度化地想象为与上帝或灵魂沟通的媒介。元宇宙概念的流行,是在具备技术条件的基础上,由商业话语扩散到社会话语的过程。商业公司罗布勒斯(Roblox)告诉我们:"随着日益强大的消费者计算设备、云计算和高带宽互联网连接的出现,元宇宙的概念正在实现。"这体现的是马诺维奇(Lev Manovich)所谓"文化的计算机化进程"。商业公司通过广告、宣传片等话语形式将其制度化为社交媒体乃至整个文化产业的未来想象。借着新冠肺炎人们只能宅在家的"东风",一种足不出户就能迈向未来的想象便像病毒一样风靡全球。

推出想象媒介的永远是少数人(中世纪的大师、十九世纪的发明家)。在当代,少数人与资本、权力紧密地捆绑在一起。资本和权力虽然是老生常谈,但在元宇宙想象中依然无法回避。我们首先需要意识到,"我们必然走向元宇宙"本身就是资本和权力塑造的制度化的文化表达,这种表达不仅弥漫在商业广告中,也弥漫在政府话语、媒体话语乃至学术话语中。就像中世纪的人无法摆脱神学世界观,我们已然很难拒绝这一表达。

关于元宇宙的讨论,以接受走向元宇宙的命运为前提。如果我们只能被动地接受商业公司提供的单一想象,接受商业公司设定的必然道路,那么未来已来,对元宇宙的任何思考皆属无效。也许可以稍微乐观的是,至少从媒介史上看,虽然人类对媒介的想象总是在一套制度化的文化实践中展开的,但不是线性、单一、必然的直线,而是发散的、多元的、偶然的。只要想象还有些许开放性,我们就依然可以发问:我们正在想象什么?我们应该想象什么?

在扎克伯格的想象中,元宇宙也许是新一代的、改变生活方式的社交媒体。在大众的想象中,元宇宙也许只是一种娱乐工具、一种新式游戏。在投资者看来,元宇宙是一种经济现象,在元宇宙中投资房地产和现实中投资房地产具有同样的保值增值动机。在科幻作者看来,元宇宙或许是人类抛弃肉身,进入数字永生之门的通道。

任何一种单一的想象,都无法洞彻元宇宙对人类未来的可能性影响,也许保持开放,甚至保有拒绝的权利依然是最好的选择。然而,人们已接受了"走向元宇宙"这一无须证实的信念,且正在激烈地争夺更具细节性的"想象权"。一旦夺取了想象权,赋予某种想象以压倒性优势,它就会作为一种制度化想象塑造当下的元宇宙实践,从而塑造未来。

下面引自传播学核心期刊的元宇宙想象也许可作为一种主流想象:"当互联网发展的'上半场'完成了随时随地与任何人的连接之后,互联网的'下半场'要解决的问题的关键就在于,人们要在随时随地进行任何信息交流的基础上,进一步实现在任何场景下'做事'(将几乎所有在线下所做的事搬到线上来做,并且更有效率、更加精彩、更具想象力地实现)的突破。"

互联网的"上半场"确实完成了人与人之间的"弱连接",我们直接把批判矛头指向"互联网的下半场"。在"在任何场景下做事"这个表述就已经比较恐怖了。本来人只需要在办公场所的固定时间办公,有了社交媒体后,在家也可以办公,睡觉时间也可以办公,只要是在线时间就都是办公时间。如果元宇宙"进一步实现在任何场景下做事",是否会进一步加剧社会加速?

我们期待科技帮助我们节约时间，把精力放在更有创造性的事情上。罗萨（Hartmut Roas）在社会加速批判理论中指出，科技虽然给我们节约了不少时间，但随着科技进步，事务量也在成倍增长。但在某个时间节点上，巨量事务产生的非创造性时间会压过科技节约给我们的时间，所以现代人感觉时间越来越不够用。如果再让元宇宙加剧这一状况，追求所谓"更有效率"，不就是在助长罗萨所批判的加速社会？

那么，元宇宙中的生活是否"更加精彩"？"更加精彩"这一表达预设了新媒介时代比旧媒介时代更精彩，可事实是，随着新媒介的广泛使用，往往伴随着新的问题，比如互联网带来的网络暴力，社交媒体带来的"群体性孤独"。目前，VR性侵已经成为虚拟世界中的新问题，何谈"更加精彩"？

最后一点，元宇宙似乎是比以往的媒介"更具想象力"。不能否认，元宇宙也许可以像艺术作品一样，用来激发想象力。但如果把想象力全耗尽在元宇宙上，那就是在局部上发挥想象力，在整体上封闭想象力，压制整体性、具有精神成长性的想象；"人们的目光，从星空中收回。说好的星辰大海，你却只给了我Facebook"（引自刘慈欣的演讲）。在《不可思议的物理》（加来道雄著）这本展望未来的书中，有隐形、心灵感应、机器人、外星人、UFO、恒星飞船、反物质和反宇宙、时间旅行，甚至有曾被认为是骗局的永动机，唯独没有元宇宙。元宇宙反而可能是对想象力的限制，使我们从广阔的宇宙龟缩回地球之中，借用鲍德里亚的概念，这会导致想象力的"内爆"——在想象中消灭想象。

从社会心理学的视角看，拥抱元宇宙是拒绝向外探索、拒绝不确定性的群体心理的写照。面对激烈的竞争和加速内卷的社会（还有不知何时会发生的流行传染病），人们不再追求不稳定和创造性的活动，而是渴望规避风险，过上安全的生活。在元宇宙概念流行之前，人们就已然把目光从星空收回，退回到内在的小宇宙。这也许是元宇宙概念流行的社会心理基础。晚近现代性的世界将人们挤压在方寸之间，人们期待元宇宙在方寸之间打开一个不用与人相争就可以栖居的世界。

75

鉴于走向元宇宙已经成为一种制度化的文化表达，批判性话语自然无法扭转这一趋势，但也许可以提供一些主流话语之外的另类话语，避免少数人对想象权的垄断。在更一般的社会层面，科幻作品在提供另类想象方面往往具有得天独厚的优势，也许能够帮助普通读者反思主流想象的问题，面向更广阔的想象世界。

如果我们必然走向元宇宙，元宇宙不应是与现实对立的宇宙，而是宇宙中用以理解宇宙的宇宙。相反，如果只以元宇宙本身为目的，遗忘促使我们成长的宇宙，人类会进一步陷入算法编织的"精神世界"，在算法提供的过度饱和的体验中经历"精彩的人生"，且无法将体验整合为具有精神成长性的生活经验。如果元宇宙的"精彩"意味着生命体验的片段化乃至狂乱变化，倒是和罗萨描绘的晚近现代性特点相一致。这种现代性将导致人们把生活视为由一堆不相关的片段所拼成的随机图案，使自己像代码一样疯狂运转，不再关注精神的成长，成为困缚在代码世界中的片段化的数字幽灵。

如果我们必然走向元宇宙，我们也许更需要想象减速的元宇宙，想象缓解晚近现代性精神危机的元宇宙，想象同"星辰大海"保持联系的元宇宙。

《凝视死亡：另一个文艺复兴》

秋鹭子 著　定价：138.00元

美人、英雄、圣贤、天选之子；恶人、凶手、复仇者……无论是谁，都逃不过"终有一死"的命运。人类对死亡的恐惧、反抗、接受和迷恋，构成了文艺复兴时期最神秘、深刻的话题，也是无数艺术作品的母题。在《凝视死亡》中，艺术史学者秋鹭子以众多亡者汇聚出"另一个文艺复兴"。

生活·读书·新知三联书店 新刊

审判胡广

徐畅

东汉自和帝之后的一百余年间,皇帝多幼年嗣统,由皇太后临朝称制,太后家族成为少年天子最可依凭的力量;当皇帝成年,则往往依赖身边的宦官,并联合外朝官僚和军事力量,剿灭跋扈的外戚集团,恢复皇权……政局循环往复的背后,是外戚与宦官集团把控皇帝废立,新君如走马灯似的更换,平均每位皇帝在位时间仅十余年。

俗话说,一朝天子一朝臣,最高统治者的频繁更换,也影响到外朝公卿士大夫的仕途。每逢统治权力更替,就有大批中央官因政治站位错误被废黜,当然也有因拥立新君而佩印封侯、位至三公者,更兼行诸士大夫的党锢之禁,相比中国历史上的其他时代,东汉中后期的中央官僚,能久任者并不多。

然而,却有这样一位历事安、顺、冲、质、桓、灵六帝,为官三十余年,领七任宰相的高层官僚。他,就是太傅胡广。胡广的一生,可以作为帝制中国早期一种典型的、平稳的宦途人生之楷模。

范晔《后汉书》所立《邓张徐张胡列传》(卷四四,下文称本《传》),是较早的对胡广生平的全面记载。胡广自幼丧父,家境贫寒,长成之后,由本郡(南郡)太守法雄举为孝廉,入京城,因章奏第一被汉安帝拔擢为尚书郎。自汉武帝以后，尚书不仅是皇帝身边的文书吏，更得参与机要与外朝政务，东汉设立专门机构尚书台，"虽置三公，事归台阁"。胡广由台省郎吏起家，在此后的漫长仕途中，曾担任过地方太守，在中央先至诸卿，复登三公，最后获得太傅高位，还因为拥立有功，封安乐乡侯，可以说备受荣宠，史臣称"汉兴以来，人臣之盛，未尝有也"。

然而，本《传》也隐微指涉胡广人生的两大污点："及共李固定策，大议不全，又与中常侍丁肃婚姻。"寥寥数语，有复杂的历史情境。简而言之，第一，胡广作为官僚士大夫，与阉宦出身的丁肃结为姻亲，不辨清浊；第二，顺帝之后，梁氏外戚集团把持朝政，鸩杀质帝，另谋新君人选，以李固、胡广为首的外朝官僚与大将军梁冀意见相左，当相持不下之时，胡广突然变卦，导致权臣顺利更换皇帝，胡广沾拥立之功，而坚持立场的李固等被幽死狱中。

因为这个缘故，自《后汉书》以降，历代知识人对胡广评价不高。唐代宰相权德舆以胡广柔媚事上，实有邪心，痛斥"亡西京者张禹，亡东京者胡广"，把东汉王朝走向衰落和胡广联系起来（《两汉辨亡论》）。《资治通鉴》评议胡广为人："温柔谨悫，常逊言恭色以取媚于时，无忠直之风。"（卷五七"熹平元年"）明人李贽将胡广与历史上的佞臣南朝江总、五代冯道并列。至清代，胡广的历史形象更跌入低谷，乾嘉学派代表人物王鸣盛有著名的《刺广寓于褒颂》文，归胡广为"小人之至无耻而享大福者"，洋洋洒洒千言，尽数胡氏不忠不孝、误人国家之罪状（《十七史商榷》卷三六）。

如何评价胡广其人，是一个问题；而另一个问题在于，综观历代的胡广"接受史"，似乎时间愈晚，评价值愈低。值得思考的是，据目前所能掌握的史料，胡广瑕疵论似肇自范晔《后汉书》。众所周知，范晔《后汉书》在诸家《续汉书》中晚出，成书较东汉灭亡已逾二百年；那么范晔以胡广微瑕，是胡广生活当时的朝野和社会舆论,还是两个世纪以后史家的看法?本《传》叙胡氏两大污点之后,指明其"以此讥毁于时",似提示,对于胡广的不佳评价,在他生前就有了。

范晔怎么知道胡广的名誉在当时就受到了影响?有两种可能,一种是当时史家做了记录,其文本在刘宋时尚可见,为范晔采入《后汉书》。自东汉明帝起,王朝官方就开始组织班固等史官编纂本朝历史,终于灵、献,成一代之大典《东观汉记》;虽然《东观汉记》今卷帙不全,仔细采摭,尚可见有关胡广的遗文:

> 胡广为太傅,总录尚书事。时年八十,而心力克壮。继母在堂,朝夕瞻省,傍无几杖,言不称老。达练事体,明解朝章。虽无謇直之风,屡有补阙之益。(《太平御览》卷二〇六引)

这段文本也被范晔移入《后汉书》,描述胡广在家孝敬老人,在朝明娴政务,虽算不上耿直,然于时政多所补阙,并无负面评价。在今日尚存的诸家《续汉书》佚文里摸爬一遍,尚未见到在范晔之前有胡氏见讥于时的记载。当然,这种可能不能被完全排除。

另一种解释,虽不敢厚污范晔,也不排除"以此讥毁于时"是刘宋史家基于时议,对东汉倒放电影式的补笔。要回答胡广到底是否见讥于时,不妨暂走出后人的道德审判,回到事件发生时的历史情境,就以下问题细做观察:第一,胡广的两个行为是否涉及品行与道德问题?第二,同时流辈究竟如何评价胡广?

胡广行为之一,"与中常侍丁肃婚姻",有如下背景:东汉中后期的宦官并非全部污浊跋扈,《后汉书·宦者列传》就记载了不少清廉奉公的宦官,如郑众、吕强等,他们不仅于对抗外戚有所助力,在朝野亦有正面评价,丁肃为人"称为清忠,皆在里巷,不争威权"。另外,丁肃为济阴人,而胡广曾为济阴太守,两家系旧识,以此结为婚姻,在道德方面并无瑕疵。

胡广的行为之二,在质帝驾崩后选择新君的过程中倒戈,值得仔细辨析。自阳嘉元年（一三二）顺帝册封梁氏为皇后，以其父梁商为大将军始，梁氏外戚集团崛起，历顺帝、冲帝、质帝，梁太后皆临朝听政，梁商、梁冀兄弟备受恩荣，专横弄权；本初元年（一四六），年仅八岁的质帝因于朝堂之上呼梁冀为跋扈将军，次日即被权臣进汤饼鸩杀，朝野为之震撼。据史载，少年质帝在中毒临终之际，曾呼唤并求助于太尉李固，当时胡广位大司徒，同为三公，为皇帝肱股，睹此惨状，不知做何感想。没有疑问的是，这位老吏对时局的理解，又加深了一层。

此后，议立新帝，章帝玄孙、清河王刘蒜血统最近、年龄最长，严谨持重，举止有度，在冲帝驾崩后就曾作为新君人选，深含先帝去世之悲的李固自然瞩目这位成熟的候选人，同时取得了身边最重要的同事——司徒胡广、司空赵戒、大鸿胪杜乔的支持；而梁冀因其妹当适蠡吾侯刘志（即后之桓帝），且其年幼便于控制，决定拥立之。双方争执不下，为此专门举办了大朝议，梁冀在朝会上恐吓百官，"自胡广、赵戒以下，莫不慑惮之。皆曰：'惟大将军令。'"（《后汉书》卷六三《李固列传》）即胡广等重臣迫于权势，临阵倒戈。

实际上，不仅梁冀欲立刘志，李固推出的候选人刘蒜与宦官集团也有过节，往年刘蒜因作为冲帝继嗣人选被征召至洛阳，中常侍曹腾等曾试探性拜谒之，并未得到礼遇，宦官因此含恨。也就是说，刘蒜同时失去了宦官、外戚两大集团的支持，实际上是孤立无援的。胡广自安帝朝便服务于宫廷，熟谙朝野故事和政治规律，不会不知道，在这样的背景下应该如何抉择。以梁冀当时的权势，既然可以鸩杀质帝，杀掉反对他的三公易如反掌，为了避免无谓之牺牲，当然应支持刘志。更何况，立刘蒜之议本就不出于胡氏，这样做也并不为过，更不是道德问题。

这件事显然并未影响到胡广的声誉。在接下来的桓、灵时代，皇帝因拥立之功，深念胡广恩德，为其佩印封侯，加官晋爵；而外朝有清忠之名的士大夫官僚，如陈蕃、崔瑗、李膺、杜密、刘矩、蔡邕等人，也多出自胡广门下，得其拔擢。胡广的同僚尚书史敞评价他为人"体真履规，谦虚温雅"，在尚书台服务十有余年，"柔而不犯，文而有礼，忠贞之性，忧公如家"（本《传》）。灵帝继位后，欲重用胡广与大儒陈蕃、外戚窦武，胡广因病求免，陈、窦二人皆盛赞并挽留之，为灵帝言："不愆不忘，率由旧章，臣不如太常胡广。"（《后汉书》卷六六《陈蕃列传》）熹平元年（一七二），八十二岁的胡广辞世，灵帝命五官中郎将持节，赠以太傅、安乐乡侯印绶，"文恭侯"谥号，在光武帝原陵为他营建墓地，拜胡家一人为郎；故吏自公、卿、大夫以下数百人，皆着丧服送葬。这都是胡广在朝廷位望的集中展示。

熹平六年，当胡广去世五年后，灵帝尚思感旧德，遣画师绘名臣胡广、黄琼画像，命蔡邕配写《胡广黄琼颂》，悬于宫内，时时瞻念。一生以乃师为榜样的蔡邕，对于胡广"一履司空，再作司徒，三登太尉"的仕宦人生更是极尽溢美之词：

> 我胡我黄，锺厥纯懿。巍巍特进，仍践其位。赫赫三事，七佩其绂。奕奕四牡，沃若六辔。衮职龙章，其文有蔚。参曜乾台，穷宠极贵。功加八荒，群生以遂。超哉邈乎，莫与为二！

（本《传》注引谢承《后汉书》）

这是官方的声音，向下层推去，胡广在洛阳市民、社会大众眼里，是一个有趣的形象。本《传》载京师谚语"万事不理问伯始，天下中庸有胡公"，说胡广老练圆滑，沉浮宦海，善于平衡各种关系，无可无不可。所谓"中庸"，本是儒家心性论中的一种德行，孔子讲"君子时中"，实际上是强调在坚持原则的情况下有所权变；从胡广的经历来看，他的确践行了君子之中庸。这也并不是负面评价。

回到当时，对胡广唯一的责备之词出自李固，因在议立新君一事中坚持原则，李固惨遭梁冀诛杀，临刑之前，悲愤交加，给旧日同僚胡广、赵戒写信：

固受国厚恩，是以竭其股肱，不顾死亡，志欲扶持王室，比隆文、宣。何图一朝梁氏迷谬，公等曲从，以吉为凶，成事为败乎？汉家衰微，从此始矣。公等受主厚禄，颠而不扶，倾覆大事，后之良史，岂有所私？（《后汉书·李固列传》）

李固清忠正直、为国殉命的形象跃然纸上，而值得注意的是其所谓"后之良史，岂有所私"语，警示二友留心身后公论，也正说明胡广等二人因应时局，在当时的社会评价应该不低。

若胡广确未见讥于时，那么，有关他的舆论风向，是从什么时候开始改变的呢？东汉以降，三国、西晋皆短祚，史料亦乏，目前所见后人对于胡广的议论，较早见于十六国时期。《十六国春秋》记后秦开国重臣尹纬与友人牛寿讨论生平志向："时明也，才足以立功立事；道消也，则追二疏、朱云，发其狂直，不能如胡广之徒洿隆随俗。"（《十六国春秋辑补》卷五四）尹纬胸怀大志，然遭苻坚禁锢；后逢淝水之战前秦败绩，北方诸侯并起，正是他建立功名的绝好机会，以胡广之"洿隆随俗"（与时俯仰）为戒。由此可知，在西晋以后天下分裂、南北对峙的公元五世纪，胡广名声已污。

后秦灭于刘宋。在宋武帝身后，宋文帝兄弟政争，涉入其中、被贬宣城的文人范晔，在整理后汉人物并立传时，遇到了"仕宦楷模"胡广。尽量保留东汉官方记录之外，范晔对胡广持保留看法，尝试寓讥讽于褒扬之中，在胡广奉养继母的情节之后，笔锋一转，"及共李固定策，大议不全，又与中常侍丁肃婚姻，以此讥毁于时"，站在南渡士人的角度，回顾晦暗时代，提出了胡广一生的两大问题。

由范晔开其端，上文提到，后世对胡广的评价持续走低。这背后的原因何在？细思之，这种变化似是由于后人将对胡广的评价与反思东汉后期历史捆绑在一起。东汉中期以后，尤其是桓、灵二帝统治时期，皇帝昏庸无志，在中央，外戚、宦官、士大夫相互倾轧，在地方，黄巾等盗贼群起，又兼自然灾害，民不聊生，最终将持续四百年之久的汉帝国推上坟场。自三国以降，一批有见识的知识人，开始批评东汉后期政治，反思东汉灭亡的原因，如汉亡后七年，蜀汉丞相诸葛亮决定完成先主遗愿，北伐中原，临行前，上疏后主刘禅，讨论历史，总结教训："亲贤臣，远小人，此先汉所以兴隆也；亲小人，远贤臣，此后汉所以倾颓也。先帝在时，每与臣论此事，未尝不叹息痛恨于桓、灵也。"（《三国志·蜀志·诸葛亮传》）"桓灵"之政，在三国时就被归为东汉灭亡的直接原因，而在随后的历史时空中，这种判断被不断放大。

这样一来，胡广作为东汉后期权位最重的中央官，拥戴桓、灵二帝的功臣，其中庸无为，极容易被解读为面对大厦将倾的"危而不持，颠而不扶"。清代学者王鸣盛读后汉史胡广、李固议立桓帝一节，大骂胡广贪位惧祸，鄙夫误国，并提出"当时广若能与李、杜同心，立清河王，无桓则亦无灵矣"的假设，将桓灵恶政与胡广的不作为关联起来（《刺广寓于褒颂》；倘若真要倒放电影，即使胡广与李固等一起力挺刘蒜，结果仍会是梁冀及刘志胜出），而经学家陈鳣则大谈宰相责任，"夫相者，上以分天子之忧劳，下以操百官之刑赏者也。使惟苟合取容，治乱不关于心，天下有事，俾天子独任忧劳"，"彼胡广相汉，安保其不为桓、灵之倾颓也"，将东汉灭亡的责任，越过桓、灵二帝，直接归于胡广（《胡广论》，《简庄文钞》卷一；按王、陈生逢清朝由盛转衰的乾嘉时代，批判胡广是否有现实指涉，也值得再做检视）。

汉代政治的日常运行，以律令及故事为依据，至东汉，相关原则不断累积，要成为员明习故事、举动合规的中央官，并非易事，胡广一生游走于台阁，其仕宦和为人之道，相当复杂。本文的目的，不是还原胡广的宦途人生，也并不是为范晔提出的两大污名洗白，而是揭示一个为道德审判所裹挟的历史人物评价案例，尝试回到具体的情境中，去复原事件过程，观察非人物自身所有的元素，是如何加诸其身，以至于颠覆本来形象的。

杨志

水月庵里的镜澄

读清人梁绍壬《两般秋雨庵随笔》，卷一有《金陵诗僧》，印象深刻：

> 金陵水月庵僧镜澄，能诗，然每成辄焚其稿。檇李吴澹川文溥录其数首，呈随园先生，先生激赏之。吴谓镜澄宜往谒先生。镜澄曰："和尚自作诗，不求先生知也。先生自爱和尚诗，非爱和尚也。"卒不往。其《留澹川度岁》诗云："留君且住岂无因，比较僧贫君更贫。香积尚余三斛米，算来吃得到新春。""新栽梅树傍檐斜，待到春来便着花。老衲不妨陪一醉，为君沽酒典袈裟。"其风致如此。

诗佳，僧也风雅。据《十里秦淮志》，这座水月庵，原址在今南京长乐路，始建于南宋绍兴十二年（一一四二），屡经兴废，但寺名、寺基未变，有人认为即《红楼梦》里"水月庵"的原型。它距袁枚随园只几公里，抬脚就到，但镜澄不肯攀附名人，没去。

吴文溥，号澹川，是著名诗人，其《南野堂笔记》卷五有《录金陵僧镜澄诗述》，是梁绍壬所本，并对吴文溥所录有所修改。而据吴文溥，袁枚将镜澄诗"即刻《续同人集》中"，但查《续同人集》，无镜澄诗。查袁枚《随园诗话》，见于《补遗》卷八：

> 金陵水月庵有僧镜澄，颇能诗。闭户焚修，名场竟不知有此人，殊可敬也。

袁枚也对吴文溥所录做了修改，诗题《田家乐》改为《落叶》，《独树叹》改为《惜桐》，诗里"茅舍整"改为"茅舍补"。两人修改比原诗为雅，可见镜澄虽有诗才，文化水平却不高。他不愿见袁枚，这或是一个原因。

镜澄诗，只见六首。金陵是文化名城，镜澄后是名寺住持，却仅存此，可见"每成辄焚其稿"属实。读其诗，想见其人：镜澄是怎样一个人，有过怎样的人生？

按理说，存诗如此之少，当无多少生平记录。不料事有不然，镜澄不但在金陵地方史籍，而且在清代政治史籍，都留有痕迹。特别是，二十多年后，他先卷入秘密宗教叛乱，后又卷入两淮盐务案，惊动嘉庆和道光两任皇帝，在政府档案留下了记录。据此，不但可拼接出他的人生，甚至可约略窥见其内心。

曾任江苏巡抚的韩文绮所著《韩大中丞奏议》，卷五有《遵旨严密访查疏》，对镜澄有记录："镜澄系六合县人，自幼出家在江宁水月庵。"六合县属江宁府（今属南京六合区），镜澄是江宁本地人。

镜澄之于金陵，一大功绩是开办善堂。江南向有慈善传统，史料较多，镜澄生平也由此存留。他最早开办的善堂是清节堂，收留孤寡，创立于嘉庆十年（一八〇五）。《光绪江宁府重修普育四堂志》收有曾燠和许兆椿所撰《清节堂碑记》两篇，皆提及镜澄童年，以许兆椿所撰较详细：

> 镜公六岁而孤，其母俞氏，贫不能全育一子，乃以镜公为僧。镜公长，立愿保节妇以全孤，于今三十余年。

该文撰于嘉庆十七年（一八一二），据"镜公长……于今三十余年"，可知镜澄当时五十多岁。据今人考证，吴文溥生于乾隆五年（一七四〇）（金陵生：《吴文溥生卒年考》）。由此逆推，两人结识时，吴文溥不到五十岁，镜澄三十多岁。梁绍壬把原诗"和尚"改为"老衲"，诗境变佳，却扭曲了信息。读镜澄赠诗，"夜深还自恋藤萝"，对吴文溥恋恋不舍，颇像杜甫之于李白，看得出镜澄小些。

水月庵虽小，但历史悠久，僧人也须按资排辈，结识吴文溥时，镜澄"窗破宜糊纸，墙穿合补泥"，诸事亲自动手，当还不是住持。此时的他以何营生？《遵旨严密访查疏》称他"常到扬州化缘，与人言休咎，屡中，人皆尊信"，可见占卜是生计之一。和尚也要谋生，袁枚说他"闭户焚修"，是想当然了。写诗"风致如此"的镜澄，其实是混迹三教九流的算命和尚。他说"太史自爱和尚诗，不爱和尚也"，心中就清楚"和尚"与"和尚诗"的气味差异。自己的嗜好跟自己的世界不搭，这或许是他"诗成辄焚其稿"的一个原因。

许兆椿描述镜澄："为人清介避俗，多道义交，从不入公门，人不可得而亲疏。与善者言，进之于所不及。不善者强就见之，必以言中其隐而潜化其过，以归于善。济人利物，有见必为。"可见颇有人格魅力，也不乏江湖气。不善者为何"强就见之"？当是镜澄占卜灵验之故了。至于"不入公门"，只是字面意思，则非事实。为其撰记的曾燠和许兆椿皆高官，特别是前者，两次出任两淮盐政，素好风雅，幕府兴盛，袁枚等诸多名士都与之交。镜澄能维持几个善堂，还请到他们作记（曾燠作了三次），可见在扬州政商中有很大活动能量，甚至可推测，他灵异的占卜能力起了作用。《遵旨严密访查疏》说镜澄"常到扬州化缘"，"与（盐商）丁淮尤为亲密，每到扬州即就寓歇"。丁淮并非一般盐商，而是总商。清代规定，两淮只许二三十名盐商跟政府直接交涉，称总商，能当上总商者，政治地位和经济地位不低。或许，撰记就是丁淮给他和曾燠牵的线。此时镜澄经济状况有了较大起色，有了徒弟，有了管事，不复"沽酒典袈裟"的穷僧了。

镜澄所建清节堂，《光绪江宁府重修普育四堂志》有记载："清节堂在秦淮东岸小油坊巷。嘉庆初年，水月庵禅师镜澄，奉孀母俞氏之命所募建也。先是，镜澄生六岁而孤，母子不能存活，遂出家为僧以养母。母殁，镜澄隐伤母志，立愿募建清节堂，俾青年孀妇贫苦无依者，咸得报名以入。斯时海内殷富，商民好义，镜澄之徒蔡荣及鹾商丁淮等，共输万金购置田产，择老成绅士董之堂东设集英书塾，延师课孀妇之子。"他的善业未就此止，嘉庆十六年（一八一一），又创办扶养老人的恤颐堂。晚清慈善家余治，行善之余，收集足资仿办的善堂章程，编成《得一录》，卷三即收了恤颐堂的《规条》，前面还有曾燠撰《江宁恤颐堂记》。从《规条》"今已收百六十人"和"老人四名，共房一间"看，恤颐堂至少有房四五十间，规模不小。嘉庆十七年（一八一二），又建崇义堂以教授学子，"堂在省城剪子巷，讲舍七十余楹，分为四塾，延经师四人居之"（曾燠：《江宁崇义堂碑记》）。

嘉庆二十年（一八一五），镜澄遭遇秘密宗教的方荣升叛乱，引起嘉庆帝的注意，是其人生的一大传奇。方荣升，安徽巢县人，是秘密宗教收元教的教首。嘉庆十三年入无为教（后改名收元教）。三年后因传教被发配。十八年逃回，印制经卷，派人到数省散发揭帖，密谋造反。二十年由两江总督百龄捕获并凌迟。镜澄及管事万甫廷是破案的关键人物，今存《两江总督百龄为已访获散帖伙党并讯出谋反大概情形奏折》（嘉庆二十年八月二十二日）有"向江宁职员万甫廷等密访得方荣升传徒拜会，给人经卷多有违悖之语，并风闻曾刻木戳不方不园，恐系造布逆词之犯，禀请查拿"等语，获清廷嘉奖。对此，金陵地方史籍多有记录，但不如《遵旨严密访查疏》来得详细：

嘉庆二十年，前任督臣百龄查办逆犯方荣升一案，系由镜澄及其管事之万甫廷访知密告，立即破获，奉圣旨谕赏给万甫廷五品职衔。镜澄所住庙宇，官为修葺，正殿常悬御书匾额，每年给香烛银一百两，即于藩库动支，钦此。遂将水月庵改名正觉寺。

镜澄能侦知此案线索，跟从事占卜，经营善堂，广结三教九流是有一定关系的。

事情并未至此结束。方荣升案，百龄奏称镜澄"通晓数学（占卜)",给嘉庆留下深刻印象。至嘉庆二十二年(一八一七),持续多年的天理教叛乱平定,但重要人物祝现等久搜不获。嘉庆忽然想起镜澄,下旨命两江总督孙玉庭向镜澄求卜:

> 江宁正觉寺僧人镜澄,前因知逆犯方荣升踪迹,密首到官,迅就弋获,施恩嘉奖。闻该僧人通晓数学,现在逆犯祝现等,久未捕获,着孙玉庭便中赴庙中拈香,向该僧人讯问。

孙玉庭收到圣谕,不敢怠慢,于嘉庆二十二年十一月初五日往正觉寺,宣布谕旨。这难住了镜澄,"与人言休咎",不中没事;抓捕要犯,预测不中,兹事体大,他不敢造次。四天后,孙玉庭这样回奏嘉庆:

> 据该僧人回称:"幼小出家,从未习数学,实不知祝现潜匿处所。"臣以该僧人既能知方荣升踪迹,何以不能知祝现等去向,复又再四向问。据称:"前年因方荣升伙党来往江宁,就近访有端倪,密行呈首,并非由数学测知。僧人前荷皇上逾格恩施,虽涓糜顶踵,不足仰酬万一。今奉圣谕垂询,如有一知半解,万不敢隐默不言。上年二月内,曾蒙百总督传旨询问,业经据实上复,只求详察"等语。臣细加体访,该僧向未代人占卜,查看情词,委非虚饰。

从"曾蒙百总督传旨询问,业经据实上复"和"该僧向未代人占卜"看,孙玉庭暗示,百龄上奏镜澄"通晓数学"是欺君。但我们结合韩文绮奏议及碑记,可知镜澄的确懂占卜,也喜欢给人占卜。然而百龄破方荣升案当年即病故,不会对质。孙玉庭把责任推给百龄,免了自己的麻烦,镜澄也得以解套。嘉庆最后批:"览。"

虽有这么一出意外插曲,但协助侦破方荣升案,水月庵变为正觉寺,镜澄获得了皇权加持,地位更高,财力更大。他以此来做什么?答曰:扩建原有善堂,增开新的善堂。他将原先"恤颐堂"改名为"养颐堂",而且把筹得钱款存进扬州盐运库生息,以维持善堂运作,可见款项之巨。这些在《遵旨严密访查疏》和嘉庆《新编江宁府志》中均有记载。

尽管出诸善心，但钱银多了，盘子大了，光与影俱来，镜澄的占卜及善业，数年后再次给自己惹来麻烦。道光三年（一八二三），淮南商人郑同瑞等纷纷上京控告首总黄潆泰，牵连到了镜澄，说他"勾串幕友，通递信息，每逢散商揭告黄潆泰，无不为之调处寝息；又棍商丁淮，朋谋侵冒，饱蠹分肥"云云。黄潆泰，即大名鼎鼎的个园之主黄至筠。首总是负责跟政府联系的两淮总商领袖，在两淮地区有极高经济地位和政治地位。两淮盐务事关清廷财政，上控最后惊动了道光帝，命江苏巡抚韩文绮严查。这就是我们所见《遵旨严密访查疏》之由来。

韩文绮奉旨查办，发现镜澄已于此年四月十三日病故。一番审查，结论是诬告：镜澄确与丁淮来往密切，但"黄潆泰向未往来"，被控只因镜澄"按季前赴扬州支息，占问休咎者日多，器小易盈，傲辟招怨，以致谣言诋毁"，建议不予追究；而"镜澄创建之清节、养颐、崇义、集英等四堂，经费章程悉有案。据应饬江宁布政司就近确查，应如何酌派官绅妥为经管，俾善政惠民，经久无弊"。至于黄潆泰，则革去首总职务。

该疏对镜澄及其善堂多有回护，或是感于镜澄的慈善心，但估计背后也有曾燠、丁淮、蔡荣等扬州政商的请托在。镜澄常出入扬州，与扬州政商关系密切，丁淮跟黄潆泰又来往密切，"黄潆泰当首总时，遇有公议事件，以丁恒兴（丁淮）年老运熟，在众商中首先向论"，镜澄怎么可能跟黄潆泰毫无来往？而且，据阮文藻为黄潆泰所作《尊甫个园公家传》，黄潆泰从小有僧人转世的传说，流传甚广，信者甚众（包括他自己），他跟镜澄也有亲近的因缘。

但韩文绮对镜澄也不乏批评——"器小易盈，傲辟招怨"，前句批评镜澄随地位上升而自满，后句批评镜澄性格傲慢邪僻，当是旁

观者较普遍的印象。对此,《尊甫个园公家传》对晚年镜澄有更详细评述:

> 白门(江宁)有镜澄和尚,以功赐紫衣,气张甚。公卿膜拜坐受,或乞为发徒,充护法,商家皆绣像,男女礼祷称活佛。公独叱为妄。后台谏,发镜澄罪,株连逮治者众,而公家独无所染。

这篇传记是黄漾泰去世后,阮文藻应黄家请托而作,是站在黄家立场的,"发镜澄罪,株连逮治者众,而公家独无所染"云云,极力撇清两者关系。从奏议看,镜澄是被黄漾泰牵连,但黄漾泰被撤职后,甚恨镜澄,故传记对镜澄颇多诋毁。尽管如此,所述镜澄晚年气焰嚣张,膜拜者众,近似邪魔外道的情形,跟韩文绮"器小易盈,傲辟招怨"的批评符合,当近事实。都是凡人,又要在俗世有所作为,镜澄也不免和光同尘的吧。"风致如此""清介避俗,多道义交""器小易盈,傲辟招怨",这三个评价是镜澄性格的多重面相,也是其生命的发展历程,其实不矛盾。晚年镜澄,不知还写诗否?如果还写,当不是三十年前的风味了。

镜澄去世于道光三年,此时,袁枚已于嘉庆二年(一七九七)去世,吴文溥也于嘉庆六年(一八〇一)去世,三人佳话已过去三十多年。镜澄身后,所创善堂依然存在,直至太平天国战火,"屋舍倾圮,遗产亦荡焉无存",同治四年(一八六五),涂宗瀛出守江宁知府,"访得旧址,重加修葺",使其得以延续,部分重建善堂的图样今见于《光绪江宁府重修普育四堂志》(一八八六)。至于水月庵,先经太平天国战乱,又遭日军炮击,再遇"文革",屡废屡兴,又存在了一百七十多年,直至一九九六年遗存被拆除。"春风待来岁,也有燕双栖",如今燕子还来,但镜澄的水月庵是不在了。

黄燎宇

从翻译盛世到翻译大国
——《异域的考验》读后

一

法国人论德国，总是令人耳目一新。这在两百多年前就已得到证明。伏尔泰调侃神圣罗马帝国，说它"既不神圣，也非帝国，更非罗马"；孟德斯鸠不仅在日耳曼森林中发现了良政，而且提前两百年就把隔壁称为"德意志联邦共和国"；德·斯达尔夫人写了厚厚的一本《论德国》，为德国人日后获得"诗哲民族"的美誉奠定了基础。他们三位都对德国进行过实地考察。伏尔泰在一七五〇至一七五三年间做过普鲁士国王腓特烈二世的宫廷文学侍从，孟德斯鸠在一七二八至一七二九年间做过一年半的德意志之旅，斯达尔夫人在一八〇三至一八〇四年的秋冬季节和一八〇七至一八〇八年冬两度周游德意志大地。他们对德国的论述至今无人超越。《异域的考验——德国浪漫主义时期的文化与翻译》又是一本法国的德国通——作者安托瓦纳·贝尔曼是法国著名的翻译家和翻译理论家——写的书，同样给人耳目一新的感觉，因为它把德国文化史上的一个人所共知的辉煌时代的一个鲜为人知的侧面呈现在我们眼前。

这里所说的辉煌时代，是指德国人在十八世纪后期到十九世纪早期所打造的文化辉煌。他们在这半个多世纪里显示出令人刮目相看的文化创造力，在文学、哲学、音乐三个领域同时发力，随后，这三座文化高峰——德国古典哲学、魏玛古典文学、维也纳古典乐派——在德意志大地拔地而起。考虑到文化量变带来的文化质变，考虑到德国文化崛起带来的思想革命，我们可以套用霍布斯鲍姆的概念，把德国的文化革命与英国的工业革命和法国的政治革命合称为"三元革命"。鲜为人知的是，这一文化盛世也是一个翻译盛世。

《异域的考验》让我们看到，翻译热是德国文化崛起时代的一个显明特征。诺瓦利斯说过："除罗马人外，我们是唯一一个曾以如此令人无法抵御的方式，经历过翻译冲动的民族。"这种罕见的翻译热忱成就了蔚为大观的翻译实践。尤其令人叹为观止的，是当时德国文坛的主力全都看重翻译，所以许多作家一边写作，一边翻译。我们不仅看到歌德领衔的"魏玛四杰"成了译坛豪杰：歌德从意大利语翻译过切里尼的自传，从西班牙语翻译过卡尔德隆的戏剧，从法语翻译了伏尔泰的《穆罕默德》和狄德罗的《论绘画》《拉摩的侄儿》。有趣的是，歌德的德文版《拉摩的侄儿》后来还重新译成法文，以取代失踪好几十年的法文原稿，导致有人谣传歌德伪造了狄德罗译文；席勒翻译过欧里庇得斯、莎士比亚以及拉辛、狄德罗、皮卡尔等人的作品；维兰德更是赫赫有名的翻译大家，他不仅翻译了西塞罗、色诺芬、贺拉斯等古代作家的著作，还把二十二部莎剧译成德语；相比之下，赫尔德的翻译较少，他仅译过西班牙的武功歌，但是这位人类学家和语言学家一直在为译者鸣锣开道、摇旗呐喊，最终把译者誉为"德语文学新时代的启明星"。我们还看到，浪漫派也热衷于翻译。他们中间首屈一指的翻译家是路德维希·蒂克和奥古斯特·威廉·施勒格尔（即俗称的大施勒格尔）。蒂克翻译了《堂吉诃德》，同时和女儿还有大施勒格尔合作，翻译了九卷本的莎士比亚剧本；大施勒格尔更是浪漫派中当之无愧的翻译第一人，他被贝尔曼誉为"史上最伟大的德国翻译家之一"。大施勒格尔是一个语言奇才，掌握了包括梵语在内的十几种语言，无论翻译数量还是翻译语种都无人出其右。他翻译过意大利和西班牙的诸多名家名作，如卡尔德龙、彼得拉克、塔索、阿里奥斯托的诗歌和剧本,他还翻译了印度的《薄伽梵歌》。他的莎剧翻译更是译坛佳话和译坛神话,都说他的译文赛过了莎翁原文。贝尔曼特别提到,在他撰写《异域的考验》的二十世纪八十年代,德国的剧院上演莎剧的时候依然在采用大施勒格尔的译文。二〇〇七年,德国翻译基金会在柏林自由大学设立了奥古斯特·威廉·施勒格尔翻译美学教授席位。同时需要指出的是,在这个群星闪烁的文化辉煌时代,游移在古典派和浪漫派两大阵营之间的几位天才作家同样怀有巨大的翻译热忱,其中最为突出的是荷尔德林和我们还比较陌生的约翰·海因里希·福斯。荷尔德林翻译过索福克勒斯的剧本和品达的诗歌,年纪轻轻就曾赋诗言志,把"克洛卜施托克式的伟大"与"品达式的翱翔"树立为自己的文学标杆目标;福斯不仅翻译了《荷马史诗》以及维吉尔、奥维德、贺拉斯等诸多罗马作家的作品,而且翻译了九卷本的莎剧。他还通过安托万·加朗的法译本把《一千零一夜》译成了德文。

二

与这红红火火的翻译实践交相辉映的,是丰富多彩、令人啧啧称奇的翻译理念。其中有两点让笔者印象深刻。

一方面,翻译寄托着德国人的民族自信和民族抱负。这一点歌德讲得很透彻。他说:"无须借助自我的创作,仅凭着对异者的接受,我们就已达到很高的文化修养层次。很快,别的民族都会去学习德语,因为人们会意识到掌握德语后,在某种程度上就几乎无须再学习任何其他语言了。还有什么语言的最伟大著作是我们不曾借助杰出的翻译所拥有的?"这话的意思是,德国人不用创作,仅仅凭借翻译就已令世人刮目相看。再说,无论是希腊语、拉丁语、意大利语还是西班牙语的作品,一旦译成德文,其译本都"毫不逊色于原著",而德国将随之成为世界万有文库和世界文化中心。歌德还说:

"只要掌握了两门语言，人们就算知晓天下：一门是法语，因为它是日常交流的语言；一门是德语，因为一切本质的东西、一切伟大的文学都译成了德语。"这是歌德发出的豪言壮语，而此时的歌德，也许是我们所见到的最浪漫、最理想同时也最唯心的歌德。根据歌德的这番言论，我们几乎可以悟出他所提出的世界文学概念的又一层涵义：当世界各国的优秀文学作品都译成德语的时候，当世界各国人民都可以借助德语阅读世界各国的文学作品的时候，世界文学就诞生了……

另一方面，译者个人被赋予前所未有的崇高地位，译作被赋予超越原作的神圣使命；原则上，译者翻译什么就超越什么。这一惊天动地的思维转变源于德国浪漫派的一个奇思妙想，而这个奇思妙想可以用诺瓦利斯和布伦塔诺所说的名言来概括。前者说："所有的文学创作终究都是翻译。"后者说："浪漫文学本身就是一种翻译。"诺瓦利斯和布伦塔诺可谓道出了浪漫派的心声。这是一种全新的或者说广义的翻译观，其思想前提是：文学创作就是对粗糙的自然语言的提炼，或者说超越，或者叫"翻译"；而狭义的文学翻译就是译者在目标语里面对始发语进行提炼和超越。贝尔曼将其总结为："一切翻译都是翻译的翻译。"发明这种新颖别致的翻译观的浪漫派，我们也许可以称之为头足倒立的柏拉图。因为柏拉图说过，文艺是对现实的模仿，现实是对理念的模仿，所以文艺和真理隔着两层；浪漫派则说，文学是对自然语言的提炼，翻译是对文学语言的二次提炼，经过翻译的文学语言与自然语言隔着两层。在柏拉图那里，离理念越远越糟；在浪漫派这里，离自然语言越远越好。按照这一逻辑，译本超越原作不仅是一种可能性，而且是一种必然性。

毫无疑问，当浪漫派如此论述翻译的时候，所论述的已不再限于翻译，甚至不再是翻译。他们谈论的是文学，是语言，是人类学。譬如，倘若一切文学创作都是翻译，因为文学家把自然语言译成了艺术语言，我们也可以把文学批评视为翻译，因为批评家把晦涩难懂的非理性的文学语言翻译成了理性的日常语言。被称为"狂飙突进之父"的哲学家约翰·格奥尔格·哈曼甚至认为"说话本身就是一种翻译"，因为我们在说话过程中"把天使的语言转化为人类的语言，也就是把思想变为话语，把事物变为名称，把图画变为符号"。再譬如，浪漫派普遍认为翻译对于语言即目标语的发展具有决定性意义。新教牧师赫尔德甚至把没有翻译实践的语言比喻为童贞女。他写道："若是一门语言还未经受过翻译，那它就像一位正当妙龄的处子，尚未同男性发生过关系，也没孕育过血肉相融的果实；它还是纯洁的，不谙世事的，可以忠实地反映该国民众的性格特点的。虽说它可能会显得贫瘠、任性或发育不良，却是最本真的民族语言。"

德国人的上述翻译思想无疑具有思辨性、暧昧性、狂热性。思辨，是这个诗哲民族的民族特性决定的，他们一方面可以把任何事情都谈得玄而又玄、不接地气，另一方面，他们的玄思亦不乏严密的逻辑和瑰丽的想象。说其暧昧，是指难以判断上述的翻译思想反映的是一种谦虚还是傲慢心态。如果说巨大的翻译热忱和侧重异化的翻译策略都是虚心和开放心态的表示（处于强势文化的法国人就整整齐齐地选择归化策略），那么，当歌德把德语视为"世界文学"的载体，当他认为世界上所有的文学爱好者都应掌握德语的时候，我们觉得扑面而来的是一种文化傲慢。我们甚至会联想到费希特和海德格尔，因为二者都认为世界上只有德语和希腊语能够让人从事哲学思考。

需要指出的是，德国人对翻译的热忱乃至狂热，则是源于他们的特殊国情和特殊历史。他们是一个读着译著成长起来的民族，他们在语言方面走过了一条德意志特殊道路。把他们引上特殊道路的是宗教改革家和翻译家马丁·路德。路德在一五三四年完成的德文版《圣经》是德国的第一本全民语文教科书。在那个识字率不高的时代，每三个德国人中间就有一人拥有该书，它让神圣罗马帝国逐渐实现了语言统一,整合了二十多种彼此难以沟通的德语方言。对于路德,德国人无不充满感激和敬意。赫尔德称赞路德"唤醒并且解放了德语,一个沉睡的巨人";海涅不仅称赞路德"让政治和宗教陷入分裂的德国实现了语言的统一",而且认为路德创造的德语"作家们可以一直使用下去";恩格斯称赞路德"扫清了德语这个奥吉亚斯的牛圈,创造了现代德国散文";尼采把路德版《圣经》誉为"最好的德文书籍"。

三

阅读《异域的考验》,我最大的收获是发现了两个具有文化史意义的标签:"翻译热时期"和"翻译大国"。

先说说"翻译热时期"。《异域的考验》所考察的,是德国历史上的一个百花齐放、活力非凡的文化时期,与此同时,又是一个难以命名的历史时期。个中缘由,在于德国文坛存在古典派和浪漫派的双峰并峙。尽管如此,人们还是努力为其命名。有的人聚焦歌德巨大的文化身影,把那个时代命名为"歌德时代"(Goethezeit),著名的文学史家赫尔曼·奥古斯特·科尔夫撰写的权威的五卷本断代文学史就叫《歌德时代的精神》;有的则反其道而行之,将歌德纳入"浪漫主义时期",捷克裔美国文学理论家韦勒克的《批评的诸种概念》就反对德国学界对浪漫主义的狭隘定义,他把浪漫主义视为从克洛卜施托克到晚年歌德的德国文学的共同特征。更多的人则认为浪漫派与魏玛古典派平分秋色、不分轩轾。因此,要么不偏不倚地谈论"古典-浪漫时期"(Klassisch-romantische Epoche),要么彻底回避这两个概念,套用常见的德国通史概念,把一七八九到一八三〇年的德国文学称为"法国大革命和复辟时代之间的德国文学"。由德·波尔和内瓦尔德主编、由学者们集体撰写的十二卷本德国文学通史就使用了这一概念。与此同时,人们也根据古典派和浪漫派共同的思想或者追求进行命名。譬如，海涅在《论浪漫派》中提出了"艺术热时期"（Kunstperiode）的概念，因为艺术崇拜是这个随着歌德的去世而终结的时代的普遍特征。又譬如，《异域的考验》在第四章的开篇使用了常见的"理想主义－唯心主义时期"（Idealistische Epoche）这一概念，因为当时无论哲学还是文学、无论古典派还是浪漫派都以心高气盛、脱离现实的 Idealismus 即理想主义－唯心主义（中文不得不用两个概念与之对应）为特征。海涅在《德国，一个冬天的童话》中就对 Idealismus 进行了绝妙的讽刺："大陆属于法国人和俄国人，海洋属于不列颠，在梦幻的空中王国，我们却有不容争辩的统治权。"再譬如，有人聚焦这一时期对 Bildung 即文化修养的高度重视（《异域的考验》在第三章对此进行了讨论）以及 Bildung 概念的广泛运用（德国的文学国粹就叫 Bildungsroman，即文化修养小说），所以将其命名为 Bildungsepoche，即"文化修养热时期"。匈牙利艺术史大家阿诺尔德·豪泽尔在其《文学和艺术的社会史》（中译本的标题简化为《艺术社会史》）中明确提出了这一概念。而读了《异域的考验》，我们的眼前自然浮现出另一个时代标签：翻译热时期。

最后，我们说说作为"翻译大国"的德国。德国是一个有诸多文化建树和发明创造的国家，是一个多料大国。它是哲学大国、音乐大国、文学大国、科技大国、经济大国、足球大国、啤酒大国、名犬大国，等等。贝尔曼的著作则把德国作为翻译大国呈现在我们面前。尽管文学主力齐上阵的翻译盛况后来不复出现，德国依然继承和发扬了前人的翻译热忱，在翻译领域不断创造佳绩，甚至创造奇迹。作为中国人，我们至少见证了他们在汉译德领域的非凡创造。其中，卫礼贤（Richard Wilhelm, 1873-1930）和弗兰茨·库恩（Franz Kuhn, 1884-1961）更是永远令人景仰的翻译巨匠。卫礼贤我们可以称之为"逆向传教士"。他原本作为传教士来到中国，结果他不仅没有让任何一个中国人皈依基督教，自己反倒深深地迷上了中国文化。

最后他凭一己之力把诸多的儒家和道家经典译成了德文,其中包括《道德经》《列子》《庄子》《易经》。他的译作也是翻译经典,至今依然是德国汉学研究的必读之书。一九九三年德国波鸿大学成立的"卫礼贤翻译中心"足以彰显其特殊地位。弗兰茨·库恩作为德国领事馆的口译人员来到中国,之后爱上了中国文学,他几乎一人包揽了中国古典文学名著的翻译,其中包括《三国演义》《红楼梦》《水浒传》《金瓶梅》《肉蒲团》。后来人们又把这些作品从库恩的德文译本翻译成其他十八种语言。虽然库恩是一个因为翻译自由度比较大而引起争议的翻译家,但其译本的文字质量和翻译创见至今无人超越,其影响也无人超越。虽然他翻译的《金瓶梅》和《肉蒲团》分别在纳粹德国和瑞士被禁止发行,但战后西德官方对他的翻译成就予以高度肯定。一九五五年,西德外交部和巴符州政府共同资助他做了一次为期六个月的环球旅行。

如今的德国依然是一个翻译大国。其大国气象主要体现在对翻译的支持力度上。德国有多个为译者提供驻地创作机会的译者之家,有种类繁多的翻译资助项目,翻译的赞助方则来源广泛:有的来自官方,如联邦和各州的文化机构以及外交部下属的歌德学院;有的来自民间,如出版社、企业、基金会,甚至还有银行。一九九七年成立的德国翻译基金会更是因为受到四方共助——联邦文化基金会、各州的文化基金会、德国外交部、罗伯特·博世基金会——而资金雄厚。基金会既资助译者稿酬,也资助外国译者赴德进行驻地翻译,同时还资助举办各种双向翻译工作坊。我亲身经历过多种形式的翻译资助,还不时地惊诧于德国人对翻译、对译者的尊重;《异域的考验》让我恍然大悟——原来,有这样的经济基础,是因为有这样的上层建筑。

(《异域的考验:德国浪漫主义时期的文化与翻译》,[法]安托瓦纳·贝尔曼著,生活·读书·新知三联书店二〇二一年版)

布罗茨基：在母语与英语之间

杨全强

约瑟夫·布罗茨基出版于一九八六年的散文集《小于一》获得了当年的美国国家书评奖，英国《独立报》称此书中的"每篇散文都是一场充满激情的演出"，美国《图书馆杂志》认为本书"为人们了解俄国的文学传统、政治气候和俄罗斯当代诗歌与诗学提供了深刻而具有启发性的真知灼见"，与他同岁的南非作家库切（在布罗茨基获诺奖后十六年也获诺奖）对他的散文极表赞赏："《小于一》本身是一部杰出的作品，完全有资格与布罗茨基的诗集《言辞片断》和《致乌拉尼亚》相媲美。"

《小于一》所收十八篇文章，是布罗茨基十年的散文精选，最早的一篇评希腊诗人卡瓦菲斯的《钟摆之歌》写于一九七五年，最后可称压卷之作的《一个半房间》（这篇长篇散文相当于缩微版的《说吧，记忆》，也相当于布罗茨基版的《我们仨》——布罗茨基是家中独子）写于一九八五年。这部散文集在当年的英语世界广受欢迎，考虑到他此前正式出版的四部诗集（到他去世的一九九六年，他总共正式出版了六部诗集）作品在美国印行，但他坚持用俄文出版（虽然他也积极地与译者合作译成英文），限制了他在诗人、学术圈之外有更多的受众，他的好友苏珊·桑塔格就没怎么读过他的诗。所以，一九八七年瑞典人把诺贝尔文学奖授予他，这部散文集所起的作用当在不小。写过长文《布罗茨基的文学传记》的诗人、批评家列夫·洛谢夫就说，"正是由于随笔，西方才能理解和评价布罗茨基的才华的真实水平"，在他看来，诺奖便是对布罗茨基这种才华的承认。另外，瑞典人给出的诺贝尔授奖词其实也是有些含混的："东西方兼容的背景为他提供了异常丰富的题材和多样化的观察方法。该背景同他对历代文化透彻的悟解力相结合，每每孕育出纵横捭阖的历史想象力。"这话用在他的诗上可以，用来做散文集《小于一》的宣传推荐也应该没问题。

一九九五年，布罗茨基在去世前一年出版了又一部高质量的散文集《悲伤与理智》（暂且不谈他一九八九年单独写威尼斯的小书《水印》），延续《小于一》，这也是诗歌细读加追记旧人旧物旧事（尽管他很排斥怀旧这种"心灵运动"），再加上一些思想申张、演讲等类篇什，其中半数以上仍属高质量的佳作，当然部分演讲、游记等也确像库切所说，有"凑数"之嫌而应删除。

布罗茨基两部散文集中部分自传性质的散文已经成了当代世界散文的经典，这些散文不仅让我们对他的成长环境与经历有了大概的了解，还让我们了解到他的世界观的养成过程、他成为一名诗人的促成因素与机缘，以及他在诗歌方面的阅读与自我教育。此外，刨除在库切看来有"凑数"之嫌的那一小部分，剩下的就是分量极重的关于诗人诗作的评论与细读分析，这些诗人有的是他深远的诗学资源（比如贺拉斯、但丁），有的则是他的诗歌与心灵导师（比如阿赫玛托娃、哈代、奥登、茨维塔耶娃等）。这部分质量极高的散文对于我们理解他的诗学主张、诗歌美学，理解他的诗歌风格并获得解读其诗歌的钥匙，有着重要的帮助。这部分有关诗人诗作的散文，是当世一流的诗歌批评。桑塔格说："自浪漫主义时代以降，大多数真正有影响力的批评家都是诗人。"波德莱尔、瓦莱里、艾略特、帕斯、沃尔科特、米沃什、希尼等等，在诗歌批评领域莫不是具有重大影响的一流批评家，布罗茨基肯定也在桑塔格的名单之中。

以赛亚·伯林在评论曼德尔施塔姆的文章里，对两种类型的诗人散文做了区分，他说："有一些诗人，只有当他们写诗的时候他们才是诗人,他们的散文是没有写过任何诗的人都能写出来的。还有些诗人,他们的一切表现都透着诗人的特质,有时这会危害到他们的整体作品。普希金的小说、历史著作和书信无一不是优美流畅的散文典范。当他不写诗的时候,他就不再是一位诗人,弥尔顿、拜伦、维尼、瓦莱里、艾略特或奥登都是如此。而济慈、邓南遮,尤其是亚历山大·勃洛克则不同。"也就是说,如果把"诗人的散文"作为一种性质描述而非作者身份的话,很多诗人写的散文,就并非"诗人的散文",布罗茨基无疑属于后者。

桑塔格一九八三年的文章《诗人的散文》(收入《重点所在》)里,对诗人的散文也做了几乎同样的区分,她认为诗人有两个自我,一个是日常的自我,另一个则是"诗人的自我",而写作"诗人的散文"的是那个"诗人的自我"。并非巧合的是,《小于一》中布罗茨基评论他最推崇的俄罗斯诗人并引为自己诗歌榜样(毋宁说引为同道更合布罗茨基的意)的茨维塔耶娃的文章,标题是"诗人与散文"。而就桑塔格在此文中对布罗茨基的引用来看,她显然读过布罗茨基的文章,甚至其文章灵感也很可能来自布氏之文。在作为文学批评家的桑塔格那里,"诗人的散文"是二十世纪文学中极为重要的一个区域,她甚至称之为"二十世纪文学的伟大事件之一",在她看来,"诗人的散文不仅有一种特别的味道、密度、速度、肌理,更有一个特别的题材:诗人使命感的形成"。

布罗茨基无疑是自觉地承担着这种(俄罗斯诗人的)使命感。"一个人写作,不是要取悦同代人,而是取悦前辈,布罗茨基经常这么宣称。"桑塔格作为一位俄罗斯"局外人",同时也作为布罗茨基的好友,谦逊地借俄罗斯人的名义对此表示确认:"他的同胞们都同意,他是他那个时代唯一继承曼德尔施塔姆、茨维塔耶娃和阿赫玛托娃的人。"

桑塔格所说的"诗人的散文"的特别味道、密度、速度、肌理,则属于句法的层面。关于这一层面，布罗茨基本人在评论茨维塔耶娃的散文时说得更具体："茨维塔耶娃的句子与其说是根据主谓原则建构的，不如说是通过对特殊诗学技术的使用建构的：声音联想、根韵、语义跨行等。也就是说，读者不是不断地与一条线性（分析性）的发展打交道，而是不断地与一种思想的晶体性（合成性）打交道。"这种"不断"的"思想的晶体性"，最典型的聚集地当然是诗歌。布罗茨基本人那些回忆性质的散文，其主要句法构成也正是这种"不断"的"思想的晶体性"。

对于"诗人的散文"而言，一般"需要一个包含两种叙述的形式。一种是具有直接自传性质的。另一种也具有回忆录的性质，但却是描绘另一个人，要么是一位同行作家，要么是一位受人爱戴的亲人。缅怀别人，是对有关自己的描述的补充"。桑塔格这话评论的是茨维塔耶娃和曼德尔施塔姆的散文，她写这篇文章时，布罗茨基的散文集《小于一》还不到后来成书的篇幅，那篇著名的《一个半房间》要再过三年才问世，但她的文章用来评论布罗茨基的散文毫不隔膜。写阿赫玛托娃的《哀泣的缪斯》、写曼德尔施塔姆的《文明之子》、写奥登的《取悦一个影子》等有关前辈同行的篇什，都是恰当不过的例证。

《小于一》的文章排序应该是经过布罗茨基有心安排的，至少就首尾两篇来说必然是这样。首篇题名文章《小于一》是自传式文本，写的是布罗茨基青少年时代在成长过程中对教育、对国家（集体）意识形态（"只要是大量的，我便立即把它视为宣传"）的疏离——他本人的措辞是"切断电源"，这似乎也预示了他后来更大的疏离：先是在国内流放，终于被国家客气而断然地驱逐从而不得不去国离乡，终生再未踏上俄罗斯国土。而最后一篇《一个半房间》则是回忆性的，是用写作来完成的对于有三个人（他和父亲、母亲）的那个时间与空间的重访，对于这一重访，他唯一的媒介是文字，他唯一的途径只有记忆。一篇有着向外向前的意向,而另一篇有着回溯的意向,这种一前一后的安排,对于按顺序阅读此书的读者来说,带来一种精神运动的完整感,也赋予整本书一种形式上的整一感。

"在散文中,诗人永远哀悼伊甸园的丧失,请求记忆说话,或哭泣。"与桑塔格笔下的茨维塔耶娃不同,狄兰·托马斯的一句诗更适合布罗茨基:"太骄傲了,以至不屑哭泣。"一九七二年布罗茨基去国之后,直到父母先后离世的此后十二年间再未见过父母,只是每周跟父母通一次电话,而在被监听的电话里,他们其实交流不了什么,他说:"我们必须寡言少语或拐弯抹角或委婉含蓄。主要是谈天气或健康,不提任何人的名字,很多饮食方面的建议。一件主要的事情,是听对方的声音,以这种动物的方式使我们对彼此的存在感到放心。"其父母经过无数次向苏联当局争取的努力,最终也没获准去探望儿子,甚至是去第三方国家的某个城市也不行。在他母亲住院第三天,他又打电话给父亲:"玛西亚(布母)怎样?"电话另一头的回答是:"嗯,玛西亚不在了,你知道。"

布罗茨基在文字里始终保持着中性的声音。这种中性,来自一种有选择的"不说",只交待事情,不评判事情,也不谈自己的内心反应,哪怕是面对十多年未能再见一面的母亲去世这样的消息。这或许就是艾略特所说的,"诗不是放纵感情而是逃避感情",这里我们当然不必把文本限定为诗(现代主义滥觞之后,或许一切的文学表达都应如此)。就像他很少提六十年代他所遭遇的审判和流放,即使不得不因为"历史记录式"的原因而提到,也只是把它当作曾经发生过的无数事件中的一件。这当然首先是出于文学(或曰诗学)的原因,让文本保持中性,成为麦克卢汉所说的"冷媒介",作者的情感、观点尽量隐藏,尽量不投入,让万千读者的情感与观点进入文本,让文本成为读者的情感与观点冲突碰撞的场域,让文本在这种不断的冲突与碰撞中最终完成,并不断地重新完成(生成)。

另外还有布罗茨基所谓"人类学的"原因。布罗茨基的文学，无论是散文还是诗歌，都不是对他生活于其中三十二年并受到不公正对待的那个国家的控诉状，其原因众所周知，就是他"不想把自己放在一名受迫害者的位置上"。布罗茨基在六十年代的被控与审判，在西方是仅次于五十年代帕斯捷尔纳克获诺奖而被迫拒领的一个事件，他的另一位好友、爱尔兰诗人谢默斯·希尼称其国际轰动性"确保他在抵达西方时即刻成名，但布罗茨基非但没有利用其受害者身份随波逐流，与激进派为伍，而是立即就开始认真做事，当了密歇根大学的教师"。

布罗茨基两部散文集中关于诗人与诗歌评论的文章，有多篇是对一些诗歌文本的极其细致的细读与分析，谈弗洛斯特的诗（《悲伤与理智》），谈哈代的四首诗（《求爱于无生命者》），谈里尔克的诗（《九十年之后》），谈茨维塔耶娃致里尔克的长诗《新年贺信》《一首诗的脚注》)，尤其是《论W.H.奥登的〈1939年9月1日〉》，更是逐行（为学生）解读奥登这首九十九行的长诗。

诗人解读其他诗人的诗，本身就是与所解读的诗人进行诗学对话，同时当然也是自己诗歌创作主张的阐明与申述。但我们在解析布罗茨基的诗歌创作要点与评述其诗学理论之前，有必要指出下面一个事实。我们知道，如果说阿赫玛托娃是其诗歌引路人、茨维塔耶娃是其最看重的母国诗界前辈的话，被他称为"二十世纪最伟大的心灵"的英国诗人奥登则自始至终都是他的诗歌偶像。奥登在他心目中占有如此至高无上的地位，不仅仅是因为他操心布罗茨基"一如母鸡操心小鸡"，也不仅仅是在布罗茨基诗歌操演早期那本三十年代出版的俄译英文诗选中奥登那首诗给他带来的诗学的惊艳感，更因为布氏本人"对世界文化的乡愁"；而对当时的苏联作家来说，世界文化显然就是以英语为代表的西方文化。

关于英语的音调与表现力，布罗茨基不止一次表达过他的崇仰感（在六十年代的苏联政府眼里，他被看作最西方化、着迷于"怀想外国"的作家之一，想必不无这方面的原因。另外，他翻译过一年半的约翰·但恩）。一九七二年他被国家驱逐，经维也纳中转后，随奥登转飞伦敦，在奥登的朋友、诗人斯彭德家里住了两周（奥登极力推荐他参加当年在伦敦举行的国际诗歌节），斯彭德标准优雅的英语口音一下子就迷住了布罗茨基，布罗茨基后来在悼念斯彭德的文章里回忆道："我不记得他当时具体说了什么，可我记得我被他的话语之优美惊倒了。有这样一种感觉，似乎英语作为一种语言所具的一切高贵、礼貌、优雅和矜持都在一刹那间涌入了这个房间。"在接受沃尔科夫的访谈时，他进一步对英语的特点做了说明："英语区别于其他语言的地方何在？您能够用俄语、意大利语或德语写成句子，您会喜欢它们的，对吧？也就是说，第一，这些句子的魅力，它的扭曲度、雅致将引起您的注意。里面的思想——已经不是这样重要的明晰，这进入了第二位。然而在英语里瞬间就明了，无论写的是否有思想。思想——这是首先吸引讲或写这种语言的人的东西。英语之有别于其他语言，犹如网球之有别于象棋。"而他曾有诗作题献的墨西哥诗人帕斯一定会同意他的看法，帕斯说过，英语"充溢着千姿百态的表达方式和惊人妙语"。

既然英语在他心目中占有如此优越的地位，为什么他会坚持在以英语为母语的美国先用俄文出版他的诗集呢？一方面当然跟诗歌在他的文学等级序列中所占的至高地位有关（他不止一次地强调过"诗歌在本质上是语言的最高形式"），尽管习练英语多年，但要达到母语级别的随心所欲、曲尽幽微绝非易事。对布罗茨基（或者对任何一位诗人）来说，诗歌写作犹如战场上面对技艺最高超的对手，必须用自己最娴熟至本能的武器来应接，大多数诗人当此之时，唯一的武器恐怕只能是母语。

此外，用俄文出版诗作，在布罗茨基心底里，很难说不怀着能有机会被母国人民读到的期待，他想必希望自己的诗能对母国人民甚至是对母国多少有些益处："诗人用间接的方式改变社会。他改变它的语言、发音吐字，他影响到社会自觉的程度。"他当然知道他崇仰的奥登的那句诗："诗不会让任何事发生。"但跟奥登的悲观不同，布罗茨基坚信诗歌改造人心的力量，"诗歌不是一种娱乐方式，就某种意义而言甚至不是一种艺术形式，而是我们的人类物种和遗传学目的，是我们语言和进化的灯塔"。在担任美国桂冠诗人的演讲中，他甚至提出了"一个不温和的建议"，建议选一些诗人的诗作印制成小册子，以低廉的价格大量印制与销售（按其乐观估计的以人口百分之一的比例来算的话，每一本也应该印二百五十万册），让诗歌像牛奶一样进入千家万户，"诗歌应该像加油站一样无处不在"。在他看来，"阅读诗歌至少是一种语言上强烈的潜移默化。它还是一个高效的精神加速方式。一首好诗能在一个非常小的空间里覆盖一片巨大的精神领地，最终常常能使人获得一种顿悟或启示"。在这一点上，他的朋友谢默斯·希尼肯定是站在他这边的，希尼说过："这是诗歌和一般想象性艺术的伟大悖论。面对历史性杀戮的残酷，它们实际上毫无用处。然而它们证明我们的独一性，它们开采到并标明埋藏在每个个体生命基础上的自我的矿石。"

尽管被驱逐，但我们在他那里几乎看不到对母国太强烈的负面情感，以当时的苏联对文化以及文艺创作与出版的控制与严管，在布罗茨基眼里似乎也不是太成问题的事，他相信创作成功不成功，诗写得好还是不好，说到底只与作者个人有关。他说过，如果说缪斯是创作之母，文化审查就是创作之父，对他来说，这或许不完全是句玩笑话——"倘若制度毁掉了作为个人的您，这只证明您自己脆弱。"

在他眼里，"与那些有幸享受立法传统、选举制度等的民族相反，俄罗斯处于一种只能通过文学来理解自己的位置"。这或许是布罗茨基宁愿放弃更大的受众，也要用俄文首先出版自己的诗集的原因。因为，他深信，文学作品会"对读者的意识提出承担责任的要求……即使受到教条的盔甲或受到坚固的绝对犬儒主义的保护，读者在艺术照亮他的良心的强度面前也无自卫能力"。用俄文出版诗集，哪怕是在作为其母国冷战对立方的美国出版，也意味着对俄罗斯人保持一种开放性。他认为，"以销毁哪怕是一个次要作家的作品或把它们当成不存在来阻挠文学进程，等于是对这个民族的未来犯下遗传罪"，而如果只用英文出版自己的诗集，他恐怕也会认为自己是在对自己的民族犯罪。

（《小于一》，约瑟夫·布罗茨基著，黄灿然译，浙江文艺出版社二〇一四年版；《悲伤与理智》，约瑟夫·布罗茨基著，刘文飞译，上海译文出版社二〇一五年版）

读书短札

"当句对"与"双拟对"

孔妍文

近体诗中存在一种特殊的对句类型，如"即从巴峡穿巫峡，便下襄阳向洛阳""纵使有花兼有月，可堪无酒又无人"等，即在上下句对仗的基础上，每句又有一字间隔重现。钱锺书在《谈艺录》中把此类对句统称为"当句对"，并提出"此体创于杜甫，而名定于义山"，其关键论据是李商隐《当句有对》的颔联"池光不定花光乱，日气初涵露气干"。但问题是《当句有对》中不只有这一种对句类型，颈联"但觉游蜂饶舞蝶，岂知孤凤忆离鸾"便与此不同。李商隐可能是把这两种对句类型都视为了"当句对"，但这是否能代表唐代流行的对句观念？

查《文镜秘府论》"二十九种对"可知，"当句对"确有其名，但例句是"薰歇烬灭，光沉响绝"，其中并没有相重的字眼，之所以名为"当句对"，是因为在出、对句相对的基础之上，"薰歇"与"烬灭"、"光沉"与"响绝"又都可以各自成对。这样看来，"但觉游蜂饶舞蝶，岂知孤凤忆离鸾"才是"当句对"的正宗面貌，而"池光不定花光乱，日气初涵露气干"则应属于"双拟对"。《文镜秘府论》为"双拟对"提供了许多例句，如"夏暑夏不衰，秋阴秋未归""可闻不可见，能重复能轻"等，说明"双拟对"才对"重字"有所要求。

唐克扬

寻找洛阳桥

就在一个南方也罕见的炎热下午,我又路过福建泉州。在坐高铁前,我提出要穿过清源山,去看一眼城东的洛阳桥。虽然时间紧张,送我的司机师傅看了看表,并没有表现出特别为难。他娴熟地驾着汽车,从朋山岭立交桥直接拐上了快速路,风驰电掣一般。没有多会儿,他就驶出了路两边的丘陵地带,把车开到了洛阳江一座大桥上。

"我要去古代的洛阳桥……"我的第一反应,就是他走错了地方。

"没问题啊,那不就是吗?"

顺着他的手指,我看到夏日的天空下,有一条线平行于脚下的大桥,骄阳下白得发亮。在水流穿行的地方,露出一孔孔桥洞,白线的两端,分别是郁郁苍苍的老榕,指示着河岸开始的地方。我方醒悟,他带我来的确实是"洛阳桥"。我从没从这个角度打量过这座古桥,现在,我是站在现代的"洛阳江大桥"上。

从一个旅游者的角度,司机为你设计了一条最体贴的路线。因为时间所剩无几,真正的洛阳桥畔不便于停车,桥上走一遍不止二十分钟。话说回来,真的站在古桥上,就看不到桥自身了——我现在看到的,其实才是洛阳桥的全貌。

洛阳桥址位于江海汇合处,可以说是江桥,实则也是一座古代世界罕有的跨海大桥,从桥上东南望去,就是泉州湾。最初,这里的海口应该张得很大,就像古长江的情况一样,因此洛阳桥上,辨别上下游不是问题，桥的两边，水面一头小，一头大。

尽管如此，近代以来，沿着出海口修建了很多海堤，极大改变了两岸的景观。东边的海／江岸向南拐弯，出现在桥上人的视野里，和那些畅流无阻的大河截然不同。一眼望去，不知道水面何以如此宽阔，桥下，又不可能是真正的大海，水滨种植红树林，使得一部分江流变成了滩涂的状态。远景中闪现零星的高层住宅，应该是贪图那望向大洋的"壮观"，在桥上望去，远方又不是城市，又不是荒野，一瞥间如同海市蜃楼。

洛阳桥，首先是因为它的工程学成就被记住的，号称"南洛阳，北赵州"（河北赵州桥）。北宋时期的桥梁工程师们，创造了一种施工方法，来营造这座"三千六百尺"（蔡襄：《万安桥碑记》）的石墩大桥，类似我们今天所说的"筏形基础"。陆上使用这种基础，多半因为地形复杂，荷载需要均匀分布，此处，则是江海交接水深浪阔，所以先用船载石块，在水中抛撒，使江底堆积起一整条平阔石堤，然后在这条堤上再建桥墩，工程就会容易得多。除此之外，人们还在桥基石上养殖牡蛎，蛎房胶结之后，据说起到了加固桥墩的作用。

可是，最吸引我的还是"洛阳"两字。洛阳桥的"洛阳"当然也和桥下的洛阳江有关，但是归根结底它是"河南的那个洛阳"。如同不远处的晋江一样，闽国的洛阳附有"衣冠南渡"的故事背景，也正是在两晋南北朝的时代，北方南来的士族，为了纪念他们的故乡，把此地的众多地名也打上了北方的烙印，就如同在北美，你可以找到一系列的（新）约克，（新）奥尔良……在泉州"洛阳"两字司空见惯——就连此地的社区救助站，都挂着"洛阳"的名字——对那些敏感于历史的人，这两个字中却潜伏着一种魔力：失去的空间，失去的岁月，不可思议地复活在南方的天空下，"有情"而"无理"。难怪，怅惘着失去的洛阳的南宋诗人刘克庄，会在这里发出由衷的感慨："乍见桥名惊老眼，南州安得有西京。"

两个"洛阳"相似吗？我多次去过真正的洛阳，在古代中国，它是东亚最重要的城市样板，尤以风景和城市的关系著名。洛水流经汉魏故城的那一段，也是南北朝人看重的那一段，早已多次改道，因为地处乡村，现况已经不那么可观。现代洛阳城市的中心，也就是靠近隋唐洛阳城的那一段洛河，经过了更大力度的整治，水面足够宽阔，现代营建了多座大桥，有点洛阳桥上感受到的气象了。与入海口的水文状况类似，这里也有大小沙洲，岸线变化多端。南北两处显著的差别，是真洛阳的天际线上，高楼更加稠密，大城市近在咫尺。例如，在瀍洲大桥上，从任何一个方向看去，密密麻麻，任何体量小的建筑物都显不出气派，更不用说"……天津桥南造酒楼"，有李白"黄金白璧买歌笑，一醉累月轻王侯"（《忆旧游寄谯郡元参军》）的气魄了。

在南方，洛阳桥使人感到时光穿越的古风，也许受惠于它特殊的周遭。它远离现代泉州市中心，不在一个典型的城市环境中，尤其一九七一年，机动车改从上游通行——由此有了我所站立的，专供快车通行的洛阳江大桥，古桥恢复了人行桥的旧貌。虽然是"世界遗产"，难得，桥边没有出现更多的摊位和开发，虽然免费，也没有过多游客，桥两头，还只有榕树下的风景。

"桥"是中国南方常见的风景——更准确地说，它是一种人造的风景的一部分，不是纯自然，而是城市以风景的形式存在，同时也体现了不同的城市观。

"桥"到底是什么？直到北宋名臣蔡襄在嘉祐四年（一〇五九）修成洛阳桥时，它还主要是一个具有神圣意义的物体，这意义首先是实用的功能所唤起的："天堑变通途。"福建普遍西部多山，洛阳桥，让泉州人去福州无须再远绕朋山岭、白虹山，也就是我开车来的那个方向。它向北联通了近海而平坦的惠安和莆田，因为洛阳桥，滨海的交通线变通畅了，充实了泉州大港辐射内地的能量。

但是桥的意义也可能与它的外表完全不同。在印度阿格拉附近，法塔赫布尔西格里城（Fatehpur Sikri），阿克巴大帝的凯旋门上刻着一段极其有名的话：

> 世界是一座桥，过桥吧，不要在上面建一座房子……

世俗世界却偏偏要在桥上盖房子，桥也成了一种特殊的建筑。《晋江县志》等中记载，洛阳桥上曾有城，有台，有亭，有塔，除了成为具有军事价值的关隘，还吸引了佛教僧人和民间信仰，有些遗迹至今尚存。它们不必是内地习见的庄严庙宇，而是有着闽地偏好"怪力乱神"的纷杂样貌，除了规制相对常见的楼阁式石塔、陀罗尼经幢塔，还有富有特色的椭圆形的多宝塔，方形底座的阿育王塔，尊号别致的"月光菩萨"；除了佛教，也有道教意味明显的"上帝化身"石刻，桥上中亭北侧的巨大石坡上，夹生于白色花岗岩中的天然青石花纹，被附会为蜷曲细长的青蛇和偃伏潜行的巨龟，龟蛇既在，北桥头右侧真武庙的存在也就不奇怪了。

桥的神圣性最初体现为桥自身。渡济之功，在古代并不是一件小事，具备这样功能的桥梁工程，自身也被崇拜，成为安定一方的象征——洛阳桥也叫"万安桥"。上述那些桥上衍生出的功能，大多都是祈祝江海平安的，渐渐地，"桥神"的形象变成了"人"，也就是说，桥融入了此地的日常生活。除了集市、贸易，还有社交、信仰。今日作为旅游景点的洛阳桥，远远不如以前热闹，既然有城台亭塔，有善男信女，它也应曾是"城市"的一部分——看看闽浙一带特多的"廊桥"，桥上桥下，你就明白了这城市可能的样子。我在福建那几天，本还打算去多看几座桥，没想到，不出几天，就传来了宁德另一座"万安桥"烧毁坍塌的消息。这座桥是我国现存最长的木拱廊桥，失火烧毁的不光是桥，还有阿克巴所不喜的桥上的房子。

闽浙"廊桥"多有富于特色的编木结构，也就是人们以为久已失传的，《清明上河图》中的"虹桥"的形式。这种做法其实不是中国独有的。根据刘妍博士的研究，西方建筑学家早和他们的东方建筑同行一样，意识到可以用改变木材的空间组织方式来提升它们整体的结构性能。比如，将圆木或者方木交替穿插在一起，其中一组变成另外一组的承托，交织着，变成一种介于拱和平梁之间的互承构造。这样做的实际意义就是大大提高桥梁的跨度，可以应付阔谷大河；除此之外，闽浙的编木拱桥都是就地取材，适应当地的人力组织方式和施工模式——比如，前几组木构架做完之后，大可成为后续施工的脚手架。

洛阳桥的"筏形基础"显然不属于这样的结构，因为它是建在海上。当时，一定没有什么大型海舶出入内河的需求，否则，水上交通在这种桥梁的桥洞下就成了问题，更不用说船只还要考虑吃水的深浅了。但是，在桥上，洛阳桥和编木廊桥差别就没么大了。如果桥下是自然，桥上的风景都是属于人世。当你走过意大利佛罗伦萨阿诺河上的老桥（Ponte Vecchio），桥上两侧的首饰店铺和乌泱乌泱的旅游者，让你未必感觉得到，自己是在跨越一条一百米宽的河流。显然，只有和平年代和不设防的城市，才会有此等景象。没有权当汽车路，没有挨日本人的炮弹（一九三八年），不需要备防海寇，洛阳桥上本该就是一座城市，提供了最开放的空间，最具特色的生活场景。桥上男女并不急着过桥，却往往流连于桥上的声色中，就好像穿过查理大桥来往于布拉格城堡和旧城区的人一样。

"天津桥下阳春水，天津桥上繁华子"（刘希夷：《公子行》），在那座最初的"神都"，洛水桥畔踟蹰的人们，已经注意到了桥带来的不同视角。它简直就和卞之琳《断章》所讲的一模一样："你在桥上看风景／看风景的人在楼上看你。"桥，不仅修正了"自然风景"这种说法，还提出了对"风景"本身的不同看法。廊桥是种人造的风景，我们看它难免是旅游者的心态；但是你一旦进入到这种风景之中去的时候，才发现造桥的人扮演了一种双重的角色，既设计了新的自然，也预设了自己在这人造秩序中的地位——正仿佛"明月装饰了你的窗子／你装饰了别人的梦"。

今天我们每个人都是风景的一部分,是繁华城市的"演员",无关桥上桥下,也不管我们涉过的是真的大江大海,还是大都会里的人流。是惠特曼,首先把美国文明的成就写成了风景诗,他笔下的布鲁克林大桥,除了是人类工程史的伟大成就,还是走向现代的北美才逐渐形成的一种独特的风光,向我们示范了"桥"如何接续古今。虽然比佛罗伦萨的老桥长了二十倍,布鲁克林桥依然给行人留下了行走其中的余地,新哥特式的桥头堡装饰母题,在向旧大陆的教堂和大学致敬。但是现代的桥梁设计已经巧妙地隐匿了"人"在风景中的作用,以致我们渐渐不太会写和它们有关的诗歌了。对这种新旧造景的关系,只有批评家还算是保持敏感,比如卡洛(Robert Caro)就把连接纽约大区之间的那些高速大桥称为"摩西的风景"——罗伯特·摩西(Robert Moses),是影响纽约二十世纪发展的最重要人物之一。他主持规划了遍布曼哈顿岛的一系列现代城市工程,把古人做的事用现代手段又做了一遍,除了桥梁,还有水道(高速公路)、船坞(隐藏在摩天楼里的交通设施)。

将不同尺度混淆的比喻之所以重要,不仅仅因为喻体和本体表面相似,比如"长虹卧波"。开车驶过这些大桥的时候,你会意识到那些支配着古典修辞的隐喻依然有效,关系还是同样的关系,只是悬索大桥和汇入海洋的大河取代了石桥流水,不一样的速度偷换了悠闲的漫步——对城市发展而言,它们是"名至实归",后果严重。一九二三年,哥伦比亚大学的哈维·威利·科比特提出了用高架拱廊步行道改良城市交通的方案,整个城市的地面和隧桥逐渐全部让位给机动车,行人在第二层上沿着建筑中辟出的拱廊步行,这种连续拱廊通过天桥贯穿整个城市,一如在今日香港岛所看到的那样。

除了交通潜力提升的数字(据说高达百分之七百),科比特打动人们的主要是那些现代风景的隐喻:"……所有种种变成了一个极为现代化的威尼斯，一座由拱廊、广场和桥梁组成的城市，街道是它的街道运河，只是这运河中注入的不是真的水，而是自由流淌的机动车流，阳光闪耀在车辆的黑顶上，建筑映照在这种飞驰的车流之中……"尽管纽约有各种各样名义上的"圣马可"和"贡多拉"，混凝土和钢铁车流构成的"流水"，并不能就让普通人联想起威尼斯，但是它们带来同样真实的动态，生机和变化——就和过去的风景一样。

如果，过去桥可能是一座房子，那么，现代城市的房子可算是一座桥？这，是那些不容易再有步行者的钢铁大桥，乃至呼啸的车流真正改变的东西，也是尤为深刻的改变。现在没有多少建筑可算是一个"终点"，至多只能说，它们跨在不止歇的现实上，是座座让人暂安的桥梁。看，就算你从充满喧嚣的办公楼回到家中，回到了"港湾"（注意这个现代比喻的实质），也并不能就此安顿，你的生活还是很快面临着新的一轮出发。

从阿根廷建筑师威廉姆斯（Amancio Williams）的"桥宅"（一九四三至一九四五年），到清华大学教授李晓东的桥上小学（二〇〇九年），不止一次地，当代"造桥人"也提出了这样自我矛盾的"桥－屋"概念。那些施之于大尺度景观的观念，也冲击了具体而微的建筑设计手法——冲突首先是建造技术上的：比如，在瑞士洛桑高工（EPFL）建造她设计的劳力士学习中心（Rolex Learning Center）时，和上面两位一样，日本建筑师妹岛和世希望用一个底部架空的连续结构承托起一体化的建筑，好兑现不一般的（有容量的）"空间"和（线性的）"运动"共荣的承诺。这桥－屋虽然有寻常建筑三四层那么高，但里面并无楼梯，也找不到一堵墙，学生们需要沿着盘旋的斜坡，漫步到达各个上下区域，就像座座旋桥上建起了玻璃的廊屋，一条条交叉的步行道覆盖了建筑全体。因此，学习中心的教室地板几乎没有哪一处完全水平。

外表看起来，庞大的建筑并不像"桥"。然而，洛桑高工的工程师的结构灵感恰恰是"桥"。原来，为了偌大的房子不是深不见光，而是如廊桥般两边有景，整体浇筑的混凝土楼板要打一个个洞，而这恰恰有违混凝土浇筑的曲面壳板的结构属性——就像一个蛋壳上绝不能有洞。哪怕建筑下面并无水面，只有"桥"和大地的亲缘，才能让桥-屋真正变成轻盈若飞的风景。最终，这些混凝土"桥面"的预紧力，落实在"桥墩"所在的、看不见的混凝土方上，有点像洛阳桥的"筏形基础"，地基也是一整块板，桥面如绷紧的弓背，地基如受拉的弓弦。几组不规则形状的"桥"和"桥"并肩站在一起，受力情况相当复杂，但它们之间的空隙自然成了妹岛需要的，"蛋壳上的洞"，也是桥上下对话不可缺的。

房子还是桥？内在的矛盾比新颖的结构更重要：就像廊桥那样，本用来"渡过"的，就不需要再在上面叠梁架屋，增加负载了对吧？学习"中心"本该是个无方向的空间，关键词是包容和占据，但是一般的桥却是有方向性的。这种确定的方向性，才是弓一般的结构成立的原因，也是建筑不寻常的地方。然而，劳力士中心的学生大多数意识不到这一点，让桥上人流连的廊屋的"房间"，最终却又掩盖了"桥"纵横交错的特性。这些不协调后面，一定还有比简单的技术理性更复杂的东西。桥不仅是战胜自然，它还渴望着叠映在自然之上，与之共荣。相应地，房子也引入了自然里不安定的因素——就像现代主义大师弗兰克·莱特著名的"流水别墅"引领的那样，住宅横跨在溪水之上，它所冒的工程风险也把现代生活带到了一个新的境地。

当代的"桥上的房子"有时仅是设计师的促销手段，建筑体块相互堆叠，以轻盈的姿态"悬浮"在景观上全，带来字面意义的生动；但是，桥也可能是带来更深层次空间变革的因素，就像无声地改变了纽约的"设计师的设计师"摩西那样。桥把本来稳定的转换成灵活和变动的，把受力分解为性质不同的垂直重力和水平运动，仅仅留下少数和大地的连接点，赋予沿着地形的移动最高的优先级。最终，仅仅特殊的工程手段本身——比如看不见的"筏形基础"，或者张紧的"桥弓"——也足以使我们意识到脚下土地的不安定,传统城市不复宁静。

让我们把视线又投回到"真正的"那一个洛阳。就像现今洛阳江上那样,洛水上其实不止一座桥,天津桥只是其中最有名的一座洛桥。尽管那么多吟咏的诗篇,我们其实对于真正在桥上发生的事所知甚少。寻找洛阳桥,也是寻找洛阳。

读书短札

《颜鲁公文集》编者"沈侯"考

孙利政

颜真卿《颜鲁公文集》卷首刘敞序称编者为"吴兴沈侯",云:"沈侯好学,喜聚书,聚书至三万卷。"《直斋书录解题》、《四库全书总目》皆不知"沈侯"何人,今人赵阳阳《〈颜鲁公文集〉宋本原貌蠡探》指为杭州钱塘人沈遘。考刘敞《公是集》载《赠省判沈郎中》(原注:君家书二万卷,皆精缮也。)云:"休文零落向千年,一世风流几许传。锦袋牙签二万卷,羡君能似昔人贤。"又《为转运沈郎中题》云:"宝轴牙签三万余,中园华宇荫清渠。风流复见《郊居赋》,荣观归乘使者车。俯仰江山乐无有,优游文籍昔谁如?何当去此从君语,尽得平生未见书。"后者《两宋名贤小集》题作《转运沈郎中归和州墨墅堂》。北宋藏书至二三万卷者凤毛麟角,刘敞所称"沈郎中""沈侯"当系一人。检王安石《内翰沈公(遘)墓志铭》《宋史·沈遘传》,均未载沈遘官"转运"及归和州事,亦未言及其藏书情况。

今考其人当为同时和州历阳人沈立。据杨杰《故右谏议大夫赠工部侍郎沈公(立)神道碑》《宋史·沈立传》,沈立为南朝吴兴沈约(字休文,藏两万卷,撰《郊居赋》)后裔,自祖父始迁居历阳,任两浙、京西、河北转运使、兵部郎中、右谏议大夫等职,著述宏富。《宋史》称其"悉以公粟售书,积卷数万。神宗问所藏,立上其目及所著《名山水记》三百卷",《神道碑》载:"既退,归历阳,尝曰:'吾起家寒素,仕宦至两省。藏书三万卷以遗子孙。'"是沈立生平与"沈侯""沈郎中"皆合,称"吴兴沈侯"乃其郡望,故诗中均媲美其远祖沈约。

谢一峰

破碎与重生：从铜雀台到七宝台

一

"折戟沉沙铁未销，自将磨洗认前朝。东风不与周郎便，铜雀春深锁二乔。"在有关三国的历史、文学和记忆中，具有重大影响和富于戏剧性的赤壁之战，无疑是焦点中的焦点。但在杜牧这首脍炙人口的七言绝句中，赤壁是掩藏于诗句之下的潜在主题，铜雀台则是明白彰显于外的切实意象。这座建于曹魏邺城的高台，不仅是当时和后世文人反复吟咏的对象，更是都城中最具有标志性的政治景观之一。其复建复毁，最终支离瓦解、化为瓦砚的过程，正体现出废墟的破碎与重生。田晓菲的近著《赤壁之戟：建安与三国》（以下简称《赤壁之戟》，下引此书仅注中文版页码）将文与武、赤壁与建安勾连相系，进行了颇具创造性的探索。其对于铜雀台的精彩分析和解读，亦将近年来艺术史界广泛关注的废墟意象（参见巫鸿著，肖铁译：《废墟的故事：中国美术和视觉文化中的"在场"与"缺席"》）、破碎与聚合（郑岩策展的"破碎与聚合：青州龙兴寺古代佛教造像"）等主题延伸到文学研究领域。

较之有着千年帝都传统的长安与洛阳，曹魏时代的邺城是一座"年轻的帝都"。新的定位需要与之相应的政治景观来加以呈现，新的身份也需要通过某些具有象征意味的线索，体现出其与旧都的关联。由于考古和其他视觉材料的局限，人们对于铜雀台具体形象的认识，只能更多地从文学作品的描述和只言片语的史料中去追索和想象。建安十七年（二一二）春，此台刚刚落成，曹操便与诸子登台作赋。铜雀台之得名，或与其台上铜雀之装饰相关。曹丕赋中，有"登高台以骋望，好灵雀之丽娴"之句。陆翙所撰《邺中记》，则更为详细地记载了后赵石虎于铜雀台上建五层楼阁，安置"舒翼若飞"的巨大铜雀之事。在田晓菲看来，石虎的此番造作，有可能是对其旧日样貌的复原。而所谓铜雀之名，在左思的《魏都赋》中被称为"云雀"，又可能与都城长安的传闻相系，唤起人们对于汉朝旧都的记忆。由是而论，铜雀台从建立伊始，便以其与旧都长安相系之铜雀，"立中天之华观兮，连飞阁乎西城"的视觉冲击力，成为新都邺城政治合法性的物化传承与王者权威的重要载体。

在以单层房屋为主的古代都城中，铜雀台给观者带来的视觉震撼无异于今日高耸云端的摩天大厦。登临高台之前所未有的视觉体验，成为文人雅士们反复吟咏的对象。在左思笔下，铜雀台是"八极可围于寸眸，万物可齐于一朝"的伟观；而在陆云的《登台赋》中，这一登高临眺、超乎寻常的视觉体验更是被以极尽夸张的文字加以描述，"仰凌昕于天庭兮，俯旁观乎万类。……扶桑细于毫末兮，昆仑卑乎覆篑"。在当时的建筑尺度下，左思和陆云的吟咏虽有些夸张，亦体现出一定的真实心态，成为铜雀台高大形象在文学层面的自然延伸。当然，在曹魏至石赵间，铜雀台并不是没有残损荒芜的时刻，四世纪初卢谌《登邺台赋》中"铜爵殒于台侧，洪钟寝于两除。奚帝王之灵宇，为狐兔之攸居"的黍离之叹，正是对此台兴衰变迁的写照。"赋中的荒凉景象与曹植赋的壮丽辉煌形成了鲜明对比。赋作的残片成为城市废墟的文本体现。"（203页）

二

百年之后，北魏王朝入主中原、迁都洛阳，大规模的都城营建再度兴起。东西魏分裂之后，邺城也成为东魏、北齐的都城。但是，此时的铜雀台早已荣光不在，成为邺北城西面的残迹；新的城区——邺南城在曹魏旧都之南拔地而起，东魏、北齐国都的视觉中心与制高点也不再是偏处西北隅的铜雀（等）三台，而是坐落于都城轴线两旁高耸的佛塔。这种对于超高层佛塔的关注，至少可以追溯到北魏平城时代七层永宁寺塔的兴建。魏都洛阳铜驼大街西侧九层高的永宁寺浮图，又青出于蓝，成为最具有象征意义的巅峰和典范。《洛阳伽蓝记》的作者杨衒之也在与河南尹胡孝世同登此塔后，发出了"下临云雨，信哉不虚"的慨叹。杨衒之的此番描述，与前述左思和陆云赋中登临铜雀台的视觉体验形成了精彩的互文。富有戏剧性的是，带来此种非凡视觉体验的对象已然发生了变化：具有宗教和政治双重意味的塔，取代了富有政治象征意味的台，成为都城新的视觉中心和政治表达式。在邺城之中，与之相类的现象也比比皆是。近年来大庄严寺和赵彭城北朝佛寺遗址的发掘，为了解北齐邺城大型佛塔的规格和形制提供了切实可靠的依据。其规模与高度虽较之永宁寺塔尚可能有所不及，却已然是北齐邺城中当之无愧的制高点和视觉中心。皇家御苑华林园中的"雀离佛院"，更是从字眼上明白呈现出这一富有戏剧性的景观变迁。在同一片土地上，"铜雀"变成了"雀离"，高台变成了佛寺，作为物质实体之铜雀台的衰落和谢幕已不可避免。

但是，从六世纪末到八世纪初，依然可以看到人们对于曹魏邺城的兴趣。铜雀台作为重要的文学意象，也在诗歌中得以延续。邺城虽在北齐末年废弃，但在初唐李百药的笔下仍被描绘为"帝里三方盛，王庭万国来"的灿烂都市。然而，到了盛唐名相张悦的《邺都引》中，却已是"城郭为虚人改代，但有西园明月在""试上铜台歌舞处，唯有秋风愁杀人"的一片苍凉。至此，与前述曹丕、左思等人相较，文士们对于铜雀台的描述发生了显著的转折，只是这一转折较之其物质载体本身的崩坏来得似乎更晚一些。而后，铜雀伎成为李贺等人诗歌的新主题。"长裾压高台,泪眼看花机",幽闭女性的惆怅替代了魏晋时期高耸入云的铜雀台给人的雄健形象,其背后的政治象征意味也在诗文主题的改变中渐趋淡化和消解。

据田晓菲的观察:"有宋一代,以铜雀伎为主题的诗歌少之又少;相反,我们看到了一个新诗题的发展,与当时文人私人生活中的艺术鉴赏和古董收藏这一新的文化与美学现象相呼应,这个新主题就是声称以铜雀瓦制成的铜雀砚。铜雀台坍塌破碎,它的碎片流传四方,成为人们热烈追求的古董,被购置、赠送、交换、欣赏、评价和使用。"(235页)且不论这些铜雀砚究竟是真正的古董碎片,还是宋人新造的"文创产品",但其存在形式本身,已经意味着对铜雀台甚至铜雀台之废墟的瓦解。一方面,这些所谓的铜雀砚在一砖一瓦的解构中使铜雀台的物质实体脱离了其原初地点的束缚,变得可以移动和置换;而在另一方面,铜雀砚的出现促成了观看方式的改变——宏大都城和文学奇观,变成了可触可摸、可感可玩的历史碎片。至此,政治让位于资本,象征变成了逐利,文人雅士们所关注的主题也随之变化,展现出对于切实可触之历史碎片的浓厚兴趣。

及至南宋,邺城已是金人统治下的领土,"宋人无法来访——除非是在否定的意义上"(234页)。在此背景下,宋人对于铜雀台和与其相关之铜雀瓦砚的吟咏,又有了新一轮的政治投射。在刘克庄所作《铜雀瓦砚歌一首谢林法曹》一诗中,对于曹氏家族进行了无情的道德批判。宋廷南迁,政治语境的改变引发了士人阶层对于三国正统性的重新定位。"时人肆骂作汉贼,相国自许贤周公""美人去事黄初帝,家法乃与穹庐同"。在刘克庄的眼中,作为政治纪念碑的铜雀台,已然变成了曹魏王朝滥用民力、腐败堕落、伤风败俗的"耻辱柱";曹丕在曹操死后将铜雀台之美人纳入宫中的行为,也与妻其后母的"蛮夷"无异,体现出南宋时人对于北方沦亡、女真盘踞中原的焦虑。至此,文学意义上的铜雀台已处在濒临"死亡"的边缘。

"狭隘的道德观取代了富有历史主义精神的认知和理解,村塾道学先生的说教,取代了凭吊与哀挽的感情。"(246页)

三

铜雀台的例子已经表明,如果废墟进一步瓦解,或者说我们不再固执于宏大而具有整体性的遗址型废墟,历史建筑和文物碎片也可以被视为一种广义上的废墟。在此方面,郑岩二〇一六年在中央美术学院举办的成功展览,通过青州龙兴寺出土佛教造像的大量残片,尤其是具有创新和互动性的展陈方式,表达了"破碎与聚合"的主题。最近,他又在《铁袈裟:艺术史中的毁灭与重生》(以下简称《铁袈裟》)一书中,通过所谓"铁袈裟"、龙缸、乌盆、锦灰堆乃至当代的装置艺术的细致分析,体现出对于碎片与残迹的最新思考。

在郑岩看来,"当我们意识到碎片原属于某个完整的有机体时,便会试图重构其物质和历史语境,不再止步于碎片本身……新的视野激发出丰富的想象力和无法遏制的修复欲望,反过来使我们对完整的器物产生了更为深刻的认识"(《铁袈裟》,3页)。这一研究的目的,在于探索碎片的原境和原意。文物工作者对于考古发掘残片的修复,以至清代考据学者黄易及后来费慰梅和巫鸿对于武梁祠的复原性研究和解读,皆大抵以其为归旨。就此目的的达成而论,早在其十余年前所发表的《山东长清灵岩寺"铁袈裟"考》一文中,郑岩便以"超细读"的方式细致考辨,准确地指出了这件被后人称为"铁袈裟"的遗物实际上是一块唐代铁铸力士像的战裙碎片。然而,在《铁袈裟》一书中,他却并未止步于此,而是将"铁袈裟"从引号中拯救出来,对其成为铁袈裟和逐渐祛魅的过程进行了更为细致的历史性解读。"在特定的历史条件下,碎片也会被看作完整的实体""碎片之间的缝隙也值得关注""碎片是破碎的结果,而破碎是事件",这些新的思考促使他不再满足于追索"铁袈裟"原属铁像的原境,铁像被破坏的过程、碎片在后世产生的新意义也同样重要。

在此细密精彩的考证背后,我们看到了这一遗物碎片颇为吊诡和富有戏剧性的命运转折。在以单体形式成立,重返世间之后,它已不再是原来的金刚力士像,不再像以前那样表现暴露的身体,而是走向了反面——成为一件稳重、温和而封闭的衣服,仿佛隐藏着无数秘密。原本高大威猛的躯体、摄人心魄的表情,变成了基本与人同高的残件,人们不必再仰视它,而可以靠近它、抚摸它、问询它。在与原来所依托和附着的墙壁剥离开来之后,它具备了"正面"与"背面",像是一张画、一页书,每一个细节都可以被辨别和阅读。铁的沉重与衣服的轻盈,历史的距离感与物体的真实感,以及观者的视觉、触觉、迷惑、想象……全部集中于这块残铁上。此种视觉体验的张力与蜕变,自然会使人想起田晓菲在《赤壁之戟》一书中所着重讨论的铜雀台和铜雀砚。如果说铜雀台和力士铁像都是政治和宗教的宏大纪念碑,铜雀砚和铁袈裟则是这一纪念碑的"完整"碎片。称其为碎片,是因为其确实或至少声称来源于之前纪念碑之整体的一部分;而谓之为所谓的"完整",则是言其在功能和形态发生本质蜕变后如同获得了新的生命,成为自足自显的视觉主体。与充分商业化和流动化的铜雀砚有所不同,灵岩寺的铁袈裟在获得新生的千年时间里,仍旧基本存在于其原物所在的大致场域,更未脱离佛教的基本功能和语境。在仁钦的刻意营造之下,这领铁质袈裟悄然栖落在方山脚下,却与禅宗代代相承之"衣钵"的神圣意象相系,化身为一座沉稳坚固的纪念碑。"前世被遮蔽,今生已开启。圣物制造者指鹿为马,啖瓜者盲人摸象,所谓的水田纹是二者的连接点,牵强附会的谬解因此得到普遍的认同。"(《铁袈裟》,115页)

四

在铜雀砚与铁袈裟的例子中,废墟的碎片在与其母体和原境剥离之后，具有了相当的独立性，甚至被赋予新的意涵、获得新的生命。但是，有些碎片在与原境脱离后，却并未"自立门户"，而是"另投新主"，与其他主体结合，成为其新的组成部分。

在文本层面，贺铸的《故邺》诗中，有"隧碣仆纵横，镌文久残缺。帛砧与柱础，螭首随分裂"之句。古城荒废，山川的气象已然改变，朝市的繁华早已谢幕。同北来邺城的庾信一样，贺铸也提到了碑文的残缺。"但更令人感慨的是石碑如今被用作捣衣砧或是回收利用的建筑材料，落入平凡，风雅全无。"（233页）

这种回收利用旧时建筑材料，以为新建筑之组成部分的情况，并非仅有文辞为证，而是多有颇为值得探讨和分析的实例。

第一个例子，是山东邹城峄山北龙河宋金墓对于汉代旧墓石料、石棺和祠堂刻石的再利用。在石料加工不易的古代，出于节约成本的考虑，利用旧墓或其他二手石材以建筑新墓的案例或许并不罕见。但在此例中，墓室的营造者对于旧有石材的使用绝非随意为之，而是有意别择、经营位置的结果。如一号墓顶部的盖顶石，便是取材于汉代墓葬的顶部。位置上的延续体现出功能上的类同，具有象征意味的抽象图案与方正谨严的造型，也理所当然地成为墓室顶部最为重要的视觉焦点。在单室墓中，正对墓门的墓室后壁是极为重要的位置。一号墓的营造者遂将刻有六百余字的文通祠堂题记刻石置于墓室西壁（正对墓门）的下方。据考古报告描述，题记图像分为上、下两侧，上层为垂帐纹，其间有挂饰，下层为文字和图像。对于该题记的内容与图像释读，胡新立在《邹城新发现汉安元年义通祠堂题记及图像释读》中已有专论。我们所需关注的是，将此祠堂题记刻石安置于此，不仅题材较为契合（虽内容无法完全相合），也能够在相当程度上以最小的成本提升墓室主壁的装饰性。在此分解、重组和再利用的过程之中，原本作为外壁的祠堂题记刻石，成为墓室的内壁，观看的方式也由公共转向私密。内容与装饰的重要性发生了戏剧性的颠倒。其他三墓中对于汉画像石的移用也大抵相类。在此案例中，刻意的安置与因成本和数量限制而带来的随意性均有体现，既破坏了汉墓和祠堂的原境，又造成了新的"原境"，使碎片得以重生。

第二个例子，是灵岩寺北宋所建辟支塔第一层内壁所镶嵌的一座唐代小石塔残件。据郑岩的研究可知，这座雕刻华美的小塔与青州龙兴寺、济南开元寺所见的小塔属于同一类型，即流行于盛唐时期的"小龙虎塔"。它们的主体可能毁于唐武宗灭佛。但与被瘗埋于龙兴寺和开元寺窖藏中的同类残件不同，这一小塔的残件被灵岩寺的僧人仔细地搜集起来，镶嵌在了新落成的大塔之中，像是一幅画贴在新塔内壁，或者说像是一位逝者的眼角膜被移植到另一个人体内，以一种独特的方式确认其原有的身份，延续其生命。在此碎片拼接移植的过程之中，转化同样不可避免，如果说铁袈裟是因其成为碎片而获得了"背面"，由平面而立体，从二维到三维，小龙虎塔的例子则是隐藏了原有的其他各面，由立体而平面，从外向转为内向，成为三维佛塔实体中的二维佛塔装饰。

最后一个例子是七宝台。与前述汉墓、祠堂和小龙虎塔的案例有所不同，七宝台的政治身份和象征意义要显赫得多。所谓七宝，并非一般意义上的泛指，而是象征着转轮王统治天下的轮宝、象宝、马宝、珠宝、女宝、主藏臣宝和主宾臣宝。将七宝置于朝堂之上，兴建与之相关的纪念性建筑，是武则天登基前后特定时代语境和政治文化的产物。由此，便牵涉到郑岩之所谓作为事件的破碎。先天政变后，唐玄宗进一步拨乱反正，将象征着武则天政治权威的洛阳明堂加以改建——削减其规格，又将与阿育王塔相类的权力象征——天枢熔化销毁，较为彻底地破坏了武则天时期洛阳轴线政治景观中的关键节点。坐落于长安大明宫南光宅寺中的七宝台，虽然逃脱了被马上拆毁的命运，但已风光不再，难逃会昌灭佛和黄巢之乱的影响。

直至明末清初金石学兴起，方有十余件或完整、或残缺的七宝台石雕拓片被抄录于金石录和地方志之中，再度为人所知。至于这些石雕本身，则与灵岩寺塔中的小龙虎塔相类，被移置于大约建成于明代之宝庆寺塔的砖壁之上。其何时由光宅寺遗址迁移到位于今西安碑林博物馆附近的宝庆寺，已无资料可证。我们所能知悉的是，这些石雕除相当部分流落日本、美国外，仍有六件置于宝庆寺砖塔之上，占据了这座六角形塔的全部二层壁面。甚为有趣的是，宝庆寺塔三、四、六层壁面的砖龛上，还嵌有北朝至隋唐时期的石造像。颜娟英、杨效俊等研究者多致力于探究和恢复七宝塔及其石刻雕像的本来形态和原初位置(参见颜娟英：《武则天与唐长安七宝台石雕佛像》《唐长安七宝台石刻的再省思》，杨效俊：《武周时期的佛教造型——以长安光宅寺七宝台的浮雕石佛群像为中心》)，亦即前文中所言的原境，却并未对其新境——宝庆寺塔，及与之同居此塔外层砖龛之上的北朝和隋唐佛像之布置格局有更为深入的探讨。在移入新的宗教空间之后，七宝台造像原有的系统性功能和政治象征意味已消失殆尽。若稍加留意，是否可以如郑岩一般，发现七宝台碎片如何融入新的建筑实体、获得新生的故事呢？

面对废墟，复原、重建以恢复其完整形态或许源自我们本能般的好奇心，也是学术研究的题中之义。但要想更进一步，探索更为遥远的"学术边疆"，便须破除对于完整性的执念，认识到碎片本身的价值，进行多重维度的探索和发掘。田晓菲的《赤壁之戟》，为探讨废墟和碎片提供了文学层面的向度和启示；郑岩的《铁袈裟》，则进一步引发我们对于破碎与重生的思考。"碎片本身之所以重要，是因为它瓦解了艺术品的完整性和视觉边界，可以引导出一些不为我们所注意的新问题。"(《铁袈裟》，3页) 倘能如此，无论是在开放的文学史还是艺术史研究领域，原本居于边缘、零散破碎而鲜有人关注的材料，便能熠熠生辉、焕发活力、重获新生。

(《赤壁之戟：建安与三国》，田晓菲著，生活·读书·新知三联书店二〇二二年版)

品书录 | 高全喜

超越平等主义

哈里·G.法兰克福的《论不平等》这本卓越的小册子既好读又不好读。这些天,我辗转翻阅此书,颇有感慨。说它好读,是指这本小册子并没有多少繁复绕圈的逻辑,其结构和论述理路很明确,在有所限定的范围内,其结论和论证清晰有力,扎实而精确,即经济平等并不具有道德性,经济上的不平等并不具有道德上的不正当性,刻意追求经济平等不但无益于事,甚至会产生有害的社会后果。但上述结论却不啻一枚惊天炸弹,在日益民主化的现代思想理论界势必会产生巨大的反弹,对其引发的思想理论上的反对、质疑和批判,作者当然了如指掌。因此,说这本小册子不好读,是指作者在书中用大量篇幅分辨和反驳相关的理论批评,其中的概念辨析、学科边界和层次的不同意蕴以及结论中所包含的另外理路的开启等,都是非常专业和复杂的。作者的审慎和节制呈现出简约而深刻的美德,对此的准确把握对于读者是一种智力上的挑战,它确实不好读懂,很难用某个逻辑一以贯之。下面我就尝试着谈几点想法,供读者诸君参考。

首先,我提供一个西方思想史的视角。关于平等主义的理论诉求,早在古希腊罗马时代就已涌现出来,但当时的主流还是城邦国家的公民权利资格问题,属于政治和法律上的平等主义诉求,公民、贵族以及主奴关系、外邦人等等,都与政法平等主义有关。其次是基督教兴起以及中世纪各个王国的平等主义,这是人格意义上的乃至法权意义上的平等主义，它们与封建主义构成了某种对应，封建等级制和神权下的人格平等相辅相成。上述这些都与现代平等主义尤其经济平等主义无关，法兰克福这本小册子没有涉及这些内容，但我们不能一无所知，否则难以理解现代平等主义的兴起及其强大的思想感召力。这本小书集中讨论的是现代社会的平等主义，尤其是经济平等的道德正当性问题。对此，从思想史的视角来看，有一个从早期到现代学科谱系的发生学演变，并一直延伸到现当代的政治、法律、经济和哲学等诸多论域之中。书中引述并作为论辩对象的几位理论家，例如阿巴·勒纳、托马斯·内格尔、托马斯·皮凯蒂、路易斯·博伊曼、萨缪尔森、阿马蒂亚·森、罗纳德·德沃金、以赛亚·伯林、肯尼斯·阿罗，还有背后的罗尔斯、哈贝马斯，乃至追溯到法国启蒙思想家卢梭、扎多塞等，应该都属于这个源远流长的伟大传统。

作者当然无意对上述思想史做一个系统的梳理和讨论，而是直接进入主题，从经验和实证科学的层面对此展开分析和论辩，提出了一种不同于传统主流平等主义的理论主张。其实作者的这种实证经验的探讨，也有一个同样源远流长的伟大思想传统，那就是保守主义。这个传统首先来自英国的普通法，还有为光荣革命辩护的洛克政治学，尤其是苏格兰启蒙思想及其道德哲学。在法国大革命之后，还有各种维护自由的英美保守主义和立宪主义。在经济学领域中，制度经济学以及哈耶克的扩展秩序原理，它们构成了对抗极端平等主义的保守自由主义和文明演进论的共识。对于这个非平等主义或反平等主义的思想谱系，法兰克福也没有任何提及，他似乎不想与这些政治与法律上的保守主义有什么瓜葛，而是直接从经济学和道德哲学的实证层面上就事论事，提出他的一系列非或反平等主义的论述。但是，我在此仍然要指出，思想史的视角是不可或缺的，无论作者有意还是无意，这本小册子的思想理论与上述的自由保守主义的传统是一脉相承的，它关涉的还是平等与不平等、自由与非自由（奴役）的关系问题。

其次，作者的论证独特性。法兰克福善于抓住一些精粹的核心问题，抽丝剥茧地梳理出平等主义的论辩漏洞或逻辑缺陷，展开经济学和道德哲学的精湛分析，并创造性地赋予某些概念和词语以学术和学科的规范意义，澄清了很多人们习以为常但其实是错误的认知，使得作者为不平等的辩护以及关于平等与尊严等相关问题的辨析，获得了充分的证成。在看似经验常识的娓娓道来中，展现经济学和道德哲学的分析功夫，从而反戈一击，釜底抽薪地击中平等主义的要害，致使平等主义的道德优势预设大大落空，这是这本小册子的最大亮色。这样的例子很多，下面简单列举一二。

一是"充足主义"概念的提出。在传统论述中，平等主义尤其是经济平等，具有强大的道德正当性，是社会进步的基本标志，反对平等首先在道义上就难以立足，所以，平等主义与大众民主阔步前行，势不可当。但果真如此吗？法兰克福在《论不平等》中首先要解决这个把平等与道德正当性密切关联的问题，在此传统上的各种经济学或道德哲学辩护，都显得苍白无力，但作者单刀直入地提出一种洞见，他认为追求平等不是根本问题，消除贫困才是根本问题，追求平等不等于消除贫困，甚至会产生贫困，而贫困情况下的平等同样也不具有正当性。因此，关键不是平等与否，而是经济上的"充足"，促使贫穷之人越来越少，富足之人越来越多，"充足主义"才是正道。这样一来，平等的道德价值理念就失去了它的强大吸引力，不平等的污名论也会得到消解。某种意义上，不平等意味着差距，反而激发人们从事经济上的发展与创新，促进社会财富的增加，因此也并非是不道德的。在思想史上，关于经济平等主义的论战，随着"充足主义"概念的介入，鸡同鸭讲的悖论可以得到克服，对立的两派在"充足主义"方面能够获得长久的共识，即社会的公约数不是追求平等也不是追求不平等，而是促进社会的"充足主义"的最大化提高，消除贫困问题导致的社会乃至个人的不幸与灾难。

二是边际效益问题。关于平等主义的一种经济学支持理论，来自边际效益原理，按照这派理论，由于富人在追求物质财富的边际心理感受方面是递减的，所以，在经济政策方面要求富人们拿出效益递减的部分分配给弱势群体，达致经济平等，显然具有道德正当性。对此，法兰克福用了相当的笔墨讨论这个福利经济学问题。在他看来，这种边际效益递减的福利经济学是有问题的，并不符合真实的状况，误导了大众的认知和政府的经济政策。作者指出，人获得某种满足感是一件非常复杂的事情，也是一种难以评估的感受，不能从量上予以划定。其实它们分为不同的多种类型，相互之间是千差万别的，设立经济财富上的某个门槛，以为超出了这个门槛就会导致富足的感受递减，是很不实际的。金钱固然是一个标准，但远非如此简单，经济上的递增可能导致的其他各种充足感的追求，很可能是无限的。所以，边际效益递减难以为平等的经济学提供理论依据。相反，充足主义的不断提升，却可能为消除贫困和穷人，扩展社会的经济富足，提供经验主义的证据。

三是平等的外在价值。平等主义的道义论很少受到挑战，追求平等，尤其是经济平等，从来就是理直气壮的，他们占据道德话语权，平等诉求似乎从来就有天然的价值。对此，法兰克福予以强有力的辩驳，他认为经济平等只是一种相对的比较价值，属于外在价值，并不具有内在的价值性。因为，所谓平等与不平等，只是人们之间相互比较而产生的一种诉求，作为独立的自主的个体，是自由而完备的，并不需要通过与他人的比较，尤其是经济层面的比较，而获得自己的证成。平等并不具有价值的优先性，不平等也不具有价值的低劣性，它们本身与价值无关。所以，根据相对的非根本性的价值来制定的社会经济和福利政策，都是外在价值，只有基于人的独立本性而成就的价值才具有价值优先性。不平等也可能是有价值的，平等也可能是非价值的，关键在于是否促进充足主义的个人满足感，减少或消除贫困和穷人的状况发生。在此，法兰克福引用了"不偏不倚"这个概念，它作为一种标准，意味着社会进步的一种尺度不是平等或不平等，而是超越了它们的一种客观的社会经济生产与分配的标准。

再次，关于平等与尊重的关系。《论不平等》这本小册子由两篇论文组成，它们分别是《作为一种道德理想的平等》和《平等与尊重》，在开篇的"引言"中，作者就亮出了自己的观点，即他并非极端地反对平等，而是认为平等的道德理想性陈词具有某种误区，他批判经济平等主义，主要是得出这样一个结论，从道德的角度上看，追求经济平等并不重要，人们的道德理想和政治理想，应该放在如何确保每个人享有充足的东西或实现社会的富足，在此，不平等不但无害，反而有益于社会的富足，充足主义是一个消除平等迷雾的有效工具。

但是，问题并没有解决，对平等的追求是否就完全不具有道德性呢？对此，作者在第二篇论文中，开辟了另外一个通道，形成某种转换，即把平等转化为尊重，问题就获得了一定的解决。尊重问题成为道德价值论的焦点，在平等与尊重的问题上，尊重比平等更为根本。如果平等不是纠结于财富或经济上的平等与否，而是转化为对于个体的权利尊重，那么，它就具有了道德的优先性，超越了平等与不平等的话题。其实，这里也就超出了狭义的经济学和道德学，而是进入法权领域，进入权利和资格等法律和政治问题，而非经济与社会政策问题。

在经济和财富上不平等的人们之间，完全可以达成相互之间的彼此尊重，而经济平等的人们之间也很可能产生彼此权利上的伤害，权利问题与经济福利无关，涉及基本的人权保障。尊重之所以高于平等，在于尊重基于每个人的独立自主性，具有内在的价值属性。一个现代社会的公民权利资格的尊重问题，远比经济平等与否更为重要和根本，因此也就具有更高的正当性。在法兰克福看来，平等与尊重并非截然对立,而是相互关联的,他试图打开两者的联系渠道,从平等可以开出尊重的路径,把追求平等引到相互尊重的道路上,这是这本小册子的又一个理论贡献。过往的论述大多是通过论证平等的道德正当性,从而导向社会变革,不是制度上的重大革命,至少也是福利政府的理性构建,这样的论证比比皆是。作者的论证路径则相反,它通过揭示平等的外在价值性,一方面提出了充足主义的社会发展目标,正视不平等的并非不道德属性;另外一方面,则提出了一个价值的转化路径,把平等的外在价值转变为尊重的内在价值,引导人们从反对不平等追求平等,过渡到正视不平等,超越平等与否,从而进入多元社会甚至经济不平等社会的彼此尊重。通过尊重,树立每个人的价值自主性。最深刻的价值是道德上的自我完备,是权利保障,也是维系自己的自由权利。

诚如作者所指出的:把经济平等视为一种重要的道德价值和目标,实际上往往是有害的,但经济平等也并非毫无意义,它通过某种方式也可以重新获得道德性,那就是把平等与尊重联系起来,通过追求平等实现人的相互尊重的权利自主性。

品书录 | 王升远

壑声、峰影与"中间地带"

关于《万壑有声》的书名来由,陈言交代,"时代越是向前推进,卑微如我者越是能够听到历史的峰壑之间来自壑的回声,我试图聆听并且回收这些声音,故将此小作名曰'万壑有声'"(陈言:《万壑有声——中日间道》,1页,下引此书只注页码)。这里的峰壑之喻，让我想到了丸山真男在《忠诚与反叛》中的一段深刻的论断："生活环境越被'政治化'，积极的忠诚与积极的反叛之间的中间地带也就越小，此时，忠诚对象的转移，就不仅是一个政治信条或宗教信条发生改变的问题，它会带来生活关系的全盘激变。"若将"积极的忠诚"与"积极的反叛"视为一种地壳运动意义上不断抬升的双峰，就不难发现，是山峰的挤压使得中间地带渐趋逼仄，直至丧失，从而造就了沟壑，这是高空俯瞰群山者不难获得的视觉体验。木山英雄曾以其周作人研究的实例为丸山的论断给出了一个直观的注解。在写作于一九三七年六月十六日的《日本管窥之四》中，周氏黯然宣称将结束自己的日本评论，对此，木山指出："正像周作人十年前所担心的那样，介于'反日'与'亲日'之间的'持第三种研究态度的独立派的生存余地'业已完全丧失。"从这个意义上来说，对于壑声、峰影的释析，在其背面实则关乎我们对宽狭不一、难以用非黑即白的逻辑粗暴处理的"中间地带"

之揭示、审视与理解，这便要求我们走向峰之底部、边缘，侧耳倾听双峰交界的沟壑间那些被"主流"压抑、排斥的声音。

《万壑有声》的前三辑将关切视野投向了战争及其周边问题，这是陈言多年来的本业，其中涵盖了对战时知识人精神史，以及战时战后日本知识人之战争记忆与省思的评论，而这也正是我长期关注的问题域。意大利作家皮耶尔乔治·奥迪弗雷迪曾嘲讽说："愚蠢是没有终点的。如果有，其中之一应该就是相信战争有什么崇高的动机：种族、宗教、政治、意识形态、哲学，甚至道德。"（皮耶尔乔治·奥迪弗雷迪：《人类愚蠢词典》，姚轶苒译）一九四五年战败之后，武者小路实笃等日本知识人便是以"相信""被骗"为由，躲过了GHQ（驻日盟军总司令）、日本文坛在政治和道德层面的战争责任追究。高桥哲哉在比较日德两国的战后责任时揭示了一个惨淡的事实——"德国在纽伦堡审判和各占领国的连续审判后，仍然继续追究纳粹犯罪分子，……的确，德国和日本从法律责任来讲有所不同，但是在德国搜查纳粹分子超过了十万件、判决有罪超过了六千件；而在日本则完全是零，就是说，日本人自身进行的审判是零"，并将"日本不处罚（impunity）战争罪犯的问题"视作"作为罪责的战后责任的核心"。面对战后日本战争责任清算的虎头蛇尾、潦草收场，面对亚洲诸国，大江健三郎、家永三郎和堀田善卫作为日本人带着罪恶感在良心法庭上的"自我审判"姿态，便具有不容忽视的思想史意义，《万壑有声》对此予以了详尽的揭示。

陈言在书中以《当内心的法庭遭遇世俗的法庭》和《冲绳战场的"收尸人"》两篇短文评述了《冲绳札记》之出版所引发的"大江健三郎·岩波冲绳战审判"事件。在这起诉讼中，冲绳战中驻守冲绳座味间岛的守备队长梅泽裕少佐，以及渡嘉敷岛的守备队长赤松嘉次人刷的弟弟向大阪地方法院提起诉讼，诉大江名誉侵权。而事实上，大江在作品中并未提及赤松姓名。对此，陈言总结了大江的初衷："追究某个个体并无意义，只有挖掘出事件发生的结构性问题才是有意义的，而这个结构性的问题，就是日本近代化以来的皇民化教育渗透到冲绳的国民思想，日本军第三十二军强加于冲绳民众的'军官民同生共死'的方针，列岛的守备队长这种纵向构造，它的形成及运作形态。"（39页）作为战后成长起来而战争体验相对欠缺的作家，大江面向未来提示的战争经验之思想价值固然值得高度评价，但其中也存在着不容忽视的问题点。尽管在他那里，"守备队长只是谨守军纪，认真执行命令，绝对服从帝国命令"（32页），但阿伦特在意识到体制问题的同时，依然强调"法庭程序或独裁之下的个人责任问题不允许从人到体制的责任转嫁"，她犀利地指出，"向那些参与罪行并服从命令的人提出的问题绝不应该是'你为何服从'，而应该是'你为何支持'"，唯此，方可"重新获得从前时代被称为人的尊严或光荣的东西：它或许不是关于人类的，而是关于人之为人的地位的"。责任的问题，若不能落实到一个个具体的

133

个体身上，民族道德颓废的历史往往只能被架空为历史"经验"，而非"教训"。对每一个个体的"恶"的审视，与对每一个受害者的尊重是互为表里的，世俗的法庭也不应因内心法庭的存在而缺席，个体的责任不应也不能被笼统的民族、国家、组织概念所替代和覆盖。其中自然有不可磨灭的人的主体性精神和知性尊严。基于个体的主体性自省、历史性反思而形成的罪责意识会转变为自觉的赎罪意识和坚守良知、捍卫真理、揭露真相的强韧意志，陈言高度评价的历史学家家永三郎便是一例（44页）。因历史教科书问题状告政府"审定违反了保障学术和表现自由的宪法"，并与之颉颃三十五载的家永先生在其名著《战争责任》的前言中，引述了自己一九五三年七月发表的一篇文章称："太平洋战争期间，我是一位迂腐的读书人而未成为一位佞儒。直至现在，我已禁不住自责自己是个消极的、怠忽阻止战争的义务而不作为的战犯罪人。这次，我决定不让自己再度后悔。当同胞们被逼到毁灭之路时，我们更应勇于面对。"同年十一月他又决绝坚辞日本学术会议会员，并表示："而今，已再难忍受怠忽守护真理、毫无作为的自责。现在已由过去的梦魇中甦醒过来。此次为了坚守学问，决心奉献所有，一定要为过去赎罪。"

大江与家永的历史反思与战争责任批判中有一个颇值得瞩目的共性——他们始终将"日本"的问题内化和具象为"我"的问题、将民族国家的历史问题与现实层面的个人生存在紧密关联中予以反思和阐发，从而使其论说获得了历史纵深感和知性的尊严。这让人想到了一九三八年二月受纳粹打压、流亡美国的托马斯·曼走下轮船时发表的那句著名的宣言："我在哪里，哪里就是德国。"小"我"在承担起历史责任之时则变得无限大，陈言也是在此意义上不满于日本的另一位世界级作家——村上春树"三一一"后在加泰罗尼亚国际奖颁奖礼上发表的"反核宣言"。她犀利地指出："对于核问题，村上春树始终是以'日本人'或'我们日本人'作为主语，使问题一般化，而不是当作自己的问题去面对。"(93页)在涉及历史责任、社会责任的讨论中,世界级的作家抹去自家面目,将自己回缩到群体中的去历史性、去责任化表述,让陈言感到愤懑。我想,在作者那里,这种痛切的责难一方面固然是以对村上的深切期待为前提的(96页);另一方面,就"村上春树对于重大灾难始终保持着疏离的态度"(92页)而言,又显然是以大江为潜在参照的。与村上不言自明的"日本人"意识,以及疏离现实政治的姿态相反的是,在大江那里,让其痛苦自问的命题恰恰是"日本人是什么,能不能把自己变成不是那样的日本人的日本人"。而这一追问的一个重要思考契机,恐怕便是核问题,是冲绳问题,而其背后则始终贯穿着身居边缘朝向中心、主流发问和质疑的伦理自觉和社会参与。从《广岛札记》(一九六五)到《冲绳札记》(一九七〇,陈言便是本书中文译者),再至其他相关著述,在大江那里,核问题得以在历史与现实两个维度上展开。在核战争的历史阴影与核能利用的现实诱惑之往复撕扯、在拥核派与反核派的激烈论争中,大江提醒民众,"对核战争的悲惨后果要在每一天都持续地发挥最为丰富的想象力,这是抵御核战争的第一要务,否则不足以产生强大的抵抗力量"(79页)。唯有通过"核时代的想象力",才能将核战争的潜在风险落实到民众的日常感觉层面,从而形成广泛而有力的日常抵抗。较之于村上轻描淡写的宣言,历史批判视角的介入旨在提示人们警惕"草丛中有一只老虎"(柯林伍德),这些富于洞察力的盛世危言最终都被"三一一"东日本大地震所验证。思想家子安宣邦在"三一一"那天则想到了"八一五",在他看来,"之所以做此思考,是由于我们正在直面终结日本'原子能发电'体制之难。终结'原发'体制,是一个与日本的亚洲·太平洋战争的结束方式、终结方式在结构上深刻关联的问题","我们的战争是被迫终结的,并不是我们自己去终结的",而"原发"体制终结之难亦在于此:"我们并没有将民主主义理解为作为市民介入与我们生活相关的重大政治决定过程之权利。这种介入的权利也未曾获得制度性保障。眼前的实态，让我们必须将市民介入政治决定过程的民主主义作为我们自己的事去对待。"（子安宣邦：《近代日本的中国观》，王升远译）历史与"我"有关，当下与"我们"有关，唯有在过去的幽灵与当下的现实之间建立起历史联结，让"我"与"我们"形成命运的连带，将参与和介入当作"我们自己的事"，才可能形成更为广泛的社会抵抗力量。

然而，知易行难。现实却是，芥川奖得主堀田善卫在其获奖三年后揭露南京大屠杀的作品《时间》却陡然遇冷（49页）；连"仅仅喊出反核口号，而没有任何实质内容"的村上春树"都被日本一些人视为'非国民'"（96页）；大江健三郎和家永三郎更是饱受诉讼官司的消耗，被本国人视为"叛徒"（87页）。作为知识人，他们是矗立在权力、社会主流甚至民族国家对立面的少数派。而在日本战后文学史、思想史甚至社会运动史上，正是这样的少数派捍卫甚至拓宽了人们政治认知、学术智识甚至日常生活的"中间地带"，努力使之不被山峰挤压、

收编为沟壑。他们也是被峰影所掩盖、遮蔽、压抑的沟壑中人之代言人，是曾经的南京大屠杀受害者、"大东亚战争"受害者、核战争受害者、核污染受害者及普通民众的利益捍卫者和发声者，在这个意义上，"他们"在召唤"我们"，而"他们"事实上也便是"我们"。本书作者陈言所致力赓续的正是其评论对象们所传递的批判和介入精神。这位"精神在押的迷途问津者"在本书小引中自白称："因为处理的问题多与战争中的人性有关，让我深感人性的不确定，时刻提醒自己不要落在无知里，以为自己是衡量事物的尺度；同时告诫自己要对人类困境有切近肌肤的理解，要持续不断地对自己进行反思性监控。"乐观主义者常宣称"山高人为峰"，而现实往往是沟壑中人山人海。陈言是倾听者，她在沟壑中回收到了知识界的边缘人、少数派、叛逆者所传递的伤者、弱者的呼喊；她也是沟壑中的呼喊者，她听到了卑微如己者的回声。

《万壑有声——中日书间道》，陈言著，知识产权出版社二〇二二年版）

品书录 | 胡明晓

南翔小说的语言

平心而论，比起那些一年出一本或数本书的作家来说，南翔无论是发表还是出版都显得节制。近七八年，除了一本非虚构《手上春秋——中国手艺人》（二〇一九），南翔仅有两部中短篇小说集《绿皮车》（二〇一四）、《抄家》（二〇一五），以及一部纯粹的短篇小说集《伯爵猫》（二〇二一）。南翔的非虚构主要集中于全国各地非遗传人的田野调查，用一组囊括了木匠、绣娘、制药师、制茶师等匠人的群像，为日趋式微却又马蹄声近的传统手艺精细描摹；他此前的中短篇小说则横跨了域内与域外，现实与历史，底层与中层，包括他一九七八年上大学之前当过七年铁路工人的经历，却又大都不是作家生活了二十多年的城市故事。而《伯爵猫》中的十六个短篇小说，袅袅生烟，尽管还窥见得到作家脐带中的湘方言和赣方言血脉，整体却是根植于深圳——这是评论家们总喜欢用作家的名字"南翔"来打趣、类比与匹配的。燠热、潮湿、海风咸腥，一年四季熏蒸若夏，南腔北调的移民大本营，"时间就是金钱，效率就是生命"的观念拍岸如潮水，这个年轻、伟岸却又不无躁动的城市，或许可以安放一个教授的讲台，又能否同时措置一张作家的书桌呢？

古典主义理论家布瓦洛在《诗艺》中写道："我们要遵守理性制定的规则，在一天、一地完成一件事，一直把饱满的戏维持到底。"简而言之，即要求戏剧创作在时间、地点和情节三者之间保持一致性，并为同一个吸睛也吸脑的主题服务。南翔短篇小说集《伯爵猫》中的单篇《伯爵猫》，有意无意间与"三一律"合上了榫卯。故事发生在这座滨海城市的一个"小如蝌蚪"的书店里，一个冬至的夜晚，一群现代都市读书青年聚集于此，举行了一场书店的告别仪式。"伯爵"，既是一只猫庄重的大名，也是小书店的略显滑稽的店名。猫的出现恰若舞台上的精灵，勾连起了店主人娟姐姐、打工小妹阿芳与一众读者的过往。书店的店招和室内灯坏了，带点痞气的师傅来修，也像极了戏剧舞台上的灯光，随着灯光强弱的变化，伯爵猫在纵横交错、神秘幻想的灯光中跃动，承接着剧情的走向，使得小说伏脉隐约，情节跌宕。猫有九条命，是否寓意代表文化传统的实体书店不会黯然退出，而是在暂时揖别之后，更换了另一种演进的存在？小说集首篇《檀香插》，讲述了中学教师罗荔，经历其身处企业、会计师出身的丈夫肖一木被调查，无意发现丈夫另有隐情的故事。罗荔生性善良，对丈夫为人处世的远观近品，像是一卷轴山水画，既有大块泼墨，淋漓氤氲，又有细笔勾勒，纤毫毕见。一直荡漾而出的夫妻恩爱，此刻遭遇了"他"被带走与"他"曾背叛的双重打击，以主人公个性的敏感和脆弱，第一次得独自面对真与假、是与非、表与里的重大判断。作家在将两难之境交给罗荔的同时，无疑也交给了每一位难脱代入感的读者。在此，南翔用巧妙的内心独白传递人物的纷纭心态，无疑是非常成功的。同年发表的《凡·高和他哥》，也收录在《伯爵猫》中；《遥远的初恋》，囿于时间未及收录，略微可惜。这两个短篇小说，将"非虚构"式的人物身份与叙述语言萃取，成就了小说打通虚构与非虚构之名。短篇小说《遥远的初恋》里，"我"是深圳某高校教授，主持一个"非遗会客厅"开幕式，邀请原单位同事水根来深圳参加活动。小说是虚构的，但虚构之根还是毛茸茸的诱人的生活。谚语云：说谎亦须说得圆。圆，不出情理之外；巧，恰在读者意愿之中。水根人物或有原型，将水根的牛之根雕引进到深圳，作为非遗文化工作者的"我"，凭借多年的交情，有这样的想法是水到渠成、情理之中。这一点，不是任意虚构，而是发自"我"内心的想法，确凿可信。短篇小说《凡·高和他哥》亦有异曲同工之妙。小说开端，"荷兰的凡·高，没有哥，下面有五个弟妹，与他关系最亲密的是大弟提奥"。用真实的历史背景和人物，成功引入与贴近小说中的主人公。"深圳油画村的凡·高——龙向北，没有弟弟，却有一个哥龙向南。"故事发生在深圳油画村，来自江西赣州的兄弟俩，在深圳以复制经典油画谋生。小说中的凡·高是弟弟（向北），仰赖哥哥（向南）支撑；历史原型中的弟弟（提奥），依靠哥哥（凡·高）支持。这种身份的反转，恰如评论者陈劲松所言，体现了作家塑造小说人物时的想象和创意，更加符合中国传统文化中"长兄若父"的孝悌观念。

南翔在"非虚构"式的小说中，用知识分子的话语叙事，以语言之力、逻辑之密、情感之实，呈现出非虚构写作的特质。小说《遥远的初恋》中的主人公"我"，以火车站专栏编辑的视角，将水根的纪实散文《致敬，老黄牛》，稍微做了修改。以忐忑的心情，写了专栏前的驻足者，邓坦克兵、屠格涅，还想象着水根看到板报的表情。等到吃晚饭时间，"我"下去食堂，飞快打了两钵饭上来，分明是想得到水根的认可与赞美啊。水根看自己的文章，自然看得仔细和认真，作家却并无相关议论，全用白描说话："看到结尾部分，他手里的灯光来回拉了几次，停住，收光，默默地进了办公室。"大量铺陈、细节描写，不厌其烦地对水根看板报的反应埋下伏笔，只用"停住，收光，默默地进了办公室"，结束了好戏正待开场。水根到底怎么了，"我"改得到底好不好，让读者内心很是煎熬。"他猛然抬起头来，吓了我一大跳：两只眼通红通红，大颗大颗的泪珠一连串地滚落下来。"水根被伤害很深，不仅仅是文字被改动的缘故，内心也被伤到了。读到这里，契合时下很流行的一个词语，叫作"破防"。

小说《凡·高和他哥》，凡·高龙向北从欧洲回来后，与哥哥之间的分歧变得白热化。此时，小说用了大段的篇幅，描述哥哥与龙向北之间的分歧，最后，以"向南见向北去意已决，叹气，不语"收尾。短短"叹气，不语"四字，将哥哥向南的包容与妥帖、无奈与不甘宣泄得淋漓尽致。这冰山一角的险峻奇观，全然靠着深海里八分之七的铺陈与堆砌。

短篇小说《遥远的初恋》，讲述了"我"和原单位同事水根长达四十多年间的交往。同在袁江火车站工作，亦是文学青年，水根轧死牛，擅自鸣笛致哀。其后处女作《致敬，老黄牛》问世；"我"在高考恢复之年上了大学，毕业之后在大学教授写作；水根在一次掏煤油时，提着马灯误进了一辆装汽油的槽车，明火猝燃，掏油者浑身烧伤；"我"调往深圳，水根在其引导下，根雕主攻牛主题，参加"非遗会客厅"活动，获得好评。之后，在南头古城小巷聊天时，倏地聊起沈护士，那是水根的初恋情人，"我愣住了，瞥见他眼里有隐隐的泪光，人生的初恋，原来可以藏得这么深，藏得这么久啊"。错综交替的叙事，如瓜牵蔓。不论多么复杂、缠绕、久远，最后还是找回来，来龙去脉，清晰可辨。水根喜欢沈护士，是很多年前掏油受伤之前的事，随着沈护士嫁给了火车站站长的儿子，文中没有付诸更多笔墨。"我一激灵道，失之东隅收之桑榆，你失去了人生初恋，却迎来了文学初恋。"读者或以为遥远的初恋，便是水根对文学的初恋，其实不然，对水牛、对爷爷、对生命、对美好的情感，水根始终有难以割舍的记忆，那是多么夹缠、磨人而丰富的初恋啊。往事斑驳，却远未蛛网尘封。

南翔中短篇小说集《绿皮车》《抄家》里的作品，其汉语方言介入小说的方式方法，也值得一提。例如小说语言中普通话以及方言的嵌入（《特工》《1975年秋天的那片枫叶》《老兵》《来自保密单位的女生》《哭泣的白鹳》）、民族语和通用语的互补（《男人的帕米尔》《我的一个日本徒儿》）、外来音译词恰到好处的点染（《无法告别的父亲》）等，体现了语言本身在小说中塑造人物形象、展现地域文化等方面的多种功用。如此一路逶迤，徐徐细读，感觉南翔不是在写小说，而是在用朴实且富有张力的语言在书写田野日志。《回乡》讲述"我"大舅从台湾回乡省亲的盘根错节，该小说善用名词和动词，注重文字的韵律感，对多维语言身份构建与认同皆贴近人物，在打通历史与现实、画面与思想、复杂与简单等疆域，尤显得四两拨千斤，——风荷举。

南翔小说的语言还可细甄：一是用简单的数字叙事。如《遥远的初恋》，"我下去食堂，飞速打了两钵饭上来，四两一钵；还有两份红烧肉，一份两角五分"。这不是数字游戏，读者却看得清清楚楚，算得明明白白。在《凡·高和他哥》中，借桂老师的口问道："提奥怕哥哥乱花钱，每月分三个时间，一号、十号和二十号，给哥哥共汇出一百五十法郎。你现在每月要给向北汇多少钱才够？"精准的数字，让逼真的画面感迎面扑来。二是用排比、堆砌短句。南翔小说的语言，用完长句用短句，错落有致，别生景象。桂老师批评向南，在画《城市烟火》里的老东门片段时擅作主张，"你手里每一管熟黄、普兰、西洋红、火星紫……都是来自英国原产的温莎牛顿，贵得很啊！"小兰为向南收拾东西，"这回才见是腐竹、粉条、米酒、炒米糖、芝麻酥，以及广式香肠之类，不由好笑道，这些东西都是湖南、江西人往深圳寄的，你蛮好，倒寄回去！"还有《遥远的初恋》中，写"我"与水根的联系。"通信的年代，我与水根一直有信函联系，或繁或简""我的心骤然收紧，泪水簌簌而下""我去，他来，确实有的"。三是遣词造句讲格律。诗词中平仄的运用有一定的格式，称为格律。平声和仄声，代指由平仄构成的诗文韵律。小说语言不比诗文，读来却也要讲究韵味。"赣西那地方，女孩儿取名，用梅用丽用珍；男孩儿取名，用根用生用民，如水根火根荣根，春生秋生冬生，新民福民海民。"平仄是四声二元化的表现形式，根据隋朝至宋朝时期修订的韵书，如《切韵》《广韵》等，中古汉语有四种声调，称为平、上、去、入。除了平声，其余三种声调有高低的变化，故统称为仄声。平仄两两交替，即平平仄仄或仄仄平平的汉字声律有规律地交替出现，运用了诗句平仄的组合原理，读来朗朗上口。

南翔的小说语言精到，长短错落，字词有劲，萃炼见功。一会儿用形象的、逼真的文学语言，对绘画、对艺术进行阐释；一会儿用散淡的、有趣的湘赣方言，标注人物身份，比如"咿""喔"做句末的语气助词；一会儿用新潮的、时尚的新鲜词汇，引领时空转换。每个时代都有特定的流行语，南翔的小说忠实地记录着具有时代烙印的词语变迁，比如听长辈说起"变羞了"，以为是变羞涩之意，未曾想是"修"字。

曾听南翔说过，中国白话文的历史太短，典范的白话文写作需要几代人持之以恒的接续努力。他无疑是在努力的道途中，我们需要更多的作家、教育工作者以及读者共同挽轡，勉力前行。

《开放时代》 双月刊 2022年第6期 目录预告

中国特色社会主义理论研究
张 城 党的领导与中国社会主义的制度特质

专题：百年中国妇女与家庭
宋少鹏 高夏薇 境况性知识、内在历史的视域：回看中国百年妇女运动的历史与经验
杨菊华 为了生产与妇女解放：中国托育服务的百年历程
张 华 "团结生产"：1950年《婚姻法》实施与新家庭建设研究
熊万胜 程秋萍 人生任务的革命：对集体化后期家庭经营发展的解释

人文天地
陈立胜 "大抵心安即是家"：阳明心学一系"家"哲学及其现代影响
毛巧晖 从革命话语到"人民"话语：1919—1949年民间文学的发展衍化

法学与政治
田 雷 构造"新"的延续性——关于"八二宪法"起草若干问题的理论思考
殷 峻 美国印第安部落卫生法治中的主权抗争

经济社会
陈 超 蒙 克 全球化的时机与福利供给：基于中国东莞与昆山的比较分析
张 浩 从实求知——费孝通之家庭承包制理解视点变迁

"他者的世界"
嘉日姆几 仪式过度及其理论——以一位彝族患者的仪式治疗史为例
王希言 木麻黄和缅甸蟒——另一种遗产逻辑

地址：广州市白云区云城街云安路119号。邮编：510410。电话：020-86464940。传真：020-86464301。
邮发代号：46-169。网址：http://www.opentimes.cn。投稿邮箱：opentimes@vip.163.com。
官лей微博：http://weibo.com/opentimes。微信公众号：open_times。

各地经销点：万圣书园（北京）、学而优书店（广州）、荒岛书店（天津·上海·广州）、虎尾厝沙龙（台湾云林县）。

郭晓蕾

普鲁斯特笔下的德雷福斯事件

在马塞尔·普鲁斯特的长篇小说《寻找丢失的时间》(*A la recherche du temps perdu*,以下简称《寻找》)第三卷开篇不久,主人公"我"去东锡埃尔探望在那里驻防的圣卢侯爵,圣卢是"我"的朋友,在陆军服役;"我"当时爱上了他的舅母德·盖尔芒特公爵夫人,便想到去找他牵线搭桥。在东锡埃尔小住期间,"我"常和圣卢及他的同事们一起晚餐,这些军官大都是贵族,少数几个是中上层布尔乔亚。就是在这群军官的餐桌上,那场几乎全民卷入,既撕裂又改变着法兰西的"德雷福斯事件",第一次出现在小说中。

一八九四年九月,法国陆军部在证据不足的情况下,认定犹太炮兵上尉德雷福斯(Alfred Dreyfus)向德国出卖情报;十月十五日,陆军部长梅西耶签署逮捕令;十二月,由七名陆军军官组成的军事法庭裁定德雷福斯叛国罪成立。一八九五年一月六日,德雷福斯被当众"拔阶"(折断佩剑,撕除肩章、领徽、绶带),后被押至大西洋上的魔鬼岛监禁——自此,德雷福斯和家人开始了争诉重审此案的艰难历程,法国社会也围绕此案逐渐分裂成了支持、反对重审两个阵营。至一八九七年,虽然陆军部不断阻挠相关调查,重审派还是经过不懈努力,令真正的叛国者浮出了水面:陆军参谋部的埃斯特拉齐(F. Walsin-Esterhazy)。迫于各种事实性证据,陆军部不得不将埃氏送审,但一八九八年一月十一日,经过军事法庭两天潦草的审判,埃氏如英雄凯旋般走出法庭。一月十三日,《震旦报》(L'AURORE)头版刊发了左拉针对这次审判、针对德雷福斯案写就的雄文《我控诉》(J'Accuse...!)。紧接着,陆军部指控左拉犯了诽谤罪——自此,重审派和反重审派的斗争开始进入白热化。

《寻找》虽未明言,但"我"探访圣卢肯定是在《我控诉》发表之际,因为餐桌上的谈话正涉及埃斯特拉齐被无罪释放。"我"得知这群军官中,只有圣卢和一位同事是重审派。这位同事来自一个"极端拥护君主制的家庭"(和圣卢一样是高阶贵族),"既是军国主义者,又是教权主义者"——在大多数同事眼中,他的出身和基本的政治主张,与他对德雷福斯案的态度是那么矛盾。坐在"我"旁边的一位军官说:"他的家人看到他思想那样狂热,都快愁死了。"

圣卢没有那么狂热,但他的一些长辈已经怒不可遏,赛马俱乐部——这个他父亲曾任主席十年之久的高级俱乐部——几乎要为此开除他!他的舅舅德·盖尔芒特公爵激动地说:"见鬼,当一个人有了圣卢侯爵的称号,他就不应该是重审派!"其实,圣卢对德雷福斯案本无兴趣,他是为了讨好情人、犹太名伶拉谢尔才支持重审的,结果却出力不讨好:拉谢尔什么派也不是,她根本不关心那个她不认识的人!有一次,拉谢尔甚至因为圣卢拒绝给她买项链而愤怒地讥讽圣卢母亲的姓氏"马桑特"〔谐音"闪米特人(泛指犹太人)的母亲",但这个文字游戏非常牵强〕散发着"犹太人的臭气"。

后来,圣卢对拉谢尔日渐灰心,并看到支持重审给他带来了那么多麻烦,便一改当初,成了反重审派。而曾经义正词严的公爵舅舅,则为了讨好某位支持重审的意大利公主,倏忽一变,成了更加义正词严的重审派。无论是在这些爵爷们选边站队的考量中,还是在拉谢尔的眼中,德雷福斯,一个活生生的年轻人的生命和名誉是否受到践踏,都显得那么无足轻重!

小说中的"我"是一个含蓄的重审派;现实中的普鲁斯特则没

那么含蓄,他从一开始便关注德雷福斯案,并四方奔走,邀集支持德雷福斯的签名。看似孱弱的马塞尔在此事上的态度十分坚决,甚至不惜与反重审的父亲反目。陆军部在法国享有很高威望,案发之初,人们因为普遍不了解真相而相信陆军部的指控,倒也合乎情理;但当埃氏的犯罪铁证一一曝光,很多人却仍反对重审——反对的理由中最主要的两个是"反犹"和"爱国"。这场搅扰了普鲁斯特和法兰西十几年的"事件"值得再提,因为这场"事件"暴露出的现代建制理想所面临的危机至今仍未解除,甚至在一些地区愈趋严重。

反犹的精神传统在西方渊源有自,"仇恨犹太"(Judenhass)的情绪在欧洲一直存在,但作为一种意识形态的"反犹主义"(Antisemitismus,直译为反闪族主义,该术语一八七九年出现在德语世界)则是伴随"启蒙"提出的"民族国家"(nation-state)理念的不断狭隘化而出现的。罗马帝国时期,具有地缘和血缘共性的一群"外国人"会被称为一个"民族"(nation)。十六世纪,英国人开始寻找一种超越宗教共同体和血缘共同体的,以成员享有平等政治权利为纽结的新的共同体——他们将之称为"民族";这种新观念被后世称为"民族意识"(national consciousness),这一"意识"伴随十八世纪"公民"理念的成形,熟化为"公民民族主义"(civic nationalism):民族的构成不应是自然性个体,而应是政治性个体、具有自由和平等权利的公民,民族是政治意愿的共同体,而不是基于各种非主观性事实的自然集合体。

大革命期间,法国以"公民"将宗教信仰和语言等并不完全一致的各"族裔"(ethnic)整合成了一个民族,至今,"第五共和国"宪法仍规定,不论来源、种族、宗教,一个人成为法国公民,即成为"法兰西民族"(la nation française)的一员。伴随"公民民族"的理念,"启蒙"展开了对国家合法性来源的"重塑":由公民组成的"民族"即为"人民",人民是国家的主权所有者,人民就是国家,国家是人民权力的实现形式，所以，捍卫具有各种差异的所有主权人的自由和平等权利，是以公民为主体元素的民族国家的合法性所在——这是国家的基本"现代"内涵，也是法兰西"共和国"的立国原则。

但"第三共和国"（一八七〇至一九四〇）的公民们显然并不都认可共和国的理念。犹太人在欧洲漫长的"寄居"历史上，一直不是完全合法的居民，各方面的权利，尤其是政治权利受到严重限制，犹太人争取政治权利的意识也较淡薄……直至大革命时期，法国的犹太族群才在《人权宣言》的指导下，屡历艰辛，为犹太人在欧洲第一次争得了公民权（一七九〇年一月二十八日和一七九一年九月二十八日，法国制宪会议通过了两项相关法令），法国的犹太人先于欧洲其他地区的犹太人，成了有"祖国"的人。至十九世纪下半叶，从军已成了西欧、中欧犹太子弟在各自归属国争取身份认同、获得社会地位的重要途径。

教权主义者出于宗教洁癖，一直反对异教徒尤其是犹太人进入政府和军队；"启蒙"虽已提出了"政教分离"的宪政原则，但直到德雷福斯受审时，法国的军事法庭上还挂着十字架。而与教权主义结盟的贵族们，虽然大势已去，却因抱持君主制的立场，仍以国家主人自居，同样不乐意看到犹太人过多渗入法国主流社会，尤其是渗入军官阶层——这一贵族的传统领地。事实上，在不少布尔乔亚和劳工阶层的"法国"平民眼中，进入主流社会的犹太人也基本等同于"侵略者"。

陆军部长梅西耶平日对军队吸纳犹太人这一事实显得不那么在意，也正因如此，各种团结在"反犹"旗帜下的右派人士经常对他进行漫骂。虽然对德雷福斯本人没什么特别偏见，但为了赢得"民心"，梅西耶也乐意以雷霆之势处罚一个犹太军官，以证自身"清白"——陆军部还特意选定犹太人的安息日（一月六日）来执行对德雷福斯的拔阶。

商贸、金融是犹太人的传统从业板块（这与他们长期被禁止在所居地购买不动产直接相关），进入十九世纪，犹太人更在实业领域"插足"日甚；伴随罗斯柴尔德家族的崛起，法国的左右两派都更加憎恶犹太人。德雷福斯是个富有的工业家的儿子，直至案发第三年，法国左派人士普遍认为，支持重审此案不过是给布尔乔亚争取权益，故不愿介入。

普鲁斯特从德雷福斯的遭遇中，看到了自身在法国社会中的困境。德雷福斯一家虽信奉犹太教，却积极融入法国社会，其本人还因亲历普法战争而对法国有一种依附感，保卫法国也是他从军的初衷。普鲁斯特母亲一家也是犹太人，同样颇为富有，他们不仅接受法国精英文化传统，还改宗了天主教，是更加典型的归化了的犹太人；然而，母系的犹太身份和普鲁斯特明显具有东方特征的样貌令他在巴黎的社交圈里，天然地是某种"另类"。

《寻找》中，圣卢的另一位舅舅德·夏吕斯男爵声称，德雷福斯即便真给德国卖过情报，也算不上叛国，但男爵的"逻辑"是：犹太人哪有祖国，故何谈叛国？显然，在男爵眼中，无论是否是法兰西公民，犹太人永不可能成为法兰西民族的成员，法国也永不可能是犹太人的祖国！男爵的"逻辑"就是在说：法兰西只属于某类"种族"（race）；这种观念在现今的法国仍然很有市场，否则，极右派领导人玛丽娜·勒庞如何能拥有那么多的支持者……

"公民民族"的理念在现实中可能会成为沙文主义侵略的合理性论据，拿破仑战争就是例证；但是，反思这一理念内涵的侵略性，并不意味着其所具有的开放性和包容性也应被否定。十九至二十世纪出现的各种倡导"净化"民族（其既可表现为清除某种族，也可表现为清除某阶层）以维护国家利益、增强国家实力的"现代"主义——反犹主义便是其中一种——不仅是在将民族-国家严重狭隘化，根本上是在反驳"平等-自由"这一基本的现代伦理准则。

反重审派一早就将自身定性为爱国者，将重审派定性为叛国者。爱国者中的一部分，由于坚定的反犹立场而拒绝正视各种铁证，故而对他们来说，支持德雷福斯就等于叛国；这些爱国者的真实诉求是将德雷福斯、将犹太人清除出法兰西民族，清除出法国。而更多的爱国者对德雷福斯的间谍行为其实是存疑的，甚至认为他是无辜的，但他们同时反对重审，因为他们认为，重审就意味着对军队权威的质疑；这些爱国者未必是军国主义者，但对他们来说，质疑军队，就等于削弱国家的权威，就是在叛国。

"启蒙"构想着民族、国家的世俗化形式，而在十九世纪下半叶的欧洲，民族和国家愈来愈承担起为局限性的历史提供超越性意义的功能，对本民族、本国怀抱宗教性的崇拜成了普遍的精神现象。这种崇拜的直接政治功能，就是在主动性的"公民"外衣下，延续、塑造被动性的"子民"身份。对第三共和国的很多人来说，一切不再属于"王"，而属于一个凌驾于他们的抽象存在"国家"，所以，维护陆军部某些人的颜面就等于维护国家的尊严；这种兑换"逻辑"渗透出多少人"公民"外表下的"子民"内里，他们并不视自身为共和国真实的主人，仍在以帝政的伦理——子民的合法性在于对高于自身的权力的维护——规范着自己。

"美丽年代"（Belle Époque，普法战争结束后至"一战"前）的"爱国主义"，本质上是一种趋近种族主义的狭隘民族主义，也是"朕即国家"这一"前现代"观念在现代的延续和意识形态化——《我控诉》不仅是在控诉军界、司法的不公，更是在控诉共和国民心中这种反现代的现实趋势——在法兰西共和国"腹背受敌"的初创时期，民族主义者和爱国主义者是等同于"自由-平等""国家即民"这些现代原则的支持者、革命者的！反对重审德雷福斯案，就是在反对共和国的立国原则；伴随案情变化，重审派和反重审派的斗争最终落实为保卫和颠覆共和的斗争。一八九九年六月，面对最高法院宣布重审德雷福斯案，反重审派甚至开始策划政变……

十九世纪末，法国的犹太人口不过八万左右，不到法国总人口的千分之二；但反犹的报刊、书籍——比如当时的畅销书《犹太法国》(*La France Juive*)——却公然将法国犹太人口总数篡改成五十万。罗斯柴尔德家固然显赫，但犹太人绝非个个是财阀，人人是寡头；当时法国的犹太人中，布尔乔亚的比例虽在上升，但绝大多数仍是挣扎在底层的贫民——在欧洲其他国家亦是如此。可社会上普遍流传的说法是，法国各界几已被犹太人掌控，犹太人已成了法国事实上的主人，犹太商贾财阀在背后主导着政要，想方设法榨干法兰西——这当然是一种阴谋论。可人们为何热衷阴谋论？

《寻找》中，与德雷福斯事件交织在一起的，是各种社交和爱情故事。德·盖尔芒特公爵夫人行止的核心美学原则就是：永远都要别具一格。她相信德雷福斯是无辜的，但仍是坚定的反重审派，可是，在某亲王府的一次晚会上，当女宾们都起立欢迎"民族英雄"梅西耶将军时，她却端坐一动不动。她从来都是民族主义者，可当一个民族主义者在晚会上发表演讲时，她竟突然起立，公然召唤仆人，示意要离场！

从东锡埃尔回来后，经圣卢引荐，"我"成了公爵夫人家的座上客。在伴其左右的生活中，"我"看到了她永远别具一格的言行举止下掩藏的自卑和无法言明的愤怒。她在亲王府晚会上几乎不惜以"社死"为代价做出的奇异举动，简直是在向众人吹出宣战的号角，可事实上，她早就是圣-日耳曼区贵族世界的女王了。

"一战"爆发前，已届中年的"我"和曾经的情人吉尔贝特（此时已是圣卢的妻子）在乡间小聚，她告诉"我"，小时候她第一次遇见"我"时便喜欢上了"我"，还想方设法给"我"暗示，可"我"当时显得那么拒人于千里之外——"我"恍然扣心，几十年来，"我"一直以为她当时的那些眼神、动作意在拒我于千里之外,"我"也正是因此几乎对她一见钟情!

"我"的所有爱情与公爵夫人那无声的号角,诞生于同一种持续性的心理预设:我正被他人忽视、无视、贱视,正被世界以各种方式欺侮和凌辱!因为这种"想象"在先,"我"便总能从她(们)身上找到敌视"我"的证据,于是爱上她(们)——如此的爱,从一开始就是恨,没有具体对象的恨。仇恨也是《寻找》中的社交沙龙里最家常的人间气味。可"我"为何会不可抑制地展开对他人、对世界的敌化想象,亦即自虐性的虚构?《寻找》提供的答案并不晦涩:没有敌人,"我"便无法感到存在。我们当然会因为被侵犯、剥夺而产生仇恨;但《寻找》则提醒我们:仇恨本身几乎是人类无可豁免的一种存在性精神征候,抽象的恨存在于每个人心里,一直在寻找具体的猎物。"我"需要敌人,法兰西亦如是!

就像任何一个族裔,犹太人有优点,也有缺点——对此,普鲁斯特从不避讳,尤其是讲到"我"的犹太同学布洛克时;这些缺点,加之诸种"异质特性",令犹太人在欧洲"原住民"眼里,几乎成了随时可用的、永不失效的仇恨对象。因在普法战争中战败而积郁在法国民众心中的仇恨一直没有消散,德雷福斯案简直给这一全民性仇恨提供了一个绝佳的落脚点、一个喷发口:永恒的敌人(犹太人)在向现在的敌人(德国人)出卖法国!

一八九九年九月,德雷福斯被总统特赦,恢复人身自由,但要等到一九〇六年,他才得以恢复军衔——此时距离案发,已经过去了近十二年。德雷福斯恢复自身名誉的历程还未走完,法兰西也还将经历深重的苦难,才会真正迈进"现代"的门槛。

"我"总觉得情人在欺骗"我"、抗拒"我",故恨不能时刻盯着她们,而情人对"我"的盘问若表现出一丝不耐烦,"我"便会变本加厉地陷入想象,进而对之展开更加严厉的监视和审查,"我"把最后一个情人几乎软禁在家中……"我"和情人们,圣卢和拉谢尔,《寻找》中所有的爱情就是在自虐与施虐的恶性循环中艰难维系着,并均以失败告终。圣卢在与拉谢尔分手后,投入到生理性的自虐与施虐的游戏中,变得越来越像他的那位男爵舅舅。

就是在各式各样自虐-施虐的爱情和社交故事的铺陈、递进中,《寻找》的讲述演进到了"一战"。战争期间的一个晚上,"我"在空袭间隙,伴着探照灯时隐时现,看着"巴黎的美毫无防御地等待着敌人的威胁临近",那晚,我还意外发现了圣卢的"癖好",并目睹了男爵的"游戏"。在一家旅馆里,男爵命人用铁链把自己捆在床上,享受被带尖刺的掸衣鞭抽打的"快感",他身上各处的瘀青说明他已多次享受这样的酷刑。

男爵一早就注意到布洛克长得颇具东方情韵,他曾试图说服"我"让后者在他面前表演个"滑稽戏":让布洛克刺杀自己的父亲,就像大卫杀死怪物歌利亚那样,如能看到布洛克把自己"下贱的母亲"也狠狠揍一顿,那就更好了!

普鲁斯特笔下的故事不断提醒读者,自虐必然引致施虐!德国挑起两次世界大战的理由与之何其相似:世界正在抑制、剥夺德国的生存空间。人们制造、热衷阴谋论,因为自虐性虚构这一疾病无法从人类社会中彻底根除;也正因如此,我们更应警惕那些主动恶化这一疾病的行为,那些通过塑造自身受虐形象,鼓动仇恨的政治行为——这些行为不仅必然导致他人、世界被恶性攻击,且必然会令行为主体遍体鳞伤!《寻找》中的德雷福斯事件和"一战",既是写实的再现,又是隐喻,关于自虐与施虐的隐喻。"我"看着夜幕下的巴黎,想到庞贝,庞贝被火山喷发出的熔浆吞噬了,而欧洲乃至整个世界正被各种人工的火焰吞噬。

今年是普鲁斯特逝世一百周年,谨此纪念。

宋逸炜

巴黎公社的最后一天

一八八二年五月三十日，法国《时代报》（Le Temps）刊登了一篇关于拉雪兹神父公墓（Cimetière du Père-Lachaise）的匿名报道。周日（二十八日）下午二时三十分，六百余人聚集在这里，纪念巴黎公社十一周年。儒勒·若弗兰（Jules Joffrin）、露易丝·米歇尔（Louise Michel）等公社亲历者先后发表演说，群情激昂，高呼："公社万岁！社会革命万岁！"众人向遇难者献花后离去。墓园重归寂静。下午五时，一群年轻人来到墓园，他们在杂草中寻找散乱的尸骨，或沿着山丘滚动颅骨，或拼接骨架，嬉笑取乐。

"简单的游戏令人毛骨悚然。天啊！是游戏吗？还是对一种可能已经遗忘的残酷讽喻？"法国左翼历史学家马德莱娜·勒贝里乌（Madeleine Rebérioux）读到《时代报》的报道后惊诧莫名。由此，她开始以巴黎公社社员墙（Mur des Fédérés）为中心，梳理法国人围绕共和国与公社的记忆博弈。

一八七一年三月成立的巴黎公社，反对凡尔赛政府。五月二十一日，政府军队攻入巴黎，制造了"血腥的一周"（Semaine sanglante）。五月二十七日，一些公社战士在激战后倒在拉雪兹神父公墓东南侧的围墙下，这是拉雪兹神父公墓成为巴黎公社标志的由来。如今，巴黎市政厅开辟的一条参观路线，勾连了公墓内三十八处公社遗迹。在沉默的遗迹里，有三位战士生前诉说了最后一天发生的故事。

一位是儒勒·瓦莱斯(Jules Vallès)。走进公墓正门，绕过亡者纪念碑与礼拜堂，左转前行不久的墓园第六十六区即是他的墓碑。在瓦莱斯青铜半身像下的基座上，镌刻着他亲密的友人和同志塞夫兰娜(Séverine)为他选定的墓志铭："人们记住的我的才能，只会是我的信仰。"

瓦莱斯，一八三二年生，在一八七一年三月二十六日巴黎公社举行的第一次选举中当选为公社委员，担任与公社教育、对外关系、军事法庭等有关的工作，他主编的《人民呼声报》(Le Cri du Peuple)是公社期间最受巴黎人民欢迎的报纸之一。五月二十一日下午，公社在市政厅举行例会，瓦莱斯担任会议主席。会议进行中，一名公共安全委员会成员打断议程，宣读了一则来自前线的急件："凡尔赛人刚刚突破了城门……"面对突如其来的敌军，公社委员会在次日上午通过决议，每位委员回到本区组织防御。

瓦莱斯在特罗拉多(Trocadéro)目睹了政府军队炮击战神广场。当他来到军事学校和战争部时，发现空无一人。瓦莱斯重新返回市政厅，那里已经聚集了二十余名公社委员，大家面色沉郁，低声絮语。

"一切都完了！"

"万特拉(Vingtras，瓦莱斯的自称)，这句话应该收回去！相反，应该告诉老百姓巴黎城将是反动军队的坟墓，叫人民振作起勇气，命令他们重建街垒。"(儒勒·瓦莱斯:《起义者》，郝运等译，上海译文出版社一九七九年版，272页)

在激烈的战事中，瓦莱斯于五月二十二日拿到了最后一期《人民呼声报》。他从市中心的先贤祠撤退到东北郊的第二十区。五月二十八日五时，瓦莱斯与他曾经领导过的国民自卫军第一九一营驻守在贝尔维尔街(rue de Belleville)的一处街垒，对面是法维耶大厅(salle Favié)。面对敌人的猛烈炮火，瓦莱斯等坚守阵地：

我们用步枪和炮弹来回答向我们疯狂打过来的炮火。

所有防哨和路角房屋的窗口，我们的人都塞上了草褥子，可是里面却因为有子弹打进来都冒着烟。

街垒上不时有一个木偶似的脑袋露出来。

弹无虚发！

我们有一尊大炮，开炮的是几个不大说话的英勇的小伙子。有一个还不满二十岁，麦黄色的头发，矢车菊蓝的眼珠，遇到有人夸奖他发炮准确，他便像一个小姑娘似的马上红脸。

（同上，309页）

炮火间歇的空当，一位自称"反对战争，拥护和平"的"中间人"来到街垒前劝降，瓦莱斯断然拒绝。此人离开后，敌人的炮弹如雨般地飞来，公社的防御工事很快崩溃。正午时分，街垒失陷。

瓦莱斯等人开始亡命。在一位好心的妇女的引领下，他们来到了在附近救护队工作的该妇女的丈夫处。后者是一名外科医生，他担心接纳瓦莱斯会给自己的病人招致危险，婉言拒绝了给这些人提供帮助。不过，他告诉瓦莱斯可以到不远处的救护站避难。在那里，一位约二十五岁的女子爽快地接纳了他们："你们看，我这里有十五个受伤的。你来做医生，让你的朋友做助手。"这位女子用煎蛋卷和葡萄酒招待了他们。得益于救护员身份的掩护，瓦莱斯等不仅躲过了凡尔赛军官的盘查，而且还以运输伤员为由，穿越重重岗哨，抵达塞纳河左岸的仁济医院（Hôpital de la Pitié）。院长认出了大名鼎鼎的瓦莱斯。经过一番考虑，院长决定放行，于是瓦莱斯骑着一匹瘸马，到了位于巴黎西南蒙帕纳斯街（rue Montparnasse）的朋友家。

成功逃脱追捕的瓦莱斯，辗转流亡到比利时、英国，一八八〇年遇到大赦才得以回到巴黎。晚年的瓦莱斯克服糖尿病和神经衰竭症的折磨，完成了三卷本自传体小说《雅各·万特拉》；重刊《人民呼声报》，宣传社会主义。一八八五年二月十四日，瓦莱斯在巴黎逝世，享年五十三岁。近六万人来到拉雪兹神父公墓参加了他的葬礼。

市政劳动者纪念碑附近是墓园第四十九区，这里是巴黎公社战斗到最后时刻的地方，墓碑上可见子弹的斑斑痕迹。距此不远的纳骨塔（Columbarium），安放着利沙加勒（Prosper Olivier Lissagaray）的骨灰。利沙加勒是另一位诉说过公社最后一天故事的战士。

利沙加勒，一八三八年生，曾任一八七〇年国防政府驻图卢兹军事特派员。利沙加勒"既非公社委员，也非部队军官，不是公务人员，更没有受雇于公社"，一八七一年三月十八日到巴黎。他以记者身份，先后主办了《行动报》（L'Action）和《人民论坛报》（Le Tribun du Peuple）。在"血腥的一周"，他见证了公社的最后战斗。

五月二十七日，政府军队从南北两个方向扑来，对公社的最后两大据点——拉雪兹神父公墓和肖蒙（Chaumont）高地展开进攻。下午四时，五千名士兵包围了公墓，坚守在此的二百名公社战士早在中午就已弹尽粮绝。晚六时，公社战士们借助墓穴的掩护，与敌人徒手搏斗，且战且退，最后全被枪杀在公墓东南的一处围墙下。而肖蒙高地的战斗，从晚上十时持续到次日凌晨四时，在倾盆大雨和枪炮声中，六百余名公社战士数次击退敌军，但终因寡不敌众而全部死难。

五月二十八日清晨，公社最后的捍卫者退据第二十区中心。八时，第二十区区政府被敌军攻克。十时，政府军队以三分之二的兵力包围了最后的公社战士。政府军队的大炮持续轰炸圣殿街（Rue du Temple）、奥贝坎普街（Rue Oberkampf）、弗里 梅里库尔街（Rue Folie-Méricourt），社员们在用尽全部弹药后，与敌人肉搏。十一时左右，战斗结束，各处零星的战斗持续至下午三时（Lissagaray, *Les huit journées de mai derrière les barricades*, Bruxelles：Bureau du Petit Journal, 1871, pp. 146–147）。

公社最后的街垒位于拉姆庞诺街（rue Ramponeau），公社军事代表欧仁·瓦尔兰（Eugène Varlin）二十七日晚至二十八日上午曾在此战斗。二十八日九时，瓦尔兰等公社委员身披红色绶带，肩扛枪支，在红旗的指引下，率领一支五十人左右的小队离开，开始在各街区迂回作战。"一个唯一的公社战士捍卫着这个街垒一刻钟之久。他曾三次把凡尔赛分子插在巴黎街街垒上的军旗旗杆打得粉碎。公社这个最后的战士由于勇敢，结果得以逃脱了。"（利沙加勒：《一八七一年公社史》，柯新译，生活·读书·新知三联书店一九六二年版，371页）据说这个没有姓名的战士，就是文字的作者利沙加勒本人。

离开巴黎不久，利沙加勒在布鲁塞尔出版了根据亲身经历写成的《街垒后的五月八天》一书。流亡伦敦期间，利沙加勒在收集史料的基础上，于一八七八年完成了《一八七一年公社史》，这是一部被马克思誉为"第一部真实的公社史"的著作。回到巴黎后，利沙加勒以笔作枪，继续写作，乃至多次被判处监禁与罚款。一九〇一年一月二十五日，利沙加勒因病逝世。两天后，近两千人来到拉雪兹神父公墓，参加了利沙加勒的遗体火化仪式。利沙加勒化为一抔骨灰，被安放在第一千三百八十五号骨灰盒中。

第三位诉说公社最后一天的战士是让-巴蒂斯特·克莱芒（Jean-Baptiste Clément）。从纳骨塔顺主路下坡，左转不远即毗邻社员墙的公墓第七十六区，这里有"公社诗人"克莱芒的墓地。墓碑上方的诗人头像披红色绶带，四周被樱桃树环绕，中间是诗人的名字和生卒年"一八三六至一九〇三"，下方用红字特别注明他是歌曲《樱桃时节》（Le Temps des Cerises）的作者。这是克莱芒一八六六年创作的歌颂美好爱情的诗作，两年后，由作曲家安托万·勒纳尔（Antoine Renard）谱曲，成为传唱至今的一首旋律清婉悠扬的歌曲。

克莱芒担任公社委员，先后在公共服务与救助、武器制造和教育委员会任职。公社失败后，他辗转亡命德国、比利时和英国，直至一八八〇年遇大赦回到法国。在克莱芒出版的个人作品集中，他以《樱桃时节》这支流传甚广的歌曲献给"勇敢的公民露易丝，一八七一年五月二十八日星期日，国王喷泉街（rue Fontaine-au-Roi）的女护士"。

国王喷泉街是公社最后的街垒之一。一八七一年五月二十七日夜间，它被政府军队攻下，但次日清晨，公社战士又重新夺回街垒。瓦尔兰、克莱芒等公社领导人曾在此战斗至下午一时。十余年后，克莱芒清晰地记着当日的情景：大约十一至十二时之间，一位二十至二十二岁左右的年轻女孩走向这座只剩二十余人坚守的街垒，她的手中拿着一只篮子。公社战士们问她："你从哪里来？来这里做什么？为什么要这样暴露自己？"女孩简单回答说，她是圣-莫尔街（rue Saint-Maur）街垒的一名女护士，街垒被攻克后，她来看看这里是否需要帮助。战士们虽然对她的奉献精神十分感动，但为了保护她，拒绝让她留下。然而，女孩坚决不肯离去，对伤者进行了及时救助。战士们一个个倒下，克莱芒等在决定撤退时来不及通知她一起离开。"我们只知道她的名字是露易丝，她是一名工人。"（J.-B. Clément, *Chansons*, 5e édition, Paris : C. Marpon et E. Flammarion, 1887, pp. 244-245）克莱芒把自己最受欢迎的作品献给了这位去向不明的女英雄。

露易丝的故事与《樱桃时节》最后一段歌词符契若合，为巴黎公社的最后时光画上了一个凄美的句号。

> 我永远会爱着樱桃时节：
> 这段时光令我永志不忘，
> 也会为之心伤。
> 幸运女神把它赐予给我，
> 却也不能抚平我的忧伤……
> 可我依然钟爱樱桃时节，
> 这段回忆我定永远珍藏。

此后,《樱桃时节》不单单是一首爱情歌曲,更成为巴黎公社的重要象征。直到今天,每年五月的最后一个周末,"巴黎公社之友"都会齐聚在社员墙下,用它来纪念那段岁月,缅怀为理想而战的公社战士。

绕过社员墙,最后一段路的尽头是以莱昂·甘必大(Léon Gambetta)命名的公墓后门。一八七〇年九月四日,甘必大在巴黎市政厅宣布成立共和国;一八八〇年六月二十一日,甘必大宣布赦免所有公社社员,流亡国外的公社战士得以陆续返回法国。曾经的公社战士聚集在拉雪兹神父公墓内,昔日见证公社最后血腥时刻的围墙被冠以"社员墙"。起初,对于社员墙下的纪念活动,官方的反应是温和的,街头上被禁止的红旗可以出现在墓园内,而社会主义者在演讲中也可以公开颂扬"为共和国牺牲"的战士。不久,由于担心"社员墙"成为抗争记忆的符号,一八八三年巴黎市议会在修缮墓园时否决了公社社员拥有墓地永久使用权的提案。一八八五年社员墙下的活动受到警方的暴力干预。此后二十年间,由于官方的多次介入,社员墙下的花圈数量逐年递减。

一九〇五年,统一的社会党成立。两年后,巴黎市议会同意将墓地永久分配给公社社员。第一次世界大战后,法国社会党和共产党分道扬镳。二十世纪三十年代,面对法西斯主义的威胁,两党重新团结在社员墙下。此后,无论是社会党在"人民阵线"时期成为执政者,还是共产党在抵抗运动中的英勇表现,都催使公社记忆融入共和国认同之中。而关于"二战"期间集中营死者的匿名记忆,更被视作公社遇难者记忆的延续。"二战"后,社员墙的"抗争性"逐渐弱化,最终在一九八三年被纳入"法国历史遗迹"名录。从此,社员墙在法兰西共和国得到了属于自己的位置。

对于巴黎公社社员墙的历史,勒贝里乌在文章结尾写道:"它的神话起源于新的历史,见证了法国人对大革命和共和国那不可分割的热爱。"勒贝里乌的文章收录在一九八四年出版的《记忆之场》（Les Lieux de mémoire）第一卷《共和国》（La République）里。这套由皮埃尔·诺拉（Pierre Nora）担任主编的皇皇巨著，前四个专题分别为"象征""纪念性建筑""教育"和"纪念活动"，探究了政治符号在构建国家认同时发挥的作用。最后一个专题被命名为"对抗性记忆"（contre-mémoire），聚焦于旺代和巴黎公社——共和国曾经的"敌人"。但是，正如两篇文章副标题所展示的，旺代是外省的"区域性记忆"（région-mémoire），大革命中"蓝与白"对立的实质是"共和派与保王派"的博弈；巴黎公社是首都革命，"红色，喷射的血"，寓意了革命者炽热的情感。两种记忆来自政治立场迥异的群体，其颜色却一同拼接在法兰西国旗——三色旗上，这意味着共和国的集体记忆是涵容了对立物的装置。

十九世纪末以降，拉维斯（Ernest Lavisse）通过勾连"从高卢人到共和国"的谱系，书写了一种未曾断裂的单一的法兰西民族国家的历史。为了超越这种影响至深的政治史叙事，《记忆之场》重新检视了象征性遗产在现代国家建构过程中的意义，这样，"现代的历史"（histoire contemporaine）变为"历史的现在"（présent historique），由一百三十五篇文章组成的《记忆之场》构筑了一个宏大的、以和解为指归的"象征性的新历史"——法兰西记忆。故而，当游客在拉雪兹神父公墓追寻公社最后一天的痕迹时，即使面对栖息在大写的历史／记忆中的差异性片段，也不会感到奇怪。

（Pierre Nora ed., *Les Lieux de Mémoire*, volume 1, *La République*, Paris: Édition Gallimard, 1997.《记忆之场·共和国》，孙江主编，南京大学出版社二〇二二年即出）

马晓林

柯立夫在北平

半个世纪后,柯立夫仍念念不忘在北平骑自行车的怡然时光。

柯立夫(Francis Woodman Cleaves,1911-1995),是"二战"后世界汉学、蒙古学界不可不提的名字。柯立夫得伯希和(Paul Pelliot, 1878-1945)真传,恪守语文学传统,一生执教于哈佛,被誉为"学者中的学者"。我刚开始研习元史时,读杨志玖先生关于马可·波罗的著作,就闻知柯立夫(又译柯立甫)大名。柯立夫一九七六年的一篇文章,讨论马可·波罗离华的汉文史料以及抵达波斯的波斯文史料,驾轻就熟地使用汉语、波斯语、蒙古语、法语等语言,令人赞叹、艳羡不已。很快我就得知,中国台湾元史名家萧启庆先生、洪金富先生都是柯立夫门下的博士。柯先生的著述,多为鸿篇巨制,功力深厚,反复阅读而每次必有收获。不禁好奇先生为人,但从前辈学者口中仅略知一二。

旅美作家陈毓贤二〇一三年发表在《上海书评》的两篇文章《蒙古学家柯立夫其人其事》《再谈柯立夫和方志彤》,大致据同时代学者的回忆,生动地描绘出一位特立独行的老先生。柯立夫埋首研究,与哈佛同事大多没有来往,退休后隐居于农场,与动物和书籍为伴。他勤奋过人,是哈佛大学唯一终生不肯休假的教授,严谨得几乎不合情理，在校园留下了不少逸闻。据学生辈的克鲁格（John R. Krueger, 1927-2018）回忆，哈佛学生特制了一种 T 恤衫，只有坚持修完一年柯立夫的汉语课，才有资格穿。哈佛东亚系网页上有柯立夫生平简介，但对他早年的经历语焉不详。哈佛燕京学社李若虹二〇一七年发表的《"心理东西本自同"：柯立夫与杨联陞》，引用了一些信件，对早年时光有所涉及。二〇二〇年我在美国时，承蒙柯先生弟子威尔士利学院刘元珠教授厚意，拟参访幽处乡间的柯立夫藏书室，惜因疫未能成行，刘老师又寄赠柯先生晚年自述生平的演讲录音带。录音中的柯先生，精神奕奕，没有人们所说的那种"古怪"，而是幽默风趣，娓娓道来，听众笑声掌声不断。本文以录音为主线，查阅柯先生在各种著述的致谢和脚注中透露的细节，以及同时代人的回忆录、书信，重新发现柯立夫在北平的往事，叩问大时代中一位学人的款曲。

柯立夫生长于美国波士顿，一九二九年进入达特茅斯学院（Dartmouth College）学习希腊语、拉丁语，立志研究西方古典学。为了对印欧语以外的语言有概念，柯立夫去上汉语课。汉语老师是曾在中国生活多年的大卫·拉铁摩尔（David Lattimore），也就是《中国的亚洲内陆边疆》的作者欧文·拉铁摩尔的父亲。柯立夫从大卫·拉铁摩尔口中感受到了汉语的美和中国的魅力。毕业后，获得奖学金，进入哈佛大学攻读古典语文学研究生，师从乔舒亚·瓦特茂（Joshua Whatmough, 1897-1964）。刚刚就读研究生的柯立夫，在课上提出了一个观点，论证古典拉丁语中的 个希腊语借词，瓦特茂非常满意，让他写成札记发表在学术期刊《古典语文学》（Classical Philology）上。这显示出柯立夫不凡的学术潜力。瓦特茂为柯立夫选定的研究方向是吐火罗语的元音系统。吐火罗语是刚从新疆发现的一千多年前的死语言，与欧洲语言亲缘关系很近，震惊了整个西方，是一个大有前景的研究领域。

柯立夫仍然惦记着汉语，便去拜访远东语言教授叶理绥（Serge Elisséeff，1889-1975）。叶理绥是俄裔法国人，刚刚就任哈佛燕京学社首任社长，踌躇满志。他热情地欢迎了柯立夫，建议柯立夫转系，并且提供额外的奖学金。眼见着一位前程似锦的年轻人被挖走，瓦特茂只能哀叹这是叶理绥的"收买"。他引用《路加福音》说："手扶着犁的，不可回头。"柯立夫经过一番挣扎，最终决定投身汉学。

但柯立夫并不是一开始就要研究元史的，叶理绥为他制订的研究方向是佛教。因为他为了研究吐火罗语而学习了梵语，具备研究佛教的基础。柯立夫与元史的最初接触，应该来自翁独健。一九三五年刚刚转入远东研究，他就遇到了前来哈佛留学的翁独健。这位未来中国的元史大家，应该是柯立夫认识的第一位中国历史学者。翁独健一九三五年从燕京大学研究所毕业，赴哈佛攻读博士。翁独健比柯立夫年长五岁，以讲师助理的身份教柯立夫汉语，实际上二人都在攻读博士，亦师亦友。柯立夫晚年在《回忆独健》文中说，他保存着一张年轻时与翁独健的合影，摄于马萨诸塞州尼德姆的老宅前，拍摄者是柯立夫的母亲。柯立夫当时"对《道藏》产生研究兴趣"，显然是受翁独健影响。因为翁独健在燕京大学读研究生期间便已编纂出版《道藏子目引得》。后来柯立夫在巴黎留学期间，向马伯乐（Henri Maspero，1883-1945）请益良多，也许与后者精研道教有关。

柯立夫与翁独健同在哈佛约一年，一九三六年就前往巴黎留学。当时，哈佛燕京学社成立未久，拟聘请伯希和、戴密微、胡适来担任社长，都被婉拒。在伯希和的建议下，燕京学社一九三四年聘叶理绥为首任社长。叶理绥虽通汉学，但专长是日本研究，他培养学生的一个主要策略是派出留学。叶理绥为柯立夫制订的学习计划是去巴黎跟伯希和等名师学习两年，然后到列宁格勒短期留学，最后到北平师从钢和泰男爵（Baron Alexander von Staël-Holstein，1877-1937）研究佛教。一九三六至一九三八年在巴黎期间，柯立夫的第一要务是上伯希和的元史、马可·波罗课程。伯希和是当时国际汉学执牛耳者，工作繁忙，性格高傲，来自世界各国的一众学生，罕有机会与这位大师私下攀谈。柯立夫与伯希和的私下交流，两年间仅有两次而已。柯立夫虽然学习了蒙古语、波斯语等课程，但也跟随傅舍（Alfred Foucher）、巴考（Jacques Bacot）、本温尼斯特（Emile Benveniste）、费辽扎（Jean Filliozat）等学梵文、藏文、粟特文、龟兹文（吐火罗语B），为研究佛教做准备。巴黎留学时间过半，却传来了钢和泰去世的消息。于是柯立夫将研究方向转为历史，选定的博士论文题目是《松漠纪闻》。这是南宋人洪皓出使金朝的见闻录，研究所需的语言就是汉语。

巴黎留学结束后，柯立夫按原定计划前往列宁格勒。但在苏联大清洗运动的背景下，他放弃了拜访鲍培（N.N. Poppe, 1897-1991）等学者的计划，随即乘坐火车穿越西伯利亚进入中国，经哈尔滨抵达北平。

这是一九三八年夏，柯立夫二十七岁。

柯立夫走出前门火车站，前来接站的热内（René von Staël-Holstein）惊讶地问："你的行李呢？"横跨欧亚大陆旅行的柯立夫，竟然没带任何行李，他的藏书是在北平才开始累积的。热内是钢和泰男爵的侄子，从美国过来整理钢和泰遗物，但他对梵文、佛教一窍不通。钢和泰猝然去世，抛下了他创立并独力支撑的中印研究所，柯立夫是燕京学社能安排的最合适的管理者。柯立夫入住东交民巷的公使馆招待所（Logation Hospiz），便于管理中印研究所。柯立夫跟喇嘛阿尔噶·毕力克图学习蒙藏语言，还常拜访德国学者福克司（又名福华德，Walter Fuchs, 1902-1979）。福氏是一流的满蒙学家，藏书极丰，应该对柯立夫影响不小。柯立夫在北平三年间，为研究所购置了很多书籍，尤其是从破落旗人那里购得的古籍，使哈佛燕京图书馆的满文藏书至今仍居美洲之首。

柯立夫到北平后，首先当然是拜访哈佛同仁。最重要的两位是洪业（号煨莲，1893-1980）、贾德纳（Charles Sidney Gardner, 1900-1966）。洪业时任燕京大学历史系教授。柯立夫在东交民巷经营着中印研究所，却向往北平城西北三十里外的燕京大学。在太平洋战争爆发之前，燕京大学是少数不太受日军骚扰的高等学府，被称为孤岛绿洲，汇集了很多学者，担任过教务长的洪业是一位核心人物。他早年留学美国，中西兼通，因创立并主持编纂引得（Index）的成就而荣获一九三七年儒莲奖。而且洪业育人有方，翁独健就是他培养并推荐到哈佛的。柯立夫从北平时期开始深受洪业影响，毕生执弟子礼。"二战"后，洪业前往美国，居于麻省剑桥，与柯立夫过从密迩，几乎每天下午三点都要饮茶论学。元史是他们密集交流的话题。柯立夫发表的文章，但凡涉及汉文，无不与洪业研讨，疑难处的脚注里常有洪业的身影。洪业则是一九五一年在《哈佛亚洲学刊》发表了著名的论文《〈蒙古秘史〉源流考》，一九五六年又发表《钱大昕咏元史诗三首》。这两篇文章的关窍涉及蒙古语乃至波斯语知识，洪业不谙此道，全赖柯立夫襄助。洪业在脚注中特意致谢。但柯立夫并不同意洪业关于《蒙古秘史》成书年代的观点。为此，即便柯立夫《蒙古秘史》英译本一九五七年已排版，他也一直要等到一九八〇年洪业去世后才肯将其出版。这完全超出了学术常规，足见柯立夫对这段师生情谊之看重。

贾德纳是在北平访学的哈佛大学讲师，住在南池子，距离柯立夫住处不远。贾德纳每月一次在家中宴请汉学家。柯立夫在那里常能遇到美国学者迈克纳（Harley F. MacNair, 1891-1947）、柯睿格（Edward A. Kracke, 1908-1976），德国学者艾克（Gustav Ecke, 1896-1971）、福克司、卫德明（Hellmut Wilhelm, 1905-1990）、傅吾康（Wolfgang Franke, 1912-2007）。这个圈子里还有方志彤和杨联陞，他们后来都到了哈佛，杨联陞更成为柯立夫一生的挚友。一九三九年末，贾德纳返美，将自行车留给了柯立夫。柯立夫骑着它，饱览胜景，遍访高士。

在群贤荟萃的北平，柯立夫的学问迅速增长。

柯立夫到北平后，很快就遇到了未来中国的另一位元史大家韩儒林。柯立夫与韩儒林可谓同出伯希和门下。韩儒林一九三四至一九三五年在巴黎学习，后转入柏林大学，一九三六年回国。二人虽然在欧洲无缘相见，但学术兴趣投契。韩儒林一九三八年夏由燕京大学讲师转任辅仁大学讲师，生活拮据。柯立夫为译注《松漠纪闻》，出资聘请韩儒林来一起研读。一九三九年初，韩儒林举家南迁，取道越南赴昆明。柯立夫随后完成了《松漠纪闻》英文译注，这份文稿却命运多舛。一九四一年柯立夫乘船回美国时，装有《松漠纪闻》文稿的行李箱遗失，他不得不改换博士论文题目。一九四六年，行李箱奇迹般地失而复得，由神户到上海，最终寄到了波士顿。但《松漠纪闻》译注从未发表，也许是因为柯立夫的兴趣已经完全转向了元史。

在北平，真正让柯立夫走上元史和蒙古学之路的，是比利时人田清波（Antoine Mostaert, 1881-1971）。田清波是圣母圣心会传教士，也是一位精通蒙汉语言文字的大学者。他曾在鄂尔多斯传教二十年，一九二五年移居北平，整理他在鄂尔多斯搜集的蒙古文资料并研究《蒙古秘史》等典籍。田清波古道热肠，总是不遗余力地帮助前来求教的各国学者，解决疑难的学术问题。田清波成为柯立夫的忘年交。柯立夫一九三九年七月在燕京大学主办的英文学术期刊（*The Yenching Journal of Social Studies* vol. II, no. 1）发表的十八首蒙古歌谣，正是田清波从鄂尔多斯搜集来的。

柯立夫从北平书商郭纪森那里购得的三通蒙汉合璧碑铭拓片，正式开启了他自己的学术生涯。这三通碑是：（一）《竹温台碑》（一三三八年立，原碑在内蒙古翁牛特旗，今佚），一九三九年秋购得拓片。（二）《张应瑞碑》（一三三五年立，原碑在内蒙古翁牛特旗），一九四〇年秋购得拓片；（三）《西宁王忻都碑》（一三六二年立，原碑在甘肃武威），一九四一年春福开森（John C. Ferguson, 1866-1945）购得拓片，随即转让给柯立夫。这样大篇幅的元代蒙古文碑，世所罕见。前两通碑，羽田亨率领的考察队报道过〔《东洋史研究》（一），一九三五〕，但没有释读。第三通碑，唯伯希和一九〇八年到甘肃时得到过拓片，他后来在文章中、课堂上多次引用，柯立夫在巴黎留学时就印象深刻。但伯希和每次只是提及一两个词，从未发表全碑，拓片秘不示人。柯立夫得到拓片，喜不自胜，立即骑上贾德纳留给他的自行车，冲到太平仓告诉田清波。从一九四〇年冬开始，柯立夫每周一次，骑自行车到太平仓，与田清波一起，将巨幅拓片在大桌上摊开，逐词逐行地释读。这成为他在北平最快乐的回忆之一。冬天结束时，释读完成了。第一通碑的译注，原计划一九四一年发表于辅仁大学主办的学术期刊《华裔学志》（*Monumenta Serica*）第六卷，但在排版前撤稿，原因不详。柯立夫对蒙古文拓片极为珍视，一九四一年回国时随身携带，以防遗失。果然，装有汉文拓片及《松漠纪闻》译注稿的行李箱，在托运中途下落不明。柯立夫索性将博士论文题目改为《西宁王忻都碑》，历时六个月完稿，一九四二年五月通过答辩，获得博士学位。据说伯希和见到柯立夫的论文，也不禁惊异。战后，柯立夫重获汉文拓片，又吸收田清波等人的意见，修订论文，一九四九年发表于《哈佛亚洲学刊》。从此一发不可收拾，很快发表了另外两通碑的研究。这让柯立夫荣获一九五三年儒莲奖。田清波对柯立夫始终慷慨襄助，一九四八年他由北平移居美国后，与柯立夫通信愈加频繁。柯立夫发表的每篇文章，都会引用田清波信中的学术观点。他的《蒙古秘史》译注，也得益于田清波的指点。

  柯立夫在北平的最后一年，与他在哈佛的老朋友翁独健重逢。一九三八年，翁独健以《爱薛传研究》（*The Life of Ai-hsieh*）获得哈佛博士学位，随即受燕京学社资助前往巴黎游学，与刚离开巴黎的柯立夫失之交臂。一九三九年，翁独健由马赛乘船回国，先任教于云南大学，一九四〇年九月到北平任燕京大学历史系讲师，终于与柯立夫重逢。这时他们对元史的兴趣更加一致，共同商讨将《元史》译为英文，但大概未及付诸行动。柯立夫后半生便倾力于此，从一九五六年开始，陆续发表了《元史》的《伯颜传》《察必传》《进元史表》等章节的译注，身后留下了大量未刊译注稿。翁独健一九八一年短暂重访哈佛，但柯立夫已于前一年退休，终究无缘重逢。二人当年在北平一别，竟成永诀。

柯立夫在北平度过了他人生的黄金年代。在风雨飘摇的孤岛中，与一群汉学家安心问学的三年，奠定了他的学术基业，开启了他的元史生涯，让他在战后迅速进入高产期。二十世纪五十年代中期以后，美国学术潮流急剧变化，新兴的"中国研究"来势汹汹，汉学则被边缘化。柯立夫恪守汉学传统，与主流格格不入，知心者仅有在北平结交的洪业等二三子。他们深居简出，如隐士般置身时流之外，仿佛又一次站在孤岛上，又必定常常怀念心中的北平。

《学境》（三版）

蔡鸿生 著　定价：59.00.元

本书是中山大学历史系资深教授蔡鸿生教授有关史学主题的杂文集，是作者六十多年的治史经验总结。作者治学理路深受陈寅恪先生影响，书中多篇文字涉及其对陈先生为人、治学的回忆，对陈先生的主要研究成果也有精到概括。相信读史之人、治史之辈均可从本书中有所启发、有所收获。

生活·读书·新知三联书店 新刊

一九三五年的李安宅

陈波

一九三五年七月二十七日，李安宅住在美国祖尼村一户简陋的印第安人家里，写下这样的文字："国难愈演愈烈，在海外留学虽然说是更可加倍努力，但午夜彷徨，究深犯罪之感。"这时距他来到祖尼村，已过去六周。究竟是什么让他"午夜彷徨"，而"犯罪感"愈加强烈呢？

六月九日他从太平洋海岸的伯克利坐火车，经洛杉矶辗转，于次日到达新墨西哥州的伽洛普火车站，这里是那瓦侯人的居地。他准备由此前往拍布罗人的一支祖尼人中进行实地研究，那里属于"西南区"，是美国人类学者所划出的北美十大初民文化区之一。李安宅留学美国的第一年，最有意思的内容，正是实地研究。

一九三四年七月，李安宅在北平西郊海甸大坑沿十号的寓所里，完成六年前就已译毕的马林诺夫斯基著《两性社会学》的最终译稿，交与商务印书馆，即着手打点行装，转道日本至美国加州大学伯克利分校，入住国际宿舍。一路上，下层的黑人为高高在上的上层白人擦鞋，街头的红绿灯，电车售票方式，女子涂脂抹粉与吃冰激凌，校园里男女学生随便坐卧草地等异国风俗，不时激起初出国门的学子做跨社会—文化的比较。九月，李安宅注册入读人类学系，导师是克洛伯（A. L. Kroeber, 1876-1960）。因第一学期克洛伯休假，遂由罗维（Robert Lowie, 1883-1957）代为指导。人类学系开设的研究生课程对法语有要求，所以李安宅无法选修，只能修本科生课。不用说，李安宅于此遭遇到困难。到第二学期,他选修了一门法文和一门德文阅读课,人类学研究的课程一周则有六个学时。此外,他还旁听了日文课、"人类学历史与理论""加州民族学"和"语言人类学"四门课程。克洛伯把李安宅在课程方面遇到的困难,归结为美国的移民法:移民局认为李安宅一周选课太多。实际上,这可能是克洛伯不喜欢李安宅的托词,更可能隐含着他们在学理方面的重大分歧。

李安宅实在不喜欢加州大学的地方,在于这里的风气。他写道:"大学部课程的机械教员、学生专与分数打交道,以致死记讲演录,而无自动的机会,则又出乎意料之外。""这种注入的办法,比理想的高中还不如。"两位导师以及他们倡导的学术路径,他也不喜欢:"至于研究院,也是看死书,而少独立运用思想的训练。换一句话,毛病即在重量而不及质。试看人类学,则大名鼎鼎的教授有两位,为克洛伯与罗维。他们也许学问很大,但对于学生似乎没有多少关系。要见他们,一个是要候几点钟(有约的),一个是四五分钟完了公事,便兴味已尽,学生本身底发展他们是管不着的,更不用说私下谈谈。他们也许积极过,现在则是向回里看,向自身底享乐处着想了。学系将来也许会有进步,然最近的将来则无希望。他们为学,乃在悬拟文化底历史,而不丝毫关心于产生文化的人类——不要忘了他们是人类学家!"他写这些的时候,是一九三五年十月七日,转学耶鲁才两周零两天;而此前在祖尼村,他也说过加州大学人类学是"重骨董而不重人的空气",面对印第安人遭遇的种种困苦,"一般人类学者率多'盗宝'似地趁着印第安人未死光赶紧弄一点遗事遗物而不丝毫关心于人底本身命运,更使人极不痛快"。这种"白种学者或游客重价争购不值一文的瓦而且奖励土人底丑态",类似"外人替中国保留国粹"。这是李安宅对当时加大人类学最深刻、最尖锐的批评。

当时整个美国人类学亦大抵是"重骨董"的氛围。为何?他认为:

169

"美国因为印第安人已被白人圈起来,久已没有文化怒潮与政治生命线的严重问题,所以美国在量上见得到的人类学是偏于骨董一方面;只有小部支流,是关心动的问题,或用人类学的方法来研究自己底文化或生力尚在的社会的。"这便是他向国人推荐林德夫妇的《中市》(*Middle Town*)一书的原因:它"用人类学的观点来研究当代社会",在美国是唯一得到人类学和社会学两造认可的。他推荐施马尔豪森(S. D. Schmalhausen)的《进步新路》(*The New Road to Progress*),则着眼于它的题旨在于要"根本取消精神失调,则非改造社会不可";尤其施氏认为弗洛伊德"研究个人病态,而忽略了产生这种病态的社会制度。他治的是病象,他整不了病源"。"社会主义则研究社会病态,治疗社会失调各病源且因而改善人性。"而"以资本社会为条件的种种失调,非奋斗到底不能铲除,只用推理是打不动的"。

但李安宅对伯克利人类学的不满,不能就此得到消解。

李安宅早在燕大攻读社会学本科时(一九二四至一九二九),就已经认识到马林诺夫斯基的人类学的重要性,并在一九二八年夏之前译完他的《两性社会学》,次年夏天又开始译《巫术、科学与宗教》("Magic, Science and Religion")一文;在伯克利的学习经历,更使他认定转向马氏倡导的实地工作才是正途:"我绝不希望中国会有一天走上美国底传统人类学的覆辙,走上为写报告而搜集材料,重量而不重质,变成骨董而无关大体的路子。"

他敏锐地意识到英美两国人类学家之间的冲突:"实地了,也并不是完全可靠的。我最爱著者这样一句话:'实地工作也可是头手货或二手货。'我猜想他是针对了美国一般人类学界而发的,因为他底警告,正合乎美国底情形,而且美国也最反对他。他关于实地工作说:'一切的知识都是要因亲眼观察土人生活而得来丰满,不要由着不甚情愿的报告人而挤一滴一点的谈话。'"

至今加州大学伯克利分校人类学系的网页上,仍然认为一九二〇年之前，在家中继续"实地"研究的方法之一，是克洛伯开创的，即"把土著报告人弄到校园里来。通过这样的访问，特别是土著的语言，可以得到详尽的记录和研究"。其中前去伯克利充当报道人最有名的一位土著便是美国种族屠杀的幸存者夷希：从一九一一年起，他让夷希住在伯克利的人类学博物馆里，在那里制作土著工艺品诸如石器等。此举后来被控诉为让夷希充当参观者的活标本。

马林诺夫斯基会这么做吗？中国人类学家应该这么做吗？答案不言而喻。换句话说，在克洛伯和罗维看来是根本性的"背景技术"，在李安宅看来则纯属浪费时间。李安宅并不排除研究历史，只不过两造理解的历史，差别较大而已。

可以说，一九三四至一九三五学年，初到美国的李安宅已经在伯克利介入到当时英美人类学家互相批评的潮流之中，并且他的态度已经明确。伯克利人类学重"骨董"的取向，刺激他更觉得马林诺夫斯基"所提倡的特别要紧"。非但如此，他还写道：倘若将马林诺夫斯基著作的原文"与其他同类著作对读，特别是与美国人类学的著作对读，则见大手笔煞是与众不同"，高下立判。此外，我们亦很难想象，选修和旁听七门本科课程，对已经"学有根柢，著述丰富"且负责编辑一本学术刊物的李安宅来说，在学业上有多大的助益。

求学的这些艰辛和对加州大学教育的批评，多年后在他研究甘南拉卜楞寺的佛教教育时，依旧映照出来，比如在拉卜楞，"不管是学生，还是老师，两方面都是由于对知识和灵性的共同要求而自动结合在一起的，这样，就不会受分数制度和商业空气，如学费、薪资、自然升级等方面的限制"。

他准备转学的意愿，应该在第一学期就已经显露，而转校的第一个考虑可能是南加州大学的社会学系。为此，他于一九三五年一月二日专程前往洛杉矶，拜访该系的教授们，历时九天才回到伯克利。在这个寻找前途的过程中，一位特立独行、居无定所的美国人类学家瑞顿（Paul Radin, 1883-1959），给他提供了极其重要的学术信息。瑞顿主要研究北美土著和移民少数群体，于一九一一年在博雅士那里获得博士学位，比克洛伯晚了整整十年。此后瑞顿在美国、英格兰和欧洲大陆交替工作过。在美国联邦调查局眼里，瑞顿有信仰共产主义的嫌疑，监视他直至其去世。李安宅在二十世纪六十年代则直接说他是"美共产党员"，正是在与瑞顿的交谈中，李安宅逐渐明确一九三五年暑假的计划和第二学年转学的大学和就学的导师。

因他的学习计划包括实地研究，而只有这才算研究生课程，所以学期中他见缝插针，从一九三五年一月十七日至二月五日，前往加州内陆的汉埠，从克洛伯的一名学生开展实地研究。当地的土著自十九世纪与白人接触以后，实在是命途多舛。据统计，从一七七八年美国政府与德拉华印第安人签署所谓的友好条约，到一九〇〇年，印第安人就从数百万急剧减少到不足二十五万人。此后土著人口略有增加，但相比曾经的数百万之众来说，增量几乎可以忽略不计。

李安宅不无感慨地写道："亲与印第安人接触，不禁使我喜出望外——因为我只希望暑假见他们。可是所见的，真算是遗民！几十里遇到几家，再几十里再遇到几家。多是破烂不堪，种族与语言互异。他们明说'几十年以后，再见不到印第安人底踪迹了'。有这种心理态度，而如此这般活下去，尚谈什么教育？更何必谈甚么高等教育？但政府的确给他们设立学校，一切用品都由政府发给，而且管一顿饭。这与中国底学龄儿童相较已幸福好多，但因背景没有有机的团体生活，教育效果实在不大，只使他们说英文罢了，当然谈不到升学——因无用武之地。……加省所有的印第安人，虽有程度上的不同，终究都是遗民，没有真正的自己底社团生活。日就渐灭的民族，在研究民族消长文化变迁的异国人看来，不禁怅惘之至。"

一九三五年五月，李安宅谋定下一学年转学耶鲁后，开始筹划暑假之行。二十九日,罗氏基金会的梅氏(Stacy May)给美国政府内政部印第安事务厅的莱恩氏(W. Carson Ryan)写信,安排李安宅暑期前往祖尼印第安人那里进行实地研究。从一九三五年六月十六日至九月十六日,李安宅在祖尼村居留三个月。这期间除了直接观察祖尼人以外,还做了其他几件事:七月二十七日,译完《巫术、科学、宗教与神话》,撰成译者序"人类学与中国文化";至少写出六篇"侨居偶记"。李安宅在上述译者序中说:"因在原始文化氛围中赶完一部译事,即就译本略抒所见,赶不及候到译本刊行以后了。"他为何这么着急呢?李安宅思绪中最重要的人类学议题又是什么呢?

中国当时百孔千疮,国难愈演愈烈,要进行中国本位化建设,李安宅认为,重点是根除中国学术"素来不重实学,不重实地经验",为写文章而写文章的"八股"习气。他针对的是当时的社会学,因它起源于哲学系统,所以"切乎国情的学术是用人类学来济社会学之不足,来转移为学的方向"。为针砭学术上的积病,所需要的乃是"针对了八股习气所下的顶门针",即实地研究、实地工作、文化与社会的比较,这"是中国起死回生的要图"。人类学的比较研究,可以让我们立刻对习而不察的事实、因袭的评价制度与思想系统"分出远近布景,立刻使我们添上一种新的眼光,养成一种透视力",这对其他的学科如农工化电与政教商贸,乃至对训练新国民都有贡献。

中国的内地农村和边疆社会因有不同于西洋社会学/人类学的研究背景而具有独特的学科价值。此外,"国内深山远境未甚通化的初民","未同化而蔽塞在各处","正合乎人类学底对象,要用人类学的实地研究"是理所当然的。可见李安宅把他们与西方人类学研究的初民等同视之。这就意味着,作为研究对象的"中国",包容了西方人类学长于研究的社会类型,但更重要的是中国还存在西方人类学尚无能研究的类型。

基于中国的包容性和多样性,人类学的中国研究还有更大的世界性意义和应有的雍容大度,只不过这还只是一种有待开启的可能性而已:"人类学所关心的比较,不但中国本身人群众多,文化复杂,是极丰富的园地;而且中国已成了各文化底聚合地,在这里考察文化接触的现象,适应的过程,变迁的辙迹,推陈出新的可能,在在都足启发。这不只是我们自身底问题,也必大有贡献于世界——虽然我们百孔千疮的现在还谈不到那样好整以暇的态度。"

研究的具体内容,便是"文化接触的现象,适应的过程,变迁的辙迹,推陈出新的可能",这是李安宅的"动"的人类学,让人想到布朗后来在燕大讲学时提到的社区研究三路径之一的"纵的或连绵的研究"(Diachronic Study)。李安宅所说的"动",是"在中国这样处处需要重新估价的时候,正是要问功能所在":"合乎大众物质精神各方面圆满生活之适应条件者,保而留之,攫而取之,不论古今中外;不合者,铲而除之,拒而绝之,也不论古今中外。但怎样知道这个合那个不合呢?惟一的办法,……便在'愚不可及'地从事人类学的实地工作——一步一步一项一项底逼视着文化现象而加以分析加以衡量以使各种文化功能可以豁然显露的工作。批判的工作是这样,建设的工作也是这样。必是知道了牵动全社会结构的功能所在与反功能所在,乃能因势利导,乃能有建设效率之可言。"

李安宅此处所说的功能,不是马氏和布朗氏界定的"功能"。功能有正反两种社会性体现,需要研究者"重新估价",判其正负,进而作为文化持有者,决定其取舍。这显然是结合儒学善恶二元论、强调人的能动性和西学社会工作、社会结构与功能概念,是人能在其间并且要在其间发挥能动性而改造社会结构的概念——他说的是实地工作、"逼视"、"衡量"与"批判"(因势利导性的)、"建设"。这正是四十年代他主张的"研究、服务与训练"三合一思想的最早体现,是李安宅社会—文化解释理论的要点。而引入人类学的方法来研究中国,为的是重新认识中国和建设中国的本位文化。因此可以说,"人类学与中国文化"是一篇理解李安宅整个学术生涯的关键文献。

李安宅为什么要在实地研究期间翻译这样一部著作呢？这是李安宅独创的身临其境翻译法。他与高君哲在一九二九年合作翻译过该书一部分，一九三一年得到马氏的信，也希望即刻译完，但"数年间所能作的只是零星地译了一点，整个地改了几次"，翻译过程真的是一波三折。问题在于译者没有著中所涉及的初民社会的切身体验。李安宅半年前在加州接触过的印第安人"遗民"，没有自己的群体生活，算不得真正的"初民"。他在实地翻译一部有关初民的巫术、科学、宗教与神话的著作，除了时间上宽裕以外，更重要的是"住在印第安人家里，耳濡目染，启发良多；在实地布景中来研究实地理论，也特别亲切而具会心"。这也是李安宅开展实地研究的组成部分。

《侨居偶记》目前所见仅九篇，约二万五千言，其中约一半是关于祖尼的。李安宅以中国人类学之视角观察和分析留学美国之经历：他的观察可谓敏锐而独到，分析可谓精炼而犀利，充满跨文化的睿智，可说是他的英文杰作《祖尼：一些观察与疑问》（*Zuni: Some Observations and Queries*，1937）的姊妹篇。

正是在祖尼村里，这位来自中国的学者用"礼"来分析祖尼人，用"天下"与"中国观"来理解他们，让人惊叹：他发现祖尼人自豪为居"天下之中"，是居"天下之中"的天之骄子，"自大为居天下之中，自然也是'中国'，虽然并没有这个名号"。他还发现：祖尼人"与虎谋皮"并不是狡狯，倒的确是彬彬有礼。他们打猎的祈祷，并不是拿兽来开心，他们的确是以"民胞物与"为怀的。兽，虽然是可吃的，也有它自己的独立性，有它死后的生命，与人类一样。所以要猎之以礼，吃之以礼，这是诚心诚意的。这是多么有意思的"礼"论和他者本体论的完美结合！还有"齐物论"："高一等的'齐物论'的看法，视自己为万有之一，一切都大平等，兼收并蓄而不相害，也非有这种与万物同流而息息相通的感觉不可。……分开客我两界，专以分析入手，煞是条理分明，说得出，指得到，便是科学的长处；然而只有这种办法，便会看得见叶子而看不见全树，或看得见一棵一棵的树，而看不见森郁的丛林。……实际我最初感到奇怪的，是神话中管一切希望与恐惧交织中的对象（如玉米），都是既称之以父母又称之以孩子的。这在以人伦观点为极要的背景的人看来，当然要说奇怪了，同一的对象，既叫老子，又叫孩子，天下哪有这种道理？！可是天下事真可以无奇不有，既可以'房顶上开门'的祖尼人，也并不以老子与孩子两位一体为悖逆。研究文化，要以他本身底功能为线索，便可因为背景交织的关系而明了某一单位，拿抽象的价值准绳来衡量一切，没有是处。"

他在离开祖尼村前一日写下这些精妙的言论，类似吴文藻在一九三一年所说的"文化的超脱态度"，表明李安宅的实地研究与他观已经趋于圆满，而在实地考察中期写的译者序，当视为尚未毕功而感到有深深的"犯罪感"吧。

《读书》编辑部编辑

主管：中国出版传媒股份有限公司
主办、出版：生活·读书·新知三联书店有限公司

总　编　辑：肖启明
副总编辑：
主编(兼)：常绍民
副　主　编：刘蓉林
编　　辑：饶淑荣/卫纯
出版运营：张惟
装帧设计：陆智昌/薛宇　印制主管：张雅丽
发行总监：周旭(010)84681050
读者服务电话：(010)84050425 84050451
邮购地址：北京市朝阳区霞光里9号B座
三联生活传媒有限公司　邮政编码：100125

《读书》微信公众号
扫码购买《读书》杂志

投稿邮箱：sdxdushu@vip.sina.com

地址：北京美术馆东街22号
邮政编码：100010
印刷：北京中科印刷有限公司
国内总发行：北京报刊发行局　国内代号：2-275
广告经营许可证号：京东工商广字第0063号
ISSN 0257—0270　CN11—1073/G2

中世纪的面孔

中世纪的黑暗面纱下，是否有另一种面貌？

著名人物可以作为一个社会和一个时代的代言人。中世纪史专家勒高夫领衔的历史学家团队选择生活于4-15世纪的112个著名人物，以人物小传配合同时代相关艺术资料（绘画、雕塑等），复现可视的、具象的中世纪人物和生活，带领读者从内部探究中世纪——这一黑暗面纱下其实极具创造力的历史时期。

ISBN: 978-7-100-20490-3
[法] 雅克·勒高夫 主编
申华明 译
定价：198.00 元

英国面孔：
从肖像画看历史

在自拍盛行的时代，人物、风景都不过是匆匆一瞥，本书将我们带回过去，来到几个世纪以来英国肖像画家的深邃眼神中。他们的笔下有草根，也有皇室；有友情，也有爱情；有工人阶级，也有旷世英雄。每一个肖像中的人物通过艺术家之笔、观者的眼睛，获得了永生。他们，共同绘就了一幅英国群像画。

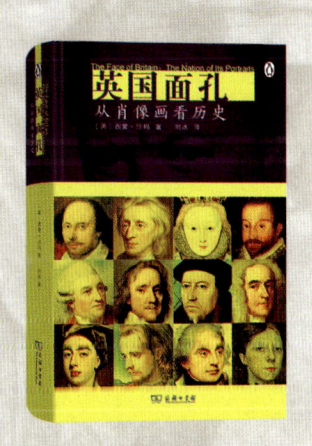

ISBN: 978-7-100-18446-5
[英] 西蒙·沙玛 著
刘冰 译
定价：168.00 元

中国出版集团好书榜

中国出版 引领阅读

2022 年第 5 期

主题出版

走好中国特色社会主义乡村振兴道路
　　　　　　　　研究出版社
匠心致远：影响全球文明的中华工匠技术　　世界图书出版公司
风范：共和国开国将帅的故事
　　　　　　　　现代出版社

人文社科

我的百年人生：吴宗济口述史
　　　　　　　　商务印书馆
唐宋诗词的语言艺术　商务印书馆
敦煌守望四十天　　中华书局
谭其骧历史地理十讲　中华书局
万里走单骑·辛丑季
　　　　　中国大百科全书出版社
满天星斗：苏秉琦论远古中国
　　　　　　　　　三联书店
乔晓阳论基本法　中国民主法制出版社
有书来仪　　　　华文出版社
中国金银器　生活书店出版有限公司

走好中国特色社会主义乡村振兴道路
研究出版社

匠心致远：影响全球文明的中华工匠技术
世界图书出版公司

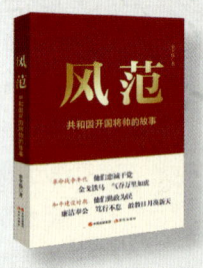

风范：共和国开国将帅的故事
现代出版社

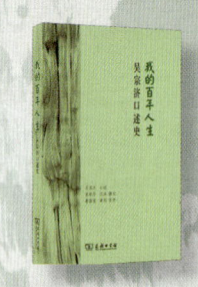

我的百年人生：吴宗济口述史
商务印书馆

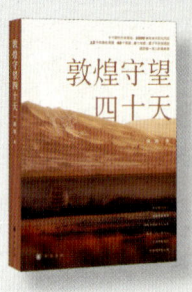

敦煌守望四十天
中华书局

满天星斗：苏秉琦论远古中国
三联书店

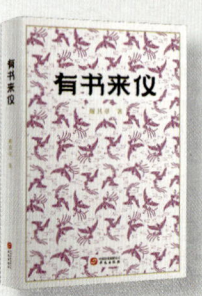

有书来仪
华文出版社

中国金银器
生活书店出版有限公司

2023年《读书》征订

2023 年 12 期，每期人民币 15 元

微信订购

扫下方二维码

邮局订阅

搜索微信公众号中国邮政微邮局 – 服务 – 报刊订购

搜索"读书"即可订阅

邮局网上订阅地址：

http://bk.1185.cn/index.do#

邮购

读者服务热线：010-84050425/51

邮购地址：北京市朝阳区霞光里 9 号 B 座

《读书》邮购部

邮编：100125

E-mail: dzfw@lifeweek.com.cn

大圣遗音
最简中国艺术史

陈平原 编著

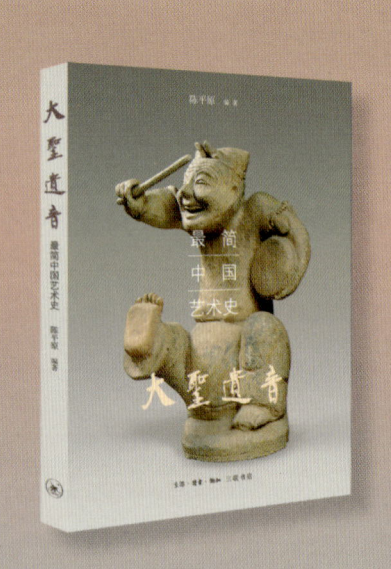

生活·读书·新知三联书店
2022年10月出版　定价：98.00

著名学者、文化史家陈平原，以高屋建瓴的笔触，提要钩玄，通过中国古代精美艺术品，将中国5000年的艺术流变与脉络，简明扼要地呈现给广大读者。书中图片取自各博物馆庋藏的珍品和近数十年来的重大考古发现，时间涵盖新石器时代至元明清，配以陈平原简洁优美的文字，在专业化大潮汹涌的今天，让普通读者能够快速领略中国古典艺术之美。

地址：北京市东城区美术馆东街22号　邮编：100010

读书

12
2022
December

王　笛　　探索公共生活的意义

晋　军　　大众何谓？公共何为？

陈彩虹　　我们都是"摸象的"盲人

毕　苑　　"法治国"理想：杨廷栋的启示

李长声　　说俳句的短

张慧瑜　　无线电与中国革命

·文墨与家常·

发展你自己

王蒙 文 康笑宇 图

　　无疑，大多数人是相信进化论，相信科学技术在人类进化中的积极作用的。

　　科学技术进步，减轻了人类体力劳动，减轻了大自然对人类生活的挑战与压力，减轻了生活的艰苦与代价，提高了生产与生活的效率，使人们的物质生活日益提高，迅速提升。同时科技进步代替了人的肢体的相当一部分努力。车、船、飞机，代替了走路攀登游水，加速了生活节奏，增益了一生的见闻与经验，同时，也弱化了人的奔跑、行走、游泳、登山能力。国际田径比赛中，有些径赛的高手，恰恰出在道路崎岖、代步困难的不发达地区，不是偶然的。

　　无菌化环境，可以一时避免病毒病菌传染的疾病，但是正常情况下弱化人身上的抗体、免疫力的形成。空调的发达使人少去为炎热或严冬叫苦，但是削弱了许多孩童的抗热抗寒、调节应对气温变化的能力。

　　那么电脑的发达，人工智能的发达，它取代了一些人在博闻强记上的艰苦奋斗，取代了学术研究的求证求源泉的千辛万苦，取代了一大部分分析、选择、列式、计算……作业，会不会引起智力的某些下降呢？

　　钻研电脑科学、制造轻便好使的人工智能工具机器的人，突飞猛进，一日千里，造出来的新产品操作简单，只剩下一组组电纽，或纽也根本不需要，只需要一些触摸点，轻抚即可。大量的人的生活与劳作简单化点击化现成化，人最后变成了机器的奴隶，人变成了知其然而绝对不知其所以然的操作执行者；电脑的专门软件，击败了专门人才，电脑"深蓝"，击败世界棋王……这预示着什么呢？

　　至少我们可以做也必须做的是，面对大量白痴化的电脑游戏转过身去，有意识地费脑筋，发展你自己。

读书

DUSHU

12
2022

王　笛　　探索公共生活的意义 3
晋　军　　大众何谓？公共何为？ 12

陈彩虹　　我们都是"摸象的"盲人 21

毕　苑　　"法治国"理想：杨廷栋的启示 31
任　锋　　《先秦政治思想史》的"百年孤独" 41

短长书
读书的辩证法　瞿林东 50
社会进化中的动态平衡　李玲 53
从同年到同乡　王瑞来 58
舒芜先生的三封信　张铁荣 63

李长声　　说俳句的短 69
张逸旻　　在上野公园看凡·高 77

王　路　　我的"老师"亚里士多德 85
王　丁　　厄琉息斯之梦 93

赵丁琪　柏林墙为谁而倒？.......... 101

品书录.......... 110
微小与永恒（田天）·秦吏与岳麓秦律令简（曹旅宁）·在"影响的焦虑"中发现南极洲（卢兆瑜）

杨　力　杨荫榆的"尴尬".......... 125
孔令伟　史悠明与清末民初之际的中印关系.......... 134

王剑利　马神信仰与辽西走廊的"多元互构".......... 142
王利兵　作为文化的海权.......... 152

张慧瑜　无线电与中国革命.......... 161

《读书》二〇二二年总目.......... 169

读书短札
公子士、泄堵俞弥说　读左零札（**傅刚**，40）·"锺王"　北窗读记（刘涛，109）

刘以林　漫画.......... 30
王蒙　康笑宇　文墨与家常.......... 封二

王 笛

探索公共生活的意义
——我的成都茶馆考察笔记

当年我到了美国以后，离开了中国的文化环境，生活在一个完全不同的世界里，成都的点点滴滴开始在脑海中不断浮现。因此，在博士论文开始选题的时候，便毫不犹豫地选择了研究成都这个城市。当时我有三个选择，街头文化、茶馆和袍哥，后来根据资料收集的难易程度，决定还是选择街头文化，因为相对后面两个题目，资料收集稍微容易一些。

在追寻街头文化资料的过程中，陆续发现成都茶馆的新资料，以至于《街头文化》那本著作完成之前，我便决定把茶馆作为我的下一个研究课题。关于二十世纪成都茶馆的研究，最终发展成了两部学术专著、一本文学和历史学结合的大众读物以及一本茶馆考察笔记。第一部专著写的是一九四九年以前的成都茶馆，主要利用了档案资料、报刊以及其他文献。但是第二部由于涉及离我们比较近的时代，特别是改革开放以后，写作上遇到很多不利因素。要么没有档案，要么档案还没有到开放的期限，或者就是对时间比较近的档案管理比较严格。不过有利的因素是，我自己作为研究者可以直接对茶馆进行考察。在那几年里，我考察了不同类型的茶馆——从气派非凡、多层的、可容纳上千人的茶楼，到简陋的只有几张桌的街角茶棚，与茶馆中各种各样的人进行了交流。

我对成都茶馆的考察，主要集中在一九九七年、二〇〇〇年和二〇〇三年的三次考察，以及以后的关于茶馆的一些记录，留下了这本茶馆笔记。我对茶馆进行的实地调查，得到了丰富的第一手资料。然而没有预料到的是，利用这些资料的最后成果，竟然到了二〇一八年才由康奈尔大学出版社出版（中文翻译版二〇二二年香港中文大学出版社出版）。如果从一九九七年算起，也就是说前后二十一年，可见这项研究工作的投入有多么巨大。

考察方法

我的茶馆考察最早是从一九九七年开始的，一九九七年六月二十一日和二十二日，在悦来茶园与熊倬云、周少稷、姜梦弼、余逊四位老先生进行了比较详细的访谈。他们都是七八十岁的老人，都是茶友，定期到悦来茶园碰面喝茶，然后就在附近的一个饭馆吃饭，我也参加了二十一日的午餐。他们都非常和善，有着丰富的人生阅历，经历了时代的沧桑。和后来我的茶馆考察主要是靠我与茶客聊天和观察不一样，那次我主要是听他们讲。我们在悦来茶园谈了两天，他们所讲的往事，为我研究成都提供了很多有趣的细节。

我当时在四川省和成都档案馆看资料，十一点半就要交还档案，下午两点半才又开放。中午三个小时，除了休息和吃午饭，就是考察茶馆的极好机会，省市档案馆周围的茶馆我几乎都去过，那是我对茶馆进行田野考察最活跃的一个时期。

除了一九九七年的那次访谈，当我考察茶馆时，并没有分发调查问卷，做笔记或录音。我更倾向于随意的交谈，没有一个预先设定的主题。这样，我力图得到被调查对象的最真实的表达，去倾听他们的声音。每天的考察结束后，我把自己当天的所见所闻，写入田野调查的笔记中。所以这本书所记录的，便是我在茶馆中所见所闻和所谈的实录。可以说是原始的，没有经过任何处理的材料。

在传统的街角茶馆，顾客们并没有什么隐私意识，可以放开讲他们的故事，这对我的考察很有帮助。但是这样做的缺点是，漫无目的，我所获得的信息经常是随机的，无法得到系统的资料。特别是在茶馆与茶客漫谈的形式，使我不可能长时期地、深入地了解我所观察的对象，进入到他们的内心世界，或是进入他们的生活。因此与人类学家长期住在一个社区内的系统田野调查相比，还是有着本质的区别。好在我是从历史学的视角去对待我所收集的资料，并不试图去建立一种人们行为的一般分析模式，而是去回答在经济、社会、文化和政治变化过程中，公共生活是怎样改变的等相关的历史问题。

而且在使用这类调查记录的时候，我尽力去保持资料的最初风格，最自然的东西。希望我讲述的故事，不要太受我主观意识的干扰。这些考察资料为我的成都茶馆研究提供了故事和细节，增加了感性的认识。在考察的时候，如果我对某些谈话或者发生的场景有任何自己的想法，我在笔记中也记录下来，但会明确说明是我的思考。

考察笔记记录的信息

从这些考察记录中，可以看到很多虽然年代并不久远，但是今天已经被遗忘的信息。如我世纪之交记录的物价，在城内的小茶馆里，最便宜的茶可以卖到八毛钱一碗，一般茶馆的茶是二至五元不等。在成都郊区，当时甚至还有一角一碗的茶铺存在。在二〇〇〇年七月二十二日的笔记中所提到的国际会展中心的顺兴老茶馆，那里的茶最便宜的是十五元，但是到晚上最便宜的是二十八元，因为晚上茶馆有演出。而当时成都最高档的圣淘沙茶楼，白天最便宜的茶也是二十八元。茶价的档次差别是非常大的，远远超出了我们的想象。

从这些记录中可以看到，如果要开一家茶馆的话，当时只需要一万多块钱，甚至五六千元也能搞定。在茶馆里掏耳朵，二〇〇〇年收费是每次四元。掏耳师在茶馆中谋生，虽然不需要许可证，但是每个月要给茶馆交两百元，作为使用茶馆空间的费用。这些掏耳师多来自农村，月收入五六百元。算命先生也多没有什么真本事，但是作为农民进城谋生，他们也能够找到一口饭吃。当时算命是八元起步，好的时候一天可以挣到四十元左右，也就是说服务五个客人。而擦鞋匠一个月可挣两三百元。

我还记载了茶馆的经营。比如在花牌坊街四川省档案馆附近的一个"水吧"，在和女老板聊天的过程中，我知道这个水吧每个月的营业额要四千五百元才能保本，但是当月因为刚开张，估计最多能卖到三千元。当时房租是一千元，还要支付一千多元的工资，外加伙食、水电以及其他成本几百块，所以营业额三千元便要亏本。有意思的是女老板还提到她的女儿在四川大学读二年级，每年学费和住宿费是六千元，加上伙食费共要一万多。她说供一个大学生的负担很重，而当时她的工资一个月才两三百元，因此不得不提前退休，用单位给的补偿来开店。

从关于茶馆的这些记录中，我们可以看到那个时候外来务工的人员，还是有可能开一个小茶铺谋生。在今天看来，已经很难办到了。随着城市的更新，高大上的街道和建筑取代平民化的小街小巷和街边的铺面房，给他们提供的机会越来越少。

我所记录的当时的人们在茶馆中的谈话，也非常有意思。比如说人们谈论当时走红的"散打评书"李伯清的表演。记得他讽刺的那些喜欢显摆的人，拿着大哥大在农贸市场打电话，问家里人买不买葱、买什么菜等等鸡毛蒜皮的事，当时人们觉得很可笑。真是时过境迁，现在我们用手机从菜市场联络家人，询问要买什么小菜，简直是太寻常了。这提醒我们，文化和日常生活随着时间和空间的变化而变化，在一个时期好像是非常新的东西，但是在另一个时期就过时了；在一个地方是很滑稽的，但是在另外一个地方就完全不可笑了。

我在笔记中还记下了当时城市日常生活的一些细节，如茶馆提供了公用电话，这是当时一个非常重要的社会服务，因为当时有手机的人凤毛麟角。不过，相当多的成都人中（其实乃至全国），很多人都配有BB机。如果要找某人，就发信息到BB机服务台，服务台把信息转到那个人的BB机上，那么这个人就会用街头、茶馆或者小杂货店所提供的电话打回去。笔记中还提到当时的收费情况，如果电话打给本市，前三分钟三角；超过三分钟，六角；超过六分钟，九角，以此类推。当时正是"全民经商"的高潮，很多皮包公司的老板没有办公地点，整日在外面奔波，他们需要随时联系业务，这种电话服务是非常重要的。

从这个茶馆笔记中，还可以看到人与人之间的关系。所记载的有些细节，当时无非是我所看到的东西，似乎没有什么特别的意义，也不知道那些细节的观察对我的茶馆研究是否有用。但是在很多年以后，看起来却充满着新鲜感。比如说二〇〇〇年七月三日所记录的开茶馆的小姑娘和隔壁光盘商店的王姐之间的相处，便是非常亲密的、相互帮助的、自然而温馨的关系。王姐开店门以后，茶馆的女老板还帮她把冰箱搬到街沿上，王姐顺便可以卖冰棍。然后王姐进来，用自己的茶杯倒开水，也不用在茶馆里买茶，就用自己的茶，但是用的是茶馆的开水。好像没有任何问题，一切都习以为常。

又如在一个街边小茶馆，我看到一个老太太拎了一袋菜，路过茶馆。显然是老人家早上买了菜，半途走到这里有点累了，把菜放在靠门口的桌上。并不和女老板打招呼，也不买茶，坐在那里休息，还把菜拿出来在桌上整理，菜整理好了，又慢慢离去，自始至终没有说一句话。女老板也不打扰这个老太太，大家都很淡定，似乎都很默契。我很感慨当时周围居民和小茶铺的这种和谐关系，因为很多小店铺，如果不消费的话，是不愿意你坐在那里的。

从上面的描述，还可以发现一个有趣的现象：就是开茶馆的老板女性占了相当大的比例，这反映了当时在小商业的发展过程中，妇女扮演了一个非常重要的角色，她们在改革开放的中国经济增长中，所做出的贡献一点都不比男人逊色。

二〇〇三年七月九日，我在去成都郊区的一个小镇考察的途中，司机由于走错了路，拐进了一条乡村土路，则意外地发现了一番不同寻常的乡村景色：沿着那条乡村土路，可以见到两边不少的简陋茶馆，有的就是用竹子搭起的简易茶棚。虽然条件简陋，但是农民们都显得放松和悠闲，一边喝着一毛和两毛钱一碗的茶，一边在茶馆里打牌下棋聊天，有的手里编着草帽辫子，让人恍惚回到了过去的乡村生活。也就是说，即使到了二十一世纪，哪怕在一个高度现代化的大城市的郊区，也会出现那种不变的似乎静止的乡村生活，我们可以在传统和现代的时空不断转换的场景中对社会生活进行观察。

对于住在城内的成都市民，特别是退休人员，茶馆对他们的意义就更为明显。他们定期到茶馆去聚会、聊天、打麻将、聚餐，玩一天，茶钱、租麻将外加午餐，所花费的也就是在十元到十五元之间，茶馆——其实也只有茶馆——为他们晚年的社会交往和公共生活提供了必不可少的设施。

我在茶馆里观察到各种人物，各个不同年龄、性别、职业、受教育程度的顾客，以及在那里谋生的人们，包括掺茶的、行医的、卖药的、卖绘画书法的、掏耳朵的、擦鞋的、算命的、唱歌跳舞的……茶馆的小空间，就变成了一个纷繁的大社会。

这些记录的意义何在？

从二十世纪九十年代后期以来，我们目睹了这个城市的外貌、文化以及日常生活的巨大变化。在我对成都进行考察后，不到十年时间，旧的城市几乎从我们的眼前消失。虽然城市还是坐落在原来的地方，城市名称也没有改变，但是从这个城市的外貌和文化来看，又像是另外一座城市：另外一个城市格局，另外一种城市景观，以及另外一种城市生活。

当时我考察的茶馆，今天绝大多数都不复存在。过去它们一般开设在小街小巷，但是拆迁重建后的成都，出现了更多的为汽车服务的交通大道，逐渐失去了过去小茶馆赖以生存的环境和空间。我在笔记中描绘过多次的大慈寺的茶园，虽然仍然存在，但是现在也不一样了。当时是利用了大慈寺内的大殿以及庭院，现在的规模小多了，氛围也不一样了。当然，这种变化也是可以理解的，因为大慈寺现在是成都市的重点文物保护单位。不过，有时候我想，那个原来占用了几个大殿和庭院的文博大茶园，其实作为非物质文化遗产很值得保护。虽然这个茶馆的历史也不算长，但是它所提供的那种文化氛围，在相当大的程度上，真正继承了成都茶馆的精髓。而大慈寺本身，在文物保护的旗号下，原来的木结构大厅和大柱，被换成了水泥结构，已经失去了本身的文物价值，现在无非是一个躯壳而已，这是非常可惜的。大慈寺是唐代的古寺，虽然经历过几次大火，但原来的那几个大殿，也是清初留下来的建筑。把木建筑改为水泥建筑，原有的本质已经被抽掉了。

我一九九七年、二〇〇〇年和二〇〇三年夏天在大慈寺后面的和尚街、笔帖市、东糠市街等小街小巷考察的时候，那是当时成都所存不多的老城老街的格局。现在整个片区已经完全消失了，变成了最时髦的商业中心太古里。

有时候在同一家茶馆，我感觉到了时间的停滞。我在二〇〇〇年和二〇〇三年夏天都去了大慈寺的文博大茶园，在二〇〇〇年的笔记里记录了人们在茶馆里唱歌跳舞，在二〇〇三年的笔记中，也描述了类似的活动。可见，一些茶馆在相当长的时间内，在社区娱乐中都充当了一个重要角色。

不过最有意思的发现，是当我整理二〇一九年夏天在彭镇观音阁老茶馆照的照片时，发现一个打牌老人的样子很面熟。结果我翻出了二〇一五年秋天在同一家茶馆拍摄的照片，发现有好几张他都正在打扑克。由于这个老人的面部特征比较明显，二〇一五年的照片我反复看过许多次，他的形象竟然不知不觉地留在了我的脑海之中。没有想到相隔将近四年的在茶馆随手拍的照片，竟然拍下了同样一个人。这种机缘巧合可以说是神奇，我当然不会放过这样的机会，便萌生了要去找到这个老人的想法并付诸行动，找到了机会在茶馆直接和他聊天，挖掘他常年来茶馆后面的故事。

从前许多在街上从茶馆门口经过的各种挑担子的小贩，卖米的、卖水果的、卖凉面的、卖花的等等，现在也几乎见不到了。从这个意义上来说，过去这个城市与周围乡村的紧密联系，由于受城市的扩展、城市空间结构的变化，已经被割裂开来，或者以另外一种形式连接起来，即现代化的物流系统已经扮演着联系城乡的一个主要角色。

以蔬菜摆到城市居民的饭桌上为例，过去农民把蔬菜直接挑进城里（或者推车，过去成都郊区的农民普遍用独轮车，叫"鸡公车"，后来更多的是用自行车）和居民发生交易活动。但是在今天，蔬菜从菜地运进巨大的蔬菜中转站，然后分发到各城市的蔬菜批发市场，再往下由各个菜场的蔬菜贩或者超市把这些蔬菜销售给居民。也就是说城市居民在得到这些蔬菜时完全和原始的生产者没有任何直接的联系了。这种通过物流系统建立起来的连接，已经和过去人与人之间的直接交流有了巨大的不同，这种不同其实也改变了城市居民和农民的生活乃至交流模式。

因此当时考察留下来的记录便显得特别珍贵，因为犹如当时按下了照相机的快门，记录了那一个个历史的瞬间。重构中国城市的过去是研究社会史、文化史和城市史的历史学家们所面临的重要任务和应尽的职责。

而且我也一直主张，人人都是历史学家，甚至为此专门发表过文章——《记录我们的历史》(《南方都市报》二〇一〇年四月二十日)。写历史，并不是历史学家的专利，也不能把这个重要的使命完全交给他们去完成，因为他们记录和书写的历史，只是他们眼中的历史，或者是他们头脑中的历史。更何况这种历史，还经常是用精英的视野和话语来撰写的。个人的经历记录下来，现在可能看起来平淡无奇，但是许多年后，就是非常珍贵的记录。我曾经不止一次地提到过《屠猫记》那本书，其中第二章，便是依据十八世纪巴黎一个小印刷作坊的学徒自娱自乐写下的杀猫的恶作剧，结果后来却为罗伯特·达恩顿（Robert Darnton）写他的这个名篇提供了基本依据。

细心的读者可能会发现，二〇〇三年考察的笔记要粗犷一些，没有三年前的笔记那么多个人的故事和细致的观察。因为那个时候，我认为茶馆的资料已经大致收集齐备，而且我的茶馆研究的截止年是二〇〇〇年，离二〇〇〇年越远，对我的用处就相应地减少。茶馆的观察也差不多了，很多现象都是雷同的。所以，二〇〇三年及以后的大多数记录都带有顺便的性质，是因为在茶馆里见朋友、见同学、聊事情，要不就是聚会、办事，或者是经过顺便看看，随手记下来的一些信息，并没有专门进行考察。现在把笔记整理成书，虽然比较简略，但仍然有一定的参考价值。

然而，还有另外一个重要的原因，是那一年春天暴发的"非典"，造成茶馆生意萧条，没有了那种熙熙攘攘的氛围，人们尽量躲开公共场所的活动。不过，这个茶馆笔记，也可能呈现出了当时没有想到的一种意义，即记载了那次疫情期间成都的日常生活和公共生活，以及人们对那场突如其来的灾难的反应。

历史就是这么无情，当我在整理茶馆笔记的时候，我们正在遭

晋　军

大众何谓？公共何为？
——王笛成都研究漫议

澳门大学历史系教授王笛近年出版了多本关于成都的"大众历史读物",如《消失的古城》和《那间街角的茶铺》。王笛在两书的"后记"中明言：要"把学术研究转化为大众阅读"。但从某大众书评网站的评论来看,这两本书引起了一些读者的不解,诸如其中对消失时空的"怀旧和惆怅"以及对现代转型的"忧虑和悲观"。王笛的大众化尝试,多少与"大众文化"及"公共空间"这两个其学术研究的关键论题有关,而其在传统与现代议题上的立场也源出于此。王笛最早是在其第二本专著《街头文化：成都的公共空间、下层民众与地方政治,1870—1930》(以下简称《街头文化》)中展开对大众文化

受又一次疫情的打击。如果有许多人都记录下在灾难中的日常经历和故事,就会给后人留下更全面的和真实的记录。我们不能只依靠媒体的报道和个别知识分子的写作,因为那只是有限的观察和视角。民众自己来记录当下的故事,哪怕现在可能没有机会传播,但是多年以后,就是珍贵的原始资料。

（*The Teahouse under Socialism: The Decline and Renewal of Public Life in Chengdu, 1950-2000*. Di Wang, Cornell University Press, 2018. 中译本《茶馆：成都公共生活的衰落与复兴,一九五〇至二〇〇〇》,香港中文大学出版社二〇二二年版；《茶馆笔记》,上海人民出版社二〇二三年即出）

及公共空间的讨论的。而且，王笛之后的研究也多涉及对此书的扩展。因此，本文将主要梳理《街头文化》一书对大众文化及公共空间的讨论，探讨其对大众和公共在中国现代转型中位置的看法。

在二〇〇五年为《街头文化》撰写的"中文版自序"中，王笛明确指出：这本书反映了其"学术兴趣、学术观念和学术方法极大的转变"。王笛八十年代在四川大学历史系就读、任教时，完成了其"对以清代四川为中心的长江上游的系统研究"的第一本专著《跨出封闭的世界：长江上游区域社会研究》(以下简称《跨出封闭的世界》)。二〇〇六年王笛在此书的"再版前言"中坦陈：受当时国内流行的现代化理论的影响，他"把传统的丧失和现代因素的出现都视为社会进步的必然结果，并给予这种发展积极评价"。彼时，《街头文化》的英文版已于二〇〇三年出版，中文译本也即将出版。与其第一本专著"从现代化精英的角度来看待社会变化"不同，王笛在《街头文化》中强调要从下层民众的视角来探讨现代化的社会后果，而他对现代转型的态度也从积极评价转向了关注转型对民众生活及地方文化的冲击。《街头文化》一书是以其博士论文为基础的，王笛学术旨趣的转变与其九十年代赴美、后师从中国近代史专家罗威廉(William T. Rowe)教授的经历有关。按照王笛在《跨出封闭的世界》"再版序言"中的陈述：到美国以后，"西方的有关研究使我对一些问题进行更深入的思考"。因此，要理解王笛的"大众"转向，就需要对美国的中国研究范式进行简要的梳理。

王笛赴美时，美国的中国研究早已告别了此前盛行的"刺激—反应"范式。倡导这一范式的学者在二十世纪五六十年代侧重于研究十九世纪以来外来政治经济力量及思想对中国的刺激和影响。而自六十年代后期，学术发展和现实政治促成了美国的中国研究学者对"刺激—反应"范式的反思。他们质疑单一现代性，强调要从中国的内在结构来解释其现代转型，即强调"中国中心观"。根据对中国现代转型内在动力的不同理解，"中国中心观"的研究可以分为两类：一类关注"大众反抗"，特别是下层民众的革命参与，这类研究通常把农工群体视为中国转型的内在动力；而另一类则关注"公共领域"的发展，这类研究部分延续此前"刺激－反应"模式中关注"反应"的士绅研究，将其扩展为权威来源更多样的地方精英研究。这类研究发现，在清末，特别是太平天国之后的重建中，地方精英承担了更多的公共职能，如公共工程的修建和社会福利的提供。而且，在某些区域，如王笛的导师罗威廉研究的汉口，地方精英与地方政府在公共事务领域相互竞争，势力此消彼长。这种状况最终导致地方精英的分化，部分地方精英为了与地方政府抗衡，转向了积极的政治参与，成为清末政治转型的重要动力。王笛在《街头文化》中的转向是与"大众反抗"范式与"公共领域"范式之间的分歧联系在一起的，更具体地说，王笛的转向是立足于"公共领域"范式的"大众"转向。

在《跨出封闭的世界》"再版序言"中，王笛阐述了其对罗威廉等学者使用"公共领域"概念的理解。王笛注意到这个概念受到当时西方和国内学者的关注，甚至引发了诸如不适用于研究中国之类的批评。王笛通过引用罗威廉等人的相关论述，明确指出美国的中国研究中的"公共领域"（public sphere）一词原本是"在中国社会有很长历史的'公'的领域"的英文翻译，并非德国社会学家哈贝马斯强调西欧资产阶级兴起后出现的理性交流的"公共领域"（Public Sphere）。因此，在王笛看来，这个概念并无不适合中国历史研究之处，而是为中国近代史研究"开拓了一个新的研究领域"，要有意识地去研究"处于'私'和'官'之间的那个重要的社会领域"，也就是"国家和个人之间的社会空间"。然而，王笛也发现：与罗威廉研究的汉口不同，长江上游受太平天国影响较小，公共领域的扩张不但晚于受影响较大的区域，而且"很大程度上是官方推动的结果"，并没有带来地方精英的社会参与乃至政治参与的发展。也就是说，王笛认为清末长江上游的社会转型动力并不在"公共领域"。因此，《街头文化》虽然是在罗威廉的指导下完成的，但王笛并没有将罗威廉在汉口发现的地方精英活跃的"公共领域"扩展到成都。

据王笛在《街头文化》的"中文版自序"中所言，他在阅读成都晚清的改良人物傅崇矩的资料时，发现这位既办报纸又做社会调查，还兴办实业的地方精英记录了大量关于下层民众在街头的生活。由此，王笛将研究重心转向了成都下层民众的街头日常生活及其中的大众文化。王笛使用了"公共空间"（public space）这个概念来概括他研究的成都街头及其中的公共生活。这个概念一方面可以回避"公共领域"的争议，另一方面，也比后者更具象，而且仍然可以讨论物理空间向社会空间和政治空间的转化，后两个空间是源自中西的"公共领域"都关心的议题。当然，更重要的是，街头活跃着各个阶层，不仅包括各种地方精英，还有人数众多的普通民众。此外，王笛研究的清末民初恰值现代国家建设开启之机，国家权力下延并扩张了对街头的管理。由此可见，王笛对成都街头公共空间的研究扩展了"公共领域"范式的研究视野，不但确认了普通民众同样是公共事务中的行动者，而且在国家与地方精英的互动之中加入民众的维度，可以探讨其中的多向关系。立足"公共"，关注"大众"，是《街头文化》的真意。

《街头文化》一书对"大众"的关注，首先体现在其研究的是成都民众的公共生活，即在街头公共空间的日常生活（包括经济、社会和政治活动）。而"街头文化"一词则是"在街头的大众文化"的缩写，主要是指下层民众关于街头公共空间和公共生活的各种安排。在王笛看来，传统城市的公共空间是民众共同生活的"自治"社会空间。在其中，民众自行安排公共空间的日常使用，自行组织经营、娱乐及庆典，还有一套办法来解决在公共空间中发生的各种冲突，街区邻里之间也形成了共同体意识。

罗威廉对汉口的研究已经发现：传统中国城市并非如马克斯·韦伯等学者所描述的那样完全受行政、血缘和地缘组织的控制，而是发展出了城市共同体组织和城市身份认同。罗威廉的判断是基于对城市商业精英的研究，而王笛将这种城市共同体扩展到了下层民众。因此，虽然与哈贝马斯研究的西欧资产阶级共同讨论、形成公共舆论的"公共领域"有所不同，成都街头也是有活跃"大众文化"的"公共空间"。可是，伴随清末民初的改良和革命而来的"现代化"改变了成都街头及其中的大众文化。

如前所述，在"中国中心观"的研究取向中，与公共领域范式并立的是大众反抗范式。受当时美国人文及社会科学"文化转向"的影响，大众反抗范式也关注大众文化。不过多数研究是在大众文化及大众宗教中寻找大众反抗的思想资源和组织资源，还有些则关注教育及文化出版事业的大众化，后一类研究往往隐含了对国家权力干预大众文化的默许。王笛的大众文化研究与大众反抗范式有明显不同。《街头文化》翻转了大众反抗范式对现代转型与大众文化的讨论。在王笛看来，即便有大众反抗，也是社会转型的后果，而并非转型的动力。因此，清末民初成都街头的大众反抗上升是源自民众对新政治体制和社会现实不满，这种反抗会因社会、经济和政治状况而改变，而不是推动变革。同样，就大众文化与现代转型的关系而言，王笛强调大众文化受到现代转型的影响，而大众反抗范式则将大众文化作为影响民众行动、进而影响社会转型的资源。另外，王笛显然也不赞同大众反抗范式对干预大众文化的默许，而希望大众文化保持独立自主。在《街头文化》一书的中文版结尾，王笛悲观地认为：现代化带来了城市公共空间及公共生活的重建，但对大多数下层民众来说，"他们失去了一个旧世界，但并没有得到一个新世界"。也就是说，现代化损害了"大众"的"公共"。

概括而言,《街头文化》一书展示的是改良和革命等政治运动对成都民众日常生活(主要是指街头的公共生活)的影响,但讨论的却是现代化及现代性对街头的大众文化(主要是指对街头公共生活的传统安排)的影响。王笛认为现代化破坏了成都街头的公共空间和公共生活,损害了民众的利益。简而言之,无论大众还是公共,都不再是社会转型的动力,而是现代化的对象,而且是受损者。王笛的这一论断似乎略有偏颇,这与《街头文化》一书未对国家文化(即正统意识形态)与精英文化进行区分有关。王笛区分了大众文化与精英文化,并指出二者之间的"同一和分裂实际上是共存的"。至于国家文化,王笛似乎认为与精英文化是一体的,并未将这两种文化也同样视为"同一和分裂"的共存。同时,王笛对精英文化的多样性重视不足。《街头文化》只关注了"改良精英",就是"那些受现代化和西化影响,并有意识地试图重建公共空间和重塑城市形象的那一部分人"。于是,权威来源多元因而观念文化也应有其多样性的地方精英,只剩下了热衷现代化的一群人。而王笛认定的改良精英其实并不是单面的,其中既有傅崇矩这样出版报纸、兴办实业的地方精英,也有依靠国家权力改造公共空间的地方行政官员,如主持成都警察制度建立的周善培。王笛只强调了这些精英的现代化倾向,并未辨析权威来源不同的这些精英对现代化方向及路径的不同理解,还有他们各异的现代化努力造成的不同社会后果。比如傅崇矩这类地方文化精英和经济精英可以在报纸上赞扬某些西化的生活方式,通过兴办实业来鼓励这些生活方式,可是他们对公共空间的改造,可能很难与周善培在清末建立警察制度或者军阀杨森在一九二四年推行成都街道改进计划之类相提并论。由此可见,王笛只强调大众文化与精英文化的区分而模糊了国家的位置,也就弱化了国家或者说政治权力在公共空间改造中的力量。于是,在王笛看来,改良精英是成都街头变化的关键行动者,而民众在公共空间中遭遇的减损也就被归咎于现代化。王笛的这种归因显然难以回答这样一个问题：为何他在"中文版自序"中提到的、已然完成了现代化的那些国家的城市并未遭遇成都及中国许多城市在现代化面貌下的趋同？王笛从成都街头公共空间和大众文化的变化出发，对现代化和现代性进行反思，多少有点打偏了板子。

王笛在批评现代化的同时，对传统城市的公共空间和大众文化却表现出了偏爱。的确，如《街头文化》"中文版自序"的开篇，王笛在回应国外学者对他"浪漫化"传统的批评时，强调他也描绘了成都街头的隔阂和冲突。然而，在王笛笔下，阶级、族群的隔阂在成都街头也许并未消除，但很多纠纷都能在此得到化解，而且是以伸张正义的方式。遭遇家暴的女性在街头哭诉会获得邻居及路人的同情和保护，街邻会训诫虐待老人的不孝之子，邻里纠纷、不同行业人群的冲突也有多种调停方式，街头如有人公然凌弱也总有行人挺身而出。《街头文化》中的这些描述似乎有把传统中国城市（特别是其中的社区共同体）描绘成道德共同体的倾向。然而，在讨论二十世纪二十年代各街区因巷战而组织守夜时，王笛已经论及了街区精英滥用职权。那么，在传统街头的"自治"中，是否同样可能出现精英独断？街头邻里的有些不端行为会得到纠正，而有些则可能听之任之，甚至某些"秩序"是否本身就是恃强凌弱的结果？《街头文化》一书传达出了王笛对传统城市的公共空间和大众文化的怀念，却对他怀念的成都公共生活的"自治"分析不足，书中更多的只是看似丰富却缺乏背景及上下文的细节和片段。

《街头文化》的这些不足有资料的缘故。王笛关于清末民初时期成都街头的记录多来自当时的地方报刊，多是引人瞩目的场景或突发事件的片段，难有完整的来龙去脉。虽然王笛也使用了其他类型的资料，诸如官方档案、游记和回忆录等，但熙熙攘攘的街头公共空间里来来往往的人们却往往面目模糊，难以构建对当时成都街头的公共空间和大众文化的系统讨论。然而，即便只是呈现一些历史碎片，《街头文化》也或详或略地记录了大众的生活以及他们与历史的遭遇。因此，虽然大众和公共在王笛笔下成了某种宏大力量（如王笛认定的现代化）的牺牲品，但其历史写作本身构成了对这种宏大力量的抵抗。

在《街头文化》之后，王笛对成都茶馆这个特定公共空间在二十世纪两个五十年里的变化进行了研究（参见《茶馆：成都的公共生活和微观世界,1900—1950》)。茶馆研究继续了《街头文化》的研究理路，虽然引入"国家文化"概念以对"地方文化"的挣扎进行讨论，但关注的还是"现代对传统的冲击"。因此，茶馆研究仍然难以回答《街头文化》的遗留问题：在现代化过程中，各个国家是否都出现了地方文化/大众文化的衰弱？另外，大众和公共，诚然不如美国的中国研究学者们认为的那样积极，是否只能是社会转型的代价？相比之下，王笛在二〇一八年出版的袍哥研究（参见《袍哥：1940年代川西乡村的暴力与秩序》)虽然也延续了《街头文化》的相关讨论，但在方法和理论方面都有若干推进。通过分析燕京大学在抗战西迁成都期间的一位学生的袍哥调查，王笛对袍哥组织这种传统社会的公共生活组织形态进行了讨论。在王笛看来，袍哥需要树立自己的道德权威，也要有经济利益为基础，还需要使用暴力。在这里，传统不再只有令人留恋的美好，大众文化也呈现出其暴力的面相。王笛的袍哥研究可以视作对其导师罗威廉的华中乡村暴力传统研究的呼应，也是与前述"大众反抗"研究范式的又一次对话：中国存在不同的传统，暴力甚至组织化的暴力也是其中之一，而所谓大众反抗也并不一定是在寻求正义。此外，王笛还发现：在燕京大学学生的袍哥调查中，袍哥组织被定位为在地方秩序中发挥功能的"社团"，其中的暴力及腐败则被解释为受当时腐朽政治权力的影响；那位学生还相信袍哥只要复兴其传统、代表人民的利益就能获得新生。在王笛看来，这些论断是学院派精英对大众文化的误解，展现了与《街头文化》不同的精英文化与大众文化之间的关系。

王笛的成都社会历史研究所关心的问题一直是大众的公共生活在现代转型中的命运，而我国地方文化的趋同则是他直接的现实关怀。王笛表达了对地方文化消失的惋惜，只是他将此视为现代化的后果。于是，王笛的研究难免会被认为是留恋传统。其实，王笛看重的是大众在公共空间里自治的公共生活，虽然他的分析未必能支撑起如此图景，而王笛学术研究大众化的努力，同样也是缘自其对公共空间及大众文化的信念。不过，要读懂王笛的大众历史读物，理解他的"怀旧"和"乡愁"，还是要回到王笛的学术研究。与开篇提到的大众读物相比，王笛的一个作品集《显微镜下的成都》更适合作为了解其成都研究的入门读物。这本书收录了王笛研究专著的关键章节，不但保留了学术研究的严谨，还可以清楚地看到王笛研究的演进。这本书还加入了王笛关于成都二〇〇〇年一桩麻将法律纠纷的论文，清晰地表明了其现实关怀。此书的"代跋"是历史学者唐小兵对王笛的访谈，其中的提问切中肯綮，回答也开诚布公，便于了解王笛的基本学术立场。在这本书收录的章节中，王笛还进行了若干修订，比如《街头文化》的章节修正了清末成都城内作为地方行政力量象征的城隍庙的数量。可以看到，在近四十年的学术生涯中，王笛一直努力推进其对成都社会历史变迁的研究，"大众历史读物"的尝试也是其努力的一部分。就这种大众化的努力而言，或许在王笛看来，公共空间及大众文化也许并不仅仅是被改变的对象，其中多少也蕴含着改变的可能甚至动力？

我们都是「摸象的」盲人

——陈彩虹

一、新冠疫情、数字货币和元宇宙

全世界近些年的三大热点，新冠疫情、数字货币和元宇宙，令人情绪起伏，眼花缭乱，不知所措。现实与魔幻交织的世界似乎正在到来。新冠疫情是出悲剧，病了那么多人，生产滑坡，市场冷清，经济疲弱，生活失常，至今仍然难言完全结束。数字货币有点喜剧味道，便捷社会生产和生活，降低交易成本，节约自然资源，大有"十拿九稳"之态势，溢美之声不少，似可说情理使然。元宇宙呢？这个被看作人类真实社会旁边未来的"虚拟世界"，究竟是悲是喜，或无关悲喜，目前尚说不清楚——专家学者议得热烈，平头百姓雾水一头，加总起来，还是个模棱两可样子。

新冠疫情在全球横行两年多了。在小小的病毒面前，我们感受到了人类的渺小、知识的有限，更感受到了人类思维的混乱。新冠病毒是一种大自然的存在，人类根本消灭不了它，表明人类并非是这个星球上的主宰，而只是与其他物种共生、共存和共长的另一种大自然的存在而已，有相对优势却无绝对能量，为造物主所造而非造物主本身。所谓相对优势，是人类具有独一无二的思维、语言和文字的"灵性"，能够获得或创造某些知识来理解世界，通过制造"人造物"影响世界，参与世界演进，甚至某种程度地改变世界。这些知识在现代社会，多被冠以"科学的"描述、总结、定义、规律等，用来指导人类社会生产和生活的实践。当先进的核酸检测技术能够迅速判断出"阳性",而"科学的"知识战胜不了新冠病毒时,让人不禁要发问:这究竟是人类的知识或思维问题,还是大自然造物时的规定?

数字货币还未全面进入社会生活,就目前普及性的说法,它的优势是既"快"又"省",还"去中心"而不属于任何人类的垄断组织。"快"和"省",一个高速度,一个低成本,它们或许会成为事实——因为已有的数字支付工具,如支付宝、微信支付,就有"快"和"省"的表现,数字货币只会更胜一筹。"去中心",是相对于现在货币发行由各国中央银行"单一中心"承担而言的,它兴起于比特币和区块链技术模式,大有革命性的意味。但"去中心"由"单一中心"转向网络"多中心"来创造货币,仅仅通过技术网络就能完全去掉"垄断",还是需要某种人为的"共识"支持,从而可能产生另外一种"武断",未有确定结论。恰恰这一点,"一个中心"和"多中心"发行或创造货币,谁优谁劣,还说不清楚。

走进数字货币深层的设计逻辑,"去中心"肯定是人世间惊天动地的大事情。货币从此不再出自中央银行"单一中心",而是由"多中心"的技术网络创造出来,"垄断"货币发行从此不再。就货币说货币,这只是发行或创造货币的主体发生了变化。如果从人类和"人造物"的关系来看,这是代替人类社会组织的网络"造币主"诞生,"人类造币"将为"网络造币"所代替,相当于货币时空里出生了新的超越人类的"造物主"。这里的悖论,如此醒目,又如此奇特:人类承认自我"垄断"的缺陷,因而要制造消除"垄断"缺陷的网络"造物主",并相信这个"造物主"比人类社会组织做得更好,能够完美地消除人类的缺陷。问题在于,有着先天欠缺的人类,可以制造出"全能的"事物,彻底解决人类的不足?

从数字货币到元宇宙,一个是小小的可感可视"造物",一个是巨大无边的虚拟空间,归根结底它们都是人类制造出来的,但它们有着实质的不同。数字货币仅仅是现实网络世界里的单个事物,只是"人造物"技术网络产出的第二代产品；元宇宙则是网络世界本身，是虚拟化、基础性、全方位和全功能的新型网络世界，是未来"人造物"的"母体"，将制造一代又一代新的"造物"，解决人类这样那样的难题。这正如我们在工业社会早已熟知的"母机器"和"子机器"以及"产品"的关系，元宇宙属于人造出来的"母体世界"，数字货币不过是由此类"母体世界"生产出来的"子体"或"产品"而已。元宇宙受到专家学者们的热烈推崇，就是因为它具有再制造各种各样"子体"或"产品"的无限可能。

元宇宙令人疑惑的地方，也在这里。人类可以制造出某种"人造物"，代替人完成难以直接完成或难以完备完成的任务，解决难以解决的问题，给人带来便利、轻松和富足，也带来愉悦、乐观和幸福，还带给人类对自身认知的线性思维——人类就是一直处在进步之中的大自然特殊物种，并有望持续地向着无限的未来提升。然而，人类社会的历史表明，就没有过只有百益而无一害的极品"人造物"。我们经历过的工业化时代，给予了最近更是最好的解答。这就是说，走向未来的"人造物"，从设计逻辑和目标看，一定是趋于完备、完整和完全；但"人造物"真实的未来如何，并不确定。元宇宙作为"人造物"，有理由充分相信，它将福及人类生产和生活的方方面面，但不可能是一个终极完美的虚拟网络新世界。

与应对新冠病毒一样，数字货币的发行和元宇宙的构建，都是基于由人类思维、语言和文字等"灵性"所发现和发明的"科学的"知识。世界近期的这三大热点，将我们引向了一个更为深层的问题。不论是对付大自然的病毒，还是解决社会组织运行中的缺陷，以及创造新的虚拟网络空间，"科学的"知识在表现出强大的影响、改变和创造能量的同时，也表现出无法消除的重大局限性。也就是说，"科学的"知识不是，也不可能是万能的。眼前的这个世界，实实在在存在着"科学的"知识难以认知，更难以解决的许多问题；可以预料，不只是今天,还有明天和未来,"科学的"知识仍然突破不了某种"天堑",永远也无法认知和解决许多问题。这应当就是人类"灵性"的局限性。或者说,这就是人类天然的局限性。

二、"科学"和"科学的"意味着什么?

翻开任何一本严肃讨论"什么是科学"的著作,很容易看到,现代社会对于"科学"的理解,主要在两个方向上展开。一是沿着人类认知自然、社会和人类自身知识体系的方向前行,这是"科学"的本原,具体表现为人类对于外部世界和人类自身分门别类的观察、综合、分析及推理等研究,揭示人、事、物之间的关系,形成相对稳定的认知结论;一是沿着人类判断自身"灵性"价值或意义的方向前行,"科学"衍化成了人类思维、语言和行为有没有价值、价值是大还是小的判断标准,具体表现为人类在社会生产和生活中完成任务、解决问题和生产物品行动的依据,以及行动结果评说的依据。在这里,"科学"既是一种认知的方法论,又是一种实践的价值论。当我们说,这是"科学的"时,要么意味着认知世界运用了这样一种方法,要么意味着社会实践的做法是正确的,应当坚持并推崇。

科学方法论,显然是科学价值论的基础。既然如此,当且仅当科学方法论总是能够运用到认知外部世界和人类自身的所有方面,并且总是能够确切、稳定和持久地认清外部世界和人类的种种复杂情况时,科学价值论才具有相应的"总是"肯定的性质,才可以"总是"用来做人类社会实践的价值判断。否则,这样的价值判断,就是无效的,有时还是有害的。不无遗憾,人类的科学方法论,即便用科学方法论自身观察,也会发现它达不到"总是"全能的高度,科学价值论自然就无法"总是"用来做人类实践优劣的判断。也就是说,科学的方法并不能够认知和解决人类所有的问题,用"科学"来做人类实践正确与否的价值判断,没有绝对厚实的基础。

人类当下面对新冠疫情，就是经典的案例。我们凭借"科学的"方法，运用最新的科技工具，不仅看到了病毒的模样，也祭出了"科学的"疫苗来对抗病毒对于人体的入侵，还有一些"科学的"药物，追杀病毒来疗治已经感染的人群。现实很无奈，"科学的"方法并未带来令人满意的结果。几年过去后的结论是，人类无法消灭新冠病毒，将和病毒长期共存；人类只能跟踪它的变化，施加社会管理，倡导个人免疫力提升的生活方式；并寄望于大自然"天敌"出现，以及病毒变异后不再有强烈的传染性和致命性，以至于人类可由天赋的躯体，对抗病毒的攻击。在这里，"科学的"方法和"科学的"价值判断标准，一起表现出了它们的局限性。

人类认知和把握世界，从古至今，大致通过哲学、科学、文化和宗教四个方面来进行。哲学是关于世界和人普遍问题的总体认识和方法论。特点是从整体上看待世界和人，理解世界和人，促进改善、改良和改造世界，发展人、成就人和完善人，通常涉及的是世界和人的普遍性、全局性和长远性的大问题。科学是源起于自然、社会、人的思维等分科的人类知识体系。特点是专门性、专业性、历史性和持续发展的变化性。文化有广义和狭义之分，但不论广义还是狭义都难有统一的界定。从人类认知和把握世界的角度来看，文化是人们在社会生产和生活活动中，自发或自觉形成的审美理念形态。宗教是超现实的特殊意识形态，相信存在超现实的主体或存在体，将其绝对化、永恒化和全能化，并将其终结到完美至极的"大善"之上。信仰既是实践的源起，更是实践的动能，还是实践的目的。

统归起来看，哲学是关于世界和人的整体认知论，科学是专门知识论，文化是审美价值说，宗教则是绝对信仰观。如果按照认知的"确实性"来排列，科学最为确实，哲学较为笼统，文化有些模糊，宗教是最模糊的。如果不过于计较严谨性，或者说用哲学来"笼统地"把握这四个方面，科学解决"真"的问题，哲学进行"全"的思考，文化做出"美"的分辨，宗教趋于"善"的考量，它们一起构成了人类"真、全、美、善"看待世界和人的整个大体系。由古而今，人类社会在这四个方面相互补充、角力和交合，你来我往，你进我退，你我互有，四大板块一直变动不居，但迄今仍然看不出，谁能够覆盖其他方面来一统天下。

详细来看科学。所谓科学，较普遍的看法是，在不同的专业范围内，运用这样一种认知和探究世界（包括人）的方法获得专门知识的体系。这种方法的特点，首先，研究对象具有可观察性，通俗说，就是"看得见，摸得着"；第二，从经验事实中，归纳总结出来某种共性、相似性或相近性的"规律"来，能够用于未来的预测，或是用于抽象的演绎或逻辑分析、推理，"科学的"结论大多是经验归纳而来，或是以经验归纳为基础的；第三，在不断的实践过程中，这种"规律"能够被证实，也可能被证伪，那些被证实又被证伪过的"规律"，便有了"证实和证伪"的统计概率分布，概率的大小表明"规律"的可靠程度，"科学的"结论并非是绝对性的；第四，从"科学的"对象到"科学的"结论，人类总是在一个个共有体系或称"范式"中进行研究的，科学革命表现为包括方法在内的"范式"转换，"科学的"方法也是处在不断变化之中的。

将"科学"如此敞开来看，它的本原所在，就是"可观察对象"加上"证实和证伪"的研究方法，以及"可能得到正确、确定或较大确定结果"的知识获取走向。在这里，我们看到"科学"的三大要素——特定的研究对象、证明方法和获取的结果，它们构成了科学方法论的整体。基于这个本原，当我们说这是"科学"或"科学的"时，要么是讲这样一个方法论的整体，要么是讲其中的某种要素——特定研究对象决定了"科学的"范围，证明方法决定了"科学的"手段，获取结果构成了"科学的"知识，"科学"就是这种对象、方法和结果的高度统一。反过来说，如果研究对象"不可观察"，我们可以肯定地说这"不科学";如果没有运用"证实和证伪"的方法,我们可以较为肯定地说这"不科学";如果没有得出"正确、确定或较大确定"的结论,我们可以怀疑地说这"不科学"。容易推论,只要在"科学的"知识获取走向中,存在某个要素"不科学",我们就有理由对整个科学方法论提出质疑。正是对象、方法和结果的统一,一方面,"科学"划出了自己的边界,它属于"真"的专门领域,与人类"全、美、善"认知和把握世界的其他领域并列,假定它要出圈,突破自身边界,那一定是"不科学"甚至"反科学"的;另一方面,"科学"在内部明确了自身的不足,研究对象受限于专门、局部和"可观察",研究方法不完备也不完全一致,研究结论或知识不一定都"正确"或"确定"。如果我们人格化"科学",就本原而言,"科学"对自身的把握是清楚的,也是清醒的,还是谦卑的。

科学的进步,以其知识和知识技术化的力量,造福了人类社会,解决了生产和生活中方方面面的问题,"科学"从本原走向社会价值正面、肯定和积极的判断,人们由认同到推崇,由推崇到信仰,就是一个自然而然的事情。在这个意义上,科学价值论不过是科学方法论巨大能量的别名。然而,科学价值论具有双重性,它既是科学赢得更长足进步的社会正向力量,同时又是科学走向绝对化、唯一化和无边界误区的社会盲目力量——令人忧虑的事情,恰恰在这里,科学价值论走得太快,走得太远,远到已经出了"科学本原"的边界。

三、人类手中没有"底牌"

"盲人摸象"是我们耳熟能详的哲理故事。大象之"大"和盲人之"盲"对人类认知的隐喻,令人拍案叫绝。众盲人摸一头大象的不同部位,各自得出对大象整体不同的结论,至少在三个方面揭示了人类认知的特征和局限。一是从盲人个体来看,"以偏概全",受限于"盲",每位盲人"摸象"只可能经历局部,因而"摸"到的局部很容易被判断为大象的整体；二是从盲人全体来看，"有偏无全"，众盲人各自"摸象"的局部经历，会形成多种关于大象的"整体"认知，但所有这些认知，没有一个是真正客观整体的大象；三是从"摸象"的内容来看，"偏在全中"，尽管局部的"摸象"经历不能把握大象的整体，但实实在在"摸象了"，有大象局部的真实和客观，得到的结论并非完全失真。在这里，将"大象"替换为"世界"，将"盲人"替换为"人"，一切都那么合情合理。

故事的奇妙之处，还有一个国王，他视力健全，能够看到大象的全貌，因而可以毫不费力地指出众盲人片面结论的谬误。当走出故事，试图在人类社会之中寻找类似"国王"的角色时，我们茫然了。谁又能够整体地认知和把握世界，如同"国王"看全大象一样，手中握有整体世界的"底牌"呢？

宗教将人引向了神秘的终极主体；一般的思想者推测可能有某种造物主的存在；哲学家则创造了诸多人类"先天的"理解，并用形而上学、经验、理性、感性，以及概念、范畴、原则等的建构，努力归结出整体认知和把握世界的"人类能力"。然而，现实世界中的"国王"，要么是超现实的不可捉摸的事物，要么是充满矛盾仍然看不透世界的人类，我并不清楚谁握有整体世界的"底牌"，但可以肯定不是人类。

在思维、语言和文字"灵性"的运用中，"科学的"专业知识体系，表明了"科学"不过是分门别类的局部性世界和人自身奥妙的探索。尽管具有局部"摸象"的真实性和客观性，或说局部的真理性，但相对于整体世界和整体人，它们都是"偏颇之见"——可以用来认知和解决各种各样的局部问题，却在整体上存在巨大而难以逾越的"盲区"。事实上，在现实科学研究中，我们不断地强调"跨学科、跨领域、跨系统"，希冀产生层级提升的"系统性"科学研究高度，并有一些综合性学科一直在发展，如数学、运筹学、系统科学等，人类其实是在提醒自己，"科学"始终是"有偏无全"的局部，各种"跨越"只是认知和解决大一点的局部问题而已，不是真正的整体。更何况，我们很可能处在一个没有边界的开放系统之中，人类的"灵性"要得到这个系统的"底牌"，那是遥不可及的"诗和远方"。

问题还有更深的一面。科学的"偏颇之见"，毫无疑问，无论是个体人的"以偏概全"，还是全体人类的"有偏无全"，以及并不离谱的"偏在全中"，都对整体世界和整体人存在负面、消极和有害的影响与作用。之所以说，科学价值论走得太快、太远，一方面，是人们只看到了"科学"正向、积极和有益的结果，没有看到"科学本原"无法克服的局限性，以及由它带来的反向后果；另一方面，是人们在"科学信仰"的大纛下，不愿意看到、有意忽略或是转移出去"科学的"负面、消极和有害的后果，自觉不自觉地否定"科学本原"的局限性，走向了科学主义或唯科学论的神龛。

新冠疫情又一次提醒人类，"科学"和"科学的"方法应对新冠病毒、核酸检测、疫苗预防和药物治疗等，都是积极的，没有错甚至可以说正确，但这种应对是局部性的，并不是所有疫情"底牌"掌握在手的全方位处置，因而无法掌控疫情的走向；数字货币在当下的实践，也在显现同样的道理，"科学"和"科学的"新型货币创造，不过是技术视角下人类货币品种的发展，它否定传统的组织视角、人为视角和物质形态，但它不是"全视角"下的整体，在优势替代以往货币之时，它潜埋了"技术视角"下可能负面、消极和有害的种种因素——"货币"这头大象，全视角或无视角能够看到的"国王"，我们根本不知道在哪里。元宇宙正在走进人类社会的生活，由它带来的人类乐观情绪似在与日俱增。"元宇宙"这个词本身，已经昭示人类对于"科学"和"科学的"价值崇拜，远远超过了对"科学本原"的认知，似乎这个虚拟的未来世界，就是人类能够整体认知和把握的新天地，人类在这个新天地中，可以一步一步地成为"国

> 我们切不可为了时代而放弃永恒。
> ——胡塞尔

王",由此再回到现实之中,拿到那张整体世界的"底牌"。这个前景十分诱人,但一经触及人类"灵性"的局限,回到"科学"和"科学的"本原,我们对元宇宙趋势的判断,就不得不大打折扣,加上怀疑的大问号。欣慰的是,一些元宇宙学者很冷静,他们将这个新天地仅仅看成人类"超级试验的场所、载体和平台"。

美国哲学家托马斯·内格尔曾深刻指出:"科学主义实际上是一种特殊理想主义,因为它把宇宙和关于它可说及的,仅托付给一种类型的人类认识。"沿着这句话,人类运用"灵性"来认知和把握世界,至少可以也应当在这样三个类型方向上行进:一是继续"科学"和"科学的"这种"真"的专门类型;二是继续"哲学的"这样一种"全"的笼统的类型,尽管它难以直接具体来解决现实问题;三是继续文化和宗教类的"美"和"善"的类型,它们的审美价值和极致信仰,起码能够让我们保持对"科学"局限的警惕——"科学"不出圈,就是专门而有限的;出圈就是模糊而"不科学的"。

毕 苑

"法治国"理想：杨廷栋的启示

如今知道杨廷栋的人已不多，在清末民初，他却是相当活跃的人物。在近代中国社会转型的重要时刻，他提供了有关政治的新知识，深度参与了立宪运动和清王朝的"退位"，突然又急流勇退，转入实业界，亦成就斐然。在波涛凶险的近代中国，他的一生成功跨越了知识人、政治家与实业家三个领域，每次"跨越"不仅成功，且都不违背自己"法治国"的初衷和理想，委实不易。今年恰逢杨氏《政治学教科书》——近代中国人最早自己编写的政治学教科书——出版一百二十周年，撰此小文，亦有对先贤的致敬之意。

一

中国人对西方政教的认识最晚可追溯到明末。大约十七世纪三十年代，主持南京天主教会的耶稣会士高一志（后改名王丰肃）撰写过《西学治平》（或称《治平西学》）的著作，邹振环说它"涉及西洋政治学"。鸦片战争后，美国传教士麦都思（W. H. Medhurst）等人于一八五三年在香港创办了中文杂志《遐迩贯珍》（Chinese Serial），当年第三号刊登了《英国政治制度》一文，介绍了英国君主作用、议会、立法、司法、选举、审判和预算等制度。次年第二号又有《花旗国政治制度》一文，介绍美国的两院选举、总统选举、任期及职务，还有立法程序、预算、司法、陪审制度和行政等情况。但无论是明末的《西学治平》还是近代的《遐迩贯珍》,对当时的中国几无影响。

直到洋务运动后,国人才开始对现代政治学有所了解。王韬、郭嵩焘、马建忠等都谈到"政教"与西方富强的关系。戊戌时期政治学逐渐从零星知识向独立的知识体系聚合。书院和新式学堂里的"政治学",这个三音节词是日制汉语,最早出现在驻日外交官黄遵宪一八九五年出版的《日本国志》中,这个术语渐渐取代了中国原来的"西学""西政"。梁启超一八九六年的重要文章《变法通议》,批评中国缺乏专门的政制教育,同时道出了他心目中的"政治之学"应包括历代政术、本朝掌故和天下郡国利病三方面知识,中国应学习西方政治之学"以公理公法为经,以希腊罗马古史为纬,以近政近事为用"的内容体系。梁启超曾多次表述这些内容,可以说代表了政治学专门化、专业化的"梁氏政治学"基本设想和观点。新式教育机构也逐渐把"政治学"纳入教学体系中,京师大学堂从筹备时就考虑加入政治学教育。一八九六年八月,管学大臣孙家鼐奉旨筹办京师大学堂,在《议复开办京师大学堂折》中提出数条建议,其中一条"学问宜分科",拟定十科名目,"四曰政学科,西国政治及律例附焉"。一八九九年四月开始,《清议报》专门开设"政治学谭"专栏,介绍西方政治学的经典著作,当期刊登了梁启超译欧洲著名政治学家伯伦知理的《国家论》。此文影响巨大,标志着作为独立学科的现代政治学进入中国。一九〇二年,京师大学堂经过庚子之乱后正式开办,明确实行了七科制,第一科是"政治科",包括政治学和法律学两目。

短短几年,现代政治学知识以加速度密集进入中国,并且得到新学制的承认,反映了社会与时代的需要。中国人自己撰写的政治学著作,已经呼之欲出。一九〇一年,杨廷栋参与的以译书为宗旨的《译书汇编》社同仁们得风气之先,在"第九期改正体例告白"中正式宣告中国正日渐"脱译书时代而进于学问独立时代"。一九〇二年杨廷栋《政治学教科书》的出版,可视为中国人进入"学问独立时代"的标志之一。这本书的主要观点、内容自然来自日本政治学界,进一步说,来自他就学的"早稻田学派"。明治维新后,日本的政治学派分为德国系的"国家学派"与英美系的"实证学派"两个流派。"国家学派"将政治学等同于国家学,东京帝大是"国家学派"的代表,德国学者那特硁被聘任为首任政治学教授。"实证学派"强调实证研究,早稻田大学被认为是英美系的"实证学派"的代表。明治维新的日本"以德为师",当时占主导地位的是德国系的"国家学派"。在这种背景下,即使是作为实证学派代表的早稻田大学,其实也是德国学派占主导地位,以致后来有人质疑其是否能称为实证学派。但相对于东京帝大,早稻田毕竟较多地讲述、译介英美实证学派和具有英国自由主义色彩的观点、著述。

杨氏《政治学教科书》只万字出头,却有十八章,言简意赅,将政治学的基本原理、概念,主要国家政治制度概况介绍得清清楚楚。

政治学首先要面对"什么是国家"这个问题。他认为,国家由人民、土地、全体之结合、治人者及治于人者之区别、有官体这五个因素组成。对"全体之结合",他做了详细解说:"盖一国之内,人类不齐,民志亦不一。故或分族类,或判党派,往往在所难免。然关乎一国全体之事,须有共同一致之观,而无轧轹分崩之弊,故中古封建之世,虽有一国之名,而实无一国之实,以其无全体之结合故也。"否定了传统的朝廷即是国家的观念。对"治人者及治于人者之区别",他的解说是:"盖不论何国,皆有主权者,及服从者。……然此所谓主权,所谓服从,固非仅指君臣而言。盖所谓主权者,不独一人数人而已。固有合国民之全体,而称之谓主权者。如民主之国,其一国之民皆服从者,即一国之民皆主权者也。"人人都必须服从国家主权者,但这种服从并非传统的君臣关系,因为"主权者"是人民。

"有官体"更是一个全新概念,其实就是德国政治学家伯伦知理的"国家有机体说"。一年后,梁启超的《政治学大家伯伦知理之学说》将其译作"有机体",影响巨大。伯伦知理的国家有机体论认为,国家像生物一样,是一含有道德之有机体,由政府、立法部、法院等各个部局组成,统一构成一个有机的整体。在他的国家理论推绎中,一反英美系以个人权利为基础的国家论,强调国家作为一个有机整体,其重要性要高于各个分散的个体的重要性,强调了国家凝聚力与强大的国家权力的重要性。伯氏的"国家有机论"进而主张"国家全权论",是梁启超思想转向强调国家实行"干涉主义",国家重于个人,公权重于私权的重要政治理论来源。

值得重视的是,虽然杨廷栋将国家有机体作为国家的基本元素之一,但他的政治学思想底色,却是英美色彩。他认为宪法是国家根本大法,本质是为民而设。"凡制定宪法,必先其国之政为何如政,或为民主之政,或为君民共治之政,若是者谓之政体。其次当定国家执政之人,及政权分任之法,并人民公权私权之区别。外若人民选举议员之权利,及被选举之者之权利,皆宪法中所制定者也。"显然,他的宪法理论把握住了近代国家政治的核心,即政府和个人的关系。面对政治学泰斗伯伦知理,他保持了思想的独立性。

在"权利自由"一章中,他详析了个人权利与自由的关系。他信奉天赋人权、不可剥夺的理论。又将权利细分为"一身之权利,参政之权利,信教之权利"三种,"一身之权利"是私权,"参政之权利"是公权。他认为自由与权利虽不相同却密不可分:"自由云者,吾有权利,惟所欲为,他人不得而侵之也。如上所言权利,则有所谓一身之自由,有所谓政治上之自由者,有所谓信教之自由者。"尤其应该一提的是,他关于公权与私权的划界、权利与自由的分辨,比严复名译《群己权界论》的出版早了一年。

宪法是为人民而设,自然会有立宪权问题。他依然从"主权者"来论证立宪权在人民,因为现代政治学中的"主权者"是"国民":

"曷谓国家主权，盖即国民全体之主权也。"制定、修改宪法的权利在国民，"自由之国民，皆不可失此权利"。君主之权、政府之权都来自国民："盖国民可以造政府，政府不能造国民。"制定宪法的具体方法"必政府与国民互相讨论，因众议以决可否。众以为可则采之，众以为否则废之。宪法既定，则颁之国中上下共守之。故立宪之国，其人民权利之最可贵者，为议定宪法之公权。盖以人民一切权利，皆本于此公权故也"。"然欲制定宪法，初不能集一国之民而共议之，此选举之法所由来也。盖由全国人民中，选举若干人以为全国人民代表，使议国政。其被选者曰议员。议员议事之处曰国会，故凡主宪之国，皆有国会。"或许他没想到，几年后开国会就会成为立宪派的主要诉求，并形成全国性运动。

政治学自然要研究政体问题，他将"古来通行之政体，分为三类，曰君主政治，曰贵族政治，曰民庶政治"。对"无限君主专制"，他认为本质上是"以一君临亿兆之上以统治之。其国无所谓法，即以一君之意为法，多养兵以制伏其民。其威权无极，举一国之民皆为奴隶"。对共和制，他推崇备至，盛赞"此政体为最善，盖以一国之民，为一国之事，合于天理者，惟此政体而已"。但对君主立宪，他也并不否定，最重要的是限制公权保护私权，至于形式是共和还是君主立宪，则无关紧要。

对公权的限制、私权的保护，离不开三权分立的制度设计，他介绍了孟德斯鸠的理论。对政党政治中的政务官替换，他称赞不已："专制之国，宠幸得志，往往盘踞不去，甚且权奸已死，其门徒死党，煽其余焰，而永无易位之日。此正因国中无政党，故得肆其荼毒如是。立宪之国，为一党得志而有不惬于民心者，则他党力攻之；若他党易其位而如故，则他党又攻之。"

从第十一章到第十八章，他介绍了英、法、德、普、美、瑞士、瑞典、挪威、奥匈帝国等国的政治，德国与普鲁士有两章分别介绍，足见其对"德国"的重视。耐人寻味的是，没有俄国政治，也没有他熟稔的日本政治。或许，俄国不是君主立宪国家，所以不在此书范围之内？随着立宪知识的加深，许多"以日为师"的留日学生渐渐产生了日本的立宪只是及格甚至不及格的看法，日本也因此不在他的介绍之列？严格地说，他的"教科书"并非全面的"普通政治学教科书"，而是"立宪政治学"教科书。有趣的是，此书在介绍上述国家政治制度时，对各部的名称，如陆军部、财政部等，完全用日本词语陆军省、海军省、大藏省等称之。显然，他一时找不到合适的词，进一步说，这反映了中国政治学初期站立习步，仍不免蹒跚而行的状态。

《政治学教科书》出版数年后，杨廷栋应南通州师范学校之邀授课。为编写适用的中学和师范用书，他对包括《政治学教科书》等著作在内的一些旧著加以修订，新著名为《政治学》，一九〇八年上海中国图书公司出版。为配合立宪，增加了"臣民之权利义务"等内容，还增加介绍日本市町村制情况，以为中国地方自治之参考。

二

杨廷栋不仅能坐而论道，而且能起而行之。除了输入学理，他还办报直接论政议政，参与政治活动。一九〇一年五月，他与戢元丞、秦力山、沈云翔等在东京创办《国民报》月刊，并任撰述，倡言革命排满。秦力山是梁启超的学生，一八九九年秋应梁启超之召赴日本留学，任《清议报》主笔。一九〇〇年奉康、梁之命到武汉，与唐才常组织自立军营救光绪皇帝，任前军统领。事败后唐才常被自己的老师、以"开明"著称的重臣张之洞所杀，秦又流亡日本。由此，秦从"改良"转向"革命"。在中国未来革命与改良的激烈争论中，秦、杨等人走向革命，也预示了近代中国的命运。

一九〇二年，杨廷栋回到上海，先后任职于母校南洋公学译书院、商务印书馆编译所。回国就与戢元丞、秦力山等在上海创办《大陆报》，任编辑，仍主张革命，反对康、梁的保皇会。他出版了自己的著作《政治学教科书》《政教进化论》，编著《理财学教科书》，翻译出版了《路索民约论》，此为卢梭《社会契约论》的第一个完整中译本。

虽然主张革命，但当清廷宣布"预备立宪"、江浙绅商积极响应时，杨立即投身其间。他曾任常州府学务公所庶务长，常州师范法制教员，长元吴三县教育会法政讲习会、预备立宪公会附设法政讲习所教员，"长元吴城厢自治筹备公所"名誉咨访员兼编辑员。除了宣讲立宪知识，他越来越积极地参与实际政治活动，一九〇八年在江浙绅商掀起的苏浙铁路风潮中，他被推为苏浙铁路公司赴京争路代表，任江苏铁路协会评议员、苏属咨议局筹办处选举科科长，当选为江苏咨议局法律股常驻议员、苏属地方自治筹办处顾问，编著《地方自治章程通释》《城镇乡地方自治章程通释》《咨议局职务须知》，详细讲解当时人们知之不多的调查须知、议员须知、选举须知等基本现代政治学知识。一时间，他在日本学到的现代政治学知识似乎大有用武之地。

张謇是立宪派领袖和立宪活动的推动者，杨廷栋的学识与才干立即受到张謇赏识，与同学雷奋一起成为其左膀右臂。张謇的重大决策，二人都参与其中。张謇发动的国会请愿运动，杨廷栋是重要策划者，一九〇九年十二月浙江等十六省咨议局代表在上海开会，杨廷栋在会上与孙洪伊等人组织创办"请愿即开国会同志会"以鼓吹立宪、游说社会、继续请愿，他在上海总部从事实际工作。第二次请愿被拒绝后，立宪派在北京成立"各省咨议局联合会"，作为统一指挥请愿活动和联络全国的机关。他们商议于一九一〇年八月集会，杨廷栋被推举为审查员。

一九一一年，他当选为预备立宪公会董事，并加入三月刚刚成立的"宪政实进会"。宪政实进会是清末首批合法政党之一，陈宝琛

37

为会长，比奉梁启超为精神领袖的"宪友会"更为温和保守，虽然都主张君主立宪，但两党在具体问题上的分歧、争论更为激烈。十年前杨廷栋曾主张革命，公开抨击康、梁保守，此时却比梁更保守，因为他虽然主张革命，但并不执着于革命，在他的观念中，"革命"与"改良"并非水火不容，只要能实现制衡权力的立宪，是共和立宪还是君主立宪，是和平渐进还是暴力激进，都不重要，几年前的《政治学教科书》就有此思想。如果提供了改革的客观条件，和平渐进的社会成本更低，代价更小，更为可取。

一九一一年十月十六日，武昌起义第六天，江苏巡抚程德全不知所措，请杨廷栋和雷奋邀约张謇到省会苏州抚署密商大计。当天晚上，他们三人在一旅馆为程匆匆拟就奏折，这封《奏请改组内阁宣布立宪疏》措辞激烈，一改以往奏折中臣下的委婉卑微之态，明指清政府"失信于人民者,已非一端"，导致现在状况的正是朝廷"内政不修，外交失策，民生日蹙，国耻日深，于是海内人士，愁愤之气，雷动雾结，而政治革命之论出"。而且，尽管朝廷宣布预备立宪，但各种"立法施令，名实既不尽符"，更加成立"皇族内阁"，使人民感受到"权利不平之迹"，不满更甚。正是清政府如此种种措施，才使"志士由此灰心"，才有革命的发生。他们提醒朝廷，当务之急是要做三件事：一是解散"皇族内阁"，另行组织一个完全责任新内阁；二是明降谕旨对酿乱首祸之人予以处分，以谢天下，虽未点名，矛头直指"铁路干线国有"的主谋人盛宣怀；三是"定期告庙誓民，提前宣布宪法，与天下更始"。奏折最后甚至以退为进，不无威胁朝廷之意，提出如果朝廷不听就辞职。

程德全将此折通电各省将军督抚联衔入告，得到热河都统溥颋、山东巡抚孙宝琦响应，遂以溥颋领衔，程、孙三人联衔上奏，但并未得到朝廷回应。此折虽然联衔将军、督抚不多，但影响是震撼性的，是辛亥鼎革的重要文献之一。（作为这个历史性文献的起草人之一，杨廷栋深以为荣，一九一六年他将所藏奏疏原稿翻出，请著名画家吴湖帆画了当年在旅馆连夜草书的情景装卷，名为《秋夜草疏图》，请张謇、梁启超、孙宝琦、叶恭绰、黄炎培等十九位名人题写序、诗、跋，集合成卷。）

张謇稍后到上海，杨廷栋在苏州、上海间紧密联系。十一月四日上海光复后，江苏巡抚程德全在苏州宣布易帜响应革命。江苏独立后，杨廷栋任都督府外务司次长。这时，手握重兵的袁世凯是真正的实权人物，他的态度，成为革命成败、清政府存亡的关键所在。张謇多次电函袁世凯，促其转向共和。袁世凯接受清内阁总理大臣任命后，张謇与程德全于十一月十三日共同向袁世凯致书，嘱咐有江苏咨议局议员身份的杨廷栋面陈袁世凯，劝其认明形势，现在"其必趋于共和者，盖势使必然矣。分崩离析之余，必求统一维持之法"，并劝袁世凯学习华盛顿（《拟会程德全嘱杨廷栋进说袁世凯》）。张謇、程德全将如此机密重要之事托付杨廷栋，足见对他的信任。南北双方议和直到最后清帝退位，密室政治紧锣密鼓，张謇始终是关键人物之一，作为张謇的心腹，杨廷栋自然也积极参与。标志千年帝制最后退出历史舞台的《清帝退位诏书》虽只三百余字，但却是有关各政治力量字斟句酌、反复修改最后达到利益平衡点的结果，各方"讨价还价"的底稿、基础，由张謇拟就。有传说张謇的底稿，仍是嘱杨廷栋起草，虽系传言，但能作为"传言中人"，亦说明在这个历史性时刻他卷入之深。

民国初年，是有功之臣杨廷栋政治上最为风光的时刻。他曾任第一届国会众议院议员、国会组织及选举法起草委员等职。一九一四年初，杨廷栋在张謇当总长的农商部任矿政局局长。当袁世凯开始暴露称帝野心，一直跟随张謇支持袁世凯、反对国民党的杨廷栋辞职返乡，表示反对。或许是对政治失望、厌倦，他突然急流勇退，弃政从商，在苏州、常州从事实业，渐渐淡出政坛。但值得一提的是，他在兴办实业的同时，尤为关心教育。后来对中国教育产生重大影响的中华职业教育社，他就是发起人之一，并任该社议事员。由于国内战乱频仍，他后来移居香港，一九五〇年病逝，走完了自己跨越知识人、政治家和实业家的一生。

在一九〇八年响应清廷"预备立宪"而修订出版的《政治学》序中，他说自己的理想是使"终吾卷者，可以想见法治国之美备，栖息于其中者之悠游融乐"。可能他过于乐观，过于相信"吾卷"的作用，但正是这许许多多的"吾卷"，才使"法治国"的理念薪火相传，赓续不绝。

读左零札

公子士、泄堵俞弥说

傅　刚

《左传》僖公二十四年："郑公子士、泄堵俞弥帅师伐滑。"杜预注："堵俞弥，郑大夫。"据此注，杜预以堵俞弥为一人，公子士泄为一人，是以"泄"上属。然僖二十年传"郑公子士、泄堵寇帅师入滑"，杜注："公子士，郑文公子。泄堵寇，郑大夫。"以"泄"属下句，是以"泄堵寇"为一人，如此则是以二十年之泄堵寇与二十四年之堵俞弥为两人。杜预此注当误。

公子士，文公子，僖公二十年帅师伐滑。宣三年《传》言文公娶于江，生公子士，皆言公子士，不言公子士泄。二十四年《传》称"郑公子士、泄堵俞弥帅师伐滑"，前文是"郑之入滑也，滑人听命。师还，又即卫"，即追述二十年事。滑人见郑师还，即叛郑即卫，故郑复使二大夫帅师伐滑。此二大夫显然即二十年之公子士、泄堵寇。泄堵寇称"泄堵俞弥"，春秋一人多名，《左传》称引常法。杜预既以二十年《传》公子士为一人，泄堵寇为一人，不当此《传》以"泄"上属为"公子士泄"。此事亦见《国语·周语中》："襄王十七年，郑人伐滑。"韦昭注："先是，郑伐滑，滑人听命。郑师还，又叛即卫，故郑公子士、泄堵俞弥帅师伐滑也。"韦昭显然用《左传》僖二十四年文。虽古人无句读，但以下伐滑继上伐滑，二帅不易，亦见韦昭以泄堵俞弥即泄堵寇。日本学者川合修《左氏春秋考征》又以公子士字公子士泄，更误。"泄"应为郑之族氏，僖三十一年《传》有泄驾，当亦其族人。

任锋

《先秦政治思想史》的「百年孤独」

梁启超所著《先秦政治思想史》在一九二二年问世，距今已有百年。这常常被视为中国政治思想史作为一个独立学术领域在现代诞生的标志。说来惭愧，对于这本书，我知之虽早，却很长时期并未用心去读。就好像看待初生婴孩的脸庞，人们只是视之为一个开端、一个起点，在进化论心态的学科成长中，它似乎是混沌的、稚嫩的。

这一点也与梁任公晚期的思想学术走向相关。革命派往往抨击其不够彻底，保守派讥讽其不够古典，启蒙主义者总是怀疑他背叛了普世理想。在意识形态狂飙越来越猛烈的时刻，想要做个清明节制的思想者，想要中庸调和，被时代大潮晾在一边已是很温和的待遇。诸多世象，没有足够遥远的距离，恐怕是不易评判其价值的。即如任公此书，大概百年后方得彰显文明视野、传统启示。

不妨从两个进路走入这部书：一个是文明、国家与宪制的竞争视野，另一个是立国思维与共和治体论。

现代政治思想及其历史书写，离不开世界体系中国家及其宪制的比较竞争。就在一九二二年，英国维多利亚时代两位杰出的历史政法学家詹姆斯·布赖斯和戴雪相继去世。这对好友曾一起考察美国,凭借比较视野而发展出对于自家英宪的精彩解释(如柔/刚性宪法)。前者的政治学名著《美利坚共和国》(The American Commonwealth)立志超越托克维尔,早在晚清民初就推出多个中译本,对包括康、梁在内的政学名流影响颇大。后者中译本《英宪精义》流行更广,中国政治思想史的另一位先行开拓者谢无量先生早年就曾节译过这本名著。透过观察他者——尤其是现代文明中心的他者来帮助人们思考自身特质和出路,这在梁启超《先秦政治思想史》的思想背景中同样重要,那就是一九二〇年《欧游心影录》的发表。

布赖斯曾在十九世纪晚期的讲座中指出,欧洲意识和技术正在全球迅速普及,而中国由于其巨大体量会使得这个过程迟滞至少数代人。《欧游心影录》则显示出,中国政学精英在"一战"焦土上已经开启了更为自觉的现代反思,梁任公在实地考察后对其早年启蒙的诸多心得有了更为全面的审度和反省。欧洲现代文明在个性解放基础上释放出巨大活力,凭借科学、民主和世俗化试图征服世界和确立支配地位。个性的自由平等进一步通过群众化获得普及,并产生了温和与激烈的道路争持,而国家作为这种争持的终极载体将人类带向世界大战,和平在国家主义的斗争浪潮中难以得到长期保障。任公估计"一战"后和平能维持三四十年,事实证明犹是过于乐观。

作为引进一波波西学前沿的弄潮儿,梁任公经历二十多年磨炼,充分认识到西方现代自身的多变性、极端性和自毁潜力。出于中国文明均衡协调心与物、灵与肉、理想与现实的基调,他倾向于对西方文化的一系列冲突加以中庸调和并超越之。中国在"一战"后的国家道路应当怎样开展?梁任公提出几大纲领,包括世界主义的国家、全民政治、组织力和法治、社会主义。梁任公在一九〇三年曾有国家主义转向,汲取德国伯伦知理的学说,强调现代国家的重要性。此时他辩证地强调国家主义的边界,国家之上不是真空,应该有世界主义规范来克制国家理性的极端肆虐。全民政治重在反思狭义党派政治的不足，批评精英主义思维，强调人民政治自觉的全面发动和政治能力的积极养成，体现出积极民主立场。旅欧途中，他实地考察英国议会政治，后者政治生活中的组织力与法治习惯令他印象深刻，这方面新成立的共和国仍然需要学习。至于社会主义理想的实施，他看到的是民主社会主义与俄国革命之间的分野，尽管难以预料其竞争前景，他更倾向于中庸的温和道路。

作为清末民初转型时代的枢纽型人物，梁任公的政治和文化剖析未必能够完全契合后续的中国实践主流，未必是解决时局问题的锦囊妙计。历史实践的诡秘往复远远超过任何天才人物的心智边界和思想逻辑，有远见的思想者能做的恐怕就是敏锐发现问题、勾勒方向和尽其所能地呈现内在复杂性。《欧游心影录》宣告了启蒙主义欧洲中心论的终结，预示中国新生的可能性系于重温文明传统的自知自重（而非全盘反传统），无怪乎沿着启蒙或革命道路继续前进的人们纷纷责其开历史倒车。

扩大历史视野，在"一战"硝烟中警醒前行的不只中国，较为相近者如印度。甘地、尼赫鲁等印度政治和文化精英正是在"一战"期间加快了谋求从英帝国独立的步伐。有学者把现代印度立国的主要原则概括为民主主义、社会主义和世俗主义。与梁任公的建议相比，现代印度缺乏的是一个强大而独立的国家传统，再加上殖民地经验，致使其在当时的国际秩序中尚缺乏世界主义的眼界。梁任公和甘地等人都对英国立宪政治表示欣赏，而印度有深厚沉重的宗教（冲突）传统、种姓制度，彼之难题，此则非是。甘地作为立国精神领袖以"萨蒂亚格拉哈"（坚持真理，非暴力）为中心诉诸内在精神转化的政治实践方式，乃是深鉴于印度文明传统对于暴力问题的敏锐思考，非暴力不合作道路与全民政治的积极行动取向大相径庭。"一战"后欧洲以外国家的宪制发展，深度折射出文明系统的差异，《欧游心影录》呈现的是文明、国家与宪制叠加的丰富转型信号。

这本游记的政论思想引导了梁任公的学术议程,《先秦政治思想史》就是从学术智识上探索文明传统对于现代立国会产生什么启示。其序论总结出先秦诸子的思想共识,包括世界主义、民本主义与社会主义,与欧游建议可谓先后呼应。其结论直面现代性挑战,重新审视先秦思想的时代价值,陈言自己在相互冲突的价值原则难题之间踌躇徘徊十余年,萦绕脑际绝非始于"一战"。这就涉及品读这本学术著作的第二个视野,即立国思维与共和语境下的治体论。

相比于一九〇三年的国家主义转向,梁启超在民国建立前后经历的思想转型更为重要,可谓从变革思想家到立国思想家的转型。以现代西方为典范,谋求变革现实中国,倡导大变、速变,这是晚清以降变革思维的特征,影响直至今日;而注重一个国家政权建立的系统条件,谋求巩固和维系,确保可持续发展,需要历史现实自觉性较强的立国思维。中国政治传统长期以来有立国之道的发达思想和实践,而当政权遭遇挑战和危机,则兴起变革思维,希冀从头再来。梁启超早期的西学启蒙大体属于变革思维,而导致他转型的缘由,从内在说是思想心境在见识阅历丰富后趋于成熟稳健,从理想主义变为注重历史政治实践,其外缘则是伴随晚清覆灭、共和新生而促使他必须系统理解一个文明古国的现代秩序生成。

至迟在一九一〇年创办《国风报》期间,他于《说国风》中强调国民心性习惯在国家构成中的重要性,在关注"良法美意"的制度移植之际,关联到国风所蕴含的关于政治原理和主体特质的传统维度。这就指向传统立国之道的自觉:"泰西正学,浸润输将,而祖述之者,大率一知半解,莫能究其本源,徒以其所表见于外者,多与我不类,则尽鄙弃吾之所固有,以为不足齿录,而数千年来所赖以立国之道,遂不复能维系人心,举国怅怅然以彷徨于歧路间,其险象固已不可思议矣。"革命转轴,共和既立,梁任公在民元即强调

"国性",指出"缘性之殊,乃各自为国以立于大地。苟本无国性者,则自始不能立国。国性未成熟具足,虽之焉而国不固。立国以后而国性流转丧失,则国亡矣",于共和立国之初即窥见其险象。

概要说来,转型时代的立国思维需处理三重国度的关系,即传统立国、当下立国与外邦立国。即使当下实践立国为确定项,也要看到另外两者的多个层面,如传统立国中三代的典范性与汉唐明清的经验性,外邦立国包含时空多维,如十七世纪英国与十九世纪德国,现代立国早发与后发也特质各异。当下立国的理想立场是兼收传统立国和外邦立国的启示。一九一二年的《中国立国大方针》提出既要把握中国立国的传统精神,又要顺应世界发展大势。他认为中国国家属于早发,然而需要更加团结有力,树立世界责任和使命感。在立国指导原则上,他有意超越西政语境中的自由和干涉,而提炼出"保育"作为立国要道,从中可见周、孔以来政治精神的遥远影响。鉴于共和鼎革后政治浪漫想象的流行,他批评自由至上、无政府主义、乌托邦主义对于秩序和法治的轻忽,强调建立强有力政府,在此意义上肯定英国阁会一体的制度优点。

与启蒙主义治学不同,梁任公的这些政治思考使他不再从书本到书本、以西式理念来规训自家实践,而是首重立国时刻的中外实情和时势,注重把握自身传统的规范意义,在立国智识资源上必须开放多元、融会一体。这并不意味着完全放弃以前的西学心得,而是将其放在立国导向的稳健思维中加以审度,如论民权、论自治,在立国规模的传统中为其定位调适。他在《先秦政治思想史》"序论"中特别指出:"中国文明,产生于大平原。其民族器度伟大,有广纳众流之概。故极平实与极诡异之学说,同时并起,能并育而不相害。其人又极富于弹力性,许多表面上不兼容之理论及制度,能巧于运用,调和焉以冶诸一炉。此种国民所产之思想及其思想所陶铸而成之国民意识,无论其长短得失如何,要之在全人类文化中,自有其不朽之位置，可断言也。"

中国文明的立国之势对应其立国精神的广纳众流，立国思想也从来不是一家一派之言的独白，而是切合立国规模的熔冶凝合。萧公权先生称其政论没有成见、今昔不断交战，也是这种思维气质的体现。任公最终在春秋战国阶段选取儒、道、法、墨四大家来讲授，首先是认识到这个时期思想争鸣对于秦汉以后国家构造的奠基意义，其次也是着眼于自身所处转型时代与战国的某种类似性，想在新战国时代再思立国思维资源的现代价值。他把世界主义、民本主义和社会主义当作诸子共识，与《中国立国大方针》《欧游心影录》背后的立国关切一脉相承。当我们在现代新儒学、新法家等诸子范畴中回望梁氏时，不能忽视立国思维这个基本架构。

《先秦政治思想史》不仅显示出立国思维下的学术探究，也颇具创新性地激活了立国传统中的治体论。古人论述立国秩序，注重从治人、治道和治法分别代表的政治主体、政治原理与制度方略三类要素的辩证统合关系去把握大纲要领，这个治体论传统至少自贾谊而下长期塑造着中国政治的实践智慧。及至晚清，严复、梁启超等人大力引进西学，政体论大为流行，治体论似乎已成绝响。当今政法学人反思现代中国的政体中心主义，替代性资源尚难追寻。我近年稍复研读严复、梁启超等人文献，发现情况并非此进彼退那么简单。严复引进孟德斯鸠等人的现代政体论，恰恰是在传统治体论脉络中以"治制"对应 regime、form of government，并用体用范畴来分别治制的形和用，据形质言体，体立而制度形，一步步推演出现代的政体观念。而脍炙人口的《天演论》，同样显示出治功、治化等治体论观念对于严译的深刻影响，塑造了其译本里西学与中国传统的思想张力。

梁启超是政体中心主义的主要缔造者，然而立国思维转型也促使他重评治体论传统。《先秦政治思想史》改变了以往对于荀子"有治人，无治法"的专制主义批评，正本清源，揭示出儒家相对制度规则注重政治主体能动性的辩证思维。在儒法关系上，他多次重申儒家"人能弘道，非道弘人"的合理性，人的精神心灵及主体实践相对于客观的道和法，是最为根本的，并进一步引申为具有现代针对性的"人能制法，非法制人"。晚清以来至民国尤为流行的制度移植，由于不能触及政治主体关联到的国风民情，难有良效。治本必有存乎政制之外者，"至于无形之秩序与继续之秩序，则非涵养新信条，建设新社会组织，无以致之，而下手之方，则首在举整齐严肃之政治以范铸斯民"，塑造新民是政体等新治法变革的一个重要条件。而治道蕴含着相对超越政体治法的政治原理，"夫治道无古今中外，一而已。以智治愚，以贤治不肖，则其世治。反之则其世乱"，如批驳以民主政体贬低民本的时论，"政府无论以何种分子何种形式组织，未有不宜以仁政保民为职志者"。

质言之，治体论主张在政治主体、政治原理和制度方略三维的辩证架构中思考秩序体要，而政体论相对强调政体制度这个新治法要素的中心价值。立国思维引导下的治体论思考更加强调国民意力精神、政治家素养、保育民本等政治原理、大一统基源与政体再造之间的配套关系，这不是对于政体论的简单否定，毋宁是将其置于共和立国的治体系统中加以重新定位。

与治体论紧密相关的是《先秦政治思想史》对于礼治的推重。礼教是新文化运动之传统批评的主要罪魁，现代立国如果要将打倒传统转为结合传统，不能不调整或转换对于礼治的认知，同时进行立国思维的重审。礼法之辨是梁著的一大主线，法治在政府制裁力上而礼治在社会制裁力上分别得到肯认，并且前者被置于后者的根基上得到规范引导。任公的眼光不限于政治社会组织方式本身，而是深探其文明蕴涵，讨论治法背后关于人性人群的价值基设和主体特质。他揭示出礼治与法治各自代表的交让与交争两种基本人伦取向，认为礼治诉诸人格的彼此相摩，由追求良善正义的相互交往而形成信条、伦理、习惯风俗。这个过程尊重个体人格精神，强调经由关系互动形成活的良好习惯，这是要比政府立法和命令更为深刻的社会秩序机体。

任公在启蒙新学中曾为法家正名，发掘其与西方法治相近的资源。迨及此书，对于二者的历史和现代价值都表现出更多保留态度。这一点可见于他对待西方权利观念的严厉批评。《欧游心影录》曾指出现代过渡时代见证了罪恶的大规模涌现，转型时代的中国同样是满身罪恶。这样的罪恶感知在《先秦政治思想史》中将根源溯及西方的权利观念，指认西方文明中以个体为本位的斗争伦理实应为各种功利主义、国家主义负咎。交相争的个体伦理着眼于利益最大化获取而非人格交互完善的和谐正义，法治就是适用于此的政法组织方式。

梁任公对于民权的看法几经变化，萧公权先生《中国政治思想史》对此有过梳理，大体指认其为温和的民权主义者，然似乎未措意于《先秦政治思想史》的权利观批评。后者多处谴责权利观念是现代罪恶的一大渊薮，在论民权的专节里强调人格完善重于人权，应以儒家君子成德充实民权，引导全民政治。梁任公剑指政坛，谓中华民国冒民权之名以乱天下，政治上各种方案和制度走马移植只不过是"导之以政，齐之以刑"的"案乱而治"。这也可解释为何梁任公要在政体论之外激活治体论思维。政体中心主义风行之际，缺乏礼治引导的法治，煽动的是人民好斗夺利、党同伐异的激情，无法实现长治久安。

另外，以周礼为历史典范的礼治在治体类型上强调政治、文教与经济的融凝一体，注重政府与社会、中心与四方、诸族群之间的相维兼济。而梁任公把世界主义、民本主义和社会主义提炼为诸子共识，表彰均安主义、全民政治、国家的世界责任，揭示中国政治思想融合哲理、经济和典制的特征，这些线索有利于深入解析礼治内涵。现代中国立国，仍是在大一统架构中均衡调剂央地、公私、政民之间的活力关系，礼治秩序其实经历了旧命新生。

梁任公早年运用专制政体范式激烈解构大一统，认为后者在政治和文化上造成了导致国家活力衰退的专制主义。这个判断在《先秦政治思想史》"统一运动"中有大幅调整。中国以统一为常态，不同于西方常陷于分裂，先秦圣哲学说推进同类一体意识（"定于一"），奖兴同类意识而非异类意识，不囿于国家主义，这是思想上一大积极业力。可以说，类似《中国立国大方针》这样的立国实践思考应是推进任公调整判断的一大因素。任公用和平式联邦、武力式帝国来对应理解儒、墨和法家的大一统理念，以秦为帝国而汉为杂糅，则显示对大一统的观念解释仍未能确立自身话语体系。

作为中国政治思想史书写的开端，这本著作经历百年孤独，亦如空谷足音。鉴于对现代性精神中罪恶灾难的警醒，它没有将权利观念、斗争哲学和国家主义奉为圭臬法则，而是在文明根源上试图为诸神之争泊定天人性命的仁义原点，真可谓"何妨举世嫌迂阔"！它并非纯然学院书斋的撰述，而是继承古典学统百家言而王官学的精神，荟萃多源，振起政教规模，为共和立国凝练长治久安的人心共识。任德而不任刑，执法而归于礼，统纪一而法度明，其撰述方式是治体论衡，而非学案记注。受益于梁任公"晚年契悟"，钱穆先生继武增华，为故国招魂，可视为这一理路的世纪回响。

致　歉

因工作失误，本刊二〇二二年十一期封二康笑宇先生的配图，误用了十二期的配图。在此向作者及读者致歉。

《读书》编辑部

读书的辩证法

瞿林东

学人好读书,此系常理。而有些学人在自己的读书生涯中逐渐培养、形成的一种读书方法,往往使后来之人获得启示,甚至仿而效之,此亦系常理。可见讲求读书方法,确是读书生涯中值得关注的问题。近人刘声木(一八七八至一九五九年)的《苌楚斋随笔 续笔 三笔 四笔 五笔》(中华书局一九九八年版)就多处讲到宋代学人的读书法。如《随笔》卷六记"北宋苏轼等教人读书法"写道:"彭湘怀云'东坡教人读书,如兵、农、礼、乐',作逐渐理会,方得实纪。"(364页)这或许就是人们常说的苏轼"八面受敌"的读书法,即某一时段,只读书中某一方面的内容,如此往复,方方面面都读过了,才可以说是掌握了全书的内容。

又如《四笔》卷二记"宋司马光读书"。这则笔记其实是讲到三个人的读书法,其中有共通之处,但也略有差异。首先是司马光的读书法:"温公为张文潜言,学者读书,少能自第一卷读至卷末,往往或从中,或从末,随意读起,又多不能终篇。光性最专,犹常患如此。"这说明司马光读书,主张从第一卷读至卷终。他很谦虚,说是也怕自己不能完全做到如此。其次是司马光介绍何涉学士的读书法,司马光说:"从来惟见何涉学士案上惟置一书,读之自首至尾止。校错字,以至读终。未终卷,誓不他读。此学者所难也。"这是司马光最为推崇的读书法,故云:"此学者所难也。"再次是推崇王胜之读书法:"张芸叟《答孙子发书》论《资治通鉴》,其略云:'温公尝曰:吾作此书,惟王胜之曾阅之终篇。自余君子,求乞欲观,读未终已欠伸思睡矣。温公所言,学者之通患,盍以何学士、王胜之之事为读书法，云云。'语见南宋叶某《爱日斋丛钞》"。作者刘声木记了上述三事，最后写下自己的认识："声木谨案：温公所言，诚为学人通病，钞录于此，以自警惕。然读书仍有二弊，一则始勤终惰，一则进锐退速，皆终难有成。其不能专心读书者，更无论矣。"（722页）

再如《四笔》卷六记"北宋黄庭坚读书法"。黄庭坚在一封书信中说"尺璧之阴，常以三分之一治公家，以其一读书，以其一为棋酒，公私皆办矣"云云，语见《山谷刀笔》。这是说，人之一生中宝贵的光阴，用于公事、读书、生活各三分之一，就可以了，意即各方面都顾及了。刘声木对此大加赞赏，他接着写道："声木谨案：知州（黄庭坚时任知州之职）此语最佳，真得读书之秘诀。三代读书，亦必藏焉修焉，息焉游焉，决非终日疲精劳神于简册中者。凡人苟能勤学好问，每日光阴以三分之一读书，岁月浸寻，历久不渝，何患不学富五车，才高八斗。奚必三更灯火，五夜鸡声，始能谓之读书乎。"（800页）

以上刘声木所介绍的苏轼、司马光、黄庭坚诸学人的读书法，可谓人言人殊，或主张以书之内容分类——读来，或强调读书当以书之始末依次而读，或就人之一生光阴计以三分之一用来读书，等等。看来历史上的知名学人的读书法，亦颇迥异，可见如何读书并没有一成之法，而是因人而异，以读书有成为目的。

近来读明人李诩（一五〇五至一五九三年）《戒庵老人漫笔》（中华书局一九八二年版），其卷二有"读书法"一则，这样写道："读书须知出入法。始当求所以入，终当求所以出。见得亲切，此是入书法；用得透脱，此是出书法。盖不能入得书，则不知古人用心处，不能出得书，则又死在言下，惟知出知入，得尽读书之法也。此见《陈潮溪新话》。"（72页）看来，这位李诩先生所言读书法，与上述诸学人所论大有不同，总的差别，上述学人比较看重的是形式上如何读书，而这位李诩先生则是从实质上告诉人们应如何读书，形式固然重要，因其可形成一种约束力，使人们自觉地养成一种读书习惯；而从实质上看待读书，则更重要，简言之，"入书法"是说的要读懂书，"亲切"二字用得极中肯；"出书法"，是说的学以致用。把读懂、能用,用来诠释"入书""出书"相结合的读书法,可谓言之平实而寓意深刻,反映了读与用、入与出的辩证关系。

李诩所论入书出书之读书法,使人联想到清人龚自珍的著名评论文字《尊史》。龚自珍在这篇文章中写道,史官之所以受到人们的尊重,并不是因为史官"职语言、司谤誉"的重要地位,而是"尊其心也"。所谓"尊其心",是史官"善入""善出"的缘故。那么,"何者善入"?龚自珍写道:"天下山川形势,人心风气,上所宜,姓所贵,皆知之;国之祖宗之令,下逮吏胥之所守,皆知之。其于言礼、言兵、言政、言狱、言掌故、言文体、言人贤否,如其言家事,可谓入矣。"一言以蔽之,懂得历史、知晓国情,可称为"善入"。"何者善出"?依同样的道理:"天下山川形势,人心风气,土所宜,姓所贵,国之祖宗之令,下逮吏胥之所守,皆有联事焉,皆非所专官。其于言礼、言兵、言政、言狱、言掌故、言文体、言人贤否,如优人在堂下,号咷舞歌,哀乐万千,堂上观者,肃然踞坐,�睐而指点焉,可谓出矣。"总的说来,对于历史和现实国情的认识与联系,应做何评论及改进,犹如坐在堂上观看艺人演出,随时做出评点,这就是"善出"。龚自珍说史官之了解历史与国情如同了解"家事",颇与李诩所谓"亲切"相近,论史官之评论历史与当下国情犹如李诩所谓古人"用心处",都是讲的"读"与"用"的关系。值得注意的是,龚自珍说的"尊史",从论史官始,而以论史书终,所以他最后强调说"又有所大出入焉",这就是:"出乎史,入乎道,欲知大道,必先为史。"(《龚自珍全集》第一辑,上海古籍出版社一九七五年版,80—81页)开始说的是"善入"与"善出",现在说的是"善出"与"善入",前者是指知识的积累和评论的功夫,后者则是指这种知识的积累和评论的功夫进而上升到"道"的层面,即思想、法则的层面,近于理性认识的阶段了。如果说,龚自珍所论有高于李诩所论之处的话,那是因为李诩是泛论,而龚自珍是结合史学所论,给人以历史感与时代感的体验与感受,并深刻地认识到史学对于现实的重要,从更深的意义上反映出古与今、历史知识积累与社会实践能力间的辩证关系。

关于读书的辩证认识，有的学人可以完全离开具体的书、人、事，而付诸纯粹的理念，即可启人心智，增强对于坚持读书便可不断获得新知的信心。明代学人祝允明（一四六〇至一五二六）的《读书笔记》仅用三言两语便道出这一真谛，他这样写道："学贵有常，又贵日新。日新者异于有常，然有常日新之本也。"（《说郛三种》第九册，上海古籍出版社一九八八年版，185页）这两句话，真可谓言简意赅，把治学（当然包括读书）过程中的"有常"和"日新"的辩证关系说得再透彻不过了。对于学人来说，"有常"与"日新"同时存在，当然，人们都渴望"日新"来得多一些、快一些，但若轻视以致脱离了"有常"，"日新"又从何而来？故在"有常"与"日新"之间，"日新"是收获，是成果，而"有常"则是根本，二者相依相存，共同成就了学人的造诣与事业。

上文讲的"入书""出书"，"善入""善出"，"出乎史""入乎道"，以及这里讲的"有常"与"日新"，都包含了关于读书的辩证思维，给人们以理性的态度和认识来看待读书，让读书伴随自己的人生，并形成属于自己的和有效的一种读书方法，确是一件极有意义的事情。

短长书

社会进化中的动态平衡
——詹克斯后现代建筑理论中的社会生态意蕴

李 玲

"动态平衡"一词源于希腊词根，意思是"相似"和"稳定状态"，通俗的解释就是：通过控制某些物理量，使物体的状态发生变化，而在这个过程中物体又始终处于一系列的平衡状态中。这是从物理学的角度来看，而从生物学的角度来理解，其作用主要是为帮助生物在不同环境和情况下保持最佳功能。引申开来,"动态平衡"就是维持相对稳定的内部状态的能力,尽管外面的世界发生了变化,但内部通过调节和重组依然能保持能量和形成新的态势最终得以生存和健康运行。

从社会学角度看,"动态平衡"主要是在社会的进步和发展过程中,为社会进化和进步提供了一个"安静的背景",使社会内部各要素、各运行机制得以逐步适应新的动态,新的视域和环境,进而更顺畅地相互沟通,相互联系,达到在现有条件下互相适应、新的和谐共存,而内部的动态平衡更容易使社会机体提取重要信息并在系统各部位之间传递信号,共融互通,进一步促进社会的进化和发展,从而形成一个充满生机和活力的社会有机体——健康的社会形态。

根据系统论原理,社会生态系统的发展总是会呈现平衡—失衡—再平衡的状态,是一个动态的发展过程,也是一个从平衡状态到远离平衡状态再回到平衡状态的自组织循环系统。这是由其发展运行的规律所决定的。社会总是前进的、发展的,虽然有时动荡乃至剧变,但正如一条流动奔涌的大河,不管有多少浪花,其水面总是保持一种相对的平衡状态,也就是"动态平衡"。这个社会生态中的多个角色、多种关系相互依存,相克相生,共同构成一个社会生态系统的整体。

作为后现代建筑理论的创始人之一,查尔斯·詹克斯(Charles Jencks)以生态、有机、过程、多元理念为标准,以对现代建筑和解构性后现代建筑理论的局限的反思批判为前提,吸纳并超越现代建筑和解构性后现代建筑美学理论,强调建设性与创新,追求自然美和以人为本的建筑意义。他凭其独特的视角和理论将建筑发展从传统美学和现代美学的束缚中解救出来,用符号学的方法将意识形态因素引入到建筑语言中,突出了后现代主义艺术中不可避免的政治倾向和建筑的"双重译码"功能及建筑的复杂性,蕴含着丰富的社会生态思想,从而实现建筑的社会功能。

詹克斯的后现代建筑美学把社会看作一个整体,在这个整体中,有一个"内在关系和秩序"为核心调节机制,以保持社会平衡有序发展,事实上形成了一个以现实社会为整体的动态的生态系统。在这个生态系统中，其最大的特征是允许人类和人类之外的各种正当利益在一个平衡的系统里相互作用，也就是承认宇宙之内和人类之外的一切存在的平等位置同存共荣。人类不再是价值的中心，只是存在于这个完整的社会、宇宙体系中的一员罢了。

在这里，我从社会有机体特征的角度来探讨一下詹克斯的社会进化中的生态审美观。

"社会有机体"是一个相对广泛的概念。它既不能片面地理解为单个或者单纯的人或机器，也不能仅仅指代人际组织或者机器体系，它是人与机器、人与社会、社会与机器的合成体系，是人际组织和技术体系相互作用、集合而成的三位一体有机系统，即人、机器和社会三者的有机体系。

就复杂的有机建筑概念而言，詹克斯和美国有机建筑之父弗兰克·劳埃德·赖特（Frank Lloyd Wright）一样，希望用自己的后现代主义建筑实现人类、建筑与人文、历史和文化的有机整合，"它会在环境中，将所有对象和要素综合成为一个有机统一体"（Charles Jencks, *Architecture 2000 and Beyond*, John Wiley & Sons, 2000, p.124.下引此书只注页码），并将赖特的有机设计方法化繁为简（即将繁杂的建筑外观化简为有机几何体的理念）付诸实施。

在詹克斯的建设性后现代理论中，当建筑被赋予社会功能时，就是一种"社会有机体"，其最根本的特征就是"进步与进化"，比如，城市、社区等作为一个有机体，其局部建设或发展会对整体肌理构成不同程度的影响，这便清晰而深刻地揭示出非线性系统存在着对初始条件的强烈敏感性。当用在建筑设计中，其指导意义也就非常明确了。其特征本身决定了它在发展过程中的"动态"，而动态中的"平衡"则是问题的关键。

詹克斯把复杂的科学理论应用到建筑的进化，正是关注到了这一点。詹克斯这样解释建筑的进化："所有领域之中的创造性行为，都遵循着一种类似的概念图示。首先有一段预备期，在这个时候，心智会建起外部事件的抽象模式,或者发明家会建起一个真实的外部模型。随后,要么一种直接的事件发生了——这时,两种之前分离的理念或矩阵被带到一起,成为一个新的整体,要么就是一段曲折的探求,这时,在某些案例中,正确的解决方案便意外地被偶然发现。"(42页)

据此,詹克斯创立了一种独特的预测模型,即"建筑进化树"理论:"我相信,就预测以及经历连续的结构类型而言,这个结构图是一个相当好的分析工具。这样思考的一个理由,除了提到过的那些之外,还在于,各个轴线已被选择使用,以至于它们捕捉到主要的潜在类型。这些导致了进化树,以及仍旧存在的连贯传统。"(42页)同时他也强调了预测的责任问题:"不明确说明内在于发明之中的目标和价值,我们就没有办法明确说明一位建筑师的责任,也不能判断一个趋势是积极的还是消极的。另外,如果我们考虑到,所有发展都由这些目标指向过程,加上我已经提到过的结构一贯性之叠加构成,那么,我们就可以推算出一棵几年甚至几十年之后的、可能变化之进化树。"(48页)

可以看出,为了给这一抱负奠定坚实的理论基础,詹克斯首先把目光向前方看、向远方看,在进化论的大视野中贯通社会进化与生物进化,力图用预测影响未来。这种对未来的信念、对人类进步的信念、对人类把握自己命运的信念,体现出对人类思想意识中构建美好社会的期盼。

社会变革和制度进化是一种复杂而曲折的发展过程,它被各种社会力量以及多种类、多层次规律所制约。因此我们有必要在认清社会发展的普遍规律的基础上,合理利用自然提供给人的各种条件,结合不同阶段社会历史前进的主要矛盾或者首要任务去探索新的发展道路。

作为地球上拥有高智慧的生物,人类的活动有着明确的目的性,懂得用智慧、意志参与,能够主动地创造、发现,并按照自己的主观意志有选择性地进行实践活动,以达到有效地推动社会历史发展的目的和理想。

在这些行为中,这些个人或组织总是"仁者见仁,智者见智",在争论和辩证中求得正确的认知和动力,在实现总合力共进中,让个人的意志对社会进化发挥作用。换句话说，人类社会的进化离不开每个个体的奉献与支持，需要每个人都承担一定的责任、发挥一定的作用。只有那些顺应历史发展趋势，符合社会进步规律的行为、意志和努力，才能成为主导力量，从而在整个合力行为中发挥关键性的作用。这个过程中，不断地有人走在前面，又不断地被超越，在此起彼伏的超越和被超越中，打破平衡，实现新的平衡，平衡再次被打破，周而复始，循环往复，社会如此进步、进化。这也就是社会进化中的动态平衡及其所发挥的作用。

不可否认的是，社会进化涉及社会生态的各个方面。"社会进化过程是由多层次规律的共同作用决定的，是由多层次动力交互作用推动的，社会进化动力是一个极其复杂的系统，是通过多种社会力量的合成实现的。"（郝安乐：《论社会发展动力系统的复杂性》，载《郑州工学院学报》一九九五年第五期）社会万象中，能推动这种进化循环的有多种因素。建筑理论和建筑实践是其中不可忽略的元素之一。

詹克斯显然明白建筑进化和社会进化之间密不可分的关系，他明确指出，从美学和社会学的角度看，建筑物可不仅仅是建筑材料的组合与堆砌，它不但体现和反映了个体或群体意识与心理，而且与整个人类社会的生产、生活息息相关。据此他从多个角度表述、阐释了在自然进化、社会变化动态发展中的社会生态平衡观。

新达尔文主义者认为在自然进化中自然选择会因外部因素的介入或干涉而产生很大的偶然性和盲目性。詹克斯则反对将外部因素的作用过度夸大并置于内部因素之上，他认为无论自然进化还是社会进化，内部因素总是先于外部因素。正如"同源结构""物种进化均恒律"和"适应性相似"所证明的，人类进化影响的远远不止是生物学和自然科学的领域，社会进化的必然性也遵循着人类文明发展的法则。

现代社会是一个由人的因素、技术因素、环境因素和发展因素共同构成，多向、共时和互动的复杂系统，在每一个细节和每一个环节中，均有不同程度的"蝴蝶效应"发生。詹克斯利用突变理论产生"混沌的边缘"来创造建筑的活力，依靠系统的组织深度、时间线和"图地"关系，在边缘位置使每一个细节达到平衡稳定状态。詹克斯的建筑复杂科学理论蕴含着丰富的社会生态审美意识，凸显了建筑设计思维对社会生态的影响。在这样一个复杂且充满突变的时代，社会正被一些细小、看似不重要的事件所左右，而社会生态也需要构建有多种共生性的生存合力，形成无序、有序相协调的生态社会支持系统，以促进人类文明的发展和社会秩序的和谐运行。

詹克斯作为屈指可数的优秀建筑理论家和实践者，他对建筑历史的回顾，对建筑本身的思考，对建筑未来的探索，可谓见微知著。而其在复杂科学理论中凸显的社会生态审美观，更是把对人类把握自己命运的信念，在进化论的视野中把社会进化与生物进化沟通起来。用过去贯穿现在，用预测影响未来，给这一抱负奠定了坚实的理论基础，其中深深烙印着他源自二十世纪六十年代的乌托邦情结。

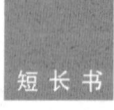

从同年到同乡

王瑞来

短长书

南宋布衣士人赵升的官制小词典《朝野类要》最后一条为"同年乡会"，如是写道：

> 诸处士大夫同乡曲并同路者，共在朝及在三学，相聚作会曰乡会。若同榜及第聚会，则曰同年会。

这条短短的记述讲了京城中的两种聚会，一是同乡会，一是同年会。

"同榜及第聚会"是后者，这是自唐代曲江宴饮雁塔题名以来的习惯。到了北宋，伴随着科举规模扩大而形成了士大夫政治。作为一种政治联系，同年关系受到分外重视，登第后的同榜聚会便是在这种背景下的重要活动。聚会的关键词是"同榜"。

而"乡会"的参与者则与同年会不同，是从同乡扩大到同一区域出身的官僚士大夫，以及官僚的预备队外舍、内舍、上舍在学的太学生。聚会的关键词是"同乡"。

这种聚会并不是无由头的，也跟科举有关。《朝野类要》中还有一条"题名"，其中写道："进士及第，各集乡人于佛寺，作题名乡会。此起于唐之慈恩寺塔也。若官司州县厅事，各立题名碑者，盖备遗忘尔。"这条记载不仅有历史溯源，还写明了聚会的缘由与聚会地点。

这不是赵升的独家记载，在主要反映南宋后期历史事实的元人刘一清的《钱塘遗事》中，也可以看到这样的记载："越四五日，乡人之官于朝者为乡会，以待乡中之新第者。"《钱塘遗事》强调的是乡会的主持者为在中央为官的乡人，缘由也是宴请同乡的新科进士。

关于聚会地点，除了佛寺，也在城中的酒楼举办。这见于南宋末周密原撰、明人朱廷焕增补的《增补武林旧事》记载："丰乐楼旧为'众乐亭'，又改'耸翠楼'，政和中改今名。淳祐间，赵京尹与筹重建，宏丽为湖山冠。又凿月池，立秋千梭门，植花木，构数亭，春时游人繁盛。旧为酒肆，后以学馆致争，但为朝绅同年会拜乡会之地。"

综合以上互有补充的有关同乡会的史料可知，同乡会是在新科进士登第后不久，由高官召集在朝的同乡官僚，对来自同一乡里的进士进行的宴请。宴会地点或在佛寺，或在酒楼。这既是唐代以来科举同榜进士同年会的缩小版，也是扩展版。说是缩小版，因为仅限于同一乡梓的进士。说是扩展版，因为除了新科进士以外，还有不少在朝的同乡官员参与。

那么，这种为新科进士举办同乡会的习俗是什么时候形成的呢？尽管缺少明确记载，但从上述三种文献产生的时代还是可以做出推断的。《朝野类要》的赵升自序写在南宋后期理宗时期，《武林旧事》的撰者周密生活在由宋入元的时代，《钱塘遗事》则是署名刘一清的元代书坊杂纂南宋史料而成。就是说，这三种文献的来源都定位在南宋。

对这一习俗形成的时代认定很重要。时代很能说明问题。需要追问的是，为什么不是北宋，而是南宋？这一习俗在南宋完全形成，或许折射出了时代的变化。

北宋科举规模扩大这一技术性的无意操作，打破了官位垄断，普通贫穷人家的子弟通过寒窗苦读，也有了步入仕途的机会，从而促进了社会流动。由人数众多的登第进士组成的科举官僚，形成了从中央到地方的政治掌控，士大夫政治一统天下。以科举出身的士大夫为主，形成了新士族。

士大夫政治没有为新士族提供世袭的特权。为了家声不坠，新士族或以知识优势，让子弟读书出仕这样的实力传家，或以士大夫间联姻强化家族势力，或榜下择婿挑选优秀士人作为潜力股。士大夫政治也沿袭了旧有的传统，给了新士族以最大的利益维护，为官僚子弟辟有恩荫入官一途。然而，为了保证士大夫政治不会走向腐朽没落，制度设计在官僚升迁等方面，让优秀的科举官僚处于有利地位，舆论宣传也让科举出身者远较恩荫入官者荣耀。

不过，无论科举出身，还是恩荫出身，在入官后的升迁过程中，都在一个跑道上奔逐。人数众多的非科举入官者的存在，对科举出身者无疑形成了一种竞争压力。于是面对压力，便让科举出身者产生了抱团意识。承继传统的同年会，由此强化同榜进士的同年关系，在此后的仕途上互相提携，政治上互相援助，利益上彼此共享，也成为一种义务。与科举与生俱来的这种无须明言的联盟，在宋代的政治场发挥着重要的作用。对此，何冠环《宋初朋党与太平兴国三年进士》、祁琛云《北宋科甲同年关系与士大夫朋党政治》，以及拙著《宰相故事：士大夫政治下的权力场》都有很具体的揭示。

这是北宋以来同年会兴盛的主要因素。作为制度乃至传统的惯性沿袭，进入南宋以后，这种同年会依然被维持下来，同年关系也在一定程度上得到重视。存世的《绍兴十八年同年小录》和《宝祐四年登科录》便是印证。不过，从北宋到南宋，毕竟历史的时空发生了极大的变化。

北宋科举规模的扩大造就了士大夫政治，辉煌的前途也吸引了大量士人奔竞于科举之途，以期实现青云直上之梦。然而，从乡试到礼部试接近千人取一的高竞争率，又让大量士人名落孙山，被拒于官场门外。即使是侥幸脱颖而出的登第士人，又主要囿于制度性的限制，长期滞留于被称为"选海"的仕途底层。选人升迁到中层官僚不仅需要年限、政绩，更需要包括顶头上司在内的五位高官推荐，完全失去了自我把握命运的能力。这种科举难、升迁难的现实，已经让多数士人黄粱梦醒，不再执着于入仕一途。这种在北宋中后期已逐渐显现出的状况，又遗留到了南宋。

北宋在最为繁华的鼎盛时期，遭遇女真人的突袭而灭亡。女真人的压迫，让政治场发生位移，南宋在江南起步。政治场南移，形同历史的重演。气候变化，五胡乱华，西晋灭亡，东晋以及嗣后的宋齐梁陈立国江南，将近二百年开发的江南，成为统一后的隋唐不得不依赖的经济重心。五代十国的短暂分裂之后统一的北宋，跟隋唐一样，维持了政治、经济重心的二元化格局。靖康之变开启历史大变局，南宋仿佛回到了南朝，政治、经济重心重归于一，政治、经济支撑下的文化也不再处于分散状态。在帝系与制度同一的表面形态之下，北宋积蓄的诸多因素发酵，继唐宋变革之后的新一轮社会转型发轫，这就是宋元变革。

北宋科举规模的扩大，促进了全社会的向学，提升了平民文化水准。被认为是唐宋变革的重要指标之一的社会平民化趋势，在南宋发达的商品经济之下走得更远。其中造纸技术改良后新媒体印刷业的繁荣也是重要的推手。领土仅及北宋三分之二，官僚机构缩减，科举又是照常举行，北宋以来科举难、改官难的状况愈发严峻。这种状况让每年产生近万的士人流向变得多元化，入仕做官已经不是士人唯一的选项。

紧张的宋金对峙，大量国防养兵，中央政府也必须仰赖地方经济的支撑。知识精英不再执着地谋求走出乡里，向上发展，而注重于在地方的横向经营。入幕、为吏、教书、经商等众多职业，为士人提供了广阔的生存空间。对于士人来说，赖以生存的地方，是最为值得重视的。生存于地方，经营于地方，人际网络也构筑于地方。在这样的背景之下，地方认同意识，无论是在官的士大夫，还是在野的士人，都有了前所未有的强化。生于斯长于斯的地方，就是他们承载利益的根系所在。

为了增强地方的凝聚力，在乡的士大夫、士人也进行了种种建构。在这个时代里，原来的先贤崇拜也逐渐转换为乡贤崇拜。入官的士大夫，无论走出多远，地位多高，故乡的一方土地一群人，也永远是他们值得信赖的后援。因此，联系朝野，入仕的士大夫要把从家乡走出进入仕途的士人都笼络在一起，抱成一团，不只为嘘寒问暖，还为发光发热。

正是在这样宋元变革社会转型的背景之下，同乡会的活动蔚然成风，获得空前的重视。《朝野类要》之"同年乡会"，首先讲的就是聚集了所有在京城同乡的乡会，然后才顺便提了一笔传统的同年会。而前面所述《朝野类要》的另一条"题名"，不仅记述了在京城的乡会，还记述了在当地的官衙也立碑题名，用这种形式把每一榜进士所形成的人际网络固化。这一切都表明，在这样的时代变革的背景之下，知识精英人际网络的建构乃至维系，无疑已由过去的同年转变为同乡。中华书局出版的点校本是我整理的，日本东洋文库《朝野类要译注》研究班的"同年乡会"一条也是我承担译注的。在当时整理和译注之际，曾有过迷惑不解，何以会在建立同榜进士的聚会中加入同乡因素？这样的疑问，如果从宋元变革论的视角加以观察，便会恍然大悟迎刃而解了。

同年乡会是在同乡有地位的士大夫主持下形成的政治、经济乃至文化的社会联盟团体，联系着中央与地方。与血缘关系最为接近的就是地缘关系，同一乡梓的亲切乡情就是结盟的最好理由。宋元变革社会转型所强化的地方认同意识，成为传统中国走向近代的最为强势的精神力量之一。我们看近代以来在异乡或京城设置的同乡会馆，我们看近代史上的各省自保，无一不是地方意识在起作用。而在外部刺激的特别情势之下，由故乡到故国，地方意识便顺理成章地转化为爱国情怀。

舒芜先生的三封信

张铁荣

我与舒芜先生交往是近三十年前的事情了,八十年代就拜读过他不少关于周作人研究的文章,大气磅礴,有理有据,才华横溢,钦佩至极。尤其是他为《周作人散文选》写的一篇序言,最初发表在《中国社会科学》杂志上,因为论述全面,洋洋洒洒,功底扎实,理论性强,在当时颇引人瞩目。后来由湖南人民出版社专门印书成册,名为《周作人概观》。这本书使我眼界大开,受益无穷。记得舒芜曾经说过,研究周作人要做到起周作人于地下让他对于我们的评论无话可说。对此我非常佩服。

所以一九九四年四月从日本讲学归来,到南开安顿好之后,就立即给他写了第一封信,同时寄上自己认为还算拿得出去的两篇,以及被"日本论说文保存学会保存"的论文单行册,一并寄呈请他指教。那个时代的先生一般是有信必复的,这也是我们中华民族的古风和传统美德。下面是他一九九四年六月二十七日写给我的回信:

> 二文均拜读,觉得都写得好,论四九年后文的一篇尤佳。知堂四九年以后文,尚未见有综论者,有之自尊作始。以前期思想为衡量,分为延续发展、修正背离二大类,有执简反繁之度,其中如找出知堂批评爱伦堡,指出他先前的《闭户读书论》中有反话,尤其是指出他有违心趋时之处,皆是卓见。但是,他先前常常骂读书人如何如何不明世事,不解人情物理,不认鸟兽草木之名,骂得很多。解放初期,他就把这一套移过来,与"思想改造"论嫁接起来,殊不知他自己当初骂读书人,与解放初期的"思想改造"

论，实非一事。这一点似可补充。

……知堂解放初期的批评美、英、法等等，又是一事，那时是鼓励大家写这样文章的。尤其是抗美援朝运动之时，报刊上这类文章多得很，与人民真正自主的评论外事不同。

至于知堂日本文学一文，很扎实，惟觉得此事应与其泛论评介日本文学合谈，他这些文中，凡所引日本文学，皆他所译，例如永井荷风的《江户艺术论》中的那一大段，他甚是珍爱，再三引用之中，颇有不断改进译文之处，皆可视为他的"选择示例"也。知堂与日本文学之关系，是一大题目，还值得更全面地考虑。

所说太史公能写八股大卷而不能代庄母作家书（张按：此处系指拙文《周作人一九四九年以后的散文论》中，关于知堂解放后对知识分子看法转变时谈到"太史公"的分析），此"太史公"指明代或清代某一位翰林，非指司马迁。太史，古代官名，职掌修史。司马谈、司马迁父子皆曾任此官，故司马迁称其父曰"太史公"，亦以自称，后人又以为司马迁之尊称代称。明清官职无太史，修史属于翰林院，故社会上对于一切翰林，皆尊称为"太史公"。五四时期，林纾写信给蔡元培，骂他不该提倡新文化，信上开头有尊称之为"鹤卿先生太史足下"，意在讽刺他本是清朝翰林，不应背本起新。此等处之"太史公"，与司马迁毫无关系。某翰林（太史公）能写八股大卷，正是明清科举之事，遥遥数代的司马迁，那时安得有八股大卷哉？——此本个别的错误，但易于被指为"硬伤"，为攻者藉口，须考虑如何更正，请酌！

舒芜在信中一开始就注意到知堂的日本文学造诣，认为应该进行综合全面的研究，而且这是一个大题目。我当时虽然刚刚从日本回来，但是关于知堂对永井荷风的翻译，还真的没有太注意，于是就非常钦佩。

关于解放后知识分子改造运动，周作人在文章中为了配合当时的形势，对于知识分子批评甚多，比如他写的《学说话》《今不如古》《迂病》《士大夫的习气》等等文章。他还延伸批评古人可以写长篇八股而不会写家书，以印证书呆子最愚蠢。他在这些文章中，三次提到了"太史公"，于是乎我说他仅司马迁就提及了三次。舒芜说这不对。经他这样一说，我就立刻明白了，马上从定式的思维中醒来。这就是清醒的读书人的家学渊源，还有他长期以来的文化积淀。周作人解放后为配合知识分子思想改造写的文章很多，我以为他是有意为之，舒芜认为形势发展的脉络不一样，他说："他先前常常骂读书人如何如何不明世事，不解人情物理，不认鸟兽草木之名，骂得很多。解放初期，他就把这一套移过来，与'思想改造'论嫁接起来，殊不知他自己当初骂读书人，与解放初期的'思想改造'论，实非一事。这一点似可补充。"这才是研究者清醒的头脑和实事求是的态度，使得我思路顿开，并且关注到问题的另外一面：文章不能仅凭感觉就下结论，更不能一味笼统地泛论，还是要具体问题具体分析。所以说读书还要深度思考，这一点对我触动极大。

下面是一年以后的一封回信（一九九五年十月三日）：

您游张家界归来，民生疾苦印象很深，山水奇观没记住多少，此情我完全理解。我平生与山水不大有缘，偶尔去过几个名胜之处，印象也平平，读书也不大爱读纯粹的山水之作，只有那些写了风土人情的游记之类，我才爱读。（鲁迅译的《山民牧唱》中有描写乡间小旅馆之作，极可爱。）原以为这是我缺乏对自然的美感，心灵偏枯，不意兄有同心也。您所见的女童拾弃瓶、男童吸烟、壮年人汗流浃背地抬游客诸象，旧社会所常见，而今天仍然如此，这微历史变来变去，底层生活则千年如一，变化不多，要变到最底层，不知何日。我们做的事，究有多少有助于这种艰难的变化的，正是难说得很，思之茫然。

一九八八年我在《天津社会科学》上读到乔以钢文章时，她还在南开大学读研究生。那时我并不知此文作者何人，只觉得文章很好，给我很多启发，我一向留心女性命运，女性诗文，女性心理以及妇女观这些问题，这大约与二周影响有关，一看乔文不凡，便写文介绍，在《读书》上发表。那年张菊香先生要我去南开讲

65

知堂，方与乔见面，方知她是南开的研究生，从那以后，她毕业留校，又出版著作几种，我们一直都常有联系，她的确是长于思辨，长于研讨，程千帆先生对她的评价也很高。她的著作《中国女性的文学世界》，我也在《读书》上发表过读后评介。

您说我能"接纳新潮，修正自己"，现象是有近似的现象，但说法未必准确，因为我一直不觉得自己成就了什么，有什么要保存要维护的，自我感觉中从不觉得是什么"前辈"，从不把比我岁数小些的人看作什么"后辈"，阅读书报时的心态仍同三四十年代渴于求知时的心态差不多，谁说得有启发，我都以谁为师，都很感激。所以我常是受教育的心态，并不是有所成就者而"接纳新潮"的心态，因此也没有什么困难。所憾者，自然年龄毕竟有影响，精力毕竟有衰，不能再像三四十年代那样读得快读得多，限制了受教育的机会，无可如何。

近读莎丽·海特《性学报告（女人卷）》，对弗洛伊德之学说颇有批评，我似乎进一步体会到知堂盛称蔼理斯而极少被引弗洛伊德之深意，知堂所见甚深也。

那时我去湖南张家界参加一个鲁迅研究的国际研讨会，到家以后见到舒芜在我离津不久的一封信，时间过了一周多，觉得非常失礼，于是就写信向他解释。他在这封信中也谈及了对于社会人生的看法和对于底层民众的同情，甚是紧接地气，读之感同身受。另外，他在信中还赞扬了南开我的同事乔以钢教授，认为她的女性文学研究非常有功力。他的指教对我十分受用，除了读知堂、读蔼理斯、读舒芜以外，对于乔以钢的研究成果，我也都是认真拜读的，按照舒芜的文章指导，除了读文章以外，我还读她读过的书、引用过的书，也为此买了不少书，从中也是深受启发获益良多。特别是在理论上有了一些提升，成果就是写出了《鲁迅与周作人女性观之比较》。后来读了舒芜的《哀妇人》一书，觉得真是写得好，特别是他对于白居易的分析，至今令我念念不忘。

舒芜还是一个接纳新潮不断提升自我的人。对此他虽然非常谦虚，但是事实就摆在面前。比如他的妇女论从鲁迅、蔼理斯、知堂那里读了很多，但是他不断买书和延伸阅读，从莎丽·海特《性学报告（女人卷）》一书中，又有新的收获。另外，我通过读他的书，发现他在周作人的定位上也有修正。八十年代《周作人概观》一出版，就代表了研究界的最高水平，他将思想史、文化史的意义引进了周作人研究，具有开先河的胆识和眼光，被认为是"改革开放后周作人研究进程中的第一座里程碑"。在这本书中舒芜认为周作人是右翼文学的代表，这一观点在后来的研究中再也没有出现。特别是《周作人的是非功过》一书的出版，比起前书又上了一个新的台阶。他认为周作人除了政治以外，应该以"文学的思想的标准来衡量。他在文学上思想上的成就太大，我们不应该用一顶'汉奸文学'的帽子一笔抹杀"。舒芜的周作人研究是与时俱进的，他重视资料，关注新进的研究者的研究动态。

当我谈及此时时，他谦虚地写道："您说我能'接纳新潮，修正自己'，现象是有近似的现象，但说法未必准确，因为我一直不觉得自己成就了什么，有什么要保存要维护的……"我以为这是一封最能反映舒芜治学精神的信件，捧读再三，在令人感慨之余，尚有一种精神上的升华。舒芜的平易近人，奖掖后学，使得后期的他结识了很多的年轻研究者。在舒芜看来，他从不把比自己岁数小的人看作"后辈"，绝不倚老卖老，他有一种谦虚博大而又宽厚处事的原则，以他那样的学养，还总怀着"常是受教育的心态"，阅读书报时也仍旧保持青年求知时的渴望。在他看来似乎是寻常事，但对于后学的我们来说就是一种鞭策、一个榜样、一座丰碑。

下面再谈谈舒芜的读书兴味和尊重史实的精神。他一九九六年四月三日的信是这样写的：

> 关于《串味读书》的好处，您说的都太过，但看重"坚持五四精神"这一点，是看出了我的用心的。当代作家，我不轻易去评论，因为久已远离当代文学，远远的望到一点，不甚清楚，不敢妄肆雌黄，惟贾平凹是我一向喜欢的作家，故觉得值得一评；否则，滔滔者比《废都》下流多少倍的有的是，又甚值一评哉！

举世大作不通的旧诗，当局以此为"统战"之具，于是"政协体"风行，乌烟瘴气，我刺了一下，惹起"众"怒，至今乌烟瘴气更盛，真是"帝力之大，正如吾力之微"了。

袁文（张按：指的是在《中华读书报》上发表的《周作人研究的三口陷阱》一文）已见，连事实都没有弄清楚，说"解放以后，大概沾了乃兄鲁迅的光，人民政府让他保外就医，从轻发落"云云，这样的文章，而乃被"权威"式地郑重刊出，夫复何言？《文汇报》有两文，兄似未见，剪附备览（张按：两张剪报指蔚明的《无端的困惑——与舒芜先生商榷》和舒芜的《几点说明》）。我正编另一个集子，收了《理论勇气和宽容精神》，已收此二则作为附录。

看来，确是要有理论勇气。

就我的接触感觉，舒芜待人宽容，不走极端。从来不全面肯定和否定任何一个人。对于周作人，他说历史是清楚的，周作人的案翻不了；但周作人的妇女论是对的，周的日本文学研究也很可取，散文写得好，不能完全否定，因为鲁迅也有这样的观点。这就是两点论。对其他人也是如此，舒芜不同意当时一些论者对贾平凹的批评，他说："贾平凹是我一向喜欢的作家，故觉得值得一评"；反过来对一些平仄不分对仗不清的"老干体"的旧体诗则不以为然。再有就是对于一些批评周作人的研究文章，他认为应该首先搞清楚弄明白历史事实，不然的话一旦发表，权威报纸也没有颜面。这就是一种实事求是的大家气象和宽容精神。

舒芜不是那种学院派的学者，他不尚空谈，言必有据，学问资料都是相得益彰，扎扎实实。坊间都说舒芜是读书的种子，可以学他一时间静下心来苦读，但是像他那样数十年如一日的博览群书就难，学他那种广征博引、洋洋洒洒的写作方式和宽泛思路更是非常困难的。像他那样在现代中国潜心读书、不受干扰、专心致志做学问的人，本来就不是很多的，走一个就少一个了。今年是舒芜先生诞辰一百周年，重读他的书信并以此文聊表纪念之情。

说俳句的短

李长声

日本貌似有两个骄傲，一是《源氏物语》乃世界上最早的长篇小说，二是俳句为世界上最短的定型诗。

说来日本有三种定型诗：汉诗、短歌、俳句。短歌是和歌的代表形式；所谓和歌（倭歌），是与中国的诗相对而言。日本古代把中国诗就叫诗，近代以后学西方创作新体诗，单称一个诗字，原本的诗改叫汉诗，不再数为家珍。短歌由三十一个音节构成，节奏上分作五、七、五、七、七。俳句又叫十七文字，文字指假名（假字），即音节，它有十七个音节，节奏为五、七、五。汉语基本上一个音节（字）一个词，而日语一个词大多是几个音节。例如杜鹃，汉语是两个音节，日语是ホトトギス，收载七至八世纪和歌的《万叶集》借汉字表记，叫万叶假名，写作"保登等藝須"，作俳句一下就占去五个字（音节）。俳句的短，指的是含词量。就音节数量来说，中国定型诗的十六字令更短。

始于《万叶集》，日本文学以短诗型文学为主。文艺评论家、小说家丸谷才一说：日本人擅长短的东西，因为短而喜好短歌、俳句。也有人说，抒情诗本来就短。以批评俳句为专长的文艺评论家山本健吉认为俳句的"本质是寒暄，若讨厌寒暄这个词，叫对咏或唱和、

69

问答、对话也无妨，总之，寒暄把广阔的社会空间导入俳句"，于是剧作家、文艺评论家山崎正和发警句一噱：寒暄和女人的裙子越短越好。

芭蕉有一首"古池や蛙飛び込む水の音"是俳句的典型，并代表俳句走向世界，周作人译作"古池呀，——青蛙跳入水里的声音"。从字面来看，翻译得无懈可击，但我们读了，只觉得是一句散文的碎片，不明白日本人何以说它是诗。原来日本人读它，读出五七五的节奏，那就是诗的韵律。

俳句短，为世界公认，但它的本质特征不是短，而是定型的五七五，即三句十七音。由于有这个定规它才短。型是诗的第一概念，从各种诗型中辨别俳句，不在于短，而在于五七五。丸谷才一说：因使用七五调，短诗型得以成立。山崎正和说：对于短诗型文学来说，七五调是非常本质的问题。诗人、文艺评论家大冈信认为："八世纪用汉字记录口传的歌谣，受中国影响，整理成五七、五七、五七的形式。"历史上除了五七调（五音和七音的组合）变为七五调（七音和五音的组合）之外，和歌、连歌、连句、俳句在传承过程中直到最后也不曾打破古歌谣的五音、七音结构。日语只有五个元音，不宜押韵，定型基本是音数的形式。一旦抛开这个形式，俳句也就无所谓定型。不过，俳句是从短歌截取的。短歌吟了五七五还没完，蓄势往下吟七七，即便停顿一下，也犹如抽刀断水水更流。俳句切掉了短歌的七七，吟完五七五，戛然而止，底下没有了。山本健吉认为，俳句使完结的诗型中断，"五七五这个形式是不完整的短诗型"。俳人、文艺评论家仁平胜也说过："与短歌比较，俳句不是相对地短，而是绝对地不安定。"但大冈信觉得俳句还有第四句，那就是沉默，所以看似三句，也能够安定。大概沉默即余韵，绕梁的那种，一说"俳句的生命在余韵"。

定型是契约。文学家想要自由，但文学有形式，形式限制自由，自由只能在形式中施展，也因之获得把捉形式的欢喜。真正的艺术都不是自由的，可以用自由的意志从事艺术，却不能随便把艺术自由化。所谓破格，只能算一种技法。法国作家、诗人朱尔·罗曼批评法国人写作HAIKU（俳句）："俳句的价值在于它和所有的定型诗同样，诗型固定，规定形式的制约之严重。然而，法国的俳句的确用三个诗句组成，只有这一点学日本，而一句的长度毫无限制，三句结束的语感关系也不讲究。或许算有点风趣的备忘录，既没有日本俳句的力度，也没有震动性和扩张性。"

汉译俳句也不应恣意破坏俳句的音数律（音节的韵律）。譬如芭蕉的"古池"，被译得千姿百态，甚至译成口水诗乃至心灵鸡汤，总之是各尽所能，有话则长无话则短，未免像取巧或凑合。从汉译得到的印象是俳句无一定之规，从而抹杀了俳句的基本定义。俳句是诗，既然无力译成诗，又何必染指，拆了七宝楼台给人看一地零碎。梦魇般追求其短，但长短的衡量应立足于母语，不是与原作比拼音节。十七字在中国定型诗中已够短，足以传达俳句的特色。无视原诗创作的不自由，自由地翻译，也是不忠实。似乎世界上只有汉字的本家可以从自然数上译出五七五，使读者从音节上感受、认知俳句的节奏。

俳句短得近乎自虐，像钱锺书说的，"类旅人收拾行滕，物多箧小，安纳孔艰"，所以作它时最费心思的是素材的取舍，首先要舍得。有人称之为省略，仿佛是俳句的独门绝技。像雕刻那样凿掉没用的下脚料不是省略。古代日本绘画有引日钩鼻的技法，服饰画得很繁缛，却把眼睛画成一条线，鼻子画成一个钩，这才是省略。断臂维纳斯不是残缺，鬼斧神工修改人类的作品，省略了胳膊，它的形象已经很完美，再添加就是多余。西方的油画把油彩涂满画面，不露出底下的画布，而东方的水墨画，面对一张白纸，那白纸就已经是画的一部分，俳句的省略应该如留白，似无还有。

由于"篋小"，容不下多少东西，省略得太多，暧昧自是难免。例如芭蕉的"田一枚植えて立ち去る柳かな"（插秧绿一畦/村姑完工客上路/垂柳独依依），有两个动词，主语是谁呢？议论至今，莫衷一是。这个柳树是芭蕉崇仰的西行法师写过短歌的："道の辺に清水流るる柳かげしばしとてこそ立ちどまりつれ。"意思是路边清水流，青青成荫柳，驻足憩片时，却作徘徊久。读懂短歌不难，读懂俳句就不容易了。虽然表现的意外性和意思的不确定性是诗的特权，但省略之后留给读者的，应该是理解其意境的路标。读者沿路标走去，会看见各样的风景。俳句是开放的，作者把自己的未竟事业交给了读者。若没有读者的积极参与，以创作性读取，添补被省略的部分，俳句几乎不成立。当年大正天皇问俳句事，俳人松根东洋城答曰：如同涩柿子。读者买了涩柿子，还须用自己的理解脱涩催熟才能吃。又好似一把折扇，读者打开它，至于展现的是唐伯虎的画，还是涂黑一片，那就看读者的理解与想象了。

短歌是欣赏的艺术，而俳句是解释的艺术，常常被解释得云山雾罩。芭蕉写"古池"时，先得了第二句"蛙飛びこむ"和第三句"水の音"，第一句拿不定主意，门人在一旁建议用"山吹や"，芭蕉未采纳，冠以"古池や"。这下不得了，因为和歌传统的咏蛙，咏的是蛙鸣，像"青草池塘独听蛙"那样的，而芭蕉咏蛙跳，跳了进去响水声。不止于此，和歌向来是山吹（棣棠）搭配蛙，芭蕉却混搭了古池。破和歌之雅，立俳句之趣，令众人大为惊叹。芭蕉也自得，说这是他开创蕉风（芭蕉派风格）第一作。正冈子规有云："冬烘们费尽唇舌，说此作有深远的意义，其实它无非字面所呈现的意思。"大概像法国艺术家马塞尔·杜尚的那个小便器，题为《泉》，被视为当代艺术的先河，芭蕉此作的价值是俳句史的。也类似"床前明月光"，虽脍炙人口，但李白的作品繁星璀璨，仿佛它的价值尽在于童叟皆知。

俳句定型的另一个规则是使用季语。季语，指表示季节的词语，不单是自然现象，还有反映季节的风俗、事物等。动物本能地感觉季节变化并做出反应，何况会种稻的远古日本人，但文化的季节感是从大陆传入的。七世纪末持统天皇引进中国历法，并作歌，咏季节交替。十世纪初《古今和歌集》按春、夏、秋、冬、离别、恋、哀伤等分类编辑千余首和歌，其中四季之歌有三百多首，恋歌三百多首，四季与恋成为和歌的永恒主题。活得四季分明，连歌也定下使用季节词语的游戏规则，增强了季语意识，连句的发句更规定季语不可或缺。

《辞源》注明每个字属于什么韵，日本《广辞苑》则标示某个词是什么季节的季语。作为季语，其含义不限于辞典的解释。例如秋之暮，《广辞苑》解释为秋天的傍晚、秋末，而它充当季语，附会了另一些意味。譬如某比较文学家说："秋天的黄昏在日本总不免令人悲伤，但好像英国、美国的秋天就未必如此，未必清楚地表现秋天黄昏与悲哀的联想。"俳人写下秋之暮，便不再费一词，由读者自动地生发孤寂凄苦之感。对秋季的印象也来自中国诗文，如宋玉的"悲哉，秋之为气也"，白居易的"大抵四时心总苦，就中肠断是秋天"。似乎中国人感受不那么一根筋，要丰富得多，还有"晴空一鹤排云上，便引诗情到碧霄"什么的。杜鹃是夏季的季语，点一下它的名，日本人心里油然浮现传统的形象。我们也一样，说杜鹃会想到它啼血。麦秋也是夏季的季语，小学就学过白居易的《观刈麦》："足蒸暑土气，背灼炎天光，力尽不知热，但惜夏日长。"所以，季语有一大功用，那就是用它长年积淀的艺术意趣来丰富俳句的内涵，近乎汉诗的用典。这是对省略的补救，以解决周作人所说的"容不下故典词藻夹在其间"的窘境。

俳句的结构很简单，大体有两种。一种叫"一句一章"，只写一个素材，这个素材就是季语。海鼠是冬季的季语，芭蕉吟道：生きながら一つに氷る海鼠哉（头尾不分明／活活冻作一坨冰／这些海鼠哟）。这样的咏物，借用鲁迅的话来说，"往往是衣裳上撕下来的一块绣花"，"也未免有以割裂为美的小疵"（鲁迅语）。另一种叫"二句一章"，写两个素材，其一是季语，另一个不是季语，手段在于如何把看似毫无关系的两个素材搭配在一起，若互相冲击，构成出人意外的关系，会产生戏剧效果。例如芭蕉的"鶯や餅に糞する椽の先"（廊畔晾年糕／春鸟百啭来复去／一粒粪轻抛）。这就是钱锺书说的："愈能使不类为类，愈见诗人心手之妙。"村上春树的比喻最常用这种手法。从起承转合来说，"一句一章"也好，"二句一章"也好，起了之后或承或转，没有合。这正是俳趣所在。中国人仿照俳句创立的词牌——汉俳，可说是"三句一章"，作者有意无意地依循起承转合的审美，第二句或承或转，第三句以合为贵。汉俳的好处终归是唐诗宋词的好处，似乎除了自然数与俳句相同，很像两股道上跑的车。

俳句是季节之诗，一部俳句史几乎是作者们前赴后继地描写季语、搭配季语的历史。作诗填词有韵书，俳句的工具书叫"岁时记"。此语出自中国，一六八八年编出《日本岁时记》。现在的岁时记汇集季语成千上万，分类为时候、天文、地理、生活、行事、动物、植物，加以解说并举例，供人翻检，颇像是"自然模仿艺术"。一个季语的意象被特定，人们共欣赏，便于交流，有益于形成民族共识，却也如能剧的假面，使人对世界的认识类型化、固定化。俳谐研究家横泽三郎指出："沿袭季语趣味，不会给人以崭新之感，俳句最终注定会陷入老一套。"季语仿佛沾满了手垢（把玩玉石叫包浆）。"五月雨"是夏季的季语，芭蕉至少有十五首俳句开口就是它，古今俳句更不可计数，倘若杜甫翻来覆去写"八月秋高风怒号"，中国的诗史会什么样呢？万物是上帝创造的，物中没有神，西方人拼命考虑那个物。东方人认为物中有神，神决定那个物，所以不需要思考，只附加自己的观感和审美。把季语科学一下，便发生蛙是什么蛙、蝉是什么蝉的争论；据说歌人斋藤茂吉主张"油蝉"得胜,而蛙是"土蛙"抑或"东京达摩蛙"尚无定论,好像汉译一律译作青蛙。钢筋混凝土、空调、温室等人造环境不分季节,虽然季语不断地增加,人们的季节感却日趋衰减。

俳句短,短有短的好处。正冈子规身患重病,觉得"活着是痛苦",自杀未遂,当代有个叫秋元不死男的俳人写道:"俳句是反自杀的文学。"没有人自杀,原因之一在于"俳句是短诗,由于短,装不下思想性内容。至少像桑原武夫在'第二艺术论'中指出的那样,装不下回答人生该怎么活这一问题的内容。极言之,以技艺为重,作俳句不那么需要像思想的思想,不会有思想走投无路把俳人逼死的。"这些话登在《明治文学全集》月报上,不是开玩笑,但要说短诗型的好处,大概还在于短则易作,这是好些有识之士的共识。

近代文豪夏目漱石"以美为生命的俳句小说"《草枕》中,主人公寻思:"作为诗型,俳句最轻便,所以洗脸时、如厕时、乘电车时都容易作。说俳句容易作,就是说很容易当诗人。当诗人是一种悟,所以不要说轻便就看不起。越轻便越有功德,所以反而应尊重。"

文艺评论家桑原武夫非难俳句不是艺术,充其量是传统技艺,非要称之为艺术,现代俳句只能算第二艺术。"日本怎么样呢?艺术如此被轻视,固然也由于伟大的艺术家少,但强大地存在像俳句这样谁都能轻易生产的类型也是一大理由。艺术,自己也轻松做得来。只要有条件,使劲儿作,就被叫大家,所以自己也能成为艺术家。艺术是闲暇和灵巧的问题,这么想就不会正确地尊重艺术。并没有统计材料,但恐怕没有哪个国家像日本这样多外行艺术家。"

一九五四年出生的诗人、小说家松浦寿辉说:俳句是"谁都能参与的民主的超短诗型游戏"。

诗短易作,谁都能染指,这是俳句的大众性。定型的东西更容易使人得到成就感,譬如凑成七个字四句,顺口押上韵,就以为创作了一首七绝,洋洋自得。按日本分类,和歌是纯文学,俳句就是大众文学。

丸谷才一说："现代日本与其他各国比较，非常有特征，那就是很多的国民作诗。说诗，也就是短歌、俳句、川柳之类的短诗。这种事在西方、在中国都没有。"一家饮料公司征集俳句，中选的印在瓶子上，已持续三十年，二〇一九年应征作品多达二百万首，足以证明诗短之易作。中国的文化常起自民间，不断往高处走，直至百姓们须仰视才见，而日本拿来中国文化，自然往低处流，凡事都普及民间，以致中国人来日本一看，不由得惊诧。十六字令固然短，可普通百姓作不来。二十世纪二十年代兴过一阵子小诗运动，好像民众也不曾关与。临死作绝命诗，在中国是文人雅事，传到了日本，一个凡夫俗子要死了也作短歌或俳句，叫辞世。这种现象被说是生活与艺术未分化，其实日本的文学艺术多带有业余主义倾向。电视上几个艺人表演作俳句，已播放多年，充分展示了大众性里必需的娱乐性，虽然比落语家（单口相声演员）坐成一排的表演少了些"笑点"。刻薄的太宰治一语道破芭蕉的大众性："芭蕉翁行脚，从我们俗人来看，简直要怀疑是下到地方宣传蕉风，所到之处召开句会，组建蕉风地方支部。"

明治维新以后特别是昭和战败以来，日本极力把俳句抬高为雅，弘扬民族文化。连歌和连句同样是聚众作乐，但所聚之众，各有阶层不同。以优美为主的连歌是雅，以滑稽为主的连句是俗。所谓雅，是审美的判断，更像是历史的进程给贵族文化贴上的标签。"旧时王谢堂前燕，飞入寻常百姓家"，可说是燕子的雅俗之变。朝鲜半岛老百姓使用的饭碗被千利休拿来做茶道变成雅，而老百姓继续用它吃饭还是俗。同样出自工匠之手，皇家贵族用是雅，民用是俗。芭蕉提升了俳句的艺术性，化俗成雅，但他未去登大雅之堂，终归是俗中之雅。小西甚一说："俳句的洪流始终在俗的原野上流淌。"象征雅文化的天皇家却不作俳句，每年正月里与民同乐，作的是短歌。和歌不咏俗事，不写吃食，芭蕉偏要咏河豚汤：あら何ともなや昨日は過ぎて河豚汁（无甚鸟事也／昨日吃了河豚汤／才觉回味香）。

张逸旻

在上野公园看凡·高

一

  那一刻,从地铁站鱼贯而出,融入东京城明净的光线里。之形坡道将街景垂直切分,底部我们行走、赶步;腰间是长满鲜草的回旋路的竖剖面;斜后方越过头顶,望见上野公园绿意朦胧的入口。知觉在膨胀、延时。起先因身处异地而骤停的感官,开始用一种热烈的方式打开自己。在我们的目的地那边,乡村游乐园式的风笛声无端奏响,像细雨和海雾降下;也像展开发条的八音盒,把日本人不可变动的虔敬、喃喃低语的礼节,都笼成了节日设景。

  正在举行凡·高展的森美术馆,与其他几所艺术博物馆共处于公园的地标内部。包括林间广场、神社、市集摊、果品店、东京艺术大学的校址两翼,皆遍布其间。景致在目不能及处蔓延。靠近森美术馆,长队蜿蜒,几名穿制服的年轻人将等候时间告示牌举过头顶。十五分钟。前方露出展馆的侧立面,上覆着鲜黄色主调的巨幅海报。

  直到黑暗将我们揽入。在稍嫌局促的展室内,画作在廊壁上一字排开,跟前是串珠般紧挨的游客——禁止拍摄与依次流动观览的约定俗成,使得凝视一幅画的自主性受到限定。尤其是,多数作品配有凡·高自己论及该画的书信节选,对于这些,往往未经细读,便仿佛感到旁人的促请而不得不挪步前移了。不过,整个布展题眼鲜明,未追求体大整全,而是以海牙派的拙静与印象派的跃动为焦点，相宜地呈现凡·高受教于此两者的两个风格演进体。

凡·高早年饱受宗教激情主宰。由于深信"艺术即是敬神，是礼拜，因它将美（与善同名）放在人心中"，他决意献身绘画。但在赴布鲁塞尔美院就读后，他随即退学，转而求教于手头的名画复制品。十九世纪工业与复制技术的进步，令艺术品的翻印变得寻常，赏阅画册、画片开始成为日常的私家消闲。据称，凡·高通过观摩复制品而达至技艺的自我训练，其程度甚于此前的任何一位画家。其中，法国巴比松画派的执掌者米勒（Jean-François Millet）是他颇为钟爱的模仿对象，海牙派领衔人、凡·高的姨父（另一说是表兄）安东·莫夫（Anton Mauve），曾在他学画之初给予决定性的提点。可以说，没有米勒或海牙派，凡·高最初的抒情体便难以成立。

然而，相较于海牙派"幻灭的快照式"写生，凡·高更看重在自然物中寻求宽慰、对话与自我认同。大自然有其可供驱遣的人性，向画者与观者打开其表达的容量，而非仅仅坐拥一种难以触及的美。因而，与海牙派坚实光洁的笔触有别，凡·高在画面上制造缺隙与重渍，他的几幅海景作品尤其如此。作画时海上狂飙卷带的沙粒直接黏附于画布，与厚涂的颜料融混。画者与海天风暴的精神密谈，其生活的挣扎与苦求，皆在笔墨浓推的痕迹中，历历在目。

这种美学经验上的出格，最终将凡·高引向艺术的和解之门：日后我们将这种油彩的物料式用法（富有隆起的沥青之光泽）与"文森特"联系在一起。一八八五年凡·高在信中吐露："我要完成的不是画出一只手，而是捕捉那个态势。不是要以数学的精准重现一个头部，而是能够唤出其中深藏的情动。"在一切事物中，凡·高关注其活力，而非线条意义上的精准。他是生命的布道者和色彩家。从布展第二部分可见，他在巴黎遇到印象派，完成了一生中色彩意识的再度修习（曾有相识者每周送花上门供其研习色彩）。众所周知，在流转多地与经年的艺术试炼后，一种递增的明亮随即出现——凡·高早期笔触的粗粝与不精准也因之醒透。

然而，如果彼时未曾站到展厅中蒙蒂切利（Adolphe Monticelli）的《花束》面前，在锥形射光下目睹其油彩的雕塑与锻打，我便不能说真正理解了凡·高的渊源有自。在印象派方面，不是毕沙罗，也不是雷诺阿。"蒙蒂切利"——当我兴奋难抑、试图念记这个意大利姓氏时，凡·高艺术的现象学再度经历了位移。蒙蒂切利的瓶中花——那种狂野的模糊感，盈溢可触的色块，莹莹发亮的黑暗——预先包藏了凡·高精神和心灵的放纵。一名未曾现身的先驱赫然在场，令人对凡·高的观看和敬意向更客观的状态回退。

这应当是一种健康的回退。在对一个艺术家的读解中，它让注意力在影响关系的偶然与必然间流连。它释放出了比凡·高的艺术之夜远为广阔的时间点，将个体的艺术选择写进一份被解缚的秘密契约里：无论是米勒、海牙派或蒙蒂切利，此刻都无法在剥离于凡·高的意义上被命名。在对他者艺术文本的亲密引述中，凡·高成了自身与任何赋予其意义的文本关系的总和。

而我们对这类关系的辨识，始自联结的隐秘渴望、一种含有缺陷的阐释冲动、对心仪之物的后见性理解。事实上，在艺术的词源学中逡巡定位之际，我们也在创作的博物史中寻找自己的血亲，以便置身其中，被接纳、标识和传递。

二、

一九五三年，美国艺术家约瑟夫·康奈尔（Joseph Cornell）完成了一件题为《朝向蓝色半岛》的作品。这是献给诗人艾米丽·狄金森的一个盒柜装置。与康奈尔的其他作品相较，它更像是一件洁净的留白。铁线交织的小方格布满一半柜面，一扇微小的舷窗掩映其后。在漆得全白的内壁周遭，唯独窗内（外）这方碧蓝色归拢着我们的目光，将我们遣送至海天之遥的安歇处。这份在孤独与交游、幽闭与浩瀚间游移的比例尺，丈量着艺术家对狄金森生活与诗作的迷恋，在形式与格调上暗示了两者跨越百年的投合。

康奈尔是一位热切的诗歌读者，对狄金森亦情有独钟。他将狄金森与梭罗并举，视两者为美国性的根源。一九五二年，时年四十九岁的康奈尔从纽约法拉盛图书馆借出两本狄金森评传，开始以一种信徒心理研读后者生平。在一九五六年的一封家信中，他坦言："要跟上有关 E.D. 小姐的文章和轶事可真是一件苦差事。"虽则如此，直至一九七二年生命的最后，他对"E.D. 小姐"的热度迟迟未褪。晚年拥有至少十一本关于狄金森的书籍，除去四本诗集外，其余七本均是关于诗人生活的作品（包括一些臆测和故弄玄虚的传奇）。

"蓝色半岛"（Blue Peninsula）是极为舒缓的片语，却内含于一首充满重负的诗作中：

如果没有了孤独／那会愈加孤独——／我已习惯自己的命途——／或许另一种——平和——

将打断黑暗——／挤满这小小的房间——／狭促到——按腕尺算——无法承纳／他的——圣礼——

我不习惯于抱守希望——／那只会侵扰——／它美妙的游行——亵渎该地——／注定受苦——

或许落败／更容易些——陆地在望——／比起增益——我那蓝色半岛——／因欢愉而来——的消亡更容易些（张逸旻译）

狄金森以自我隐退的戏剧化，将日常生活变为一个永动的谜面。此诗固守这一切，也分割这一切。孤独者的自我内视被剪切为数个场景的交替："房间""游行""陆地"与"半岛"。于是，语词中最巨大的那些——从开篇的"孤独""命途"直至末段的"落败"与"欢愉"——皆在细部的空间指示中获得精微的测度。诗中有机实体与抽象措辞的超越性会合，并非狄金森诗歌写法的例外。危险而冷漠的大世界在细入分毫的狂想中，拥有了自己的情绪值。在刻意失调的比例下，意象的每一部分都自持其重。可以说，狄金森总是短促的诗歌篇幅、康奈尔呈示遴选之物的盒柜，两者都分享了这种小而无垠的美学。

据狄金森研究专家波特（David Porter）教授考证，康奈尔在制作《朝向蓝色半岛》时，尚未读到上述完整诗作。他是在一九五二年啃读评传《艾米丽·狄金森之谜》时看到词组"蓝色半岛"，并因书中将之阐释为狄金森的意大利/南方情结而颇感着迷。一生未曾离开纽约的康奈尔，也与狄金森一样，试图以精神的浪漫化周游置换身体的足不出户。这位纸上谈兵的冒险家，从未经历过现实中风风雨雨的游历，便将狄金森视为旅伴，以盒柜装置作为梦想和远景的交换所。

如果说，拼贴艺术的重要体验是凝练的复合，那么，在此复合体中，每一个单独的视觉要素都应该展开其身上叠盖的诸多义项。就像康奈尔仅凭"蓝色半岛"这一词组，就感到了狄金森该诗的整体性，而后者要在一九五五年托马斯·约翰逊编订的《艾米丽·狄金森诗全集》问世后，才第一次公之于众。

三

一九二六年，马塞尔·杜尚推出六分钟的动画《贫血的电影》。从容的漩涡轮转，引带出圆盘的反向运动。这是一堂有策略的阅读课：圆盘上的字母浮雕催促着注意力的读解，但它们不过是些叠声词与头韵词的调配。可能的逻辑语义迷失在音韵与节奏结成的美杜莎之发中。为满足声音律动而脱离语意的字词无法被单独解放，保留着一种非叙事的特权。

杜尚曾立志："我孜孜以求之物，是不会令人想到已有之事的。"但这一短片所表达的理性上的离题，显然源于（且依然效忠于）十九世纪法语诗的体验。始自波德莱尔—兰波—马拉美一系，诗歌郑重践行表音、而非表意的审美演练。在诗行之流中，语词如浮游物同声聚合，意义则在迷人的振荡中幻化、分身。这种寄托于感官领悟而非逻辑理性的做法，胡戈·弗里德里希称之为"在二十世纪的众多抒情诗人那里都得以延展，间或形成了判断一首诗好坏与否的唯一标准"。

菲林片用另一种语言抵近这一标准。实际上，自电影诞生之日便开始：创造奇观，超越现实，颠转理性。形式凌驾于语义。一九六五年，帕索里尼（Pier Paolo Pasolini）在意大利减免了诗与电影之间的关联符，宣称电影即是诗，因为电影的本质是梦幻，在语言之先，人类所见便是影像。因而电影的抒情式和表达能量，皆是诗歌的再度发明。这是对什克罗夫斯基所言"无情节的电影是诗意的电影"的重复确认。

一九六四年，一部艺术短片在纽约林肯中心上映：《最后一件干净的衬衫》，由画家兼电影人莱斯利（Alfred Leslie)担任监制、诗人奥哈拉（Frank O'Hara）撰写字幕。影片由驾车/乘车的情节一镜到底，杜尚动画中的轮转圆盘被具象化为曼哈顿城市车道的回环往复，字母浮雕的形式隐喻则被表演成一场无效的听说关系：两位演员落座于主副驾驶座，女性乘客侧身高声絮语，沉默的男性司机则无动于衷。这部影片无意效法杜尚的摄像技法（一个曲线回环的视觉母题），却始终守护其非叙事的诗意期待。从圆盘道具到启用真人，演员的语声并不叙事，而仍然是对意义的阻断。在曼哈顿街景模糊的车程中，唯有奥哈拉的字幕插入了时间性，成为这趟旅事中仅有的流动。这字幕来来回回，有断续，有闪避，在存疑和解谜的动力学中与画面及语声交合并置；三者适度混合，产生了意义的折光。

四

一八一七年，济慈在给弟弟们的信中提出著名的"延疑能力"（Negative Capability），其意为"当一个人有能力与不确定、神秘和怀疑共处，而不急着去追问事实和因果。"

艺术酬报我们的知解力以何物？如若不是智识格斗的失重感、美的浸渍、清晰的自我倾听，还有什么？在与不确定性共处的能力中，双眼和口舌得以叛逃，从单向度的因果重力中解缚，回到一个磁力的中心，一种真实的时间。而我们对这种能力的持握和感知，常常变为诗歌语言本身的挑战。正如诗评家莱顿（Angela Leighton）认为的，读诗是对不确定性的探听，是"一种永无完结的听觉进行时"。文明史上，对诗歌的捍卫曾逐一敌对科学、政治行话、口号、广告词、网络书写、谎言、陈词俗语……从反人道的战时浩劫到媒体的现代盛世，词语的本意被窃据、肉质被削减、振荡体系被捣毁，而沉默不仅仅是乔治·斯坦纳（特别就德语困境提出）的预言。今日，当诗人赫尔斯菲尔德（Jane Hirshfield）声称不确定性"即是从傲慢中退后一步，站在脆弱又裸露的接听者那边"时，她回击的是充斥我们生活的"傲慢"——这种思维方式蚀化诗歌、废止意义的振荡。

对我们，语言给予线索和依靠。正因如此，每一位诗人都有他/她的文学前辈，以反哺和给养语词的生命场。在面对存在的黑暗时刻，他们需要绘制自己的地形图，组成自己的勘探队。半个世纪前，策兰与巴赫曼代表了那个时代的一种尝试。两人关于诗歌的隐喻都是"找到词语"。出于切身的破碎和疼痛，巴赫曼在诗中对词语耳提面命：

放手，跟着我，别轻柔/也别猛烈，/别满怀安慰，/没有安慰/别作描述，/也别如此毫无记号——

千万不要做的：灰尘交织物中的/图像，音节的/空洞滚动，垂死之词。

别做垂死之词，/你们这些词！（李双志译）

此诗的题献者是巴赫曼与策兰共同的友人，诗人萨克斯（Nelly Sachs）。那碎岩石般、遍地滚动的"垂死之词"，更像是来自策兰，后者则通过里尔克，继承自荷尔德林。此诗或许可以说明，对词语的准备，在构成某一首诗的个体结构之前，就已经贯穿在德语书写的整体戒律中。诗人，与他们的语词并肩，充满绝望地自我救助。诚如巴赫曼与策兰书信的编注者所言："位于两人通信中心位置的是对语言的角斗以及词语的怨艾。"信写完了，常常选择不寄，对于可否言说、是否有必要写出，字斟句酌，以至于通信的频次远不能满足交谈的迫切，只好在信中哀求"让我们找到词语"。

"让我们找到词语"，这是任何爱侣（因而也是任何关系）开始和重新开始的地方。一个人对自己、对他人所知有限，故而在对词语的哀矜中找到生活的步幅练习，以使经验的复杂性不被斩断。事实上，无论是否相爱，策兰与巴赫曼共有的精神特性也会使他们堕入一个由质疑、失去和不确定性环绕的深渊，在付出行动前，首先体认语言的不幸与离散。

去上野公园的那个宁静的星期五，微风里黄叶拂动，甚为迷人。凡·高展后，我们如约拜访了东艺大版画系，直到傍晚下起的冬雨将我们绊留。想到这一天在公园内部的游转，美术馆与艺术学院彼此接应，互为呼应。而从各色各样的作品（凡·高与蒙蒂切利、西画与浮世绘）中，既体悟到日本版画的汉学血缘，亦领会了东亚文学的欧化情结。

是什么使得一个作品（绘画、装置、诗歌、电影，乃至评论）选择了一种对话序列而非另一种？如果容许断章式的勾线与拼贴（正如本文所做的），或许，创造的发生，从贯穿到抵达，总是不时回到两三个发光点上：美学价值的冒险（凡·高）、灵思的效法（康奈尔）、对媒材的测度（杜尚）、对语言之生命的看顾（巴赫曼与策兰）。就像康奈尔盒柜的拼贴物——贝壳与软木塞、鹦鹉与线轴，作品与作品，在阅读目光无数次的穿插中，织成一张网。这些手持微火的标记者，聚集在现实中并不存在的港口泊地，哪怕看不见，也把彼此身上的光引为黑暗中的指南。

王 路

我的"老师"亚里士多德

我读亚里士多德著作,至今已经四十多年。最初读亚里士多德著作,读的是罗斯(W.Ross)主编的英译本《工具论》,随后又读了他翻译的《形而上学》和他写的《亚里士多德〈前后分析篇〉注释》《亚里士多德〈形而上学〉注释》。当时二十五六岁,精力旺盛,求知欲强,还读了《修辞学》《尼各马可伦理学》等著作。有些觉得读懂了,像发现了新大陆,兴奋不已,有些没有读懂,觉得高深莫测,几多惆怅。

研究逻辑与哲学多年,也研究亚里士多德多年,如今我觉得与亚里士多德非常熟悉,他就像我的老师一样。我熟悉他的思想和表达方式,甚至觉得好像熟悉他的思考方式。今天我可以谈一谈对他的认识,就像一个学生谈论自己的老师。不同的是,我对他的生平轶事了解不多,只能谈论他的学术,而且只能谈一谈他的逻辑与哲学。

我认为,亚里士多德的贡献很多,最大的一个贡献,也是最具普遍性的一个贡献是学科分类。柏拉图的学园门口有一块牌子,上面写着:不懂几何学者莫入。这说明柏拉图那里就已经有了学科分类。但是他留下的对话没有分类,它们成为哲学、文学、政治学、思想史等不同领域共同的思想财富和资源,不同学科的人研究时需要做一些学科分类工作。亚里士多德不是这样的。他留下的著作本身就是分门别类的,这就说明,他已经有了明确的学科分类意识,他在具体研究中也因循了学科分类。这一工作是重要的,它对西方思想文化发展的根本倾向产生重大影响，发生导向性的作用。现代科学的产生和发展是文艺复兴以后的事情，却是学科分类的产物，其来源无疑与亚里士多德相关。

亚里士多德留下许多著作。人们各取所需，按照自己的学科研究都会追溯到它们，称其为开创性、奠基性的研究。所以，亚里士多德被称为许多学科的创始人，其相关著作也被称为其学科最初的重要的思想来源。不仅如此，亚里士多德对学科的分类直接影响到他的哲学工作，影响到他对哲学做出的重大和开创性的贡献。

亚里士多德留下一部哲学著作，大概也是唯一一部哲学著作，这就是《形而上学》。我问过许多人，他们也是这样看的。所以谈论亚里士多德的哲学思想，谈论他对哲学的贡献，一定要谈论他的《形而上学》。《形而上学》一书我不知读过多少遍，最初却是读不懂的。我读不懂其中所说的那个being，它和我以前所学的哲学，什么唯物唯心、主观客观、辩证法形而上学，都不相同。请教一些老先生，他们说这个being是"存在"。"存在"的意思当然好懂，但是再去读，依然不懂："存在"的意思很明确，怎么亚里士多德却说being有多种含义呢？特别是，他的逻辑中没有"存在"一词，其中所说的being也不是"存在"，与"存在"没有什么关系啊？所以，最初我对亚里士多德的学科分类有认识，但是读不懂他的形而上学，对形而上学的学科分类认识得并不是特别清楚。

亚里士多德在《形而上学》中说过一句非常出名的话："有一门科学，它研究是本身"（beingqua being）。单看这句话似乎很难理解，什么叫"是本身"？中文的通常翻译是"作为存在的存在"，或者"存在之为存在"。虽然也很难理解，但是联系人们通常所说的物质存在，思维与存在，认识是存在的反映等等，似乎多少还是可以理解的，因为它似乎指向最根本的东西。这样来看似乎就可以理解，哲学要研究最根本的东西，因此包括像第一原因、第一原理这样的东西。

此外，我们中国人谈论"有"（"无"），"有"和"存在"字面上有相同含义，因此似乎可以认为，西方哲学所谈也不是什么新鲜的东西，和我们中国人谈的东西差不多，所以也有人用"有"翻译being，并认为being也有这个意思。以上认识纠结我很多年，也让我困惑很多年。直到有一天，我发现亚里士多德说的being不是"存在"，而是"是"，我才读懂了他的形而上学。随着这一认识的进步，我还发现，亚里士多德与"是"相关的论述也与学科分类相关，由此我认识到，亚里士多德关于"是"的认识和论述不仅是对学科分类做出的贡献，而且也是对哲学做出的贡献。我非常高兴，我觉得，读懂了亚里士多德的形而上学，我的哲学研究才真正地登堂入室。

亚里士多德说，一门科学研究"是"的一部分，比如数学研究什么是偶数，什么是奇数，医学研究什么是健康，什么是疗效，而形而上学研究"是本身"。又比如，人们可以在多种意义上说"是"，可以在"是什么"的意义上，也可以在质、量、关系等等的意义上。他明确地说，我们只有认识一事物是什么，才能真正把握一事物。我终于发现，亚里士多德的说明是清楚的啊：比如数学不研究"是本身"，但是它关于什么是偶数的研究中暗含着关于"是"的认识啊！其他学科也是同样。哲学研究"是本身"，就是研究所有学科所共同具有的东西，这不是具体的认识，而是认识的方式。人的认识是通过语言表达的，"是什么"是最基本的语言表达方式，既是提问的方式，也是回答的方式。亚里士多德强调"说'是'"，凸显了语言表达和借助语言来表达认识，也体现了他对语言表达认识的方式的认识。明白了他的意思，表达也就容易了。所以我说，一门科学是关于一类事物的认识，而哲学是关于认识本身的认识。这个表达和说明是我的，意思却是亚里士多德的，或从他那里来的。我认为，亚里士多德的说明是有益的，我借助他的方式把他的思想阐述得更加清楚，也是有益的。最近我看到有学者在研究亚里士多德时说，"要从'通常'对世界的理解走向理解这个理解本身",大体上也是这个意思。

以上认识是有益的,它可以使哲学与科学明确地区别开来,也可以将哲学与加字哲学区别开来。中国哲学显然是与中国思想文化中的东西相关的,比如与天人合一、内圣外王相关,因而不会是关于认识本身的认识,马克思主义哲学显然是与马克思主义相关的东西,比如与改变世界相关,因而也不会是关于认识本身的认识。今天谈起这些似乎轻车熟路,获得这样的认识却经历了一个漫长的过程。它涉及对逻辑的学习和把握,对哲学的学习和把握,对逻辑与哲学之间关系的理解和认识,与学习亚里士多德密不可分。

亚里士多德是逻辑的创始人。他的逻辑思想是这样形成的。一个句子的基本句式是"S是P",S是主词,表示要说明的东西,P是谓词,表示对主词所表达东西的说明,"是"将二者联系起来,形成句子,表达认识。这既是我们的认识,也是我们表达认识的方式。亚里士多德发现希腊文的表达是不清楚的,因为其中表示联系的being一词有多种表达方式:它在句子中的位置不是固定的,可以在句中,比如"S是P",可以在句首,比如"是SP",也可以省略,比如"SP",因此为了达到确定性,首先就要明确谓词的表达。此外,"S是P"加上否定词"不",就会形成真假的区别,若是再加上量词"所有"和"有的",表达方式和意思还会更复杂一些。亚里士多德基于"必然地得出"的观念,通过这样一步步的分析研究,先是建立起四谓词理论,说明"S是P"中的"P"可以表示定义、固有属性、属和偶性,然后确立了"所有S是P"和"所有S不是P"等四种命题,建立起对当方阵,再以这些命题为基础,最终建立起著名的三段论理论,从而创建了逻辑这门科学。

亚里士多德的逻辑理论是清晰的,明确的。最初读亚里士多德,虽然不懂他的形而上学,逻辑总还是读懂了的。人们说,西方哲学的根本特征是逻辑分析。也许正因为读懂了逻辑，我越发不明白，形而上学中所说的being为什么会是"存在"，亚里士多德的逻辑思想为什么在他的哲学著作中就体现不出来呢？直到我明白了being不是"存在"，而是"是"以后，我才终于明白，亚里士多德说得很清楚啊！being一词是在多种意义上说出的：它可以表达"是什么"（"是人"），也可以表达质（"是白的"），量（"是三肘长"）等等。有了这些认识，我也就更加清楚地认识到，"是"既是亚里士多德逻辑的核心概念，也是他形而上学的核心概念，因而他的逻辑和形而上学字面上就是相通的。

站在学科分类的高度，我们可以认为逻辑是一个学科，形而上学是一个学科，它们与其他学科是不同的。但是，逻辑的理论方法应用到哲学研究之中，这样，这两个学科密切联系在一起，而且它们相互联系，与其他学科并不联系，即使联系，也不是那样密切。我终于明白，为什么亚里士多德会把认识区分为理论的、实践的和生产的，为什么他称形而上学为第一哲学，为什么他会说伦理学附属于政治学。将亚里士多德的思想与整个西方哲学联系起来，我越来越领会到，为什么人们说西方哲学的根本特征是逻辑分析，为什么分析哲学家说哲学的根本任务就是对语言进行逻辑分析，为什么罗素说逻辑是哲学的本质，为什么人们称分析哲学是当代形而上学。以前的许多问题迎刃而解，可以说是一通百通。

梁存秀、叶秀山、王树人诸位先生对我多有教诲，令我终身受益。一个教诲是，你不应该只研究逻辑，还是要研究西方哲学。有意思的是，西方哲学读得越多，研究越深入，亚里士多德的逻辑和形而上学的意义及重要性就越发明显。亚里士多德说，矛盾律是一切证明的出发点，如果要求对矛盾论进行证明，这就说明欠教育。这是《形而上学》的论述，显然涉及逻辑与哲学。康德称矛盾律是逻辑和哲学研究中必须要遵守的东西，并借助矛盾律来说明认识的普遍的真之标准。洛克称矛盾律是先天原则，认为其中的观念是先天观念，但是认为即便是像矛盾律这样的先天原则和观念也是通过后天学习而获得的。不同学派会有不同的认识，认识的不同也可能会形成不同的流派。无论认识如何不同，人们不是同样要讨论矛盾律这样的东西吗？人们在讨论中不同样是借助逻辑的理论和方法吗？不同的学派和观点与亚里士多德的思想难道不是联系在一起的吗？这样去阅读和理解，西方哲学与亚里士多德不就自然而然地联系起来了吗？反过来，学习和研究了亚里士多德，不是正好有助于我们学习和研究西方哲学，并且在学习和研究中获得更好的理解和认识吗？

叶先生和王先生后来还对我说，你不要只研究西方哲学，也要研究中国哲学。中国哲学我一直是学习的，早先还写过关于中国哲学的文章。遵从老先生们的教诲，我试图深入地学习和研究中国哲学，结果发现，中国哲学与亚里士多德哲学具有根本性的区别。像逻辑和形而上学这样的东西，中国哲学中是非常少的。同样涉及矛盾，中国哲学讨论的不是"一事物不能既是又不是"，而是谈论"塞翁失马焉知非福"，"以子之矛攻子之盾"。这显然不是在讨论矛盾律，而是在说矛盾现象。与其说这样的论述会与矛盾律相关，不如说借助矛盾律的认识，人们发现这样的描述和说明中含有一些关于矛盾的认识。随着研究的深入我还发现，所谓中国哲学，重点是在"哲学"前加"中国"二字所体现的东西，即更多的是探讨中国思想文化中的一些东西，并将其称为哲学。哲学与加字哲学是有区别的，形而上学与中国哲学也是有区别的。亚里士多德的书读多了，自然也就有了一个学科的意识，并且建立起与学科相应的知识结构。无论是不是有意识，都会以这样那样的方式从学科的角度去思考问题。

读亚里士多德以前，我一直在读马克思主义哲学，后来读得少了，也还是在读。对加字哲学有了认识之后，我认识到，马克思主义哲学与中国哲学有相似之处，也是加字哲学，因而其最主要的内容在其加字"马克思主义"所体现的东西上。这与逻辑和形而上学显然是不同的。搞马哲的人喜欢谈辩证法，有人把辩证法与逻辑进行比较，有人将辩证法与形而上学进行对照。这样的谈论原因很多，最主要一点大概是比较容易凸显辩证法的优点和长处，更容易说明辩证法的特征。在我看来，之所以可以这样谈论，主要有两个原因：一是因为有逻辑，有形而上学，因而才可以比照；二是因为逻辑和形而上学是哲学中最主要的东西，因而比照才有意义。所以，马克思主义哲学以自己的论述方式也说明了逻辑和形而上学的重要性。有了对亚里士多德思想的理解和认识，我对"逻辑"和"形而上学"也就有了不同的理解。这两个词在研究马哲的文献中频繁出现，有的是亚里士多德意义上的，有的沾点边，有的则根本就不是。

亚里士多德是一位百科全书式的学者，是许多学科的开创者。我跟着亚里士多德主要是学习逻辑和形而上学。今天人们认为，近代以来，哲学的主要问题来源于康德。这样的说法固然有道理，但是我还想问，康德的问题，特别是他的思想方法又是从哪里来的？现代逻辑产生之后，人们对亚里士多德逻辑提出批评，甚至比较轻视。我却想问：现代逻辑借助数学的理论和方法取得了长足的进步，但是它的观念是哪里来的？我重视亚里士多德，但是在课堂上讲亚里士多德却不多，我更多讲的还是弗雷格、罗素、维特根斯坦、奎因，以及他们所开创和探讨的现代逻辑和分析哲学。我希望学生们可以更快地学到比较新的东西。但是我在讲课中会经常提到亚里士多德，提到他的逻辑和形而上学，这样就使我的教学保留了一种可能性：如果愿意，学生们随时而且很容易可以走向亚里士多德，走向他的逻辑和形而上学，从而把逻辑和形而上学不仅可以作为理论和方法本身来学习和研究，而且可以放到哲学史中，联系哲学的发展过程去学习和研究。国人喜欢说，正如西方有古希腊逻辑一样，中国古代也有逻辑，同样，一如西方有哲学，中国同样也有哲学，而且不可能没有哲学；中国和古希腊一样，都是人类文明和思想文化的发源地，因此中国不可能没有逻辑和哲学。我也希望是这样。但是经过学习和研究亚里士多德，我觉得，这样说一说是容易的，但也仅仅是说一说而已。

以"亚里士多德"命名的书出了不少，罗斯的《亚里士多德》则是最著名的一本，我觉得这本书非常好，特别是其中关于逻辑和形而上学的说明，对我的学习和理解很有帮助。于是我就想翻译这本书，以为通过翻译可以帮助自己研究亚里士多德，更好地理解亚里士多德。此外还有一个原因。朱生豪三十岁翻译莎士比亚全集，学英语的人大概都知道。那时我刚研究生毕业以后，进入社科院从事专业研究，觉得自己年龄也差不多，有些跃跃欲试：读的都是英文书籍，翻译与研究相结合，正好一显身手。非常幸运的是我还认识了商务印书馆的张伯幼老师，他帮助我在商务申报选题，为我翻译此书开了绿灯。换作今天，我大概不敢有此奢望。

罗斯这本书多次再版。在一九九五年的新版本中，著名亚里士多德专家阿克里勒（J.L.Ackrill）写了一个导论，其开篇即说："罗斯这本书对亚里士多德的哲学著作做出了简要而全面的说明——而且没有更好的说明。"该书适合不同专业的读者，也适合不同类型的人，包括专家、学生和一般读者。这次再版，我主要对其中"逻辑"和"形而上学"这两章的译文，特别是论述 being 及其相关概念的部分做了校对和修正。我没有对其他章节做大的改动，主要也是觉得，从学科的意义上说，我今天的认识比当年的认识大概好不了多少。还有一个考虑是，保留当年的译文也许是有意义的：一个年轻人，刚刚步入研究领域，斗胆翻译著名学者研究亚里士多德的名著。说好听一些，这叫敢想敢做，说难听一些，这大概就是无知无畏吧。

（《亚里士多德》，罗斯著，王路译，商务印书馆二〇二二年版）

王丁

厄琉息斯之梦
——德国古典哲学的最后时刻

在前基督教时代，除了雅典或罗马，古典世界还有一个隐秘的中心——厄琉息斯。西塞罗就曾说过："神圣的厄琉息斯地位卓越，地上所有的人都要去那儿参与秘仪。"厄琉息斯不过是雅典西北部的一座小城，但每年在那里都会举行一种叫作"秘仪"的宗教仪式，那是古典世界中最神秘和最有人气的宗教活动之一。除了希腊人，每年还有许多外邦人不远千里前往参加。不同于崇拜奥林匹斯十二主神，为城邦社会奠定礼法的"显白宗教"，厄琉息斯秘仪关涉的是谷神德墨忒尔、春神珀耳塞福涅和酒神狄奥尼索斯这样的"非主流"神祇，因此被称为"隐微"的秘教。希腊城邦有一个习俗，在公开场合，不可谈起任何关于厄琉息斯的事情，因为隐微之事不入奥林匹斯神所守护的城邦。据称埃斯库罗斯就有一次因为公开讨论厄琉息斯秘仪，遭到了雅典人的群殴。根据雅典的法律，泄露秘仪的内容视为渎神，会受到严厉惩罚：抄没财产，还要在青铜板上刻下铭文，让这个亵渎者被世代记住，永受后人的咒骂。这样的习俗在罗马帝国时期仍有保留，贺拉斯就有诗云："谁若泄露了秘仪，我就绝不同他在一个屋檐下。"甚至在柏拉图和亚里士多德的著作中也有来自厄琉息斯秘仪的思想痕迹。比如在《斐多》中，苏格拉底就说"谁若在没有参与秘仪并得到净化的情况下就下到了冥府，谁就会落到死亡的泥沼里"。而亚里士多德在《政治学》第八卷中关于音乐的说法,"但我们看到,正是这些人,当他们听到使灵魂从狂欢中解脱出来的调声时,就像服了人们给的药或者清醒剂一样,重新调适合度了",也暗指厄琉息斯秘仪上的那种令人迷狂但又让灵魂从中得到宁静和净化的曲调。

厄琉息斯秘仪分为"小秘仪"和"大秘仪",前者需要参与者洁净自己,穿越复杂的迷宫。迷宫的布置会模仿人们想象中的冥府,幽暗中充满诡异的光影变化,还会有头戴兽面的祭司突然现身,让人被吓得仿佛灵魂出窍,好似已经死过一遍。而大秘仪的第一个环节,是让那些刚刚从小秘仪中走出来的人漫无目的地游荡。接下来,伴随着精心布置的场景和专门规划的路线,这些人会迎上一道不可思议的亮光,或者光辉灿烂的平原和溪谷。在这些景色映入眼帘之际,神圣庄严的乐声随即响起,迎接他们进入最后的大秘仪。大秘仪被称为"对真理的终极观看",没人可以公开或相互交流到底看到了什么。真理在此表现为永恒的奥秘,但参与者相信,自己已经得到了祝福,并参与了对神性的分有,正如荷马在颂诗中吟唱的:"终有一死的世人啊,你们中那些观入秘仪奥秘的是至福的!"

可这些跟向来以理性与思辨,甚至晦涩著称的德国古典哲学有什么关系呢?难道它不该充满着诸如"否定之否定""感性之扬弃""纯粹理性为自身立法"这样的字句吗?可如果我们知道,前面对于厄琉息斯秘仪的讨论来自德国古典哲学四大代表人物之一的谢林的手笔,那或许这种疑问会稍稍减弱:毕竟谢林是一个"浪漫主义者"或者"神秘主义者"嘛,讲这些也没什么好奇怪的。但如果我们知道,这些关于神话的内容占据了他晚年最重要的两部讲课稿"神话哲学"和"启示哲学"的近一半篇幅,并且他本人也强调,这两部讲稿都建立在"自康德以来哲学所赢得的一切"上,都是自己"迄今哲思指向的最终目标",那我们是否可以稍稍挤出一些耐心,看看这位曾经年少成名,但之后活在黑格尔的阴影里多年,最终"熬死了"

费希特和黑格尔的后康德哲学发起人之一的谢林,在他本人生命和哲学生涯,乃至德国古典哲学最后的时刻里,想要对我们说的话。

实际上,在后康德哲学形成之初,曾经的"图宾根三杰",即黑格尔、谢林和荷尔德林从一开始就构想了一场"厄琉息斯"意义上的哲学运动。我们现在可以在由罗森茨维格(Franz Rosenzweig)发现的文本《德国唯心论的最早体系纲领》中看到这场"厄琉息斯之梦"的雏形——这份写于一七九六至一七九七年间的文稿,尽管是在黑格尔遗稿中发现,但并没有署名,现在学界一般认为,它是当时那三位年轻真诚的心灵合作的。在这篇文稿里,充满着对近代主体性哲学的批判,表达着对自由作为人之基本理念的要求,和对机械论世界图景的不满,这是当时普遍的思想风潮。在康德把自由确立为人的基本规定,在雅各比引发的"泛神论之争"把斯宾诺莎的体系引入了思想界,在费希特把康德的思想激进化为一种彻底的自由哲学以后,一股精神之风已经开始席卷整个德国最卓越的头脑和最有志向的青年。带着对近代哲学以主客二分的方式撕裂世界的不满,带着对统一现实世界与理性世界,统一真理与美,统一道德之应然与生存之实然的热望,三杰热情洋溢地在这个文本里勾勒出他们今后为之奋斗的全部目标。其中首要的就是建立一种从自由出发,从地上生长,能为大地赋予着美与真理的新哲学,他们希望实行这种哲学的哲人"有和诗人一样的审美能力",它不是学说,不是理论,而是"精神"。正如"精神"这个词的词源和意象都来自"嘘气",这种"精神的哲学是一种审美的哲学"。被精神之风吹拂的人不再以"表格和登记簿"从事假装在思想的"文牍学术",而是直观着真理,以审美的方式思想,以思想的方式审美,并由此获得真正的人之本质,克服人的一切异化,"真理和善只有在美中才会亲如兄弟姐妹"。

因此,这种"新哲学"要求诗,因为在诗中"不再有哲学,不再有历史"。哲学与历史之所以分开,是因为人类自身在社会层面和知识层面上的异化，导致了一种最初圆融知识的分裂。在一种扬弃了所有分裂的哲学中，"哲学"作为一种特殊知识也会消失，它成了对真理的直接呈现，无须再以特殊的语言去另创言说空间。与此同时，"日常的"语言也消失了，因为作为与另造的"科学语言"相对立的东西，在"科学语言"消失之际，也不会再有什么所谓的"日常语言"。三杰在这种新哲学的论纲中，已经完成了尼采之后要做的事情：摧毁所谓"真理世界"和"现象世界"的二元对立，随着"真理"的消失，"假象"也一并消失了。当这种对立消失之际，诗也就回归为语言本身，成了"它在开端中的样子"，成了真正的"人类的教师"。正如所谓"感性"和"理性"的分裂不过是一种源自形而上学传统的"现象"与"真理"之分裂的抽象结果，当诗成为一切言说中的言说之际，它也会以语言与人特有的直接性触感——毕竟我们接触任何东西的实质都是在触摸语言——为所有人构造一种"感性的宗教"，它是"理性和心灵的一神教"，同时是"想象力和艺术的多神教"。以唯一的诗之道说呈现着自己的那种唯一精神，会在人的自由与想象中，产生艺术的多样性以及存在的多样性。这种思想，不管是在荷尔德林后来的诗作里，还是在谢林的《艺术哲学》中，以及黑格尔的《美学》里，都有继承和发挥。语言与艺术保证了人类的自由，语言与艺术永远是"多中的一"和"一中的多"，自由永远是"复调的"，自由永远是在自由这个唯一的理念下"多多去自由"。

这种愿景，最终被描述为"理性的神话学"，这是一种全然不同于"旧神话"的"新神话"，是"启蒙和未启蒙"的"携手合作"。三杰相信，当"神话成为哲学的"，人民就会成为"合乎理性的"，当"哲学成为神话学的"，"哲学家"才能真正变得"有感受力"。如果说，"旧神话"讲述的是神的故事，以服务于古代世界的城邦合法性来源，那么"新神话"则与之相反，它并不讲述作为权威的神的故事，而是讲述自由的故事，它服务于人的解放，服务于带来"更高精神从天而降"的叙事。这种诉求,在荷尔德林的名作《面包与葡萄酒》中体现得尤为明显:"他使白昼和夜晚和解,不懈地把天国的星辰带上带下……亲自把遁去诸神的踪迹／带往处于黑暗世界的无神者。"这种要求世界从分裂到和解的时代诉求,不仅让三杰,也让当时的浪漫主义者一道,把目光投向了厄琉息斯秘仪,投向了酒神狄奥尼索斯。在所有的希腊诸神中,只有酒神是死而复活的神,只有酒神是曾经被泰坦神撕得粉碎,又在德墨忒尔的摇篮中重生的神。在谢林看来,也只有酒神,是集合了所有受难半神英雄的事迹——不管是大力神赫拉克勒斯,还是斩下美杜莎之头的珀尔修斯——都是为人类带来解放的神。他甚至认为,基督教神话的基础和前提其实就是酒神神话,因为酒神的每一次受难与复活,都是自由以更高姿态的复归,是重新聚集了前时代的分裂,让人类进入新时代的征兆。在酒神身上,谢林构造了一种神话的"三位一体"。巴库斯、狄奥尼索斯和雅科斯,这三位造型不同、传说不同的酒神,其实是同一位酒神的三重变体。巴库斯是最古老的酒神,也是最古老的自由观念,在巴库斯身上,自由仅仅代表着短暂的解脱和放纵。狄奥尼索斯是第一次复活的酒神,他是为了人类而忍受着奥林匹斯的命令的青年,是与完成了"十二试炼"的赫拉克勒斯神格相近的受难的酒神,也是为了人类的自由甘愿被泰坦神撕碎的酒神。被撕成碎片的狄奥尼索斯没入地下,长出了葡萄,葡萄在酒桶里的沉睡和酝酿,象征着狄奥尼索斯的死亡和再次孕育。而在酒桶如冥府的幽暗中再次醒来的葡萄汁,会最终成为美酒,这是它的重生,也是狄奥尼索斯的再生。第三次重生的狄奥尼索斯叫作雅科斯,在拉丁语中的名字是"利柏尔",意为"小男孩",是稚嫩的未来,新生的希望,也是经历过多次死亡,但仍涅槃永生的自由。在谢林看来,这正是厄琉息斯秘仪真正的内容,是古代世界真正的奥秘,是"大秘仪"早已揭示的"新神话"。正因如此,奥林匹斯神的城邦里才不允许谈论它，因为它代表着人类的自由与解放终将战胜一切外部权威。

可以看到，在谢林最终的哲学里，在德国古典哲学的最后时刻，思想仍在返回曾经的开端，返回一种"理性的新神话"，返回这种"感性的宗教"。实际上，如果我们撇开黑格尔艰涩的辩证法术语，不也能看出深深蕴藏其中的这种"酒神精神"吗？在黑格尔的心目中，人类的知识活动也跟酒神一样，不断被撕裂，又不断地再生和统一，构成不断提升的更高层次。而支配整个世界的"绝对精神"也是如此，它必须忍受自己被自己撕扯，自己被自己异化，以便最终回到自身的时候，让自身成为彻底自由的精神，也让构成自身的全部环节成为自由的。从这个视角出发，或许我们也能对黑格尔与谢林在一八〇七年，围绕《精神现象学》序言中那句著名的"黑夜里的牛都是黑的"发生的争执，以及它所导致的两人绝交给出一种不同的理解角度。或许在黑格尔看来，正如在厄琉息斯秘仪的最高内容里，酒神的再生需要某种推动力，才能让他最终完成为人类带来自由与和解的使命，所以在辩证法中，最重要的要素是精神自身的运动，而不是谢林强调的那种作为一切运动前提、绝对静止的"绝对同一性"。但谢林的反驳也不无道理：即便酒神需要不断运动和分裂才能成就自己和人类，精神也是如此，但如果没有一种前定的和谐统一的愿景在先，酒神如何知道自己要去运动？如何坦然接受自己的死亡和再生呢？

在德国古典哲学的历史上，谢林与黑格尔的这一争执被称为"绝对同一性之争"，它不仅导致了当事人友谊的破裂，也导致了后康德哲学走上了黑格尔主义和谢林主义两条道路，加上荷尔德林早已精神失常，曾经的"厄琉息斯之盟"已然风流云散。一八四一年，六十六岁的谢林辞去在巴伐利亚王国的显赫官职，赴柏林接替黑格尔死后已然空置了十年的教席。友人和论敌皆已作古：曾如惊雷一般划过德国的夜空，把康德开辟的道路发挥到极致的费希特早已作古——他曾经是谢林和黑格尔的共同论敌,黑格尔也已死去了十年。海德格尔曾说,谢林在晚年,在柏林大学的讲台上,怀有一种对黑格尔深深的怨恨。因为谢林认为,黑格尔的辩证法,实则源于自己早已勾勒出的体系模型。这样的不甘和喋喋不休,对于一个曾经年少成名,中年在学术上失意却官场得意,如今终于回到学术中心的老人来说,我想多少是可以抱以同情理解的。但萦绕在谢林心头的仍然是黑格尔曾经批判过他的问题:"精神为什么会运动起来?"或者说,酒神为什么会死去?如果不知酒神何以死去,我们就无法知道他何以再生。正如不知道自由何以死去,我们就无法知道如何让它以更强大的姿态复活。自由的生死与历史,构成了谢林晚期哲学的基本主题,而这正是"神话哲学"和"启示哲学"的基本内容。

可老友的零落也代表着一个时代过去了,代表着自己的听众和论敌已经不再是自己的同时代人。曾经年少的思想英雄如今在讲台上不复往昔风采,听众们也抱怨谢林絮絮叨叨,只有承诺,但无力兑现。这种悲凉和迟暮,一直伴随着谢林人生最后的十年,但他没有放弃自己的努力,一直到死,他仍然在写一部哲学史,想厘清所有他要批判的那种阻止酒神复活的哲学的基本特征。他把这样的哲学称为"否定哲学",而把那种能为自由的涅槃奠定基础的哲学称为"肯定哲学"。

在希腊悲剧和厄琉息斯秘仪中,有一个特殊的形象,即上半身是人,下半身是羊的萨提尔神,他们中最有名的是潘神。在悲剧的演出中,有扮演萨提尔神,披着山羊皮的合唱队来进行旁白。在厄琉息斯秘仪和酒神的狂欢节中,所有人都是萨提尔。根据谢林的考证,萨提尔其实就是人本身,是从自然中生出,但也超越于自然的精灵。萨提尔是酒神的随从,是萨提尔哺育了年幼的狄奥尼索斯,教他本领,并跟随着他走遍希腊,带去自由的美酒和消息。如果没有人,自由将无处重生,如果没有自由,人也不知何往。所以在"启示哲学"里,谢林认为古典世界唯一的最重大事件就是潘神之死。普鲁塔克在他的《论神谕的衰微》中记载了潘神之死的故事:一位水手在乘船经过爱琴海上的一座岛屿时,突然听到岛上传来一阵震耳欲聋的声响,指名道姓叫他到了罗马就向所有人宣布伟大的潘神死了,当他大声把这条消息喊出来的时候,陆地和海洋都发出了重重的叹息。在谢林看来,潘神之死代表着古典时代的终结,代表着一种类型的人类之死,代表着古今之分的真正开启。而如果我们看看谢林,或许也能看到某种类似意义上的潘神之死。曾经由康德和费希特等人开启的精神之风早已过境,曾经风中飞扬的少年已经风烛残年,他还记得那阵风,但新一代的人们早已忘记或对此一无所知。少年还记得那场来自青春友谊之盟的厄琉息斯之梦,但听众早已不再明白他在说什么,或许还以为他在做梦。

作为精神的酒神随从的潘神,死在了一个新世界将要彻底到来的前夜,这个新世界里有火车、照相机和现代意义上的餐厅,所有这些,谢林——这最后的一位酒神随从——都体验过,但他已经无力对此再说些什么了。谢林在柏林的授课并不成功,但这并不意味着"厄琉息斯之梦"的破碎,正如作为十九世纪围绕酒神展开的"新神话学运动"的继承人尼采所说,"一切神都会死"。按照谢林的说法,一切尚未实现自由的神都是真正之神的一个"潜能阶次",一个"阶段"。当一个阶段过去,新起的阶段定会在更高的层次上让曾经的理念复活,毕竟不管是德国古典哲学,还是"厄琉息斯之梦"的最终目标,绝非某种现成的哲学体系或学说,而是人类的和解与自由。当曾经的酒神和他的侍从以某一形态死去,定会有新的自由之神和他的侍从出现。如果三杰的"厄琉息斯之梦"确实曾在希腊历史上有根有据,而绝非哲学家的思想投射,那么它千年的绵延也不会因为梦者的死而消逝。我们也确实看到,新的时代开始之际,有来自莱茵省的少年会接过那些曾经开辟了全新哲学形态的伟大人物的梦。

柏林墙为谁而倒？

赵丁琪

引 言

二〇一四年，曾担任世界银行首席经济学家的布兰科·米兰诺维奇（Branko Milanovic）在其文章中提出过这样一个问题："柏林墙为谁而倒？"是为了大多数的人民，还是一小部分人？伴随着柏林墙的倒塌所带来的整个东欧的社会转型，是否成功？长期以来，围绕着东欧"后社会主义"转型的问题，一直存在着两种完全不同的叙事。主流经济学家、自由主义知识分子以及东欧的社会精英认为这场转型符合东欧大多数人民的愿望与要求。在他们看来，经过一段时间的转型阵痛之后，东欧的经济已经重新起航，东欧人民目前享受着充分的自由民主和经济繁荣，人均收入、生活水平及生活满意度都较转型前有了较大的提高。另外一种观点则认为，东欧的社会转型是西方顾问和东欧的社会精英强加给东欧人民的，这场转型无论在经济上还是政治上都彻底失败了，给东欧社会和东欧人民带来了灾难性的后果。围绕着苏东剧变的这两种叙事，不论在西方还是中国都长期存在。那么，哪一种叙事符合东欧社会的实际情况呢？

为了回应这一问题，长期关注苏东问题的美国宾夕法尼亚大学教授克里斯汀·戈德西（Kristen Ghodsee）和米切尔·奥伦斯坦

(Mitchell Orenstein)在二〇二一年合作出版了新书《重估休克疗法——一九八九年"革命"的社会后果》。在这本书中，戈德西和奥伦斯坦从各自的学科背景出发，用详实的经济数据、人口统计数据、民意调查数据以及民族志的调研结果，对苏东剧变后二十九个"后社会主义"国家的社会转型及其后果进行了深入的研究。"一小部分人获益，大部分人受苦"——这就是两位作者得出的结论。他们指出，苏东剧变及之后推行的"休克疗法"确实让一些人获益，但这些人只占东欧人口的一小部分。对于绝大部分东欧人民来说，发生于三十多年前的那场社会转型是一场彻头彻尾的灾难，"就其所造成的死亡和贫困而言，其后果堪比一场大型战争或革命"。即使三十多年后的今天，剧变所造成的社会创伤依旧存在。戈德西和奥伦斯坦正是要通过这本书，来提供被东欧和西方主流精英所遮蔽的另外一种转型叙事，倾听那些被刻意遮蔽和掩盖的声音。

一、失败的经济转型：一场超过"大萧条"的经济灾难

一九八九年十一月九日柏林墙倒塌后，德国总理赫尔穆特·科尔曾向东德人保证：没有人会生活得比以前更糟——只有更好。这一承诺，让很多东欧民众燃起了对"后共产主义"社会的希望，助推了当时的政治经济转型。但是今天东欧社会所呈现出来的景象，证明科尔的承诺并没有兑现。在《重估休克疗法》这本书的开头，描述了当下东欧社会两个相互矛盾的面向。漫步布拉格、基辅或布加勒斯特等城市的市中心，人们会看到一派繁荣的西方式消费社会景象：闪闪发光的购物中心中，摆满了进口消费品——法国的香水、意大利的时装和瑞士的手表；在当地的电影院，温文尔雅的年轻市民排队观看最新的漫威大片；市中心布满咖啡馆和酒吧，为在大型超市购买美食的外国人和当地精英提供服务。然而，在离这些都市中心不远的地方，就能看到另外一番景象：处于底层的穷人、老人

难以满足最基本生活需求,他们要在"取暖、药物和食物"之间做出选择;失业的年轻人梦想着能够得到他们难以负担的消费品以及出国留学的机会;无家可归的失业者绝望地睡在公园的长椅上;一些农村家庭已经回归十九世纪的自给农业;年轻人成群结队地逃离祖国,企图在国外寻找更好的机会。经济上的困境和政治的动荡,让东欧人对当下的政治和经济体制充满了不信任情绪,而对于社会主义时代"安全和稳定的怀念与日俱增"。

戈德西和奥伦斯坦指出,在苏东剧变后,新自由主义指导下的快速经济转型带来了灾难性的后果,造成了原苏东国家大规模的经济衰退。主导转型的经济政策制定者和新自由主义经济学家们虽然也预料到可能出现衰退的局面,但他们认为这种局面顶多持续几个月到几年的时间就会结束——此后将会出现"J字形"的反弹。但事实上,这场席卷整个原苏东国家的大衰退,整整持续了十七年,直到二〇〇六年才宣告结束。戈德西和奥伦斯坦利用美国农业部、世界银行和欧洲复兴开发银行(EBRD)的数据,计算了这场衰退的规模。在他们看来,原苏东国家的这场大规模的经济衰退,不论在广度还是深度上都超过了一九二九年的经济"大萧条",是人类在和平时期所经历过的最大规模的衰退。他们根据经济衰退的程度,将原苏东国家分为三组:在转型最成功的国家(如波兰、匈牙利、拉脱维亚、罗马尼亚),经济衰退的规模可以与美国"大萧条"(人均 GDP 下降30%)相当;次一个等级的国家,转型衰退对经济的破坏超过了"大萧条"的程度(人均 GDP 下降 40%)和持续时间(持续了十七年);而转型最失败的国家(如乌克兰、摩尔多瓦、格鲁吉亚、塞尔维亚),目前的人均 GDP 仍低于一九八九年的水平。

伴随着新自由主义转型所造成的经济崩溃,东欧国家的贫困率快速增长。截至一九九九年,东欧社会中有一亿九千一百万人每天生活费用不到五点五美元(世界银行确定的绝对贫困标准)。这也就意味着在转型的第一个十年中，该地区47%的人口陷入了贫困。直到二〇一四年，东欧社会仍然有八千万人生活在每日不到五点五美元的绝对贫困线之下。社会主义时代国家提供给人民的普遍性社会福利（包括免费医疗、免费教育、住房补贴、食品补贴等）被取消了，代之以世界银行所建议的针对特定穷人的"有针对性"补贴。但是在官僚主义、腐败、经济衰退等因素的作用下，这些补贴并没有真正起到保障底层人民生活的作用。在人民生活水平普遍下降、贫困率迅速上升的同时，一小部分前政府官员、资本寡头和知识精英利用转型的机会暴富。东欧社会从一九八九年之前世界上最平等的地区之一，沦落为两极分化极为严重的地区，极大地激化了社会矛盾。

在经济、政治、社会的全面危机之下，东欧国家的死亡率大幅度上升，人口大量外流，成为世界上人口减少最为迅速的国家，造成了严重的人口危机。戈德西和奥伦斯坦用非常详实的数据，对东欧国家所面临的人口危机进行了分析。在一九八九年后，由于新自由主义改革所造成的私有化、去工业化以及与此相伴随的生活水平下降、酗酒、精神压力增大等原因，前苏东国家的人口死亡率都有不同程度的上升。其中，俄罗斯的总死亡率在二〇〇四年上升到了16.4‰，比一九八九年上升了53.27%。直到二〇一六年，仍然有十九个"后共产主义国家"的死亡率高于一九八九年的水平。在总死亡率上升的同时，人口出生率却在大幅下降。从一九八九年到一九九二年，俄罗斯、保加利亚、波兰的人口出生率分别下降了23%、20%和5%，前东德地区甚至下降了47%。与死亡率的异常一样，出生率的大幅度下降对于和平时期的工业化社会来说也是前所未有的——"它通常只发生在战争或饥荒期间"。

与此同时，由于工业体系的瓦解和就业机会的大幅度减少，东欧的人口（尤其是受过高等教育的人才）大量外流，外流的速度、规模和持续时间都是前所未有的。国际货币基金组织的报告估计，自一九八九年以来，已有两千万人离开了东欧地区，占其总人口的5.5%。其中东南欧（SEE）国家受到的影响最大（失去了16%的人口）。大规模的人口外流，使得东欧国家失去了经济增长的动力与引擎，陷入一种无法挣脱的恶性循环，同时也加剧了东西欧民众之间的对立和矛盾，刺激了西欧社会中排斥移民的右翼民粹主义情绪。

二、"时光倒流"——对社会转型的失望与充满着怀旧情绪的东欧

面对"休克疗法"所造成的灾难性后果，东欧民众的失望情绪与日俱增。戈德西和奥伦斯坦引用了大量权威机构所做的民意调查，来分析东欧民众对于"市场"与"民主"的态度转变。二〇〇六年，EBRD和世界银行对于苏东剧变后的经济转型进行了第一次大规模的民意调查，即"新转型生活"（LiT）调查。该民意调查覆盖了中欧、东欧以及中亚的所有二十八个"后社会主义"转型国家（除去东德）。在当时，各个"后社会主义"国家已经渡过了转型之后最困难的阶段。调研的目的是宣传社会转型给这些国家所带来的"民主自由"和"经济繁荣"。但是两位作者指出，这场调研并没有达到预期，"调研结果并不是EBRD所希望看到的（在经过十五年'成功'的转型之后）"。LiT的调查数据显示，只有30%的受访者认为二〇〇六年他们国家的经济形势好于转型之前；只有不到40%的受访者表示二〇〇六年的政治形势好于转型之前；当被问及二〇〇六年的腐败现象是否少于一九八九年时，只有15%的受访者表示同意，67%的受访者表示不同意；对于转型之后所形成的所谓"民主与市场经济"相结合的模式，只有37%的受访者表示认同。尽管主导调研的EBRD希望从这些数据中发掘出东欧人对于社会转型的支持与认同，但我们还是可以明显地看到东欧人民的失望情绪。

除了用民意调查的数据进行研究和分析之外，戈德西和奥伦斯坦还采用了基于实地调查的民族志的研究方法，对于东欧剧变后民

众的社会生活与社会情绪进行了深入的分析。他们指出,东欧"后社会主义"社会中民众存在一种常见的生活体验:"一种时光倒流的感觉。"戈德西在二〇〇五至二〇〇七年通过对保加利亚的马丹市的田野调研发现,很多农村家庭为了生存,已经回归传统农业。一些失业的年轻人甚至被迫沦为罗多彼山脉的牧羊人。一名当地村民说,他们正在"倒退回十九世纪"。戈德西的研究中,提到了马丹市当地一个由九名成员组成的大家庭。这个大家庭完全靠土地和饲养家畜为生,基本脱离了与外界的经济联系:家庭中辍学的孩子们负责采摘野生蘑菇和浆果,妇女们在周围的土地上种植蔬菜和烟草,取暖用的柴火是在村子周边非法捡拾的,晚上照明用的蜡烛是用蜂蜡自己制作的。在他们的生活中,只有两种商品不是由自己生产的:面包和食用油,而这两种商品是用他们祖母的养老金购买的。

这种生产方式与生活方式的沦落和倒退,使得东欧社会充满着一种绝望、压抑以及虚无的情绪,进而产生了一种被戈德西称为"红色怀旧"的对原有的社会主义体制的怀念情绪。二〇〇一年,一项对中东欧七个国家进行的调查显示,15%—30%的受访者明确表示了对过去社会主义制度的怀念。尽管这个比例在当时还相对较小,但是它一直处在不断上升的趋势之中。戈德西和奥伦斯坦在书中还引用了人类学家内林加·克拉姆拜特(Neringa Klumbyte)在二〇〇一至二〇〇八年间对立陶宛三个村庄的田野调查。克拉姆拜特访谈了一百五十多位三十五岁以上、对苏联时期生活有个人记忆的东欧农民,发现很多农民都沉浸在对逝去的社会主义舒适生活的怀旧情绪中。克拉姆拜特说:"对于农民来说,放弃集体农场、让森林替代以前的黑麦田而转向自给农业和临时性就业,并压制他们作为农民的身份,这是他们在后苏联时代地位下降和被边缘化的表现。"一名被迫从城市回到农村生活的立陶宛妇女在接受访谈时说:"在那时候(即苏联时期),我和我的孩子在生活上一点都不匮乏。我自己买得起我想要的一切,我丈夫常常和我们一起去餐馆或酒吧。我们可以带孩子去度假。我们以前每年夏天都会去海边的度假村。现在？现在我甚至没有钱去城里领孩子的津贴。当我必须带孩子去看病时，只能骑马去。"

三、绝望与愤怒：右翼民粹主义运动在东欧的兴起

转型所造成的经济和社会灾难，不可避免地会产生严重的政治后果。从表面上看，东欧人民获得了"民主"，但这种"民主"只具有形式上的意义，它只能决定选择哪些政党和领导人来充当执行新自由主义政策的西方代理人。戈德西说："东欧国家的人民可以选举政府，但这些民选政府仍然必须按照西方政府或欧洲复兴开发银行、世界银行、国际货币基金组织的要求去做。"即使是曾经的左翼政党，也纷纷转向，沦为新自由主义的同谋。左翼政党不再将自己定位为工人阶级及其他在转型过程中利益受损的群体的代言人，相反，他们与自由派一样，将这些转型过程中的"失败者"视为新自由主义政治与经济秩序的潜在威胁，因而无法获得民众的信任。

近些年来，右翼民粹主义政党在东欧社会中迅速崛起，获得了很多东欧民众的支持，甚至在一些国家中上台执政。戈德西和奥伦斯坦指出，东欧社会中右翼民粹主义政党的社会基础，正是社会转型的"失败者"和"被抛弃的人"，如老人、工人、受教育程度较低的农村居民等。这些选民转向右翼民粹主义，并不是像一些学者所认为的那样，因为这些人天生就倾向于给"非自由主义者"或"仇外政治家"投票，而是因为右翼民粹主义政党最鲜明地反映了他们的经济诉求。戈德西和奥伦斯坦在书中概括了右翼民粹主义政党的一些共同理念：第一，关注生育率下降、人口外流等与人口数量下降相关的问题；第二，要求实行普遍主义的社会福利政策；第三，要求针对不同类别的穷人提供相应的社会福利（而不仅仅是针对最穷的人提供最低生活保障）。如二〇一五年，波兰右翼民粹主义政党"法律和公正党"(PiS)政府启

动了名为"家庭500+"的计划,为有孩子的家庭提供普遍的社会福利。按照该计划,每个波兰家庭的孩子从上学的第一年开始,即可每月收到五百兹罗提(二〇一九年合一百三十美元)的补贴。在该政策的刺激下,波兰的生育率从二〇一五年的1.32小幅上升到了二〇一七年的1.39,儿童贫困率下降了80%。匈牙利右翼总理欧尔班·维克托(Orbán Viktor)在二〇一九年也宣布了新的生育政策,其中包括为日托中心提供更多的补贴、为结婚生子的妇女提供贷款等。

这些带有社会福利色彩的政治纲领,实质上反映了生活在绝望和愤怒情绪中的东欧人民对稳定与福利的怀念。但是,由于左翼政党的转向以及马克思主义在东欧的缺席,这种对新自由主义转型的不满情绪并没有导向社会主义,反而走向了极端民族主义。当下国际社会关注的俄乌冲突,就是这种民族情绪泛滥的政治后果。泛滥的民族主义情绪不仅无助于解决东欧人民当下所面临的困境,反而会进一步激化东欧国家的内外矛盾,加剧全球社会的动荡。东欧当前的社会状况,佐证了罗莎·卢森堡在一百年前提出的那句名言:"要么社会主义,要么野蛮!"

四、结语

在《重估休克疗法》一书的结尾,戈德西和奥伦斯坦回顾了苏东剧变的整体过程,并提出了这样一个问题:"休克疗法"所造成的历史后果,是否是可以避免的?俄罗斯总统普京认为,在"后社会主义"转型过程中造成的混乱和痛苦是西方国家刻意造成的,是一种对其前敌人苏联的惩罚措施。普京的这种批评所隐含的意思是,向市场经济的转型和过渡可以以另外一种不那么痛苦的方式进行。戈德西和奥伦斯坦因而提出了这样的问题:如果苏联当时所推行的改革能够在充分考虑本国实际情况的前提下,在社会主义国家的控制下有序、渐进地进行,而不是追求一次性的"休克疗法",那么这场改革有没有可能取得成功？尽管历史不能假设，但中国、越南的改革模式，却提供了另外一种社会主义国家的改革范例。戈德西和奥伦斯坦指出，尽管二十世纪八十年代的中国和越南相比于东欧要更为落后，但"中国和越南的领导人决定渐进地改革社会主义"，最终避免了"休克疗法"所带来的经济衰退和社会震荡，创造了稳定而繁荣的经济发展局面。一些西方学者将苏联、东欧转型失败的原因归咎于过去的"共产主义遗产"，但戈德西和奥伦斯坦却认为，中国和越南的例子已经证明了问题不在于"共产主义遗产"，而在于西方顾问和东欧社会精英所主导的错误的转型方式。

北窗读记

"锺王"

刘涛

书法史上大家名流，世人常以姓氏并称。此类简称东汉已见，张芝自称草书"上比崔杜不足，下方罗赵有余"（西晋卫恒：《四体书势·草书序》）。"崔杜"指张芝前的崔瑗、杜度，"罗赵"指张芝同时的罗晖、赵袭。

魏晋新书风的领军人物，刘宋虞龢《论书表》谓为"洎乎汉魏，钟张擅羊，晋末二王称英"，锺繇与张芝、羲献父子，亦以姓氏并称。这四家，梁朝袁昂《古今书评》名为"四贤"，所谓"张芝经奇，锺繇特绝，逸少鼎能，献之冠世。四贤共类，洪芳不灭"。

南朝人推重的"四贤"，锺繇、王羲之影响久远，人称"锺王"。《晋书·王羲之传》唐太宗传论曰："伯英临池之妙，无复余踪。师宜悬帐之奇，罕有遗迹。逮乎锺王以降，略可言焉。"《周书·赵文深传》称文深"雅有锺王之则，笔势可观"。此后"锺王"之称屡见论书文篇。欧阳修说"因见邕书，追求锺王以来字法，皆可以通"（《试笔·李邕书》）。苏轼自称"予尝论书，以谓锺王之迹萧散简远，妙在笔画之外"（《书黄子思诗集后》）。明王绂谓"锺王楷书，皆是隶法"（《论书》）。

"锺王"是魏晋书法成就的代名词，锺书古质，王书今妍，唯有刻本摹本传世。锺繇楷书奏表较为可信，三四种而已，而行书皆伪。王羲之善楷、行、草三体，传世书迹多，影响大于锺繇。

品书录 | 田天

微小与永恒

西汉高祖九年（前一九八）十一月，为了安定东方，刘邦命令齐、楚两国的旧贵族昭氏、屈氏、景氏、怀氏与田氏举家迁徙，定居关中。第二年，齐国临淄一位名字叫"阑"的狱史被捕，他被指控的罪名是"从诸侯来诱"。

阑的工作，是押送齐国田氏入关。临淄到长安漫长的路途中，阑与田氏女子田南相爱，娶她为妻。然而，这段旅程的终点是分别。阑想与田南一起回到齐国，为此他铤而走险，让田南佯装生病、卧于车中，计划借用他人的通关凭证东出函谷关。他们没有成功。

田南本与阑同是齐人。当她被徙至关中，便成了"汉民"，阑则身份未变，仍是齐吏。汉初法律规定，诸侯王国人与汉民不得通婚，汉民无事不得往来诸侯王国，反之亦然。阑被控的"从诸侯来诱"之罪，就指他作为诸侯王国人，引诱汉人田南离开汉地，最高将处以死刑。田南和阑的故事，被记录在张家山汉简的案例汇总《奏谳书》中，成为这严峻法律的注脚。阑最终逃过了极刑，被"黥为城旦"，即刺字劳作。田南的下落，则不在《奏谳书》关心的范畴中，无从得知。

即便对汉代历史毫无了解，也不难通过这个故事发现，汉初诸侯王国与中央直辖的汉地悬隔，如有天堑。在古代统一王朝的历史上，这是相当罕有的状况。西汉初年这极为特殊的一段时期，包裹于李开元所总结的"后战国时代"中。后者大约从秦朝灭亡开始，到汉景帝时为止。西汉承秦，建立了以皇帝为首脑的郡县制统一国家。"后战国",描述的则是政治与文化上的规则与风气。《汉兴》所写的,就是汉帝国与"后战国"磨合、生长的五十年。

循着李开元的描述,在西汉初年的政治中可以找到三个关键词:"有限皇权"、郡国分治、功臣政治。三者相互交缠,调出了西汉早期历史的底色。

李开元所谓的"有限皇权",指皇帝让渡一部分权力给功臣集团,达到一种"共天下"的状态。这种理解,是相对于秦的绝对皇权而言,总结虽然未必十分精确,但可以看作考察汉初政治秩序乃至社会风貌的切入点。

所谓"有限皇权",首先可以从空间上理解,这就是"郡国并行"。秦楚之际,效仿战国,分封列国诸侯。辅佐刘邦平定天下的大将,如韩信、彭越、英布、臧荼等人,战争时期均已获得王号。刘邦即位后,这一秩序得以沿用,函谷关以东皆为诸侯王国。至高祖朝末尾,异姓诸侯王清理殆尽,东方诸侯国尽封予刘氏。同姓诸侯王国依然相当独立,不用汉法、拥有铸币权,在人员管理上与汉王朝隔离。汉初文献凡提及"汉",往往不包括东方王国。与后代的藩王相比,汉初的诸侯国的确更近于战国。

"有限皇权"的第二个层面,是西汉君臣间的关系,即史家常称的"任侠"。增渊龙夫在《中国古代的社会与国家》中提出,春秋以来,随着国家组织方式的变化,人与人结合的方式也有所改变。权贵养士,游侠结交,形成诸多独立的团体。这些团体内部,另有一套伦理规则,重然诺,轻国法。在这种风气之下,"约"与"誓",往往比法律条文更具有约束力,集团内部的秩序,也比官爵更为重要。刘邦和与他同定天下的伙伴,在连年征战中以这种方式结成共同体。汉王朝建立后,共同体的运行方式又进入了君臣关系。在刘邦和他的功臣之间,存在着制度以外的联结方式。其最显著的体现,就是"白马之盟"。据说,刘邦曾与群臣杀白马盟誓,"非刘氏不得王,非有功不得侯。不如约,天下共击之"。这一约定,以盟誓的方式达成。而保证这一誓约被遵守的关键性因素,就是参与者处在同一任侠集团中,都认同"约束"的效力。毫不意外,如果身在集团之外,约定的效力也将烟消云散。

这种"任侠"的结合方式，就是汉初功臣政治的基本原则。其运转方式，不妨以人所共知的故事来做个说明。《史记·高祖本纪》记载，刘邦在人生的最后一场战斗中为流矢所中，伤势沉重。吕后于病榻前询问后事："萧相国即死，令谁代之？"刘邦答以曹参。吕后复问曹参身后如何，刘邦答以王陵，又补充说，王陵为人戆直，需以陈平辅之。周勃略无文采，却能安刘氏，可为太尉。当吕后再问接下来的人选，刘邦便回答："此后亦非尔所知也。"这故事不宜泛泛视之。可与之相对应的，是记录在《史记·曹相国世家》中的故事：惠帝二年，听闻萧何去世，正在齐国为相的曹参催促舍人收拾行装，他说，"吾将入相"。这并非曹参未卜先知或过于自信，而正来自汉初君臣的共识。

刘邦平定天下，论功行赏，大封列侯，功臣皆有位次。单纯按照军功排序，排名第一的应为曹参，然而刘邦心属萧何，赖安平侯鄂千秋一番解说，最后排定萧何第一、曹参次之。曹参以军功第一而屈居

其次，萧何身后的丞相人选，也因此除曹参外不作第二人想。不过，军功所排定的是封赏的厚薄，任职的高低又不全以军功为据。刘邦的功臣中，功最高者有二十余人，三公九卿的人选，多本此而来。而曹参以下的王陵、陈平、周勃等人，虽大致不出此列，却不再严格按照功次排序。单凭军功，陈平远在后列，周勃又在王陵之前。而刘邦的排序是王陵先任，周勃又后于陈平。这种排序，综合了军功、个人才性，以及任侠集团中与刘邦的亲疏关系。如非在刘邦生前已达成默契，恐怕难以顺利交接。

这个故事中第二个关键的细节，是提问者吕后。吕后以"刚毅"闻名，于惠帝时即参与朝政，惠帝去世后更是大权独揽，以太后称制七年。直至吕后去世，功臣才诛杀吕禄、吕产，将权力归于刘氏。太后称制多见于后代，史家往往以"外戚秉政"目之。然而，后代外戚所拥有的一切权力，均自皇帝而来。吕后的权力，却既不来自惠帝、少帝，甚至也不完全来自刘邦，而是来自她与她的家人在秦楚之际立下的功勋。刘

邦即位后，吕后宣召淮阴侯韩信，斩之于长乐钟室。梁王彭越找吕后求情，吕后却令舍人告其谋反，最终以法诛之。姑不论史书叙述中是否有为刘邦开脱的用意。诛杀两员骁将，吕后未假他人之手，甚至无须预先告知刘邦。吕后在高祖时代即拥有相当的权力，应是实情。唯一合理的解释是，吕后本人就是功臣集团中的一员。因为婚姻关系与性别，她无法进入功臣序列，却并不意味着她在这一秩序中缺乏权威。

在秩序之中，即受秩序所制。惠帝去世后，吕后悲痛却不能流泪。张良之子张辟彊时任侍中，他劝说当时的丞相王陵，吕后不能哭泣，是因为"畏君等"。所谓"君等"，当然指王陵、陈平、周勃等功臣。张辟彊又说，如果王陵能够及时处理这一情况，拜诸吕为王，或能"幸得脱祸"。张辟彊的措辞微妙，似乎说明，吕后同样有控制甚至威胁功臣安危的能力。当时诸吕无一人手握兵权，功臣集团占据所有重要职位。单从实力对比而言，功臣集团远压吕氏。但是，他们仍选择顺从吕后的意志，将军权交给诸吕。其原因在于，刘邦集团中的秩序与默契，维持着重臣之间的平衡。如果打乱其中任何一环，其他的安排也可能被破坏。吕后的权威一旦遭到侵害，也意味着军功重臣的权威将受到挑战。若有人不得不取代吕后的位置辅佐少帝，则将打破功臣之间的平衡，结果难以预料。此即张辟彊所说之"祸"。因此，对整个功臣集团来说，维持现状最为稳妥。

吕后二年，她下诏重新确认列侯的次序。这一排序郑而重之地被藏于高庙。这正说明，对作为军功集团一员的吕后最有利的，就是强调刘邦时代定立的秩序，这是她权力正当性的来源。为了自固，吕后广封诸吕、压制刘姓诸侯王，违背了"非刘氏不王"的约定。不过，她的内外策略，仍遵循高祖时代的原则。直到文帝即位后，功臣政治运作的方式才又经历了一次调整。

吕后死后，功臣集团迅速反扑，诛杀吕氏全族。随后，功臣们讨论皇子中谁可继任大统，最后选中了代王刘恒。此时的大功臣们清君侧、行废立，权势如日中天。深受刘恒信任的郎中令张武曾评价他们，"皆故高帝时大将，习兵，多谋诈，此其属意非止此也"，即暗示功臣集团有夺取帝位的能力和可能性。对于周勃、陈平等前朝功臣，文帝深为忌惮。在即位当年，他就益封高祖功臣，再次强调过去的秩序。但是，文帝远从代国而来，功臣集团的秩序毕竟打破了，曾经的默契逐渐松动。文帝很快下诏，要求列侯不得久居长安，应回到自己的封地。文帝三年，他免除绛侯周勃的相位，令他作为表率，回到自己的侯国。文帝十一年，周勃去世。

此时，终于可以回到"吕后问身后事"故事的第三个细节，刘邦最终的回答是"此后亦非尔所知也"。这并非敷衍，不妨理解为，临终前的刘邦感受到了人力的界限。无论如何思虑万千、安排周详，人有无法抗拒的命运，那就是死亡。萧何、曹参、王陵、陈平、周勃，提出问题的吕后，回答问题的刘邦，都将面对生命的尽头。周勃身后如何，超出了这一辈人能够预料的范围。曾经坚不可摧的秩序，将随着一群人的消逝而动摇。功臣的后人仍将倚靠前辈的功勋而获得优渥的生活，却不再能够获得同样的权威。刘邦、吕后均是当世英雄，"非尔所知"四字，是生命给他们的限制，也是任何一种秩序天然的终点。

时代如何结束，时代如何开始？政治上的改朝换代发生在一夜之间，然而无论如何调试与迁就，文化、习俗、记忆漫长的回音久久拖曳不散。在西汉，战国的余响所持续的时间，接近六十年，它附着在代际之上，周勃身后，犹萦绕未绝。原来丈量历史的尺度，是人的生命。那些巨大的转折，往往发生在重要人物离去之后。一代人的凋谢，宣告着文化风气的彻底转移。如果不能理解这一点，一切历史分期都将失去它的意义。

二〇一七年，尚晓岚曾提问："历史学家为什么忘记了人？"在《秦崩》《楚亡》与《汉兴》中，李开元则试图回答，历史叙述中应当有人。这提问与回答都不容易，它们的背后隐含着太多未曾言说的问题。比如，历史研究是否与历史写作彻底分离？比如，传记是否永远从学术研究中脱落了？更要紧的是，如果材料只允许细述帝王与功臣的故事，我们对时代的理解是否还能够前进？在时间的洪流中，个人的生命应当置于何处？

如果曾不得不与所爱之人分离，就不难理解田南和阑。这是跨越时空的人类情感的共振。如果能理解是何种力量最终造成了田南与阑的分离，便跨越了自身的处境，理解了异时异地的人类经验。这理解毫无用处，却使人的心智变得更加丰富与复杂。历史写作所呈现的，就是这种丰富与复杂。它无法改变历史，却能改变我们自己。最终，我们以自身生命的长度度量历史，并用在其中寻找到的联结支撑自身。在这个意义上，宏观派和微观派也许都可以缓解几分焦虑。作为人类，我们如何能摆脱自己？作为人类，我们何必摆脱自己。

历史以死亡迭代，以记忆延续。轮回其中，是我们的宿命。

（《汉兴》，李开元著，生活·读书·新知三联书店二〇二一年版）

品书录 | 曹旅宁

秦吏与岳麓秦律令简

初看睡虎地秦墓发掘报告，喜这个人家底较厚，比较富裕，有一棺一椁，有小型青铜器，法律竹简更是举世闻名！当时人活到四十多岁也算高寿。荆州博物馆陈列的凤凰山168号汉墓是一九七五年发掘的汉文帝初年墓葬，墓主人有五大夫爵位，或许也曾为吏，家底比较富有，拥有奴隶多人，出行有车船，有称金银的天平，把持乡里事务，用虎形枕、双鱼漆酒杯、金丝楠木棺椁，尸体保存完好，与马王堆汉墓女尸一样，历千年而不朽。

阅读新出版的《喜：一个秦吏和他的世界》，这本通俗读物本有一好的楔子导入，却为作者所忽略。到目前为止，所有出土编年纪有四本都是从秦昭王元年开始的，为什么会这样？

一九七五年云梦睡虎地秦简出土有编年纪一种，学术界当时讨论不少，傅振伦先生定名为叶书，现收藏于中国国家博物馆。此后印台60号汉墓、松柏1号汉墓、胡家草场11号汉墓都出土了编年纪。这种叶书史料价值颇高，如印台汉墓编年记载秦攻南越之年、胡家草场岁记载秦灭韩后韩王的安置场所，都证明其为官修无疑。李零先生指出："睡虎地秦墓编年纪是从王年记生平（并且是从墓主出生那一个王的头一年记起），这种记事法应是谱牒的传统记事法。"但是这种解释无疑不能回答这样一个问题：为什么出土的几种编年纪都是从秦昭王元年起算，因为后来的几个墓主生年的那个王或皇帝并非都是秦昭王。承荆州博物馆彭浩先生二〇〇八年初教示，几种编年纪皆以秦昭王为起始是当时人认为这是历史新时代的开始。马雍先生早年指出："从军事角度来谈，秦国之所以能统一六国，主要是在昭王时期决定的。"我认为秦始皇称皇帝、废谥法（昭襄王就是谥号，庄襄王也是谥号，后来废谥法改称庄襄王为太上皇便只是称号）的要害在于自评其丰功伟绩、避免子孙后代以及后世的妄议。与罗马奥古斯都继承人提比略提倡告密以"侮辱罗马人民尊严法"严禁对皇帝的妄议抨击精神是一致的。秦始皇的自评在哪里呢？就在秦始皇秉承秦石鼓传统在会稽、琅邪、绎山、泰山、碣石刻金石纪功辞当中。这些纪功辞大同小异，其中以泰山刻石最有代表性。当然秦始皇东巡以上诸石刻还有一个用意就在于与曾祖父秦昭王争功。秦昭王尝命工施钩梯上华山刻石纪功。秦二世于始皇刻石之后，俱刻元年诏书。此为文书刻石之始。从秦二世东巡补刻称始皇帝、自己则称皇帝可看出：这是由于当时纪年未有年号，为避免后世混淆而有意加以区别。

《史记·秦始皇本纪》载秦统一伊始秦王政二十六年议帝号,确立皇帝制度,但秦始皇生前只称皇帝。辛德勇先生认为始皇帝是其身后才出现的称号,这是很正确的。岳麓秦简秦始皇二十八年诏中止自称"吾",益阳兔子山秦简秦二世元年十月甲子诏书始称"始皇帝"。始皇帝这个称号按秦始皇的本意只是称号不能算谥号,但是按秦代官修史书如叶书的传统,秦始皇这个称号又可算是一种谥号。宋儒朱熹认为秦始皇开创了尊君抑臣万世不易之制,从这个意义上说,秦始皇既是一种称号,也是一种谥号。

再如张家山247号汉墓竹简对研究汉初历史特别是律令法系的复原具有标尺性的意义。但由于年代久远,文字古奥,在简文研读过程中出现不同看法也是正常的。如已故张金光先生《释张家山汉简历谱错简——兼说新降为汉》认为一、二号简为错简。二号简应排序在一号简之前,"新降为汉"应为四年八月而非五年,这应该都是正确的。张金光在释"新降为汉"一节中还指出:"再

从《历谱》惠帝元年六月病免的记事来看,知247号汉墓墓主生前曾在汉政府居官为吏。又从《历谱》只记因病免官事,而却未记何时为汉官,此似乎表明其原在临江国中即为政府吏员,也就是说他是在鸿沟协议后被汉接受下来的临江旧官僚。……这个人降为汉的时间,比之一般东方人早了一个年头,且事在汉王国之时,比之东方人,便是老降汉之民了。这个记注似乎表现了一种优越感,同时也是对汉的一种亲密感。"但是我们注意到尚在整理之中的张家山336号墓所出汉初《功令》,其制定不会晚于汉文帝前元七年(前一七三年),其中便有相关规定:

《功令》明确规定,考核和计算官吏功劳必须是从其为汉朝效力开始。这是针对汉初政治情势而提出的规定。据此方可明了张家山247号墓墓主为什么会生前在历谱上标注这条"新降为汉"的真正原因。《历谱》虽然是从汉高祖五年四月至吕后二年,但247号墓所出《奏谳书》有不少秦代案例,墓主生前先后为秦吏、楚吏、临江国吏、汉吏。

《功令》是规定秦汉官吏升迁的法令。《功令》反映出基层升迁很难,佐史一辈子在这位置上,没科举制度。基层官吏动不动受罚,日子不好过。秦社会性质有待再探讨,大量用奴隶。《二年律令》与秦律性质基本上是一样的。秦估计没私学,以吏为师,生产力也不高,东方六国先进一点,也被落后的秦所打败。隋唐科举人数也有限,宋以后才起比较大变化。秦汉时期,监察(御史大夫)专查基层干事的,其中规定官吏升迁必须有治狱的经历,这是法定的必备条件。这也是为什么喜、247号汉墓墓主、岳麓秦简主人随葬品中都有大量律令条文及案例杂抄简存在其中。这些法律简牍的实用性质是毋庸置疑的。以最近整理出版的《岳麓书院藏秦简(柒)》回溯,除案例杂抄外,岳麓秦简律令简共四卷,主题包括徭役戍役征发、租税征收、逃亡惩处、文书行政、六国旧势力清算、惩治贪污受贿、奴隶牛马动产的交易规则、挟兵令实施、皇帝祠祭巡行等军国大事。律令涉及社会关系之广,为喜11号秦墓、247号汉墓所出远不可及。这是因为岳麓秦简主人是南郡郡守府府吏,所使用律令位阶自然既高又比较完备,其在秦汉律令研究中的地位自然不容小觑。只有对此深入发掘,再结合睡虎地秦简、睡虎地汉简、印台汉简、兔子山秦汉简、胡家草场汉简,特别是里耶秦简的研究(里耶秦简一共五册,目前只出版两册),《喜:一个秦吏和他的世界》才能迈上一个新的高度,才能刻画出一幅真实的秦汉之际风云变幻的历史全景图。

〔《喜:一个秦吏和他的世界》,鲁西奇著,北京日报出版社二○二二年版;《岳麓书院藏秦简(柒)》,陈松长主编,上海辞书出版社二○二二年版〕

品书录　　卢兆瑜

在"影响的焦虑"中发现南极洲

《发现南极洲》是俄国航海探险家别林斯高晋撰写的一部航海日记，记载了他于一八一九至一八二一年率领俄国船队在南半球探险并首次发现南极大陆的历程。日记描写了临行前与亲友同事依依惜别的场景；记录了航行区域的经纬度、风向、气温、水质、水草和动物；讲述了海上暴风雨的侵袭和船员的抗争；报告了船队纪律、人员关系、健康状况；描绘了一系列海岛陆地及其自然景观、植被物种；叙述了与各种土著人相接触的轶事。日记的高潮部分无疑是船队发现南极大陆的时刻——这是人类第一次揭开南极大陆的面目，惊喜、敬畏、赞叹和欢腾之情洋溢在字里行间，让读者如身临其境。简言之，与近代西方许多航海探险日记一样，《发现南极洲》集合了私人日记和科学考察报告的要素，呈现航海探险家的工作日常和生活体验，也记载了种种新奇事物，揭示未知且神秘的异己世界，从而兼具文学艺术价值和科学价值。

不过，让人印象最为深刻的大概是日记中显露出来的一种特别的焦虑情绪。究其实质，这是一种"影响的焦虑"，即时刻笼罩在前人探险成就的阴影之下而急欲摆脱的心理。这种焦虑包含个体焦虑和群体焦虑的双层结构，群体焦虑通过个体焦虑表征，两者互相交织：就前者而言，作为航海探险后辈的别林斯高晋感受着前辈航海家——特别是詹姆斯·库克——典范事迹的压迫感；就后者而言，作为航海探险后来者的沙俄国家满是惊羡地面对西欧国家的强势地位。

　　库克是十八世纪后半期英国著名航海探险家，也被誉为哥伦布、达·伽马和麦哲伦之后航海探险事业的最强者，他在南半球的航海探险成就斐然。诚然，《发现南极洲》还提到了其他航海家，但库克占据的篇幅之多，远超他人之和，似乎在别林斯高晋航行的每一天之中，库克都是以"不在场"的方式"在场"。事实上，《发现南极洲》在许多地方对库克致以敬意。别林斯高晋常常如数家珍般地指出，哪一条海岸线、哪一座海岛、哪一块陆地、哪一种动植物是由库克最先发现的，而且感叹，正是得益于库克的航海日记，他才免于诸多麻烦。但是，日记的更多段落表明，别林斯高晋意在与这位可敬的前辈较劲。

　　别林斯高晋数度直言不讳地写道，他并不愿意循着库克船长所开辟的航线前行，而是指挥船员开辟新的航线。每当进入陌生海域而只有库克的航海日记可供参考的时候，别林斯高晋的第一直觉就是绕开库克开辟的航线，有时甚至不得不转个大弯，额外消耗大量时间。别林斯高晋还经常以略带骄傲的口气说道，在库克碰到困难（例如冰山、逆风）而无法前进的地方，他都轻松逾越了。

　　别林斯高晋还极其频繁地对库克的科学考察数据挑错，乃至达到吹毛求疵的程度。一方面，别林斯高晋认为库克的科学数据不完整或失真，于是进行大规模修改，重新描述库克早已描述的事物，甚至遗弃库克的命名法，因此，在别林斯高晋的笔下，库克给予一些鸟类、岛屿和海峡的名称被更换，代之以别林斯高晋自己的新命名。另一方面，别林斯高晋在多个场合中抨击库克的分析方法过于原始和感性。库克的身边人也受到牵连，例如，别林斯高晋曾嘲讽随库克航行的博物学家福斯特在某些见识上跟库克是半斤八两。一般而言，给前辈或同仁的考察数据指错是航海探险事业不断进步的动力，达尔文的《小猎犬号航海记》就是这方面的典型，但是，别林斯高晋的做法似是手捧着库克的航海日记，按图索骥一般寻找对方的错误，将其置于放大镜之下严格审查，而每每发现一个可修改之处都兴奋不已。

众所周知，探险队伍的纪律问题、健康问题、与土著人交往问题时刻困扰航海探险家，即便是像哥伦布、达·伽马、乔治·安森、威廉·布莱、布干维尔、乔治·温哥华这样杰出的航海探险家也为此苦恼不已，他们或者面对船员的哗变束手无策，或者面对败血症的侵袭无能为力，或者与土著交恶，或者三者兼而有之，而麦哲伦、库克更是惨死于土著之手，拉帕鲁兹则离奇失踪。相较之下，别林斯高晋刻意凸显自己在这些问题上的处理技巧，他在日记末尾自豪地宣称，自己航行探险的时间之长，旅程之远，成果之丰硕，损失之微小，堪称超越前人的壮举。

可以说，别林斯高晋南极探险活动本身就是要从根本上证明库克的成就并非无懈可击。原来，库克曾在南极圈附近进行过浅尝辄止的考察，并做出一个著名论断：南极区域无陆地，只有冰山。后面的航海探险家也都奉此为金科玉律，望冰而止，但别林斯高晋却执意挑战陈规，处处挑剔库克。

《发现南极洲》也渗透着浓郁的俄国情怀。每到节日，无论是基督教节日，还是俄罗斯民族节日，抑或沙皇生日，探险船队都要举行俄式庆典活动，为祖国喝彩和祝福；每到新海域，别林斯高晋总要将此时此地的气候条件比附于俄国的某时某地，这种深切的思乡之情令人动容。这本日记也显示了作为俄国人的自豪感和优越感。开篇就是沙皇和政府部门给予探险船队的指令，要求维护俄国的尊严和荣誉；随着航行的推进，国家的指令变成了船员的自觉感悟。别林斯高晋不断记载，作为一群有崇高追求和使命的人，他们是如何按照国际法规则和礼仪对待西欧国家及其殖民地和沿途的土著，赢得他们的尊重和友谊；而他人对于俄国的夸赞会令别林斯高晋极为满足。俄国是航海探险事业的后来者，别林斯高晋路过的许多地方早已被西欧国家所开发或殖民，但是，他不厌其烦地指出西班牙和葡萄牙的传统殖民地的颓废，英国殖民地治理的缺陷，暗示俄国的殖民和治理水平更优。别林斯高晋还偶尔对眼前的美丽岛屿或海岸发出感慨——它们竟然不是以俄国人的名字命名,悔恨于俄国的航海探险活动起步太晚。

在近代航海探险文化中,"成就"是决定性要素。航海家都有强烈的成就意识,出海航行必须有所斩获,否则就是失败。从哥伦布、麦哲伦、达·伽马,到詹姆斯·库克、威廉·布莱、乔治·温哥华,他们的航海日记都曾叙述过那种在茫茫海上虚度光阴的无能感和挫败感,令人心酸。毕竟,航海家个人的财富、地位和名誉都维系于此,况且他们多是受国家(政府或王室)的资助,肩负着重任,还要一路经历那么多磨难,绝不能空手而归。各国也急切渴望在航海探险上大展宏图,正是它们赞助了航海探险家,承担了航海家的风险,也分享了他们的果实,在这个意义上,航海家带有国家身份标识,他们的事业被视为国家的事业,构成了国家海洋战略和海洋文化的重要组成部分。许多航海家由于成就未达预期而遭受政府或王室冷遇,乃至身败名裂,穷困潦倒。

"成就"的意涵也历经变迁。最初,在航海探险"野蛮生长"的年代,成就是与各种新发现密切相关的,但劫掠对手也极其重要,而且更便利。航海探险家和海盗几乎是同一类人,他们在政府或王室的支持下,进行无序且残酷的竞争,甚至常常伪造航海图,以狡猾而又令人忍俊不禁的伎俩迷惑对手。西班牙和葡萄牙的恶性竞争迫使教皇出面划定"教皇子午线",瓜分南半球未知世界的势力范围,却引起西欧其他国家的不满:法国王室放言,该协定没有把法国算在内,因此只是废纸一张;英国王室则通过大规模赞助海盗予以回击,并最终导向一五八八年与西班牙的海上决战。

十七至十八世纪英国、荷兰、法国的航海探险竞争同样激烈。不过,随着国际法的广泛实践及其观念的深入人心,航海探险竞争逐渐规范化和秩序化,发现等于占有的先占原则得到普遍承认,新发现的"无主之地"属于发现者的赞助国,他国不得侵夺。这种情况下，衡量航海探险成就的标准回归了探险的本质——发现。航海家一旦发现"无主之地"，便可以自行宣布归属权并予以命名，或者像路易十五指示布干维尔的那样，要立即插上王家旗帜以示主权。航海日记的出版也尤为重要，因为当中所标注的航线、区位图、海岸线、动植物标本绘图是确定新发现的关键证据。由此，知识塑造了权利。

航海探险的精神也愈益"学术化"：航海探险家是站在前人肩膀上不断前进，为航海探险的知识库积累新材料，而不是恶意诋毁、埋没和侵夺外国同行的成果。对于十八世纪晚期十九世纪初期的西欧人士来说，詹姆斯·库克的成就实在难以企及，乃至使航海探险事业走向"历史的终结"，地球的整体轮廓已经被科学地描绘出来，即使是在相对未知的南半球，人们也只能循着库克所开辟的航线，或者捡漏或者小修小补。法国王室就曾鼓励自己的航海探险队，即使取得的成就无法比肩库克，也要勇往直前。西班牙航海家马拉斯皮纳则宣告："航海家已经发现地球上绝大多数遥远角落之间最安全和最短的路线，再做任何进一步的探索，都会招来鄙视……库克船长的航海技术高超，他对新发现地区的描述准确无误，这让我们再次叹为观止。我们抛开了任何有关于发现的想法，而承担起改进原有错误的责任。"（奈杰尔·里格比等：《太平洋探险史》，山东人民出版社二〇二二年版）

此即别林斯高晋开展南半球航海探险时的行业态势。具体来说，航海探险的成就仍然关乎航海家个人的财富、地位和名誉，也关乎国家的软实力，但成就与其说是被定义为惊天动地的新发现（发现新大陆、开辟新航线），不如说是助推一种渐进式积累。事实上，别林斯高晋也十分熟悉航海探险的历史和现状，他在日记中对于许多掌故和轶事信手拈来，也与西欧同行保持着频繁的交流和浓厚的友谊，当他率领船队经停伦敦时，曾随库克进行航海探险的英国皇家学会会长约瑟夫·班克斯甚至将珍藏的航海资料和图表倾囊相授，更不用提及许多同行精英所提供的物资、技术和知识帮助。换言之，别林斯高晋就是这个航海探险群体的一员，他分享着他们共同的知识范式。

但俄国人的身份意识决定性地影响了别林斯高晋的职业追求。彼时的俄国正处在欧洲政治舞台的中心，享受着有史以来的荣耀地位——多亏了它的力量，欧洲才摆脱拿破仑的霸权。正如以赛亚·伯林所言，这个时代的俄国精英都具有强烈的俄国意识，极其关心祖国在世界上所扮演的历史角色；但他们也带有沉重的文化自卑感，因为世界鄙视他们，把他们看作一帮被孤独的独裁者统治、只擅长镇压其他更自由开化民族的蒙昧野蛮人。航海探险就是一个让他们感到相形见绌的领域：他们的起步晚于西欧国家数百年，而且还主要集中在北冰洋区域，始终不温不火，因此，现在他们要走向更广阔的世界，去证明他们够格参与这项事业，与"更文明的"西欧并驾齐驱。

这些因素导致别林斯高晋的"影响的焦虑"。虽然这个时代的普遍看法是，航海探险的成就已经趋于扁平化，航海家只能因循已开辟的道路积攒一点一滴的成就，但他不愿意如此平庸，否则便辱没了俄国航海家的使命。正是在这种情况下，前辈强者——特别是库克——的成就倒是给他带来心灵上的压迫感。别林斯高晋不得不直面库克的成就，却又无法甘心因循他开辟的道路，反而被他的成就所窒息。借用哈罗德·布鲁姆的说法，"影响的焦虑"反映了一种俄狄浦斯情结，即儿辈对于父辈辉煌成就的赞叹、嫉妒、恐惧和超越。别林斯高晋就是如此，为了自己和祖国，他要成为超越前辈的新的强者。最终的事实是,时刻处于"影响的焦虑"的别林斯高晋执拗地挣脱出前辈的道路和权威，不畏艰险地进行探索，以至于既在意料之外又在情理之中地成为第一个发现南极大陆的人。

(《发现南极洲》，[俄]别林斯高晋著，杨翠红译，生活·读书·新知三联书店二○二三年即出)

杨 力

杨荫榆的"尴尬"：
一个现代女性教育的视角

  杨先生家学渊源，精通史籍……早年留学日本，毕业于日本最高学府——东京女高师……由日本归来，任本校数理化学教员，兼学监主任……她办学的精神、能力和成效，以前和她共事的人及毕业同学，个个佩服，至今称道……民国七年由学校举荐，教育部选派出洋，留学美国，专攻教育……毕业于美国最大学校哥伦比亚大学，得最荣誉的学位！这种敏捷的成功，在留美界中，叹为绝无仅有。因此西国女士多乐于结识，无形之中，感受美国文化不浅。是杨先生对西洋教育，更有精深的研究了。……她是一位与最新教育潮流接近的教育家。

以上这段热情洋溢的赞语，是一九二四年杨荫榆出任北京女高师校长之时，该校学生自治会的宣言。很显然，这位浸染欧风美雨、接受过新式教育的女校长，受到学生的欢迎和期待。然而不料，杨荫榆上任后不到一年，该校就爆发了名噪一时的"女师大风潮"，学生与校方发生了激烈冲突。作为中国第一仕国立女子大学校长的杨荫榆身处漩涡中心，由于作风强硬，不但被学生所恨所恶，而且还在鲁迅笔下得到了"拟寡妇""恶婆婆"等贬称。风潮爆发后，杨被免职，结束了其昙花一现的荣光，回到故乡南方，以教书度日。抗战期间，杨荫榆目睹日军欺压中国老百姓，倾力保护女学生，用娴熟的日语与日军严正交涉，遭到对方忌恨，最后惨遭杀害，结束了她不到五十四岁的生命。

关于杨荫榆其人其事，近年已经有不少论述，大多对她在"女师大风潮"中的作为持批评态度，但又对她的为人，特别是在风潮之后的抗日情怀与人生结局颇多同情和惋惜。杨荫榆的侄女杨绛对这位姑母的为人行事有着生动的回忆。杨绛写道，杨荫榆在一九一八年去美国深造之时，不少女高师的学生含泪送行，为之后她们热忱欢迎其出任校长埋下了伏笔。而她又指出，正因为杨荫榆在"五四"爆发之前出国，所以"没看见国内的革命潮流，她不能理解当前的时势，她也没看清自己所处的地位。如今她已作古人，提及她而骂她的人还不少，记得她而知道她的人已不多了"。

杨绛既是杨荫榆的亲人，也是民国女性教育的亲历者，她对杨荫榆的评价提供了诸多启发。现有研究中也有人采取了相似的立场看待杨荫榆在"女师大风潮"中的表现，指出其一意孤行、反对学潮的态度与她未能亲历五四运动颇有关联。我基本同意这一分析，且认为可以更进一步，从近代中国、西方和日本女性现代教育发展史的角度来理解杨荫榆的所作所为。一八八四年出生于江苏无锡的杨荫榆，年少时期的成长经历充满了曲折。她小时候缠过足，被母亲做主嫁给了一个低能的少爷，但她通过抗争走出了这段婚姻，于一九〇七年东渡日本，在青山女子学院学了两年语言后进入东京女子高等师范学校（今御茶水女子大学）。一九一三年杨荫榆回国后，先在苏州女子教育学院任教，翌年转到北京女子师范学校任教同时兼任该校学监。在众多女性仍然经受缠足和包办婚姻的苦痛，没有机会接受公立学校教育的时代，杨荫榆早年抗婚，留学海外，且终身未嫁的人生经历，实在可以说是"新"女性中的"新"女性。然而根据现有的研究，杨荫榆在担任女师大校长之后的举措，被看作是一种守旧的、"封建家长"式的作风，这也是长久以来学界认为造成

"女师大风潮"的主因。那么,"新"女性为何采取了"旧"做派呢?

若想真正理解杨荫榆的言行,需要深入了解她在海外接受教育的性质。很多人或许认为,杨荫榆既然在海外接受了新式的女子教育,行事风格不该如此守旧古板,完全违背学生心目中"与最新教育潮流接近的教育家"形象。但这一认识其实存在某种误解。杨荫榆在海外接受的教育到底有多"新",这些教育经历与她在女师大风潮期间的作为有何关联?本文的写作,即从这一问题意识出发,侧重依据杨荫榆本人为数不多的"肉声"(包括其留美期间留下的、迄今中文学界尚未关注的英文信件),为其行为提供一个新的解读视角。

杨荫榆留日期间就读的东京女子高等师范学校,建立于一八七五年,初名东京女子师范学校,比东京大学还早两年,可谓历史悠久。根据御茶水女子大学的校史记载,该校的创办是由明治维新"三杰"之一的木户孝允提议的。木户孝允在推翻德川幕府的变革中居功甚伟,建立新政府之后,是岩仓使节团的五人之一,出访欧美和亚洲逾两年。而他之创办女校,目的在于效仿西方,推动日本尽快步入近代文明社会。东京女子师范学校的首任校长是著名教育家中村正直,其汉学素养十分深厚,维新之后以翻译《西国立志篇》等西洋书籍名世,是当时日本著名的启蒙学者及"西学通"。《西国立志篇》译自苏格兰改革家塞缪尔·斯迈尔斯(Samuel Smiles)的名著 *Self Help*(中文通译为《自励》),为近代早期国家提倡自立自强之公民意识的畅销作品。中村正直翻译此书,也是为了帮助日本人建立公民意识,为新兴的民族国家服务。循此目的,他认定女性的教育不可或缺,所谓"为变民之情态风俗为良善,使入文明之域,必自善母之得始"。

日本近代女性教育的开展,与其文明化的进程紧密相连。东京女子师范学校的建立,就是木户孝允和之后出任日本教育大臣的森有礼等启蒙人士提倡"西化"的产物。御茶水女子大学校史中称,十九世纪上半叶英国的女王学院（Queen's College）和美国的卫斯理安学院（Wesleyan College——中国的宋氏三姐妹都曾在该校就读），均是该校的榜样。在男女平权、文明开化的风潮之下，明治时期女性教育的宗旨是培养"良妻贤母"（一般以为，日文"良妻贤母"一词由中村正直所创，亦是中文"贤妻良母"之源），意谓女性通过受教育，成为辅佐丈夫的贤妻以及抚养教育孩子的良母，也被称为贤妻良母主义。女性被看作家庭的掌舵人，辅佐和养育近代国家最为重要的细胞——国民，她们通过接受教育习得先进知识和技能，成为新时代的"国民之母"。这种贤妻良母主义的教育观，对于不太重视女性教育的传统文化来说是一种进步，可谓教育界的"新"思潮。

然而这种"新"，到明治二十年之后发生了转变。一八九〇年天皇发布《教育敕语》之后，日本的近代教育呈现出急速保守化倾向。一八九九年《高等女学校令》和一九〇一年《高等女学校令实行规则》颁布前后，日本女性教育的目的有了较为明确的界定，不只是为了"涵养优美高尚的气质与温良贞淑的秉性，同时也需通晓中等以上生活所需的学术与技艺"。杨荫榆留日时，东京女子高等师范学校虽然已从学校升格为大学，但其培养的贤妻良母的实质却趋于保守。该校在数理文史课程之外，加设了"保育法""保姆练习科""家事""裁缝"和"手艺"等课目。换言之，这一时期的贤妻良母教育，尽管也希望女性能帮助培育和支持未来国民，却在具体操作层面吸收了传统儒家文化对女性的要求和规范，将其角色和作用进一步限定在"私领域"。杨荫榆在担任女师大校长的时候曾自豪地宣称，我们的学校是"国民之母之母"，意指女师大是培养未来国民的母亲的学校——这句话里的第一个"母"是母亲，而第二个"母"是指女师大。如此看来，杨荫榆对现代女子教育的看法沿袭自她留日时的理念，认为培养贤妻良母是其宗旨。

杨荫榆自日本回国后，与女高师学生相处融洽和睦。这一时期的中国，承接晚清从日本参考和借鉴的贤妻良母主义，将女性看作"国民之母"（金天翮），期待其"上可相夫，下可教子，近可宜家，远可善种"（梁启超）的教育思想仍然有着广泛的受众。杨荫榆在日本接受的教育理念与当时中国的语境并无龃龉之处，甚至可以说这种温和的改良派态度更为契合彼时的时代风气。然而，在杨荫榆留美之后，情况发生了巨大的转变。

杨荫榆终其一生未能留下自传类的材料，但我经日本学者樱庭弓子之助找到杨在美国的几封通信，有助于了解她在美求学的经历和心境。上文已提及杨荫榆关于女子教育乃培养国民之母的理念，但回看她的人生，她本人却走上了一条不一样的人生道路。在新旧交织、现实与理想交织之中，杨荫榆人生的尴尬，在她留美时期便已有所显现。杨荫榆在哥伦比亚读书时与徐志摩同学一年，后者对她的与众不同，有着形象的刻画：

> 他（杨荫榆）年纪大概四十左右，所以他的颜色，可以置诸不论。但是他从前来吴城看董时的时候，倒居然自忘年老，着意修饰：面上涂着脂粉，身穿齐腰的花洋纱短褂，头戴绯花的笠帽，手里还张着花绸洋伞。……自从到衣色加后，他还真反（返）朴，一味本色，倒是有自知之明，中国人见了没有一个不说他是国粹保存家……他在中国女界，自然总算头排二排的人物了。他到美国来，自然自命不凡，以教育家自居，……他的性情颇为严厉戆直，大概他是教训惯了小学生，所以就是见了我们大学生，也不免流露出来。他既然以教育家自居，自然比平常女学生，多留意国事世界事以及美国家庭状况。他的主见，是温和保守派。他极不愿意叫旧道德让路，不赞成欧化中国，主张局部的变通……他存了这派心理，一看小邝等那样活泼，罗刹庵开跳舞会，就觉得老大的不自在，以为他们是变本加厉，太过火了。他甚而至于向董时说："衣

色加的中国学生，心里都是龌龊的。"

这里的"衣色加"就是漪色佳（Ithaca），也即康奈尔大学所在地。从徐的描述我们可以看出杨荫榆与同时代女生的格格不入，而这些尴尬、矛盾之处，为她回国担任校长后与女师大学生冲突，提供了一条理解的线索。而杨荫榆本人的信件，同样也显现出这种尴尬。

杨荫榆在一九〇七年留学日本，起因于她参与了那年的女子官费留学考试，同时应试的还有胡彬夏、宋庆龄、王季茝和曹芳芸，后四人都去了美国。杨荫榆在日本期间也许与她们保持着联系，之后留学美国也得到她们的帮助。她首先进入了胡、王、曹曾就读的核桃山学校（Walnut Hill School）。该校创立于一八九三年，地处麻省，其创办人为美国卫斯理学院（Wellesley College）的毕业生。卫斯理学院是美国著名的女子大学，也是宋美龄的母校，那时的毕业生中有不少成为政商界名人的太太。而核桃山学校的创办，正是为了向卫斯理学院输送人才。杨荫榆申请入校之时，胡彬夏已毕业结婚，正在上海推广女性教育。她写信将杨推荐给核桃山学校的创校校长毕格罗（Florence Bigelow）女士，毕格罗在回信中称赞了来自中国的学生，提及另一位名叫袁世庄的留学生，其从核桃山学校毕业之后去了卫斯理学院，对杨的入学也提供了帮助。

杨荫榆在入读核桃山学校的过程中受到了毕格罗校长的礼遇。毕格罗在一九一八年十一月给中国驻美留学生监督严恩槱的信中强调，因为这些中国杰出校友的推荐，她会为杨荫榆腾出位置，安排其入校并尽快适应美国的生活和学习。不过，杨荫榆入读核桃山学校时已三十四岁，加之该校学费昂贵，她只待了一个学期。毕格罗校长在一九一八年圣诞节的前一天向哥伦比亚大学师范学院寄信推荐杨荫榆，称她来美国之前已是中国唯一一所女子师范学校的学监，"成熟稳重、训练有素"等。

核桃山学校是卫斯理学院的预备学校，杨荫榆如果想入后者，应该顺理成章。这一时期美国的女子教育，正朝两个方向摸索：一是成为贤妻良母，也即近代日本所效仿的模板；另一则是"超贤妻良母"（胡适语），也即在妻子和母亲的角色之外，寻找实现个人的社会价值。当时很多美国女子学校的毕业生，和日本女子一样，遵循了前一条道路——通过恋爱结婚，成为妻子和母亲。上文提到的留美女生胡彬夏和袁世庄毕业不久便结婚成家。胡在美国的时候，曾任留美学生会的会长，聪明活泼，她拒绝了家里安排的婚姻，与留学哈佛的朱庭祺恋爱回国后便成婚，她曾指出"女子可做之事，改造家庭"，认为妇女受教育的目的在于提高家庭的素质。袁世庄是当时代理教育总长袁希涛之女，在卫斯理学院曾因成绩优秀获奖，回国后虽曾在大学任教，但结婚成家之后辞去了教职，主要辅佐其丈夫汪懋祖（亦是留美学生）创办苏州中学。同样，一九一四年赴美留学的陈衡哲，曾与胡适共同提倡文字改良，发表白话文小说，在一九二〇年获得芝加哥大学的硕士后随夫婿任鸿隽回国，为蔡元培聘请成为北大的第一位女教授。然而在怀孕之后，陈便辞去了教职，之后任东南大学教授，一学期后又因怀孕而辞职。这些现代知识女性的人生轨迹并非中国独有，卫斯理学院的毕业生中的大多数也在毕业后结婚成家，相夫教子，以其知识和修养协助家族的成功。

但杨荫榆似乎志不在此。她对成为名人的太太并未表现出兴趣，也不想进入卫斯理学院，而是一心想入哥大的师范学院。这里或许有几个原因，一是卫斯理学院没有研究生部，而杨荫榆则想尽快获得硕士学位。二是她对现代女性教育的看法及人生态度与前面提到的几位名人太太校友有所不同。杨荫榆离开核桃山学校之后，在麻州的师范学校进修了半年，一九一九年秋天才进入哥大师范学院。她一直与毕格罗校长保持联系，后者也十分关心和支持她的学业。杨荫榆在师范学校求学期间，于一九一九年四月十九日给毕格罗校长写信，提到她去了卫斯理学院，拜见了那里的老师，但她还是希望进师范学院深造。在信的末尾,杨荫榆写道:"我不喜欢美国人视师范学校为'职业培训学校'的看法。一个承担公民教育的人士所做的应该是相当荣耀的事情(splendid work),并不仅仅是为了挣一份薪水而已。所以,培养老师的学校与普通的职业培训学校必须是不同的。未知您的看法如何?"此外,杨荫榆急于转学哥伦比亚大学,又可能和一九〇七年与她同年应考的另一位中国女生曹芳芸有关。曹芳芸在核桃山学校和卫斯理学院求学时也已三十出头,随即入哥伦比亚大学师范学院获得了硕士学位。

杨荫榆在一九一九年五月十八日给毕格罗校长的信中写道,她人在麻州师范学校,但与卫斯理学院的学生来往较多,后者打算在夏天去康奈尔大学过暑假,而她却更想去哥大师范学院修课,然后去参加一个会议。因卫斯理学院的学生不会与她一同参加会议,她只能一人独往。信中隐含的意思或许是,卫斯理学院的学生到康奈尔大学度假,目的是与那里的男生联谊,而她对此并没有兴趣。她在信末对毕格罗说,她最近"新学了一千多个单词",但她的信还是写得不够好。由上可见,杨荫榆的留学目的与卫斯理学院对学生的培养和期待多有不合之处,因此她虽然很有机会进入卫斯理学院,但并不动心,从未表达入读该校的意愿。

不难看出,杨荫榆在就任女师大校长之前,其作为已显示出"坎坷别扭"、与世不合的尴尬。更具体一点说,她对于女性教育理念的理解是认为女性应该通过教育成为"贤妻良母",但她由于其年龄和身份,却选择了更适合自己的师范学院。而师范学院的教学宗旨,是让学生获得一技之长,让女性的人生价值不仅局限于相夫教子,更能经济独立、在社会中谋生,指向的是现代女性教育的另一方向。在诸多中国女留学生中,不乏这一人生道路的实践者。例如曹芳芸毕业回国之后,担任老师多年,似乎没有成家。与胡彬夏、宋庆龄一同留美的王季茝出生于苏州的书香门第,赴美时年仅十三岁,她从卫斯理学院毕业之后在芝加哥大学攻读化学博士,之后一直在美任教,没有后人。近年芝加哥市政府特将市内一所公园以王季茝命名,纪念她作为第一个华人女博士卓越的科学贡献。

上面提到,五四运动爆发时,杨荫榆没在国内,但她曾给女师大校报写信,表达了其"温和保守派"的立场。她一方面称赞中国学生有了"生气",表现了"爱国心",但另一方面又希望她们能做"实际有益之事,如提倡国货,教授贫民,劝止烟酒、缠足等,事虽屑小,皆极有益"。而如果"喜做惊天动地之大事业,喜得当世之荣誉,此吾人之缺点也"。她告诫说:"吾人做事,需心热不可脑热,脑热即易致神经病。"如此言辞,颇能看出她出任校长之后处理"女师大风潮"中的行事作风。也许正如徐志摩所说,杨荫榆处于新旧之间,既不愿意被旧道德束缚,希望渐进式地改变社会,也不主张全盘欧化中国,可以说,其思想模式仍然处于明治后期她留学时的日本时代。然而,经过五四新文化运动的洗礼,中国国内女子教育的风气与之前大有不同,"贤妻良母主义"成了顽固守旧的代名词,为社会和国家成就一番事业的独立女性成为新时代女学生的奋斗目标。

一九二〇年二月二十八日,已在哥大就读的杨荫榆给毕格罗校长写了笔者所见的最后一封长信,感谢了对方对她的多方关心,讲述了她在哥大所修的课程及其他活动。杨在信中仍然表示自己的英文还不够好,但从信件的内容看,其字体和文风,与之前相比已经流利顺畅许多。她在信中提到,那时西班牙流感猖獗,纽约有许多病人,哥大周边也有许多病人,"这里的中国公派留学生中在几周前也有三位男生死了",这让她更关心中国的情形。她提到明年就可能获得硕士学位,然后便打算回国。信中的杨荫榆显得踌躇满志,对未来充满希望。此时的她一定未能料到,自己的人生最后会被时代的激流所淹没,而被鲁迅揶揄为"落水狗"吧。杨荫榆的尴尬人生,其诱因在其留学生涯中已显端倪,而她的经历又折射出现代女性教育的复杂和多面,至今仍值得深思。

孔令伟

史悠明与清末民初之际的中印关系

一

中国与印度，一方面象征人类历史悠久的文明传统，另一方面作为当代世界体系中迅速崛起的经济大国，二者间的互动关系对于未来人类命运共同体的发展无疑具有极其关键的作用。众所周知，中印双方的文化交流源远流长，来自印度的宗教、哲学、数学、天文等知识丰富了古代中国文明；而中国亦在科技、经济以及文化等方面对古代印度产生了重要的影响。然而古往今来人类文明在相互接触的过程中，除了积极的文化交流，也难免偶有冲突矛盾，中国与印度之间的关系也难以例外。二〇二〇年五月至八月间，中国与印度在阿克赛钦以及克什米尔交接带发生一系列军事边界冲突，引起国际社会普遍关注，影响持续至今。事实上，当代中印之间的地缘政治，可追溯至十八世纪清朝与莫卧儿帝国在喜马拉雅地区的情报角力，清廷中央透过其在拉达克、西藏以及川陕各地所经营的信息网络，得以迅速掌握印度、伊朗、阿富汗乃至俄罗斯等地的关键情报。然而随着十八世纪后期准噶尔的覆亡以及新疆的平定，清朝在经营成本的考量下逐步缩减了对拉达克情报系统的投入，最终导致了十九世纪以后清朝信息网络在喜马拉雅地区的衰退。一八四〇年第一次鸦片战争爆发前后，克什米尔的森巴人在英属东印度公司的支持下占据拉达克并进逼西藏阿里，最终导致了一八四一年森巴战争的爆发。而近代西方国族主义发展下"边界"概念在拉达克、克什米尔地区的引入，不仅直接造成了中印边界的不确定性，更为二者的现代国家建构留下深厚的历史遗产。正是在这个宏大的时代背景下，史悠明（一八八〇至一九四〇，英文名：Iuming Suez）作为一位关键的中国外交官员登上了中印关系史的舞台。

史悠明是活跃于晚清以及民国时期的政治人物，曾多次参与民国时期重要的外交事件，同时亦为中国近代重要的边疆问题以及实业调查专家。相较于唐绍仪（一八六二至一九三八）、顾维钧（一八八八至一九八五）等出身美国名校的民国政治明星，史悠明虽在晚清民初负责印度与中国西藏事务的官员中并非仕途最为显赫者，却是当时少数对于西藏政局以及中印关系有深刻认识的内地知识人。而他的经历也正体现出近代中国外交实务人才从地方、国家到国际这三个层次上所发挥的关键作用。从国家与地方二者互动的角度来说，中国近代史或许可与晚期帝制中国研究（Late Imperial China）在学术范式上做进一步的对话。我在专攻古代中外关系史的同时，亦留心其对于近代国际关系研究所提供的历史延续以及范式启发。近年来在中国古代史研究方面，兴起了所谓"内亚学派"以及"华南研究"的对话，二者的异同固然有着研究地域上的因素，然而更值得关注的是其在研究范式上对于"中央国家—地方社会"互动关系所提出的互相补充的理解以及诠释。此外，通过近年来国际学界所兴起的"新帝国史"（New Imperial History）思潮强调"将边地置于核心"（borderlands in the center）的研究视野，亦可从位处中印边界的西藏以及喜马拉雅地区重新观照近代中国的国家建构。就上述角度而言，清末民初之际史悠明在西藏地方的实务经验，可为人文学界乃至于大众读者进一步理解近代西藏问题、中印关系及近代中国国家形成的历史议题，提供颇具新意的参照点。

二

史悠明，字蔼士，浙江鄞县（宁波）人。关于其生平以及工作经历，刊于一九三五年的《鄞东檠邨史氏支谱》有很详细的记载。史氏早岁先后就读于上海英华书院和圣约翰大学，毕业后担任上海公共租界工部局英文总翻译。后因其娴熟的英语及对英事务的处理能力，于一九一一年七月获聘为清廷西藏江孜商务委员，并在同年八月由海路经加尔各答入藏。关于清廷聘请史悠明前往江孜的原因，中国第二历史档案馆藏《西藏亚东关档案》有详细线索。江孜位处西藏中南部，是卫藏、不丹以及印度之间的交通枢纽，自古便是重要的商业要道。随着十九世纪后期英属印度在喜马拉雅地区的扩张，中英于一八九三年签订《中英藏印续约》（原件现存台北"故宫博物院"），双方随即依约于隔年在亚东设立海关，作为中国西藏与印度之间的通商口岸。在这个历史背景下，江孜、亚东等地正式成立沟通中印贸易的现代海关。虽然清廷依据《中英藏印续约》引进了西方的海关制度，然而当时西藏却极为缺乏适任的商务人才。根据亚东关首任汉人税务司张玉堂的相关陈述，可以得知当时中方驻西藏海关官员或贪污渎职，或不谙英语，导致中英双方在印度与中国西藏的贸易事宜上多有摩擦龃龉之处。为此张玉堂曾向清朝总税务司安格联（F. A. Aglen, 1869–1932）说明聘请"受过英语、汉语方面良好教育，忠心耿耿且聪明智慧之人"以整顿亚东、江孜等地双方商务的急迫性。由于张玉堂曾在香港中央书院受过良好的新式教育，他因此非常重视具有国际视野以及外语能力的实务人才。也正是在这个背景下，曾长期在上海公共租界担任英语翻译的史悠明与千里之外的西藏产生了联结。他的西藏经验不仅改变了他个人的生命轨迹，更是紧密牵动了近代中英印在西藏地区关系的历史发展。

史悠明为中英双方在印度与中国西藏边界的贸易提供了良好的中介。在史悠明前往西藏前，英国驻亚东、江孜等地商务委员麦端劳曾与不通英语的清朝江孜关监督马师周发生严重争执，而他的到来也终使双方得以克服语言障碍而携手合作。根据英国外交部档案，麦端劳在日记中对史悠明留下较好的印象，并赞其英语流利。然而就在史悠明抵藏后不久，中国的形势发生了重大的变化。一九一一年十月十日武昌起义爆发，使得中国各地纷纷开始脱离清廷统治。一九一一年十二月，五百余名驻藏川军在新军统领钟颖的率领下废黜了驻藏大臣联豫，并接管了清廷在西藏的衙门公所，而钟颖随后任命史悠明为江孜关兼商埠监督。驻藏大臣的废黜直接反映了清朝中央政府权威在西藏的崩溃，而藏人也停止向驻藏大臣衙门缴纳税赋。与此同时，由于缺乏粮饷，部分驻藏川军在一九一一年底开始抢劫西藏寺院、贵族以及商贾，从而导致了汉人与藏人之间的矛盾，最终发生了一九一二年初的"驱汉事件"。形势的动荡迫使汉人难民不得不火速撤出西藏，在危急之中史悠明从一名负责翻译的商务代表被正式推上了印度与中国西藏关系的历史舞台。

汉藏矛盾爆发后，史悠明火速通过电报与北洋政府国务院取得联系，呈请使用江孜关剩余税款将逃离西藏的汉人难民经大吉岭撤往印度，最终送回中国。为负责汉人难民的善后工作，史悠明在一九一二年五月作为最后一批中央驻地方官员撤离西藏。在成功撤离后，史悠明并没有马上连同难民返回中国，而是暂留噶伦堡直到一九一三年五月。根据北洋政府外务部档案，史悠明在滞留噶伦堡的短短一年内向北京当局发送数十份关于印度与中国西藏政局的机密电报。据史悠明所陈，在"驱汉事件"发生后，十三世达赖喇嘛为集中其在西藏之权力，采取了一系列政治、军事手段，并与英国政府密切往来。为了敦促达赖喇嘛率领西藏人民加入民国、走向共和，史悠明曾积极通过加尔各答华侨领袖陆兴祺（Lo Ch'ing-ch'i）争取藏人精英对北京中央政府的支持。根据其于一九一三年三月发往北洋政府的电报，史悠明在噶伦堡曾与担任达赖喇嘛英文翻译官的札喜汪堆会面。由于札喜汪堆过去曾充当汉藏翻译,对中央政府具有好感,加之他曾在英国留学,对共和怀抱理想,故史悠明极力向札喜汪堆"痛陈利害,嘱其转劝达赖及其握权重臣内附民国,同享共和幸福"。而札喜汪堆亦承诺在返回西藏后为北京政府收取情报,并向藏人精英宣传民国共和之理想。札喜汪堆甚至建议史悠明为做通西藏工作,应以每个月一百两白银打通达赖喇嘛手下的三位摄政伦钦(藏文 blonchen,意即大臣),即夏扎·班觉多吉(一八六〇至一九一九)、雪康·顿珠彭措(一八六二至一九二六)、锵清·阿旺钦若班桑(？至一九二〇)。在史悠明的建议下,北洋政府财政部遂于一九一三年五月经由花旗银行汇款陆兴祺白银三千三百两,并由史悠明将款项转交札喜汪堆,其中三千两用于布施拉萨三大寺,其余三百两用于打通西藏摄政。史悠明的交款照会原件,保留在札喜汪堆在噶伦堡的后人手中。而这份珍贵的历史档案,也正体现出史悠明、札喜汪堆等人作为建构国家的地方中介所发挥的能动性。

在噶伦堡完成阶段性任务后,史悠明随即于一九一三年五月返回中国,由于其熟悉印度与中国西藏事务并曾进行相关情报工作,随后为北洋政府礼聘为外交部佥事。与此同时,西藏局势在后发生了重大的变化,在西藏"驱汉事件"爆发后,英国驻印军队趁机出兵藏南试图以军事活动取得外交以及商业利益。一九一三年十月,中英方面以及西藏地方政府为解决争议,于西姆拉会议展开会谈。为掌握当时西藏地方以及英属印度当局的情况,北洋政府曾咨询熟悉印度与中国西藏事务并刚从噶伦堡返回北京的史悠明。为此史悠明向袁世凯主政下的北洋政府呈交一份长达数千字的《治藏条议》(中国国家图书馆藏)。史悠明的治藏报告主要围绕着中国对西藏的"主权"(sovereignty)以及"利权"(economic rights)两点进行论述。关于主权,他主要继承了晚清唐绍仪、张荫堂等人就西藏政体归属的立论,清晰地辨明"主权"与"宗主权"概念二者在国际法中的差异;

关于利权，主要根据他在江孜关的实务经验，精辟地指出西藏"于印俄为两国商战之所必争"。

史悠明关于治藏所提出的见解，在于强调国际贸易、国家主权以及国家认同三者间的紧密联系。他向北洋政府指出治理西藏的基础，首先在于稳固西藏社会的经济，用以对抗英、俄等外国势力的经济侵略。史悠明指出"外人本以商战为侵略政策"，因此如何振兴西藏经济并对藏民实行扶贫，为中央政府之治藏要务。在稳固西藏社会经济的基础上，中央政府便能通过外交与政治手段有效巩固国家主权以及领土权，故史悠明在论证中国对藏南主权时，曾强调该地作为西藏东南、印度、孟加拉等地国际市场的重要性，他论述道："庶藏南最重要之市场，尚有我立足之地，非仅仅空争领土权，要知二十世纪中必先雄长商场，乃获保全疆圉。"在经济以及主权之外，史悠明又强调推广国家认同以及民主法治观念对于治藏事务的必要性，对此他强调中央政府应在西藏社会普及"共和政体""平等主义"以及"五族大同"等现代思想，用以逐步取代西藏旧社会中诸如神权思想、阶级社会等不利于现代化的因素。

史悠明的西藏经验不仅直接影响了北洋政府的治藏方针以及对于西姆拉会议的决策过程，也影响了中国外交官员以及知识精英对于西藏的认识。在西拉姆会议后，时任外交部参事的顾维钧便因参与中英双方西藏事务协议而与史悠明多有交往。而未曾实地造访过西藏的顾维钧之所以能在一九一四至一九一五年间，就中国对西藏主权议题与英方外交代表进行激烈的外交攻防，背后实多有赖史悠明的帮助。如史悠明曾撰《条陈藏事说帖》（中国国家图书馆藏）呈递北洋政府外交部，逐条驳斥西拉姆会议中达赖喇嘛代表的论点，并主张游牧于藏北的霍尔三十九族并非藏人，其称："三十九族，藏人称之为嘉艾德（rgya sde），意即中国属地也，犹之其称汉人为嘉密（rgya mi）。"由此可见史悠明具备一定藏语基础知识。而一九一四年三月间顾维钧就所谓西藏问题与英国驻华公使朱尔典（John Jordan, 1852-1925）会谈时，便曾多次引用史悠明的观点。如根据史悠明的说帖，顾维钧曾称："三十九族之地土，人名之曰嘉艾德，即中国地之土名也。"顾维钧本人并不谙藏语文，却能在外交谈判中娴熟引用西藏文化以及藏语知识，史悠明在西藏的实地经验功不可没。也因为两人的同事之谊，顾维钧遂在一九三六年商请史悠明率领西北采矿试探队，进而促成玉门油田的开采工作。

三

在西拉姆会议之后，史悠明外交生涯的重心虽逐渐转往巴拿马以及秘鲁等中南美洲国家，然而他在中央政府中仍持续扮演着西藏事务智囊的重要角色。除了作为咨询幕僚，史悠明亦曾亲上外交谈判前线，就近代西藏问题与英国大使针锋相对。根据京都大学文学研究科图书馆秘藏之中国外交档案抄本，可知在一九一八至一九一九年间史悠明曾多次代表中方与英方代表在北京激辩。由于史悠明为当时中国外交界少数深入印度与中国西藏事务并曾在藏地居住的官员，因此英国大使朱尔典亦不得不承认"史君乃西藏问题之专家"。史悠明在北洋政府与国民政府过渡期间，仍持续就西藏事务向中央政府提供建议。一九二九年九世班禅在南京正式成立办事处，国民政府因此对于西藏事务迫切需要可靠的消息来源，在这个背景下史悠明根据整理其过往见闻以及经手档案，向蒋介石呈递《中藏界务意见书》（哈佛大学图书馆藏），详述晚清乃至西拉姆会议以降西藏事务之源流，对于当时中央政府理解西藏地方发挥了一定的积极作用。二十世纪初期的中国由于政治局势动荡，中央政府官员替换相对频繁，并根据出身背景各自形成派系，公务部门业务移交难免时常出现青黄不接之况。然而史悠明作为一位横跨晚清、北洋乃至国民政府时期的西藏事务专家，在二十世纪初至三十年代持续向中央政府提出建言，进而为中国的国家治理做出了历史贡献。

史悠明与西藏的渊源，深刻体现了近代外交与实业人才在中国国家构成中所扮演的关键角色。史悠明在江孜关所培养的西藏经验，不仅为他个人提供了登上中国近代外交史的机遇，更影响了后世中印关系的发展。史悠明作为建构国家的地方中介，不仅见证了晚清到民国国家转型下西藏事务的变化，其丰富的生命经验更为史家理解二十世纪中印关系的国际历史发展提供了切入点。要言之，一方面史悠明在江孜以及噶伦堡的情报活动，体现出边疆信息对于国家建构之重要意义，与清朝的拉达克情报网具有一定程度上的参照意义；另一方面，史悠明的一生可以说是中国近代国际关系史的缩影。

二〇一五年我在阅读哥伦比亚大学所藏顾维钧相关档案时，开始留意到史悠明在近代中印关系以及西藏事务上的重要意义。二〇一八年在哥伦比亚大学东亚图书馆中文部主任王成志博士的引介下，我与史悠明之孙史济良（Julian Suez）先生成为忘年之交。在这位杰出的IBM资深电脑工程师的鼓励下，我以纽约为起点，踏上了追寻史悠明故事的旅程。在缘分的牵引下，先后从美国、英国、印度、中国、日本以及中国台湾各地的图书馆和档案馆中，找寻关于史悠明尘封的记忆。同年十一月十八日，在宋子文外孙冯英祥（Michael Feng）先生的赞助下，哥伦比亚大学东亚图书馆召开史悠明纪念学术研讨会，我有幸应邀与会并报告史悠明与印度与中国西藏事务之渊源。随后又在史济良先生的帮助下，取得冯英祥先生所藏史悠明相片。二〇一九年吾友日噶·夏加（Riga Shakya）在噶伦堡进行调研工作时，意外地从札喜汪堆后人索南工布（Sonam Gompu）先生手中见到史悠明当年开立的照会。在多方友人的帮助下，这些散落在世界各地而看似杂乱无序的历史文献，为史家钩稽国家建构下"人"的能动性，提供了一个兼具地方性以及国际性的新视野。

马神信仰与辽西走廊的"多元互构"

王剑利

《左传》有云:"国之大事,在祀与戎。"对古代王朝而言,祭祀提供基本的精神秩序,战争提供基本的生存能力,马神信仰则是"祀"与"戎"的一个重要结合点。马是冷兵器时代最重要的战略资源,可谓"国之大事在戎",而"戎之大政在马"。马为耕战之必备,中国古代王朝长期把祭祀马神列入国家正祀,《周礼》中即有四时祭祀马神之制,隋、唐、宋,乃至明、清均有沿袭,中国北方民族长久以来也有关于马的信仰和习俗。

马神信仰的演化与南北农牧互动的历史主线紧密相连。良马产于北方草原,备受草原压力的中原王朝尤为注重北方马政;同时,经由马市贸易,农牧族群之间相互依存、相互塑造。明清之际,从农牧对峙到南北统合,经由马神信仰,"祀"与"戎"呈现不同的关联形态,历史深层的延续性亦蕴于其中。

今天的中国,是在中原、北方草原、天山南北、青藏高原等亚区域在"多元互构"的过程中历史性地形成的(施展:《枢纽》)。马神信仰与马政、马市交织、嵌合,成为我们观察中国各区域经由走廊地带"多元互构"的一个切入点。就明清两朝而言,"祀"与"戎"关联演化的进程聚焦于辽西走廊,这里撬动着王朝的命运,也呈现着中国历史发展的一些特定机理。

一、明代马政、马市与马神信仰

马神祭祀是明廷较早启用的国家典仪之一,

且初起就与帝命和王权正统相关联。洪武二年，明太祖朱元璋下令祭祀马祖诸神。他在祭神祝文中申明"历代兴邦、勘定祸乱，咸赖戎马"，自陈"朕自起义以来，多资于马"。在中央马政机构——太仆寺设立后，他阐述马政时又强调，"马之功"关乎"备戎事"，"马之力"关乎"使君有道"。

推动明代马神信仰发展的直接动力是马政之兴。有明一代，明廷面临"三北"地区的军事压力，自明初就强调"马政即国政"，马神随之备受尊崇。正如明代大儒丘濬主张修明马政与四时祭祀马神相关联，"随其时举其祭，因其祭而行其政，则马得其养，国赖其用"，既诉诸人力发挥马政之功，又求诸神力，契合"古之帝王合天人而一"的理念。

明早期敕建的马神祠庙首先附建于中央马政机构，洪武时期，朝廷在包括辽东在内的五处边要之地设立行太仆寺，掌理各边卫所营堡的马政。明成祖长期与北部蒙古交战，深谙马政之重，他加强辽东乃至北方整体边防，在陕、甘、北京、辽东增设苑马寺，集中孳牧马匹。随着马政建设铺展开，马神祭祀网络逐渐与马政体系相嵌合，"天下凡养马处，皆有祠，遂为通祠"。专事马政的官员到任时，首祭马神。边地养马之广大军户，尤其苑马寺治下孳牧负累极重的牧军家庭，都祈求马神护佑。

明代马神信仰与边防形势相连，在北方设置边卫之地，建城则必立庙，马神庙亦与城同建。据《辽东志》所记："社稷坛、山川坛、厉祭坛、城隍庙、马神庙，以上随城建立共十四所。"《辽东志》区分了各类祠祀所具有的社会功能，其中，"祀马神旗纛以兵卫"明确将马神祭祀指向军事信仰需求。

在明中后期辽东镇的官方祠祀中，祭祀马神已成为常例，此时辽东马政已走向废弛，可见马神信仰的发展并不因马政之衰而衰落。恰恰随着北部危机加剧，从朝廷到边方将领，通过祭祀以求马神"保民靖敌"、助化危机的意图更为强烈。诸多马神庙是由驻守将领带领边将修建的，庙址亦多位于总兵府、演武场等军事重地，文献中还出现了由军士管理马神祠庙的记载。

马神的军事信仰特性还表现在神灵组合的形式中。特别在沿北部边墙的卫所营堡，真武庙、关帝庙被作为武庙祭祀，马神常从祀其中。元统治者自蒙古高原入主中原，认为是获得了北方之神玄武（真武）的护佑，真武信仰在北方地区产生广泛影响。燕王朱棣"靖难"之时，宣称受玄武神相助，后又将此视为承天运而继大位的"神意"，祭祀真武遂被纳入国家祭典。真武大帝作为武神广受崇奉。在明中后期辽东战事频繁时期，多见将领军士兴修真武庙的记载，甚至在边将顾之不及时，由乡老自发募捐修庙。马神与关帝同祀的现象在明清的辽东亦极为常见。

如果说上述马神信仰的形式、特点普遍存在于明代北方边地，那么，要进一步明晰辽西走廊上马神信仰的特殊性，还需与多族群的互动关联起来。辽西走廊作为渔猎、游牧和农耕族群的接触带，走廊上的贸易互动是各方的生命线。明代辽东镇三面环居着蒙古和女真。对明朝的政治生态而言，尤其要处理好与蒙古、女真的关系。与此同时，不同人群在共同开发东北的过程中，要求互通有无、经济交流。马市和贡赏制度成为重要的互动机制。

广宁位于医巫闾山脚下，辽西走廊的最东端，既是辽东镇的政治权力中枢，也是贸易重镇。广宁是贡赏制度得以施行的重要关口之一，是沟通中原与东北乃至整个东北亚的枢纽，连接着地域广阔的贸易网络。穿行于广宁的女真人成为重要的跨界人群。对明廷来说，马市不仅就近补充军马，还是对蒙古、女真施行羁縻治策的重要手段。广宁马市是辽东镇最大的、开设最早的马市，主要对兀良哈三卫开展贸易。活动在辽西走廊上的女真多为建州女真人，当中原与蒙古之间的马市贸易中断时，女真常常成为这种贸易的中介。

到明中后期，明廷逐渐失去辽东马市的主动权，辽东马市从官办易马市场转变为更具民间性的民族贸易场所，这为建州女真兴起创造了条件。努尔哈赤建立"后金"政权之前的三十多年中，建州女真与汉人开展大规模互市；女真与蒙古之间建立经济关系也在很大程度上基于长久以来的马市贸易。这为努尔哈赤完成女真诸部统一，乃至后来清王朝统御长城南北、建立复合性治理打下重要基础。

在这一过程中，马神信仰的演化机制也随之浮现。不同于明官方祀典中的人格化马神，女真和蒙古围绕马的祭祀更具萨满信仰和动物崇拜色彩。满蒙联盟是推动明清历史演化的一个关键机制，后金（清）政权与蒙古的联盟是通过"刑白马乌牛，祭告天地"的立誓结盟仪式达成的，其中，广泛存在于北方民族中有关马的神圣观念，成为维系部落联盟政治的内在精神要素。

除了女真人，明代进入辽东的晋商群体也是重要的跨界人群。明初实行"开中制"，由于辽西走廊的交通之便和朝廷对辽东的锐意经营，大量山西商人自募农人屯耕于辽东各边镇，又运粮换取盐引，依托远距离贸易的山西商屯遍布辽东。晋商还逐渐涉入跨族群的马市贸易，在马市转为官民兼营乃至以民市为主的过程中发挥了重要角色。乃至后金能以厚赏吸引蒙古诸部归附，商人群体所牵连的跨族群、跨地域远程贸易是为必要条件。

在辽东镇军事防御体系下，陆上商路运输网基本沿边墙而成，商业地理深受军事影响，商人信仰也与军事信仰产生交织。有明一代，中原政权有效控制辽东达一百六十余年，辽西走廊成为信仰迁移的重要通道。其中，辽东晋商所建关帝庙尤为众多，这也符合明代在边远地区推行"借褒关羽，以张汉治"的政策需要。关帝庙常建有戏台，甚至庙宇维修、祭神演戏之资多由卫所支出，这种演戏风习还传入女真部落。马神常作为关帝陪祀，关帝庙酬神演戏亦有报谢马神之意。

可见，明代卫所祭祀关帝、马神，背后常常牵连着卫所将领军士和商人商会的社会网络，也可能交织着军事信仰和商业信仰。关联明代北方边地马神信仰的演化过程，可以想见，自明中后期辽东马市转向民族贸易市场的过程中，马神或已成为大量远距离贸易商的行业神，并在跨族群贸易中成为文化沟通的底层介质。地方文史资料中零星可见女真人、蒙古人前往辽西走廊的寺庙进香祭拜的记录，尽管少有明时期各族人群共享马神信仰的直接证据，但至今在医巫闾山一带的歌谣、谚语、民间故事和剪纸中，仍然留存着关于马市和朝贡的文化记忆。

二、"大一统"格局下的马神信仰

辽西走廊上的多元人群围绕马长期互动，呈现出"祀"与"戎"关联的不同形态，从中可以解读出明廷经略堪称王朝生命线的辽东边疆的各种努力；也能看到女真在"多边犄角"（宋念申：《发现东亚》）的地缘关系中争取生存空间，对农耕、游牧和射猎文化的兼容，恰恰成为其牵连跨界互动的重要依凭。尤其明清之际女真关于马的信仰文化，延续到了清宫马神祭祀中，有助于进一步考察辽西走廊基于信仰的跨地域连接。

明辽东苑马寺位于辽河以东，并未被清廷沿用。清军入关后，在更适宜养马的辽西地区建立牧场。大凌河牧场即是重要的皇家牧场之一，除了为军队供马、为驿站添换马匹外，还保障行围、巡幸、谒陵等重大政务用马，其中就包括为宫廷的祭马神仪式选送马匹。

祭马神是清宫祭祀的重要内容，"顺治年间定，每年春秋二季，择日为马祭神，请坤宁宫所祭神，祭于神武门内神室。凡二日"。实际上，"马祭"可能是明代女真人即有的萨满教祭俗。清朝统治者以弓马定天下，马群喻示军事力量，早在皇太极称帝之初，就将"为马群致祭"

的权力收拢至极高等级,"亲王以下、辅国公以上许祭,镇国将军以下不许祭祀",以确保神灵对军事力量的护佑专属于统治集团。乾隆二十六年(一七六一),内务府总管大臣和上驷院卿被指定为"致祭马神之典"的"主祭人员",仪式进一步规制化。至于祭祀礼仪,尽管有诸如"合掌致敬"的佛教仪式,但无疑是以萨满礼仪为主导。

多数学者认为清宫"祭马神"是祭祀马神,或至少所祭诸神中包括马神;孟森先生认为是"为马祭神",乃为马而祭"国俗"所崇奉之神,即坤宁宫诸神及堂子神(孟森:《清代堂子所祀邓将军考》)。我的关注更在于,经由马匹的供应和仪式物品及其"神力"的传递,清宫廷与位于辽西走廊的大凌河牧场连接成了一个跨地域的祭祀系统。以顺治年间"祷马"仪式为例,一方面,"祭神受福马缺额"由大凌河牧场选补。另一方面,"祭马神室"正日夕祭,"以青帛送系大凌河骟马群三十匹","次日,朝祭以绛帛送系大凌河牝马群千三百匹,夕祭以青帛送系大凌河牝马群二百七十六匹"。被置于供案经受熏祷的各色绸条,除了专系于皇帝所乘御马,其余均被送至辽西的大凌河牧场拴系于马鬃尾,以祈牧群繁息。

细考其仪式和祝祷神歌,可见多重表征。其一,为皇帝所乘御马和牧群繁息,祭祀诸神(可能包括"马神")。其二,"为马祭神"蕴有保持皇族骑射武功之意,这亦与萨满信仰相契合,在蒙古、女真等北方民族有关马之神性的传统观念中,马和骑乘之人不仅福祸相关,且灵性相通。其三,通过仪式主体(祭神受福马)和礼仪物品(绸条)的往来流动,形成"神力"的传递,不仅在王都和"龙兴"故地之间构建了神圣连接,也寄托了护佑"王气"和"天下"之意愿。突破辽西走廊是皇太极入主中原的关键,也成为清朝历代统治者重要的历史记忆。大凌河牧场虽为皇家牧场,但其对清朝马政的意义,超越了一家一族,更关乎"天下一统"。乾隆皇帝在《观大凌河养息牧》一诗中所言,"我朝养马无须多,上都盐泽大凌河……哈萨克马来服皂,新疆用以资腾饱。一家万里合东西,白傅那歌阴山道",将此意表达得淋漓尽致。

视野回到辽西走廊。据相关研究,清廷在大凌河牧场建有马神庙,始建于康熙年间,乾隆时曾三度维修。鉴于前述大凌河牧场与清宫"为马祭神"仪式的既定关联,大凌河的马神祭祀必然内蕴着萨满特性;但又如清廷内务府上驷院不仅是宫廷"致祭马神之典"的主祭者,还沿袭了明朝太仆寺旧制于通州马神庙祭祀马神,辽西地区由官方兴修的马神祠庙,其神灵、祭仪也极可能承袭中原典制。那么二者如何统合呢?

大凌河牧场官兵多是满洲八旗或入旗汉人。细考清代方志和东北流人笔记,一方面,从黑龙江、吉林到辽西走廊一带,"关羽、马神诸祀"确为"满、蒙、汉军旗人"共同崇奉;另一方面,清中晚期,满人"家祭"仍有祭祀"他合马"(神马)、给马鬃尾拴红绿布条的仪式,但更凸显满汉文化的交融。如清代旗人掌故家福格记录的"祭马神"礼仪:"今满洲祭祀,有祭马祖者,或刻木为马,联络而悬于祭所,或设神像而祀。按《周官》春祭马祖,夏祭先牧,秋祭马社,冬祭马步。又胜国洪武二年诏祀马祖,皆此礼也。"其中,福格申明"祭马祖"源于《周礼》,又如明制;"刻木为马"体现对马的崇拜;"设神像"则更趋向人格化的马神。这或可说明,在满汉长期共享马神信仰的进程中,满人的马神祭祀已进一步兼容了萨满传统和中原礼制,更具复合属性。

清代马神信仰的军事信仰色彩逐渐消隐,加速转向交通、贸易的意义。明清时期,保障驿马是马政的重要功能。清代驿路"通天下之脉络",尤其关内外一统,辽西走廊开始真正发挥通道的作用,随驿路兴建马神庙在清代的辽西走廊更为显著。经考察文献,在北京经辽西走廊通往东北腹地的驿路上,驿站中修建马神祠庙是较为多见的。还常有马王作为关岳庙、关帝庙、真武庙的陪祀。驿站的马神信仰往往交织着护佑驿传交通、经贸往来、边疆戍守和畜牧经营的多重意义。

清代马神信仰的显著变化是信仰下行，由官方主导转向以民间信仰为主。清代的辽西走廊是宜农宜牧之地，所居各族多有农牧兼营，马王庙在民间分布广泛，人们相信"生畜蕃庶，牝牡骊黄，千百为群，不数被瘟疫之患，则马王之所为保护也"。尤其在清康熙之后，兵锋偃息，民俗康阜，马王信仰弥散到生产生活中，不仅护佑家畜，还承担应对旱涝灾害、发展庙会经济等功能。同时，在满蒙汉等族群的互动交融中发生了"文化采借"，有关"马王"的神灵源流和祭祀形式更为杂糅，消弭了族群属性而形成地域色彩浓厚的信仰文化。

明清时期马神信仰发展的一个重要方向，是作为陪祀，在跨族群的关帝信仰中获得生存空间。在清人看来，蒙古崇信关帝关乎王朝治理："本朝羁縻蒙古，实利用《三国志》一书。当世祖之未入关也，先征服内蒙古诸部，因与蒙古诸汗约为兄弟，引《三国志》桃园结义事为例，满洲自认为刘备，而以蒙古为关羽。其后入帝中夏，恐蒙古之携贰也，于是累封忠义神武灵佑仁勇威显护国保民精诚绥靖翊赞宣德关圣大帝，以示尊崇蒙古之意。是以蒙人于信仰喇嘛外，所最尊奉者厥惟关羽。二百余年，备北藩而为不侵不叛之臣者，端在于此，其意亦如关羽之于刘备，服事惟谨也。"（徐珂：《清稗类钞》）

晋商仍是推动马神信仰发展的重要群体。清代东北曾流传一段民谣："先盖庙，后唱戏，钱庄当铺开满地；请镖局，插黄旗，大个元宝拉回去。"盖庙唱戏是商人闯荡关东的重要过场。自明代打入辽东的晋帮以盖关帝庙为主，那些走海路的闽侯帮、扬州帮、兖州帮、青州帮等则修建萧姬庙或天后宫。除了从事远距离运输的商人，在诸多依靠骡、马畜力的行业中，马神也被作为行业神广泛崇奉，甚而围绕信仰"起会"。对他们来说，"四时例祀马神，祀必演戏"。以曲艺、戏剧敬献神灵，无论是为解乡愁，或是追求凝聚，大多围绕着行业神的意义。

三、辽西走廊的"多元互构性"

辽西走廊的马神信仰牵连着明清马政、马市、军需消费、远距离贸易、满蒙联盟、驿传交通、宫廷和辽西牧场祭祀等关系明清历史演化的诸多要素和进程。因此，考察马神信仰的演化，能够呈现辽西走廊之于明清历史演化的意义，亦从一个侧面透视着古代中国从"多元"向"一体"凝聚的动力面向。这一凝聚过程中基于走廊地带所牵涉的多维互动及其关联，构成中国各亚区域"多元互构"的微观基础。

南北对峙时期，走廊地带的军事政治更多是划分边界的，但对峙并未使交往断绝。明代"九边"庞大的军需消费市场拉动的远距离贸易，明廷与蒙古、女真互市和羁縻政治需求推动的跨族群贸易，往往在分立或对峙时期对于"多元互构"体系的运转具有核心意义。商业和贸易是一种穿透各种边界的行为，或言之，有边界才有交换和交往的动力，同时互通有无的过程又消弭边界，促进不同文化和族群的相互理解。由此，贸易过程既依赖于边界又消弭边界，呈现出边界形态和边界意涵的转化。

经由马神信仰，走廊地带上"祀"与"戎"的关联机制呈现出来。在南北分立、对峙时期，依托于军政、马政的马神祭祀凸显兵戎之祀的特点，强化着群体间的对抗性；而通过马市贸易实现的互通有无则推进农牧经济的连接和相互依存。对峙和依存之间存在着张力，这种张力内在于古代中国南北农牧互动的长时段历程。北方走廊地带处于农牧经济政治文化的接触带、交错带、过渡带，是形成和传导这种张力的枢纽地带，因此走廊地带关联着古代中国历史演化的主线。在农牧对峙时期，这种张力是不易消解的。但即便如此，跨越多重边界的交往交流仍是基础性的,在走廊地带,共通的信仰成为促进联通的重要基础。正如明清之际,女真商人、辽东晋商等成为特殊的跨界人群,围绕马神的多义信仰也由此交汇,为后续历史进程的展开埋下伏笔。

清时期,关内关外、长城南北纳入"大一统"的格局之下,辽西走廊不再是对抗的前线,各色人群中,马神信仰之"戎"的属性逐渐淡化,并随着贸易、交通的发展,其行业神性质日益鲜明,并在南北兼跨、族群统合的"天下"格局中,更具包容性。

可见,从对峙性农牧关系转向统合性农牧关系的进程中,辽西走廊上的多元人群围绕马长期开展密切互动,即使在剧烈的政治变迁中,马神信仰仍能作为推进不同人群交往互动的、相对稳定的底层介质。同时,马神信仰以及围绕马的神圣观念也发展出多义性、复合性、交融性,在类似的信仰表现下,可能有着观念内涵的差异;人们各取所需,又由此建立关联,相互依存,相互塑造——这也恰是走廊地带的意义所在。

《三心集》

丰子恺 著　汪家明 编　定价:79.00元

诗心、童心、佛心是丰子恺创作的三大主题,贯穿了他的一生。《三心集》收有近六百幅画作和十六篇随笔,带领读者与丰子恺跨时空互动。

《老饕三笔》

赵珩 著　定价:59.00元

本书是作者谈饮食文化的"老饕系列"之三,依旧写口腹之物,记风物人情,述历史掌故。将美食和背后的故人故事,沉淀成传奇般的记忆。

生活·读书·新知三联书店出版

王利兵

作为文化的海权

提到"海权"这个概念,中文读者大多会联想到美国海军军官阿尔弗雷德·马汉提出的"海权论"一说。马汉的"海权论"不仅改变了美国的军事发展方向,为日后美国海军发展和海洋扩张提供了理论依据,而且在一定程度上成就了美国在近代历史上的霸主地位,这也是为什么马汉的"海权论"在包括中国在内的许多国家颇具影响力的重要原因。在《海权对历史的影响(一六六〇至一七八三)》一书中,马汉将海权定义为出于战略目的而实施的对海洋的控制,认为影响海权发展的主要条件有六个方面,即地理位置、自然结构、领土范围、人口数量、民族特点以及政府的特点,并强调通过夺取制海权以控制世界的重要性。从当时的历史背景来看,马汉一再强调制海权的重要性主要是为了说服美国政府和民众建设一支强大的海军战斗力量,但同时马汉又认为海军力量的增强并非是为扩大对海洋的影响,相反是为提升其在陆地上的影响力。马汉劝告其同胞不要重蹈法国的覆辙,也不要效仿英国,美国需要继承的是罗马的衣钵,因为美国注定无法成为一个真正的海权大国。很显然,马汉的海权论本质上还是一种陆权观,他很少从海军之外的视角去分析海洋之于一个国家的意义和价值,也从没有将威尼斯、英国、荷兰等真正的海权国家作为美国发展的参考案例,因为他明白这些海权国家与作为大陆国家的美国在历史、身份和文化上存在许多差异。

在新近出版的《海洋与权力：一部新文明史》一书中，英国著名历史学家安德鲁·兰伯特提出了一个十分具有独创性又富有争议性的观点，即海权是由文化、身份、历史、政治、经济、神话等多种因素共同铸就的产物，其背后蕴含了一种海洋共和与自由的色彩，海权是一种独立于陆权同时又与陆权相对立的权力。换言之，海权代表的是一种不同于陆权的文化和身份，并不是指海军建设和海洋军事实力之强弱。通过一番词源学考古，兰伯特认为，马汉对海权概念的讨论和分析只是停留在战略层面的肤浅认识，根本没有触及海权之魂。从词源上来看，海权（seapower）的概念源于希腊语"thalassokratia"，希罗多德和修昔底德都曾使用这一词来描述作为文化的海权，其含义是指一个以海洋为主导的国家，通过有意识地构建海洋文化和海洋身份来确保海洋带给自身的经济和战略优势，以此作为一个大国发挥作用。然而，马汉却故意将"海权"拆分成一个新的短语"sea power"，并用其指代任何拥有足够人力、财力和港口建设的海军国家对海洋的战略使用和选择。简言之，马汉论述的实为一种"制海权"而非"海权"。马汉笔下的美国虽有全球最强大的海军力量，也拥有绝对的制海权，但美国依然不是一个海权国家，因为海洋在美国身份构建和文化塑造中始终只是一个附属的边缘角色。与美国不同，英国虽然没有美国那么强大的海军实力和制海权，却是一个实实在在的海权国家，因为海洋一直是英国民族文化、经济生活和国家安全的中心，甚至成为其身份的核心标识。不可否认的是，马汉"海权论"的影响力实在太大，许多人都被他的"制海权"误导，因此容易对海权概念形成一种狭义的理解和认识。

有鉴于此，兰伯特对海权产生、发展和消失的历史展开了一次长时段研究，并通过对五个海权国家的具体分析，指出海权的本质乃是文化。首先，作为文化的海权，它是国家有意选择和积极建构的结果。兰伯特明确指出，海权身份并不是某种自然环境和地理位置作用下的结果,而是经过深思熟虑的人为制造的产物。历史上真正可以称为海权国家的只有五个,即雅典、迦太基、威尼斯、荷兰和英国。这五个国家并非国土辽阔的强大国家,相反都是些弱小的国家。正是这种弱小迫使它们必须寻求另外一种不对称优势和发展道路,即通过专注于海洋贸易的发展形成一种以海洋逻辑为主导的国家身份。为了保障海洋贸易的发展,每一个海权国家都会十分重视海军建设,并将海军置于战略优先地位。除此之外,每一个海权国家都喜欢编织海洋神话传说、在海边建造庙宇,以此作为醒目的海洋标志,同时用各种海洋艺术来装饰城市的公共空间,从而创造出一种与众不同的文化和身份,并积极传播这种文化和信息。这些由政府和政治家赞助、支持和认可的行为,充分说明了海洋对于国家的意义。正如兰伯特所说:"只有当政治国家做好准备来维持它的时候,'成为一个海权'的选择才有持续下去的可能。"需要指出的是,这种被构建出来的海权身份是脆弱的,很容易被推翻。海权国家通常都不是大国,海权国家的战略和政治重要性也是有限的,因此它们必须善于利用位置优势、贸易优势和政治技巧来周旋于大陆列强之间,以防被大陆帝国吸收或消灭。

其次,作为文化的海权,必须具备一种包容性的政治结构和自由灵活的贸易体系。海权的形成过程必须是由政治驱动的,并且是在经济上有吸引力的,在战略上有效的,其中前两者是一个海权存在的必要条件。包容性政治与海权之间的协作至关重要,从历史上来看,海权国家几乎都是寡头政治,但同时又会存在一个代表不同利益的敢于直言的反对派,后者通常是由贵族和社会精英组成,是维持海权国家存在的一个关键力量。作为贸易网络的一部分,包容性政治一直是海权国家最为重要的一件武器,这种开明的政治意识形态吸引了许多从事海洋贸易的人,并鼓励着他们不断地挑战僵化的专制制度。与此同时,它自然也会对同时代大陆国家中的君主专制政体构成威胁，因为后者的理想是建立一个只有一个统治者、一种文化和一个中央集权的指令性经济的普世君主国。包容性政治让中间阶层可以发挥一定的政治作用，在腓尼基，国王甚至让富有的商人拥有选举权，以此提醒自己和所有人海洋贸易压倒一切的重要性。在这种政策影响下，腓尼基人将自己的贸易圈扩展到地中海对面，甚至连北欧的金属矿品和商品也进入到了这个贸易圈，不断扩张的自由贸易将地中海世界连为一体。海洋贸易带来了港口的建设、城市的繁荣，同时也引发了为争夺海上贸易路线和控制权而进行的疯狂军备竞赛，以至于所有国家都将海军建设看作通往海权之路的前提。面对海洋带来的巨大经济利益，荷兰曾经打造过一支举世无双的海军舰队，这支舰队不仅在三次英荷战争中捍卫了自己的商业利益，而且还成为荷兰海权身份的代表。不过，荷兰海军有一个与威尼斯相同的致命缺点，那就是因为人力资源缺乏而过度依赖雇佣军，这也就注定了它的海权之路不会长久。

再次，作为文化的海权，它代表了一种普适的价值观，这份价值观正是西方文明的源头。为了保护开放的海上贸易，海权国家普遍实行寡头政治甚至民主制。雅典的寡头们第一次将社会较低阶层带入大众参与的民主制度中，以此约束那些感情冲动的寡头，进而创造出一种公民生活的概念，这种概念强调辩论、权力分享和进步。梭伦改革进一步将这种政治生活从精英责任变成公民义务，将雅典带向了一条和平、自由、平等的康庄大道。不仅如此，雅典为建立帝国还到处传播民主，结果让斯巴达和波斯大为惊愕。波斯和斯巴达认为，摧毁雅典的根本做法是摧毁它的文化，尤其是它的民主制度，所以在伊哥斯波塔米战役之后，伯罗奔尼撒联盟不仅消灭了雅典的舰队，而且用寡头政治彻底取代其民主制，同时还拆毁了象征雅典海权身份的长墙。无独有偶，一七九七年五月十二日，当法国军队进占威尼斯共和国圣马可广场之后，拿破仑下令烧毁威尼斯的礼船，因为烧毁礼船是毁掉威尼斯海权身份的重要标志，意味着威尼斯作为独立海权国家的终结，此举显然是有意识地效仿西庇阿摧毁迦太基舰队的做法。从公元前四世纪雅典的帝国主义扩张到十九世纪大英帝国的海外贸易，欧亚大陆边缘的海权之路虽然走得十分缓慢，但是它在西方世界已然大获全胜，海洋作为民主之母也早已被西人接受和认可。

海权国家注定是弱小的，可它们自身往往不甘于做一个地方性海权国家，在强大之后总是习惯性地向陆地拓展实力和财富。历史告诉我们，海权国家一旦卷入陆地争夺战就等于自取灭亡。雅典与波斯争夺东地中海统治权，结果败于波斯、斯巴达同盟和马其顿陆权；迦太基与陆上强国罗马争夺西地中海统治权，结果因制海权丢失而灭国；夹在哈布斯堡王朝和奥斯曼帝国之间的威尼斯同样也因不敌奥斯曼帝国而失败，从此变成一个以手工业为主导的地方小城市；荷兰在与英国争夺海外领土和市场的过程中逐渐衰落，一八〇〇年荷兰东印度公司的关闭就已经预示了阿姆斯特丹模仿威尼斯的尝试失败。英国作为最后一个也是存在时间最久的海权国家也不例外，两次世界大战基本上彻底截断了英国的海权之路。在两次世界大战期间，英国果断选择放弃海外殖民地，其目的是希望节省资源以保护海上贸易和制海权，从而保全自己的海权身份。"二战"结束之后，英国远洋海军失去维持其存在的帝国体系，同时也就失去了战略性制海权，最终在美国经济打击和海军压制下，英国连海权身份也一并丢失，制海权这把三叉戟终于落到美国手中。二十世纪七十年代初，后帝国主义时代的英国再次选择抛弃历史，加入一个大陆性的保护主义团体，可是融入"新家庭"的过程并不顺利，一种潜在的差异感始终埋伏在英国与欧洲之间。进入新世纪，随着英国经济的复苏，英欧间的裂痕不断加深，英国最终做出退欧决定。英国的这一决定不仅表明大陆联盟无力掌控海洋，而且说明在西方国家内部，海陆身份之间的断层线正在浮出水面。

海权国家已经不复存在，但是海洋国家还有不少。当代海洋国家主要包括日本、荷兰、丹麦、挪威、新加坡、澳大利亚、新西兰和英国等，从地理位置上来看，海洋国家大致都位于麦金德所说的"外新月形地带"，虽然它们算不上严格意义上的海权国家，但是海洋在其经济和文化中无疑占据着十分重要的地位。兰伯特认为，未来当海洋和平遭遇威胁时，这些国家很有可能会结成一个互助联盟。海洋国家的集体行动并非一种军事威胁，而是为了维护一种自由开放的贸易体系和价值观，因为这是它们赖以为生的基础。在《海洋与权力》一书的"结论"中，兰伯特表达了自己的最终观点。他认为，当今全球政治的断层线表面上呈现为民主与专制、开放与封闭、法治与威权之间的对抗，实质上是海洋与陆地之间的一场文明冲突。不难看出，兰伯特的这一最终结论很大程度上受到了麦金德的影响。自一九〇四年麦金德在英国皇家地理学会上发表"历史的地理枢纽"演说以来，有关海洋与陆地对抗的讨论一直没有停止过。在麦金德看来，世界历史的发展基本上都是围绕"心脏地带"与"边缘地带"之间的对抗，是来自陆地的机动性与来自海洋的机动性之间的对抗，两者是一种天然的敌对关系。

在世界历史发展进程中，真正强大的国家永远是陆权国家，而海权国家总是一些依赖海洋的弱国，后者惧怕前者的野心，但前者更害怕后者的开明价值观和经济成就，两者之间的对抗几乎从未停息过。对于这场冲突，中世纪的卡巴拉主义者曾将其形象地比喻为强壮的海洋动物利维坦（一种鲸）与同样强壮的陆地动物波希墨特（一种公牛或大象）之间的争斗，利维坦想用自己的鳍堵住波希墨特的嘴和鼻子，使它无法进食和呼吸，波希墨特则试图用自己的角或牙齿撕碎利维坦。争斗的结果是，双方都在厮杀中死去，世界进入一个新世纪。从现实来看，神话似乎还在延续，海洋与陆地间的争斗并未停止。它就像是一个巨大漩涡，不断吸引着"怪物"进入，也不断创造出新的"怪物"，雅典、斯巴达、罗马、迦太基、威尼斯、西班牙、荷兰、英国和法国等都曾被卷入其中。出人意料的是，今天手持三叉戟冲向漩涡中心的竟然是几头"陆地怪物"。

麦金德关于陆地与海洋关系的论述影响深远，后来者很少有人能超越他，但施米特是个例外。在《陆地与海洋：世界史的考察》这本小册中，施米特从元素空间论出发提出了一个极富人类学色彩的解释，他认为，海洋与陆地之间的冲突本质上是一场关于空间的思维方式的冲突。在施米特看来，地理大发现引发了一场空前的宏大革命，也是"一场整个地球的空间革命"，这场空间革命让水（海洋）与土（陆地）之间的对抗浮现出历史舞台，从此世界史就是一部海权国家对抗陆权国家、陆权国家对抗海权国家的斗争史。施米特所说的"空间革命"绝不仅仅是向未知领地的拓展和登陆，从陆地向海洋的空间转变是一场遍及所有领域的空间概念的变革，包括政治、经济、艺术、科学、技术、意识形态等，是一种全方位的转变，即选择海洋作为其全部的历史性存在方式。换言之，海洋与陆地代表的是两种截然不同的空间秩序，其中"海洋秩序"对应的是自由的、开放的、无边界的空间观念，"陆地秩序"对应的是国家的、封闭的、有边界的空间观念，而两种不同的空间观念又分别对应着两种截然不同的法理秩序。

在这场伟大的空间革命中，英国无疑是最后的赢家。英国从一个牧羊人摇身一变成为一个海盗资本家，并最终成为第二批"海的儿女"，实现了真正的海权身份转变。施米特认为，在地理大发现以前，英国依旧只是一个陆地国家，是一块漂浮在海洋上的陆地，英国人对于这块岛屿的感情也必然是一份土地感情，是一种陆地的、大地的、领土的意识。但是在地理大发现之后，英国逐渐成为海洋的一部分，变成了一条船、一条鱼，变成了"海的儿女"，由此人们的情感意识也发生了变化。人们不再将眼光局限于一个小岛或是一个小地域,而是看向海洋,看向全世界,英国成为一个纯粹的以海洋性存在为基础的海权国家。然而,英国的海权身份并没有维持太久,工业革命彻底改变了这个利维坦的本质,英国的海洋性存在消失了。在工业革命之前,英国人是依靠人与海洋之间日复一日的直接搏斗而赢得了海洋,进而形成一种航海家精神,也是一种新教精神。在工业革命之后,机器逐渐嵌入到人与海洋之间,其引发的变化不可谓不大,比如船只航行时间缩短、水手技艺消失、海洋战争形式改变等,这些变化都意味着人与海洋之间的关系将发生彻底转变。对于英国而言,那种将牧羊人塑造为海盗资本家的冲击力量在减弱,最后慢慢消失了,那种富有冒险精神的人也逐渐丧失其传统意义,英国从一个伟大的海权国家变成一个巨大的机械国家,从"海的儿女"变成机器制造者和机器操作者。

施米特最后指出,对于英国海洋性存在的改变,十九世纪的人们并没有意识到,因为"无论是鱼也好,还是机器也罢,那个利维坦都将变得越来越强大和有力,它的帝国看上去似乎没有止境"。其实,即使是在十九世纪之后,同样很少有人注意到让利维坦变得强大的力量已经发生改变。许多人依然在津津乐道那段"古老"的世界史,甚至将其延续到当下的地缘政治和国际关系分析中,以致总是在不断构想美国替代英国成为一个海权国家的可能影响。在技术和货币的双重加持下,美国确实拥有了强大的制海权,但美国依旧不是一个海权国家,因为它追求的只是一种地缘政治安全和海洋利益,而不是一种海洋性存在。与英国相比,美国缺乏一种航海家精神,也不可能获得英国人与海洋之间的那种亲密感,更不可能成为真正的"海的儿女"。用施米特的话说,"这种构想并没有切中一个崭新的空间秩序的要害"(65页)。简言之,海洋不再是一种元素,也不再是不确定的、无边界的、未知的和无意的,海洋成为一个与陆地一样的确定性存在，海洋秩序发生彻底改变，新的世界秩序诞生。

十九世纪之后，海洋被主权者以各种名目层层包围和占领，海洋陷入一个日益严重且不真实的边界化和领土化过程，自由的海洋和流动的海洋范围越来越小，孟德斯鸠笔下的"贸易精神"逐渐远去，"纯粹的海洋性存在"不复存在，文明得以形成的重要基础遭遇巨大挑战。海洋遭遇的这种历史与现实让人不得不去反思文明的概念及其内涵。法国民族学家莫斯在有关文明史的论述中曾指出，文明乃是一种跨越国族的超社会体系，是不同社会之间互动、交流、传播和借鉴的产物。比较而言，文明的超社会特征在海洋上体现得更加明显，南岛语族的迁徙发展史就是一个非常好的例证。不同于"半身插在土地里"的农民和农耕社会，海洋族群和海洋社会的最大特征是流动性，这种流动性不仅将海洋自身塑造为一个海洋命运共同体，同时也将海洋与陆地塑造成一个更广泛的人类命运共同体。

我们不否认文明在现代条件下容易沾染民族国家或民族主义的色彩，但是更应该看到文明作为一种崇高的联系纽带，代表了整个人类的社会存在理想，尽管这种联系是精神上的而非领土上的。回到本文开头的海权问题上，如果我们将文化看作海权的本质，那么就很难接受兰伯特的最终结论，因为文化作为相对主义的承载者，它倡导的其实是一种多元共存的人类学价值观，后者正是构成多元文明观的重要基础。总而言之，文明概念强调的是一种关系与融合，本质上是对民族国家时代"民族主义文明论"的一种反思和批判，因此我们真正需要关心的是如何突破民族国家框架和地缘政治的狭隘视野，最终构建一个超越陆地与海洋的康德式"文明共同体"。

(《海洋与权力：一部新文明史》，[英]安德鲁·兰伯特著，龚昊译，湖南文艺出版社二〇二一年版；《陆地与海洋：世界史的考察》，[德]卡尔·施米特著，林国基译，上海三联书店二〇一八年版)

张慧瑜

无线电与中国革命

十九世纪中后期电磁波和无线电的发明，使得人类摆脱物理时空的限制，实现了远距离即时信息传播，进入脱域化信息传播的时代。无线电的出现不仅改变了人们传递信息的模式，而且在交通、商业、新闻等领域带来根本性的变化。"一战"中，无线电成为海战的关键。"二战"期间，无线电被广泛应用于军事、广播战和情报战中，成为决定战争胜负的核心要素之一。近代以来，无线电通信作为重要的通信技术手段一直掌握在帝国主义列强、清朝政府、北洋军阀和国民党等政治势力手中。一九二七年大革命失败后，中国共产党开始发展无线电事业。一九三〇年一月，上海党中央与远在香港的中共南方局建立无线电通信，这是共产党历史上"一次划时代的通信革命"。二十世纪三十年代红军使用无线电这一现代通信技术，为游击战、运动战提供了现代战争的媒介基础，使得分散的、去空间化的根据地变成具有弹性的和流动性的空间。

无线电是"空中架起的桥梁"

在中国现代史上，一般把一九二七年到一九四九年描述为中国革命的根据地时期。一九二七年城市革命遭遇挫折之后，以毛泽东为代表的共产党人创造了武装割据、"农村包围城市"的革命之路。从在井冈山开辟第一个根据地开始，到中央苏区的苏维埃实践，再经过战略转移、被迫"长征",抗战前夕落脚在陕北,建立陕甘宁根据地,再到抗日战争时期开辟晋察冀、晋冀鲁豫等华北根据地,最终在解放战争时期以根据地为核心取得全国胜利。面对强大的敌人,中国共产党领导的根据地不是占领固定的空间,而是避敌锋芒、发挥自己的优势,使得根据地空间像水一样具有流动性。

一九二七年中国共产党"八七"会议之后,建立了中央直达各省、各省直达各县、各县直达各乡的全国交通网,这些交通网主要依靠地下交通员和武装交通员等人力来传递消息、情报和宣传品。为了提高传输信息的效率,中共中央尝试通过两个途径来发展无线电通信,一是向共产国际申请帮助训练无线电通信技术人员,二是在上海秘密培训党的通信技术人员。一九二八年中共第六次全国代表大会在莫斯科召开,周恩来向共产国际寻求帮助,通过"国际无线电训练班"培养无线电通信技术人才。一九二九年在中共中央特科负责人周恩来的领导下,通讯科长李强、张沈川等组装了收报机、发报机,在上海建立了第一座秘密电台。一九三〇年一月在香港九龙开辟第二秘密电台。

相比在大城市处于"地下"状态的中共中央借助共产国际的力量来发展无线电,在偏远农村的苏区红军主要靠自己的力量创建无线电通信。一九三〇年之前,中央苏区的红军依靠交通员、传令兵和地下交通站来建立中央与各分局、各根据地之间的联络;之后,红军领导人开始意识到无线电通信的重要性。当年第一次"反围剿",中央苏区取得龙冈战斗的胜利后,红军缴获了国民党军第十八师的无线电台一部,由于当时战士缺乏对电台的认识,把发报机、马达、充电池、蓄电池等都作为敌产而砸毁,这部发报机被弄坏而只有收报功能,被称为"半部电台"。为了避免红军战士继续破坏电台,一九三〇年八月毛泽东和朱德对红一方面军发布攻打长沙的"命令"中要求红军不得破坏铁道、桥梁、火车、电线、无线电等交通设备,还专门颁发《保护与收集无线电、有线电战利品的通令》。由于两个团联络不畅通，这次攻打长沙的战斗失利，更促使毛泽东等红军领导意识到无线电技术在现代战争中的关键作用。一九三一年龙冈战斗后，在江西省宁都县东韶地区对国民党军的追击战中，红军痛击谭道源师时又缴获了一部电台，战士将这部电台完好无损地送到了位于宁都小布的红一方面军总部。这样，红一方面军开始有了自己的电台，并着手创建无线电通信队。

红军早期无线电通信工作是在经济落后的农村和敌人严密封锁的情况下逐步发展起来的。朱德曾告诉红军早期无线电技术人员"先把工作搞起来。不要看红军现在没有电台，无论大小武器装备，凡是白军有的，红军也会有的；没有的，敌人会给我们送来。没有人，我们可以训练，也还会陆续有人从白军中来。革命事业是会从无到有、从小到大发展起来的"。这种"从无到有""从小到大"正是包括无线电在内的中国革命各项事业发展的普遍经验。一九三一年二月，红军总政委毛泽东在中国工农红军第一期无线电通信训练班开学仪式上用"鲁班石"的传说向学员们解释无线电通信工作的重要性。一座即将落成的石桥，桥梁中央还剩一块空缺找不到合适的石头进行填补。这时，路过此地的鲁班先生打造出一块不大不小正合适的石头，促成桥梁的成功落成，这块"不大不小正合适的石头"就是"鲁班石"。毛泽东强调，无线电通信工作正如"鲁班石"一样，是军事战斗中不可或缺的重要组成部分，是沟通联络的关键。

中央苏区在培养无线电技术人员和装备上主要采取三种方式：一是从国军中俘虏、改造无线电技术人员，如龙冈人捷中，俘虏了十六名无线电人员，经过对起义和被俘的通信技术人员进行政治思想教育工作，有十名愿意留下来参加红军，包括后来在红军通信发展史中做出重要贡献的王净、刘寅等人，他们成为红军无线电方面最早的技术专家和领导，用缴获的"半部电台"抄收了国民党中央社发布的新闻电讯，从此开始了红一方面军的无线电通信工作，这种从敌人那里缴获装备和改造俘虏成为红军发展无线电的重要模式。二是开办无线电培训班。一九三一年一月二十八日，毛泽东、朱德联名签发了《选调学生学无线电的命令》，要求各军选派政治素质好、文化程度高的红军战士参加无线电技术的学习培训。同年二月，红军第一期无线电训练班在宁都小布的陈家土楼正式开班，随后红一方面军总司令部成立了无线电队，先用于侦听情报和抄收新闻，后来发展到用于通信联络。十一月，红一方面军无线电训练班改组为中国工农红军无线电学校。三是无线电设备主要通过缴获和自己组装两种方式完成。由于单纯通过缴获无线电设备，始终无法可持续地满足红军的通信工作，所以红军还重视发扬自力更生的精神，积极自购、自制和自产器材设备。一九三二年第四次反"围剿"结束后，中央苏区建立了一座无线电材料厂，通过已有的器材、零件进行无线电维修和组装。

无线电队伍的组建发挥着四个功能：一是截获敌情，及时调整战术部署。在苏区第二次反"围剿"中无线电发挥了重要作用，王诤用第一次反"围剿"缴获的敌人电台获知国军要进驻东固，红军提前占领东固岭的有利地形，取得第二次反"围剿"的首战胜利，歼灭国军第二十八师和第四十七师一个旅的大部，还缴获一部一百瓦大电台、俘虏第二十八师全部无线电人员。二是收听国民党军时事新闻，及时获得外部消息。由于地处偏僻，再加上敌人封锁，苏区无法获得国内外消息，利用缴获的无线电收报机抄收国民党中央社的新闻电讯稿，就成了红军与外界沟通、了解外界情况的唯一便捷途径，这些抄收的电讯新闻被毛泽东称为"没有纸的报纸"。三是用无线电加强部队与部队、前方与后方的沟通和协同作战，也增强根据地与党中央的信息联系。在不到一年的时间里，红军缴获敌人八部电台，成立了六个无线电大队，建立了无线电侦察台和无线电指挥网。一九三一年九月下旬,用那台一百瓦的电台,江西苏区中央局与上海党中央第一次取得了无线电通信,从此在党中央和中央苏区之间架起了一座空中电波桥梁。四是发布无线电新闻,创办通讯社,苏区出现电讯新闻、广播新闻。一九三一年十一月七日,红色中华通讯社在中华工农兵苏维埃第一次全国代表大会开幕当天宣布成立,广播代号为CSR(Chinese Soviet Radio,中国苏维埃广播)。直到解放战争时期,解放军还是采用无线电的方式抄录国内外新闻。

作为游击战/运动战媒介学基础的无线电

无线电对于红军来说不仅是通信工具,还是实现游击战的媒介学基础和前提。毛泽东高度重视无线电工作,称无线电通信是"科学的千里眼顺风耳",在红一方面军开办无线电培训班上的讲话中指出:"红军今后要大发展,这里要点火种,那里也要点火种,一块块被敌人分割的革命根据地,要靠你们在空中架起的桥梁连接起来。做任何工作,都应该知道它的重要性,你们是科学的千里眼顺风耳,你们所做的通信工作,可以帮助我们调动军队,做到随时撒得开,又收得拢。"这段话呈现了无线电传播的三个典型特征。"空中架起的桥梁"指的是无线电依靠电磁波来进行远距离传输,与依靠人力进行的地下交通、赤色邮政等交通方式不同,无线电是一种去物质化、去主体化的传播媒介;"科学的千里眼顺风耳"说明无线电能够把信息实现远距离传输,传播速度和效率高;"可以帮助我们调动军队,做到随时撒得开,又收得拢"则说明无线电通信与游击战的战法密切相关,如果没有无线电指挥,"撒得开"和"收得拢"就无法实现。因此,无线电一方面把彼此分割的根据地连接起来,另一方面又使得机动灵活的游击战成为可能。

作为一种特殊的政治、经济、文化空间,根据地有这样几个基本特征:一是行政区划不稳定,相比占领中心城市、铁路线的日军和国军来说，根据地的有效统治区域处于变动之中；二是物质极端贫乏，技术、资本都稀缺，在这种背景下，需要通过组织基层社会来保障政治和军事斗争；三是很难建立自上而下的行政权力，权力高度分散和地方化。根据地处于敌人政治、军事权力的缝隙地带。正如根据地的命名经常是几个省或地区的简称，如陕甘宁、晋察冀、晋冀鲁豫根据地等，这意味着根据地在外部压力的夹缝中求生存，处于不稳定的空间，边界随着敌人的进攻和骚扰而变化。按照学者孙歌所论述的日本思想家竹内好的观点，"以弱胜强"是一种毛泽东独创的"根据地哲学"。根据地具有水的属性，当敌人强势进攻时就四散逃开，当敌人回撤时，再聚拢回来，看起来很弱势，却无法被真正消灭。这种水的特性，就反映在军事上的游击战。

在"敌强我弱"的总体格局下，根据地的特征不是寻求占领固定的空间，而是在流动中实现敌我强弱关系的转化。经历了井冈山时期的根据地斗争，毛泽东在《星星之火，可以燎原》中总结了游击战与根据地建设的经验："我们三年来从斗争中所得的战术，真是和古今中外的战术都不同。用我们的战术，群众斗争的发动是一天比一天扩大的，任何强大的敌人是奈何我们不得的。我们的战术就是游击的战术。大要说来是：'分兵以发动群众，集中以应付敌人。''敌进我退，敌驻我扰，敌疲我打，敌退我追。''固定区域的割据，用波浪式的推进政策。强敌跟追，用盘旋式的打圈子政策。''很短的时间，很好的方法，发动很大的群众。'这种战术正如打网，要随时打开，又要随时收拢。打开以争取群众，收拢以应付敌人。三年以来，都是用的这种战术。"根据地空间就像水一样，强力打来，就四散漫开，敌人撤退到城市、城镇，又回流到原地。这种打开、收拢的"打网"战法就是游击战的核心思想，就是进攻时集中主力，进攻后迅速分散，避免阵地战，力求在运动中歼灭敌人的有生力量，从而使敌人从强变弱、自己由弱变强，与国民党内战时如此，和武器更为先进、现代的日军斗争时也是如此。

如果说根据地具有水的弹性和柔韧性，那么根据地并不是漫无目的、四散逃离的水，而是具有机动性、有张有弛的水，这有赖于把根据地空间从无秩序的水变成一张伸缩自如、举纲目张的网。网的特征是可以随时撒开，又能随时聚拢，而把根据地"织"成收缩自如的"网"就需要依靠无线电这一现代信息交流的媒介。如果没有无线电通信，"网"是无法打开，也不能快速聚拢的。无线电使得高度分散、彼此分割的根据地内部以及根据地与根据地之间实现信息的快速交流，根据地虽然在政治、军事上看起来是弱势状态，但借助无线电媒介具有了水一样的网状弹性和韧劲。

由于红军无线电通信网络的建立，一方面使得红军与党中央、中央军委的联系，中央苏区与周围苏区的联系以及各方面军总部与所属各军团(军)之间的联系更加密切和快捷；另一方面党中央、中央军委对全国红军的领导也更加健全，红军的行动更能在统一的战略意图之下互相呼应、密切配合。二十世纪三十年代红军开始运用无线电进行军事上的游击战，而此时正是红军从游击战向运动战过渡的关键时期。面对一九三〇年国民党对中央苏区的第一次"围剿"，毛泽东开始改变井冈山时期的游击战，实行"以游击战为主向以运动战为主转变"的军事战略，在第一次反"围剿"中把正规性的运动战与游击性的游击战结合起来。如果说游击战是参战规模较小、以连排为基础的袭扰，那么运动战则是参战规模中等、以团营为主的战斗。井冈山时期，面对小规模敌人的骚扰，游击战的核心是"敌进我退，敌驻我扰，敌疲我打，敌退我追"，而一九三〇年中原大战结束后，蒋介石调集了十万国军向中央苏区发动大规模"围剿"。面对"敌强我弱"的局面，毛泽东提出"大步进退，诱敌深入，集中兵力，各个击破，运动战中歼敌人"的运动战方针。游击战需要战斗的机动性，在战场上灵活穿梭、寻找战机，而运动战需要把敌人分隔包围、集中优势兵力消灭敌人，这些都需要及时获取情报，并对部队做出调整和部署，红军掌握无线电有助于完成从游击战向运动战的转型。

在苏区红军的历次反"围剿"斗争以及第五次反"围剿"失败后被迫长征过程中，无线电通信都发挥了关键作用。如第三次反"围剿"中，王净、刘寅等对国民党电台用的番号和通报简语都很熟悉，红军能及时、准确地获取国民党军队进攻、调动的情报。在长征中，四渡赤水就依靠无线电通信及时获得军事情报，取得四渡赤水的胜利。因此，毛泽东曾高度评价："由于无线电的存在，纵使我们在农村环境中，但我们在政治上却不是孤立的，我们和全国全世界的政治活动的关系是很密切的，同时，纵使革命在各个农村是被分割的，而经过无线电，也就能形成集中指导了。"可以说，以无线电为媒介基础，游击战变成了一种高度机动灵活的运动战。正是无线电通信的建设与应用，对促进革命斗争形势的发展，夺取革命战争的胜利，起了极为重要的作用。

中国的根据地实践就是把空间的游击状态与空间的社会改造充分结合起来。这种空间流动性并不是历史上流寇式的逃窜，而是一种新秩序与新政治播种扩大影响的现代政治实践。在这个空间政治的实践过程中，将旧的社会秩序打碎，并进行社会改造，建立新的社会秩序。即便旧秩序会卷土重来，但是新空间政治的实践结果与新的主体保留下来，形成"群众基础"与"组织基础"。根据地空间的流动性体现为一种空间的辩证法，也就是一九四七年毛泽东率领中共中央撤出延安时的战略"存地失人，人地皆失，存人失地，人地皆存"。正是这种空间的辩证法，使得八路军不占领具体的空间，反而让空间变成弹性的、具有流动性的场所，而这种弹性的、流动的空间得以成立的媒介学前提是无线电的出现和使用。

《读书》二〇二二年总目

作者	文章	期数/页码

A

阿嘎佐诗　像人类学家一样思考"价值"　9/33

艾俊川　是谁介绍钱锺书与卢弼相识?　3/84

B

包慧怡　从印度大西岛到鱼眼女神　7/110

毕　苑　"法治国"理想：杨廷栋的启示　12/31

卜　键　危弱之际的保岛行动　1/69
　　　　清臣的贡品　5/13

C

蔡　昉　谦虚使人类进步　11/30

蔡天新　永嘉，水长而美　3/169
　　　　弗雷格、逻辑和真理　7/147

曹旅宁　秦吏与岳麓秦律令简　12/115

陈　波　一九三五年的李安宅　11/168

陈彩虹　"彼得原理"和终身学习　2/32
　　　　我们都是"摸象的"盲人　12/21

陈　聃　空间、回忆与文学　9/63

陈　恒　不灭的亚历山大大帝　9/110

陈　娟　《第一个人》的追寻　10/121

陈民镇　先秦古《书》与古书的源流　2/127

陈青庆　由"耻"到"鬼"的视角突变　2/72

陈胜前　考古学有什么用？　4/3

陈　腾　吴梅村的八首"佚诗"　3/88
　　　　朱熹的比喻？　6/101
　　　　观稼楼与冰蘦阁　7/90
　　　　"青山"还是"青衫"？　10/150

陈晓华、侯晓玉　终南捷径，帝王心事　2/53

陈晓琳　爱情的另一面　9/85

陈　越　阿尔都塞和孤独　8/97

陈占敏	诉诸良知的对话	6/169
陈忠平	黄远庸暗杀案档案揭秘	9/50
程　虹	当女性与荒野相遇	10/49
程亚文	公司,"准政治制度"?	1/88

D

戴海斌	历史与记忆：辛亥年的周善培	6/83
戴潍娜	黑弥撒与撒旦先生	6/132
丁诺舟	被侮辱与被损害者的明治维新	1/120
杜春雷	东坡诗文话的真面目	4/21
杜　华	方纳的史学	3/32
段　炼	矛盾两面人？	9/42
段志强	看脸时代	5/111

F

范世涛	直面中国问题：一个左翼书店风格的由来	9/170
范　雪	书店主体性：知识、干部与制度	7/3
方维保	返乡的姿态与故乡无关	7/136
冯克利	保守的技艺	10/84
冯　淼	《读书生活》与城市劳工的知识革命	8/170
冯志阳	盛宣怀与他的时代	4/22
傅春晖	乱世钟声	4/101
傅　刚	富辰论妇德	6/22
	降爵或因减赋	7/57
	臧文仲废六关说	8/61
	公子士、泄堵俞弥说	12/40

G

高　波	制度的重量	1/113
高国荣	华人对澳新景观的塑造	3/130
高全喜	思想史中的"斯密问题"	4/40
	超越平等主义	11/126
高士华	石原慎太郎的底色	8/41
葛承雍	长城研究三百年	9/119
葛兆光	以亚洲作为历史视野	10/3
顾　钧	从"外史氏曰"到"畏庐曰"	5/80
顾文艳	现代性的逾越	10/168
郭　明	苏辙晚年诗中"老卢"为谁？	2/168
郭晓蕾	普鲁斯特笔下的德雷福斯事件	11/143

H

韩东育	走近朱舜水	11/3
韩毓海	杨家沟	5/52
贺晏然	圣贤与乡贤	10/112
洪　浩	"异人"的觉醒	8/151
洪子诚	"'有神'与'无神'之间，隔着广大的空间"	8/139
侯洪震	"鸡辟"为何物？	4/150
胡明晓	南翔小说的语言	11/137
缓　之	打捞民族多元一体的集体记忆	5/121
黄爱平	七十载史学征程的缩影	2/122
黄　博	古格的黄昏	7/101
黄　丹	遇见赛博幽灵	9/69

黄 坚	促进大众自决的艺术	4/91
黄燎宇	从翻译盛世到翻译大国	11/91
黄 强	外国旅行文学中的中国铁路故事	4/168
黄乔生	为《阿Q正传》作笺注	2/59
黄修志、郑嘉琳	明代中国的方志统治与知识世界	9/138

J

季 进	夏志清与伊文·金的一桩公案	11/46
江 湄	这个世界会好吗？	7/126
江 山	美国反托拉斯运动的死与生	7/48
江晓原、穆蕴秋	科学"神刊"是怎样办成的	8/118
姜宇辉	游戏何以政治？	9/3
蒋 寅	久被忘忽的钱锺书诗集	7/10
焦 姣	美国社会科学史中的时间静止术	6/151
金冲及	退而不休的治史体悟	10/66
晋 军	大众何谓？公共何为？	12/12

K

康宇辰	当代"诗教"的可能性	1/126
康子兴	从文明帝国到帝国文明	6/33
孔令伟	史悠明与清末民初之际的中印关系问题	12/134
孔妍文	"当句对"与"双拟对"	11/107

L

李 芳	北平旗人的英国租客	4/160
	棘闱谈鬼	8/156
李建江	史可法遗墨	2/158
	左宗棠佚诗	8/117
李 瑾	其号自呼	4/110
李 晋	重估庄学本	2/106
	一个探险家妻子的边疆故事	5/126
李 玲	社会进化中的动态平衡	12/53
李 零	"北魏皇帝祭天遗址"献疑	2/21
	北京中轴线	5/23
李隆国	穿过针眼：一曲别样的教会胜利史	5/34
李 旻	于断裂处重生	6/111
李 牧	现当代艺术的民俗学根源	4/138
李庆西	木犹如此，人何以堪	5/101
李 石	"平衡"与"敌友"	7/81
李思磐	美国新闻业的"古腾堡时刻"	8/129
李斯特	虚拟现实里的罪与罚	10/80
李天纲	德日进与"反思全球化"	2/3
李为学	王阳明和大礼议	5/137
李欣荣	一九四三年陈寅恪的中山大学之行	3/98
李雪涛	跨越中西文学研究的边界	3/107
	近代早期的伊比利亚全球化	8/13

李英飞	莫斯时刻与法国思想的谱系	3/41
李长声	说俳句的短	12/69
梁 雪	万寿山下"小有天"	4/142
林超超	近代中国慈善的本土化叙事	8/145
林少华	审美忠实与"捧金鱼"	5/75
林雅华	"黎明前的一缕微光"	9/147
刘北成	一部"革命政治的表象史"	3/125
刘 超	现代艺术公众是如何生成的?	3/59
刘 东	沿着孔子的思想路线而行	3/14
刘佳琪	汲古阁抄本的纸张	8/78
刘 宁	唯自尊者能尊师	3/24
刘 涛	王珣与《伯远帖》	2/11
	李阳冰生年	3/97
	虞世南名迹之憾	4/100
	谢万的生卒年	5/33
	民初书画胜流	6/92
	王献之婚姻	7/47
	谢万一支五世无年	8/138
	元和脚与元祐脚	9/12
	唐朝诗板	10/92
	陆游诗中自论书	11/21
	"锺王"	12/109
刘文嘉	"别无选择"	2/149
刘 秧	印度测绘局的"地图开疆"	1/132
刘雨石	作为景观、政治与集体记忆的行道树	3/78

刘玉才	典型弗坠 经师人师	10/133
刘岳兵	从东游日记看晚清中国人的日本观	5/85
刘运峰	鲁迅致母亲的一封残简	9/73
刘 铮	徐志摩藏书与约瑟夫·康拉德	1/53
刘宗坤	"敢于追求幸福"	5/142
卢兆瑜	在"影响的焦虑"中发现南极洲	12/119
卢周来	"故事"如何影响经济决策与宏观经济	6/43
陆德富	黄绍箕的介绍信	11/12
陆建德	两位教师的功与过	11/38
罗 韬	后世相知有别传	10/126
罗 新	亮亮柴与狐狸火	7/38

M

马传景	经济学的贫困与救赎	4/12
马嘉鸿	多义性与单行道	6/160
马 姝	被解放的女性身体?	6/145
	"桑格热"之后	9/127
马晓林	柯立夫在北平	11/160
孟 刚	事了拂衣去 深藏身与名	5/160
孟 晖	千年前的玻璃油灯	7/58
苗润博	"四把钥匙"与治史格局	11/55

P

潘凯雄	潜在的跨界写作	4/128
潘振平	回忆陈旭麓老师	6/13
彭 锋	列女不恨	3/50

彭兆荣	"我"在"他"中	2/97

Q

钱天国	《南货店》中的"轻轻腔"	9/143
秦 勇	人口大逆转的经济学	3/138
渠敬东	随李零先生回家（上）	1/24
	随李零先生回家（下）	2/22
	燃烧的学问和火一样的人	7/157
瞿林东	读书的辩证法	12/50

R

任 锋	《先秦政治思想史》的"百年孤独"	12/41

S

沙红兵	交错纠缠的"世界文学"对话	3/116
沈 迦	一石之微	6/78
沈 双	废纸·档案·感情	1/44
盛 洪	兵不血刃，王在法下	4/49
盛 韵	好吃不懒做的扶霞	8/67
施爱东	螺纹歌	7/29
石 超	"照扮冠服"的前世今生	6/72
司新丽	会心不远	10/138
宋石磊	高居翰的两次艺术史修正	4/151
宋逸炜	巴黎公社的最后一天	11/152
苏福忠	之不拉与海乙那	1/96
孙德宏	托翁和陀氏的"出道"与"躲避"	8/51
孙 歌	直视竹内好	4/82
孙红卫	马尔登、达菲、吉卜林与巴特勒夫人	6/102
孙利政	《颜鲁公文集》编者"沈侯"考	11/116
孙隆基	走出单一的世界中古史观	2/88
孙 郁	鲁迅故旧亲历者	9/154

T

唐慧丽	"经""权"之辩	6/66
唐克扬	寻找洛阳桥	11/108
唐晓峰	美国文化地理学的奠基者	10/142
田 天	微小与永恒	12/110
田余庆	一位学者的学术自传	8/62

W

汪家明	设计有道	7/168
汪毅霖	认识世界、改变世界与解放思想	4/59
	优绩至上的政治经济学批判及对批判的批判	10/40
王 笛	探索公共生活的意义	12/3
王 丁	大清钦差会见童牛岁素记	1/105
王 丁	厄琉息斯之梦	12/93
王海龙	丁龙史实两甲子解谜	1/14
王洪喆	迷宫如何讲故事	3/3
王 辉	"仲尼"还是"仲泥"？	8/12

173

王嘉雯	多兹与非理性的希腊	2/132
王建勇	白居易的佚诗《麻姑山》	2/42
王剑利	马神信仰与辽西走廊的"多元互构"	12/142
王江鹏	司马迁的"世界"	10/130
王　军	从读懂梁思成开始	1/3
王利兵	作为文化的海权	12/152
王　路	"形而上学"与"元宇宙"	6/120
	我的"老师"亚里士多德	12/85
王蒙、康笑宇	文墨与家常	1—12/封二
王铭铭	蔡元培，远在的民族学丰碑	2/12
	新中国人类学的"林氏建议"	5/3
王　楠	黑白谜局	2/159
	西部之毒	10/31
王　宁	两代人的志向与情怀	6/3
王　璞	在布达佩斯"寻访"卢卡奇	3/150
王晴佳	朱宗元：一个人的全球史	11/13
王瑞来	读书不求做官	3/68
	从同年到同乡	12/58
王升远	一九三八："非常时期"的一场越境私奔及其余波	6/93
	謦声、峰影与"中间地带"	11/131
王小章	历史能不能假设？	9/24
王一丹	在中亚，与诗人萨迪不期而遇	2/65
王一方	在医院，或在去医院的路上	4/64
王　英	法兰西的女性世界	9/76
王　勇	缺失历史感的日本宪法学史	7/69
王振忠	立春与"春牛图"	3/160
王正宇	背负散文使命的行者	2/137
王子今	帝国下腹部的脂肪	1/79
	历史理解的空间基点	4/132
魏　斌	斛律明月之箭	1/148
吴妮娜	笔战天下：王韬与近代中国世变	3/72
吴晓东	远景问题的历史光影	10/159

X

萧盈盈	宋朝女性的离婚和再嫁自主权	4/77
谢　超	大冰冻时期的伦敦及市井民谣	4/71
谢惠媛	我们的恐惧关乎什么？	7/91
谢一峰	华夷观的"频谱"	1/158
	破碎与重生：从铜雀台到七宝台	11/117
邢承吉	纽约晨边高地的今昔	5/69
徐　畅	审判胡广	11/77
徐光明	《陈敏"七弟顽冗"考》补	3/115
徐前进	构建日常生活的叙事	5/43

徐 天	"中国人必须走":美国暴力排华时代的种族政治	8/3
	伍斯特墓园漫想	11/66
徐 妍	在时间的巨流河中,泳且歌	7/118
徐英瑾	否思《菊与刀》	10/93
许纪霖	"我是大正之子":丸山真男的思想史研究	6/23
	千禧一代人的怕与爱	10/21
许 璐	天平的两端	10/76
许 准	粮仓或是粮荒	6/53
	社科城头大王旗	11/22

Y

延 雨	信札里的俞曲园先生	8/79
严 泉	清末新政的制宪时刻	4/31
杨凤岗	"怪异人"的心理与西方现代化	2/43
杨 靖	园柳青花"变形记"	7/130
杨 力	杨荫榆的"尴尬"	12/125
杨明晨	二十世纪革命与生命的辩证法	3/142
杨全强	布罗茨基:在母语与英语之间	11/99
杨学东	"太史公牛马走"	7/146
杨占武	青冈峡里韦州路	10/72
杨 志	水月庵甲的镜澄	11/84
姚 磊	十载劳人不自由	7/141
叶大深	聂会东的未竟之志	8/88
叶 瑶	启蒙与犬儒理性	3/135
尤小立	"我"·对话·学术接续	7/63
于 成	元宇宙想象批判	11/71

于化民	似水流年忆闻兄	9/162
于京东	鹅棋:命运游戏与意外之旅	9/13
余成峰	从大数据神话拯救隐私	1/167
余明锋	绩效社会的暴力和自由	8/162
袁行霈、曾祥波	探寻诗境的入口	6/128
袁一丹	"游戏的人":赵元任之于当代学术的意义	10/151
岳永逸	修山,小民的丰碑	10/102

Z

查屏球	来去自由神俗通	9/101
查少琛	"微笑"的革命	6/138
张宝明	"社员"之间:怎一个"同"字了得?	3/89
	灵魂膨胀的解药何处寻?	8/108
张帆、张晗	意大利歌剧《中国英雄》改编源头考辨	5/94
张 洪	也曾寻访谢六逸	5/132
张 晖	走出审美:盖尔的艺术人类学	8/32
张慧瑜	无线电与中国革命	12/161
张佳俊	当理性作为赌注	5/151
张建斌	变局与抉择	5/168
张轲风	从此滇波不倒流	4/118
张 磊	不是错乱,而是错读	2/169
	费德里奥的吠声	7/75
	侧耳"窃"听	11/60

张明杰	日本国宝《真草千字文》之辨	1/138
张培均	珠穆朗玛命名之争	5/110
张韶华	《陈敏"七弟顽冗"考》再补	6/168
张铁荣	舒芜先生的三封信	12/63
张 翔	湘西与西南腹地的构建	2/114
张新刚	希罗多德《历史》中的"礼法"	2/78
张 怡	何以奇幻	1/62
张逸旻	在上野公园看凡·高	12/77
张 治	从未离开的目光	2/140
章 文	"神奶路""官老爷扇"与语言中的"世界大同"	7/20
赵丁琪	柏林墙为谁而倒？	12/101
赵满海	汪宁生与顾颉刚的学术交谊	1/56
赵汀阳	纪念老师李泽厚	1/33
郑 伟	夷夏之辨与华夏正音	9/93
郑 岩	碎金屑玉的意义	8/23
钟志清	爱能否跨越边界？	10/57
仲伟民	何兆武先生的中外融通	6/61
周凝、刘佳滢	创造夏娃：一部漫长的厌女史	9/132
周志文	谈徐光启	8/72
朱 捷	重审"作为方法的中国"	10/12
朱万章	拥书万卷的李谧	9/59
左东岭	眼光、格局与境界	5/64

《读书》编辑部编辑

主管：中国出版传媒股份有限公司
主办、出版：生活·读书·新知三联书店有限公司

总 编 辑：肖启明
副总编辑：常绍民
主编（兼）：
副 主 编：刘蓉林
编 辑：饶淑荣/卫纯
出版运营：张惟
装帧设计：陆智昌/薛宇　印制主管：张雅丽
发行总监：周旭（010）84681050
读者服务电话：(010)84050425　84050451
邮购地址：北京市朝阳区霞光里9号B座
三联生活传媒有限公司　邮政编码：100125

《读书》微信公众号
扫码购买《读书》杂志

投稿邮箱：sdxdushu@vip.sina.com

地址：北京美术馆东街22号
邮政编码：100010
印刷：北京中科印刷有限公司
国内总发行：北京报刊发行局　国内代号：2-275
广告经营许可证号：京东工商广字第0063号
ISSN 0257—0270　CN11—1073/G2

唐宋诗词的语言艺术

古典诗词的语言是一种特殊的语言，了解诗词语言的特点，可以更好地感受诗词的艺术魅力。本书是一本"大家小书"，是蒋绍愚先生对近年来在阅读唐宋诗词时关于其语言艺术的心得体会的记录。书中通过对大量例证的分析比较，从歧解和误解、意象和意境、炼字和炼句、句式和语序、话题句和名词语、今昔和人我、比喻和对比、奇巧和真切、细密和疏朗、继承和发展等十个角度对唐宋诗词语言艺术进行了探讨，既是对诗词语言艺术研究的推动，又对普通读者更好地阅读理解古典诗词大有裨益。

ISBN: 978-7-100-21390-5
蒋绍愚 著
定价：88.00元

指花扯蕊：诗词品鉴录

江弱水以批评家和诗人的双重身份讲诗论艺，擘肌分理。本书以其家乡俗语"指花扯蕊"为名，意在将密实的技术分析与发散性的艺术联想结合起来，钩深致远、移花接木，直探诗的艺术秘藏。书中从李、杜、苏、辛直到鲁迅，选取十一位诗人的近百首诗词，对作者的奇情异想与作品的惊采绝艳，加以细读和妙赏。以精到的义本分析见其才，以丰富的文献征引见其学，以超卓的文学评判见其识，可谓不拘一格、迥异时流。

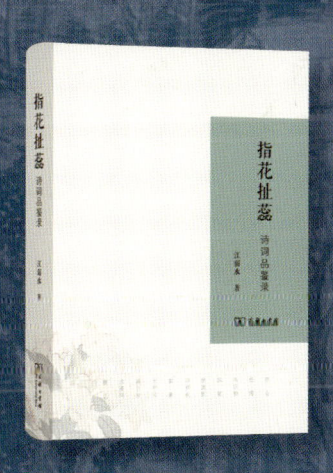

ISBN: 978-7-100-18254-6
江弱水 著
定价：48.00元

CSSCI

生活·讀書·新知 三联书店

扬之水 著

中国金银器
（共五卷）

◎ 卷一　远方图物：
　　先秦两汉魏晋南北朝
◎ 卷二　别树鸟同声：
　　隋唐五代辽
◎ 卷三　自一家春色：
　　两宋金元
◎ 卷四　繁华到底：
　　明代
◎ 卷五　曲终变奏：
　　清代

中国首部金银器通史，贯穿三代文明初兴至清末四千年历史
历代出土器物考证解说，唤醒沉睡中的奢华世界

《中国金银器》共五卷，在近两千页的篇幅内，展列了千余件金银器作，回溯自商代至清代的金银器发展史。书中全景式呈现了古代金银器的造型、制作工艺、纹样设计，揭示了其中蕴含的极为丰富的社会文化史。本书是名物研究的集成之作，经由历史考索而重拾器物本名，在一器一物及纹样图案之中，寻见古人的世俗生活与精神之境。

生活·讀書·新知 三联书店　2022年8月出版
生活書店 出版有限公司　　定　价：890.00元

ISSN 0257-02

扫码购买

9 770257 027228

Copyright © 2023 by SDX Joint Publishing Company.
All Rights Reserved.

本作品版权由生活·读书·新知三联书店所有。
未经许可，不得翻印。

图书在版编目（CIP）数据

《读书》2022年合订本/《读书》编辑部编．—北京：生活·读书·新知三联书店，2023.8
ISBN 978-7-108-07694-6

Ⅰ.①读… Ⅱ.①读… Ⅲ.①书评－中国－现代－选集 Ⅳ.① G236

中国国家版本馆 CIP 数据核字（2023）第 116186 号

责任编辑	张　惟
装帧设计	陆智昌　薛　宇
责任印制	张雅丽
出版发行	生活·讀書·新知 三联书店
	（北京市东城区美术馆东街22号 100010）
网　　址	www.sdxjpc.com
经　　销	新华书店
印　　刷	北京中科印刷有限公司
版　　次	2023年8月北京第1版
	2023年8月北京第1次印刷
开　　本	880毫米×1230毫米　1/32　印张 66
字　　数	1800千字
印　　数	0,001-1,500册
定　　价	188.00元（上、下全两册）

（印装查询：01064002715；邮购查询：01084010542）